GIONO

PIERRE CITRON

GIONO

1895-1970

ÉDITIONS DU SEUIL
27, rue Jacob, Paris VIe

ISBN 2-02-012212-X

On est toujours curieux d'un artiste. On a beau être intéressé par ce qu'il fait, et même par-dessus tout, vient un moment où on se demande comment il est. Après avoir vu, ou lu, ce qu'il a fait, on veut le voir lui, le lire lui-même. (Enfin, on imagine qu'on peut le voir et le lire – et il faut laisser croire que c'est possible.) En plus du nom que l'œuvre porte, on veut la signer d'un visage.

C'est une curiosité naturelle et qui satisfait ce qui semble être une petite passion. En réalité il s'agit d'une grande passion. C'est moins pour dire : il est beau, il est laid, que pour donner à la création une sorte d'origine. Et non plus une origine divine, mais une origine humaine. Il ne s'agit plus de Dieu le père écartant le fond ténébreux des nuées, mais d'un bonhomme comme vous et moi qu'on pourra retrouver ensuite dans le métro ou dans la rue. C'est vouloir à toute force avoir confiance en l'homme. Je trouve cette naïveté fort respectable. Elle a comme une petite odeur prométhéenne de feu volé. (...) Nous savons désormais comment sont faits les voleurs de feu et quelles braises enflamment les nuits de la tribu.

Jean Giono
(Présentation de la revue *Parenthèses,* février 1955.)

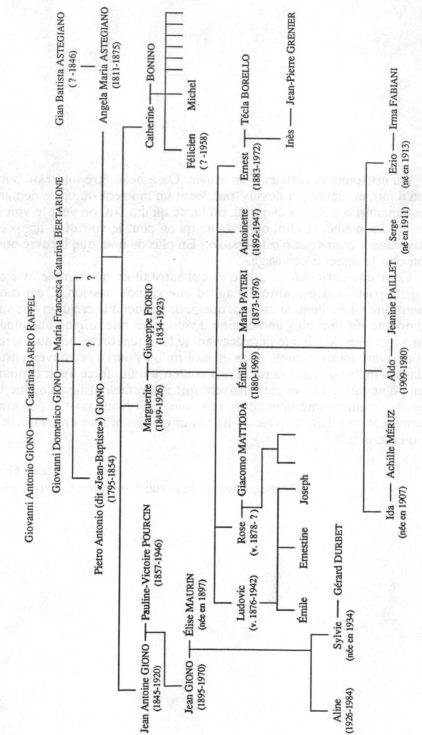

FAMILLE GIONO

FAMILLE POURCIN

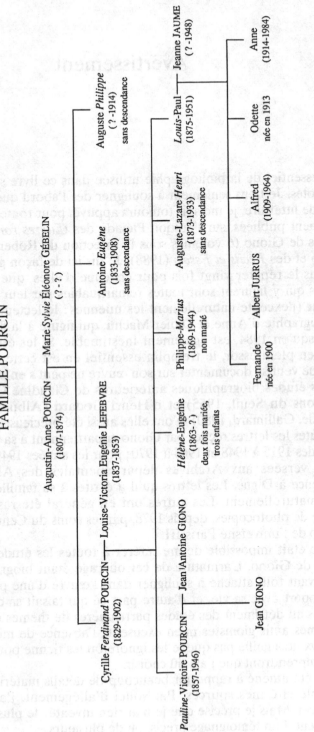

Marie Sylvie Éléonore GÉBELIN
(?-?)

Auguste *Philippe*
(?-1914)
sans descendance

Antoine *Eugène*
(1833-1908)
sans descendance

Augustin-Anne POURCIN
(1807-1874)

Auguste-Lazare *Henri*
(1873-1933)
sans descendance

Philippe-*Marius*
(1869-1944)
non marié

Hélène-Eugénie
(1863-?)
deux fois mariée,
trois enfants

Louise-Victoria Eugénie LEFEBVRE
(1837-1853)

Cyrille *Ferdinand* POURCIN
(1829-1902)

Jean *Antoine* GIONO

Jean GIONO

Pauline-Victoire POURCIN
(1857-1946)

Louis-Paul
(1875-1951)

Jeanne JAUME
(?-1948)

Anne
(1914-1984)

Odette
née en 1913

Alfred
(1909-1964)

Albert JURRUS

Fernande
née en 1900

Avertissement

L'essentiel de la bibliographie utilisée dans ce livre se trouvera dans les notes. Je tiens seulement à souligner dès l'abord que, sur le plan de l'étude littéraire, je me suis toujours appuyé, pour toutes les œuvres qui y étaient publiées, sur l'édition Pléiade des *Œuvres romanesques* complètes de Giono (6 volumes sous la direction de Robert Ricatte, 1971-1983) et des *Récits et Essais* (1988). Je dis ici de façon générale, afin de ne pas le répéter vingt fois pour chacune d'elles, que les notices des textes qui y figurent sont toutes remarquables par leur richesse et leur valeur (j'excepte naturellement les miennes : le lecteur en jugera). La bibliographie d'Anne et Didier Machu, qui figure à la fin du tome 6, et va jusqu'en 1984, est également inestimable. Si les études sur Giono sont en plein essor, le tremplin essentiel en est cette édition, et quiconque veut se documenter sur son œuvre ne peut s'en passer.

Les études biographiques antérieures de Claudine Chonez (*Giono*, Éditions du Seuil, 1955) et d'Henri Godard (Album Giono de La Pléiade, Gallimard, 1980) m'ont elles aussi été précieuses.

Toutes les lettres reçues par Giono appartiennent à sa famille pour les périodes 1915 à 1948 et 1964 à 1970 ; pour les années 1949 à 1963, Giono les a versées aux Archives départementales des Alpes-de-Haute-Provence à Digne. Les lettres qu'il a écrites à sa famille lui appartiennent naturellement. Les autres ont en général été rassemblées sous forme de photocopies, depuis 1978, par les soins du Centre d'études sur Giono de l'université Paris-III.

Il m'était impossible de me référer à toutes les études faites sur les livres de Giono. L'armature de cet ouvrage étant biographique, je me suis avant tout attaché à souligner dans l'œuvre d'une part ce qui était en rapport avec sa vie, et d'autre part ce qui faisait sa continuité ; cela parfois au détriment des études particulières de thèmes et de structure. Que mes amis gionistes m'en excusent ; l'absence de mention de leurs travaux ne signifie pas que je les ignore ou les tienne pour négligeables. Ils comprendront que j'aie dû choisir.

J'ai été amené à rapporter beaucoup de détails matériels. J'ai le plus possible cité mes sources. Par souci d'allégement, j'ai dû parfois y renoncer. Mais je précise que je n'ai rien inventé : le plus petit fait allégué vient d'un témoignage précis, ou de plusieurs.

Remerciements

Certains témoins ont disparu depuis qu'ils m'ont parlé de Giono. Ils seront présents à travers ces pages, et je veux saluer leur souvenir.

C'est d'abord Aline Giono, qui, jusqu'à sa mort brutale en 1984, eut à cœur de faire rayonner la mémoire et l'œuvre de son père. Elle a heureusement laissé un charmant petit livre, d'une parfaite justesse de ton dans sa malice, *Mon père, contes des jours ordinaires,* paru en 1986, qui la fait revivre en même temps qu'il constitue une source irremplaçable pour la connaissance de Giono.

Ce sont aussi Émile Fiorio, cousin germain de Giono, et sa femme Maria ; les vieux amis de Giono, Lucien Jacques et Henri Fluchère, qui furent aussi les miens, mais également Maximilien Vox, André Chamson et René Journet. A ceux qui sont toujours parmi nous, j'adresse toute ma gratitude : en tout premier lieu Élise Giono, dont mes innombrables questions importunes n'ont pas réussi à troubler l'affectueuse bonne grâce ; Sylvie Giono et son mari Gérard Durbet, qui, outre tous les renseignements et documents qu'ils m'ont fournis, et l'accès qu'ils m'ont donné au *Journal* inédit de Giono, m'ont généreusement aidé pour l'iconographie ; les cousins de Giono, Fernande Jurrus-Pourcin, ainsi qu'Ida Méruz et son frère Serge Fiorio, auxquels me lie une longue amitié. Et l'innombrable cohorte de ses amis et connaissances : Édith Berger, Lucienne Desnoues, Mme Yves Farge ; Henri Bonnet, Maurice Bouvet, Alfred Campozet, Jean Dutourd, Justin Grégoire, Jean-Pierre Grenier, Pierre Magnan, Germaine et Daniel May, Yvon Michel, Paule et Pierre Pellegrin, Guy Pelous, Joseph Rovan. Tous ceux qui ont bien voulu confier au Centre d'études sur Giono la correspondance qu'ils détenaient, en particulier Mme A. Gerbaud, fille de Charles Vildrac, Mme A. Guéhenno, Mme J. Paulhan, M. Albert Mermoud, et mes amis Janine et Lucien Miallet, Sylvère Monod, Luce et Robert Ricatte, Thierry Bodin. Les lettres de Giono à Henry Poulaille n'ont pas été retrouvées ; mais leur destinataire les a copiées dans le corps d'un texte inédit sur Giono, que j'ai pu consulter, ainsi que d'autres documents, grâce à l'amabilité de Jérôme Radwan, directeur du centre H. Poulaille à Cachan. Je remercie tout particulièrement les éditions Gallimard qui, par l'intermédiaire d'Aline Giono, m'ont communiqué leur correspondance avec l'écrivain. Il en est bien d'autres encore auxquels je suis redevable ; je ne puis les citer tous, mais on trouvera leurs noms au fil du texte ou des notes, à propos des points sur lesquels ils m'ont éclairé.

Je veux enfin remercier tout spécialement Violaine de Montmollin et ma femme, qui ont relu mon manuscrit et m'ont suggéré de nombreuses améliorations.

Préambule

Tu sais que ce n'est pas par manque de...

Les clichés ont la vie dure. L'opinion a coutume de classer les êtres en fonction de ce qu'elle appelle leurs qualités et leurs défauts dans le domaine moral – je ne parle pas ici du génie littéraire ni des mérites intellectuels. Il est difficile de lui faire admettre qu'un homme dont les qualités sont éclatantes puisse également avoir tel ou tel défaut majeur. Dans le cas présent, on admet difficilement que l'altruisme, l'humanité, la générosité, le sens de l'amitié, poussés à l'extrême, soient compatibles avec l'exercice d'une constante fabulation dans tous les domaines, avec le mensonge perpétuel : n'ayons pas peur du mot puisque Giono l'employait tranquillement lui-même pour parler de son imagination.

Au seuil de cette biographie, il me faut donc préciser que je suis devant un problème particulier. Giono a souvent, dans ses écrits comme dans sa conversation, ou dans des entretiens, enregistrés ou non, parlé de lui. Ceux qui ont jusqu'ici écrit à son propos ont tenu compte de ses dires. Chacun, même parmi ses amis, se laissait prendre par le charme presque fascinant qui se dégageait de ses paroles, et a reproduit ses indications. Il en donnait bien souvent de fausses, non pour tromper, mais parce que sa nature était de créer une autre vérité – ou plusieurs autres, car ses inventions, au cours des ans ou des semaines, et même au cours d'une conversation, voire à l'intérieur d'une même phrase, étaient souvent contradictoires.

Mais un biographe se doit à la vérité. Documents de toute sorte, recoupements de témoignages permettent souvent de la reconstituer en grande partie. Je tiens en commençant à affirmer fermement que, lorsque je rétablirai les faits réels par rapport aux propos ou aux écrits de Giono, jamais cette opération nécessaire n'impliquera de ma part la moindre critique à l'égard de l'exercice de son imagination. De même ses amis, parfois agacés par des inventions dont il leur arrivait d'être victimes, ne lui en tenaient jamais longtemps rigueur. Il fallait le prendre tel qu'il était, et le bilan était très largement positif, tous ceux qui l'ont bien connu le proclament. Il serait stupide de regretter qu'il ait été ce qu'il a été, qu'il ait imaginé en permanence au lieu de rendre compte des faits. En même temps que je marque ma volonté de serrer le réel au plus près, je veux donc dire à Jean Giono, avec toute la force d'une vieille amitié : « Pardonne-moi, Jean, de te contredire si fréquemment.

Giono

Tu sais que ce n'est pas par manque de compréhension, et que je prends tes inventions avec ce sourire complice que tu avais souvent au moment où tu les faisais naître. »

Chapitre 1
Origines

La famille piémontaise. Le grand-père Giono, réalité et légende

Piémontaise, la souche paternelle. Plus précisément du Canavèse, la région qui s'étend entre Turin et le Val d'Aoste. Exactement de la vallée montagnarde de la Valchiusella, entre Ivrea et les sommets des Alpes. Là vivaient des Giono dès le XVIe siècle et sans doute plus tôt. Mais, pour Jean Giono, la tradition orale ne remonte pas plus haut que son grand-père, qu'il n'a d'ailleurs jamais connu.

Entre 1958 et 1960, dans *Le Grand Théâtre*[1], il écrira pourtant qu'il est le quatrième Jean consécutif de sa famille. En réalité il aurait pu dire le cinquième. Les recherches de Daniel Justum ont permis de connaître les antécédents du grand-père[2]. Le père de ce dernier, donc le bisaïeul de Giono, Giovanni Domenico Giono, était né le 8 octobre 1763. Il était fils d'un paysan prénommé Giovanni Antonio et de sa femme Catarina Barro Raffel. Giovanni Domenico prend le métier de fondeur de fonte. Il se marie jeune, perd sa femme peu après et se remarie avec Maria Francesca Caterina Bertarione, fille d'un notaire du gros bourg voisin de Vico Canavese. Il entre ainsi dans une bourgeoisie rurale; son témoin appartient à la famille propriétaire des mines et de la fonderie locales. Le mariage est célébré le 5 février 1794 à la cathédrale d'Ivrea et non dans une simple église de campagne. Sa femme et lui seront désignés comme « propriétaires-cultivateurs » dans l'acte de décès de leur fils en 1854; il n'y a pas de raison d'en douter.

De ce mariage naît à Meugliano, le 27 septembre 1795, Pietro Antonio, le grand-père de Giono. Il prendra un moment, nous le verrons, le prénom de « Jean-Baptiste ». D'où la continuité des « Jean ». Mais il faut maintenant distinguer ce que d'une part fournissent comme renseignements sur lui les documents et les témoignages extérieurs, et ce que de l'autre a raconté Giono.

Documents et témoignages d'abord. Maria Francesca Caterina meurt en 1804. Pietro Antonio a neuf ans. Giovanni Domenico va s'installer à Turin, s'y remarie. On ne sait s'il a emmené son fils avec lui. Il meurt en 1825.

Quant à Pietro Antonio, nous le retrouvons, adulte, dans les souvenirs d'Émile Fiorio. Ce cousin germain de Giono, plus âgé que lui de quinze ans, est mort en 1969 à quatre-vingt huit ans. Son père, Giuseppe Fiorio (il francisera son prénom en Joseph), après avoir été brigadier de gendarmerie, avait poursuivi pendant six ans les brigands dans la région de Naples. Puis il avait démissionné, gagné la France, et trouvé à s'employer sur des chantiers de travaux publics en Provence. C'est là qu'il épousa, vers 1875, Marguerite, troisième enfant de Pietro Antonio et sœur cadette du père de Jean Giono. Émile Fiorio tenait de son père une version de la vie du grand-père, que lui-même n'avait pas connu. Il m'en a parlé vers 1965. Bien qu'il se plût parfois, lui aussi, à enjoliver les faits, et qu'il ait probablement parlé avec Giono de leur commun aïeul, il ne semble pas que ses récits aient été influencés par ceux de Giono.

D'après la tradition Fiorio, Pietro Antonio Giono avait deux frères (du même mariage que lui ou du suivant ? je l'ignore). Il avait été maréchal des logis de gendarmerie près de Gênes ; il avait déserté, s'était engagé à la Légion étrangère, en avait encore déserté et était devenu entrepreneur de travaux publics en France.

L'une des pistes possibles ouverte par ce récit, celle de la Légion étrangère, a pu être vérifiée. Dans le quatrième volume des registres matricules de la Légion étrangère conservés aux Archives de l'armée de terre à Vincennes, j'ai trouvé, sous le n° 3 062, Giono Jean-Baptiste, fils de Dominique (décédé) et de feu Catherine Berturion *(sic)*, né le 27 septembre 1795 à Mugliano *(sic)* en Piémont. Aucun doute, c'est lui. Dernier domicile à Pignerol en Piémont. Profession : ex-militaire. Engagé volontaire à Grenoble le 8 août 1831 pour trois ans ; arrivé au corps, en Algérie, le 23 août, et affecté comme fusilier au 5e bataillon. Signalement : 1,70 mètre, visage ovale, front bas, yeux gris, nez effilé, bouche moyenne, menton rond, cheveux et sourcils châtains. Nommé caporal le 21 août 1833, au bout de deux ans, il est « congédié par libération », c'est-à-dire à l'expiration de son engagement (avec un léger retard), et quitte l'armée le 21 janvier 1835.

Il n'a donc pas déserté de la Légion, et c'est ici seulement que la tradition rapportée par Émile Fiorio est inexacte. Ni décoration, ni blessure, ni action d'éclat. Campagne d'Afrique de 1832 à 1834. Militaire en Italie avant de l'être en France. La date de l'engagement, 1831, correspond à celle des mouvements de révolte nés dans le royaume de Sardaigne du contrecoup de la révolution de 1830 en France. On peut donc supposer que le grand-père Giono y a été mêlé : s'il a donné comme prénom, lors de son enrôlement, Jean-Baptiste et non Pietro Antonio, c'est peut-être pour dérouter d'éventuelles recherches. Déserteur de l'armée, éventuel-lement pour raisons politiques ? C'est possible.

Le séjour en Algérie est attesté par un autre document qui était, lui, en possession de Giono[3]. C'est un certificat, en date du 9 mars 1836, du directeur de l'hôpital militaire du Dey à Alger, qui atteste : « Le nommé Giono Jean-Baptiste, infirmier-major de remplacement, a été employé sous mes ordres depuis le 17 septembre 1835 jusqu'au 1er de mars 1836. » Il n'a fait l'objet d'aucune plainte et est licencié « sans autre motif que la diminution des malades et d'après sa demande » – ces cinq derniers mots étant rajoutés d'une autre main[4].

Ensuite sa biographie offre un trou de sept ou huit ans. On le retrouve, sans doute en 1843 ou 1844, comme chef d'atelier au chantier de construction du chemin de fer, au Cannet, entre le Luc et Vidauban, pendant deux mois et demi (certificat daté de Saint-Chamas le 20 juin 1845). Ensuite à Saint-Chamas, à la pointe nord de l'étang de Berre : le directeur de l'« ambulance » (on dirait aujourd'hui l'infirmerie) à Saint-Chamas du chemin de fer de Marseille à Avignon certifie le 4 juin 1847 l'avoir « employé sous ses ordres en qualité de concierge et économe à ladite ambulance, pendant l'espace de vingt mois »; « il s'est toujours comporté avec zèle, activité, d'une probité exemplaire et d'une conduite parfaite »[5].

Quand l'errant est-il arrivé à Saint-Chamas ? Sans doute vers Pâques 1844, lorsque s'ouvre le chantier du chemin de fer. Jusque-là, depuis mars 1836, il y a dans sa vie, pour nous, un trou qui n'a pu être comblé. A partir de cette date existent des actes d'état civil retrouvés par D. Justum, qui nous renseignent sur sa vie. Apparemment, dès son arrivée dans la ville, il fait la connaissance d'une jeune fille âgée de vingt-cinq ans – vingt-quatre ans de moins que lui –, Angela Maria Astegiano. Elle est piémontaise elle aussi, mais, alors que lui est issu d'une région plus montagneuse, ses parents à elle viennent des collines de Montezemolo, dans la région des Langhe, à mi-chemin entre Turin et la mer. Angela Maria met au monde le 14 avril 1845 un fils, Jean Antoine, le père de Giono. Pierre Antoine Giono (il a repris ses véritables prénoms en les francisant) le reconnaît et épouse la mère le 26 février 1846 à la mairie de Saint-Chamas. Trois autres enfants suivront : en 1847, Catherine, qui deviendra Bonino par mariage ; en novembre 1849, Marguerite, qui deviendra Fiorio ; et en 1852, cette fois à Berre, un fils, Louis Pierre Antoine, qui ne vivra que neuf mois.

On est mal renseigné sur la fin de la vie de Pierre Antoine Giono. Se basant sur l'absence de sa signature sur les actes de naissance et de mort de son dernier fils, D. Justum suggère qu'il a, au plus tard en 1852, quitté sa famille ou été quitté par elle. Il aurait pu y avoir à cela une rai-son : il était joueur. Ida Méruz (née Fiorio), son arrière-petite-fille, me dit que sa grand-mère Marguerite Fiorio répétait souvent que son père avait ruiné sa famille au jeu. Serge Fiorio, le frère d'Ida, rapporte même une tradition plus dramatique selon laquelle Pierre Antoine se serait tué après avoir tout perdu au casino d'Aix. En ce cas, sa mort n'aurait pas été immédiate : il meurt à l'hospice civil d'Aix-en-Provence le 9 février 1854. Son acte de décès lui donne comme domicile la rue Grande-Saint-Esprit à Aix, et lui attribue la profession de mineur. Sa femme lui survivra plus de vingt ans, et s'éteindra dans le même hospice que lui, en 1875, après avoir longtemps tenu une auberge à Peyrolles, au nord-est d'Aix, dans la vallée de la Durance.

Maintenant, le grand-père selon Giono : il a été pour lui une figure essentielle. Qu'en a-t-il su exactement ? Jean Antoine, le père de Giono, n'avait que neuf ans à la mort de Pierre Antoine. Sans doute est-ce surtout par sa mère, Angela Maria, que Jean Antoine a su quelque chose de son père et l'a transmis ensuite à son fils. Que d'occasions de dissimuler, d'embellir, de mal comprendre et de reproduire inexactement ! Examinons dans l'ordre chronologique les émergences et les variantes de l'image du grand-père chez Giono.

En décembre 1935 est intercalé dans son *Journal* un projet de texte très violent contre les Italiens[6]. Giono y écrit : « Mon grand-père Antoine Giono a quitté l'Italie condamné à mort par contumace pour avoir conspiré contre les lâchetés de son époque. » C'est le seul cas où Giono donne à son grand-père le prénom d'Antoine, conformément à la réalité. Par la suite, il l'appellera invariablement Jean-Baptiste[7].

Entre 1936 et 1938[8], séjournant pendant l'été près de Briançon, le romancier, en compagnie de son ami Jean Denoël, trouve chez un horloger-brocanteur de la ville, M. Ollagnier, un sabre italien. Il me dira en 1969 que ce sabre portait le nom de son grand-père. Jean Denoël, que j'ai interrogé peu après, m'a précisé qu'effectivement Giono lui avait parlé de son grand-père à propos de ce sabre, et lui avait dit deux jours plus tard l'avoir acheté. Mais nul dans sa famille ne l'a jamais vu : Giono excellait dans les achats imaginaires. En tout cas, m'a certifié Jean Denoël, la lame ne portait pas le nom du grand-père, contrairement à ce que m'avait dit Giono. Il pourrait avoir imaginé là une confirmation du passage de son grand-père venant d'Italie, que son père lui aurait raconté.

En 1936 ou 1937, il donne à Christian Michelfelder, qui prépare son livre *Jean Giono et les Religions de la terre,* une série de renseignements. Lui montre-t-il le certificat de l'hôpital d'Alger, ou le copie-t-il à l'intention de son commentateur ? En tout cas le livre comporte une erreur : là où, sur l'original, le directeur de l'hôpital dit : J.B. Giono « a été employé sous mes ordres », le texte publié porte « a été employé aux soins de l'épidémie ». Le mot « ordres », délavé, est peu lisible sur l'original ; « sous » peut avoir été lu « soins », et l'expression complétée au hasard. La notion d'épidémie est peut-être implicite dans la suite du document : c'est surtout à la fin d'une épidémie que le nombre de malades dans un hôpital peut brusquement baisser au point de nécessiter le renvoi du personnel temporaire. Il reste que l'épidémie est un ajout.

Voici les autres renseignements donnés par le romancier sur son grand-père, tels que les reproduit son exégète : « Jean-Baptiste Giono (...) était un Piémontais, carbonaro de la même *vente* que François Zola, et officier, il avait fait partie des troupes chargées de réprimer les révoltes des paysans cléricaux de la Calabre. La répression avait été implacable. Puis il avait conspiré contre l'autorité, et avait été pour ce condamné à mort par contumace tandis qu'il se cachait près de Montezenello *(sic)*. Il avait réussi à s'échapper, s'étant défiguré par une cicatrice, ayant repris son uniforme de capitaine et se faisant passer pour le capitaine chargé justement de rechercher le nommé Giono dans le Piémont. Il avait pu arriver ainsi jusqu'à Briançon, et descendre vers la mer et gagner Alger où il y avait le choléra. C'est alors qu'il s'est engagé comme infirmier. Revenu ensuite en Provence, il était à Aix quand François Zola, le père d'Émile Zola, construisait le canal Aix-Marseille. Jean-Baptiste Giono prit tout seul l'entreprise du barrage du Tholonet ; puis il eut une charge de comptable dans l'entreprise de François Zola. Tout ce qu'on sait ensuite de lui, c'est que la maison où il habitait à Aix fut détruite dans un incendie, qu'il disparut et mourut, sans doute en 1852, mais on ignore en quel endroit[9]. »

L'amitié avec François Zola – j'en reparlerai – apparaît ici pour la première fois. Giono y fera constamment allusion. Quant à la chasse aux paysans, à la défiguration par une cicatrice (contredite par le signalement donné lors de l'enrôlement à la Légion, qui porte « signes particuliers : néant »), au fuyard feignant d'être à la recherche de lui-même, rien de tout cela ne sera repris par la suite. Ce qui est essentiel, c'est le grade de capitaine dans l'armée piémontaise, et surtout le passé de carbonaro. Aucun document ne les atteste à ce jour : les recherches de D. Justum dans les archives italiennes sont restées vaines comme mes propres enquêtes. Mais, en 1936-1937, la figure du carbonaro, se dressant contre l'ordre établi, contre la puissance opprimante, est sans nul doute positive pour Giono : elle correspond à la fois à la figure de l'anarchiste selon la tradition paternelle dont il est imprégné, et à la révolte de Giono lui-même contre l'obéissance au pouvoir, telle qu'elle se manifeste chez lui de 1936 à 1939.

Vient ensuite, en 1941, la première allusion que fasse Giono à son grand-père dans un texte publié par lui, *Triomphe de la vie*. Son père, écrit-il, lui racontait « quelque histoire du temps de son père à lui, mon grand-père qui était colonel, carbonaro, colossal, cruel, tout ; un magnifique aventurier de légende, et qui avait combattu à cheval en Calabre contre les États de l'Église[10] ». Peut-être, sur ce dernier point,

Giono a-t-il fait un amalgame entre son grand-père et Giuseppe Fiorio, qui avait pourchassé les brigands dans la région de Naples ? Je crois surtout que la figure évoquée dans le texte est née en partie de l'accumulation des *c* durs qui ouvrent les quatre épithètes décisives, et à la fin de la phrase le nom de la Calabre : l'ensemble repose sur *c, l, b, r*. « Carbonaro » et « Calabre » étaient déjà dans le récit fait à Michelfelder ; le reste est neuf. Très probablement, la promotion du grand-père de capitaine à colonel a des raisons de sonorité ; et à son tour « colossal » vient de « colonel » (rappelons-nous qu'il avait 1,70 mètre ; il est vrai que Giono ne le connaissait que par les récits de Jean Antoine, qui, enfant, avait dû voir son père très grand par rapport à lui). Mais la figure imposante est aussi menaçante : la dernière épithète est « cruel », ce qui est plus accentué, parce que plus personnel, que la « répression implacable » dont se fait l'écho Michelfelder. Reste un fond d'anticléricalisme : combat contre des paysans cléricaux d'abord, puis contre les États de l'Église. Malgré tout, l'image lyrique du carbonaro, née avant-guerre, commence à se fissurer.

En 1943, dans son *Journal de l'Occupation* inédit, Giono évoque le 2 novembre son grand-père vers la fin de sa vie. Ce qui l'y amène, c'est que chez lui le poêle, bourré en raison du froid, tire trop fort et ronfle : « Peur bleue du feu. Pourquoi ? Atavisme ? Cet incendie souvent raconté par mon père, où son père à lui perdit tout son avoir et la paye des ouvriers du chantier Zola près d'Aix. C'est la première fois que j'ai vu la lune, m'a dit mon père. Il avait neuf ans, mais, élevé très à la dure, il était couché tous les soirs à six heures. Cette nuit-là, on l'arrache en chemise de la maison en flammes et des genoux de sa mère, dans la prairie, il vit la lune. Cela l'avait frappé plus que l'incendie dans lequel il y eut deux hommes carbonisés. Il a dû avoir peur quand même et cela a dû passer en moi. » Jean Antoine a neuf ans. Donc nous sommes en 1854 ; cette fois la date est exacte. La perte de l'avoir aussi. Giono n'est pas loin du récit fait à Michelfelder. Mais c'est la première fois qu'il parle de ruine. On soupçonne que la perte au jeu est remplacée par la perte au feu, plus spectaculaire. Mais qui a fabulé, Giono, ou déjà son père ?

En 1945, c'est une étape essentielle dans l'évolution de cette grande figure familiale : Giono crée le personnage d'Angelo, dont il dira à diverses reprises que son grand-père a été un des modèles. Angelo qui entre en France par le mont Genèvre et descend sur Briançon : la route de Pietro Antonio en 1831. Mais Angelo devient à son tour un modèle du grand-père tel que Giono continuera à le façonner. En 1947, dans *Noé*, est évoquée la mort de « Jean-Baptiste », dans un incendie. L'incendie de la maison d'Aix, évoqué pour Michelfelder et antérieur alors à la mort du grand-père, devient la cause même de sa mort : « Mon grand-père paternel est mort dans un incendie. Il est rentré volontairement dans une maison en flammes pour aller sauver je ne sais plus quoi, certainement pas une vie humaine, il avait trop de mépris pour ses contemporains. On n'a jamais su ce qu'il voulait censément au juste, et tout de suite après la maison s'écroula sur lui. Il n'a pas de tombe[11]. » Même récit dans « Mon grand-père, modèle du *Hussard sur le toit?* », texte paru en avril 1956 dans *Club,* mais rédigé, d'après un catalogue d'autographes, en novembre 1951[12]. Là, le drame est situé près de Peyrolles, et il est suggéré que la victime allait sauver des livres comptables. Même version dans le sixième des entretiens avec Jean Amrouche[13]. La mort de Bobi foudroyé à la fin de *Que ma joie demeure* (1935), le suicide de Langlois se faisant sauter la tête en fumant une cartouche de dynamite à la fin d'*Un roi sans divertissement* (écrit en automne 1946) attestent la permanence d'une telle mort dans l'esprit de Giono. C'est d'ailleurs surtout celle qu'il a un moment, en 1945, prévue pour Angelo : « disparition totale du hussard dans un soleil de feu d'artifice », « sortie par la porte de flamme »[14]. Le va-et-vient est constant entre le fictif ouvertement romanesque et le fictif supposé réel. Quant à la date de la mort de « Jean-Baptiste », Giono écrit en 1951-1952, dans *Voyage en Italie* : « Mon fameux grand-père (...) est mort cinquante ans avant que je naisse, jour pour jour[15]. » Donc le 30 mars 1845, c'est-à-dire, si l'on veut compter, quinze jours avant la naissance de son fils Jean Antoine. Giono mêle ici les générations, et projette sur cette mort les cinquante ans qui séparent sa naissance de celle de son père.

En 1951, dans le texte de *Club,* Giono évoque aussi les origines de son grand-père. Piémontais, ce qui est évidemment vrai. Carbonaro, ce qui, sans être prouvé, est possible, soit en 1821 (le beau-frère de Pietro Antonio et un de ses cousins, D. Justum le signale, avaient été actifs dans le soulèvement de 1821), soit en 1831, si l'on se fie à l'enrôlement dans la Légion, soit constamment ou épisodiquement entre ces dates. Infirmier à Alger, ce qui est certain. Enfin toujours en relations avec François Zola – mais en ajoutant qu'ils sont partis ensemble comme infirmiers pour soigner les cholériques, ce qui, on le verra, est impossible.

En rédigeant en 1952 le début du *Voyage en Italie,* Giono donne de nouvelles précisions : « Mon père m'avait souvent parlé de Turin ; sa famille était originaire de Montezemolo en Piémont[16]. » Ce n'est pas littéralement faux : la mère d'Angela Maria Astegiano, la grand-mère de Giono, était de Montezemolo, et Giono avait déjà cité incidemment ce lieu en 1943 dans *Le Voyage en calèche*[17] et en 1945 dans *Angelo*[18]. Mais, comme il n'a jamais parlé de cette bisaïeule, et qu'il devait un peu plus tard faire à tort naître son grand-père à Montezemolo, il pensait sans nul doute à lui, et se trompait ; sa mémoire avait simplement retenu le nom, qui lui plaisait[19].

Mais surtout, dans *Voyage en Italie* beaucoup plus que dans *Triomphe de la vie,* il raconte par le menu comment l'image de son grand-père s'est formée en lui : « J'allais retrouver mon père dans son atelier. C'est là que le vieux carbonaro reprenait corps. Mon père avait composé avec lui, à mon usage, un énorme roman parlé allongé chaque soir d'épisodes pleins de détails romanesques[20]. » Il aurait eu alors sept ou huit ans. Mais il a reconnu plus tard que son père n'était pas un conteur : il invente donc peut-être ici son père en train d'inventer son grand-père. L'imagination va être doublement débridée : « Vers 1832, Mazzini était le *Dieu qui fait pleuvoir* de mon grand-père. Banni du Piémont depuis deux ans, Mazzini était resté en liaison avec tous les carbonari qui avaient le goût de la démesure. Jean-Baptiste Giono coupa fort gentiment quelques gorges du côté de Pignerol en l'honneur du proscrit et suivant des plans préconçus. Ce n'est pas cette fois-là cependant qu'il fut condamné à mort par contumace (…) D'ailleurs ses victimes étaient toutes plus ou moins affiliées à la police. C'est en tout cas mon grand-père qui le suggère (il ne l'affirme pas) dans le petit *carnet noir* où il tient ses comptes de révolutionnaire actif[21]. » Que ce carnet ait surgi dans les récits paternels ou dans l'imagination du romancier, nul en tout cas ne l'a jamais vu. Mais il est clair que pour Giono, au moment où il écrit cela, les activités carbonaristes du grand-père se situent entre 1832 et 1835 (date de l'entrée à l'hôpital d'Alger). Or, à cette période, Giono l'a ignoré ou oublié, ou il a refusé de l'admettre, le grand-père était à la Légion. Quant à la condamnation à mort, elle n'existe sans doute que pour justifier une fuite de « Jean-Baptiste » vers la France et vers l'Algérie.

Dans un troisième passage du *Voyage en Italie,* Giono, évoquant son grand-père maternel, zouave du côté de Magenta pendant la campagne d'Italie de 1859, ajoute : « Que faisait l'autre (grand-père) pendant ce temps ? Ce n'était pas un amateur de charges à la baïonnette. Il s'est défait de tous ses ennemis dans l'ombre et certainement par-derrière[22]. » Giono n'a jamais eu le sens ni le souci de la chronologie. Que faisait en 1859, se demande-t-il, ce grand-père que quinze pages plus haut il a fait mourir en 1845 ? Pour lui ses personnages – et « Jean-Baptiste » en était un – n'étaient jamais créés une fois pour toutes : doués d'une extrême fluidité, ils se transformaient au gré de son inspiration du moment.

En 1952 encore, dans le deuxième et le sixième de ses entretiens avec Jean Amrouche, il parle de son grand-père « extraordinairement cruel », et condamné à mort par contumace ; presque deux mètres de haut, un gibus, « une grande cravate qui lui faisait tenir le menton haut ». Vers 1953 ou 1954, il est à nouveau amené à évoquer le personnage, dans des conversations avec Romée de Villeneuve, qui prépare son livre, *Jean Giono, ce solitaire*[23]. « Jean-Baptiste »[24] s'y voit confirmer l'image physique apparue dans *Triomphe de la vie* et dans les entretiens avec J. Amrouche : c'était « un géant. Il soulignait sa morgue et sa taille, qui atteignait deux mètres, en s'entourant le cou d'une cravate à plusieurs tours et en portant un gibus. Il prenait plaisir à se faire décoiffer par les portes ». Il reste colonel. Les détails de son passage en France changent quelque peu : « Après sa condamnation à mort, il traversa le Piémont à cheval et en uniforme. Aucun gendarme n'osa l'arrêter. Il passa le mont Genèvre et atteignit Briançon[25]. » Seule cette dernière phrase a des chances de correspondre à la réalité. Des détails sur sa mort surgissent également : « Notre héros périt dans l'incendie qui détruisit le siège de l'entreprise, au hameau des Frères-Gris, non loin d'Aix[26]. On a prétendu qu'il était mort de propos délibéré après avoir perdu (car il était joueur) toute la paye du personnel. » Nous rejoignons ici en partie une des versions Fiorio ; probablement Giono l'avait-il trouvée d'un romanesque un peu facile – même si elle correspondait à une part de la réalité – et préférait-il l'attribuer à des bruits incontrôlables. Ce ne sera que plus tard qu'il dira à Maxwell Smith que son grand-père avait voulu sauver les livres comptables – revenant ainsi à sa version de 1951[27].

Reste l'histoire des relations avec le père de Zola. Giono y tenait beaucoup, et l'évoque souvent[28]. Romée de Villeneuve écrira en 1954 : « Dans leur zèle humanitaire les deux amis s'embarquèrent pour Alger afin d'y soigner les cholériques. » Non. Zola a certes écrit que son père avait été « obligé de quitter l'Italie, au milieu des bouleversements révolutionnaires[29] ». Ce « au milieu de » est équivoque : subissait-il ou participait-il ? Mais selon René Ternois qui a étudié la question en détail[30], ce fut en 1821 que Francesco Zola, originaire de Venise, lieutenant puis capitaine, quitta l'Italie, mais pour travailler comme ingénieur en Autriche, et rien n'atteste chez lui une activité révolutionnaire. Quand il quitta l'Autriche, cette fois peut-être pour raisons politiques, ce fut pour venir à Paris dans le second semestre de 1830. Cherchant en avril 1831 à s'engager comme capitaine à la Légion étrangère en Algérie, il y est admis comme lieutenant en août 1831, affecté au 3e bataillon, et chargé de l'habillement. (Zola en fera un capitaine dans la Légion[31]. Giono n'est pas le seul à donner du galon à sa famille.) Ayant dû, à la suite d'une vilaine histoire qui avait entraîné son arrestation[32], démissionner en mai 1832 (démission acceptée le 30 octobre), il regagne la France, débarquant à Marseille le 24 janvier 1833. « Jean-Baptiste » Giono était encore fusilier dans la Légion, et dans un autre bataillon. Et François Zola ne soigna pas les cholériques. Il s'installa en 1833 comme ingénieur à Marseille, puis vint à Paris vers 1836 pour quatre ans environ. Et quand Pierre Antoine Giono travaille comme chef de chantier au Cannet puis comme concierge et économe d'ambulance à Saint-Chamas, l'ingénieur François Zola, installé à Aix, s'occupe de mettre sur pied le projet de barrage et de canal qui doit assurer l'alimentation de sa ville en eau, et qui sera achevé après sa disparition. Il meurt le 28 mars 1847, alors que Pierre Antoine Giono est encore employé au chemin de fer à Saint-Chamas. Aucune raison qu'ils se soient rencontrés durant cette période.

Il y a certes une série de symétries curieuses entre François Zola et Pierre Antoine Giono : Italiens, nés en 1795, militaires, venus en France, engagés dans la Légion, et finissant leur carrière dans le Sud-Est, participant à de grands travaux. Ils se sont tous deux occupés de chemins de fer, bien qu'en des lieux et des temps différents, l'un comme ingénieur, l'autre comme chef d'atelier. Sans qu'il y en ait de preuve, ils peuvent tous deux avoir été compromis séparément dans les troubles qui ont suivi en Europe la révolution de juillet 1830. C'est à cette époque qu'ils passent en France. Ni l'un ni l'autre ne remettra les pieds en Italie jusqu'à sa mort. Cela dit, mouvements libéraux, guerre coloniale, grands travaux marquent tellement les années 1830 à 1850, qu'il n'y a rien d'étonnant à ce que les deux vies offrent des parallélismes ; rien d'étonnant non plus à ce que des Italiens se fixent plutôt dans le Sud-Est. Y a-t-il là de quoi créer une légende ? Il serait bizarre qu'elle soit née dans l'esprit de Giono : Zola n'était nullement un de ses écrivains préférés, bien au contraire[33]. En revanche, il a dû être un des grands hommes de son père, le cordonnier Jean Antoine Giono, ardent dreyfusard. Mais celui-ci aurait-il, à partir d'une symétrie dans deux carrières (à supposer qu'il les ait connues toutes deux, ce qui n'est pas prouvé), inventé les relations entre les deux hommes ?

J'incline à croire qu'il y a eu au fond de cette histoire un grain de réel, à partir duquel a éclos une fabulation – ou plusieurs fabulations superposées. On imagine bien le processus suivant. Pierre Antoine Giono, travaillant à Aix ou près d'Aix, et ayant connaissance – peut-être sans y être employé quoi qu'en ait dit Giono – du gros chantier dont François Zola avait été l'initiateur, aurait dit à sa femme ou à quelqu'un de son entourage qu'il avait été à Alger en même temps que François Zola. L'avait-il vraiment connu ? Bien que l'un ait été officier et l'autre homme de troupe, et qu'ils n'aient pas été affectés au même bataillon, il n'est pas impossible qu'un hasard les ait fait se rencontrer : leur âge, leur origine italienne, peut-être leurs sympathies politiques les rapprochaient. Mais il serait plus vraisemblable que Pierre Antoine Giono ait simplement appris à Alger l'arrestation de François Zola, qui avait dû faire du bruit. Il est peu probable qu'il l'ait évoquée sans parler de son propre engagement à la Légion, puisque son petit-fils Émile Fiorio en a eu connaissance : plus probablement cette partie de sa vie a été plus tard gommée par son fils Jean Antoine comme non conforme à ses idées libertaires. Tout cela reste très conjectural. Il est possible que Pierre Antoine ait travaillé, après la mort de l'ingénieur Zola, sur le chantier du canal Zola, et que la légende soit simplement née de là[34].

Le plus important est l'image du grand-père comme personnalité aux yeux de son petit-fils. Dans les différents textes cités, elle est double, ce qui correspond à sa double image de carbonaro pour Giono après 1945. L'une, positive, reste comme en 1937 celle du révolutionnaire généreux :

« Il croyait au bonheur du peuple par la liberté[35]. » C'est là ce qui vient du père du romancier, quarante-huitard dans l'âme, et qui est conforme à la figure d'Angelo, le naïf. « C'est certainement de lui que je tiens mes principes naïfs », ajoute d'ailleurs aussitôt Giono. L'autre image est plus négative. Elle correspond aux désillusions et aux amertumes de Giono à la suite de la guerre de 1939-1945 et à la haine de la politique qui en a découlé : les carbonari, dont l'incarnation principale est Giuseppe, le frère de lait d'Angelo, tué par lui à la fin du *Bonheur fou,* sont devenus pour lui les ancêtres des communistes qu'il déteste désormais. Parlant, dans le texte de *Club,* de leurs groupes, appelés « ventes », il commente : « Le mot est joli, car certains carbonari vendaient fort régulièrement les autres à la police, comme il se doit[36]. » Et on a vu que, dans *Voyage en Italie,* « Jean-Baptiste » coupait des gorges, certainement par-derrière. Nous sommes loin du duel auquel Angelo contraint un espion de police pour le tuer loyalement. D'où les formules dont Giono accable parfois son grand-père : « forban révolutionnaire », « coquin sans scrupules »[37]. Il peut y avoir aussi eu chez lui le sentiment, issu de propos paternels, que son grand-père avait dans sa vie quelque chose de douteux : l'engagement à la Légion ? le jeu ? l'abandon final de la famille ? Il le traitera, lorsqu'il me parlera de lui en 1969, d'« immonde pignouf[38] ». Pourtant il garde, dans le même temps, de l'affection pour lui : « J'ai toujours aimé ce coquin sans scrupules. » Giono écrit dense. Il ne veut pas dire : « je l'ai aimé parce que c'était un coquin sans scrupules », mais « je l'ai aimé naïvement autrefois, cet homme dont je vois maintenant qu'il était un coquin sans scrupules, et malgré cela, en souvenir des récits de mon père et de mes ferveurs passées, et parce que c'est un personnage romanesque et machiavélien, je l'aime encore, tout en ayant en horreur ce type de coquin. » Et puis il y a eu les mois passés à Alger par « Jean-Baptiste » comme infirmier : ils se sont fondus dans l'esprit de Giono avec la générosité de son père envers les autres, avec son propre goût pour les soins donnés aux malades, et avec la fascination qu'a très tôt exercée sur lui le choléra.

Les grands-parents maternels.
Pauline Pourcin

Maintenant, la famille de la mère de Giono[39]. Les Pourcin sont depuis longtemps installés à Manosque, où ils sont encore représentés. Le grand-père de Pauline Giono, née Pourcin, la mère du romancier, y était né le 9 juillet 1807 ; il s'appelait Augustin-Anne. Il épousa, le 17 octobre 1828, Marie Sylvie Éléonore Gébelin – on l'appelait Sylvie. Moins d'un an après naissait, à Sainte-Tulle près de Manosque, le 25 septembre

1829, leur premier enfant, Cyrille Ferdinand. Auguste-Anne (c'est ainsi qu'il signe) est désigné sur l'acte de naissance de son fils comme propriétaire. Les témoins sont Charles Gibel, ménétrier, vingt-cinq ans, et Grégoire Beffet, cabaretier, soixante ans. Cela n'aurait pas déplu à son arrière-petit-fils le romancier. Giono, qui a connu Cyrille Ferdinand, parle beaucoup moins de lui que de son autre grand-père, mort longtemps avant, qu'il n'a jamais vu et qu'il peut imaginer plus librement. Il dit de lui qu'il était ouvrier tanneur[40], et c'est vrai. De peu de ressources, probablement : à vingt et un ans, il accepte, sans nul doute contre dédommagement, d'être « substituant » – remplaçant – de Gaspard Bernard Léopold Séguine, qui avait « tiré un mauvais numéro[41] ». Il est incorporé à compter du 23 août 1850 au 9e bataillon de chasseurs à pied. Son signalement à cette date : 1,66 mètre, visage long, front étroit, yeux gris, nez long effilé, bouche petite, menton court, cheveux et sourcils châtains. Profession : tanneur. Nommé chasseur de 1re classe au bout de 3 ans et demi, le 23 février 1854, il est envoyé en Orient pour le début de la campagne de Crimée à la fin de mars 1854. Il passe ensuite au bataillon de chasseurs à pied de la garde impériale, le 3 mars 1855, puis dans le régiment récemment créé des zouaves de la même garde le 16 avril – comme zouave musicien. Sa campagne dure jusqu'au 4 décembre 1855. Il reçoit la médaille de S.M. la reine d'Angleterre, mais le registre où il figure ne mentionne pour lui ni blessure ni action d'éclat. Il revient en France le 4 décembre 1855, et rengage le 16 janvier 1856 pour sept ans, à compter du 31 décembre 1856.

C'est vers cette époque sans doute qu'il rencontre, on ignore dans quelles circonstances, Louise Victorine Eugénie Lefebvre – on l'appellera Eugénie dans sa famille. Elle était née le 11 décembre 1837 à Picquigny dans la Somme, de Jean-Baptiste Théodore Lefebvre et de sa femme Madeleine-Victoire née Gricourt. Son père, Jean Baptiste Bernard Théophile Henry Lefebvre, était conducteur de diligences : encore un détail qui aurait ravi Giono[42].

Cyrille Ferdinand et Eugénie vivent ensemble : les soldats engagés n'avaient pas le droit de se marier. Leur premier enfant, Pauline Victoire, la mère de Giono, naît à Saint-Cloud le 31 décembre 1857. Son père est alors en garnison à Paris, à la caserne de l'École militaire. Une autre fille, Hélène Eugénie, que sa famille appellera Hélène, voit le jour à Boulogne le 5 août 1863, alors que son père est en garnison à Versailles. Toutes deux sont filles naturelles, mais leur père les reconnaît. Les maternités d'Eugénie lui permettront d'exercer, outre son métier de blanchisseuse, mentionné dans les actes de naissance de ses filles, l'activité de nourrice que lui donne la tradition familiale, mais qu'elle n'a peut-être adoptée qu'un peu plus tard.

Cyrille Ferdinand est commissionné clairon musicien de 3e classe le 24 décembre 1858. Le registre porte à la même date la simple mention « Trombone » : sans doute son instrument secondaire. Puis c'est la brève campagne d'Italie. Embarqué à Marseille le 28 avril 1859, notre zouave en revient le 31 juillet de la même année, décoré de la médaille d'Italie – toujours sans blessure ni action d'éclat. Libéré du service actif le 31 décembre 1863 avec un certificat de bonne conduite, il déclare se retirer à Boulogne (Seine). Que compte-t-il faire alors, on l'ignore. Son projet ne semble pas réussir : le 26 février 1864, à la mairie de Versailles, il s'engage à nouveau pour deux ans, toujours dans les zouaves de la Garde où il est à nouveau commissionné comme clairon de 3e classe le 26 mars. Libéré le 26 février 1866 avec un nouveau certificat de bonne conduite, il se retire à Versailles, puis vient habiter Paris : le 12 mai 1866, il épouse Eugénie à la Mairie du Ier arrondissement, et légitime ses deux filles. Mais il ne reste pas longtemps dans la région parisienne : Élise Giono me dit que la famille revint en 1866-1867 à Manosque, où vivait encore le père de Cyrille Ferdinand, Augustin-Anne (il devait mourir en 1874). Fernande Pourcin, cousine germaine de Jean Giono, me précise que le retour à Manosque a eu pour motif l'âge et la santé des parents de Cyrille Ferdinand : incapables de mener une vie autonome, il leur fallait quelqu'un pour s'occuper d'eux. Dans sa notice biographique, rédigée à l'intention de Claudine Chonez, Giono écrit que la famille a été chassée de Paris par l'invasion en 1870. La réalité est donc moins romanesque.

Un garçon, Philippe Marius (on l'appellera Marius) naît à Manosque le 3 mai 1869. Deux autres suivront, Henri (Auguste Lazare Henri) le 16 juin 1873, Louis (Louis Paul) le 24 janvier 1875. Cyrille Alexandre, devenu concierge de la mairie de Manosque, prend sa retraite, et meurt à soixante-treize ans, le 30 septembre 1902.

Giono a parfois parlé de lui. A J. Amrouche, en 1952, il le dépeint comme « un aimable vieillard qui prisait, qui se promenait avec une canne et que j'accompagnais parfois dans ses promenades dans les champs »; il avait, devant son petit-fils épouvanté, tué un gros serpent. En 1952 aussi, dans *Voyage en Italie,* Giono écrit : « Mon grand-père maternel (...) qui a été par la suite premier trombone à la garde impériale (Napoléon III) a commencé avant son rengagement par être zouave dans ces parages[43]. » Et, dans une chronique écrite le 1er février 1963 : « Il avait fait la guerre d'Italie dans les zouaves. A la paix, après l'armistice de Villafranca, il devint gagiste dans la musique de la Garde. Il jouait du trombone à coulisse. Les annales de la famille, mi-légendaires, mi-historiques, racontent qu'il fut souvent appelé par l'impératrice Eugénie pour jouer du trombone devant la petite cour des boudoirs où, en cachette de l'empereur, on dansait. Le fameux trombone est resté, par la suite, plus de trente ans accroché à un clou au-dessus de la tête du lit de ma mère. Je me souviens vaguement de ce grand-père comme d'un petit homme râblé, toujours de mauvais poil, que je surprenais souvent la tête dans le placard en train de siffler en vitesse un verre de vin, et qui parlait toujours de Solférino[44]. »

On voit les coups de pouce successifs de l'invention. « Aimable vieillard », Cyrille Alexandre, ou « toujours de mauvais poil » ? Premier trombone, non. S'en était-il vanté ? Il était troisième clairon, et accessoirement trombone. Ce qui est vrai, c'est qu'il devait préférer le trombone, puisqu'il en avait un. Giono dira, dans des entretiens en 1952 puis en 1968 que son grand-père, après son retour à Manosque, « faisait danser dans les bals avec son trombone[45]». Quand l'instrument ne fut plus accroché au-dessus du lit de sa fille, il passa au « bastidon[46]», où l'oncle Marius Pourcin, dit Giono à Amrouche, l'astiquait, et où Élise Giono l'a longtemps vu au mur. Mais un jour, dans les années 50, me dit-elle, Jean fut agacé de le voir éternellement, et le dépendit ; on ne sait ce qu'il est devenu. Quant à Cyrille Ferdinand jouant du trombone à l'appel de l'impératrice pour faire danser en cachette de l'empereur, c'est du meilleur burlesque gionien, à la Daumier. Mais qui sait si la merveilleuse scène de *L'Iris de Suse,* où la baronne de Quelte danse toute la nuit avec Murataure aux sons d'un piston, n'a pas un rapport avec l'image du grand-père trombone chez la belle Eugénie ? Autre point : dans la chronique de 1963, le grand-père n'est plus rengagé, mais « gagiste ». Un militaire de carrière pendant seize ans dans sa famille, était-ce devenu trop pour Giono ? Le rengagement rejoignit le trombone dans le néant.

Restons dans la famille Pourcin. Cyrille Ferdinand avait deux frères, dont l'un, Eugène (Antoine Eugène), né à Manosque le 11 novembre 1833, y est mort le 22 décembre 1908. Il était tanneur, comme originellement son frère aîné, selon *Le Grand Théâtre*[47]. Selon le même texte, le plus jeune frère, Philippe (Auguste Philippe), avait l'habitude de jouer sur son violon toujours la même mazurka, *La Tsarine,* que Giono introduira trois fois dans son œuvre[48]; au cimetière de Manosque où il est enterré, un violon est sculpté sur sa tombe ; il est mort le 4 novembre 1914.

Quant à la grand-mère Eugénie, morte à Manosque le 8 septembre 1893, à cinquante-cinq ans, Giono ne l'a pas connue et ne dit rien d'elle. Selon la cousine germaine de Giono, Fernande Pourcin, elle avait la réputation d'être douce et gentille. Elle avait repris son métier de blanchisseuse ; on la voyait passer dans Manosque, portant d'énormes corbeilles de linge à laver. Mais, originaire de Picardie et « parlant pointu » (comme on dit dans le Midi), elle ne fut jamais réellement adoptée par les Manosquins, qui, me dit Élise Giono, l'appelèrent pendant vingt-cinq ans, jusqu'à sa mort, « l'Étrangère ». Sa gentillesse était-elle constante ? Jean Antoine Giono, qui a connu brièvement sa belle-mère, n'en a peut-être pas toujours parlé en bien : les quelques allusions à la Picardie et aux Picards que l'on trouve par-ci par-là chez Giono ne sont souvent guère exaltantes. C'est de Picardie que vient l'effrayant Saint-Jérôme de Buis-les-Baronnies dans *Noé*; sans doute aussi le fruste colonel du *Voyage en calèche*. Et si pendant la guerre de 14 le soldat Giono semble, d'après ses lettres, avoir rendu visite à des parents de sa grand-mère, des cousins d'Abbeville nommés Arnaut, qui lui avaient envoyé des colis, ainsi qu'à d'autres dont j'ignore le nom et qui le reçurent chez eux à Paris lors de brèves permissions, il ne garda par la suite de relations ni avec les uns ni avec les autres. Donc aucune sympathie profonde pour eux. C'est pourtant de la lignée de sa grand-mère maternelle que Giono tient un de ses traits physiques essentiels, ses yeux d'un bleu très clair, mais nullement délavé : extraordinairement intense.

A Manosque, pour la famille Pourcin, la vie était dure. Pauline dut gagner sa vie, en continuant à vivre chez ses parents. A vingt-trois ans, en 1880, elle ouvrit un atelier de repasseuse : tradition familiale. Elle avait une belle voix, et chantait souvent – des airs d'opéra ou d'opérette notamment – même en repassant ; Giono s'en fera l'écho dans *Jean le Bleu*[49]. Elle chanta aussi, au moins une fois, à la fête de Corbières non loin de Manosque. Fernande Pourcin a entendu dire qu'avant son mariage, un impresario qui l'avait entendue de la rue, émerveillé, était entré pour lui proposer de lui faire éduquer la voix et de la lancer dans une carrière. Idée que la famille avait repoussée avec horreur. Mais, si l'on se fie aux hérédités, c'est apparemment d'elle, plus que de Jean Antoine, que Giono tiendra son amour de la musique. Elle ne se mariera qu'à trente-cinq ans, peu avant la mort de sa mère, et n'aura que trois ans plus tard son unique enfant : Jean Giono.

Les relations de Giono avec les membres du clan Pourcin seront diverses, on le verra : passionnées et compliquées avec sa mère, exaspérées avec Marius, le frère de celle-ci, cordiales avec l'autre frère, Louis, et avec certains de ses cousins. Mais dans l'ensemble il se voudra Giono, avec insistance, et ne se sent pas Pourcin.

Jean Antoine Giono jusqu'à son mariage

Ce qui joue ici d'abord, c'est l'admiration et l'amour que Giono porte à son père. Jean Antoine était certes une personnalité remarquable. Ce père, que son fils appellera Antoine Jean – mais ce n'est pas l'ordre de l'état civil –, sera toujours appelé Jean dans sa famille. Né en France et français, il sera, semble-t-il, comme son père, un errant pendant une partie de sa vie. Mais ce qu'a dit de lui son fils est à peu près la seule source dont on dispose pour connaître sa vie jusqu'à son mariage. S'est-il vraiment, comme il est dit dans *Jean le Bleu*[50], « appris à lire et à écrire tout seul » ? C'est possible. Son adolescence se passe à Peyrolles ; sa mère, après son veuvage, y a pris une auberge. Jean Antoine a-t-il été, comme il est dit dans les entretiens avec Amrouche, à la fois cordonnier et facteur (« piéton de la poste aux lettres ») ? Il aurait dans ses tournées risqué la rencontre des brigands de la bande de la Taille. Puis il se serait fixé à Marseille, où vivait sa sœur Catherine. En 1866, comme Giono l'a écrit pour Claudine Chonez ? Ou après la mort de sa mère en 1875, comme il l'a dit à J. Amrouche ?

Là, il ne sera plus que cordonnier, métier qu'il a dû apprendre comme apprenti : son fils écrira dans la *Lettre aux paysans*[51] que quand son père « voulait dire merde à son patron (c'est aussi une joie parfois), il disait merde à son patron ». Puis il a une échoppe à lui, rue des Chapeliers, puis rue Mazagran, puis rue du Musée, écrit Giono dans son esquisse biographique pour Claudine Chonez. Mais il a aussi montré à sa fille Sylvie l'emplacement du dernier endroit où avait travaillé Jean Antoine à Marseille, dans le haut du boulevard Salvator, à droite en montant.

D'après une variante de *Noé*[52], il a aussi été quelque temps établi à Toulon ; mais comme Giono situe cela lors d'un événement historique datant de 1893, la chose est fort douteuse. En 1870, il est exempté de service militaire comme fils de veuve et soutien de famille, et ne s'engage pas. Pas davantage en 1871 dans la Commune de Marseille, bien qu'il ait connu Gaston Crémieux qui la dirigea. « Il est quarante-huitard[53]. » En 1874, d'après Giono, il part sur les routes comme cordonnier itinérant, s'installant sur les places des villages qu'il traverse, et gagne sa vie à faire et à raccommoder des souliers. Pour aller à Salzbourg, écrira Giono en 1938 dans *Le Poids du ciel*[54]. Connaît-il Mozart à l'époque ? On ignore tout de sa formation, de la date à laquelle il a commencé à se faire une culture. Est-il vraiment allé à Salzbourg ? Dans une phrase rapide et ambiguë de son esquisse biographique, Giono écrira : « Il va jusqu'au Tyrol et en Autriche, revoir le pays de son père, où les propriétés de la famille sont sous séquestre depuis la condamnation à mort de J.B. Giono. » Propriétés sans doute mythiques, et qui ne pourraient de toute façon, probablement, se trouver qu'en Piémont et non au Tyrol. Jean Antoine ne revient qu'à trente-huit ans, neuf ans plus tard, en 1883. (L'absence de Jason l'Ancien, au début de *Deux Cavaliers de l'orage,* durera elle aussi neuf ans.) Tout ce voyage se fait à pied ; ou au hasard de voitures rencontrées. Au retour, le cordonnier descend la vallée de l'Ubaye, après avoir sans doute passé le col de Larche. Au début de 1879, il retrouve sa famille : sa sœur Marguerite Fiorio est provisoirement établie, en raison du travail de son mari Giuseppe, déjà évoqué, à Saint-Vincent-les-Forts (il construit le fort près duquel Giono sera emprisonné en 1944...). Elle attend son second fils. Jean Antoine s'installe d'abord à Ubaye (Le Lauzet-Ubaye), à quatre kilomètres, où il restera au moins un mois. Il s'y fait refaire un livret d'ouvrier, disant avoir perdu le sien ; mais peut-être ne veut-il pas reconnaître qu'il a été longtemps à l'étranger ? A partir du 28 septembre 1879, il s'installe à Saint-Vincent-les Forts même, où il reste au moins jusqu'en juin 1880. Il déclare alors que son intention est de revenir à Marseille[55]. De Saint-Vincent, il repart pour Tallard, dans la vallée de la Durance. Puis, d'après ce que son fils a dit à J. Amrouche, au Poët, plus bas dans la même vallée, à 10 kilomètres au nord de Sisteron.

Ensuite – par hasard? – il s'arrête à Manosque et s'y fixe à une date incertaine[56]. Il y exercera son métier jusqu'à sa mort. Venu habiter en 1891 un gros immeuble appelé « La Grande Maison », sur le boulevard des Tilleuls, il y fait la connaissance de Pauline Pourcin, qu'il épousera l'année suivante. Il a quarante-sept ans, elle en a douze de moins.

Cet artisan individualiste était un libertaire, hostile à tout dogme. « Mon révolutionnaire de père », écrira Giono[57]. Il s'était fait une culture, seul ou aidé par d'autres : la Bible – comme merveilleuse source de légendes et non comme support d'une foi –, l'*Odyssée,* Voltaire, *Jocelyn, La Légende des siècles, L'Homme qui rit, Les Mystères de Paris* et *Le Juif errant* d'Eugène Sue, les romans de Fenimore Cooper. Beaucoup de romantiques, on le voit. Jean Antoine, dira son fils à J. Amrouche, avait pleuré en apprenant la mort de Victor Hugo. Mais Proudhon, Bakounine, Jean Grave, Laurent Tailhade, cela, selon Giono lui-même en 1969[58], ce n'étaient pas les lectures de son père : c'est pour son personnage, tel qu'il l'a recréé dans *Jean le Bleu,* que Giono les lui a prêtées. Le doute peut subsister pour Hésiode et Virgile, apportés comme la Bible et l'*Odyssée* par l'abbé Lombardi, « l'homme noir » de *Jean le Bleu.* Car Daniel Halévy se souvenait en 1954 que Giono lui avait raconté en 1929 avoir été nourri d'un Homère trouvé dans le grenier paternel, et d'une Bible prêtée à son père par le pasteur protestant de Manosque[59].

A la suite des visites du pasteur, Jean Antoine avait, a dit Giono à J. Amrouche, adhéré au protestantisme, sans aller jamais au temple. Ce qui le confirme, c'est qu'il a eu un enterrement protestant.

Jean Antoine avait-il lui aussi – comme son père qui selon Giono aimait Alfieri[60] – une certaine culture italienne ? Giono a dit à R. Ricatte, à propos d'un récit fait par Franchesc Odripano dans *Jean le Bleu,* que son père aimait *I Promessi Sposi* de Manzoni, et les personnages de saint François d'Assise et de sainte Claire[61]. Peut-être... Mais ces goûts ne sont pas mentionnés ailleurs, et ne semblent pas être passés chez Giono, sauf en ce qui concerne saint François[62].

Il est certain pourtant que Jean Antoine parlait piémontais avec ses sœurs et ses cousins Fiorio, et, d'après *Jean le Bleu*[63], conversait en italien avec certains de ses visiteurs. Mais il n'a pas transmis à son fils de réel savoir linguistique sur ce point : seulement une curiosité et un appétit. Rien n'atteste que ce soit de lui que Giono ait tenu sa passion pour ses grands hommes italiens : Dante dès sa jeunesse, plus tard l'Arioste et Machiavel.

Selon de nombreux textes de Giono, écrits à toutes les époques de sa vie, son père avait avec lui de longues conversations; il était un narrateur, un conteur. Mais Giono m'a dit en 1969 qu'il n'en était rien, et que, si son père exprimait à loisir ses idées, il ne racontait pas de longues histoires. La cousine germaine par alliance de Giono, Maria, la femme d'Émile Fiorio, morte en 1976 à quatre-vingt-dix-sept ans, qui avait bien connu Jean Antoine depuis 1908, me l'a dépeint comme un homme plutôt silencieux. Tous les témoignages s'accordent là-dessus : non seulement celui d'Élise Giono, qui ne l'a connu qu'à partir de 1914, mais surtout celui de Fernande Pourcin, née en 1900, et dont les souvenirs remontent à 1904 environ. Il parlait pourtant aux enfants qui montaient dans son atelier et qu'il aimait beaucoup : 50 ans plus tard, la fille d'un coiffeur manosquin écrira à Giono qu'elle se souvient encore du « père Jean » qui lui racontait « de si jolies histoires » quand elle était petite[64].

Tout le monde est d'accord aussi sur sa bonté et sa générosité – sauf peut-être à l'approche de la mort qui le fit se replier sur lui-même. Fernande Pourcin me raconte – elle le tenait de son père – que lors de l'épidémie de choléra de 1884, qui toucha légèrement Manosque, chacun, épouvanté, se calfeutrait chez soi. Seuls deux hommes dans la ville avaient à cœur d'aller voir les malades, de les soigner, de les réconforter : M. Robert, un quincaillier dont le fils Arthur fut plus tard maire de Manosque, et Jean Antoine Giono, comme si les soins donnés par son père aux malades d'Alger un demi-siècle plus tôt avaient créé une tradition de dévouement. Chacun s'accorde aussi sur son anarchisme : Maria Fiorio se souvenait que, de 1914 à 1918, il écrivait contre la guerre des poésies et des chansons qu'il leur envoyait, à son mari et à elle. L'on ne peut être assuré qu'il ait littéralement prononcé aucune des paroles que son fils lui prête dans *Jean le Bleu*, le premier publié des textes où il soit mis en scène, ou dans ceux, nombreux, qui suivront pendant trente ans[65]. Ni qu'il ait agi exactement comme Giono le fait agir. Mais si dans ces textes on trouve rarement la transcription exacte de la réalité, il est probable qu'elle y est sur certains points (mais lesquels ?), et surtout que c'est l'expression d'une profonde vérité globale. Cette indépendance, cette sagesse, cette générosité ont existé. Se proclamant anarchiste, il était indépendant des religions, des partis, des syndicats. Anticlérical, certes ; qualifiant les églises et les temples, m'a dit Giono, de « boîtes à Bon Dieu », et en voulant surtout au catholicisme de ses dogmes, de ses rites, de sa hiérarchie – et d'avoir partie liée avec la bourgeoisie dominante ; mais lisant la Bible, et ne refusant nullement le contact avec un prêtre ou un pasteur, surtout s'il donnait quelques marques de non-conformisme ; au fond, probablement sans utiliser le terme, un peu déiste dans la tradition de Voltaire et de Hugo.

Chapitre 2
Enfance et adolescence

La maison de l'enfance. Les parents.
Les premiers souvenirs

Jean naît le 30 mars 1895, trois ans après le mariage de ses parents. Comme sa grand-mère Eugénie, comme sa mère Pauline, il a les yeux bleus, et il est très blond : sa mère conservera toute sa vie, dans une montre, une mèche des cheveux de son fils, coupée dans ses toutes premières années, et leur couleur se confond avec celle de l'or. Mais il virera bientôt au chatain. La naissance a lieu dans la maison où Jean Antoine et Pauline se sont établis au cœur du vieux Manosque, 1 rue Torte, au coin de la rue Grande. Mais, peu de mois plus tard, ils vont s'installer en face, dans une maison appartenant à la pieuse Mlle Delphine Pierrisnard, au 14 rue Grande : la rue principale de Manosque, large de cinq mètres, qui, à partir de la monumentale porte Saunerie, monte vers la place Saint-Sauveur puis vers l'Hôtel de ville. Non loin de cette porte, sur la droite en montant, se trouve la maison, que Pauline habitera jusqu'en 1930.

Giono y vivra jusqu'aux derniers jours de 1914 avec ses parents et son oncle Marius, et à nouveau, après son mariage, de 1925 à 1928, avec sa mère et son oncle. Les deux seuls logements dont il ait parlé longuement dans ses écrits sont le 14 rue Grande et le Paraïs : il a passé plus de vingt ans dans le premier, quarante dans le second. Celui de son enfance, il l'évoquera souvent plus tard. Dans son troisième entretien avec J. Amrouche, il oppose la partie rouge clair et jaune de l'atelier de repassage, où chantent les ouvrières, et la partie noire de l'atelier de cordonnier, où travaillait Jean Antoine en bourdonnant sans cesse, parfois machinalement, mais parfois aussi de joie ou de douleur[1]. Mais c'est dans un texte publié par *Le Rotarien français* de décembre 1957, « Sur quelques sonates de Scarlatti », qu'est décrit le plus lyriquement ce qui fut le cadre de toute une enfance :

« J'étais un tout petit garçon et j'habitais avec mon père et ma mère une grande et très pauvre maison. Elle était percée à jour comme une écumoire. Sa toiture, qu'aucun maçon ne voulait plus réparer, n'était plus qu'un mince treillis de tuiles sur des poutres pourries. Certes, elle contenait aussi des couloirs extraordinaires, de vastes chambres à moitié écroulées où dormaient, dans de mystérieuses ténèbres, des échos fantastiques et des chuchotements divins ; elle était échelée en tous sens par des rampes, des balcons, des escaliers, et il n'était possible à mon père d'exercer sa profession de cordonnier dans ce château en Espagne qu'en raison de cette toiture en dentelle. A cause d'elle, la propriétaire ne nous demandait qu'un loyer de cent vingt francs par an. C'était cocagne. Ça l'était moins les jours de pluie, ou, plus exactement, c'était d'un cocagne différent. Mon père s'amusait de tout et il m'a donné cet admirable outil de bonne heure.

« Ce palais où, à la belle époque, on aurait pu loger la suite de Laurent de Médicis n'était plus habitable que dans deux pièces auxquelles on n'accédait qu'après avoir traversé une Brocéliande de ruines. Une de ces pièces servait d'atelier à mon père ; l'autre était la chambre où nous dormions tous les trois ; le lit de mes parents était dans un coin, le mien dans un autre[2].

« Venaient les nuits d'hiver, les lourdes, longues pluies. J'ai toujours aimé la pluie et le bruit de l'averse occupant tout le ciel me réveille encore maintenant ; l'instinct du plaisir est plus fort que le sommeil. Il l'était déjà cette époque. J'entendais ensuite mon père qui appelait ma mère et lui disait : "Pauline, il pleut dans ma barbe[3]." Et c'était vrai, à la lettre. Des gouttières se mettaient à clapoter partout dans la chambre. Mon père se levait et venait tirer mon lit dans un endroit relativement abrité. Puis il plaçait sous chaque gouttière tous les récipients qui lui tombaient sous la main : cuvettes de toilette, vieilles boîtes à cirage, assiettes à soupe, pots à fleurs, et il retournait se coucher sous un grand parapluie bleu qui l'abritait, lui et ma mère.

« A partir de ce moment-là, c'était la maison enchantée et Merlin habitait mes ténèbres. C'étaient de tout petits comprimés de magie : les gouttes tombant dans la cuvette, la boîte à cirage, l'assiette à soupe, le pot à fleurs, graves ou grêles, lentes ou pressées, en fa, en sol, en mi, en ré. Dans cet équilibre exquis du demi-sommeil, sur le mince fil entre les sens et la mort, cette musique avait une saveur sans égale. Elle n'avait pas besoin d'être composée : chaque note avait sa charge de couleurs et d'images. Il y avait autour de moi un extraordinaire charroi de matériel poétique. »

Le 1er février 1963, Giono écrit que c'était, louée pour 50 francs par an, une maison de sept énormes pièces dans lesquelles on aurait pu faire du cheval, mais qui s'effondrait du plancher et de la toiture[4]. Il l'agrandira encore quatre ans plus tard ; pour reprendre un de ses mots favoris, il la démesure : « Une immense maison (…) de plus de vingt pièces, chacune de quoi faire du cheval ; des plafonds plus hauts que la nuit[5]. » En réalité, elle était étroite, tout en hauteur, et son humidité était la caractéristique que Giono, trente-cinq ans plus tôt, avait notée en premier : « Il y avait trop de lèpre de terre sur les murs, trop de nuit qui sentait le mauvais champignon[6].» L'humidité montait jusqu'au premier, et dessinait un visage sur le mur[7]. L'électricité n'y fut installée que pendant la guerre de 14. Les parents Giono en firent la surprise à leur fils lors d'une de ses permissions. «Maison immense, humide et noire dont tout le premier étage était inhabitable : planchers et plafonds démolis, tanières de rats et d'araignées. Les vieilles poutres gémissaient à longueur de jours et de nuits derrière ces portes fermées[8].» Au rez-de-chaussée, donnant sur la rue, l'atelier de repassage, avec ses ouvrières – deux ou trois avant la guerre de 14 – et la cuisine. «Ce que nous appelions la cuisine était l'arrière-boutique. Elle était tout en longueur et séparée du magasin seulement par un rideau rouge. Le fourneau était dans une encoignure, puis venait l'âtre sans vie ni rien, encombré de bouteilles et de fers à repasser, puis le placard, puis l'évier. Tout du même côté. Au fond, l'évier touchait le fenêtre barrée qui donnait dans la cour intérieure. De l'autre côté, il y avait la batterie de cuisine, une table demi-ronde, poussée contre le mur, et la porte du couloir. Près de la table, la chaise de mon père. On n'y voyait pas, mais j'avais tellement l'habitude[9].» Au troisième étage, le grenier s'ouvrait sur une «galerie», espace ouvert sur le devant mais couvert, qui servait à mettre sécher les fruits; Giono l'a évoqué plusieurs fois, notamment dans *Jean le Bleu*[10] et dans *Le Grand Théâtre*[11]. Au-dessous, la chambre à coucher et l'atelier de cordonnier avec ses cages pleines d'oiseaux.

Giono a écrit dans *Jean le Bleu* que son père «travaillait seul, s'il travaillait bien[12]»; et à nouveau, quinze ans plus tard, dans *Noé,* qu'il «travailla tout seul pendant vingt-cinq ans (de l'âge de cinquante ans qu'il avait quand je suis né, jusqu'à l'âge de soixante-quinze ans qu'il avait quand il est mort)[13]». C'est là une figure symbolique de l'artisan solitaire, par opposition à l'ouvrier de l'usine de chaussures. Mais, si Jean Antoine, à Manosque, n'eut jamais de patron, il eut des apprentis et des ouvriers, d'un à trois semble-t-il selon les époques : une photo[14] le représente avec trois ouvriers ou apprentis.

L'un – un semi-apprenti – était, a dit Giono à R. Ricatte[15], l'épileptique évoqué dans *Jean le Bleu*[16]: Goliath de son nom de famille, Voltaire de son prénom (mais l'état civil de Manosque l'ignore). Un autre – ou le même ? – était Pancrace, évoqué dès 1930 dans *Présentation de Pan*[17]; c'était un apprenti ou «plutôt un demi-ouvrier» dont Jean Antoine disait : «Il n'a pas plus de goût à être cordonnier que moi à être pape[18].» Dans «Un conte de Noël[19]» sera relatée une conversation de 1900 avec Pancrace, «ouvrier trimardeur», «un peu simple d'esprit». Peu avant sa mort Giono évoquera encore – souvenir datant de 1905 – «cette sorte de Quasimodo nommé Pancrace qui servait d'apprenti à mon père (…) une sorte de colosse tordu, un énorme avorton, boiteux des deux jambes, qui chaloupait profondément comme un torpilleur par gros temps. Insensible au froid, il se baladait tout dépoitraillé par des froids de canard[20]». Giono a dit vers 1954 à Romée de

Villeneuve que Pancrace ayant ouvert une échoppe avant 1910, Jean Antoine était resté seul[21]. Mais comment savoir? Il semble que ce soit encore lui que, dans un texte inachevé de mars 1927, *Une rose à la main*, Giono ait appelé Brancaï: «Nous lui disions Kaï, comme c'était plus court et plus commode, car il fallait l'appeler dix fois par jour parce qu'il rêvait tout debout dans les couloirs. On ne pouvait savoir exactement son âge de façon certaine. Naturellement glabre, sans un poil, même aux sourcils, il avait un visage de vieux marmot[22].» Giono pensera encore à lui quand il évoquera dans *Le Bonheur fou* un ouvrier cordonnier, «un boiteux simple d'esprit, habitué à l'esclavage[23]».

Il y a enfin le fils du charron nommé Turin, qui, selon Giono, aurait été enlevé à sa famille par Jean Antoine qui voulait le sauver, et qui serait resté apprenti une dizaine d'années, avant d'être finalement tué par son père[24]. Donc tous ceux dont parle Giono parmi les apprentis ou les ouvriers de son père étaient difformes, ou simples, ou durement éprouvés par la vie. On le voit, des deux aspects essentiels du père – artisan porté au travail solitaire et homme d'une profonde générosité – tantôt le premier tantôt le second sont mis en lumière dans ces textes, chacun grossi jusqu'à occulter l'autre, alors que presque certainement ils ont dans les faits alterné ou coexisté.

L'atelier «prenait jour sur une petite cour qui appartenait à un berger. De temps en temps on parquait en bas des moutons[25]. A la fin le berger loua sa cour à un porcatier qui y établit une soue. Il engraissait tant ses cochons avec des déchets de lait et de légumes que les bêtes ne bougeaient plus, couchées dans le fumier où le purin s'amassait. Ce n'était qu'après le massacre qu'on changeait la paille[26]».

Le métier de son père, son savoir-faire, sa conscience d'artisan, fascinaient Giono. Il n'a jamais le sentiment d'en avoir assez dit sur lui: il l'évoque dans une dizaine de ses livres – avant tout dans *Jean le Bleu* et dans *Triomphe de la vie* – et dans des articles, jusqu'à sa mort[27]. S'il a réinventé les propos de l'homme, il n'a jamais varié sur l'artisan, qu'il admirait de toute son âme. Lui qui réinventait constamment pour les mettre en scène toutes les techniques qu'il ignorait, il se montre, quand il traite du métier de cordonnier, comme dans *Triomphe de la vie,* d'un scrupule et d'une exactitude sans défaut: Yvon Michel, le vieux cordonnier de Gréoux, a pu, lisant ce texte en 1986, y reconnaître chaque terme et chaque geste. C'est peut-être là le plus lointain souvenir de Giono: «Depuis l'âge où j'ai pu monter les escaliers tout seul, ou plus exactement depuis le moment où ma mère m'a laissé monter les escaliers tout seul, j'ai vécu le plus radieux de mes rêves à côté de l'établi de mon père[28].» Il devait avoir deux ans. Il n'y a guère de coquetterie dans cette affirmation répétée: «mon plus cher désir (que j'ai toujours) a été pendant toute mon enfance d'être cordonnier comme mon père[29]». Cette phrase a été écrite à la fin de 1940. Et, en 1943: «J'avais envie d'être cordonnier. Il refusa. C'est la seule fois où l'amour de cet homme admirable s'est trompé[30]. » Trompé sur les désirs de son fils, peut-être, mais pas sur ses capacités : il était très maladroit de ses mains. Sauf sur ce point, Giono n'a jamais, que l'on sache, eu le moindre différend avec son père. Celui-ci lui apparaît, avec ses yeux de velours rayonnant, qui sont dans *Jean le Bleu* décrits comme tantôt gris, tantôt jaunes[31], avec sa barbe grise et bientôt blanche, comme une figure divine. C'est lui qui faisait les miracles, dira Giono dans la même œuvre[32]; et encore en 1969, bien plus tard : « Je l'admirais comme une sorte de Dieu aux yeux dorés, à la barbe de Père Noël, intouchable[33]. »

La figure de la mère, dans *Jean le Bleu* comme ailleurs, est plus nuancée. Giono a dit à Jean Amrouche qu'il aimait mieux son père. Jugement global sans doute, et influencé par les désaccords survenus entre sa mère et lui de 1930 à 1940. Mais, sûrement, il l'a beaucoup aimée dans son enfance, et elle avait pour lui une grande tendresse : « Ma mère, sa joue contre ma joue, me berçait doucement devant les santons (...).“Tu sens la dragée”, maman, disais-je en léchant sa joue poudrerizée de violette vanillée[34]. » Elle soignait avec passion cet enfant unique, au point que les voisines ironisaient : « En 1898, les bonnes femmes disaient à ma mère : “Ton fils, il ne vivra pas : il n'a pas de poux.”[35]. » Il lui arrivait pourtant d'être dure. Giono a parfois deviné en elle une nature différente de son apparence : « Par un étrange phénomène, ma mère, fine, douce, blonde et bleue quant au regard, m'apparaissait alors outremer, rouge et or, avec quelque chose de brutal et de naïf[36]. » Et son fils évoquera en septembre 1956, dans la préface à une réédition de *Jean le Bleu,* « son caractère terrible allant jusqu'à la cruauté[37] ». D'autre part, Jean aura avec son père une complicité dans le domaine des lectures : Jean Antoine lisait Voltaire, Lamartine, Hugo. Domaine fermé à Pauline, qui, en laissant mitonner le bouilli de bœuf du dimanche, « épelait à voix basse le feuilleton du journal (...) et elle disait lentement quelques mots à grosse moelle : « La marquise embrassa son amant (...). La croix de sa mère[38]!... » De même, dans *Les Images d'un jour de pluie* (1923), on la voit « suivre paisiblement des lèvres la trame des *Deux Orphelines*[39] ».

Les souvenirs de petite enfance sont malaisés à reconstituer : ils sont épars, et l'âge auquel remonte chacun d'eux est incertain. Il y a ceux de Noël, et de la crèche avec ses santons (il en reste encore aujourd'hui quelques-uns, usés et mutilés, dans la maison du Paraïs). Jean racontera qu'il fabriquait des paysages, autour de ces personnages, en recouvrant de papier gris quelques-uns des livres de son père – Malherbe, Dumas, Sue[40]. Et qu'il allait parfois voir les santons d'une jeune fille chez qui on lui défendait d'aller parce qu'elle était supposée de mauvaise vie – mais n'est-ce pas un personnage inventé ?

A cinq ans, vers 1900, Giono aurait eu un livret de caisse d'épargne, sur lequel il fourrait des écus de cinq francs en argent, jusqu'à avoir, plus tard, 150 francs à son compte[41]. A cette époque, quand sa mère lui donnait deux sous pour son goûter, elle lui en faisait rendre un « pour sauver les petits Chinois que de méchants parents jetaient au fumier ». Le récit est plus détaillé seize mois plus tard :

« Nous les sauvions des cochons. S'il faut à ce sujet particulier faire appel à des documents, j'en ai un. C'est une petite image, format sacré cœur de Jésus, qui représente la scène suivante : un missionnaire avec une longue barbe noire et ayant dans sa contenance et sur les traits un grand air de noblesse, s'avance d'un Chinois. Celui-ci, classique : chapeau en abat-jour et natte dans le dos, s'apprête, suivant sa coutume, à jeter sur le fumier un petit enfant nu.

« Un cochon est là, prêt à dévorer le bébé, comme d'habitude. On sent que le missionnaire est concentré, qu'il irradie de la puissance (de la puissance occidentale) ; il a même comme un halo derrière la tête. Mais comme, en fait de bébé et de cochon, il ne faut rien laisser au hasard, le saint homme tient en ses mains quelques pièces d'or. L'or ! Langage jupitérien et international ! Danaé et le Chinois ! On sent que ce dernier ne résistera pas. On est soulagé.

« Or, pour parler ainsi, cet or c'était moi, c'était nous, nous les hommes qui avons maintenant 70 à 75 ans, qui le donnions. Il y avait la "Société des petits Chinois". Je donnais un sou par mois à cete société (un sou de 1900) ; tous les camarades en faisaient autant ; certains, les riches, donnaient deux sous. Quand arrivait l'échéance de ma dette, si pour des raisons extra-orientales ma mère ne me donnait pas mon sou, la bonne sœur attendait un jour ou deux puis me disait : "Alors, Jean, tu oublies ton petit Chinois ?" C'était déchirant. Parfois, ma mère avait de trop bonnes raisons pour ne pas me donner le sou. C'était le prix d'un goûter, c'était le prix d'un litre de vin ; c'est ce qu'elle mettait une demi-heure à gagner, le fer à la main, si on peut dire (elle repassait du linge), mais il était trop horrible d'imaginer le saint homme sans son or dans la main. Le Chinois refusait l'enfant et le cochon se mettait à table. Je réclamais timidement à ma mère. En période critique, j'aime autant avouer que les petits Chinois et la bonne sœur s'entendaient dire deux mots par ma mère, qui, si elle n'avait pas le sou, n'avait pas non plus la langue dans sa poche. Enfin, après force contraintes, j'arrivais toujours à régler un peu en retard le sort d'un petit Chinois (je m'excuse auprès de lui si mon retard involontaire lui a coûté quelques doigts de pied). Je pouvais de nouveau regarder du côté du soleil levant avec la conscience du devoir accompli[42]. »

Il y a aussi, évoqué en 1965, un voyage à Marseille avec son père, à l'occasion de la visite du président Loubet, qu'il situe vers 1900[43] mais qui est en fait d'avril 1903. Trois ans plus tard il en reparlera, écrivant cette fois non plus Loubet mais Fallières, et la date véritable serait alors septembre 1906 :

« Je n'étais pas gros. Je vis le cortège et la foule du haut des épaules de mon père. Nous étions venus de Manosque en train pour passer la journée, voir le Président, voir la sœur de mon père et mes cousins germains. Il faisait très beau. Tout le monde rigolait, déambulait, buvait. Les gens de la montagne, comme nous, avaient profité de l'occasion pour visiter leurs familles. On avait tué le veau gras dans toutes les maisons ; non pas pour le père Fallières qui était là, bien gentil dans sa barbe, le cœur très à l'aise dans un beau ventre, mais pour le cousin, le beau-frère, le frère ou l'ami pour lesquels Fallières était le prétexte à avoir un jour de congé et envie de prendre le train pour venir rendre visite. En ce qui nous concerna, mon père et moi (ma mère était restée à la maison), on nous pria de rester à Marseille pour le soir où l'on devait tirer un feu d'artifice. Nous restâmes, et, ma parole, on le tira[44]. »

A Marseille, quand Jean avait cinq ans, il y avait également, sur une place du quartier de la Plaine, le bassin du Tour du Monde « dans lequel évoluait un bateau à rames en forme de petit paquebot et pouvant contenir une dizaine d'enfants. Un feignant costumé en marin faisait faire pour deux sous trois fois le tour du bassin, lentement, avec de longues pauses. (...) Chaque fois que je descendais à Marseille avec mon père, il me payait ça. Je montais dans la barque et j'étais navré de le quitter, car il restait *à terre*. Il restait à terre et il faisait lentement tout le tour du bassin en même temps que moi, car il était navré de me quitter[45] ». Ailleurs, le récit est un peu différent : au centre du bassin, il y avait un rocher ; le père restant sur place à attendre le retour du bateau, il y avait un moment où le rocher le cachait à son fils, que l'angoisse saisissait alors pour quelques secondes[46]. Fluctuation de mémoire ? Recomposition ? Le Giono « voyageur immobile », comme il se définira plus tard, a dû être en partie fait de cette impression d'enfance, mentionnée encore par Angelo III dans *Mort d'un personnage*[47].

A Manosque, vers six ou sept ans, il allait, dit-il, accompagner « [son] père dans ses promenades. Il portait dans sa poche un petit sac qui contenait des glands. Les glands sont gratuits sous les chênes. Il avait une canne à bout ferré ; on peut dire qu'elles sont gratuites aussi, il y en a dans toutes les familles. Le reste était une affaire de jarrets. A certains endroits des collines, sur quelques replats, devant une belle vue, dans des vallons près des fontaines, le long d'un sentier, mon père faisait un trou avec sa canne et enterrait un gland, ou deux, ou trois, ou cinq, ou plus, disposés en bosquets, en carrés ou en quinconces. C'était une joie sans égale : joie de le faire, joie d'imaginer la suite que la nature allait donner à ces gestes simples. Tout en continuant ces sortes de plantations nouvelles, nous allions visiter celles des années précédentes. Les glands plantés dans ces conditions donnent naissance à des chênes une fois sur dix ; c'est une belle proportion. Quels cris quand nous découvrions un de nos sujets bien robuste ! De quels soins nous l'entourions ! grillages pour le protéger de la dent des lapins et des chèvres, petites goulées d'eau qu'on apportait dans une bouteille, pendant la saison sèche. (...) Naguère encore, dans mes promenades calquées sur celles que je faisais étant enfant avec mon père, j'ai rencontré plus de vingt chênes qui sont mes demi-frères, puisque fils de mon père et de la terre (comme dans Eschyle). Ils ont bien vingt centimètres de diamètre de plus que moi, et ils me dominent de plus de vingt mètres. Je suis très fier d'eux[48]».

Ces années 1900 à 1902 sont celles de l'école Saint-Charles, l'école des Présentines, longuement évoquée dans *Jean le Bleu,* et où Jean Antoine, pour faire plaisir à sa femme, avait consenti, malgré la dépense, à envoyer son fils : « S'il est de ma race, il fera son compte tout seul[49]. » Cette petite école, où il a eu comme camarade Auguste Michel avec qui il restera toujours en relations amicales, a surtout engendré chez Giono des souvenirs rayonnants, bien qu'ils soient certainement très transposés dans *Jean le Bleu.* Sœur Dorothée, toujours en train de paver les allées du jardin quand elle ne se couchait pas avec les enfants sous un laurier rose pour leur épargner les sévérités de sœur Philomène, sœur Clémentine à la démarche harmonieuse, dont certains des écoliers étaient amoureux, la passion enfantine de Jean pour la Vierge et son désespoir de découvrir qu'elle est morte, tout cela forme un des plus beaux chapitres du livre.

Jean était délicat : il souffrait de fréquentes angines. Quand les recettes données par le manuel de Raspail se révélaient insuffisantes, on appelait le Dr Parini ou le Dr Émile Caire, dont Giono a tracé le portrait en 1967 dans sa chronique « Le médecin de campagne[50]» : la soixantaine, une petite barbiche à la Raspail, et une activité inlassable, jusqu'à l'épuisement : Giono le dépeint s'endormant un quart d'heure à son chevet. Les parents de Jean, pour lui donner des forces, l'envoient en vacances pendant trois mois à Corbières, à dix kilomètres au sud de Manosque, chez ceux qu'il a dans *Jean le Bleu* appelés le berger Massot et sa femme. Il a six ans, semble-t-il, bien que dans le livre il dise en avoir eu treize. Massot, un peu buveur, râblé, barbe au vent, est « faux », a dit Giono, c'est-à-dire inventé ou très modifié[52]. Mais la mère Massot, à l'en croire, est vraie : « C'était une agréable dame des champs, très laide ; avec tant de bonté dans son œil crevé, tant de bonté dans son œil vivant, tant de bonté dans sa moustache, dans son nez priseur, dans ses joues décollées, dans sa bouche aux lèvres noires qu'elle en était effroyablement laide. C'était une laideur faite de tout ce sacrifice, de tout ce martyre qui est la vraie bonté. Sur la photographie que je vis à la chambre et où elle tenait à pleine main l'index du berger Massot habillé de noce, elle était belle et fraîche et comme gonflée d'une vénusté naïve. Il avait fallu peu à peu briser, brûler, tordre, pétrir ces chairs, se faire crever l'œil, se déhancher, se cuire au four de la bonté comme la brique ou le pot, ne plus penser qu'à ce petit fruit rouge du cœur. Elle avait pleinement réussi en tout ça[52]. » Corbières, même en partie réinventé, c'est, R. Ricatte l'a montré, un *ailleurs* par rapport à Manosque, un lieu d'asile, mais aussi le pays étrange de la peur et du mal, contre lesquels les hommes s'unissent : la fraternité des campagnes s'oppose à l'égoïsme des villes et à la dispersion qui les gangrène.

Manosque au début du siècle

Le Manosque des années 1905 à 1910, quand Giono avait de dix à quinze ans, a été merveilleusement évoqué par Élise Giono[53] avec ses 4 000 habitants, son crieur public, ses voitures à cheval : il y avait dans la ville, au début, une seule automobile, celle d'un pharmacien dont le commis, « certains jours, allait de porte en porte pour avertir : Attention, l'automobile va sortir[54] ». Les temps forts de l'année étaient les quatre jours de fête à la mi-mai, pour la saint Pancrace, et les festivités du quartier du Soubeyran en juin. Des bagarres éclataient à la sortie des bals. Trois formations musicales se produisaient alternativement sur la place de l'Hôtel-de-Ville, ou sur la place du Terreau, ou devant le café glacier, à l'extérieur de la porte Saunerie : une musique municipale, plutôt de gauche, et deux fanfares, dont l'orphéon, plutôt conservateur, et dirigé par un notaire mélomane. Mais Giono ne semble pas à l'époque avoir été attiré : les programmes étaient souvent peu exaltants ; pour entendre de temps à autre l'andante de la Neuvième de Beethoven (le 10 février 1906) ou de la Cinquième (le 19 janvier 1907), il fallait subir une incroyable quantité de musique informe. Les adaptations étaient fréquentes : la fanfare de Manosque donnait le 1er septembre 1906 l'ouverture des *Noces de Figaro*. Et on ne comptait pas les « fantaisies » (des pots-pourris) : sur *Le Prophète*, sur *Faust*, sur *Carmen*, sur *Lohengrin*, sur *Tannhäuser*. On imagine bien que les réactions de Giono aient été celles qu'il prêtera à Amédée dans *Un de Baumugnes* : « J'ai entendu pas mal de musique et même, une fois, la musique des tramways qui est venue donner un concert à Peyruis pour la fête. J'avais payé une chaise trente sous ; c'est vrai qu'avec ça j'avais droit à un café. Y avait pas loin de moi la femme du notaire et la nièce du greffier ; et tout le temps, ç'a été des : "Oh ! ça, que c'est beau", "Oh ! ma chère, cette fantaisie de clarinette". Moi, j'écoutais un petit bruit dans les platanes, très curieux et que je trouvais doux : c'était une feuille sèche qui tremblait au milieu du vent. La grosse caisse en mettait à tours de bras. Alors, je suis parti sans profiter de ma chaise et de mon café pour mieux entendre ce qu'elle disait, cette feuille[55]. » De même, rien n'indique que Giono ait eu la curiosité (à supposer qu'il en ait eu les moyens) d'aller découvrir les opérettes données au casino par la troupe Sauvajol : en décembre 1906 par exemple, *La Fille de Mme Angot*, *Si j'étais roi*, *Les Cloches de Corneville*.

Giono se souvenait en revanche – il en a parlé deux fois – de sa pre-

Giono

mière séance de cinéma[56]. Il avait cinq ou six ans, a-t-il dit, et il vit sur l'écran le train entrer en gare de La Ciotat, et l'arroseur arrosé, et le vent. Je n'ai pas retrouvé la trace de cette séance. Mais il y en eut d'autres de temps en temps. Par exemple, du 18 au 25 février 1905, sur la place du Terreau, s'était installé le Royal Cinéorama, qui passait des scènes comiques, des scènes féeriques, des actualités, la guerre russo-japonaise, grande course de taureaux espagnols, Paris la nuit ou exploits d'apaches à Montmartre[57]... Les Manosquins furent aussi attirés – je ne sais à quelle date exactement – par le Théâtre astronomique du père Fabre ; il était aussi appelé Théâtre de l'Univers : des planches, représentant le système solaire et le ciel avec ses constellations, y étaient commentées par un bonimenteur-vulgarisateur[58]. Il y avait encore de temps à autre, a raconté Giono à J. Amrouche, un arracheur de dents nommé Casagrande, qui se déplaçait dans une sorte de landau tiré par des chevaux, avec des acolytes habillés de rouge qui jouaient du tambour et de la grosse caisse. Le personnage, avec son métier et son nom, reviendra en 1960 dans *Camargue*; et le nom dans *L'Iris de Suse*. Le passage d'Alphonse, le « Pétomane mondain », fit également sensation, et Giono allait s'en souvenir.

Il y eut aussi le premier vol à Manosque d'un avion, que je n'ai pas retrouvé dans la presse, mais auquel il assista avec son père et qui l'émerveilla. Il en a parlé plus tard dans des chroniques, et surtout, en 1961, dans *Le Grand Théâtre*. « On payait cinq francs d'entrée (le cinématographe avait coûté dix sous) pour approcher de l'appareil, installé dans un champ derrière la gare. Comme pour ces cinq francs on avait droit à voir voler l'engin, la foule devint méchante après une heure d'attente : il s'était levé un petit vent et l'aviateur hésitait. On lui fit voir que cinq francs étaient une somme. Les gendarmes durent le protéger, enfin les gendarmes eux-mêmes obligèrent, comme toujours, le héros à se comporter en héros (...) ; l'oiseau de toile avait pris de la hauteur et, ronronnant, à peine balancé par le petit vent, était allé faire le tour d'une colline à cinq cents mètres de nous ; il revenait et se posait. Le monde avait changé de sens ; il n'était plus question de méchanceté pour cinq malheureux francs, c'était l'adoration d'un dieu. » Jean Antoine, après ce vol, lut-il vraiment à son fils les passages de l'Apocalypse « dans lesquels il y avait beaucoup d'anges volant au zénith », et, en italien, la strophe où l'Arioste évoque l'apparition du Cheval volant, l'hippogriffe[59]?

Autre souvenir possible – à moins que ce ne soit une invention, qui attesterait l'humour de Giono : l'histoire qu'il racontera en 1965 à Claude Santelli lors d'un entretien télévisé : la veille de Noël 1902, en face de la boutique vint s'asseoir un couple errant et démuni, un homme, et une femme sur le point d'accoucher. Le père de Giono sort, ainsi que les voisins ; on fait manger les malheureux, on les loge à côté dans le fournil du boulanger. L'âme de Jean Antoine, le vieux révolutionnaire quarante-huitard, non pratiquant mais nourri de la Bible, s'émeut : si c'était un second messie ! Il va aux nouvelles pendant la nuit, car l'enfant est né, mais rentre désappointé : « C'est une fille ! »

Le collège

C'est trois mois avant ce Noël de 1902 que Jean entre au collège de Manosque, où il restera jusqu'en 1911. Un collège très ancien, fondé paraît-il en 1365. Comment une famille dont les ressources étaient si maigres a-t-elle pu assumer des études qui, à l'époque, étaient coûteuses ? L'enseignement secondaire n'est devenu gratuit qu'en 1931. C'est que le collège de Manosque, depuis la Deuxième République, n'était pas payant, grâce à une subvention municipale[60]. Selon Giono, seuls deux de ces établissements, en France, avaient droit à une telle faveur[61]. C'était un petit établissement, de cent vingt à cent quarante élèves environ, dont moins d'un tiers internes. Des classes peu nombreuses. Jean y restera neuf ans. Il est d'abord dans les « petites classes », correspondant à l'école primaire, de la neuvième à la septième qu'il redouble. Il a peu parlé de cette période. On ne sait pas grand-chose de ses instituteurs pendant ces quatre ans. Celui qu'il avait en septième, M. Eyglunent, prêtre défroqué disait-on, était un géant brutal et gifleur. Jean est un élève moyen, d'une moyenne honnête : en neuvième, 2e prix de lecture, accessits en géographie et en récitation (cela n'étonne pas : il lira toujours admirablement) ; rien en huitième ; en septième, 2e prix de lecture et récitation, mais le reste est peu brillant ; il redouble, et obtient alors un 1er prix d'instruction morale et civique, une mention en grammaire et orthographe, un 1er accessit de récitation et lecture, un 2e accessit de calcul.

Il racontera bien peu de chose de ses classes, de ses maîtres, de ses études : tout cela se prête peut-être mal à être recréé par son imagination. Il s'étendra davantage sur ses départs pour le collège, et sur les camarades qu'il devait prendre au passage et attendre lorsqu'ils n'étaient pas prêts, car leurs mères bourgeoises étaient redoutables[62].

C'est à cette époque, pendant la seconde de ses classes de septième, qu'il fait sa première communion. Il est pour cela inscrit au catéchisme, et, bien que le prêtre ait été un homme intelligent, Jean raconta plus tard avoir « éprouvé tout de suite une sorte de répulsion corporelle et physique pour cette espèce d'étude (...). Dès la première explication du catéchisme, c'était fermé, il y avait une espèce de chape de plomb qui m'environnait et j'étais intouchable. Je m'intéressais à des quantités de choses, j'écoutais l'écho de l'église, j'étais très touché par les grandes voûtes, j'étais prodigieusement intéressé par les lumières qui jouaient dans les vitraux, j'entendais avec le plus grand appareil romanesque le bruit des pas qui se répercutait dans les cours de l'église, tout cela me touchait, mais dès qu'on me parlait de Dieu et de la religion, c'était fini, il n'y avait plus aucun contact[63]». Élise Giono me dit (tient-elle ces souvenirs de sa belle-mère ou de son mari?) que, vers la fin de cette instruction, Jean avait été, lors d'un contrôle, classé 24e sur 25. Sa mère, indignée, alla trouver le curé; on ne sait ce qu'elle lui dit, mais, quand elle le quitta, le classement avait été modifié: Jean était 5e. Le jour venu, il était splendide: costume sombre, pantalon, grand col blanc avec un rabat, nœud blanc au bras gauche: on prit de lui une photo, la main droite posée sur un livre de piété[64]. Mais pendant toute la durée de la cérémonie à l'église, Jean Antoine, pour bien marquer qu'il s'en désolidarisait, descendit de son atelier et se tint sur le pas de la porte, portant son tablier de cordonnier, au vu de toute la rue. Et, pour le repas de fête, il resta en tenue de travail. Aussitôt après, ayant fait ce plaisir à sa mère, Jean abandonna toute pratique religieuse. Une exception peut-être, on le verra: il aurait encore parfois, plusieurs années après, accompagné sa mère au salut, le dimanche.

Quelques mois plus tard, au collège, il entrait dans les grandes classes. Ses professeurs nous sont connus par le palmarès 1911-1912, et par les souvenirs d'Henri Fluchère[65], interne dans l'établissement, et qui, plus jeune que Jean de près de quatre ans, mais scolairement plus « en avance » que lui grâce à son milieu familial, reçut leur enseignement deux ans après lui. A partir de 1910, le principal fut M. Yrondelle, licencié en espagnol et en philosophie; il enseignait cette dernière discipline, et aussi le latin à partir de la troisième: il était passionné de Virgile, mais aussi de Cervantès et de l'Arioste: trois des futurs dieux de Giono. Il parlait avec les élèves durant les récréations, ainsi que sa charmante femme, qui avait remarqué les beaux yeux de Jean. Le professeur de français, M. Guinard, faisait apprendre à ses élèves des poèmes de Vigny (« La maison du berger »), de Hugo (« Tristesse d'Olympio »), de Baudelaire (« Élévation », « La charogne »); il était, pour ce dernier, en avance sur la moyenne des professeurs du secondaire en province à son époque. En anglais – Jean dut en faire pendant cinq ans – M. Couturier, au moins dans les grandes classes, faisait étudier les poètes romantiques et Shakespeare. Jean ne faisait pas de latin, ce qui ne veut pas dire qu'il ne s'y soit pas essayé pour lui-même – il apprit seul, plus tard, quelques mots de grec[66]. Mais il fit de l'italien en seconde, avec le professeur d'anglais. Une part de tout cela l'a frappé et marqué. Mais, écrit H. Fluchère, « à l'époque, Jean était peu communicatif. Il ne nous parlait guère de ses rêves, sauf à discuter d'un texte proposé comme sujet de devoir ». Son seul ami véritable était Louis David; il avait le même âge, était lui aussi timide, venait également d'une famille modeste: son père était un marchand forain qui, avec sa femme, vendait des vêtements sur les marchés, et qui avait aussi une boutique place du Terreau. Fernande

Pourcin me dit que c'était une famille bizarre. Seul Louis était beau, les autres plutôt vilains ; une de ses sœurs était naine ; la mère, bien que très gaie, avait quelque chose d'étrange. Parmi les camarades de sa classe, il était, a dit Giono à R. Ricatte, « le seul qui avait des idées artistiques » ; « il avait surtout envie de faire de la peinture ; il aimait la musique, la littérature. Il se souvenait de poèmes, il lisait[67] ».

Jean est plutôt un bon élève, sans être un fort un thème. Ne nous laissons pas éblouir par le palmarès. Les effectifs étaient réduits : trois élèves en classe de seconde, a-t-il dit (en exagérant un peu : ils étaient au moins cinq) ; il n'était donc pas très difficile d'avoir un accessit... Mais enfin, une sixième avec les 1ers prix d'anglais et d'histoire-géographie, un 2e prix de récitation, des accessits en écriture et en histoire naturelle, ce n'est pas si mal. Mieux encore en cinquième : prix d'excellence, prix de narration française, d'anglais, d'histoire géographic, d'histoire naturelle, de récitation. Est-ce à ce moment qu'il a, comme il l'a dit à R. Ricatte[68], un jeune professeur qui reste peu de temps au collège, l'ayant vite quitté pour devenir critique au *Figaro* ? En quatrième, 2e prix de composition française, d'anglais, de récitation, de physique et chimie. En troisième, 1er prix de composition française et de récitation, et des accessits en tableau d'honneur et en histoire-géographie. Il passe en outre, le 30 mars, son certificat d'études secondaires du 1er degré. En seconde, un deuxième prix d'histoire et géographie, un autre de récitation et diction, et un accessit en italien.

La vie d'enfant

Et en dehors du collège ? A partir de 1905 environ, Jean, enfant unique, se découvre comme une sœur : Fernande, fille aînée de son oncle Louis Pourcin, qui était carrossier. Elle m'a confié ses souvenirs. Elle était née en 1900. Elle fut pendant longtemps la seule cousine manosquine de Jean, puisque son frère Alfred ne naîtra que neuf ans après elle. Jean prend soin de la petite fille, qui habite avenue de la Gare (l'actuelle avenue Jean-Giono). Ils partent se promener ensemble sur le mont d'Or ou sur la colline de Toutes Aures. « Je te la confie », dit l'oncle Louis. Le jour de l'an, ils font ensemble, la main dans la main, la tournée de la famille, pour souhaiter à chacun la bonne année et recevoir un bonbon ou une petite pièce ; la mère de Jean étant brouillée avec un de ses cousins, serrurier, Fernande y va seule ; mais, redescendue, elle partage avec Jean le cadeau reçu.

Elle se souvient de Jean comme d'un garçon gai, très imaginatif, racontant des histoires le plus souvent inventées ou embellies. Son père, Jean Antoine, qui parle parfois provençal bien qu'il préfère le français, le traite déjà de *pentaiairé*, rêveur. Et c'est le rêve qui l'attire : il ne s'intéresse guère aux jeux violents, ne fait pas de niches aux autres, et ne se moque pas d'eux ; sérieux plutôt, et passionné de promenades et de lecture. Un peu timide aussi, et même peureux : chez lui, il n'aime pas monter seul au 2e ou au 3e étage si personne ne s'y trouve ; s'il a besoin de quelque chose, plutôt que de monter le grand escalier pour le chercher lui-même, il demande à une des ouvrières de sa mère d'y aller à sa place, ce qu'il obtient facilement, car toutes l'adorent. Il est gentil et prévenant avec tout le monde.

La vie familiale est réglée comme un rite, surtout le dimanche. Le jeudi on mange du bouilli de mouton, le dimanche du bouilli de bœuf ; et, dans le bouillon, on rajoute deux sous de fromage râpé et un verre de rouge[69]. Ce n'est sans doute que quand il était petit qu'on installait Jean « dans un fauteuil, dans la vitrine du magasin ». Mais jusqu'à quatorze ans, il connaît les promenades dominicales à trois avec ses parents. Ils sont connus dans Manosque, où on ne les appelle guère par leur patronyme – qui a une consonance étrangère : ils sont « monsieur Jean » (ou « le père Jean »), « madame Jean », et « le fils Jean ».

« Chaque dimanche après-midi nous faisions une promenade sacro-sainte. Mon père endossait son veston noir et quelquefois son pardessus ; ma mère était dans tous ses atours. J'aimais beaucoup son parfum de vanille, mais pour cette promenade (qu'elle détestait) ma mère s'ajoutait une "odeur fine", disait-elle : la violette ou le réséda. Mon père avait sa belle chemise amidonnée, sa cravate "à l'ennemi public" ; ma mère portait son cosage de faille, son sautoir, sa petite montre en or accrochée ostensiblement à la place de son cœur. Elle s'était coiffée à la Marie Vetsera, les cheveux tirés, le chignon bas sur la nuque. Et nous partions. Oh moi, évidemment, j'étais beau comme un astre.

« Nous allions à pas lents, comme tous les endimanchés de notre petite ville, sur un itinéraire toujours le même. Il ne s'agissait pas de nous ébaudir mais de déambuler rituellement. Nous faisions le tour par l'hôpital, nous montions au cimetière, nous revenions par le canal (un simple canal d'arrosage). Nous suivions, ou nous croisions le boulanger, la boulangère et le petit mitron, c'est-à-dire tous les commerçants de la ville, tous les artisans : cordonniers comme mon père, tailleurs, bourreliers, etc.; les notabilités : notaires, huissiers, commissaires de police, femmes empanachées et quelquefois même les bourgeois-rentiers à l'œil oblique. (...) Nous rentrions de la promenade vers quatre heures[70]. » Puis « le père Jean » lisait Malherbe ou Lamartine, Jean le fils Walter Scott ou Fenimore Cooper, ou, plus tard, Dickens[71]. Pauline préparait le repas. Elle donnait ensuite cinq sous (ou six, ou vingt, les récits diffèrent) à son mari, qui allait au café faire son bézigue avec le quincaillier[72]. Jean restait seul avec sa mère. Là, il a donné plusieurs versions des choses (peut-être toutes vraies, selon les occasions). Dans *Jean le Bleu*, sa mère lit des feuilletons populaires[73]. Dans les entretiens avec J. Amrouche, sa mère partait seule pour le salut, et le laissait avec un catalogue de la Samaritaine, de la Belle Jardinière, du Pauvre Jacques, ou de la Manufacture des armes et cycles de Saint-Étienne. Il avait une bonne soirée tout seul, dans le magasin de sa mère, à découper les petites images[74]. Plus tard, il a reconstitué autrement les choses :

« Et nous allions au salut. Il était entendu que "nous allions", elle et moi, au salut. Elle savait que je n'aimais pas l'église, ou, plus exactement, la religion. Je n'avais fait ma première communion qu'en révolté : il était entendu cependant que le dimanche soir il n'était pas question de Jésus mais d'elle et de moi.

« J'ai toujours été féru de romanesque, et jamais plus grand romanesque que quand nous allions, ma mère et moi, au salut. Il faisait froid ; le vent balançait trois quinquets à électricité rouge qui piquetaient notre rue. Nous nous serrions l'un contre l'autre. Nous nous hâtions : de grandes ombres nous accablaient.

« La "petite porte" de l'église grinçait en s'ouvrant : elle retombait derrière nous d'un bruit mat. Le silence : le froid était différent : glacial et sonore ; un petit filet de fumée s'élevait d'un encensoir abandonné, toute chaîne lovée sur les marches de l'autel. Des lampes rares dessinaient d'admirables décors dans les coins.

« Nous tâtonnions du pied pour rencontrer les rangs de chaises ; nous allions jusqu'à une encoignure, entre deux piliers, contre le tronc de saint Antoine de Padoue qui fait retrouver les objets perdus. Nous nous retrouvions[75]. »

Contrepoids à ces activités religieuses, les opinions du père. Sans faire activement de politique, il a des réactions qu'il fait connaître. Après cinquante ans, Giono se souviendra de son indignation devant l'exécution, en 1909, de l'anarchiste espagnol Francisco Ferrer, dont on parle plusieurs jours à table[76].

Souvent, l'on va au « bastidon ». C'est, sur les pentes du mont d'Or qui domine Manosque, une petite maison, sur un terrain acheté entre 1908 et 1912 par Jean Antoine avec un petit héritage dont Giono a dit, selon les jours, qu'il provenait soit d'un oncle Astegiano, frère de sa grand-mère, émigré en Amérique, soit du produit d'un séquestre enfin levé sur les biens confisqués du grand-père « carbonaro ». On y construit le bastidon – une seule pièce avec une cheminée et un évier –, on y fait à grands frais creuser un puits. De la vigne et des oliviers qui occupent le terrain, on tire de l'huile et du vin blanc. Il y a aussi quelques arbres fruitiers. Jean Antoine consacre ses loisirs à y jardiner et à y élever ses lapins.

Parfois, on fait une sortie hors de la ville, par exemple à la ferme que Giono appelle « la Clémente », d'après le nom d'un domaine différent tout proche de Manosque (il y a aussi une ferme nommée la Clémente dans *Colline*), chez ceux que Giono appelle les Grégoire : cela se passait le 2 janvier, jour de sainte Claire ; y allaient non seulement la famille

Giono, mais les apprentis cordonniers et les ouvrières repasseuses ; mais le récit, avec son festin d'oiseaux rôtis et son abondance de chansons, est certainement très embelli, même s'il a un fondement réel[77].

Les premiers déplacements.
Vallorbe. Les Fiorio

Cette routine de la vie à Manosque et dans ses environs immédiats fut parfois interrompue par de brefs déplacements dont les dates et parfois même la réalité sont incertaines. Quand il avait huit ou neuf ans, dit-il, un voyage en diligence à Blauvac, près du mont Ventoux, avec son oncle Marius Pourcin : en arrivant au village, on avait découvert une femme pendue à un arbre[78] ; à une date indéterminée, pendant des vacances avec sa mère, à Remollon, près de Gap – au pied du village de Théus qui donnera son nom à Laurent, Céline et Pauline de Théus dans le cycle du *Hussard*. Y eut-il aussi, en septembre 1911, à l'instigation de sa mère, un voyage au « pèlerinage de l'*aube* à Moustiers-Sainte-Marie[79] » ? Mais Giono a dit[80] qu'auparavant il n'avait vu « que les vergers d'oliviers autour de Manosque ». Alors, Blauvac, Remollon ? Giono a par ailleurs raconté à Jean Carrière en 1965 : « J'étais très jeune, je devais avoir onze ou douze ans, quand mon père a eu un jour l'idée de me donner une liberté qui me permettrait de sortir des jupes de ma mère, comme il disait. Et il m'a dit : "Est-ce que ça ne te ferait pas plaisir d'aller faire une promenade tout seul ? Je vais te donner cinq francs et tu iras faire un petit voyage. (...) Je te donne cinq francs, me dit-il en riant, je te donne cinq francs et tu en retourneras le plus possible et tu vas le plus loin possible."[81]. » Avec un baluchon préparé par sa mère, il prit la diligence pour Banon, alla à l'hôtel où tout le monde mangeait la daube, et où un maquignon lui proposa de l'emmener, pour l'aider à tenir ses chevaux, à la foire de Séderon, non loin de Sisteron. Il rentra au bout de six jours, et comme il avait gagné quarante sous, il lui restait encore trois francs. Le départ de Banon au petit matin, à dos de mulet, en direction des Omergues, rappelle le début du *Hussard sur le toit* ; et le maquignon fait songer à Marceau Jason des *Deux Cavaliers de l'orage*. Le voyage a-t-il eu lieu et nourri les deux romans ? Ou le souvenir des deux romans a-t-il engendré le récit fait à J. Carrière ?

Mais le premier voyage un peu long et véritablement dépaysant a lieu dans l'été de 1911, quand Jean va passer un mois environ de vacances dans le Jura suisse, à Vallorbe, chez la sœur de son père, Marguerite Fiorio, dont certains des enfants travaillaient au chantier de percement du tunnel du mont d'Or. La tribu Fiorio a été évoquée en 1942 dans « Le poète de la famille » (récit recueilli l'année suivante dans *L'Eau vive*) ; Giono ne s'en cachait pas, mais il a largement transposé, et avec beaucoup d'humour. La famille n'était pas banale. Il y avait eu huit enfants dont cinq avaient vécu. De père en fils, les hommes avaient pour métier de travailler dans des chantiers de routes, de tunnels, de constructions diverses, puis, avec l'âge, de les diriger. Le hasard de ces travaux avait amené de fréquents déménagements. Les deux aînés, Ludovic et Rose, étaient nés en Italie vers 1876-1879, Émile à Saint-Vin-cent-les-Forts en janvier 1880, Antoinette à Chorges dans les Hautes-Alpes vers 1882, Ernest à Valserre, dans le même département, en mars 1883. Quant aux enfants d'Émile, le hasard des chantiers les avait fait naître en Suisse : Ida à Kaltbrunn (Saint-Gall), puis Aldo à Kandersteg (Berne). A l'arrivée de Jean en 1911, la famille est depuis un an à Val-lorbe. Peut-être à ce moment certains des Bonino de Marseille – oncles, tantes, cousins connus de Jean –, qui y faisaient de fréquents séjours, s'y trouvaient-ils aussi, accroissant l'impression de tribu : Catherine Bonino, l'autre sœur du père de Jean, avait eu quatorze enfants dont huit avaient vécu.

La tante Marguerite – soixante-deux ans en 1911, puisqu'elle était née le 27 novembre 1849 à Saint-Chamas – était une femme redoutable. Elle régentait férocement sa famille, sauf son aîné, Ludovic. Si son second fils Émile l'adorait, d'autres, dont sa belle-fille Maria, la femme d'Émile, et leurs enfants, la redoutaient pour sa tyrannie et pour son avarice. Maria, qui tenait avec sa sœur une épicerie non loin de chez sa belle-mère, apprit un jour je ne sais quelle méchanceté, et, furieuse, partit en courant pour aller la trouver ; à mi-chemin, elle s'aperçut qu'elle avait à la main une boîte d'allumettes et que son arrière-pensée était d'aller mettre le feu chez la mégère ; prise de sueurs froides, elle rebroussa chemin, a-t-elle raconté à sa fille Ida, de qui je tiens l'histoire. Marguerite ne supportait pas de ne pas être chez elle la maîtresse absolue. Elle tenait à Vallorbe un hôtel, on va le voir. Une seule fois, elle y prit une servante pour l'aider, mais la chassa bientôt sous prétexte qu'elle avait volé l'argenterie, ce qui fit bien rire sous cape la famille, car il n'y avait jamais eu d'argenterie dans la maison. Il est rare qu'une grand-mère soit non seulement redoutée mais détestée de ses petits-enfants : elle y était parvenue.

Quant à Giuseppe Fiorio, son mari, âgé de quinze ans de plus qu'elle (il était né le 15 septembre 1834 à Vauda près de Cirié, à quarante kilo-mètres de Turin), que nous avons vu six ans brigadier de gendarmerie, et, pourchassant les brigands de Calabre, il avait gagné cinq décorations. Chef de chantier, il lui arrivait aussi d'être, en compagnie de sa femme, cardeur-matelassier, parfois ambulant quand il le fallait pour vivre. Son personnage n'apparaît pas dans « Le poète de la famille » de 1942, où le mari de tante Juliette – c'est le prénom que Giono a donné à tante Mar-guerite – a disparu sans donner de nouvelles depuis trente ans, et est toujours regretté d'elle. Une telle mélancolie est un peu surprenante chez une rude maîtresse-femme. En fait, exaspéré par le caractère de

Giono

Marguerite, Giuseppe passait, me dit sa petite-fille Ida, onze mois sur douze en Piémont, près de Cirié, non loin de sa fille Rose, mariée au maquignon-charretier Giacomo Mattioda. De temps en temps, pour quelques semaines, ou sa femme allait le voir, ou il faisait venir un de ses fils pour l'amener à Vallorbe et le raccompagner ensuite : il avait soixante-dix-sept ans en 1911. Fort probablement, il était absent lors du séjour de Jean. Quant à son fils aîné, le favori de la mère, Ludovic, qu'on retrouvera sous le nom de Djouan dans « Le poète de la famille », il s'occupait de chantiers multiples, et faisait de temps à autres de brusques apparitions, comme dans le récit.

La demeure de la famille était extraordinaire ; c'était une grande maison de trois étages. La tante Marguerite, aidée de deux de ses enfants, Antoinette et Émile, y tenait un hôtel-restaurant, l'hôtel du Chemin de fer, situé au-dessous de la voie ferrée, près de l'ouverture du tunnel. Le bâtiment était situé sur un mamelon, au milieu de fayards qui lui faisaient comme un parc, avec des sentiers. Un espace plat, aménagé par la construction d'un grand mur de soutènement au-dessus de la route, était utilisé comme terrain de boules. Au fond de la grande salle, il y avait une scène de théâtre, avec un piano mécanique. L'hôtel était fréquenté presque uniquement par des ouvriers italiens, qui jouaient le soir aux cartes en plantant leur couteau près d'eux sur le côté de la table, en prévision de rixes possibles. Marguerite Fiorio, subrepticement, les arrachait pour éviter les drames, et allait les jeter dans le ruisseau voisin : quand on le cura, on en retrouva une masse. Ces hommes bruyants effarouchaient les habitants de Vallorbe, qui appelaient ce quartier « le village nègre » : Giono le transportera quarante ans plus tard, avec son surnom, dans le Dauphiné des *Ames fortes*[82].

Quand il était là, l'ex-brigadier Giuseppe Fiorio, petit homme à grosses moustaches, racontait des histoires de ses années de service, quand il pourchassait en Calabre des brigands souvent déguisés en charbonniers ou en colporteurs. S'il était absent, sa famille, qui les connaissait par cœur, les racontait à sa place ; sa femme, qui avait ce don d'invention si fréquent dans la famille Giono, les enjolivait sans doute. Il avait un jour arrêté un curé qui faisait partie d'une bande. Le village avait voulu prendre parti pour son prêtre. Le brigadier cria : « Lieutenant, avancez la batterie, la population se révolte ! » et ce coup de bluff mit en fuite les villageois. Une autre fois, à la poursuite de bandits, il en rattrapa un qui courait moins vite que les autres ; il lui lança son fusil dans les jambes et le fit tomber. L'autre tenta de se relever, le brigadier désarmé se précipita sur lui, et il s'ensuivit un corps-à-corps qui révéla que le fuyard était une femme. Le capitaine de gendarmerie donna au brigadier Fiorio le pistolet de la brigande. Cinquante ans plus tard, dans sa maison isolée du Piémont, le vieil homme devait être attaqué par des cambrioleurs ; il tenta de se défendre, mais fut maîtrisé et ligoté. Les voleurs emportèrent tout ce qu'ils purent, y compris ce pistolet. C'est à ce souvenir qu'il tenait le plus. Il en était fou de rage, ne se consola pas, et mourut peu après. Ce dénouement est évidemment très postérieur au séjour de Jean à Vallorbe. Mais je parierais que celui des *Récits de la demi-brigade* qui s'intitule «Une histoire d'amour» (1961), où le capitaine de gendarmerie Martial poursuit et tue un brigand qui se révèle être une femme, est issu de ce récit tiré de la légende familiale, et peut-être entendu par Giono un demi-siècle auparavant. Il n'y avait d'ailleurs pas dans cette saga que des bandits de Calabre. D'une autre bande, connue sur un chantier en France, tous les membres avaient été appré-hendés, sauf un : bien des années plus tard, il passa par Vallorbe où la tante Marguerite le reconnut et le fit arrêter.

A Vallorbe, il y avait, dans la grande salle, de la danse le dimanche après-midi ; et souvent, les autres jours, les ouvriers chantaient, ou jouaient de l'accordéon, de la guitare et de la clarinette. Comme souvent les Fiorio entre eux, ils parlaient piémontais.

Tout cela dut être stupéfiant pour Jean, enfant unique, timide, habitué à la tranquillité de sa maison. Son cousin Ernest, qui avait douze ans de plus que lui, s'amusait à le taquiner en prenant le contre-pied de tout ce qu'il disait, d'où des discussions sans fin. Et il retrouvait là la générosité et le caractère accueillant de son père, sa liberté d'esprit, son mépris de l'argent, mais dans un univers jusque-là inconnu, animé, bruyant, plein de fantaisie, où sa gaîté naturelle trouvait plus qu'à Manosque l'occa-sion de s'épanouir.

C'est là qu'il rédige le plus ancien texte de prose dont la date soit cer-taine : une petite page sur Vallorbe, écrite au crayon et inachevée. Elle appartient à son cousin, mon vieil ami Serge Fiorio, petit-fils de Mar-guerite et de Giuseppe, qui me l'a communiquée. Elle est parfaitement plate et faite de clichés, avec «la charmante petite riviérette de l'Orbe», les «maisons coquettes», les jeunes filles qui regardent passer l'étran-ger. On dirait une sorte de rédaction appliquée, plutôt qu'un texte à visée littéraire. Seule note qui donne une indication sur la culture de Giono à l'époque : ces jeunes filles ont «de longues tresses de cheveux plaqués sur les oreilles à la façon de la Marguerite de Goethe».

Dans les mois qui suivent son retour de Vallorbe, Giono, au début de sa classe de première, en octobre 1911, prend la résolution de quitter le collège. Une telle décision est le plus souvent la résultante de plusieurs éléments. Découverte de la pauvreté de l'univers scolaire ? Giono dira en 1969 à R. Ricatte qu'il était faible en mathématiques, ne se sentait pas capable de tenir en première, et craignait d'échouer au baccalau-réat. Peut-être aussi le souvenir de l'été passé chez les Fiorio a-t-il inconsciemment joué ? Aucun n'avait fait d'études au-delà du primaire, tous étaient entrés jeunes dans la vie active, et en tiraient visiblement de la joie.

Mais la raison principale fut sans doute bien celle que Giono en a donnée : « Une nuit, mon père se leva et tomba. J'entends encore son prodigieux écroulement. Il revint tout de suite à lui en même temps que mon cri et celui de ma mère... et il nous sourit. Mais c'était une petite attaque. Le lendemain, je vis ce que la magie de l'enfance m'avait jusque-là empêché de voir. Ma mère gagnait 30 à 40 francs par semaine avec son atelier de repassage. Pendant les mortes saisons, c'était 20 à 25 francs. Mon père en gagnait à peu près autant à faire des souliers et à les raccommoder seul là-haut dans la grande pièce froide et noire du deuxième étage. Il ne m'était plus permis d'ignorer qu'il usait patiemment ses dernières forces pour nous faire vivre. Au collège, à l'heure où les lampes s'allumaient dans l'étude de cinq heures, je pensais brusquement qu'il était là-haut tout seul avec sa lampe à pétrole, avec ses cuirs durs, ses tranchets, sa main maigre, son regard légèrement éperdu, sa bouche serrée au fond de sa barbe. Je n'y tenais plus. Je demandais à sortir, je courais jusqu'à la maison, je traversais l'atelier de ma mère, je grimpais les escaliers quatre à quatre, je tombais près de lui qui murmurait doucement pour enchanter sa solitude. Il me comprenait si bien qu'une fois il caressa mes cheveux et me dit : "Non mon fils, pas encore." Mais il me fallait ma paix. Et je ne pouvais l'avoir qu'en commençant tout de suite à travailler. Je le lui dis. Il avait rêvé d'autre chose pour moi. J'étais un assez bon élève. Je pouvais réussir à mes examens. Mais je voulais des réalisations immédiates. (...) Le 28 octobre 1911 j'entrais au Comptoir national d'escompte de Paris, agence de Manosque, aux appointements de 30 francs par mois. Le 30 novembre suivant je déposais sur la table du soir une pièce de 20 francs et une pièce de 10 francs en or. La maison où il pleuvait était sauvée[83]. »

Il faut ajouter que les modestes économies de ses parents, qui auraient pu les aider dans ces moments difficiles, avaient, quatre ans plus tôt, en 1907, été entièrement absorbées par un prêt fait à Marius Pourcin pour acheter un fonds d'imprimerie, prêt qu'il ne ressentit d'ailleurs pas comme une incitation à se mettre sérieusement au travail.

L'entrée à la banque. La vie d'adolescent

Au Comptoir d'escompte, Jean passe trois ans et quelques mois avant la guerre, et dix ans après. Il y est donc chasseur ; on disait aussi groom ; un contresens sur ce mot permettra plus tard à un journaliste d'affirmer que « Giono commença sa vie comme groom à la porte d'un grand hôtel[84] ». Il glisse des lettres dans des enveloppes et les porte à leur adresse, parfois dans de belles maisons dont les façades, les jardins et les intérieurs le font rêver[85]. Bon employé, malgré quelques fantaisies comme celle que me rapporte Fernande Pourcin : son directeur ayant appris le décès d'un client, lui dit d'aller signer en son nom à la maison mortuaire. A son retour, on lui demande s'il a bien exécuté les instructions. Jean répond que oui, décrivant même, pour mieux convaincre, la maison, le drap mortuaire sur le cercueil, le livre des signatures. On avait malheureusement appris entre-temps à la banque qu'il s'agissait d'un faux bruit, et que le client se portait bien... On comprend que cet employé fantaisiste n'ait obtenu pour l'année 1912 que la cote d'ensemble « assez bon » (la troisième des quatre cotes possibles), malgré son travail « appliqué », son caractère « soumis », son assiduité et sa conduite « bonnes », et l'appréciation : « A de bonnes dispositions, fera un bon petit employé[86]. »

Jean passe ensuite au service de l'escompte : « Il s'agissait d'établir des bordereaux en alignant des additions de trente-cinq chiffres compliqués d'agios. » Ne le sauvaient, a-t-il écrit trente ans plus tard[87], que des noms de bourgs ou de villages sur lesquels rêver, et la magie des signes – lettres ou chiffres – qu'il traçait sur les bordereaux. Il découvre la joie physique de la plume. Écrivant *Angélique,* vers 1920-1922, il évoquera la fascination des traits de l'écriture arabe sur des almagestes[88]. Plus proche encore du réel, il décrira en 1925 dans « La daimone au side-car » son double Jean Duvauchelle, employé de banque, « tête (...) lucide, qui trouve d'un seul coup l'intérêt de 14 293 francs 75 à 8 3/4 % en vingt-deux jours ». « Il avait retrouvé ses chiffres, des lignées de chiffres, un monde d'amis : les dévots 2 agenouillés ; les 9 graciles savants à lourds crânes, les 6 jaculateurs qui lancent la plume à travers les lignes du dessus[89]. » Il évoquera encore en 1943, dans *Virgile,* « les bosses d'un 3, l'envol d'un 6, les plis d'un S[90] ». Et quand Amédée, dans *Un de Baumugnes,* parlera de « zéro en beaux chiffres[91] », peut-être le bon employé de banque Giono resurgit-il un instant sous le journalier.

Pendant une brève période, il est « chasseur » ou coursier, avec son bel habit bleu d'encaisseur dont se souvient encore sa cousine Fernande, et que, dira-t-il à J. Amrouche, il détestait. Il a plus horreur encore du faux-col dur, auquel il fera encore allusion en 1954 dans « Une aventure ou la foudre et le sommet »[92]. Mais ensuite, il sera enfermé dans un bureau au sous-sol du lundi après-midi au samedi soir. Pour lui sa banque est une prison. « J'ai seize ans et je suis déjà enfermé entre deux plaques de schiste où je dois peu à peu devenir fossile[93]. » Il n'a que peu de possibilités d'évasion. L'une est sa sensualité adolescente, évoquée dans *Jean le Bleu,* mais avec une large transposition. Quant aux faits, on n'en sait pas grand-chose de précis, hors, vers quinze ans, « un grand chagrin d'amour », pour « une petite fille que j'aimais et qui s'était moquée de moi[94] ». Est-ce pour elle ou pour une autre qu'ont été écrits les sonnets révélés par Henri Fluchère et dont il sera question plus loin ? Leur destinataire appartenait à la bourgeoisie manosquine. Giono lui adressa chaque semaine pendant de longs mois un poème sans le signer ;

et sa passion aurait duré trois ou quatre ans[95]. Il a aussi une aventure sans lendemain, en mars 1913, avec Marie-Jeanne, une des ouvrières de sa mère, fille volage qui commence par se refuser, puis cède avant de prendre le large[96]. Sans doute aussi avec une certaine Thérèse, qui pendant la guerre, lui écriront ses parents, semble une catin; il leur répond : « Je crois qu'elle ne fait pas qu'y ressembler mais qu'elle l'est tout à fait. Enfin, ne la surchargeons pas trop. Elle m'a encore fait passer pas mal de bon temps, et si les petites grottes du mont d'Or pouvaient parler, elles raconteraient de jolies petites histoires. Mais laissons ces sujets obscènes. »

C'est l'époque où il est fasciné par certains bals locaux, en plein air ou en salle. Il décrira les premiers dès 1923 dans *Sur un galet de la mer* : « Il y a tous les dimanches des bals où vont tressauter et suer les cousettes, les garçons bouchers et les filles. La salle où l'on danse est adossée à une prairie ombragée de vieux saules creux. Pendant qu'on tournoie tête contre tête on fait des marchés amoureux. Entre une polka et une valse, des couples descendent le chemin qui conduit au pré et vont calmer leurs chairs. Les grossesses scandaleuses datent toutes de soirs pareils[97]. » Il y reviendra plus tard en les démesurant : « Ce bal du dimanche se donnait à l'italienne dans le parterre d'un petit Casino. Les loges, les galeries et le mezzanine grondaient de batailles et de cris plus forts que l'orchestre. C'était une formidable usine de filles-mères. A certains éclats, quand le hurlement coupait le souffle aux trombones, on avait vu souvent le rebord des balcons se pavoiser subitement de pantalons de femmes comme une ruelle de Marseille un jour de lessive. C'était un jeu. Les paysans en blouse s'y affrontaient en batailles rangées avec les artisans en veston. Mais les murs étaient épais, et rien ne troublait la pluie ou le soleil, l'ennui de dehors, sinon parfois l'expulsion d'un ivrogne au nez poché qui s'en allait saigner entre ses jambes écartées, ou la fuite de quelque gaupe dépoitraillée qui renfournait précipitamment ses gros seins dans son corsage déchiré. (…) Le Casino m'attirait. Mais j'étais timide, et pas de taille pour les chevaleries exorbitantes, peu en rapport d'ailleurs avec la respectabilité de ma position. Le patron n'aurait pas aimé que je distribue ses lettres avec des coquards sur l'œil, même représentant quelque tendre victoire. Et ce Casino était comme un hérisson dans mon lit[98]. »

C'est aussi la période où Jean, qui est très beau, commence à se soucier de sa mise, ce qu'il ne fera durant le reste de sa vie que par intermittence et sans que ce soit jamais une préoccupation majeure. « Jadis, aux environs du dimanche des Rameaux, ma mère me donnait trois francs et me disait : "Va t'acheter un chapeau chez l'Estéphane." Le chapeau, c'était un canotier de paille, et l'Estéphane un curieux bonhomme, piémontais, qui s'appelait Stefano Marinesi. Il avait une façon bien à lui de vendre des chapeaux. Il n'avait pas de boutique, mais un vaste entrepôt dans un ancien théâtre désaffecté. Au parterre, dans les galeries débarrassées de leurs fauteuils, sur la scène, étaient entreposées d'énormes caisses à claire-voie pleines de chapeaux. Un point c'est tout. Lui, énorme, trônait assis sur sa chaise. On arrivait et il vous disait, sans se déranger : "Regarde dans cette caisse." On plongeait la main, on tirait des canotiers, on les essayait devant une petite glace. J'achetais donc un canotier ; et j'avais une envie folle d'un panama, envie que je n'ai jamais pu contenter : les panamas coûtaient cinq francs. En plus de ce canotier, le printemps qu'on me préparait comportait des pantalons blancs, en toile. Ils étaient depuis quelques jours, tout propres et bien repassés, pliés sur le dossier d'une chaise au pied de mon lit. Impossible de ne pas les voir ; impossible de ne pas imaginer l'éblouissement des populations quand je sortirais dans ces pantalons, et coiffé du canotier de l'Estéphane. C'était la délectation de chaque soir[99]. » Il n'existe malheureusement pas de photo de Jean avec canotier. D'ailleurs, dans une lettre de 1924 à Lucien Jacques, Giono fera de Stefano Marinesi un Toscan (peut-être pour faire plaisir à Lucien qui était alors à Florence), et dira s'être «pendant trois ans affublé de castors innommables pour la seule joie d'ouïr Stefano vantant sa marchandise[100]». Dans l'*Album Giono,* on le voit seulement, à seize ans, avec un béret[101]. D'un peu plus tard date l'achat d'une veste : « Dans ma jeunesse, au temps où je faisais le faraud, j'avais réussi à mettre de côté quatre-vingts francs avec lesquels je fis l'achat d'une somptueuse veste de tweed. Ah ! quel plaisir d'avoir cette veste sur le dos ! "Ce sera, j'espère, me dit ma mère, ta veste du dimanche." Ce fut donc ma veste du dimanche. Et comment se passait le dimanche du temps que je faisais le faraud ? Eh ! bien, on allait à la gare voir passer le train de quatre heures de l'après-midi. » Au retour, « ma mère me disait : "Enlève ta jolie veste pour rester ici." J'enlevais ma jolie veste et on l'enfermait avec des boules de camphre[102]... ».

Il continue à perfectionner, seul, me dit Fernande Pourcin, l'anglais dont il a commencé l'étude au collège. Mais l'essentiel, c'est la littérature ; donc la lecture. A quinze ans, d'après un texte ébauché, « Soliloque du beau ténébreux[103] », il a lu *Jocelyn* dans l'exemplaire de son père, *Le Rouge et le Noir, Ruy Blas,* peut-être *Atala* (il a écrit le titre puis l'a barré).

Premières lectures. Premiers écrits

Il lit tout : il est pris de la fringale qui ne le quittera plus jamais. Il dévore les livres trouvés chez lui dans une malle de la galerie, « une haute malle à dessus en poil de sanglier dont les ferrures luisaient malgré le triple enduit de la poussière, de la rouille et de l'ombre[104]». C'est

55

là qu'il lit des textes tirés des *Veillées des chaumières,* par fragments car les livres sont dépareillés, et dépenaillés par les vers, les souris, l'humidité. Il y trouve *La Dame de Montsoreau* d'Alexandre Dumas, *Le Juif errant* d'Eugène Sue (ces deux textes seulement par leurs illustrations peut-être) et *Le Dernier des Mohicans* de Fenimore Cooper (l'histoire de Bas-de-Cuir, que par inadvertance plus tard il appellera Bras d'Acier, plongeant ainsi ses commentateurs dans la perplexité). C'est là aussi que, dira-t-il dans *Virgile* en 1943, il découvre vers 1911, après avoir lu *Robinson Crusoé* commandé chez Garnier, *L'Ile Mystérieuse* de Jules Verne.

Mais c'est seulement quand il gagne un peu d'argent qu'il peut acheter des livres. Si c'est à Manosque, chez un libraire, il les paie souvent à tempérament, me dit Élise. Parfois il ne les achète pas, mais les lit, pendant des heures, chez la mère Chaix, la buraliste qui vend quelques livres en complément de ses journaux. Il a souvent parlé de ses commandes de Classiques Garnier à 0,95 francs, alors qu'un roman moderne valait 3,50 francs[105.] De sa paie, entièrement remise à sa mère, il recevait deux francs par dimanche. « J'avais scrupule, mais je les prenais. » Homère, Eschyle, Sophocle, Aristophane, Cervantès, Goethe, écrira-t-il en 1935[106]. En diverses occasions il complétera sa liste au gré de ses souvenirs ou de son imagination : Euripide et Virgile[107], Théocrite[108], Stendhal et Balzac[109] – les premiers auteurs français de ces listes –, Corneille, Shakespeare et Diderot[110]. L'achat de presque tous les grands classiques importants, même s'il n'est pas mentionné, date évidemment d'avant la guerre. Dante, naturellement : un exemplaire de *La Divine Comédie* dans l'édition Garnier se trouve encore dans sa bibliothèque. Eschyle dut aussi être un des premiers : Giono se dit hanté par les héros des *Perses, d'Agamemnon,* de *Prométhée enchaîné.* Peu après ce fut Virgile, qu'il reçut le 20 décembre 1911 : dans sa Préface aux *Pages immortelles de Virgile*[111], il a longuement raconté la commande, l'attente, la réception de l'envoi, les trois jours passés sans ouvrir le paquet jusqu'à la veille de Noël ; alors, parti pour l'après-midi dans les collines, il se laissa envahir par Virgile. A voir le nombre de poèmes virgiliens qu'il écrira de 1921 à 1924, le choc, même à effet retardé, a dû être décisif. Lit-il aussi dès cette époque les romans de la Table ronde ? C'est possible, si l'on admet qu'il a rêvé dès 1911 à son roman médiéval d'*Angélique*; mais rien n'est moins sûr.

La lecture est si importante pour lui qu'il ne supporte pas de voir des livres médiocres entre les mains de gens pour lesquels il a de l'amitié (exception faite pour sa mère...). Un exemple. Il venait souvent chez sa cousine Fernande et l'aidait à préparer ses compositions ou à faire ses devoirs (grâce à quoi, me dit-elle, elle était souvent première en français). Elle aimait lire ; mais un jour, passé chez elle en son absence, Jean découvrit qu'elle se plongeait dans de petits romans sentimentaux. Furieux, il les prit tous et les brûla (ce qui mit Fernande dans l'embarras, car plusieurs lui avaient été prêtés par des camarades); et il lui annonça qu'il lui choisirait lui-même ses lectures à l'avenir. Dans la boutique de repasseuse de sa mère, un coin de vitrine fut réservé aux livres que Jean y déposait à l'intention de Fernande, lorsqu'il ne la rencontrait pas. Elle passait souvent voir ce que son grand cousin lui avait laissé : *Notre-Dame de Paris* de Hugo, *Les Désenchantées* de Loti ; des poésies : François Coppée, Albert Samain ; plus curieux : *Les Chansons de Bilitis* et *Aphrodite* de Pierre Louÿs – lectures audacieuses pour une collégienne de treize ou quatorze ans.

Et les débuts d'écrivain ? Il a commencé, dit-il, à écrire dès le collège. Il a avoué en 1930 à Frédéric Lefèvre[112] qu'il avait débuté par des sonnets réguliers, mais il ajoutait qu'il ne les avait pas publiés. C'est inexact. H. Fluchère a parlé de son amour muet de la seizième année, et publié des poèmes qu'il suscita[113]. L'un, du 5 juillet 1911 (à la sortie de la classe de seconde), évoque une cascatelle tombant dans une vasque. Les premiers vers situent le tableau en Provence (chênes verts, genêts, thym, lavande), mais ce cadre est oublié par la suite. Voici les tercets de ce poème qui pourrait passer pour une imitation de Hérédia, si le poète n'y disait « je » :

> Dans la vasque de pierre aux cristallines eaux,
> La libellule au bout d'un fragile roseau
> Mire son corselet de gaze aux longues ailes,
>
> Et sous les verts taillis aux troublantes odeurs,
> Je bois la rêverie ainsi que la fraîcheur,
> Dans les vagues d'iris des blanches cascatelles.

Dans le second, daté de 1912 sans autre précision, les quatrains évoquent sur le mode parnassien les pharaons et les reines embaumés dans les parfums, et les tercets, plus symbolistes, dévoilent l'intention du poète :

> Moi, j'ai gardé, fragile et tendre, en un sachet,
> La fleur, belle jadis, maintenant desséchée,
> Que vous aimiez beaucoup pour son subtil parfum ;
>
> Dans les plis racornis des pétales défunts,
> Vous lui avez laissé, mystérieuse haleine,
> La candide splendeur des feudataires reines.

Certains de ces poèmes, dit H. Fluchère, furent publiés anonymement dans *La Dépêche des Alpes*; ce sont peut-être ceux qui ont paru du 5 octobre au 23 novembre 1912[114]. On ne peut en être sûr : il y avait dans la région de Manosque d'autres versificateurs au style identique.

La première publication certaine, à ma connaissance, est celle qui a lieu dans le même journal le 31 mai 1913 – huit ans avant la date jusqu'ici admise pour sa première publication –, un sonnet signé de ses initiales suivies de la mention « Artistic Club » qui ne laisse pas place au moindre doute : c'est le nom qu'avait pris, on le sait par le journal de Louis David[115], la « société artistique pour la musique, la littérature et le dessin » qui s'était créée le 14 avril 1913 ; Jean Giono en était le vice-président, Louis David le secrétaire[116]. Ce sonnet, « Avril », est d'une totale médiocrité, et une dizaine d'erreurs typographiques ne l'améliorent pas. Il comporte des fautes de français ; mais, si l'on corrige deux d'entre elles, les vers deviennent faux... Inutile de chercher à excuser Giono. Un génie a le droit de ne pas avoir été précoce.

Les quatrains évoquent la nature au printemps, une nature qui n'a rien de provençal. Voici les tercets – débarrassés de leurs coquilles :

> Le ruisseau coule et pleure enfoui sous les prêles,
> La brise n'est que joie, que parfum et que chants,
> La Sauleraie là-bas dresse ses longs bras frêles.
>
> Un souffle chaud d'amour dans les arbres maraude.
> Son chapeau faisant tache en la verdeur des champs
> La silhouette aimée sous le cerisier brode.

Maladroit exercice de style, aux images plus que banales. On y relève pourtant l'annonce d'un thème qui reviendra souvent chez Giono, et qu'a décelé Marcel Neveux[117] : celui de la femme vue de loin, près des saules, et ignorant qu'elle est l'objet du désir d'un homme.

Avec la page de prose sur Vallorbe, que j'ai citée, ce poème, et ceux qui suivront pendant la guerre de 1914, jettent un sérieux doute sur l'assertion de Giono, qu'il a souvent répétée, y compris, avec un grand luxe de détails, dans ses entretiens avec J. Amrouche, selon laquelle son plus ancien texte conservé, « Apporte Babeau » (*L'Eau vive*) daterait de 1910[118]. Pour moi, il est environ de 1924, la période des *Églogues*.

Sur les poèmes de cette époque, nous avons un autre témoignage, celui d'Élise, sa future femme, qui entre en 1914 dans sa vie. Car à cette date, en face de chez lui, rue Grande, vient s'installer un couple qui habitait auparavant hors des remparts de la vieille ville : un coiffeur, Marius Maurin, dont la famille est originaire de Manosque, et sa femme Antonia, couturière, dont les ancêtres sont savoyards. Ils ont une fille âgée de dix-sept ans, Élise, qui termine ses études comme interne au lycée d'Aix. Elle est petite, mince, douce, avec de grands yeux « couleur de tabac d'Espagne ». Elle et Jean se voient pendant les vacances. Comme lui, elle aime la littérature, ce qui n'est pas si courant alors dans la jeunesse manosquine. Il lui prête des livres ; elle lui récite des poèmes appris au lycée, romantiques, mais surtout parnassiens (Leconte de Lisle, Hérédia) ou symbolistes (Samain). Il lui confie les sonnets qu'il écrit en lui disant : « Vous me corrigerez les fautes d'orthographe » – car il en fait et en fera longtemps, souvent par distraction, pressé par le besoin d'écrire vite. Timidement, secrètement, ils s'intéressent l'un à l'autre. Élise connaît un peu Fernande Pourcin, qui habite non loin de son ancien logement de l'avenue de la Gare. Celle-ci, un peu après qu'Élise et Jean ont fait connaissance, a la grippe, et son cousin vient lui rendre visite chez elle. Élise doit le guetter : elle arrive aussitôt après – pour voir son amie, dit-elle.

Chapitre 3

La guerre de 14

Chronologie. La période d'instruction.
Le front

Quand la guerre éclate, Giono a dix-neuf ans. Il a un an plus tôt, écrira-t-il, refusé de faire partie, comme la plupart de ses camarades, d'une société de préparation militaire. Il appelait cela, selon son ami Auguste Michel, « les trente-six façons de faire le zouave[1] ». Il n'a jamais rien dit de précis de ses réactions lors du déclenchement du conflit. Personne autour de lui, à cette époque, n'a vécu de guerre, et nul ne peut prévoir la boucherie qui va suivre. Selon Élise, il n'a montré ni révolte ni enthousiasme, alors que Louis David faisait preuve de plus d'ardeur guerrière. Son père, après un moment d'exaltation patriotique qui lui fit écrire une nouvelle version anti-allemande de *La Marseillaise* dans un style à la Déroulède (elle existe encore dans les archives Giono), devait revenir, après quelques mois au plus, à son antimilitarisme naturel. Jean dut pourtant ressentir des instants de vibration. Ce n'était pas tant pour lui le patriotisme que l'aventure, car la dernière phrase de *Jean le Bleu* est : « Il me fut facile de partir à la guerre sans grand émoi, tout simplement parce que j'étais jeune et que, sur tous les jeunes hommes, on faisait souffler un vent qui sentait la voile de mer et le pirate[2]. »

Il subit une visite d'incorporation, mais est écarté pour tour de poitrine insuffisant. « Je suis parti à la guerre de 14 avec une poitrine étroite, des membres grêles, le teint blême, l'haleine courte (...)[3]. » Après une nouvelle visite, il est mobilisé dans le service actif à la fin de décembre 1914 : les pertes des premiers mois de guerre ont rendu l'armée moins difficile sur le choix des recrues.

Sa vie pendant la guerre a été très mal connue tant que sa fille Sylvie n'eut pas classé avec soin les quelque cinq cents lettres et cartes que Jean a écrites à ses parents de 1915 à 1919, et qu'elle m'a communiquées. Ce n'est pas là une correspondance qui mérite d'être intégralement publiée. Il ne serait pas grave qu'elle comporte des lacunes, l'une de quatre mois en 1915, d'autres d'un mois environ. Mais elle est très répétitive ; plusieurs dizaines de fois reviennent des formules rassurantes comme « ne vous faites pas de mauvais sang » ou « ne vous faites pas de crins ». Une large part de ce courrier est consacrée au détail de ce que le jeune soldat a reçu de ses parents : lettres, souvent avec un peu d'argent, billets de 1 franc au début, plus tard de 5 francs et même parfois de 10, et surtout colis ; il précise fréquemment la nature des provisions à lui envoyer.

Malheureusement, à peu près aucune lettre des parents à leur fils n'a été conservée[4]. Mais, d'après ses réponses, il est clair qu'au début c'est presque uniquement Jean Antoine qui écrit : il le fait plus facilement et mieux que Pauline. Puis Jean se rend compte que sa mère souffre d'être exclue de ce dialogue et il insiste pour qu'elle lui écrive aussi, ce qu'elle fait donc souvent par la suite.

Comme toujours, Giono invente, selon l'image qu'il veut donner de lui et de ses activités. Mais, malgré bien des inexactitudes, cette masse de textes permet de rectifier des légendes et des erreurs. Elle doit être confrontée avec les entretiens accordés par Giono à Janine et Lucien Miallet pour préparer l'édition du *Grand Troupeau* dans La Pléiade, avec les œuvres de fiction centrées sur la guerre de 14, le récit « Ivan Ivanovitch Kossiakoff » et le roman *Le Grand Troupeau*, et avec les « témoignages » que fournissent *Précisions* et *Recherche de la pureté,* en tenant compte qu'il s'agit d'œuvres engagées, où Giono cherche à exercer une action. En y joignant les documents des Archives de l'Armée de terre à Vincennes sur les unités dans lesquelles il a servi, on parvient à cerner la vérité d'assez près.

La première lettre est du 1er janvier 1915. Giono va rester assez longtemps à l'arrière, jusqu'en mai 1916, contrairement à ce qu'on a cru. Une phrase de *Recherche de la pureté* a trompé les commentateurs : « Nous "avions fait" les Éparges, Verdun (..). » Il est exact qu'il a passé quelque temps, en août 1916, dans le secteur des Éparges ; mais il n'a pas participé à la sanglante bataille de 1915, qui permit à l'armée française de reprendre le village des Éparges, non loin de Verdun.

Tant qu'il n'est pas au front, il peut dans ses lettres dire où il se trouve ; son adresse mentionne les localités. Affecté aux unités d'instruction du 159e régiment d'infanterie alpine, il est d'abord dans la Drôme, à Richerenches (au sud de Grignan) et à Montségur. Dès cette époque, il se spécialise dans les transmissions : le 2 février 1915, on le voit partir pour Visan, à 5 kilomètres, « faire un petit exercice d'héliographe ». Le 14 septembre, de Montségur : « Je finis mes classes de soldat et ensuite je passerai dans les télégraphistes. » Le 11 décembre : « Je suis depuis quatre jours téléphoniste. » Son unité est envoyée à Montmélian, dans la vallée de l'Isère, au sud-est de Chambéry, vers le 21 ou 22 mars, puis à Briançon dans les Hautes-Alpes, de mai à septembre. Il découvre cette montagne qu'il aimera tant. Puis retour à Montségur jusqu'en mars 1916 ; nouveau séjour à Montmélian, puis à Briançon, de la fin de mars au milieu de mai. Il fait là, écrira-t-il au début de *Voyage en Italie*, un séjour d'un mois au col de l'Infernet, sur la frontière, où un vieux sergent d'artillerie de forteresse – du nom de Bac, croit-il – lui montrait le Piémont, le persuadant même « que certaines fumées étaient de Turin ». Dernière visite à Montségur entre le 20 et le 25 mai. Il est alors affecté au 140e régiment d'infanterie alpine, commandé par le lieutenant-colonel Destezet, et basé à Grenoble ; il part avec lui rejoindre la 27e division sur le front, où il sera le 1er juin.

Pendant les dix-sept mois qui précèdent, la vie de Giono semble avoir été acceptable ; il aura eu cinq permissions de quelques jours pour Manosque. En 1915, en mars, à la fin d'octobre, à la mi-novembre (exceptionnelle pour lui permettre de voir son oncle Marius Pourcin venu lui aussi en permission), et à Noël. En 1916, au milieu de mai, avant son départ pour le front, il parle sans cesse de l'examen qu'il prépare et qu'il va subir. Il a annoncé dès le 25 novembre 1915 qu'il avait le titre d'élève-aspirant. Son ami Louis David, qui est déjà au front dans le 115e d'infanterie alpine, lui a d'ailleurs écrit le 23 septembre précédent pour lui dire qu'à la suite de violents combats on l'a nommé caporal, et lui conseiller de faire également son possible pour avoir un galon, afin de couper aux corvées.

Le 27 mai 1916 commence pour Giono la seconde phase de la guerre : l'instruction est terminée. Il écrit à Marius Pourcin : « Mon cher oncle, je pars pour le front, mais je suis très calme et ça marche ; ils n'en savent rien à la maison. Je leur ai écrit que j'allais seulement à l'arrière. Ne leur dis rien. Grosses caresses. T'en fais pas. » Au front, il est d'abord pendant cinq jours à la 8e compagnie ; mais, le 5 juin, il écrit : « Je viens d'être affecté à la 6e compagnie, la meilleure de tout le bataillon. » C'était vrai : à comparer les chiffres des pertes enregistrés dans le journal de marche du régiment, conservé aux Archives de Vincennes, l'officier qui le commandait semble avoir été sensiblement plus ménager que d'autres de la vie de ses hommes. Et, le 17 juin : « Notre capitaine est le meilleur homme que je connaisse : il est vieux, il a huit enfants et c'est un homme extraordinaire et très gentil. » Jamais, dans toute cette correspondance de guerre, on ne retrouvera un pareil éloge de qui que ce soit. Giono devait souvent, plus tard, parler de son admiration pour ce capitaine, appelé Vidon, dont il a fait le capitaine Viron du *Grand Troupeau,* et qui l'a inspiré aussi, selon lui, pour les personnages d'Angelo dans le cycle du Hussard, et de Langlois d'*Un roi sans divertissement* et des *Récits de la demi-brigade.*

En juin 1916, il est brusquement plongé dans la guerre, près de Verdun. Comme il le fera presque toujours quand il est en période de danger, il écrit à peu près tous les jours à ses parents pour les rassurer : vingt-quatre lettres ou cartes pendant le mois de juin. Après une période de « repos » à Lavallée, il monte en ligne à Sommedieu. Ses camarades tombent à ses côtés. Le 28 juin, survient un épisode dont il n'a parlé dans aucun de ses écrits, ni dans aucun de ses entretiens avec des journalistes, ni même, que je sache, à ses amis les plus proches, mais seulement à sa famille : l'explosion d'un obus, non loin de lui, sans le blesser, le commotionne. « On vient de me transporter en carriole jusqu'à la plus proche ambulance où l'on vient de me faire des piqûres d'huile camphrée. Je suis couché dans un bon lit et demain je partirai peut-être en auto pour Bar-le-Duc. Ne vous effrayez pas, me voilà à l'abri pour quelque temps. Ma fiche porte comme maladie : courbature fébrile et anémie. Pendant que je suis couché les oiseaux chantent dans le parc tout autour. » De fait, les deux cartes envoyées à sa famille par les autorités sanitaires portent, comme motif d'évacuation, l'une « courbature fébrile », la seconde (2 juillet) « embarras gastrique ». L'armée souhaitait toujours minimiser la gravité des faits, ce qui s'accordait avec le souci qu'avait Giono de ne pas alarmer ses parents. Mais à Élise, il dira qu'il a été victime d'une forte commotion, ce qui est l'évidence : dans les quelques lettres qui suivent, son écriture a changé, et est devenue bizarrement haute et déformée. Il est soigné à Bar-le-Duc, à l'hôpital militaire Exelmans, où il restera jusqu'au 13 juillet ; il obtiendra une permission de convalescence de dix jours, et sera chez lui du 15 au 25 juillet. C'est alors qu'il apprendra la mort de Louis David, tué en Alsace le 30 mai 1916[5].

A la fin du mois, il est de retour au front, dans le secteur des Éparges, où il passera la plus grande partie du mois d'août. Lorsqu'une attaque est prévue, il avertit que peut-être il ne pourra pas écrire de quelques jours : « Ne vous inquiétez pas, nous sommes en tournée comme qui dirait électorale à travers la Lorraine, pour revenir à notre point de départ. Mais d'ici là la vie de sauvage dans les bois et par conséquent pas de poste » (11 août). En fait le régiment va tenir aussitôt le secteur de Retegnebois, en avant de la batterie de l'Hôpital, devant le fort de Vaux : Giono fera figurer ces deux derniers noms dans *Refus d'obéissance*: c'est là qu'il dit avoir perdu ses camarades. On lit dans l'*Historique du 140e RI pendant la guerre de 1914-1918*[6] une évocation de ce secteur. « Des mois de bombardement intense ont arraché les branches, déchiqueté les troncs, accroché plus d'une souche, et le sol bouleversé ne porte plus la moindre trace de végétation (...). Dans cette terre de désolation, les obus tombent plus ou moins dru, suivant les heures, mais sans arrêt : 77, 105, 150 qui sont si nombreux qu'on ne saurait guère songer à les compter ; 210 qui en colonne par quatre avec un bruit infernal vont ébranler les routes de la batterie de l'Hôpital. Et les hommes vivent dans cette avalanche de fer et de feu, dans cet enfer. » Et, à propos de l'attaque du 18 août : « La 6e Cie subit de telles pertes, par suite de notre tir trop court, que la 7e Cie qui était en réserve la remplace. » Giono ne semble pas avoir jamais su que cette tuerie, la plus meurtrière qu'il ait connue, était due non à l'action ennemie, mais à une erreur de tir de l'artillerie française. Le même ouvrage précise que les pertes du régiment se sont élevées à 830 hommes entre le 11 et le 22 août[7]. Ce qu'ont pour lui été ces jours, Giono le dira un peu en 1931 dans *Le Grand Troupeau,* et avec plus de violence encore en 1939 dans *Recherche de la pureté,* où il évoque la dysenterie qui accable les hommes, les boulettes de terre mangées pour calmer la faim – ou, dans *Triomphe de la vie*[8], des boulettes de papier à cigarettes ; en 1963 encore, dans une chronique, il évoquera les jours où, le ravitaillement n'arrivant pas, on trompait sa faim en mangeant de petites boulettes de terre[9]. Dans la *Lettre aux paysans*[10], il parlera de quarante-deux jours d'attaque devant Verdun : il allonge là cette période infernale. Plus tard, en 1948, il racontera à René Journet que, lorsque le signal d'une attaque était donné, il était le premier à gravir l'échelle pour profiter de l'effet de surprise et courait en tête sur quelques dizaines de mètres avant de se coucher dans un repli de terrain pour se protéger des tirs ennemis, et d'y rester.

D'ailleurs les attaques ne signifiaient pas nécessairement le contact avec l'ennemi, et les bombardements moins encore, ce qui augmentait l'impression de cataclysme inhumain que donnait cette guerre. Giono déclarera plus tard que durant toutes ces années, il n'a vu que deux Allemands[11]. Même s'il exagère, le propos est révélateur.

Le 25 août, il est « au repos » à Neuville-en-Verdunois, où son régiment se trouve depuis le 22, toujours selon l'*Historique*. Il va, dit-il, partir pour Bar-le-Duc, « au grand repos ». puis ce sera la Champagne. Pour tromper la censure militaire, il use naïvement de périphrases : « Nous sommes à une vingtaine de kilomètres de la Cathédrale tant bombardée dans le pays du vin mousseux. » Reims évidemment. Il reste dans la région jusqu'à la fin de 1916. Il est dans le secteur de Berry-au-Bac, à Champfleury, à quelques kilomètres au sud de Reims, puis, un peu plus à l'est, au fort de la Pompelle ; l'un et l'autre seront cités dans « Ivan Ivanovitch Kossiakoff », le seul récit aux trois quarts autobiographique qu'il ait écrit sur la guerre telle qu'il l'a vécue. Il y sera en liaison avec les troupes russes, et se fait photographier avec Michel Kossiakoff, chacun ayant revêtu l'uniforme de l'autre[12]. Son régiment est encore au contact avec l'armée allemande, mais dans un secteur relativement calme. En octobre il fait un stage à Prouilly, à une quinzaine de kilomètres à l'ouest de Reims. A la mi-décembre 1916, brève permission à Paris. Il va voir des cousins du côté de sa mère (j'ignore leur nom), qui habitent rue des Maraîchers, près de la porte de Vincennes. Il prend le métro pour y aller. C'est la première visite de sa vie à Paris – ville dont il ne dit rien dans ses lettres. Ensuite retour en Champagne.

Le début de 1917 est fait de déplacements : Vittel sans doute, camp de Mailly, région de Chantilly, puis de Méru[13]. Puis c'est à nouveau le front, au moment où l'armée française reprend Noyon en mars, et surtout en mai et juin, lors de l'épouvantable offensive du Chemin des Dames. C'est ensuite un nouveau repos dans la région de Compiègne, et dix jours de permission à Manosque en été. En octobre il est à nouveau dans le secteur du Chemin des Dames. Comme les codes l'amusent – et l'amuseront toujours – il le dit le 9 octobre en un anglais maladroit (Élise traduira, ou Fernande) : « Look at the Communiqué if it speaks of the mill of the scythe. I am near it. » « The scythe », la faux. Donc le moulin de Laffaux[14], où le 140e RI a effectivement attaqué. (La censure semble avoir été souvent une vraie passoire.) Puis à nouveau au repos à l'arrière, en novembre, près de Senlis. Il visite, dit-il, les châteaux de Chantilly et de Pierrefonds. Le 20 il est à 12 kilomètres de Paris, à Gonesse. « La ville est très moche (…). Tous les gens ici sont taillés à coups de serpe dans les betteraves. C'est le Royaume de la boue et de la pulpe. » Il songe à aller revoir ses cousins à la porte de Vincennes. Mais une carte, le 26 novembre, annonce autre chose. « Balade à Paris, pas pu voir le cousin, sommes allés à Montmartre, la Cigale, Bruant, le Rat mort, etc. On a rigolé comme des gosses. Mais j'irai encore. » Il y retourne en effet les 2 et 3 décembre. Le 5, il évoque cette nouvelle tournée : « Je me suis amusé pas trop mal avec deux de mes collègues. On est allés à l'Opéra, au Français, à la Cigale, au Rat mort, chez Bruant et presque partout les cabarets *(sic)*. » La mention des mêmes boîtes que dans la carte du 26, et leur alliance bizarre avec deux hauts lieux de la culture traditionnelle, laissent soupçonner que tout cela est assez fantaisiste. A l'occasion de Noël, Giono aura une nouvelle permission pour Manosque, où Élise Maurin est revenue après un an passé à Ajaccio comme surveillante d'internat, de janvier 1916 à janvier 1917.

De janvier à avril, il se trouve dans les Vosges : un secteur calme. Mais il est expédié, vers la fin d'avril, à l'autre bout du front, dans les Flandres, en trois jours de voyage – sans doute en raison de l'offensive allemande sur le mont Kemmel. Il écrit le 27 avril : « Le pays est un peu plus triste que celui où nous étions, pas de soleil, pas de fleurs, de la brume. Mais il y a l'océan et les landes, c'est déjà quelque chose. Et puis, c'était un pays que je ne connaissais pas. » Il pourra en outre aller, lors de ses brèves permissions, voir ses cousins Arnaut à Abbeville.

Cette période est longuement évoquée dans *Le Grand Troupeau*[15] et dans un des chapitres non retenus pour ce roman[16]. Elle comprend certaines des journées les plus dures de la guerre pour Giono. Toutefois, il en tirera plus tard un de ces morceaux de bravoure qu'il plaçait dans ses conversations; celui-ci est totalement invraisemblable sur plusieurs points : à la fin d'une marche de plusieurs jours – des centaines de kilomètres – il se serait trouvé, avec un camarade, seul au haut du mont Kemmel, dans le brouillard. L'aube venue, ils virent, à leurs pieds, d'un côté du mamelon le terrain occupé par les tranchées allemandes, de l'autre une troupe de lanciers anglais à cheval; avec eux, des Indiens Gurkhas, nus et huilés, chacun se cramponnant à l'étrier d'un lancier. Contournant le Kemmel, les lanciers, précédés de musiciens écossais en jupe, chargèrent l'ennemi. A proximité des positions allemandes, les

Gurkhas lâchèrent les étriers, et firent à l'arme blanche un grand massacre d'Allemands. C'est du roman d'aventures[17]. Mais Giono répétera souvent cette histoire. Aline, sa fille aînée, s'en fera l'écho dans *Mon père, contes des jours ordinaires*[18]. De plus, Giono mentionnera l'épisode – sans dire qu'il en a été témoin – dans *Le Désastre de Pavie*[19].

La correspondance ne livre rien d'autre, pour ces journées, que ce que contient une lettre du 25 mai : « Aujourd'hui nous avons eu une petite séance récréative d'obus à gaz, de fusants et de percutants (l'oncle vous expliquera tous ces termes techniques[20]). On se serait dit au 14 juillet sur la place du Terreau pour le feu d'artifice. » En fait, il reconnaît le 3 juin, en minimisant les faits, qu'il a été gazé[21] : « Là-bas où nous étions l'atmosphère était chargée de gaz tout le jour et ici je fais une cure de lait. » Cette cure durera au moins quinze jours. Giono a eu les paupières brûlées et a perdu ses cils. C'est peut-être à cette occasion qu'il se trouvera à l'hôpital de Wormhoudt, à 20 kilomètres de Dunkerque. Dans le manuscrit de son article de 1934, « Je ne peux pas oublier » (recueilli dans *Refus d'obéissance*), il déclarera : « Je n'ai jamais été décoré sauf par les Anglais, et pour être allé chercher deux aveugles dans le couloir de l'hôpital de Woordmouth *(sic)* qui brûlait[22]. » Pas trace de cela dans les lettres. Ni trace de décoration dans ses papiers. Mais Wormhoudt sera évoqué dans une des versions manuscrites du *Grand Troupeau*.

Cet épisode, qui aurait pu être très grave, ne lui vaudra malgré tout pas de permission. Le 5 juin, il se dit au repos au bord de la mer. « Nous l'avons bien gagné par 40 jours de travail. Nous sommes un peu déprimés mais tout va bien. » Le 8 juin il visite Cassel. Le dossier de correspondance présente plusieurs lacunes, soit que les combats aient été trop violents pour permettre l'acheminement du courrier, soit plutôt que des déplacements aient empêché Giono d'écrire.

En juillet, il passe à Mourmelon, puis est envoyé de divers côtés à travers la Champagne et la Lorraine, pour atteindre l'Alsace en septembre. A partir de juillet ou d'août 1918, il est chargé de donner à des camarades des leçons d'anglais : ayant été à diverses reprises depuis un an en contact avec des unités américaines et anglaises, il lui était utile, pour son travail dans les transmissions, de connaître un peu leur langue, et il s'est consciencieusement remis à l'étude, se souvenant qu'il a eu trois prix d'anglais au collège. Le secteur est calme. Au début de novembre, il a une nouvelle permission pour Manosque : il s'y trouve au moment de l'armistice.

Puis il rejoint sa compagnie en Alsace. Il écrit le 25 novembre : « Nous avons fait 280 kilomètres à pied et nous en avons encore 300 à faire de sorte que je ne pourrai pas vous écrire beaucoup pendant la route. » Ces longs déplacements semblent imaginaires : on voit mal à quoi ils correspondraient. Il annonce dans la même lettre une longue description de l'entrée des troupes françaises à Sarrebourg, Saverne, Bouxwiller, et exalte l'accueil merveilleux des Alsaciens : « Ce ne sont que fêtes, bals, réceptions. » Il n'en restera pas moins mobilisé près d'un an, à Sarrebourg, à Wissembourg près de la frontière (où il a perdu – vol ou accident – tous ses effets militaires), à Mondon près de Lunéville, à Bitche. Plusieurs fois, à l'en croire, il se rend en Allemagne, à Sarrebrück, et assiste à la vertigineuse dévaluation de la monnaie allemande[23]. Il obtient une dernière permission en août ; passant par Marseille, il est obligé d'y rester quelques jours, et, on ne sait pourquoi, contraint de participer à un vol en hydravion de Marignane au phare de Planier ; mais, la mer étant trop forte, l'appareil ne peut se poser. Il garde de cette expérience une impression très désagréable : de sa vie, il ne remontera plus en avion, disant : « J'ai trop d'imagination pour cela. » Enfin, en octobre, il est démobilisé.

Mensonges apaisants aux parents

Il écrira en 1939, dans *Recherche de la pureté* – et je cite cette fois la phrase jusqu'au bout : « Nous "avions fait" les Éparges, Verdun, la prise de Noyon, le siège de Saint-Quentin, la Somme avec les Anglais, c'est-à-dire sans les Anglais, et la boucherie en plein soleil des attaques Nivelle au Chemin des Dames[24]. » Mis à part l'inexactitude implicite et peut-être involontaire des Éparges, déjà relevée, tout cela est vrai. Mais à première lecture de l'ensemble de la correspondance conservée, on a presque l'impression qu'il ne s'est rien passé. Tout au moins au moment où chaque lettre est écrite : Giono est au repos, loin des lignes : les distances ne lui font pas peur, puisque dans une de ses premières lettres du front il dit être dans la Meuse, à 200 kilomètres au sud de Nancy (ce qui met la Meuse vers Pontarlier…). Ou, au pire, il est dans un secteur parfaitement calme. Que, pendant les dix-sept mois passés dans la Drôme, la Savoie et les Hautes-Alpes, il se soit déclaré satisfait de son sort, même s'il l'embellit parfois un peu, c'est compréhensible. Il s'est d'ailleurs efforcé de se mettre bien avec ses supérieurs. Un adjudant corse lui ayant demandé : « Giono ? ce n'est pas un nom corse ? » il aurait répondu que oui, s'attirant ainsi la bienveillance de ce gradé. Il est plus étonnant de le voir écrire, le 2 juin 1916, au cœur de Verdun : « La vie ici est très pittoresque et très intéressante. » De même le 16 juin 1916 : « Enfin le beau temps est venu et le soleil se montre un peu. Aussi, le soir venu, quand il n'y a pas de musique nous allons avec un de mes camarades dans un petit bois proche du village cueillir des fraises, c'est tout à fait la vie de villégiature. » Ou, au moment du Chemin des Dames : « On est en réserve, par conséquent je suis loin des

Boches (...). Nous avons, mon collègue et moi, construit contre le talus d'une voie ferrée une hutte en terre et toile goudronnée et c'est là que nous habitons depuis 3 ou 4 jours. Nous avons cueilli de l'herbe sèche et cela me fait une couche molle et odoriférante. Enfin il n'y a pas lieu de se plaindre et je suis très satisfait de mon sort » (15 avril 1917). On citerait par dizaines des passages analogues, et bien d'autres où il dit qu'il fait la guerre « en amateur » ou « en touriste ». Par dizaines aussi ceux où il jure qu'il est bien nourri, bien couché, qu'il engraisse. Rassurer ses parents, au prix de n'importe quelle invention, voilà pour lui l'essentiel.

Il invente d'ailleurs pour tout. Un exemple : pendant sa période d'instruction dans les Alpes, il fait avec son unité l'ascension de la Roche du Guet, au-dessus de Montmélian. Il lui donne une altitude de 1 820 mètres ; dix jours plus tard, elle passe à 2 900 mètres ; en fait, elle a 1 210 mètres. Mais il n'est pas un menteur calculateur et soucieux de cohérence. Jamais cela ne le gênera de se contredire. Et quand il aura été trop loin dans une direction, il rectifiera en godillant dans l'autre sens. A la suite d'un récit de bombance, sa mère s'inquiète visiblement : Jean va-t-il devenir un ivrogne ? Aussitôt il avoue qu'il a un peu exagéré et que « tout a été bien sage ».

Quant aux dangers, il les nie tranquillement ; il se dépeint comme menant une vie de farniente : « Je suis signaleur d'avion d'infanterie (...). Je suis donc très peinard, ma mission consistant à correspondre avec les avions qui, vous le savez, ne sortent pas quand le temps est mauvais, et il l'est toujours : vous voyez bien à peu près !!! » (30 octobre 1916). « Tout est bien tranquille, quelques obus de gros calibre venant de très loin sont tombés à quelques kilomètres de l'endroit où nous sommes. Mais cela, c'est du pain quotidien et ne nous émotionne plus surtout qu'on ne risque rien. Il en est tombé un non éclaté qui est aussi gros que moi [comment le sait-il si c'est à plusieurs kilomètres ?], mais c'est de la camelote (...) ; la vie est belle il ne faut pas s'en faire, les obus boches c'est de la camelote, ils cassent dès qu'ils tombent par terre (...) » (26 septembre 1916). Ou, lorsqu'il a été hospitalisé en 1916 et que ses parents savent où : « J'oubliais de vous prévenir, les bombardements de Bar-le-Duc c'est du **Bluff** [souligné trois fois], on ne risque absolument rien (...) » (2 juillet 1916).

Mais, de cette sécurité quasi totale où il prétend vivre, ses parents n'ont pu être dupes : trop d'affreuses nouvelles pleuvaient, trop de morts étaient annoncées ; ils ont dû lui écrire, ou lui dire pendant ses permissions qu'ils ne pouvaient le croire, et que ses descriptions rassurantes étaient si manifestement inventées qu'elles ne pouvaient calmer leur inquiétude, surtout peut-être celle de Jean Antoine. Celui-ci, dès le début plus lucide que Pauline sur la guerre, écrivait dans une lettre du 13 avril 1915 à son beau-frère Marius Pourcin, après avoir évoqué la mobilisation des hommes de la classe 89, âgés de 46 ans : « Je suis pessimiste et j'ai peur que nous y allions tous, jeunes et vieux, et qu'on n'en arrive pas à bout.(…) ce cauchemar [la guerre] en tuera un grand nombre. » Connaissant la nature fabulatrice de Jean, il ne devait guère croire à toutes ses paroles rassurantes. Et lors des permissions (on a vu qu'à partir de son départ pour le front Jean revint cinq fois à Manosque), il le questionnait. Giono, à mon avis, n'a guère dû modifier la réalité en écrivant en 1961 dans *Le Grand Théâtre* : « Au cours de mes permissions, il m'interrogeait sans cesse sur les spectacles de ce monde étrange dans lequel je vivais, en première ligne. Je fus d'abord très circonspect, de peur de l'effrayer ; ayant enfin compris que ce qu'il voulait m'épargner était pire que la mort, je lui décrivis avec beaucoup de détails notre vie dans la boue, nos sommeils souterrains, notre peur des espaces libres, notre besoin d'encoignures et de cachette, l'étrange sensation que nous éprouvions quand nous nous tenions debout, l'éclatement des obus et ce sifflement précurseur qui nous aplatissait sur le sol[25]. Je décrivis avec encore plus de complaisance mon expérience de Verdun, mais en me bornant toutefois à parler des transformations constantes du paysage, du ciel, des lumières, des flammes, du bruit, des aveuglements, des assourdissements, de cette mise en pétrin et de ce brassage de terre et d'hommes, de cette absence totale de réalité qui en résultait. Au fur et à mesure que je repartais pour le front, puis que je revenais, je renouvelais mon lot d'images. Je lui parlais des ballons captifs que nous appelions saucisses et que les Allemands appelaient dragons. Je fis la description de combats d'avions. Et vers la fin, je lui racontai quelques épisodes de la guerre des gaz. Je lui montrai mon propre masque ; je l'essayai devant lui, pour qu'il puisse juger de la tête qu'on avait là-dessous[26]. »

Jean va donc nuancer sa technique. Il reconnaîtra les réalités de la guerre. D'abord les duretés de la vie quotidienne. Peu après son arrivée au front, il demande qu'on lui envoie du camphre contre les poux (14 et 20 juillet et 1er août 1916, etc.). « On fera aussi la chasse aux rats, il y en a de gros comme des petits lapins. Ils font un raffût la nuit, on dirait un escadron de dragons » (18 septembre 1916). Ou il insiste sur son apparence : « Si vous me voyiez vous ne reconnaîtriez plus le Janot qui s'habille du dimanche, qui demande un col propre et qui gueule comme un ours quand il n'est pas à la forme voulue. Je suis sale comme 28 cochons. La sueur mélangée à la poussière forme avec ma barbe un masque abominable sur mes traits. Et malgré tout on est heureux comme des oiseaux et cela ne nous empêche pas de chanter *Tipperary* et de rigoler de nos gueules » (13 août 1916). Un peu plus tard il reconnaît qu'il y a vingt-quatre jours qu'il ne s'est pas lavé et qu'il n'a pas changé de linge (16 novembre 1916). Aveu identique le 29 mai 1917. Il y a aussi les difficultés de ravitaillement. Le 25 mars 1917 : « On la saute un peu, on ne mange pas toujours à sa faim. » Et encore le 20 septembre suivant : « Si vous pouviez m'envoyer un petit paquet, il serait ici le bienvenu car, soit dit en langage poilu : "On la saute un peu." Mettez-y un peu de charcuterie, du lait condensé. mais pas de chocolat et un peu de confiture. »

Quant aux aveux des dangers, dans ses lettres de 1916 ils arrivent à peu près toujours assez longtemps après les dangers eux-mêmes. Le 23 août 1916, deux mois après son hospitalisation, il reconnaît que son régiment a été décimé par les combats. Le 5 septembre : « Nous n'irons plus à Verdun. » Et un autre aveu qui en dit long sur le ravitaillement fourni par l'intendance et sur la nécessité de le compléter par des razzias chez l'habitant : « Le revolver n'est plus nécessaire pour aller chez les paysans. » Le 6 novembre, parlant d'autres régiments : « Ils ont attaqué à V. à l'endroit où nous avions déjà attaqué, et connaissant le terrain je puis vous assurer que c'est une victoire magnifique. » A partir de 1917, sentant que ses ficelles sont un peu grosses, il se fait plus franc. Le 17 mars : « On traverse une période un peu mouvementée. » Le 10 avril : « Avant de partir en permission il y a encore un coup à donner et nous y allons mais comme de tous les autres on en retournera (…). Dans 15 ou 20 jours après le coup de chien le fiston ira par ses caresses vous remercier de toutes les bontés que vous avez pour lui. » Le « coup de chien », c'est le Chemin des Dames… Le 15 avril : « Je suis certain de tirer mes os de cette guerre. Ce sera déjà un résultat magnifique. » Le 30 septembre, il raconte avoir vu descendre un avion allemand qui leur faisait tirer dessus avec du 210. En janvier 1918, il parle de brûlures que des bains pris à Luxeuil l'ont aidé à fermer (brûlures aux chevilles, me dit Élise Giono). Accident ? conséquence d'une action ennemie ? on l'ignore. Le 6 mars suivant, envoyant des photos prises lors de l'attaque sur l'Aisne, il raconte que deux heures après un obus est tombé sur l'emplacement ; et il a eu un camarade blessé. Une des photos représente des prisonniers allemands transportant des blessés français sur « le champ de la Mort ». Le 16 juillet, ils ont dû quitter le point où ils étaient, parce qu'il était battu par des obus de 380, et un territorial, à 50 mètres de lui, a eu les deux jambes coupées. Giono a compris qu'une vérité atténuée, que l'aveu de dangers passés ou lointains, c'était finalement ce qui pouvait le mieux donner espoir à ses parents.

Ce que ne disent pas ses lettres sur le moment, c'est la réalité immédiate des dangers qu'il court, et les craintes qu'il éprouve. Elles sont attestées par un papier du 28 juin 1917, qu'il portait sur lui, et qui a été conservé :

« En cas d'accident *très grave* ou de *Mort* nécessitant l'envoi de la nouvelle chez moi, écrire aux adresses suivantes :

Madame Jeanne Pourcin – Boulevard des Lices à Manosque Basses-Alpes

ou bien

Monsieur Albert David Bd des Lices Manosque Basses-Alpes[27] et *ne pas écrire chez moi,* si ce n'est *que plus tard.* Cette précaution étant prise à cause du grand âge de mes parents. »

Le panorama de l'armée qui ressort de ces lettres est lui aussi idyllique. Que Giono ne signale pas, en raison de la censure, l'existence de supérieurs parfois durs et peu intelligents (il a bien dû en connaître un certain pourcentage...), soit. Mais est-il obligé d'écrire, comme le 20 octobre 1915 : « Nous avons été passés en revue par le général Block[28]. Il a été très satisfait de nous mais il a trouvé que nous travaillions trop et que nous étions trop avancés ; d'ailleurs, a-t-il ajouté, nous n'avons plus besoin d'hommes maintenant. » Espère-t-il faire croire à la réalité de tels propos – et d'autres qu'on lira plus loin ?

Jean cherche aussi à rassurer par l'image qu'il donne de lui-même. Il entretient deux possibilités, qu'il évoque alternativement, et dont le degré de vérité n'est peut-être pas le même. L'une est d'être « planqué ». Pour cela, deux moyens. Le premier est de plaider l'inaptitude physique. Ayant été ajourné lors de son premier conscil de révision, il a pour cela des atouts : en janvier 1915 il dit s'être déclaré « faible de la poitrine ». Le 15 septembre suivant, récit analogue : « Lundi, nous avons passé la visite ; justement j'avais un très fort rhume et je ne m'étais pas fait porter malade ; or quand mon tour arriva et qu'on me dit qu'avez-vous à réclamer... j'ai dit : faible de la poitrine. Le major m'a ausculté, m'a dit bon mais a marqué une annotation à côté de mon nom après m'avoir demandé si j'étais souvent malade, j'ai dit oui... Le lendemain étant plus enrhumé j'ai été à la visite et il m'a reconnu et m'a exempté de service pendant tout le jour. Cette annotation fera son chemin, elle me servira pour me faire verser dans les inaptes ou dans les auxiliaires après quelques mois de camp. » On doute un peu que tout cela soit vrai, à en juger par son retour de permission à la fin de juillet 1916. Le 27, de Lyon : « Je vous écrirai de Saint-Dizier pour vous dire si je me suis fait porter malade. » Le 29, de Saint-Dizier, et le 30, de Bar-le-Duc, il dit y penser toujours. Mais le 31, de retour à Sommedieu (secteur de Verdun), il raconte qu'il est arrivé après 18 kilomètres à pied, et qu'il ne se fait pas porter malade ; il reprend son « petit travail *bien tranquille* ». En fait, s'il est fabulateur, Giono n'est ni un tire-au-flanc ni un tricheur, et il mène la même vie que ses camarades.

Le second moyen d'être planqué est de se faire bien voir d'un supérieur, comme de l'adjudant corse de Montségur. Un troisième est de se faire affecter à une fonction réputée moins dangereuse que celle de fantassin « ordinaire ». Une fois, celle d'ordonnance d'un commandant (10 octobre 1915). Mais surtout celle de spécialiste des transmissions. On l'a vu à propos de sa période d'instruction. Et, durant ses années au front, il insiste à nouveau sur les facilités que lui procureront ses capacités techniques. Le 17 juin 1916 : « J'ai été attaché à la personne du capitaine en tant qu'observateur pour avion. » Le 2 septembre, il explique en quoi consiste ce genre de travail : « Je suis avec le Colonel dans des abris *Blindés* ct par une lucarne je vise les avions avec une lunette et je leur adresse à l'aide d'appareils spéciaux les télégrammes que me dicte le colon. » Le 11 juillet 1917 : « Je suis détaché auprès du Général comme radio. C'est la fameuse place que je guettais depuis si longtemps. » Est-il vraiment détaché auprès d'officiers d'un grade de plus en plus élevé ? Ou est-ce son imagination qui leur donne du galon ? Il fera bien, on l'a vu, un colonel de son grand-père maréchal des logis... Mais le fond était vrai, puisqu'il est passé comme radio dans le Génie. L'aspect autobiographique d'« Ivan Ivanovitch Kossiakoff » en est confirmé.

Autre possibilité que Giono fait constamment miroiter auprès de ses parents : celle de monter en grade. Dès le 9 mai 1915, il se voit caporal, sergent, aspirant, sous-lieutenant. Il pourrait, ou il va sans doute, aller à Saint-Cyr (lettres du 9 mai et du 22 octobre 1915, du 15 avril et du 26 mai 1916). Dix jours plus tard, il écrit du front : « Je n'ai pas encore été nommé, mais il faut être patient. Quand vous lirez par hasard dans le journal qu'il va y avoir un concours pour Saint-Cyr, prévenez-moi car ici on pourrait l'oublier. » Sourions. Il continuera pendant un certain temps – répondant parfois visiblement à l'inquiétude de ses parents – à se faire appeler « élève-aspirant » quand il donne son adresse. Mais il semble clair qu'il a assez vite renoncé à aspirer ; il restera soldat de deuxième classe jusqu'à la fin de la guerre.

Durant sa période d'instruction, il lui faut justifier ses assertions : pour avoir de l'avancement, il faut être bon soldat et bon élève-aspirant. C'est l'image qu'il donne de lui. Le 23 mars 1915 : « Mon succès au premier examen a été mieux que ce que j'espérais. j'ai eu le n° 1 et nous n'avons été que 2 de reçus sur 12. » Le 2 mai 1915, de Montmélian : « Vite deux mots pour vous envoyer mes notes. Elles sont excellentes, 16 en pratique et 17 en théorie ; dans les trois premiers ; et comme appréciation : Giono, excellent soldat, donne tout ce qu'il peut, rendra de très bons services comme gradé ; fera un excellent chef de section. Signé Général Bogillot[29]. Comme vous voyez elles sont épatantes. » Bizarre, ce général signant une appréciation sur un élève-aspirant. Même son de cloche dans la lettre écrite le 9 mai de Briançon. Ses performances physiques sont extraordinaires. Le 14 septembre 1915, de Montségur : « Nous avons fait une marche de 35 kilomètres sous la pluie et au retour, j'étais seul à avoir la tête haute, tous les autres tiraient la langue, mais je serais encore allé à Manosque à pied. » Giono était un bon marcheur, c'est vrai ; est-il croyable qu'il ait été le seul ? Plus curieuses sont ses autres performances. De Montségur, le 22 octobre 1915 : « Jeudi au tir j'ai eu le maximum, 12 points avec 6 balles à 400 mètres, c'est-à-dire 6 balles tirées, 6 balles dans le noir. Pour un premier tir, ce n'est pas mal, n'est-ce pas ? J'ai été félicité par le lieutenant. Pense un peu si j'étais fier quand on a eu signalé et que j'ai annoncé au garde-à-vous, raide comme un piquet : soldat Giono, 6 balles, 12 points, c'est le sergent qui en bavait !! (moi aussi d'ailleurs). »

Même scénario à Richerenches, le 31 janvier 1916 : « J'ai fait un tir superbe, 6 balles, 12 points, le maximum. Le capitaine Roussel (neveu du lieutenant-colonel) a examiné ma cible à la lunette prismatique et m'a dit que j'avais un excellent groupement, en effet mes balles étaient toutes dans le ventre (car nous tirons sur silhouette) comme j'ai pu le constater quand il m'a passé la lunette. Enfin le tir continue. Puis nous retournons. Avant d'arriver à Richerenches le capitaine nous fait arrêter et m'a fait passer en tête de la compagnie avec 10 autres de mes camarades qui avaient fait comme moi. Puis il nous a dit de tourner à droite au lieu de continuer avec la colonne quand nous entrerions en ville. Là-dessus il a fait jouer tous les clairons puis nous sommes entrés en ville. Il a fait défiler toute la compagnie devant nous en faisant jouer *Aux champs*. Puis il nous a tous menés au bureau de tabac où il nous a fait choisir chacun un londrès de six sous. Tu parles d'une bombe. Il m'a félicité et il m'a exprimé le regret de ne pouvoir me donner ma permission, mais il fera tout ce qu'il pourra, m'a-t-il dit, pour m'y faire aller bientôt. » Même si la fin de la scène était vraisemblable, les seuls tirs de Giono suffiraient à faire douter de l'ensemble. Car il n'était pas et ne devait jamais être chasseur, et n'avait jamais tiré. Surtout, sa famille et ses amis le savaient bien, et il en riait avec eux, il était extrêmement maladroit. J'ai joué aux fléchettes et à la pétanque avec lui : je sais de quoi je parle. N'empêche qu'il dit encore avoir d'excellentes notes, pour le tir comme pour le reste, à Montmélian le 19 avril 1916. Si tout cela était vrai, n'aurait-il pas obtenu un avancement quelconque ?

Il reste qu'il n'a nullement été, durant sa période d'instruction, un révolté ou un antimilitariste. Curieusement, il fait même référence plusieurs fois à la tradition familiale. Le 10 septembre 1915, il écrit de Briançon, après avoir évoqué une étrange crise de cafard parmi ses camarades : « Je voyais pleurer autour de moi mais j'ai conservé l'orgueil d'avoir les yeux secs, malgré les sanglots qui me montaient à moi aussi à la gorge (…), les sanglots étaient pour vous, pas pour moi. J'ai la volonté nécessaire pour surmonter *toutes* les difficultés. D'ailleurs n'ai-je pas le souvenir lointain mais cher néanmoins de mes deux aïeuls et je sais qu'ils ne seraient pas contents si j'étais triste. » Le 22 octobre suivant, de Montségur, après le récit de son tir extraordinaire : « Vous voyez, cher papa et maman chérie, que je suis digne de mes grands-pères ; si le vieux grand-père Pourcin me voit, il doit dire : eh, il ne va pas mal, le fiston. » Et le 28 novembre, après un examen : « Pensez donc, quand j'ai *commandé* une section à Saint-Paul, l'autre jour, si je me tenais droit. Je me disais, si le grand-père Pourcin te voit il doit être content de son petit-fils ». Ce grand-père Pourcin, il l'a connu et entendu parler de Solférino, et peut-être de la Crimée. L'autre est plus lointain. Giono pense-t-il à ses années dans l'armée italienne, ou, s'il en a eu l'écho, à son passage à la Légion étrangère ?

Ces manifestations de fierté seront moins nombreuses pendant ses deux ans et demi de combattant ; il y a dans le danger quelque chose qui pousse à la sobriété de langage. Il écrira pourtant, le 1ᵉʳ décembre 1917 – mais je n'ai pas trouvé ailleurs trace du fait : « Je suis avec tout mon groupe cité à l'ordre de la Division et nous allons être décorés de la croix de guerre » (sans doute allusion, avec du retard, à la fourragère à croix de guerre que le général Pétain a accrochée le 10 novembre, à Soissons, au drapeau du régiment). Et, le 9 juin 1918, alors qu'il est au 8ᵉ Génie : « J'ai été cité une deuxième fois, cette fois-ci avec tous mes copains. Mais on ne nous a pas encore donné le diplôme. » Invention sans doute.

Les déclarations patriotiques ne sont pas totalement absentes de ses lettres. Il lui arrive de déclarer : « La Patrie a tout mon amour. Mais, avant, je place mon père chéri et ma petite mère adorée. » La première phrase peut être ironique, et destinée à un éventuel censeur. Mais, en 1918, il partage les idées ou les préjugés de beaucoup de militaires français à l'égard des capacités militaires des Américains et surtout des Anglais : on a vu qu'en 1939 encore, il dira avoir fait la Somme « avec les Anglais, c'est-à- dire sans les Anglais[30] ». Il écrit le 23 mai 1918 : « Je puis vous affirmer quoique je ne sois pas patriotard pour un sou que malgré toutes leurs Rodomontades ils ne passeront en aucun point *où il y a des Français*. La seule chose inquiétante, je vous le dis par expérience, c'est qu'ils passeront partout où le front ne sera pas tenu *par des Français*. Cela on ne saurait trop le répéter. Il suffit qu'on aille à l'arrière pour qu'on vous rabatte la tête avec les Anglais, les Américains, etc. Il vaudrait mieux qu'ils admirent un peu plus leurs propres fils. Ceux-là se font tuer et ne reculent pas. Mais ceux-là aussi ne sont pas exotiques, on ne les regarde pas, il faut aux Français maniaques des Anglais et des Américains. J'ai *vu* ce qu'ils savaient faire. Hélas !! » Et le 23 juin : « S'il n'y avait que des Français ici je serais sans crainte mais nous sommes noyés par les Anglais et je les connais car je les ai vus à l'œuvre. Pour mon malheur. » Ces derniers mots sont-ils rhétoriques, ou rend-il les Anglais responsables des gaz dont il a été victime ? En tout cas il ajoute sur un ton martial : « J'astique ma carabine et s'ils viennent eh bien on les verra (...). Les boches sont comme Croquemitaine, plus on en est près, moins on en a peur. »

Pourtant il arrive que perce le bout de l'oreille. En face de Giono bon soldat, bon patriote, cliché conforme à toute l'attitude officielle pendant la guerre, il y a un Giono sceptique et antimilitariste : celui qui, le 19 septembre 1915, affirme sa décision : « Je ne serai *jamais* soldat de 1ʳᵉ classe », et qui, le 23 octobre, déclare : « J'ai réussi à me faire rayer du cadre des officiers aspirants à Saint-Cyr, je préfère les télégraphistes. » Ce sont aussi des railleries à l'égard de son camarade de classe Raoul Battarel, qui devait être sergent au 116ᵉ RIA (*Dépêche des Alpes,* 30 octobre 1915), puis sous-lieutenant. Après avoir rapporté, le 9 mai 1915, un éloge de son capitaine, il ironise : « Vous voyez qu'il n'y a pas que

Battarel qui soit un aigle. » Et, le 19 juillet suivant : « Arrivé à Montségur où nous logerons *chez l'habitant* je me ferai photographier avec tout
le fourniment et je t'assure que je crâne, il peut y venir le général Battarel. » A partir du 30 octobre 1915, R. Battarel, déjà en première ligne,
envoie au journal local de nombreuses contributions, poèmes de guerre
(« En sentinelle », 8 janvier 1916) ou plus souvent chroniques conven-
tionnellement optimistes du front (il y en a sept de juin à novembre
1916). L'article du 17 juin, « Les boîtes de sardines », excite l'hilarité de
Giono. Il écrit le 21 : « Je viens de recevoir *La Dépêche* et l'article de
Battarel. Je l'ai fait lire à mon lieutenant, il a dit que pour l'écrire il fallait être fou ou crétin. » Cela ne l'empêchera pas d'être peiné de la mort
au front de Battarel, qu'il apprend le 2 janvier 1917.

Tant que Giono est à l'arrière, il n'y a là que des railleries sans conséquence. Le vrai tournant, c'est l'arrivée au front. L'aveu décisif, sans
commentaire aucun, est du 6 septembre 1916 : « Mes idées ont bien
changé depuis Verdun. » La crainte de la censure le retient. On trouve à
peine quelques plaisanteries courantes, du genre « pourvu que l'arrière
tienne ! ». Ou, le 26 août 1917, reprenant le slogan universellement
répété : « On les aura (quoi, je n'en sais rien). ». Ou encore, sur une
carte postale représentant un soldat partant en riant à l'assaut, avec une
publicité pour inciter à souscrire au deuxième emprunt de la Défense
nationale, donc vers la fin de la guerre, Giono a complété la mention
imprimée « On les aura » par ces vers burlesques :

> Les cheveux ras
> Et ça dégoûtera
> Les rats.

Et il commente ironiquement : « Je vous envoie le beau poilu qui
gueule On les aura ! Le dessin en est joli, l'intention excellente.
Mais !!! »

Ce n'est qu'une fois la guerre finie, alors qu'il attend avec impatience
sa démobilisation, qu'il donnera libre cours à ses idées. Le 27 mai 1919,
il écrit : « Pour les régiments d'infanterie la discipline redevient telle
qu'elle était avant la guerre, c'est-à-dire tatillonne et idiote (...). Je
constate de plus en plus que le militarisme à outrance tel qu'il est en
train de se former guide inévitablement les esprits vers le plus féroce
bolchevisme, étant donné qu'il apparaît comme la seule issue permet-
tant de sortir de l'esclavage absurde. Et, de même que je me glorifie
d'avoir été (de l'avis de mes chefs) un excellent soldat en temps de
guerre, je suis persuadé que je deviendrais bientôt le pire anarchiste si
cet état de choses devait durer. Le sacrifice est une dure volupté, il faudrait que *tous* puissent en jouir. Mais on se lasse des meilleures choses.
Cependant, tant que j'aurai des livres et du tabac (et c'est le cas) mon
anarchisme ne se montrera que par une ironie muette et un superbe
dédain des vieilles badernes et de leurs férules. » Là, Giono dit la vérité.

Il a été un bon soldat dans le service – sinon dans les manières. Il comprendrait la révolte extrême, sans l'approuver au fond. Son attitude rejoint celle de son père : elle est non conformiste ; et, s'il fallait définir leur position à tous deux – qu'ils ne formulent pas – ce serait un anarchisme avant tout libertaire.

Encore une autre image de lui, assez étonnante, et assez conventionnelle, qu'il présente à ses parents : celle d'un soldat blagueur, buveur et coureur. Il écrit de Montmélian le 19 avril 1916 : « Hier soir après l'appel on a bien rigolé. On a décoré un auxiliaire un peu dingo de la croix de guerre. La moitié des copains était à poil avec l'équipement et le fusil baïonnette au canon ; on lui a présenté les armes et puis on a défilé devant lui au son de *La Marseillaise*. Si vous aviez vu le tableau, j'en ai encore mal au ventre. » Au front, il participe aussi à des chahuts : « Hier soir on a veillé jusqu'à minuit à chanter toutes les chansons qu'on savait, on a fait un boucan terrible. » (28 septembre 1916.) Il se représente comme assez gai. Dans une lettre dont la première page est perdue, mais qui, d'après le contexte, doit être de janvier 1918, il raconte : « Pendant les marches quand on commençait à être fatigués c'est moi qui entraînais la section en chantant "Quand on est mort on est foutu[31]" et pendant quelque temps on oubliait ses jambes et ses pieds. On m'a surnommé *le sourire éternel*. De même le soir au cantonnement, enfoui dans notre paille, c'est encore Giono qui intéresse ses collègues par des contes et des histoires, enfin c'est le poilu universel et il n'est pas de joyeuse bombance, d'arrivages de paquets somptueux, sans que Giono ne soit gracieusement invité à en prélever sa part. Je suis un peu comme ces trouvères du Moyen Age qui suivaient les hommes d'armes pour leur chanter les chansons de geste propres à les enthousiasmer. » A l'en croire, il ferait même un peu le clown, puisqu'il a aussi été surnommé « le petit singe de la mère Giono ».

On le voit souvent aussi décrire des beuveries. A Richerenches, le 14 janvier 1916, après un festin et une représentation de marionnettes, les officiers demandent à voir eux aussi le spectacle, ce qui a lieu ; puis ils offrent à boire. « Après avoir bu force bouteilles de vin blanc, nous étions un peu éméchés. » Et la tournée continue dans les cafés de Richerenches. Ce n'est rien à côté de ce qui se passe au front. Le 23 août 1916, après les combats de Verdun, « le capitaine nous a invités à bien refaire notre santé. C'est pour cela que depuis 4 jours ma section n'a pas cessé de se soûler régulièrement. Dès la fin de cette carte je vais aller avec eux boire du vin cacheté à 4.50 le litre (St-Émilion) avec des biscuits[32]. On refait sa santé. » En septembre 1916, c'est la « saoulographie » qui a inquiété sa mère. Ce qui n'empêche que le 2 novembre il annonce : « Il y aura grande bamboula ce soir. » Le 16 juillet 1917, c'est la fête avec du champagne. Et à nouveau le 3 septembre.

Tout cela, c'est d'un soldat de type courant. Cela étonne de Giono, qui, avant comme après la guerre, tous les témoins l'affirment, était plutôt timide, réservé, réticent devant les blagues, et ne chantait jamais. On aurait peine à croire, et l'on serait peiné de croire que, par mimétisme et conformisme, il ait pendant près de cinq ans entièrement changé de personnalité. Mais j'ai pu recueillir le témoignage de son camarade de guerre Hugues Roidot, qui l'a connu à la fin de 1916 dans la région du fort de la Pompelle. Il me l'a dépeint comme tranchant sur les autres soldats, en particulier méridionaux : ne criant ni ne braillant, discret, lisant tant qu'il pouvait, et considéré pour cela comme un peu « bêcheur » par certains de ses camarades. Nul doute : dans ses lettres à ses parents, Giono se compose un personnage pour répondre à l'image qu'ils peuvent se faire des soldats à l'époque par les récits des permissionnaires rencontrés à Manosque. Il sera, pense-t-il, plus rassurant pour eux que leur fils ne se singularise pas.

Un dernier point est plus délicat à trancher. Giono a dix-neuf ans lorsqu'il est mobilisé. Il n'a rien d'ascétique. C'est un sensuel. Il a eu quelques aventures avant la guerre. Il pourra en avoir aussi pendant la guerre. Mais les sous-entendus satisfaits et les propos égrillards ne sont pas de son style. Pourtant, dans trois lettres à ses parents, il citera un proverbe provençal (la dernière fois il le met en français : « qué demanda lou paouré ? d'aqué lou ventre tendu et de... raidé » (les points de suspension qui remplacent le verbe « bander » sont chaque fois de lui : c'est aussi à sa mère qu'il écrit). Et les allusions complices se trouvent aussi bien dans les années d'instruction que dans celles de combat. Le 9 février 1915 : « Visan est une jolie petite ville très ancienne où il y a de jolies filles, pensez un peu si on va rigoler. » Le 15 septembre : « Demain les belles Briançonnaises vont nous voir défiler musique en tête, sac au dos et fusil à l'épaule et je te prie de croire que je crâne en alpin, tu sais avec le béret sur l'oreille[33]. » Le 5 octobre, ayant reçu la culotte que ses parents lui ont fait faire sur sa demande : « Je vous assure que je crâne, les petites de Montségur peuvent se retenir aux branches. » Au front, cela va plus loin : le 15 septembre 1916, « le capitaine a conseillé à ses "collaborateurs" Giono et Günz de se raser pour chahuter les moukères (...). On fume comme des Suisses ; on boit comme des trous ; on court après les petites et qu'est-ce que tu veux de plus, "aqué lou ventre tendu etc.". Il fait un peu froid. Heureusement qu'il y a le champagne à bon marché et les Champenoises à meilleur marché encore. » Le 26 septembre : « Il y a du pinard, de belles Champenoises, du tabac, de la confiture de châtaignes, allons décidément le pape n'est pas mon cousin. » Le 6 avril 1917, de Noyon, avec une allusion à une aventure manosquine : « On rigole, il y a de bien jolies filles et j'en connais pour ma part une qui s'appelle Charlotte. Elle se charge de me faire oublier que Lucienne est loin. » Suit le proverbe provençal. Et le 10 avril, alors que son unité va partir pour le Chemin des Dames : « J'ai été dire adieu à la petite Charlotte, ça été magnifique. Pleurs, embrassades, et puis, mais ça, c'est un détail. » Quant à Lucienne, ancienne liaison, c'est la rupture. Le 27 juin : « Si Lucienne vous écrit pour vous dire que je suis malade ne vous étonnez pas. Je lui ai bourré le crâne car elle commence à me dégoûter. » Plus nettement encore le 1er juillet : « Si Lucienne vous écrit envoyez-la au diable. » Le 23 juillet : « Je crois que nous allons revoir *Charlotte* sous peu. » La ronde continue en Alsace, avec « une jolie demoiselle » habitant en face, d'où « des frais de toilette, on se rase tous les matins ». Le 10 avril 1918 : « Entre parenthèses laissez-moi vous dire que j'ai été demandé en mariage hier au soir par une demoiselle, Rachel Kuhlmann, 20 ans, juive, 20 000 francs de rente. Je l'ai envoyée *balader.* »

Que l'aventure fugitive avec Charlotte (de Noyon) soit réellement arrivée, c'est possible. Mais l'ensemble ne sonne pas juste. En fait, je crois y déceler une part de camouflage.Toutes ces allusions gaillardes ont pour objet de dissimuler que Jean, secrètement, porte en lui-même un sentiment infiniment plus profond. Car depuis 1914, dans sa vie, il y a Élise Maurin. Ils ont commencé à s'écrire en octobre 1915 : le 1er octobre Jean reconnaît sur un paquet envoyé par ses parents « l'écriture de Mlle Élise » et les charge de la remercier d'avoir écrit avec tant de soin. Il dit un peu plus loin : « J'ai reçu avec plaisir une lettre de Mlle Élise, je lui répondrai demain probablement. » La jeune fille, qui a terminé ses études, a pris pour quelques mois un poste d'institutrice à Redortiers, village presque abandonné au-dessus de Banon. Elle s'y sent seule et meurt de peur, me dit-elle ; ses élèves, venus des fermes des environs, ne sont guère qu'une demi-douzaine : le plus souvent trois ou quatre présents.

La correspondance sera suivie à partir de 1916 ou 1917. Mais il n'y en a pas trace dans les lettres à ses parents, qu'il charge seulement, très souvent, de saluer les Maurin ; et il ne mentionne jamais leur fille, jusqu'à la fin de la guerre, que sous l'appellation respectueuse de « Mlle Maurin » ou « Mlle Élise ». Après son séjour en Corse, elle est revenue à Manosque, d'abord au cours complémentaire, puis au collège comme professeur suppléant. Quand elle est chez ses parents, les lettres de Jean seront envoyées, sous double enveloppe, à sa cousine Fernande, âgée de seize ans, et qui se fait la messagère de l'amour de son cousin. Pourquoi ? Il semblerait qu'il n'y eût rien d'insensé, en 1915-1918, à voir correspondre un soldat de vingt ans et une enseignante de dix-huit ans. La pratique des « marraines de guerre » était courante. Il n' y avait d'autre part aucune différence sociale marquée entre les familles Giono et Maurin, ni aucun désaccord politique : Jean Antoine Giono était librement anarchiste, Marius Maurin socialiste de gauche. Alors ? Élise me dit : « Parce que ma mère ouvrait toutes mes lettres, et que je ne voulais pas qu'elle lise celles-là: c'était des lettres d'amour. » Fernande Pourcin ajoute à cela une autre explication. Pauline Giono, très catholique, avait en vue pour son fils une autre jeune fille, catholique elle aussi, qu'elle aurait préférée comme belle-fille à Élise, cette incroyante qui n'avait pas fait sa première communion. Aussi, pour ne pas faire de peine à sa mère et ne pas avoir à s'opposer à elle, Jean imagine-t-il le subterfuge de la correspondance par cousine interposée.

Dans ses lettres aux parents, seuls les événements importants concernant Élise sont mentionnés. Le 10 janvier 1916, il écrit : « Je suis bien heureux d'apprendre que Mlle Maurin est arrivée à bon port. » C'est qu'elle vient de rejoindre son poste à Ajaccio. Ou il fait demander, le 20 septembre 1917, qu'elle lui brode un insigne, et la fait remercier quand il le reçoit huit jours plus tard. Mais l'importance, à ses yeux, des lettres qu'elle lui écrit est attestée par un document. Le 23 octobre 1917, sur la feuille qu'il portait sur lui et où il donnait ses instructions en cas de blessure grave ou de mort, il ajoute une nouvelle recommandation : « Je prie mon meilleur ami de prendre dans ce portefeuille les *lettres* liées par un *ruban blanc* et de les renvoyer à Mademoiselle Fernande Pourcin, Bd des Lices Manosque Basses-Alpes, *pour qu'elle les rende.*» Et, postérieurement encore, il a ajouté au bas de la feuille : « Ces lettres sont maintenant dans mon sac, dans une boîte en bois. » Il me semble trouver l'écho de cette correspondance dans *Le Moulin de Pologne*. Mais l'original n'existe plus. Les lettres d'Élise ont dû être perdues lorsque tout le paquetage de Jean a été volé ou détruit à Wissembourg en 1919. Élise a brûlé les lettres de Jean, longtemps après la mort de celui-ci, estimant qu'elle seule devait avoir lu ces lettres d'amour. Comment ne pas la comprendre ?

Jean est encouragé par sa cousine Fernande dont une lettre du 24 septembre 1917 a été conservée. Elle lui parle d'Élise : « Tu ne pouvais pas mieux tomber. Élise n'a jamais aimé quelqu'un d'autre que toi, du moins à ce qu'il me semble et c'est déjà beaucoup. Tu seras le seul qui aura eu son cœur (...). Et je me demande comment elle a pu se dévoiler si vite, elle qui est si méfiante pour les jeunes gens. C'est que vraiment elle tient à toi ; mais tu sais, Jean, au moins sois toujours franc avec elle. C'est par là que tu peux te faire aimer davantage. Et puis, elle est très douce. » Elle les voit déjà mariés, heureux ensemble, avec un bébé.

L'existence de tous ces Giono divers et contradictoires qui se révèle dans les lettres peut surprendre. Aux raisons déjà données – crainte de la censure, amour pour Élise, irrésistible tendance à inventer – ajoutons que Giono écrivait toujours à la fois à son père et à sa mère, qui étaient bien différents l'un de l'autre : elle, catholique, inquiète de l'immédiat, attachée aux conventions sociales, et en contact constant avec les Manosquins ; lui, solitaire, anarchiste, antimilitariste. Sans parfois le savoir, Jean dans ses lettres s'adressait souvent tantôt à l'une, tantôt à l'autre. Celui qui refuse le galon est le fils de Jean Antoine ; celui qui en veut est celui de Pauline, de même que celui qui se fabrique un personnage de soldat moyen conventionnel. Giono ne s'en doute probablement pas : quand, solitaire, éloigné des siens, il fabrique à partir de lui-même plusieurs personnages, il est déjà, en germe, un romancier.

Et, dans cette correspondance, il se forme aussi un tant soit peu comme écrivain. Les formules initiales évoluent de 1915 à 1919. Les premières lettres commencent par « Mon cher vieux papa et ma petite maman chérie », avec quelques variantes. Cette expression un peu stéréotypée se simplifiera au cours des années pour aboutir en 1918 et 1919 à « Mes deux vieux chéris » ou simplement « Mes deux chéris ». Les formules finales se raccourcissent également. De « Mes caresses les meilleures mes deux vieux chéris », on passe à « Grosses caresses ». Ce n'est certes pas que les sentiments aient changé. Jean est toujours aussi attentif à marquer son affection de toutes les manières. C'est qu'il écrit de façon plus brève et moins conventionnelle. La signature aussi évolue curieusement. Au début, elle est rapide et peu claire – ce doit être le paraphe utilisé à la banque : quelque chose comme « Gion » ou « Gion J ». Ce n'est qu'en février 1917 qu'il signe « Jean ». Et en juillet 1917, pour la première fois, « Jean Giono », avec le « Giono » souligné : une signature qui ressemble beaucoup, quoique d'une écriture un peu plus penchée, à celle qui sera la sienne durant le reste de sa vie. Comme s'il tenait à affirmer son nom d'écrivain. « Jean » et « Jean Giono » alterneront jusqu'en 1919. Mais l'ancienne signature a absolument disparu.

Quant au contenu des lettres, il est dès le début, et reste jusqu'au bout, on l'a vu, d'un style très peu littéraire. Moins d'une demi-douzaine de lettres contiennent de brèves évocations – une phrase parfois – de lieux et de paysages. La première figure dans une lettre envoyée des Barquets, près de Montségur, le 15 mars 1916 : « Par la porte ouverte nous voyons des genêts, des chênes verts, et la montagne toute proche. Par la fenêtre nous voyons la plaine du haut comtat Venaissin couverte de prairies et de champs de blé, entrecoupée de longues files de cyprès pour empêcher le mistral. Au milieu d'elle se dresse la butte de Montségur, toute proche, à 300 mètres les Barquets est le nom d'un petit hameau de Montségur, à 200 ou 300 mètres du village, au flanc d'une chaîne de collines qui de l'autre côté à 5 ou 6 kilomètres descend en pente douce vers la vallée du Rhône. » Le 19 avril, description des Alpes : « Montmélian est un pays merveilleux le soir, le soleil couchant éclaire le massif de la Grande-Chartreuse et de Belledonne, on les dirait en or tant est vibrante la couleur de la neige et tout au fond le Mont-Blanc apparaît comme un grand fantôme à peine bleu. » Le 30 juillet 1915, dans le Noyonnais : « La seule tristesse de ce pays, c'est l'absence de fleurs et de parfums. Rien à sentir et rien à voir. A perte de vue des plaines grises, sous l'informe clarté grise du ciel. » Le 28 avril 1918, assez longue évocation des Flandres, « ce pays d'une propreté méticuleuse où chaque maison reluit et où toutes les rues semblent prêtes pour un cortège présidentiel ». Elle contraste avec le Midi, « cette platitude qui s'étend infiniment pour mourir en dunes mouvantes dans le mer. Mais la couleur du paysage le relève. Ce serait très beau s'il y avait du soleil. Les villages tout petits et tout coquets disparaissent dans des touffes de feuillages et rien n'en décèle l'approche. Quand on y entre, c'est encore la campagne. Les maisons sont séparées par de petits enclos bordés de haies uniformément taillées. Pas de jardins potagers devant les maisons, seulement un petit bout de prairie et des vergers d'arbres fruitiers. Cela révèle une sage ordonnance de la vie, paisible et rurale. On devine que ces gens-là sont philosophes, non pas à la manière latine qui est la nôtre, mais à la façon anglaise, froide et réfléchie. Il y peut-être un peu trop d'estaminets qui sentent le bistro ». Le 5 juin quelques mots sur les moulins à vent de Cassel. C'est à peu près tout. Le vrai Giono n'est pas né, tout au moins ici ; mais peut-être s'en tenait-il exprès à la plus grande simplicité afin de rester au niveau de sa mère.

Lectures et écrits de guerre

Mais Giono lecteur est déjà là, pendant toute la guerre. A partir de septembre 1916 il se fait envoyer par ses parents *La Feuille littéraire,* un bimensuel édité à Bruxelles, qui faisait sa publicité comme étant « la bibliothèque portative des poilus ». Chaque numéro donnait pour 10 centimes, imprimé serré sur cinq colonnes en format journal, une œuvre littéraire classique ou moderne dans son intégralité. La médiocre qualité du papier et de l'impression, et les conditions de la vie au front, faisaient qu'après lecture le numéro n'était sans doute à peu près jamais conservé. Giono put en découvrir l'existence soit auprès des camarades de sa compagnie, soit lors de son séjour à l'hôpital de Bar-le-Duc. Durant l'été 1916 y avaient paru des nouvelles de Restif de la Bretonne, *André del Sarto* de Musset, deux courts romans de Paul Alexis, l'ami de Zola, et *Sindbad le marin.* D'autres textes étaient de moindre intérêt : en raison de son origine, *La Feuille littéraire* donnait trop souvent des textes belges de seconde zone – romans psychologiques, historiques, réalistes (mais ni Verhaeren, ni Maeterlinck, ni Rodenbach par exemple). Plusieurs fois dans ses lettres, Giono demande qu'on lui expédie sans faute ce journal, ou dit l'avoir bien reçu, et cela pendant un an, jusqu'en octobre 1917. Il n'en est plus question ensuite, et les envois durent être interrompus : Giono, menant une vie moins dure, pouvait avoir de vrais livres (jusqu'à une quinzaine par moments, dit-il) ; en outre la qualité d'ensemble de la feuille baissera vers la fin de la guerre. Mais il est certain que pendant un an la boulimie de lecture de Giono l'amena à dévorer à peu près tous ses numéros. Dressons la liste des œuvres qu'il découvrit – ou relut – d'octobre 1916 à octobre 1917. Les voici dans l'ordre chronologique, en sautant les textes très médiocres qui ne peuvent l'avoir marqué : des nouvelles de Murger, *Le Diable amoureux* de Cazotte, *El Verdugo, Maître Cornélius, Le Curé de Tours,*

Étude de femme de Balzac, un ensemble de chansons populaires, un autre de poèmes de la Pléiade (surtout Ronsard), à nouveau des textes divers de Restif, un choix de poèmes en vers et en prose de Baudelaire avec une préface de Paul Fort, deux livraisons consécutives de nouvelles de Poe, dont « Le scarabée d'or », « Les crimes de la rue Morgue », « Le chat noir », « La chute de la maison Usher », « Le puits et le pendule »; *Un Épisode sous la terreur, Un prince de la Bohême, Les Proscrits* de Balzac. Voilà ce qu'il a presque certainement lu – sauf envoi perdu par la poste aux armées.

En octobre 1917 il est abonné, par son père, au *Radical* (s'agit-il du *Radical de Marseille?*). Il dit hélas rarement ce qu'il lit, en dehors de livres anglais qu'il se fait envoyer pour perfectionner sa connaissance de la langue : *The Vicar of Wakefield* de Goldsmith le 1er juillet 1917, avec son dictionnaire anglais, et, le 20 septembre 1918, pour le « cours » qu'il donne, les *Tales from Shakespeare* de Charles Lamb, et – plus étonnant – les *Essays* de Macaulay. Le seul livre demandé qui corresponde à ce qu'il écrira plus tard, c'est le Théocrite qu'il réclame en mars 1918. Ailleurs, il note seulement qu'il y a des livres au fort de la Pompelle, ou deux librairies dans une ville où il est cantonné, ou quinze volumes dans sa « bibliothèque » personnelle de campagne. On sait par ailleurs qu'il eut avec lui, pendant un temps au moins, *La Chartreuse de Parme* dans l'édition Nelson[34], et qu'il en fut enthousiasmé. Il est probable qu'il eut également, si on en croit une variante d'« Ivan Ivanovitch Kossiakoff[35] », un volume de poèmes de Leconte de Lisle dans l'édition Lemerre.

Même en sentinelle, il avait toujours un livre. Ses camarades offraient dix bouteilles de vin à qui pourrait prouver qu'il avait vu Giono montant la garde sans un volume à la main. Et il les faisait participer à ses joies. Hugues Roidot m'a dit que Giono lui recommandait des lectures : Anatole France par exemple. Giono a aussi raconté à Janine et à Lucien Miallet, en 1969, que, sur la demande du capitaine Vidon, il avait en 1917, pour chasser le cafard de la compagnie, raconté des histoires. « Pendant une dizaine de jours, j'ai raconté *Les Misérables*[36]. »

Mais, de son activité sérieuse d'écrivain, pas un mot. Certes, certains des poèmes de *La Dépêche des Alpes* dont il va être question ont paru pendant la période où la correspondance conservée présente une lacune; et un autre a été publié alors qu'il était en permission à Manosque en juillet 1916. Mais celui d'octobre 1916 n'est pas commenté, et pourtant il serait étonnant que ses parents ne lui en aient rien dit, et qu'il ne leur ait pas répondu sur ce point. Seule trace conservée d'une création littéraire : les six derniers vers d'un poème daté du 22 mars 1918, de ton très vaguement baudelairien :

> Car montrant l'éclair de ses dents
> Au travers de ses poils ardents,
> Comptant les pas, battant les temps,

> Préside seul, omnipotent,
> Élégant, drapé, transcendant,
> Ténébreux et subtil, Satan[37]!

En revanche, les lettres révèlent qu'il a écrit à l'intention de ses cama-rades pour des soirées de divertissement : le 4 février 1916 il annonce que sera jouée à Montségur « une pièce en un acte et en vers de Mons. Jean Giono soldat au 159e R., jouée par toute la troupe. Ce sera magnifique. Je vous dirai si mes vers ont eu du succès auprès de la bande de sauvages que nous sommes. Sûrement qu'ils n'y pigeront rien ». La représentation eut-elle lieu ? En ce cas la lettre où elle est décrite est perdue. Est-ce la même pièce ou une autre dont il avait, vers la fin de 1916, donc au front cette fois, confié le manuscrit pour lecture à son camarade Hugues Roidot ? Celui-ci m'a dit, avec tristesse, que ces feuillets, intitulés *Le Moucheur de chandelles,* un acte en vers consti-tuant une présentation du spectacle, avaient été perdus lors d'une action ennemie. Et la pièce dont Giono dit, en 1919, qu'il l'envoie à l'oncle Marius Pourcin pour qu'il l'imprime ? Est-ce une autre mouture de la même ? Elle n'a pas été retrouvée. Et nous ignorons tout, jusqu'au sujet, de ces diverses tentatives théâtrales.

Son activité littéraire pendant la guerre, Giono n'a pas cherché à l'époque à la tenir secrète. Cinq poèmes signés de lui ont paru de mars 1915 à octobre 1916 dans *La Dépêche des Alpes*[38]. Giono n'en a jamais parlé, et ils étaient totalement inconnus jusqu'au jour où deux d'entre eux ont été exhumés par Raymonde Arnaud[39]. Tous contiennent des maladresses dans la forme – vocabulaire, construction, prosodie – ou dans le mouvement et la logique ; aucun n'ajoute à la gloire de Giono. Leur seul intérêt est de révéler, fût-ce en pointillé, son évolution litté-raire pendant une période décisive de sa vie. Trois sonnets, dont le der-nier irrégulier puisque le premier vers est répété en écho après le qua-torzième ; une série d'ïambes, une ballade. Giono semble cultiver la diversité : il continue à faire ses gammes de poète.

Le premier, « Épitaphe aux Thermopyles », paraît le 3 avril 1915. Il rappelle diverses épigrammes funéraires de Heredia dans *Les Trophées* (trois d'entre elles évoquent l'égorgement d'un bouc sur une tombe).

> Si tu veux honorer nos esprits familiers,
> Passant, n'égorge pas ici ta chèvre agile ;
> Dans l'herbe qui fleurit notre tombe tranquille,
> Jette une libation de rameaux d'oliviers.
>
> Ou bien, verse du lait dans la cruche fragile
> Dont le ventre reluit au coin des escaliers ;
> Quand Diane rôdera ce soir par les halliers,
> Nos lèvres le boiront à même l'âpre argile.

Les restes malheureux des barbares défaits
Ne sont pas comme nous repus et satisfaits,
Tu peux leur prodiguer tes sanglots et tes cris.

Plains-les, ils n'osent plus dès que la nuit s'argente
Descendre vers les bords de la mer gémissante,
De peur d'y voir surgir de trop sanglants débris.

C'est ici la première trace d'une Grèce qui occupera Giono pendant douze ans, jusqu'à la fin de la rédaction de *Naissance de l'Odyssée*. La guerre est présente : Giono est mobilisé, bien que pas encore combattant. Le poème est construit sur la symétrie implicite des Barbares perses envahisseurs de la Grèce, et des Allemands entrés en France ; les seconds seront vaincus comme l'ont été les premiers. Mais le parallélisme n'est pas total : si après les Thermopyles les Perses ont été écrasés à Salamine, on ne peut s'attendre ici à voir les Allemands annihilés dans une bataille navale. Fallait-il décrire les morts spartiates comme « repus et satisfaits » puisqu'ils symbolisaient les morts français ?

Les quarante vers intitulés « Le soldat au printemps nouveau », parus le 15 mai 1915, sont écrits dans le mètre de l'ïambe – alexandrin suivi d'un octosyllabe – et c'est visiblement à Chénier que se réfère ici Giono : celui qui chante est face à la mort. Il s'imagine déjà au front, où il n'ira qu'un an plus tard ; il se voit, au printemps, en train de charger l'ennemi et de mourir après avoir « étreint » le ciel de France. On s'étonne de lire sous la plume de Giono un vers comme « Nos torses où la haine bout ». Mais ce n'est qu'un cliché machinal, de même que l'apostrophe aux « soldats teutons » qui se coucheront dans leurs « terriers » tandis que les combattants français se dressent. Quant au distique :

Je sens ardre ma vie au bout de mon fusil
Comme une fleur à peine éclose,

c'est du Déroulède, et Jean Antoine Giono, en lisant ces vers, ne dut guère s'en réjouir. On aimerait qu'il s'agît d'un pastiche. Mais non. Cela n'exprime pas non plus ses sentiments réels. Ce garçon de vingt ans, désarçonné par le brusque changement survenu dans sa vie, envisageant la mort, imite naïvement les rimaillages qu'il peut lire un peu partout. Un seul trait gionien, dans le dernier distique où le poète, revenant à cette attente de la mort qu'il exprimait dès le début, s'écrie :

Je ferai infiltrer aux tiges de la gerbe
Mon sang bu par ta soif, soleil.

Thème, central chez Giono, de la continuité ou de l'osmose entre la vie de l'homme et celle du reste de l'univers. Nous le retrouverons bientôt.

Le 19 juin 1915, c'est une « Ballade des neutres du temps jadis ». Titre à la Villon, et poème satirique de circonstance, d'un style particulièrement embrouillé, raillant le Kaiser Guillaume II à l'occasion de l'entrée en guerre de l'Italie, un mois plus tôt, aux côtés des Alliés. Peut-être Giono, Piémontais de souche, Méditerranéen d'esprit, en ressent-il quelque satisfaction. Le refrain, « Il n'est que de bien finir », rappelle un poème du XVIe siècle, « La journée de Senlis », où Jean Passerat se moquait de la fuite d'un chef ligueur pendant les guerres de religion ; le vers qui termine trois des quatrains, dont le premier et le dernier, est : « Il n'est que de bien courir. » Giono avait dû le lire dans quelque anthologie. Les deux derniers poèmes datent de la période du front, et sont signés « Jean Giono, élève-aspirant au 140e d'Infanterie[40] ». L'un, « Reproches en vers légers », paru dans le n° des 22-29 juillet 1916, plus d'un an après le précédent, est un badinage apparemment tout littéraire et assez maladroit, où perce l'inquiétude d'une possible infidélité. Nulle femme, que l'on sache, et en tout cas pas Élise, qui me l'a confirmé, n'avait donné à Jean « Un anneau d'or fin, de pierres serti », ce qui sonne d'ailleurs plutôt médiéval. La fin du poème est :

> (...) et l'anneau que vous me donnâtes
> Par son rire froid, me fait songer à
> L'œil phosphorescent et pervers des chattes.

Nouvel essai de baudelairisme.

Le second sonnet, irrégulier, est un poème de guerre, sans doute envoyé au journal peu après avoir été écrit, puisque, paraissant en octobre 1916, il est intitulé « Septembre » :

> Oh ! le doux matin d'automne
> De brouillard enveloppé
> Où chante la mélopée
> De l'eau, seule, monotone.
>
> Nulle déesse et nul faune
> Ne vont au ruisseau drapé
> D'un étincellement jaune
> Par un rayon échappé.
>
> Sous le voile de ses eaux
> Un cadavre pelotonne
> Le dénuement de ses os.

Sur le casque du mort blême
Un corbeau, gueule gloutonne,
Met un héraldique emblème.

Oh ! le doux matin d'automne.

Réminiscence de Verlaine dans le rythme impair des heptasyllabes, et dans la tonalité générale ; peut-être de Leconte de Lisle, avec le corbeau qui vient dévorer les morts comme dans « Le cœur d'Hialmar », et aussi du titre de V. Hugo, « L'aigle du casque ». Mais souvenir surtout, à coup sûr, du « Dormeur du val » de Rimbaud, avec le soldat mort dans l'eau, et le contraste entre la paix qui se dégage des quatrains et l'image des tercets, funèbre bien qu'exprimée avec discrétion. C'est là le meilleur poème en vers de Giono, peut-être parce que se profile ici, derrière tant de souvenirs livresques, une vision personnelle. Car cette image du mort couché sur la terre – cadavre ou squelette – reviendra périodiquement chez Giono comme une sorte de hantise, non pas seulement dans ses textes de guerre comme *Le Grand Troupeau*[41] ou *Le Bonheur fou*[42] ou dans ce roman du choléra qu'est *Le Hussard sur le toit*[43], mais aussi dans des pages où elle ne s'imposait pas et est même inattendue.

C'est le poème en prose « Mes collines », du 13 octobre 1921 : abandonné par son chien, « le vieil homme mourut, longtemps après, dans un buisson, où j'ai caché soigneusement sa chair pourrissante et sa poussière[44] ». C'est un poème d'*Accompagnés de la flûte* (1924), où un attelage apeuré s'arrête brusquement : « Au milieu des verveines, j'ai vu, éclairant l'ombre, les os blêmes d'un vieux mort. Ils étaient étendus, gardant encore l'apparence d'un homme. Une plaque de ceinturon luisait à la place où le ventre avait pourri[45]. » C'est encore la fin de « Champs » (1925), où le narrateur se demande si le paysan qu'il a vu défricher sa terre en attendant en vain le retour de sa femme est encore vivant : « Ou bien est-il couché, os épars, sous la sauvage frondaison, ayant fait jaillir de sa chair humide cette grande euphorbe laiteuse et âcre[46] ? » Nous retrouvons également ici l'image finale du poème de mai 1915, avec la substance du mort passant dans les plantes. En 1925 encore, dans *Naissance de l'Odyssée*, Ulysse, évoquant les dieux devant un bûcheron, lui dit : « (...) ventre à terre, tu t'enfonceras dans la solitude des bois. On trouvera sous les acanthes ta carcasse pourrie (...). » Image fugitive. Mais elle éclate lors de la mort d'Antinoüs. Le jeune homme est d'abord imaginé par Kalidassa, « dépouille écrasée » qui « devait saigner sur les pierres de la colline ». Puis son cadavre, tiré des vagues, est abandonné par sa mère qui a en vain essayé de le porter. Et le dernier paragraphe, séparé du précédent par un blanc, est : « Antinoüs, écartelé et sanglant, resta sur le visage d'Ithaque comme la marque d'un coup de poing. » Dans le roman suivant, *Colline*, le cadavre de Gagou, mort dans l'incendie de forêt, n'est évoqué que par des détails, et non dans son entier ; qu'il soit étendu par terre n'est qu'implicite. Mais, un peu plus haut, l'image du cadavre est transposée de façon saisissante sur un village abandonné : « Et voilà, couché devant leurs pas, le squelette du village. Ce n'est plus qu'un tas d'os brisés sur lequel s'acharne le vent. Le long fleuve d'air mugit dans les maisons vides. Les ossements luisent sous la lune. Au fond du vent le village est immobile dans la houle marine des herbes[47]. » L'eau dans laquelle baignaient le mort de « Septembre » et Antinoüs est à nouveau présente ici, dans le mouvement végétal.

Dans *Le Grand Troupeau,* roman de guerre, les cadavres seront évidemment nombreux. Une seule fois, la similitude est frappante avec « Septembre », parce que les éléments analogues sont multiples : « C'étaient des morts frais, des fois tièdes et juste un peu blêmes. Le corbeau poussait le casque[48]. » Enfin – en nous limitant aux œuvres d'avant la guerre de 39 –, le prétendu schéma du dernier chapitre de *Que ma joie demeure,* que Giono a fait figurer dans *Les Vraies Richesses,* et qu'il a en réalité écrit pour cet essai, commence par : « Bobi mort. Son cadavre sur le plateau. » Suit la description des sucs de la décomposition nourrissant la terre, comme dans « Champs ». Cette osmose du corps de l'homme, vivant ou mort, avec le monde qui l'entoure, est une des constantes de l'œuvre de Giono. Elle deviendra pour lui le signe de la vie. Mais il est frappant que le contact de l'homme et de la terre ait d'abord été à ses yeux une image de mort.

Ensuite, abandonnant les vers, Giono va passer à la prose, dont il n'est pas du tout sûr, à mon avis, qu'il l'ait auparavant abordée comme moyen d'expression véritablement littéraire[49]. Il s'agit de trois textes dont deux sont datés d'août et de septembre 1917 – il était alors dans la région de Soissons – et dont le dernier peut fort bien être de la même période[50]. Ils démentent les propos tenus dans le dix-septième entretien avec J. Amrouche, selon lesquels Giono n'aurait rien écrit pendant la guerre. Les deux premiers sont surtitrés « Mœurs militaires ». Trompeusement, car il ne s'agit nullement de scènes balzaciennes, mais d'une sorte d'essai et d'un poème en prose. Le premier, « Psychologie de la chanson », daté du 20 août 1917, développe l'idée que les hommes se révèlent de façon inattendue à travers ce qu'ils chantent : on découvre sous le provincial plat « un rêveur et un passionné » ; le Parisien « moqueur et dessalé » est un amoureux, la brute chante une berceuse qui dévoile sa tendresse. « Au fond de toutes ces chansons à la lune on verra toujours de la tristesse et la sombre mélancolie inhérente à chaque réflexion. » Ceux qui chantent ne cherchent pas à « éveiller une joie immense de jadis ; c'est pour avoir l'âpre jouissance de rouvrir des plaies anciennes et de revoir couler leur sang vermeil de blessures qui leur sont plus chères que le bonheur et la gloire. » Le plus frappant est l'insistance sur une image étrange : celle de ses camarades qu'il compare à une bande de loups assemblés pour hurler à la lune, indifférents à ceux des leurs qui sont morts.

Le second volet de « Mœurs militaires », daté du 21 septembre 1917, est intitulé « La pluie sur le casque ». C'est une sorte de ballade divisée en trois volets numérotés et terminée par quelques lignes correspondant à l'envoi. Chacune de ces quatre parties se termine par un refrain (avec de légères variantes) : « Et la pluie drue s'acharne sur l'acier du casque. » Un homme casqué, carabine à l'épaule, marche sous la pluie dans une plaine boueuse, semée de trous, et où ne poussent qu'orties et chardons. Il soliloque en désespérant de l'avenir : « Mon cœur à jamais est blessé, et les lèvres de la plaie ne se ressouderont plus. J'ai connu les fourches caudines et les ordres, et j'ai fait ruisseler le sang des hommes, des autres, de mes frères. » Son âme n'est plus la vierge d'autrefois, mais « une matrone hardie aux blasphèmes abjects et aux gestes cyniquement indécents. Regarde ton âme, regarde, elle se flagelle les fesses avec des orties. Non, ce n'est pas mon âme. Je n'ai plus d'âme, je n'ai plus de cœur, je n'ai plus de ciel bleu, non, je n'ai plus d'idéal, je ne suis qu'os, chair et arme ». Il continue à marcher dans la boue. « Mais le démon de la pluie chuchote sur son casque[51]. » Le style est conventionnel. Mais n'y a-t-il là qu'un exercice littéraire ? Je crois que Giono s'en veut sincèrement d'avoir, si peu que ce soit, participé à la guerre et cédé aussi bien à l'esprit de violence qu'elle implique qu'à une certaine vulgarité qui s'en dégage. On verra reparaître en 1934, dans l'article « La génération des hommes au sang noir[52] », l'idée que, comme tous ceux de son âge, il a été non seulement marqué et meurtri pour toujours par ses souvenirs, mais définitivement abîmé, altéré dans son être, comme pourri par l'expérience de la guerre. Son pacifisme viscéral ne sera pas issu seulement d'une horreur des souffrances et des massacres vus autour de lui, mais, plus profondément encore, d'un remords de s'être laissé par moments contaminer par cet univers affreux, par cette perversion de la nature humaine.

Le troisième texte, sans titre, plus bref, fait de fragments inachevés, est probablement de la même période puisqu'il vient de la même source que les précédents et est d'une graphie identique. Mais c'est une rêverie qui n'a rien à voir avec la guerre : il s'agit d'une apostrophe que la lampe à huile, placée sur la table du poète, adresse à l'ombre qui l'entoure dans la pièce aux rideaux de soie noire, au milieu de la nuit. L'image qu'emploie la lampe annonce, malgré des maladresses d'expression, le grand Giono visionnaire à venir, pour qui chaque élément de l'univers en fait surgir un autre : « Qu'il serait doux l'hymen de mon algue d'or et de ta sombre mer mystérieuse (...). O ombre, que guettes-tu, quelle proie vas-tu noyer tantôt dans tes molles tentacules qui traînent jusqu'à terre ? Vois mon cœur qui tressaille et s'effiloche en longues ondes claires. » Et le poète rêve : « Le souffle de Satan ce soir devait errer sur ma table. » Démon de la pluie dans « La pluie sur le casque », souffle de Satan ici, poème sur Satan à venir en 1918, on l'a vu : la silhouette du diable rôde de façon persistante autour de Giono dans cette fin de guerre. Nous sommes loin du poème « Le soldat au printemps nouveau » de 1915. De cette hantise du mal, le Giono « optimiste » d'entre les deux guerres se libérera largement. Mais elle renaîtra, pour ne plus disparaître, dans la plupart des œuvres postérieures.

Enfin, pour conclure sur cette période, un mot des œuvres où il évoquera plus tard la guerre. Ce sont d'abord des textes de fiction, à prendre comme tels. Un peu dans « Ivan Ivanovitch Kossiakoff », beaucoup dans *Le Grand Troupeau*, Giono gardera cette liberté d'inventer qui est celle de tous les créateurs, et dont il a usé plus que bien des écrivains. A comparer avec les livres d'autres romanciers sur la guerre, il ne semble pas avoir travesti dans quelque sens que ce soit la vérité objective d'ensemble. Viennent ensuite les textes datant de la période de son engagement pacifiste. Là, le devoir de convaincre lui donne, pense-t-il, le droit d'inventer même quand il prétend porter témoignage sur des faits précis. Après la guerre de 39-45, il ne reparlera que très rarement de celle de 1914. Est-il vrai que, comme il l'écrira en 1963, il ait « chargé à la baïonnette non pas une fois mais dix[53] » ? Il avait dit en 1934 être monté à l'attaque sans fusil ou avec un fusil inutilisable et être ainsi « sûr de n'avoir tué personne[54] ». Il n'y a pas nécessairement contradiction : on peut charger à la baïonnette avec un fusil inutilisable et sans embrocher d'ennemi. Il est vrai qu'Élise Giono se souvient que, lors d'une réunion, ses anciens camarades se moquaient amicalement de lui en rappelant qu'il n'avait jamais de fusil et que, pour les revues, il devait « emprunter » celui d'un mort, quitte à le jeter une fois la revue passée. Cela a pu survenir une ou deux fois, mais certes pas de façon constante. S'il rêva par instants de déserter comme il l'a insinué dans *Recherche de la pureté,* il n'en a rien fait... Il dira qu'il en a été retenu par la crainte d'être rattrapé. C'est à cela que se rapporte une phrase souvent citée de ce texte : « J'ai vingt-deux ans et j'ai peur[55]. » Mais la phrase suivante atteste qu'il ne s'agit pas, comme on le croit, de la peur des balles ou des obus : « J'ai peur d'un poteau, d'une corde et d'un bandeau pour les yeux[56]. »

Peut-être également, s'il n'a pas eu en fait la velléité de se mutiler, s'est-il imaginé en train de le faire ? Non seulement Olivier, dans *Le Grand Troupeau,* ira jusqu'au bout dans cette voie, en se faisant tirer une balle dans la main par un camarade[57], mais, en 1961, un personnage de *Cœurs, Passions, Caractères,* désigné seulement par l'initiale de K., et ayant plusieurs traits de Giono, « a essayé de se mutiler (...) mais il avait plus peur des gendarmes que des Allemands[58] ».

Il ne semble pas avoir été mêlé, contrairement à ce qu'il a deux fois imprimé dans ses écrits pacifistes, à des mutineries suivies de décimation : rien n'atteste qu'il s'en soit produit dans son régiment. Mais peut-être y eut-il des révoltes dans des unités voisines, si l'on en croit deux phrases d'un hâtif billet non daté à sa cousine Fernande : « Il y a ici des grèves monstres et assez sanglantes, n'en dis rien chez moi. Ça barde[59]. » Il se projettera au cœur de tels événements, dont la légende s'était répandue, et en tirera d'admirables pages. Peut-être finira-t-il par y croire ; il en parlera à sa famille ; il en fera en tout cas un élément permanent de sa légende : il dira à P. de Boisdeffre qu'il a vu fusiller en une matinée 1400 de ses camarades[60].

Dans sa vie personnelle, quelques faits sont certains. Élise Giono a gardé un souvenir très vif : pendant plusieurs années après son mariage en 1920, son mari a fait des cauchemars où il se retrouvait au milieu de la guerre. Et leur fille Sylvie a été vers 1962 témoin d'un incident dont Giono a parlé, l'attribuant parfois à d'autres[61] : au cours d'une promenade, surpris par le sifflement d'un avion à réaction passant en rase-mottes, Giono s'est instinctivement jeté à plat ventre ; réflexe conditionné de celui qui a tant de fois entendu siffler les obus.

Et il se refusera toujours à faire valoir ses droits à une allocation d'ancien combattant.

Chapitre 4
Apprentissage de l'écriture

Mort du père. Mariage

Giono est démobilisé en octobre 1919 à Marseille, et il touche son pécule : « Je me suis trouvé civil, libre, et à la tête de cent quatre-vingts francs environ. Mon premier travail fut de me payer un extraordinaire gueuleton (je m'en lèche encore les babines) avec tout ce que j'aimais, mélangé et en grosse quantité (j'ai dû être malade d'ailleurs, mais je ne pense jamais à cette maladie qu'avec émotion) : langouste, tripes à la mode de Caen, bœuf en daube, tout... Puis, déambulant, béat, devant les vitrines de la ville, j'avisai un admirable chapeau en taupé de velours. Il valait ce qui me restait en poche. Je l'ai acheté sans hésitation ni murmure. Je me le suis collé sur la tête et, dimanche ou pas, il y est resté tant qu'il a tenu[1]. » Fernande Pourcin se souvient encore de ce chapeau.

Puis Jean revient à Manosque. L'électricité est désormais installée dans la maison. Il se fiance officiellement avec Élise. Il y a au « basti-don » une grande fête, très gaie. On y boit le vin blanc de la vigne fami-liale. Pauline a apparemment accepté sa belle-fille. Quant à Jean Antoine, il l'a dès le début prise en affection. Il se confie à elle, parfois, plus qu'à sa femme, lui demandant d'aller lui acheter des pastilles Valda en recommandant : « Surtout, ne le dites pas à Pauline ! » Et il la met en garde au sujet de Jean : « Vous aurez besoin de le surveiller : il dépense beaucoup d'argent pour des livres ! »

Le mariage est prévu pour avril. Mais Jean ne retrouve pas immédia-tement son poste de Manosque, et le Comptoir d'escompte l'affecte pro-visoirement à Marseille, au service de la conservation des titres. « Je gagnais deux cent quarante francs par mois, ma pension dans un restau-rant me coûtait deux cents francs et ma chambre quatre-vingts ; pour y arriver je devais donc partager cette chambre avec un collègue qui était dans la même situation que moi. Nous mettions le matelas par terre et nous couchions, chacun à notre tour, une semaine sur le matelas, une semaine sur le sommier. C'était parfait. La guerre a cet avantage qu'elle vous fait trouver magnifique tout ce qui n'est pas la guerre[2]. » Son exil durera six mois. Il ne voit Élise que certains dimanches ou pour les

91

fêtes. Officiellement fiancés, ils peuvent aller ensemble au cinéma, aux séances de l'après-midi : à celles du soir, me dit Élise, c'eût été mal vu.

Jean retrouve en avril son poste à Manosque, au service des titres. Presque aussitôt, le 26 avril, son père meurt, après une brève maladie, mais non sans souffrir : « J'ai moi-même demandé au docteur quelque chose qui puisse lui permettre de passer de l'autre côté sans souffrance, et le docteur m'a dit simplement : "Faites-lui boire la potion que j'ai marquée." Alors je la lui ai fait boire en connaissance de cause. Lui aussitôt m'a dit : "Ah ! Tu me fais boire la potion qui m'aidera à passer de l'autre côté." Je lui ai dit : "Eh oui, ce n'est pas la peine que tu souffres."[3]. » Le « père Jean » était populaire à Manosque, et les visites à la chambre mortuaire furent nombreuses et éprouvantes. Ne restèrent à la fin que Pauline, Jean, Élise et Fernande. Les funérailles furent célébrées selon le rite protestant. Jean Antoine l'avait-il voulu ? Plutôt sans doute accepté d'avance, afin de ne pas contrister Pauline pour qui un enterrement laïque eût été impensable. En tout cas la cérémonie, interminable, mit Jean en fureur, me dit Élise.

Le mariage est ainsi légèrement retardé. Il n'a lieu que le 22 juin, à la mairie de Manosque. Mariage civil uniquement, ni Élise ni Jean n'étant croyants. Mais certaines conventions sociales sont respectées : pour franchir les 500 mètres qui séparent leurs domiciles rue Grande – en face l'un de l'autre – de la mairie, pas question d'aller à pied : la noce monte dans un omnibus à cheval. Et, me dit Fernande Pourcin, Pauline ne passe pas sans un grand soupir devant l'église Saint-Sauveur où l'on ne s'arrête pas. Élise a rêvé de se marier en blanc, et sa mère, couturière, lui a préparé une belle robe de mariée. Mais au dernier moment Pauline Giono s'y oppose : son mari est mort depuis trop peu de temps. Élise en est réduite à emprunter une robe à une amie. Elle partira en voyage de noces avec une robe qui n'est pas à elle, et coiffée d'un crêpe dont elle se serait bien passée.

Elle a deux ans de moins que Jean. Elle est comme lui enfant unique, et vient elle aussi d'une famille modeste. Son père, Marius Maurin, coiffeur, est issu d'une famille originaire de Manosque. La famille de sa mère, Antonia Lagot, née en 1874, a sa source à Aiguebelette en Savoie. La mère d'Antonia, Joséphine, née Jouve, est séparée de son mari, devenu paysan et cultivant ses terres. Antonia a un frère aîné, Alphonse, cultivateur sur la route de Sainte-Tulle, qui ne se mariera pas et mourra à soixante ans. Très douée, elle aurait dû faire des études. Mais la famille n'a pas eu pas les moyens de les lui assurer, et elle est devenue couturière : destin non sans analogie avec celui de Giono entrant à seize ans dans la banque. Quant à son mari, il a été conseiller municipal de sa ville dans une équipe de gauche durant la guerre. Il était, me dit sa fille, socialiste de la tendance Sébastien Faure, relativement proche des anarchistes. En 1920, au moment du congrès de Tours, il hésita à adhérer au Parti communiste alors en formation. Ce fut

Giono qui l'en dissuada. Ces convictions politiques étaient tradition-
nelles dans la famille : la mère de Marius Maurin, Pauline-Adélaïde, née
en 1833, avait un répertoire de chansons engagées dont son arrière-
petite-fille Aline Giono se souvenait bien : *La Carmagnole* ; « Louis-Philippe a bien mérité / D'avoir la tête et les pieds tranchés » ; « A genoux,
canailles d'Anglais ! »[4].

A l'occasion de son voyage de noces, Giono obtient son premier pas-
seport, et sa demande contient son signalement à l'époque : 1,70 mètre,
cheveux châtains, front étroit, sourcils noirs, yeux bleus, nez droit,
bouche moyenne, menton rond, visage ovale, teint pâle[5]. La nuit de
noces se passe à Marseille. Giono aura, imagine-t-on, un petit sourire
ému quand, vingt-sept ans plus tard, il écrira dans *Noé* que dans tout le
territoire de Manosque et des environs, il n'y a pas un seul ménage qui
n'ait passé sa nuit de noces à Marseille[6]. Le reste du voyage (22 juin – 10
juillet) consiste surtout, après un passage à Lyon chez une cousine
d'Élise, en une tournée des membres de la famille Fiorio que nous
avons déjà rencontrée. A Genève, chez le cousin germain de Jean,
Ernest Fiorio, et sa femme Técla, qui viennent d'avoir une petite fille,
Inès ; puis quelques jours au-dessus d'Évian, au lieu dit l'X, chez le frère
aîné d'Ernest, Émile, et sa femme Maria, d'origine piémontaise comme
lui, avec leurs quatre enfants âgés de treize à sept ans, Ida, Aldo, Serge
et Ezio. Jean récite des vers de Vigny et de Musset (souvenir des
poèmes appris dans la classe de M. Guinard ?), ce qui émerveille Serge.
Enfin, accompagnés par toute la famille Émile Fiorio, Élise et Jean vont
prendre à Évian le bateau pour Lausanne, et de là gagnent Vallorbe où
Jean a déjà été en 1911 et où vit toujours la redoutable tante Marguerite, avec sa fille Antoinette, laide mais d'une tendresse et d'une bonté
exquises, et qui ne se mariera jamais.

Le jeune couple, de retour à Manosque, loge quelques mois avenue
de la Gare, hors de la vieille ville, chez des amis, M. et Mme Henry.
Puis, un peu au-dessous de la maison de la mère de Jean, au 8 rue
Grande, où ils resteront quatre ans : « (...) nous habitions, ma femme et
moi, un petit appartement sombre de l'étroite rue de Manosque qu'on
appelle Grand-Rue[7]. Il n'y avait pas beaucoup de meubles, mais le
menuisier avait dressé contre le mur des étagères de bois blanc passées
au brou de noix, et j'avais placé là-dessus les trois ou quatre cents livres
achetés sou à sou qui composaient ma bibliothèque et auxquels je tenais
comme à la prunelle de mes yeux. Je me levais entre six et sept heures.
Là, devant la bibliothèque, j'avais poussé la Table ronde sur laquelle on
prenait les repas. C'était juste à côté de la fenêtre. Dans la journée, le
jour n'entrait guère chez nous. Mais, à six heures du matin, suivant la
saison, la fenêtre laissait venir une sorte de lumière aquatique si c'était
le plein de l'été, et pour le reste de l'année à peine le gris d'un soupirail
de cave. L'hiver, le bec de gaz de la rue éclairait en même temps la rue
et ma table[8]. »

Élise a abandonné l'enseignement au moment de son mariage. Mais un employé de banque gagne peu : 300 francs par mois, dit Giono[9]. Bien que sa mère ait continué à travailler chez elle comme repasseuse, surtout pour des travaux délicats comme les coiffes, jusqu'en 1930 environ, Jean et sa femme l'aident et l'accueillent constamment chez eux (malgré son caractère épineux : elle interdit le bal à sa belle-fille). Et il faut acheter les indispensables livres. Jean fait partager à sa femme sa boulimie de lecture. Le soir, une fois couchés, ils lisent des ouvrages en plusieurs volumes : les *Mille et Une Nuits,* les *Mémoires* de Casanova.

Élise fera quelque temps de la comptabilité, jusqu'en 1925, chez un marchand de vins en gros : « Elle travaillait fort courageusement de son côté ; dans un Manosque de 1920, ce n'était pas non plus facile, ni très lucratif, il ne fallait pas être fier », écrira Giono en 1963[10].

Le mariage est extrêmement heureux. Élise sourit avec tendresse des fabulations de Jean, qu'elle appelle « adorable menteur », me dit Fernande Pourcin. Leur vie est intime et modeste. En guise de réveillon, le 31 décembre, Élise et Jean mangent au lit un cornet de marrons glacés. Les vacances (quinze jours chaque été) : en 1921 dans la Drôme à Dieulefit chez des cousins d'Élise, en 1922 à Béziers chez un camarade de guerre, Raoul Galzy, en 1923, brièvement, à la Grande-Chartreuse – nouveau contact avec la montagne –, en 1924 à côté de Manosque, en 1925 à Vallorbe, en 1926 à Dieulefit ; pas de voyage en 1927.

La vie familiale ? Les repas sont très simples. Jean a pris pendant la guerre l'habitude de boire du vin, mais il se rend compte ensuite que cela ne lui fait pas de bien, et y renonce. Désormais, à la table des Giono, on ne boira jamais que de l'eau, sauf lorsqu'il y a des invités : on tient alors à leur offrir du bon vin.

Les distractions ? Le cinéma, bien souvent, le dimanche après-midi : les western, *Zorro, Fantômas, Les Mystères de New York* ; Charlie Chaplin, plus tard les Marx Brothers et les comédies américaines[11]. Mais, au début, cela coûte cher.

« Nos ressources, à Élise et à moi, ne nous permettaient pas d'aller chaque dimanche au cinéma : ç'aurait été possible si nous n'avions été que nous deux, mais il fallait subvenir aux besoins de tous. Alors, nous installions, elle et moi, deux fauteuils (oh, deux fauteuils d'osier !) devant la fenêtre et, satisfaits d'être côte à côte, d'avoir chaud, d'être à l'abri de la pluie, de lire de bons livres, nous étions au surplus enchantés, au vrai sens du terme, par cette admirable couleur pourpre qui, couvrant les toits de la ville, en faisait le décor, le parquet et les tentures d'une action bien romanesque.

« Ces après-midi de dimanches d'hiver étaient généralement parfumés d'une odeur particulière de cuisine et sentaient le clou de girofle de la daube qui mijotait sur le poêle, ou la cannelle et le thym d'un lapin farci, car les repas du soir, le dimanche, réunissaient les deux familles, celle de ma femme et la mienne, et nos amis.(...)

« Arrivaient les premiers, à la tombée de la nuit, les parents d'Élise : son père, un bon petit homme franc et joyeux, toujours prêt à plaisanter et à sourire, perruquier de son état ; sa mère, une grande femme bonne aux très beaux yeux, sa grand-mère [dite « la Nini »] qui approchait alors de cent ans[12], ayant disposé pour le meilleur usage de tous les malheurs inhérents aux longues vies comme la sienne. Ils apportaient généralement les desserts : des beignets, des pâtes frites appelées "merveilles", un gâteau de riz. Nous commencions à nous chauffer en cercle autour du poêle. » Puis deux couples amis, les Redortier qui se chargeaient parfois du plat de résistance (lièvre, perdreau, grives), et les Henry qui fournissaient le vin et les liqueurs. (D'ailleurs nous buvions très peu.) » Tous bons et de caractère aimable. C'est pendant que cuisait la daube ou le lapin « que la gazette de la semaine était oralement proclamée par tout le groupe, ou que la "Nini", aidée de tante Noémie [Mme Redortier] et de Mme Henry, faisait de l'histoire régionale ou familiale, ou les deux, à travers les archives de leurs mémoires réunies. C'est de là, et de tous ces après-midi de dimanches d'hiver passés en tête-à-tête avec l'admirable pourpre des tuiles sous la pluie que j'ai tiré une grande partie de mon fond romanesque. (…) Nous nous séparions tard dans la nuit (c'est-à-dire vers onze heures) après avoir chanté quelques vieilles chansons et écouté quelques histoires[13] ».

Le travail à la banque est terne. Giono est sérieux, il donne satisfaction. Il s'entend bien avec ses collègues et n'est pas malheureux. Il profite des moments de temps mort pour écrire. Il se réjouit quand il pleut : les clients viennent en moins grand nombre, et il est plus tranquille[14]. Mais quelle satisfaction tire-t-il de son activité professionnelle ? La seule véritable est peut-être de regarder faire des personnages étonnants, comme cet épicier-usurier qu'il évoquera en 1966, qui, tout en pressurant les petits emprunteurs autour de lui, invente constamment des excuses toujours différentes pour ne pas payer ses traites à temps[15]. Il pourra se souvenir de lui pour la figure d'un usurier comme Fouillerot, créé quarante ans plus tard dans *Ennemonde*.

Lucien Jacques

C'est de cette époque que date la rencontre qui, après celle de sa femme, fut sans doute la plus importante de sa vie : celle de Lucien Jacques.

De trois ans et demi plus âgé que Giono, Lucien, deuxième enfant d'une famille de six (il avait trois frères et deux sœurs), est comme lui fils de cordonnier. Ils ne le sauront qu'après s'être liés. Né à Varennes-en-Argonne, Lucien vient à Paris à cinq ans, et ne reste pas à l'école au-delà du certificat d'études primaires. Son apprentissage est celui d'un sertisseur de bijoux. Comme son frère aîné Henri, qui devient joaillier, il est passionné de musique ; mais, pas plus que Giono, il n'en étudiera jamais sérieusement la technique. A seize ans, il assiste à un spectacle de la grande danseuse Isadora Duncan, et en reçoit un choc. Il fait sa connaissance, et se lance, avec Raymond Duncan, frère d'Isadora, dans la danse et le tissage. Sculpteur sur ivoire, dessinateur de bijoux, il est aussi, brièvement, le secrétaire d'Isadora et sans doute aussi son amant. Elle l'appelle « le petit faune[16] ». Il fixe ses danses sur de précieux dessins. Au service militaire, en 1911, il est initié à la peinture par un ami, et se met aussi à écrire des poèmes. Il parvient à se faire affecter à la musique de son régiment, où il joue de la grosse caisse et du hautbois – instrument qu'il ne maîtrise guère : « Je faisais surtout les notes tenues », m'a-t-il dit. La guerre survient. Les musiciens devenant dès lors brancardiers, c'est sa fonction au 161e d'infanterie. Blessé, choqué, il est versé dans l'auxiliaire en 1917. A sa démobilisation, il ouvre une boutique de tissages, de poteries, de gravures, à Saint-Germain des Prés, rue Saint-Benoît. Il fait la connaissance du graveur Maximilien Vox. Il fonde une minuscule maison d'édition, L'Artisan, où il publie sa première plaquette de vers : il n'a pas cessé d'en écrire pendant la guerre. Y font suite *Les Cahiers de l'artisan* (sept numéros de 1920 à 1925).

A la fin de 1921, il part se fixer dans le Midi, où il passera le reste de sa vie. Il habite d'abord à Grasse, vivant de peinture, de gravure, de tissage et de tapisserie. Il publie dans ses *Cahiers de l'artisan* une nouvelle plaquette de poèmes, *Fontaines,* sous le pseudonyme de Jean Lémont. Ayant lu dans *La Criée,* revue de Marseille animée par le pharmacien Léon Franc, un poème d'un inconnu nommé Jean Giono, il lui écrit, enthousiaste, en octobre ou novembre 1921. C'est le début d'une amitié de près de quarante ans. Avec Lucien, la culture vivante, en train de se faire, fait son entrée dans l'existence de Jean. Il connaît des sculpteurs, des peintres, des écrivains comme Charles Vildrac, des danseurs, des musiciens. Il a eu à Paris l'occasion de se former en participant à une vie musicale, artistique, littéraire, qui n'existait pas à Manosque. Il est aussi conscient de l'aspect mondain et factice de bien des milieux littéraires parisiens, et à l'occasion il mettra Giono en garde contre eux. Il a du goût, de l'esprit critique, et le sens de la mesure. Il suggère à son ami des lectures et lui envoie des livres. C'est grâce à lui que Giono a la révélation du *Grand Meaulnes* en mars 1924, et un peu plus tard celle de Samuel Butler. Il encourage Giono, et lui propose dès 1923 d'éditer sa première plaquette de poèmes en prose : il est le seul à avoir perçu les dons prodigieux de son ami. Bientôt il le poussera vers le roman de longue haleine – *Naissance de l'Odyssée* – et vers l'évocation du réel contemporain – « Ivan Ivanovitch Kossiakoff ». Peut-être sans lui la carrière de Giono eût-elle été, sinon différente, du moins plus tardive.

Ils ne font connaissance qu'en février 1924, près de deux ans après leur premier échange de lettres[17]. Ils se sont déjà envoyé leurs photos, impatients tous deux de pouvoir mettre un visage sur un nom. C'est Lucien qui vient à Manosque ; Jean et Élise lui cèdent leur lit et vont dormir sur un canapé ; il y reviendra un an plus tard, le même mois. Ce n'est qu'en mars 1929 que Giono, moins libre et détestant se déplacer, rendra visite à son ami à Grasse. L'un et l'autre de nature réservée, ils ne se tutoieront qu'en 1927, et encore sur la suggestion de Maxime Girieud, un ami de Lucien devenu celui de Jean.

Lorsqu'ils se rencontrent, Jean a donc vingt-neuf ans et Lucien trente-trois. Ils sont certes dissemblables : Lucien moins large d'épaules, plus petit, de constitution frêle, avec un nez droit et des traits fins, une petite moustache, une voix assez faible mais chaleureuse, une manière de vivre bohème et vagabonde, mais toujours poétique. Il a en commun avec Jean l'amour du travail parfait. Ils sont quelque peu anarchistes – au sens le plus large du terme – et se méfient de toute adhésion à un groupe quel qu'il soit. Ils abominent la guerre, dont ils ont tous deux vu l'horreur pendant près de trois ans : elle est pour eux le mal absolu, et sur ce point leurs convictions se renforcent l'une l'autre. Ils ont fait et continuent à faire eux-mêmes leur culture, large et raffinée. Ils sont passionnés pour la peinture, la musique, le cinéma. Ils écrivent depuis leur adolescence. Ils ont la simplicité, l'attention portée aux autres, la générosité, le désintéressement, la gaîté, le naturel, la méfiance envers tout ce qui est officiel, conventionnel et prétentieux.

Leur amitié éclate à travers une correspondance parfaitement spontanée, dont ils n'imaginaient pas qu'elle puisse un jour être publiée ; elle se manifestera dans la vie. Lucien fait vite partie de la famille Giono, et pour toujours. Élise le traite en frère.

Lectures. Poèmes

Avant d'avoir fait la connaissance de Lucien comme après, l'essentiel, pour Jean, c'est de lire et d'écrire. Lire : il subsiste deux catalogues manuscrits de la bibliothèque de Giono[18]. On n'y trouve pas de titres postérieurs à 1925. Le plus récent des deux comprend quatre cahiers d'écolier à couverture rose, et comporte des rubriques : Généralités de la littérature française, Littérature française du Moyen Age, du XVIe siècle, du XVIIe, du XVIIIe, du XIXe siècle, Littérature française moderne, Littérature grecque ancienne, latine, allemande, américaine, anglaise, espagnole, flamande et hollandaise, italienne, russe (tout cela classé par ordre alphabétique de pays), puis Littérature arabe, arménienne, chinoise et tibétaine, de l'Inde, japonaise, persane, turque ; enfin Documents d'art, et Documents d'histoire littéraire moderne[19]. Les titres de rubrique ont été écrits à l'avance : certains sont au haut de pages blanches : ceux des littératures espagnole – ce qui est bien étrange quand on sait le culte que Giono porta toujours à Cervantès –, arménienne, japonaise, turque. On en trouvera le détail en annexe.

Cette bibliothèque, avant tout littéraire, axée sur la France, les Grecs et les Latins, l'Angleterre, l'Italie, comprend très peu d'ouvrages de philosophie. Pourtant, peu après 1925, Giono lira plusieurs volumes de la *Somme théologique* de saint Thomas, en les annotant parfois avec minutie, sans esprit de polémique systématique, mais sans jamais entrer dans la perspective théologique. Désir de s'initier à la pensée d'un grand esprit ? Exercices pour se forcer à maîtriser le raisonnement théorique et l'expression abstraite ? Les deux sans doute. Mais cela n'intéresse pas Giono très longtemps : les marges des derniers volumes sont vierges [20]. Telle était cette bibliothèque dont Giono écrira plus tard : « Elle était la somme de ma joie, et subsidiairement mon orgueil [21]. »

Ce qui est plus important, c'est ce que Giono écrit. « Ni la petite ville, ni le métier auquel je m'intéressais, rien ne pouvait m'empêcher d'écrire [22]. » Élise Giono me le confirme. Mettons à part une brève notice sur Élémir Bourges, romancier né à Manosque ; elle date de janvier 1921 et parut dans un petit ouvrage collectif, *Manosque en poche* [23] ; à la première ligne, Giono se trompe de huit ans sur la date de naissance de Bourges, et, à la dernière, sur son adresse ; et le texte n'a absolument rien qui porte la marque de son auteur. Mais l'œuvre véritable de Giono, non publiée, se développe dans quatre directions à la fois – signe à la fois d'incertitude et de richesse : les poèmes, le roman, l'autobiographie, la chronique.

Les poèmes sont désormais tous en prose, sauf un, qui est un sonnet par le nombre de vers et la disposition des rimes, mais un sonnet en vers libres – de huit à dix-sept pieds, sans règle quelconque [24]. Il sera très rare désormais que Giono écrive en vers réguliers : il ne le fera que pour des chansons intégrées dans ses romans ou récits, et dans le finale d'un poème de prison de 1944-1945. Ces textes occupent Giono de 1921 à 1924, et ce sont les seules œuvres de cette période dont il publiera une partie. Certains ont la forme de contes, mais leur style est poétique. Dix-huit d'entre eux paraissent dans *La Criée* de Marseille de 1921 à 1923 [25], deux en février 1925 dans les éphémères *Cahiers de la nation française,* quinze dans *Les Cahiers de l'artisan* où ils forment le recueil *Accompagnés de la flûte* en juillet 1924 – la première publication de Giono en dehors des périodiques ou d'un ouvrage collectif ; elle lui vaudra deux minces comptes rendus, et quelques lettres enthousiastes. Plus tard, Giono donnera des textes de la même période à *Bifur* en 1929 – « Le noyau d'abricot » –, à *La Courte Paille* en janvier-février 1930 – « Les deux miracles » [26] – et aux *Cahiers du Contadour* en 1938 et 1939 : vingt-neuf « Églogues » [27], et deux contes poétiques, « Le buisson d'hysope » et « L'ermite de Saint-Pancrace ». D'autres resteront inédits jusqu'à sa mort, comme la « Symphonie païenne »[28].

Tous sont pour l'essentiel d'inspiration bucolique. Les « Églogues », en particulier[29], insistent parfois sans légèreté sur un des aspects de cette tradition : les amours pastorales et faunesques, notamment celles de la joueuse de flûte Myrtyon qui revient dans plusieurs poèmes, et a eu un enfant d'un sylve ou d'un berger ; l'érotisme est parfois appuyé, les organes masculins ou féminins y étant discrètement mais incontestablement évoqués. Beaucoup de mythologie, tantôt grecque et tantôt latine – on trouve soit Neptune, soit Poséidon ; soit Vénus, soit Aphrodite. Des bergers et des bergères, des nymphes, faunes, centaures ; Pan à plusieurs reprises. Parfois des allusions orientales, notamment à l'Égypte (on a vu qu'un des premiers sonnets de Giono, en 1912, évoquait l'embaumement des Pharaons) ; et des évocations extrême-orientales : Giono a dans sa bibliothèque le volume des *Cinq Nô* et les *Mille et Une Nuits*, et il écrit comme en marge de ces textes, « pour les illustrer », dit-il parfois ; il a besoin de s'appuyer sur autrui en même temps qu'il s'évade. Il songe encore à d'autres « images », en marge d'Homère (j'y reviendrai), d'Horace, de Pétrone, de Dante, de La Fontaine, de De Quincey, d'Oscar Wilde[30], de Stevenson.

Ce qui agace le plus, en particulier dans les « Églogues », c'est l'abus des archaïsmes ; peut-être les poèmes subissent-ils la contagion du style du roman médiéval *Angélique*, écrit presque en même temps. Pourquoi « se douloir », « issant », « assotés », « soef », « tortes », « éjouir » ? La recherche de la richesse verbale pour elle-même se fait sentir : mots rares, néologismes comme dans les épithètes « méduséenne », « olivéenne », « broderesse », « chansonnière », « acère » (transcription d'un mot grec signifiant « sans corne »). Les adjectifs expressifs fatiguent et s'émoussent à force de foisonner. Dans les poèmes de *La Criée* et dans les « Églogues », ainsi que dans « L'ermite de Saint-Pancrace » (par exception un conte gaillard), le pays de Giono est parfois présent : la Provence au début de « Sous le pied chaud du soleil », le premier poème publié, la Durance dans « Mes collines » (les deux textes sont de 1921) ; mais les divinités antiques sont là dans l'un et dans l'autre. De même dans les « Églogues », où sont évoquées les hauteurs qui entourent Manosque comme l'Espel ou les Savels. Et les personnages sont parfois contemporains, comme les boutiquiers ridicules : « l'ex-boulanger obèse, aux pieds plats », qui « parle fort en jouant à la manille »[31] ou le boucher éreinté par la chasse, qui ronfle tandis qu'à ses côtés sa femme rêve à des musiques et à des amants[32]. Ou, simplement, ils ont des noms français : Rosine, Thérèse, Madeleine, Babeau, Marius (qui n'est français à coup sûr que parce qu'il figure dans le même texte que les trois précédents). Pour l'essentiel, Giono superpose une grille grecque ou latine à ses réalités provençales, comme il le fera encore en 1925 dans la première version de *Naissance de l'Odyssée,* avec les lieux manosquins de la fontaine d'Aubette et de la porte Soubeyran situées à Mégalopolis[33].

Les textes d'*Accompagnés de la flûte* ont plus de cohésion, et rien n'y sent l'anachronisme. Pourtant, peu après leur rédaction, et avant la publication, Giono écrivait à Lucien Jacques : « Je n'en suis pas content du tout, c'est du sucre d'orge[34]. » Et il devait bien juger, avec trente-cinq ans de recul, sa production de cette époque : « J'avais beaucoup écrit mais mal écrit. Il y avait dans tout ce que j'avais écrit de très beaux moments, mais pas d'ensemble. J'étais doué mais loin d'être accompli. Je me cherchais et cela se voyait car je me trouvais rarement. J'étais d'ailleurs le premier à le savoir[35]. » Les défauts de jeunesse dont Giono était conscient étaient contrebalancés par une sensualité toujours en éveil, par de nobles élans lyriques, en particulier devant la nature, et par quelques admirables images. « Léchées par les bois d'oliviers, les villes assoupies sont étendues au soleil, plates et éblouissantes comme des médailles d'or[36]. » « Devant toi les dernières gouttes de lumière courent, poursuivies par les doigts sombres de la nuit[37]. » « Par-delà le temple de Diane, ayant sur tous les bois étalé ses bijoux de soufre, mon ami, l'automne aux lèvres de miel, souriait, calmé, au sein de ses fourrures de brume[38]. »

Angélique. La Lamentable Aventure de Constance Phalk

Deuxième voie explorée par Giono dans ces années 1920 : le roman. On connaissait depuis longtemps, par les propos de l'écrivain, l'existence d'*Angélique,* roman inachevé et mis définitivement de côté. Henri Godard l'a publié, d'abord séparément en 1980, puis, en 1983, dans la réédition du tome I de La Pléiade. Il en date pour l'essentiel la rédaction de 1915, en se basant avant tout sur la situation géographique du récit : la région de Montségur-sur-Lauzon où Giono a suivi une formation militaire au début de 1915. Mais le texte est plutôt de 1920-1922[39].

Angélique est un roman situé au Moyen Age. Pourquoi ? Giono a probablement à cette époque lu les romans de la Table ronde, mais quelle raison a-t-il de s'appuyer sur eux plutôt que sur telle autre de ses nombreuses lectures ? Il connaît mal la période, et commet divers anachronismes (presque certainement involontaires, car il est coutumier du fait) : par exemple, alors que nous semblons être au XIIIe siècle, il y a des protestants. Ce qui a déterminé son choix, c'est peut-être que le Moyen Age est le temps des chanteurs-danseurs « que le métier roule de donjon en donjon[40] » : des artistes errants. Et Giono se sent doublement enfermé dans Manosque, dans sa banque. Il va se créer des espaces à parcourir. Il est déjà, comme il le dira en 1926 à Lucien Jacques, un

« voyageur immobile[41] ». C'est là le début du thème de l'errance qui rythmera toute son œuvre pendant cinquante-cinq ans, jusqu'à *L'Iris de Suse*. L'errance du héros dans la Drôme, telle qu'on la voit se dérouler, se double d'évocations de pays lointains : le père du héros vient de Hongrie ; les compagnons d'Alain le jeune châtelain ont des noms italiens, Farinata, Degli Uberti, Sampierro (ces deux derniers noms sont tirés d'un seul personnage de Dante, au chant X de *L'Enfer*) ; et les allusions à l'Orient ne sont pas rares. Plus profondément, l'errance est la marque d'un refus de la vie telle qu'elle est. Le titre du chapitre V est : « Où Alain s'aperçoit que les réalités sont de désespérantes personnes. » Trente ans plus tard, Giono dira encore : « Le réel me gêne[42]. »

Les aventures n'ont rien d'original : Angélique est un jeune homme, chanteur et danseur (le mot de troubadour n'est pas prononcé) ; quittant son vieux père, il arrive à Montségur, havre de paix (c'est bien le souvenir que devait en garder Giono, qui y avait séjourné plusieurs fois en 1915 et au début de 1916, alors que le massacre faisait rage au front), chez un châtelain de son âge, Alain, mélancolique et pauvre, et le décide à partir avec lui sur les routes. Après avoir rencontré un fou, ils arrivent au château du redoutable Émeric de Suze, dont la maîtresse, Elme la rousse, fille du fou, donne à Angélique un baiser qui l'emplit d'horreur. (Le village s'appelle en fait Suze-la-Rousse, ce que ne dit pas le texte d'*Angélique*. La couleur semble être passée à la femme qui habite le château.) Angélique lui conte l'histoire d'une femme cruelle, dont le périple semble l'emmener dans un Orient de magie, mais qui est originaire de Majorque. C'est la première apparition, dans l'œuvre de Giono, de cette île dont le nom est si proche de celui de Manosque : ainsi le proche et le lointain s'y mêlent. Il l'évoquera trois fois encore de 1923 à 1928. Elle sera le refuge de vacances du romancier pendant ses dix dernières années ; on a du mal à y voir un hasard. Mais revenons à Angélique ; après avoir conté son histoire, il est emprisonné ainsi qu'Alain. Le manuscrit s'arrête là.

Les personnages sont souvent conventionnels : le poète et son vieux père, le jeune seigneur mélancolique, le reître brutal, la femme sensuelle et cruelle. On a pu dire qu'Angélique était une figure de Giono, en tant que poète, que professeur d'espérance[43] ; et le romancier semble ici ressusciter la légende qu'il avait créée pour ses parents durant la guerre, de lui-même chanteur et animateur[44.] Mais Angélique est bien pâle. D'autre part le personnage pose un problème irritant, qu'H. Godard a signalé. Son prénom, donné à un homme, est bizarre, et la cruelle Elme le souligne[45]. Mais qu'Angélique soit une femme n'est ni annoncé ni même suggéré où que ce soit dans le récit tel que nous l'avons : seulement dans l'épigraphe tirée de *Moll Flanders* de Defoe (« Et comme nous étions toujours ensemble, nous devînmes fort intimes ; pourtant, il ne sut jamais que je n'étais pas un homme (...). ») Mais à quelle date cette épigraphe a-t-elle été portée sur le texte ? On attribuerait plutôt la lecture de ce roman au Giono d'après 1922 si c'est Lucien Jacques qui lui en a suggéré la lecture, au Giono d'après 1929 si c'est Henri Fluchère. Et le thème de l'androgyne n'est guère gionien[46]. Peut-être y a-t-il seulement là un élément tiré d'une tradition romanesque. Et Angélique peut être une simple transcription d'Angelico – un peintre souvent cité par Giono. Un élément plus personnel : celui du vieux père à barbe blanche, que le héros est contraint de quitter. Car Giono, lors de sa mobilisation, avait bien dû abandonner son père âgé et malade ; et la mort de Jean Antoine les avait ensuite définitivement séparés. Une figure moins stéréotypée que les autres apparaît dans le roman : celle de l'être frappé de folie, et dont le délire révèle des mystères ; Giono la fera revenir dans ses romans pendant plus de vingt ans : ce seront Archias de *Naissance de l'Odyssée,* Janet de *Colline,* Bourrache de *Batailles dans la montagne.*

Quelques détails annoncent des textes à venir : une histoire de prêtre paillard[47,] une description gourmande des victuailles préparées pour un repas[48], la présence dans le récit de textes de chansons. Mais, par rapport aux écrits qui suivront, on est frappé par l'absence non seulement de toute ironie, mais même de presque toute gaîté. Si, chez Elme et dans le « Conte de la Fleur d'or » que lui fait Angélique, la sexualité est présente, elle est figée, contrainte, dénuée de cet élan naturel qu'elle aura plus tard chez Giono.

L'essentiel, malgré l'absence d'images autres que banales, c'est que la nature soit déjà là dans le roman, souvent belle avec ses grands ciels et ses horizons lointains, mais parfois aussi inquiétante, et provoquant même une peur panique : « C'étaient des chênes nains et trapus, au feuillage crépelé, vert sombre ; leurs branches se tordaient en contours étranges et des voix mystérieuses parlaient dans les ramures. Une onde de terreur émanait de cette végétation crispée[49]. » Est-ce un hasard ? Ce vert sombre sera en 1949 la couleur héraldique de la végétation d'où surgit le diable dans *Faust au village*...

Un autre roman ou conte, ébauché à une date mal déterminée mais très probablement comprise entre 1922 et 1924, est *La Lamentable Aventure de Constance Phalk, Barcalou*[50]. Les douze pages écrites révèlent peu de chose sur le personnage. Simple marin, jeune, tatoué, fort, courageux. Pourquoi, comme dans *Angélique,* un héros qui porte un prénom féminin[51] ? Mais après tout Constance a été le nom de plusieurs empereurs romains, dont un empereur d'Orient – et le héros s'embarque à Céphalonie. Le mot désigne aussi une des grandes vertus humaines. Quant à Phalk, le nom n'est pas si étrange pour un Céphalonien, puisqu'un Phalkès est nommé par deux fois dans l'*Iliade*. Mais surtout, il évoque le faucon, de même que Pardi (le nom de famille d'Angelo le Hussard) fera songer à la panthère : noms de nobles animaux nés pour les combats.

Nous sommes en 1862, dans ce second tiers du XIXᵉ siècle où, bien plus tard, Giono situera tant de ses chroniques, et l'essentiel du cycle du *Hussard*. Au début du récit, un vaisseau prend le large, comme plus tard dans *Fragments d'un paradis*. Un naufragé est jeté à la mer, comme Ulysse à la première page de *Naissance de l'Odyssée*; mais il se trouve sur une sorte d'île flottante, « formidable amas de branches brisées par la tempête, poussées à la mer et agglutinées par la crasse de l'eau[52]»; annonce, cette fois, de la fin de *Naissance de l'Odyssée,* où Télémaque revient à Ithaque sur un esquif qui semble, à première vue, « un énorme tas de fucus amassé par la récente tempête[53]». Le naufragé prend pied aux îles Mergui, qui existent dans le golfe de Birmanie, mais ne font pas partie du Siam. Il est amené au Premier ministre, le Barcalou, à la cour du stupide roi Mika-Zuki. Le thème de l'aîné, protecteur aimant, apparaît alors, comme plus tard dans « Solitude de la pitié », dans *Deux Cavaliers de l'orage,* dans *Angelo,* où le vicaire général d'Aix veillera avec une tendre prévenance sur le héros. Ici, pour le barcalou originel, le vieux Kung-Héan (les noms chinois se mêlent aux noms japonais dans ce Siam...), un « délicat sentiment d'affection » le porte à sauver « l'être aimé », en butte à l'hostilité d'un « amuseur » du roi, le féroce tortionnaire Kwanze. Phalk triomphe d'un brigand dont il rapportera la tête au roi, comme dans les contes populaires. La suite de l'histoire fait défaut... Seul le titre permet de prévoir que le destin de Phalk l'élèvera aux sommets du pouvoir pour le faire finir dans la mort ou dans l'abaissement.

Il y a dans ces pages ébauchées, sous un vernis superficiel de l'Extrême-Orient – mais l'intérêt de Giono pour les civilisations de ces régions s'affirmera avec force trente ans plus tard – et sous des souvenirs parfois mal digérés de lectures diverses, dont les *Mille et Une Nuits,* un grand dédain de la vraisemblance, un appétit pour les longs voyages imaginaires, et un goût prononcé des mots rares. A l'exception de pierres d'attente pour des œuvres encore ignorées de leur futur auteur, peu de ce qui fera plus tard le vrai Giono. Et le texte fut vite abandonné, sans que Lucien Jacques, l'ami et le conseiller, eût même été avisé de sa mise en chantier.

Textes autobiographiques et chroniques de mœurs

Plus ou moins confusément, Giono sent que cette distance qu'il prend dans ses récits avec son temps ou son pays, ou les deux, si elle correspond au double désir de se trouver des sources et de s'évader, ne peut constituer l'axe unique de l'œuvre qu'il est capable d'écrire. Il regarde en lui et autour de lui. De là les deux autres directions qu'il prend : l'autobiographie et la chronique.

Trois textes appartiennent au premier genre, de 1920 environ à 1927. Le « Soliloque du beau ténébreux », daté par Giono, non sans vraisemblance, de 1921-1922, n'est qu'une esquisse occupant trois feuillets[54], où sont évoquées les premières lectures sur les pentes du mont d'Or, au-dessus de Manosque, et le premier chagrin d'amour. Le second, *Les Images d'un jour de pluie,* avec le sous-titre quelque peu balzacien de « Scènes de la vie familiale en province »[55], est daté sur le manuscrit de 1923 (les dates que Giono porte sur les manuscrits de ses œuvres, contrairement à celles qu'il leur attribue par la suite, sont presque toujours exactes). Giono devait dire bien plus tard qu'il aimait la pluie et aurait voulu vivre en Écosse. On y a vu, à tort, une boutade ironique. Certes il est resté à Manosque jusqu'à sa mort. Mais la pluie faisait partie de ses rêves permanents bien que non réalisés. Dès mai 1923, il écrivait à Lucien Jacques : « Je continue à aimer la pluie et je suis très heureux car il pleut tous les jours ici[56]. » La première prose datée, en 1917, était « La pluie sur le casque ». Tout un chapitre d'*Angélique* se déroule sous la pluie[57]. Et c'est sous le signe de la pluie que Giono place ses souvenirs d'enfance, ceux de Manosque et de ses couvents, de la maison de la rue Grande avec sa « galerie » ouverte sous le toit, ses lectures de fascicules de romans, et la propriétaire, Mlle Solange, avec ses souvenirs de jeune fille datant du coup d'État de 1851. L'autobiographie est légèrement romancée : la famille s'appelle Arnaud et non Giono, le narrateur Julien et non Jean (les consonances sont pourtant proches), et Mlle Solange s'appelait dans la réalité Delphine. Certains faits sont gommés. Dans une allusion au « magasin », rien n'indique qu'il s'agisse d'un atelier de repassage. Et le père, qui va comme le faisait Jean Antoine Giono nourrir ses lapins au « bastidon », n'a pas de métier précisé. Ces souvenirs s'arrêtent au bout de quelques pages. Plus bref encore – à moins que je n'aie eu entre les mains une photocopie incomplète – est le manuscrit d'« Une rose à la main » : trois feuillets dont le premier porte seulement le titre et la date : « mars 27 »[58]. Là, le père est cordonnier. Mais on l'appelle « maître Jérôme » – alors que le père de Giono était « monsieur Jean » pour les Manosquins. On a vu[59] que son ouvrier avait aussi un nom transformé. Pour le reste, le père et la mère sont évoqués avec scrupule, dans la grande maison humide et noire, et, comme dans *Les Images d'un jour de pluie,* près de l'église Saint-Sauveur. Mais cette esquisse va se fondre dans le projet d'un autre roman, *Au Territoire de Piémont,* que R. Ricatte date de 1928-1930, et où il sera question du « cordonnier aux chardonnerets[60] ».

Enfin les « scènes de mœurs », autre partie cachée du travail de Giono. Dès 1917, il surtitrait « Mœurs militaires » son texte en prose « La pluie sur le casque », et en 1923 « Scènes de la vie familiale en province » les pages autobiographiques des *Images d'un jour de pluie.* Tout cela sonne assez balzacien ; et, bien que Giono ait souvent fait profession de détester Balzac, essentiellement pour son style, il a toujours été fasciné par lui et l'a sans cesse relu[61]. Le regard qu'il portait sur tous ceux qui passaient sous ses yeux, et sur la petite société qu'ils formaient, était d'une attention et d'une acuité extrêmes. La série de notations dispersées qui constituent la rubrique « La faune » dans cinq cahiers d'écolier à couverture rose, datant des environs de 1923[62], visent les Manosquins, petites gens ou bourgeois. Giono les contemple parfois avec tendresse, comme le poète qui n'a composé de toute sa vie que deux distiques symétriques en provençal, le rentier végétarien qui fait de l'aquarelle et apprend l'espagnol pour lire *Don Quichotte* dans le texte, l'homme qui va planter des arbres dans la colline[63]. Encore les deux premiers ont-ils droit à une douce ironie. Mais les gros enrichis illettrés, les politiques qui changent de camp, les professeurs ivrognes ou l'institutrice « folle de son corps », les liaisons bizarres, le croque-mort se livrant à un petit racket, les Piémontais ivres, les discutailleurs de café, les guetteuses de cancans, les femmes aristocratiques qui trompent leurs maris insuffisants ou se rongent parce qu'elles ne le trompent pas, sont cent fois plus nombreux. Si Giono aime la beauté de sa ville, le paysage qui l'entoure, les grands arbres de ses boulevards, de ses places et de ses jardins, nul doute qu'il ne méprise et même ne haïsse par instants bon nombre de ses habitants. Dans le second des deux textes écrits comme préface à ces fragments (il n'a pas choisi entre eux), c'est visiblement lui-même qui se dépeint sous les traits de Polyphème à l'œil bleu, furieux des railleries qui l'assaillent, des « rondes ironiques » dansées autour de lui ; la colère bouillonne dans sa poitrine. Il s'apprête, dit-il, à aller cueillir tel ou tel, « sur vos promenades, à vos comptoirs ou dans vos lits (...). Je regarderai vos pieds sales, vos reins souples comme des joncs, vos genoux calleux et vos virilités atrophiées ou éléphantines. J'écarterai les jambes de vos femmes, je ferai fumer vers le ciel le feu de leur impudicité (...). » Et il projette d'inscrire en épigraphe cette citation (imaginaire, je crois) : « Lors, Jérémie retroussant ses manches assujettit à son poing lourd les verges de genêt odorant et commença en chantant à fustiger leurs fesses noires[64]. » Cette férocité enfouie n'apparaîtra à plein que bien plus tard, dans telle des *Chroniques* comme *Les Ames fortes* ou *Le Moulin de Pologne*, roman situé à Manosque[65].

La préhistoire de l'œuvre de Giono comprend donc quatre aspects : poèmes surtout gréco-latins en prose, romans inachevés (l'un médiéval, l'autre oriental), récit autobiographique, scènes de petite ville. Aucun de ces genres, pas plus que les poèmes en vers des années 1911 à 1916, ne débouchera sur ce qui va être la véritable voie de Giono de 1927 à 1939 : le roman de la nature et de la vie rurale, de *Colline* à *Deux Cavaliers de l'orage*. Pourtant, sauf les poèmes en vers réguliers, chacun laissera sa trace dans l'œuvre à venir. Le style médiéval se retrouvera dans les archaïsmes qui marquent le style de ses premiers romans et prennent place assez naturellement dans le langage paysan ; le retour à la Grèce dans *Naissance de l'Odyssée*; les poèmes, d'une part dans ceux que Giono écrira entre 1944 et 1947 (ils sont recueillis dans *Le Cœur-Cerf*), et d'autre part dans toutes les chansons que Giono fera inventer ou chanter par ses personnages[66]: il se voudra constamment poète, lui qui songera à sous-titrer « Poème » un essai comme *Les Vraies Richesses*. Le récit autobiographique resurgira assez tôt en aboutissant à *Jean le Bleu* et aux divers écrits qui le prolongent, en particulier dans *L'Eau vive* (« Son dernier visage », « La ville des hirondelles », « Le poète de la famille ») et dans diverses chroniques journalistiques. La scène de mœurs, après une apparition dans *Manosque-des-plateaux* et dans *Jean le Bleu,* s'épanouira surtout dans les « Chroniques romanesques » d'après 1945. Dès le départ, tout est présent. Ne se dégage peut-être encore que l'écume d'un bouillonnement. Mais le bouillonnement est là.

Chapitre 5
L'essor

Naissance de l'Odyssée

1925 marque un tournant dans la vie de Giono. Matériellement, avec un avancement qui lui vaut, dans son agence du Comptoir d'escompte, le poste de fondé de pouvoir et une situation financière améliorée, ce qui ne l'empêche pas, en août 1925, de prendre contre le frère du maire de Manosque la défense des employés de banque alors en grève[1]. Élise va pouvoir cesser de travailler. Et, ayant été averti un peu à l'avance de sa promotion, Giono peut préparer dès le mois de mai un déménagement qui le ramènera au 14 rue Grande, la maison de son enfance et de son adolescence, mais cette fois dans un appartement autonome et plus confortable. Un piano carré Pleyel du milieu du XIXᵉ siècle, donné par la mère de Jean, a fait en mars son apparition dans le jeune ménage, et Élise y joue des airs anciens. Elle aura bientôt à exercer ses doigts sur un autre clavier : une machine à écrire achetée en août et sur laquelle, beaucoup plus que son mari, elle tapera invariablement, jusque vers 1942, et parfois plus tard, les œuvres qu'il écrira.

Après avoir, en 1924, fait enfin la connaissance de Lucien Jacques en chair et en os, il le revoit un an plus tard, en février ; et, par lui, il rencontre en avril un auteur plus âgé, Maxime Girieud[2], professeur de lettres à Avignon, amateur passionné de littérature. L'écrivain solitaire Giono a désormais des amis sur lesquels s'appuyer, à qui lire ses textes, de qui recevoir des critiques « professionnelles » : les avis d'Élise ne lui avaient certes jamais manqué, mais n'étaient pas du même ordre, bien que souvent elle ait été dans le même sens que Lucien et Maxime. En 1959, dans sa préface à la réédition d'*Accompagnés de la flûte,* Giono devait écrire avec pénétration que ses nouveaux amis formaient « un petit monde très différent de celui de Manosque qui ne pouvait m'apporter que des sujets. Celui-là m'apporta des critiques. Il m'aida considérablement[3] ». Mais il se forme également par lui-même. Il s'en rend compte : un métier comme celui de romancier s'apprend ; et, quoique ayant écrit plusieurs chapitres d'*Angélique,* il n'en a pas vraiment la pratique, et veut s'y initier : « J'ai démonté rouage par rouage le caractère d'Ernest dans *Ainsi va toute chair,* et cela m'a ouvert des horizons. Jusqu'à présent je ne comprenais bien que les paysages, je commence à voir un peu les ficelles du cœur », écrit-il à Lucien Jacques[4]. Phrase capitale : c'est seulement à partir de 1925 que cet homme qui se sentait une nature de poète travaille à faire de lui-même un romancier.

C'est donc un nouveau départ que la mise en chantier de la première œuvre de longue haleine qu'achèvera Giono : *Naissance de l'Odyssée*[5].

Depuis 1920 ou 1921, dans les poèmes en prose gréco-latins ou orientaux, dans le « Conte de la fleur d'or » d'*Angélique,* la mer, les îles, les nefs reviennent souvent. Est-ce la raison pour laquelle plus tard, quand il réinventera à des dates diverses, comme à son habitude, la genèse de son œuvre, il lui assignera une date trop ancienne[6]? C'est seulement en 1923 qu'il songe à « Trois Images pour illustrer l'Odyssée ». Il rédige un texte pour les annoncer, mais, semble-t-il, pas les Images elles-mêmes. Vers la même période, il fait intervenir des personnages homériques, Ménélas et le Cyclope, dans les préfaces à « Sur un galet de la mer ». Pour *Accompagnés de la flûte,* c'est vers Virgile qu'il se tourne, vers les nefs d'Énée, non celles d'Ulysse. Tout cela, c'est la maturation. Enfin, le 2 janvier 1925, Giono confie à Lucien Jacques qu'enfermé auprès du feu en raison du froid, il s'attache à « un joyeux voyage » : « Je refais pas à pas (si on peut dire) sur une vieille carte les errances d'Odysseus le divin menteur. J'ai acquis l'intime certitude que le subtil, au retour de Troie, s'attarda dans quelque île où les femmes étaient hospitalières et qu'à son entrée en Ithaque il détourna par de magnifiques récits le flot de colère de l'acariâtre Pénélope. Je travaille peu depuis quelque temps mais je vais bientôt m'y remettre. » Lucien l'encourage le lendemain même : « Vous pourriez et devriez faire un merveilleux petit roman de ce que vous me dites (…). » Le 11 janvier, Giono a commencé : « C'était en moi en graine, votre lettre a déclenché la germination. »

Il passera plus de deux ans à mettre son œuvre au point, la travaillant sans cesse, hésitant au début, refaisant trois fois son prologue ; peu satisfait, il supprime des épisodes, récrit entièrement les deux premiers tiers. Il est peu de phrases initiales qui subsistent telles quelles dans la version définitive. Giono se montre ici celui qu'il sera toujours : d'une immense probité littéraire, toujours prêt à reprendre, à refondre, à récrire entièrement un passage imparfait, même très long. L'étude des variantes de *Naissance de l'Odyssée* serait pour un jeune écrivain une admirable école d'exigence.

Depuis qu'à seize ans il a lu Homère, Ulysse le fascine par deux traits : l'errance et l'invention dans le récit. Giono, enfermé dans sa ville et dans sa banque, trouve en lui une figure d'évasion : Ulysse, lui aussi, inventera ses voyages. La supériorité du rêve sur le réel, proclamée dès *Angélique,* éclate ici. Ulysse est évidemment Giono, dont il a les yeux bleus et le nez mince, et aussi la sensualité ; s'il n'est pas tout à fait un « voyageur immobile », il est beaucoup moins voyageur qu'il ne le raconte afin de dissimuler qu'il s'est attardé pendant des années auprès de diverses femmes au lieu d'aller retrouver Pénélope. Il a déserté : il est en cela le premier d'une longue série de héros gioniens. Au cours de ses méandres à travers la Grèce, ses récits lui créent une célébrité ; puis, revenu à Ithaque, ce poltron vantard, à la faveur d'un double malentendu bouffon, provoque la mort d'Antinoüs, et par suite celle de la jeune Kalidassa[7] qui l'aimait ; et il se donne involontairement une stature de héros.

De ses écrits antérieurs, Giono garde les archaïsmes de langage venus d'*Angélique,* entretenus à travers les poèmes – « Églogues » en particulier – et renforcés par les épigraphes tirées de Ronsard. Tout en s'enchantant de leur saveur, il les utilise aussi pour créer une distance avec ces siècles lointains. Il lui faut encore, comme dans *Angélique* et dans les poèmes, un tremplin et un tuteur : un passé, une tradition historique et littéraire sur laquelle s'appuyer. Mais en même temps il cherche à s'en libérer par un jeu littéraire : *Naissance de l'Odyssée,* hommage à l'épopée parce qu'elle est invention, est aussi un récit anti-épique par ses personnages, leurs actions, leurs aventures. C'est d'ailleurs le contrepied presque uniquement terrestre, sauf dans le prologue, d'une épopée marine. Ulysse devient un antihéros, un égoïste, un matamore couard, occasionnellement cruel, coureur de jupons, amateur de vie facile. Cette bouffonnerie elle-même avait des modèles récents. Une lettre à Lucien Jacques atteste que Giono connaissait le *Protée* de Claudel ; il l'avait d'ailleurs utilisé dans une des préfaces de « Sur un galet de la mer ». Et, bien qu'il m'ait dit ne pas s'être souvenu d'*Elpénor* de Giraudoux, j'en doute : le titre figurait dans un des catalogues de sa bibliothèque de jeunesse. Mais, au-delà du désir non de suivre la mode – Giono ne le fera jamais – mais d'être moderne, il y a sans doute dans ce jeu le souhait de se débarrasser de ce qu'il y avait de limité, d'anachronique et d'un peu stérilisant dans le constant recours à l'Antiquité, qui lui avait servi comme exercice, mais qu'il était désormais bon de dépasser.

L'univers de *Naissance de l'Odyssée* était, à l'origine, gréco-provençal ; tel prénom comme Anaïs était français ; tel lieu cité était manosquin[8] ; les personnages lançaient parfois des *vé,* des *péchère,* parlaient provençal *(« lou pourcas »),* ou utilisaient des expressions méridionales comme « mon beau » pour s'adresser à un ami. Lucien Jacques déconseilla ces facilités, et fut entendu. Il n'en reste plus guère dans le texte publié, bien que l'aède joue de la guitare, qu'un marchand parle de « Mme Pénélope », qu'un roulier siffle l'air « Bilon Bilette »[9] et surtout que la pie apprivoisée d'Ulysse s'appelle Margotton. En outre un capitaine épisodique, au début, emprunte son surnom de « Danse-à-l'ombre » à un camarade de guerre de Giono en 1917.

Mais Giono ne connaît pas la Grèce, n'en manifeste à l'époque aucun regret, et ne cherchera jamais à la connaître. Les paysages de *Naissance de l'Odyssée* sont rares, peu appuyés : ils sont une transposition des paysages de Provence. Le ciel grec est loin d'être immuablement bleu : le roman, comme presque tous ceux de Giono depuis *Angélique* jusqu'en 1939, est rythmé par ces orages qu'il aime et pour lesquels il trouve des images toujours renouvelées[10]. Quant aux personnages, la plupart manquent d'ancrage dans la réalité grecque, et ressemblent, dans leur vie de tous les jours, à des Français du Midi. Pourtant ils portent en eux quelque chose d'essentiel qui donne son charme au livre : la croyance en la multiplicité des divinités de tous ordres. Chacun invoque Perséphone, Éros, Cypris, Pallas, Artémis, Hadès. Ulysse lui-même se sent « égaré dans la colère de Pan silencieux[11] ». Giono feint parfois de croire lui-même aux dieux. Au moment où l'aède va entonner le récit des aventures d'Ulysse, se fait entendre un frissonnement dans les ormeaux. Chacun croit que c'est le vent. « C'était Apollon invisible qui venait de bondir au milieu d'eux. Il frémissait comme un chevreau. Il s'étira jusqu'à la guitare ; de ses longs doigts de fumée saisissant les doigts du joueur, il les mena de corde en corde. Sa lourde tête fleurie de primevères montait dans la nuit comme une montagne[12]. »

Mais le seul qui voie vraiment les dieux est un compagnon d'Ulysse, Archias le fou, qui n'apparaît que dans le prologue, mais dont la figure donne à tout le récit une coloration magique, celle d'un au-delà du réel. Même s'il y a en lui au départ le souvenir d'un fou véritable rencontré près de Manosque par Giono enfant, comme il l'a dit, la fonction qui lui est consciemment donnée dans le roman est d'être la charnière entre l'humain et le divin. Il est le premier en date auquel s'applique une des formules les plus célèbres de Giono, « derrière l'air » : « Archias faisait sourdre le monde fantastique qui vit derrière l'air brillant[13]. » Et cette aptitude miraculeuse à la divination ou à la création d'un au-delà passe ensuite à d'autres : au joueur de guitare dont le corps, « comme celui d'un dieu, était de l'autre côté de la nuit[14] », à Ulysse qui, juste après s'être souvenu d'Archias « conduisant l'échevelée procession des dieux », proclame : « Il y a derrière l'air du jour des forces étranges que nous connaissons mal[15]. »

Et, la poésie allant de pair avec la folie – Giono les associera par deux fois dans *Présentation de Pan*[16] – , la fabulation d'Ulysse procédera de celle d'Archias. L'invention va l'emporter sur tout. Dans *Angélique,* le héros n'était qu'un conteur, qui ne cherchait pas à faire croire à la véracité de ses légendes, et ne s'illusionnait pas lui-même : il conservait une barrière entre le réel et l'illusion, même s'il estimait l'illusion plus belle. Cette dernière vue est aussi, dans la première version de *Naissance de l'Odyssée,* celle du marchand Critus : « Le vrai n'est pas toujours joli (...). J'aime mieux prendre du plaisir devant un mensonge que de bâiller devant la laide vérité[17]. » Quant à Ulysse, il commence par se mener sur de fausses routes : il est « ce pauvre lui-même, menteur et si prompt à croire à ses propres mensonges[18] ». Bientôt, ses affabulations ayant été reprises par l'aède qui va les amplifier et les répandre, Ulysse frissonne : « La présence de son mensonge l'effrayait. Il était dressé dans le temps passé comme un arbre sur la plaine rase, il ne pouvait pas faire qu'il ne soit pas[19]! » Et tout grandit à une vitesse hallucinante : « Son mensonge se dressait devant lui. Ce n'était plus l'arbre isolé sur la plaine rase, loin en arrière, mais un bosquet de lauriers musiciens, un bois sacré, une immense forêt, épaisse, noire, vivante, enchevêtrée de lianes et du tortillement des longues herbes. Ulysse sentait monter autour de lui l'étreinte de ces grandes frondaisons hostiles[20]. » « Il n'y avait plus de vrai dans sa vie, son imagination cristallisant sur chaque brin de vérité une carapace scintillante de mensonges[21]. » Puis, craignant d'avoir été un menteur malhabile, il décide d'utiliser sciemment le mensonge. Le philosophe Kallimaquès lui conte l'apologue des galets lancés en direction d'un saule et qui presque tous s'égarent sans l'atteindre : chacun connaît une vérité différente[22]. Ulysse finit par comprendre « la beauté de son mensonge, né de sa cervelle, tout armé, pareil à Pallas née de Zeus[23] ! ». Le mensonge, originellement défensif, utilitaire, puis envahissant, est devenu universel et divin : l'invention est la seule valeur de l'univers. Même s'il doit être tué par son fils Télémaque, qui a, lui, vécu les aventures fictives d'Ulysse mais est incapable de les raconter, Ulysse triomphe pour l'éternité à travers ses exploits imaginaires ; en lui Archias, le fou porteur de dieux, l'a emporté sur Télémaque, le prisonnier du réel.

Premiers récits contemporains

Ulysse, étant l'incarnation de Giono, ramène Giono à lui-même dans le présent. Lucien Jacques l'encourage dans cette voie, en même temps que dans celle du pacifisme, en lui suggérant d'écrire un épisode vécu de la guerre, que son ami lui a raconté. C'est, en février-mars 1925, « Ivan Ivanovitch Kossiakoff[24] », rédigé, comme les deux nouvelles qui suivent, dans les moments où Giono se sent obsédé à l'excès par *Naissance de l'Odyssée,* ou lorsque, bloqué par quelque difficulté de narration, il veut laisser décanter son roman et se secouer. Le récit est situé au fort de la Pompelle où Giono a réellement été à la fin de 1916[25]. Ce n'est pas la guerre atroce qui resurgit ici. Pas de cadavres, pas de sang ; un secteur assez tranquille bien qu'il y tombe quelques obus. Aucune vision d'horreur appuyée ; si une batterie russe, alertée par Giono, « écrabouille » une corvée d'eau ennemie, cela se passe au loin. Ce n'est que de façon générale qu'est évoquée « toute cette terre lépreuse crevée de plaies sur laquelle ruisselle la vendange des jeunes hommes[26] ». C'est l'histoire d'une amitié entre Giono – il est appelé par son nom, et par son surnom de « gueule-en-biais » à cause de son nez légèrement dévié – et un soldat russe, Kossiakoff, qui a réellement existé[27]. Amitié toute en regards et en gestes, aucun des deux hommes ne parlant la langue de l'autre. Le manque de la forme en apparence indispensable de toute communication fait l'essentiel de ce rapprochement : il est instinctif, affectif, il franchit les barrières, non seulement celle du langage, mais celle que créent les habitudes de la guerre. Giono empêche Kossiakoff de tirer sur des soldats allemands en train de faucher pour nourrir leurs chevaux. Générosité, fraternité. Ici point le futur pacifisme de Giono, dont il n'avait peut-être pas ressenti clairement la naissance des premiers germes dès 1916. Mais tout ici n'est pas autobiographique. Kossiakoff, qui s'appelait Michel, devient Ivan, pour avoir le prénom correspondant à celui de Giono ; d'ailleurs, dans le récit, les deux amis s'appellent réciproquement Ivan[28]. Le nom de tel soldat épisodique (Devedeux) semble inventé (mais pas celui de Günz, qui est réel). Inventée sans doute aussi la conclusion : « Ivan Ivanovitch Kossiakoff a été fusillé au camp de Châlons en juillet 1917. » Interrogé, Giono m'a répondu brièvement qu'il l'avait entendu dire. Plus probablement, les velléités de révolte qu'il a pu ressentir sont ici transposées sur son frère russe, dont il fait le mutin que lui-même n'a pas été.

Plus important est, en août 1925, un bref récit qui amorce une large part de l'orientation romanesque de Giono pour les quinze ans à venir : le texte d'abord intitulé « Rustique » avant de trouver son titre actuel de « Champs[29] ». La campagne provençale contemporaine, proche de Manosque, surgit ici dans la création gionienne[30]. D'un bouillonnement où s'étaient brassés la Grèce et l'Italie, l'Orient et l'Extrême-Orient, les temps antiques, le Moyen Age et le XIXᵉ siècle, dans une écume d'où parfois n'avaient émergé que des fragments, sort enfin le poète de la nature et de la paysannerie perçus sans déguisement ni intermédiaire. Giono parle de « Champs » à Lucien Jacques, le 26 novembre suivant, comme d'un « exercice pour l'acquêt d'un style un peu plus nerveux que le mien ordinaire[31] ». Un narrateur presque neutre, anonyme : un promeneur attentif à autrui. Dans un bastidon qu'il a vu d'habitude désert et envahi par la végétation, il trouve cette fois un homme auquel il demande de l'eau ; la conversation s'engage. L'homme restera sans nom. Il vient de la montagne ; installé là, il défriche avec acharnement pendant deux saisons. Après plusieurs visites du narrateur, il raconte son histoire : marié, père d'une petite fille, il a pris en pension un ouvrier piémontais, Djouanin, rieur, chanteur, qui a séduit sa femme, Guitte, et l'a emmenée en Italie, sans qu'il fasse rien pour la retenir. Il a écrit ; il attend une lettre qui ne vient pas, et disparaît, « retourné vivant vers la douleur », ou plus probablement mort ; suicide ou désespoir ? Les ronces envahissent à nouveau le terrain. Une femme ayant quitté son mari pour suivre un Italien, Giono en avait connu une à Manosque, à en croire « Sur un galet de la mer[32] ». Mais c'était une histoire burlesque de gros sous, finissant par une vie commune en trio. Ici, c'est le drame. Le texte n'est peut-être pas parfait. Quelques échos de *Naissance de l'Odyssée* s'y font entendre : il semble au narrateur que jaillit de la colline « le beuglement terrible d'un dieu »; et la jalousie de l'homme ressemble à celle d'Ulysse rêvant que Pénélope le trompe. Giono écrira à Lucien Jacques, après l'avoir autorisé à envoyer le texte à *Europe*[33], qu'il espère un refus, et que mieux vaudrait le brûler. Pourtant le germe des trois romans de *Pan* est déjà là: la lutte de l'homme contre la nature de *Colline* et de *Regain,* la lutte d'Albin pour l'amour dans *Un de Baumugnes.* Une différence : ces trois combats seront victorieux.

Exercice encore, Giono l'écrit à Lucien Jacques, que « La Daimone au side-car », écrit en novembre-décembre 1925, « pour [se] dépouiller un peu de grecquerie accumulée » et évacuer « les vieilles idées ». Giono s'essaie au « jeu des actions morales (...) au détriment de la partie descriptive pour laquelle trop de facilité [le] pousse[34] ». Plutôt qu'un pas en avant ou en arrière, c'est un pas de côté, une fausse manœuvre. C'est la première incursion de Giono dans le fantastique moderne (je laisse de côté les contes « orientaux ») ; son admiration d'alors pour Edgar Poe[35] a pu jouer. La rencontre du héros en promenade avec une « démone[36] » et sa machine monstrueuse, l'idylle qui se noue entre eux et s'interrompt avant son terme malgré la « démone », la disparition de celle-ci et la révélation de son inexistence, tout cela est maladroit et peu gionien. Le cadre ? Manosque et ses environs, mais sans couleur locale, sans paysage caractéristique; la ville est désignée par sa seule initiale, mais elle est reconnaissable à tel magasin (« les Quatre Coins ») et surtout à la sortie du protagoniste par la porte romane du nord, d'où part, longeant le cimetière, la route de Saint-Martin. Des noms exceptionnellement peu provençaux : le héros s'appelle Duvauchelle, ses collègues Daumas, Husson et Piètre, un épicier Durand : un type de patronymes qu'on ne retrouvera à peu près jamais chez Giono. Tout l'autobiographique se concentre sur le protagoniste. Il a trente ans, l'âge de Giono à cette date; il a le même prénom, Jean, « le plus beau: Hans, Ivan, le plus beau en toutes les langues[37] ». Surtout il est employé de banque – caissier – et ses pensées reviennent sur les titres qu'il place, les intérêts pris aux emprunteurs, la beauté des chiffres[38], et la responsabilité de détenir les clés du coffre; plus jamais un héros de Giono n'aura ce métier ou un autre analogue. La ressemblance s'arrête là : Duvauchelle est célibataire, et son hésitation à profiter d'une belle fille qui s'offre est moins compréhensible qu'elle ne l'aurait été de la part d'un homme marié comme l'était Giono.

« Champs » avait la saveur de Giono; pas « La Daimone au side-car »[39]. Une expérience d'écriture « réaliste », malgré l'assaisonnement fantastique. Mais à force de vouloir lutter contre ses défauts, Giono s'est amputé de ses qualités. Cela ne lui arrivera plus.

Nouvelle interruption dans le travail sur *Naissance de l'Odyssée* en janvier 1926, pour un bref texte dialogué où Giono s'est essayé au style des tragiques grecs qu'il admirait tant: « Esquisse d'une mort d'Hélène[40]». Encore une retombée du roman; «le peureux Ulysse» y est d'ailleurs nommé, et la guerre de Troie y est présente. Ce dialogue, devant Hélène mourante et muette, entre une veilleuse grecque et une captive troyenne, avec interventions de chœurs de jeunes filles et de jeunes hommes, est écrit, dit Giono à Lucien Jacques, «sous l'influence conjuguée d'Oscar Wilde et de Shakespeare[41]». Influence directe du poème de Wilde «The new Helen» dans *Rosa mystica*? ou plutôt influence de son style dans *Salomé,* en marge de laquelle Giono avait songé à écrire une «Image» en 1922? Et Shakespeare? *Troïlus et Cressida*? ou l'allure générale de nombreuses déplorations solennelles qui ponctuent ses tragédies et ses drames? En tout cas, le style est constamment tendu. Pas une note d'ironie dans ces dix pages, comme si Giono voulait pour lui-même contrebalancer la légèreté érotique de ses poèmes gréco-latins, et surtout l'impiété parodique de *Naissance de l'Odyssée* où il avait pris le contre-pied d'Homère. Mais la gravité est ici enrubannée dans une écriture quelque peu apprêtée et décadente, qui vient bien de Wilde. Reste que c'est la première trace d'écriture théâtrale chez Giono.

En mai 1926, toujours en plein travail sur Ulysse, Giono s'accorde une brève interruption pour écrire «Elémir Bourges à Pierrevert», sept pages restées inédites jusqu'en 1987[42]. Peut-être en vue d'un recueil d'hommage projeté après la mort en 1925 de l'auteur de *Sous la hache,* et non réalisé? Bourges était le seul écrivain notoire auquel Manosque eût donné le jour, bien qu'il eût, dès son adolescence, quitté définitivement la ville pour s'installer à Paris. Comme tel, il est un parrain possible pour le jeune Giono, et, ainsi que l'écrit Henri Godard, «un intercesseur à l'aide duquel il se rattache à la littérature[43]». Il lui avait sans doute écrit vers 1914, on l'a vu[44], lui envoyant peut-être quelques poèmes, ou lui demandant la permission de les lui envoyer, et son aide pour les publier. Se serait-il enquis de son adresse si ce n'avait été pour lui écrire? Que l'on sache, il ne reçut pas de réponse. Mais peut-être parce que l'adresse était fausse: dans sa notice de 1921, il loge Bourges au 27 de la rue du Ranelagh, alors qu'il habitait au 51.

Dans «Élémir Bourges à Pierrevert», après quelques lignes de préambule, apparaît la propriétaire de la maison de la rue Grande, déjà utilisée dans «Les images d'un jour de pluie» en 1923 sous le nom de mademoiselle Solange. Ici, elle redevient mademoiselle Delphine P., comme dans la réalité, où elle était Delphine Pierrisnard. L'assignation à résidence de ses parents à Castelnaudary après le coup d'État de 1851 se retrouve aussi. Puis est évoquée sa parenté avec Élémir Bourges, et l'enfance de celui-ci à Pierrevert, à côté de Manosque, chez son oncle l'abbé Gaudemar; il y joue en compagnie d'autres enfants, parmi lesquels Gédémus le futur rémouleur, dont le nom et le métier seront transportés dans *Regain.* Giono passe ensuite aux œuvres d'Élémir Bourges, qu'il lisait, à l'en croire (quand? la date n'est pas précisée) et dont il donne la liste à peu près complète : seul manque *Sous la hache*. Mais c'est sur *La Nef*, dont la première partie avait paru en 1904 et la seconde en 1922, qu'il insiste en en citant des passages où figurent Prométhée, les Argonautes, Cassandre, l'*Odyssée*, Homère : il est ainsi à nouveau en pleine Antiquité. Le trait d'union est tracé dans ce texte entre la Grèce, les paysages de Provence et la maison paternelle.

Naissance d'Aline. *Colline*

1926 est une année heureuse pour Giono. Élise me dit qu'elle a été d'accord avec lui, au début de leur mariage, pour ne pas avoir d'enfant immédiatement, non pas tant en raison de la modicité de leurs ressources et de l'exiguïté de leur logement, que parce que, violemment secoué par ses années de guerre, sujet à des cauchemars, Giono ne se sentait pas assez en équilibre pour assumer une paternité. Mais, depuis, cinq ans ont passé, le traumatisme s'est éloigné. La situation améliorée à la banque, le nouvel appartement, la confiance en soi procurée par la publication d'*Accompagnés de la flûte,* la rédaction suivie de *Naissance de l'Odyssée,* l'amitié encourageante de Lucien Jacques et de Maxime Girieud, autant de signes d'un avenir qui s'ouvre. « Alors, me dit Élise, nous nous sommes lancés. » Prudent, c'est seulement le 25 juin que Giono annonce à Lucien, en post-scriptum : « Je crois que Zizi nous donnera un bébé en novembre. » (Il ne l'appellera jamais que Zizi.) Aline naîtra en fait le 25 octobre : « le rejeton Giono, la branche naissante[45] ».

Dès avant cette naissance, en plein achèvement de *Naissance de l'Odyssée,* Giono songe à une nouvelle œuvre. En mars 1927, ce sont les quelques pages semi-autobiographiques d'« Une rose à la main[46] ». Dans la première quinzaine de juin, il accompagne Élise qui rend visite à un de ses cousins dans la Drôme, à Dieulefit, « en traversant toute la haute Provence désertique du côté du Ventoux. C'est un pays absolument admirable par sa grandeur farouche, par son calme qui tient du calme aérien : on se dirait à mille mètres au-dessus du mont Everest. Il y vit une population tellement fantastique comme pittoresque qu'elle défie toute description (je crois malgré tout qu'après Ulysse, je situerai là mon prochain travail)[47] ». C'est ici l'acte de naissance de *Colline,* qui va créer l'univers des romans gioniens.

Dans la ligne paysanne de « Champs », c'est un roman de Provence. Le 3 juillet 1927, Giono a trouvé le titre ; mais il est encore dans les corrections de *Naissance de l'Odyssée,* et il ne se consacre que peu à sa nouvelle œuvre[48]. En août, il en lit des extraits à Maxime Girieud, qui l'encourage. En octobre, il voit le récit tirer à sa fin. En décembre, il s'apprête à le taper à la machine : il compte avoir terminé à la fin de janvier 1928. A cette époque, les éditions Grasset, à qui Lucien Jacques, par l'intermédiaire d'Henry Poulaille, directeur du service de presse dans la maison, a adressé *Naissance de l'Odyssée* en novembre 1927[49], refusent ce texte, qui « sent un peu trop le jeu littéraire », mais en demandent un autre. Giono envoie soixante pages de *Colline,* et le reste vers le 15 mars. Puis il attend. Jean Guéhenno, un des lecteurs de la maison, lui écrit le 6 mai 1928 ; il a lu « avec un immense plaisir » ce livre « d'une admirable poésie ». Le 10 mai, Giono reçoit un contrat à signer pour le roman et les deux suivants. Mais va-t-il devoir aller à Paris, qu'il n'a pas revu depuis la guerre, et qui à la fois l'intimide et l'exaspère ? Le 21 juin, Jean Paulhan lui demande *Colline* pour la revue *Commerce,* mais avec des coupures et des contractions qui le hérissent. L'affaire se fera pourtant, et de larges extraits du roman paraîtront dans le numéro de juillet de la revue.

André Gide en est enthousiasmé, et, paraît-il, lit des pages de *Colline* autour de lui à qui veut l'entendre. C'est sans nul doute par lui que Gaston Gallimard est alerté sur la brusque apparition d'un nouveau génie dans les lettres françaises. Giono reçoit de lui un contrat daté du 22 août 1928 ; Giono s'y oblige à lui donner « ses cinq prochains romans, sous réserve des trois ouvrages pour lesquels il est engagé vis-à-vis de Bernard Grasset », avec 10 % de droits d'auteur, et 12 % à partir du onze millième exemplaire. Un représentant de Gallimard – Louis-Daniel Hirsch, directeur commercial – vient rendre visite à Giono au début de septembre ; à la suite de leur conversation, un avenant du 6 septembre précise que l'auteur recevra 3 000 francs d'avance lors de la mise en vente de chacun des romans.

Le bruit de ce contrat se répand assez vite dans les milieux de l'édition. H. Poulaille demande à Giono, par lettre du 29 septembre, s'il est vrai qu'il ait signé avec Gallimard pour dix romans. Giono répond qu'il a été pressenti mais a refusé. Mensonge absurde, d'autant que le contrat Grasset est expressément mentionné dans le contrat Gallimard. Mais Giono est déjà en relations amicales, par lettres, avec Jean Guéhenno. Il a de la sympathie pour H. Poulaille, ami de Lucien Jacques, et un des écrivains publiés autrefois dans *La Criée.* Si extravagant que cela puisse paraître, c'est sans doute en partie par amitié qu'il fabule, comme si souvent. Le 21 octobre, dans une lettre à Lucien Jacques, il démentira non l'existence du contrat (il ne la confirmera pas non plus), mais le chiffre de dix romans et le bruit d'un pourcentage extravagant.

Le bon à tirer de *Colline* est donné le 12 septembre, et Grasset fait hâtivement fabriquer quinze exemplaires hors commerce, afin de mettre le roman en lice pour le Goncourt. En vain : le prix ira à Maurice Constantin-Weyer pour *Un homme se penche sur son passé.* Le livre paraît dans la collection des « Cahiers verts » au début de février 1929. Giono, malgré ses réticences, se résout au voyage dans la capitale. Il y restera huit ou dix jours avec Élise, logeant dans un hôtel de la rue du Dragon indiqué par Lucien Jacques comme assez proche des éditions Grasset. Il rencontre Guéhenno, Chamson, Paulhan, Mac Orlan, Poulaille, Ilya Ehrenbourg, Adrienne Monnier, Léon-Paul Fargue, Daniel Halévy, et bien d'autres qu'il ne nomme pas. Et surtout Gide, qui est venu chez Chamson, rue Thouin, derrière le Panthéon, pour faire sa connaissance[50]. Giono n'est séduit que par trois hommes. L'un, André Gide, est un grand aîné – vingt-six ans de plus que lui – et un homme en pleine gloire. Giono lui gardera toujours de l'admiration, bien qu'il connaisse fort peu son œuvre et la sente très éloignée de lui. Ils resteront en relations cordiales; Gide rendra plusieurs visites à Giono, le soutiendra toujours, et quand ce sera nécessaire interviendra en sa faveur. Des deux autres, l'un, Pierre Mac Orlan, ne nouera pas alors d'amitié avec Giono; ils ne se retrouveront qu'en 1954, à l'académie Goncourt. L'autre, Henry Poulaille, est le seul à être de la même génération: il a un an de moins. Issu du peuple, anarchiste, autodidacte, il a déjà publié des textes dans diverses revues, et deux volumes en 1925; fanatique de musique – il tiendra la rubrique des disques dans *Monde* –, il emmène Giono chez lui et lui fait entendre de nombreux enregistrements; c'est là un de leurs divers points de contact. Lucien Jacques écrira à Poulaille, en mai 1929 : « Dès son retour il m'a parlé de vous comme du seul ami qu'il avait fait là-bas – non qu'il ait été indifférent à l'accueil de beaucoup d'autres mais il ne les sentait pas de la même farine que lui, que nous... »

Quant aux autres écrivains qu'il a vus – il révisera plus tard son jugement sur certains –, ce sont des hommes de lettres. Comme il l'écrit à Girieud : « Tu vois ce que j'entends par là : le type gentil, mais qui se dit : "Si je n'écrivais pas la terre cesserait de tourner et les étoiles tomberaient comme des mouches." Et ils ne se rendent pas compte que ça se voit. » Certaines prises de contact sont gênées au début, mais tout se dégèle. Giono a souvent raconté – le récit fait à J. Amrouche n'est que la centième version – l'invitation qu'il a reçue de Daniel Halévy : déjeuner intime dans la grande bibliothèque, chacun des deux hommes au bout d'une table de cinq mètres de long, avec derrière lui un domestique en livrée. Conversation figée jusqu'au moment où les films de Charlot sont évoqués : là, le point commun est enfin trouvé, et l'atmosphère devient amicale. Charmant épisode, caractéristique sans doute de ce qu'a ressenti Giono lors de son premier contact avec les milieux littéraires de Paris; mais totalement inventé dans les détails. Une lettre de Daniel Halévy, le 9 décembre 1954, évoquant l'entretien avec Amrouche, raillera gentiment Giono : « Je pense qu'il sera très intéressant pour vous de revoir les lieux que vous décrivez avec tant de magnificence. Vous me montrerez la pièce où tenait une table de cinq mètres de long. Quant aux laquais, vous pourrez fouiller mes armoires sans y trouver leurs livrées (...), elles n'ont jamais existé. » D. Halévy

117

rappelle aussi que Giono lui a raconté ses débuts. « Vous me disiez : "Toute ma culture littéraire, je la dois à un Homère que j'ai trouvé dans le grenier de mon père et à une Bible que m'a prêtée le pasteur protestant de Manosque." Je précise que l'Homère ou la Bible était écrit en français du XVIe siècle[51]. »

Malgré l'accueil chaleureux qui lui est fait, Giono n'aime pas Paris, et n'est heureux que quand il le quitte. Il dira à plusieurs reprises que son monument préféré y est la tour de la gare de Lyon : quand il la voit, c'est qu'il repart.

Colline est une histoire simple. Au hameau des Bastides Blanches, entre Manosque et les crêtes de Lure, quelques familles paysannes vivent paisiblement, en accord avec la nature qui les entoure, avec la montagne qui les domine. Mais au milieu d'eux se développe une influence maléfique : celle du vieux Janet, un ivrogne qui a des visions, qui croit voir des serpents qui lui sortent des doigts, une espèce de sorcier au langage étrange et parfois incompréhensible. La vie se détraque. La source qui alimente le hameau se tarit. Un inquiétant chat noir, annonciateur de catastrophes, fait son apparition ; une enfant tombe malade ; un incendie éclate dans la garrigue, et l'idiot du village y périt. Le responsable ? Visiblement Janet. Les hommes se décident à le tuer. Mais il meurt avant qu'ils aient pu exécuter leur projet. La source se remet à couler, la vie va reprendre ; mais de la peau d'un sanglier fraîchement tué « des larmes de sang noir pleurent dans l'herbe ».

A la sortie du livre, plusieurs critiques – A. Thibaudet, John Charpentier, H. Poulaille – le rapprochent de *La Grande Peur dans la montagne* de Ramuz, paru au début de 1926. Le thème d'ensemble est parent : une malédiction chez des villageois, liée en partie, semble-t-il, à un personnage bizarre. Ramuz est plus violent : le mauvais sort est présenté dès les premières pages, et, après plusieurs morts et une maladie qui décime les troupeaux, aboutit à une inondation et à une hécatombe ; une histoire d'amour, dont la fin est tragique, se mêle à la trame. Le conflit entre la nature et l'homme y est mis en lumière plus clairement encore que dans *Colline* : les derniers mots du livre sont : « c'est que la montagne a ses volontés ». Giono, on l'a vu, avait lu Ramuz, peut-être grâce à Lucien Jacques, à qui Poulaille avait envoyé des romans de l'écrivain vaudois ; toutefois, il n'en parle pas dans ses lettres avant 1929. Mais l'atmosphère des deux romans est entièrement différente : plus lumineuse bien que grave chez Giono, plus rayonnante, avec un lien beaucoup plus fort entre la terre et les hommes, avec une fraternité plus affirmée entre les êtres. La tonalité de Ramuz est infiniment plus austère ; la poésie, chez lui, est dans l'atmosphère, et ne se manifeste que peu dans le style, volontairement rugueux et d'une apparente maladresse.

Giono est encore timide par certains aspects. Ses personnages sont moins totalement inventés qu'ils ne le seront par la suite. Certains ont des modèles, qu'Élise Giono a connus et peut citer : pour Janet le père Pic, qui habitait dans la vallée de la Durance non loin du vrai hameau des Bastides Blanches, dont Giono a emprunté le nom pour le donner à un tout autre site ; pour Gondran, Pierre Henry, gendre du précédent, ami de la famille Giono ; le médecin est sans doute le Dr Caire[52]. Et l'écrivain a, depuis quelque temps, rencontré beaucoup de paysans : à l'époque où il écrivait son roman, son travail pour la banque a consisté par moments à faire de la « démarche-titres »; c'est-à-dire que lorsqu'il se déplaçait dans les agences de village de la région, à Ginasservis, à La Verdière, une fois par semaine, conduit par un collègue dans une vieille Citroën B14 – car il avait tenté en vain d'apprendre à conduire –, il plaçait des actions auprès des agriculteurs qui étaient clients de la banque, allant souvent même les trouver dans leurs fermes. Était-ce « de 1919 à 1929 », comme il l'a écrit en 1954 dans l'*Essai sur le caractère des personnages* qui fait suite aux *Notes sur l'affaire Dominici*[53]? Ou seulement à l'époque où il écrivait *Colline*, comme il l'a dit en 1958 dans sa réponse à la préface de R. Audibert à une réédition du roman[54]? Peut-être un peu avant, et certainement pas pendant dix ans, mais peu importe. L'essentiel est qu'il a engrangé des observations sur des types, des habitudes de langage, des caractères.

Des thèmes déjà esquissés plus tôt sont développés ici : celui de la source tarie qui se remet à couler a déjà deux fois tenté Giono. Une des « Églogues » de 1923-1924, la vingt et unième, « Le fontainier », évoque un aqueduc obstrué par un fagot de lianes : « Au village, les fontaines sont mortes (...). La fille du soleil, la soif aux dents de sel, s'est couchée sur la campagne (...). De temps en temps, entre ses doigts fiévreux, elle frisotte une flammèche, l'étire, et jette l'incendie aux collines voisines. » Et la flamme rampe vers un vieux chêne noble, comme dans *Colline*. Le motif est inverse dans *Naissance de l'Odyssée*; après le retour d'Ulysse à Ithaque, tout va bien : « La fontaine des trois mulets, tarie depuis cent lunes, se mit une belle fois à couler (...). Les voisins s'éveillèrent avec un nouveau bruit dans l'oreille. » Elle avait le même goût, les mêmes propriétés salutaires. « On crut voir en sa résurrection la main des dieux. » En fait, un vieux pâtre a débouché le canal souterrain[55]. Ce sont les deux stades de *Colline* : l'assèchement et l'incendie, puis le retour de l'eau. Mais l'intervention de la main de l'homme est ici supprimée : si Janet a été pour quelque chose dans le phénomène – et l'incertitude subsiste là-dessus –, il n'a agi que par maléfice et dans le mystère.

A la différence des romans qui suivront, *Colline,* dans son début, a l'allure d'un poème en prose, organisé en versets d'inégale longueur. Ce n'est qu'ensuite que le style plus terre-à-terre du récit romanesque prend le dessus. Souvenir de ses longues années de poète (1911 à 1924)? Influence de Whitman, découvert en 1925? Ce début lyrique colore tout le roman. Dès la première page, tout vit. « la chair de la terre se plie en bourrelets gras »; « le sainfoin fleuri saigne »; les sources « pantèlent ».

J'essaierai de définir plus loin, à propos de tous les premiers romans, la vision que Giono a du monde à l'époque, et qu'il conservera longtemps. Disons seulement ici que *Colline* est un poème, Giono le dira plus tard à J. Amrouche, en s'accusant d'avoir voulu faire un roman sans y parvenir. C'est en tout cas le contraire d'un roman rustique réaliste, malgré ce qu'ont cru certains critiques. La date de l'action n'est pas fixée : dix ans après un tremblement de terre qui a eu lieu en 1909, mais que Giono situe en 1907. L'action se déroulerait donc au milieu de la guerre ? Il n'en est pas question, et personne n'est mobilisé. Non, l'histoire est intemporelle. L'espace est aussi bouleversé que le temps : nous sommes à la fois près de Manosque et près de Lure. Giono rétrécit ici ces espaces du haut pays que plus tard il aura coutume d'élargir. Quant aux paysans, s'ils parlent en gros le français de Provence, ils ont sans cesse à la bouche les images poétiques de Giono lui-même. Pas seulement Janet le sorcier, mais le solide Jaume qui dit : « Les collines, ça se mène comme les chevaux : dur[56]. » C'est le contraire d'une œuvre virgilienne dans la tradition des *Bucoliques* ou des *Géorgiques* : même si elle finit bien, le sang coule, et ce n'est pas seulement le méchant qui le fait couler : Janet tue un crapaud, mais Gondran un lézard et Jaume un sanglier. Surtout, une part du réel est dans l'ailleurs. Déjà Archias comme Ulysse sentaient les choses « derrière l'air brillant », « derrière l'air de glace »[57]. Ici, à la question de Janet : « Tu crois que l'air, c'est vide[58]? » font écho les paroles de Jaume : « Il m'est venu à l'idée que derrière l'air, et dans la terre, une volonté allait à l'encontre de la nôtre et que ces deux volontés étaient butées de front comme deux chèvres qui s'en veulent[59]. » L'existence de ce « derrière l'air » est essentielle pour le délire comme pour la raison, pour le mal comme pour le bien. Ce sera là une des clés de Giono pendant toute une période.

Il y a là quelque chose de religieux. Soulignons-le dès maintenant : dégagé de toute croyance chrétienne, se disant tranquillement athée, Giono n'aura jamais l'esprit laïque, avec ce que le mot comporte de rationalisme. Au-delà de ce que perçoivent les sens et la raison, il a le sentiment de l'existence d'autre chose. Au-delà de l'homme, il y a pour lui des forces qui dépassent l'homme. Si jamais il ne cherche à bâtir sur cette intuition un système philosophique, il l'exprime par des images, par des symboles concrets comme celui des anges, que nous retrouverons souvent jusqu'en 1947. En ce sens, et en ce sens seulement, il a, dans sa création, quelque chose d'un esprit religieux.

Colline, pour lequel Giono gardera toujours une grande tendresse, a un succès extraordinaire ; la critique est à peu près unanime de Brasillach à Chamson, et le public la suit. Le livre fait passer dans les lettres un souffle d'air frais. Giono a trouvé un ton et un monde, et ses livres durant dix ans suivront une ligne qui prend sa source dans cette impulsion. Guéhenno demande à voir, en janvier 1929, le manuscrit d'*Un de Baumugnes*. Grasset accepte ce nouveau roman en février. Le succès est en marche.

Angiolina

Mais déjà Giono pense à autre chose. Il dira plus tard qu'il éprouve toujours un malaise à n'avoir rien en chantier, et cite en exemple les mois qui ont suivi l'achèvement de *Colline*. Ils ne sont pas longs, et sont d'ailleurs coupés par un changement de situation. Le Comptoir d'escompte, ayant fermé son agence de Manosque, a offert à Giono la direction de celle d'Antibes. Giono refuse et se fait engager au Crédit du Sud-Est. Cela lui donne droit à un logement de fonction. Il déménage donc à la fin de 1928 ; il quitte l'appartement de la rue Grande où il vivait depuis trois ans pour un autre situé au 1, boulevard de la Plaine, avec plus d'air et de lumière, mais sans l'attrait des rues étroites et pittoresques de la vieille ville. « J'ai coltiné des caisses de livres jusqu'au troisième étage, j'ai planté des clous dans les murs, je me suis fâché dix fois avec Zizi, quarante fois avec ma mère et dix mille fois avec l'oncle. Puis tout s'est ordonné comme à la fin du septième jour (...). Et maintenant nous chantons les hymnes du paradis terrestre[60]. » Dès le 15 mai, il se met à *Angiolina,* un projet pour lequel il songe aussi aux titres de *Saint Jean Bouche d'or,* de *Toussaint,* de *Djouanin,* et surtout de *La Toison* – il s'agit d'une quête comparable à celle de la Toison d'or. Il a déjà bâti plusieurs scénarios[61].

Angiolina procède un peu de *Sur un galet de la mer,* puisque le début du récit met en scène les mêmes aspects de Manosque, les lieux, comme la porte Sarrasine, le passage du Contrôle, la place Saint-Sauveur, la colline de Toutes Aures, et les gens, habitués de petits cafés, les prostituées avec leurs clients : une page entière décrit Toumasi le cafetier qui « monte » avec la Marie pour quarante sous. C'est, après *Angélique* et avant *Angelo,* la seule œuvre de Giono dont le titre soit un prénom ; les trois prénoms se ressemblent, et les deux derniers sont italiens. Deux des protagonistes ici ont une origine italienne : la petite Angiolina aux yeux verts (treize ou quatorze ans) est fille d'une Génoise, et le beau Djouanin ou Jouanin qu'elle aime (le prénom est celui du séducteur piémontais de « Champs ») s'appelle Giovanni Gambarotta, et c'est un Piémontais de Cuni qui se bagarre souvent avec d'autres Piémontais.

Le thème essentiel est celui de la recherche d'un trésor par Toussaint. Il entraîne dans sa quête plusieurs personnages, Toumasi, père d'Angiolina dite « la Bioque », Djouanin, l'aveugle Polite, vendeur ambulant de liqueur des moines, le vieux cantonnier ivrogne Clovis, Escoffier l'affû teur, Marie la prostituée, Cléristin dit Panturle qui ne peut vivre sans son âne. Toussaint est un petit homme « à figure de renard[62] », qui n'a jamais eu ni barbe, ni moustaches, ni sourcils, mais juste une touffe de poils au haut d'un crâne luisant ; cette espèce de gnome est fou, comme Archias et Janet, et affligé de la danse de Saint-Guy ; homme inquiétant, comme venu d'un autre monde, et auquel même les prostituées comme Marie refusent leurs services. Son obsession, c'est l'or, qui ne l'intéresse pas pour les biens ou les plaisirs qu'il peut procurer, mais auquel il accorde une valeur absolue. L'or sous trois formes : des pièces (on ne sait d'où il les tient, mais il en offre en vain une à Marie) ; de l'or sous forme de filon ou de minerai, qu'il cherche, en alchimiste autodidacte, à faire sortir de pierres longuement bouillies dans une marmite ; elles viennent de la montagne, où il est allé passer seul on ne sait combien de temps, dans les rocs et les glaces, mangeant de la marmotte crue, tripes comprises ; enfin un trésor qu'il prétend caché au fond d'un vivier, au monastère de Ganagobie, qui domine la Durance à 30 kilomètres de Manosque. Mais ce dernier or n'est peut-être qu'un piège : comme un chasseur de rats qui noie ses prises enfermées dans la ratière, il veut noyer au fond du vivier, asséché puis brusquement rempli à nouveau, toute la bande d'êtres bizarres que ses histoires ont fascinés. Mais le récit rédigé se termine avec Toussaint rêvant à la ratière après avoir parlé une demi-heure tout seul à haute voix devant son feu. Le reste, on ne le connaît que par des projets elliptiquement notés, qui représentent trois directions possibles de l'action. Deux de ces scénarios se terminent en catastrophe, ce qu'imposait la nature de Toussaint.

Pourquoi Giono s'interrompt-il dans la rédaction de l'œuvre (cinquante feuillets dactylographiés) ? R. Ricatte a formulé deux conjectures : l'hésitation entre des dénouements différents, la trop grande ressemblance entre deux personnages maléfiques, Janet de *Colline* et Toussaint. J'ajouterais l'absence totale de personnages vraiment attachants, dont l'activité soit ancrée dans la vie normale, dans le rythme des saisons, dans la nature : toutes les figures sont des marginaux ou des épaves. D'autre part le protagoniste, Toussaint, appelait une fin dramatique, alors que le Giono de cette époque est fondamentalement optimiste. Bref, avec cette œuvre qui manque d'une large respiration, Giono s'écartait de la voie ouverte avec *Colline* ; comme dans « Sur un galet de la plage » en 1923, il anticipait de près de vingt ans l'émergence de la veine féroce et lucide qui serait la sienne à partir de 1946. Il évite donc, consciemment ou instinctivement, une telle déviation pour prendre le droit chemin d'*Un de Baumugnes* et de *Regain,* et il abandonnera définitivement en 1930 toute idée d'achever *Angiolina,* se contentant d'y puiser, pour ses romans à venir, des noms et des thèmes.

Un de Baumugnes

Quand, en été 1928, Giono s'engage avec ardeur – « Je me suis jeté dans *Un de Baumugnes* comme dans une traversée de l'Atlantique en avion[63] » – dans le plus simple et le plus linéaire de tous ses romans, c'est par réaction sans doute contre la complication d'*Angiolina*. Mais aussi parce qu'il l'a commencé lors des trois semaines passées du 1er au 20 août à Saint-Julien-en Beauchêne, à un peu plus de 900 mètres, dans la vallée du Buech, non loin du col de la Croix-Haute[64]. C'est là son premier séjour prolongé et libre en montagne : Montmélian et Briançon, en 1915, c'était l'armée ; ni les quelques jours en Savoie chez les cousins Fiorio en 1920, ni le bref passage dans le massif de la Grande Chartreuse en 1923 ne lui avaient fait découvrir les Alpes en toute liberté comme il le fait en 1928, inaugurant ses longues promenades solitaires dans les forêts et les pâturages, qu'il poursuivra jusqu'en 1938. La pureté de l'air des Alpes engendre un roman de la pureté où la montagne, si elle n'est pas le cadre du récit, est présente par l'origine du héros.

Roman simple, le seul parmi tous ceux qui précèdent et qui suivent jusqu'en 1937 à n'avoir rien de « panique » ; le seul aussi, parmi les romans de Giono, dont le résumé pourrait être celui d'un roman pour bibliothèque de gare, et je dis cela à la gloire de Giono, car c'est un tour de force de tirer d'un tel sujet un admirable livre. Angèle est une fille séduite par un voyou, prostituée par lui, enceinte, revenue avec son enfant chez son père, un paysan qui la séquestre pour cacher la honte de la famille ; un brave garçon, Albin, vient la sauver, l'épousera, et ils créeront ensemble une famille heureuse. Tout ici est vivacité, poésie, style souple, nerveux, libre de tout cliché. L'histoire est entièrement racontée par le vieil ouvrier agricole Amédée, un errant qui se loue dans les fermes. Giono ne réutilisera pas cette technique dans un roman avant *Un roi sans divertissement*. Elle est pourtant, dès 1928, éblouissante. Le journalier a une langue aussi truffée d'images que celle de son créateur, mais cela passe tout naturellement, tant Giono a l'art de donner à ses alliances de mots et à ses néologismes (« le vent collinier ») des allures de provençalismes rustiques.

En outre, dans ce récit d'Amédée viennent s'enchâsser à plusieurs reprises des récits d'Albin, pendant trois, sept ou dix pages, mais le lecteur accepte cette convention sans s'étonner : là encore, cela semble aller de soi. Giono n'était pourtant pas sûr de lui, et il soumit son manuscrit à ses amis Maxime Girieud et Lucien Jacques. Nous n'avons pas les remarques du premier, mais celles du second ont été conservées :

Giono en a tenu compte neuf fois sur dix. Lucien, souvent, mettait Jean en garde : attention, ici ce n'est pas Amédée qu'on entend, c'est toi[65].

L'ouverture du roman semble avoir les mêmes racines qu'*Angiolina* · elle se déroule aussi dans un café de Manosque. Mais au lieu d'un grouillement d'humanité douteuse, se détachent des personnages clairs et humains : Amédée le narrateur, et Albin le montagnard dont le nom signifie « blancheur ». Tout le récit est situé dans la vallée de la basse Durance, ce qui est rare chez Giono : pas de haute Provence ici, mais les alentours immédiats de la ville natale. Au lieu du milieu homogène de *Colline* avec ses paysans groupés dans leur hameau, deux hommes venus d'ailleurs : Louis l'horrible souteneur venu de Marseille, la grande ville dont il incarne la pourriture, et le jeune montagnard, grand, moustachu, solide et même assez gros, le mot revient plusieurs fois ; le lecteur qui a vu l'*Angèle* que Pagnol a tirée du roman doit faire un effort pour écarter l'image de l'Albin svelte du film, incarné par Jean Servais : celui du roman annonce un peu ce que sera le Panturle de *Regain*.

Un de Baumugnes apporte des éléments qui sont nouveaux chez Giono : un regard d'intimité porté sur les personnages, qui en général n'ont pas d'état civil complet : en dehors de quelques comparses, Esménard, Clairette Séguirand, un seul nom de famille, celui du fermier Barbaroux, le père d'Angèle. Mais Louis, Albin, Amédée, Saturnin le valet de ferme, n'ont que des prénoms. Ne pas fixer les choses avec précision, laisser de l'air autour des personnages, cela se retrouvera désormais très fréquemment chez Giono. Prénoms ou surnoms sans patronymes, ou l'inverse. De cet état civil incomplet l'humanité gionienne tire une sorte de fluidité. Par là Giono est un anti-Balzac.

C'est aussi le roman de l'amitié – dédié d'ailleurs « A l'amitié de Lucien Jacques et de Maxime Girieud » : le couple du protecteur et du protégé, esquissé seulement dans *Angélique,* prend ici sa forme, avec un vieux et un jeune. Image du père et du fils ? Amédée est barbu et incroyant comme Jean Antoine Giono.

C'est, contrairement à *Colline,* le roman de la musique : de la musique des premières œuvres de Giono, encore très proche du souffle humain, du sifflement ; l'harmonica d'Albin (son nom est déformé en celui de « la monica »), grâce auquel il se fait reconnaître d'Angèle, est une forme populaire moderne de la flûte si fréquente dans les poèmes en prose de Giono. La musique, à cette époque, est d'abord pour lui un souffle, comme la vie. La seule façon personnelle qu'il ait d'en produire, lui qui ne chante pas, est de siffler. La flûte et l'harmonica, qui figurent dans l'œuvre, donnent naissance à des sons grâce au souffle humain ; l'accordéon du soldat russe dans « Ivan Ivanovitch Kossiakoff », et la viole (orgue limonaire) de « La daimone au side-car » en sont les substituts. Seul, à cette époque de la création gionienne, l'aède de *Naissance de l'Odyssée* a une guitare – transposition de la lyre grecque –, parce qu'il doit s'accompagner en chantant ou en déclamant. Et le piano d'Élise Giono n'a place dans aucun des écrits de Jean : il demeure du domaine de la vie privée.

La musique, pour Albin, remplace largement le langage : il descend de ces hommes à la langue coupée, inventés par Giono, qui ne pouvaient s'exprimer que par leur instrument (au diable l'anachronisme qui fait remonter l'harmonica au temps des guerres de religion...) ; il parle peu à Angèle ; c'est par la musique qu'il a éveillé son intérêt, qu'il se fait reconnaître, et qu'il apprivoise ses parents : par elle il est, la mère d'Angèle le dit, un sorcier[66].

Un de Baumugnes est surtout ce que n'avaient été ni *Naissance de l'Odyssée* ni *Colline*, ce qu'aurait moins encore été *Angiolina* : un roman du bonheur (le mot se trouve quatre fois dans les trois dernières pages). C'est le seul roman de Giono dont le dénouement soit la formule rituelle des contes de fées : « ils se marièrent, furent très heureux et eurent beaucoup d'enfants » – enfin, au moins deux.

C'est enfin un roman du sauvetage – notion essentielle pendant plusieurs années dans l'œuvre romanesque de Giono. Dans *Colline* les Bastides Blanches étaient sauvées de la sécheresse et du feu ; mais par le hasard, ou par la mort fortuite de Janet ; le sauvetage que projetaient Jaume et ses amis, et qui constituait un crime, n'est finalement pas réalisé. Ici, Albin accomplit lui-même, directement, avec l'aide d'Amédée, le sauvetage d'Angèle. Et tous les romans qui suivront jusqu'à *Batailles dans la montagne* seront plus ou moins directement ceux d'un sauvetage, au moins entrepris, parfois accompli.

Regain

C'est en décembre 1928 qu'est achevé *Un de Baumugnes*. Bernard Grasset, qui, tout en publiant *Colline,* avait eu quelques réticences, se proclame cette fois conquis, et fait paraître le nouveau roman dans sa collection personnelle, « Pour mon plaisir ». Dès ce même mois, Giono pense à un troisième roman provençal, dont le titre est alors *Le Vent sur la pastorale* ou *Pastorale du mas*; il deviendra *Vent de printemps* en mai 1929, *Regains* en août, et *Regain* en octobre[67]. Il se situera dans une Provence plus haute et plus âpre que les deux précédents : à Redortiers, que Giono appellera Aubignane, télescopant les deux noms locaux d'Aubignosc et de Simiane[68]. Redortiers est un village déserté, dont en 1928 ne subsistent que quelques ruines. Le dernier habitant était mort dix ans plus tôt. Si, contrairement à ce qu'il a raconté, Giono ne l'a peut-être pas vu avant la guerre de 14, en revanche il est probable qu'il l'a visité aussitôt après : Élise y avait été institutrice durant quelques mois pendant la guerre. Que Giono, se trouvant à Banon pour sa banque vers 1920, se soit intéressé à ce lieu où sa femme, isolée, avait eu si peur, et qu'il l'ait, comme il l'a raconté à R. Ricatte, accompagné le garde champêtre qui allait fermer la mairie devenue inutile, c'est très plausible. L'image du lieu allait être tenace chez lui. Dans *Colline* est déjà évoqué « le cadavre poussiéreux d'un village. Un village sans habitants. Il y en a comme ça cinq, sous Lure (...). Les maisons sont à moitié écroulées. Dans les rues pleines d'orties le vent ronfle, chante, beugle, hurle en musique par les trous des fenêtres sans volets et les portes béantes[69] ». Giono reparlera d'Aubignane dans *Triomphe de la vie* en 1941, et de Redortiers dans une chronique du *Dauphiné libéré*, « Kara-Korum », parue le 1er décembre 1968, où il dit avoir retrouvé des débris des archives de Redortiers du début du XIXe siècle ; ce détail laisse rêveur quand on lit que le village avait neuf notaires chargés de peser la laine des moutons et de mesurer le drap.

Pays âpre, à plus de 1 000 mètres. Trois habitants y vivent encore au début du roman. L'un, le vieux forgeron Gaubert, le quitte pour aller vivre chez son fils. Reste la vieille « zia Mamèche », qui a perdu son mari, enseveli dans l'écroulement des parois d'un puits, et son petit garçon qui en jouant a mangé de la ciguë; elle est un peu issue d'*Angiolina* où deux des personnages sont piémontais ; elle est la première, dans les œuvres que Giono a publiées de son vivant, à venir du Piémont. C'est une sorte de sorcière, dont Giono a peut-être créé la silhouette noire d'après une vieille femme « noire comme une cigale », qu'on aurait dite « sortie d'un *Macbeth* », aperçue dans les collines en 1925[70]. Sorcière comme Janet et comme Toussaint d'*Angiolina,* mais pour le bien. Reste surtout, à Aubignane, Panturle, « cet homme énorme » semblable à « un morceau de bois qui marche »; il a quarante ans environ, vit du produit de sa chasse ou plutôt de son braconnage (mais le mot n'est pas prononcé : Giono n'a aucun goût à se mettre du côté de la loi). Rugueux, sauvage, primitif, il est un peu bestial avec son allure de sanglier[71]. Il lui faudrait une femme, et Mamèche promet de lui en trouver une, puis elle disparaît, le laissant seul. Elle va pousser vers lui le couple formé par le vieux rémouleur Gédémus (venu d'« Élémir Bourges à Pierrevert[72] ») et par la jeune Arsule, au joli visage fin, qui le suit dans ses tournées et vit avec lui depuis deux ou cinq ans. Panturle l'aperçoit, part à la chasse à la femme, mais, embusqué dans un pin, fait une terrible chute comparable à celle qui cause la mort d'Antinoüs dans *Naissance de l'Odyssée,* et la termine évanoui dans le bassin d'un ruisseau. Sauvé par Arsule, il fera sur les lieux mêmes l'amour avec elle en pleine nature, et l'amènera chez lui. Elle devient sa compagne. Giono, durant cette période où il découvre son univers romanesque, rebrasse et redistribue les mêmes éléments.

Ici c'est le schéma d'*Un de Baumugnes* qui reparaît : Panturle, qui tient physiquement d'Albin par sa corpulence et son pas de montagnard[73], sauve à son tour Arsule qui est dans la vie prisonnière de Gédémus, comme Albin a sauvé Angèle séquestrée par son père ; il ne s'inquiète pas plus qu'Albin du passé de fille «déchue» de celle qu'il prend pour femme. Leur amour a d'abord quelque chose d'animal; mais dans *Un de Baumugnes,* Amédée disait d'Albin et d'Angèle qu'ils «s'aimaient comme des gens libres. Vous me direz: "Comme des bêtes"; et puis après? J'y ai bien réfléchi, à ça: Baumugnes, c'était un endroit où on avait refoulé des hommes hors de la société. On les avait chassés; ils étaient redevenus sauvages avec la pureté et la simplicité des bêtes[74]». Arsule aménage, humanise et féminise la maison. Panturle se civilise, laboure, produit du blé, fait revivre Aubignane où viennent s'installer de nouveaux habitants. A la fin du roman, Arsule est enceinte, et le livre finit non dans le bonheur comme *Un de Baumugnes,* mais dans la joie – d'abord celle d'Arsule, puis celle de Panturle.

En dépit de ces retours de personnages et de thèmes, l'atmosphère de *Regain* diffère largement de celle des romans précédents. Si la route de Manosque à Banon, et Banon lui-même, restent dans le monde organisé, avec ses diligences (transportant le percepteur), ses foires, ses cafés, ses négociants, Aubignane, en revanche, est un univers non seulement clos sur lui-même (la ferme des Barbaroux l'était déjà), mais menacé de disparition, en tant que centre de vie humaine, par l'exode de ses habitants, et déjà retourné au primitivisme d'une civilisation de chasseurs: Panturle ne se sert pas de fusil, mais de collets et de pièges de métal, et il se délecte à plonger ses mains dans les entrailles d'un renard fraîchement tué. Il retourne initialement à la férocité de la nature brute, avant de revenir à la culture, à la famille, au bon voisinage, et de composer alors avec cette nature. Mais il est allé plus loin que les personnages de *Colline* et d'*Un de Baumugnes* dans la solitude, et son contact avec l'univers qui l'entoure a été plus étroit et plus effrayant.

Dans *Regain* se dessine aussi la première figure de ce qui sera plus tard, à partir de *Que ma joie demeure,* un des axes des écrits de Giono: l'idée que ce qui est souhaitable pour l'homme est de revenir à la vie simple de l'économie quasi autarcique du troc en milieu rural. Panturle se sert le moins possible d'argent, et seulement quand il y est contraint: il préfère échanger directement avec ses voisins.

Présentation de Pan. Prélude de Pan.
Le style des premiers romans

C'est au cours de la rédaction de *Regain,* et non avant, semble-t-il, que Giono a eu l'idée de relier ce roman aux deux précédents, et de faire du tout une trilogie qu'il intitulera *Pan.* Ici éclate pour la première fois ce qui sera une de ses grandes ambitions: celle d'une architecture d'ensemble qui unirait toute une série de romans. Il ne la réalisera jamais pleinement : il est trop l'homme des élans jaillissants, de la fluidité, de la diversité, pour s'astreindre à garder au long de plusieurs œuvres une unité de ton. Les cinq textes qu'il a groupés autour du nom de Pan – la trilogie, « Prélude de Pan », « Présentation de Pan » – n'ont jamais été réunis dans une édition : ils formeraient un ensemble assez disparate.

« Prélude de Pan » a été écrit à Saint-Julien-en-Beauchêne, en deux jours, les 30 et 31 août 1929, alors que *Regain* n'était pas terminé. Il n'est même pas absolument sûr que Giono, en le rédigeant, ait déjà pensé à le relier à ses romans : il a pu rajouter le titre par la suite. L'histoire : lors d'une fête de village surgit un homme mystérieux, non nommé, non identifié (il s'agit de Pan d'après le titre, mais il a aussi des traits du diable) ; un des montagnards ayant maltraité une colombe, l'homme prend la bête sous sa protection ; menacé, il déclenche sa vengeance : faisant jouer de l'accordéon, il déchaîne sous l'orage une danse à laquelle personne ne peut résister, elle est suivie d'une orgie où tous les humains s'accouplent avec les animaux domestiques et sauvages. Il faudra noyer leurs produits monstrueux. Et l'homme repart vers la Provence, laquelle, les dernières lignes le suggèrent, est menacée à son tour. L'action, pour la première fois chez Giono, se situe dans cette montagne où il passe pour la seconde fois ses vacances. Déjà sur ce point, « Prélude de Pan » diffère radicalement des trois romans provençaux de la trilogie. Il n'y est même relié que par le départ final de l'homme pour la Provence, départ qui a été rajouté après coup. D'autre part, la malédiction dont l'homme est porteur, et le déchaînement de forces naturelles ou surnaturelles, peuvent être ressentis dans *Colline* et dans *Regain,* mais certes pas dans *Un de Baumugnes*. Le texte est très beau en lui-même, étrange, déchaîné, plus bestial que tout ce qui précède, mais il ne peut finalement servir de « prélude » satisfaisant à la trilogie provençale.

Aussi, après avoir envoyé le texte à Henri Pourrat avec qui il a engagé une correspondance[75], Giono songe-t-il, pour présenter sa trilogie, à un autre texte qu'il rédige en décembre 1929 ou en janvier 1930, et qui est publié dans *La Revue de Paris* du 15 février suivant, avant de paraître en juin sous forme de plaquette dans la collection des « Amis des Cahiers verts », chez Grasset : *Présentation de Pan*. Texte très vagabond, non par goût du décousu mais par amour d'une certaine liberté improvisatrice dont Giono s'est jusque-là gardé dans ses écrits. Deux parties. L'une contient les premières pages publiées où il mette en scène sa propre enfance, avec son séjour à Corbières chez les Massot, puis son adolescence de lecteur passionné, sa découverte de Lure, la montagne que des collines dissimulent aux yeux des Manosquins ; on y voit ensuite la supériorité de la nature sur la ville crasseuse et cancanière, le triage des olives et les improvisations paysannes sur la Passion qui l'accompagnent (invention de Giono), le gendarme de la bouche duquel est sorti un serpent, l'histoire de l'acrobate qui persuade une petite fille de monter à bicyclette ; tout cela forme le premier volet. Dans le second, Giono revient aux personnages des trois romans de sa trilogie, en insistant d'abord sur le Janet de *Colline,* dont il précise qu'il l'a créé à partir d'un modèle réel. Mais le Janet de *Colline,* personnage malfaisant, égoïste, ricanant, n'est pas celui de *Présentation de Pan,* que Giono appelle « mon vieux Janet » avec quelque tendresse, et de la bouche duquel semble chercher à sortir le nom de Pan. Non que le modèle ait été modifié dans le roman et ait retrouvé sa vérité dans l'essai. Mais les personnages de Giono sont doués de malléabilité, d'une grande capacité de métamorphose. D'une œuvre à l'autre, ils changent dans l'esprit du romancier, qui, en état d'incessante création, ne se sent jamais tenu par la logique ou le poids de ce qu'il a écrit ailleurs. Quant aux deux autres romans de la trilogie, ils ne sont évoqués que plus brièvement, *Un de Baumugnes* en deux pages, *Regain* en quatre lignes. L'essentiel est dans l'affirmation de l'aspect panique de la terre, et du double visage de Pan, terrifiant et fraternel, comme le mal et le bien, la nuit et le jour soudés ensemble et recommençant « éternellement, comme un serpent qui se mord la queue » : c'est la dernière phrase du texte.

Premier essai publié de Giono, *Présentation de Pan* s'oppose aux romans de la trilogie, et permet de dégager chez le Giono d'avant-guerre l'existence de deux univers distincts : celui des romans, et celui de tous les autres écrits (nouvelles, textes autobiographiques, essais, plus tard théâtre). Le premier est un monde fermé : il n'est guère peuplé que de paysans – cultivateurs, bergers, artisans ruraux – à l'exclusion des bourgeois et des nobles. Il n'est que très peu organisé, et les autorités en sont à peu près absentes : les communes ne sont guère mentionnées, et on n'y voit jamais de maires. Pas de curés non plus[76]. C'est un monde qui s'est pour l'essentiel arrêté à la jeunesse de Giono. Il ne contient à peu près pas de machines : ni automobiles ni camions ni motocyclettes, de rares trains comme pour le départ d'Albin et d'Angèle à la fin d'*Un de Baumugnes.* Le récit n'est presque jamais situé à une période précise de l'histoire, et nie même implicitement, ou du moins occulte, comme dans *Colline* et *Regain,* des événements capitaux comme la guerre de 14. Enfin Giono en tant qu'homme n'y intervient pas comme narrateur. Le récit est soit « neutre », soit parfois fait par un des personnages. Et lorsqu'il s'agit d'un narrateur neutre, jamais il ne fait référence à un élément littéraire ou artistique.

En revanche l'univers des récits brefs et des essais est souvent autobiographique ; le narrateur qui dit « je » est souvent – ou au moins pourrait être – Giono lui-même : exemples, dans les œuvres rencontrées jusqu'ici, « Ivan Ivanovitch Kossiakoff », « La Daimone au side-car »,

« Champs », *Présentation de Pan*. Et les livres ou les œuvres d'art y sont souvent mentionnés : Shakespeare, Spinoza, et aussi Mme de Ségur dans « Kossiakoff »; des morceaux de musique divers dans « La Daimone »; Whitman et Benozzo Gozzoli dans *Présentation de Pan*. Ce sont des textes où l'on trouvera des nobles (M. Da Favola dans « La Daimone »), des bourgeois (les fonctionnaires de *Présentation de Pan*), des autorités civiles comme le préfet, morales comme le curé, dans le même texte[77]. On y voit des véhicules à moteur, comme la Harley-Davidson de « La Daimone », et des autobus dans *Présentation de Pan*. Nous sommes dans l'époque moderne, et le mal inhérent à la nature se double de celui que produit la pourriture de la civilisation.

Mais s'il y a ainsi chez Giono deux types de récit et surtout de société, la perception du monde reste la même. L'homme et l'univers y sont en symbiose, et le jaillissement des images l'atteste surabondamment. L'essentiel de cette poésie réside dans l'équilibre, souvent instable, entre les hommes et la terre, dans l'existence double, entre eux, d'une complicité et d'une hostilité.

En outre, par le même mouvement sans doute que celui qui le pousse constamment à inventer ou à mentir, Giono, dès que se présente à lui une réalité quelconque, fait surgir pour en rendre compte une autre réalité empruntée à un registre différent. De la sorte, tout chez lui se dédouble et s'amplifie.

Un être humain sera un animal : dès les premières pages de *Naissance de l'Odyssée,* Archias beugle comme un veau marin et rit comme une pintade, Ménélas est gras comme un thon; dans *Regain,* la « zia » Mamèche est « une vieille cavale toute noire » et Astruc court comme un rat[78]. Le procédé est courant chez bien des écrivains. Il l'est déjà moins quand les humains deviennent des végétaux : Ulysse est comme un amandier fleuri, Janet comme un tronc de laurier; le soureneur d'*Un de Baumugnes* est « creux comme un mauvais radis », Panturle est « un morceau de bois qui marche »[79]. Moins encore quand un homme tourne au minéral, comme Janet encore : « bleu de granit (…), narines translucides comme le rebord du silex. Un œil ouvert luit d'une lueur de pierre; un de ces éclats de roche qui sont cachés dans la graisse de la terre[80] ». Inversement, les arbres sont des hommes : un chêne est « trapu comme un charbonnier », un arbre a « une vieille peau »[81]. Même les objets inanimés sont constamment doués de vie. La vie corporelle de la terre était apparue dès *Angélique* : pour Farinata, le monde « est une grosse bête suave sur laquelle nous vivons à la façon des poux. Voilà ses poils et sa laine crépue, et sa sueur qui les mouille, et l'odeur de sa peau qui flotte[82] ». Ou voici, en 1921, le début de « Mes collines » : « Les pieds dans le limon de la Durance et la tête dans le ciel bleu, mes collines rondes, couchées parmi les oliviers, gardent la dernière sagesse[83]. » Ou, en 1922, dans « Deux images pour illustrer Oïmatsu » : « Le promontoire pose, au ras de la moire de l'eau plissée, son mufle de dragon camus (…)[84]. » Dans *Naissance de l'Odyssée,* « le corps de la terre avait été charrué par les griffes de la pluie ; de longues blessures béaient », ou « le beau corps de la terre nu et luisant »[85]. Dans « Champs » : « Autour, s'ébouriffait le poil fauve de la garrigue et la forte odeur de cette terre hostile, qui vit seule, libre, comme une bête aux dents cruelles[86]. » Les notations sont constantes, mais éparses. Dans *Colline,* on les trouve dix fois. C'est Lure, « son grand corps de montagne insensible » (le mot « corps » reviendra quatre fois à propos de Lure) ; ce sont « le flanc gras de la colline », « le ventre des collines ». Jaume, un des paysans, dit : « Ces collines, il ne faut pas s'y fier (…). C'est fait d'une chair et d'un sang que nous ne connaissons pas, mais ça vit. » Lure garde l'eau « dans les ténèbres de sa chair poreuse ». Encore Jaume : « Vivante et terible, il sent, sous ses pieds, bouger la colline. » Et, pendant l'incendie : « Le monstre terre se lève[87]. » Au début du livre, c'est le mystère de la terre ; à la fin, la panique qu'elle suscite.

Les maisons, elles aussi, sont douées de vie, comme la ferme abandonnée d'Ulysse : « sous les rosiers, une porte béait, comme une bouche dans la barbe d'un mort » ; « une vigne vierge embroussaille celle de Jaume et imite dessus la porte la longue moustache de Gaulois de son propriétaire » ; « la chair de la maison (…) tressaille » ; elle a « les yeux ouverts, de grands yeux clairs » ; de même dans *Angiolina* une église « hausse un pauvre vieux visage tout déchiré de coups et de cicatrices » ; et dans *Un de Baumugnes* la ferme de la Douloire a « un corps de pauvresse »[88].

C'est surtout dans la nature que Giono donne libre cours à son ivresse. Tout ce qui bouge prend évidemment vie pour lui : le feu est une bête « avec des bonds de chien enchaîné », ou il souffle en usant « ses griffes rouges »[89] ; le vent est tantôt un homme qui s'en va, « un brin de sauge aux dents », tantôt, le plus souvent, un animal qui « bat de la queue contre le ciel dur » ou qui « galope à bride abattue à travers tout le plateau », parfois enfin un objet mouvant : « la grande varlope du vent »[90] ; la pluie est faite de cheveux, ou de lanières, ou est « une danseuse aux mille pieds[91] ; les nuages halètent ou épient les hommes ; ou ils sont une escadre qui a largué ses amarres[92]. L'orage, qui se manifeste, souvent à plusieurs reprises, dans tous les premiers romans de Giono, achevés ou non (*Angélique, Naissance de l'Odyssée, Colline, Angiolina, Un de Baumugnes, Regain*) prend de multiples formes : il a des « pieds de plomb » et « une bouche phosphorescente », « des gestes d'homme » ; mais il est aussi fait de « noires cavales » ou est « un taureau fouetté d'herbes » qui a « sauté les collines, et s'est mis en marche dans le ciel »[93]. Dès 1901, dans une lettre à Lucien Jacques, Giono évoquait ses « draperies ténébreuses se levant soudain dans le ciel bleu et pleines de fleurs d'éclairs[94] ». Il a toujours aimé les orages, alors qu'Élise en était terrorisée.

Mais le plus typique de son imagination réside dans sa capacité à conférer le mouvement à l'immobile, à la terre : elle devient la mer non pas seulement lorsque sa végétation frémit sous le vent – houle des herbes ou des genévriers – mais par le paysage même : il peut devenir « ce grand cratère poilu dans lequel bout la horde échevelée des collines à perte de vue »[95]. C'est parfois un être humain, « le beau corps de la terre nu et luisant » ; ou un animal : « l'ondulation des collines déroule lentement sur l'horizon ses anneaux de serpent » ; le monstre terre se lève » ; et l'on ne sait trop quelle forme a pris sa vie : « Vivante et terrible, il sent, sous ses pieds, bouger la colline. » Ou, lors d'un labour : « La terre s'est reprise ; elle s'est débattue, elle a comme essayé de mordre, de se défendre[96]. »

Chez Giono les règnes se juxtaposent de si près qu'on ressent comme un brassage. On voit vivre « l'homme mêlé aux bêtes et aux arbres[97] ». Mais aussi l'univers se concentre et se fait plus dense. Parfois un processus lent s'accélère de façon foudroyante : « D'un seul bond, le soleil dépasse le sol et l'horizon » ; ou il « tombe derrière les collines »[98]. Plus souvent, il se crée un foisonnement extraordinaire : dans un paysage, une multitude d'animaux sont visibles en même temps, comme dans ce que j'appellerai un « Breughel animalier » – bien qu'il y ait plus d'animaux divers groupés dans certains tableaux de Piero di Cosimo ; mais le regard de Giono est celui de Breughel, avec ses scènes séparées, aperçues à des moments différents, et dont le peintre opère la synthèse, les juxtaposant en un ensemble d'une intense unité. Ainsi l'évocation, au début de *Colline*, de la terre et du vent : « La terre aussi de la sauvagine[99] : la couleuvre émerge de la touffe d'aspic, l'esquirol, à l'abri de sa queue en panache, court, un gland dans la main ; la belette darde son museau dans le vent ; une goutte de sang brille au bout de sa moustache ; le renard lit dans l'herbe l'itinéraire des perdrix. La laie glande sous les genévriers ; les sangliots, la bouche pleine de lait, pointent l'oreille vers les grands arbres qui gesticulent[100] » Dans « Prélude de Pan », en trois quarts de page, seize espèces d'animaux envahissent un village. Giono procédera ainsi, beaucoup plus largement encore, dans plusieurs passages du *Chant du monde* et de *Que ma joie demeure*[101].

Le mouvement constant de cet univers lui confère une sorte de fluidité, dont Giono ne prendra conscience, ou du moins qu'il ne théorisera, que plus tard, mais qui dès ses premières œuvres est présent sous forme d'intuition. Deux images clés le symbolisent mieux que les autres. L'une, constamment présente dès *Angélique,* est le serpent, tantôt réel (et il s'agit presque toujours de couleuvres, soit nommées soit reconnaissables à leur taille ou à la souplesse de leur mouvement, presque jamais de vipères), tantôt imaginaire comme ceux que Janet dans *Colline* croit tirer de ses doigts, ou légendaire comme celui qu'un curé extrait de la bouche d'un gendarme dans *Présentation de Pan*, tantôt représenté comme ornement sculpté, tantôt utilisé pour évoquer des muscles, des branches, des fleuves, des routes, des ruisseaux, des collines, ou une canalisation, ou un sourire, ou un désir, ou le vent. Dans cette période, le serpent n'est jamais phallique (il lui arrivera, rarement, de l'être plus tard) ; n'appliquons pas mécaniquement la grille freudienne. Le serpent est l'ondulation et la souplesse, qui sont dans la nature du monde. Et s'il n'est pas encore question pour Giono de dire comme plus tard son amour des serpents, il s'agit moins encore d'éprouver répulsion ou crainte devant eux. La seconde image clé est celle des ailes, parfois réelles, parfois légendaires – ailes d'Hermès, de Pégase, des anges –, le plus souvent imaginaires : ailes du vent, du soir, du malheur, de l'effroi, de la mort, de la musique intérieure. L'aile est le symbole, dans sa courbe aérienne et souple, de tout ce qui élève en emportant ailleurs.

Tout cela est poésie et non réalisme. Aucune idéologie ne s'y exprime non plus. Les paysans ne songent pas à se révolter contre le système social dont ils font partie, ou à organiser autrement la société. Certes l'horreur de l'argent, celle des villes, perce çà et là ; les structures administratives et religieuses sont à peu près occultées ; mais il s'agit de dégoûts personnels et non de principes. Hors de l'histoire, les romans et les récits de Giono sont aussi, pour l'instant, à l'écart de toute politique.

Le tournant de 1929

L'année 1929 marque un tournant essentiel dans l'existence de Giono. Jusque-là, dans le monde des lettres, il n'était rien. Aucune de ses relations n'avait de pouvoir ou de notoriété. Il écrivait, certes, mais dans l'ombre. Il n'avait fait paraître que quelques textes en revue, une plaquette. Il n'avait pu faire accepter par un éditeur *Naissance de l'Odyssée*. Certes des extraits de *Colline* avaient paru dans *Commerce* ; mais une revue de luxe, soutenue par le mécénat, n'a que peu de diffusion. Sa vie était une vie paisible en famille. Il recevait peu de lettres. Il n'allait pas à Paris. Mais tout change en février, avec la publication de *Colline* et le voyage à Paris évoqué plus haut ; ce sera le premier des trois temps forts qui rythmeront cette année, avec l'attribution à la fin de mai du prix Brentano (décerné par un éditeur américain et qui n'est en fait qu'une avance déguisée de droits d'auteur sur la traduction à venir de *Colline*), et la publication d'*Un de Baumugnes* au milieu d'octobre.

A partir de la semaine passée à Paris en février, la vie devient différente. Giono reçoit en moyenne entre vingt et trente lettres par mois. Ces trois cents lettres pour l'année, heureusement conservées (il gardait tout), permettent de mesurer le bouleversement que représente le succès dans sa vie quotidienne. Beaucoup de gens – surtout des femmes – lui envoient un livre pour qu'il y inscrive une dédicace ; certaines, comme Jeanne Fernandez, la femme du critique Ramon Fernandez, le relancent si elles n'ont pas reçu le volume dédicacé par retour de courrier. D'autres lui demandent de leur envoyer le livre, ce qui est normal de la part de critiques qui souhaitent faire un compte rendu, ou de la bibliothèque municipale de Digne. Plus curieuse est la lettre du curé de Chateaurenard dans les Bouches-du-Rhône qui a entendu parler de *Colline* et qui lui envoie un acrostiche sur le nom de Jean Giono, « dans l'espoir d'obtenir de [son] obligeance l'envoi gracieux de ce livre préfacé ou plutôt dédicacé ». Giono s'exécute. Avec une dédicace gentiment ironique ? La carte de réponse, quinze jours après, est plus que sèche : « Reçu *Colline*. Sincères remerciements. Trouche, curé. »

Il arrive aussi qu'on sollicite Giono de venir parler en public. Le 7 juin, le vice-président de la Société scientifique et littéraire des Basses-Alpes lui demande une conférence, à partir d'octobre, « sur un des sujets qui vous sont familiers, nos paysages bas-alpins », avec lecture d'extraits de *Colline*. Il accepte, une lettre du 12 juin l'atteste. Je serais étonné que la séance ait eu lieu. Il avait horreur de dire non et en était conscient, on le verra. Mais il avait également horreur de parler en public. A ma connaissance, il n'a fait de vraies conférences que deux fois, l'une à Berlin en février 1931, la deuxième à Digne en mars de la même année ; et, en 1935, il a fait deux causeries dans le Var, à Brignoles ; mais il s'agissait là de s'adresser familièrement aux enfants d'une école. D'habitude, après avoir accepté, il se dérobait, le moment venu, sous quelque prétexte. C'est ce qui a dû se produire en 1929 pour la conférence à Digne. De même si une revue lui demandait un texte, ce qui allait se produire de plus en plus souvent, il acceptait fréquemment, et ne tenait que rarement sa promesse – sauf avec des amis, et encore.

Revenons aux lettres reçues par lui en 1929. On lui demande des renseignements : sa date de naissance, pour une bibliographie italienne de la littérature française (le 6 mars, un mois après la sortie de *Colline*) ; on voudrait un échantillon de sa signature, pour reproduction dans une revue. Après l'attribution du prix Brentano, la documentation du *Matin* souhaite recevoir une photographie ; déjà en février, un studio a offert de lui exécuter son portrait, en l'appelant « Cher Maître », ce qui a dû le faire rire. En décembre, un critique qui veut faire un « portrait » littéraire de lui dans *Chantecler* lui demande son aide : « 1° Renseignements biographiques. 2° Qu'un de vos amis ou votre femme me fasse en quelques mots votre *portrait* physique avec 1 ou 2 détails typiques si possible. Aussi, votre portrait *moral*. 3° Vos goûts littéraires, de jeunesse d'abord, et de maintenant. Vos *tendances*, vos préférences. 4° Vos projets. »

Le plus grand nombre de requêtes vient de revues ou de journaux qui cherchent à obtenir des textes à publier. Il s'agit souvent de périodiques régionaux. A *L'Avenir universitaire,* journal d'étudiants de Marseille, Giono enverra des poèmes en prose : il n'aime pas décevoir les jeunes.

L'Éclair, quotidien de Montpellier, et *La Vie montpelliéraine* ne semblent pas avoir eu autant de chance. Ni *Méridien* : son fondateur, René Char, écrit le 27 mai pour solliciter un texte ; mais Giono décline. Ce ne sont pas seulement les périodiques du Midi qui le sollicitent. Il y a des petites revues : *Les Primaires,* qui s'adresse surtout à des instituteurs et professeurs ; *La Courte Paille* qui republiera « Les deux miracles », un conte bref déjà paru vers 1925 ; *Le Mail* qui lui demande pour un numéro spécial un article sur Alain-Fournier ; *Tambour* qui est prêt à reprendre des poèmes d'*Accompagnés de la flûte,* et qui souhaite pour un numéro spécial un article sur Anatole France ; une revue de Bruxelles, *Variétés,* à qui Giono enverra « Byblis », sans doute « Les larmes de Byblis » reprises plus tard dans *L'Eau vive.* Certaines revues ne sont que des attrape-nigauds, comme *Les Artistes d'aujourd'hui,* qui propose sur *Colline* un article d'une rare indigence, offre de publier, à la charge de Giono, un portrait (« 75 francs pour un cliché demi-colonne et 350 francs pour une page complète avec grands portraits et extraits de l'ouvrage ») et demande combien de numéros à 4,75 francs il faut lui réserver. Ce qui déclenche l'ironie agacée de Giono, au moins sur un brouillon au dos de la lettre : « Merci. Je n'ai besoin ni d'article, ni de portrait, ni de numéros. Je ne me prends pas assez au sérieux pour consacrer à de telles balivernes un argent beaucoup plus nécessaire à l'achat de cette vieille eau-de-vie de marc qui est ma nourrriture familière et habituelle. Vous m'avez demandé un livre. Vous l'avez. Vous m'avez demandé mon portrait. Vous l'avez aussi, et vous m'avez adressé celui de votre directrice. Ça va bien comme ça. Merci. Cordiales salutations. Jean Giono. »

D'autres propositions sont plus importantes : elles viennent de périodiques d'une valeur reconnue et d'une diffusion assez large. Surtout des revues : *Bifur* de Ribemont-Dessaignes, qui obtiendra deux textes de Giono, « Le noyau d'abricot », datant d'avril 1924, et « Poème de l'olive » ; *Europe,* qui par la plume de Jean Guéhenno insiste pour avoir des contributions, et qui publiera le 15 octobre 1929 huit courts extraits de *Regain,* ainsi qu'en 1931 *Le Grand Troupeau* ; *La Revue de Paris* où Giono fera paraître *Regain* du 1er octobre au 15 novembre 1930, et *Le Chant du monde* en 1934 ; la NRF qui donne *Un de Baumugnes* d'août à novembre 1929, en attendant bien d'autres textes. Mais un quotidien, *L'Intransigeant,* demande aussi à Giono, en août, de lui envoyer une fois par mois de courtes chroniques ; elles paraîtront, à une cadence irrégulière, de décembre 1929 jusqu'en mai 1932 ; la plupart seront recueillies dans *Solitude de la pitié.* Quant à *Monde* d'Henri Barbusse, d'inspiration communiste, ses sollicitations restent vaines.

Il y a aussi les éditeurs. Giono publie chez Grasset. Mais Gaston Gallimard n'oublie pas qu'il lui a fait signer un contrat, et se rappelle à son souvenir en lui faisant envoyer des livres en service de presse, et en le félicitant lors de la publication d'*Un de Baumugnes.* Un éditeur de moindre surface, Fourcade, se met en relation avec Giono pour publier *Naissance de l'Odyssée*. Le champ des éditions de luxe s'ouvre aussi. Marcel Lebarbier sollicite en mai un texte court à publier à 100 exemplaires dans « Les Éditions de la belle page ». D'Ambert, Henri Pourrat lui demande un roman pour une collection de demi-luxe qu'il dirige aux éditions Horizons de France : il a déjà, dit-il, des promesses de Ramuz, de Supervielle, de Paulhan. Quesnel, directeur du *Chien de Pique* et ami de Lucien Jacques, écrit en août : il voudrait un texte court à publier à 150 exemplaires ; Giono lui donnera quatre nouvelles qui seront groupées en juin 1931 sous le titre d'*Églogues*[102].

La France n'est pas seule à s'intéresser à Giono. Dès le 15 mars 1929, Harold J. Salemson, un Américain qui dirige à Paris la revue *Tambour*, s'offre à traduire *Colline* pour les États-Unis. Mais c'est Jacques Le Clercq, Français installé aux États-Unis et travaillant pour les éditions Brentano, qui traduira le roman et le fera paraître à New York avant la fin de l'année. Le 14 mai, une Allemande, Mme Cramer, de Düsseldorf, en train de traduire *Colline,* lui demande l'explication de divers provençalismes (plus tard, un autre traducteur allemand voudra savoir si la pétanque est une variété de football). A un autre traducteur, Will Simon, de Cologne, Giono envoie le 12 décembre plusieurs chapitres de *Naissance de l'Odyssée,* et un chapitre d'*Angiolina* (on ne sait lequel) qu'il considérait donc comme suffisamment réussi pour voir le jour. Un professeur allemand, qui veut faire un cours sur *Colline* (l'année de la publication du livre !), voudrait quelques éclaircissements. Il est question aussi d'une traduction en norvégien.

Giono se voit sollicité aussi au-delà du cadre du roman. Pour le théâtre : Jacques Le Clercq écrit à Giono que *Colline* pourrait fort bien être porté à la scène, et lui suggère d'en soumettre une adaptation.

Surtout le cinéma s'intéresse à lui. H. Quillier – producteur ? metteur en scène ? – lui écrit le 24 septembre ; il répond visiblement à une lettre de Giono lui proposant trois sujets de films. Le premier s'intitulerait *Le Grand Troupeau* (Giono, j'y reviendrai, songeait depuis longtemps au roman de ce titre) ; d'après la réponse de Quillier, il s'agirait de transhumance dans le scénario ; je ne sais si les épisodes de guerre devaient aussi y figurer ; en tout cas, l'idée de filmer une transhumance reviendra en 1931, et plus tard avec le film *L'Eau vive*. Le deuxième scénario proposé par Giono devait concerner les barrages (toujours le film *L'Eau vive...*). Le troisième serait une adaptation de *Regain* (dont des extraits avaient paru en revue), mais il est possible que Giono en ait déjà parlé à un autre réalisateur. Le projet de Quillier serait à court terme : il demande à Giono un synopsis sur un de ces trois sujets, pour pouvoir commencer le tournage en novembre ou décembre 1929. On le voit : dès 1929, Giono s'intéressait au cinéma non seulement comme spectateur (ses lettres à Lucien Jacques mentionnent plusieurs fois des films qu'il a été voir – Chaplin, des Russes, des Allemands), mais comme créateur.

Il est encouragé dans cette voie par André Gide, qui, partant en août 1929 pour une réunion de cinéastes en Allemagne, y emporte les épreuves d'*Un de Baumugnes*, et espère pouvoir rapporter une commande ferme de scénario[103].

Divers mouvements recherchent l'adhésion de Giono. Le 26 mars, c'est le Syndicat des littérateurs démocrates de France, dont Herriot et R. Rolland sont présidents d'honneur, mais dont les dirigeants réels sont beaucoup plus obscurs. Le 4 mai, une femme qui signe « Sévrienne » l'invite à se joindre à une croisade pour l'esprit latin contre l'envahissement de l'esprit anglo-saxon ; elle lui envoie un numéro de 1920 d'un supplément de la *Revue de Longchamp* où elle a publié des poèmes et des proses sous divers pseudonymes, dont, semble-t-il, celui de Jules Van Bath, fondateur de la GIPTIS (Grande Internationale des penseurs et travailleurs intellectuels sociaux). Plus sérieux, le 24 septembre : une lettre d'Henri Barbusse, qui vient de publier dans son hebdomadaire *Monde* un article sur l'école populiste de littérature prolétarienne, se terminant par un texte auquel il demande des listes de signatures, et il voudrait celle de Giono : il s'agit d'affirmer « le principe de la révolution sociale » et de « partager l'idéal pratique, le but final, du prolétariat universel ». Je serais surpris si Giono, malgré ses sympathies de gauche, avait signé un texte ainsi formulé.

Autre conséquence du succès : l'éveil de gens qui jusque-là le considéraient comme quantité négligeable, tels plusieurs dirigeants du Crédit du Sud-Est qui lui envoient leurs félicitations pour le prix Brentano, de même que son ancien principal du collège de Manosque et un de ses anciens professeurs. Mais aussi, c'est plus important, des relations distendues se renouent. Au moins quatre de ses camarades de guerre lui écrivent. Dans deux cas, il s'agit d'hommes avec qui il était resté en relations : Fontès, à qui il a envoyé *Colline,* et qui dans sa réponse évoque la silhouette ancienne d'un Giono barbu ; et Gouttenoire, à qui Giono a aussi envoyé ses livres ; d'après sa réponse (16 novembre), ils se sont revus plusieurs années auparavant, et Giono lui a parlé d'un projet de livre sur la guerre : sans nul doute celui qui deviendra *Le Grand Troupeau.* Des camarades perdus de vue renouent aussi des relations avec lui : L. Martin, ancien sapeur au 8e génie, présentement employé aux tramways de Marseille, qui a lu dans *Candide* une critique élogieuse de *Colline,* écrit le 11 avril. Le 27 novembre, c'est un autre camarade, Hugues Roidot, travaillant à Paris à la Grande Maison de Blanc place de l'Opéra, qui se demande si le Jean Giono qui a écrit *Un de Baumugnes* est bien le Giono qu'il a connu pendant la guerre. Giono répond le même jour, avec allégresse, car l'amitié a toujours eu pour lui une importance capitale, et aussi parce qu'il est en train de songer à son roman sur la guerre, *Le Grand Troupeau,* qu'il annonce à son camarade ; ajoutant : « Écris-moi, parle-moi de notre temps de camaraderie et d'amitié. Tu m'aideras par tes souvenirs et tu feras revivre devant moi le bon temps – malgré tout – où nous étions ensemble. » H. Roidot répond aussitôt qu'il a gardé ses carnets de guerre, et qu'il est prêt à les mettre, avec ses souvenirs, à la disposition de Giono. Je ne crois pas que la chose se soit finalement faite : ses propres souvenirs suffisaient à Giono pour recréer la guerre dans son œuvre.

L'amitié avec Henri Fluchère, connu au collège et perdu quelque peu de vue en raison de l'éloignement[104], se renoue aussi avec chaleur : Fluchère va faire une note sur *Colline* dans *Les Cahiers du Sud*. D'autres amis naissent à Giono dans sa région : l'instituteur de Puimoisson, sur le plateau de Valensole, de l'autre côté la Durance, Ernest Borrély, prend contact avec Giono après la lecture de Colline, l'invite en avril à une veillée dans son village, et bientôt Giono écrira une préface au livre de sa femme Maria, *Le Dernier Feu*. Il y a aussi, dans ce dossier de 1929, plusieurs lettres d'inconnus, parfois étrangers, qui veulent dire à l'écrivain leur émotion.

Ce qui surtout transformera l'existence de Giono, ce sont les relations avec des écrivains connus, parfois illustres, ou avec des hommes ou des femmes lancés dans les milieux littéraires. Par eux, le monde des lettres fait irruption d'un seul coup dans sa vie. Ce sont les hommes qu'il a vus à Paris en février 1929 : Guéhenno, Chamson, Poulaille, Daniel Halévy, Paulhan, et surtout Gide, qui écrit huit lettres à Giono en 1929 et en reçoit neuf[105]. Mais d'autres aussi : Henri Pourrat, le romancier de l'Auvergne ; Adrienne Monnier, la célèbre libraire de la rue de l'Odéon, amie de Gide, de Larbaud, de Fargue et de bien d'autres : elle envoie des livres à Giono : *Monsieur Teste* de Valéry, *Cromedeyre-le-Vieil* de J. Romains ; et son amie et voisine Sylvia Beach, qui tient la plus connue des librairies anglaises de Paris, envoie *Ulysses* de Joyce. Il y a encore des lettres d'écrivains catholiques, Gabriel Marcel et Daniel-Rops ; des cartes de Blaise Cendrars ; du jeune Eugène Dabit, qui noue avec Giono une amitié que seule tranchera sa mort en 1937 ; de Dorothy Bussy, l'amie de Gide ; de la princesse Marguerite de Bassiano, mécène des lettres qui subventionne *Commerce,* et par qui le grand monde pénètre, pour une fois, chez Giono.

Tout ce courrier oblige à répondre. Même s'il le fait parfois brièvement, ce qui le gêne, les réponses lui dévorent son temps, et il n'en a pas trop, travaillant toujours au Crédit du Sud-Est et continuant à écrire (*Regain* et *Le Serpent d'étoiles* datent de cette année 1929). Pour la première fois, il doit de temps à autre utiliser Élise comme secrétaire, se contentant de mettre une brève note au haut d'une lettre pour indiquer la réponse à faire. En outre, la correspondance n'est pas tout. Au cours de 1929, Giono reçoit plusieurs visites dans son appartement du boulevard de la Plaine : en juillet André Gide, arrivé à l'improviste avec sa cape de loden et son chapeau cabossé, qui va se promener dans les collines avec lui et le trouve « violemment sympathique[106]», et en septembre Dorothy Bussy ; Darius Milhaud, Ramon Fernandez, Léon-Paul

Fargue avec Adrienne Monnier et Sylvia Beach. Fargue est stupéfait d'entendre Aline, à trois ans, réciter un poème fantaisiste de lui : « Abi Abirounère, Qui que tu n'étais donc (...). » En juillet, accompagné de Maxime Girieud et de son frère Pierre, le peintre, Giono a été à Lourmarin, et y a rencontré Henri Bosco ; mais il est resté silencieux[107]. La vie familiale de Giono, jusque-là assez fermée, repliée sur un petit cercle de parents et d'amis, s'ouvre sur l'extérieur, se diversifie et s'anime.

Enfin, Giono prend conscience du fait qu'il peut être un écrivain à plein temps, et gagner ainsi sa vie. Dès la fin d'avril 1929, apprenant que *Colline* va être traduit en allemand, il se demande, dans une lettre à André Chamson, s'il tirera de cette publication quelques droits d'auteur. Les choses vont se préciser assez vite : Giono écrit à Gide, à la fin de décembre 1929, qu'*Un de Baumugnes,* paru depuis deux mois, lui a déjà rapporté 15 000 francs ; *Colline,* publié en février, sans doute un peu plus. Il faut y ajouter sa production en périodiques : en 1929, deux fois 1 000 francs de la NRF, 1 000 francs de *L'Almanach des champs* pour « Prélude de Pan », 500 francs d'une autre revue ; il sait que chaque chronique ou récit pour *L'Intransigeant,* qui lui demande peu de temps, lui rapportera 300 francs, environ une fois par mois ; qu'*Europe* lui paiera 4 000 francs pour publier *Le Grand Troupeau;* et la trace d'autres versements encore n'a pas été gardée. Comme il écrit à Gide qu'il dépense à peu près 1 000 francs par mois, il a, dit-il, du temps devant lui[108].

Il va donc abandonner son premier métier. Il a dit parfois qu'il ne s'y était pas déplu, il a dit aussi le contraire. Certains aspects de cette activité ont enrichi son expérience. L'ensemble a, je crois, laissé des traces assez marquées dans son être. Par réaction contre l'obligation d'être précis au centime près, il s'est plu à laisser s'amplifier ses fantasmes. Par réaction contre l'enfermement, il a imaginé d'autant plus de voyages. Par réaction contre le respect du milieu bancaire pour l'argent, son horreur de l'argent s'est accentuée.

Un succès aussi éclatant et aussi rapide, dès la publication du premier livre, a peu d'exemples dans notre littérature. Giono est passé de l'état d'inconnu à celui d'homme célèbre. Il change en même temps de statut social : de cadre moyen, chef d'une petite agence bancaire dans une petite ville, il est devenu une figure importante du monde international des lettres. La transformation matérielle qui s'en est suivie ne devait pas influer directement sur son œuvre. Les livres qui vont suivre – *Le Grand Troupeau, Le Poids du ciel* –, en projet avant 1929, ne seront pas modifiés. Son passage à une vaste notoriété ne lui enlèvera rien de ses manières simples et gaies. Il lui donnera seulement de l'assurance. D'où une confiance en lui qui lui permettra d'entreprendre des livres de plus en plus ambitieux et massifs, jusqu'à *Batailles dans la montagne* et au *Poids du ciel,* et aussi le sentiment qu'il a une large audience et peut donc avoir une action : cela favorisera la naissance de ses messages à partir de 1932, puis son engagement politique, avant tout pacifiste, des années 1935 à 1939. Le germe de cette évolution, c'est en partie dans le tournant de 1929 qu'il faut le chercher.

Chapitre 6

L'expansion

Départ de la banque et achat du Paraïs

1911 à 1914 : l'entrée dans la vie professionnelle. 1915 à 1919 : la vie de soldat. 1920 à 1924 : les premiers essais où l'écrivain cherche sa voie. 1925 à 1929 : les premiers romans achevés et publiés. L'existence de Giono se déroule en cycles de cinq ans environ. Parfois la raison qui détermine ce rythme est extérieure, comme la guerre. Mais l'évolution intérieure joue aussi son rôle : à chaque étape, il faut à Giono une maturation qui met quatre ou cinq ans à s'accomplir, puis il va plus loin. De sa quinzième à sa cinquantième année, cette pulsation subsistera, pour s'estomper ensuite. Dès avril 1929, il a écrit à André Chamson qu'il envisageait, puisque c'était possible, de vivre de sa plume : « Non pas que je sois très attaché aux questions d'argent mais c'est peut-être un moyen de me libérer de mon travail de banque. »

Le cycle abordé ici débute sur un double accent : Giono se consacre entièrement à écrire, et il acquiert une maison à lui. La déconfiture du Crédit du Sud-Est, qui l'emploie depuis 1928, après la fermeture de l'agence du Comptoir d'escompte, est un léger à-coup qui accélère les choses, sans plus. En été 1929, il a songé à quitter l'établissement bancaire, qui vacillait. En juillet, il a fait des démarches pour entrer au Crédit Lyonnais, mais en vain[1]. Le 13 août, il pensait, écrivait-il à Lucien Jacques, à accepter la proposition d'écrire des articles de tête dans *L'Intransigeant* : « Ce que je cherche surtout, tu le sais, c'est essayer de me dégager de mon travail actuel[2]. » Il démissionne en novembre, peu avant la mise en liquidation judiciaire, qui aura lieu en décembre.

Il se renseigne sur l'éventualité d'un emploi à l'Énergie électrique du littoral méditerranéen à Sainte-Tulle, et à la branche manosquine des Grands Travaux de Marseille. Finalement il se décide à sauter le pas. C'est le signe de cette inébranlable confiance dans ses capacités de créateur, qui ne le quittera jamais.

Le 3 janvier 1930, il écrit à Lucien Jacques qu'il espère trouver des collaborations dans des revues ; c'est seulement s'il n'y parvient pas qu'il cherchera une place ailleurs, soit à Manosque si c'est possible, soit à Digne pour se rapprocher des montagnes ; il a déjà envisagé ce changement de ville dans une lettre à Gide le 20 décembre précédent. Le 14 janvier, il demande à Guéhenno s'il pourra accueillir un texte de lui dans *Europe*. Au même ami, il précisera le 27 janvier que depuis quatre mois (il corrige ensuite en trois) il n'est plus à la banque ; « avant d'avoir une nouvelle place il faut vivre. Si vous saviez pour moi une collaboration quelconque de 2 nouvelles par an, faites-moi signe ». *Europe* publiera en juin le récit intitulé « Solitude de la pitié ». Giono songe à reprendre *Angiolina* pour *La Revue de Paris,* mais il ne le fera pas. Sur la demande de Paulhan, il prépare les pages qui deviendront « L'Eau vive » et qui paraîtront en mai dans la NRF. Il collabore chaque mois à *L'Intransigeant :* 24 mai 1929, 4 février, 15 mars et 22 avril 1930. *L'Almanach des champs* de Pourrat, qui a déjà publié « Prélude de Pan » en novembre 1929, va prendre « Jofroi de la Maussan » en mai. *La Revue de Paris* publie *Présentation de Pan* en février (en juin, il sortira en plaquette chez Grasset) et *Échanges,* des fragments de *Naissance de l'Odyssée,* en mars. Giono déborde de projets. En tête de *Présentation de Pan,* sont annoncés comme « en préparation » quatre romans dont un seul, *Le Grand Troupeau,* sera achevé, les trois autres étant *Angiolina, Le Poids du ciel* et *Entrée de la Vierge noire* (des deux derniers, pas une ligne ne sera écrite, et seul le titre du *Poids du ciel* sera réutilisé pour un essai) ; de plus, toujours « en préparation », *Tronçon de la Durance,* « paysages », et *Le Serpent qui se mord la queue,* « essais sur le lyrisme cosmique ».

Après janvier, il n'est plus question de chercher une autre place. *Regain* a eu une bonne critique et se vend bien. L'avenir immédiat est assuré. Mais Giono est dès lors entièrement dépendant de ses livres, ce qui n'est pas si courant. Il n'a pas de fortune comme Gide, Larbaud, Maurois, Mauriac ; il n'est pas diplomate comme Claudel, Saint-John Perse, Morand ou Giraudoux, ni médecin comme Céline ou Duhamel, ni professeur comme Alain, Guéhenno ou Sartre, ni conservateur de musée comme Chamson, ni collaborateur d'un éditeur comme Paulhan ou Poulaille ; il n'écrit pas régulièrement dans la presse. Ses livres, rien d'autre. Et il a un problème immédiat : il avait par le Crédit du Sud-Est un logement de fonction, qu'il va perdre. Il se résout avec Élise, en « raclant » ou en « curant les tiroirs », comme il le dit à deux amis, en demandant l'aide de la famille (les Pourcin sans doute, ou les Maurin ?) et en empruntant (5 000 francs à la princesse de Bassiano, écrira-t-il à Guéhenno) à acquérir une maison sur les pentes du mont d'Or. Ce qui le décide, c'est peut-être qu'elle est toute proche du « bastidon », ce paradis de son enfance, auquel reste attaché en particulier le souvenir de son père. Il l'achète pour 60 000 francs au pharmacien Victor Rougon, le mari de sa marraine. Ne pouvant tout payer tout de suite, il s'endette pour plusieurs années. Mais il est chez lui.

L'acte de vente est signé le 25 février 1930. Le déménagement a lieu en mars. Gros travail, long et épuisant, en particulier à cause de tous les livres. La maison n'est pas grande, et Giono dans ses lettres la fait plus réduite encore : « une petite maison à Manosque, à flanc de coteau, à 200 mètres de la ville, face à l'ouest. Un palmier, un laurier, un abricotier, des vignes, peut-être cinquante, un bassin grand comme un chapeau, une fontaine », écrit-il le 20 mars à Guéhenno. La description est analogue, le 4 octobre, dans une lettre à Adrienne Monnier, sauf qu'il ajoute un kaki bien réel (il y est toujours, comme le palmier, mais les autres arbres sont morts et ont été remplacés) et que les pieds de vigne ne sont plus 50, mais 200[3]. Le premier chiffre, me dit Élise Giono, est plus proche de la réalité.

Premier trait essentiel : la maison a la vue sur tout le paysage, et sur ces toits de Manosque qui, vus d'en haut, l'ont toujours fasciné : il aime à regarder la petite ville ronde, ceinturée de son boulevard, et qui ne cesse pas de susciter en lui des images : « une ville aplatie comme une médaille dans les golfes de la plaine », « un grand bouclier ovale de peau brune hérissée de pointes aiguës », « ville comme un port au fond d'un golfe », tantôt « humide de pluie (...) là dans l'herbe, comme une truite », tantôt « sèche comme la galette de maïs »; ou encore « un gril de Saint-Laurent dans l'herbe »[4].

Second avantage capital de la maison : elle n'est accessible que par cent mètres d'un étroit sentier longeant par endroits un minuscule canal. On ne peut y arriver en voiture, et le calme y est absolu. Élise, et la petite Aline, que son père adore, et dont il rapporte les mots d'enfant à Lucien Jacques, y ont enfin un jardin. La maison est exiguë au début : outre Jean, Élise et Aline, la mère de Jean et son frère Marius Pourcin, imprimeur, ancien compagnon du tour de France, mais fainéant, buveur et hargneux, y logent également : Jean n'a pas voulu que sa mère, déjà âgée, reste isolée dans la ville, et elle n'a pas admis de se séparer de son frère célibataire sur lequel elle a toujours veillé. Quand il rentre le soir, presque ivre mort, c'est Giono qui, avec douceur malgré sa colère, l'aide à monter dans sa chambre. Élise accepte la situation avec dévouement et simplicité, comme toujours, mais sans joie.

De 1931 à 1934, Giono invitera chaque année chez lui, en hiver ou au printemps, pour une quinzaine de jours, parfois plus, son jeune cousin Serge Fiorio, né en 1911, dont il encourage la vocation de peintre.

Ayant maintenant un jardin, les Giono peuvent avoir un chien ; il y en a toujours un dans la maison : d'abord Puck, un bâtard noir à gilet blanc – « comme un notaire », me dit Élise Giono – qui mourra très vieux ; puis un autre bâtard, Pataud, donné par le cousin germain de Jean, Félicien Bonino, qui l'a trouvé sur la route ; pendant la guerre de 39, ce sera Cadet, le roux, qui aurait dû être chien de berger, mais qui, incapable de garder les moutons, allait être abattu quand Élise lui sauva la vie en l'adoptant. Il mourra en 1953, au grand chagrin de Giono. Plus tard, ce sera l'épagneul Bobby, qui se tuera en 1960 en tombant d'un mur alors qu'il courait après un chat. En même temps, il y a toujours au Paraïs deux ou trois chats, dont Jean, bien qu'il préfère les chiens, accepte volontiers la présence : entre autres, Moussia la siamoise et son fils Titou dit le Magnifique, dont parle Aline dans *Mon père, contes des jours ordinaires.* Plus tard, quand il sera en vacances à Majorque, sa secrétaire lui donnera des nouvelles du petit chat laissé à la maison. Il est parfaitement scandaleux que Remo Forlani l'ait accusé gratuitement de tuer des chats à la carabine, lui en outre qui n'a chassé de sa vie[5].

Plusieurs fois la maison sera agrandie, et son aménagement intérieur changera. Une petite bâtisse indépendante, dans le jardin, est le premier bureau de Jean. Elle est ensuite reliée à la maison par une autre pièce, qui est l'actuelle bibliothèque. Puis, en 1935, celles-ci sont surélevées de deux étages, donnant deux grandes pièces supplémentaires ; celle du haut sera longtemps le bureau de l'écrivain, qu'il appellera son « phare ». En outre, des terrains adjacents seront achetés après la guerre, pour élargir l'espace et se protéger de voisinages immédiats. L'un est au-dessus de la maison, de l'autre côté du sentier ; l'autre, acquis plus tardivement, se trouve sur le côté du terrain initial. Mais jamais Giono ne quittera la demeure, et c'est là qu'il mourra quarante ans plus tard. « Mon pouvoir d'enracinement est encore beaucoup plus grand que mon pouvoir d'évasion », dira-t-il[6].

La maison, située sur un lieu-dit appelé Paraïs, prend ce nom, qui semble vouloir dire « paradis » et qui était en tout cas compris en ce sens par les Giono. Après avoir hésité (La Paraïsse, Lou Paraïs), Giono l'appellera en général Le Paraïs. Actuellement, le quartier s'est bâti. A l'époque, c'était encore la pleine campagne ; pas de voisins ; au-dessus, sur les pentes du mont d'Or, rien que des vergers, surtout d'oliviers.

La vie quotidienne au Paraïs.
Le voyageur immobile et ses inventions

Giono est donc maintenant installé. C'est le moment de s'arrêter sur la vie qu'il y mène, et sur l'homme qu'il est.

Ceux qui l'ont bien connu comme ceux qui l'ont rencontré incidemment insistent sur son naturel, et sur une simplicité qui n'a rien d'affecté. Quand il y aura, à partir de 1934, une bonne à la maison – Césarine au début, puis Marguerite, Barbara pendant la guerre, Fine la Piémontaise de 1948 à 1967, et enfin Lucie –, elle prendra ses repas avec la famille, sauf lorsqu'il y a des invités pour lesquels on fait des frais : cela la gênerait d'être là. L'idée de la faire manger en permanence à la cuisine ne vient à personne.

La vie quotidienne au Paraïs n'a rien d'exceptionnel. Bien que ni Élise ni Jean ne soient le moins du monde croyants, on mange du poisson le vendredi, peut-être, au début, à cause de la vieille Pauline Giono, catholique très pratiquante, puis, après sa mort, par habitude acquise et respect des traditions. De même, une fois par an – mais pas le jour de la Toussaint pour n'être pas gêné par la foule –, Giono va au cimetière visiter les tombes des siens ; et il veille à ce qu'elles soient entretenues.

A la maison, Jean ne doit pas être dérangé dans son travail. Il ne touche pas à la cuisine, sauf une fois[7] ; cela ne l'empêche pas d'inventer et même de publier des recettes, et elles s'avèrent excellentes. Il a un petit côté pacha, et se laisse servir par sa femme et ses filles. S'il descend en ville, il se charge volontiers d'une commission, mais sans porter de panier ou de cabas ; ce n'est pas là un trait personnel, mais, dans sa région, pour bien des hommes de son âge, un sentiment de dignité. S'il ne se livre aucunement à des travaux de bricolage, c'est à la fois qu'il n'a pas le temps, et qu'il est très maladroit. Il n'a de sa vie changé un plomb, et l'électricien convoqué d'urgence un jour parce que la radio est en panne s'aperçoit que Giono a simplement oublié de la brancher. (Par compensation, il créera souvent des personnages d'une adresse manuelle prodigieuse.) Il ne jardine jamais : une seule fois, raconte Aline Giono dans son livre, il a planté des oignons de tulipes[8]. Mais pour le reste, c'est lui qui fait entièrement marcher la maison. C'est par lui que passent toutes les factures, toutes les démarches – bien qu'il ait horreur de la paperasse[9]. Jusqu'à la mort de Jean, Élise n'aura de sa vie signé un chèque. Il est pourtant loin d'être toujours méticuleux quant à l'organisation de sa propre vie. Son insouciance l'amène à partir pour Paris sans papiers d'identité ; ou sans argent, et ses amis doivent alors lui en prêter.

Il répand autour de lui la gaîté, ce que ne laissent pas souvent deviner ses livres d'avant-guerre, la plupart du temps graves dans leur poésie, ni certains de ses livres d'après-guerre, où l'ironie aiguë prend en général le pas sur le rire. Or, on rit avec lui, on blague franchement et simplement. Il aime les jeux de mots ; il trouve des formules pour définir les amis – et les autres. Il ne déteste pas, de temps en temps, la saine gaudriole ; sans la rechercher, il ne la repousse pas quand l'occasion se présente. Il lui arrive d'imiter – avec sa bouche – le « Pétomane mondain » admiré dans son enfance. Il s'amuse à raconter des histoires grand-guignolesques, comme celle de la ferme isolée aux abords de laquelle il a, dit-il, senti une exquise odeur de rôti ; s'approchant, il a découvert la fermière, tombée sur le fourneau à la suite d'un malaise, et grillant à petit feu. Récit qu'il fait de préférence devant un rôti offert à des invités ; il le placera dans *Les Ames fortes*. Il racontera aussi – une lettre d'un de ses visiteurs le lui rappellera – l'histoire du jeune Africain qui, à la fin de ses études à Cambridge, revient à la case de son père, et lui dit lors du premier repas : « Voyons, papa, ne mange pas le Capitaine avec tes doigts ! » Il est un merveilleux conteur, et fait croire aux plus énormes invraisemblances, au moins pendant qu'on l'écoute : on ne se ressaisit qu'ensuite, si on y tient ; mais souvent on préfère se laisser aller.

Les jours de détente, on se déguise – notamment avec Lucien Jacques qui adore cela. Ou l'on fait des concours de grimaces : il y excelle. On joue à la pétanque ou aux fléchettes, et il plaisante avec bonne humeur sur sa maladresse. Parfois à la belote ; mais dans l'ensemble il n'aime guère les jeux de cartes, et préfère les échecs.

Il est d'une extrême gentillesse. Il ouvre très souvent sa porte à ceux qui viennent le voir, y compris à l'improviste. « Quand on ferme sa porte, on la ferme aux meilleurs. Les gens ennuyeux s'arrangent toujours pour la forcer d'une manière ou d'une autre. Les autres, par contre, n'insistent jamais[10]. » Un correspondant lui rappellera en 1965 : « Il y a trente ans, misérable et socialement déchu, vous m'avez aimablement accueilli chez vous, réconforté et encouragé (…) ; je n'ai pas oublié votre geste qui m'a sauvé, ni les paroles encourageantes que vous m'avez adressées. Je me rappelle textuellement une de vos paroles, qui par la suite est devenue une règle de conduite : "Avoir importe peu, l'essentiel est de vouloir être[11]." » Même avec des inconnus bavards et prétentieux, il n'écourte pas l'entretien, les garde assez longtemps pour qu'ils repartent comblés, et reprend son travail dès leur départ, comme s'il n'avait pas été dérangé. Il serait pourtant capable d'inventer mille prétextes pour se débarrasser d'eux. Non : il lui est pénible de n'être pas amical, de même, on l'a vu, qu'il déteste dire non. Quand il reçoit des visiteurs à la fin de la matinée, et que, fascinés, ils en oublient de s'en aller, il lui arrive de les inviter à l'improviste pour déjeuner, et il faut courir acheter des côtelettes supplémentaires.

Il ouvre sa porte à des journalistes sans s'inquiéter de la couleur politique de leur journal : cela lui vaudra quelques ennuis. L'impression qu'il donne à ses visiteurs, c'est celle que note en 1938 l'écrivain allemand Ernst Erich Noth[12] : « Il parle à cœur ouvert, avec une franchise, une sincérité absolues. Mais il a gardé, pour s'en servir de temps à autre, cette expression de ruse et de malice qui s'affirme volontiers, sans aucune méchanceté, avec ce sentiment enjoué d'une bonne blague à faire, quand il s'agit de "rouler" ou de railler le citadin, l'homme des grandes villes qui se croit supérieur, "plus malin". Très souvent, l'imagination poétique s'en mêle, de telle façon qu'on ne distingue plus où finit la mystification et où commence la création du mythe. »

Sa générosité, « hémorragique » comme il le dit de celle de son père, est instinctive et intense. En feuilletant le courrier reçu par lui, et qui a été largement conservé, c'est par centaines qu'on trouve des lettres de lectrices ou de lecteurs inconnus qui ont trouvé dans ses livres un soulagement ou des raisons d'espérer, ou y ont entrevu une solution à leurs problèmes, et qui font appel à lui pour lui demander un conseil, une aide parfois financière, une démarche, et auxquels il a répondu : huit ou dix jours après la première lettre en arrive une autre, de remerciements émerveillés : le correspondant n'osait pas y croire. Il ne répond pas à toutes les lettres : il y passerait sa vie. Il garde le silence quand il croit déceler du snobisme ou de la complaisance littéraire (il ne les décèle pas toujours…). Mais s'il perçoit une angoisse ou une souffrance qu'il est en son pouvoir de soulager, il répond presque invariablement. A celui qui vient le voir, s'il a un exemplaire d'un de ses livres, il le donne. Si un livre de sa bibliothèque intéresse un ami, il le donne aussi. Davantage : si un ami peintre lui offre un de ses tableaux, et qu'un autre ami, le lendemain, admire la toile, Giono lui en fait présent. Et si le peintre repasse quelques jours plus tard, il a droit à une histoire expliquant l'absence de son cadeau. Certains ont dû racheter, longtemps après, un tableau ainsi donné : ils maugréaient un peu, mais comprenaient et pardonnaient ; si cela n'avait pas été dans leur nature, ils n'auraient pas été les amis de Giono. Ne le faisons pas parfait : s'il n'a pas sur sa table un exemplaire à lui, mais un volume envoyé par un admirateur pour être dédicacé, c'est celui-là qu'il donne, et tant pis pour les admirateurs – qui d'ailleurs le submergent parfois d'envois, s'imaginant peut-être que Giono a un secrétariat qui fera le paquet et le portera à la poste, alors que c'est, jusqu'en 1940, sur lui que tombe la corvée. Mais s'il promet d'envoyer son livre plus tard, là… Je ne dis pas que la promesse n'ait jamais été tenue ; mais elle ne l'était vraiment pas souvent. Giono vivait dans le présent, et renvoyait dans l'inexistence du futur tout ce qui le dérangeait. A donner ainsi dans un élan immédiat de générosité, il était parfois inconsciemment cruel. Après avoir séjourné en 1933 chez sa cousine Antoinette Fiorio à Vallorbe, il lui avait offert un poste de radio, qui changeait la vie de cette femme peu fortunée et solitaire dans sa petite ville. Mais, ayant peu de disponibilités à l'époque, il devait payer le poste par traites. Malgré les rappels, il oublia de les régler, et le fournisseur reprit la radio.

Une telle conduite va de pair avec son imagination sans limites, avec sa constante invention, avec ses perpétuels mensonges. J'en ai déjà signalé quelques-uns, et il y en aura jusqu'à ses derniers jours. Ce n'était pas chez lui désir de se faire valoir, au moins pour l'essentiel. S'il était conscient et fier de sa valeur, il était le moins vaniteux des hommes. Quand il se vantait, c'était plutôt plaisir malicieux d'exagérer un travers souvent attribué aux Méridionaux, bien qu'ils n'en aient pas le monopole. Mais c'était aussi le plaisir du romancier qui dira à J. Amrouche : « J'adore être appelé menteur dans mes textes. » Par sa parole, il crée – comme il l'avait fait pendant la guerre dans ses lettres à ses parents – les multiples personnages qu'il aurait pu être. Celui de l'agriculteur, par exemple, dès avant la guerre – Alain recommande de lire Giono, « le fantassin indigné et le paysan heureux, car c'est le même homme[13] ». Mais c'est surtout entre 1940 et 1944 que plusieurs critiques ont laissé entendre que Giono était un paysan. Il faut dire que quand il faisait labourer les terres de ses fermes, pendant la guerre, il disait qu'il les labourait. Autre personnage : celui de l'alpiniste. Il écrit à Lucien Jacques en 1931 qu'il a fait le dôme du Goûter – ce ne serait pas absolument impossible, mais j'en doute – et qu'il s'apprête à escalader le Dru – et cela, c'est hors de question[14]. Il insinue dans *Le Poids du ciel* qu'il a fait une longue course de glaciers[15], et qu'il a campé seul quarante jours dans la montagne. Plus fort : rencontrant en été 1934 à Marseille Pierre Keller, membre du Groupe de haute montagne du Club alpin, qui lui parle du projet d'expédition française à l'Himalaya, il lui dit aussitôt qu'il serait heureux d'en faire partie comme rapporteur officiel de l'expédition[16]. On le verra se créer de même un personnage de cycliste d'élite[17].

C'est parfois aussi un personnage moral. Par exemple celui de l'homme cruel, qu'on va voir percer dans ses écrits à partir de 1934, et qui subsistera bien après la guerre : « Je suis toujours surpris d'être cruel, et d'une cruauté qui va de soi[18]. » Ce qu'il appelle sa cruauté – et il ne s'agit jamais de cruauté physique –, ce n'est à aucun degré le plaisir de faire souffrir, qui est à l'opposé de son être ; c'est l'instinct de conservation, ou la forme d'égoïsme qui le pousse à chercher le bonheur : égoïsme qui est dans la nature de tout être, donc dans la sienne. Il songe aussi à sa capacité d'attaquer sans faiblesse ce qui lui déplaît ou qu'il désapprouve ; elle se manifeste par des coups de colère passagers à l'égard de relations et même d'amis – et plus durablement mais très rarement – pour rompre avec quelqu'un. Il dira en 1952 à J. Amrouche : « Je peux être extraordinairement cruel, et je peux supprimer de ma vie, instantanément, quelqu'un qui me gêne, quelqu'un qui n'a pas compris ce que je veux dire (…). Je le supprime instantanément avec une cruauté sans égale. »

Nous rencontrerons plusieurs autres de ces personnages, après 1939 en particulier : celui du prisonnier heureux, celui de l'érudit, celui du romancier qui se contente de raconter des histoires sans y mettre de signification et qui fait métier de les vendre, celui du cynique qui se désintéresse presque totalement des autres hommes. Son œuvre et ses actes prouveront qu'il fabule et crée à partir de lui des personnages divers qui lui sont une série de masques ; il préserve ainsi sa liberté.

C'est un peu de la même manière que son sens aigu des détails observés et son imagination sans limites lui permettent d'évoquer des scènes de nage dans *Le Chant du monde,* de lutte dans *Deux cavaliers de l'orage,* d'équitation dans *Le Hussard sur le toit,* alors qu'il ne sait ni nager, ni lutter, ni monter.

Pour son œuvre, une des rares dissimulations volontaires qu'il ait commises a été celle de la publication dans un journal local de ses poèmes de jeunesse. Bien d'autres écrivains en ont fait autant. Quant aux imprécisions de dates, elles sont constantes : il n'a absolument pas le sens du temps, de l'histoire, de la chronologie. Pour s'y tenir, il lui faut se forcer : cela lui déplaît. Dans le cycle du Hussard, il placera l'action de Savorgnan de Brazza, les recherches de Claude Bernard, l'œuvre de Brahms sous la monarchie de Juillet. Il affiche son mépris de ce genre de précisions, écrivant dans sa notice sur J.R. Jiménez : « Né à Moguer en 1881. La date n'est qu'une date. Moguer est la fabrique de son âme. » Dans une interview de 1961, il dira qu'en 1929 la production littéraire n'offre aux jeunes que Bourget, France, Loti et Barrès : quatre écrivains dont l'œuvre se situe pour l'essentiel entre les années 1880 et la guerre de 14. Ce qui compte pour lui, c'est la sensation de l'instant. Elle ne sera jamais mieux exprimée que dans cette phrase de *Noé* : « J'ai toujours aimé avoir froid aux mains quand j'écris, ce qui ne m'est guère difficile car j'ai les mains glacées même en été (cela signifie simplement que pendant que j'écris cette phrase j'ai un très grand froid aux mains ; et que c'est pour cela que je l'ai écrite)[19]. » Deux constantes déjà relevées en ce qui concerne sa propre chronologie : la tendance à faire remonter ses écrits plus haut que leur date réelle. Et la multiplication, à une date donnée, des œuvres déjà écrites et non encore publiées. Il dira couramment à divers interlocuteurs qu'il avait quatre ou six romans terminés à l'époque de *Colline,* ou quatorze en 1947.

Il a horreur de dire non, tous ses familiers le savent et il est lui-même conscient de cette faiblesse. Évoquant en 1953, dans *Arcadie... Arcadie...,* un homme qui prétendait, sous prétexte d'erreur sur le bornage d'un terrain, lui reprendre des olives cueillies par lui, il affirme : « Non. C'est, je crois, la seule chose au monde pour laquelle je suis capable de répondre non[20]. » Et encore en 1969, il raconte qu'un compagnon de voyage lui disant chaque fois, devant des gitans, « voilà la belle vie ! », il répond « chaque fois "oui", parce qu'il est plus facile de répondre oui que non[21] ». Et il lui est plus facile d'inventer que de créer un antagonisme quelconque.

Il déteste les mensonges calculés, intéressés, et n'en fait pas, sauf occasionnellement à ses éditeurs : ayant le sentiment (parfois fondé, on le verra) d'être exploité par eux, il se rattrape. Ce qu'il pratique souvent, en revanche, c'est le mensonge de gentillesse. Lorsque après 1957 Aline, installée à Paris, téléphonera à Manosque et s'enquerra du temps, son père lui décrira la pluie, le ciel bas, le froid continuel : la sachant dans le climat parisien, il veut lui éviter la nostalgie du soleil méridional. Aline n'est pas dupe ; d'ailleurs sa mère, aussitôt après, lui dit la vérité sur le beau temps qui règne depuis des semaines. De même, juste après la guerre, alors que j'avais été voir Giono à Manosque et voulais me rendre au Contadour, il me vit ennuyé : certains ponts étant coupés, les transports marchaient mal, et j'allais mettre au moins deux jours ensuite pour rejoindre Paris. Du Contadour à Banon à pied, un car de Banon à Apt (il y en avait un par jour), un autre pour Cavaillon, etc. « Mais non, me dit Giono. Évidemment, tu mets un temps fou si tu choisis cet itinéraire-là. Écoute, ce n'est pas compliqué. Tu pars du Contadour au milieu de l'après-midi ; en trente minutes, tu as passé le pas de Redortiers, et tu descends vers les Omergues. Là, tu trouves un car qui t'amène à Sisteron, tu as immédiatement la correspondance avec le train de Grenoble, tu glisses la pièce au contrôleur, il te donne une couchette, et, le lendemain matin, tu es à Paris. » J'ai remercié, mais je savais déjà qu'il y avait plus d'une demi-heure jusqu'au pas de Redortiers. Par acquit de conscience, j'ai vérifié les autres informations : pas de car aux Omergues, ni de train à Sisteron. Giono n'a pas cherché à me jouer un mauvais tour : me voyant embarrassé, il a tout inventé pour me rendre service.

Ses meilleurs amis, même lorsque de sérieux intérêts matériels et personnels étaient en jeu, n'échappaient pas aux inventions de ce type et aux aléas qui en découlaient. En 1941, Lucien Jacques, désargenté, cherchait, avec difficulté, à organiser à Lausanne une exposition qui devait le tirer d'affaire. Giono lui dit qu'il allait en Suisse (c'était l'époque des pourparlers pour *Triomphe de la vie* et pour un album sur Manosque avec le dessinateur suisse Géa Augsbourg) : il arrangerait tout. Trois semaines plus tard, revoyant Lucien, il lui dit avoir fait toutes les démarches : douanes, direction de la galerie, transfert du montant des aquarelles vendues. En fait, il était allé en Savoie et n'avait pas levé le petit doigt. Dans ce cas comme dans le précédent, il a seulement fait plaisir à un ami dans l'instant où il lui parlait. Mais la déception, l'amertume, la colère de Lucien devaient fondre devant la chaleur de l'amitié, et les innombrables services que Giono lui avait rendus par ailleurs.

Si ses inventions naissent souvent du désir d'aller au-devant de son interlocuteur, en lui disant ce qu'il souhaite entendre, elles procèdent aussi du désir de lui raconter et de se raconter de merveilleuses histoires. D'ailleurs ses mensonges ne sont pas fixes : on en a eu un exemple avec la saga de son grand-père Giono. Il improvise d'innombrables variations autour d'un thème parfois réel, parfois inventé, mais auquel il en arrive à croire lui-même.

Mais il accepte fort bien qu'on ne croie pas à une de ses histoires, qu'on lui demande si elle est vraie. Il avoue en souriant que non, et la remplace par une autre tout aussi inventée. Il se moque avec bonne grâce de ses propres inventions. Ainsi en Italie : brodant sur une note dans un guide, il a expliqué à ses compagnons de voyage que ce sont des émanations de protocarbonate qui produisent les apparences d'incendie qu'ils aperçoivent ; mais sa science imaginaire est démentie par les faits : en s'approchant, on constate qu'il s'agit bien de feux d'herbes[22].

Les projets nés de son imagination lui embellissent la vie. Un exemple caractéristique est celui de son logement. Il est extraordinairement conservateur chez lui – sauf pour se donner un lieu de travail plus calme et mieux adapté à ses besoins : il change plusieurs fois de bureau. Mais il ne fait installer de salle de bains au Paraïs qu'en 1952 : jusque-là, chacun se lave à tour de rôle dans la cuisine, comme chez ses parents quand il était jeune. Il oppose à tout changement une grande force d'inertie. Il refuse le déplacement d'une cloison pour agrandir l'entrée et donner une forme plus harmonieuse à la bibliothèque du bas. Aline et Sylvie font faire les travaux durant son absence – elles changent même le mobilier de la chambre des parents – et il en est ravi par la suite, s'attribuant même le mérite de la transformation.

Mais, depuis 1930, il n'a jamais voulu aller demeurer ailleurs, et ses visiteurs sont souvent surpris de le trouver si modestement logé. Sa fantaisie lui permet de compenser cette situation par des achats imaginaires. Dans son livre, Aline en a évoqué plusieurs : une maison au bord de l'océan, une demeure en haute Provence (s'agit-il de celle de Banon, dont il loua une partie depuis 1940, et du prix de laquelle il s'enquit en 1942 ?), deux au bord de la Méditerranée, l'une dans un village, l'autre dans une ville. Sylvie me parle aussi d'une maison donnant sur la plage à Roscoff en 1954. J'ai moi-même entendu Giono parler d'acheter soit la maison du peintre Coubine à Simiane, soit une autre, les Blaques, à l'écart de Céreste, et enfin la maison de Lucien Jacques à Montjustin, après la mort de son ami : il m'a même écrit qu'il l'avait achetée, projet et réalisation étant tout un pour lui. Rien ne se fait jamais : aux avantages inouïs de l'achat s'opposent des inconvénients catastrophiques. Parfois il ne s'agissait pas d'acheter mais de construire. En octobre 1943, il songe, selon son *Journal,* à bâtir une maison sur ses terres de la Margotte, près de Mane. Aline mentionne aussi un chalet en montagne ; effectivement, en septembre 1951, les établissements Charmasson, de Gap (Giono les a-t-il choisis parce qu'il avait employé ce nom dans *Deux Cavaliers de l'orage* et dans *Les Ames fortes* ?), lui envoient des devis et plans demandés par lui pour la construction d'un chalet au col du Festre[23], qui est mentionné dans *Faust au village,* à 1440 mètres, dans les Hautes-Alpes, au nord de Veynes, à la limite du Dévoluy. Toute la famille l'accompagne à la scierie pour choisir les bois. Mais il n'a pas de terrain, et n'en acquerra pas, bien qu'Élise le souhaite. Achats et constructions sont devenus comme l'objet d'un jeu pour ses filles. Giono s'y est prêté de bonne grâce ; et, puisque tout ne se faisait qu'en imagination, il s'est mis à acheter en pensée, plutôt que des maisons, des églises qui lui plaisaient[24].

Et il partait en pensée, seul, dans des pays imaginaires. Il aimait à se définir comme un « voyageur immobile »; il utilise l'expression dès 1927 dans une lettre à Lucien Jacques, la reprendra comme titre d'un texte de 1932, recueilli dans *L'Eau vive,* et le commentera dans son *Journal* en 1944 : « Le voyageur immobile : où je vais personne ne va, personne n'est jamais allé, personne n'ira. J'y vais seul, le pays est vierge et il s'efface derrière mes pas. Voyage pur. Ne rencontrer les traces de personne. Le pays où les déserts sont vraiment déserts. » Il parcourt ainsi ce « territoire intérieur », où « pour les grands amoureux de liberté la liberté seule est possible », écrivait-il peu après 1930[25].

Même dans la vie quotidienne, il avait besoin de refaire ce réel qui, tel quel, le gênait, et de lui substituer continuellement, dans un mouvement fluide, un autre réel qui était le sien ; sa famille vivait ainsi tout naturellement une vie magique, au cœur d'une merveilleuse invention, renouvelée à chaque minute. Cela touchait parfois à la bouffonnerie. Sylvie Giono se souvient d'un jour, vers 1947, où toute la famille était à table, avec la mère d'Élise, âgée de 73 ans. Le téléphone sonne dans la pièce. Jean répond. C'est une connaissance manosquine qui veut l'inviter à dîner ; il refusait invariablement, sous des prétextes divers. Ce jour-là, il répond : « Non, nous ne pouvons jamais sortir le soir, parce que ma belle-mère boit. » Stupeur de la vieille dame qui ne boit que de l'eau comme les autres, et fou-rire du reste de la famille.

L'horreur de la paperasse amène souvent Giono à remplir avec fantaisie les formulaires qu'il a devant lui : « En voyage, sur les fiches d'hôtel, me dit Élise Giono, il m'inventait chaque fois une nouvelle date de naissance ; il pouvait me rajeunir de dix ans comme me vieillir de quinze. » Même lorsqu'il s'agit de questions touchant à ses intérêts matériels, il invente. On le verra quand en 1944 et 1945 il écrira pour se défendre contre ses accusateurs. Quand il répond au questionnaire annuel de l'*International Who's Who,* non seulement il omet les dates de ses œuvres ou les donne de façon fantaisiste, mais il porte parfois comme parus des écrits dont il a eu l'idée mais qu'il n'a pas commencés : projet et réalisation, là encore, se confondent[26].

Quand il recevra à partir de 1967 les commentateurs de ses romans pour l'édition de La Pléiade, il leur donnera sur la genèse de chacun d'eux des indications totalement inventées, on le verra. Sur la naissance de ses romans, il bâtira un nouveau roman. Il l'a fait déjà dans *Noé* pour la genèse d'*Un roi sans divertissement,* et ce qu'il dit de sa création, dans ses entretiens avec Amrouche, est d'une vérité plus poétique que littérale. Un jeu ? Oui, à condition d'admettre que ce jeu faisait profondément partie de lui-même et de son art. Il y avait là comme une logique : les romanciers inventent ; je suis romancier, donc j'invente. Et même sur son invention. Giono sera stupéfait quand sa nouvelle *L'Homme qui plantait des arbres* sera refusée par le *Reader's Digest* parce que les enquêteurs ont découvert que le contenu en était fictif. Pourquoi s'adresser à un romancier si on cherche le réel ? Il ne se vexait d'ailleurs nullement quand on lui demandait si tel récit était vrai. Il affirmait que oui, avec une malice qui voulait dire non. Le jeu l'amusait particulièrement quand il disait vrai en parvenant à faire croire que c'était faux. Serge Fiorio, qui l'a entendu à plusieurs reprises blaguer sur le Mérite agricole qui lui avait été décerné au début de 1934 comme « écrivain régionaliste », était persuadé que Jean avait inventé sa décoration, et a été tout surpris quand je lui ai dit qu'il n'en était rien. Bien plus tard, vers 1962, Giono me dit que, par crainte que les rhumatismes ne lui bloquent la main droite et ne l'empêchent d'écrire, il s'entraînait à écrire de la main gauche ; mais, ne parvenant pas encore à créer ainsi ses propres textes, il copiait ceux des autres : « Tiens, en ce moment, je copie du Balzac », me dit-il avec un léger sourire. N'ignorant pas qu'il me savait balzacien, et qu'il aimait à faire plaisir à ses amis en leur parlant, je dus laisser passer une lueur de scepticisme qui ne lui échappa pas. Il alla prendre dans une petite armoire un cahier qu'il me tendit. « Regarde ! » C'était bien un passage, copié de sa main gauche, de l'*Histoire des Treize*. Il me regarda avec malice : il m'avait bien eu.

Il n'est certes pas incapable de dire la vérité. Mais cet effort lui coûte : il lui est plus naturel d'inventer. Il fait totalement confiance au pouvoir magique de sa parole : tout se passe comme si ce qui a été fait par des mots pouvait être toujours défait par d'autres mots – d'où ses innombrables promesses non tenues, qui lui attirent des ennuis et lui font des ennemis. Et si dans une conversation une invention plus belle que celle de l'instant précédent s'offre à lui, il fait bifurquer son récit, même à l'intérieur d'une phrase. Deux exemples qui doivent dater environ de 1947 : « Je peux travailler dans les pires conditions ; j'ai écrit l'an dernier dans une pièce qui tombait en ruine, les murs croulants, le lit boiteux, la table effondrée, un essaim d'abeilles sur les vitres – et pas de vitres ! » Et, à propos de son emprisonnement en 1944 : « Le juge d'instruction n'est jamais venu me voir ; si, qu'est-ce que je dis, il est venu une fois, deux fois, cinq fois, il venait jouer aux échecs avec moi. » La création est constante. Giono ment pour le plaisir de l'instant, non pour rendre compte véridiquement des faits, ni pour les conséquences de son invention dans l'avenir, mais pour dire la forme que, au moment où il parle, il a envie de voir prendre à ce qui est. L'essentiel est d'inventer : on dirait qu'à ses yeux, la vérité est faite pour être changée comme le pain pour être mangé. Il dira à J. Amrouche : « La réalité est une matière presque inutilisable, pour moi. J'en reçois des exemples ou des reflets, que je transforme après. La réalité ne me sert que par reflet. »

Et il lui faut beaucoup de vérité à transformer : il est fervent de documents – Mémoires, causes célèbres, récits de voyages, cartes, etc.; il garde tout le courrier reçu, et jusqu'aux factures. Il est à la fois l'observateur le plus attentif, l'œil le plus aigu pour les nuances des choses, les détails quotidiens ou techniques, les petits faits vrais – et le plus grand transformateur de réel, au besoin le plus grand négateur du réel quand il est gêné par lui. Dans l'ouverture prodigieuse de cet éventail résident le charme de l'homme et la grandeur de l'écrivain.

Pour résumer en allant à l'essentiel, générosité et mensonge étaient présents ensemble chez lui avec une intensité exceptionnelle, aussi liés que dans le battement d'un cœur la diastole et la systole. Il avait le sens du don, y compris du don de soi, et en même temps le besoin de garder en lui une part réservée de liberté, de ne pas se livrer : d'où, en partie, les mensonges. Ces deux mouvements recouvraient un peu ce qu'il devait appeler dans *Noé,* de deux termes assez particuliers et déroutants, la perte et l'avarice : la perte étant celle de soi comme des choses, l'avarice étant l'avidité autant que le plaisir de la possession. Les personnages du sauveur et du déserteur, qui apparaissent progressivement dans son œuvre, incarnent en partie ces deux aspirations, parfois opposées mais souvent aussi liées : le mensonge chez Giono est souvent aussi un don généreux. Et de sa générosité spontanée, il tire également un plaisir. Sa complexité, qui est grande, repose sur l'existence en lui de ces courants parallèles, tantôt opposés, tantôt tressés ensemble par une force vitale.

Cette richesse lui suffit et nourrit son œuvre. Enraciné à Manosque, il est relativement solitaire. Il y a beaucoup d'écrivains célèbres qu'il n'a, que l'on sache, jamais rencontrés : Claudel, Valéry, Martin du Gard, Mauriac, Breton, Éluard, Green, Céline, Sartre, sans parler des plus jeunes. D'autres qu'il n'a aperçus qu'une fois : Bernanos, Malraux, Aragon, Drieu, Montherlant, Morand. Outre qu'il n'aime pas Paris, qu'il déteste les milieux littéraires, qu'il se méfie des intellectuels, et qu'il est timide, il a autre chose à faire que voir des gens : il vit de ce qu'il écrit, et il y travaille régulièrement, huit heures par jour en moyenne, parfois plus, produisant quatre à cinq pages. Giono, que l'on imagine volontiers – et ses lettres accréditent parfois cette vue – laissant jaillir une improvisation torrentielle, emporté par son élan lyrique, éprouve certes cet élan, mais il en contrôle l'expression. Son écriture, lente et réfléchie, est le fruit d'une concentration. Il est vis-à-vis de sa création d'une probité et d'une intransigeance exemplaires ; il n'hésite pas à écarter des séries de chapitres, représentant des mois de travail, s'ils ne lui paraissent pas correspondre exactement à ce qu'il veut dire, si ce qu'il appelle le « grain » de son texte ne lui offre pas l'image de la matière rêvée : grain rêche, lisse, gros, raide, souple, ce sont là des formules qui lui sont familières pour parler de son écriture.

Tant qu'il est en train d'écrire, porté par sa création, il s'enthousiasme sur les pages en cours. Une fois écrit le mot « fin », l'exaltation retombe ; il pousse parfois l'esprit critique jusqu'à l'excès, et doute de la valeur du livre qu'il vient d'achever – sans aller jusqu'à douter en bloc de lui-même. Mais, très vite, pensant déjà au livre suivant, il se désintéresse du précédent. Il en corrige la dactylographie avec négligence. Quand arrivent les épreuves, il les corrige très vite et très mal – quand il prend le temps de les corriger.

Projets. *Le Grand Troupeau*

Pour la première fois de sa vie, Giono, à trente-cinq ans, est libre. Son exaltation touche au bouillonnement. Avant même d'avoir déménagé, il écrit à Lucien Jacques, après avoir énuméré tout ce qu'il vient d'écrire et qu'il va publier en revue : « Et de l'ardeur, de l'ardeur en fusion ! Un volcan qui se dégorge dans mon assiette quand je vais pour manger. Un flot de Durance qui me ruisselle dessus quand je vais pour dormir. Le lit, la table à écrire, la balade en colline à corps perdu, et le retour sous forme de geyser d'Islande à en noyer les deux tiers de la population manosquine. Ah! mon vieux, quelle maladie[27]! » Joie de pouvoir écrire sans contrainte, certes. Mais aussi nécessité, qui pourtant ne lui pèse guère. Il n'a pas de réserve financière : seulement ses gains, tels qu'il les a exposés à Gide. Il faut faire vivre la famille. Outre les contes mensuels pour *L'Intransigeant,* il écrit en janvier 1930 le «Poème de l'olive». Il étend, on l'a vu, son éventail de périodiques, et va continuer dans ce sens. En août, le quotidien syndicaliste *Le Peuple* publie *Un de Baumugnes* en feuilleton. A la fin de l'année, *La Revue hebdomadaire, La Revue de Genève* et *Contacts* accueilleront des extraits de *Manosque-des-plateaux.* La gamme de ses éditeurs s'élargit aussi : J.-L. Vaudoyer le pressent pour *Manosque-des-plateaux* chez Emile-Paul ; *Naissance de l'Odyssée,* refusé par Grasset au temps où Giono était inconnu, et que Fourcade n'a pas réussi à publier, voit finalement le jour chez Kra en décembre 1930, deux mois après *Regain*[28]. L'édition de luxe le sollicite : *Colline* paraît dès 1930 aux Exemplaires avec des illustrations d'Amédée de la Patellière, dont il fait avec joie connaissance à cette occasion. *Un de Baumugnes,* illustré par Jacques Thévenet, qui va lui aussi devenir un ami, est en préparation chez les Bibliophiles de l'Amérique latine, et verra le jour l'année suivante.

Le cercle des relations de Giono continue de s'élargir quelque peu. En mai, il reçoit Jacques Thévenet. Le 7 juillet, il écrit à Maxime Girieud qu'il a vu à Manosque La Patellière et Dunoyer de Segonzac, et qu'il attend durant l'été J.-L. Vaudoyer, D. Halévy, J. Guéhenno, Eug. Dabit, Maurice Martin du Gard et A. Gide. Le 1er septembre, Blaise Cendrars vient déjeuner chez lui avec Louis Brun, directeur littéraire des éditions Grasset. En octobre, Giono va au Revest-du-Bion, entre Banon et Sault, rencontrer le peintre Eugène Martel, qui viendra peu après le voir à Manosque. En novembre 1930, il est à Paris pour le service de presse de *Regain.* Il renouvelle son amitié avec Henry Poulaille, qui l'invite à déjeuner avec le célèbre romancier norvégien Johan Bojer[29] et sa femme et avec Eugène Dabit, le 15 novembre. A la suite de cette rencontre, Poulaille et Giono se tutoieront. Ce même jour, Giono est interviewé par Frédéric Lefèvre, vieil ami de Poulaille, pour sa fameuse série «Une heure avec... » dans *Les Nouvelles littéraires.* Giono ne se prive pas d'inventer plusieurs éléments de sa biographie. Il rentre ensuite à Manosque, où, en décembre, Henri Pourrat, avec qui il correspond depuis deux ans, lui rend visite. Il reçoit une invitation de Berlin, où il ira en février 1931 faire une conférence qu'il répétera en mars à Digne.

Et l'œuvre, qui est l'essentiel ? Il déborde de projets, qui se multiplient à mesure qu'augmente le nombre de ses livres publiés ; c'était déjà vrai en 1929, ce l'est plus encore à partir de 1930[30]. De se sentir libre met Giono en état d'expansion enivrée.

Il tient à se renouveler, et à se changer de ses romans antérieurs où il n'a pas utilisé son expérience personnelle. Le roman qui succède à *Regain* le ramène à lui-même : c'est *Le Grand Troupeau,* où, après plus de dix ans de décantation, il va dire ce qu'a pour lui été la guerre. L'origine en remonte plus haut sans doute qu'on ne le pensait, s'il en a parlé à son camarade de régiment Gouttenoire plusieurs années avant 1929[31].

C'est sans doute entre mai et octobre 1929, pendant la rédaction de *Regain,* que Giono, songeant à la suite de son œuvre, pense à nouveau à un roman sur la guerre. Il jette sur le papier en juin des notes sur une série d'épisodes, sous la rubrique provisoire de « Chroniques ». Il en parle au début de juillet à Lucien Jacques, qui lui signale aussitôt *A l'ouest rien de nouveau* d'Erich Maria Remarque, dont la traduction française vient de paraître. « Lis-le. Il le faut absolument. Et lis-le au moment de sauter dans *Le Grand Troupeau.* Ce sera un admirable tremplin. » Jean suivait presque toujours les conseils de Lucien en matière de lecture, et une lettre à J. Guéhenno atteste qu'il le fit dans ce cas.

L'intrigue prévue alors par lui, « l'histoire du jeune et du sergent qui guigne la terre », ne sera finalement pas retenue[32]. En septembre-octobre 1929[33], il pense à une trilogie intitulée *Apocalypse;* les parties en seraient *Le Grand Troupeau, Le Poids du ciel* et *Présence de la mort.* C'est qu'il vient de grouper ses trois premiers romans pour en faire la trilogie de *Pan ;* et il songera aussi à des trilogies, parfois à des tétralogies, pour ses deux œuvres à venir : *Le Serpent d'étoiles* et *Jean le Bleu.* Dans ces années 1929 à 1932, cette forme le hante : influence des tragiques grecs qu'il admire depuis vingt ans, et dont l'œuvre était ainsi organisée ?

A partir de là, il y a trois grandes étapes dans la réalisation du roman. Des notes d'abord, tentatives pas toujours cohérentes. Puis une première rédaction suivie, du 22 décembre 1929 au 24 juin 1930. Giono écrit le 9 juillet à M. Girieud que le roman « est fini d'écrire. Il y a encore là-dedans de quatre à cinq mois de travail pour arranger certaines parties ». Une dactylographie est effectuée et corrigée abondamment. Giono s'arrête alors pour écrire *Le Serpent d'étoiles* du 8 juillet au 10 août. Après un mois de vacances, il reprend son travail le 8 octobre, pour terminer le 30 mars 1931. Pendant cette seconde période, il récrit l'ensemble, modifiant radicalement quatorze chapitres et n'en laissant à peu près intacts que six. C'est la seconde rédaction ; elle est réduite d'un quart par rapport à la première. Après une seconde dactylographie, qui sera beaucoup moins corrigée que l'autre, elle deviendra le texte presque définitif, bien qu'après son envoi le 8 avril 1931 à J. Guéhenno qui va le publier dans *Europe*[34], Giono ait encore sur épreuves abrégé certaines pages : « J'ai l'impression qu'ayant ainsi resserré les passages qui manifestement étaient faussement ou aisément lyriques, le livre y a gagné en équilibre et en noblesse », écrit-il à Guéhenno le 24 mai.

Toute la rédaction s'est faite dans la frénésie créatrice qui sera celle de Giono pendant dix ans, et qu'ont bien connue sa femme et ses filles. Dès après son lever et son bol de café, il se jette sur son travail, ne le quittant que lorsqu'on l'appelle pour le déjeuner, et arrivant souvent en robe de chambre, pas rasé, et ayant parfois oublié qu'il a invité des amis à déjeuner[35]. Ses lettres correspondent bien à ces témoignages. « J'ai été comme aspiré par *Le Grand Troupeau* « (à Lucien, 3 janvier 1930). Le 19 janvier au même : «*Le Grand Troupeau* n'est plus seulement un grand troupeau, c'est une espèce de tourbillon qui m'entraîne (...), une espèce d'hémorragie de la personnalité. » A Maxime Girieud, le 31 janvier : «*Le Grand Troupeau* me dévore littéralement. » D'après ses lettres – et là il dit vrai – il en a 70 pages d'écrites le 19 janvier, 160 le 24 février, 271 le 30 mai, 300 le 3 juin. Il a peiné : « Il y a une quinzaine de personnages principaux, des transports de l'action dans des pays différents et puis c'est la première fois que je suis dans un livre aux horizons si vastes[36]. » Finalement, avec du recul, Giono ne sera pas très content de son œuvre.

Il avait deux écueils à éviter. L'un était de s'enfoncer dans la voie qu'il avait suivie jusque-là. Certains de ses amis, après *Regain,* s'inquiétaient. Pour eux, il existait dans la trilogie de *Pan* un filon qu'il était commode d'exploiter, mais qui menait à la redite et à la facilité. *Colline* et *Un de Baumugnes* sont des chefs-d'œuvre, lui écrit Lucien le 27 mai 1930. « Avec *Regain,* tu ne te surpasses pas, tu reprends de l'un et de l'autre et c'est malgré de nombreuses pages *admirables* plutôt en dessous (...) Concentre tes trésors sur d'autres sujets et ne te gaspille pas[37]. » Après la publication du roman, H. Poulaille fera des réserves analogues le 18 octobre : « C'est trop près des deux autres bouquins et cela risque de sembler "poncif" (...). Prenez garde, vous êtes à un tournant dangereux. Trop de poésie, trop de phrases tournées (...). Il faut que vous en sortiez (...). Faites un truc en dialogue brut et jugez de ce que ça rend en le comparant avec certaines scènes de *Regain.* Je vous dis ça non en pion mais en ami qui vous aime beaucoup et qui a peur[38]. » Giono répond le 24 en défendant la trilogie de *Pan.* « Mais je suis d'accord, il fallait s'arrêter là. C'est fait. C'est fait depuis. Songez qu'il y a *Le Grand Troupeau* après ça, et ça ce n'est pas de la poésie, je vous prie de le croire. Quand je l'ai commencé (et je viens de le recommencer) j'ai mis comme d'habitude le papier directeur en face de moi et je l'ai là, à côté pendant que je vous écris. Entre autres ordres, je me donnais ceux-là : "Bien se reprendre en main, ... et pas de poésie." » La lucidité du créateur éclate ici.

Le second écueil, pour un Giono qui tenait à puiser dans son expérience, était de produire un roman de guerre analogue à tous ceux qui avaient paru depuis 1919. Sans les avoir lus tous, il n'a pu ignorer *Les*

Croix de bois de Dorgelès, *Le Feu* de Barbusse, *A l'ouest rien de nouveau* de Remarque. Mais, bien que la vision de la guerre comme un gigantesque massacre inutile éclate dans ces trois livres, Giono n'a pas eu besoin d'eux pour la former. Des dizaines ou des centaines de milliers de combattants l'ont eue spontanément.

Mais *Le Grand Troupeau* offre une nouveauté essentielle : il montre la guerre en opposition à la paix des campagnes, en opérant entre les deux mondes – ils occupent en gros le même nombre de pages – un va-et-vient continuel. Peut-être l'idée d'ensemble est-elle venue de Tolstoï. Giono avait lu *Guerre et Paix* dès 1925, et s'était mis à le relire au moment où il commençait *Le Grand Troupeau*[39]. Mais seul le titre a pu jouer, et l'alternance de scènes entre le front et l'arrière : rien dans le style, dans les personnages, dans l'atmosphère. L'intuition capitale de Giono est d'opposer le troupeau pacifique des moutons en transhumance au troupeau humain mené à l'abattoir[40].

Ce que Giono a vu de 1916 à 1918 est évidemment présent dans toutes les visions du front. Mais il ne s'est pas mis en scène : il n'a pas exactement de porte-parole dans le livre. Si les secteurs du front où se trouvent les protagonistes sont bien ceux qu'a traversés Giono, les fantassins ne sont jamais comme lui chargés de transmissions par radio ; ils ne lisent pas (sauf un qui a un livre de théosophie) ; si Giono, dans ses notes de préparation, évoque Bach, Cézanne, Breughel, les soldats Joseph et Olivier n'ont certainement jamais entendu parler d'eux : les textes poétiques ou sacrés n'existent que dans les titres des chapitres, qui évoquent Dante – « Le premier cercle » – et la Bible, surtout l'Apocalypse. Le passage le plus « vécu » est peut-être celui où près d'Olivier éclate un obus[41] : il perd son casque, entend sa voix comme venant d'un autre, et, pris de nausée, hurle. Souvenir probable de la commotion subie en 1916. En revanche, à Manosque où commence le roman (comme *Angiolina* et *Un de Baumugnes*), le père de Giono est là en personne, cordonnier à la barbe blanche appelé « Père Jean », et, dès le début de la guerre, prévoyant qu'elle sera dure et meurtrière[42].

Extérieurement, l'unité du livre est donnée par le plateau de Valensole, proche de Manosque ; toutes les scènes de paix s'y déroulent, et c'est de là que viennent les deux jeunes mobilisés, Joseph, marié à Julia, et Olivier, amant de Madeleine, la sœur de Joseph. Mais, au front, ils ne se rencontrent jamais. A la moitié du livre, Joseph, blessé, amputé d'un bras, disparaît presque complètement du récit. Olivier restera présent jusqu'à la naissance finale de son fils dans la paix retrouvée.

Ces protagonistes sont peu caractérisés, contrairement à Janet, Albin ou Panturle. Le bon capitaine Viron et le soldat gouailleur surnommé La Poule ont plus de relief, de présence physique, de caractère, que Joseph ou Olivier, qui, à force d'être symboliques du poilu français, sont un peu estompés. Tous les soldats sont apparemment d'origine populaire. L'armée, plus que chez d'autres – Dorgelès notamment –, est nivelée par la base. A peu près pas d'officiers supérieurs : Giono a coupé la scène burlesque du repas d'un général gourmand exigeant du homard et non de la langouste. Hiérarchie et organisation, sans être totalement absentes, sont comme aplaties.

L'ensemble est placé sous le signe de la dispersion ; les changements de scène se multiplient ; les déplacements des soldats d'un point du front à l'autre sont discontinus ; on ne peut qu'avec des efforts suivre la chronologie de l'action, comme si elle était volontairement estompée ou brouillée ; la guerre n'a pas plus de fin qu'elle n'a de sens ; elle n'est pas ancrée dans l'histoire – il n'est pas plus question de la déclaration de guerre que de l'armistice, de l'évolution de la situation, de manœuvres, encore moins de victoire –, elle est plutôt dans une éternisation du mal, de la boue, du sang, des tripes[43], de la fatigue, de la souffrance, de l'absurdité, des hallucinations – le fantôme du feldwebel, le fantôme de Regotaz dans un rêve d'Olivier[44] –, et constamment de la mort. La guerre est presque toujours atomisée en scènes de détail à deux ou trois personnages ; pas de fresques ; ne sont collectifs qu'un épisode à l'hôpital militaire de campagne, et la dernière scène au front où a lieu la seule attaque du livre – la guerre pour Giono se subit plus qu'elle ne se fait – et où ensuite des vagues d'Allemands, puis des vagues de Français et d'Anglais sont aperçues au loin, partant à l'attaque. La guerre s'ouvre sur un cri : « Le corbeau ! » et se termine sur un autre cri : « A l'abattoir ! »[45].

Les hommes, pris individuellement, restent pourtant le plus souvent fraternels et compatissants ; non pas seulement entre Français – la première scène de guerre est celle où Joseph veille un artilleur mortellement blessé – mais aussi entre « ennemis »[46]. Lorsqu'un des soldats fait confectionner un collet de fil de fer pour étrangler les Allemands s'ils rampent sous les chevaux de frise, ses camarades s'insurgent et l'obligent à aller l'enlever. Le capitaine Viron, souriant, rassure en lui tapotant la main un prisonnier allemand terrorisé[47].

Ce qui demeure à la fin, pour ceux qui survivent, c'est la mutilation : Joseph a perdu son bras droit, Olivier sa main droite, et, conséquence indirecte de la guerre, la petite fille d'Olivier est née avec les deux jambes inertes, parce que sa mère enceinte a été frappée par son frère Joseph qui espérait ainsi éviter la honte d'une naissance illégitime dans la famille : la réaction est du même ordre que celle du père d'Angèle dans *Un de Baumugnes*[48]. Diminution, cicatrice comme celle qui subsista après la guerre dans l'âme de Giono.

La guerre étant inhumaine, il ne peut y avoir de mal à s'y soustraire. Et même par instants à souhaiter la défaite si elle doit signifier la fin de la tuerie. Au mont Cassel, « les Allemands avancent sans bataille (…) "Cette fois, tout a craqué", dit La Poule. Olivier a eu un petit sourire blême, juste au coin de la lèvre. "Tant mieux ! que ça finisse…" » Le même Olivier, un peu plus tard, ayant reçu de mauvaises nouvelles de chez lui, se fera mutiler par un camarade pour être réformé. Il est de fait l'équivalent d'un déserteur. Nulle désapprobation à son égard. Pas davantage à l'égard de Toine, le déserteur qui fait l'amour avec Julia dont le mari est absent[49]. La tentation de la désertion, qu'on verra reparaître souvent chez Giono jusqu'au *Déserteur,* écrit en 1965, se relie-t-elle à la tradition du grand-père « Jean-Baptiste » ? Elle s'intègre en tout cas à la veine anarchiste de Giono, qu'on a vue se manifester très tôt à la fin de la guerre[50].

Si le dénouement est malgré tout optimiste, avec la naissance du garçon sur lequel un vieux berger appelle la bénédiction des puissances de la nature, si pour la première fois dans le livre le mot « espérance » y apparaît à deux reprises[51], ce dénouement n'est pas l'aboutissement de la guerre, mais la victoire de la vie retrouvée malgré la guerre. L'élan de Giono l'obligeait à suivre la ligne de son œuvre depuis *Colline* : celui de l'espoir, des « histoires qui finissent bien ».

Solitude de la pitié. Manosque-des-plateaux. Le Serpent d'étoiles

Dans sa rédaction du *Grand Troupeau,* Giono s'arrête de temps à autre pour reprendre haleine, réfléchir, laisser mûrir. Il en profite pour écrire des textes brefs qui le ramènent à la paix présente et à la vie telle qu'il la voit autour de lui. Son regard reste vif et ironique. En témoigne un passage d'une lettre à Maxime Girieud, le 31 janvier 1930, décrivant le mariage, à Grasse, avec Albert Jurrus, de sa cousine Fernande Pourcin, qu'il aime beaucoup : cette noce est peut-être la seule occasion connue où il ait dansé (avec la mariée) : « Il y avait là des types à petit front et à grosses mâchoires, des femmes bardées de graisse comme des oies troussées, des jeunes filles toutes vertes et qu'on avait déjà mordues. Une mariée de trente ans tout en blanc, un jeune marié pris au piège avec de beaux yeux de renard perdu, des beaux-pères qui avaient calé leurs ventres près des bouteilles de champagne, des belles-mères qui aiguisaient déjà les couteaux, les sabres et les flèches, contre le satin de leur robe de cérémonie. J'ai passé là deux jours comme dans une cloche à plongeur. On m'a dit : "Vous allez brûler la nappe, si vous fumez tant !" et on est venu relever la nappe devant moi. Un autre m'a dit : "Il y a une école, à Paris, qui apprend à être écrivain par correspondance. Alors, vous comprenez, vous, au fond, vous n'avez pas d'instruction. Vous êtes parti de l'école à 15 ans, vous n'êtes pas comme ceux qui ont des brevets. Vous feriez bien d'écrire là et de demander. Ça vous apprendrait toujours quelque chose. N'est-ce pas ?" J'ai remercié, j'ai noté l'adresse, j'ai donné au monsieur l'impression que la révélation venait de m'éblouir et il est parti tout content et je l'ai entendu dire à mon oncle[52] : "J'ai donné à votre neveu une adresse qui lui servira." Et l'oncle est venu me dire, très sérieux : "Jean, écoute-le, ce monsieur, c'est quelqu'un ! Il a une entreprise de chauffage à Marseille, et il en gagne, des sous..." Dix-sept ans plus tard, Giono décrira, à la fin de *Noé,* cent fois magnifiées, des noces dont on distingue peut-être ici l'origine, sans doute déjà romancée.

Ce type d'observation aiguë va lui servir dans ses textes courts de la fin de 1929 et de 1930. La plupart ont été regroupés en 1932 dans *Solitude de la pitié*[53]. Dans la plupart de ces textes, Giono est présent lui-même, avec quelques variations. Il s'appelle Jean dans « La main », dans « Babeau », dans *Manosque-des-plateaux.* Il dit constamment « je », et c'est la plupart du temps bien lui qui parle, homme de la ville en contact amical avec des hommes de la terre qui l'appellent « Monsieur Jean », et émerveillé de leur savoir, de leur sagesse. Il fait apparaître sa mère dans « Le voyageur immobile » (bien qu'on y voie surtout sa tante Pourcin), et au début de *Manosque-des-plateaux.* Plusieurs des récits sont des retombées, des « éclaboussures », dit-il, des romans antérieurs ou en cours, soit par leur intrigue, soit par leur atmosphère – affrontement de l'homme et de la nature par exemple. Certains ont, contrairement aux romans, une tonalité en partie comique – jamais totalement : « Philémon » où un cochon est saigné en plein cœur d'une noce ; « Jofroi de la Maussan » où un vieil homme égaré tourne au burlesque à force de rater ses suicides successifs ; d'autres encore. Mais la couleur générale est quelque peu amère. C'est celle de la solitude de l'homme en lui-même, ou parmi les autres, ou dans la nature. C'est aussi celle de l'égoïsme. Les paysans intéressés, mesquins, parfois féroces, ne se trouvaient pas jusque-là chez Giono : ils apparaissent dans « Annette ou une affaire de famille », où une orpheline est rejetée par tous, et plus encore dans « Radeaux perdus », où, pour des questions d'argent, une femme et un vieillard sont l'une assassinée, l'autre poussé au suicide. Certes la sagacité, la divination et la poésie paysannes éclatent aussi dans « Magnétisme », dans « Joselet », dans « Au bord des routes », dans « Le mouton ». Et la pitié se manifeste ; mais elle échoue souvent, ou apparaît soit ambiguë soit dérisoire[54].

« Poème de l'olive » et *Manosque-des-plateaux* sont un peu à part. Ce sont deux textes manosquins. Mais ce n'est pas le Manosque du début du *Grand Troupeau,* enfiévré par l'irruption de la guerre : c'est celui de l'enfance pacifique de Giono. Dans chacun, deux volets en opposition. Pour « Poème de l'olive », le paysage lumineux de la cueillette joyeuse, où dansent dans la prose des laisses d'octosyllabes qui doublent les chansons des cueilleurs, et la vision accablante et inhumaine du pressoir clos, qui est un enfer. Dans *Manosque-des-plateaux*[55], les « grands plateaux couleur de violettes où l'autre Manosque est bâti » (c'est-à-dire le vrai Manosque, celui de l'imagination poétique) et le Manosque commerçant et inculte qu'il déteste : « ici, à Manosque, avec les cornichons, en plein milieu du vinaigre », écrit-il à J. Guéhenno dans une lettre du

27 janvier 1930. Opposition presque platonicienne (*Accompagnés de la flûte* comportait des épigraphes de Platon) entre un monde réel et un monde idéal; le second est à la fois celui de son enfance, celui d'un passé disparu que lui rapporte la tradition, et celui de ses rêves présents. Le lien entre les deux, c'est lui-même, toujours là soit tout jeune avec sa mère et son père « le savetier rêveur », soit au moment où il écrit, conversant avec les bergers, lisant Whitman aux paysans – ou s'imaginant en train de le lire –, visitant un notaire méticuleux. Charmant petit livre, plus acéré qu'il n'y paraît, avec des scènes inquiétantes[56], et jetant déjà un pont en attente vers les futures *Chroniques*.

Enfin, entre la première rédaction du *Grand Troupeau* et la seconde, Giono écrit *Le Serpent d'étoiles*. D'après les dates inscrites en tête du manuscrit, cela lui a pris un mois, du 8 juillet au 10 août 1930. Mais, à la fin du manuscrit, la date initiale est « Mallefougasse, 24 juin 1929 ». Giono ne portait pas sur ses manuscrits de dates imaginaires: seule occasion peut-être où il s'interdît d'inventer. Cela me fait croire que l'épisode du « drame des bergers », qui sert de base au livre, a été non pas vécu (on va voir qu'il n'en est rien) mais rêvé lors d'une promenade sur le plateau de Mallefougasse, au pied de la montagne de Lure, en 1929; la nuit de la Saint-Jean – du 23 au 24 juin – tombait cette année-là entre dimanche et lundi, et Giono, libre à sa banque, avait pu s'éloigner de Manosque. L'intuition d'un jeu à plusieurs voix improvisé par les bergers a dû lui venir lorsque, de près ou de loin, il regardait dans la nuit un feu de la Saint-Jean; peut-être y a-t-il mêlé le souvenir de pastorales jouées pour Noël dans les villages: il les a évoquées dans « L'eau vive » et dans *Présentation de Pan*.

La fiction initiale à laquelle le livre doit son existence c'est que, la nuit de la Saint-Jean, les bergers de la région, réunis avec leurs troupeaux sur le plateau de Mallefougasse, y jouent, entre eux et pour eux seuls, un drame lyrique improvisé qui met en scène la terre, la mer, la montagne, le fleuve[57]...

Tout cela est développé dans *Le Serpent d'étoiles,* qui devait d'abord s'appeler *Le Serpent qui se mord la queue*[58]. Le « drame cosmique », qui reproduit les improvisations des bergers, en occupe plus du dernier tiers. Tout ce qui précède constitue une longue préparation: Giono (son nom ne figure pas dans le texte, mais le narrateur est « Monsieur Jean », de Manosque) fait connaissance du potier Césaire Escoffier, autrefois berger sous les ordres du « baïle » Bouscarle. Après deux tentatives infructueuses, Césaire emmène Jean, la nuit de la Saint-Jean, assister à la représentation annuelle du drame.

Pour le lyrisme des versets de cette dernière partie, je me demande si Giono n'a pas voulu délibérément s'engager dans la voie de Claudel, qu'il admirait à l'époque[59]. Mais il aurait été un Claudel païen et rustique. H. Godard a noté que ce que jouent les bergers rassemblés, c'est une nouvelle version de la Genèse, avec la naissance du monde, l'apparition de l'homme, et l'intervention, dans le conflit entre les hommes et la nature, des « chefs de bêtes » qui « pèsent plus que les autres[60]. La tonalité religieuse qu'implique un tel sujet a tout naturellement amené l'emploi de versets du type claudélien. La date de l'action dans l'année est celle d'une œuvre de Claudel : *La Cantate à trois voix* qui commence par « Cette heure qui est entre le printemps et l'été », le temps du solstice. Giono avait le texte dans sa bibliothèque de jeunesse. Quant aux invocations répétées de l'Homme au Seigneur[61], uniques dans l'œuvre de Giono, elles sonnent un peu comme du Claudel. Enfin, le personnage même du berger appartient à la symbolique biblique, dans le Nouveau Testament comme dans l'Ancien : même si *Le Serpent d'étoiles* est un livre très païen, c'est un livre où perce l'écho d'autres croyances religieuses.

Giono a-t-il réussi ? Cette fin du *Serpent d'étoiles* contient les pages qui, de toute l'œuvre de Giono, chantent le moins juste à mes oreilles et me mettent le plus mal à l'aise par leur artifice. C'est là une impression subjective. Mais Giono, dans ses entretiens avec J. Amrouche, a été vingt ans plus tard tout aussi sévère, s'excusant sur le fait qu'il s'agissait là d'une œuvre alimentaire, rédigée en hâte pour gagner 3 000 francs ; affirmation tardive. Le début du livre, avec les personnages des bergers et de leur famille, dans le prolongement des trois romans de *Pan,* sonne beaucoup plus vrai. Dans le monde de Giono avant 1939, tout repose sur une trinité : agriculteurs, bergers, artisans. *Pan* exaltait les premiers ; aux seconds, bien qu'ils eussent eu leur place dans *Le Grand Troupeau,* Giono a voulu accorder le développement d'un livre entier ; il a aussi voulu exercer en toute liberté, sans les contraintes exercées par la présence de la guerre dans son roman précédent, ses pouvoirs d'invention à propos de ces bergers dont il recrée les rites, et même un instrument de musique, le tympon, décrit en détail[62]. Il évoque aussi un pin-lyre qu'il a dit avoir inventé, mais qui a en fait existé à Cadarache (la fille d'un vieux berger de l'endroit en a parlé à Sylvie Giono). De cette civilisation rustique, il tire un livre heureux, le moins tragique peut-être de tous ceux qu'il a écrits : à part la brève évocation de la pendaison de Martial de Reillanne, qui se tue parce que sa seule présence provoque la mort des animaux autour de lui, l'œuvre ne recèle pas un seul drame.

Moitié roman, avec des personnages et avec une action très simple et sans dénouement, moitié poème, *Le Serpent d'étoiles* tire aussi vers l'essai par son didactisme. Giono veut dégager plus ouvertement qu'il ne l'a jamais fait, à travers la vision du monde qu'il prête aux bergers, sa philosophie : la place de l'homme dans la nature, la nécessité de s'ouvrir sans résistance à l'univers, ce qui constitue le passage de la crainte à l'initiation, ou de Pan à Dionysos, comme le note R. Ricatte[63] ; la nécessité d'y percevoir le brassage des forces cosmiques, minérales, végétales, animales, humaines.

Ce fut le « Jeu cosmique » qui eut le plus de succès à l'époque, dès sa publication en périodique[64], d'autant que, pour en affirmer la réalité et gonfler un volume un peu mince, Giono allait, en appendice, ajouter à son récit une « transcription littérale » de la scène IV du « drame ». Beaucoup y crurent. Des lecteurs réclamèrent le texte complet. Darius Milhaud songea à en mettre des fragments en musique ; Giono lui ayant raconté l'histoire avec sa fascinante virtuosité, il aurait voulu y assister. Après diverses dérobades[65], le romancier dut convenir qu'il avait tout inventé ; le musicien ne le lui pardonna jamais.

Il n'était pas dans les habitudes de Giono de se repentir d'une invention ou d'une mystification. Mais peut-être était-il conscient des faiblesses du *Serpent d'étoiles*. S'il avait annoncé parmi les « à paraître » de *Regain* d'autres livres de la même veine comme *Vie des bergers* et *Le Chef de bêtes,* il y renonça à partir de 1932.

Chapitre 7
Expériences

Voyage à Berlin

L'achèvement du *Grand Troupeau* est interrompu par le plus lointain voyage qu'ait encore fait Giono. Il a été invité à Berlin, sur l'initiative d'un de ses traducteurs, le professeur Eduard Wechssler. Il y est à partir du 9 février 1931. Il racontera qu'il a été accueilli (à la gare ? ou plutôt à l'Université ?) par un groupe d'étudiants allemands qui lui récite en provençal – langue qui n'a jamais été la sienne – des passages de Mistral, poète qu'il n'aime pas et considère comme surfait, le félibrige l'ayant toujours rebuté. Il rencontre Giraudoux. Il fait une ou plusieurs conférences, dont une le 16 février, « sur le lyrisme des gens de la terre et sur une aristocratie du cosmique[1] ». Il va au zoo. Il en parlera à plusieurs reprises[2]. Il rend visite à Wechssler dans la banlieue de Berlin, et, pour s'y rendre, il se trouve, racontera-t-il, dans un train de nudistes[3]. Il se promène dans la ville, au temps du grand chômage, deux ans avant l'arrivée de Hitler au pouvoir, et porte sur elle un regard lucide, presque prophétique. Au dos d'une lettre de janvier 1931, qu'il a apportée (elle est d'un correspondant allemand avec qui il pensait sans doute prendre contact), il jette ses impressions :

« *Berlin*. La ville morte. Les rues vides, les horizons pleins de froid et de brouillard. Les appartements à louer. La dégradation des façades. Les jardins perdus. La triste faim sous chaque pardessus. Pas de rires, pas de joie, pas de paroles. Pas de gestes. Des gens debout qui glissent silencieusement les uns contre les autres. La cloche à la voix de fer au-dessus de la ville. Le matin, le marchand de journaux qui danse lugubrement pour se chauffer les pieds. Pas d'autos ou presque pas. Pas de monde dans les cafés. Tiergarten ; les arbres avec des cœurs et des initiales. La qualité du froid. Comme le poids d'une meule de pierre. La pauvreté des costumes. Presque pas de monde dans les rues. Toute la longueur de la Tiergartenstrasse est à louer. Partout appartements et magasins à louer. Hôtels vides. Rabais partout. Vie chère. Gens mornes. Une ville sous le poids de l'apocalypse. Vu en surface, le mal a l'air sans remède. De toute façon blessures très graves et très profondes. Centre vital a l'air d'être très touché. Les gens ont l'air d'avoir un très gros et

165

très puissant ressort mais peu tendu et dont les lamelles ballottent. Tout est donc imprévisible. Le choc en retour peut les jeter dans n'importe quel sens. Bolchévisation avant la lettre. Disparition de la classe possédante. Berlin en est arrivé au règne de l'ouvrier malheureux. *Les riches sont morts.*»

De ces impressions, il songera un instant à tirer un texte qu'il promet à H. Poulaille pour *Le Nouvel Age :* le numéro d'avril 1931 de la revue annonce, parmi les textes à paraître prochainement : « Jean Giono. Vues sur l'Allemagne. » Le projet n'aura pas de suite.

Le 17 février, il est de retour à Paris. Les invitations risquent de pleuvoir. Il télégraphie à Élise : « Arrive Paris ce matin stop hâte rentrer stop télégraphie-moi Dragon dès réception Élise malade prétexte pour me dégager invitations stop grosses caresses Jean ». La raisonnable Élise, se disant sans doute que quelques jours à Paris ne seront pas inutiles à Jean pour débrouiller ses affaires d'édition, ne s'exécutera que le 23 . « Suis fatiguée retourne immédiatement affaire urgente Élise[4]. »

A son retour, Giono met la dernière main au *Grand Troupeau*, à la fin de mars. Suit une période qui comprend plusieurs voyages à Paris : la seconde quinzaine d'avril, la première semaine de juin. Giono traverse alors une longue « crise morale » (ces mots reviennent plusieurs fois dans ses lettres) ; elle date de 1930, et les divers soubresauts abordés dans le présent chapitre en sont peut-être les effets ; elle l'a amené à se détacher passagèrement de ses amis : il n'écrit plus à Gide entre février 1930 et avril 1934. Paulhan se plaint de ne plus le voir. Même avec Lucien Jacques la correspondance se relâche par moments : du 15 février 1933 au début d'octobre, sept mois se passent sans que Giono lui écrive une seule fois. Et ils restent longtemps sans se voir. Leur amitié demeurera suspendue jusqu'en mars 1935 ; le 29 mars une carte de Lucien à Poulaille annoncera : « La fête du printemps à Brignoles a été sensationnelle. J.S. Bach y fut religieusement fêté. Giono était là. Nous nous y sommes *retrouvés* et ce fut beau, plus que tout. »

C'est peut-être alors, durant un des voyages de Giono à Paris – à moins que ce ne soit l'année suivante –, qu'a lieu un déjeuner au restaurant (souvent raconté par lui, en particulier à Jean Amrouche), avec Gide, Malraux et Drieu La Rochelle. Les deux derniers monopolisent la conversation, faisant assaut d'idées littéraires, philosophiques et esthétiques, et de brillants paradoxes. Ensuite, Giono part avec Gide et lui confie : « Je n'ai rien dit, j'ai dû avoir l'air d'un idiot. Je n'ai pas compris le quart de ce qu'ils ont raconté. » Réponse de Gide : « Rassurez-vous ; je n'ai pas dit grand-chose non plus, vous l'avez vu : je suis moi aussi loin d'avoir tout compris, et, si vous voulez mon avis, je ne suis pas sûr qu'aucun d'eux ait vraiment compris lui-même ce qu'il disait. »

Probablement à la fin de mai, Giono fait un essai de cinéma avec Lucien Jacques : celui-ci dit, dans une lettre à H. Poulaille, non datée mais classée par le destinataire dans un dossier de 1931 : « Avons tourné un film, Giono et moi, sur les troupeaux transhumants, on vous montrera ça. » Et le 24 juin Giono avise Lucien qu'il s'est fait projeter les trois derniers rouleaux du film ; il y en a donc eu plus de trois[5].

Le double contrat

Cette période est également celle de la crise du double contrat. L'affaire éclate à la fin d'avril. Elle est malaisée à débrouiller : tous les actes ne sont pas disponibles, et les explications données par Giono aux uns et aux autres contiennent comme toujours une part d'invention. Giono, on l'a vu, avait signé avec Grasset en mai 1928 un traité pour trois romans à venir. Ce furent *Colline, Un de Baumugnes, Regain.* Il était d'autre part lié avec Gallimard depuis août 1928 pour ses cinq prochains romans, sous réserve des trois promis à Grasset. Le 18 novembre 1930, lors de son séjour à Paris, il accepte néanmoins de signer un nouveau contrat avec Grasset. D'après une lettre à Poulaille[6], chef du service de presse chez Grasset, il s'agissait de trois livres « à fournir en deux ans, à raison de 1 500 francs par mois » (avance sur droits d'auteur). Dix jours après, le 28 novembre 1930, il en signe avec Gallimard un autre (se substituant à celui de 1928 qui n'avait pas encore été exécuté), pour trois romans : *Le Grand Troupeau, Le Poids du ciel, Le Chef de bêtes ;* cela pour 1 500 F par mois aussi, mais pendant quatre ans : le double finalement de ce que lui accordait le contrat Grasset.

Comment Giono a-t-il pu se laisser embarquer dans cette situation inextricable : être engagé pour les mêmes livres avec deux éditeurs, qui de plus étaient rivaux ? L'achat de la maison du Paraïs a mis ses finances en déséquilibre : les dettes, la famille à nourrir... A-t-il cru ou voulu croire que le contrat avec Grasset concernait des livres ultérieurs et non « les prochains » ? Ou plutôt n'a-t-il pas pensé pouvoir s'en sortir comme toujours grâce à une invention quelconque ?

Dans sa lettre à Poulaille, mentionnée plus haut, Giono ajoute en post-scriptum : « Seulement voilà : j'ai signé sans lire chez Grasset, en confiance, et ils ont ajouté : "prochains livres". Au moment de la signature j'avais demandé à Brun de supprimer "prochains". Il m'a dit : Ça n'a pas d'importance, on s'arrangera toujours. C'est sur cette affirmation de Brun que j'ai signé d'ailleurs. » La version donnée par une lettre à Brun du 29 avril 1931, dont il sera question plus loin, est un peu différente. Évoquant la signature du contrat, il y écrit : « A ce moment-là j'avais des offres magnifiques à la fois de Gallimard et de Rieder. Vous êtes l'ami, j'ai voulu signer chez vous, pour vous. Je savais à ce moment-là que les 1 500 francs que vous me donniez me seraient insuffisants. Je savais aussi que vous ne me donneriez pas plus. Je vous ai dit – très timidement j'en conviens – "laissez-moi la liberté de donner un livre ailleurs chaque année". Vous m'avez dit oui. Je sais, Brun, j'aurais dû insister et tout vous dire et tout vous expliquer et ne rien laisser dans l'ombre[7]. »

Tout se révèle en avril 1931 à propos du copyright à indiquer dans *Europe* en tête du *Grand Troupeau*, qui va y paraître : Gallimard ou Grasset ? Giono semble avoir été à Paris depuis le 15 environ, mais ne s'être pas montré. Poulaille l'avertit dans un pneu non daté, mais qui ne peut avoir été écrit que vers la fin d'avril : « On t'a fait une blague de ce côté ? Alors attention. C'est un procès en perspective où il n'y aura que toi qui perdras. Si cela ne te fatigue pas de venir me voir, je te dirai tout cela mieux. Mais je pense que tu te fous maintenant de ceux que tu appelais tes amis. » Et il précise : « Maintenant on sait que tu es à Paris depuis pas mal de jours et l'on s'étonne de ne pas t'avoir vu. Ce qui laisse entendre que tu as fait une connerie et que tu as peur d'être engueulé. » Bernard Grasset, personnellement, est furieux. Brun, après avoir reproché à Poulaille de lui avoir trois ans plus tôt amené "ce rusé Rital", "race de rossards", télégraphie à Giono. Celui-ci répond de Manosque, d'abord d'un télégramme, puis plus longuement par lettre le 29 avril. Là, pour couvrir son silence, il brode : « Votre télégramme m'a enfin trouvé vers les fonds de Saint-Julien-en-Beauchêne, par hasard et par l'amabilité de mon copain Antoine qui est venu jusqu'à ces hauts de Garnesier où je campais en compagnie d'Alberto Cavalcanti et de Maurice Jaubert. Et d'abord que je vous explique que je n'ai fait que traverser deux fois Paris. Une fois à l'aller le 13 avril, en route vers Londres où j'allais avec Cavalcanti pour un scénario de cinéma sur la transhumance des moutons et une fois au retour vers le 22 avril. Nous sommes partis de Paris dans la nuit du 23 pour venir ici repérer les quartiers du film, rencontrer les bergers, prendre langue avec les gens qui doivent nous abriter, nous nourrir et nous aider tout le temps du film. » Giono dira lui-même plus tard, au Contadour, que quand il mentionne un fait en général, c'est quelquefois vrai ; mais que quand il se met à donner une masse de détails précis, presque à coup sûr il invente. Le scénario sur la transhumance a bien été récemment retrouvé par J. Mény ; mais personne, à commencer par Élise Giono, n'a jamais entendu parler de ce voyage à Londres. Quant au départ pour le Trièves dans la nuit du 23 avril, il est démenti par une lettre à Guéhenno en date du 27, où Giono se décommande pour un dîner ce soir-là ou le lendemain : « Un télégramme d'Élise me fait retourner à Manosque pour un rendez-vous d'affaires. » Mais il a pu ne mentir que sur sa date d'arrivée dans la région de Saint-Julien : l'existence du scénario sur la transhumance prouve la réalité des contacts avec Cavalcanti, sans garantir leur date.

Au pneu de Poulaille, Giono, de Manosque également, répond, sans doute le 30 avril : « Poulaille, pourquoi m'écrire cette phrase où tu parles de "ceux que tu appelais tes amis" ? Mes amis sont toujours mes amis, et ils le seront toujours (…). Alors, tous contre moi ? Ça sera vite fait, ne vous inquiétez pas. Ça y est, il n'y a plus de Giono, si c'est ça que vous voulez ! Ça va être beau de bouger vos forces d'éléphant pour écraser une puce ! J'ai écrit à Brun hier : Vous avez trop l'habitude de vivre au milieu des rusés et des malins, et vous croyez que tous autour de vous sont des rusés et des malins. Il y a des imbéciles aussi. J'en suis. Voilà tout. Mais qu'on ne m'accuse ni de ruse, ni de politique, ni de diplomatie. Je n'écris pas. Je fais le mort, je suis invisible. Ça ne m'empêche pas d'être ton ami, d'être l'ami de Brun : ceux à qui j'ai donné mon amitié l'auront n'importe comment, mais je ne vais pas faire les gestes ordinaires de la vie, et j'ai ma vie à moi, ma bataille à moi, mes soucis dans lesquels je me débats. Sans rien dire, sans gueuler, avec le sourire en façade. Ça ne veut pas dire que je ne suis pas fait de chair à sang et à souffrance comme tous et que je n'ai pas besoin de m'enfourner de la viande et du pain dans la gueule et dans la gueule de ceux qui bâillent autour de ma table. Ah ! mon cher Poulaille, l'amitié n'est pas toujours dans ceux qui écrivent et ceux qui vont dansoter autour de vous le pas de l'amitié en délire. Tu dois le savoir ça, toi. Il y a ceux qui se taisent et qui sont des amis. Merci de tout ce que tu me dis et garde-moi ton amitié. »

Giono n'a pas littéralement écrit à Brun dans les termes qu'il rapporte à Poulaille, bien qu'il ait effectivement parlé dans sa lettre du 29 avril de « ruse » et de « malice ». Peu importe. Poulaille répond le 5 mai par une belle lettre franche, sur papier à en-tête du *Nouvel Age,* portant la liste des membres du comité de rédaction, dont Giono :

« Ta lettre m'a fait de la peine. Et j'en viens à regretter que tu aies quitté la banque. Tu as peuplé tes heures de visites d'imbéciles de tous genres, de niais dorés, de snobs vantards ou dégingandés. Et c'est cette bande d'andouilles qui va de Valéry à Honegger qui au fond t'a foutu dedans. Que n'as-tu vu que des bergers ! Il ne s'agit pas de se laisser aller. Tu as fait une connerie, et tu dis : Qu'on supprime Giono. Mais il ne peut pas être question de ça. Tes livres sont d'un gars costaud, et tu dois être l'homme de tes livres. Envoie promener les rombières et rombiers qui viennent t'emmerder sous prétexte de te dire leur admiration. C'est du bluff tout ça.

« Ta bataille à toi elle est avec l'œuvre et non avec les marchands et les faiseurs. Tu as peuplé ta bataille de fantoches, de bavards qui t'ont masqué les vraies réalités et tu dois te ressaisir. Voilà.

« J'ai été peiné par ta lettre et par celle de Brun[8] car tu joues mal. Il ne faut sous aucun prétexte écrire de ces lettres. Il vaut mieux faire la tête de cochon que de se mettre à plat. Tu aurais mieux fait de prendre avis, soit Jacques soit moi, et l'on aurait arrangé les choses… maintenant ne te laisse pas aller. Dis-toi : c'est moi Giono. J'ai fait le zouave mais quoi. C'est eux avec leurs ruses de guerre qui t'ont fait faire ça. Il n'est pas question de ne plus être amis ensemble. Plus que jamais je suis ton ami, puisque tu es dans les tracas, et je ne suis pas un lâcheur (…). Et tu penses bien que même les mots d'*escroquerie* – vente de marchandise à *deux marchands* à la fois[9] –, ça ne m'impressionne pas.

« Ça m'embête un peu que tu te sois laissé aller à ça, mais c'est tout. Mais le ton de tes 2 lettres me déplaît. Elles pourraient faire dire – Giono est un lâche, il se dégonfle (…). Tu n'as pas le droit de te laisser aller à écrire des trucs comme ça (…). Et je suis le premier à t'engueuler mais serai – *Sois-en sûr* – le dernier à te lâcher.

« Affections chez toi et travaille ! Fraternellement. Henry Poulaille. »

A la lettre du 29 avril, Brun répond brièvement le 4 mai :

« Mon cher Giono,

« Je reçois à l'instant votre longue lettre. Avant d'y répondre je veux savoir à quelle date vous avez signé le premier contrat avec Gallimard et à quelle date vous avez signé le second. Ou mieux envoyez-moi copie des deux contrats.

« Vous vous êtes mis dans une situation très grave tant au point de vue civil que correctionnel. Je vais essayer d'arrêter la plainte en escroquerie que veut déposer Grasset. Mais renseignez-moi.

« Votre ami attristé. Louis Brun. »

Giono répond sans donner les précisions demandées. Brun le relance par télégramme du 8 mai ; il a cette fois les dates des contrats (28 août 1928 et 28 novembre 1930) – ce qui atteste des contacts entre lui et Gallimard – et en réclame les copies.

Comment Giono, même pour se sortir de réels problèmes d'argent – il avait 1 000 francs par mois à payer pour sa maison –, avait-il pu ne pas imaginer les ennuis qu'allait lui valoir la signature de deux traités contradictoires ? Il semble avoir tablé sur l'amitié de Brun, sans se rendre compte que l'amitié, en admettant qu'elle soit réelle, ne peut pas grand-chose dans le cas d'une action judiciaire. S'est-il dit que, vu sa notoriété, vu les nombreuses sollicitations dont il était l'objet, personne ne voudrait prendre le risque de briser sa carrière littéraire ? Il serait totalement faux de ne voir là qu'un calcul. Giono fut bouleversé par la perspective de se voir lancé dans des procès, et de voir se tarir brusquement à la fois les deux mensualités qui écartaient de lui les soucis matériels. Bouleversé aussi, et furieux, de voir que l'existence d'un écrivain comme lui, avec toute son œuvre à venir, qu'il sentait bouillonner en lui, était à la merci des éditeurs.

Sa colère, son désarroi, sa gêne de s'être manifestement mis dans son tort, se traduisent dans sa correspondance. En réponse à la lettre de Poulaille du 5 mai, il lui envoie, note celui-ci, « cinq ou six pages de griffonnages au crayon, des pages arrachées à son carnet », bref une sorte de brouillon. Je ne connais pas d'autre exemple d'une telle manière d'agir chez Giono : il faisait parfois un brouillon pour une lettre importante, mais le recopiait toujours pour l'envoyer. Il s'agit là d'un premier mouvement, parfaitement sincère : tout laisser tomber et redevenir employé de banque. « Tu ne comprends rien. Alors tu sais ce que cela signifie ce que j'ai décidé. Tu te rends compte ? Tu connais, toi, une plus belle façon de dire merde à tous. Tu appelles cela se dégonfler. Qu'est-ce qu'il te faut ? Tu as compris de quelle façon je dis merde ? Je m'en vais, je vais travailler, tu entends ? Je laisse les gens de lettres. » Et, sur un autre feuillet : « (...) enlève-moi du *Nouvel Age* parce que je n'écris plus, je ne suis plus rien. Je ne veux plus voir mon nom imprimé. » Cette menace de suicide littéraire était déjà dans sa lettre du 29 avril à Brun : « Privé de vos mensualités et de celles de Gallimard, il faut que je cherche de nouveau une place d'employé de Banque, tout de suite, tout de suite et même, Brun, je vous en supplie, si vous devez m'écraser pensez à tous les miens et écrasez-moi si ça doit vous donner une satisfaction d'amour-propre mais AIDEZ-moi à trouver du travail pour vivre. Écrasez-moi de cette main, mais de l'autre AIDEZ-moi ; faites-moi redevenir employé de Banque afin que je puisse donner du pain aux miens. » Et le 6 mai, répondant à une lettre navrée envoyée le 3 par son ami le directeur d'*Europe :*

« Cher Guéhenno,

« Je ne me suis pas mis dans une sale histoire. On m'y a mis. Je ne suis pas assez malin pour finasser et pour combiner. Ça a été fait pour moi à mon insu. Je ne cherche pas à lutter. Je cherche seulement une place d'employé de Banque, pour tâcher de gagner ma vie. J'ai écrit avant-hier au Crédit Lyonnais et à la Société Générale. Et après Bonsoir Giono. Ça n'a pas été une belle expérience !

« En toute amitié

« Jean Giono. »

Mouvement de rage, velléité de tout lâcher qui ne dureront pas, mais qui ne l'en ont pas moins pris à la gorge.

Gaston Gallimard, Brun, Poulaille, Guéhenno, Paulhan vont tâcher de trouver une solution. Elle sera mise sur pied, assez lentement, en mai et juin 1931. Le 23 juin encore, L. Brun écrit à G. Gallimard : « (...) je voudrais bien fixer Giono sur son sort ; réunissons-nous donc au plus tôt pour en finir avec cette affaire. Giono a beau avoir agi comme un salaud, ce n'est pas une raison pour lui couper complètement les vivres, c'est du moins mon avis. » Finalement, deux nouveaux contrats sont dressés avec Gallimard et Grasset. Ils prévoient des avances sur droits d'auteur de 1 000 francs par mois pour chaque maison, sans que le débit de Giono, chez Gallimard au moins, puisse excéder 30 000 francs. Une lettre signée conjointement par les deux éditeurs le 29 juin concrétise l'accord[10]. Elle atteste que Giono a refusé de venir discuter le problème.

Sur ces contrats, Giono demande l'avis de Lucien Jacques et celui d'Émile Hugues, notaire à Vence et ami de Lucien. Ils lui déconseillent d'accepter. Lucien écrit le premier, mais oublie de poster sa lettre (c'est tout lui...). Il en envoie une seconde de Rome, le 8 juillet ; il adjure Giono de « ne rien signer avec ces bandits d'éditeurs ». Il dit du contrat de Grasset : « Chacune des clauses est un traquenard et une insulte.(...) Tous tes Brun, Hirsch et autres (...) sont des faiseurs. Ils sont venus à toi parce qu'ils sentent la proie, quant à t'aider à t'accomplir... tu vois comment ils peuvent s'en charger. Des salauds, te dis-je. » Revenu à Saint-Paul, il télégraphie le 11 juillet à Giono : « Quitte pas Paris avant réception lettre qui suit important Lucien. » Cette troisième lettre n'a pas été retrouvée. Pour lui, mieux vaut un procès que d'accepter pareilles conditions. Émile Hugues, qui écrit le 9, arrive à une conclusion analogue après avoir analysé les contrats en juriste. Cet homme averti et pondéré n'hésite pas à parler des propositions « ridicules et malhonnêtes à mon sens » des deux éditeurs.

Le *modus vivendi* proposé attribue à Gallimard les 1er, 3e, 5e, 7e, 8e et 9e romans à venir, à commencer par *Le Grand Troupeau,* ainsi que les recueils de nouvelles ; à Grasset les 2e, 4e et 6e romans, et tous les essais[11]. Giono ne peut rien publier chez d'autres éditeurs pendant cinq ans. Hugues fait observer que Giono a ainsi les mains entièrement liées, et ne pourrait accepter, même si elles étaient plus avantageuses, les propositions d'autres éditeurs. Le pourcentage fixé par Grasset est de 10 % sans aucune progression, alors que normalement les droits sont établis sur un pourcentage allant de 10 à 14 % selon le nombre d'exemplaires vendus : « Vous ne pouvez point accepter des conditions inférieures à celles qui sont faites à n'importe quel autre auteur. » Le même contrat stipule que les comptes seront réglés le 31 décembre 1932 et le 31 décembre 1934 : "Vous reportez à une date vraiment trop éloignée le bénéfice réel de votre œuvre. » E. Hugues, comme Lucien, est moins sévère pour le contrat Gallimard, qui propose un pourcentage un peu meilleur (12 % de droits au-delà de 10 000 exemplaires) et un règlement annuel. Il reste critique sur divers autres points comme les droits d'adaptation au cinéma, de traduction, etc. Mais, avant d'avoir reçu les lettres de ses amis, Giono, se sentant dans son tort, a signé et renvoyé les contrats le 6 juillet, en disant dans une brève lettre d'accompagnement à Gaston Gallimard : « Je vous remercie pour votre bonne attitude à mon égard en cette affaire. »

Il semble hors de doute que, profitant de la situation légalement peu défendable dans laquelle s'était mis Giono par un mélange de ruse, de naïveté et d'inconscience, les deux éditeurs, et surtout Grasset, ont cherché à se réserver des avantages assez substantiels. C'était leur métier ; et cela faisait aussi partie des traditions de leur métier que d'enrober cela dans des protestations d'amitié. L'attitude de Louis Brun, en particulier, semble justifier l'appréciation de Lucien Jacques. C'est lui qui envoie à Giono les contrats Grasset du 29 juin, avec la lettre suivante :

« Mon cher Giono,

« Je m'excuse d'avoir observé le plus grand silence depuis deux ou trois mois que dure notre conflit. Vous en avez certainement compris la raison. J'ai eu une très grande peine de cette situation. Je ne me serais jamais attendu à un tel acte, car, mon cher Giono, tu es allé un peu fort, et permets-moi de te tutoyer comme nous nous tutoyions autrefois quand nous étions au régiment, et que tu étais mon instructeur. Si à ce moment-là tu t'étais mis en permission toi-même, sur un coup de cafard, tu aurais risqué le Conseil de Guerre. Eh bien, mon vieux, tu es passé devant un Conseil de Guerre, comme tu le méritais, et il n'a fallu rien moins que notre amitié pour empêcher les choses d'aller plus loin. Grasset était furieux et voulait aller jusqu'au bout, et cela t'aurait coûté évidemment la perte de tous tes droits pendant toute la durée de ce procès que l'on pouvait faire éterniser – sans compter encore les dommages intérêts.

« Tout est donc arrangé maintenant, à la condition que tu signes sans récriminer les contrats qui te sont soumis.

« Je vais t'envoyer un compte définitif, dès que nous aurons les contrats signés. Je t'enverrai également un chèque de 7 000 francs, au lieu des 5 000 que tu demandais. Te voilà donc fixé maintenant sur ton sort, que beaucoup d'écrivains envieraient, et reconnais, entre nous, que nous avons été de chics types.

« Mon bon souvenir autour de toi, et crois-moi, mon cher Giono, bien affectueusement à toi. »

Cette camaraderie de guerre était imaginaire, mais ce n'était ni Giono ni Brun qui l'avait inventée. Dans son manuscrit inédit sur Giono, H. Poulaille rapporte qu'il avait, chez Grasset, monté « une blague » : j'avais, dit-il, « persuadé trois hâbleurs qu'ils s'étaient connus pendant la guerre à Giromagny, où j'étais cantonné tout 1918. Ces trois hâbleurs étaient Jean Giono, Louis Brun directeur des éditions Grasset, et Frédéric Lefèvre des *Nouvelles littéraires*. Il avait suffi de trois conversations à bâtons rompus pour qu'ils aient été persuadés de la chose et en fissent état (…). En fait, le seul Lefèvre avait été "en repos" à Giromagny. » Giono avait-il été dupe, ou, assez blagueur à l'occasion lui aussi, s'était-il amusé à accréditer ce qu'il savait être une légende ? Quant à Brun, il était de son intérêt de directeur littéraire de se prévaloir auprès d'un écrivain comme Giono d'une certaine camaraderie, même fictive. En tout cas, le contraste est net entre le ton « copain » du début de sa lettre, et l'avertissement qui suit d'avoir à signer « sans récriminer », ce que confirme la lettre Gallimard-Grasset soulignant : « Il n'y a absolument pas une ligne, pas un mot à y changer. » Le 9 juillet, Brun accuse réception du contrat signé et ajoute : « Je t'envoie aussi le relevé de *Regain* troisième tirage ; quant à ton compte, tu en trouveras également le relevé inclus ; il se solde en ce moment par un crédit en ta faveur de 19 000 francs desquels il faut déduire le chèque de 7 000 francs que je joins à cette lettre ; c'est donc 12 000 francs qui sont en avance et qui seront payés par mensualités prévues au contrat. Je ne vois pas d'autre mode de paiement possible pour l'instant. » A la pratique de l'avance sur droits d'auteur se substitue ici celle du retard sur droits d'auteur. Giono s'insurge malgré tout, et, par lettre du 22 juillet, Brun accepte de régler autrement que par mensualités les 12 000 francs dûs : 3 000 francs en fin juillet, 4 000 francs en fin août, 5 000 (exactement 5 021, 25 fr.) en fin septembre.

L'affaire s'était ébruitée, et Giono n'avait rien fait pour la cacher. Certains éditeurs avaient pensé à récupérer Giono s'il était rejeté par Gallimard et Grasset. Philippe Lamour lui avait fait envoyer par un ami plusieurs télégrammes en ce sens[12]. Mais les deux grands de l'édition étaient bien trop avisés pour lâcher un des écrivains les plus prometteurs du temps. Ils consolidèrent au contraire leur emprise.

Le premier *Chant du monde*

Bien qu'ébranlé par toute cette affaire, Giono se met en juillet 1931 à un nouveau roman qu'il appelle *Le Chant du monde*. Le titre vient sans doute de Whitman : Giono, le 7 mars 1925, avait écrit à Lucien Jacques : «*Feuilles d'herbe* m'a donné une forte joie avec le chant de la grand-route et chant du monde *(sic)*. » En fait, dans la traduction qu'il lisait, il n'y avait pas de « chant du monde », mais bien divers titres analogues : « Chant de joie », « Chant de la terre qui roule ». Peut-être la mémoire inventive de Giono a-t-elle amalgamé un « Chant de l'universel » et un « Salut au monde », et, en croyant citer, créé un titre.

Vers 1936 ou 1937, Giono racontera à Christian Michelfelder qu'il a abandonné son roman en cours de rédaction et que le manuscrit en a été perdu. En 1969, il m'a dit – il l'avait déjà confié à plusieurs membres de sa famille – que le manuscrit avait été volé un été dans son bureau par un visiteur que sa mère y avait fait entrer en son absence. J'ai des raisons de croire que cette œuvre inachevée avait été confiée par Giono à quelqu'un qui ne la lui a pas rendue, et que l'incident a eu lieu à la fin de 1931 ou au début de 1932 au plus tard[13]. D'après ce qu'a dit Giono à Michelfelder, elle avait 350 pages. 300 à 350, m'a-t-il dit. Mais gonfler les chiffres lui était habituel.

Les résumés de l'œuvre faits par Giono sont également différents. A Michelfelder, il a parlé d'un récit mené sur un an. En automne, une expédition de villageois à l'alpage pour sauver leur foin menacé par les eaux est racontée par un enfant, Jean le Bleu, poète et visionnaire, à ses camarades, dont il devient un peu le chef ; en hiver, veillées ; retour du printemps ; en été, moisson ; en automne, empoisonnement de tous les enfants par des champignons; reste au village un seul espoir, un enfant à naître, fils d'Adonis Jourdan tué par un sanglier. A moi, Giono a dit : « Vaguement, il s'agissait d'une communauté de pauvres paysans dirigée par son prêtre, et qui faisait des expériences de liberté économique en même temps que de liberté spirituelle. » Dans les deux fragments subsistants, dont je vais parler, se trouvent effectivement un prêtre, un enfant nommé Jean le Bleu, une scène de printemps et une de moisson, et le fils à naître d'Adonis Jourdan. Mais Giono, qui inventait facilement pour ses amis des intrigues de romans, a pu utiliser ces éléments épars pour bâtir ses deux résumés.

De ce texte ne subsistent selon lui que « Mort du blé », paru dès le 1er avril 1932 dans *La Revue de Paris,* et « Entrée du printemps », publié en avril 1933 par Les Œuvres libres[14]: deux fragments sans doute dactylographiés en vue de leur prépublication en revue. Mais, si on en croit ses lettres, il y a eu trois romans intitulés *Le Chant du monde* (je ne parle pas des deux articles publiés sous ce titre). Le premier date de 1931. Une lettre de Brun, du 9 juillet de cette année, répondant à une lettre non retrouvée de Giono, parle de ce *Chant du monde,* qui est supposé alors commencé. Le 5 septembre, Giono écrit à Lucien Jacques que le roman a 45 pages, qu'il y travaille et aura fini en janvier 1932[15]; le 25 octobre, qu'il en est à 167 pages. Pendant un mois passé à Tréminis, Giono a-t-il pu travailler autant? Ce n'est pas impossible. Dans une lettre à Brun, datable de la première quinzaine de mars 1932, Giono dit avoir abandonné ce *Chant du monde* en janvier 1932, au profit du *Lait de l'oiseau,* c'est-à-dire de *Jean le Bleu.* Le fragment d'avril 1932 dans *La Revue de Paris* serait alors un extrait d'un roman abandonné ou perdu, non une prépublication.

Ensuite, après une interruption qui débute lors d'un séjour à Tréminis, dans le Trièves, et pendant laquelle auraient été écrits, on le verra, *Le Bout de la route, Lanceurs de graines* et *Jean le Bleu,* Giono annonce à Lucien, vers le 20 juin 1932, qu'aussitôt après avoir fini ce dernier livre, il a « commencé *Le Chant du monde.* Je le refais. Je l'étends en plus large et en plus haut que la conception première, et si je le réussis, les petits copains se casseront le nez cette fois sur quelque chose de grand. Depuis le 9 juin, j'ai écrit 50 pages de ce livre-là et j'ai déjà 200 p. prêtes[16] ». Prêtes dans sa tête. Il s'agit là, si on lit bien, d'une autre version du roman de 1931, non d'une œuvre complètement différente. Roman fictif? Giono pouvait multiplier, dans ses lettres à Lucien, le nombre de pages réellement écrites; mais il n'inventait pas l'existence de l'œuvre. Enfin, dans les derniers jours de 1932, il dit à Lucien qu'il a écrit le premier acte d'*Annonciade*[17], mais l'a abandonné : « Je me suis senti prêt à aborder le premier volume d'un grand roman qui me travaille depuis longtemps, *Le Chant du monde.* » Le premier volume sera *Le Fleuve.* Sans aucun doute possible, il s'agit de l'actuel *Chant du monde,* com-

Giono

mencé le 3 janvier suivant, date qui figure à la fois sur le manuscrit et dans une lettre de février à Lucien.

Donc, si l'on comprend bien, deux versions différentes d'un premier roman, puis un second, tout à fait autre. Une question reste sans réponse. Giono ne jetait jamais rien. Comment se fait-il que les deux versions du premier *Chant du monde* aient disparu ? Qu'une ait été volée – bien que peut-être pas dans les circonstances relatées par Giono –, on l'admet. Mais les deux ? Volées ensemble ? Données ? Peut-être sont-elles chez un collectionneur – ou deux – et referont-elles surface un jour ? Ou ont-elles été détruites[18] ?

Tant que ces questions n'ont pas reçu de réponse, les fragments restants laissent le lecteur sur sa faim. Beaucoup de personnages, mais sans grand relief à l'exception du prêtre, M. Lignières (un nom qui apparaissait déjà dans une variante de *Lanceurs de graines*), qui s'épuise à moissonner avec ses paroissiens, et qui parle aux oiseaux comme saint François d'Assise. Et, à côté de deux scènes qui ont leur plénitude, le grand repas paysan d' « Entrée du printemps » qui annonce celui de *Que ma joie demeure,* et la moisson de « Mort du blé », les autres épisodes partent dans des directions mal définies, et n'aboutissent pas.

En même temps qu'il rédige le premier *Chant du monde,* Giono, il l'écrit à Lucien Jacques le 5 septembre 1931, songe à deux autres romans, qu'il n'écrira pas, *Le Sanglier* et *Cyclope*[19]. *Le Sanglier,* d'après quelques notes conservées, était l'histoire de deux couples de jumeaux. L'un, après s'être perdu dans une forêt où rôde un sanglier mythique, revient, porteur de dons spéciaux (comme Jean le Bleu dans le premier *Chant du monde*) et évoque le sanglier, rude, mystérieux, poétique, doué d'une force cosmique. La fin est impossible à reconstituer d'après les notes elliptiques de Giono. Elle comporte la naissance de deux autres jumeaux et une victoire du sanglier. « Le coup de feu. Le tas des mouches dans la forêt. » Quant à *Cyclope,* dont l'idée est venue à Giono alors qu'il passait quelques jours avec ses cousins Fiorio et leurs ouvriers à Taninges, et dont il a peut-être aussi pensé à faire un film[20], il doit avoir des analogies avec le projet, qu'on verra plus loin, d'*Au Territoire du Piémont*; on songe, en parcourant les notes sur *Cyclope,* à la vie des Fiorio non à Taninges, mais avant la guerre à Vallorbe, avec l'hôtel tenu par la tante Marguerite, et les ouvriers italiens qui le fréquentaient.

Théâtre. *Le Bout de la route. Lanceurs de graines*

Après cette excursion dans les versions du *Chant du monde,* il faut revenir en arrière. En octobre 1931, Giono se jette avec fureur dans le

176

théâtre. Cette mutation étonne. Il connaissait peu la scène. Certes il avait vu des spectacles dans sa jeunesse, ceux en particulier de la troupe Dray autour de laquelle gravitait le tout jeune Henri Fluchère. Il avait dû assister à des représentations de théâtre aux armées, et avait, on l'a vu, écrit pour ses camarades quelques divertissements, hélas perdus. Peut-être quelques spectacles à Marseille en 1919? Mais il n'était pas fanatique de théâtre: Élise Giono me dit que lors de leur premier séjour à Paris en 1929, ils n'y ont pas été. Jean, ajoute-t-elle, préférait le cinéma. Il n'aimait guère veiller, sauf au lit, très tard, avec un livre. Pourtant, d'après une de ses lettres, il a vu *Un taciturne* de Roger Martin du Gard, avec Jouvet et Valentine Tessier, lors d'un séjour à Paris en novembre 1931. Il dira en 1959 que de toute sa vie il n'a assisté qu'à huit ou neuf représentations; « ce n'est vraiment pas assez pour assimiler toutes les ficelles du dramaturge[21] ». Il a du théâtre une connaissance avant tout livresque. Il a connu au collège les classiques français; il a reçu vers seize ans le choc des tragiques grecs, auxquels il se réfère dans ses notes préparatoires au *Grand Troupeau,* et celui de Shakespeare; depuis, il a lu quelques pièces modernes, du Claudel en particulier. Mais il est plus attiré par la poésie et le roman. Le théâtre est donc pour lui une direction nouvelle. Son *Esquisse d'une mort d'Hélène* de 1926 n'était qu'un dialogue, nullement écrit pour la représentation.

Il pense d'abord, en juin et juillet 1931, à une pièce intitulée *Aux lisières de la forêt,* dont on se demande si elle est une première esquisse du futur *Lanceurs de graines.* Il écrit en juillet à L.D. Hirsch que « ça s'apparente *(si parva licet...)* aux pièces de John M. Synge[22]: *Tinker's Wedding, Rider of the sea, The Shadow of the glen,* etc. ». Ce sont là trois pièces brèves, mettant en scène quatre personnages seulement. Le premier essai de Giono était-il aussi modeste? En septembre, le projet est abandonné. C'est seulement du 30 octobre au 10 novembre, peut-être à Tréminis puis à Manosque, que d'un trait, en dix jours, est écrit *Le Bout de la route.* Il revoit son texte presque aussitôt, récrivant même entièrement certaines scènes, jusqu'au 19 novembre[23].

Le cadre: Tréminis, que Giono a sous les yeux quand il commence à rédiger la pièce. Et, pour la première fois, le protagoniste d'une œuvre d'importance s'appelle Jean; il a l'âge de Giono, ses yeux, son nez, sa pipe, son métier – faire des chansons et raconter des histoires; comme lui, il traverse une période de désarroi. A la fin du *Bout de la route,* Jean, l'errant, arrivé par hasard dans une maison de la montagne, fuyant tout parce qu'il a été trahi par l'amour, refuse un autre amour, celui de la jeune Mina, refuse aussi la compréhension de la vieille Rosine et l'amitié du jeune Albert, et repart – pour une autre errance ou pour le suicide? spectateur et lecteur sont laissés dans l'incertitude.

L'intrigue, selon L. Fourcaut, pourrait devoir quelque chose au *Baladin du monde occidental* de Synge: un errant-poète arrive dans un village où il éblouit une paysanne, et doit, à la fin de l'action, en repartir;

mais ce personnage, Christy, est un tricheur et un vaurien, qui tente d'assassiner son père et finit maté par lui. On pourrait aussi penser à *L'Ombre de la lande,* cité par Giono dans sa lettre à Hirsch : un vagabond arrive chez une paysanne mal mariée : il en repartira avec elle. C'est plutôt à l'atmosphère de ces pièces, au parler à la fois rustique et poétique des personnages, que Giono peut avoir dû quelque chose. Peut-être s'est-il aussi souvenu du *Chemineau* de Jean Richepin, joué à Manosque avant la guerre par le théâtre Dray ; et, pour des détails, de textes de V. Hugo comme *Ruy Blas* (Don César de Bazan est cité dans le texte) et *Les Misérables.* Des rappels de ses propres œuvres antérieures y émergent aussi. Comme dans « Champs » et dans *Un de Baumugnes,* un homme a été trahi par la femme qu'il aimait. Plusieurs retombées du *Grand Troupeau* s'y décèlent, comme la phrase : « c'est ici le bout de ma route[24] », et la vieille femme qui n'a plus de lait à donner à un agneau perdu. Et surtout le soliloque de l'homme qui vit en imagination un dialogue avec un être absent, et fait à haute voix les demandes et les réponses[25].

Aussitôt dactylographiée, la pièce est envoyée à Gaston Gallimard, qui la fait tenir à Louis Jouvet. Celui-ci écrit à Giono le 9 décembre : « Je viens de lire *Le Bout de la route.* C'est une très belle œuvre. Il y a longtemps que je n'ai pas eu une "lecture" aussi plaisante et réconfortante. La grandeur, le style et l'accent dramatique m'ont profondément touché dans votre pièce. Mais son "immobilité" un peu symbolique, et aussi ce qu'il y a d'ethnique, m'inquiètent un peu. Je fais ces réserves du point de vue public. » Giono répond en parlant de Synge auquel il a pensé, et en signalant qu'il a une autre pièce en projet. Gaston Gallimard l'encourage.

Giono a écrit à J. Guéhenno, le 7 novembre 1931 : « J'ai en préparation une autre pièce de théâtre, révolutionnaire. *Le Ciel deux fois traversé,* conçu comme un truc de Sophocle. » A moins qu'il ne parle d'un projet plus tard avorté, c'est sans doute ce texte qui deviendra *Lanceurs de graines,* qu'il écrit à Manosque du 26 janvier au 22 février 1932[26].

Il a compris les réserves de Jouvet sur l'immobilité du *Bout de la route,* dont le héros arrivait et repartait découragé. Si attachants que fussent ceux qui l'accueillaient, l'action piétinait sans aboutir. Sa seconde pièce, située en haute Provence, est plus dynamique[27]. Autour de Delphine, maîtresse d'un grand domaine, s'affrontent son second mari Maître Antoine, qui veut mettre les terres en valeur et pour cela abattre les arbres, défoncer le sol en supprimant les fontaines, et le fils d'un premier mariage de Delphine, le jeune Aubert, joueur de guitare, qui ressent intensément la poésie de sa terre et refuse de la voir défigurer. Delphine, pour freiner Aubert qui veut partir, tente de le pousser dans les bras de la jeune Catherine, qui l'aime. Antoine mourra sans avoir pu réaliser ses projets, et Aubert sauvera sa terre. Mais, uni à Catherine, il la dominera : la femme a pour destin de souffrir et de se sacrifier totalement. A Aubert qui lui dit : « Rien sans toi », elle répond : « Rien sauf toi. »

Aubert est une figure de Giono, défenseur de la beauté du monde contre les assauts de la mécanisation et du profit. Pourtant Maître Antoine a une certaine grandeur, celle qu'auront dans des romans ultérieurs de puissants dynastes comme Maudru du futur *Chant du monde* et comme le Charlemagne de *Noé*. Il fascine même si on le désapprouve. Et, dans la faiblesse de son agonie auprès de Delphine, il redevient humain.

Comme certains des romans, et contrairement au *Bout de la route*, *Lanceurs de graines* est une pièce de sauvetage : une terre menacée est sauvée par un homme qui l'aime dans son état naturel et la défend contre les « coupeurs d'arbres » déjà stigmatisés au printemps de 1930 dans un article de *L'Intransigeant* et dans *Manosque-des-plateaux*. Mais il était paradoxal de vouloir faire passer au théâtre un conflit entièrement axé sur deux vues opposées de la campagne, du grand air, du paysage : le décor reste celui de l'intérieur d'une ferme. En un sens, la pièce est un tour de force ; tout le second acte se déroule sous la menace d'un orage, et est basé sur l'abattage d'un grand chêne, symbolisant Maître Antoine. Une tension dramatique naît de la projection dans une salle du drame qui se joue au-dehors.

La pièce plaît à Michel Saint-Denis, neveu de Copeau et directeur de la compagnie des Quinze. Il demande quelques corrections. Giono les fait entre le 5 et le 15 août à Taninges, chez ses cousins Fiorio, puis en septembre à Paris. La pièce est créée à Genève le 30 septembre 1932, avec un succès certain. Giono, qui est à Tréminis, n'assiste pas aux représentations. Le 15 octobre, Michel Saint-Denis annonce qu'il la donnera à Paris en novembre, et non en octobre comme prévu. C'est du 10 au 21 novembre, à l'Atelier, puis en décembre, au théâtre Montmartre, que les représentations ont lieu. Certains critiques sont parfois sévères pour la construction de la pièce et pour le style. Mais d'autres, comme Jean Duval dans *Europe* de décembre, sont enthousiastes, et même les réticents rendent hommage à la puissance de l'œuvre. Traduite en anglais par Joan Smith, la pièce est jouée à Londres en juin 1933[28].

Malgré tout, ni *Le Bout de la route* ni *Lanceurs de graines* ne comptent parmi les plus grandes réussites de Giono. En 1959, après avoir mentionné la première de ces pièces, il dira : « Que voulez-vous, je démarre une pièce de théâtre. Je bâtis un premier acte, et ensuite je suis repris par le roman, ce qui fait que toute ma pièce n'a qu'un premier acte de bon. Le reste n'est que du verbiage[29]. » Il est vrai que Giono est avant tout romancier ; privé de toutes les descriptions évocatrices qui lui sont familières, l'écrivain est contraint de faire passer leur poésie dans la bouche des personnages, ce qui ne sonne pas toujours très naturel – c'est sans doute à propos du *Bout de la route* que Cocteau parlera en

1942 des « faux paysans » de Giono[30]. Certes *Un de Baumugnes* était fait d'un monologue d'Amédée ; mais un récit continu est d'une autre nature qu'un dialogue de théâtre ; et il s'agissait d'une histoire strictement humaine, où le cosmique n'avait à peu près pas de place. En outre ce qui passe à la lecture ne passe pas nécessairement à la scène[31].

Chapitre 8

Livres heureux

Jean le Bleu

En mars 1932, Giono écrit à Brun qu'il projette une série intitulée *Ma vie*, comprenant trois volumes : *Le Lait de l'oiseau, Icare, Le Visage du mur*. Puis, le 17 mars 1932, il ajoute un quatrième titre : *Expériences*. La trilogie initialement prévue, comme pour les œuvres précédentes, s'élargit en tétralogie. Un seul livre sortira finalement de tout cela : *Jean le Bleu*, sans doute entrepris peu après l'achèvement de *Lanceurs de graines* (le 21 février), et qui sera terminé avant le 21 mai, selon une lettre de cette date à Lucien Jacques[1].

Un de ses plus beaux livres, et le seul à être essentiellement de nature autobiographique – sans que ce soit une autobiographie, bien que Giono ait parfois affirmé, notamment le 25 mai 1936 dans une lettre à A. Mermoud, son éditeur suisse, que c'était une biographie exacte. Il songeait depuis longtemps à dire son enfance : il avait esquissé en 1921 son *Soliloque du beau ténébreux*, avait commencé en 1923 *Les Images d'un jour de pluie*, et s'était vite interrompu. Quelques autres notations avaient passé dans « Élémir Bourges à Pierrevert » en 1926. Et, vers 1928, Giono avait, en partant d'*Angiolina*, imaginé sous diverses formes un récit intitulé *Au Territoire du Piémont* (enseigne d'un café), récit centré sur un enfant ou adolescent poète, prénommé Jean. C'est encore un personnage de roman : il est question de lui à la troisième personne, de la même manière que de Jean le Bleu, l'enfant visionnaire du premier *Chant du monde*. Avec le Jean du *Bout de la route*, cela fait trois : Giono tourne autour de lui-même, et cherche sa véritable assise : il la trouvera dans ses origines et dans ses premières années. Dès le premier projet[2] d'*Au Territoire du Piémont*[3] surgissent déjà des noms – Djouan, Gonzalès, les sœurs du couvent de la Présentation, et bien entendu le cordonnier – qui se retrouveront dans *Jean le Bleu*.

Jean le Bleu est donc, pour sa genèse, au confluent de l'autobiographie et du roman, sans qu'on puisse dire que l'un a précédé l'autre. En tant qu'œuvre achevée, il participe aussi de l'un et de l'autre genre. Toute autobiographie, dira-t-on, en est là. Rousseau et Chateaubriand ont un peu modifié certains faits. Mais pas jusqu'à forger des personnages. Giono a reconnu – ou proclamé – l'avoir fait, dans sa préface de 1956 comme dans ses entretiens avec J. Amrouche et avec R. Ricatte. Au reste, ces aveux ne sont pas forcément véridiques. Il lui est souvent arrivé de dire à ses commentateurs de La Pléiade qu'il avait imaginé tel épisode, tel détail, telle chanson, tel mot, alors qu'il n'en était rien. Parfois sa mémoire était en défaut. Parfois aussi il inventait en disant qu'il avait inventé. J'ai rencontré une vieille Manosquine qui m'a affirmé que les deux musiciens de *Jean le Bleu,* Décidément et Madame la Reine, que Giono a dit être imaginaires, avaient existé. Impossible de démêler la part de réalité, celle d'invention pure, celle de transposition, celle de synthèse entre plusieurs réalités, qui donne sa forme à *Jean le Bleu.*

Le projet du livre ne s'est pas concrétisé d'un seul coup. Symétriquement au recueil prévu pour Gallimard et qui devait être *Solitude de la pitié,* Giono songe à donner à Grasset un ensemble où figureraient des textes de 1930 et 1931 : *Présentation de Pan,* « L'eau vive », les préfaces aux éditions de luxe de *Colline* et d'*Un de Baumugnes,* et 80 ou 100 pages de récit de sa jeunesse sous le titre « Le lait de l'oiseau », qui évoquait les nourritures de l'enfance. L'idée d'un tel texte prend corps vers février 1932, mais les pages s'accumulent vite et le récit devient un livre autonome : vers le 15 mars, cinq chapitres sont rédigés. Tout est terminé avant le 1er août ; l'épisode de « la femme du boulanger » paraît dans la NRF à cette date, et le volume sera achevé d'imprimer le 15 novembre. Comme *Un de Baumugnes,* B. Grasset le fait paraître dans la collection « Pour mon plaisir » qu'il dirige personnellement. *Le Lait de l'oiseau* est devenu un instant *Mon père ce héros,* titre hugolien auquel Giono a dû renoncer presque aussitôt après l'avoir conçu, *Passage du vent* – qui devait demeurer en surtitre dans l'édition Grasset – puis *Le Nid et les Feuillages,* avant d'être *Jean,* et enfin *Jean le Bleu.*

Pourquoi ce titre ? Giono a dit à R. Ricatte en 1969 : « C'était simplement parce que très souvent on me parlait de mes yeux bleus, et en même temps il y avait le côté rêveur du personnage. » Certes ; mais dans le livre se trouve aussi une allusion à l'uniforme que Giono portait comme garçon de courses de sa banque à partir de 1911 : « J'avais un beau costume, tout bleu clair. Oui, malgré tout ; le distributeur de hasard m'avait choisi le Comptoir d'Escompte où la livrée était bleue[4]. » Faut-il penser au sens militaire du mot « bleu », le nouveau venu naïf ? Bien que le livre débouche sur la guerre, rien dans le roman n'y fait allusion. Mais plus tard Giono a dit que pour lui, de même que *L'Iliade* était rouge, *L'Odyssée* était bleue[5]. Du bleu de la mer et du ciel. Du bleu des grands espaces, des ailleurs, de derrière l'air, pour le garçon enfermé dans Manosque, et, à l'intérieur même de sa ville, dans son institution religieuse, dans son collège, puis dans sa banque. Ce « côté rêveur » dont parlait Giono à Ricatte, c'était plus précisément celui du rêve des espaces.

Jean le Bleu, pour l'atmosphère duquel Giono a dit s'être souvenu du

Grand Meaulnes, de *Ma vie d'enfant* de Gorki, des *Récits d'Adrien Zograffi* de Panaït Istrati, est fait, comme eux, d'une série d'épisodes discontinus, tout en ayant une profonde unité de ton. Giono ne songe pas à dire toute la réalité; de sa famille, ni son grand-père Pourcin, ni ses oncles Marius et Louis, ni sa cousine Fernande n'apparaissent; et sa mère à peu près pas; j'y reviendrai. Seul son père est là, mais il occupe le devant de la scène, accueillant les errants et les fugitifs, soignant les malades comme Giono aimera le faire, méditant sur la vie. Des autres personnages, les uns sont en gros réels comme les ouvrières repasseuses, les sœurs de l'école religieuse, l'homme noir qui apporte des livres. D'autres sont beaucoup plus romanesques comme les deux musiciens, comme Gonzalès le « Mexicain », comme Franchesc Odripano le vieil Italien qui réinvente ses souvenirs; ceux-là ouvrent des espaces; ils viennent de loin, ou, comme les musiciens, sont illuminés de haut – c'est-à-dire encore de loin – par les grands maîtres. Les mois passés à la campagne, à Corbières non loin de Manosque, chez les Massot, constituent aussi une ouverture, et R. Ricatte a raison de désigner Manosque et Corbières comme deux pôles du livre.

Dans une lettre à Brun, écrite au début de février, au moment où *Jean le Bleu* se cristallise en lui, Giono écrit: « Je voulais en ce livre expliquer *ma formation littéraire* et ce qu'on appellera peut-être plus tard *ma philosophie.*» C'est-à-dire sa vue du monde, faite de sensualité, de sensibilité et de réflexion. Vue concrète: il n'aime pas les abstractions, et, peut-être plus encore, les mots abstraits lui font littérairement horreur.

Il donne une importance capitale à sa découverte de la sensualité, tout en la réinventant et en la plaçant beaucoup plus tôt qu'elle n'a eu lieu réellement, et en modelant chacune de ses amies, Anne ou Marguerite, d'après plusieurs figures qu'il a connues. Mais quand il écrit: « Je sais que je suis un sensuel[6] », bien que ce soit à propos d'une expérience amoureuse, il précise aussitôt que cette sensualité est aussi le plaisir de toucher un mur ou d'entendre de la musique. C'est l'ouverture du corps au monde par tous les sens. Dans *Jean le Bleu* se trouvent les premières pages que Giono ait consacrées à cette musique qui a toujours été si vitale pour lui, avec le merveilleux épisode du flûtiste-claveciniste et du violoniste, Décidément et Madame la Reine. Ils ne jouent guère que de la musique du XVIIIe siècle: Bach et son fils Jean-Chrétien, Scarlatti, Rameau, Haydn et Mozart – tous, sauf Jean-Chrétien, désignés au moins une fois par « Monsieur » suivi de leur nom. Giono a connu et aimé d'autres musiques du XVIIe au XXe siècle[7]. Mais c'est de 1700 à 1800 que se situe son domaine propre, alors qu'en littérature il va d'Homère à nos jours, et qu'en peinture il part du XIIIe siècle pour aboutir aux contemporains. Il restreint même ici cette musique: les œuvres de grande amplitude et de grande diversité sonore – par exemple, chez Bach, celles pour orgue comme la *Toccata en ré* ou pour orchestre comme la *Suite en si* –, si elles sont évoquées, ne le sont que réduites à leur chant sur la flûte ou sur le violon. Le mot « orchestre » n'est employé que pour une petite formation qui fait danser le village[8]; celui de « symphonie » n'y figure pas. La musique qu'évoque Giono, dans ce livre, reste encore à la mesure de l'individu[9] : c'est celle à l'exécution de laquelle il a pu assister lui-même, pas celle qu'il a pu connaître par les disques.

Si les saveurs, malgré le chocolat de sœur Dorothée et la daube de l'auberge (entre autres), occupent ici une place modeste, en revanche les odeurs connaissent leur triomphe. Giono y était subtilement sensible, des parfums aux puanteurs, et le restera jusqu'à sa mort. Quand il ne les percevait pas, il les inventait, témoin le dialogue qu'il prêtera à Fulvia et à Julio dans *Le Voyage en calèche* : « Coment savez-vous que les sourcils des femmes brunes sentent l'anis ? Ce qui n'est pas vrai, d'ailleurs. – Pour l'avoir inventé, madame. » Il parlera ailleurs de l'odeur crue du granit, ou de celle du silex glacé, d'une odeur de miroir, ou de graisse de paon. Mais alors que dans les romans qui précèdent ces indications olfactives sont en général jetées en passant, comme faisant partie d'un tout, elles se multiplient ici, s'amplifient et deviennent autonomes. Par moments les odeurs dominent tout : c'est la cachette sous le laurier-rose où Jean se réfugie avec sœur Dorothée : « Il y avait tant d'odeur et une odeur si forte qu'on était ivre rien que d'entrer là-dessous. Cette odeur pesait sur mes yeux. En un rien de temps tout se déformait de ce qui était visible pour moi[10]. » C'est un mélange de sons, de couleurs et d'odeurs qui fait retrouver à Jean l'atelier maternel le jour où il est tombé malade[11]. Le jour du marché aux bestiaux, l'odeur prend une vie propre : « L'odeur des moutons coulait par les rues en pente. Elle descendait doucement comme un mortier, elle s'arrêtait chez le menuisier, elle tapait du nez contre l'odeur des sapins morts, elle coulait un peu plus bas jusque chez le boulanger, reconnaître le goût de fascine et de son qui palpitait avec les reflets de la flamme devant la gueule du four, elle touchait le sel sauvage qui montrait les dents au seuil des tanneries. Elle s'en allait toute seule, puis elle rencontrait l'odeur des porcs, puis elle rencontrait l'odeur des crinières et des queues floquées de paille rouge, l'odeur des juments suantes et le terrible parfum que les chevaux entiers jetaient à pleines ruades en gémissant vers les femelles prisonnières. Alors, tout ça ensemble fumait en grosse fumée et montait du grillage des rues jusque dans le ciel, et tous les oiseaux d'hiver étaient épouvantés, et ils s'en allaient dans les collines en appelant tristement comme pour la fin du monde[12]. »

L'odeur des brebis amène Jean à celle des femmes, la plus obsédante. C'est par elle d'abord, et non par le toucher, que Jean accède à la sexualité, d'abord sans même savoir, tout enfant, que ce sont aussi d'autres sens qui sont en jeu dans son inconscient – avec les ouvrières de sa mère, avec les sœurs de Saint-Charles. Puis il découvre les contacts : « Nous nous couchions. Marguerite se serrait contre moi. Nous mêlions nos jambes et nous restions comme ça à souffrir d'une brûlure sourde sur laquelle nous ne savions pas mettre d'huile[13]. »

Toutes les étapes de cette révélation du corps ne correspondent certes pas à des réalités vécues, mais à une vérité plus profonde. Le passage le plus bref et le moins parlant est le dernier, celui où pour la première fois Jean fait l'amour, avec une Marie-Jeanne qui a existé[14]. Les organes sexuels masculin et féminin y sont évoqués. Giono le fait toujours avec clarté et naturel, mais sans crudité[15]. Parfois avec respect et sens du sacré, en ce qui concerne le sexe de la femme, qui est par deux fois, dans *Manosque-des-plateaux* et dans *Jean le Bleu*[16], « le porche de la mère » par où l'enfant fait son entrée dans la vie[17].

Le sacré, sous diverses formes, baigne d'ailleurs de larges pans de *Jean le Bleu*. C'est là qu'apparaissent vraiment, pour la première fois chez Giono, les anges. Avant, ils ne sont que dans des chansons, des délires ou des métaphores. Ici, l'ange est imaginé comme une réalité physique, avec ses ailes, quand Costelet s'est fait sauter la cervelle d'un coup de fusil, et qu'Anne dit à Jean (qui vient de regarder longuement un serpent) : « L'ange qui était dans sa tête a ouvert ses ailes pour s'en aller et la tête a éclaté[18]. » La phrase déclenche toute une réflexion : « J'avais treize ans. Je sentais que j'avais un ange, moi aussi, comme tous, comme le serpent, car, chaque fois que je pensais à l'ange, je revoyais la montée enflammée de la colère et de la peur dans la chair du serpent. Je sentais que cet ange était à ce moment-là assis dans ma tête, entre mes deux oreilles, qu'il était là, vivant, et que toutes mes joies venaient de ces deux seules choses : qu'il était là et vivant. Je sentais qu'il était fait comme celui du serpent, de ce pouvoir d'avoir peur, du pouvoir de la colère, de la curiosité, du pouvoir de la joie, du pouvoir des larmes, de la possibilité d'être dans le monde, et traversé par le souffle du monde, comme une goutte d'eau suspendue en un rai de soleil flambe d'être traversée. »

Il y aura souvent des anges chez Giono. Ils ne sont pas des anges chrétiens ; si parfois ils se manifestent dans le ciel, ils ne peuplent aucun paradis ; ils ne sont pas en relation avec Dieu ; ils ne sont pas des anges gardiens extérieurs aux hommes ; et, s'ils sont dans les hommes, ils ne les protègent pas du mal. Ils sont comme tout ce qui est « derrière l'air », avec cette différence qu'ils sont plutôt, à cette période au moins, « derrière l'intérieur de nous ». En fait ils sont le prolongement, l'autre incarnation de ces êtres que, dans toute sa période gréco-latine, jusqu'à *Naissance de l'Odyssée* et à *Esquisse d'une mort d'Hélène,* Giono, imprégné de mythologie, a appelé des dieux : multiples, présents en des points précis de l'univers ; des puissances en lesquelles se concentre tout ce qui dépasse l'homme. Giono a continué à donner à ces présences le nom de « dieux », en dehors des références de la mythologie, et après avoir laissé derrière lui cet univers : dans « Champs », on l'a vu[19], mais aussi dans les textes de 1930. Dans *Manosque-des plateaux,* c'est « la colère des dieux » qui a arrêté les vagues des collines. Dans *Le Serpent d'étoiles,* Mallefougasse est « la litière des dieux[20] »; la harpe éolienne « fait une voix de dieu »; et les sons des harpes, des tympons et des gargoulettes fait jaillir dans l'imagination les bruits de la terre, des hommes, des bêtes, « comme si on avait, tout à coup, des oreilles de dieu[21] ». *Le Serpent d'étoiles* est profondément païen. Mais le personnage du berger, qui l'emplit, a deux faces; c'est par lui que l'on passe des dieux à Dieu; c'est lui qui invoque le Seigneur. Quand il apparaît à la fin du *Grand Troupeau,* c'est lui qui, s'adressant au nouveau-né, prophétise : « Si dieu m'écoute[22] il te sera donné d'aimer lentement (...)[23]. »

De temps à autre, dans *Jean le Bleu,* surgissent encore des dieux, dans les nuages de poussière des pays invisibles, dans la tête d'un épileptique, dans le souvenir de la mère de Franchesc Odripano[24]. Mais, pour la première fois sous la plume de Giono, on y voit aussi apparaître Dieu. Dieu ou dieu? On n'a pu consulter le manuscrit; Giono a plus tard insisté pour que le mot soit imprimé avec une minuscule, sauf s'il est mis dans la bouche de personnages qui visiblement le pensent avec une majuscule. Souvent les typographes ont d'autorité corrigé « dieu » en « Dieu », et – insouciance ou inattention – Giono l'a laissé subsister[25]. Ce qui est important, c'est le déisme de son père, admirateur de Victor Hugo. Quand une dame de Manosque lui dit qu'on le croit protestant, il répond[26] : « En réalité, je ne suis rien, je crois en Dieu et, si je diffère d'idée avec ma femme, c'est seulement sur ce point qu'elle croit que Dieu a créé des succursales et des bureaux sur la terre, et que moi je me suis imaginé qu'il était assez grand pour faire tout de lui-même et que, d'ailleurs, quand on avait besoin de lui, on le trouvait partout[27]. » Mais, plus loin dans le livre, Giono fait dire à son père, tout proche de la mort : « Le difficile, c'est de souffrir seul. C'est pourquoi il y en a tant qui cherchent dieu. Quand on l'a trouvé, on n'est plus seul, plus jamais seul. Seulement, écoute bien, on ne le trouve pas, on l'invente[28]. »

Cette double attitude se retrouve chez Giono. Lorsqu'il dit que l'ange « est fait des mains de dieu; oui, des nôtres[29] », il se conforme un peu à la seconde position prise par son père : Dieu est créé par l'homme. Ailleurs, il semble admettre son existence comme créateur de vie au moment de la naissance de chacun, par une chiquenaude initiale : « Ils sont toujours là à parler de dieu! C'est dieu qui a donné le petit coup d'index au balancier de la pendule de sang au moment où l'enfant tombait du porche de la mère. Ils sont toujours là à parler de dieu, et puis la seule chose qui soit son travail de bon ouvrier, la seule chose qui soit une œuvre de dieu, la vie qu'il œuvre seul, malgré toutes vos sciences d'imbéciles à lunettes, la vie vous la gâchez à plaisir dans un mortier infâme de boue et de crachats, avec la bénédiction de toutes vos églises[30]. » Le pouvoir divin est limité : Giono ne lui concède pas d'action sur le déroulement de l'existence humaine. Il ne révère pas Dieu comme un être transcendant. Il reconnaît qu'il n'a pas la clé du mystère de la vie. Rien n'atteste ici la foi : Giono l'a définitivement perdue dès son enfance. Reste que, de toutes ses œuvres, *Jean le Bleu* est celle où la religion est le plus constamment présente.

C'est aussi celle où la vue qu'il a de lui-même dans le monde s'affirme le mieux sur un point essentiel, qui conditionne une large part de sa vie et de sa création : Il y a, dans la vie, deux types d'êtres différents. R. Ricatte a bien dégagé l'opposition qui traverse *Jean le Bleu* entre « les nôtres » et « les autres » : ceux qui sont de la même race que son père et lui – les Massot, les deux musiciens, Gonzalès, Odripano et tout le restant de la société. D'un côté, il y a les poètes, les fabulateurs, les imaginatifs, les pauvres, les désintéressés, les généreux ; de l'autre, les avides, les bourgeois pour qui comptent les apparences. L'incompatibilité des deux races affleure dans l'entretien avec Jean Antoine de la dame pieuse qui vient lui demander de mettre son fils chez les bonnes sœurs et non à l'école laïque. Elle éclate entre Mme Burle et les musiciens qu'elle veut faire jouer chez elle. C'est elle qui séparait Jean-Sébastien Bach, que Décidément imagine jouant à la tribune de l'orgue, de ceux qui sont au-dessous : « Madame la bouchère salue Madame la Préfète, Madame la Préfète salue Madame l'électeur influent, et le curé compte la quête[31]. » Déjà, dans *Manosque-des-plateaux,* on a vu coexister deux Manosque : en bas la ville matérielle des intérêts et des cancans, en haut la ville idéale des plateaux qui la dominent.

Ce clivage est à relier à un autre encore. « Notre maison était toute double ; elle avait deux voix et deux visages. » Au rez-de-chaussée, ouvrant sur la rue, l'atelier de repassage de Pauline Giono, avec les ouvrières, les apprenties, les clientes – le rapport constant et immédiat avec la vie, son mouvement, ses bruits. Au second, l'atelier de cordonnerie où le père est ici dépeint seul, silencieux, et où il accueille les déshérités, les exilés, les fugitifs, les conseillant, leur parlant de ses lectures. « Je préférais mon père », dira plus tard Giono à J. Amrouche. Il inscrira certes, au dos d'une photo : « Mon père était un homme extraordinaire. Et, tout compte fait, ma mère aussi. » Mais que de réticences dans le « tout compte fait », et dans cette mère qui est un homme... Un texte retrouvé inachevé dans les papiers de Giono, et datant environ de 1936, offre une délimitation plus précise : « Je n'étais pas un garçon comme les autres – je suis resté un garçon qui n'est pas comme les autres –, je suis fait presque pour l'entier avec la chair et le cœur de mon père. Ma mère m'a donné ses yeux bleus, ses cheveux presque blonds qui viennent de Picardie avec elle et cette sensibilité angoissée, un peu faible, un peu gémissante, cette peau si fraîchement posée sur le cœur, les poumons et le foie, cette peau si mince qu'elle n'est plus une protection, mais seulement comme un enduit de glu qui colle mes viscères à vif sur le monde[32]. Mon père m'a donné la carrure et l'assiette, et la lenteur, et le silence. Et la capacité de souffrance. Le cœur aussi, surtout. Il m'a donné – je ne parle pas de son enseignement, mais de ce qu'il a fait couler inconsciemment de lui dans ma mère – le sens du juste et de l'injuste, l'incapacité de meurtrir, le besoin de soigner, la conscience de ma force, le goût des choses graves et solides, le dédain des amusements frivoles, des mains utiles, l'ardeur au travail et la santé. Ça ne fait pas un type bien rigolo. Il m'avait donné aussi sa pureté de cristal. Je l'ai perdue[33]. » Giono peint ici sa mère en plus beau qu'il ne l'a fait ailleurs, mais l'important est qu'il se considère comme venant essentiellement de son père. Il faut rapprocher ce partage inégal de celui qui se produit au moment où Jean, à seize ans, entre à la banque, copie des adresses, porte des lettres, s'incline devant les clients :

« J'avais fait deux parts de tous mes rouages. Il y avait vingt ou trente petites roues dans ma tête à qui j'avais donné le travail de comprendre la politesse digne et la belle écriture. Toute cette partie du mécanisme on l'appelait : "Viens ici" et ça gagnait trente francs par mois, et ça servait à acheter des pommes de terre.

« La grande part, nul n'y touchait. Elle s'appelait Jean-le-Bleu. On aurait bien voulu l'atteindre et l'enfermer dans la livrée qui saluait les mesdames. Mais c'était trop tard. Déjà le visage du mur, Décidément et Madame-la-Reine, Anne et la fille au musc, tous ceux-là l'avaient de ronde en ronde tirée au large des beaux prés. Franchesc Odripano lui avait donné les éperons en ailes d'hirondelle, et maintenant elle était en selle sur le cheval[34]. »

La part des nécessités matérielles, c'est celle de la mère. La part du poète, c'est celle du père. L'opposition se retrouve, dans ces mêmes années 1930 où Giono conçoit et écrit *Jean le Bleu,* à travers les lettres à Lucien, où Giono caractérise « les Giono », et tous ceux qui ont du sang Giono, c'est-à-dire aussi les Fiorio « mes gionesques cousins », par leur spontanéité, leur fantaisie, leur désintéressement. « Ce qui m'a fait du bien avec Jupiter jeune et Dionysos [Aldo et Serge Fiorio], c'est qu'ils ont un magnifique appétit pour ce qui paraît idiot à la plupart des gens. » En eux, il retrouve les souvenirs de sa jeunesse, et il les compare à l'autre branche de sa famille. Ils accourent si on a besoin d'eux. « Nous sommes loin des Pourcin[35]. » Les choses étaient naturellement moins tranchées dans la réalité. Certains des Pourcin – la famille de son oncle Louis et en particulier sa cousine Fernande – n'étaient pas en fait inclus dans ce verdict : il devait beaucoup à l'exaspération que suscitait chez Giono la présence chez lui, depuis l'installation au Paraïs, de l'oncle Marius Pourcin, si pénible à supporter, et aveuglément soutenu en tout par sa sœur, la mère de Jean. Et, bien que Giono n'ait jamais dit un mot contre son père, il savait bien que celui-ci avait suivi parfois sa femme dans son souci de respectabilité, et n'avait pas toujours été l'anarchiste dont il s'était donné la stature. Il reste que, dans *Jean le Bleu,* symboliquement, Jean fait deux parts de lui-même, et que la plus importante, la part Giono, est celle du rêve, de l'invention, ou si l'on veut du mensonge. La part Pourcin est plus étroite. C'est sans doute pourquoi Giono fait si peu apparaître sa mère dans le livre. Par opposition au monde Pourcin, qui existe avant tout en ce qu'il a les pieds sur terre, le monde Giono est celui de derrière l'air, aperçu à plusieurs reprises depuis *Naissance de l'Odyssée,* et qui transparaît à nouveau dans *Jean le Bleu* : « Tout ce qui touchait les au-delà de l'air », j'en étais amoureux, dit-il à propos de son enfance chez les sœurs ; et encore : « Dès qu'on connaît les pertuis intérieurs de l'air, on peut s'éloigner à son gré de son temps et de ses soucis[36]. »

Jean le Bleu, malgré toutes les morts et les pourritures qui le parcourent, et qu'a relevées Jacques Chabot[37], est un livre d'éveil et d'émerveillement, un livre de bonheur, et d'un bonheur situé pour une large part dans une jeunesse réinventée plus que remémorée. Giono quitte le monde présent, où il est mal à l'aise, pour se réfugier dans un pays merveilleux. C'est peut-être pourquoi les pages finales, sur Louis David et sur le déclenchement de la guerre de 14, sont peu convaincantes : ce premier ami est réellement mort à la guerre, et Giono, ici, comme cela lui arrivera plusieurs fois dans ses œuvres et dans sa vie, se cogne en plein vol au réel, brutalement. Il ne veut pas évoquer l'ami disparu en le faisant autre qu'il n'a été, et il ne peut, littérairement, le faire vrai aussitôt après avoir évoqué le merveilleux Franchesc Odripano et ses mythes. Louis David reste ainsi en blanc, comme l'a noté R. Ricatte ; et le début de la guerre, à la dernière page du livre, en prend quelque chose d'irréel, alors qu'il s'agit d'une des réalités les plus brutales de la vie de Giono.

En février 1933 encore, Giono songera à prolonger *Jean le Bleu* par *Icare* et par *Le Visage du mur ; Expériences* a cédé la place à *L'Herbier d'algues,* et l'ensemble s'appellerait *Passage du vent.* Jamais ce projet d'autobiographie en plusieurs volumes ne sera mis à exécution. Les souvenirs de Giono ne passeront que dans des récits brefs.

C'est vers la fin de la rédaction de *Jean le Bleu* que le ministre de l'Instruction publique, Anatole de Monzie, admirateur de Giono, a l'idée de le proposer pour la Légion d'honneur au titre des lettres, en même temps que Pagnol. Un peu étonné, à trente-sept ans, de cet honneur si souvent conféré à un âge plus avancé[38], Giono accepte. « Si je l'ai fait c'est que ça a peut-être de l'importance qu'on donne la Légion d'honneur au *Grand Troupeau.* De plus si je l'avais refusée ça passait inaperçu tandis que comme on sera obligé de la retirer à celui qui a écrit *Jean le Bleu,* ça fera un peu de réclame à la paix », écrit-il à Lucien en juin 1932. Dans les dernières pages de *Jean le Bleu,* il proclamait : « Il n'y a pas de gloire à être français. Il n'y a qu'une gloire : c'est être vivant[39]. » Mais était-ce plus séditieux que le pacifisme implicite du *Grand Troupeau* ? Giono se montre ici un peu naïf en croyant que le libéralisme d'un ministre qui n'a sans doute pas tout lu de lui équivaut à la reconnaissance officielle de son œuvre par un pouvoir qui se soucie peu des romans, et qui ne prendra jamais la peine de lui retirer sa décoration. Il ne la portera d'ailleurs à peu près pas : il avait, me dit Sylvie Giono, une ou deux vestes où était cousu le ruban ; il les mettait quand il fallait « s'habiller », ce qu'il détestait. Il négligera même de désigner, comme il lui est demandé par lettre du 13 juillet 1932, un parrain qui lui remette sa croix selon les formes. Il faudra une lettre de rappel du 7 décembre 1933 pour qu'il donne le nom de Louis Brun.

Son acceptation est jugée sévèrement dans certains milieux de gauche. Marc Bernard, dans le n° 1 du *Bulletin du groupe des écrivains prolétariens,* publie un article violent : « Jean Giono, ou Monsieur a sonné ? », où il accuse Giono d'avoir prudemment choisi le camp des oppresseurs contre celui des opprimés, etc. Injuste, évidemment, et aussi naïf que Giono dans un autre registre.

Comme l'été précédent, Giono passe ses vacances de 1932 à Taninges, chez son cousin Émile Fiorio, avec Élise et Aline. Il en profite pour aller, en compagnie du peintre Rey-Millet, voir en Suisse, à Pully près de Lausanne, C.-F. Ramuz, dont il a lu un certain nombre de romans. Le courant ne passe pas entre les deux hommes, également timides au fond bien que le Vaudois fût silencieux et le Provençal volubile. Mais il est difficile d'accorder créance aux différents récits qui ont couru sur l'entrevue. Ou, en conclusion de leur conversation, Ramuz aurait dit à Giono, après un long silence : « C'est tout de même moi qui ai commencé[40]. » Ou ils se seraient amusés à échanger leurs rôles, Ramuz grossissant tout et Giono rapetissant tout. Aucun des deux n'ayant été dénué d'humour et d'invention, il est probable qu'ils ont raconté l'entrevue chacun à sa façon et – au moins en ce qui concerne Giono – selon plusieurs versions. On ne saura jamais rien de la vérité. Nulle amitié réelle ne devait naître de cette visite. Mais en 1936 Ramuz écrira à Giono avec sympathie au sujet d'une édition des *Vraies Richesses,* et Giono répondra chaleureusement.

Le Chant du monde

La seconde moitié de 1932 est pour Giono une période assez dispersée et peu productive. Quelques articles pour *L'Intransigeant,* dont je reparlerai ; peut-être le premier acte d'*Annonciade,* une pièce disparue ; la mise sur pied du recueil *Solitude de la pitié* ; la préparation du *Serpent d'étoiles* pour la publication en volume ; les négociations avec Pagnol, de septembre à novembre, pour un contrat d'exclusivité au cinéma ; tout cela est peu pour un grand travailleur comme Giono. Ce n'est qu'à la fin de décembre qu'il se ressaisit, annonçant à Lucien qu'il est prêt à aborder ce qui est aujourd'hui *Le Chant du monde,* « premier volume d'un grand roman » rêvé depuis longtemps. « Il comprendrait pour le moment les volumes suivants : *Le Fleuve* (c'est celui que je commence), *La Bête des hauts de la terre – Les Fruits de la mer – Le Livre des prairies d'or* et sans doute encore deux ou trois volumes, je les ai tous prêts dans ma tête. Il me semble que si le bon dieu me donnait vingt mains droites, vingt stylos, une tonne de papier, 200 litres d'encre et LA PAIX, tout serait fini dans 3 mois, le temps matériel d'écrire (...)[41]».

Le roman est commencé au début de 1933 : « Je travaille moi ici des neuf dix heures par jour. Commencé le 3 janvier le premier volume du *Chant du monde* intitulé *Le Besson aux cheveux rouges,* j'en suis à la page 110 et ça aura 370 à 400 pages. Content. Très content jusqu'ici. Tout est *re-neuf,* tu verras. Lancé là-dedans comme un taureau[42]. L'histoire court et galope comme un roman d'aventures avec des tas de choses imprévues qui surgissent, frappent, s'éteignent puis d'autres viennent. Une sorte de Saga norvégienne si on peut dire. Un feuilleton paysan avec de l'épique et du pas paysan. Des choses sur la douleur-douleur et sur l'amour et sur le monde, des choses physiques comme des statues et puis des choses du dedans, bien profondes, vivantes comme des viscères dans un corps. Tout ça, c'est moins ce que j'ai fait que ce que je veux faire, bien entendu. Moi j'ai trouvé la joie au travail à haute dose. Conçu *Le Chant du monde* en 4 volumes :

1. *Le Besson aux cheveux rouges*
2. *La Bête des hauts de la terre*
3. *Le Poids du ciel.*
4. *La Roche amère*[43]».

Comme pour *Jean le Bleu,* le grand ensemble en quatre volumes hante Giono. Il ne le réalisera pas. Mais cela bouillonne : trois titres sur quatre ont changé en moins de deux mois. 110 pages écrites au 15 février ? Un peu étonnant, puisque le roman ne sera fini qu'en septembre. Le manuscrit – retrouvé chez un collectionneur depuis l'établissement de l'édition Pléiade – ne porte pas trace d'un travail particulièrement pénible, ni d'une interruption quelconque.

Pourtant, Giono semble avoir eu alors, un instant, la velléité de s'installer en Suisse. Il est parti avec Élise et Aline à Vallorbe, dans le Jura suisse, chez sa cousine Antoinette Fiorio, pour l'été : il y est au plus tard le 20 juillet et y restera jusqu'en septembre. Rien d'anormal à cela : il a toujours été mal à l'aise dans la grosse chaleur d'août à Manosque, et il aime la montagne. Antoinette Fiorio, qui travaille comme aide-infirmière à l'asile de Ballaigues, près de Vallorbe, lui fait connaître un des pensionnaires de l'asile, le peintre suisse Louis Soutter, né en 1867. Il va le voir, puis l'invite plusieurs fois à dîner chez sa cousine, ainsi qu'au restaurant, mais cela se passe mal : Soutter, pour se punir d'avoir été grossier avec un camarade, recrache dans sa main tout ce qu'il a mâché. Giono lui paie une partie des dettes qu'il a faites pour acheter du papier et de l'encre, et lui achète quelques dessins « le plus spectaculairement possible, de manière à ce que son entourage prenne conscience de leur valeur ». Il lui achète aussi un exemplaire de *Till Eulenspiegel* de Ch. De Coster, dont Soutter a couvert toutes les pages de dessins[44]. Il le considère comme « un génie sans équilibre, ou plus exactement dans un équilibre différent de celui auquel nous confions notre stabilité[45] ». Il songera après sa mort à écrire non pas sur son art, mais sur l'homme qu'il était ; il ne le fera pas.

De Vallorbe, il annonce à deux au moins de ses relations, Guillaume Besnard de la Société des auteurs et compositeurs dramatiques, et L.D. Hirsch des éditions Gallimard, qu'il s'est définitivement installé en Suisse. A quoi correspond cette velléité ? Il écrira à Lucien, en juillet 1934, que le roman a été « écrit dans l'emmerdement », sans préciser lequel. C'est à Vallorbe, dans une sorte de bureau aménagé au grenier[46] qu'il l'achève, le 7 septembre. Il le reverra peu après sur dactylographie, en y supprimant un certain nombre de descriptions qui ralentissaient le mouvement.

Le Chant du monde est un roman de montagnes et non plus de collines. Giono songeait-il à ce registre en annonçant *Sur les toits du monde* comme « en préparation » en tête de *Regain* ? C'est aussi un roman centré sur un fleuve ; la Durance n'était qu'épisodique dans *Un de Baumugnes,* mais ici sa présence est constante ; elle n'est pas nommée ; mais sous le nom du « fleuve », c'est bien d'elle, même transformée, qu'il s'agit. Giono écrira plus tard : « On se sert du mot rivière quand on veut dire un cours d'eau qui ne se jette pas directement dans la mer, mais quand on voit cette eau violente, musclée et bondissante, qu'elle se jette où elle voudra : c'est un fleuve[47]. » Giono m'a dit qu'il voulait se changer du climat sec qui baignait ses livres provençaux. De fait, jusqu'à la guerre de 39, ses romans alterneront régulièrement : un dans les Alpes, un en Provence. Cela devrait suffire à faire justice du cliché éculé mais tenace d'un Giono « régionaliste ».

Le Chant du monde est un roman d'aventure et d'action : Giono était grand amateur de westerns, et le résumé du livre ferait un bon scénario pour un tel film, avec des hommes armés – fusils et couteaux –, du gros bétail (plus de moutons ici), des bagarres, un incendie. Antonio dit Bouche d'or est un double de Giono sur certains points : son nom suggère une origine italienne, il a le même âge, il est bel homme, il est un créateur de chansons et un nommeur d'étoiles, il siffle à merveille. Mais il représente son contraire en étant nageur, pêcheur et chasseur. Il accompagne son ami, le vieux bûcheron Matelot, pour rechercher, en remontant le fleuve jusque dans la région du haut pays Rebeillard où ils sont des étrangers, le « besson », fils disparu de Matelot. Ils le retrouvent caché chez le beau-frère de Matelot, le guérisseur bossu Toussaint – le premier d'une lignée de guérisseurs chez Giono ; il a enlevé Gina, la fille du grand propriétaire de troupeaux et de pâtures, despotique et tout-puissant, le boiteux Maudru ; il tue le neveu de Maudru. En représailles, Matelot est assassiné par les partisans de Maudru. Antonio et le besson vont alors mettre le feu chez Maudru, puis redescendent le fleuve en radeau pour regagner leur terre d'origine avec les femmes qui les aiment. Ce schéma de western est aussi – c'est bien normal – celui d'un conte populaire : c'est l'histoire de l'enfant perdu que son père va rechercher, à quoi l'aidera un sorcier bienfaisant – mais ici le père ne reviendra pas. C'est encore celui des mythes grecs, avec les héros arrivant dans une terre hostile, comme les Argonautes en Colchide, et le retour par eau, comparable à celui de Jason ramenant Médée ou de Thésée ramenant Ariane.

Le monde de Giono se dilate. Pour la première fois (en exceptant *Le Grand Troupeau,* livre de guerre, unique de son espèce), un de ses romans n'est pas situé dans un seul lieu : ses héros voyagent et le décor change. Le livre est plus long que les précédents, les personnages principaux plus nombreux : Antonio et Matelot, le besson, Gina, Maudru et sa sœur Gina la vieille, Toussaint, et Clara l'aveugle rencontrée par Antonio, huit protagonistes, et de nombreuses figures plus ou moins épisodiques. Nous sortons du monde des agriculteurs et des éleveurs de moutons : Antonio est un pêcheur, Matelot un ancien marin devenu bûcheron. Maudru et sa sœur Gina règnent sur d'immenses troupeaux de taureaux.

La géographie éclate : les trois romans du cycle de *Pan,* de même que *Le Serpent d'étoiles,* se déroulaient dans un terroir précis, même si les détails en étaient un peu modifiés : entre Manosque et la montagne de Lure, dans la vallée de la Durance près de Manosque, près de Banon. Ici, tous les lieux sont imaginaires, bien que leurs noms soient parfois empruntés à des lieux réels. Giono crée toute une vaste vallée, quelque part dans le Sud-Est, de la Provence aux Alpes, avec une légère couleur italienne dans certains prénoms (Antonio, Clara, Gina) et une légère couleur provençale dans le vocabulaire des personnages. Le fleuve est une Durance gonflée et imposante, une sorte de Rhône, et aussi, dans sa haute vallée, un torrent de montagne. Il traverse un défilé qui sépare le haut pays du bas, un peu comme celui de Sisteron, mais il n'y a pas de ville à l'endroit du défilé. Elle est bien plus haut, à plusieurs journées de marche, et si Giono a pu penser à Sisteron, à Lurs ou à Briançon, elle n'est aucune des trois : elle est Villevieille, nulle ville de France ne lui ressemble, et surtout pas le village de Château-Ville-Vieille sur le Guil, en Queyras.

Les romans de *Pan* étaient supposés se passer sensiblement à l'époque de leur parution. Ici, plus encore que dans *Jean le Bleu,* Giono recule dans le passé. Mais l'action, si elle n'est pas tout à fait intemporelle, n'est pas datable. Seconde moitié du XIXe siècle ? Des fusils, des gendarmes en treillis ; mais on entend des loups, on s'habille de peau d'ours (on voyait même un ours dans un passage supprimé). Aucune machine. Par ailleurs, aucune autorité administrative ou religieuse. Dans le haut pays, le Rebeillard (le nom est emprunté au Morvan, où Giono a fait deux séjours chez son ami le peintre Thévenet en 1931 et 1932), deux pouvoirs : Maudru qui commande aux troupeaux et aux tanneries (Giono se souvenait peut-être alors qu'il avait des ancêtres tanneurs chez les Pourcin) et Toussaint le guérisseur.

Les personnages appartiennent à deux races différentes. D'abord les réalistes qui ne dépassent pas la condition normale de l'homme : Matelot, sa femme et son fils, Gina la jeune, et tous les êtres autour de Maudru. Ensuite ceux qui sentent l'au-delà des choses : Antonio le nommeur d'étoiles, et les trois infirmes : Toussaint, Maudru, Clara. Ils ont un langage poétique, ils parlent aux arbres et aux bêtes. Ils sont ouverts sur le monde, alors que les autres ont souvent tendance à se replier sur eux-mêmes – y compris Matelot, l'homme du large, sauf quand il revoit par la pensée la mer et les voiliers, juste avant sa mort.

Dans le pays Rebeillard où se déroule l'essentiel du roman, règnent de vieux rites qui portent témoignage d'une ancienne civilisation imaginaire : on le voit dans la fête du printemps, et surtout dans la cérémonie d'enterrement du neveu Maudru, où tous arrivent dans la neige avec des torches ou avec des lanternes en forme de tête de taureau, dans des chars tirés par des taureaux : c'est « toute la vieille coutume taureau[48] ». Giono, questionné, m'a dit qu'il n'avait pas consciemment pensé à Mithra, le dieu au taureau – dont le nom n'est pas si éloigné de celui de Maudru –, mais qu'il avait bien vu en Maudru une sorte de dieu. Roman épique, peut-être pas, mais légendaire et mythologique, avec ses feux allumés sur les sommets, et le cheval blanc qui galope sur les cimes pour annoncer la mort.

Pour créer cette civilisation, Giono emprunte à droite et à gauche, au *Rameau d'or* de Frazer, aux sagas scandinaves. Mais peut-être surtout à Kipling, dont les dons de conteur l'émerveillaient. Il ne le cite presque jamais explicitement[49], mais il a reconnu sa dette envers lui devant Jean Amrouche et Jean Carrière[50].

Plus encore que les précédents, *Le Chant du monde* est un roman de sauvetage. L'action est basée sur cette idée, de bout en bout. Dès le début, Antonio se joint à Matelot pour aller rechercher le besson ; et il sauve Clara l'aveugle en train d'accoucher seule dans la montagne. A Villevieille, Toussaint sauve en les cachant le besson et sa Gina, et sa maison est aussi un asile pour Antonio et Matelot. Et à la fin, les deux couples menacés redescendent vers le bonheur : le sauvetage est accompli.

Le roman est composé comme un concerto : *moderato* de l'automne, *adagio* de l'hiver, *allegro* du printemps. Les jours et les nuits y ont un rythme très marqué, et la moitié des scènes sont nocturnes. La vie du monde est omniprésente. La nature grouille d'animaux, et ces Breughel vivants que Giono a créés dès *Colline* prennent une ampleur extraordinaire : parfois plusieurs pages. Les animaux se multiplient de façon féerique : « Tous les buissons avaient leurs renards[51]. » Certains sont mythiques, comme le congre d'eau douce qui est le partenaire d'Antonio dans une sorte de danse au fond du fleuve. La « grande barrière » entre hommes et bêtes, évoquée dans *Solitude de la pitié,* a disparu. Comme Antonio danse avec le congre, Maudru parle le « langage taureau ». Antonio s'adresse gentiment à un arbre dès la première page, et dans le printemps revenu de la 3e partie, les oiseaux et les arbres dialoguent entre eux. La fusion de l'homme et de l'univers est étroite. Quant au fleuve, personnage essentiel, son corps est multiforme : au fil des pages, il a des épaules et des cuisses, des muscles, mais aussi des écailles ; il crie, il hurle, il hennit, il chante.

Si Antonio est un inventeur de mots, si Toussaint laisse filtrer son amère sagesse bienfaisante, personne ne prêche dans *Le Chant du monde.* Le message est implicite : celui de la liberté dans la nature – avec tout ce que cela sous-entend de sauvagerie, de sang versé, sans qu'il y ait pourtant jamais calcul, volonté calculée de nuire et de faire souffrir. Mais cette liberté suppose d'accepter l'obéissance à l'ordre naturel. Sans nul doute Giono a voulu y mettre un message sous-jacent. Car, au milieu de la rédaction du roman, en mai 1933, il fait paraître dans *Le Mois* un texte qui en est comme l'annonce et est précisément intitulé « Le chant du monde » (le titre deviendra, en 1935, « Aux sources même de l'espérance », et le restera dans *L'Eau vive*). Avec plus de précision que dans l'article du même titre de 1932, recueilli dans *Solitude de la pitié,* il y évoque le fleuve : « Mais si l'on dit : fleuve ! ah ! nous voyons : le ruissellement sur les montagnes, l'effort des épaules d'eau à travers les forêts, l'arrachement des arbres, les îles chantantes d'écume, le déroulement gras des eaux plates à travers les boues des plaines, le saut du fleuve doux dans la mer[52]. » Ce texte se termine par un cri de fierté, et de défi à l'esthétique française classique : « Je chante le rythme mouvant et le désordre. » Et il est, on va le voir, un message où Giono se dresse contre la civilisation moderne.

Avec son ampleur, mais aussi son équilibre, sans cette hypertrophie qui menacera les deux romans suivants, *Le Chant du monde* apparaît à beaucoup comme la plus grande réussite de son auteur avant la guerre de 39. Pourtant, dès avant sa publication, Giono écrit à Lucien Jacques, en juillet 1934, que c'est un livre raté. Plus mesuré, Lucien lui affirme qu'il n'a pas été déçu, mais que le livre ne répond pas entièrement au titre. Gina et le besson ne l'ont pas accroché ; et deux unions heureuses à la fin, c'est trop. Giono répond : « Tu as raison pour 8/10mes. Le côté cucul de la fin est voulu. *Le Chant du monde* a un petit côté imbécile et couillon en réalité. » Il me redira en 1969 qu'il n'aime pas beaucoup le roman. Reste qu'il en tirera un scénario de film (non tourné) en 1942, et une pièce presque achevée, *Le Cheval fou,* dans les années 1960. Il n'a jamais repris ainsi aucun de ses autres romans sous deux formes différentes. La première ne le satisfaisait pas? Peut-être. Mais il tenait plus qu'il ne voulait le dire aux personnages et à leur histoire.

D'ailleurs le succès fut immédiat. Dès la publication dans *La Revue de Paris,* avec quelques coupures acceptées par lui, il reçoit des lettres enthousiastes. Le livre paraît vers le 10 juin 1934 chez Gallimard. Trois mois après, Giono est sollicité pour des traductions en tchèque et en anglais; mais pour cette dernière langue, son ami Henri Fluchère s'emploie déjà à traduire le livre[53]. Aragon publie dans *L'Humanité,* dès le 2 juillet, un article très enthousiaste[54]. Brasillach fait de même dans *L'Action française*[55]. La critique est presque unanime. On parle du *Chant du monde* pour le Goncourt[56]. Mais Giono n'est pas dans la course à Paris, où se dispute le prix; en outre des auteurs de Gallimard l'ont déjà obtenu les deux années précédentes, et il est temps de changer.

« Vie de Mademoiselle Amandine »

Vers la fin de septembre ou au début d'octobre 1933, Giono quitte Vallorbe pour aller voir quelques jours ses cousins Fiorio à Taninges. En 1964, il fera de son passage de la frontière un récit humoristique : les douaniers suisses auraient prétendu lui interdire de sortir de leur pays le manuscrit du *Chant du monde*[57]. S'il y a peut-être eu un léger incident, me dit Élise, il a été, dans ce texte, allègrement grossi jusqu'à la bouffonnerie; l'ironie ne s'exerce d'ailleurs pas aux dépens des Suisses en tant que tels, mais des uniformes, qui hérissaient Giono.

Lucien Jacques vient retrouver les Giono à Taninges. Puis c'est le retour à Manosque. C'est presque certainement pendant les semaines qui suivent, comme le pensent J. et L. Miallet[58], que Giono écrit une longue nouvelle, « Vie de Mademoiselle Amandine ». Il dira en 1936 ou 1937 à Christian Michelfelder que ce récit faisait partie d'une œuvre inachevée de 200 pages manuscrites environ, *Rien n'est vanité,* qui aurait débuté par un autre des récits recueillis dans *L'Eau vive,* « L'histoire de M. Jules », évocation d'un vieux professeur manosquin en retraite, ivrogne, et passionné de montres et de pendules. Je n'en suis pas convaincu. Les deux récits sont centrés chacun sur un personnage, et le narrateur y est un peu Giono; à part cela, ils n'ont pas grand-chose en commun. En revanche, je crois volontiers que « Vie de Mlle Amandine » ne représente pas un tout conçu comme tel, mais le début d'une œuvre plus longue dont rien n'est connu, et que Giono aurait renoncé à poursuivre.

Le récit est en triptyque : arrivée du narrateur chez Mlle Amandine et promenade solitaire en montagne, au cours de laquelle des chutes de pierre endommagent la forêt ; vie de l'héroïne racontée par elle-même ; dépeçage par le narrateur d'un chamois qu'un chasseur a abattu. Mlle Amandine n'intervient que brièvement dans la première partie, où elle est présentée, et à peu près pas dans la troisième. Le volet médian est à lui seul plus long que les deux autres réunis. L'ensemble parut en trois fois, sous trois titres, dans trois périodiques : le récit central (« La femme morte »), le 15 août 1934 dans *Marianne ;* le début (« Ravins dans la montagne »), le 15 septembre suivant dans *La Revue bleue ;* la fin (« Le cadavre de Pan »), le 8 novembre 1935 dans *Vendredi*. Mais il semble certain que tout le texte était écrit au plus tard à la fin d'avril 1934 : L.D. Hirsch, le 4 mai, écrivait à Giono qu'il attendait « Vie de Mademoiselle Amandine » pour une publication en volume. A mon sens, le récit était achevé à la fin de 1933[59].

Deux personnages essentiels. Le narrateur est Giono par beaucoup de traits : il est français et a été en Suisse à la fin de l'été 1933, il y loge chez une vieille fille, il aime les longues promenades solitaires en moyenne montagne, il chasse les papillons et les collectionne, il a une petite fille. Et il sort tout juste d'une longue crise : « Je menais moi-même à cette époque un combat avec le monde réel. Il me fallait le rejoindre à tout prix. La bataille qu'on mène d'ordinaire avec lui me paraissait suave et enfantine à côté de celle qui, à ce moment-là, me faisait à chaque instant engager désespérément toutes mes forces. J'avais beau multiplier la diversité de toutes mes possibilités d'étreintes, tout m'échappait, tout glissait hors de mes sens ; j'habitais les convulsions et les effondrements d'un naufrage qui n'en finissait plus de lenteur. » Mais le narrateur se sépare sur plusieurs points du créateur : il écrit à sa fille restée à la maison, alors qu'Aline était avec sa mère et lui à Vallorbe ; il insinue qu'il fait de l'escalade. Surtout il dépèce avec virtuosité un chamois, ce dont Giono était incapable et aurait eu horreur[60] – tout en étant conscient de la présence en lui, comme en chaque homme, d'un instinct de violence venu de cette période du fond des âges où l'homme était avant tout un chasseur : il refuse que le noble chamois soit porté par le chasseur, « cet homme lent et blondasse. J'aime encore mieux que ça soient mes bras et mes épaules où il y a encore de la poudre aussi forte que celle des fusils et mon coeur où ton odeur de sang [il s'adresse au chamois] a réveillé l'ancienne ardeur des hommes de la terre[61] ».

Le second personnage, Mlle Amandine, est sans conteste issu de la cousine germaine de Giono, Antoinette Fiorio (les deux prénoms ont même longueur et même initiale). Elle était laide, avec un gros nez, rieuse, bonne, et d'un extraordinaire rayonnement qui a frappé tous ceux qui l'ont rencontrée, et moi-même parmi eux. Giono évoque la pureté et la simplicité de Mlle Amandine. Qu'il ait l'année suivante songé à employer ces deux termes dans la dédicace de *Que ma joie demeure* à sa femme, supprimant ensuite le mot de « simplicité », ne veut pas dire qu'Élise soit aussi un modèle de Mlle Amandine, mais qu'elle avait les mêmes dons merveilleux qu'Antoinette Fiorio, et que ces dons, chez les deux femmes, touchaient également Giono. Antoinette avait comme Amandine une sœur aînée : Rose, elle aussi mariée au loin ; et un cousin parti en Amérique (mais, contrairement à Amandine, elle avait trois frères). Elle avait soigné les blessés français à la fin de la guerre de 14. Voilà ce qui est littéral. D'autres éléments de sa vie ont été transposés par Giono. Sans avoir adopté une petite fille comme Amandine, elle aimait à recueillir des enfants – dont ceux de son frère Ludovic. Elle avait été fiancée en 1918, et l'engagement avait été rompu (Amandine a deux amours successives). Elle avait été affreusement malmenée par sa mère (Amandine par sa grand-mère). Mais Giono l'a rajeunie – née vers 1882, elle n'était plus une « jeune fille » en 1933 comme Amandine – et a inventé ses origines bourgeoises et suisses (argoviennes par la mère, jurassiennes par le père), ainsi que le suicide de sa mère après un épisode d'amours extra-conjugales.

Giono semble avoir été gêné par ce mélange de réalité et de fiction – pour lui, une intrusion de la réalité dans la fiction. Il se contredit dans sa chronologie : née après 1900, l'héroïne a douze ans en 1906... Et Giono a piqueté de lieux réels un cadre géographique tout aussi imaginaire que ceux du *Chant du monde*. Si bien qu'on trouve des glaciers et des chamois dans le Jura vaudois, où les Alpes du Trièves viennent se greffer, ainsi que des noms allemands bien surprenants.

Ce récit, ainsi écartelé et d'apparence disparate, a pourtant une unité profonde : ses épisodes sont centrés sur la mort et débouchent sur la vie. Dans le premier volet, la forêt est blessée par les ruisseaux et les pierres. Dans le deuxième, la mère de l'héroïne se pend ; et le narrateur évoque longuement la mort des papillons. Le troisième est presque entièrement occupé par l'écorchage et l'éventration du chamois ; les termes employés rappellent ceux qui décrivent la mère suicidée, dont on fend les habits, et qu'on lave parce qu'« elle a "dégorgé" du haut et du bas », et aussi, au début du texte, la sensation qu'a le narrateur, dans son angoisse, qu'on lui a « retiré les entrailles avec un crochet de fer[62] ».

Pourtant la forêt demeure ; Mlle Amandine est souriante et bonne, elle prend soin de sa fille adoptive, et même, miraculeusement, comme la Violaine de Claudel, elle a eu, lorsque s'occupant de l'enfant toute petite elle a fait le simulacre de lui donner à téter, une goutte de lait au bout du sein. Quant à la chair du chamois, elle nourrira les hommes, ce qui est dans l'ordre naturel : « C'est pulpeux et luisant. Cette chair est claire et pleine de joie. Un peu de moelle coule de l'os. J'ai le morceau nu et cru dans mes mains. C'est froid, lourd. J'ai faim[63]. » Toute mort est dans l'ordre des choses ; le narrateur dit, parlant du jus qui lui englue les mains lors du dépeçage du chamois : « Ce que je serai un jour moi-même, dans le cours de ma transformation, entre chair et plante, entre plante et pierre, entre pierre et ciel, entre poussière d'astre et spermatozoïde en marche dans les épines dorsales. » D'ailleurs, qu'est-ce que la mort ? Au-delà d'elle, sur le plan poétique, naît une autre existence. Du sternum du chamois, en forme de proue, surgit l'image d'une poitrine-barque, d'une carène entière, naviguant « dans l'ombre de la mer » avec « la cargaison du monde ». Un autre univers : « Dans la lourde mer où tu vas naviguer, on n'emporte aucun souvenir de la terre[64]. » La vie est divine, le chamois tué est Pan, chèvre-pied cornu ; quand un dieu est tué, ce n'est d'ailleurs pas seulement Pan, et la bête morte a l'air de dire : « Éloignez de moi ce monde amer », écho du mot du Christ : « Éloignez de moi ce calice. » Ce n'est pas la seule allusion à la Bible. Mlle Amandine s'écrie : « Pourquoi s'est-on laissé dire que tout est vanité[65] ? » Résonances religieuses, lyriques, cosmiques. Mort, vie, bonheur, espérance à l'issue d'un désarroi, renaissance à partir de la destruction, sens du cycle des choses, tout se bouscule dans ces pages visionnaires, reflétant un bouillonnement intérieur.

Notoriété croissante

Un coup d'œil sur l'activité de Giono durant les quatre années 1930 à 1933. Son œuvre est diffusée sous forme d'éditions populaires[66]. Les revues ou les recueils qui lui réclament des textes deviennent légion. Aux titres déjà rencontrés précédemment, ajoutons *Vogue, Le Mois, Les Œuvres libres, La Revue Hebdomadaire, Contacts, La Revue des vivants, Marianne, La Revue de Genève, L'Almanach de la Croix-rouge suisse, Le Rempart,* la revue soviétique *Za Roubejom (Au-delà des frontières),* qui reçoivent les textes promis. Et *La Revue musicale, La Revue du cinéma, Les Cahiers du Sud, Monde,* qui en sollicitent mais n'en reçoivent pas, promis ou non. Giono est approché par divers cinéastes, et, conjointement avec Grasset, signe le 8 novembre 1932 un contrat général avec Marcel Pagnol : il lui cède pour une durée illimitée les droits d'adaptation au cinéma de l'une des cinq œuvres : *Colline, Un de Baumugnes, Regain, Jean le Bleu, Le Serpent d'étoiles,* et les droits d'option sur les quatre autres. « Tous les arrangements d'ordre artistique » seront pris directement entre Pagnol et Giono, « et ceci afin de laisser toute latitude à ce sujet à M. Marcel Pagnol ». Bref, Giono a les mains liées et Pagnol a les mains libres. Entre eux, les relations sont extérieurement amicales, mais Giono se méfie : Pagnol est « un charmant garçon en sable sec et qui fuit entre les doigts », écrira-t-il à Girieud en octobre 1932.

On lui demande en vain des conférences à Marseille, à Aix, à Grenoble, à Paris. On le presse d'écrire des préfaces ; mais durant cette période il n'en donnera qu'une : à Maria Borrély pour *Le Dernier Feu* en 1931. Il est connu à l'étranger. Dès 1931, « Prélude de Pan » est traduit en tchèque par B. Reynek, et *Un de Baumugnes* paraît à New York chez Brentano, traduit comme *Colline* par J. Le Clercq, sous l'abominable titre de *Lovers are never Losers,* « Les amoureux ne sont jamais perdants[67] »; la traduction sera reprise l'année suivante par un éditeur anglais; enfin, *Regain* est publié en allemand chez Fischer à Berlin, après avoir été donné à la revue *Die Neue Rundschau.* En 1932 paraissent en allemand *Colline* et *Le Grand Troupeau,* en tchèque *Colline,* en norvégien *Un de Baumugnes.* En 1933, en allemand *Un de Baumugnes,* sous le titre bizarre *Der Berg der Stummen,* « La montagne des muets[68] », et en russe *Colline* (livre auquel dès août 1930 Serge Romov avait consacré un article dans le bulletin soviétique *Le Livre étranger*).

Quant à sa production, elle se gonfle en volume. Chaque œuvre est plus ample que la précédente[69]. Giono, de plus en plus maître de sa langue, soulevé d'élans de plus en plus puissants, en est conscient. Il veut que son œuvre jaillisse sans contrainte, il le proclame – et il est assez sollicité par ses éditeurs pour ne pas craindre d'être freiné par eux.

Tout en s'affirmant comme romancier, il tient à faire figure de poète. Même s'il a prétendu, dans sa lettre à Poulaille, bannir la poésie du *Grand Troupeau,* il sait qu'il est un transformeur du réel. Racontant dans son « Complément à l'Eau vive » sa rencontre avec son ami le fontainier, qui parle tout naturellement dans une langue poétique, il soupire : « Jusqu'à ce jour, je croyais être poète[70]. » La poésie lui paraît être l'essence même de la littérature populaire. Invité à la fin de 1931 à un débat sur la littérature prolétarienne, il se récuse dans une lettre que publie *Monde* le 19 décembre, car pour lui celle qui existe en France est réaliste; elle exalte « les vertus de la boue et de la fiente », et ne peut qu'amoindrir le peuple, « assujettir encore plus étroitement ses chaînes et son boulet ». Non, dit-il : « Tout ce que je connais du peuple est poétique. » Et les personnages de beaucoup de ses textes en apportent la preuve. Il y avait quelques chants dans *Naissance de l'Odyssée,* ceux de l'aède en particulier. Ils avaient disparu des trois romans de *Pan*[71]. Mais à partir de la fin de 1929, Giono renoue avec cette tradition[72].

Mais les chansons ne sont que la forme la plus immédiate de la poésie. Et, dans *Jean le Bleu,* le père, le sage cordonnier, dit en parlant du vieil Odripano à son fils : « S'il peut rester jeune au milieu de nous, c'est parce qu'il est poète. Tu sais ce que c'est que la poésie ? Tu le sais, fils ? Il faut le savoir[73]. » Cette insistance solennelle, de la part d'un homme qui est Dieu le père pour le petit Jean, marque qu'il est essentiel pour lui de se sentir d'abord poète, avant d'être un créateur de personnages et de récits.

Peser sur les hommes

Ce qui est tout aussi important, pour Giono, c'est d'agir. L'expansion chez lui n'est pas seulement le gonflement des livres, c'est le besoin non d'avoir une influence littéraire – si un écrivain n'a jamais cherché à faire école, c'est bien lui – mais de peser sur les êtres pour améliorer leur existence. Les nombreuses lettres d'admirateurs qu'il continue de recevoir le confortent dans ce sens. Mais il se méfie des partis. Il n'accepte guère que l'activité locale[74], et encore seulement quand il est sollicité et qu'il s'agit de lutter pour la paix. A Jean Guéhenno, le 2 avril 1933, il écrit : « On m'a nommé président du comité d'action contre la guerre dans les Basses-Alpes. Je vais dans les petits villages. Au café. Trente personnes. Je leur parle de la guerre. Pas de documents, des histoires, puis je leur dis que le plus grand courage consiste à avouer qu'on a toujours eu peur de la guerre, qu'on a toujours envie d'être lâche. Ce qui prouve que ce n'est pas un combat naturel car l'homme n'est pas naturellement lâche. Il ne l'est que lorsqu'il sent la vanité de son combat. Les courageux à la guerre sont des malades. J'ai fait voter à Valensole un ordre du jour bizarre à l'unanimité. Les journaux l'ont publié. Il disait tout simplement : "Les mères de famille, les femmes, les veuves de guerre de Valensole, les mères qui ont perdu un fils à la guerre reconnaissent qu'à la guerre les vaincus sont les morts, et les vainqueurs ceux qui restent vivants, qu'ils soient allemands ou français. Les Allemands vivants sont vainqueurs, les Français morts sont vaincus. Nous aimerions mieux avoir nos fils et nos maris vivants et allemands que morts et français." Peu à peu j'ai groupé dans les Basses-Alpes 800 adhérents sur une population totale de 30 000. Je crois que je vais arriver à 1 200 ou 1 500 d'ici peu. J'ai chez moi maintenant un jeune étudiant allemand. » Les chiffres sont sans doute grossis par Giono, comme toujours. Quant à la motion de Valensole, même si l'on se souvient que Hitler était tout juste arrivé au pouvoir par des élections régulières, et n'avait encore rien fait sur le plan international ou pour un réarmement, elle a pu choquer, mais elle était dans la logique d'un homme qui croyait à la paix et au rapprochement franco-allemand. A-t-elle été reproduite par les journaux locaux ? Je ne l'y ai pas trouvée, même dans *Le Travailleur des Alpes,* « organe hebdomadaire de la Fédération socialiste des Basses-Alpes (SFIO) », où cependant l'œuvre de Giono n'était pas ignorée : un compte rendu de *Jean le Bleu* y avait paru le 4 février 1933.

Mais le comité d'action contre la guerre n'est pas inventé. Le même *Travailleur des Alpes* rend compte le 10 juin d'une réunion tenue le soir du 5 à Digne, au Théâtre municipal. Giono la préside, devant 400 assistants, ce qui n'est pas énorme[75]; des délégués étaient venus – mais essentiellement de la région de Manosque et de Sisteron, non de tout le département (personne de Forcalquier, de Barcelonnette ou de Castellane). Giono termine la réunion par ces mots : « Il faut construire en nous le désir de paix. Il faut que nous ayons la volonté ferme de n'être plus jamais la matière première de la formidable usine invisible dans laquelle le capitalisme fait des sous avec notre sang. » Première occurrence, je crois, du mot « capitalisme » chez Giono. Mais il s'agit d'une allocution et non d'un écrit. Et comment être sûr que le journaliste a transcrit exactement ?

Les écrits de Giono ne sont pourtant pas encore engagés au sens politique du terme. Sur ce terrain, il ne se sent pas à son aise. Il souhaite acquérir un peu de cette culture politique qui lui fait défaut ; en octobre 1931, il a demandé dans une lettre à Guéhenno ce qu'il faut lire de Lénine, et son ami lui a conseillé *Que faire ?* A-t-il suivi cet avis ? En tout cas, le nom de Lénine, comme celui de Marx, viendra bien rarement sous sa plume. Les implications anarchistes du *Grand Troupeau* restent indirectes. Si dans *Jean le Bleu* le père est appelé « révolutionnaire », il garde ses distances avec le maçon anarchiste qu'il héberge et qui dit qu'il « porte la révolution », qu'il la voit comme une Apocalypse ; le vieux cordonnier lui répond que lorsque les prolétaires, ouvriers et paysans, feront couler le sang, lui préférera être infirmier[76]. D'ailleurs, ce qui pour lui « excuse toutes les révolutions », selon son fils, c'est que les rois aient perdu leur temps à rendre la justice alors qu'ils avaient le pouvoir de guérir les écrouelles. Ironie ? Peut-être. Mais l'imagine-t-on chez un révolutionnaire engagé dans un parti ou dans une action concrète ?

Mille fois plus sûr et plus important que l'activité politique aux yeux de Jean Antoine – et de son fils – est l'acte de guérir, d'alléger la souffrance, ou le mal d'être, le désespoir, la solitude. Ceux qui écrivent à Giono lui disent que son œuvre a ce pouvoir, ce privilège. Il se voit contraint de le croire. Le souvenir de son père, cet homme bon, secourable, aimant à soigner, le renforce dans cette croyance. Sous sa simplicité et sa gaîté quotidienne, qui ne sont absolument pas feintes, est enraciné, avec la certitude de sa valeur littéraire, le sens d'une mission dont il est porteur. Henri Pourrat, venu le voir à Manosque le 19 décembre 1930, dira de lui avec pénétration : « Je ne sais quoi d'un peu visionnaire se marie bien chez Giono avec une finesse fort déliée. Cela dans un grand ton paysan, virgilien[77]. »

Le malheur de l'homme en son temps ? Giono le voit dans la civilisation mécanique et dans les grandes villes : deux réalités distinctes, mais non séparables. C'est à la première qu'il s'en prend d'abord. En janvier 1930, à la fin du « Poème de l'olive », un bref paragraphe : « On a des moulins à l'électricité. Ce qui me fait plaisir c'est qu'une fois ça marche, l'autre fois ça ne marche pas ; l'huile a le goût du pétrole, sans compter que toutes ces inventions, ça finit par jeter le sort sur les meilleures choses[78]. » Puis vient la diatribe, dans la chronique de *L'Intransigeant,* « Au pays des coupeurs d'arbres », parue le 15 mars 1930, contre ceux qui abattent les arbres des boulevards, dans un bourg qui est évidemment Manosque, pour des impératifs d'urbanisme : « Le boulevard est nu. Il est là, maintenant, jaune et sale, tout bubelonné d'une tumeur d'usine qui suinte des vapeurs et des eaux lourdes[79]. »

C'est à la grande ville qu'il en a surtout. Jusque-là les notations avaient été fugitives. Dans *Naissance de l'Odyssée,* il avait évoqué d'un mot « Mégalopolis qui ronronnait comme une mauvaise bête[80] ». L'horrible souteneur d'*Un de Baumugnes,* séducteur d'Angèle, était venu de Marseille, et quand Albin évoquait son amour absent, c'est la place de Lenche qu'il voyait, avec une image de prostitution[81]. Dans *Regain,* la ville anonyme où Panturle a fait son service représente seulement pour lui un bordel derrière les abattoirs, avec, dans le ruisseau adjacent, tous les détritus et les débris de viande[82]. Ce n'est qu'en janvier 1931 que vient l'attaque ouverte contre la grande cité, dans une chronique de *L'Intransigeant,* « Destruction de Paris » : le bonheur n'existera « que le jour où les grands arbres crèveront, où le poids des lianes fera crouler l'obélisque et courber la tour Eiffel ; où devant les guichets du Louvre on n'entendra plus que le léger bruit des cosses mûres qui s'ouvrent et des graines sauvages qui tombent ; le jour où, des cavernes du métro, des sangliers éblouis sortiront en tremblant de la queue[83]. » Giono reprend ici, sans le savoir peut-être, le vieux thème romantique de la mort de Paris. En juin 1932, dans une autre chronique, « Le chant du monde », il en vient aux invectives : « Paris est, avec toutes les grandes villes, la belle gouape cultivée, sportive, séduisante et pourrie »; Paris est « plat, rongeur, grondant, fouisseur de terre, embué dans la puanteur de ses sueurs humaines comme une grosse fourmilière qui souffle son acide[84]. » En 1933, avec « Aux sources même de l'espérance », publié en mai dans *Le Mois* sous le titre (encore) du « Chant du monde », Giono associe les deux attaques : il s'en prend aux constructions des villes, faites « dans une rage de mortier, de ciment et d'acier[85] ». Son mouvement semble un souvenir de celui de Rousseau, qui avait ouvert la seconde partie de son *Discours sur les origines de l'inégalité* par le fameux coup de clairon : « Le premier qui, ayant enclos un terrain, s'avisa de dire ceci est à moi, (...) fut le vrai fondateur de la société civile. » Pour Giono, c'est : « Le premier qui eut besoin dans son désespoir de matérialiser sa force, sa rectitude, sa raison d'espérer, bâtit un mur. » Ces bâtiments sont la forme « du rythme immobile et de l'ordre ». Et leur ensemble abrite une civilisation mécanisée qui est haïssable et inhumaine : « Nous n'avons pas été créés pour le bureau, pour l'usine, pour le métro, pour l'autobus ; notre mission n'est pas de faire des automobiles, des avions, des canons, des tracteurs, des locomotives[86]. » Ici, ce n'est plus Rousseau qui parle, mais plutôt Samuel Butler, dont le roman d'utopie *Erewhon,* lu par Giono dès 1925[87], présente une civilisation d'où toute machine est bannie.

Il faut donc restituer à l'homme le sentiment physique de la nature, des éléments, du contact avec la vie animale. « Aux sources mêmes de l'espérance » le proclame : « Voilà la mission du poète. » Car il s'agit d'une mission. Giono ne se voit d'ailleurs nullement comme le seul à en être porteur. Dès 1931, dans la préface au *Dernier Feu* de Maria Borrély, il dit du fils de la romancière, Pierre, encore enfant : « Quand il sera grand, ça va être un fameux professeur d'espérance. » Moins d'un an plus tard, il consacre, dans le numéro de juillet de *La Revue des vivants,* quelques pages au peintre Jacques Thévenet, qui a illustré *Un de Baumugnes;* il y aborde la déshumanisation, l'assèchement de « la grande prairie humaine » :

« Mon vieux Thévenet, quand ils auront bien drainé la poésie de partout et que tout sera desséché, qu'est-ce qu'ils feront avec leurs déserts ? Qui lira leurs livres-machines ? Qui regardera leurs tableaux-machines ? Qui écoutera leur musique-machine ? Avec quoi sauveront-ils tous les désespérés ?

« Non, une bonne fois pour toutes, il faut leur donner à chacun une carte routière vers le pays d'espoir. C'est ça que tu fais.

« (...) Méfie-toi, mon vieux, une nuit j'irai coller sur ta porte l'étiquette qu'elle doit avoir : "Ici on guérit les désespérés, on donne de la vraie terre, des arbres en vrai, de l'herbe pure, du ciel. Ici, on reconstruit le véritable pays des hommes." »

Ces multiples fonctions de l'artiste, sauver, guider, guérir, Giono, lui aussi, les assume. Pas seulement dans ses livres, mais pour un public plus large. *L'Intransigeant* lui ayant redemandé en avril 1932 des « articles de tête » comme il en avait donné de fin 1929 à janvier 1931, Giono en enverra trois, qui sont peu connus et dont il n'était peut-être pas satisfait : il ne les reprendra dans aucun de ses recueils[88]. Il s'y adresse à un « vous » collectif. Il l'avait fait en 1930 dans « L'eau vive », au début de 1931 dans « Destruction de Paris », mais toujours de façon incidente. Dans « Complément à "L'eau vive" », il écrivait : « Je suis seulement l'ouvreur de fenêtres, le vent entrera après tout seul[89]. » Désormais, il va plus nettement être porteur de message.

« Il faut aimer », paru le 13 septembre 1932, proclame : « Je veux vous donner des joies nouvelles[90]. » Les lignes finales sont : « A force d'efforts, vous redeviendrez des hommes primitifs, humbles et extasiés, et vous serez aveuglés de joies calmes, sans amertume et sans mensonge. Les seules. » De nouveau, c'est un écho de Rousseau qui perce dans le retour aux hommes primitifs. Giono part du présent, mais le monde vers lequel il convie les autres à se diriger est celui de ses romans, c'est-à-dire du passé poétique qui vient du fond de son enfance.

Il ne s'agit pas d'une impulsion fugitive. L'article suivant, « Nous sommes tous inquiets », paru le 8 novembre 1932, insiste par deux fois sur les « joies nouvelles » qu'il a promises à ses lecteurs. Comme Jacques Thévenet selon lui, il sera le guide : « Je voudrais tirer des civilisations quelques heureux [l'expression traduit celle des *happy few* de Stendhal, mais la nature de ces heureux est toute différente], et, nous étant ébroués tous ensemble dans le matin, nous partirions de notre pas lent et lourd de bœuf sage, dans le travers des vastes prairies. » Telle est sa conclusion. C'est déjà, en pensée, la caravane qui donnera naissance au Contadour. Les trois articles forment un tout et s'enchaînent, Giono s'adressant à ces lecteurs qui, dit-il en tête de « Il faut aimer », lui ont écrit après son article « Le chant du monde » de juin 1932.

Le dernier des trois articles de la fin de l'année, « Rien n'est vanité », s'ouvre sur : « Dans mon précédent article, je vous disais que nous avions oublié, tous, le rythme de la vie. » Et « Aux sources même de l'espérance », qui date de 1933[91], commence, dans la version publiée par *Corymbe* en mai-juin 1937, puis par Michelfelder, et qui représente à mes yeux le premier état du texte, par ces lignes que ne portent aucune des autres éditions[92] : « Je veux vous parler des vérités éternelles de la terre et vous faire approcher de joies telles que celles que vous connaissiez déjà vont s'éteindre comme s'éteignent les grandes étoiles quand le soleil saute par-dessus les montagnes[93]. » Là encore – contrairement à ce qu'il fera dans toute la suite du texte – Giono s'adresse à des lecteurs précis, et ne parle pas dans l'absolu.

Ouvreur de fenêtres, ouvreur d'espaces – car démolisseur de murs –, guide, professeur d'espérance, guérisseur… On retrouve ici, avec moins de grandiloquence mais autant d'assurance, le poète mage, prophète ou phare de Victor Hugo et d'autres romantiques. La fonction de guérisseur – attribuée aussi à Thévenet – a une importance particulière parce qu'elle vient du père, qui dans *Jean le Bleu* emmène Jean avec lui pour soigner l'épileptique, puis le maquignon paralysé que viennent mordre les rats[94]; du père qui rêve au pouvoir de guérir les écrouelles et les lépreux. « Il disait doucement dans sa barbe : "Guérir ! Soulager !" Puis : "Quand on a le souffle pur, on peut autour de soi éteindre les plaies comme des lampes." Et : "Si, quand tu seras un homme, tu connais ces deux choses : la poésie et la science d'éteindre les plaies, alors, tu seras un homme[95]." » Que Jean Antoine ait ou non prononcé ces paroles[96], peu importe. Tous ceux qui l'ont connu insistent sur sa bonté ; et il avait parcouru la ville en soignant les malades d'une épidémie[97]. Giono, lui aussi, je l'ai dit, aimait soigner, et pas seulement sa famille, qui s'en souvient, mais tous les malades : il devait le faire au Contadour[98].

L'origine de l'ère du message, pour Giono, on le voit ici, est dans l'exemple paternel. Et les romans du sauvetage, qui débutent avec *Un de Baumugnes,* ne constituaient qu'un détour inconscient pour amener Giono à sa prédication, qui prenait par instants une couleur pour ainsi dire religieuse.

Religion de quoi ? De la joie, qui commence en 1933 à prendre chez lui une forme nouvelle. Auparavant, il employait presque toujours le mot soit au pluriel, soit avec un complément qui en circonscrivait la portée : la joie de donner, la joie de voir marcher un être humain. Avec *Le Chant du monde,* la notion se transforme. D'abord une joie peut être si présente qu'elle en prend une figure concrète : Antonio se voit, en imagination, « les poings illuminés de joies arrachées au monde, claquantes et dorées comme des truites prisonnières[99] ». Ensuite la joie devient une sensation ou une intuition globale, impliquant tout l'être. Cela dans la bouche de Toussaint. Mais le guérisseur, privé par son infirmité de joies personnelles, n'évoque encore la joie que pour la nier : « Tu croyais peut-être que le monde est une boule de joie ? » demande-t-il à Antonio. Non. « Terre de nécessité et non de joie. » Toutefois, pour lui, la joie est encore liée à l'amour. Il en parle à propos de la conjonction des insectes qu'il appelle les « Madame-la-Lune », et le mot évoque pour lui la jouissance : « un air de joie, une bénédiction de la terre et du soleil qui fait jouir ». La face positive de la joie éclate à la fin, avec cette même connotation d'amour, quand Antonio pense à Clara : « Sa joie était sa joie[100]. » Nous sommes au seuil de la joie totale qui éclatera dans le roman suivant, et d'abord dans son titre : *Que ma joie demeure.*

Chapitre 9

L'engagement

L'adhésion à l'AEAR

Au début de 1934 s'ouvre une nouvelle période pour Giono. Le climat est rasséréné. Élise attend un second enfant. Comme pour consolider ce retour à un équilibre intérieur, Giono va, pour la première fois, s'engager politiquement sur le plan national, et non plus local ou régional. C'est imprudent de sa part, car il n'a aucun sens politique, si l'on entend par là la capacité de percevoir avec exactitude les réalités en jeu, et de concevoir une action possible, ayant des chances d'aboutir. Mais, à l'époque, il conçoit son engagement comme un devoir : le numéro de février 1934 de *Commune* publie une lettre à Aragon par laquelle Giono adhère à l'AEAR, l'Association des écrivains et artistes révolutionnaires, proche du Parti communiste. Cette lettre n'est pas datée, mais elle semble antérieure au 6 février, c'est-à-dire au coup de force tenté à Paris par divers groupes de droite, Croix de feu avant tout : d'une part elle ne contient aucune allusion à ces événements qui bouleversent tant de Français ; et de l'autre une revue a besoin de quelque temps entre le moment où tous ses textes sont réunis et celui où elle paraît. Il s'agit pour Giono de rejoindre, en tant que pacifiste, un groupement qui l'est aussi : il s'engage afin d'être efficace, d'entrer dans une solidarité en faveur de la paix, il le dit clairement[1]. Mais si sa lettre d'adhésion date probablement de janvier, elle paraît vers le 10 février, après les émeutes du 6 : elle en prendra un autre sens, celui de l'antifascisme, qui fait bien partie des convictions intimes de Giono, mais dont il n'a pas eu l'intention de parler. L'histoire a dévié la signification de son geste.

Dans sa lettre, le seul combat qu'il parle de mener est contre l'État bourgeois, qui est par nature, dit-il, lié à la guerre ; déjà là, son vocabulaire commence à se rapprocher de celui de la gauche politique. Mais, au-delà de la politique, la volonté de lutter contre la guerre dont la menace se dessine, et contre le militarisme des groupements français de droite – c'est un colonel qui est à la tête des Croix de feu – amène Giono à une mutation intérieure : « Pendant quatre ans [de guerre] notre sensibilité a ruisselé de nous en hémorragies terribles. Nous sommes blancs comme des cadavres. Rien ne nous touche plus. C'est de ça qu'il faut se servir. Nous pouvons être emportés désormais dans des violences sans pitié. » Auparavant, pour Giono, la pitié était un sentiment souvent solitaire et incommunicable, mais il ne la condamnait pas. Il le fera pendant les cinq ans à venir. Cette position farouche débouchera bientôt sur la nécessité d'être cruel, c'est-à-dire inflexible, dans le combat pour la paix.

Si Giono n'a pas cherché à s'engager, sur le plan national, pour une autre cause que celle de la paix, il n'en milite pas moins, après le 6 février 1934, contre le fascisme. Il est présent le 12 février à une réunion à Digne, où est constitué un comité ouvrier et paysan de lutte contre le fascisme et la guerre. Il en fait partie pour Manosque avec Louis Martin-Bret, alors secrétaire fédéral du Parti socialiste. Aux Archives départementales, avec les rapports du préfet au ministre de l'Intérieur, figure une liste dactylographiée, apparemment celle des signataires d'une motion lue au préfet à l'issue de la réunion. Elle comporte dix noms, dont « Jean Giono, écrivain régionaliste à Manosque, nommé chevalier du Mérite agricole le 20 janvier 1934 ». Cette dernière mention exprime sans doute l'indignation de l'informateur contre l'ingratitude de l'individu : on le décore et il signe aussitôt des motions ! Giono parlera encore le 8 avril à Manosque, à l'hôtel des Négociants. « M. Giono indique les dangers du fascisme. Il parle longuement de ce qu'il a vu à Paris dans les réunions fascistes et antifascistes. Il fait comprendre l'état d'âme, l'anxiété des uns et des autres. Les partis de droite sont unis et disciplinés, les partis de gauche doivent s'unir et ne former qu'un bloc antifasciste[2]. »

Épreuves et joies de la vie familiale

C'est dans ce contexte que Giono commence un nouveau roman, *Que ma joie demeure* [3]. La rédaction débute le 2 février 1934 pour ne s'achever que le 19 janvier suivant. Son début est ralenti par de pénibles événements dans la maison du Paraïs. La grand-mère d'Élise, la « Nini » centenaire, s'est cassé la cuisse en novembre 1933 ; et surtout, au commencement de mars 1934, l'oncle Marius Pourcin, qui vit toujours dans la maison, a une attaque qui le laisse momentanément paralysé. Giono doit s'occuper de lui. Il remplit avec abnégation ce devoir qui l'arrache à son travail. A Lucien Jacques, à Louis Brun, à Jean Paulhan, à Jean Guéhenno, auxquels il écrit, il crie sa souffrance dans des termes analogues, comme un appel au secours à ses amis : l'oncle est « ivrogne, paresseux, mauvais. (...) Paralysie, gâtisme. Il est là dans une chambre. Il faut que je le lève dans mes bras pour le laver de sa merde et de sa pisse et il faut que je sois là à ma table pour travailler et le nourrir et payer les soins (…). Ce que je fais, je le ferais avec une joie profonde pour quelqu'un que j'aime. Mais je le fais pour quelqu'un que je déteste. Et je le fais[4]. » L'oncle guérira (il ne mourra qu'en 1944). Mais sa présence dans la maison sera toujours aussi pesante.

Et Giono, qui lui en veut, en veut aussi à sa mère, comme l'attestent plusieurs passages du *Journal*. Le 8 novembre 1935 : « Je souffre quand j'ai un invité à ma table. Ma mère n'achète pas assez de viandes ou de poissons. Les plats sont toujours insuffisants. *Tout est fait de mauvaise grâce*. Quand par hasard cette mauvaise grâce n'est pas assez visible, on insiste tellement que c'est chaque fois à un millimètre du drame. Ma mère va à la cuisine et ronchonne à voix haute. Ou bien m'appelle grossièrement. L'oncle se comporte comme une brute sans scrupule. L'un et l'autre (ma mère et l'oncle) se plaignent d'ailleurs qu'on ne les aime pas eux, qu'on préfère les étrangers. Ils ont cependant ici tout ce que je peux leur donner. Il n'est pas possible que ma mère ait pu imaginer dans ses rêves les plus fous le confort que je lui donne. L'oncle, parasite de mon père, mon parasite à moi, qui n'a jamais depuis plus de 50 ans donné *un sou* à la maison, a été nourri pendant 50 ans gratuitement, par mon père, par moi. A dépouillé mon père de ses économies en 1907 – création de l'imprimerie. A vendu l'imprimerie (qui était à moi) en 1933 – 20 000 francs et m'a donné 4 000 francs plus 7 000 en billets irrecouvrables. Je lui ai dit que je le gardais pour faire le jardin. Il le fait, mal, de mauvais gré, se fait aider (c'est moi qui paie). Je lui donne à lui cent francs par mois et je l'habille. Il me déteste brutalement. Je sens qu'un jour il faudra ou que je l'abatte à coups de poings comme un chien, ou qu'il me tue. Il est assis à ma table comme une réprobation vivante. Si je faisais n'importe quel autre métier que celui que je fais, je crois qu'il ne me détesterait pas aussi violemment que ce qu'il le fait. Il n'approuve rien de moi. Il n'aime rien de moi. Ne croit rien de moi, déteste tout de moi. N'a jamais lu un seul de mes livres (ma mère non plus sauf des extraits ; elle les prend pour de la rigolade). Ma mère *n'aime* que son frère. Lui parle, le pomponne, le surveille, attache une importance considérable au respect qu'on doit (dit-elle) lui porter. Depuis sa maladie, il se saoule moins. Mais il est devenu aigre, violent. Dix fois plus bête qu'avant. Toute la famille de ma mère est comme ça. Je cherche vainement une qualité. Ils n'en ont pas. Quand je reçois (!) l'oncle mange à la cuisine volontairement comme un ours. Entre, passe, sans saluer, en grognant. Sale, pas rasé, bousculant tout sans demander pardon. Ma mère l'aime, l'admire, me dit : Tu as vu ce qu'a fait l'oncle ? Elle a l'air de dire : Tu vois, lui, il fait quelque chose. (C'est parfois parce qu'il a chaussé les céleris, ou biné les fraises.) Si, à table, je viens en disant : "Je suis content, mon livre marche, j'ai écrit six bonnes pages", rien, le silence, pas un mot. C'est parfois des pages sur lesquelles j'ai épuisé mon sang et ma vie pendant des jours. Ce sont des pages qui me donneront des sous pour les faire manger, eux. Ils ne me parlent pas. Et ils vont dans Manosque (où on me déteste aussi), ma mère et lui, avec leurs visages de martyrs. »

Le 22 novembre : « Toute la famille du côté de ma mère (ma mère y comprise, hélas) sont d'horribles gens qui ne se consoleront jamais de ne pas m'avoir tenu en esclavage comme ils ont fait de mon père. Toutes les effroyables vulgarités, ils les ont. Je suppose qu'au début du mariage de mon père, (...) cette famille ici, humble, soumise aux puissants, lèche-bottes et alcoolique mais bourgeoise (mon grand-père maternel *s'habillait* pour aller se saouler) a eu un immense dédain pour ce cordonnier sublunaire magnifique, anarchiste et poète, qui arrivait (malheureusement un peu vieux) pour se marier. Il était bon. Ils l'ont su très vite. Il a été perdu. Il a *nourri* toute la famille. Ils l'ont mangé. Voir que je leur échappe ! Mais est-ce que je ne les nourris pas moi aussi ? L'oncle Louis qui est venu l'autre jour. Le grand homme de la famille : il est carrossier et son fils joue du violon (polkas, sérénade de Toselli). Assis dans mon bureau. Un peu humble d'abord :
— Je pense à l'argent que tu m'as prêté. Ne t'inquiète pas.
— Je ne m'inquiète pas.
— Et alors, toi, ça marche ?
— Oui, très bien.
— Je suis bien content. Je me dis toujours : qui sait, un jour, les livres ne se vendront plus.

Installés là pendant toute l'après-midi. Impossible de travailler. Et dès qu'ils sont là je leur fais de bonnes manières.

Midi. — J'ai l'impression d'habiter une maison de fous. »

Le 26 novembre : « Ils me rendront méchant et injuste. Ils me feront me préparer des remords qui empoisonneront toute ma vie. Ils me font souffrir sans arrêt. Pas un *seul* bon geste, pas une *seule* marque d'affection. Ils sont toujours contradictoires. Je suis vraiment entouré d'une atmosphère de haine. Je sais ! Il aurait fallu quand je me suis marié faire vraiment mon ménage. Mais d'abord, à ce moment-là je n'avais pas assez d'argent pour donner une pension à ma mère. Je gagnais 650 francs par mois. Et puis je crois qu'elle a été à ce moment-là extrêmement malheureuse de me voir marié. Elle l'a montré avec cette véhémente et folle passion qu'ils mettent dans toutes les mauvaises choses. Et comme j'aimais terriblement ma mère, je les ai pris avec moi. Je l'aime encore autant, et c'est autant que je souffre. Voilà l'erreur. Maintenant c'est trop tard. Ce matin, encore la maison de fous. Mais par ma faute. Il faut vraiment prendre la résolution de plus de sagesse. Puisqu'elle ne peut venir que de moi, je suis humainement responsable. »

Le 19 décembre enfin : « Hier soir le drame a recommencé avec ma mère, parce que j'avais osé dire que les épinards qu'on servait pour dîner étaient meilleurs que d'habitude. Ce matin le drame a recommencé. Il ne cesse pas avec mon oncle parce que j'ai osé empailler un malheureux mimosa qui gelait sous la neige. Violent. A deux doigts d'être obligé de lui foutre sur la gueule.» Plus tard, à une date inconnue, Giono a biffé au crayon bleu ces quatre passages [5]. Mais il les avait écrits, et ne les a pas détruits.

Et il laissera subsister sans les rayer ces lignes de 1936 : « *2 novembre.* – Hier à midi dispute d'une violence inouïe avec ma mère. J'avais à table J. Lévy-Puget et Lucien. A cause de Césarine[6] qu'elle torture et qu'elle insulte sans arrêt. J'en ai assez d'écrire ici dessus toutes ces effroyables batailles. Je suis brisé aujourd'hui comme par un travail physique. Je ne demande qu'à aimer et à estimer ma mère. – 3 novembre. – Et sûrement elle m'aime. Et j'ai une farouche envie de l'aimer. Le désaccord vient de ce que nous habitons ensemble. Mais je le sais depuis longtemps. Je n'avais pas jusqu'à présent (exactement jusqu'à juillet 36)[7] assez d'argent pour lui assurer la vie en dehors de la mienne. Et maintenant c'est trop tard. Il faudrait pour s'en séparer une cruauté que je ne peux avoir pour personne.» Crise de mauvaise humeur chez Giono? Mais Élise m'a dit à plusieurs reprises à quel point l'oncle était insupportable et méchant. Il détestait les enfants. Un jour, vers 1933 ou 1934, il jeta par la fenêtre un seau d'eau froide sur Aline, qui relevait d'une grippe. A ses cris et à ceux d'Élise, Jean descendit en fureur, et cogna sur l'oncle. En outre, la présence de la mère de Jean était pesante à Élise, qui devait la supporter toute la journée : caractère lunatique, récriminations continuelles, remarques aigres, prétention de régenter la maison sans d'ailleurs vouloir ni pouvoir la prendre vraiment en main. Ce n'est que bien plus tard, dans son extrême vieillesse, que Pauline Giono avouera à quel point elle s'est montrée odieuse avec sa belle-fille, lui disant lors d'une promenade que lui faisait faire Élise à son bras (elle était alors aveugle) : «J'ai été méchante avec vous; si vous l'étiez autant, vous me pousseriez dans le canal.»

Est-ce pour échapper à ce climat étouffant? Giono invite son jeune cousin Serge Fiorio, comme il l'a fait chaque année depuis 1930. Mais, en 1934, Serge restera plus longtemps que d'habitude : près de deux mois. Il fait alors le portrait de Giono qui a souvent été reproduit, notamment sur la couverture de l'ancienne édition Folio de *Noé,* et qui est aujourd'hui au musée de Laval.

A la fin de mars 1934, Giono fait un séjour à Paris. En repartant sur Manosque, dans le train, il rencontre André Gide qu'il n'avait plus revu depuis 1929, et avec qui il n'avait plus correspondu depuis février 1930. Le 29 mars, ils envoient ensemble une carte à Eugène Dabit, et Giono persuade Gide de venir le voir chez lui, sans doute dans les jours qui suivent. Il remerciera chaleureusement Gide de sa visite, écrivant non plus « Cher Monsieur Gide » comme il l'avait toujours fait, mais «Cher André Gide». Il sait qu'il n'est plus un débutant provincial.

Naissance de Sylvie. *Que ma joie demeure*

L'œuvre centrale de cette période, c'est *Que ma joie demeure*. Le titre semble avoir été trouvé tout de suite ; du moins, pour une fois, n'en connaissons-nous pas d'autre qui l'ait précédé dans l'esprit de l'écrivain. C'est le seul titre exclamatif de Giono : il fait éclater un souhait intense. Et le roman est immédiatement projeté comme ample, riche, bien plus long que le précédent. Giono songe à le faire paraître en deux volumes, dont le second s'appellerait *Mort du poète*. Quelques mois après avoir écrit le premier chapitre, il le publiera dans le numéro de juin 1934 de *Commune* sous le titre d'« Entrée du poète ». L'esprit du livre est ainsi affirmé, avec la prééminence du personnage central – un poète en action. Le travail, assez régulier après les secousses du début, sera pourtant coupé par un séjour à Marseille pour la venue au monde de Sylvie, sa seconde fille, le 11 août. Cette naissance est pour lui une grande joie. Il la manifeste en achetant à Élise des vêtements luxueux, robes, manteaux, qu'elle ne pourrait jamais mettre. Elle rit de cette extravagance et en est touchée. Mais, comme le couple n'est pas riche, elle persuade Jean d'aller rendre tous ces achats inutiles.

Puis Giono reprend son roman, et son travail reste acharné et exaltant : « Je travaille dix à douze heures par jour et chaque jour, et dans, je ne dirai pas une joie intérieure, mais avec une paix absolue », écrit-il à Brun[8]. Pour ne pas être dérangé, il décroche son téléphone, écrira Lucien Jacques à H. Poulaille. Arrivé au milieu vers le 20 juillet, il proclame dans une lettre à Lucien : « Il marche. Il sera rond. Je crois (je *sais*) que pour celui-là il n'y aura aucun équivalent dans aucune littérature (ce qui ne veut pas dire que je sois sûr de sa valeur, comme bien tu penses)[9]. » Et à Dabit, lors du galop final : « Voilà 700 pages abattues. Il ne m'en reste plus que 80 à écrire. Je suis ivre d'une ivresse que je n'ai jamais connue, que rien ne peut approcher ni remplacer[10]. »

Comme dans *Le Chant du monde*, il crée un territoire. Mêlant à des noms inventés d'autres qu'il prend dans deux régions différentes mais peu distantes, celle qui domine la vallée de l'Ouvèze, affluent du Rhône, et celle qui est située à l'est de Sisteron, il donne naissance au plateau Grémone avec sa forêt, et place à ses pieds la ville imaginaire de Roume, qui n'a guère d'autre point commun avec Manosque que d'être au bord d'une assez large plaine fertile. Ce plateau, contrairement à ce qu'il dira plus tard à R. Ricatte, ne doit à peu près rien au plateau de Valensole, qui domine la vallée de la Durance en face de Manosque. Grémone est beaucoup plus haut : c'est « le haut du pays haut[11] » ; pour en renouveler le bétail, les moutons viendront des pacages les plus élevés des Alpes. Sans le situer avec précision, on pense aux plateaux qui culminent aux crêtes de Lure et d'Albion, où deux fois pendant la rédaction du roman, vers le 15 juillet et le 13 octobre, Giono va faire de longues marches avec ses amis Henri Fluchère, Jacques Lévy-Puget, Rey et Kardas[12]; et c'est là qu'il songe, dès août, à amener l'année suivante une caravane de jeunes gens[13]. Le plateau obéit à la loi qui désormais sera toujours celle de Giono quand il s'agira de haute Provence : le grandissement. Il faut un jour de marche pour en traverser la partie cultivée du bout d'une propriété à l'autre, et sept jours pour en atteindre l'extrémité vers le sud[14] : un tel désert ne se trouve nulle part dans la région – ni ailleurs en France. L'espace est plus ouvert que dans *Le Chant du monde*, n'étant pas borné par les montagnes proches. Sur le plateau, les habitations sont très espacées : sans être un désert, c'est une terre de solitude.

Le temps s'ouvre aussi : l'action s'étend sur sept saisons, d'un hiver à un été, contre trois dans *Le Chant du monde*. La saison centrale est l'automne : il est au cœur du livre. C'est en son milieu, on le verra, que la courbe s'infléchit : jusqu'à lui, dans les onze premiers chapitres, c'est la montée du bonheur; après, dans les douze derniers, la redescente.

L'action est moins rapide que celle du *Chant du monde*, et se déroule à peu près entièrement dans le même décor. Sa date? Autour de 1923, selon certains indices[15]. La vérité est que Giono refuse la chronologie, qui ne l'intéresse pas, et que l'action n'est pas datable; il est seulement certain que nous sommes cette fois au XXe siècle. Pourquoi pas vers 1934, au moment de la rédaction du livre? Mais, pas plus que dans la trilogie de *Pan*, l'histoire ne fait irruption dans la vie du plateau : pas une seule mention de la guerre de 1914, comme si aucun des paysans ne l'avait faite ou n'en avait même entendu parler. Giono la supprime.

Le plateau Grémone n'est pas une commune, et on ne sait à quelle commune il est rattaché. Ni maire ni mairie, ni curé ni église[16]. On sait peu de chose des terres, de leur superficie, de leur histoire. Héritées, achetées? Pas d'ancêtres mentionnés, pas de traditions. Nul ne semble hériter d'un vieillard suicidé.

Deux points sont plus étonnants, l'emploi que tous font du mot « joie », comme s'il était courant dans un sens absolu et quasi mystique, et l'acceptation, à peu près sans résistance, des propositions de Bobi, qui modifient les habitudes de vie et de pensée, et même les structures économiques. Nous sommes dans un univers utopique, paradisiaque (un des personnages l'appelle le Paradis terrestre), et la présence constante des animaux renforce cette atmosphère.

Sur le plateau, où la vie humaine est éparse et grise, tout change dès les premières pages par l'arrivée d'un homme que le vieux Jourdan attend sans savoir quel il sera. Seule certitude, irraisonnée : il apportera la joie. Une nuit d'hiver, Jourdan, sorti labourer sous les étoiles, voit le nouveau venu et sait que son attente sera récompensée : le survenant nomme une constellation « Orion-fleur-de-carotte », reliant ainsi le ciel et la terre dans la ligne de Hugo, et il ne s'étonne pas que Jourdan lui demande s'il a jamais soigné les lépreux. Son nom ? On l'ignore (peut-être Jean, qui sait ?). Interrogé, il répond : « Pour la commodité, disons Bobi. » (Serait-il de Bobbio, comme initialement Saint-Jean de *Batailles dans la montagne ?*) On se demande également si Giono aurait déjà, en 1934, lu *Moby Dick* qu'il commencera à traduire deux ans plus tard. « Disons Bobi » correspond à la première phrase du roman de Melville, « Call me Ishmael », que Giono traduira par : « Je m'appelle Ishmael. Mettons. »

Bobi est chez Giono le premier héros véritablement solitaire : Ulysse est un anti-héros, Albin d'*Un de Baumugnes* avait un ami, Panturle de *Regain* fondait une famille, Antonio du *Chant du monde* faisait équipe avec Matelot et le Besson. Bobi est d'une autre nature. Il arrive seul, il repart seul. Il aura une postérité immédiate avec Saint-Jean de *Batailles dans la montagne*. Peu après avoir terminé *Que ma joie demeure*, Giono écrira d'ailleurs dans son *Journal,* le 15 mai 1935, à l'époque où il prend des notes pour *Batailles dans la montagne :* « Il semble que je retourne et que je remâche toujours le même personnage solitaire et le même drame de la solitude et le même antagonisme contre les dieux[17]. »

Giono dira en 1969 qu'il a mis un peu de lui dans Jourdan. Peut-être parce qu'alors il veut écarter toute idée d'analogie entre lui et Bobi. En fait, c'est surtout à Bobi qu'il a prêté sa ressemblance, déjà donnée à Jean dans *Le Bout de la route :* regard bleu clair, nez mince, lèvres minces avec des fossettes de chaque côté de la bouche ; il fume la pipe, il siffle merveilleusement, il a une fabuleuse sensibilité aux goûts et aux odeurs ; il aime à soigner, il est fanatique d'amitié ; c'est un inventeur d'images ; il a le projet de changer les choses par son discours. En outre, pense un des personnages, « il doit être italien[18] » ; lui-même dit ailleurs qu'il vient de la montagne[19] ; les deux éléments réunis font penser au Piémont, le pays familial d'origine. Giono dira dans son journal, en corrigeant les épreuves du livre : « Plus que les autres, il est plein de moi cette fois » ; en particulier, je crois, par Bobi, son protagoniste : c'est sans doute le premier des personnages vraiment romantiques créés par Giono – qui ne se rend pas encore compte qu'il est pour une large part un romantique.

Bobi tient aussi, naturellement, de personnages réels ; son nom est celui d'un petit garçon vu par Giono dans sa jeunesse, auquel un acrobate faisait faire l'homme-serpent[20]. Et surtout de personnages des livres antérieurs de Giono : acrobates qui apparaissent de *Présentation de Pan* et de *Jean le Bleu,* homme mystérieux de « Prélude de Pan », parlant aux animaux, et voulant réformer les hommes – mais Bobi, lui, est une figure bénéfique de Pan. Bobi descend également du berger du *Serpent d'étoiles* qui a donné « une voix à la joie et à la tristesse du monde[21] », et d'Antonio du *Chant du monde,* qui comme lui nomme les étoiles et attire les femmes. Acrobate, clown, il a travaillé dans les cirques ambulants. Il est un errant ; et on ne saura jamais ce qui l'a amené sur le plateau Grémone. Il va habiter chez Jourdan, faire la connaissance de sa femme Marthe, puis, assez vite, des autres habitants du plateau : sept foyers, bientôt réduits à six après le suicide d'un vieil homme amer et méfiant. De toutes petites familles : les Jourdan, sans enfants ; trois autres couples, les Carle, les Randoulet, et le vieux Jacquou avec sa femme Barbe ; chaque couple avec un unique enfant : le fils Carle qui se tait mais s'exprime en jouant du clairon, Zulma la simple, bergère, en accord instinctif avec la nature environnante, et Joséphine, mariée avec deux enfants. Enfin, au « château » – une maison de maîtres –, Mme Hélène, dont le mari s'est suicidé dans une crise de folie dépressive, et qui vit avec sa fille de seize ans, Aurore ; elles sont les seules à ne pas cultiver la terre : elles ont un fermier qui habite seul dans une autre maison. Hommes et femmes sont à peu près en nombre égal.

Bobi va transformer tout ce groupe en lui apportant le sens de la beauté des choses, qui se substituera à leur utilité. Il fait planter ou semer des fleurs dans les haies et les champs, il attire les oiseaux en leur donnant du grain, et surtout il va chercher un cerf qui vivra en liberté, et pour lequel les paysans iront ensemble attraper des biches. Tout le plateau se réunit un dimanche de printemps pour un merveilleux repas champêtre qui rappelle celui d'« Entrée du printemps » mais qui dure quarante pages. La joie attendue a fait irruption et s'épanouit. Mais aussi l'amour. Il y a Aurore, la cavalière – la première d'une longue lignée chez Giono, avant Marceau et son frère de *Deux Cavaliers de l'orage,* avant Langlois d'*Un roi sans divertissement* et des *Récits de la demi-brigade,* avant les héros du Cycle du Hussard, Angelo et surtout Pauline qui, de même qu'Aurore, montera non en amazone mais comme un homme. Aurore éprouve pour Bobi une passion dont elle ne mesure pas la nature. Et Joséphine au regard vert, avec ses trente-deux ans, a un immense désir physique de Bobi. Mais, dans la première moitié du livre, aucun de ces amours ne se noue, tout est ouvert, et la joie continue de s'étendre : rien ne vient en ternir l'éclat, en fêler l'unité, en briser l'élan. Y a-t-il ailleurs dans la littérature deux cents pages de bonheur ?

Ensuite s'amorce la redescente ; elle n'est évidemment pas uniforme. La vie animale reste la même sur le plateau, toujours aussi fourmillante – c'est là que se trouve le plus long « Breughel animalier » de toute l'œuvre de Giono, près de trente animaux différents en huit pages, oiseaux, insectes, poissons, reptiles, carnassiers, herbivores – et les paysans favorisent même cette vie en ouvrant les portes, pour leurs amours, à l'étalon et aux juments jusque-là enfermés : ils ont désormais la même liberté que le cerf et les biches. Semailles et moissons y sont de merveilleuses activités comme touchées par la grâce, le tissage abandonné renaît grâce à la fabrication d'un métier. Zulma garde les moutons achetés par Randoulet. « Et autour d'elle, tout était paix et repos[22]. » Mais en même temps les signes d'alarme et de souffrance se multiplient.

Aurore s'en prend violemment à Bobi qui, pense-t-elle, est insensible devant elle : « La rivière a plus de cœur que vous. » Bobi en est hanté. Son inquiétude passe jusque dans ses rêves. Il aime Aurore. Mais, au moment où il rêve d'elle, Joséphine la sensuelle vient se coucher près de lui, et, sans aucun sentiment de faute, ils deviennent amants. Ils se sentent heureux. Pourtant une interrogation surgit aussitôt : « La joie ? Il n'y a pas de joie[23]. » C'est pour la première fois la négation de l'action fondamentale de Bobi. Après un nouveau dialogue d'affrontement avec lui, Aurore, suivant ainsi le chemin de son père, se tue d'un coup de fusil dans la tête. Bobi, atterré que surgisse la mort là où il n'avait pensé qu'à la vie, épouvanté que la nature, dont il est le défenseur, et qui a guidé ses amours avec Joséphine, puisse être cause d'une faute et d'un drame, et, après un dialogue intérieur entre sa soif d'absolu et sa pulsion de vie, prend la fuite, et se laisse foudroyer par l'énorme orage dans lequel il s'est engagé : sa mort est à la fois suicide, châtiment et communion avec le cosmique. Giono dira, dans son quinzième entretien avec J. Amrouche, qu'il regrette d'avoir fait intervenir ce foudroiement, élément extérieur, qui ne découle pas de la logique de l'action.

Tout cela semble correspondre au dessein initial de Giono. Mais sur cette fin en courbe descendante jusqu'à la catastrophe se greffe un élément différent à partir du milieu du livre. La rédaction de la première moitié du livre doit avoir amené Giono en juillet. Tout à son roman, il n'a pu de février à juin donner suite à sa prise de position politique. En mai, il a donné son accord pour présider l'assemblée générale de l'AEAR qui devait avoir lieu en juin. Il a sans doute accepté par horreur de dire non. Il n'y va finalement pas, sous un quelconque prétexte qu'on connaîtra peut-être un jour[24]. En juillet, la politique envahit sa vie de plusieurs côtés. La montée du nazisme l'inquiète. Il proteste avec violence contre le procès qui menace Thaelmann, secrétaire général du Parti communiste allemand[25]. Il est même question qu'il aille avec l'astronome Henri Mineur à Berlin pour protester auprès des autorités ; mais les nazis reculent devant le procès, et le voyage est annulé. Enfin, dans « Je ne peux pas oublier », texte pacifiste dont il sera question plus loin, Giono,.incidemment, parlant d'une période où on a, selon lui, tenté de lui faire perdre sa place à la banque en l'accusant de communisme[26], ajoute : « Je n'étais pas communiste. J'apprends lentement. » Ce qui est dire qu'il n'est maintenant pas éloigné de l'être. Tel est le climat au moment où *Que ma joie demeure* arrive à son milieu. Et un nouvel élément entre en jeu, touchant cette fois à l'univers romanesque de Giono.

Vers le 10 juin, *Le Chant du monde* est paru en librairie. Les comptes rendus se multiplient, à peu près tous élogieux et même enthousiastes. Mais il en est un qui a dû prendre pour Giono une importance particulière, en raison de la position éminente de son auteur à la fois dans les lettres et dans les milieux politiques de gauche : celui qu'a fait Aragon dans *L'Humanité* du 2 juillet 1934, et que Giono n'a pu ignorer. L'écrivain communiste y rappelle à son compagnon de route l'engagement qu'il a pris quelques mois plus tôt, et lui fait de pressantes suggestions sur ce qu'il doit écrire. Après avoir résumé *Le Chant du monde,* et dit son admiration pour le «voisinage merveilleux de la nature et du monde», pour le langage, le style, les images, Aragon écrit: «Jean Giono est peut-être à l'heure qu'il est le seul poète de la nature; il est assurément le plus grand de ceux qui décrivent la vie des paysans. Il parle de ce qu'il connaît, de ce qu'il connaît comme personne.» Il souligne le côté patriarcal du pays Rebeillard, avec sa société primitive. Ne voulant pas voir que le roman n'est nullement situé dans l'histoire, il s'écrie:

«(...) est-il bien sûr que Giono, poète, n'ait pas abusé ici Giono sociologue? Le pays Rebeillard peut-il être à un tel point indépendant de la France capitaliste? (...) Nous sommes en pleine guerre de Troie, aux temps homériques. Mais non pas dans les montagnes dont les fils ont fait la guerre de 1914-1918, et demain verront au-dessus de leurs têtes les avions lance-microbes qu'on nous promet tous ces jours-ci.»

Suivent des réserves qui amènent le critique aux recommandations qui seront pour lui l'essentiel:

«Voilà ce qui limite et la réalité et la force de ce *Chant du monde.* Voilà qui en diminue la portée pour une masse énorme de lecteurs, qui ne peuvent y voir qu'une idylle très belle sans doute, mais une idylle après tout, où les grands sentiments qui priment sur tous autres pour cette masse abandonnent pour un instant la place à une nostalgie à la Rousseau de la vie primitive qui ne reviendra plus.

«Pourtant il n'en est pas ainsi au pays Rebeillard, dans ces Alpes où vit Jean Giono, l'antifasciste Giono, promoteur d'un mouvement qui fait que nous tournant vers les Basses-Alpes, et songeant aux luttes à venir, nous sommes pris d'un grand, d'un orgueilleux espoir. Je songe à ce Jean Giono-là qui se promène dans les hauts-pays, dans les familles d'agriculteurs, parlant aux uns, aux autres, leur lisant Lénine, ce que Lénine a écrit pour eux, pour les paysans. (...) les paysans qui écoutent la voix de Lénine, grâce à Giono, s'éveillent à la lutte non pas contre les villes, où combattent déjà leurs alliés naturels, les travailleurs de l'industrie, mais contre cette bourgeoisie qui les pousse à la misère, et qui par le fascisme et la guerre accroîtra encore cette terrible misère des campagnes. De cela, où Jean Giono *dans la vie réelle* joue un rôle, rien n'a passé dans ce livre.

«Il n'y a se disant ici que le désir que l'immense talent du poète Jean Giono vienne renforcer encore le travail précieux de l'antifasciste Giono. Qu'il nous donne ce livre sans précédent, qu'il peut, qu'il doit écrire, où l'on verra non plus les paysans du *Chant du monde,* mais les paysans de la conférence antifasciste de Digne, et leur animateur Giono.» Le prochain livre de Giono doit être le pendant français des *Terres défrichées* de Cholokhov, poursuit Aragon. Il faut que Giono, de l'AEAR, « comprenne que nous attendons de lui de grandes choses, dans la période où s'ouvre pour les paysans et les ouvriers de France la question de la prise du pouvoir ». Telle est la fin du compte rendu.

Antifasciste, Giono, sans aucun doute : il l'a toujours été et le sera toute sa vie. Adhérent de l'AEAR, oui. Je serais toutefois un peu surpris qu'il ait lu du Lénine aux agriculteurs des Basses-Alpes, mais non qu'il ait raconté l'avoir fait ; encore moins surpris qu'à un communiste qui lui aurait demandé s'il lisait Lénine aux paysans, il ait répondu oui, pour faire plaisir, ou ne pas dire non.

Cela dit, il est sans nul doute sensible aux éloges que lui décerne Aragon, d'autant qu'ils s'adressent au poète qu'il veut toujours être. Il souhaite prouver qu'il a entendu non seulement les éloges, mais l'appel qui lui est lancé pour son prochain roman. Mais celui-ci est à moitié écrit. Il ne peut le transformer complètement. Le plateau Grémone tel qu'il l'a créé est de par sa nature isolé de « la France capitaliste » contre laquelle on lui demande de lutter et pour laquelle il n'a nulle tendresse. Cet univers exprime ce que Giono a personnellement à dire, ce message de joie qu'il a commencé de lancer depuis près de deux ans et auquel il n'est pas question de renoncer. Toutefois Aragon, de son point de vue de militant et d'écrivain réaliste, n'a pas tort. Et Giono, dont l'adhésion à l'AEAR a été spontanée et sincère, ne songe pas à la renier. Ce qu'il va donc faire, c'est mettre en lumière un personnage jusque-là tout juste mentionné, et faire de lui le porteur du message que voudrait entendre Aragon[27].

Ce sera le fermier de Mme Hélène, le seul habitant du plateau à n'avoir pas été rencontré par Bobi, le seul à n'avoir pas participé au grand festin champêtre, qui jouera ce rôle. Il prend brusquement de l'importance dans ce chapitre 12 qui forme le cœur du roman. Il n'aura toutefois jamais de nom, comme si, représentant des masses, il était par là interchangeable et pouvait rester anonyme. Mais dix pages sont consacrées à son dialogue avec Bobi[28]. Il n'est pas dit expressément qu'il soit communiste, mais personne ne s'y est trompé dès la publication du roman – ni, à gauche, Paul Nizan dans *Monde* du 16 mai 1935[29], ni, à droite, Jean Rimaud dans *Études,* la revue des jésuites, le 5 septembre suivant. Cet homme, avec « son entêtement au travail et son courage[30] », « avec son visage de moine », dit « nous », et désigne clairement par là un groupe, et même un parti. Il dit : « Il faut penser à la grande masse des travailleurs (…). C'est à devenir fou quand on pense que nous sommes des millions et des millions. Et avec des bras terribles. Une force ! » Il est déterministe : « La liberté n'existe pas. » Il ne croit pas au mystère, et s'il admet que certaines choses le dépassent, ce ne peut être que provisoire[31]. Il se veut rationnel et cherche à amener les autres – en l'occurrence Bobi – à sa raison. Mais sa conviction a quelque chose de religieux. Nous sommes, dit-il, « des saints de la charpente, du labour et de la forge. Les saints du pouvoir des hommes ». Il est totalitaire, et dirigiste en matière d'art : « J'ai dit qu'il nous faudra des poètes, mais je dis aussi que, de temps en temps, nous serons obligés de leur foutre des coups de pied au cul. » Le poète, pour lui, c'est Bobi (pour Aragon, c'est Giono) ; et il lui dit : « Nous nous rapprocherons, ou bien – il fit un geste de bouleversement – tu éclateras comme une étoile perdue. » Sans pro-noncer le mot, il rêve à la révolution : « Un jour nous parlerons de tout ça à coups de poing dans la gueule, nous contre les autres, nous contre ceux qui maintenant nous raclent la joie sur la peau, nous la payant avec des sous de carton. » Il prône la collectivisation des terres, des biens, des outils de production : « On ne dira plus ni mes arbres, ni mon champ, ni mon blé, ni mon cheval, ni mon avoine, ni ma maison. On dira notre. » Il va plus loin : il chante longuement les hybrides que la terre n'a pas pu faire seule ; littéralement, c'est une allusion aux théories de Mitchourine et de Lyssenko, autour desquelles la propagande soviétique faisait alors grand bruit ; mais, au-delà, il s'agit de l'apprivoisement de la nature par l'homme grâce à la technique, et finalement de la transformation de l'homme en un être différent. Toutefois seules ses idées, pour le moment, sont communistes : il ne cherche encore ni à endoctriner, ni à organiser les paysans du plateau. Et il n'est en rien hostile, personnelle-ment, à Mme Hélène, sa propriétaire.

Bobi résiste : pour lui, l'égoïsme et le souci du gain ont rendu les hommes malades de solitude et d'ennui, et il faut les guérir, c'est-à-dire les ramener à la santé qui était leur état antérieur. Ils doivent redevenir, alors que pour le fermier « devenir c'est en avant, jamais en arrière ». Bobi veut vivre et faire vivre les hommes « sur la vieille terre », alors que l'autre songe à « la terre nouvelle ». Il veut être en communion avec la nature et non la domestiquer. Il se méfie de la technique, et dit à son adversaire : « Toi, resteras-tu tout le temps fermé en toi-même avec tes pauvres outils tortureurs et mordeurs, tes limes, tes scies, tes rabots et tes bêches, tes mâchoires de fer, tes dents de fer (...) ? »

Pourtant les deux hommes ont beaucoup en commun : ils sont tous deux sincères ; ils portent en eux une allégresse véritable, qui se mani-feste par la musique : Bobi siffle et le fermier chante[32]. Ils veulent l'un et l'autre le bonheur de l'homme sur terre ; ce bonheur, ils l'appellent aussi joie. Ils diffèrent seulement, et même se heurtent, sur les moyens d'y parvenir.

Pour la seule fois dans l'œuvre romanesque de Giono, deux positions philosophiques et politiques sont opposées dans une ample discussion. Aussi le ton du roman dans ces dix pages change-t-il assez profondé-ment. Nous ne sommes plus dans les échanges habituels du plateau Gré-mone : on croirait lire un dialogue philosophique semblable à celui de l'homme et de l'intelligence (Œdipe et Antigone) que Giono écrira l'année suivante dans *Les Vraies Richesses*. Le fermier est un homme qui lit (il a un livre à la main dans les deux occasions où Bobi lui rend visite) ; il est seul dans le roman à le faire, avec le mari de Mme Hélène qui est mort fou trois ans plus tôt. Il utilise des mots qui ne sont dans nulle autre bouche sur le plateau : « c'est une question sociale »; « je vois la chose sur le plan social ». Et quand Bobi lui dit : « Nous sommes des animaux », il répond : « Oui. Des animaux tragiques. » Langage d'intellectuel. Dans le reste du livre, quand le tragique est présent, le mot n'est pas prononcé. Ce didactisme fait du chapitre 12 une cellule à part dans *Que ma joie demeure*.

Le chapitre n'a pas été interpolé dans un texte déjà écrit, l'examen du manuscrit l'atteste. Il est bien venu se placer à la suite du précédent. Et il ne modifie pas la courbe d'ensemble du roman, que selon toute vraisemblance Giono prévoyait depuis le début. Mais le fermier va reparaître, beaucoup plus brièvement, par deux fois. La première, il n'est pas présent : Aurore et Bobi entendent seulement sa « voix mâle et paisible » qui chante. Bobi semble l'éviter, comme s'il avait peur : il lui a fait transmettre un message au lieu d'aller le trouver. La seconde, c'est sa dernière rencontre avec Bobi. Mais tout se passe comme si, porte-parole d'une politique de transformation sociale, il avait dans le roman un double rôle d'animateur et de catalyseur.

Animateur : dans la scène d'affrontement avec Bobi, il lance l'idée de la collectivisation des terres. Et Bobi va un peu plus tard proposer aux paysans du plateau de faire une récolte commune en unissant les efforts, sans tenir compte des particularités de chaque domaine. Ce n'est pas absolument la même chose, puisque la propriété privée n'est pas supprimée; les cultivateurs créent seulement une sorte de coopérative informelle de production agricole. Mais c'est le premier pas vers une propriété commune des champs de blé qui est évoquée – il n'est question que des champs, et non des pacages, bois ou jardins. De toute façon, Bobi, en faisant cette proposition, introduit dans son action un motif nouveau : ce qu'il avait fait jusque-là était du domaine de la poésie, et de cette « passion pour l'inutile » par laquelle Bobi définissait à la fois la jeunesse et la joie[33]. Mais quand il propose de « faire une moisson commune[34] », et de choisir un champ où l'année suivante tous sèmeront le blé ensemble, il y a là, avec le souci de fraternité, une action vers l'efficacité, même s'il s'agit par là de se ménager des loisirs : « Nous aurons (...) un peu plus de temps pour nous occuper de ce qui est le volontiers. »

Le fermier est aussi un catalyseur : à partir du moment où il est entré en scène, introduisant une opposition qui n'existait pas dans toute la première moitié du livre, de nouveaux contrastes vont apparaître. En regard de ce paradis pauvre qu'est le plateau, on va voir à plusieurs reprises l'enfer riche de la plaine voisine, celle de Roume, où de gros propriétaires, avec leurs autos et leurs camions qui n'existent pas sur le plateau, exploitent les semeurs et les moissonneurs, faisant accélérer les cadences pour améliorer le rendement[35]. Bref, le capitalisme agricole, jusque-là entièrement absent, révèle soudain sa proximité et sa férocité.

Son existence semble donner raison au fermier – et à Aragon. Car devant l'énorme machinerie des gros propriétaires, que pourra l'indignation lyrique de Bobi ? Seule l'union des travailleurs suggérée par le fermier constituerait un adversaire à la taille des grands profiteurs.

D'ailleurs au moment où Bobi, bouleversé par le suicide d'Aurore, décide de fuir le plateau, il dit au fermier (c'est lors de leur seconde rencontre) : « J'ai bien pensé que, puisque je partais, (...) ce serait toi qui chercherais la joie pour le compte de tous (...)[36]. » « Qui chercherais », non pas « qui trouverais ». Car Bobi se méfie. Il voit à la doctrine de l'autre une objection majeure, qu'il n'a pas eu l'occasion de lui opposer : c'est que le communisme tel qu'il est en formation à l'Est suppose l'industrialisation, la mécanisation, et qu'il est des métiers de la terre, comme celui de berger, pour lesquels il n'y a pas de substitut mécanique : signe que dans l'homme il existe quelque chose de permanent, et que le projet de le transformer entièrement est utopique. Inquiétude que le fermier avoue honnêtement être aussi un peu la sienne.

Ce qui laisse dans l'incertitude l'organisation future de la vie sur le plateau après la disparition de Bobi. Giono était-il lui-même très au clair là-dessus ? Bobi avait dit : le grain récolté en commun ne sera « ni à l'un ni à l'autre ; comme le cerf. Il sera à tous[37] ». Mais, après son départ, la question du blé se pose : « On se le partagera suivant son compte », dit Carle[38]. Phrase équivoque. Selon le compte préparé par Bobi, ce qui contredit la citation précédente ? Ou chacun selon son compte, c'est-à-dire selon ce qui lui revient, en fonction des surfaces emblavées qui lui appartiennent ? Le propos de Jacquou, un peu plus loin, semble aller dans ce sens : « Je prendrai neuf sacs de grain. C'est à peu près mon droit[39]. » Alors l'esprit communautaire s'effondre. Pourtant tous ignorent la mort de Bobi, et nul ne souhaite qu'il ne revienne pas. Mais la logique de Giono est ici poétique et non rationnelle. A-t-il voulu laisser son roman ouvert ? Il est difficile de ne pas interpréter comme un signe funeste la mort de Bobi, ce suicide incroyable par une marche vers le foudroiement. La joie peut-elle subsister sans celui qui l'a créée ? La tentation communautaire (ou communiste), qu'elle ait été provoquée, comme je le crois, par l'article d'Aragon, ou qu'elle soit née seulement du rapprochement de Giono avec la fraction extrême de la gauche, échoue donc. Elle s'est ajoutée à la ligne du livre, en a enrichi la matière mais en a compliqué les leçons, elle y a introduit une ambiguïté décisive sur le sens de la notion centrale, la joie.

Qu'est-ce que la joie dans ce livre et dans ceux qui suivront ? Le mot n'est jamais vraiment défini. L'existence de la joie est acceptée comme une évidence, et aussi le désir que chacun a de vivre dans la joie. Il n'est pas surprenant que Giono ait emprunté son titre à un choral d'une célèbre cantate de Bach, « Jésus, que ma joie demeure », connu de lui, semble-t-il, vers 1931[40], qui est fait du souple chant continu d'un hautbois solo, d'une allégresse freinée par la méditation, que vient couvrir un chœur solennel dont la lenteur n'exclut pas la ferveur : Bobi en solo et les paysans du plateau en chœur, tout au moins dans la première partie. Mais, au-delà du parallélisme musical, l'essentiel est qu'il s'agisse d'un chant religieux. Giono dira qu'il a supprimé le nom initial, Jésus, du titre de Bach parce qu'il constitue un renoncement, et qu'il ne faut renoncer à rien[41]. Certes, il n'y a rien de chrétien ici. Pas de Dieu, sauf dans des jurons et des expressions toutes faites, et dans une phrase sur le clairon du fils Carle : « Ses notes étaient comme les mains molles de Dieu[42] » ; il est d'ailleurs frappant qu'il s'agisse de musique dans cette unique allusion. Mais la joie est un peu de la nature d'une grâce dont Bobi est le messie, mais une grâce païenne – panique ou dionysiaque. Elle est un état. On l'espère ; on souhaite qu'elle dure sans savoir ce qu'elle est : « La joie peut demeurer », se dit Jourdan[43] avant que cette joie se soit manifestée : c'est la première apparition du mot dans le livre. La joie passe ensuite dans la bouche de Bobi, puis de Marthe, de Jacquou, de Barbe. Son sens immédiat n'est pas toujours le même. Elle est parfois jouissance, y compris sexuelle (le mot de « plaisir » est rarement employé) ; elle est bonheur, mais un bonheur haussé par une exaltation – et alors elle est une fête transitoire, destinée par sa nature à avoir une fin ; elle est aussi paix intérieure et extérieure – et elle pourrait alors être permanente : « Car, se disait Bobi, la joie est la paix[44]. (…) Il faudrait que la joie soit une chose habituelle et tout à fait paisible, et tranquille, et non pas batailleuse et passionnée. Car moi je ne dis pas que c'est de la joie quand on rit ou quand on chante, ou même quand le plaisir qu'on a vous dépasse le corps. Je dis qu'on est dans la joie quand tous les gestes habituels sont des gestes de joie, quand c'est une joie de travailler pour sa nourriture. Quand on est dans une nature qu'on apprécie et qu'on aime, quand chaque jour, à tous les moments, à toutes les minutes tout est facile et paisible. Quand tout ce qu'on désire est là. »

Peut-être y en a-t-il un peu trop ; les discours de Bobi sur la joie ne sonnent parfois pas très juste ; Giono y transparaît un peu trop derrière son personnage. Bobi a beau dire que la joie est « basée sur la pureté, sur la simplicité[45] », ce qui correspond à une des hantises de Giono à l'époque (ce sont les termes appliqués à Mlle Amandine, et à Élise Giono dans un des projets de dédicace du roman), il reste qu'elle a quelque chose d'hypertrophique qui lui donne une couleur didactique. Il dira à J. Amrouche qu'il a voulu exprimer « la générosité sans limites », et qu'il y avait moins bien réussi que plus tard dans *Les Ames fortes*. Dans aucun de ses romans passés ou à venir Giono ne prêchera plus que dans celui-ci : sa prédication, dans les quatre ans qui suivent, passera dans ses essais, non dans son œuvre de fiction, alors que, relisant en mars 1935 les épreuves de *Que ma joie demeure,* il dira du livre : « Je compte bien qu'il apportera avec lui la joie véritable. »

Au fond, le livre, autant qu'un roman, est une gigantesque parabole lyrique. Les hommes, pense confusément Jourdan dès le début, mènent une vie de lépreux : la solitude les défait par morceaux[46]. La joie est le remède à cette manière de se décomposer vivant. Deux des mots-refrains du livre – lépreux (ou lèpre) et joie – sont là avant l'arrivée de Bobi ; l'un revient vingt-cinq fois, l'autre plus de cent fois. Deux autres mots clés seront apportés par Bobi : l'image qui nomme une constellation, « Orion-fleur-de-carotte » (le nom d'Orion revient plus de trente fois), et le cerf, l'animal symbole de beauté et de liberté, qui entre dans le récit soixante pages après le début et y reste présent jusqu'à la fin[47] ; comme la joie, il est nommé plus de cent fois. Orion est la formule-sésame qui ouvre la porte de la joie. Quant au cerf, il est l'incarnation de cette joie, et Bobi le sait : « Depuis que le cerf était arrivé sur le plateau, il appelait ainsi les grandes joies intérieures qu'il se donnait à lui-même. Aujourd'hui, le cerf, c'était goûter le goût de l'hiver, de la forêt nue, des nuages bas, marcher dans la boue, entendre les buissons qui griffaient sa veste de velours, avoir froid au nez, chaud dans la bouche. Il se sentait libre et agréablement seul[48]. »

Bobi, le magicien, presque le messie, « le Christ maladroit », dira Giono à J. Amrouche, n'est plus exactement, comme Antonio projetait de l'être pour le besson au début du *Chant du monde,* un sauveteur : il est, comme Antonio pour Clara, un sauveur. Et, le premier, il sauve une collectivité. Il veut guérir les gens du plateau de la lèpre de la solitude, de l'égoïsme, du travail morne. Il y parvient momentanément. Finalement il échoue. Mais en sachant qu'il a raison, et qu'il faut éternellement recommencer à chercher la joie ; le fermier communiste dit lui aussi que la bataille durera toujours.

Quant à sa défaite finale, elle prend elle aussi une forme déjà rencontrée chez Giono : la désertion. Bobi est le premier héros positif à s'abandonner à cette rupture, qui est aussi obéissance à un besoin profond de liberté. Mais il déserte ceux qu'il a soutenus, dont il a transformé la vie. A la générosité succède, quand vient la solitude, l'abandon. Le roman, lumineux dans sa première partie, à mes yeux de loin la plus admirable, où triomphent la confiance en l'homme et l'espérance, est finalement sombre si on le considère dans son ensemble. Roman lent dans son déroulement, dans ses vastes épisodes étalés sur deux chapitres (le repas champêtre, la chasse aux biches, le tissage), dans ses personnages même (sauf Aurore qui est la vitesse incarnée, mais ne court qu'à la mort), solennel, où la gaîté même ne se traduit jamais par des plaisanteries ; cette atmosphère est déjà impliquée par le titre, celui d'un choral, qui implique l'harmonie empreinte de gravité. Roman cosmique, où le héros n'est pas tué par une volonté humaine, ni par un accident, mais par une sorte de délégation de son suicide à un orage cataclysmique[49]. Roman qui reste fascinant non parce qu'il propose véritablement un mode de vie et une action, mais parce que, ne se présentant pas comme une utopie, créant comme un paradis, il fournit un rêve d'évasion à une société emprisonnée par la civilisation qu'elle a sécrétée.

Impulsions. Antifascisme et pacifisme

Le foudroiement de Bobi ouvre chez Giono la période des paroxysmes : on en trouvera d'autres dans *Les Vraies Richesses,* dans *Batailles dans la montagne,* dans *Le Poids du ciel,* dans *Deux Cavaliers de l'orage.* C'est l'époque des grandes colères de Giono dans la vie, pour différentes raisons. Parfois pour de mauvaises. S'imaginant, vers le 20 juin 1934, que Gallimard ne fait guère d'efforts pour lancer *Le Chant du monde,* il écrit à L.D. Hirsch cette lettre extraordinaire dont il garde le double :

« Cher Ami,

« J'ai l'impression très nette que vous me laissez tomber. Un petit placard dans *Marianne.* Rien dans les *Nouvelles littér.* Rien dans 1934, rien dans les quotidiens. Publicité – nulle. Je n'ai pas l'habitude de réclamer. J'ai l'air d'un con mais je ne le suis pas. Je vous dois encore quatre livres romans. Je vous donnerai donc *de cette année* quatre romans (un titre et cent cinquante pages derrière) comme les petits copains. A quoi bon s'esquinter et vous foutre des trucs de 300 pages ? D'après le contrat roman c'est roman. Un roman c'est un titre et quelques pages derrière (évidemment j'ai toujours le droit de prévenir les gens en leur disant ne faites pas attention à ce que je donne à la NRF. C'est seulement pour me débarrasser d'eux.) Grasset a déjà commencé à faire de la publicité pour *Que ma joie demeure* qui ne paraîtra que l'an prochain. Non mon vieux Hirsch, ça, ça n'est pas bien, parce que je n'ai jamais rouspété et que je m'en fous. Non, je ne m'en fous pas.

« La moitié des gens ne savent pas que le livre paraît.

« Vous aurez quatre romans d'ici décembre.

« *L'Herbier d'algues*

« *Soleil*[50]

« *Madame la Vieille*

« *Si Dieu commence*

« et après ça mon contrat est fini et d'ici là je me charge de faire suffisamment d'articles pour prévenir les gens de ne pas acheter un seul exemplaire de ces quatre livres-là, en leur disant que je les ai écrits pour me foutre de la gueule de la NRF.

« Ma bonne amitié

« Jean Giono. »

Les reproches ne sont guère fondés dans l'ensemble[51]. Hirsch le lui prouve facilement par retour de courrier ; mais, avant même d'avoir reçu sa lettre, Giono s'est excusé par télégramme.

Ses indignations sont parfois plus sérieusement motivées et de nature politique, comme celle que provoque le traitement réservé par les nazis à Thaelmann, secrétaire du Parti communiste allemand, emprisonné depuis 1933 et menacé d'un procès. Giono écrit à H. Barbusse une lettre que publia *Monde* le 6 juillet 1934[52] : « Je suis indigné depuis longtemps du sort que l'Allemagne nazie fait à Thaelmann. Étant invité en février à aller faire des conférences aux étudiants de Leipzig, j'ai refusé en donnant pour motif que je ne tenais pas à rencontrer amicalement des représentants d'un peuple capable d'une telle ignominie. Thaelmann a refusé de fuir. Il est resté sur place et à sa place. Les nazis ont peur de son courage, de sa probité et de cette bonté qui le faisait aimer de tous les communistes allemands. J'ai à Manosque avec moi un Allemand échappé de Berlin[53] et qui reprend ici des racines dans la vie. Je suis allé le voir avec votre lettre. Il m'a dit les larmes aux yeux : il faut tout faire pour Thaelmann. Mon cher Henri Barbusse, je crois qu'il ne suffit pas de crier son indignation. Il faut qu'on nous sente tous prêts à défendre Thaelmann devant le monde entier. Il faut qu'on sache en Allemagne que nous allons dénoncer l'Allemagne devant le monde et que nous n'aurons de cesse que lorsque le monde entier partagera notre indignation. Si les Allemands ne défendent pas Thaelmann, la plus grande injure qu'on puisse faire à un homme sera de lui dire qu'il est un Allemand. »

Dans les deux cas – si différents qu'ils soient – la colère emporte Giono au-delà de la raison. On en verra d'autres exemples.

C'est vers le milieu de juillet 1934 encore que, répondant à une demande de Guéhenno en date du 27 juin, Giono écrit pour *Europe* sa très belle contribution au numéro spécial « 1914–1934 » de la revue. Le 19 juillet, Guéhenno le remercie avec effusion. Il ne peut plus désormais se retenir de le tutoyer.

La fin de ce texte, intitulé « Je ne peux pas oublier », s'adresse à ses camarades morts :

« Vous dont j'ai vu le sang, vous dont j'ai vu la pourriture, vous qui êtes devenus de la terre, vous qui êtes devenus des billets de banque dans la poche des capitalistes, je ne peux pas oublier la période de votre transformation où l'on vous a hachés pour changer votre chair sereine en or et sang dont le régime avait besoin.

« Et vous avez gagné. Car vos visages sont dans toutes les brumes, vos voix dans toutes les saisons, vos gémissements dans toutes les nuits, vos corps gonflent la terre comme le corps des monstres gonfle la mer. Je ne peux pas oublier. Je ne peux pas pardonner. Votre présence farouche nous défend la pitié[54]. »

C'est sur ces mots que se conclut le texte d'*Europe*[55]. La violence y est présente. Et, comme dans la lettre d'adhésion à l'AEAR, la nécessité, pour lutter contre la guerre, de faire taire la pitié. C'est que le pacifisme est une foi, et donne naissance à la haine contre tout ce qui est contraire à cette foi, et à la cruauté dont Giono parlera plusieurs fois dans les années suivantes, alors qu'elle est si contraire à sa nature.

« Je ne peux pas oublier » se présente comme un témoignage. C'en est un, mais qui ne doit pas être interprété trop littéralement. Peu avant la fin, Giono évoque quatre camarades tués « à côté de [lui] devant la batterie de l'Hôpital en attaquant le fort de Vaux » (la même formule revient quatorze fois, litaniquement). Le fait n'est pas inventé : l'attaque, à laquelle Giono avait participé, avait été très meurtrière[56]; mais les noms des camarades sont fictifs. Trois figurent soit dans « Ivan Ivanovitch Kossiakoff », soit dans *Le Grand Troupeau*. Et on n'en trouve aucun dans les longues listes de morts que conserve le « Journal de marche » du 140e RI aux Archives de Vincennes. Giono invente toujours, même quand il témoigne.

D'autre part – toujours dans la ligne de l'AEAR et peut-être sous l'influence de l'article d'Aragon – le texte est un de ceux où Giono truffe le plus son style personnel de vocabulaire marxiste. Ce n'est plus seulement « l'État bourgeois »; « l'État capitaliste » revient vingt fois, comme une obsession; et on y trouve aussi le capital, les gros propriétaires, les ennemis de classe, l'injustice sociale – bref des termes qui ne venaient pas sous sa plume auparavant, même si les notions qu'ils recouvrent étaient implicitement présentes. En est-il gêné ? Comme par compensation, il glisse dans son texte une notation religieuse : dans des lignes qui sont comme une suite de versets poétiques, il assimile le soldat et ses souffrances au Christ au mont des Oliviers et au Golgotha :

« Puisqu'on ne nous a jamais répondu quand nous avons gémi.

« Puisqu'on s'est détourné de nous quand nous avons montré les plaies de nos mains, de nos pieds et de nos fronts.

« Puisque, sans pitié, on apporte de nouveau la couronne d'épines et que, déjà, voilà préparés les clous et le marteau[57]. »

Enfin « Je ne peux pas oublier » étant écrit au cours de la rédaction de *Que ma joie demeure,* des échos se font entendre entre le roman et le manifeste. A la plaine « toute rousse » au moment des moissons du second répond le blé « comme un miroir de cuivre » du premier[58]; « ces orages de fin du monde où la foudre jaillit de terre[59] », ce sont ceux qui anéantissent Bobi. Telle expression caractéristique figure dans les deux œuvres : Bobi dit au fermier communiste : « L'important, c'est de redevenir les blondasses vagabonds du monde[60] »; et l'enfant blond aux yeux bleus – figure de Giono – de « Je ne peux pas oublier » s'en ira, lui aussi « blondasse vagabond du monde », à la recherche de l'espoir, du désespoir et de l'amour. Les deux derniers textes ont été écrits à moins d'un mois d'intervalle. L'article destiné à *Europe* apporte, dans sa précision, avec sa volonté de concret et d'objectif, un contrepoids à l'utopie du roman. Pas de cloisonnement dans le jaillissement gionien, mais une circulation permanente, d'un texte à l'autre, des sensations et des idées dans leur fluidité. Le sens profond ne se découvre que par un regard global.

Moins de deux mois après avoir envoyé son texte à J. Guéhenno, Giono fait paraître un bref article, « Raisons humaines », dans le n° 1 du *Rassemblement bas-alpin contre le fascisme et la guerre*[61]. Là, comme le dit H. Godard, « il lie la lutte contre le fascisme à la volonté de préserver l'âme paysanne et ce qu'elle représente pour l'avenir de l'humanité ». Plus question d'État bourgeois ni d'État capitaliste, mais seulement de la lutte contre le fascisme. Celui qui parle, c'est l'homme qu'Aragon appelait peu avant « l'antifasciste Giono », dont il évoquait l'action dans les Basses-Alpes. Giono n'est plus dans sa ligne anti-belliciste, présente d'« Ivan Ivanovitch Kossiakoff » au *Grand Troupeau* et à *Jean le Bleu,* mais dans la ligne strictement politique où l'a entraîné l'évolution de l'histoire. Et, pour la troisième fois en huit mois, la même détermination farouche se fait jour, avec la dernière phrase du texte : « Camarades, le courage physique et l'absence de pitié nous donneront la victoire. » Giono avait adhéré à l'AEAR « pour avoir des camarades ». Mais l'apostrophe « Camarades » est neuve chez lui ; elle a une couleur évidente. Toutefois Giono ne publiera plus rien par la suite dans ce *Rassemblement* dont le communisme allait s'affirmer de plus en plus ouvertement.

Peu après, le 20 octobre, le mouvement pacifiste « Front commun » lui écrit de la part de Gouttenoire de Toury, militant aixois, pour lui demander d'être responsable du secteur dans les Basses-Alpes ; il lui envoie des manifestes et des tracts. J'ignore si Giono a accepté, et je ne crois pas qu'il ait eu une activité réelle dans ce domaine.

Pendant qu'avance *Que ma joie demeure,* la célébrité de Giono grandit. Il a la visite d'André Siegfried et de Maurice Leenhardt. Dans les derniers mois de 1934, il reçoit des demandes de collaboration à la *Revue des Deux Mondes,* à *Monde* (qui se réorganise avec Malraux, Peisson et Vildrac), à *Occident;* Grasset a signé avec la librairie Ferenczi pour une édition à bon marché d'*Un de Baumugnes.* Un producteur de cinéma lui demande les droits pour *Le Chant du monde.* Le cinéma lui cause d'ailleurs des ennuis : *Angèle,* de Pagnol, d'après *Un de Baumugnes,* vient de sortir. Giono assiste à la première projection marseillaise, au cinéma l'Odéon, le 28 septembre 1934, et n'est absolument pas enchanté. Il écrit à Brun qu'il a été « frappé par *Angèle* comme d'un coup de bâton ». Plusieurs scènes reprennent mot pour mot les dialogues du livre. Mais d'autres sont entièrement ajoutés, comme le voyage à Marseille du valet de ferme Saturnin (joué par Fernandel, ce que Giono ne voyait pas d'un bon œil). Selon un récit fait plus tard à Paul Gianoli, Giono, étant venu à Marseille pour assister aux prises de vues, était entré sur le plateau et avait vu deux personnages de marins discuter devant la caméra de l'appareillage d'un sous-marin ; Pagnol lui avait expliqué que, pour satisfaire des distributeurs d'Afrique du Nord, il avait rajouté une scène de sous-marin faisant escale à Bizerte ; et il avait obtenu de Pagnol que la scène ne soit pas montée dans la version exploitée en France[62]. Si l'histoire est vraie, cela n'étonne pas de Pagnol ; si elle est fausse, cela n'étonne pas de Giono.

Ce qui est sûr, c'est que Pagnol voudrait publier chez Fasquelle les dialogues du film. Une correspondance triangulaire s'établit entre lui, Giono et Brun de chez Grasset. Giono, finalement, refuse son autorisation. Il demande même que son nom soit retiré du générique du film ; Brun intervient en sens contraire auprès de Pagnol, qui lui répond qu'il enlève le nom de Giono puisqu'on le lui a demandé publiquement, mais que, si on le lui demande publiquement, il le remettra.

Plus gai : Albert Bau-Duc, de Villen-sur-Var, a, dans une comédie sur une Association qui apporte des secours aux déshérités, mis Giono en scène au troisième acte sous le nom de Jehan de Giono, président de la réunion annuelle des délégués, lequel expose ses théories selon *Jean le Bleu.* L'auteur demande l'autorisation. On peut se demander s'il l'a obtenue.

L'étranger ne reste pas inactif. Une thèse allemande, *Jean Giono, un poète de la Provence,* de Heinz Hermann Giossek (40 pages fort plates), vient de voir le jour à Bottrop en Westphalie. Les éditions Fischer demandent à Giono un contrat d'exclusivité de trois ans pour la traduction de ses œuvres en allemand. Les Allemands émigrés le sollicitent aussi : Rudolf Leenhardt voudrait un texte à diffuser en Allemagne. La grande revue hongroise *Nyugat* (« Occident ») voudrait des récits, une courte autobiographie, une photo. La revue soviétique *La Littérature internationale* souhaite un extrait de roman. Une maison tchèque et une maison anglaise veulent faire traduire *Le Chant du monde.* Un article de Fluchère sur Giono va être publié dans la revue américaine *Scrutiny.*

Le 15 novembre 1934 paraît le numéro spécial d'*Europe* sur la guerre ; les articles y figurent par ordre alphabétique d'auteurs, et l'ensemble a de la classe : Alain, R. Arcos, J. Blanzat, J.-R. Bloch, E. Dabit, J. Duval, J. Giono, J. Guéhenno, M. Martinet, A. Rosser, Ph. Soupault, Ch. Vildrac. La revue étant plus ouverte et de plus grande diffusion que *Commune,* Giono apparaît désormais comme engagé avec l'ensemble de la gauche intellectuelle.

L'affaire du prix franco-allemand

C'est alors que survient un épisode qui fait du bruit. Un docteur Von Schoen, par lettre du 15 novembre, pressent Giono pour faire partie du jury d'un prix franco-allemand de 20 000 marks, destiné à récompenser des ouvrages favorisant la réconciliation des deux pays. Le docteur Kurt Fiedler écrit le lendemain pour donner quelques précisions. Le jury comprendrait, outre Giono, un Allemand, l'éditeur Batschari, créateur du prix, et un Suisse, le Dr Stuckelberger; il serait présidé par le Dr H.F. Blunck, président de la Chambre des écrivains allemands. Giono, depuis toujours favorable comme tant de pacifistes à un rapprochement entre la France et l'Allemagne, accepte sans chercher plus loin. Naïveté peut-être; mais elle était partagée à l'époque par une large fraction de l'opinion, qui ne pouvait encore deviner l'hitlérisme tel qu'il devait se révéler par la suite. En tout cas, spontanéité généreuse.

En outre, l'occasion de manifester une amitié se présente, ce qui est toujours primordial pour Giono. Il vient de lire en volume – il en avait déjà vu des extraits en revue – le *Journal d'un homme de quarante ans* de Jean Guéhenno, autobiographie et profession de foi. Son ami lui ayant demandé, par lettre du 19 novembre, s'il ne verrait pas une possibilité de traduction, Giono lui répond – sa lettre doit être du 22 – que son amie Ruth Kardas serait une traductrice éventuelle en allemand; du côté de l'édition, il évoque une possibilité: le «prix dans lequel je suis appelé à juger du côté français. Prix du rapprochement franco-allemand. Il est de 10 000 marks pour un livre allemand et 10 000 marks pour un livre français. Je vais tout de suite désigner le *Journal* et voter pour lui du côté français. Ça ferait en même temps: éditeur, bruit, lecteurs et bonne action dans le monde. Qu'en penses-tu? »

Mais le 21 novembre, Brun, inquiet à juste titre, a demandé à Giono ce qu'était exactement le prix en question. Au reçu de la lettre, Giono, mis à son tour en éveil, récrit à Guéhenno: «Suite à la lettre de ce matin j'apprends que le prix franco-allemand n'est peut-être pas très propre. J'ai immédiatement écrit pour demander des renseignements et réserver mon acceptation définitive.» De fait, il y avait une manœuvre: le jour même où était partie la lettre du Dr von Schoen, l'annonce de la création du prix avait paru dans *Le Figaro,* le 15 novembre. On cherchait à mettre Giono devant le fait accompli. Le même journal publiait le 23 un article d'une soixantaine de lignes où André Billy évoquait la participation de Giono: «Il n'y aurait pas lieu de s'étonner d'une désignation qui, en principe, en vaut bien une autre, si M. Giono n'était communiste. M. Giono semble, en raison de ses opinions, mal préparé à travailler au rapprochement franco-hitlérien[63]. » Le lendemain, 24 novembre, dans la page intitulée «Le Figaro littéraire», le journal faisait paraître, sous la signature «La Girouette», un écho: «M. Jean Giono à Berlin». Après avoir signalé l'article d'*Europe,* «Je ne peux pas oublier», et cité la phrase: «Je n'ai pas eu le courage de déserter», la Girouette commente: «En même temps que nous était révélé ce goût de la désertion militaire, les dépêches de Berlin annonçaient que le docteur Goebbels venait, entre tous les écrivains français, de désigner M. Jean Giono pour faire partie du jury qui doit attribuer le prix de 20 000 reichmarks au meilleur roman sur "l'entente franco-allemande". Ce réalisme berlinois est limpide: M. Jean Giono apporte en effet le meilleur moyen d'assurer "l'entente". Il lui reste pourtant à s'expliquer avec ses amis antifascistes sur son flirt avec Hitler et Goebbels. » Les lecteurs du *Figaro* étaient édifiés : Giono communiste, déserteur virtuel, nazi... Que l'idée du prix soit venue de Goebbels ou de ses services, c'est possible et même probable. Mais les noms de Goebbels et de Hitler ne figuraient évidemment pas dans l'annonce du prix (pas plus que dans les lettres adressées personnellement à Giono), alors que *Le Figaro* présente cela comme une information. Cet amalgame venimeux était d'autant plus grave que l'audience du journal était plus grande.

Devant les demandes d'éclaircissements de Giono, les correspondants allemands s'inquiètent pour le succès de leur initiative : le 30 novembre, le Dr Kurt Fiedler assure Giono qu'il n'y a là « aucune intention nationaliste », et, le 1er décembre, le Dr von Schoen envoie le libellé exact du règlement du prix en français et en allemand. Mais, entre temps, Brun, qui a lu *Le Figaro*, est revenu à la charge le 26 novembre : « On trouve étrange que tu te compromettes ainsi avec Goebbels. » Giono est désormais certain qu'il a été berné, et, le 27 novembre, envoie à plusieurs journaux français et étrangers, dont *L'Humanité*, *L'Œuvre* et *Comœdia,* une note : « La presse française, la presse allemande, la radio allemande ont annoncé que j'étais juge français dans le jury du prix littéraire pour le rapprochement franco-allemand. Il a été en effet facile de surprendre la bonne fois d'un homme qui vit seul, loin des centres actifs de la politique moderne, et qui se sent naturellement et violemment emporté vers le service de la vie. J'ai démissionné aujourd'hui d'une entreprise qui voulait employer mes forces à d'autres buts[64]. » Une note rédigée un peu autrement est envoyée au *Figaro,* qui en fait état le 1er décembre, toujours sous la signature de « La Girouette », en ironisant : « Heureux M. Jean Giono et heureux Manosque ! Dans la vieille cité provençale, un écrivain célèbre ignorait encore ce que sont Hitler et sa politique. Presque un conte. » Dès le 2 décembre, Gide fait part à Giono de son soulagement : « Déjà j'avais failli vous écrire pour vous avertir du danger, vous ouvrir les yeux. Mais combien il vaut mieux que vous vous soyez avisé par vous-même du traquenard qu'on vous tendait et qui risquait de compromettre gravement, eussiez-vous donné dedans, la grande estime où certains vous tiennent[65]. » L'épisode avait été bref et sans conséquence. Mais certains ennemis de Giono ne tinrent aucun compte du démenti : quatre mois plus tard, le 16 mars 1935, le journal *Le Rappel* publiait sur l'affaire un écho grinçant qui entraînait une protestation de Giono[66]. Il y eut pendant longtemps des petits ricanements sur Giono et le « prix Goebbels ».

Immédiatement après son démenti, Giono a l'occasion d'affirmer à nouveau son horreur de la guerre. L'hebdomadaire *Marianne* lui ayant demandé un article sur le *Journal d'un homme de quarante ans* de Jean Guéhenno, livre d'autobiographie et de réflexion d'où l'évocation de la guerre n'est pas absente, il écrit, le 29 ou le 30 novembre 1934, « La génération des hommes au sang noir[67]».Il y évoque notamment une visite faite deux ans plus tôt aux cimetières de la région du chemin des Dames où il s'était trouvé en 1917 – secteur Pinon-Chevrillon (il doit vouloir dire Chavignon) et moulin de Laffaux; il rappelle ceux qui sont tombés près de lui : « Où sont donc enterrés les amis et les camarades ? On ne voit jamais leurs noms. Ils sont enterrés en nous. Nous portons dans notre chair les plus grands cimetières du monde. » Même si nous avons l'air solide, « nous ne pouvons plus nous réjouir de rien. Je crois qu'il ne nous reste plus que l'amitié(...). Il faut que nous nous levions, nous la génération des hommes au sang noir. (...). Nous sommes la génération des enfants qui ont vu, dans les écoles primaires, l'Alsace et la Lorraine peintes en noir sur les cartes. On nous a dit qu'il fallait effacer ça. Apprenez que ce deuil est entré dans nos cœurs, que nos artères charrient des fleuves de suie pour avoir vu inutilement mourir nos camarades. Il n'y a pas de noir sur aucune carte du monde. Aucun morceau de terre ne vaut qu'un homme meure pour elle. Regardez-nous, voyez-nous dans notre terrible détresse. Voulez-vous être des infirmes d'âme ? Voulez-vous être des malades de l'âme, voulez-vous être des porteurs de cadavres, voulez-vous être une nouvelle génération des hommes au sang noir ? Non ? Alors, lisez le livre de Guéhenno; lui seul est la protection de votre joie future[68]. »

Guéhenno, à qui le texte a été aussitôt envoyé, répond avec effusion le 3 décembre : « Cher vieux, homme au sang rouge, merci ! »

Chapitre 10

Messages

Une autobiographie publiée en URSS

Après l'achèvement de *Que ma joie demeure,* Giono traverse, au début de 1935, une période moins créatrice, pour des raisons purement matérielles. Pour travailler plus en paix et mieux loger les siens, il fait agrandir la maison du Paraïs, surélevant de deux étages une aile dont seul existait le rez-de-chaussée. Le silence indispensable à son travail en est troublé. Les travaux commencent vers février. La charpente du toit est finie au début de mai : les ouvriers fixent au faîte une branche de laurier. La pose des tuiles suit, et, bien que tout ne soit pas terminé, Giono s'installe en juillet dans un nouveau bureau au second étage, son « phare » comme il l'appelle, d'où il a vue sur Manosque et tout son cirque de collines. Peut-être avec l'idée d'échapper au bruit des travaux, il accepte de faire des conférences – il dit si rarement non ! – en mars à l'Université des Annales à Paris, en octobre à Zurich et à Genève ; mais il se dérobe ensuite. Deux fois pourtant, il tient sa promesse. Mais c'est pour s'adresser à des enfants. Le 25 mars et aux environs du 1er juin, il va à Brignoles, dans le Var, parler à des élèves de quatrième année, dans l'école de filles dirigée par une amie, Mme Djoukitch. On ne sait de quoi il les entretient la première fois. La seconde, il parle de Mozart, en faisant entendre des disques ; le violoniste Charles Bistési assiste à la séance et est ému jusqu'aux larmes. Les petites filles envoient à Giono une lettre de remerciement qu'il insérera dans son *Journal.*

En mars, correction des épreuves de *Que ma joie demeure.* Vers le 1er avril, un accident : une profonde coupure au pied, provoquée par une tôle rouillée sur laquelle il a marché dans son jardin ; elle nécessitera des soins assez longs, et le gênera pendant tout un mois[1]. Donc, un début d'année un peu dispersé. Des textes, eux aussi, divers. D'abord, une page dont je n'ai jamais vu citer le texte ni même mentionner l'existence, « Sur moi-même », une courte autobiographie qui lui avait été demandée par Serge Dinamov pour le mensuel soviétique *La Littérature internationale*, publié à Moscou en russe, chinois, allemand, anglais et français. Le texte paraît dans le n° 8 de 1935 de l'édition française[2] :

« Puisque vous me demandez mon autobiographie, je vais vous la raconter.

« Mon père était un ouvrier cordonnier. Il travaillait à ressemeler des souliers dans une échoppe en bois qui existe encore dans le quartier de la poste à Marseille. C'était un homme qui ressemblait étrangement à un de ces apôtres, ouvriers ardents, illuminés et généreux, que votre grand Maxime Gorki dépeint souvent dans ses romans. En les lisant je l'ai plusieurs fois reconnu. Il avait beaucoup de soucis, car il devait aider sa sœur Catherine qui avait plusieurs enfants et dont le mari était mort. C'est pour ça qu'il ne se mariait pas. Une fois, il remontait le long de la vallée d'une rivière qui s'appelle la Durance. Il allait de village en village et il demandait : "Avez-vous des souliers à ressemeler ?" Si on disait "oui", il s'installait sous les platanes de la place du village et il restait tant qu'il y avait des souliers à ressemeler. Si on disait "non", il repartait sur la longueur de la route. Il arriva à Manosque qui est un assez gros village de 5 000 habitants. Là il se fixa pendant quelque temps et il eut beaucoup de travail à faire car il était un très bon ouvrier. De quoi je suis très orgueilleux, vous le voyez. Il fit la connaissance d'une repasseuse de linge qui avait à ce moment-là 35 ans. Lui il en avait 49. Il était beau avec sa grande barbe blanche, mais la repasseuse était encore plus belle que lui. Ce devait être ma mère. Ils se marièrent et je naquis trois ans après, le 30 mars 1895.

« Il y avait en France deux collèges gratuits, celui de Laval et celui de Manosque. Grâce à ce hasard, quand j'eus l'âge je pus aller au collège jusqu'à la classe de première. Mais à ce moment-là mon père était vieux et usé, j'avais 16 ans, il en avait 68 et pour pouvoir l'aider je demandai à travailler. J'aurais aimé faire un métier manuel, menuisier ou maçon, mais surtout cordonnier. J'aurais aimé être cordonnier. Souvent maintenant j'en ai envie encore. Mais on me fit entrer dans une banque où j'étais chasseur. C'est-à-dire que je portais les lettres. Puis je devins employé de banque véritable. Quand je dis véritable vous sentez bien que ce n'est pas tout à fait vrai.

« Puis il y eut la guerre. Je partis avec ma classe en fin 1914 et je restai soldat de 2e classe dans l'infanterie.

« Peu après ma démobilisation, après être retourné chez moi et avoir repris mon travail, mon père mourut en 1920. C'était un homme admirable. S'il existait maintenant, il serait heureux de voir que vous m'aimez un peu et que je vous aime beaucoup. Je me mariai la même année avec une jeune fille de ma classe sociale : la fille du coiffeur qui habitait en face de chez moi. C'est la première qui eut confiance en moi, car j'écrivais déjà, vous pensez bien, et ne montrais rien à personne. Elle m'aida par sa pureté et sa gentillesse. Je travaillais le soir après le travail et le matin avant le travail, si bien qu'en 1928 j'avais écrit deux romans qui restaient dans mon tiroir. J'ai eu la chance d'avoir un admirable ami qui s'appelle Lucien Jacques, qui est un grand peintre et un grand poète que vous aimeriez car il est profondément humain dans tout ce qu'il fait. C'est lui qui m'engagea à envoyer le roman qui s'appelle *Colline* à l'éditeur Bernard Grasset. »

Suit la liste de ses livres parus, jusqu'à *Que ma joie demeure* inclus ; il s'y ajoute les deux pièces de théâtre. Et Giono conclut : « Je continue à habiter Manosque avec ma mère qui maintenant a 78 ans et est presque aveugle, ma femme qui est ma collaboratrice et à laquelle je dois la paix de ma vie, et mes deux petites filles : Aline qui a 8 ans et Sylvie qui a 5 mois. » Ces derniers mots permettent de dater le texte de décembre 1934 ou de janvier 1935.

Plusieurs maladresses de langue incitent à soupçonner les rédacteurs de la revue d'avoir fait retraduire en français une traduction russe, ce qui a parfois tiré le texte dans le sens de leur langue de bois : je vois mal Giono parlant de son mariage avec une jeune fille « de [sa] classe sociale » – non pour le fait, évidemment, mais pour la formulation. Reste que c'est là une curieuse page, non par ses menues inexactitudes, habituelles chez Giono[3], mais par son ton neutre, plat, sans images. Il est peu probable que la rédaction ait censuré le style de Giono pour le niveler. Mais peut-être, les images étant souvent intraduisibles, une double traduction les a-t-elles fait disparaître ? Ou Giono, désireux de paraître homme du peuple jusque dans son écriture, a-t-il par mimétisme adopté un certain ton qui n'était pas le sien ? Mais l'essentiel est que, visiblement, les trois êtres qui ont eu pour lui le plus d'importance, les seuls sur lesquels il insiste, ont été son père, sa femme Élise, et Lucien Jacques. Là, intensément, Giono proclame la vérité.

Vient ensuite « L'histoire de M. Jules », promise depuis plusieurs mois à *Commune,* dont le directeur, Vladimir Pozner, la réclame avec insistance. Le texte, qui sera plus tard repris dans *L'Eau vive,* paraît dans le numéro du 1er avril ; *in extremis,* car les épreuves n'ont été envoyées à Giono que le 22 mars, et le retard doit être dû à la livraison tardive du manuscrit. Pages bizarres, peut-être inachevées, et que Giono a pu ne faire paraître que pour ne pas refuser son concours à une revue qui avait alors ses sympathies. Il y trace le portrait d'un professeur d'histoire naturelle chassé de sa place parce qu'il buvait – personnage déjà esquissé en 1923 dans *Sur un galet de la mer.* Giono n'aimait pas beaucoup les professeurs en tant que tels ; ils lui paraissaient souvent imbus d'un savoir théorique, figé, et finalement faux. Bien entendu, cela ne l'empêchait pas d'avoir des amis professeurs – Maxime Girieud, Henri Fluchère, Jean Guéhenno ; d'autres encore, plus tard, qui viendront au Contadour, comme Jean Bouvet et Robert Berthoumieu. Mais, dans son œuvre, il a une tendresse pour les professeurs chassés. Celui-là, M. Jules, ivrogne jusqu'à l'hallucination, solitaire et pauvre, ne trouve asile que dans son amour des montres. Son étrange passion a quelque chose de mystérieux. Mais, des nombreux textes où Giono exprime sa tendresse pour les déshérités, celui-ci n'est pas un des plus convaincants ; peut-être parce que l'ironie et la pitié n'y fusionnent pas bien.

C'est probablement aussi de 1935 que date le texte suivant publié par

Giono, « Les vérités de la terre », paru en juin 1935 dans le n° 3 des *Cahiers du plateau*[4] ; Giono le confiera en 1937 à Christian Michelfelder pour être repris en appendice de *Jean Giono et les Religions de la terre ;* mais il ne le reproduira dans aucun de ses recueils. Encore un texte étrange, qui s'ouvre sur l'inquiétude de la Mort en général, se poursuit par la mort d'un papillon et par la vie d'une fleur, par des réflexions sur la fusion de la mort et de la vie, et par des pages de journal – fictives, on va le voir – prétendument écrites à une période de doute. Ces pages retracent une soirée solitaire au « bastidon », dans les oliviers, puis une contemplation visionnaire de la nuit étoilée, conçue comme une mer. Surgissent alors des hommes devant un feu. « De temps en temps l'un se lève et bande ses reins. C'est un homme au beau front, aux doigts fuselés comme des flammes de lampe. Sa voix est pareille au grondement du sang dans les artères. Les hommes l'écoutent parce qu'ils sont préoccupés de leur corps et que cette voix qui vole dans le halo du soleil leur parle de la vie éternelle. » Ce prophète peut-il être autre chose qu'une figure de Giono, comme Bobi ? La vie des héros, des travailleurs, des femmes, semble se créer à sa voix. Tout cela dans une continuité, mais sans logique autre que celle du délire d'une création en état de perpétuelle mobilité.

Débuts du *Journal*

Peu après, le 25 avril, Giono commence à tenir son journal. Il a dit plus tôt son intention de le tenir et de le publier ; il n'en a rien fait. Deux fois en 1935, dans « Les vérités de la terre » et dans *Les Vraies Richesses,* il donnera des textes qu'il dira écrits dans son journal en 1933 et 1934. Référence fictive, car leur origine est autre : le vrai journal n'est pas entrepris avant le 25 avril 1935. Giono a un peu avant, le 2 février 1935, commencé à prendre des notes dans de petits carnets non retrouvés ; sans doute pas détruits ou jetés (Giono avait horreur de jeter), mais égarés ou donnés. On n'en a qu'une dactylographie ; comment être sûr que tout leur contenu a été reproduit ? De ces notes de carnet, qui vont jusqu'au 19 mai 1937, deux seulement sont antérieures au début du *Journal* proprement dit, dans lequel elles sont insérées. Elles concernent l'achèvement et les épreuves de *Que ma joie demeure*. Mais, le 25 avril, Giono écrit : « Il y a assez longtemps que j'ai envie d'écrire mon journal. C'est une manifestation de ma solitude. Peut-être une défense secrète contre cette solitude. Elle m'est cependant de plus en plus agréable. Physiquement et moralement. Je dis solitude mais tout de suite je pense que ce mot n'est pas juste. Je devrais dire liberté de voir et de sentir. J'ai l'impression d'aller de plus en plus profond chaque jour dans la joie que me donne le monde. Quand je suis en compagnie des hommes, je suis gêné. Je veux faire partager ma joie. Je me trompe. Je ne peux que donner des indications et je crois qu'elles ne servent pas à grand-chose aux autres. Cette nuit j'ai réfléchi qu'il fallait vraiment écrire ce journal. Mais ce matin j'ai dû me forcer. Je dois me forcer maintenant. Je suis gêné pour exprimer dans la vérité. »

Ce journal, qu'il tiendra jusqu'en 1939 sans régularité absolue – parfois il n'y inscrit rien pendant quelques semaines ou même quelques mois – est fait d'éléments très divers. Pour une large part, c'est l'histoire de ses œuvres pendant cette période, de la naissance des personnages et des épisodes jusqu'à l'achèvement. Ce sont aussi des plans pour organiser l'ensemble de ses romans; des récits de rencontres avec des amis ou des inconnus; des mentions de lettres frappantes ou importantes qu'il a reçues et qu'il insère entre les feuillets du journal proprement dit; parfois des copies de lettres écrites par lui; les traces de l'influence qu'il peut exercer, non sur l'opinion (les articles sur ses livres ou sur lui y sont rarement mentionnés), mais sur les jeunes et sur les travailleurs; parfois des réactions d'humeur sur sa famille, on l'a vu; des remarques sur son évolution politique; parfois des notations obscures, soit qu'il ait voulu les tenir secrètes, soit qu'il ait simplement écrit vite, pour lui-même. Ce n'est pas un document pouvant servir – à lui ou à d'autres – à reconstituer ultérieurement son existence quotidienne; ni une histoire suivie de ses pensées ou de ses états d'esprit. S'il a pu parfois le destiner à la publication, il n'a certes pas pensé à cela chaque fois qu'il y écrivait : il était trop naturel et trop impulsif pour faire régulièrement un tel calcul. Outil de réflexion, parfois. Moyen de soulager ses colères ou d'exprimer ses enthousiasmes. Au total le journal le moins systématique qui soit ; d'où à la fois ses lacunes et sa valeur[5].

La première grande œuvre dont la genèse va se déverser dans le *Journal,* c'est le futur *Batailles dans la montagne.* Les notes initiales sont prises à la fin d'avril 1935, bien que la rédaction ne doive commencer qu'en février 1936. Le 2 mai 1935, trois volumes sont prévus : « 1. *Choral pour un clan de montagnards,* 2. *Danse de la barre à mines,* 3 (?) Finale. » Le lendemain, 3 mai, l'horizon se déploie : Giono organise après coup – comme Balzac pour *La Comédie humaine* – tout ce qu'il a écrit, en y ajoutant tout ce qu'il projette d'écrire :

« Voilà à peu près comment je vois l'ordre général de ce que j'ai écrit et de ce que j'écrirai.

« Une série **Pan** pour signifier l'ordre des dieux. *Colline, Un de Baumugnes, Regain, Le Serpent d'étoiles, Le Grand Troupeau, Jean le Bleu, Solitude de la pitié, Que ma joie demeure.*

« Une série des gestes épiques passionnels :

« **Le Chant du monde.** I. *Le Besson aux cheveux roux.* Clara (à faire) et les suivants : vie de Maudru. Mort de Toussaint. Vie de Gina la jeune. Mort d'Antonio. Les fils du besson (tout ça à faire).

« Une série des désirs inévitables de l'homme.

« **La Symphonie** (car on n'échappe pas à son destin). *Choral pour un clan de montagnards. Danse de la barre à mines;* et toute la suite de la symphonie de l'œuvre et de l'obligation de l'œuvre. Le dernier livre étant une Hymne à la nuit, la mort de l'ouvrier quand l'œuvre insensible (qui sait?) reste marquée sur le visage du monde. »

« Giono reprend sa classification le 4 juillet. A la série **Pan** il ajoute *Présentation de Pan, Naissance de l'Odyssée* et le théâtre. La série **Chant du monde** devient : « 1. *Le Besson aux cheveux rouges.* 2. *Claire.* 3. *Maudru.* 4. *Etablissement des terres.* 5 – 6 – 7- 8. » **La Symphonie du travail** garde ses deux premiers titres; les suivants deviennent : « 3. *Puissances des marais* 4 – 5 – 6 – 7 – 8. » Enfin s'ajoute une catégorie **Essais,** avec *Je ne peux pas oublier* (cellule initiale du futur *Refus d'obéissance*), *Lettre aux paysans,* et *La Vie et les Racines* qui deviendra *Les Vraies Richesses.*» On voit à quelle allure se modifient en bouillonnant les projets de Giono.

Il passe la journée du 6 juin dans le Trièves pour y louer une maison de vacances. « Le contact des montagnes a réjoui mon cœur. Je suis comme éclairci de l'air respiré. » (*Journal,* 7 juin). Imprégné de ce pays, il écrit « Possession des richesses » qui paraîtra dans *Vogue* en octobre 1935 avant d'être recueilli en 1943 dans *L'Eau vive.* Texte bref en deux volets. Dans le premier, Giono, allant à pied de l'arrêt de son car à Prébois[6], évoque la montagne qu'il a toujours aimée : « Elle est un refuge. » D'ailleurs, bien qu'il ne le dise pas ici, c'est le lieu où il est, avec sa femme et ses deux filles, à l'abri pendant quelques semaines des chipoteries mesquines de sa mère et de la présence odieuse de son oncle, restés tous deux à Manosque. Mais la montagne est beaucoup plus. Elle lui donne le sens quasi religieux d'une sérénité et d'un absolu dont il a besoin. Non seulement il voit dans le Trièves un « cloître » – le mot revient trois fois –, une « chartreuse matérielle où il vient chercher la paix[7]», mais il y sent une présence divine : « Richesse austère de tous les cloîtres. Acheter la compagnie de dieu. Il marche avec moi le long des couloirs[8]. » Il grandit d'ailleurs ces montagnes en y voyant des « murs de mille mètres d'à-pic », plus hauts que les falaises réelles du Trièves. Le second volet de « Possession des richesses » dément le titre ou détourne son sens. C'est un épisode « vécu » : après une bagarre pour la possession d'une source, un des villageois, apparemment un Italien, Giuseppe Gallo, tire à coups de fusil sur tout ce qui bouge : le narrateur doit se coucher dans le fossé, et la demoiselle des postes, affolée, se sauve droit devant elle comme pour s'envoler dans le ciel. Faux drame, qui tourne à la comédie.

D'avril à juin, Giono enregistre les réactions à *Que ma joie demeure.* Le livre, achevé d'imprimer le 15 avril[9], marche bien : 4 000 exemplaires vendus dans les dix premiers jours; le tirage en sera à 14 000 le 20 mai, à 18 000 le 25 juin. Les comptes rendus sont mitigés : la longueur du roman et sa prédication sont souvent mises en cause[10]. Mais Giono reçoit des lettres enthousiastes de Delteil, de Paulhan, d'Aragon, de Saint-Pol Roux – qui inscrit comme adresse sur l'enveloppe : « Jean Giono, Jeune Dieu, Manosque », et qui publiera le 1er juillet dans *Le Mercure de France* un poème délirant intitulé « Giono[11] ». Et l'accueil d'une partie de la jeunesse est parfois fanatique. Frédéric Lefèvre rapportera qu'il a vu sa fille « accompagnée de quatre jeunes amies qui avaient toutes quatre une ceinture sur laquelle était brodé "Que ma joie demeure[12]" ». Une ferveur semblable est attestée par Jean Cau[13].

Les aléas de la politique

Depuis le début de 1935, la politique est venue le relancer[14]. Le 28 avril, deux télégrammes, l'un de Barbusse, l'autre d'Aragon, lui demandent de se rendre en Allemagne, où ses livres ont une audience considérable, pour intervenir en faveur de communistes menacés d'exécution[15]. Dès réception, il note dans son *Journal* : « Le devoir c'est d'y aller. Je crois que ma famille me laissera faire mon devoir. » Mais sans doute Élise, et peut-être sa mère, lui représentent-elles que son pied est à peine guéri. C'est ce qu'il fait finalement valoir : Gide, prévenu par Aragon des ennuis de santé de Giono, lui écrit aussitôt affectueusement[16]. Barbusse, dans un second télégramme, le lendemain, se rend aux raisons données et demande un texte. Giono l'envoie le 2 mai et le transcrit dans son *Journal* : « Je suis profondément bouleversé à l'annonce que Max Maddalena, Robert Stamm et Adolphe Rembte auraient été fusillés. Je ne sais comment au milieu de tous ces morts on pourrait encore regarder le printemps en face. Je demande de toutes mes forces au gouvernement allemand de me donner, pour une délégation internationale, le droit de visiter les camarades qui sont encore vivants. J'ai assez habitué ceux qui me lisent en Allemagne à mon amour des actes purs et clairs pour les mettre franchement devant la douleur de ma conscience. » Le texte, adressé au « Comité mondial » de Barbusse, paraît dans une « petite revue rouge allemande » où Gide le lit[17].

Giono s'engage aussi sur le plan local. Au début de mai, pour les élections municipales, il prend ouvertement parti, et écrit au candidat de l'opposition de gauche, Louis Martin-Bret, pour publication, une longue lettre où il attaque violemment le maire en place, Arthur Robert, avec le frère duquel il avait déjà polémiqué en 1925. Il dénonce sa mauvaise administration, l'accuse d'avoir, par des travaux effectués sans goût, « défiguré et massacré Manosque », ainsi « devenu par sa banalité le lieu même d'où l'on s'en va au lieu d'être le lieu même où l'on vient », une ville « qu'on ne peut plus voir sans éclater de rire »; les étrangers – par exemple Sir Jacques Drumont *[sic],* venu pour organiser des circuits touristiques – en sont par suite détournés, ce dont le commerce souffre. Giono proteste contre l'établissement du dépôt des ordures sur le bassin de décantation des eaux potables. Il taxe le maire d'égoïsme, d'indifférence à l'égard des malheureux. Pour terminer, il donne à Martin-Bret, pour lequel il appelle à voter, ce conseil : puisqu'on ne peut plus « faire revenir ce qui était la beauté de Manosque, faites que ce soit la ville de la justice et surtout de la bonté ». La lettre n'aborde guère la politique générale, mais ses derniers mots sont significatifs : plus haut encore que la justice, qui est politique, Giono place la bonté, qui relève de la morale individuelle[18]. – Arthur Robert sera pourtant réélu.

Le 16 juin, par un télégramme signé de Gide, d'Aragon et de Malraux, Giono est invité au Congrès international des écrivains pour la défense de la culture qui va se tenir à Paris du 22 au 24 juin. Mais il a horreur de parler en public, horreur des foules, horreur des milieux intellectuels, horreur de Paris. Il refuse. Le 24 juin, nouveau télégramme de Barbusse, l'adjurant de partir pour la Roumanie afin d'y défendre par sa présence « le grand historien Constantinesco » lors de son procès. Barbusse ne s'est pas encore rendu compte que Giono est un « voyageur immobile » et n'a pas quitté la France (ou ses abords immédiats en Suisse) depuis 1931 ; et qu'il n'est pas un homme de réunions publiques et de manifestations, surtout loin de sa région. Sa timidité de jeunesse, qui s'est un peu atténuée devant les individus, subsiste dans ces cas-là. Mais il veut bien donner son nom, et accepte d'être un des quinze auteurs français figurant au bureau de l'Association internationale des écrivains pour la défense de la culture[19].

Toutefois, il commence à douter. Depuis quinze mois, il a certes fait route avec les communistes. Et, avec son pouvoir fabulateur habituel, il en a rajouté. A la fin de juin 1935, il écrivait à Lucien Jacques : « Les Communistes de Manosque et de Ste Tulle m'ont délégué ce matin un des leurs pour me charger d'épurer moi-même le parti dans les Basses-Alpes et le reformer suivant les directives. Je crois t'avoir parlé de l'un d'eux qui était un notoire indicateur de police et avait jusqu'à présent une place prépondérante dans les conseils car grande gueule. Je l'ai fait expulser et il s'est lamentablement effondré. Les "Camarades" tremblent encore maintenant du danger qu'ils ont couru. C'est à la suite de cette expulsion qu'ils m'ont chargé de poursuivre l'ouvrage. Je les ai prévenus loyalement que j'allais surtout exercer ce pouvoir contre eux. Ils ont baissé l'oreille. A l'ouvrage donc[20]. » La démarche de ces « camarades » est bien étonnante, Giono n'étant pas membre de leur parti.

Beaucoup de gens croyaient pourtant qu'il l'était ou l'avait été ; par exemple Brun, le 27 septembre 1935, évoque une démission du parti dont Giono, croit-il, lui a parlé ; Giono répondra le lendemain, conservant dans son *Journal* une copie partielle de sa lettre : « Je n'ai pas quitté le Parti communiste dont je n'ai jamais fait partie. J'étais et je suis toujours un sympathisant avancé. J'ai nettement expliqué que je n'allais de ce côté que pour défendre éperdument la paix et la vie. J'ai pleinement réservé ma liberté d'action et mon droit de critique C'est l'exercice de ce droit en quelques occasions (déclaration Staline à Laval, cas Victor Serge, Machinisme) qui a sans doute fait croire à une séparation d'avec le parti. Mais je reste à côté de lui, ne lui demandant rien, l'aidant sans bénéfices, conservant seulement le droit de rester moi-même. » En fait, il est partagé. Pour l'efficacité de son pacifisme, il reste « compagnon de route ». Mais son instinct d'indépendance le pousse à se méfier. D'où des ambiguïtés. Il écrit le 17 juillet 1935 le texte « Certitude », qui est uniquement pacifiste, et d'un pacifisme actif : il y réaffirme la nécessité de l'absence de pitié[21] et va plus loin dans les termes : « je suis un cruel défenseur de la paix[22] ». Mais ce texte, il le publie dans *Monde,* qui est pratiquement un journal communiste.

Il est au fond plus en accord avec son ami anarchiste Henry Poulaille, qui, comme toute une partie de l'extrême gauche, est inquiet des accords de mai 1935 entre Staline et le ministre des Affaires étrangères français, Pierre Laval. C'est Poulaille qui lui a transmis un manifeste paru le 10 mai dans *La Révolution prolétarienne,* « revue bimensuelle syndicaliste révolutionnaire ». Ce manifeste, intitulé *Trahison!,* débute ainsi : « C'en est fait ! Après l'entrée à la Société des Nations, après la défense du traité de Versailles, après la signature de l'alliance militaire avec l'impérialisme français, Staline met le point final à sa trahison. "M. Staline comprend et approuve pleinement la politique de défense nationale faite par la France pour maintenir sa force armée au niveau de sa sécurité", dit le communiqué de Moscou. » Donc trahison de l'internationalisme et de la révolution, au profit de la politique nationale de l'URSS. Le manifeste appelle les travailleurs révolutionnaires de toute étiquette à rester fidèles à la paix, à l'internationalisme, à la révolution, et demande des signatures et des fonds.

Le 10 juin, Poulaille donne son adhésion, en même temps que Marceau Pivert, Magdeleine et Maurice Paz, Léon Émery, Félicien Challaye, Maurice Wullens. Il sollicite Giono, qui répond brièvement mais fermement : « Cher Poulaille, j'adhère totalement à la déclaration contre les guerres que tu as eu la gentillesse de m'envoyer. Moi aussi la déclaration de Staline m'inquiète et me bouleverse. Nous irons au-delà du communisme, s'il faut. Fais-moi l'honneur de me marquer à côté de vous. » Le texte paraît dans *La Révolution prolétarienne* du 19 août. Poulaille en remercie Giono le 17 septembre : « Je profite de ce mot pour te remercier de ton adhésion, ça m'a fait bougrement de la joie. Que ma joie demeure. A propos des récentes manifestations "communio-union sacrées" je suis assez dégoûté. De qui se fout-on. Où mène-t-on le prolétariat. Et cela fait mal de voir qu'une minorité voit clair, et que les fumistes et les forbans ont la haute main. Ah, le Comité des Intellectuels ! » Suit une défense de Victor Serge, ce militant révolutionnaire russe emprisonné puis exilé pour antistalinisme, à qui Giono, on l'a vu, s'intéresse lui aussi.

Serge et Poulaille étant classés par les communistes orthodoxes parmi les traîtres, Giono devient à son tour suspect. Aragon, qui en juillet lui demandait encore – en vain – un texte pour la *Pravda* du 1er août (anniversaire de la guerre de 14), lui récrit longuement vers le 20 septembre en protestant de son amitié et de son admiration, mais en s'insurgeant contre cet « au-delà du communisme » dont il craint qu'il ne se réduise à un combat contre le communisme.

De fait, la lettre à Poulaille est le premier signe public de la fissure qui se forme entre Giono et la masse des intellectuels de gauche. Le 15 juillet 1935, dans son *Journal,* Giono écrit : « Lu les nouvelles des manifestations de Paris pour le 14 juillet. Nous avons l'air d'avoir gagné. Le journal dit 100 000 Front commun et 25 000 Croix de feu. C'est le moment d'aller plus profond dans ce qu'on doit exiger des gauches. C'est le moment de me séparer de la foule pour de plus en plus réclamer de la netteté, de la pureté et de l'action. » Il sait, poursuit-il, qu'il sera seul et suspect, car il exige la pureté. « Je me méfie de l'intelligence de Gide et de Malraux, de la partialité mystique de Barbusse, du bon garçonnisme de Chamson, de cette sorte d'écroulement majestueux de Romain Rolland. » Le prolétariat, dit-il, sera trahi s'il ne se passe pas des intellectuels et ne forge pas lui-même ses forces. Pour lui, Giono, il se voit comme un artisan, ce qui fait de lui l'égal d'un travailleur manuel. Bien qu'il n'y ait pas là une analyse, que Giono exprime ses intuitions en les laissant dériver vers une méditation sur sa situation propre, elles n'en sont pas moins significatives.

A la date où il écrit cette page, il vient d'arriver à Lalley, avec Élise, Aline, Sylvie et la petite bonne Césarine Cavalli, pour six semaines environ, dans la maison louée à Mme Bernard. « Cinq pièces, un pré, une grande salle où je travaillerai. Bistrot épatant, voûté, monacal », a-t-il noté le 8 juin dans son *Journal* après sa première visite. Et le 15 juillet, après avoir installé son bureau : « Je vois une belle arche de pierre dorée, des toits couverts de petites diatomées des montagnes, et au fond à l'horizon la montagne de Clelles qu'on nomme le Bonnet de Calvin. Les toits du village sont admirables de pente et de couleur. Sous ma petite fenêtre une fontaine. Au moment de m'installer j'ai eu peur de la fontaine. Maintenant je sens qu'elle va m'aider, en tout cas faire avec moi une amitié un peu hautaine et distante, pas désagréable. »

Gide vient le voir pendant deux jours, du 22 au 24 juillet, accompagné de sa fille Catherine. Puis Lucien Jacques. Avec lui les liens se sont quelque peu distendus entre 1930 et 1933, sans que pourtant leur correspondance cesse complètement. Il est venu à Manosque au début de juin (les deux amis se sont-ils revus depuis leur rencontre de l'automne 1933 à Taninges ?). Giono a noté le 5 juin : « Lucien est resté ici trois jours.

Retrouvé l'amitié. Retrouvé ? Pourquoi ? elle n'a jamais été perdue. Mais j'éprouve une immense joie à avoir Lucien près de moi. Je me bat-trais pour lui. » C'est au début d'août que Lucien vient passer quelques jours à Lalley.

Même « en vacances », Giono travaille. Depuis 1934, il essaie d'aider un Allemand émigré, Gerull-Kardas (il se prénomme Walther mais se fait appeler Charlie), peintre et photographe, qui a d'abord préparé un « scénario photographique » sur *Un de Baumugnes;* puis un autre projet s'est formé à la fin de 1934 : un album de photos de Provence avec une préface de Giono. Brun a donné le 1er décembre son accord de principe pour l'éditer chez Grasset. Le titre prévu est d'abord *Atlas des pays magiques,* puis *Géographie des collines et des champs;* Giono a commencé un texte le 16 juin 1935 selon le *Journal,* et l'a repris à Lalley. En même temps, songeant depuis plusieurs mois à un volume d'essais, *Droit devant moi,* qu'il a fait annoncer parmi les « à paraître » en tête de *Que ma joie demeure,* il s'est attelé, le 17 juillet, à un chapitre sur Paris de ce qu'il a voulu d'abord appeler *La Vie et les Racines,* et qui deviendra *Les Vraies Richesses.*

Les débuts du Contadour

Mais il s'interrompt à la fin d'août. Depuis l'été 1934, selon une lettre de Mme Marie-Rose Achard à Lucette Heller-Goldenberg[23], le projet s'est formé d'une tournée d'adhérents des Auberges de jeunesse dans la montagne de Lure, avec Giono comme accompagnateur. A Pâques 1935, il a déjà suggéré des itinéraires dans cette région à deux groupes de jeunes, les uns à pied, les autres en bicyclette[24]. Un Comité des Auberges du Monde nouveau, très minoritaire dans le mouvement ajiste, s'est créé, et Giono en accepte la présidence[25]. Ce groupement est proche des communistes : entre le 5 et le 10 juillet 1935, Giono écrit à Gide qu'en septembre il va « emmener dans la montagne de Lure une caravane de jeunesses communistes venant des Auberges du Monde nouveau[26] ». De fait, le rendez-vous a lieu à Manosque le 31 août. Des ajistes, des étudiants, des enseignants, souvent lecteurs passionnés de Giono et en particulier de *Que ma joie demeure.* Bon nombre d'entre eux sont communistes – inscrits ou sympathisants. Une cinquantaine en tout. Première étape, le 1er septembre, près de Vachères; la seconde à Banon. Certains rejoignent en route, comme Jean Heckenroth, le sémi-nariste qu'on appellera « Saint-Michel » parce qu'il vient de Saint-Michel l'Observatoire, et Henri Fluchère. Un petit groupe d'ajistes poli-tisés, de tendance communiste pour certains, trotskiste pour d'autres, se sont signalés dès le premier jour en distribuant des tracts dans les villages traversés. Le lendemain, un vif incident les oppose sur ce point à Giono, et ils quittent le groupe.

Le troisième jour, on atteint le hameau du Contadour, à 1 100 mètres d'altitude, à 11 kilomètres de Banon ; une sorte de bout du monde et de toit du monde, dans les champs de lavande, avec une vue prodigieuse : une terre âpre et exaltante, souvent balayée par le vent. Là, le premier soir, Giono fait une chute dans la fosse d'un alambic de lavande et se froisse le genou. La randonnée est finie, ce qui vaut peut-être autant : les marcheurs ne vont pas tous à la même allure, ce qui a posé des problèmes. Donc, on reste là, couchant dans des granges, sous des tentes ou en plein air, pendant plus d'une semaine. Il y a là, entre autres, Jean Lescure, écrivain ; Alain Joset, ingénieur-électricien de Paris et sa femme Jeannette qu'on appelle Josette – les surnoms sont fréquents au Contadour, tantôt pour distinguer les homonymes, tantôt pour faciliter l'identification de couples, et on féminise alors le patronyme du mari ; Pierre Brauman dit Pierre-le-Socrate, physicien à Paris ; beaucoup d'enseignants : Robert Berthoumieu, qui enseigne alors la physique à Constantine, Madeleine Monnier professeur d'histoire, Andréa Squaglia ; mais aussi d'autres : Camille Sicard la pianiste, Vitia Voinov qui vient de Bessarabie, Lila Weissbrod. Il y a aussi Hélène Laguerre, qui a été infirmière pendant la guerre de 14 ; fille d'une militante pacifiste, Odette Laguerre, elle est elle-même une ardente pacifiste.

Les activités sont diverses. Le 5 septembre, c'est une visite collective, au Revest-du-Bion, le village le plus proche du Contadour, chez le vieux peintre Martel, avec qui Giono est lié d'amitié depuis 1930. Pour quelques-uns, une longue randonnée – plusieurs jours – pour atteindre le sommet de Lure. Des lectures de textes. De la musique sur un gramophone portatif : la *Symphonie pastorale* entre autres. Ces jours sont si merveilleux que l'on décide de revenir régulièrement, et que « le Moulin », une petite bâtisse proche de la tour en ruine d'un ancien moulin, est acheté conjointement, pour la communauté, par Giono, Jean Lescure, Gaston Pelous et Jean Vachier ; ce dernier, enseignant à Marseille, est le trésorier du groupe ; il est surnommé pour cela « Jean-le-Magnifique » ; des mal-informés croiront, ou des malveillants feindront de croire, que ce surnom désigne Giono, et crieront à la flagornerie[27].

Giono, après 1945, gommera le souvenir du Contadour. A l'époque, c'est pour lui un événement capital. Il n'est plus, comme à l'AEAR, raccroché aux marges d'un mouvement existant ; ni, comme aux Auberges du monde nouveau, nommé président lointain d'une organisation embryonnaire sur laquelle il n'a aucune prise réelle. Il est au centre d'un groupe humain, concret, chaleureux, fraternel. Il écrit dans son *Journal* le 15 septembre : « Tout a été magnifique. (...) pour tous, une nouvelle vie a commencé. » Ils ont acheté une maison, et vont y mener « une expérience à la Bobi ». La promenade est devenue « une aventure humaine ». Un groupe s'est formé autour de lui. Il faut, malgré des difficultés dont il ne veut pas parler, « construire cette œuvre magnifique, (…) digne de notre enthousiasme et de notre pureté ».

Et quelques jours plus tard, le 28 septembre : « Intention de créer une "Organisation Jean Giono – contre la guerre." Avoir 300 noms d'hommes qui s'engageront à se réunir et à résister à un ordre de mobilisation. Se faire fusiller en bloc, si on l'ose. Des deux façons c'est la démolition de ce rouage graissé qu'est l'ordre de mobilisation. L'organisation Contadour qui est déjà l'espoir de tant de jeunes gens resterait l'organisation directrice de toutes les initiatives adjacentes. » Dès la fin du « premier Contadour[28] ». Giono reçoit des lettres émues qu'il conserve dans son *Journal :* les unes émanent de participants individuels ; une autre, collective, vient d'une réunion de contadouriens à Paris chez Hélène Laguerre, le 5 octobre. Celle-ci cherche à constituer un groupe d'« amis de Jean Giono ». La presse va bientôt répandre le bruit que Giono a créé une « communauté » au Contadour ; le cliché d'un Giono « mage » commence à se répandre. Il correspond à son charme immense, mais aucunement à la simplicité de son comportement, à sa familiarité, à sa gaîté, à sa gentillesse, à l'absence totale de vaticination dans ses propos, qui sont les siennes au Contadour comme ailleurs. Mais les clichés sont tenaces. Et les légendes courent, comme celle, que rapporte J. Pugnet, de viveurs arrivant à l'aube, « après une nuit de bombe ou de jeu à Aix ou à Monte-Carlo (…). Ils cachaient leur auto derrière quelque haie, dénouaient leur cravate et retroussaient le pantalon de leur smoking jusqu'à mi-cuisse. Automatiquement, on les flanquait dans la bergerie, où il y avait bien un demi-mètre de fumier[29]. »

Les Vraies Richesses

Si le Contadour est essentiel pour les contadouriens, il faut rétablir la perspective. Pour Giono, l'essentiel, comme toujours, c'est son œuvre : au lendemain du Contadour il a repris la rédaction des *Vraies Richesses* avec le « dialogue de l'homme et de l'intelligence »; ces deux abstractions ont curieusement pris l'identité d'Œdipe et d'Antigone ; mais dans le héros de Sophocle (celui d'*Œdipe à Colone,* aveugle et conduit par sa fille) se glisse bientôt la figure de Giono lui-même avec sa pipe et son tabac. Le chapitre 3 ouvre ce qui va devenir le centre du livre : l'épisode de la « résurrection du pain », où une femme de la montagne décide tout à coup de faire son pain elle-même, ce qui apporte la joie à tout le village, et déclenche une sorte de fête avec musique d'accordéon et danses spontanées : rappel de la grande fête de *Que ma joie demeure,* mais moins développée et moins exaltée. La résurrection du pain devient résurrection de la vie naturelle des hommes : la troisième dans l'œuvre de Giono, après celle du village d'Aubignane dans *Regain,* et celle du plateau Grémone dans *Que ma joie demeure.* Le chapitre est fini avant la fin d'octobre. Giono le lit, avec les deux premiers, aux étudiants du sanatorium de Saint-Hilaire-du-Touvet[30]. Il y est monté lors d'un séjour dans la région, car il est allé à Grenoble voir ses amis Farge : il avait fait la connaissance d'Yves Farge, journaliste à *La Dépêche dauphinoise,* au début de 1934.

Le chapitre 4 est terminé le 11 décembre. Vers sa fin, Giono abandonne brusquement ses paysans du Trièves, et se livre à un déchaînement fantastique : la forêt – symbolisant la paysannerie – se rue à l'assaut des villes, finissant par submerger et anéantir Paris. Le cinquième et dernier chapitre est achevé le 21 décembre. C'est le plus bref de tous ; il est fait avant tout de conseils aux jeunes gens pour qu'ils prennent conscience des vraies richesses offertes à l'homme par la nature et par le travail manuel, et ne les sacrifient pas aux fausses.

Giono envoie aussitôt à Jean Paulhan les chapitres 2 et 3 pour *Mesures* et pour la NRF. Paulhan répond le 31 :

« Je ne puis vous dire que j'aime sans réserves le *Combat* [celui de l'homme et de l'intelligence]. (Mais sans doute l'aimerais-je si j'avais lu ce qui le précède. Dès que vous commencez, ou paraissez commencer par l'abstraction et l'allégorie, l'on trouve dans votre démarche je ne sais quoi d'un peu contraint. Je n'aime rien tant que de vous voir au contraire repoussé, écrasé de partout jusqu'à devoir éclater en allégories et en grands symboles. Alors tout est plein, tout nourrit les yeux, la bouche, la pensée...

« Sans doute est-ce l'impression que j'aurai, quand je relirai le Combat dans le livre.)

« Quant à *Résurrection* [du pain], j'en suis fou. Je voudrais le lire à haute voix et le relire, l'afficher, le faire distribuer dans les rues. Voilà qui pourrait sauver notre monde, si...

« Je vous souhaite une bonne année, et vous embrasse[31]. »

Le 30 décembre, Giono décide de dédier le livre « A ceux du Contadour ». Puis, du 7 au 13 janvier, il écrit une préface dont il n'a eu l'idée que le 2 janvier, et qu'il fait suivre du « schéma du chapitre inédit de *Que ma joie demeure,* par lequel il avait d'abord voulu clore le livre. Il songe un instant à intituler toute l'œuvre *Résurrection du pain;* Brun l'en dissuadera. Cette préface est le seul texte de lui qui soit véritablement né de l'expérience du Contadour : le chapitre 1 du livre a été écrit avant, et les autres sont largement dans la foulée de son œuvre et de sa pensée antérieures. Il y évoque la caravane de septembre et le séjour sur le plateau, donnant ainsi une large diffusion à ce qui avait été une expérience très restreinte. Il y fait figurer, avec un extraordinaire mélange de conviction et de naïveté, des phrases imprudentes qui feront beaucoup pour répandre l'idée qu'il se conduit en « mage ». Vous vous interrogiez sur la joie, dit-il à ses amis. « Maintenant, je dois vous dire que la réponse c'est moi-même. Vous avez bien compris qu'il suffisait de me connaître pour que pas mal de choses soient expliquées[32]. »

L'action entreprise dans les articles de 1933 s'élargit, avec *Les Vraies Richesses,* à un volume entier[33]. Les romans n'étaient qu'un message oblique : le lecteur devait en déchiffrer la leçon. Giono veut désormais parler directement. Mais le genre de l'essai l'embarrasse. Il déteste les généralités, et va d'instinct vers le concret, Paulhan l'a bien vu. Et, quand une action romanesque ne le soutient pas, il part dans les multiples directions qui sollicitent son esprit toujours bouillonnant.

Il a abandonné son idée initiale de commentaire sur les photos de Kardas. Celles-ci seront toutes placées à la fin. Elles formeront comme un second volet du livre, et n'illustreront pas le texte ; d'ailleurs elles représentent la Provence, alors que les lieux évoqués par Giono seront un peu Paris, un peu la Grèce, et surtout le Trièves. Quant au texte, il se développe sur des registres très différents. Giono inscrit sur la page de titre de son manuscrit : «*Les Vraies Richesses, poème.* » Il supprimera cette mention, mais il se veut toujours poète, frère de Bobi. Sa poésie doit être agissante et ouverte dans la grande tradition romantique. Il se sent dans la lignée de Victor Hugo, et l'écrit le 1er décembre 1935 dans son *Journal :* « Ce que j'ai écrit est sûrement le meilleur du livre et de tous mes livres. C'est de toutes façons depuis (mettons Victor Hugo) ce qui a été écrit de plus direct et de plus lyrique dans la langue française avec cet avantage que ça reste populaire. » Lyrique ? Dans l'allégresse, oui, bien que le déferlement sur la ville de la forêt paysanne soit plutôt de nature épique. Mais Giono est aussi romancier, créateur de personnages ; je ne parle pas d'Œdipe et d'Antigone qui, à part de brefs éclairs, restent désincarnés, mais des villageois qui ressuscitent le pain dans les pages les plus pures du livre ; la moitié environ d'entre eux sont pourtant réels et figurent avec leurs noms[34] ; mais ils sont aussi réinventés que les personnages réels de *Jean le Bleu.* Enfin Giono est directement porteur de message : il voudrait aider tous les hommes, même les plus démunis et les plus mauvais, être « le compagnon en perpétuelle révolte contre [leur] captivité[35] », mais aussi une sorte de sauveur :

« J'aimerais vous parler. Et un jour je vous parlerai. Mais maintenant je n'ai pas encore la voix que je voudrais avoir, et j'attends (…). Car il ne faut pas que je sois pour vous une nouvelle désillusion, mais une découverte. Il faut vraiment que je serve à quelque chose, que je puisse vous amener.

« Comme le poulain qui joue d'abord pour lui seul dans les fleurs de foin et puis après amène tous les hommes de la ferme pour faucher le pré quand il est devenu le grand cheval roux et qu'il traîne le char.

« Je n'ai pas d'autre ambition que d'être votre cheval.

« Et je prépare lentement dans mes épaules de grandes ailes pour vous emporter sournoisement au-delà du monde le jour où vous aurez confiance en moi[36]. »

Il veut leur apporter ce dont ils ont soif, un lyrisme et une mystique : ce dernier mot, c'est peut-être la première fois qu'il l'emploie. Il a conscience de refuser dans son œuvre la misère réaliste et humiliante, de faire les hommes plus grands qu'ils ne sont : « Dans tout ce que je leur dis, les hommes ont des ailes d'aigle[37]. »

L'homme moderne, pour lui, a deux ennemis, qui ont cherché à donner l'impression qu'ils étaient liés : la grande ville et l'intelligence – la fausse intelligence, celle des « gros intelligents », des intellectuels. La sensibilité, le bon sens, l'intuition des paysans peuvent avoir raison de ces maux, et guérir l'humanité de cette plaie qu'est la civilisation telle que la pratique la société moderne avec son dieu qui est l'argent. Guérir – comme Jean Antoine Giono, comme Toussaint, comme Bobi... Mais comment étendre l'acte d'amour individuel à un acte collectif ? Comment faire faire marche arrière à une civilisation ? La question n'échappe pas à Giono. Sa réponse est caractéristique de l'interaction constante entre le réel et le fictif qui s'opère dans son esprit : seule une révolte paysanne peut anéantir les villes. Déjà, dans une lettre d'avril 1935 à J. Guéhenno, Giono avait parlé du « *danger paysan*. Il y a un immense danger et on ne le voit pas, parce qu'on s'obstine à croire que les paysans forment une classe. C'est une *race* ». Les plus dangereux sont les gros paysans riches, mais ils entraîneront les autres (c'est la seule fois que Giono exprimera cette idée). Dans des lettres et des textes de 1936 à 1938, la hantise d'une révolte paysanne reparaît sans cesse. Totalement infondée : il n'y en aura pas le commencement. D'ailleurs imagine-t-on ces bons et heureux paysans du Trièves, ceux qui fêtent la résurrection du pain, en train de se soulever pour marcher sur la capitale ? La fête campagnarde avec sa musique et sa danse est pourtant dans le même chapitre que la ruée sur Paris. La fluidité et la versatilité de l'imagination gionienne éclatent ici.

Les Vraies Richesses ont cependant une unité qui efface le disparate du développement, c'est celle de la joie : le terme figure quatre-vingts fois dans le livre. L'œuvre prolonge ainsi *Que ma joie demeure,* mais, à l'inverse du roman, elle n'est pas obscurcie par un échec lors du dénouement. Pourtant elle se termine sur la mort : « Quand la mort arrivera, ne t'inquiète pas, c'est la continuation logique. Tâche seulement d'être alors le plus riche possible. A ce moment-là, ce que tu es, deviens. » Telles sont les phrases finales – la dernière étant nietzschéenne ou gidienne. La mort n'est que retour à la grande matière originelle, son acceptation est la condition de la joie. C'est là le sens des pages qui suivent la préface et sont intitulées « Schéma du dernier chapitre (non écrit) de *Que ma joie demeure.* »

Les rapports avec *Vendredi*

Les Vraies Richesses auront un grand succès, et se vendront fort bien[38], mais susciteront aussi des réactions diverses. Paulhan écrit le 7 mai 1936 à Giono que, selon certains, « Résurrection du pain » était d'inspiration nazie. Ceux qui allaient être tentés de voir confirmation de cette opinion par la publication des deux chapitres dans la revue allemande *Neue Rundschau* en octobre 1936 auraient dû prendre garde. Plusieurs lettres de la romancière communiste allemande Anna Seghers, réfugiée à Paris, demandent avec insistance à Giono, de la fin de 1935 jusqu'en septembre 1936, de collaborer à un livre d'hommage aux martyrs allemands antifascistes. La revue *France-URSS* sollicite le 22 juillet des textes de Giono ; la revue soviétique *La Littérature internationale* publie dans son n° 4 de 1936 (édition russe) la préface du livre. Giono est, comme souvent au long de sa vie, revendiqué par divers bords, et attaqué en conséquence par les adversaires de chacun d'eux. C'est le prix de l'indépendance.

Sa réflexion politique mûrit lentement. Il s'éloigne de la fraction la plus rigide de la gauche, dont il a vu quelques éléments à l'œuvre lors de l'incident des tracts, au départ de la caravane du Contadour ; et il écrit le 16 octobre 1935 dans son *Journal* : « Je me méfie de plus en plus des communistes. » Mais il ne prend aucunement ses distances avec l'antifascisme : à la demande de Gide et d'Aragon, il signe le manifeste des intellectuels contre la guerre de conquête que l'Italie mène en Abyssinie depuis le 3 octobre. Il participe le 26 octobre, à Grenoble, à une réunion du comité local de vigilance des intellectuels antifascistes. Pressenti par ses amis Guéhenno et Chamson, il soutient la création de l'hebdomadaire de gauche *Vendredi*. Dans le n° 1, paru le 8 novembre, figure « Le cadavre de Pan », troisième volet, non encore publié, de « Vie de Mademoiselle Amandine ». Il promet une étude sur Claudel, dont on ignore sur quel aspect du poète elle aurait porté, une série de Lettres[39], des « billets de province ». Un seul paraîtra, le 13 décembre, « Orion-fleur-de-carotte », attaque virulente et ironique contre les intellectuels de droite, et profession de foi pacifiste.

Il en médite encore deux, dont les traces figurent dans le *Journal*. L'un attaquerait le stakhanovisme, la mystique du travail, et le sacrifice des générations présentes au bonheur hypothétique des générations futures. L'autre, intitulé « De quelques hommes qui se croient plus que ce qu'ils sont », attaquerait les hommes politiques en général et Laval en particulier ; mais on n'en a pas la fin. Peut-être est-ce celui qui, selon une lettre non datée à A. Chamson, devait évoquer « une certaine initiative privée, qui peut lutter efficacement contre les Croix de feu ». Giono pense-t-il là au Contadour, ou à autre chose encore ?

Un troisième texte, qui se trouve dans le *Journal* mais dont on n'est pas sûr qu'il ait été écrit pour *Vendredi,* est un coup de colère contre les Italiens qui ont entrepris la conquête de l'Éthiopie ; il est analogue à celui dont Giono avait été saisi contre les Allemands en 1934. Les Italiens y sont traités en bloc de « sauvages » et de « lâches » : « J'ai honte d'avoir du sang italien dans mes veines. Mon grand-père Antoine Giono a quitté l'Italie condamné à mort par contumace pour avoir conspiré contre les lâchetés de son époque. » Giono évoque ensuite des contingents italiens qu'il a vus pendant la guerre près de Belfort, et leurs pleurnicheries. Et ce sont eux qui « ont été les premiers vingt ans après à reparler de guerre, à supporter que ce mot soit de nouveau d'un usage courant ! ». Il y a eu, rapporte Giono, une Italienne qui a fait déposer par un enfant une alliance d'or dans la vasque de la guerre. Elle est pour lui « une bête sauvage, « indigne de vivre et de faire des enfants. (...) cet enfant qu'elle hausse à bout de bras, elle est donc d'accord pour qu'on l'égorge ? ». Il ne veut plus entendre parler de civilisation latine. Le peuple italien moderne ne lui apporte rien en littérature, en peinture, en musique. « Il est quand même un peu grossier de se mettre du côté de ces poltrons sauvages sous prétexte que Fra Angelico est né chez eux en 1387. Il ne pourrait pas être italien de nos jours. »

On comprendrait qu'un tel texte, s'il a été envoyé, ait été refusé pour son injustice. Giono lui-même, sa première indignation passée, l'aurait sans nul doute désavoué. A propos d'une affaire plus mince, une histoire de révision de contrat qui l'avait opposé à Brun, il lui avait écrit le 15 août 1936 : « Je suis moi-même violent et injuste mais je sais qu'aussitôt après, la mesure et la justice revenues dans mon cœur m'éblouissent douloureusement de leur illumination. » En tous cas, *Vendredi* ne publia plus de billets de Giono. Il en fut certainement agacé et même furieux. Pour s'excuser, l'hebdomadaire prétexta des erreurs de dactylographie dans le texte reçu, et la colère de Giono tomba : il écrit dans son *Journal* le 10 janvier 1936 : « J'ai envoyé le chapitre 5 (V[raies] R[ichesses]) à *Vendredi* en guise de calumet de la paix. Une lettre de Chamson me parvient, désolée et embarrassée. Mais, en fait, nous sommes tous solidaires de la réussite de ce journal dont la déconfiture servirait nos adversaires plus qu'elle nous désolerait. Je vais donc continuer à le soutenir, sans rien abandonner toutefois de ma liberté et de ma franchise. »

Chapitre 11

Combats

Batailles dans la montagne

Giono a plusieurs fois dit que l'achèvement d'un livre l'aurait laissé dans un vide affreux s'il n'en avait pas sur-le-champ commencé un autre. Certes il lui fallait avoir devant lui un projet, et jamais il n'en manquait. Mais il s'accordait un bon mois de répit entre la rédaction de deux œuvres importantes : le point final aux *Vraies Richesses* mis le 16 janvier 1936, *Batailles dans la montagne* n'est entrepris que le 22 février. Entre les deux, Giono écrit rapidement, à la demande de Brun, une préface pour un roman hollandais, *Le Bon Assassin* d'Anton Coolen, qui se déroule en milieu populaire. Il forme aussi le projet d'écrire pour lui seul une immense pièce sans actes, *Terre morte,* dont la seule trace connue se trouve dans le *Journal* du 19 janvier, mais dont le sujet reste inconnu. Seule la forme est précisée : opposition d'un « drame moderne » (une action contemporaine) et d'un chœur représentant le surnaturel, composé d'un chef, seul à parler, et d'un quintette instrumental.

Giono n'ira pas plus loin que cette esquisse rêvée. Il est habité sans répit par *Batailles dans la montagne*[1] depuis la fin de 1934[2]. C'est le plus long de ses romans avant la guerre – le second en longueur de toute son œuvre, après *Le Bonheur fou.* C'est en conséquence celui qui, jusqu'en 1939, l'a occupé continuellement le plus longtemps : du 22 février 1936 au 7 mai 1937[3]. Il est au point le plus haut de son abondance. Il s'est forgé un outil puissant, et entend s'en servir à plein. Il le dit dans son *Journal* le 30 avril 1935, à propos des critiques de Ramon Fernandez sur *Que ma joie demeure* dans *Marianne :* « Qui lui dit que je recherche la concision dans le style et qui a décidé que c'était ce qu'il fallait rechercher ? Je recherche le Rythme mouvant et le désordre. » (Ces derniers mots concluaient « Aux sources même de l'espérance » en 1933.) « Toucher par la chair. Donner de la chair (…). Qu'est-ce qu'ils savent de l'art ? C'est un taureau sauvage. Pour le surprendre au fond des bois il faut se faire arbre ou rochers, ou taureaux. » Arbres, rochers et taureaux auront une large place dans *Batailles dans la montagne* qui mûrit alors en lui. Le 22 novembre, il répète : « Je ne me suis jamais efforcé

250

vers la concision et la clarté. Je ne les considère pas comme des qualités dans l'état actuel de la littérature française qui meurt de clarté, de concision, d'anémie. J'ai voulu atteindre l'abondant, le riche et le généreux. Donner beaucoup de livres de grande densité[4]. » Pourtant, il a par moments conscience du danger d'un excès dans ce domaine. Dans son journal du 5 mai, la même année, il se donne ces consignes : « Discipline de la phrase, ordonnance des idées, sécheresse à grosse densité poétique. » Mais il se laissera finalement aller, pendant trois ou quatre ans encore, à l'élan qui le porte vers l'abondance.

Il a pensé, comme titre général de la série dans laquelle doit entrer ce nouveau roman, à *Symphonie du travail*. Il a dans son *Journal* parlé de symphonie à propos des *Vraies Richesses*. Dans ce dernier livre avec la ruée de la forêt sur les villes, comme dans *Le Chant du monde* avec l'incendie de Puberclaire et dans *Que ma joie demeure* avec l'orage final, il a parfois déchaîné tout l'orchestre. Mais la flûte virgilienne et la musique de chambre gardaient la prépondérance. *Batailles dans la montagne* est le premier livre de Giono qui soit presque entièrement symphonique.

L'action de cet énorme roman est dans l'ensemble simple. Dans une vaste cuvette de montagne, occupée par quatre villages, leurs terres et leurs forêts, la brusque rupture d'une poche d'eau dans le glacier qui la surplombe provoque une gigantesque inondation. Tout est submergé. Les eaux sont bloquées par un barrage qu'ont formé les arbres arrachés et la terre accumulée contre eux. Les survivants se groupent, s'organisent. Toute relation avec l'extérieur est coupée. Le vieux et riche Boromé, seigneur moral du pays, étant immobilisé par une jambe cassée, celui qui va s'imposer est un charpentier itinérant, Saint-Jean. Il va d'abord tuer un taureau furieux, puis, aidé de quelques hommes et femmes, aller dynamiter le barrage pour faire écouler les eaux. Il aime Sarah, qui vit avec Boromé, et dont la fille, Marie, l'assiste dans le dynamitage. Son amour est partagé. Mais Boromé étant le plus faible, il la lui laisse et part.

Giono a dit en 1970 à Luce Ricatte avoir été gêné par l'admirable *Derborence* de Ramuz[5]. Je ne le crois guère. Si les deux romans évoquent une catastrophe en montagne – groupe de chalets écrasés sous l'éboulement d'une paroi, et villages noyés – leur nature est opposée : Ramuz est sobre et linéaire, Giono abondant et proliférant. Si l'on devait chercher un ancêtre à *Batailles* (j'abrège le titre), ce serait plutôt dans une épopée comme *Les Travailleurs de la mer* de V. Hugo, où l'homme lutte aussi contre les eaux.

D'un roman à l'autre, Giono continue d'alterner ses paysages : les parties pacifiques du *Grand Troupeau* se situaient en Provence, *Le Chant du monde* en montagne, *Que ma joie demeure* en Provence, *Batailles* en montagne. En conséquence, alors que le climat de *Que ma joie demeure* était sec, *Batailles* est envahi, plus que jamais, par l'élément liquide. Giono a utilisé comme cadre le paysage de Tréminis, en Trièves, mais en le grandissant, en rendant le relief infiniment plus abrupt, et en le faisant surplomber par un glacier pour lequel, dira-t-il en 1942 à André Sernin, il a songé à celui du Casset, au-dessus de Monêtier, entre Briançon et le Lautaret[6].

A l'inverse de *Que ma joie demeure,* c'est un roman d'action violente, comme *Le Chant du monde*: sauvetage, lutte contre les bêtes, exploits physiques, danger[7]. A l'inverse aussi de *Que ma joie demeure* comme des *Vraies Richesses, Batailles* n'est presque à aucun degré un livre de joie[8]: c'est un livre de la survie. De la survie d'un groupe d'hommes et de femmes, moins différenciés que dans les œuvres précédentes parce que nivelés par le malheur qui les lie, et privés par la catastrophe de leurs maisons, de leurs métiers, de leurs biens. A ce groupe, Giono donne un peu plus d'ancrage social qu'il ne l'avait fait jusque-là. Les villages ont un curé et un pasteur, ils forment une commune[9]; il est même fait allusion au préfet[10]. Il y a un inspecteur des postes et une employée, « la téléphone » (c'est ainsi qu'était appelée la préposée de Lalley, me dit la vieille amie de Giono, le peintre Édith Berger, qui habitait le village). Sans que la chronologie soit bien fixe[11], il est malgré tout, pour la première fois sauf erreur dans les romans paysans de Giono (*Le Grand Troupeau* mis à part) fait allusion furtivement à la guerre[12]: elle n'est plus occultée totalement.

C'est toujours, comme depuis *Colline,* un monde où le mal n'existe pas, ou très peu : seulement dans une page où un jeune montagnard, Paul Charasse, cherche à exercer un chantage sur le vieux Boromé[13]. C'est aussi un roman où le comique est encore exceptionnel : à part la page où l'épicière, ne saisissant pas le poids de la catastrophe, se refuse à donner ses marchandises, celle où les gendarmes, surgissant à l'instant où le barrage va sauter, émettent des protestations dérisoires[14], et plusieurs des passages où apparaît Bourrache, dont on va parler, rien ne vient rompre la tension.

Parmi les rares personnages qui se détachent, il y a le vieux Boromé-le-Riche, avec les vingt-huit femmes qu'il a eues dans sa vie et les trente-sept enfants qu'elles lui ont donnés – contrepartie masculine de Gina la vieille du *Chant du monde* avec ses « maris », les vingt-trois hommes qu'elle a enlevés à son frère. Un géant dominateur comme Maudru, régnant sur les terres, les troupeaux, les forêts, et moralement sur les hommes qui les peuplent. Blessé à la jambe, comme Maudru le boiteux. Solitaire et malheureux comme lui.

Saint-Jean, dont Giono retarde l'entrée pendant plus de cent pages, est au centre du livre. Les trois chapitres dont le titre contient un nom propre, « Avec Sarah », « Avec Marie », « Avec Monsieur Boromé », sont centrés sur lui : les autres y sont en sa compagnie. Sans que ce soit très apparent, il a quelque chose de mystérieux ; « un regard immobile fixé sur un monde particulier ». Son nom même est étrange. Il dit qu'il s'appelle Saint-Jean[15]. Dans la narration, Giono l'appelle invariable-ment ainsi. Mais, sauf une fois (distraction de Giono peut-être, car la situation n'a rien de particulier), les autres – la postière, Cloche, Pierre, Sarah qui l'aime – ne l'appellent que Jean. La plupart du temps les montagnards, notamment Marie et Boromé, lui parlent sans lui donner de nom. Le personnage a ainsi deux faces : surhumaine quand il est vu par lui-même ou par son créateur, humaine quand il est un des membres de la communauté. Giono l'avait initialement prénommé Giambattista – comme son grand-père piémontais, pensait-il, puisque c'est l'époque où il a retrouvé le certificat d'Alger le concernant. Le nom de Saint-Jean fait penser au surnom d'Antonio dans *Le Chant du monde,* « Bouche d'or ». Mais ce n'est ni à saint Jean-Baptiste ni à saint Jean Chrysostome qu'est en réalité la référence, mais à l'Évangéliste, au prophète de l'Apocalypse.

Il a le prénom de Giono, son âge – dans les quarante ans[16]. Il est timide, comme Giono jeune. Mais sans rien de la couleur qu'apportait Giono dans ses réactions et dans ses propos. De tous les héros gioniens, il est le plus neutre, peut-être parce qu'il est effacé par le cataclysme, et que son héroïsme est son seul trait saillant ; il vit dans « la tragédie de sa solitude[17] ». Giono avait initialement fait de lui un Piémontais de Bobbio ; finalement, s'il est d'une équipe qui comprend plusieurs Piémontais – Djouan, Arnaldo, Cochaillolo dit Cloche – il dit qu'il est de la montagne, d'au-dessus de Vallogne. Il a travaillé à Bobbio : il a un pied de chaque côté des Alpes. Il fait penser à Bobi qu'on croit italien sans que ce soit sûr, à Antonio qui a un prénom italien sans que son origine soit indiquée. Comme Bobi, c'est un errant : « cette espèce de courant d'air qui s'en allait d'une forêt à l'autre dans les chantiers[18] » ; un errant qui voudrait se fixer avec Sarah, mais finalement ne le fait pas.

Malgré son nom, il ne prêche aucunement. Est-ce un hasard – son métier ne joue aucun rôle dans l'action – s'il est charpentier comme le Christ ? Nulle allusion à cela dans le texte. Mais Marie l'écoute « comme Dieu[19] ». Il n'est pas un sauveur spirituel comme Bobi voudrait l'être, et l'est en partie, mais un sauveteur matériel. Par son métier, son courage, sa force, il est un des plus vigoureusement terrestres des héros gioniens. Par son nom, il est un des plus célestes.

Car *Batailles* est, de tous les romans de Giono, celui qui est le plus marqué de notations religieuses, centrées autour de deux pôles : la Bible et les anges. Le Livre est présent à travers l'extraordinaire personnage de Bourrache – le dernier des fous inspirés qu'ait créés Giono, après Archias et Janet. Prédicateur bénévole, obsédé et délirant, grotesque, poltron, peu recommandable par instants, mais sûr de sa mission, il déverse sur tous ses allusions et ses commentaires bibliques, faisant surgir Jonas, Léviathan, Jacob, Judith, Jéricho, Ruth, David, Samson, Josué, Babel – mais pas, sauf erreur, le Déluge, qui est trop évident sans doute. Les invocations et les références à Dieu, au Seigneur, parfois au

Christ, se multiplient dans sa bouche; et d'autres l'imitent[20]. Au début du roman, Sarah et Marie lisent la Bible. Nous sommes, pour la seule fois chez Giono, dans une population entièrement croyante. Un savant curé physicien et un digne vieux pasteur y jouent leur rôle: nous les voyons agir et parler. Le roman baigne dans une atmosphère biblique.

Les anges et les archanges sont plus saisissants encore. En laissant de côté les images[21], ils sont là comme figure des éléments contre lesquels, dit Bourrache, lutte l'homme-Jacob; ce sont « des anges qui ont des ailes comme le feuillage des forêts et des épées étincelantes comme du blé mûr ». L'ange du jugement est aussi là pour Bourrache: « Les pieds de l'archange marchent déjà sur nos compagnons tombés en javelle (...). L'archange fauche le blé du monde. » Mais, au moment où le cataclysme mortel va être détourné, où le barrage est sur le point de sauter, les anges passent du côté du salut. Saint-Jean est leur incarnation: ses compagnons le voient descendre de la montagne en glissant « doucement comme le vol à fleur de terre d'un archange ». L'image prend corps. Quand Saint-Jean réveille ses amis, ils constatent qu'il a « la main dure pour un archange ». Par une admirable métamorphose poétique, l'archange grandit. Les fumées sortant du trou de chacune des mines dont il a allumé la mèche deviennent les plumes de ses ailes angéliques. Ceux qui le suivent des yeux croient le voir transmué: « Il fit un petit bond léger où, bien sûr, il eut besoin de toutes ces grandes ailes d'archange! Sûrement! Ils se frottèrent les yeux. Non. Il n'avait que ses épaules nues (...) ». D'autres fumées bleues s'allongent en palme « comme alors vraiment les premières plumes d'une grande aile ». Il a fini « par attacher au barrage ses grandes ailes d'archange, à lui, celles qu'ils cherchaient tout à l'heure à ses épaules[22] ».

Et le barrage saute. Les ailes de fumée deviennent des ailes d'eau, en une fabuleuse vision que V. Hugo n'aurait pas reniée: « A ce moment, les ailes d'archange s'ouvrirent avec un bruit de tonnerre. Des ailes de feu et de poussière, mordorées, déchirantes, pleines de longues palmes d'eau, aiguës comme des plumes de corbeau; et bleues; venant du ventre même du lac; s'éclaircissant violemment tout d'un coup dans le déchaînement du bruit qui fit éclater tous les échos de la montagne, devenant un duvet de cygne éblouissant de blancheur qui tombait lentement dans les arbres. Le lac avait soudain basculé tout à la fois comme une grande tôle luisante; et avec ce bruit de tôle neuve, un faisceau d'ailes qui jaillirent toutes à la fois pour arracher le malheur de la terre: une jaune toute en glaise et fameusement farouche, une bleue, une blanche, une noire qui jaillit la dernière au milieu des autres avec un bruit étouffé, juste au moment où le lac tout entier arriva pour se précipiter dans les gorges, avec des dos, des bras, des têtes, des cornes, des griffes, des dents, des queues, des ailes, des gueules, des pattes, des ventres, des écailles, des glissements et des coups de bélier, et des arrachements de peaux, de laines, de poils, de crinières; dans le beuglement éperdu de tout ce troupeau de malheur sur lequel retombaient lentement les débris des grandes ailes d'archange[23]. » Les ailes du sauveteur sont devenues celles des eaux déchaînées par son acte de sauvetage. Et Giono vit si intensément sa création qu'elle rejaillit dans son *Journal*, le 24 mars 1937, au moment où il achève *Batailles* et doute un instant de sa réussite : « Envie de flanquer *Batailles* par la fenêtre puis tout est revenu et les archanges m'ont pris dans leurs bras et se sont remis à battre des ailes. » Image de poète, bien entendu, et aucunement de croyant.

Saint-Jean a gagné. L'homme a gagné. Contre une fatalité matérielle ? Non. Ce ne serait pas assez beau. Et le contexte biblique donne à l'inondation un autre sens que celui d'un hasard. Elle est le mal, incarné dans le monstre Léviathan, dont je ne pense pas qu'il soit seulement ici, comme on l'a cru, « un énorme éboulis de pierres » semblables à des ossements entassés : ces rocs sont ceux de la moraine du glacier de la Treille – moraine en partie vivante et avançant avec lui. C'est le glacier, déclencheur de la catastrophe, qui est Léviathan, un monstre « bien placé sur la pente pour se défendre, ou vous attaquer, vous regardant monter vers lui (…) ; lui bien posé au beau milieu sur ses petites épaules grises plus épaisses que des maisons, sa petite langue de fer-blanc ruisselante de salive, ses beaux yeux verts, pas deux mais peut-être vingt (…)[24] ». Glacier blanc, avec les aiguilles de ses séracs comme des épées, et qui fait songer au cheval blanc du chapitre 19 de l'Apocalypse, celui qui fait jaillir le sang, qui frappe les nations de son épée, et « foule la cuve du vin de fureur de la colère du Dieu tout-puissant ». Le vin est présent dans *Batailles* : des outres pleines sont mises à mûrir durant des années dans le glacier (Giono n'a pas inventé ce détail : le procédé existait en Suisse, dans le glacier d'Aletsch), et l'inondation va les amener aux montagnards réfugiés sur les rives du lac.

Ce monstre blanc, c'est la guerre qui menace. Giono saisit l'importance du glacier, ce « nouveau personnage », le 16 mars 1936 dans son *Journal* : une semaine plus tôt, Hitler a occupé la Rhénanie. Et un second monstre blanc va surgir bientôt dans la vie de Giono : Moby Dick, la baleine blanche du roman d'Herman Melville, qu'en mai ou juin 1936 Giono entreprend de traduire avec Lucien Jacques et Joan Smith, sans nul doute parce que le monstre des océans est aussi le symbole du mal, de la guerre : Giono, on le verra, le considérera comme tel. Tout se tient : action politique, roman, traduction. Non pas dispersion, mais unité profonde.

Reste le dernier chapitre, qui suit le récit du dynamitage. Après une longue conversation avec Boromé, qui dévoile sa solitude et sa faiblesse (comme Maudru à Antonio dans *Le Chant du monde*), Saint-Jean renonce à Sarah, malgré leur amour réciproque, et part. Les critiques, à l'époque et depuis, ont été sévères pour ce dénouement. Il peut étonner de la part d'un homme qui, le 2 août 1935, avait écrit dans son *Journal* au sujet de la *Bérénice* de Racine : « Titus est le maître. Il n'a qu'à épouser et garder Bérénice malgré tout. Disant à ses sujets : c'est ça ; c'est mon plaisir et si ça ne vous plaît pas, je vous botte les fesses. Ou bien il n'aime pas assez Bérénice et alors où est la tragédie ? Ou bien il a tellement d'orgueil qu'il imagine sa patrie perdue sans lui. Mais dans aucun cas il n'est un homme. » Voilà qui pourrait en gros s'appliquer au départ final de Saint-Jean. Le texte recèle une explication psychologique, la générosité de Saint-Jean qui dit à Boromé : « Je donnerais ma vie pour que vous soyez brusquement l'homme le plus fort de la terre[25]. » Vaincre un fort, oui ; enlever une femme à un faible, non. Giono a aussi, dans son *Journal,* en mai 1937, donné, comme pour se défendre à l'avance, une explication sociale : Boromé gagne parce qu'il représente la société réelle, « basée sur la fausse morale catholique, sur les besoins du capitalisme » : une société qui exploite l'héroïsme. Explications l'une et l'autre partielles, et qui ne rendent pas entièrement compte de cette fin étrange. Il faut replacer *Batailles* dans la ligne des romans de Giono : à partir de *Que ma joie demeure* – il en sera de même dans *Deux Cavaliers de l'orage* – leur dénouement est tragique. Il ne peut, dans le contexte historique de 1937, être heureux. Si la catastrophe naturelle a été maîtrisée – et le roman aurait perdu tout son élan si elle ne l'avait pas été –, il faut en contrepartie que le malheur frappe irrémédiablement les êtres humains : Saint-Jean et Sarah sont séparés. Et *Batailles* prolonge *Que ma joie demeure* sur un autre plan encore : tous deux comportent un double dénouement d'échec et d'espoir. Saint-Jean, incarnation de Giono comme Bobi, est comme Bobi à la fois un sauveteur et un déserteur : à la fin, une force intérieure le contraint de partir vers une liberté (imaginaire peut-être), de fuir. C'est la logique profonde de Giono, et il n'en a pas fini avec elle.

Sur l'ensemble du livre, la critique sera divisée aussi. Les lecteurs le sont encore. Les uns le jugent énorme, illisible, un monotone torrent de boue. De fait, cette nature nouvelle engendrée par l'inondation, chaotique, écrasante, où tout semble parfois changé en minéral – les eaux sont de plomb ou d'étain, la forêt et le ciel même sont de métal –, a quelque chose de monstrueux, et le livre peut apparaître comme le reflet de l'univers qu'il crée. Que le public habitué à étiqueter les écrivains ait été désarçonné, ce n'est pas surprenant : où était le chantre de la paisible espérance rurale, le Giono « virgilien » ? Cherchez Virgile dans *Batailles* : la seule jeune fille y transporte de la dynamite au creux de son corsage. Mais, dans ces années, la dynamite s'accumulait dans le monde. Pour cette raison même, d'autres lecteurs y virent un des grands livres du temps. Giono se montrera pénétrant quand, dans son *Journal,* le 27 février 1938, il décèlera dans *Batailles,* en même temps que dans *La Marseillaise* de Jean Renoir et dans *L'Espoir* de Malraux, le signe d'un renouveau de l'épopée. C'est bien de cela qu'il s'agit. Ce que Giono ne peut prévoir à coup sûr, même s'il le redoute plus ou moins consciemment, c'est que, comme ils l'ont fait dans un cas, dans les deux autres les faits vont démentir les chants : de même que l'élan né des débuts de la Révolution de 1789 a été dévié et bloqué, de même Franco va l'emporter en Espagne, et la guerre mondiale, qui n'est que menaçante en 1937, va éclater en 1939.

Vers mai 1936, il a interrompu la rédaction de *Batailles* pour donner une suite à *Jean le Bleu*, sous forme de deux récits plus tard recueillis dans *L'Eau vive* : « Son dernier visage » et « La ville des hirondelles » (initialement titré « La joie et les vraies richesses »). Ils sont consacrés à la maladie et à la mort de son père. *Jean le Bleu* s'arrêtait au déclenchement de la guerre de 14. Giono reprend son récit à son retour de l'armée en 1919. Mais il ne publiera finalement qu'une moitié à peine de « Son dernier visage », coupant l'épisode initial où on le voit, sur la route, rencontrer un personnage bizarre, et la fin où sa mère lui annonce que son père va mourir. Il n'ira pas plus loin que ces deux fragments[26].

Les Cahiers du Contadour

Une nouvelle réunion au Contadour, la deuxième, a lieu à Pâques. Aux fidèles du début viennent s'ajouter entre autres Daniel et Germaine May (Daniel, fils d'un grand médecin, est écrivain), Gérard et Clairette Gadiot (Gérard, professeur de dessin à Arles, sera nommé « conservateur » du Contadour), Charles Bistési le violoniste et sa future femme Suzanne, le Suisse surnommé « Pilou » et sa femme « la Piloute », qui parle tant. Giono notera le 5 mai dans son *Journal* : « Nous avons fait les portes et les fenêtres de la maison. Affluence de visiteurs pour Pâques. » (Il s'agit sans doute des visiteurs épisodiques de ce jour de fête, non de l'effectif constant des participants, qui semble avoir été réduit.) « Lucien Jacques a fait la fresque » (cela en dehors de la session, à laquelle il n'a pas dû assister ; et comment peindre une fresque dans une salle occupée jour et nuit par vingt personnes ?). A Pâques encore, certains rêvent pour Giono du prix Nobel, et Henri Fluchère rédige un projet d'adresse au jury. Après quelques fluctuations, Giono envoie à ses amis une lettre circulaire pour leur demander de s'abstenir de cette démarche : ce n'est pas en plein mouvement qu'il va risquer de se laisser figer par une consécration[27].

Le projet d'une revue naît, ce qui suffit pour empêcher de prendre très au sérieux les propos de Giono après la guerre : « Le Contadour n'a jamais été autre chose qu'un endroit où l'on venait passer des vacances entre copains[28]. » La revue *Les Cahiers du Contadour* sera d'abord modeste (150 abonnés initiaux). Mais elle est soutenue par l'enthousiasme. Jean Lescure est secrétaire de la rédaction. Il donne un texte, ainsi qu'Henri Fluchère, Christian Michelfelder, et naturellement, en tête, Giono avec une « Suite inachevée de *Jean le Bleu*[29] ». Le projet est allé vite : le n° 1 est achevé d'imprimer le 31 juillet 1936. Les participants du troisième Contadour, en septembre[30], le verront donc. A cette session participent de nouveaux venus, comme le Dr Eliet et sa femme, et le Lausannois Émile Blanchet ; certains vont prendre une importance décisive : Lucien Jacques, Alfred Campozet le Béarnais, maçon et poète, qui sera plus tard secrétaire des *Cahiers*. Il y aura de plus des visiteurs occasionnels : Maxime Girieud, Hirsch de chez Gallimard, le dramaturge belge Crommelynck, le flûtiste Moÿse. Giono n'arrivera que le 5 septembre : Élise s'est cassé la cheville dans les derniers jours d'août. Pour lui laisser plus de tranquillité au Paraïs, Giono amène au Contadour sa fille aînée Aline, qui a huit ans, ainsi qu'un jeune Manosquin de quatorze ans, Pierre Magnan, le futur romancier.

On songe à créer une société appelée « Les Vraies Richesses », à lui donner des statuts – malgré les protestations de certains. La préoccupation de la paix, qui a invariablement été celle de tous, fait l'objet d'une discussion en règle. Faut-il refuser d'obéir en cas de guerre ? Giono réaffirme sa position, mais, comme toujours, se refuse à l'imposer et même à la conseiller à d'autres. C'est pour lui affaire de choix individuel. De même, tout en offrant sa sympathie à tel objecteur de conscience, en faisant des démarches en sa faveur, il ne préconisera jamais l'objection de conscience.

On se penche aussi sur les *Cahiers du Contadour* : il faut y faire sentir l'atmosphère de fraternité et de gaîté qui règne parmi les contadouriens. D'après les livres que Giono a publiés depuis deux ans, les lecteurs l'imaginent grave, et grave à son image le groupe auquel il participe, et dont il est la figure la plus en vue. En fait, la plaisanterie et même la bouffonnerie sont monnaie courante chez lui comme chez bien d'autres contadouriens. Pour le faire percevoir, on tiendra un « journal du Contadour », rédigé non pas collectivement mais avec des interventions multiples, des souvenirs de conversations ou de scènes marquantes ; des textes des uns et des autres y seront insérés, signés ou non. Ce n'est que par le *Journal* de Giono (18 septembre) qu'on est sûr que, dans le n° II qui paraîtra en mai 1937, la « Géographie du Contadour », où le hautlieu au cœur des terres est longuement comparé à un bateau, est bien de lui, de même qu'un « chœur des pleureuses » qui parodie les tragédies grecques, et une tirade burlesque contre le thé et le quaker-oats[31].

Un différend ayant opposé Jean Lescure et Giono, malgré les tentatives de médiation de Lucien Jacques[32], le premier a cessé, après la réunion de Pâques, de venir au Contadour et a abandonné les *Cahiers*. Le secrétariat du n° 2 est assuré par Germaine et Daniel May, et la revue a officiellement deux directeurs, Giono et L. Jacques. Le second a la passion des revues. Il a animé ses *Cahiers de l'artisan* de 1920 à 1925. Il en recréera une nouvelle série à partir de 1952. Il est très actif dans la préparation des *Cahiers du Contadour,* et il songe aussi à fonder avec

Giono une autre revue, moins collective, plus littéraire, qui doit s'appeler *Quatre-Mains*, mais ne verra pas le jour.

Dans *Quatre-Mains*, il projette de publier la traduction de *Moby Dick,* pour laquelle, bien qu'un contrat ait été signé avec Gallimard dès le 14 juin 1936, il ne fournira pas réellement de travail avant la fin de 1937. Joan Smith, antiquaire anglaise établie à Saint-Paul-de-Vence, fait un mot-à-mot; Lucien, qui ne sait pas un mot d'anglais, le transcrit en français; puis ce texte est revu en commun par Lucien et par Giono, lequel lit bien l'anglais[33]. Le roman lui a été signalé peu avant par Henri Fluchère, grand connaisseur de littérature anglaise et américaine, et grand découvreur de textes peu connus. Il est enthousiasmé, et indigné d'apprendre qu'il n'en existe de traduction française qu'abrégée à l'usage de la jeunesse. Comme l'ont fait plusieurs grands écrivains français du XXe siècle – Proust, Claudel, Larbaud – il veut révéler au public un chef-d'œuvre étranger.

Sollicitations

La renommée de Giono ne faiblit pas. Gallimard modifie le 8 août 1936 son accord avec lui : outre une avance de 30 000 francs à la signature du contrat, Giono percevra désormais 3 000 francs de mensualité comme avance sur droits d'auteur, et cela pendant neuf ans. Grasset en restera à 1 000. Et les droits dépassent largement ces sommes : Giono écrira dans son *Journal,* le 13 août 1937, qu'il gagne en moyenne près de 10 000 francs par mois; « sans modifier ma façon de vivre. En *donnant* plus, tout simplement. Prêt encore à redevenir employé de banque à 800 francs par mois sans douleur et sans regret ».

De nouvelles éditions populaires se préparent, comme celle de *Colline* chez Ferenczi. Des traductions paraissent : *Naissance de l'Odyssée* en allemand, ainsi que *Les Vraies Richesses* (mais celles-ci sont éditées à Zurich); *Colline* pour la seconde fois en tchèque (une première traduction avait paru en 1932), et *Que ma joie demeure* dans la même langue, *Regain* en russe. De *Regain,* Anton Coolen prépare une traduction en hollandais. Et Giono accorde à son ami Charles Bistési une exclusivité pour la traduction de tous ses livres en italien. Ses nouvelles sont parfois publiées dans des *Almanachs (de la Croix-Rouge suisse, des vacances et de la nature).* La revue *Corymbe,* en mai-juin 1937, lui consacre un numéro spécial, « Giono et la Provence ». On lui demande de venir faire des conférences en Suisse (Genève, Lausanne, Neuchâtel, La Chaux-de-Fonds, Berne, Zurich), en Autriche (Vienne), en Allemagne (Berlin et Cologne). Aucun de ces projets (projets des organisateurs plus que du conférencier...) ne se réalisera.

Un professeur de philosophie de vingt-quatre ans, Christian Michel-felder, suppléant au collège de Manosque, veut écrire un livre sur lui. Giono le reçoit longuement en 1936 et 1937, lui confie des textes inédits, lui fait des confidences sur ses œuvres, et sur l'opposition entre le diony-siaque et l'apollinien qu'il y voit ou que son interlocuteur lui suggère sans qu'il veuille le contredire. Michelfelder croit naïvement tout ce que Giono lui dit sur les dates de rédaction de ses livres, sur l'ampleur et le contenu de ses inédits; en tout cas, son ouvrage, qui paraîtra en 1938[34], ne laisse pas supposer le contraire. Mais ce sera le premier livre substan-tiel sur Giono. Combien d'écrivains se voient consacrer un volume moins de dix ans après la publication de leur premier livre ?

Quant à la renommée hors de France, un article assez long d'Ivan Anissimov, « Jean Giono à la recherche de la joie », paraît en mai 1936 dans le n° 5 de l'édition française de *La Littérature internationale,* après être paru peu avant dans l'édition russe. Giono est d'ailleurs invité en URSS où il devrait partir avec Gide pendant l'été. Au dernier moment, il y renonce, sans doute aussi bien pour ne pas couper l'élan de *Batailles dans la montagne* que par réticence à l'égard de ce qu'il devine du sys-tème soviétique. Eugène Dabit partira à sa place.

La France et l'étranger continuent à lui demander des textes, les cinéastes à vouloir le porter à l'écran, les hommes de théâtre à la scène en Angleterre et en Norvège. D'ailleurs Giono n'a pas renoncé à ces deux domaines. Dans les derniers mois de 1936, il rêve à un court métrage, *Au Territoire du Piémont*[35], où il ressusciterait, sous un titre rappelant un de ceux qu'il avait prévus pour *Jean le Bleu,* le souvenir de la cantine-hôtel tenue à Vallorbe par sa tante Marguerite Fiorio. Un projet de pièce apparaît aussi, inséré dans le *Journal* entre deux feuillets d'octobre 1936 : « Le Magicien. – Trois actes. I. Le village – L'amour – L'avarice – La convoitise (amoureuse – matérielle (terre et argent)) – L'envie – La haine – Le tournant – Peur de la mort. Le Magicien. » Que l'on sache, il n'a rien jeté sur le papier au-delà de cette vague esquisse de premier acte.

Tout au long de 1936, ce n'est pas seulement l'écrivain en tant que tel qui est sollicité : beaucoup souhaitent le voir agir. L'AEAR de Mar-seille, dont il est le président d'honneur, lui demande en février de venir le mois suivant présenter Jean-Richard Bloch qui doit venir y parler pour l'inauguration de la Maison de la culture : elle a lieu le 28 mars : J.-R. Bloch, Aragon et Giono sont à la tribune. Malgré tout, les commu-nistes le pressentiront moins souvent, Aragon étant méfiant depuis la lettre à Poulaille publiée en septembre 1935. Mais le reste de la gauche tient à lui. Pendant la rédaction de *Batailles,* le 18 mai 1936, Pierre Bost et André Chamson viennent le voir : ils voudraient que Giono les aide à « mettre de l'air » dans *Vendredi.* Il accepte de faire un effort et, écrit-il dans son *Journal,* de « leur donner un article par mois sur tout autre chose que la politique, c'est-à-dire très exactement sur la politique, mais par les mille détours par lesquels la vie nous y conduit. Une sorte d'entreprise de sagesse et de sérénité ». Le 28 mai, ce sont des ouvriers mineurs de Manosque qui viennent le trouver pour lui demander d'expliquer à leurs fils et à leurs jeunes camarades ce que sont la musique, la littérature, la peinture. Les larmes aux yeux, il accepte, et il tient parole. « Comme si on faisait entrer un fleuve dans les sables du désert ! Une terre qui boirait le Mississipi, le Missouri et le Gange, et qui, après, fleurira formidablement de cet arrosage, je pense. Intérêt comme les premiers chrétiens quand ils écoutaient l'évangile. Nous avons bien fait de vivre jusqu'à maintenant. Donc, fondé tout de suite une sorte de maison du peuple culturelle à Manosque. Ont demandé à venir, quand ils l'ont su, les ouvriers de l'usine de Ste-Tulle, des mines de Bois d'Asson. Dans deux mois nous serons plus de cinq cents inscrits. Touché au-delà du possible par ces désirs si profondément raisonnés ; et de servir véritablement à quelque chose. » C'est aussitôt après, Giono le note, que, dans *Batailles,* « un grand personnage a surgi : Bourrache. Le prédicateur fou ». Sous la transposition littéraire, perce la double évidence qui mûrit au fond de l'esprit de Giono et à son insu : il est nécessaire qu'il prêche, et il délirera en le faisant.

Après la victoire du Front populaire aux élections législatives de mai 1936, il participe à un banquet organisé pour la célébrer, à Manosque, le 24 mai. Avant et après, écrit-il dans son *Journal* le 26 mai, « les visites m'ont bouleversé la vie, les gens n'ayant plus aucun respect de ma paix et de mon travail. A la longue c'est énervant et sans aucune utilité ».

Le 19 novembre, il se rend à Digne pour une manifestation à la mémoire de Roger Salengro, ministre socialiste de l'Intérieur qui s'est tué à la suite d'une campagne de diffamation : la droite – milieux politiques et presse – l'accusait d'avoir déserté pendant la guerre de 14 alors qu'il avait été fait prisonnier. Giono a aussi envoyé un message au Congrès mondial de la jeunesse pour la paix qui s'est tenu à Bruxelles le 1er mars 1936, et son adhésion à la Conférence européenne d'amnistie pour les antifascistes emprisonnés en Allemagne.

Il est une figure connue. De partout, il reçoit des lettres enthousiastes à propos des *Vraies Richesses*. La scène qu'il raconte dans son *Journal* le 22 juin 1936, même si elle est gonflée, n'est pas inventée : « Lundi soir à Marseille, Fernand [le docteur Aviérinos] m'a traîné le soir à une représentation de films soviétiques à l'Alcazar. La salle était pleine : 4 500 personnes. Usant de mon nom il a réussi à me faire placer. Un camarade m'a cédé sa place au premier rang des balcons. Un peu après la lumière s'est allumée et quelqu'un est venu sur la scène et a dit : "Camarades, une bonne nouvelle, Giono est avec nous ce soir." Alors toute la salle entière s'est dressée, s'est tournée vers moi en saluant du poing et en chantant *La Marseillaise* et il a fallu que je me dresse et que je dise quelques mots de remerciement. Alors ça a été des hourrahs sans fin, tout le monde debout et criant "vive Giono" sans arrêt, sans arrêt. J'ai des devoirs, j'ai le devoir d'écrire. »

Mais, voyant le Parti communiste appuyer le gouvernement qui réarme face à la menace nazie, voyant d'autre part l'URSS s'affirmer de plus en plus comme un pays totalitaire – des échos se répandent notamment du voyage qu'y a fait Gide –, Giono, au fond de lui-même, se sent de plus en plus éloigné du parti dont il a été proche quelque temps. Il ne l'exprime encore que dans son *Journal :* «En ce moment je déteste les communistes et je crois que ça va être bientôt la rupture totale entre eux et moi. Je ne me connais aucune patrie, ni la France ni la Russie et je ne veux rien défendre, même pas la dictature du prolétariat. Ni elle, ni rien ne vaut la vie d'un seul homme. Je déserte de l'armée rouge comme je déserte de l'armée française. Je déserte de toutes les armées. » (21 mars 1936). Le 30 octobre, sur l'URSS : « Tout s'écroule là-bas et tout doit s'écrouler et doit disparaître si nous voulons vivre (...). Ces chemins-là mènent à la mort. » Le 12 novembre il vitupère : « Cette forme de communisme fausse, ce stalinisme, ce thorézisme. » Le 20 novembre : «Persuadé qu'il faut refuser fascisme, nazisme et "communisme". Ça n'est, entre eux, qu'une lutte entre dictateurs. Se reformer sur le mot de *liberté*. C'est celui que ni Hitler, ni Musso, ni Staline n'acceptent. »

Refus d'obéissance

C'est alors que Giono met sur pied *Refus d'obéissance*[36]. De ce petit livre, tel qu'il parut en janvier 1937, seule la première page est récente. Le reste date de 1934 pour « Je ne peux pas oublier », de 1930-1931 pour les chapitres « inédits » du *Grand Troupeau*[37]. Il n'a d'ailleurs rajouté ces chapitres que sur la suggestion de Hirsch, de chez Gallimard, parce que le premier texte, que Giono voulait republier sous forme de plaquette pour lui donner une large diffusion, était trop court. C'est celui-là seul qui lui importait vraiment. Il lui apporte de légères retouches. Au début, en ce qui concerne le personnage du capitaine Vidon, il tient compte d'une lettre reçue de sa veuve, et gomme ou modifie quelques détails. Au lieu de : « Je n'étais pas communiste. J'apprends lentement », il corrige : « Je n'étais pas communiste. Je ne le suis pas maintenant. » Et, à la dernière ligne, après avoir écrit, apostrophant ses camarades tombés au front : « Votre présence farouche nous défend la pitié », il ajoute : « Même pour nos amis, s'ils oublient. » C'est-à-dire pour les communistes. Mais qui aura, sauf quelques initiés, compris une allusion aussi vague ?

Le public ignore évidemment que le bref avant-propos qui se termine sur la phrase-défi « Je refuse d'obéir » a remplacé un texte beaucoup plus long, beaucoup plus précis, où Giono citait des témoignages en faveur de ses idées, et attaquait spécifiquement Staline[38]. Il y a renoncé pour ne pas nuire à la gauche, à laquelle il reste profondément attaché.

Quant à la décision de refuser d'obéir, elle a mûri en lui depuis 1934. A l'époque, dans « Je ne peux pas oublier », il avait affirmé la nécessité de la révolte. Implicitement, il désignait par là une révolte collective. Depuis, il s'est écarté du plus puissant des partis qui appelaient à la révolution. Il est seul. C'est seul qu'il prend sa décision. Le 15 mars 1936, il écrit dans son *Journal :* « Refus de la guerre. C'est la résolution à laquelle je suis finalement, après mûre réflexion, arrêté depuis plusieurs années, et je n'en bougerai pas ; jamais. Sous aucun prétexte : que ce soit guerre de droite ou guerre de gauche ou de n'importe quel côté. Je refuse. (...). Cette simple résolution embêtera beaucoup plus les gouvernements que toutes les combinaisons. » Et le 21 mars : « Conviction que si je n'arrête pas la marche de l'imbécillité humaine avec mon sang, je la contrarierai assez pour qu'elle soit désormais boiteuse et facilement renversée par d'autres (...). Je suis humainement décidé à me jeter dans les roues des chars de guerre. C'est un sang dont ils ne se débarrasseront pas aisément. » Quels sont les hommes dont les figures flottent alors dans son esprit ? Victor Hugo, qui, selon certains témoignages, aurait songé à aller se faire tuer sur les barricades en juin 1848 pour arrêter la guerre civile ? Ou plutôt Gandhi, dont la doctrine de la non-résistance au mal a en Europe, alors, un large retentissement ? Giono considère en tout cas par moments que son influence dans le monde est assez grande pour lui permettre de peser sur le cours de l'histoire.

Mais est-il vraiment si assuré de son pouvoir ? Un personnage a toujours eu pour lui, dès avant 1914, une importance capitale : Don Quichotte. Il dira dans *Triomphe de la vie* qu'il a toujours le roman de Cervantès ouvert sur sa table et l'emporte avec lui quand il part. Il le situera invariablement parmi ses romans préférés – le seul même qu'il emporterait dans une île déserte s'il n'avait droit qu'à un livre unique[39]. Il va de soi qu'il ne s'assimile jamais entièrement à Don Quichotte, bien qu'il ait comme lui la capacité poétique de voir toujours dans le réel autre chose que le réel, et de le transformer par l'invention. Il a aussi la noblesse et l'altruisme, et il écrira dans *Triomphe de la vie :* « Certes, s'il s'agissait d'être fou avec générosité et grandeur, je ne veux pas me faire meilleur que je ne suis, mais il y a neuf chances sur dix pour que moi aussi je prenne le plat à barbe pour un casque. Le désespoir de la recherche de la justice est tonique[40]. » Paroles datant de 1941, dira-t-on. Mais dès 1937, il place son action politique sous le signe de Don Quichotte : dans son *Journal,* le 18 novembre, concevant une série de *Messages,* il note : « Faire précéder chaque Message d'une citation de Don Quichotte. » Déjà, en 1936, son *Refus d'obéissance* est un acte de donquichottisme au sens le plus élevé : un défi, un combat contre les puissances du mal, une tentative de sauvetage des autres, trait présent au cœur de ses romans depuis *Un de Baumugnes.*

La jacquerie imaginaire

En décembre 1936, la famille est endeuillée : « la Nini », Pauline-Adélaïde Maurin, meurt à l'âge de cent trois ans. Désormais sa fille, qui a veillé sur elle jusque-là, la mère d'Élise, « la Mémé », veuve depuis sept ans, viendra vivre au Paraïs pour ne pas demeurer seule ; elle y restera près de treize ans, malgré les avanies que lui fait parfois subir la mère de Jean.

En cette fin d'année, Giono est hanté par deux faces de l'avenir immédiat. Pour la première, la guerre, il vient d'agir[41]. La deuxième – imaginaire, mais il en a parlé et il en est venu à y croire – est le danger de soulèvement global paysan contre tout le reste du pays ; donc, d'une effroyable guerre civile. Il ne s'en est encore confié qu'à des amis comme J. Guéhenno[42]. Il y revient dans son *Journal,* où il écrit le 27 novembre 1936 : « Bientôt, sans que vous vous en soyez doutés une seule fois, vous allez vous trouver en face de votre véritable adversaire, vous, fascistes de droite et de gauche. Et les jeux espagnols seront du sucre de pomme à côté de ce qui vous attend. » A peu près à la même date, il écrit à Pierre Scize, journaliste assez connu, alors de gauche, qui a publié un article enthousiaste sur *Que ma joie demeure* et est venu le voir à Manosque en juin 1935, qu'il redoute « une terrible révolte paysanne organisée », une guerre « *Terre contre Usine* » en vue de laquelle certains artisans-ouvriers sont déjà noyautés par les paysans. Il s'agit d'une autre « forme de révolution » que de celle dont on parle couramment. « Celle qui vous attend vous surprendra par sa nouveauté, sa violence (dans laquelle je serai moi-même écrasé comme vous), son organisation, sa masse. » Scize, impressionné, lui rend une nouvelle visite au milieu de décembre 1936. Giono souhaite que le danger paysan soit révélé au public, et charge Scize d'être son porte-parole. La sympathie qu'il porte à l'homme – qui a presque son âge, qui a comme lui fait la guerre, qui y a perdu un bras – lui cache que le seul périodique dont les colonnes lui soient librement ouvertes, l'hebdomadaire satirique *Le Merle blanc,* a une audience assez limitée. C'est là que Scize publie un grand article en première page, le 19 décembre 1936 : « Jacquou le Croquant vous parle ». Titre mal choisi : le nom de Giono n'y figure pas ; c'est peut-être pourquoi, malgré l'importance du texte, il n'est mentionné dans aucune étude.

La scène se situe dans un petit café fréquenté par des gens du peuple. Giono est là avec Scize, et commente la situation. Il évoque le succès du

Front populaire dans la région : « Dans chaque commune, le candidat des droites a été pulvérisé. C'était des cent cinquante voix contre dix, contre quatre, une fois contre deux : la voix du curé doyen et de son vicaire[43]... » Tout est différent aujourd'hui : « Ils sont tristes, amers, découragés. Il leur semble qu'on leur a menti, qu'on les a trompés, abandonnés, un peu trahis (...). Des durs. Des rouges. Des solitaires. » Et Giono de raconter que le 7 février 1934, tous ces paysans étaient inquiets des événements de Paris. Les journaux de Marseille n'étant pas arrivés, on n'avait que de vagues nouvelles par la radio. Deux camelots du roi, postiers à Digne, avaient diffusé de prétendus télégrammes officiels annonçant l'Élysée envahi, le maréchal Franchet d'Espérey à la tête du gouvernement, la Chambre en flammes, les socialistes pendus... Malgré les démentis immédiats, ces rumeurs s'étaient propagées. « Le lendemain, huit février, il y avait au chef-lieu trois mille hommes avec trois mille fusils, et prêts à tout. Je dis à tout. Ils disaient : "Commandez ! Ce qu'il faut faire on le fera. Où faut-il aller ?" Notre plus grand mal, ce ne fut pas de les réunir. Ce fut de les faire rentrer chez eux, calmés. De ce jour-là, j'ai vu la victoire des rouges. Elle était inscrite d'avance sur les fronts. Viennent les élections, ils renverseraient tout. Ils ont tout renversé. Si c'était à refaire... » Bien entendu, ces trois mille hommes armés, se réunissant spontanément en un seul jour, c'est du roman pur, et il n'y en a pas trace dans la presse du temps, ni dans les rapports du préfet au ministre de l'Intérieur, conservés aux Archives départementales : juste une réunion de deux cents personnes dans une salle, et un petit défilé, l'un et l'autre sans incidents.

Puis Pierre Scize évoque Giono parmi les paysans. « Aux veillées d'hiver, parfois, Jean monte les voir. Il a de gros souliers comme eux. Dans sa besace, un livre. Et il lit, des fois, après la soupe. Il lit tout haut. Pas des foutaises. Pas des prières. Mais Rabelais, mais Homère, et puis la Bible qui est une histoire des rois-bergers de l'ancien temps, et puis Quichotte et son gros valet (...). Il leur lit l'*Odyssée* d'Homère qui était un maître de troupeaux et qui laissa sa femme pour faire la guerre [Scize écrit un peu vite, et sa phrase mélange Homère et Ulysse] : une histoire qui leur est arrivée à tous. Et aussi le discours de Lénine aux agriculteurs[44] » « (...) Ces hommes-là ont eu l'idée qu'on s'est servi d'eux et qu'on les a jetés, après, comme une bouteille dont on a bu le vin. Ils voient que rien ne change dans leur vie. Ils attendaient on ne sait quoi de profond : un tremblement, une ivresse, une grande secousse. On allait s'occuper d'eux enfin. On allait les épouiller de tous ces parasites qui les mangent, ces intermédiaires qui se gonflent de leur travail. On allait prendre leur avis sur le train du monde, connaître leur peine, leurs longs ennuis. » Ce qu'ils veulent, c'est « que ceux qui les connaissent parlent pour eux, là-bas, à Paris. C'est qu'on ne pense pas à eux seulement dans les moments où on a besoin d'eux. Ce qu'ils connaissent des villes ? Le marchand qui les gruge. Le général et le préfet qui les font soldats. Le percepteur qui prend leurs sous. L'huissier qui les saisit. J'oubliais : le député qui leur tape sur le ventre et caresse le cochon tous les quatre ans. Et puis le curé qui les enterre. »

Et, à travers Scize qui note ses propos, Giono s'adresse aux ouvriers : « Alors ils pensent à toi, ouvrier. Laisse-moi te le dire franchement : ils n'en pensent rien de bon. Depuis vingt ans il y a entre le paysan et l'ouvrier un vieux compte qui n'a pas été réglé. Il croit, et il dit, que tu fabriquais des obus pendant qu'il les recevait dans le ventre. » C'est en partie faux, Giono le reconnaît. Mais que de noms sur les monuments aux morts des villages ! Parfois vingt pour trente feux... « Il entend parler de toi, ouvrier, dans les feuilles. Tu rouspètes, tu occupes l'usine. Tu as les quarante heures, les congés payés, l'assurance sociale. Ah ! on s'occupe de toi, mon gaillard ! On voit que tu es près du bon Dieu ! Mais dis : qu'est-ce que ça signifie ici les quarante heures et les congés payés ? Et pour ce qui est d'occuper les soues à cochons et les bergeries...

« Alors, de l'envie ? Non. Plus et moins. Une tristesse, je te dis, qui vient de ce qu'on a peur d'avoir été dupé, comme en 14. Un découragement. La certitude aussi d'être une force et de la voir méprisée. Car il y a une petite chose dont on est fin sûr par ici. C'est qu'on peut se passer de vous et pas vous de nous. Voilà (...)

« Et puis aussi la guerre. Les paysans ont décidé une chose. Ils ne la feront pas. C'est dit. Plus jamais. Ils vont au-devant d'une grande déception et d'une jolie mornifle, ceux qui croient qu'il suffira d'un gendarme pour rassembler les candidats au casse-pipe. Ni un, ni mille. Les hommes prendront un fusil et tiendront la campagne. Venez les prendre ! Si vous voulez des chevrotines par la gueule...

« Et pas d'histoires à leur conter. J'essaye, tu penses : l'Espagne, l'Abyssinie. C'est comme si on leur parlait des révolutions du Guatémala. Ça ne les touche pas. » Personne ne leur explique rien. « On ne leur demande que d'obéir. On ne leur envoie que des fascicules de mobilisation. » Certes, ils ne suivront pas Dorgères[45]. « Mais qu'un chef se lève dans leurs rangs : ça peut arriver. Alors, les Jacquous le suivront. Vous serez foutus.

« Dis-le, à ceux des villes, et aux élus, et aux ministres. Il est temps qu'ils y pensent (...) Il faut leur montrer qu'on les aime, qu'on pense à eux, qu'on ne se fout pas du monde, enfin ! »

Fêtes de la mort.
Giono en marge de la gauche.

Cette interview est encore un acte, même s'il doit avoir moins de retentissement que *Refus d'obéissance*. Giono prend Scize comme porte-parole. La désillusion des masses rurales après les élections, le ressentiment des paysans contre les ouvriers, sur lequel Giono reviendra plus tard, sont peut-être moins importants ici que la menace de voir surgir un chef qui prenne la tête du soulèvement des campagnes. Le chef, ce n'est pas lui, certes. Il n'y a jamais songé, et cela ne correspond en rien à son personnage tel qu'il l'imagine. Ce qu'il présente ici comme une possibilité réelle, c'est, par un glissement qui lui est habituel, la projection dans son discours du roman qu'il vient de concevoir, auquel il rêvera pendant deux ans en prenant des masses de notes, et dont il n'écrira jamais une ligne : ces *Fêtes de la mort* dont Robert Ricatte a révélé l'existence dans le tome III de l'édition de La Pléiade. Giono n'avait pas encore terminé *Batailles dans la montagne*, qu'à la fin de novembre 1936, il concevait *La Révolte des paysans*, qui devenait en décembre *Terre et Liberté*, puis en mai 1937 *Cavaliers de l'orage*, titre qui bifurquera vers un autre sujet, et bientôt après *Les Grands Paysans*, en juin *L'Orage*[46], et en décembre *Les Fêtes de la mort*[47]. Ce n'est qu'en octobre 1938 qu'il y renoncera complètement. R. Ricatte a bien marqué à quel point le projet était lié aux événements du temps, et avait avorté précisément pour s'être heurté à l'histoire, quittant ainsi le domaine propre où Giono le romancier trouvait sa pleine liberté de créer. Pour autant qu'on puisse suivre, à travers le *Journal*, cette longue gestation qui n'aboutira à aucune naissance, il devait y avoir, dans la révolte paysanne, deux grandes parties. La première, « Les nuages montent de la terre », était située en Provence (Vachères, Reillanne, Gordes), et le soulèvement, destructeur des voies ferrées, des usines, etc., finissait, après une période victorieuse, par un désastre dû à l'absence d'unité. La seconde partie, « Les Armées de l'aveugle », devait mettre en scène un aveugle dont on ignore le nom. Il vient de Saint-Véran (le seul village de France qui soit situé à plus de 2 000 mètres d'altitude). Aveugle de naissance, vêtu de laine blanche, fou de musique, cruel, conduit par un petit garçon, accompagné peut-être par un violoniste italien, il prend la tête des armées paysannes, après être descendu de la montagne sur sa mule. Des musiciens viennent à sa rencontre ; au son du presto final du quatrième *Concerto brandebourgeois* de Bach, il fond sur la vallée du Rhône, déclenche les grands massacres, marche sur Paris, et c'est la fin du monde moderne : Giono reprend le rêve, formé depuis 1931, d'écrire son Apocalypse, et cette fois elle ne sera pas détournée comme dans *Batailles dans la montagne*.

Cet aveugle est au croisement de deux fantasmes présents depuis longtemps chez Giono. Le premier est celui de l'aveugle qui en sait plus que les autres[48], l'aède de *Naissance de l'Odyssée*, Fidélin de *Solitude de la pitié*, surtout Clara du *Chant du monde*. Le second est celui de l'homme qui descend de la montagne. N'y incluons pas Albin : il est descendu par hasard, et remonte ensuite à Baumugnes. Mais Bobi – peut-être italien –, Saint-Jean – parfois italien – viennent des hauteurs ; et ce sont des sauveurs. A la fin des *Vraies Richesses*, et, on le verra, à la fin du *Poids du ciel*, Giono lui-même descend du Trièves ou du Briançonnais, où il a fait provision de pureté, vers Manosque, et il proclame la vérité. Bobi et Saint-Jean sont des figures de Giono. Pas l'aveugle de Saint-Véran, que Giono regarde avec fascination et épouvante : il semble être l'anti-sauveur. Ou est-il celui qui fera table rase de toute la société vouée au mal, afin que plus tard, au-delà du massacre, elle se reconstruise en bien ? Bobi, Saint-Jean, l'Aveugle ont quelque chose d'italien ou ont un Italien à leur côté. Giono le Piémontais, lui, descend-il de la montagne ? Symboliquement, oui, par son grand-père devenu français en franchissant les Alpes, et en descendant du mont Genèvre sur Grenoble. Et le père de Giono a refait, comme un pèlerinage, le même trajet : parti pour l'Italie, il en est revenu sans doute par le même col, obliquant ensuite de Briançon non au nord vers Grenoble, mais au sud vers Marseille par la vallée de la Durance. C'est de la montagne, dirait-on, que viennent les ancêtres, et que vient le salut. Absurde, contradictoire ? C'est le propre de bien des fantasmes. Tout n'est pas basé là-dessus chez Giono, évidemment. C'est bien souvent un élément secondaire. Mais le fil, même quasi invisible, reste présent.

Refus d'obéissance paraît dans les premiers jours de 1937. La critique littéraire y porte dans l'ensemble beaucoup moins d'attention qu'aux romans de Giono. Guéhenno en parlera pourtant, de façon chaleureuse mais un peu embarrassée, dans *Vendredi* du 5 mars 1937[49]. Mais le livre modifie radicalement la situation de son auteur devant l'opinion. Il devient un pacifiste militant, le plus célèbre de France avec Alain. La publication du livre est doublée par celle d'un tract où il a fait reproduire en fac-similé cette déclaration : « Même si mes amis politiques s'inquiètent dans cet acte d'un individualisme suspect, je refuse d'obéir à la guerre. Jean Giono. » Et, imprimé au-dessous : « Manosque. Décembre 1936. » Les communistes et leurs sympathisants, sans tirer encore à boulets rouges contre lui, car ils espèrent toujours le ramener vers eux, le regardent désormais avec une méfiance accrue. Il cesse de faire partie de ce bloc des intellectuels de gauche auquel il a appartenu depuis près de trois ans. Il est, comme il le sera, avec des variantes, pendant dix ans, non plus revendiqué par les deux bords, mais attaqué en même temps par eux : celui de droite, qui voit en lui un déserteur potentiel, un traître ; et celui de la grande majorité de la gauche, à laquelle il apparaît comme un dangereux obstacle à la nécessaire résistance contre la montée de l'hitlérisme.

On ne voit plus son nom au bas des pétitions ; dans le courrier qu'il reçoit, il n'y a plus guère d'adjurations à signer des manifestes. Il n'est pas tout à fait redevenu un solitaire. Il reçoit des visites, comme celles, fréquentes, de Pierre Pellegrin, qui a renoncé aux études supérieures pour travailler la terre en Provence, et qui viendra plus tard au Contadour. Les pacifistes intégraux le comptent toujours parmi les leurs ; mais ils sont une infime minorité. Il n'est plus de la masse importante de la gauche au pouvoir à ce moment-là. Il n'est évidemment pas passé à l'opposition. Mais il est en marge, et ne s'en trouve pas mécontent.

Son action s'exprime, de façon limitée mais concrète, par des contacts humains directs. Le quatrième Contadour a lieu du 22 mars ou 2 avril 1937. « Un Contadour de froid et de glace mais admirable de fraternité. Le meilleur à mon avis » (*Journal,* 6 avril). Giono n'est monté que le 26 mars. Beaucoup de travaux à faire. La toiture fuit, tout est trempé. On fabrique des meubles. Lucien Jacques fait état de ses expériences d'infirmier pendant la guerre de 14 : il lit des fragments du journal qu'il a tenu à l'époque[50]. Le 29 mars, au cours d'une promenade, on repère une ferme à un kilomètre environ du Moulin, en direction de Banon : les Graves. Elle sera achetée le 20 juin, avec un hectare de terre autour, en commun par Giono, L. Jacques, Daniel May et Robert Berthoumieu.

Des visites : Élise Giono qui a abandonné pour un jour son Paraïs. Et Kerolyr, astronome à Forcalquier[51]. Ce personnage pittoresque, violoniste de métier mais passionné par les astres, a commencé dix ans plus tôt à se bâtir un observatoire personnel, avec une plaque de tôle ondulée en guise de coupole, un objectif à portraits, une monture équatoriale tirée d'une motocyclette, un entraînement de Meccano ; mais il fait de merveilleuses photos de nébuleuses, et l'Observatoire de Paris l'a adopté et aidé, lui fournissant un vrai télescope de Couder, de 80 centimètres. C'est lui qui, gêné d'arriver en tenue de ville au milieu de tous ces campeurs, arrache sa cravate et son faux-col et les jette au feu. (La légende veut que quelques semaines plus tard, Giono, venu montrer le Contadour à deux amies, ait vu sortir du Moulin Kerolyr entièrement nu, qui, très à l'aise, vint au-devant des visiteurs en s'écriant avec un large sourire : « Aujourd'hui, je n'ai pas mis de cravate ! »)

De longues discussions sur la guerre, comme au troisième Contadour. Et la résolution d'y consacrer le numéro suivant des *Cahiers du Contadour* – il sera double. Entre cette réunion et la suivante, quelques-uns remonteront en mai et en juin pour faire quelques travaux sous la direction d'Alfred Campozet, seul contadourien à être vraiment « du bâtiment ». Le n° III-IV des *Cahiers* comprend surtout un journal très détaillé de la session de Pâques. Y sont insérées des pages de réflexion de Maxime Girieud, de Daniel May, de Jean Heckenroth (le texte, sur l'Église et la guerre, est signé de son surnom, « Saint-Michel »), des poèmes pacifistes de Vildrac, de L. Jacques, de l'Anglais Siegfried Sassoon, de R. Rolland ; et, pour les tourner en dérision, des poèmes bellicistes de Ch. Ab-der-Halden et d'Henri de Régnier. Suivent quatre chapitres inédits du *Grand Troupeau* (autres que ceux de *Refus d'obéissance*), des messages de Giono[52], dont le dernier est une réponse datée de novembre 1936 à une lettre reçue d'un jésuite, le P. François Varillon. Giono y écrit notamment :

« Non, je ne suis pas communiste. Je ne l'ai jamais été et je m'en éloigne de plus en plus. Ils n'ont créé qu'un ordre bourgeois et ils vont le soutenir avec la guerre comme il est logique pour l'ordre bourgeois.

« Je suis un peu plus que communiste.

« Un parti qui n'a pas encore de nom et qui n'en aura jamais parce qu'il n'est pas un parti.

« Les catholiques ont un beau rôle à jouer ; ils peuvent être les sauveurs du monde. Ils n'ont qu'à être vraiment catholiques.

« Mais ces curés patriotes.

« Mais ces évêques qui inaugurent des monuments aux morts.

« Mais ces cardinaux couverts de décorations et le béret basque en tête qui montaient au pas de charge les escaliers du soldat inconnu à Rome.

« Mais ces paroisses de village et de petite ville toutes consacrées à soutenir le capitalisme et la guerre (quand il est dit qu'un riche n'entre pas... et qu'on doit tendre la joue droite).

« Mais ce clergé espagnol.

« Enfin tous ceux qui sont mêlés au peuple et qui ne sont pas comme vous ?

« Alors, moi aussi, je pleure et je rage[53]. »

L'incroyant Giono rejoint ici le catholique Bernanos des *Grands Cimetières sous la lune.*

Enfin, dans ce numéro des *Cahiers,* une série de témoignages, dont des fragments de lettres – collectives ou individuelles – que Giono a reçues de soldats et de pacifistes ; et quelques pages, en vers et en prose, de divers contadouriens. L'achevé d'imprimer du 25 septembre 1937 occupe trois pages : il est lui aussi un témoignage pour la paix, dû à l'imprimeur, Julien Gamon, à Thouars dans les Deux-Sèvres.

Le numéro aura quelque retentissement à Paris. Dans *La Lumière,* hebdomadaire de gauche, Georges Altman publie le 5 novembre 1937 un article « Dans l'air du Contadour » ; il y donne des participants une image un peu trop lyrique : « Avec une intransigeance d'esprit, (...) une sombre ardeur, un sentiment tragique de la vie commun à toute jeunesse qui vit et qui pense aujourd'hui, ils s'attaquent avec une joie enfantine et pure aux idoles, aux Molochs. » Les contadouriens se seraient bien passés d'une telle grandiloquence.

L'ensemble de ce *Cahier* est une des seules manifestations de pacifisme de Giono qui ait été publiée en 1937, avec un message écrit en septembre pour l'inauguration d'une auberge de jeunesse, qui sera repris en 1939 dans *Précisions*[54]. Pourtant, en juin 1937, sur l'insistance d'André Gide, Giono écrit, à la mémoire d'Eugène Dabit, mort en août 1936 lors de son voyage en URSS avec Gide, un texte, « Dabit à Manosque », où il raconte un souvenir du début de 1936 : « Je rentrais d'une longue promenade froide et boueuse dans les collines. Césarine me dit : "Un Monsieur est venu vous demander. – Il vous a dit son nom ? – Oui : David !" (j'ai été ensuite bouleversé de cette erreur de la jeune Césarine. David a été le seul ami de toute mon enfance et a été tué à la guerre et depuis il est toujours à côté de moi). "David ? dis-je. Je ne connais pas de David. Comment est-il ?" Elle me le décrivit. Mais les descriptions de Césarine sont toujours très poétiques. "Il va revenir", dit-elle. Je montai chez moi et je fis un bon feu de cheminée avec des bûches de chêne. (…) Comme chaque fois, le nom de David m'avait douloureusement touché. C'était pour moi le nom même de la mort. Mort idiote : il avait été tué en pleine jeunesse pour des imbécillités comme l'Alsace et la Lorraine. Alors que tout a tant de goût quand on est vivant ! J'avais autour de moi tous ces solides bonheurs. Lui n'avait plus rien de ce avec quoi je pouvais établir des comparaisons. Il avait été tué par le social. Et chaque fois que le social tue, c'est avec des imbécillités. Il y avait vraiment de grands motifs de colère et de révolte en songeant qu'on l'avait tué pour une imbécillité sociale. Je serrai mon poing sur ma pipe. Ce sont des choses qu'on ne peut pas pardonner, à personne, jamais. Un type vivant, qui aurait pu arriver ici dedans, et s'asseoir près de moi en face du feu, avec les mêmes moyens que moi pour trouver le bonheur ; sa pipe, ses jambes mouillées devant le feu, son souvenir des bois rouillés qui auraient haleté dans la flamme. Pouvoir s'imaginer le bonheur de ceux qu'on aime et pouvoir en jouir égoïstement soi-même, sans rien dire. Ah, je sais tout ce que pourront répondre à ces petites phrases aigrement humaines les discoureurs patentés des nouveaux patriotismes d'idées. Mais je pense que s'ils étaient des hommes au lieu d'être des machines à partis ils cesseraient d'emmerder le monde. C'est ce que je me disais, là, près du feu, dans ce rendez-vous avec un de leurs morts. Césarine frappa à la porte : "Voilà le Monsieur ", dit-elle. C'était Dabit. » Mais le texte ne parut, dans le numéro spécial de la NRF « Hommage à Dabit », qu'en juin 1939.

A la fin de septembre 1937 sort le *Regain* de Pagnol. Giono a voulu participer à l'adaptation, et, en été 1936, a même été loger chez Pagnol, à Paris, pour y travailler avec lui. Cette création en double attelage s'est révélée assez difficile, et Giono, au bout de cinq jours, est reparti pour Manosque en donnant carte blanche à Pagnol[55]. Mais, en octobre, il a été voir les travaux de construction du village où allait être tourné le film. Lors du tournage, il a passé deux ou trois jours avec les acteurs, parmi lesquels Charles Blavette dont il fait connaissance et qui deviendra son ami ; il y a vu Honegger, chargé de la musique du film ; il a récrit quelques répliques du rémouleur Gédémus, sur la demande de Fernandel qui devait tenir le rôle, pour rendre le personnage moins antipathique[56]. Il est médiocrement satisfait du résultat, et le dira dans *Triomphe de la vie*[57] : dans une histoire entièrement grave ont été enchâssés de longs épisodes burlesques. Devant son succès, Pagnol veut en publier les dialogues (bien qu'il ait largement puisé dans ceux de Giono), en les intercalant, pour les séquences uniquement visuelles, dans une sorte de résumé du scénario. Il demande une préface à Giono qui, toujours incapable de dire non, écrit cinq pages. On peut les imaginer rédigées sur-le-champ, le jour de la demande : Pagnol sait bien ce que valent les promesses de Giono. Le texte ne contient pas un mot d'éloge du film. Il met en scène un paysan qui vient voir le village bâti comme décor pour le tournage, et sa conversation avec les maçons. Une allusion discrète, au début, signale la différence entre Redortiers, le vrai village modèle de son Aubignane du roman, au bord d'un plateau sec de haute Provence, et l'Aubignane du film, construit non loin de Marseille[58]. Mais Giono a l'imprudence d'écrire à Pagnol une lettre que celui-ci pourra faire valoir en 1941-1942 au cours du procès qui opposera les deux hommes : « (...) après *Regain* où je considère que tu as fait un effort extraordinaire, et dont la réussite m'a très heureusement réjoui, je considère qu'on ne pourra guère être plus fidèle que toi désormais. »

Toute cette année 1937, Giono ne quitte guère la Provence, sauf pour passer une partie de l'été, comme l'année précédente, aux Queyrelles : il y est à partir du 10 juillet environ, jusqu'à la fin d'août, avant le cinquième Contadour. Il retournera une dizaine de jours dans les Alpes, du 18 au 28 novembre, s'arrêtant à Sancellemoz pour rendre visite en sanatorium à Christiane Loriot de la Salle, directrice des *Cahiers du plateau* auxquels il donne de temps à autre des textes depuis 1935, puis à Taninges pour voir ses cousins Fiorio, qui l'ont renseigné un an plus tôt, pour *Batailles dans la montagne,* sur l'usage de la dynamite, et à Grenoble enfin, où il a accepté pour une fois de parler à une réunion littéraire, comme il l'écrit à Lucien Jacques : « Moi, meussieu, je vais le 20 Nov. à Grenoble *présider* le congrès des écrivains dauphinois où il y aura Henry Bordeaux. Je préside un académicien, moi, meussieu ! Je ne me fais faute de temps en temps de me taper le derrière par terre à raison du plus grand nombre de coups que je peux par minute[59]. » A Grenoble, il voit sans doute Yves Farge, alors journaliste, et sa femme, qui sont ses amis depuis deux ans.

Mais pas de voyage à Paris. Giono, semble-t-il, n'y a plus mis les pieds depuis 1934, sauf très brièvement en l'été 1936, et ne s'y rendra plus jusqu'en 1942. Si l'on ne sait rien de sûr de ses réactions devant la capitale lors de ses permissions pendant la guerre de 14, on est au moins certain, puisque après cela il n'y est pas retourné pendant plus de dix ans, qu'il n'a guère eu envie de la revoir. En 1926, avant même de la connaître vraiment, il redoute son pouvoir de broyage : il l'appelle, dans « Élémir Bourges à Pierrevert », « la haute ville à forme de meule ». Après y être allé plusieurs fois, de 1929 à 1934, il n'a plus pour elle que deux sentiments connexes : l'horreur, et le désir de la voir anéantir.

Le dégoût que lui inspirait Paris en 1932[60] n'a fait que s'accentuer. En 1933 : « A Paris, cent mille Parisiens dorment, le nez bourbeux, sous des draps louches[61].» En 1935 : «Cette ville de misère physique et spirituelle, cette ville de pauvreté et de médiocrité, cette ville de l'erreur et d'amour de l'erreur»; «une ville de lésine»[62]; «ce faux moyen de vivre qu'est Paris[63]». En juin 1937, à propos d'Eugène Dabit, qui était profondément parisien et que Giono y avait rencontré en 1930 : «Je ne comprenais pas qu'on puisse aimer cette ville. Je ne le comprends toujours pas d'ailleurs. Il y avait en lui trop de racinage de trottoirs, de métro, de boulevard, de concierges, d'affiches, de néon, de bruit, et en moi trop de racinage paysan un peu effaré.» Sur la plate-forme ouverte à l'arrière d'un autobus, Giono se sent glisser «presque à ras de ce beurre de rue, noir de pluie, entre deux interminables rangées d'hommes et de femmes noirs sous des parapluies noirs». Et il appelle Paris «ce triste enfer obligatoire» où il est «toujours comme une bête prise au piège[64]». Dans son *Journal,* le 8 octobre 1937, il affirme, comme il l'a écrit l'année précédente dans une lettre à Dabit, qu'il n'est pas allé à Paris pour la sortie de ses derniers livres, et qu'il ne s'y rendra plus jamais. Il en donne pour raison son mépris de ces milieux littéraires contre lesquels Lucien Jacques l'avait mis en garde depuis longtemps[65]; mais ce n'est qu'un des éléments de cette horreur, presque aussi viscérale que son horreur de la guerre, même si elle porte sur un domaine plus diffus.

Quant à l'anéantissement de cet enfer, Giono, après «Destruction de Paris» de 1931, après *Les Vraies Richesses,* y songe toujours. C'est à cette époque, à ce que m'a raconté André Chamson, que Giono lui dit un jour : «Ça ne peut pas durer. Tu réunis autour de toi les gens qui t'aiment bien dans ton pays [les Cévennes], et tu descends sur la vallée du Rhône. Je fais la même chose en Provence, nous nous rejoignons, nous montons sur Paris et nous faisons couler des flots de sang.» Chamson, un peu estomaqué, lui répond : «Des flots de sang! Comme tu y vas!» Et Giono, avec un geste désinvolte : «Bah! des Parisiens...» Ce qui ne surprend aucun de ceux qui l'ont bien connu : malgré son horreur de la violence et du sang, ce type d'humour lui était familier. Ce n'est là qu'une retombée, sur le mode ironique, de ces *Fêtes de la mort* auxquelles il songe tout au long de 1937 : un texte qui aurait été, s'il l'avait écrit, plus apocalyptique encore que *Batailles dans la montagne.*

Chapitre 12

Menaces

Le Poids du ciel

Giono, qui sent que son roman *Fêtes de la mort* n'est pas mûr, et qui ignore encore que jamais il ne le sera, continue à tenter de lui trouver son contenu et son architecture. Mais il se lance brusquement, le 15 juillet 1937, aux Queyrelles, dans la rédaction du *Poids du ciel*. L'expression le hantait depuis longtemps : il est question de « poids du ciel » dès *Colline,* et ensuite dans « Complément à l'Eau vive », dans *Le Serpent d'étoiles,* et jusque dans une variante de *Que ma joie demeure.* Il s'agit tantôt de la présence de la nature, tantôt de la pesanteur du cosmos. En 1930 et en 1931, deux romans projetés, qui finalement ne furent pas écrits, devaient porter comme titre *Le Poids du ciel.* Quant au contenu, c'est celui d'un livre cosmique. *Les Vraies Richesses* en annonçaient le projet[1] ; mais il est encore vague. En 1936, dans son *Journal,* Giono l'appelle *Un livre du ciel.* La rencontre de Kérolyr, qu'il va voir à son observatoire de Forcalquier, cristallise son idée. Il a même quelque temps dans son jardin une lunette astronomique prêtée par son ami. Le regard qu'il avait jusque-là porté sur les étoiles, quelques beaux élans lyriques qu'il eût suscités, gardait trop d'imprécision pour nourrir un volume entier. Jusque vers 1932, Giono avait refusé l'approche scientifique des choses : « Il y a une plante d'eau, je ne sais plus son nom (il ne faut jamais savoir les noms, le fait seul compte) », écrivait-il[2]. Il s'est rendu compte depuis, peut-être en étudiant ses papillons, qu'un minimum de vocabulaire technique était indispensable, et aussi que les noms scientifiques ont leur poésie. Il en viendra à les aimer. Et il conçoit le projet d'un texte écrit autour des clichés pris par Kérolyr à Forcalquier.

Pourtant les espaces sidéraux peuvent difficilement occuper tout un ouvrage chez un écrivain dont l'univers est aussi charnel que celui de Giono ; et il s'est engagé dans une lutte de laquelle il n'a nulle intention de se dégager. Le sens de cette lutte et le sens de l'univers doivent être liés, et c'est à quoi il s'efforce[3].

C'est avec *Le Poids du ciel* que Giono inaugure une technique particulière qu'il utilisera jusqu'à sa mort : l'usage de carnets qui lui servent en quelque sorte de palette. Ce sont de simples carnets à spirale de papier quadrillé, qu'il a sur sa table quand il travaille, à côté des feuillets de son manuscrit. Il y fait des essais de phrase, note des formules, des fragments de dialogue, des plans partiels, parfois des réflexions. Il prend l'habitude de les avoir à côté de son lit, et si, avant de s'endormir ou durant une insomnie, il lui vient une idée qu'il ne veut pas laisser perdre, il la note, parfois à tâtons dans le noir. Ces carnets sont précieux pour connaître la genèse de chaque œuvre, les premières esquisses, parfois abandonnées en route ou transformées. C'est d'ailleurs là, dit Giono dans son *Journal,* le 7 février 1938, une des raisons qui le poussent à travailler ainsi : permettre plus tard – il ne doute pas que son œuvre ait un avenir – de voir en action le métier de l'artisan des lettres : « Peut-être pour aider à comprendre ou au moins à étudier le mécanisme esthétique de la création, comparer les textes définitifs avec les documents et matériaux. » C'est grâce à ces carnets aussi que nous connaissons l'existence de plusieurs livres auxquels il songera longtemps et que finalement il n'écrira pas ; et nombre de titres qui traverseront fugitivement son esprit. Les jalons ainsi posés, pour chaque œuvre, le sont très irrégulièrement. Les phrases notées sont tantôt décisives, tantôt insignifiantes : reflets de mots, de situations, d'épisodes créés avant le stade de la rédaction proprement dite[4]. Ces essais lui permettent de peu raturer son manuscrit : certaines phrases n'y prennent place qu'après avoir été pesées, essayées parfois sous plusieurs formes.

Dans la première partie du *Poids du ciel,* « Danse des âmes modernes », la puanteur du monde actuel et l'horreur des masses fanatisées par des hommes comme Hitler, Mussolini et Staline s'opposent à la vie paisible de l'artisan rural. La seconde partie, la plus longue et la plus complexe, « Les grandeurs libres », est en trois volets ; le premier évoque, sous le ciel étoilé, un bateau soviétique en mer Noire et un train dans la steppe russe, et enfin la nuit courant sur la terre à mesure qu'elle tourne sur elle-même ; le deuxième volet fait vivre Marseille entre midi et deux heures, sous forme de dialogues heurtés où interviennent les titres des journaux, l'actualité politique locale (activité syndicale) et internationale (procès de Moscou, guerre d'Espagne et conflit sino-japonais), des personnages de la vie de tous les jours, incolores ou caricaturés, plus quelques voix de grands créateurs – écrivains mais surtout musiciens – clamant leur message par-dessus les rumeurs de la ville ; l'épisode est lui-même coupé par les réflexions, notamment sur l'actualité, d'un « solitaire là-haut dans la montagne »; le dernier volet est celui du cosmos dans son éloignement progressif de la terre : lune, planètes, étoiles. Dans la troisième partie, « Beauté de l'individu », où sont liées la paix des campagnes et la paix comme opposée à la guerre, éclate le message personnel de Giono, qui se termine par un appel à chacun pour qu'il réfléchisse et « fasse son compte » : Giono conclut sur l'homme individuel, qui constitue l'équilibre entre la contre-humanité des dictateurs bellicistes et de la civilisation industrielle, et l'inhumanité d'un cosmos démesuré.

Il écrit là le plus long de ses essais, et atteint le sommet de son abondance en ce domaine, comme avec *Batailles dans la montagne* pour les romans. En même temps il se cantonne plus strictement qu'auparavant dans l'essai : jamais il n'a mis si peu de personnages dans une œuvre, jamais il n'a rien écrit de si peu romanesque. Enfin, l'exaltation de la joie, absente de *Batailles dans la montagne,* reparaît souvent ici : il y a, entre le monde des romans et celui des essais, un décalage, celui qui existe entre l'inconscient créateur et la volonté d'action.

Évoquer l'univers : projet immense, qui risquait d'engendrer le chaos. D'où l'importance attachée à la rigueur architecturale et à l'équilibre. L'alternance et la symétrie sont respectées entre le jour et la nuit, entre la montagne où se tient le narrateur-poète et les paysages plats d'où il est absent, entre le terrestre et le cosmique. La première et la troisième partie, ainsi que le développement médian du volet central de la deuxième, se déroulent pour l'essentiel à la montagne, alors que l'épisode russe et les développements marseillais appartiennent à l'univers de la plaine et de la mer ; Giono est présent dans la première et la troisième partie en tant que lui-même, et au cœur du volet médian de la deuxième en tant que solitaire de la montagne.

Ce livre, comme *Les Vraies Richesses,* n'a à peu près rien de provençal – car pour Giono Marseille n'est pas la Provence mais la grande ville. Il est la seule de ses œuvres où intervienne l'actualité du monde entier, française, espagnole, italienne, allemande, soviétique, chinoise ; la seule aussi où, comme chez Dos Passos, la presse, avec le déferlement de faits divers souvent risibles, fasse sentir sa présence, avec, en compensation, les grandes voix éternelles du passé depuis Homère. Le burlesque alterne ainsi avec le tragique, le médiocre et le vil avec l'admirable.

Dans la partie cosmique du livre – la plus étirée à mon sens, et la plus discutable objectivement –, Giono oscille entre le poème à la Hugo et la vulgarisation à la Camille Flammarion ; mais c'est peut-être du Michelet des livres d'histoire naturelle, à la fois poète et scientifique, qu'il est le plus proche en esprit. On sent ici affleurer, plus nettement que dans ses romans, cette affinité avec le romantisme qu'il avouera plus tard ouvertement : ici, avec le romantisme de la démesure en même temps que de l'utopie et de la générosité. Mais Giono va plus loin que ses devanciers : son imagination lui fournit des cataclysmes auxquels nul poète ou cosmologue n'a rêvé, comme le déversement sur la terre des océans de la lune, et des développements de science-fiction comme la vie dans des univers entièrement gazeux ou entièrement minéraux.

L'ensemble forme une sorte de définition poétique du monde : le magique, le « shakespearien », le musical – sur terre ou dans l'harmonie du cosmos – y sont partout présents. *Le Poids du ciel* est, avec *Batailles dans la montagne,* le livre le plus orchestral de Giono.

La rupture avec *Vendredi*

Mais, cri d'exaltation de l'univers, message humain, le livre est aussi un pamphlet qui attaque dans plusieurs directions. Outre sa dénonciation générale des dictatures et des guerres, Giono, en citant des extraits d'un des procès de Moscou, s'en prend aux mensonges du stalinisme (ce n'est pas si courant alors à gauche ; même Guéhenno, tout en souhaitant que la vie des accusés soit épargnée, semble les croire coupables : ils ont avoué…). De façon générale, il est de plus en plus méfiant à l'égard des communistes et de leurs alliés, et polémique par instants contre ceux qui ont été ses amis, notamment les principaux directeurs de l'hebdomadaire de gauche *Vendredi,* Chamson et Guéhenno. Pacifistes jusqu'en 1936[5], ils sont contraints par les événements de changer de position, et désormais le fossé entre eux et Giono va s'élargir progressivement. Les lettres échangées entre Giono et Guéhenno permettent de suivre les étapes qui vont amener à la rupture ces deux hommes également honnêtes, sincères et généreux. Le 12 février 1937, l'hebdomadaire fait paraître un article d'A. Chamson, « Le vrai pacifisme », dont la première phrase est : « J'ai failli croire à la politique de non-intervention. » Il s'agit de la guerre civile espagnole déclenchée par une large part de l'armée et par les nationalistes en juillet 1936. Elle pose à Giono un dilemme qui est inévitable, même s'il n'en parle pas. Sa sympathie va au camp républicain : cela va de soi puisqu'il est un homme de gauche ; et tous les passages du *Poids du ciel* où cette guerre est évoquée vont dans ce sens. Mais quand on est de façon absolue opposé à toute guerre, comment appuyer une quelconque action, militaire ou même économique, dans un sens ou dans l'autre ? C'est ce que traduiront le 19 mars 1938, au lendemain de l'Anschluss, quelques lignes du *Journal :* « Si l'idée de guerre est encore si vivante actuellement, c'est grâce à *l'atrocité* de la guerre d'Espagne. On ne peut pas ne pas être écœuré, prendre parti, se mettre en colère, vouloir punir les assassins des femmes et des enfants. Si on se laisse entraîner par ce sentiment *on est prêt à faire la guerre.* Voilà le plus grand mal de l'entrée en Autriche : la plupart des Français sont prêts à faire la guerre. »

Il y a d'autre part à *Vendredi,* ou dans des milieux qui en sont proches, des gens qui s'indignent que Giono ait proclamé son refus d'obéir. Le 25 mars 1937, en réponse à une lettre perdue mais où il est clair que Giono avait reproché à Guéhenno, en même temps qu'à ses amis, leur « manque de liberté et de courage », celui-ci répond : « La semaine passée, j'ai dû gueuler, hurler pour te défendre – et Chamson aussi ! – et pour défendre notre droit de publier à propos de ton *Refus d'obéissance* l'article que nous avons publié. Méfie-toi, cher Giono ; c'est tout ce que je peux te dire. » Giono répond, sans doute par retour (la lettre n'est pas datée) :

« Il n'est pas question de rompre ni de diminuer l'amitié que j'ai pour toi et pour Chamson. Il est question qu'ami veut dire par-dessus tout *juste*. Je n'ai jamais abdiqué ma liberté de penser devant personne. (...) Je n'abdique pas devant vous, même si vous êtes mes amis. *Surtout* si vous êtes mes amis. J'ai à vous protéger contre vous-mêmes. Tu me dis de me méfier ! De quoi veux-tu que je me méfie ? Je mène mon œuvre toute droite, sans compromis *ni chaînes;* qu'est-ce que tu veux que je craigne, et de qui ? De ceux contre lesquels tu es obligé de gueuler pour me défendre, à *Vendredi* même ? Je ne les crains pas, vieux, et ne perdez pas votre temps à me défendre. Mais tu vois, Jean, que tu n'es pas libre puisqu'il a fallu lutter pour mettre ton article. Veux-tu que je te les montre les endroits où vous avez failli ? Vous n'avez pas pris de position **nette** dans :

« I - Les ignobles attaques contre Gide par ceux qui l'adoraient.

« II - Les procès de Moscou.

« III - *La guerre !* (on ne sait pas ce que vous pensez de la guerre !) Vous n'osez pas en penser grand-chose. (A partir d'ici tu remarques que je dis vous car c'est du journal que je parle et non de toi. Tu n'es plus qu'une cellule du journal, c'est ce que je te reproche. Sois toi-même, Jean, et tu verras comme on t'aimera.)

« IV - Les camarades qui sont allés en Espagne pour faire des affaires.

« V - La *duperie* du patriotisme idéologique, exactement pareille à celle du patriotisme territorial.

« VI - La vérité envers vous-mêmes. C'est-à-dire qu'il aurait fallu écrire un article contre vous où vous auriez dit que vous êtes les nouveaux Déroulède et que les champs de bataille seront jonchés désormais de morts sortis tout frais de vos stylos.

« Voilà autant de sujets d'articles que je suis prêt à traiter dans *Vendredi* si vous voulez. Mais vous ne voudrez pas.

« C'est à toi que je parle maintenant, Jean. Tu vaux mieux que cette chaîne. On a tourné les yeux vers toi. On a confiance en toi. N'aliène pas ta liberté ; c'est la nôtre. Défends-nous. Tous. Ceux qui demain mourront dans des guerres que personne n'aura empêchées ni de droite *ni de gauche.* Tu ne dois pas être un de ceux qui excitent. Tu es un de ceux qui arrêtent. Voilà pourquoi je t'ai écrit si longuement la dernière fois et aujourd'hui. Mais l'amitié, mon vieux, est toujours là. Je t'ai dit que je voulais aller droit sans chaînes, c'est pourquoi je n'écrirai plus à *Vendredi.* Mais si tu as besoin de moi un jour où tu voudras sauver, alors, Jean, compte sur moi totalement. Je t'embrasse. » Un mot, à la fin de cette lettre, est particulièrement révélateur : « un jour où tu voudras sauver »; sous-entendu : « comme moi ». Giono se voit comme un sauveteur ou sauveur possible, et il voudrait qu'il y en ait d'autres.

Le 7 juillet, nouvelle lettre de Guéhenno, disant qu'il a été en juin à Alger, et que l'Union fédérale des étudiants de cette ville serait heureuse que Giono aille leur parler l'hiver suivant. Il ajoute : « Je sens qu'il y a entre toi et moi une sorte de malentendu. Nous ne voulons pas les mêmes choses de la même manière. Voilà tout. Comment cela suffirait-il à nous séparer ? » Et il demande à Giono de reprendre sa collaboration à *Vendredi*. Le 10 juillet, Giono accepte, si, dit-il, « j'y suis libre de dire ce que je veux et tout ce que je veux. (...) Je ne crois pas être séparé de toi, mon vieux Guéhenno ? Je ne le suis pas. Je suis toujours ton ami. Mais nous ne différons pas seulement sur les moyens. J'ai l'impression que nous ne poursuivons pas la même lutte ni l'approche des mêmes buts. Je suis pacifiste, moi, mon vieux. Et toi, mon pauvre vieux, tu es à la fois parisien et professeur, alors, que veux-tu ? Oui, il faudrait nous voir. Je crois que ça te serait très utile. Viens, je te mènerai te faire toniquement engueuler par des paysans. On te fera défiler devant les cadres photographiques médaillés et couverts de crêpe des enfants morts. Tu verras qu'on sort de là frais et neuf comme Adam ». Il termine en pressant son ami de venir aux Queyrelles, où il sera le 15 juillet. Le 9, Guéhenno a publié dans *Vendredi* un « examen de conscience » intitulé « L'Espagne et l'Europe » où, après avoir évoqué le déchirement des hommes de gauche devant le drame espagnol, il conclut à la nécessité de l'intervention française en faveur des républicains. Giono a-t-il lu ce texte ? A la fin d'août ou au début de septembre, il fait porter à *Vendredi,* sans doute avec un mot qui est perdu, les premières pages du *Poids du ciel,* qui comprennent notamment la violente satire contre les dictateurs de tous les bords. Par lettre du 11 septembre, Guéhenno l'accepte, en disant : « Quand donc cesseras-tu de paraître douter de notre liberté ? Notre liberté n'a d'autres limites, cher vieux, que notre propre volonté. » Giono répond : « Merci, mon vieux Jean. J'avais bien peur que *Vendredi* ne soit plus libre. *Il en donnait bien l'impression.* Vous aviez l'air d'être tous bien profondément enfoncés dans quelques cachots staliniens. Ça fait plaisir de voir que pour toi ça n'est pas vrai. »

Les pages envoyées paraissent le 8 octobre[6]. Mais, dans le même numéro, figure un compte rendu très défavorable de *Batailles dans la montagne,* avec des allusions ironiques au « Pèlerinage de Manosque » et au Contadour. Il y est dit que le retour à la nature de Giono, « loin d'être une manifestation de surabondance ou d'authenticité, vient d'une impuissance essentielle à accepter la double condition de notre civilisation, qui fait que chaque homme est une créature et un créateur – qui fait que notre nature, en un sens, est d'être contre-nature ». Les personnages du roman « ne sont pas de véritables hommes, mais ils ne sont pas non plus de véritables mythes. (...) nous avons le sentiment moins d'un gigantisme primitif, dans toute sa candeur, que d'une mythomanie coupable, ou d'un délire des grandeurs ». L'article se termine ainsi : « Giono est le type de poète qu'il faut admirer de loin. » Il est anonyme, sans doute parce que son auteur est un nouveau recenseur dont le statut n'est pas encore clair dans la maison : Armand Petitjean, qui signera régulièrement les feuilletons littéraires suivants. Mais Giono ne peut voir dans cet anonymat qu'un signe de lâcheté ou une manœuvre. La présence, à *Vendredi,* de gens qui lui veulent du mal, et sur lesquels Guéhenno et Chamson n'ont pas prise, est désormais ouvertement déclarée.

Dans les pages du *Poids du ciel* qui seront écrites à partir de cette date, Giono ne va plus ménager – sans les citer toutefois – ceux dont il pense qu'ils le trahissent volontairement. Chamson est visé sous le nom de « l'écrivain qui revient de Madrid[7] ». Quant à Guéhenno, Giono a contre lui un double grief : il a attaqué Gide à propos de *Retour de l'URSS,* et il a écrit un article enthousiaste sur Dolores Ibarruri, la « Pasionaria », qui met une éloquence enflammée au service de la cause républicaine espagnole et proclame : « Mieux vaut mourir debout que vivre à genoux. » Sur quoi Giono adresse à Guéhenno, en novembre 1937, une lettre dont voici le texte intégral : « Tu es un imbécile et un malfaiteur. Jean Giono. » Réponse : « Cher Giono, je suis en effet un imbécile qui t'a fait quelque bien. J. Guéhenno[8]. » Le contenu de la phrase de Giono – encore un de ses accès de colère – se retrouve dans *Le Poids du ciel* : « C'est à ce moment-là que le sot, s'il l'est resté, devient un malfaiteur[9]. » Et, quand la Pasionaria quittera Madrid pour Paris, les *Cahiers du Contadour,* dans leur numéro de février 1939, relèveront le fait avec une ironie indignée.

Guéhenno se montrera compréhensif et généreux. Le 6 octobre 1938, il écrira : « Cher Giono, les injures que tu m'as adressées n'importent guère. Ce que tu écris pour tout le monde (dont je suis) seul importe. Je viens de lire dans la NRF "Les grandeurs libres ». C'est admirable. Et je sens le besoin de te dire merci. Amicalement, J. Guéhenno. »

Projets sans lendemain. L'image du prophète

Pendant la rédaction du *Poids du ciel,* Giono ne cesse de penser aux *Fêtes de la mort,* ni de former d'autres projets, à peu près tous sans lendemain. Il a promis à Albert Mermoud, responsable de la Guilde du livre à Lausanne, d'ajouter à « Entrée du printemps » et à « Mort du blé » (fragments du premier *Chant du monde*), deux nouveaux textes sur l'automne et l'hiver, de façon à compléter un volume intitulé *Saisons,* qui devrait paraître en tirage de luxe. Mermoud lui envoie un contrat, prévoyant un maximum de 5 000 exemplaires réservés aux adhérents de la Guilde ; Willy Eisenschitz fera les illustrations. Giono propose son « Hiver » paru dans *Vogue* en janvier 1934, mais le texte est jugé trop court. *Saisons* ne paraîtra jamais[10].

Alors qu'il a commencé *Le Poids du ciel* le 15 juillet 1937, et qu'il vient le 31 d'en terminer la première partie, il écrit le 1er août dans son *Journal* : « D'ici fin 1938 il faut faire et faire paraître : *Le Poids du ciel,* les *Messages,* un par un suivant l'accord avec Grasset. La lettre aux paysans paraissant Décembre 37 après *Le Poids du ciel* et *Batailles dans la montagne,* puis *Deux Cav. de l'or.* prélude au grand livre *L'Orage* que je devrai commencer à écrire au plus tard en janv. 39. *L'Orage,* de plus en plus livre populaire avec chansons et poèmes et des Robins des bois et des aventuriers, des Gaspard de Besse (Thèmes des discours de G. de B. au parlement d'Aix) reprise du thème de *D. cav. de l'or*[11]. » Et, le 16 août : « Trouvé titre du 3e livre trilogie : 1. *Deux cavaliers de l'orage* 2. *L'orage* 3. *Sujets de la nuit.*» Le 3 décembre, pressenti par le grand imprimeur Darantière pour un autre ouvrage de luxe, il improvise l'esquisse d'un livre court, *L'Auberge,* et quelques répliques d'un dialogue entre un bûcheron (ou un carrier), un maquignon, un moine, qui se sont rencontrés sur la route. Après d'autres notations, le 4 et le 7 décembre, le projet tourne court.

Le 21 décembre 1937, après avoir rêvé à l'antagonisme des ouvriers et des paysans dans *Fêtes de la mort,* en une guerre qui, commencée avec les moyens modernes, redevient de plus en plus primitive, Giono écrit : « Le livre d'après s'appellera *Enfance de la Paix* ou *Adolescence de la Paix* (qui sonne mieux). » Plutôt que d'un roman distinct, il doit s'agir d'une utopie de renaissance de l'humanité après les « fêtes de la mort ». Ce même 21 décembre, Giono forme aussi le projet d'un court métrage qu'il veut tourner lui-même, *Solitude.*

Peut-être y est-il poussé par réaction contre Pagnol, dont *Regain* est sorti en octobre 1937. Le film a dû le persuader qu'il existait un autre cinéma possible, plus intérieur, plus secret, plus intense. Il va s'efforcer d'y atteindre : « Je vais partir tout à l'heure essayer de faire un film documentaire sur la solitude – de 5 à 10 minutes. Commentaire lyrique. On ne verra jamais de personnage, brouillard de la respiration seul. Bruit de pas, et de souffle de marcheur. Texte de la fin du soliloque du *Poids du ciel* au milieu, en sous-impression de son. Choral *Que ma joie demeure* de Bach. Donner à celui qui est dans son fauteuil de cinéma au milieu de la foule le sens de la grandeur et de la solitude. » Une autre notation du *Journal,* le 11 janvier 1938, indique que Giono a consacré plusieurs journées à ce film qui n'a pas été retrouvé et dont on peut penser qu'il se déroulait dans la neige. Alfred Campozet me dit qu'après le montage de *Regain* de Pagnol, les opérateurs de celui-ci auraient utilisé les bobines vierges restantes pour faire le film de Giono, sans le terminer d'ailleurs. La partie tournée aurait été montrée à Pagnol qui l'aurait détruite, furieux que son matériel ait été utilisé sans son accord[12]. Tout cela est peu contrôlable. Il n'y en a pas trace dans ce qui a été conservé de la correspondance, parfois tendue mais jamais interrompue, entre Giono et Pagnol.

Enfin Giono réfléchit sur lui-même, à propos des critiques qui lui sont faites. Le 30 octobre : « D'abord, je suis un imbécile. Tout me le prouve. Ensuite. On n'a jamais vu un plus grand débordement de bile et d'aigreurs que pour la parution de *Batailles*. Ceux qui me voulaient le plus de mal m'en veulent moins. Tout est faussé. Mais je suis un imbécile. Celui qu'ils appellent un grand maître de la sensualité est un imbécile, tout simplement, et un pauvre couillon »*(Journal)*. Un peu après, l'examen de conscience prend un ton plus sérieux : « Ai-je le ton de prophète qu'on me reproche ? On aurait raison. C'est la chose la plus ridicule du monde. » Ce ton, il ne l'a effectivement jamais dans ses conversations, avec sa famille ou ses amis, au Contadour. Mais, comme il ne va jamais à Paris, ceux qui veulent le voir se rendent chez lui. Du coup, l'on parle de « pèlerinage de Manosque ». C'est l'effet que font les visites racontées par Edmond Épardaud dans *Les Nouvelles littéraires* du 13 mars 1937, par Marguerite Jouve – une contadourienne – dans *La Flèche* du 3 avril 1937, et par l'écrivain allemand Ernst Erich Noth dans *Les Nouvelles littéraires* du 1er janvier 1938. Le portrait que la première fait de Giono accentue l'impression : « C'est un peu comme un prince débonnaire – tutoyé par beaucoup, aimé par tous – que Giono vit dans sa bonne ville. Dans sa famille, au milieu de ses "femmes" – sa vieille mère, sa belle-mère, Mme Giono, leurs deux petites filles, Césarine, la servante – il me fait penser à un jeune patriarche. »

Et surtout, il y a l'œuvre. Certes, Giono ne s'y présente pas comme le prophète d'un dieu ou d'une foi ; il ne fait jamais ouvertement de prédictions ; d'ailleurs ce qu'au fond de lui-même il prédit à court terme, la guerre, il ne s'avoue sans doute pas qu'il la prévoit, ou par éclairs seulement[13]. Il est pourtant difficile de ne pas comprendre ceux qui définissent ainsi le ton qu'il prend parfois dans ses écrits. Mais, à plus long terme, sa dénonciation de la civilisation technique annonce celle des écologistes (un mot qui ne naîtra que trente ans plus tard...), même si son annonce de soulèvements paysans est de l'ordre du fantasme. D'ailleurs lui-même a écrit dans son *Journal* le 27 novembre 1936 : « Bientôt vous verrez que j'ai été encore meilleur prophète que ce qu'on croyait. *Les Vraies Richesses* en entier ont des pages prophétiques. C'est idiot de le dire, voilà tout. » Il est pourtant vu comme un apôtre. Non d'un credo religieux, mais de plusieurs convictions profondes et qui pour lui sont liées : la paix, la haine de la ville, l'amour et en même temps la peur de la paysannerie. Mais comment ne pas déceler la sonorité prophétique chez celui qui écrit *Que ma joie demeure,* où un seul homme transforme, comme un sauveur, la vie et la pensée de toute une communauté, et *Batailles dans la montagne,* roman apocalyptique dont le héros, autre sauveur, s'appelle Saint-Jean ? Chez l'auteur d'essais qui tonnent contre les métropoles, contre l'industrie, contre la civilisation telle qu'elle est, et qui suggèrent, même sans vouloir les imposer, des solutions qui font table rase des quatre cinquièmes de ce qui existe en France ?

1938 au Contadour

L'année 1938 est une période de bouleversement intérieur pour Giono, même si cela n'apparaît pas extérieurement dans son attitude : on ne voit pas s'altérer sa gentillesse ni sa gaîté. Mais il s'est trouvé entraîné dans l'action ; et l'action le dévore en tant qu'écrivain. De l'achèvement de *Batailles dans la montagne* en mai 1937, jusqu'à la mise en chantier de *Deux Cavaliers de l'orage* à la fin de novembre 1938, il ne produit rien de vraiment romanesque. Dix-huit mois sans écrire de roman : cela ne lui était pas arrivé depuis qu'il s'était attelé à *Naissance de l'Odyssée* en 1925. Car *Les Vraies Richesses* de 1935 comportaient, avec les deux chapitres centraux de « résurrection du pain », une bonne moitié de fiction, où vivaient des personnages nommés et typés. Ce n'est pas le cas dans *Le Poids du ciel,* où les rares personnages nommés ne font que des apparitions fugitives, et où ceux qui restent présents durant plusieurs pages, comme le capitaine du bateau soviétique en mer Noire, restent anonymes et flous. Or un romancier, par nature, pense sous forme de personnages : jusque dans un livre autobiographique comme *Jean le Bleu,* Giono en créait. Le seul qui lui reste, c'est lui-même. Il s'invente des contacts étroits et constants avec tous les paysans de sa région, il s'invente un réseau d'enquêteurs qui, dans toute la France, le renseignent sans cesse sur l'état d'esprit dans les campagnes ; bientôt il s'inventera un passé de mutin en 1917 dans *Précisions* et dans *Recherche de la pureté* [14]. Mais, comme pacifiste, il a une action immédiate à exercer sur le monde réel, ce qui le bride.

En outre il est occupé par diverses tâches matérielles. La moins absorbante sans doute, bien qu'elle ait à ses yeux de l'importance, est l'aménagement d'une maison à Saint-Paul-de-Vence. Une partie en a été louée dès 1935 par Lucien Jacques ; mais elle est mise en vente à la fin de 1937, et Lucien risque d'être mis à la porte : Giono, par amitié, achète la maison, et finance une série d'indispensables réparations, pour lesquelles il donne des instructions précises (« Surveiller qu'il [l'électricien] ne colle pas partout d'affreux abat-jour en crachat de pompier stylisé »). Au rez-de-chaussée se trouvent deux boutiques. L'une servira de bureau aux *Cahiers du Contadour.* L'autre est occupée par un cordonnier : Giono lui laisse la jouissance du local sans accepter de loyer, en souvenir de son propre père [15].

Il est bridé aussi, plus sérieusement, par les engagements qu'il a pris ; non par ceux qui le lient à des éditeurs, directeurs de périodiques ou organisateurs de conférences – ceux-là continuent à ne pas le préoccuper – mais par les promesses faites à des amis qu'il ne veut pas décevoir. Parmi eux, ceux du Contadour, et Lucien Jacques.

Deux réunions du Contadour, comme chaque année, à Pâques et en été. Cinquante participants à la première, sur laquelle il reste peu de témoignages; près du double à la seconde, qui est notamment consacrée à aménager les Graves et à y refaire une partie du toit sous la direction d'Alfred Campozet.

C'est durant cet été de 1938 que j'y arrive. J'ai dix-neuf ans; quatre ans plus tôt *Le Chant du monde* m'a révélé Giono, et j'ai lu tous ses livres avec exaltation. Ayant par une publicité de la NRF appris l'existence des *Cahiers du Contadour,* je m'y suis fait abonner. Sans être attiré spécialement par ce que j'ai appris du groupe à travers le «Journal du Contadour» paru dans les deuxième et troisième numéros, je pressens que l'endroit doit être admirable. Après avoir passé quelques semaines de vacances dans le Queyras avec Joseph Rovan, mon camarade de classe devenu mon meilleur ami, et avec ses parents, juifs allemands chassés par l'hitlérisme, je suis parti avec lui à vélo pour découvrir la Provence. De Manosque, nous sommes montés au Contadour avec nos sacs, pour voir le pays, et sans intention aucune de chercher à rencontrer qui que ce soit. Mais il fait chaud. Nous allons boire un coup dans le minuscule café de Mme Merle. Nous y trouvons une bande de filles et de garçons de notre âge, nous bavardons, nous les accompagnons au Moulin où ils rentrent. L'un d'eux – ou l'une, je crois que c'était Inès Fiorio – appelle un grand type aux yeux bleus, les mèches au vent : «On a rencontré des nouveaux copains chez Mme Merle.» Il s'approche, me dit : «Comment tu t'appelles? – Pierre. – Moi, c'est Jean.» Ce tutoiement – moins courant qu'aujourd'hui – est général au Contadour. Il s'établit d'emblée entre Giono et moi, et ne cessera jamais jusqu'à sa mort. A la fin de l'après-midi, il est trop tard pour redescendre comme prévu. Nous restons, Joseph et moi. Quinze jours plus tard, nous sommes encore là.

Nous y reviendrons aux deux sessions de 1939. Certes, il y a le prestige, le charme et la gaîté de Giono. Mais tout est extraordinaire : la qualité humaine de tant de ces camarades ou amis, la culture de beaucoup d'entre eux, dénuée de tout snobisme intellectuel; la fraternité, la liberté qui habite chacun. Là, l'esprit d'équipe naît spontanément, qu'il s'agisse des corvées de nettoyage, de pluches, de vaisselle, de ravitaillement (bien rares sont ceux qui s'y dérobent) ou des veillées qui semblent s'organiser seules, bien qu'en réalité Lucien Jacques, mainteneur discret et efficace, prenne soin à l'avance de tout mettre en place. Pour s'y sentir à l'aise, il vaut certes mieux aimer la lecture et surtout la musique. Mais le seul point sur lequel il est impossible de transiger, c'est l'amour de la paix. Les plus âgés sont d'anciens combattants de 14, comme Giono ou Lucien Jacques. Parmi les autres, trop jeunes pour cela, il n'en est guère dont les proches n'aient pas été atteints par la guerre – mon père y avait laissé ses yeux. Pour tous, la guerre est l'horreur absolue.

La politique des partis n'intéresse guère. Il y a encore des communistes au Contadour en 1938, comme Pierre Brauman; d'autres ont des idées beaucoup moins « avancées ». Les intellectuels – enseignants, étudiants, scientifiques – y sont en majorité. Mais d'autres s'y trouvent aussi – le pâtissier Horace, le marchand de vins Maurice Poussot dit Bacchus, poète de grande sensibilité sous sa truculence – et vraiment aucune différence ne se marque entre les uns et les autres. Les étrangers y sont les bienvenus – Allemands, Suisses, Anglais, Canadiens, et d'autres. Des affinités se dessinent, évidemment. Quelques-uns – j'en suis – se sentent gentiment hérétiques, par opposition à ceux qui, sans le dire, sont des sortes d'orthodoxes. Y a-t-il des « inconditionnels » de Giono? Il y a en tout cas des inconditionnelles, en tête desquelles Hélène Laguerre – peut-être la seule au Contadour pour laquelle je n'aie éprouvé aucune sympathie, et mon sentiment est partagé en particulier par la bande des jeunes : Jean-Pierre Grenier et Inès Fiorio qui sera sa femme, Paule Jutier qui a épousé Pierre Pellegrin, Claude Bocquet, Jacqueline et Colette Choiseau, Bill Morley Pegge, Joseph Rovan... Pour Hélène, Giono est vraiment un gourou, dont l'enseignement doit être révéré. Si l'on émet d'aventure une idée qui s'écarte de ce qu'elle considère comme une sorte de ligne officielle, elle rappelle à l'ordre le dissident. Peu de gens ont autant fait, sans le vouloir, pour ternir aux yeux de l'extérieur l'image du Contadour et de Giono. Une autre adoratrice, épisodique heureusement, est la romancière Thyde Monnier. Un jour que j'ai une angine, Giono, qui aime à soigner, me badigeonne la gorge au bleu de méthylène, avec une conscience exempte de douceur. Et tandis que, furieux, je crache et tousse, Thyde Monnier, qui a regardé la scène avec attendrissement, me dit : « Il y en a qui paieraient pour se faire badigeonner par Jean Giono! » Je comprends ceux qui, de passage parmi nous, sont exaspérés par des attitudes de ce genre. Mais elles sont loin d'être générales.

Et je ne crois pas que personne de bonne foi puisse déceler des paroles ou des comportements de supériorité chez Giono lui-même. Il court une histoire dont il y a plusieurs versions : soit à Manosque en 1937 selon Frédéric Lefèvre[16], soit au Contadour à une date indéterminée, selon Daniel May et Henri-François Rey[17]. Giono, après l'audition d'une symphonie (ou d'un quatuor) de Beethoven, aurait murmuré : « C'était aussi un grand bonhomme. » Très possible; mais cela signifiait évidemment non pas « comme moi », ce qui n'était aucunement dans sa manière, mais « comme Bach, Haendel, Mozart » – les grands, constamment joués à l'époque, chez lui comme au Contadour, alors qu'on y jouait rarement Beethoven.

Et Giono, s'il exprime très haut ses propres convictions, ne cherche jamais à imposer à qui que ce soit une ligne de conduite. « Je n'ai jamais été le chef de quoi que ce soit », dira-t-il plus tard à ce propos[18], et c'est littéralement vrai. Les adhésions sans réserve l'agacent même plutôt. Il accepte fort bien les objections, et n'en veut jamais à personne de le contredire. Et il montre à chacun une attention personnelle, dont Joseph Rovan, entre autres, portera témoignage : comme il a évoqué au cours d'une promenade le sentiment de déracinement que lui donne sa condition d'exilé loin de son pays natal, Giono, lui entourant l'épaule du bras, lui dit : « Tout cela est fini. Maintenant que tu es venu parmi nous, tu ne seras plus jamais seul[19]. » Tous ceux qui ont passé quelque temps au Contadour en gardent le souvenir d'y avoir été habités par une lumière. En 1946, Lucien Jacques, dans un poème, « Ici[20] », allait évoquer le lieu et les hommes en des vers dont je cite les premiers en souvenir de lui, qui y fut si présent :

Ici, où le mistral majeur
Lance à fond sa cavalerie
Qui foule d'un trot ravageur
La pierraille et le gazon ras,
Toute une jeunesse fleurie
fit halte un soir, et demeura.

Ici, où la lumière est reine,
Des hommes sont venus prouver
Que la paix est le meilleur thème.
On les vit rêver, ici même,
Paix menacée, de te sauver.

Cela dit, le Contadour pose parfois à Giono des problèmes qu'il a à résoudre et qui lui pèsent. J'ai dit que cette période, depuis 1934, est celle de ses grandes colères. Il en pique une en janvier 1938, à propos de factures de matériaux et de transports, et écrit à Lucien : « J'ai absolument terminé de payer pour tous ces gens qui gagnent régulièrement des mensualités égales aux miennes et qui s'en foutent. Je vais régler Maurel et le Contadour est fini. Je tiens vieux à ce que tu le dises bien simplement mais bien définitivement à Robert que j'aime, tu le sais (on se reverra d'ailleurs nous autres tous), mais le Contadour est fini ou tout au moins, ce qui revient au même, j'ai fini de m'y intéresser *pécuniairement.* Il ne me revient de cette aventure qu'un peu de cette amertume que j'aurais voulu éviter à tous. Il reste nous autres. Toi surtout. Nous nous en tirerons, nous. Je vais écrire à Vachier pour qu'on liquide la situation *Moulin ;* vendre à Raphaël sans doute et couvrir ce qu'on doit, et me rembourser une partie de ce que j'ai payé (j'en suis à un peu plus de 1 200). Il est bien entendu que désormais sauf Robert ou Daniel, Alfred (bien entendu) et Gadiot, il suffira de se présenter chez moi au nom du Contadour *pour ne plus jamais être reçu.* Je suis totalement dégoûté de cette aventure[21]. » Sa colère, bien entendu, se calme aussitôt, et le Contadour continue comme par le passé.

Les Cahiers du Contadour représentent aussi une charge. Malgré quelques articles à leur sujet dans la presse, ils sont peu rentables. Le 10 novembre 1937, Giono a rédigé une lettre circulaire aux abonnés. Il y annonce une nouvelle série de la revue, qui devient offficiellement trimestrielle : « Pour 28 francs vous receviez quatre numéros de 125 pages. Vous allez recevoir quatre numéros de 300 pages. Le prix de l'abonnement va rester incroyablement bas : il va coûter 75 francs par an. Pour équilibrer le budget avec ce prix-là il nous faut 800 abonnés d'un an (...). Mais si nous avons 1 000 abonnés et plus nous faisons du bénéfice. C'est ici que les *Cahiers* deviennent l'outil. Tous les travaux à effectuer au Moulin et aux Graves deviennent alors plus facilement possibles et toute notre œuvre s'éclaire et s'ouvre devant nos plus extraordinaires désirs : agrandissement des locaux, création d'un théâtre, salle de tissage à la main, imprimerie, reliure, etc. » Cette nouvelle série, annonce Giono, continuera à contenir le « Journal du Contadour »; et elle publiera aussi ses inédits : « publication des matériaux ayant servi à composer les romans déjà parus et le "Journal" de ces romans, leur histoire. Ma joie étant ici d'être plus près de mes amis, et de montrer "l'artisanal" de cette œuvre d'écrivain ». Aucun de ces projets ne se réalisera. En revanche, un autre projet annoncé dans la circulaire prendra forme : la publication de *Moby Dick*. La traduction, dit Giono, vient d'être achevée (c'est naturellement loin d'être vrai, mais, pour lui, tout ce qui est commencé est terminé).

La revue n'a plus de secrétaire attitré. Germaine et Daniel May, pour des raisons personnelles, ont quitté leurs fonctions. C'est Alfred Campozet qui, anonymement, les assure, aidé de façon intermittente par Victor de Keyserling. Les directeurs, Giono et Lucien Jacques, habitent l'un à Manosque, l'autre à Saint-Paul-de-Vence. Le tirage a monté depuis les 150 abonnés du n° I : au 15 juillet 1938, on en est à 453; au 15 octobre, à 530. Mais il faut fournir de la copie. On ne parvient à sortir que trois numéros en 1938, en mai, août et novembre.

Le « Journal du Contadour », qui n'est guère parlant pour les abonnés, de plus en plus nombreux, qui ne sont pas venus sur le plateau, est finalement supprimé. La contribution des contadouriens se réduit à quelques brefs récits d'Alfred Campozet, aigus et sensibles, à des poèmes d'Armand Monjo et d'André Jean (le solide, probe et généreux Jean Bouvet). L'essentiel est consacré à des textes plus longs. *Les Carnets de moleskine* de Lucien Jacques – son journal inédit de la guerre de 14 – prennent plus de 200 pages dans les nos vi et vii; les réflexions de Maxime Girieud sur l'humanisme et sur la guerre en occupent 114 dans le n° V. Giono donne ses textes de jeunesse, presque tous inédits, dans les nos V et VIII, sous le titre de « Premiers poèmes » et de « Premières proses »[22]. Cela a certes un intérêt, un peu littéraire mais surtout documentaire; ce n'est à aucun degré du Giono de 1938. En tête du n° VII paraîtra en préoriginale le pamphlet *Précisions,* tout fraîchement écrit en octobre 1938.

Moby Dick, figure de la guerre

Chaque cahier fait plus de 300 pages ; la moitié en est occupée par la traduction de *Moby Dick,* qui prendra en tout 513 pages d'une impression serrée. Joan Smith a parfois du retard pour livrer son mot-à-mot, et Giono ne tient pas sa promesse de rejoindre Lucien pour qu'ils fassent ensemble la révision finale. Lucien devra se fâcher, et finalement c'est un peu aux Queyrelles, où il viendra pour quelques jours en juillet ou août 1938, et un peu au Contadour en septembre, que le travail se fera. Je revois Jean et Lucien, assis dans le pré en contrebas des Graves, sous un arbre, en train de se pencher sur les difficultés du texte, sollicitant parfois un avis. Il m'est arrivé de descendre du toit que j'aidais à recouvrir (en passant les tuiles, sans plus) et de leur apporter le secours de mon anglais, avec l'assurance de la jeunesse : il y a peut-être dans le texte un ou deux contresens qui me sont dus. Dans l'ensemble, la traduction est meilleure dans les passages difficiles, presque intraduisibles, que dans les autres. Quand on ne peut transcrire une expression parce que son équivalent français n'existe pas, il faut inventer pour produire sur le lecteur un effet du même ordre. Cette nécessité stimule Giono, qui a souvent alors des trouvailles, tandis que la simple précision que demande le tout-venant de l'œuvre n'est pas de son domaine.

Quand il a entrepris de traduire *Moby Dick* en juin 1936, on l'a vu, il était en pleine rédaction de *Batailles dans la montagne.* Pour mener à bien le travail, il lui faut par moments s'arracher au *Poids du ciel.* C'est le temps où monte la menace de la guerre. Il est clair que Giono l'a perçue comme l'approche d'un déluge : l'inondation de *Batailles,* l'océan de *Moby Dick* sont parents. L'un et l'autre sont habités de créatures redoutables : le taureau Doré chez Giono, la baleine blanche chez Melville[23]. L'image de la mer, bien qu'elle l'ait toujours habité, et qu'elle ait souvent nourri ses comparaisons[24], n'a jamais été aussi présente chez lui. C'est une mer pleine de dangers immédiats ou virtuels. Par compensation, Giono rêve d'ailleurs à l'autre face de la mer, celle de l'immensité paisible : elle est dans *Le Poids du ciel* avec l'épisode du cargo soviétique qui rencontre sur la mer Noire une grande raie lumineuse ; cela se retrouvera en 1944 dans *Fragments d'un paradis.*

Mais *Moby Dick,* le monstre, c'est l'aspect redoutable de la mer. Pour un Giono nourri de la Bible, c'est le frère jumeau de la bête de l'abîme qui apparaît dans l'Apocalypse, et que Giono évoquera en 1962 dans *Le Grand Théâtre*[25]. Car la perspective d'une nouvelle guerre mondiale apparaît bien, à l'époque, comme celle d'une apocalypse. Qu'en 1938 *Moby Dick* ait symbolisé la guerre aux yeux de Giono, une lettre à Lucien Jacques l'atteste le 8 septembre 1938, pendant la crise des

Sudètes (cette minorité allemande de Tchécoslovaquie que Hitler prétend défendre) qui aboutira à l'accord de Munich. Sa correspondance est surveillée, dit-il. « Si j'ai besoin de te télégraphier ce sera toujours sur *Moby Dick* (…). » Et il en donne aussitôt un exemple en écrivant au dos de l'enveloppe qu'il faut changer un passage du roman et en donner une traduction libre : « Certes, Monsieur Stubb, il ne faut pas quitter votre poste ; elle est peut-être en train de remonter du fond des mers, l'homme du Top mast (…) vous préviendra à temps ; il a de bons yeux Monsieur Stubb et il est bien placé pour y voir ; il a chassé la baleine dans toutes les pêcheries de Nantucket. Croyez-vous qu'il s'endormira en plein territoire de chasse ? s'il ne dit rien Monsieur Stubb c'est qu'il n'y a rien à dire ni dans un sens ni dans l'autre et quand vous pourrez aller vous coucher, il vous le dira aussi[26]. » Ce qui veut dire en substance, sous des ornements qui sont là pour masquer la nature du message, que la guerre peut menacer, qu'il faut être vigilant, mais que Giono a de l'expérience et donnera l'alarme à temps en cas de danger réel.

La « révolte paysanne » et la *Lettre aux paysans*

Enfin, il y a l'action politique, qui correspond, dans la vie de Giono, à la présence du sauveur dans ses romans. A plusieurs reprises, on l'a vu parler de « messages ». Une lettre de Louis Martin-Chauffier, le 9 août 1935, répondait à la suggestion, faite par Giono, d'une chronique hebdomadaire intitulée « Lettre aux paysans » dans le futur *Vendredi,* alors en gestation. Dans une lettre à André Chamson, non datée mais qui pourrait être de la même période et n'est en tout cas pas postérieure à décembre 1935, Giono mentionne son projet de quatre textes : lettre aux paysans sur la pauvreté, aux désespérés sur le printemps, aux bourgeois sur la médiocrité, aux puissants sur la révolte. Il dit les réserver à *Vendredi,* où on peut déjà les annoncer. Il note les mêmes titres dans son *Journal,* le 5 mai 1936. La liste variera et s'enrichira. Dans des lettres à Louis Brun et à Andrée Viollis, toutes deux de juillet 1937, elle devient : lettre aux paysans sur la pauvreté, aux soldats sur la paix, aux riches sur la vulgarité, aux puissants sur la révolte, aux artistes sur le sentiment de mission, aux ouvriers sur la vie, aux militants sur la responsabilité, aux jeunes hommes sur l'escroquerie du héros[27]. Seuls deux brefs fragments de la lettre aux ouvriers et de la lettre aux puissants ont été écrits dans le *Journal*[28]. Toutes les autres lettres, sauf la première, demeurent à l'état de projet, ainsi qu'une possible lettre aux Allemands sur la grandeur humaine dont Giono, à une date indéterminée, aurait parlé à un journaliste allemand.

Le 30 septembre 1937, Giono a signé avec Grasset un contrat pour une série de *Messages,* dont la périodicité ne sera pas nécessairement régulière ; mais au moins trois fascicules de 64 pages devront paraître chaque année, aucun maximum n'étant fixé. Le prix de vente devra être assez bas : 3 ou 4 francs.

Il est naturel pour Giono de commencer par la *Lettre aux paysans,* à la fois parce qu'il a derrière lui une œuvre de dix ans qui était d'inspiration avant tout paysanne, et parce que le « danger paysan », né chez lui en 1935, est devenu pour lui une obsession. Sa lettre à J. Guéhenno, vers le 12-15 septembre 1935, est la seule, de toutes celles dont j'ai vu les autographes (près de deux mille), où Giono ne se contente pas de souligner une ou deux fois tel mot ou telle expression, mais où il se met, en outre, à écrire par instants en caractères énormes, comme pour faire voir qu'il hurle :

« Vous vivez dans l'ignorance des temps terribles qui approchent, auprès desquels la guerre d'Espagne n'est plus que du jeu de douces vierges. Ils ont marqué ouvriers **et** paysans[29]. Les paysans ne sont pas une classe : c'est une *race.* C'est comme si tu voulais additionner des chameaux et des gazelles. **Vous n'avez pas le droit de parler à Paris** (vous Leader !) **au nom des paysans vous ne les connaissez pas.** Vous n'avez pas le droit de les engager en quoi que ce soit au nom d'un parti comportant la faucille à côté du marteau. Alors que dans la réalité la faucille *veut* couper la tête au marteau *et le fera.* »

Ce n'est pas là qu'une flambée passagère. Giono écrit à Jean Paulhan, le 21 ou 22 mai 1938[30] :

« Un mouvement de très grande envergure (comme on n'en a jamais vu) se prépare chez les paysans. Nous n'allons pas tarder à être débarrassés de la pourriture communiste intellectuelle. Je me tiens le plus près possible d'eux (les paysans) et parfois je suis *épouvanté.* Comment pouvez-vous, à Paris, être si aveugles. Le Parlement n'a plus de racines, les partis n'ont plus de racines, le Parti communiste pousse sur ce terrain sans fondement des ouvriers de la technique, le moindre vent peut le déraciner et ce qui va souffler est un formidable ouragan. (…) J'ai des documents personnels sur 62 départements paysans et les paysans normands des syndicats paysans de Caen m'ont nommé président de leur syndicat. J'ai naturellement refusé, ne voulant pas m'en mêler, mais je vous cite le fait comme preuve de l'étendue de la conscience paysanne. Il est hors de doute que moi-même serai *[sic]* emporté dans le massacre général. »

Paulhan répond, très raisonnablement, le 23 mai, en homme qui ne croit pas trop son interlocuteur sans vouloir le contredire – et en directeur de revue : « Oui, ce que vous me dites est terriblement grave. Quelles seraient aujourd'hui les chances d'une jacquerie ? Je n'en sais rien. Ne manquerait-elle pas tout à fait d'armes, de techniciens, d'officiers, ne serait-elle pas condamnée à l'écrasement rapide ? Que peuvent faire des paysans, même armés, contre six vagues d'avions, sans compter que l'horreur, en ce moment, d'une guerre civile leur ferait des ennemis de tout ce qui n'est pas paysans. Mais vous me direz que la certitude de l'échec n'a jamais empêché une révolution, que celle-là compterait peut-être sur des appuis étrangers, que l'on est bien fort quand on a raison...

« Cette raison paysanne, je l'éprouve, je la sens juste et (si je peux dire) immédiate, urgente. Mais elle n'a pas de voix. Pourquoi ne vous dévouez-vous pas à elle ? je m'assure qu'une simple note de 2 pages de vous dans chaque *nrf* suffirait peut-être je ne dis pas seulement à éviter des catastrophes mais à donner à la voix humaine une raison qu'elle n'a jamais eue. »

Il reçoit le 29 mai la réponse de Giono, que la contradiction pondérée a poussé à une vision plus apocalyptique encore :

« Cher Paulhan, vous n'y êtes pas. C'est beaucoup plus grave que ce que vous imaginez et ça ne sera pas arrêté par des avions ou des tanks ou des gaz. D'ailleurs trois ou quatre ans après "l'ouverture des hostilités" il n'y aura plus un seul avion, ou tank ou gramme de gaz. Il n'y aura pas non plus d'aide de l'étranger. Trois ou quatre ans après il n'y aura *plus d'étranger.* Vous commettez l'erreur de tous ! La paysannerie n'est pas une *classe;* c'est une *race.* Un paysan français est beaucoup plus proche d'un paysan allemand que d'un ouvrier français. Ce que je vous annonce c'est le bouleversement *total* de *Tout* ce qui vous sert en ce moment même de termes de comparaison à l'aide desquels votre intelligence prend connaissance du monde. Je comprends que pour vous tous qui n'avez pas le fait sous les yeux il vous soit assez difficile de le concevoir.

« Autre erreur : cette révolution n'a pas besoin de voix, même pas de la mienne. Elle se fiche de vous et de moi dans des proportions que vous n'imaginez pas. Et j'ajoute que si je pouvais arrêter les pas de ce magnifique monstre, je ne le ferais pas. Je les hâterais plutôt. Vous autres, à Paris, vous ne vous rendez plus compte que vous sentez mauvais. Mais nous, ici, il y a des jours, quand le vent souffle de votre côté, où votre puanteur nous accable.

« Mon travail, je vais continuer de le faire humblement, ici, avec eux. S'ils me faisaient la grâce de me garder vivant et de me permettre d'être un soldat de leur rang, vous n'imaginez pas, cher Paulhan, avec quelle joie sauvage je me jetterais dans le massacre qu'ils piétineront sous leurs pieds.

« Je vous embrasse[31]. »

Nous sommes toujours ici en pleines *Fêtes de la mort,* et dans cette cruauté déjà relevée, que Giono sent ou imagine (mais, chez lui, n'est-ce pas la même chose ?) au fond de lui-même, et qui ici, exceptionnellement, n'est pas que de la dureté, mais prend un caractère sanguinaire. Quant à la puanteur parisienne, c'est un rappel du début du *Poids du ciel.* Le décalage éclate entre Giono, romancier visionnaire même lorsqu'il croit témoigner, et Paulhan, qui pèse les réalités. Giono ne reçut pas de réponse à sa lettre, que l'on sache. Y en avait-il une de possible ?

C'est dans ce contexte que, moins de trois mois après cet échange de correspondance, Giono entreprend enfin de rédiger sa *Lettre aux paysans sur la pauvreté et la paix*. Elle est écrite du 6 juillet au 16 août 1938, le début à Manosque et la plus grande partie aux Queyrelles, semble-t-il. A cette lettre évidemment fictive, Giono donne malgré tout un début qui feint une lettre réelle. Son raisonnement est volontairement lent et didactique. Une fois son texte achevé, il le coupera en paragraphes, auxquels il donne des titres, afin d'être mieux suivi dans son raisonnement par le public populaire auquel il le destine. Un certain nombre des arguments et des thèmes du *Poids du ciel* y sont repris, ce qui n'est pas gênant : le public d'un livre illustré à 75 francs et celui d'une brochure à 7,50 francs ne sont pas les mêmes. Mais le ton est moins lyrique. Giono se passe presque complètement de références culturelles (malgré tout, il ne peut se retenir une fois de faire allusion aux Atrides tels qu'Eschyle les a mis en scène) et s'abstient absolument de parler de musique. Son propos essentiel est double. Il veut d'abord dénoncer la démesure de la civilisation moderne : celle de la production agricole à l'échelle industrielle, qui amène déraison et désordre, celle de la technique, qui tue la nature véritable de l'artisanat, celle de la planification des dictatures des deux bords. Le mot de « démesure » revient une dizaine de fois : Giono enfonce le clou. Il veut ensuite dégager la nature de la richesse véritable : ce n'est pas celle de l'argent, qui est une duperie. Giono – peut-être parce que la vie l'a contraint d'entrer contre son gré dans la banque dès son adolescence – a horreur de l'argent, du système financier, de ses conventions, de ses spéculations. Et il attaque l'argent, surtout à partir du moment où il en a un peu. Déjà, dans *Que ma joie demeure,* Bobi regrettait la nécessité de l'argent comme moyen d'opérer des échanges : « Il faut encore de l'argent. Mais moins on pensera à lui, mieux cela vaudra[32]. » *Les Vraies Richesses* tonnaient à plusieurs reprises contre la société bâtie sur l'argent[33]. Dans son *Journal,* le 3 décembre 1937, Giono note : « Je suis sans pitié pour l'argent. Il n'y a qu'une chose contre laquelle je sois sans pitié, c'est l'argent. A voir la façon dont je traite l'argent on s'imagine que je suis riche car c'est la désinvolture que j'aurais si j'étais riche. Et je suis pauvre. Mais j'ai contre l'argent toute ma liberté. Car j'ai employé à me battre contre l'argent tout l'effort que couramment on emploie à se battre contre lui [*sic*. Giono veut dire "pour lui"]. » C'est dans la *Lettre aux paysans* que Giono développe le plus longuement ses vues sur la nature arbitraire du papier-monnaie, fabriqué par des machines sans qu'un rapport véritable existe entre lui et les biens matériels. Mais si ces critiques sont en un sens justifiées, les conséquences qu'il en tire sont largement contestables : comme l'ont fait aussitôt remarquer les critiques, elles ramèneraient l'humanité à une civilisation de troc.

Le texte s'achève sur la guerre. Les paysans y sont tués plus que les ouvriers ; mais ils peuvent l'empêcher autrement que par cette révolte armée, violente, cruelle, que Giono a évoquée : il leur suffit de ne plus produire de quoi nourrir qui que ce soit d'autre qu'eux-mêmes : que les paysannes s'y engagent si leurs maris sont mobilisés.

Giono s'abstient soigneusement, ici, de poser au prophète par le contenu ou par le ton de son message. Il n'empêche que tout le développement final, qui a pour titre ce qui est aussi la dernière phrase du livre, « L'intelligence est de se retirer du mal », vient de la Bible : c'est une phrase du livre de Job, et Giono le sait, son manuscrit l'atteste : il a songé à la placer comme épigraphe en tête de sa *Lettre,* en mentionnant sa source. Et, dans son avant-dernier paragraphe, il adjure les paysans : « Engagez-vous dans la croisade de la pauvreté contre la richesse de guerre. » Certes il ne dit pas qu'il songe à conduire lui-même cette croisade, mais il la prêche.

Il reste que c'est une croisade passive et pacifique, comme celle de Gandhi, qui a tant de retentissement à l'époque. Giono ne se laisse pas aller ici, comme il l'avait fait dans son projet des *Fêtes de la mort* et dans sa lettre à Paulhan, à adhérer à une violence qui contrastait singulièrement avec sa protestation contre toute guerre. Mais ces conseils aux paysannes pour lutter contre les multiples maladies de la civilisation, ces conseils pratiques, qui n'ont d'ailleurs aucune chance d'être suivis et ne le seront pas, restent faibles et pâles à côté des ivresses délirantes mais éclatantes qui habitent en ces temps de désarroi l'imagination de Giono.

La crise de Munich. *Précisions.*
Le projet secret pour la paix

Peu après, c'est la crise historique de septembre 1938. Au moment où elle se déclenche, le septième Contadour touche à sa fin. Giono multiplie les déclarations : il réaffirme le 7 septembre 1938 son refus d'obéir ; il signe le 11 septembre, avec Alain et Victor Margueritte, un télégramme à Daladier, Bonnet et Chamberlain ; il avertit le 15 septembre le gouvernement qu'il n'a pas derrière lui l'unanimité des Français, et que des milliers d'hommes sont résolus à ne pas faire la guerre ; il proclame le 29 septembre que la guerre est inutile et qu'il n'y a pas de héros ; il télégraphie le 30 septembre à Daladier, président du Conseil : « Nous voulons que la France prenne immédiatement l'initiative d'un désarmement universel. » A Pierre Châtelain-Tailhade qui, dans *Le Canard enchaîné* du 28 septembre, l'a adjuré de prendre position pour la paix, il télégraphie : « Ai protesté par tous moyens et continue à prendre entière responsabilité de tout ce que j'ai écrit contre la guerre. Amitiés[34]. »

Il a signé en outre, vers le 26 septembre, en compagnie d'Alain, de plusieurs dirigeants syndicalistes et de quelques pacifistes, la pétition contre la guerre émanant du syndicat national des instituteurs et institutrices publics et du syndicat national des agents des PTT, qui sera contresignée par 84 000 personnes, dont Jean Guéhenno, Romain Rolland, et bien d'autres personnalités[35]. Il a signé aussi, à une date non précisée, avec le secrétaire du syndicat des instituteurs des Basses-Alpes, un télégramme « aux instituteurs allemands et italiens » pour leur demander de contribuer à assurer le « règlement pacifique du conflit en cours[36] ». Cette position était d'ailleurs très loin d'être celle d'une mino- rité, et des hommes de tous bords s'y ralliaient en grand nombre. Parallèlement à ses démarches publiques, Giono, au milieu de septembre, a commencé un « Historique personnel des huit jours qui vont du 5 septembre au 12 septembre[37] », qu'il laissera inachevé.

Son émotion durant tous ces jours a été intense. Il est aidé par la présence de sa femme à ses côtés : « Confiance totale dans Élise qui m'est d'un très grand secours », lit-on dans le *Journal,* le 28 septembre. La musique aussi le soutient. Il écoute inlassablement une œuvre triomphalement solide et exaltante : le concerto en *ré* pour orgue et orchestre de Haendel, dans l'interprétation de sir Hamilton Harty : deux fois le 30 septembre – et, après la première écoute, il note : « C'est très bon de pouvoir pleurer paisiblement », quatre fois le 1er octobre.

Au début d'octobre, Hélène Laguerre écrit de la part de Giono à des écrivains et journalistes pour leur demander d'appuyer une demande de désarmement unilatéral et immédiat de la France. Gide, Alain, Martin du Gard, tout en disant leur sympathie, n'acceptent pas de s'engager dans ce sens. Seul ou presque, Yves Farge approuve cette action. Aussitôt après, Giono prépare un second pamphlet pour faire suite à la *Lettre aux paysans,* qui alors n'a pas encore paru. Il l'écrit du 6 au 13 octobre, ou du 7 au 14[38] : c'est *Précisions,* qui porte comme le précédent le surtitre « Vivre libre ». Beaucoup plus court que l'autre, il est occupé pour un tiers par des documents – déclarations de syndicalistes, texte de divers messages brefs de Giono depuis 1935, rappel de son action en septembre 1938. Le reste est un peu disparate. Giono, s'adressant tantôt aux Français et tantôt à Daladier, attaque furieusement Romain Rolland et Paul Langevin, rétracte ses attaques antérieures contre les ouvriers, proclame que Munich est une victoire de la paix, dénonce les informations inexactes diffusées par la presse et la radio, rappelle les décimations de 1917 en affirmant qu'il les a vues, proteste qu'il n'y a nulle part unanimité derrière les gouvernements, et qu'en Allemagne, en Italie, en France, les manifestations pacifistes se multiplient. Mais jamais il ne peut se retenir d'exagérer et d'inventer. Qui croira qu'autour de chez lui, les affiches de mobilisation aient été « déchirées et barbouillées de minium sur plus de cent kilomètres carrés » ? Que des paysans atterrés par l'annonce de la mobilisation soient restés plusieurs jours sans manger[39]? Giono se montre malgré tout bon prophète sur un point : ayant suggéré aux mobilisables de signer une « déclaration de franchise » au ministre de la Guerre, à laquelle il songeait depuis le 16 février 1938 *(Journal)*, et selon laquelle ils se sentent bien faits pour leur métier, mais pas pour la guerre, il leur fait conclure par ces paroles au ministre : « Si vous m'y obligez avec vos gendarmes, j'y serai obligé, c'est entendu[40]. Mais vous ne pourrez pas me forcer à y être habile. Aucune force au monde ne peut vous forcer à être habile dans un métier qui vous déplaît. J'ai tenu à vous prévenir pour que, tenant compte de cette maladresse naturelle, vous ne vous étonniez pas trop si la guerre que vous me commanderez est très mal faite[41]. » Effectivement, bien que pour des raisons plus complexes que celles qu'avance Giono, la guerre de 39-40, commencée sans enthousiasme, n'allait pas être très bien faite.

Enfin, sans doute conscient de n'avoir pas répondu dans ces pages à l'espoir de ceux qui s'attendaient à voir Giono écrire « du Giono », il termine sur une page où est évoquée, avec une somptuosité appuyée, la richesse de l'automne et l'abondance des récoltes, pour conclure : « C'est la paix ! Je n'ai honte d'aucune paix. J'ai honte de toutes les guerres. »

Giono a voulu, dans *Précisions,* faire flèche de tout bois en faveur de la paix. C'est sans nul doute dans la même perspective qu'il signe un manifeste, « Pour un art révolutionnaire indépendant », qui paraît dans la revue *Les Humbles* en octobre 1938. Ce texte, qui est en fait de Trotski, est lancé par André Breton et par le peintre mexicain Diego Rivera. Il aboutira à la création de la FIARI – Fédération internationale des artistes révolutionnaires indépendants – dont le Comité national comprend Giono. Son organe – éphémère et de faible diffusion – s'appelle *Clé,* et Giono y publie en janvier 1939 un fragment de *Précisions*. Ce qu'il ignore probablement, c'est que le mouvement est animé en sous-main par Trotski. L'opposition des communistes à Giono est évidemment avivée par son adhésion à un groupe qui a pour moteur l'homme qu'ils exècrent tant. Sans invoquer d'ailleurs cette raison politique, ils publient contre lui des articles extrêmement violents, comme le compte rendu du *Poids du ciel* par Paul Nizan dans *Ce Soir* le 17 novembre 1938, celui du même livre, de *Lettre aux paysans* et de *Précisions* par Georges Sadoul dans *Commune* en mars 1939, et un texte de Claude Morgan sur Céline et Giono, partisans de la mort, dans *Les Volontaires* de janvier 1939. Celui de Georges Friedmann, « Giono, mage et prophète », dans le même périodique en mars, est plus argumenté et moins violent dans la forme, mais tout aussi sévère sur le fond.

Giono est aussi attaqué sur sa droite. Son futur ami Maximilien Vox, dans le numéro de janvier de son mensuel *Micromégas,* fait paraître un long article, « Tartarin chasseur de képis. De Ramuz… à Raimu », où il raille férocement le « mage », voyant dans ses messages du burlesque involontaire. Quant aux six pages que Jean Grenier fait paraître dans la

NRF de juillet, « Réflexions sur la pauvreté et la paix », elles sont élogieuses malgré quelques réticences (« Nous voudrions lui donner raison complètement »), mais elles viennent trop tard pour agir sur l'opinion.

Que diraient tous ses adversaires s'ils connaissaient le projet secret auquel il est mêlé de novembre 1938 à février ou mars 1939 ? C'est celui d'une rencontre avec Hitler afin de tenter de parvenir avec lui à un accord pacifique pour l'Europe. Incroyable ? Mais Giono a en Allemagne une position privilégiée. C'est le pays dans la langue duquel le plus grand nombre de ses livres a été traduit, dont trois au moins dès avant la venue au pouvoir du nazisme : 12 traductions recensées jusqu'en 1938[42], plus une en cours (sans compter les récits brefs), contre 6 en tchèque et 4 en anglais ; des pièces jouées à Berlin, à Francfort, à Dortmund. Davantage : il semble qu'un journaliste allemand, venu à Manosque, ait montré à Giono un exemplaire d'une édition clandestine de *Refus d'obéissance* en allemand, lui disant que cela avait une diffusion considérable sous le manteau ; il aurait ajouté qu'il prévoyait, en cas de guerre, environ 10 % de désertions[43]. Cela vaut donc la peine d'agir dans un pays aussi sensibilisé à son œuvre et à son action.

D'ailleurs l'idée ne vient pas de lui. C'est un Allemand dont je ne sais rien, Willy Schneider – utopiste généreux ? agent provocateur ? – qui la soumet à un journaliste français ami de Giono, plus tard un très grand résistant, que j'ai connu, qui est mort, et dont la famille m'a demandé de ne pas dire encore le nom. Appelons-le A. Il transmet la proposition à Giono en novembre 1938 (sa lettre et les suivantes ont été conservées). Soulignant le prestige de son ami, il suggère que soient mis face à face l'ancien combattant Giono et l'ancien combattant Hitler. Ce serait faisable en dehors des chancelleries, par l'intermédiaire d'un pacifiste allemand. Les conditions suggérées par A.? Que les deux hommes parlent de tout, y compris de la question juive ; et qu'un compte rendu fidèle de l'entretien soit publié. Giono répond vers le 20 novembre qu'il accepte à condition qu'il ne s'agisse que de proposer « un désarmement général universel[44] ». Le 25 novembre, A. suggère que Giono essaie d'obtenir un geste positif comme la libération des écrivains et artistes internés. Hitler, dit-il, a lu Giono et a sur lui une opinion qui permettrait une explication franche, voire brutale. Mais les choses traînent, et ne sont pas faciles à reconstituer, en l'absence des autres lettres de Giono, perdues ou détruites pendant la guerre. Les visites envisagées à Manosque par A., puis par Schneider, ont-elles lieu ? Schneider suggère de faire appel, pour l'entrevue, au célèbre aviateur allemand Udet ; mais il est en Libye. Goering serait averti du projet et voudrait s'en mêler. Finalement l'entreprise tourne court.

Alfred Campozet confirme l'existence du projet. Il raconte dans *Le Pain d'étoiles*[45] qu'avec Lucien Jacques, il a vu Giono au début de 1939. « Je crois devoir accepter, nous dit-il. On ne sait pas ce qui peut en sortir. Tout doit être tenté. Mais j'y mets deux conditions. La première, c'est que la rencontre ait lieu en France, en pleins champs (...). La seconde, c'est que nous ne soyons accompagnés que de nos seuls interprètes, le sien et le mien qui, j'y tiens essentiellement, sera juif. » Cette dernière condition m'a été confirmée par Mme A. De plus, il y a des fuites, d'un ou de plusieurs côtés. Giono, en tout cas, ne s'est pas entièrement tu. Outre L. Jacques et A. Campozet, Hélène Laguerre et André Gide sont dans le secret. D'autres peut-être. Mais les conditions posées interdisent tout espoir de rencontre. Tout se passe comme si Giono acceptait sans beaucoup d'illusions, pour ne pas laisser passer une chance de paix, et refusait en fait, sentant la rencontre impossible et inutile, et éprouvant à l'égard de Hitler une horreur déjà affirmée dans *Le Poids du ciel*. Mais il y a aussi là du romanesque : détourner le cataclysme d'un geste, c'est l'acte de Saint-Jean faisant sauter le barrage et sauvant tous les autres à la fin de *Batailles dans la montagne*.

Dans les premiers mois de 1939, Giono continue à avoir très épisodiquement des velléités ou des activités politiques. Il songe à nouveau, le 22 janvier *(Journal)*, à écrire une *Lettre aux ouvriers* comme pendant de la *Lettre aux paysans*. En février-mars, il se trouve entraîné dans une polémique avec R. Arcos, qui l'a attaqué en janvier dans *Europe* pour défendre R. Rolland, traité de « feu Romain Rolland » dans *Lettre aux paysans* et dans *Précisions*. Plusieurs numéros de l'hebdomadaire pacifiste *La Patrie humaine* font paraître des lettres, des réponses, des commentaires d'Arcos, de Giono, de Tourly, directeur du journal, de V. Margueritte[46]. En avril, Giono publie dans *La Patrie humaine* une lettre ouverte à Daladier en faveur de l'objecteur de conscience Pierre Martin[47]. Les réactions de la presse devant les deux pamphlets de « Vivre libre » sont dans l'ensemble rapides et très critiques, mis à part deux articles de Claude Mauriac dans *La Flèche*. Elles n'incitent pas Giono à se lancer dans de nouveaux combats, pas plus que la vente de ces deux opuscules : si ce n'est pas un échec total, c'est loin d'être le raz de marée espéré. Il devrait se rendre compte qu'il n'a pas remué la plus grande partie de l'opinion. Faut-il accuser sa capacité d'illusion, qui est grande ? Plus encore, il a engagé un combat auquel il a, pense-t-il, le devoir de ne pas renoncer. La *Lettre à Jean Giono* de Jean Josipovici, publiée au début de mai 1939 par Grasset sous forme d'un petit volume, texte rhétorique et naïf, ne retient guère non plus l'attention du public ni de la presse ; tout en approuvant la vision du monde de Giono, l'auteur l'incite à abandonner son action et à devenir un saint.

Mais Giono se refuse à cesser sa lutte pour la paix. En partie par illusion, orgueil ou obstination, peut-être. Mais surtout par sens du devoir et de la fidélité à soi-même.

Chapitre 13

Derniers jours de la paix

Un tournant

On a souvent pensé que l'évolution de Giono vers son œuvre de l'après-guerre, cycle du Hussard et *Chroniques,* avait commencé avec la guerre de 1939. Il est vrai qu'elle s'est alors accélérée. Mais, en fait, les premiers signes du virage qu'il prend de 1939 à 1945 sont décelables dès les derniers mois de 1938, comme s'il avait eu alors la prescience de la nouvelle voie dans laquelle il allait s'engager, parce qu'elle était inscrite dans sa logique profonde. Il est toujours absurde d'imaginer ce qui se serait passé chez un être si sa vie avait été différente. Ne disons pas que Giono aurait de toute façon, même sans la guerre de 1939 et ce qu'elle a entraîné pour lui, produit l'œuvre qui a été la sienne après cette guerre. Il me paraît du moins clair qu'il n'aurait pas continué sur sa lancée, ni dans le domaine du roman ni dans celui des essais.

Pas plus dans ses écrits que dans ses conversations, il n'a, que je sache, explicité cette avance prise sur les événements. Tout au plus trouve-t-on trace du fait que son action lui coûtait, en le détournant de ses romans. Avant d'avoir entrepris la *Lettre aux paysans,* il écrivait déjà dans son *Journal,* le 28 février 1938, qu'il éprouvait une envie physique, quasi sexuelle, d'écrire *Deux Cavaliers* et *Fêtes de la mort.* « Je n'éprouve pas cette violente envie physique pour des créations comme les *Messages* et la *Déclaration de franchise.* Ma lutte pacifiste. En réalité, mon cœur me pousse (je pousse mon cœur) à lutter contre la guerre. Pour l'homme, pour l'humanité ; mais en vérité cette humanité et son bonheur sont parfaitement indifférents à ma joie personnelle et à mon corps. Je n'ai besoin que de créer des œuvres d'art. Je jouis d'elles comme d'un corps. » Naturellement, cette notation, comme beaucoup de celles du *Journal,* exprime non un état d'esprit permanent, mais une intuition saisie au vol. On en trouve une autre manifestation le 13 octobre 1938 : « Fini aujourd'hui *Précisions* sur les événements du mois passé. Quel que soit le bruit que cela fera, ni attaques ni rien ne m'empêcheront de laisser désormais tout ce social de côté. Hâte de me sortir de là. Mais enfin, c'était honnête. » Quand Giono écrit « le social », entendons le politique. Et il ne tiendra pas sa résolution de le laisser de côté. Mais, s'il poursuit par moments le combat, il y aura désormais une part de lui qui aspire au désengagement, à la fois parce que sa création romanesque l'appelle, parce que l'action lui pèse, et parce que, selon divers témoignages, il est agacé par les amis pacifistes, contadouriens en particulier, qui le poussent, qui lui suggèrent telle ou telle action, qui voudraient, lui semble-t-il, l'empêcher d'être totalement et uniquement lui-même. Et peut-être plus encore parce qu'il pressent inconsciemment à quel choc cette action va l'amener.

Premier signe, fragile peut-être, de l'ouverture de cette nouvelle période : Giono avait, depuis 1935, paginé son *Journal* de façon conti-nue, de 1 à 115, jusqu'au 8 septembre 1938. Quand il reprend le 12 octobre, il pagine en repartant du folio 1, comme s'il prenait un nouveau départ[1]. C'est précisément alors qu'il reçoit le choc de Stendhal, et il en est bouleversé. Le 25 octobre, il note : « Depuis environ quinze jours je lis du Stendhal. J'ai reçu 60 volumes du Divan. » Il le découvre « tou-jours clair, tendre, mélancolique ; juste, toujours succulent d'une richesse extraordinaire ». Il avait lu *La Chartreuse de Parme* pendant la guerre, mais sa lecture de 1938 l'amène à une véritable redécouverte. Cette passion ne le quittera plus. Il déclarera encore en 1960 : « Son style est plein de raccourcis extraordinaires (...). On va d'une idée à l'autre avec une vélocité merveilleuse. Il n'y a jamais de graisse, c'est un style dont on voit les muscles (...). Et puis, il y a la grandiose naïveté de Stendhal ! C'est magnifique, les choses sont toujours devant des yeux éblouis[2] ! » C'est ici l'amorce d'une nouvelle esthétique : l'abondance va faire place à la densité. Progressivement, car il n'y a pas volte-face, et l'admiration pour la discrétion classique de Stendhal coexistera avec les flamboiements baroques qui vont être relevés dans *Deux Cavaliers de l'orage*. Mais le tournant se dessine.

C'est aussi l'amorce d'une nouvelle culture. Par ses origines, Giono était sans doute prédestiné à se tourner vers l'Italie. Mais il ne sait guère d'italien (un an au collège...). Il ne le lit même pas bien. Il connaît l'existence de Dante, mais peut-être sans l'avoir réellement lu à fond : avant 1939, à part l'emprunt de deux noms dans *Angélique,* on ne trouve chez lui que trois vagues allusions à l'*Enfer*. Stendhal va lui ouvrir deux des œuvres qui seront désormais fondamentales pour lui, et que nous retrouverons au fil des années : l'Arioste et Machiavel. La lecture de Stendhal constitue dans sa vie intellectuelle le tournant le plus décisif qu'il ait jamais pris. Si le fait n'a pas été souligné avec la force qu'il méritait, c'est que la guerre de 1939 va se déclencher dix mois après la redécouverte de Stendhal ; et le virage moral qu'elle amènera estompera l'autre en s'y superposant.

Autre indice important. Giono revient, ce qu'il n'avait pas fait depuis 1934, à des textes de littérature pure, où ne soit exprimé ou suggéré aucun message, où ne se lise, même indirectement, aucune position poli-tique, où ne transparaissent ni la menace de la guerre ou de la révolte paysanne, ni l'horreur de la civilisation technique. Du premier, *Provence,* une commande de la source Perrier, Giono avait écrit à L. Jacques vers la fin de mai 1938 qu'il y travaillait[3]; peu après, il en lit des passages au Contadour d'été. Mais il ne l'achève sans doute qu'à la fin de 1938: les épreuves lui sont envoyées par lettre du 16 janvier 1939[4]. Ces pages assez fournies – trente pages de l'édition de La Pléiade – s'apparentent aux évocations de la montagne parues de 1932 à 1935; « Automne en Trièves », « Hiver », « Possession des richesses »; et c'est le premier long texte uniquement descriptif ou évocateur que Giono consacre à sa Provence, sans personnages – sauf un homme anonyme rencontré dans la campagne –, sans dialogues.

Pour la première fois depuis trois ans, Giono se donne le plaisir de créer un de ses « Breughel animaliers » en emplissant un paysage d'animaux divers, essentiellement oiseaux, poissons et papillons, pendant deux grandes pages[5]. *Provence* est le récit d'une randonnée pédestre, appuyée sur des souvenirs récents – Giono a fait en mai 1938 une randonnée de plusieurs jours dans la Drôme –, mais élargie et prolongée par l'imagination. Le récit est centré sur une route, et le fleuve rencontré à la fin (le Rhône, bien qu'il ne soit pas nommé) devient lui aussi une route. Giono a ici toute sa liberté, et il en profite. Parfois vingt lignes évoquent son passage à l'observatoire de Forcalquier et les regards qu'il a plongés dans le télescope: elles viennent de son expérience lors de la préparation du *Poids du ciel,* mais n'avaient pas trouvé place dans le livre. Surtout, des correspondances y percent avec le roman qu'il commence à écrire, *Deux Cavaliers de l'orage:* le début du récit se passe au Revest-du-Bion (le village des frères Jason); un maquignon passe dans le texte avec ses chevaux; Giono y devine les raisons du comportement d'un mulet. Et un paon y est évoqué par deux fois en quinze et en vingt lignes, avant de devenir le symbole d'une humanité qui compense son dénuement en se donnant des joies gratuites d'orgueil et de beauté: « Pourra-t-il naviguer dans l'orage de l'inconnaissable, ce vaisseau de notre pauvreté, avec son équipage de paons[6]? »

Un second texte sur la Provence, beaucoup plus bref, est de mars 1939. Il sert de préface à la *Géographie du département des Basses-Alpes* publiée cette année-là à Manosque par l'instituteur Léon Isnardy. S'adressant aux enfants qui utiliseront ce manuel, Giono les exhorte à avoir de leur département une vue d'ensemble, à comprendre que le bonheur est contenu dans les terres paysannes et artisanales, et à ne pas les quitter « pour courir après l'ombre de joies qui sont ici facilement atteintes dans leur matérielle vérité ».

Enfin, au début de 1939, Giono écrit le premier de ses textes sur des auteurs anciens: une courte préface aux *Géorgiques* de Virgile, que l'éditeur Philippe Gonin lui a demandée par lettre du 21 janvier, pour le numéro de février de la revue *Minotaure;* elle n'y paraîtra qu'en mai. Le texte est destiné à une édition de luxe avec gravures de Maillol[7]. Giono aurait-il accepté cette commande s'il n'avait ressenti une affinité avec elle ? La moitié de ses poèmes d'*Accompagnés de la flûte,* en 1924, avaient été écrits en marge de l'*Enéide.* Il fait, dans sa préface, parler un cultivateur qui semble être à la fois de l'époque de Virgile et de la nôtre : la civilisation paysanne est immuable, c'est là une de ses idées constantes. Dans son discours tout agricole et pacifique, il prend ses distances avec son temps : « Dans cette époque, toute retentissante du fracas des armes, je poursuis et j'atteins chaque jour un paisible bonheur (...). Je ne lui demande pas [au poète] les gloires de César, ni le piétinement des armées (...). » C'est Giono lui-même qui se réfugie dans les campagnes, et qui échappe ainsi à la politique et aux menaces de guerre.

Mais surtout, il revient au roman. Il renonce, après deux ans, aux *Fêtes de la mort.* Parce qu'il n'est pas dans sa nature d'évoquer une action située dans l'avenir ? Parce que l'action prévue est trop ancrée dans l'actualité pour qu'il puisse exercer sa liberté de romancier ? Ou parce qu'il sait, au fond de lui-même, qu'il s'est leurré, que les paysans ne se soulèveront pas, et que cela n'a pas de sens d'écrire sur ce qui n'a absolument aucun fondement ?

D'autres projets foisonnent en lui. Il avait dès octobre 1936 songé à un « roman de la route », lui, l'éternel « voyageur immobile ». Mais, peut-être en liaison avec *Provence* – ce texte sur la route –, le 12 octobre 1938 l'idée, mise en veilleuse, resurgit avec insistance : « Titre de livre : *Les Enfants perdus.* Tous les errants de la route et du champ. » Le lendemain : « Transporter *peut-être* aux *Enfants perdus* tous les Robin Hood de *Fêtes.* » Car il souhaite garder le mot initial de *Fêtes de la mort* comme titre de son nouveau roman, et en conserver divers éléments, sans notion de révolte désormais. Ces « enfants perdus » doivent aller dans « des fermes, des châteaux, des villes, avec des aventures picaresques ou lyriques ». C'est l'idée de base d'*Angélique* et de la première partie de *Naissance de l'Odyssée,* mais débarrassée des ornements médiévaux ou grecs. Il y avait eu ensuite des errants chez Giono. Mais si le lecteur suivait leur voyage, comme pour Gédémus le rémouleur dans *Regain,* c'étaient des personnages secondaires. Les protagonistes de nature errante, Bobi, Saint-Jean, étaient, durant le temps de l'action où ils apparaissaient, fixés provisoirement. Ou, s'ils erraient provisoirement, ils étaient fixés par nature, comme Albin ou Antonio. Ici, ce que Giono veut évoquer, c'est l'errance elle-même : il agrandit son espace romanesque. Une de ses grandes admirations de toujours, on l'a vu, a été *Don Quichotte.* (Ce n'est que plus tard qu'il connaîtra les autres romans picaresques espagnols.) Mais il a découvert, grâce à Henri Fluchère[8], les picaresques anglais. Dans les *Cahiers du Contadour,* il va bientôt songer à publier *Jonathan Wild* de Fielding, ce roman dont le héros est un brigand.

Errance, mais aussi amitié : autre thème essentiel pour lui. Il avait mis en scène des couples d'amis dans « Solitude de la pitié » et dans *Un de*

Baumugnes, mais toujours avec une différence d'âge entre les deux. Ici, pour la première fois, il n'y aura pas d'aîné. Dans son *Journal,* les deux protagonistes sont « moi » et « Henry ». Henri Fluchère comme le suggère Luce Ricatte ? Peut-être ; Giono et Fluchère avaient fait ensemble des randonnées. Ou Pierre Henry, vieil ami de la famille, mais plus âgé ? Peu importe. Même « moi » n'est pas Giono : il siffle, certes, mais il a été professeur. C'est la route moderne que doivent parcourir les deux amis : on y voit cette fois des autos et des camions ; le monde du passé s'estompe. Le titre devient *La Grand-Route* le 24 novembre 1938, puis *Les Grands Chemins* le 21 décembre. Le roman est annoncé sous ce titre dans les « à paraître » en tête de *Précisions,* dont l'achevé d'imprimer est du 4 janvier 1939. Giono va y penser jusqu'en mai 1939 ; il veut alors conclure les pérégrinations des amis par leur établissement définitif dans une maison isolée. Il a dans l'intervalle déjà envisagé de prolonger l'œuvre par *La Fin des Grands Chemins ;* mais on trouve aussi d'autres titres : *Le Génie de la mort,* ou *L'Amor,* titre-calembour[9].

Deux Cavaliers de l'orage

Tout cela reste à l'état de projet dans un bouillonnement perpétuel. Mais une autre œuvre se concrétise : Giono se met à la rédaction de *Deux Cavaliers de l'orage*[10]. Il y songe depuis longtemps déjà. Non pas sans doute depuis 1931 comme il le dira à R. Ricatte[11], mais depuis la fin de 1936, comme pour le roman de la route (il y aura d'ailleurs plusieurs épisodes de route dans ce nouveau roman dont le cadre est une région limitée). Le 24 décembre 1936, son *Journal* mentionne, dans une « série de livres sur la mort », *Premier Cavalier de l'apocalypse.* Parmi les « à paraître » en tête de *Refus d'obéissance,* dont l'achevé d'imprimer est du 4 janvier 1937, figure *Le Marchand de chevaux.* En mai 1937, Giono songe à *Cavaliers de l'orage* comme titre de ses *Fêtes de la mort,* et en même temps à un livre sur deux frères se mesurant à la lutte gréco-romaine. Le 29 juin 1937 apparaît le titre actuel. Il est annoncé au milieu de 1938 dans les « à paraître » en tête du *Poids du ciel,* suivi d'un autre titre : *Les Grandes Fêtes de l'orage.* Orage, fêtes : les deux restent alliés dans l'esprit de Giono, et leur double présence dans les deux œuvres projetées n'est pas encore à l'époque éclaircie en lui. Le dénouement tragique, la mort des deux frères, se précise en 1938. En juillet de cette année naît l'épisode de la foire et du cheval assommé. En octobre Giono trouve les noms : Jason, Ariane. Le 24 novembre il commence sa rédaction.

Ce n'est plus la violence collective de la révolte, de la guerre et de l'invasion, prévue pour *Les Fêtes de la mort,* mais celle qui surgit entre deux frères qui s'adorent, et dont chacun, au cours du roman, sauvera la vie de l'autre. Le cadet a près de vingt ans de moins que l'aîné. Celui-ci, le maquignon Marceau Jason, doué d'une force prodigieuse, tue d'un coup de poing, à la foire de Lachau, un cheval emballé. Un peu plus tard, un lutteur, Clef-des-cœurs, attiré par son exploit, veut le battre ; il est vaincu, et deux autres après lui. Le cadet veut lutter à son tour. Plusieurs fois il doit s'incliner, mais il finit par l'emporter sur son frère, qui, le lendemain, le tue avant de s'en aller mourir seul dans la montagne.

Le roman, paru en feuilleton en 1942-1943, ne verra le jour en volume qu'en 1965 : par une erreur de perspective dont il faut se défendre, il passe auprès des inattentifs pour une œuvre de vieillesse. Insistons donc : sa ligne a été conçue dès 1937-1938, et près des deux tiers de sa rédaction s'échelonnent de novembre 1938 à juin 1939 (chapitres 1 et 3-5) ; trois autres chapitres seront apparemment de 1942 (chapitres 6-8), un autre de 1944-1945 (chapitre 2). Le « chœur » terminal, qui date de 1964, remplacera le chapitre correspondant de 1942. Même sans tenir compte de ces vingt ans d'interruption, jamais jusqu'ici Giono n'a marqué de pause aussi longue entre les épisodes d'un roman. Certes, la guerre de 1939, et ses conséquences matérielles pour l'écrivain, sont en partie responsables de ces arrêts. Mais bien d'autres raisons entrent en jeu. Comme l'a bien senti R. Ricatte, *Deux Cavaliers de l'orage* représente un tournant dans l'œuvre de Giono.

Ce n'est pas une rupture radicale. L'action a pour héros des paysans, avec leur vie rurale : la moisson, le dessouchage, l'abattage du cochon. Elle se déroule en haute Provence, sur les plateaux qui dominent Banon. L'alternance déjà signalée entre romans alpins et romans provençaux est respectée, bien qu'un épisode se passe dans le Briançonnais, où Marceau et son frère Ange, dit « Mon Cadet », vont pendant un an acheter des mulets pour l'armée. Les notes de Giono attestent qu'il a pensé d'abord, comme pilotis de ses héros, à deux frères qui habitaient le petit village du Revest-du-Bion ; la ferme du Pavon, d'où vient Ariane, la mère des deux frères cavaliers, existe réellement. Mais, malgré ce point fixe, toute la région est transformée dans le roman : d'énormes forêts y remplacent les étendues de lavandes. Le village est démesurément éloigné de tout centre : Giono a effacé de sa carte Banon et Sault. La seule ville où l'on se rende, Lachau, ne doit que son nom au petit village ainsi nommé ; elle rappelle Manosque et a même une porte Saunerie comme Manosque, mais c'est un Manosque grandi, dramatisé, terrifiant avec ses continuelles bagarres sanglantes. Le bourg, avec ses comices, sa foire, est une « ville rouge », où il ne fait jamais nuit ; presque un concentré de Paris, la cité inquiétante, vicieuse, monstrueuse.

Giono donne au plus beau, au plus séduisant de ses héros, le prénom d'Ange, déjà présent dans *Angélique,* dans *Angiolina,* dans Angèle d'*Un de Baumugnes,* en attendant Angelo : Jean, en inversant les sonorités, ou Je, Ange(iono) ? Ce jeu continuera plus tard.

Pour la dernière fois, le texte contient une de ces chansons improvisées[12] qui étaient présentes dans tous les romans depuis *Le Grand Troupeau*. Ultime manifestation d'un Giono ouvertement lyrique dans un roman. Et les grandes forces de la nature se déploient encore à plein, froid, neige, pluie, orages surtout : jamais il n'y en a eu autant, et par la suite il n'y en aura plus jamais d'aussi grandioses chez Giono[13]. C'est la fin des paroxysmes en même temps que leur apothéose.

Le livre, comme *Batailles dans la montagne,* est tout baigné de l'approche de la guerre. Avant de se décider à appeler ses héros Jason, Giono avait pensé à leur donner le nom d'Arès, le dieu grec des combats. Les Cavaliers sont ceux de l'Apocalypse (que Giono avait songé à faire figurer dans son titre). Et l'Apocalypse, c'est la guerre ; une guerre dont Giono, qui a découvert en lui la violence virtuelle innée en tout homme, sait qu'elle exerce une attirance : « L'incendie, voilà ce qui réjouit ta tête. Pourquoi ? Parce que l'incendie éclaire. Voilà la triste vérité[14]. » Giono fait ici parler Marceau, contre toute vraisemblance réaliste : c'est évidemment lui-même qui s'exprime ici. Pour les frères Jason et leurs amis, la lutte est un remède à l'ennui. Le roman baigne dans le sang – depuis celui de la guillotine que Jason l'Ancien, en 1793, faisait marcher dans les vallées, jusqu'à celui de Mon Cadet massacré par son aîné à coups de serpe dans le ventre, en passant par celui du cochon égorgé à la ferme, celui du cheval tué par Marceau à Lachau, celui des bagarres dans la ville, celui d'un garçon blessé par une faux, celui des deux frères lors de leur combat final, qui n'est plus de la lutte loyale, mais un affrontement féroce à coups de poing et de pied, dans l'ivresse de la colère qui les envahit tous deux. C'est dans *Deux Cavaliers* que se trouve la première grande tirade sur le sang qu'ait écrite Giono, et qu'il met, comme les propos sur l'incendie, dans la bouche de Marceau : « Il faudrait avoir un homme qui saigne et le montrer dans les foires. Le sang est le plus beau théâtre (...). On voit des choses extraordinaires dans le sang. Tu n'as qu'à faire une source de sang, tu verras qu'ils viendront tous. » L'image originelle vient-elle des patients manosquins de l'arracheur de dents Casagrande, vomissant l'un après l'autre des flots de sang ? Mais cela prend ici des dimensions cosmiques. Marceau imagine même un homme qui saigne au haut d'une montagne, répandant sur le monde des flots de sang que tous regardent, fascinés. Il n'y a pas assez de sang pour cela dans un seul homme ? « Prends des domestiques, fais-toi amener des hommes et des hommes les uns après les autres ; quand un a fini de couler, tu en ouvres un autre. Et ainsi de suite[15]. »

Deux Cavaliers de l'orage, c'est le passage d'un sang à l'autre : le sang qui coule en nous et nous donne chaleur et vigueur, ici « le sang Jason », évoqué trois fois dans le livre[16] ; et le sang si souvent versé. Le français facilite ce passage (le latin a deux mots, « sanguis » pour le premier sens, « cruor » pour le second). C'est le passage de la force à la violence. Mais le sang versé ne va pas sans souffrance. Cette cruauté qui était dureté

dans les écrits de Giono depuis 1934, qu'il a attribuée aux révoltes paysannes annoncées par lui, dont il a proclamé l'existence en lui-même
dans la *Lettre aux paysans,* est ici portée à l'extrême, et prend un aspect
spécifiquement sexuel aussi bien dans les luttes physiques entre les
parents, Ariane et Jason l'Ancien, que dans le combat entre les frères :
dans les deux cas, un coup de pied au sexe mâle est implicitement porteur de castration.

Avec la mort des deux frères, le désastre final est plus complet que
dans les romans qui ont précédé. Pas même cette lueur d'espoir qui se
faisait jour dans les dernières lignes de *Que ma joie demeure* et de
Batailles dans la montagne. Plus de sauvetage, de mission, de message.
Le dénouement, que Giono avait arrêté dans son esprit dès 1938, est le
cataclysme auquel, on le verra, Giono s'attend à cette date tout en luttant contre son déclenchement.

Mais, alors que les *Fêtes de la mort,* si elles avaient été écrites,
auraient difficilement pu l'être sans référence au contexte historique de
leur rédaction, *Deux Cavaliers de l'orage* est beaucoup plus libéré de
l'époque. Nul combat collectif évocateur d'une guerre. Violence, oui,
mais elle est de tous les temps.

Bien que par certains côtés le roman soit situé dans la continuité de
l'œuvre gionienne, et que le contexte historique y fasse percevoir ses
échos, le renouvellement de l'écriture et de l'univers romanesque y est
plus frappant encore. Les dix-huit mois qu'il a consacrés à des essais
après l'achèvement de *Batailles dans la montagne* correspondent à une
maturation qui va jusqu'à la rupture. Il renonce à tout un monde fermé
qu'il a bâti depuis dix ans. Pour le faire vivre, il s'est forgé un style qui
en définitive le limite, et il entend s'en délivrer. Parlant de son roman à
Jean Bouvet en été 1939[17], il déclare que ce ne sera plus « du Giono ». A
la fin de l'année, lisant devant Pierre Pellegrin à Sisteron certaines pages
fraîchement écrites de *Pour saluer Melville,* il dira vouloir y renoncer :
« C'est mauvais, c'est du Giono. » Donner au nom qui vous a rendu
célèbre une valeur péjorative, quelle lucidité ! Il veut aller vers autre
chose. Il dira un peu plus tard à Pierre Magnan, qui me le rapporte : « Il
faut que je fasse maintenant les livres que je ne sais pas faire. » Il l'a dit
à d'autres aussi. La longueur de ses romans commence à décroître ;
Deux Cavaliers de l'orage n'a que 187 pages Pléiade, moins de la moitié
de *Batailles dans la montagne.* Lui qui peu d'années auparavant allait
vers l'abondance, il découvre les vertus de la densité, de la concision, de
la rapidité, de ce que R. Ricatte appelle si heureusement l'ascétisme
narratif.

Le chapitre initial de *Deux Cavaliers,* « Histoire des Jason », est le
premier exemple de ce style nouveau : récit rapide, abrupt, troué de
lacunes, où le projecteur n'est braqué que sur quelques points forts. On
sent la relecture de Stendhal[18]. Mais ce n'est pas la seule influence : il
confie à Jean Bouvet qu'il a découvert les *Chroniques* de Froissart[19], et

que leur concision l'a incité à reprendre tout le début de son roman. Il sabre plusieurs passages, et réduit à cinq phrases dix-sept pages sur le vent, qu'on n'a pas retrouvées.

Il est brusquement saisi du désir de cette rigueur qu'il a toujours admirée dans la tragédie grecque. Ses notes l'attestent : il veut faire grec, et, quand il s'est écarté de cette voie, il se le reproche, et se corrige. *Deux Cavaliers* est un roman de la démesure orgueilleuse et punie par le destin (pas question ici ni des dieux ni de Dieu, sauf dans quelques jurons). Et c'est un roman de la fatalité, annoncée par cette devineresse qu'est la vieille Delphine, pressentie par la vieille Ariane. Les noms des Jason, de Delphine, d'Ariane ont d'ailleurs été choisis pour leur résonance grecque. Rien ici du badinage parodique de *Naissance de l'Odyssée*. Ce qui est grec, c'est un drame plus linéaire et moins baroque que celui de Shakespeare, si souvent invoqué dans *Le Poids du ciel*.

Finis d'autre part le flou chronologique ou l'intemporalité. L'histoire fait irruption ici dans le roman gionien. La saga des Jason remonte à la Révolution française ; Marceau fait la guerre de 1914, et son frère Marat y est tué. Grâce à quelques recoupements, R. Ricatte a pu reconstituer les dates essentielles, du mariage de Jason l'Artiste, le père de Marceau, en 1883, au drame final de l'hiver 1930-1931. Jamais Giono n'a été si précis, d'une précision balzacienne. Jamais non plus il n'a dans un roman évoqué l'enfance d'un de ses héros, comme il le fait pour Ange. Après avoir dans le projet des *Grands Chemins* voulu élargir son espace romanesque, ici il élargit le temps romanesque d'un personnage.

Pour la première fois aussi, il crève les frontières sociales de ses romans. Lachau, la ville, intervient dans plusieurs épisodes : c'est là que Jason l'Artiste, au début, se rend aux comices ; c'est là que Marceau et Mon Cadet, après leurs folles randonnées à cheval, vont trouver les « veuves de petite vertu », là aussi qu'ils vont assister aux courses – et pendant ce temps Ariane et Delphine évoquent longuement la ville ; c'est là que Marceau, Ange et toute leur bande vont en expédition.

Les trois précédents romans avaient pour héros un homme qui, par plusieurs côtés, était une figure de Giono : Antonio, Bobi, Saint-Jean. Rien de semblable ici : ni Marceau ni Ange ne doivent rien à leur créateur[20]. Mais que les deux héros soient frères est neuf chez Giono. Frères, mais avec dix-neuf ans d'écart : l'aîné est comme le père du plus jeune, d'autant que le vieux Jason l'Artiste, leur père, a été paralysé dès la naissance du cadet, et n'a vécu ensuite que sept ans. Giono n'a eu ni frère ni fils. Il crée ici ces êtres qui lui ont manqué ; et il imagine entre l'aîné et son frère-fils – tous deux mariés, tous deux hommes à femmes – une relation d'amour qui dépasse l'affection fraternelle la plus solide : comme une tendresse homosexuelle platonique et doublement incestueuse, qu'on ne peut dire ouvertement sublimée car la sensualité n'en est pas exclue, mais qui n'atteint ouvertement quelque chose de sexuel que dans le combat final avec le coup de pied castrateur donné par le cadet à l'aîné. Giono s'éloigne ici, plus qu'il ne l'avait jamais fait, de toute apparence de réalisme et donne libre cours à une construction fantasmatique. Les personnages, même issus de modèles partiels – lutteurs ou cavaliers de la région de Banon, frères très unis comme les cousins de Giono, Aldo et Serge Fiorio – sont entièrement recomposés. On a la chance de savoir comment Giono se représentait Marceau : il a dit à Jean Bouvet en été 1939 qu'il songeait à tirer de son roman un film, que réaliserait Abel Gance, et où Marceau pourrait être joué par Jean Gabin.

Tout aussi importante est l'irruption du comique dans l'univers romanesque de Giono. Lui qui était si naturellement gai et plein d'humour dans sa vie de tous les jours, dans ses lettres – à Lucien Jacques notamment –, qui avait dans *Jean le Bleu* et dans diverses nouvelles si souvent laissé percer son sourire, il ne se départait à peu près jamais, dans ses romans, du ton sérieux, grave ou méditatif. La joie, dans *Que ma joie demeure,* était une exaltation ; si elle permettait parfois la bonne humeur et même le rire de contentement, elle excluait à peu près totalement la raillerie à l'égard des personnages, que ce soit entre eux ou de la part du narrateur[21]. Même les saltimbanques évoqués auparavant – acrobates de *Présentation de Pan* et de *Que ma joie demeure* – avaient quelque chose de sérieux. Ce n'est guère le cas de Clef-des-cœurs, qui est « un rigolo, avec une grosse figure bien rasée couleur de cochon et, dans le cou, au moins quatre mentons en plis qui, de chaque côté, allaient s'accrocher aux oreilles. Et des moustaches en accroche-cœur, noires, plaquées, cirées comme à la brosse à reluire. (…) il avait une belle raie au milieu de cheveux plats où l'on voyait toutes les dents du peigne[22]. »

Tout ce qui concerne Jason l'Artiste, acoquiné avec la Conseillère et vivant aux crochets de son mari[23], est aussi de la comédie à l'état pur. De plus, l'histoire met en scène de grands bourgeois châtelains : une espèce que Giono n'avait jamais admise dans ses romans, d'où étaient rejetées les autorités et la noblesse ; elles s'imposeront à nouveau dans les chapitres de 1942 et de 1944-1945, avec le « baron » de la vallée du Rhône et le commandant-vétérinaire[24]. Le monde total – celui de *Jean le Bleu* et des récits courts – et l'univers paysan des romans, jusque-là séparés, commencent ici à se fondre.

Ces transformations convergent : Giono accroît sa liberté. Tel chapitre est concis, tel autre abondant. Le style va du familier au classique et au flamboyant. Par cette souplesse et cette variété, par l'inspiration fantasmatique, *Deux Cavaliers de l'orage* annonce les futures *Chroniques* nées en 1946, où d'ailleurs Giono songera un instant à les faire figurer[25].

Et déjà il pense à autre chose, qui ne soit plus « du Giono »; à une autre manière. *Deux Cavaliers de l'orage* appartient encore pour une part, malgré les renouvellements, à l'ancienne. Mais la vraie perspective, c'est ce roman qui porte pour lui le titre des *Grands Chemins,* et dont le contenu encore flou se transformera au cours des ans pour produire aussi bien *Un roi sans divertissement* que *Noé,* que le cycle du *Hussard,* et, pour finir, que les actuels *Grands Chemins.* Il y voit l'occasion de s'accomplir enfin, de déverser toutes ses richesses, comme l'atteste une note orgueilleuse de son *Journal,* le 16 janvier 1939 : « Si je mourais maintenant on ne saurait pas ce que je peux écrire vraiment. (...) Le pays où je me suis promené ce soir est exactement pareil à celui du *Roland furieux.* Jamais comme aujourd'hui je n'avais retrouvé la richesse inouïe de mon cœur à l'époque de 1911-1912 dans la première rencontre de ce pays et des grands Grecs. En plus, j'ai la connaissance. En plus le métier. En plus savoir goûter, savoir profiter, et l'équilibre (...) Jamais corps et esprit si calmement heureux que maintenant, ce soir. Et envie farouche d'exprimer, d'apporter, de donner, de créer de très belles et de très grandes choses. »

Printemps et été 1939. La fin du Contadour

Mais, d'un coup de hache, l'Histoire va faire irruption dans ce bonheur exalté, interrompre *Deux Cavaliers de l'orage* et mettre provisoirement fin au projet des *Grands Chemins.* Hitler impose son « protectorat » à la Bohême-Moravie le 15 mars 1939 et occupe Memel le 22 mars. La rencontre du Contadour de la première quinzaine d'avril en est assombrie. La musique l'illumine pourtant : Giono a apporté la série des disques de madrigaux de Monteverdi qu'il vient de découvrir, enregistrés par Nadia Boulanger et son groupe. L'air de *Zefiro torna* devient presque un signe de ralliement des contadouriens au même titre que le chant de hautbois de *Jésus, que ma joie demeure* de Bach. Giono lit des pages récemment écrites de *Deux Cavaliers.* Mais nul n'a l'impression que son activité pacifiste soit en veilleuse ; ni qu'il ait intérieurement bifurqué vers une voie littéraire neuve, ce qui est pourtant le cas. Après le n° VIII des *Cahiers du Contadour,* qui vient de paraître, une nouvelle série est annoncée. Personne ne se doute qu'elle ne verra jamais le jour[26].

Bientôt après, les coups de Hitler redoublent. Il réclame Dantzig en mars, les districts allemands de Pologne en avril, conclut avec l'Italie un pacte renforcé le 22 mai. L'illusion de Munich devrait se dissiper : l'agresseur a seulement gagné un répit pour mieux préparer son attaque. Par instants, Giono ne voit d'autre solution que de nier le danger. Son texte « Contre l'Apocalypse », paru dans *Marianne* le 10 mai[27], s'ouvre sur ces mots : « Ce que dit Hitler n'a aucune importance » ; il contient des invocations à Dieu, uniques, je crois, chez l'athée Giono, et qui trahissent son désarroi – même si celui qui s'exclame, bibliquement, « Je suis désarmé, Seigneur (...) Je crie vers toi, Seigneur (...) » est l'homme en général et non Giono en tant qu'individu, car celui-ci ne s'en distancie pas ; et il se ferme sur une affirmation de la beauté et de la pérennité de la nature. Mais, en dehors de cet instant halluciné, Giono persiste à dire la guerre évitable et à affirmer qu'il refusera d'y participer. Il signe, avec d'autres, un tract pacifiste du 1er mai 1939[28].

Une autre action possible est de rappeler, par des témoignages, l'horreur de la précédente guerre. Lucien Jacques a conservé son journal de juillet 1914 à juillet 1915, tenu dans des carnets de moleskine. Après avoir tenté en vain, par l'intermédiaire de J. Guéhenno, de le faire publier en 1933-1934, il l'a donné aux *Cahiers du Contadour,* en août et en novembre 1938. Giono a obtenu de Gallimard qu'il le publie en volume, en promettant dès 1938 une substantielle préface au texte de son ami. Il a tardé à l'écrire[29]. Les événements l'y poussent désormais. Du 5 au 23 juin 1939, il écrit le plus beau, le plus violent, le plus visionnaire de tous ses textes pacifistes : *Recherche de la pureté,* où sont évoqués d'abord Verdun, les tranchées de l'avant coupées de tout, et non pas tant le sang des blessures que celui de la constante diarrhée sanguinolente. Une guerre dépouillée de toute gloire, une guerre humiliante où l'homme est réduit à l'état de bête malade. Cela, il l'a vécu. Puis, après une apostrophe aux puissants, aux officiels, aux menteurs, vient le récit – imaginaire en ce qui le concerne, et reconstitué d'après des bruits amplifiés et déformés – des mutineries de 1917, des décimations sans jugement (dont il n'est pas prouvé qu'elles aient jamais eu lieu). Là, le « pacifique » – Giono évite le mot « pacifiste » qui implique une doctrine – celui qui a refusé de tuer, va être exécuté ; il « est devant les fusils. Il ne lui reste plus qu'un temps infinitésimal. Il est seul. Mais il est contre ». Ce sont les derniers mots de ce texte anarchiste, où, ayant reconnu ou plutôt proclamé que l'entreprise du pacifique est par nature individuelle, Giono écrit : « Le chef n'est jamais pur. Le commandement salit. »

Sa position personnelle n'a guère varié. En 1934, la révolte. En 1936, le refus. En 1939, la première phrase de *Recherche de la pureté* est : « Quand on n'a pas assez de courage pour être pacifiste on est guerrier. » Ce n'est pas pour lui de la littérature. Il a un peu avant écrit à L. Jacques, à propos de la menace d'un gouvernement autoritaire en France : « Décidé à lutter tout à fait, vieux[30]. » Et, en été 1939, Henry Poulaille, avec qui le contact s'était relâché depuis 1936, lui ayant fait savoir qu'il songeait à créer une revue au titre significatif, *Les Derniers Jours,* et lui ayant demandé sa collaboration, Giono répond :

« Bien entendu. D'accord en principe pour *Les Derniers Jours* avec cette équipe et toi, et pour tout ce qui sera en ce sens.

« A condition que nous soyons tous prêts à vendre chèrement notre peau.

« Nous n'aurons plus le droit, une fois engagés, de tout laisser tomber en couille comme les autres.

« Alors, si c'est ça : grand combat jusqu'à la fin et voulant imperturbablement défendre notre vie libre, entièrement d'accord, vieux Poulaille.

« Ma bonne amitié. Jean Giono. »

Les Derniers Jours ne paraîtront jamais. L'atmosphère politique est tendue. Giono est isolé. *Marianne* a refusé *Recherche de la pureté,* dit-il à Jean Bouvet. Le texte paraît à la fin de juillet dans un numéro spécial de *La Patrie humaine,* l'hebdomadaire pacifiste. Exceptionnellement, il est tiré à 50 000 exemplaires. Un peu après, *Carnets de moleskine,* avec la préface (qui là ne porte pas de titre), paraît chez Gallimard. Giono en reçoit les premiers exemplaires le 15 août. Jean Paulhan est d'accord avec Jean Grenier pour estimer que la préface est belle[31]. Alain, lui aussi, écrit dans une lettre : « J'ai lu une chose de Giono, qui est bien[32]. »

En juillet, après une visite de Jean Grenier, il a quitté Manosque [33]. Il a besoin d'être seul. Il fait dans la haute Drôme une longue randonnée à pied, qu'il racontera plus tard[34] en l'allongeant et en la romançant : il en place la fin, pour faire plus dramatique, au moment de la mobilisation. Il achète une tête de pierre qu'il voit encastrée dans le mur d'une grange (il est obligé pour cela, dit-il, d'acheter la grange entière), et la fait rapporter chez lui : elle y est encore. En août, il est, avec Élise et Sylvie (Aline est chez les Djoukitch), dans le Trièves, à l'hôtel du Mesnil à Château-Bas, un des hameaux qui forment l'ensemble de Tréminis. Plusieurs contadouriens particulièrement proches et fidèles, Marthe et Jean Bouvet avec leur fils Maurice, Germaine et Jean Bellec, Madeleine Monnier, Gaston Pelous et sa femme, sont aussi, soit à Tréminis, soit non loin, à Lalley. Giono y lit beaucoup, se montrant de plus en plus curieux de livres éloignés des chemins battus de la culture reconnue en France ; il avait commencé en 1936 avec *Moby Dick,* il continue en 1939 avec le projet de traduction de *Jonathan Wild* de Fielding, annoncé dans le n° VIII des *Cahiers du Contadour*[35] ; durant ce mois d'août, il parle à Jean Bouvet des *Chroniques* de Froissart, du *Roland furieux* de l'Arioste, et du *Journal* de Samuel Pepys. Il essaie aussi de continuer, et peut-être même de reprendre dans son ensemble, *Deux Cavaliers de l'orage ;* mais cette tentative n'aboutit pas.

Il vient d'apprendre la mort de Louis Brun, son pseudo-camarade de guerre, directeur littéraire chez Grasset : infidèle, il a été abattu par sa femme, le 22 août, de deux coups de revolver, dans leur maison du Var[36]. Mais le drame individuel s'efface devant le drame collectif.

Le neuvième Contadour commence vers le 20 août ; il se tient surtout aux Graves, maintenant mieux aménagées. Le calendrier des jours qui suivent n'avait pu jusqu'ici être établi avec rigueur, étant fondé sur des souvenirs recueillis longtemps après. Ce qui permet aujourd'hui de combler cette lacune, ce sont les carnets tenus à l'époque, au jour le jour, par Jean Bouvet, une des grandes figures du Contadour : il est peu d'hommes, tous ceux qui l'ont connu l'attestent, à qui l'on puisse faire confiance aussi totalement. Giono monte au Contadour le 25 août. Nous y sommes plus d'une cinquantaine, logés surtout aux Graves, ou campant alentour. Le pacte germano-soviétique a été signé l'avant-veille. Certaines catégories de réservistes sont rappelées : la mobilisation, sans être encore générale, est en marche. Le 26, Giono écrit un message que Jean Bouvet juge « bref et courageux ». J'en donne le texte, qui, sauf erreur, n'est actuellement disponible nulle part :

Ne frappe pas, écoute

« Encore une fois, vous allez vous battre pour rien ; vous allez vous faire tuer pour rien ; vous allez tuer pour rien. Vous allez accumuler des misères pour satisfaire des joueurs qui mentent dans toutes leurs déclarations. Toutes les preuves vous en sont données par les événements de ces derniers jours. Les plus ardents à vous pousser vers la guerre détournent sans honte toute leur idéologie, toute la philosophie pour laquelle ils vous demandaient, hier, de mourir. Ils empêchaient de traiter avec l'Allemagne en 1938. En face d'événements semblables, ils traitent avec l'Allemagne en 1939.

« Je ne le leur reproche pas. Je dis que nous devons encore traiter avec l'Allemagne aujourd'hui, sans nous soucier d'idéologies dont il est, par ces cabrioles, magnifiquement démontré enfin, à la face du monde, qu'elles ne valent pas la vie d'un seul homme.

« Jamais les Gouvernements qui nous parlent de patriotisme, de défense de nos libertés ou de cette fausse générosité humaine qui ne sert, en vérité, que la plus incapable des politiques, n'ont aussi clairement démontré que votre paix, votre famille, vos enfants, votre travail, votre avenir, votre vie sont sans intérêt pour eux. Vous n'êtes que les instruments de leur jeu. Ils vous obligent à mourir parce que votre mort les sert. Ils vous obligent à la honte de tuer parce que votre déchéance, votre esclavage, votre misère les servent.

« Pour moi, mon compte est fait : je ne me salirai pas dans cette lâcheté.

« Jean GIONO. »

Le texte, avec la date du 27 août, fera l'objet d'un tract édité par le Groupe pacifiste de Marseille auquel Giono le fait porter. Il est aussi publié le 31 août dans un numéro spécial de *Solidarité internationale antifasciste,* bulletin du comité du même nom. (Il sera reproduit en 1943 par Maurice Wullens[37].) Tout cela n'a guère de diffusion.

Le 27, deux jeunes Allemands en vacances passent aux Graves, et la sympathie qui s'établit entre eux et les contadouriens redonne confiance

311

à certains ; une guerre avec des hommes semblables est-elle concevable ? Ils ne croient pas, disent-ils, au projet de Hitler de dominer l'Europe, et affirment qu'il n'a derrière lui que 40 à 50 % des Allemands. D'après Gerhard Heller[38], Giono lui a dit plus tard avoir aidé ces deux jeunes gens – déjà arrêtés une fois à Manosque par une autorité zélée, rappellent J. Bouvet et A. Campozet – à se rapprocher de la frontière allemande en les confiant au garagiste Martel, de Banon, et en leur donnant de l'argent français. Étaient-ils d'ailleurs si innocents que cela ? Joseph Rovan, qui était alors avec moi au Contadour, en doute ; allemand d'origine, il était bien à même d'en juger.

Le vendredi 1er septembre, J. Bouvet note : « C'est le jour de l'aïoli, Marthe et Jean, Lucien, ont pris part à sa confection. Au milieu du déjeuner arrivent brusquement en auto Élise, ses enfants et Andréa[39], et aussitôt la nouvelle : la mobilisation générale est décrétée pour demain. Consternation générale. Le repas est écourté. » A. Campozet, qui rapporte que Jean a pris Élise dans ses bras et s'est éloigné avec elle dans le pré, entend Élise qui sanglote : « Et moi ?… Et nous ?… » Elle repartira une heure plus tard pour Manosque. Giono est resté au Contadour. A ceux qui le consultent anxieusement, il se refuse à conseiller une conduite quelle qu'elle soit : il faut, dit-il, que chacun « fasse son compte » (les derniers mots du *Poids du ciel*) et décide pour lui-même. Il met Alfred Campozet, qui l'interroge, en garde contre la tentation du martyre. Il tient les mêmes propos à plusieurs autres, selon ce qu'il dira dans son seizième entretien avec J. Amrouche. Il descend à Banon avec Jean Bouvet et Jean Bellec, dans l'auto de Pierre Pellegrin. Chez le garagiste Martel, ils écoutent les nouvelles : invasion de la Pologne, discours violent de Chamberlain, attentisme de Mussolini.

Puis remontée au Contadour. « On décide d'économiser le pain, le sucre, de faire des provisions », écrit J. Bouvet. Car Giono a conçu depuis quelque temps plusieurs projets pour qu'au moins quelques contadouriens, et lui-même avec sa famille, échappent à la guerre. Un bateau à bord duquel on s'embarquerait, me dit Daniel May. Un départ pour la Suisse : selon sa cousine Ida Méruz, il donna rendez-vous à divers camarades chez Antoinette Fiorio, à Vallorbe ; il y en eut pour le croire et faire le voyage, mais ils ne le virent jamais arriver. Et son éditeur de la Guilde du livre, Albert Mermoud, raconte que peu de jours avant la déclaration de guerre, une dizaine de jeunes gens firent irruption dans son bureau en disant : « Nous sommes pour la paix. Nous ne voulons pas la guerre. Giono nous a assuré que vous nous dépanneriez[40] ! » Il est question aussi d'un réduit quelque part dans les Alpes. Enfin d'un refuge au Contadour [41], où certains pensent pouvoir s'établir. Pierre Pellegrin me dit que dans les jours suivants il y a apporté des provisions : centaines de kilos de pommes de terre, des pâtes, du riz, du sel en abondance – et, sur l'insistance de Giono, encore hanté par les diarrhées de Verdun, de l'élixir parégorique en quantité.

La déclaration de guerre

Le soir de la mobilisation, Giono va avec Daniel May, Alain Joset et Alfred Campozet coller sur des affiches de mobilisation, dans la région, des papillons : « Non. » Et, sur les portes de quelques églises, d'autres papillons : « Tu ne tueras pas[42]. » Le 2 septembre on écoute la radio : Pierre Pellegrin a rapporté de Manosque le poste de Giono[43]. On a l'impression que l'union sacrée se constitue. Le 3 au matin, la radio annonce que l'Angleterre se considère comme en état de guerre avec l'Allemagne. Hélène Laguerre, arrivée de Paris dans l'après-midi, rapporte que la mobilisation n'a rencontré aucun obstacle[44]. En outre « ceux sur qui nous comptions pour la sauvegarde de la paix se taisent ou ont flanché », écrit Jean Bouvet à la même date : il s'agit sans doute avant tout de Gide et d'Alain. Ce qui s'annonce, c'est la guerre générale. Giono dit : « la fin des temps modernes » : la formule même par laquelle il avait conclu le plan des *Fêtes de la mort,* avec l'arrivée des troupes paysannes devant Paris. Il parle avec J. Bouvet des obligations de sa conscience et de ses obligations familiales. J. Bouvet pense que Giono « doit vivre pour créer et pour agir ».

A la fin de l'après-midi la radio annonce que la France est entrée en guerre. Jean Bouvet note : « La plupart pleurent. J'embrasse Jean. La nuit est tombée. Nous nous sentons effondrés. Jean se promène seul dans le pré puis s'enferme chez lui. C'est vers 9 heures que nous nous retrouvons pour le dîner servi dans la cuisine. Pas d'appétit et peu de paroles. Jean qui baisse un peu la tête nous dit sa tristesse et son espoir en paroles simples et comme venues du fond de lui. "Ce n'est pas la fin du Contadour, c'est un nouveau Contadour qui commence... Notre action n'aura pas été inutile... Nous gardons les mains propres... Et maintenant il faut nous sauver et nous aider." Il annonce son départ pour le soir même avec Joset. Je l'accompagnerai et nous ramènerons ses manuscrits. Adieux et départ. Rares paroles. Nous croisons seulement 2 autos. Arrivée à Manosque à une heure du matin. Élise se lève, puis les 2 grand-mères. Élise très calme mais révoltée par l'attitude d'acceptation des gens (...). Nous enlevons les manuscrits, un Arioste et un Dante. Devant les belles éditions originales de ses œuvres, Jean hésite un moment puis fait un geste "tant pis", et après une dernière accolade, Joset et moi nous partons dans la nuit. Arrivée aux Graves à 3 heures, transbordement des manuscrits. »

Le lundi 4, le groupe s'effrite peu à peu. Certains sont partis pour la Suisse où ils passeront toute la guerre. Jean Bouvet, redescendu du Contadour à Manosque, y trouve Giono en train de faire ses adieux à sa famille. « J'accompagne Jean par les sentiers jusqu'à la gare où il doit prendre le train de 15 heures pour Marseille. Il était inutile de courir, il n'y a pas de train avant 17 heures. Jean décide d'attendre. Je reste une heure avec lui à parler de ses projets et de la guerre. "Nous avons perdu la grande bataille pour la paix... La catastrophe s'est produite... C'est la fin des temps modernes... Il ne nous reste plus que notre amitié... Il faut rester pur et qui sait peut-être plus tard...!" Je lui demande de se garder vivant et comme je lui parle de création : "Évidemment, j'ai encore beaucoup à dire mais qui sait ce que sera demain ? Il ne m'est pas possible de prévoir ce que je ferai... Pourtant regarde..." Et il me montre le carnet bleu qui sort de la poche de sa veste. Il a un beau complet marron, pas de bagage et "le minimum d'argent". Nous nous séparons. "Cela m'a fait un grand plaisir, mon vieux Jean, de te revoir », me dit-il en me quittant. Nous nous embrassons, un geste de la main et c'est fini. Quand nous reverrons-nous ? »

On peut comparer ces notes prises le jour même au récit que fera Giono en 1941 à Alfred Fabre-Luce, de la crédulité duquel il se moque visiblement : « Quand la guerre éclate, ils sont là près de cinq cents : des Allemands, des Tchèques, des Juifs, des Chinois, des généraux. Giono va d'un groupe à l'autre, docteur en sabots, curé païen qui prêche le culte de la Nature et de la bonne volonté. A l'annonce de la mobilisation, les généraux prennent congé. Giono les serre sur son cœur en annonçant doucement qu'il ne les rejoindra pas[45]. »

Louis Lecoin monte au Contadour pour faire signer par Giono son tract « Paix immédiate ». Mais il ne trouve qu'Hélène Laguerre et Lucien Jacques[46].

Jean Bouvet repart pour le Contadour. Le 6 septembre, il note : « Joset rentre de Marseille.(...) A son passage à Manosque, Élise lui a appris que Jean est à Digne, secrétaire [dans l'armée][47]. Cela nous bouleverse tous. Hélène pleure. J'apprends la nouvelle à Lucien et à Jean Bellec que j'avais laissés après les avoir aidés à retourner le foin de Justin. Nous sommes tous atterrés. » C'est vrai. Pierre Pellegrin se souvient que le vieux peintre Eugène Martel passa la journée à pleurer en faisant inlassablement le tour des Graves. J. Bouvet poursuit : « Puis, à la réflexion, le doute s'installe dans nos esprits. Après *Recherche de la pureté,* certaines attitudes sont incompréhensibles. Que va-t-on dire ? Une grande tristesse est dans nos cœurs mais toute confiance n'a pas disparu. Quant à notre amitié pour Jean, elle reste intacte... »

A Marseille, Giono a sans doute espéré voir Gaston Pelous, dont la situation dans la police lui donne accès à des informations précises sur le sort réservé aux insoumis, mais, semble-t-il, il ne l'a pas trouvé ; et il s'est décidé, après un dur combat intérieur, à répondre à l'ordre de mobilisation.

De sa conduite, il donnera par la suite une version romancée, comme à son habitude. On la trouve dans une interview (sans doute par Marc Augier), publiée par le n° 1 de *La Gerbe,* en juillet 1940, et plus tard dans le *Journal de la France (2)* d'Alfred Fabre-Luce : « A l'échéance de 1939, il ne songe pas à émigrer, à militer. Il se borne à suivre l'ordre individuel qu'il s'est donné ; il reste chez lui. Quand enfin, le 10 septembre, on l'appréhende, il a d'abord le réflexe du vagabond traqué, il songe à fuir vers sa lande. Mais ne serait-ce pas causer un ennui aux gendarmes qui l'accompagnent ? Ce scrupule l'arrête et il se laisse conduire docilement. A Digne, le colonel refuse de prendre livraison de ce gêneur. "Qu'il reste à l'hôtel, qu'il fasse ce qu'il veut, mais qu'il ne mette pas les pieds à la caserne !" Un officier du deuxième Bureau lui propose de rédiger des tracts pacifistes qui seront lancés par avion sur l'Allemagne. (Au besoin, on les écrira pour lui, on n'a besoin que de sa signature.) Mais Giono, s'il composait des tracts, voudrait les semer sur toute l'Europe. Il refuse donc et ne cède pas au préfet qui insiste à la fin d'un bon dîner. Alors les pouvoirs se fâchent. Giono est mis au secret dans un fort de Marseille[48]. » Giono fabule visiblement dans les détails ; et, dans le fond, il s'efforce à la fois de gommer le malaise qu'il éprouve nécessairement, et de se rapprocher de la légende que ses amis, en toute bonne foi, ont répandue : celle de son arrestation pour insoumission.

C'est là un des épisodes les plus controversés de toute la vie de Giono. Il sera violemment attaqué par des pacifistes qui s'estiment trompés. Henry Poulaille – cet homme parfaitement sincère, militant courageux, excellent chroniqueur, mais pour qui le réel prime l'imaginaire au point qu'il ne peut concevoir que chez un homme comme Giono l'invention soit essentielle – rompt définitivement avec lui, et, dans ses vieux jours, écrira sur lui un long texte très ironique, injuste et violent, souvent inexact, « Pan la panique », resté inédit[49]. Le pacifiste F. Gouttenoire de Toury l'attaquera aussi avec fureur. Beaucoup d'admirateurs sont consternés et déçus. Je ne crois pourtant pas qu'aucun de ses amis du Contadour lui en ait profondément voulu[50]: la plupart ont continué à lui écrire avec affection : il existe, pour 1940, de telles lettres de Jean Bouvet, de Jean et Germaine Bellec, d'Alain Joset, d'Hélène Laguerre, de Madeleine Monnier, de Marcel Demurger, de Vera Gribbon, de Camille Sicard, de Lise Schulhof, de René Héron, de Justin Grégoire et de plusieurs autres. Un homme comme Louis Lecoin, dont la vie a été consacrée à l'objection de conscience, s'est refusé plus tard à le condamner. D'ailleurs Giono n'a jamais prôné l'objection de conscience, ni n'a poussé qui que ce soit dans ce sens. Il a seulement affirmé, de la fin de 1936 jusqu'en août 1939, qu'il refuserait d'obéir.

De ce qu'il ne l'a pas fait, on ne doit pas conclure à une absence de sincérité, encore moins à une duplicité. Il était contre la guerre, et l'est resté jusqu'à la fin de sa vie. Les raisons de son acte sont très complexes. Il peut y avoir eu, lorsqu'il s'est rendu à la caserne de Digne le soir du

5 septembre ou le matin du 6, un peu de crainte personnelle. Il n'était pas peureux de nature, et était capable de coups d'éclat. Élise serait-elle montée brusquement le 1ᵉʳ septembre au Contadour (où elle ne venait à peu près jamais), pour adjurer son mari de ne pas abandonner sa famille, si elle ne l'avait pas su capable de céder à des impulsions qu'elle ressentait comme désastreuses ? Il a eu pourtant le sentiment de manquer de courage. Une note de son *Journal de l'Occupation,* le 12 novembre 1943, l'atteste : « Il n'y a rien de plus noble que le pacifisme. Et croyez bien, monsieur de Montherlant, que ça exige du nerf de toréador et du miracle de sportif. Et beaucoup plus de courage que la guerre. J'ai fait la guerre de 14 assez bien. Je n'ai pas pu faire le Pacifique en 39. » S'il ne l'a pas pu, c'est que, comme il l'a dit plus tard à Henri Fluchère, il a pesé les conséquences de son attitude pour les siens. Lui arrêté, ses biens peut-être séquestrés – le déménagement des manuscrits au Contadour atteste cette crainte –, comment aurait vécu toute la famille ?

Il aurait dû, dira le bon sens, y penser plus tôt. Mais, outre que le bon sens peut ne pas être la qualité dominante des artistes, surtout de ceux qui vivent constamment en imagination, il n'a jamais résolu les contradictions profondes qui habitent les hommes. En fait, depuis quatre ou cinq ans, comme beaucoup d'autres, Giono était habité à la fois par l'espoir de voir se perpétuer la paix, et par le désespoir de sentir la guerre inévitable. Toute son action était celle de l'espoir. Elle était encouragée par les centaines de témoignages reçus de toutes parts depuis 1934, par écrit ou verbalement ; ils lui faisaient croire qu'il disposait d'une influence extraordinaire, qu'il imaginait capable de peser sur les événements mondiaux. En même temps, vingt fois, sa réflexion l'amenait à désespérer[51]. Dans le *Journal,* le 2 mai 1935 : « Rien à faire contre la guerre. Je continue. » Le 20 novembre 1936 : « Le Triomphe de la mort est presque là, en train de débonder son armée de squelettes. » *Le Poids du ciel* prophétise la guerre que vont provoquer les dictateurs[52]. La *Lettre aux paysans* proclame : « Le sens qui nous vient de plus en plus d'instinct, en 1938 (…) c'est que la paix est difficile. Ah ! même, c'est que la paix est impossible. Vous me l'avez fait dire[53] ! » Et dans *Précisions* : « Nous sommes à deux doigts de tuer la guerre. Elle est blessée ; elle n'est pas morte. Ne la regardons pas agoniser (et peut-être elle va guérir) (…)[54] ». Mais l'horreur de la guerre amène Giono à ne pas admettre sa possibilité, à proclamer qu'il la refuse, et en même temps à la voir, ainsi que bien d'autres, comme une fin de tout, dans laquelle et au-delà de laquelle rien n'existe plus. Il ne se rend pas compte ou ne veut pas admettre que si elle survient malgré tout, il aura brûlé ses vaisseaux et se sera enfermé dans un dilemme : ou bien il subit les rigueurs de la loi en temps de guerre : long emprisonnement, séquestration des biens peut-être, ou, imagine-t-il même, condamnation à mort (mais il ne s'en est sans doute pas informé auprès d'un juriste) ; ou il renie un engagement pris avec éclat, et déçoit jusqu'au déchirement ceux qui le suivaient. Aux yeux de beaucoup de ses admirateurs, même de ceux qui ne l'accompagnaient pas jusqu'au bout de son pacifisme, il passait jusque-là non seulement pour un grand écrivain, mais pour une sorte de héros. Ce second volet de son image va s'effondrer à mesure que la vérité sera connue. Il est impossible qu'il n'en ait pas souffert.

Sa décision est prise dans le désarroi. C'est la fin de ses espoirs de paix, et d'une double illusion : celle de voir les paysans se soulever, et celle de pouvoir agir personnellement avec quelque efficacité contre le conflit. C'est un écroulement, que ses fantasmes d'apocalypse totale le poussent à voir plus terrifiant encore qu'il ne va l'être dans les faits.

Il y a aussi l'œuvre. Elle n'est certes jamais le simple reflet de la vie d'un auteur. Mais comment nier qu'entre elle et cette vie existent des liens et une interaction ? D'abord, la punition du « pacifique » – l'exécution par les armes –, Giono vient de la décrire à la fin de *Recherche de la pureté,* où l'opposition à la guerre aboutit à une sorte de suicide. Par là, il a réalisé son refus de façon plus réelle et plus profonde pour lui que par des actes. Mais surtout – car ce qui lui est essentiel se trouve dans ses romans – il tient la conduite même qui est au cœur de son être : celle des personnages dont la voie préfigure celle qu'il suit en septembre 1939, ceux des deux derniers romans qu'il a publiés, *Que ma joie demeure* et *Batailles dans la montagne.* Il s'est voulu le sauveur d'une collectivité, et il en désertera *in extremis :* déserteur non certes de l'armée comme il y a fugitivement rêvé entre 1916 et 1918, mais de la cause de la résistance à la guerre dans laquelle il s'est engagé. Giono est Bobi quittant son œuvre de purification et de résurrection du plateau Grémone. Il est Saint-Jean qui, après avoir fait sauter le barrage, abandonne brusquement Sara. Déserteur pour se retrouver libre, car son action en un sens l'entravait dans sa vie comme dans sa création. La désertion est un désengagement. Déserteur pour aller plus loin, en lui-même et vers ses livres futurs. Déserteur par besoin d'évasion. C'est là une rupture, aux yeux de bien des autres certes, mais surtout pour lui-même. Il a, pendant cinq ans, lutté pour une joie qui était contrepoids à la menace de guerre. Suscitant des témoignages, groupant des femmes et des hommes autour de lui, il a été entraîné à une action pour laquelle il n'était pas fait. Cet homme que le réel gênait, qui lui préférait toujours l'imaginaire, plus beau et plus libre, s'est, en septembre 1939, avec une violence douloureuse, cogné à l'horrible réel, et n'a pu être fidèle à son message.

Il ne sait pas encore qu'en un sens, ce choc, s'il est une meurtrissure et l'occasion d'un remords, est aussi une délivrance. Il a seulement la volonté d'y survivre.

Chapitre 14

Épreuves

En forteresse à Marseille

Depuis le 6 septembre, Giono est sous l'uniforme, comme secrétaire, au bureau de recrutement de Digne. Mais, dès le 1er septembre, le directeur de la distillerie du haut Var a remis à la police de Marseille un tract dactylographié et polycopié, portant le nom de Giono et partiellement constitué d'extraits de ses livres. La machine se met en marche. Il faudra plus de dix jours pour qu'elle fasse parvenir l'information à Digne. Le 14 septembre (les journaux l'annonceront le 16), Giono est arrêté ; à son entrée en prison, on lui enlève de sa veste le ruban de la Légion d'honneur, qu'il a mis, sans doute, pour s'attirer un minimum de considération en cas d'ennuis, et peut-être aussi avec un brin de provocation. Plus jamais, jusqu'à sa mort, il ne voudra le porter à nouveau. Le 16, il est entendu par les services de police, conduit aussitôt à Marseille – avec, semble-t-il, un arrêt à Manosque pour assister à une perquisition faite dans son bureau – et, le soir même, incarcéré à la prison militaire du fort Saint-Nicolas : un grand bâtiment construit sur les plans de Vauban et dominant l'entrée du Vieux Port, à gauche en regardant la mer. Dans le cadre d'une information ouverte le 23 septembre par le commissaire du gouvernement près le Tribunal militaire permanent de Marseille, il fait l'objet de poursuites pour distribution de tracts défaitistes et d'écrits non visés par la censure, et pour infraction à la loi sur la presse[1].

D'après Maurice Wullens dans son article déjà cité, il est interrogé par le commandant Silhel, magistrat mobilisé. Tout en revendiquant ses propres textes, il nie avoir participé à la confection du tract « Paix immédiate ! » – et il est vrai qu'il ne l'a pas signé lui-même. Les chefs d'accusation contre lui sont donc vagues, et portent plutôt sur l'ensemble de ses activités pacifistes depuis *Refus d'obéissance,* y compris ses tracts de 1938 et 1939. Si le bruit peut courir qu'il a déchiré des affiches de mobilisation (en fait il a seulement collé des papillons « Non ! » sur quelques-unes d'entre elles), il n'en existe pas de preuves, et rien de semblable ne paraît avoir été retenu contre lui : le non-lieu prononcé au bout de deux mois semble le prouver. Les autorités, civiles ou militaires, sont probablement plus soucieuses, en l'arrêtant, d'éviter toute manifestation de sa part que de lui faire subir un châtiment rigoureux.

Pourtant il existe des risques. Le 1er octobre, le substitut d'un juge d'instruction de Tours, enquêtant sur une ressortissante belge soupçonnée d'espionnage, note qu'elle est abonnée aux *Cahiers du Contadour,* et demande à son collègue de Digne de le renseigner sur la conduite et la moralité de Giono, et d'examiner s'il n'est pas lui-même un espion. Le commissaire spécial Fillet, de Digne, répond heureusement le 16 octobre que, malgré les relations du suspect avec des Allemands, dont le couple Gerull-Kardas, il n'est « pas possible d'établir qu'il se soit livré à l'espionnage », et que « sa conduite privée ne fait l'objet d'aucune remarque nettement défavorable ».

Au fort Saint-Nicolas, Giono ne peut recevoir aucune visite, ce qui favorise les bruits alarmistes. Au Paraïs, l'angoisse règne, bien que Sylvie, qui se rend compte seulement qu'il arrive quelque chose d'extraordinaire – à cinq ans, c'est toujours merveilleux, et elle est fière –, danse en répétant la phrase de sa mère et de sa sœur : « Pa-pa est en prison ! Pa-pa est en prison ! » On ne peut s'empêcher de rire, mais on la fait taire. Aline, à treize ans, est plus grave. Élise, avec son courage habituel, tient bon. Elle alerte les relations influentes de son mari ; les amis de Giono, eux aussi évidemment inquiets, cherchent déjà à intervenir, à obtenir des démarches en sa faveur. Le pacifiste Gouttenoire de Toury, grand mutilé de la guerre de 14, écrit dès le 18 septembre à Édouard Daladier, président du Conseil. Une pétition circule. Sur la suggestion de Lucien Jacques, je vais moi-même en octobre demander sa signature à Adrienne Monnier, dans sa librairie de la rue de l'Odéon. Elle la refuse, en me parlant d'une nécessaire solidarité avec son pays en temps de guerre, qui l'empêche d'approuver la position de Giono[2].

Lucien Jacques a écrit vers le 30 septembre à une série de personnalités littéraires de sa connaissance. Le 4 octobre, seuls Gide et Poulaille ont répondu[3]. Gide a reçu la lettre le 2 octobre[4]. Ignorant les motifs exacts de l'inculpation, Gide craint même que Giono soit fusillé pour insoumission[5]. Dans les premiers jours d'octobre, il voit L. Jacques à Nice, parle longuement avec lui et avec Pierre Herbart de ce qu'il est possible de faire[6], et, le 4 octobre, envoie une lettre – et non un télégramme comme on l'a dit – à Daladier, dans l'espoir qu'il veillera « à ce que Jean Giono soit du moins traité avec les égards dus à un écrivain qui honore si hautement la culture et les lettres françaises et dont l'œuvre a connu un si grand retentissement à l'étranger ». Il écrit le même jour à François Mauriac (et à lui seul, dit-il) pour lui demander de « déclarer, en faveur de Giono, une sympathie et une estime qui n'impliquent nullement l'approbation de l'attitude d'insoumission qu'il a prise[7] ». Il informe Élise de ses démarches. Jean Paulhan, tout en considérant, comme il l'écrit à Jean Guéhenno[8], qu'il serait plus décent pour Giono de souhaiter rester en prison, déploie malgré tout des efforts. C'est peut-être sur sa demande que Gide écrit le texte « Mon amitié pour Jean Giono », qui ne verra le jour qu'après sa mort[9]. Yves

Farge écrit aussi à Gide (la lettre arrive le 23 octobre) en disant que tout serait plus facile si Giono consentait à se laisser réformer[10]. On ignore qui l'a renseigné là-dessus. En bon journaliste, il a des contacts dans tous les milieux.

Thyde Monnier, également alertée par Lucien Jacques, qui vient la voir le 5 octobre à Mane, rédige un texte demandant la libération de Giono, et l'envoie pour signature à 150 personnalités et amis. Selon elle, une seule réponse favorable lui parvient[11]. De son côté, le cinéaste Abel Gance intervient aussi, je ne sais de quelle manière et à quelle date[12], mais vainement. Kérolyr alerte un ami astronome, mobilisé au ministère de la Guerre, qui fait revoir le dossier et obtient que la situation matérielle de Giono soit améliorée. Enfin, il a été dit que la reine-mère de Belgique avait également fait une démarche[13], ainsi qu'une très haute personnalité britannique, peut-être Anthony Eden. On a parlé aussi de manifestations d'étudiants aux États-Unis. Henry Miller écrira en 1941 avoir appris que Giono avait été relâché « grâce à une intervention américaine[14] ». Daladier, qui a été ironiquement apostrophé par Giono dans *Précisions,* a-t-il fait quoi que ce soit ? Ce n'est pas prouvé. Il a répondu sèchement à Gide que Giono serait traité avec les égards dus à un écrivain. La justice militaire se rend peut-être compte que le dossier est vide : Giono n'a jamais appelé à l'insoumission. Il a seulement dit qu'il n'obéirait pas, mais, se sentant moralement contraint, il a obéi. Tout le reste serait délit d'opinion.

Sur l'emprisonnement de Giono, on a peu de documents. Il dira dans *Noé*[15] que sa cellule était dans la « belle arête de proue » par laquelle se termine le fort vers l'est. Vers 1954, il fera à Romée de Villeneuve un récit que celui-ci reproduit et dont on ne peut savoir quelle part de vérité il recèle (mais Giono a dit lui-même que quand il donnait beaucoup de détails, c'est qu'il inventait beaucoup) : « A son arrivée, (...) il fut tondu et habillé d'un bourgeron portant le numéro 2154[16]. Il n'allait dans la cour qu'enchaîné à un nègre et à un repris de justice par les chevilles et les poignets. Il connut bientôt ses voisins de cellule. L'un d'eux, Muller, était alsacien. Il avait servi dans la Légion et il était bon patriote. Mais on s'obstinait à le tenir pour un espion. Il prit sa détention en patience et réussit même à en tirer parti. Il demandait à balayer les cellules des condamnés aux travaux forcés et recueillait avec soin tous les brins de tabac. De ce tabac il faisait en moyenne cinq cigarettes qu'il échangeait contre un litre de vin, lequel était revendu 80 francs. L'autre détenu s'appelait Drouland. C'était un garçon de restaurant qui, par plaisanterie, s'était promené à Toulon en tenue d'amiral. Il était entré dans un corps de garde et avait fait saisir deux passants qui se disputaient. Mais on avait fini par l'arrêter lui-même. Quand il vit un ruban rouge à la boutonnière de Jean Giono, il lui dit : "Ne t'amuse pas comme moi à porter des décorations. On te remettrait en taule[17]." Là, Giono a brodé : on lui avait ôté le ruban de sa décoration lors de son entrée en prison. En tout cas, il est exact qu'il lie amitié avec certains de ses codétenus qui sont des « droit commun » L'un d'eux, Dominique C., de Marseille, lui rappellera, dans une lettre de décembre 1965, les mots qu'il a entendus de lui : « Quand tu sortiras viens me voir, tu auras du travail et de la tranquillité ; il ne te manquera rien dans ma ferme » ; il regrettera de n'avoir pas répondu à cet encouragement. D'autres lui écriront, après leur libération, pour lui demander son aide, sous forme de conseils, de démarches, de secours, ou seulement de sympathie, et ils l'obtiendront.

Est-il autorisé à recevoir sa famille ? Il n'a pu écrire qu'une fois à Élise, selon une lettre de Lucien Jacques à Guéhenno le 4 octobre, et il demande d'urgence un avocat. Lucien descend à Marseille avec Élise pour s'en occuper. Thyde Monnier raconte que le 5 octobre, Lucien Jacques lui a dit qu'Élise avait pu rendre visite à son mari, qu'il n'était pas malheureux, qu'il mangeait, dormait, et préférait qu'on ne vienne plus le voir. Mais une lettre de Jean à Élise, le 23 octobre[18], regrette que, faute de l'autorisation nécessaire, elle n'ait pu le voir ce jour-là, bien que les visites aient repris. Thyde Monnier a-t-elle fait erreur sur la date ? Il semble pourtant qu'elle ait rédigé ses Mémoires d'après un journal tenu au jour le jour. Ou y a-t-il eu une période, entre le 1er et le 20 octobre, où les visites aient été interdites, soit à tous les détenus, soit à ceux qui l'étaient comme Giono pour raisons politiques, soit à Giono seul s'il s'était livré – c'est bien peu vraisemblable – à quelque manifestation d'indiscipline ou à quelque protestation ?

Dans sa lettre du 23 à Élise, Giono lui demande d'apporter des provisions : Phoscao, lait condensé, sardines, « deux petites boîtes de langouste de qualité ordinaire », fromage Vache-qui-rit ou Nestlé, « un petit saucisson coupé en tranches » (les prisonniers n'ont pas de couteau), chocolat Lindt, confiture de marrons, tabac Virginie. Sa lettre le montre serein et confiant – mais l'est-il vraiment et sans cesse ? Ses lettres à ses parents, en 1916 et 1917, au plus fort des combats, respiraient le même calme. Il s'inquiète de la santé des siens, de l'édition de *Moby Dick* : le texte est prêt, il faut dire à Gallimard qu'il peut prévoir sa publication pour l'année qui vient [19]. Il pense être libre pour la Toussaint. S'il ne l'était pas, il faudrait fleurir les tombes de son père, du père d'Élise et de la Nini. Plus important : « Je prie l'avocat de ne pas s'occuper de ma liberté provisoire. Je n'en veux pas. Je veux ma liberté définitive. Je lui ai également indiqué que je n'avais pas besoin de ses visites nombreuses où il n'avait pratiquement rien à me dire. Il s'imaginait que j'avais besoin de visites. Je suis assez grand garçon pour vivre sur moi-même. Je n'ai besoin que de tes visites. Pour le reste je suis plus riche ici que les 9/10e de ceux qui sont dehors. Je lui ai dit qu'il ne vienne plus jusqu'au moment où il aura mon non-lieu[20]. »

L'espoir d'un proche non-lieu n'est pas feint à cette date. Giono sait que les chefs d'inculpation retenus contre lui ne sont pas graves. Il parlera à Gide, en décembre 1939, de « publication d'un petit tract, composé de citations de ses livres, paru à son insu et dont il ne pouvait être tenu pour responsable » ; il mentionnera aussi l'« insoumission à la censure[21] ». Mais on ne sait s'il faut le croire quand il dit plus loin, dans sa lettre à Élise : « Ma vie n'est ni terrible ni cruelle. Je me suis aussi facilement habitué à elle que ce que *[sic]* je me suis habitué il y a dix ans à vivre libre avec mon travail de romancier. Je suis aussi bien que je puis être (...), j'ai tout ce que je veux, il n'y a donc rien à craindre pour moi. Le froid, la faim dont je ne souffre d'ailleurs pas ne seraient absolument rien pour moi. »

Certes, quand Élise vient le voir le 26 octobre et le 2 novembre, elle le trouve en forme : elle écrit le 3 novembre à J. Paulhan : « Si son physique a forcément souffert par suite de cette inaction et du manque d'air, par contre son moral est toujours excellent et son humeur magnifique, puisqu'il fait l'admiration de tous ceux qui l'approchent. » En sortant de prison il écrira à André Gide, en parlant de ceux qui le détiennent : « En vérité, ils n'ont jamais été plus forts que moi. » Malgré tout, il ajoute : « Mais sait-on jamais ce que peut le temps contre un homme, quand ce temps est fait de vulgarité, de brutalité, de sous-alimentation, de froid et de ténèbres[22] ? »

Ce que fut réellement son existence au fort Saint-Nicolas, nous n'en sommes donc pas sûrs. Aucun témoignage n'a été porté par ses gardiens ou ses codétenus. Pourtant, en décembre 1960, un de ses anciens camarades de prison avec qui il est resté en relation, Casimir G., installé au Canada, lui écrira qu'il l'a vu à la télévision. « Tu as dit (...) que tu pouvais écrire partout, tu as cité pas mal d'endroits mais tu as oublié le pan de ta chemise au fort Saint-Nicolas. » Quelle note Giono avait-il ainsi prise ? Il n'a jamais mentionné ce détail. Il a parlé de sa détention, certes. Mais en bâtissant là-dessus un roman qui était chaque fois un peu différent. En 1943-1944, dans *Virgile,* il raconte qu'il a été « privé de lecture pendant deux mois » avant de pouvoir enfin, un dimanche de la fin d'octobre (le 29 ?), « prendre un livre à la bibliothèque de la prison qui ne contenait que la *Vie du colonel Babillot* et l'*Histoire du canon d'infanterie* ». Il prend au hasard un *Manuel du canon de tranchée*[23] ; mais son début, sur le graissage des parties du crapouillot, le déçoit : il tourne le livre à l'envers et se promène dans la cour en ne se régalant que de « constructions typographiques[24] ». On songe à son amour pour la forme des chiffres[25].

En 1947, quand il écrit *Noé,* il dramatise beaucoup plus – comme il s'en est donné le droit en proclamant au début que, dans ce roman, « rien n'est vrai ». Il place l'épisode en novembre, à la sortie de vingt jours d'isolement total au « mitard », sans lumière, avec une demi-boule de pain et une cruche d'eau tous les quatre jours. Il répète l'histoire du livre ; c'est alors un Alexandre Dumas (on imagine le tome 1 du *Comte de Monte-Cristo,* avec le cachot du château d'If, d'où ce récit semble en partie issu), et le volume lui est passé, à travers les grilles de sa cellule, par un autre détenu[26]. Il le lit à l'envers, à l'aube, vers six heures, en se promenant à travers la cour ; tous ces détails sont déjà dans *Virgile*. Et il y a au-dessus de lui dans le ciel une immense aile de nuages ; dans *Virgile* c'est le ciel qui est vert et les nuages vermeils, dans *Noé* ce sont les nuages qui sont verts[27]. Libéré du mitard, il est respecté de ses camarades « voleurs professionnels et un assassin (passionnel)[28] » – il avait même ajouté initialement « tous excellents garçons[29] ». Et il leur raconte des histoires : *Tristan et Yseut, Roland furieux, Persilès et Sigismonde* de Cervantès[30].

En 1952, il évoque longuement sa prison dans son dix-huitième entretien avec Jean Amrouche. Il n'est plus question que de huit jours de « mitard ». Il donne des détails sur ses camarades : « J'y ai fait amitié avec des cambrioleurs, des faussaires, avec des faillis, des incendiaires et des assassins. C'étaient les assassins les plus sympathiques. Quand on n'est pas la victime, on trouve les assassins extraordinairement sympathiques. Ceux-là l'étaient. Il y en avait un, qui s'appelait Cernivento, je ne sais pas ce qu'il est devenu, mais c'était un très brave type, et même s'il m'écoute il sera très content que j'aie parlé de lui. Cernivento avait tué un type qui tournait autour de sa femme, il lui avait donné une dizaine de coups de couteau dans le ventre en tenant le couteau, m'a-t-il dit, très près de la pointe. Il trouvait que le personnage qui était mort lui avait fait un très vilain tour en mourant. » Giono raconte aussi longuement l'histoire de son amitié avec le petit Joseph, un coiffeur qu'il a alors rassuré, puis aidé par la suite après sa libération. Longue histoire, qu'il faut lire dans les entretiens avec Amrouche, et qui est peut-être romancée, mais dont le fond est exact, et atteste la générosité, la qualité humaine de Giono. Quant au livre, il lui a été passé dans un couloir – pas à travers des grilles – par un camarade. Et c'est *L'Histoire du canon de tranchée* du colonel Babillot : Giono fait ici une synthèse des titres cités dans *Virgile*. De façon générale, Giono, à l'époque de ces entretiens, est dans une période où l'idée du bonheur, et d'un bonheur trouvé dans les plus petites choses, lui est essentielle. Il la projette visiblement sur les « souvenirs » qu'il reconstruit, parlant de « succulence », de « joie », à propos de l'expérience qu'il vit, de l'obligation de se lever tous les matins à six heures. « Je serais, autrement dit, une organisation faite pour trouver du plaisir où que ce soit. » Il parlera encore de son bonheur en prison à René Journet en 1948, à Madeleine Chapsal en 1960. On doute malgré tout que ce plaisir ait été constant.

En 1955, dans ses *Interviews impubliables,* Gilbert Ganne écrira que Giono, à une date non précisée, lui avait dit qu'il avait tué le temps en jouant aux échecs contre lui-même, avec un mouchoir comme échiquier, et des pièces modelées en mie de pain. Mais peut-être y a-t-il là une invention destinée à établir une symétrie avec le jeu d'échecs – indiscutable – de sa prison de 1944. En 1964, il dira à Jean Chalon : « Quand j'étais en prison j'ai eu faim pendant quarante jours. Au bout de trois jours, je calmais ma faim avec des boulettes de terre ou de papier, je n'y pensais plus. Seul l'ennui venait me tourmenter[31]. » Mais les boulettes de terre, en prison ? Elles semblent venir de la guerre de 1914 ; Giono veut insister sur l'importance de l'ennui, et s'invente un exemple.

En 1965, dans ses entretiens avec Jean Carrière, sa détention deviendra moins dure[32]. Seul en cellule d'abord, et de nouveau pendant vingt jours, oui ; mais avec la soupe à 10 heures du matin et à 7 heures du soir ; entre les deux, la solitude, des voyages imaginaires avec personnages, monstres, poissons, tempêtes, orages, nés des cartes géographiques de pays inconnus que formaient les taches de salpêtre sur les murs et au plafond (il en avait déjà parlé à Amrouche). Là encore on retrouve – c'est au fond le plus important – le ciel à six heures du matin, avec des nuages en forme de plumes de paon. Puis vient l'histoire du livre du colonel Babillot. Ensuite Giono raconte que, souhaitant pouvoir sortir un peu et voir la mer, il s'est arrangé pour être de corvée de poubelles et de corvée de chapelle.

Enfin – je cite tous ces textes comme exemple de la capacité de Giono à improviser d'innombrables variations sur un thème – à la fin de 1966, il fait un nouveau récit, rajoutant quelques détails saisissants : « Pendant ma prison de 1939, on me mit au secret pour vingt jours. Ce qui est un maximum : on est dans l'obscurité la plus complète, on n'est nourri qu'une fois tous les quatre jours avec une cruche d'eau et du pain sec qu'on vous passe sans un mot par un guichet, qu'on ne voit pas et dont l'ouverture ne se signale que par un cliquetis. Sortant de ces vingt jours extraordinaires, le capitaine commandant le fort Saint-Nicolas, où j'étais interné, voulut voir comment j'avais supporté ce secret et me fit comparaître devant lui : "Pour ma part, mon capitaine, c'est raté, lui dis-je. Si vous m'aviez nourri de viandes rouges et de vin de bourgogne j'aurais pu m'énerver, mais de l'eau, du pain sec, de l'obscurité, la paix, le silence : j'ai dormi, et quand on dort il n'y a pas de prison. Recommençons, si vous voulez." Son pouvoir ne lui permettait pas d'infliger plus de vingt jours à la file. Il fut obligé de me laisser sortir. Je veux dire sortir du secret, car pour le reste, il me colla dans une cellule avec quatre détenus de droit commun fort réjouissants : un satyre, un incendiaire, un meurtrier et un pickpocket, et c'est une autre histoire[33]. »

Sur la procédure judiciaire, le secret militaire s'étend encore. Il a dû, pour chaque interrogatoire, comme il le dit à Amrouche, être amené du haut fort Saint-Nicolas au bas fort Saint-Nicolas, en traversant le boulevard de la Major. Mais quelqu'un aurait-il pu attendre là, guetter son passage pour l'apercevoir ne fût-ce qu'un instant ? On trouvera l'épisode dans *Chute de Constantinople*[34] ; l'héroïne en est une femme. Mais Élise, elle, ne se souvient de rien de semblable. D'ailleurs, en 1952, au sommet de sa forme d'inventeur, Giono dira à Amrouche qu'André Gide est venu l'attendre là pour lui murmurer « Bonjour, monsieur

Giono ». Ce dont il n'a pas parlé l'année précédente dans son texte « Lundi », écrit pour la mort de Gide. Rien ne l'atteste par ailleurs. Gide ne devient-il pas ici une sorte de héros de roman – ce qui ne lui aurait pas nécessairement déplu ?

Giono n'est interrogé, dira-t-il à J. Amrouche, que pendant le premier mois de sa détention. Puis, le dossier restant vide, les séances ont pris fin. Le juge « avait même, chose extraordinairement paradoxale, prononcé un non-lieu qui était affiché dans la prison et je restais quand même en prison par ordre de l'état-major ».

Il est libéré le 11 novembre[35]. Mais libéré de quoi ? De la prison militaire, certes. Pas encore de l'armée. D'après une lettre qu'Élise a reçue le 10 août 1987 de Louis Grisoni, chef de poste du quinzième train à la caserne d'Aurelles à Marseille en novembre 1939, il a vu arriver Giono, libéré du fort Saint-Nicolas mais devant encore passer une nuit dans l'armée[36]. Élise et Aline étant venues l'accueillir, prévenues de sa sortie, le sous-officier, humain, avait permis à Giono, malgré les règlements, de s'absenter jusqu'à l'appel du matin. Peut-être ne pouvait-on le démobiliser à sa sortie de prison, d'où l'envoi dans une unité normale[37], pendant un ou deux jours peut-être. Il serait donc rentré à Manosque le 12 ou le 13 novembre. Mais, pour la démobilisation, il a fallu des ordres venus de plus haut : à quarante-cinq ans, il aurait dû être versé dans les troupes territoriales. Les démarches entreprises avaient-elles eu leur effet ? Et Giono s'était-il engagé, comme on l'a dit, à n'avoir plus d'activité pacifiste ? Quelques jours plus tard, le 18 novembre, il sera libéré de toute obligation militaire.

Liberté retrouvée. *Pour saluer Melville*

Le 19, il écrit de Manosque à Gide pour le remercier de ses démarches et lui dire la joie qu'il aurait à le revoir[38]. Le 12 décembre, Gide lui télégraphie de Nice, où il est chez Dorothy Bussy : « Vous attends avec affectueuse impatience. » Et le 22, dans une lettre à Michel Alexandre, il parlera des trois jours passés avec Giono[39]. A Nice, Giono rencontre aussi Maxime Girieud, qui lui écrit le 21 décembre et lui dit le plaisir qu'il a eu à le retrouver « bien portant malgré les épreuves et plus allant que jamais ». Il ajoute : « Heureux aussi (permets-moi de toucher un sujet délicat mais qui intéresse au plus vif ma vieille amitié) de voir que tu parais bien décidé à demeurer désormais, quelles que soient les sollicitations extérieures plus ou moins désintéressées qui pourront se produire, en dehors de la bagarre et strictement cantonné dans ton travail d'écrivain. » Tu as raison, lui dit-il, de t'en tenir à cela : « Les écrits de polémique, utilisés par des partisans, n'intéressent le plus souvent

que la surface, la bouche répétant simplement des formules. On cher-
cherait toujours à t'accaparer, à t'embrigader. Tu es trop indépendant
pour cela, et tu n'en récolterais que des horions, sans accroître ton
action. Laisse dire, laisse causer les excités. Travaille ; ton œuvre d'écrivain sera la meilleure réponse. Tu n'as pas d'autres comptes à rendre.
Tu as assez souffert. »

D'autres amis lui expriment leur joie de le savoir libre. Parmi eux, le
fidèle et généreux Guéhenno, qui ne pense plus aux insultes que la
colère de Giono lui avait values en 1937. Il reçoit une réponse du 1er
décembre :

« Cher Guéhenno,

« Sortant de prison il y a huit jours, j'ai eu la joie de te retrouver dans
une lettre que tu m'adressais vers le 18 et une autre que Lucien Jacques
m'a montrée. C'est une grande joie pour moi. Retrouver un ami, je ne
comptais plus que la vie puisse me donner une joie pareille. Merci mon
vieux Guéhenno. Je t'embrasse. »

Beaucoup, à l'étranger, s'inquiètent de ce qu'il est devenu. L'éditeur
américain Huebsch, de la Viking Press, envoie 10 000 francs par télégramme à Élise. Giono recevra des lettres, parfois d'inconnus, pendant
plusieurs mois. Son traducteur hongrois du *Chant du monde,* le grand
poète Gyula Illyés, lui offre si besoin est l'hospitalité de sa maison dans
son pays : il le lui écrira le 6 novembre 1941.

Mais Giono ne songe pas à s'exiler. Simplement, il devra se taire. A
partir de cette date, il n'écrira plus jamais de textes politiques. Au
début, c'est qu'il est menacé, ou au moins surveillé. Comme toujours en
temps de guerre, la censure veille. Gallimard a été contraint de retirer
de la vente les *Carnets de moleskine,* avec leur préface agressive, et un
certain nombre d'exemplaires ont été saisis[40]. Dans une anthologie de
Marcel Braibant, *Les Paysans d'aujourd'hui,* parue à la fin de 1939, les
passages tirés de la *Lettre aux paysans* vont être coupés par un ordre de
la censure du 21 mars 1940. Mais quand, après la guerre, Giono ne ris-
quera plus rien, il persistera à s'abstenir de toute expression politique.
Son silence sur ce point est plus qu'une attitude motivée par l'actualité :
il a eu, de 1934 à 1939, la tentation d'être un homme d'action par ses
écrits, en même temps qu'un écrivain. Il a été contraint de constater
brusquement qu'il existait entre les deux rôles une divergence radicale,
et qu'il a échoué dans le premier. Il se contentera désormais d'être un
écrivain. Plus jamais il ne tentera de sauvetage collectif, ni n'en mettra
en scène dans ses romans. La *Lettre aux paysans* et *Précisions* ne figureront même plus parmi les « du même auteur » en tête de ses livres, bien
que *Refus d'obéissance* y subsiste. C'est peut-être une des raisons pour
lesquelles, en sortant de prison, il ne reprend pas son travail sur *Deux
Cavaliers de l'orage*: le roman est, par son climat de violence, trop
proche de la guerre, donc de l'actualité[41].

Dès sa libération, il se jette dans *Pour saluer Melville*[42]. Il pense d'abord à une simple préface à *Moby Dick,* dans la ligne de sa récente introduction aux *Géorgiques.* Il a lu des livres sur Melville, sans doute prêtés par Henri Fluchère, et s'est fait envoyer des documents par la sœur d'une gioniste américaine, Katherine Clarke, qui a travaillé sur ses romans et est restée en relations avec lui. Il s'est découvert des ressemblances avec Melville, qui a lui aussi abandonné ses études, et, à quinze ans, est entré dans une banque. Melville s'est trouvé à vingt et un ans dans l'aventure de la navigation à travers le Pacifique ; Giono, au même âge, dans celle de Verdun. Melville a déserté de son navire. Giono a peut-être eu fugitivement la velléité de déserter, et a en tout cas exprimé cette impulsion dans son œuvre comme une hantise. En prison, il songeait à l'édition de *Moby Dick* – seul texte prêt qui pût dans l'immédiat lui apporter quelque revenu. Mais cette préface va bifurquer sur un véritable roman. L'action en est très simple. Melville, bourlingueur, aventurier, romancier, va à Londres pour se faire éditer. Cela, c'est authentique. Mais ici commence l'invention. Au cours d'un voyage en diligence à travers l'Angleterre, il rencontre une jeune femme, Adelina White. Ils sont mariés chacun de leur côté. Mais cette rencontre est l'illumination de leur vie. Ils ne vont pas au-delà des simples conversations ; ils se séparent au bout de trois jours de voyage, d'arrêts dans des auberges (reflet du projet en veilleuse des *Grands Chemins*), de confidences : elle lui parle de sa famille et de sa propre activité (elle fait de la contrebande de blé pour nourrir les Irlandais affamés) ; il lui révèle son univers. Ils n'ont même pas besoin de s'avouer leur amour : il est là. Ils ne se reverront plus. Melville écrit *Moby Dick.* Mais, malade, phtisique, le lira-t-elle jamais ? L'écrivain n'a plus de nouvelles, il survit pendant quarante ans, et pense encore à elle sur son lit de mort.

Les rêves et les réflexions qui ont traversé Giono en prison prennent ici leur essor. Deux écrivains l'habitent alors. L'un est Stendhal, qu'il a tant relu depuis un an. Il n'en parle pas, mais sa trace est nette sur un point : le bonheur en prison, dont Giono parlera dans *Noé :* « J'ai passé dans cette prison quelques-unes des plus belles heures de ma vie[43]. » C'est le bonheur de Julien Sorel dans *Le Rouge et le Noir,* et surtout de Fabrice del Dongo de *La Chartreuse de Parme,* qui est comme Giono dans une forteresse dépendant de l'armée – ou au moins d'un général. Une seconde parenté avec Stendhal apparaîtra dans un instant. Le deuxième écrivain, c'est évidemment Melville. Giono, enfermé, pense au paysage le plus ouvert qui soit : l'océan. *Moby Dick* change alors de couleur et de sens pour lui : ce n'est plus la lutte contre la baleine blanche symbole de guerre, c'est l'errance à travers le grand large. Les prisonniers chez Stendhal rêvaient d'amour, d'où leur bonheur. Giono va créer un grand amour pour cet autre lui-même qu'est Melville. La preuve de la parenté entre le fort Saint-Nicolas et *Pour saluer Melville* ? Elle n'est pas seulement dans le fait que la femme aimée de Melville sera, dans *Noé,* proclamée « fille du fort Saint-Nicolas[44] ». Elle est aussi, plus sûrement car il s'agit d'une image surgie selon toute probabilité dans l'inconscient de Giono, dans un autre infini symbole d'évasion, ce ciel avec des nuages en forme d'ailes ou de plumes (ciel vert ou nuages verts), aperçu dans une aube d'automne à six heures du matin : il figurera, on l'a vu, dans les souvenirs de prison de *Virgile* et de *Noé ;* R. Ricatte a décelé la parenté de ces deux textes sur ce point. Or il est déjà, bien plus tôt, dans *Pour saluer Melville :* le romancier américain, en Angleterre en automne 1849, n'a pas de bateau pour repartir chez lui : « Le voilà prisonnier de Londres[45]. »Il veut partir. « A six heures du matin, le ciel était clair au-dessus de Grays Inn. De petits cirrus étaient étalés comme une aile immense éclatante de blancheur dans les élancements d'une aube verte[46]. » Saison, heure, lumière, forme, couleur, tout y est. Impossible d'y voir une coïncidence[47].

Giono va désormais nourrir le personnage de Melville de sa propre substance. Sur des points de détail d'abord. Il lui prête son « très subtil et très bon sourire » et sa « malice »[48], et, par moments, ses yeux très bleus, « d'un émail d'azur entièrement net[49] ». Quand Melville songe à son métier d'écrivain comme à celui d'un artisan, cet artisan est un cordonnier : Giono se souvient constamment de son père. Peut-être même, quand est évoquée la mère de Melville avec sa rigidité et sa piété[50], la figure de Pauline Giono, par moments si exaspérante, rôde-t-elle à l'arrière-plan. Ce que Melville fait imaginer à Adelina, le domaine de son enfance, c'est celui de l'enfance de Giono : « Le dimanche après-midi au grenier dans l'odeur des rats, des vieilles livraisons de romans de chevalerie, (...) les coffres couverts de poils de chèvre, l'odeur des toits lavés et la pluie sur la ville silencieuse où tout le monde est au temple. » Il a épousé une femme « douce, limpide, pure et timidement souriante[51] »; comment ne pas reconnaître Élise ? Il l'emmène sous les ormes de la promenade[52]. Surtout, s'il est de métier un romancier, il est de nature un poète : l'appellation revient une dizaine de fois.

Très discrètement, le sens qu'il a donné à *Moby Dick* durant les années 1937 à 1939, où il le traduisait, perce un instant : la lutte menée contre le monstre par le capitaine Achab, lutte qu'il sait désespérée, c'est celle que Giono a menée contre la guerre. Mais l'allusion est si voilée que Giono a dû la faire pour lui-même et non pour le lecteur. Beaucoup plus accentué est le combat avec l'ange, semblable à celui du Jacob biblique[53], qui est explicitement mentionné : « Il [Melville] est dans une grande nuit de Jacob et l'aube ne vient pas[54]. » C'est-à-dire qu'il est pris dans le drame de la création : l'ange n'est pas un ennemi, il est envoyé pour stimuler l'homme en le mettant à l'épreuve, en l'obligeant à se dépasser, et à aller à contre-courant de l'attente du public. L'écrivain lutte pour parvenir à dire exactement ce qu'il veut, comme il le veut. Melville se bat avec l'ange tout au long de ses voyages dans les mers du Sud, et, à Londres, se souvient de ses batailles quand il endosse une fois de plus un costume de marin. Les ailes de l'ange se montrent dans l'aube verte : ce sont celles que Giono a aperçues dans sa prison. Elles sont immenses : « des ailes de cérémonie nuptiale[55] », pense Melville en une phrase annonciatrice : il ignore encore qu'il va rencontrer Adelina – mais l'ange doit le savoir. Au cours du voyage, les ailes sont toujours là, avec « l'indifférence et l'obstination même des dieux[56] ». Et une dernière fois au moment de leur ultime séparation :

« Il montra l'herbe couchée derrière eux.

« "N'est-ce pas l'empreinte de quelqu'un d'énorme qui vient de se poser derrière nous ?

« – Oui, dit-elle, en effet, et on dirait que cette empreinte s'est faite pendant que vous parliez.

« – Eh bien, regardez là-haut maintenant !"

« D'admirables nuages s'étaient élargis comme les ailes d'un oiseau qui plane.

« "Qu'est-ce que c'est ?" dit-elle.

« Il baissa la voix :

« "Un ange.

« – A qui est-il ?

« – A moi.

« – Gardien ? demanda-t-elle.

« – Oui, gardien de prison."

« Il fit le geste de se débattre.

« "Il vous bat ?

« – Oh ! non, dit-il, c'est tout à fait différent : nous nous battons.

« – Adieu", dit-elle[57]. »

A nouveau la prison ; mais elle n'est plus Londres, ici : elle est tout l'univers de l'artiste.

Ces anges, symboles des combats de la création, ces êtres qui appartenaient à sa mythologie privée, sans rien de chrétien, existaient pour Giono comme des forces tantôt agressives, tantôt bienfaisantes. On l'a vu en 1937 lors de la rédaction de *Batailles dans la montagne*[58]. Il lui arrivait aussi d'employer l'expression pour d'autres. En février 1933, il appelait Lucien Jacques « un terrible frère bien-aimé, toujours emporté par les archanges[59] ». Mais, quant à son œuvre, si des anges intérieurs aux êtres y étaient parfois apparus auparavant, jamais ils n'étaient intervenus ainsi dans la vie de ses personnages comme des créatures réelles, visibles, dotées même d'un corps matériel. Ils se manifesteront à plusieurs reprises dans les années de guerre, pour disparaître ensuite. L'éclosion d'un tel fantastique correspond sans doute à une inquiétude : c'est d'un sentiment de menace diffuse qu'est née pour Giono cette période des anges.

Parallèlement, *Pour saluer Melville* est aussi habité par les dieux, c'est-à-dire par les forces aveugles du destin : « De terribles mutilations intérieures irritent éternellement les hommes contre les dieux » ; « l'impénétrable mystère du mélange des dieux et des hommes » ; l'arrogance des dieux; « ma vie est de surveiller les dieux », dit Melville ; il parlera à Hawthorne de « combattre (...) l'opposition des dieux[60] ». Dans cette dernière citation, les dieux deviennent dieu[61] trois lignes plus loin : il s'agit de la baleine blanche, le mal monstrueux contre lequel l'homme est en lutte. S'il n'y a pas d'ange dans le texte de *Moby Dick,* les dieux y sont mentionnés, et H. Godard souligne que Giono n'a pas trahi Melville en lui prêtant des préoccupations métaphysiques.

Ce qui en revanche n'est pas chez le Melville de *Moby Dick,* c'est l'amour. Melville est émerveillé de voir qu'Adelina a « de l'âme »[62]. Ce n'est plus là du Giono d'avant la guerre, c'est du Stendhal ; et avec lui nous rejoignons l'amour. L'épisode essentiel du roman est fait de sentiments, évoqués avec une subtilité à laquelle Giono ne s'était jamais abandonné jusque-là. Une subtilité faite de délicatesse, d'humour et de sous-entendus : le dialogue d'Adelina et de Melville semble souvent réfléchir un non-dit plus profond et plus essentiel : ils se comprennent au-delà des mots. Avec *Pour saluer Melville,* Giono poursuit le renouvellement esquissé avec *Deux Cavaliers de l'orage ;* non seulement il fait entrer dans son univers les pays étrangers et le XIXe siècle, qu'on retrouvera si souvent par la suite, mais il renonce à toute clameur, à tout débordement baroque de richesse ; au lieu de crier ce qui était pour lui une évidence à faire partager à tous, il murmure, et souvent de façon elliptique : suggérer, en faisant confiance à l'intelligence et à la sensibilité du lecteur, plutôt qu'assener ses coups avec violence, telle sera une des orientations de son œuvre à venir. Nous en avons ici le premier indice. Ce renouvellement est sans doute une des raisons pour lesquelles Giono gardera une tendresse pour ce livre, comme pour *Colline* : il les citera de pair, dans son *Journal* de 1944, comme ses seules réussites. Ce sont des points de départ. Pourtant il n'y a pas là tournant décisif ni rupture.

Les fragments de *Chute de Constantinople*

A peine fini son livre, en février 1940, Giono en commence un autre, le 9 mars. Un pur roman cette fois, qui s'appellera *Les Temps nouveaux,* ou *Conquête de Constantinople,* puis *Chute de Constantinople*[63]. Il y travaillera jusqu'en été 1940, parfois avec enthousiasme et fureur, et annoncera jusqu'à 3 000 pages : il n'a pas renoncé à l'abondance. Il pensera, en cours de route, à faire des *Temps nouveaux* un surtitre, et de l'œuvre une trilogie[64]. La première partie serait un « poème ». Giono n'en a pas écrit – sauf les chansons à l'intérieur de ses romans et récits – depuis quinze ans, tout en continuant à se proclamer poète. C'est peut-être la prison qui, comme elle le fera en 1944, l'a poussé à aborder à nouveau cette forme : il était en proie à une tension intérieure, et en même temps victime de l'interdiction d'écrire, donc d'élaborer un texte suivi ; mais il pouvait rêver à de brèves séquences. Aucun des poèmes de cette période n'a été retrouvé. Perdus ? Donnés ? Ou imaginés sans avoir été écrits ?

Tantôt Giono, en décembre 1939, signale à Paulhan qu'il a écrit un poème de la prison, tantôt, en 1940, il note son intention d'écrire des poèmes sur la nature, en particulier sur les oiseaux : « Composer les premières strophes violentes contre Manosque et ceux qui m'ont attaqué, avec les noms (Dante). » C'est-à-dire à la manière de Dante déchirant ses ennemis dans son épopée.

En mars 1940, Giono parle à Paulhan d'un texte sur la montagne. Le même mois il propose à Grasset un volume de *Textes lyriques*. On ne sait rien de leur contenu. Prison ? Oiseaux ? Les deux, et avec d'autres ? Giono a-t-il renoncé à garder pour lui seul son texte sur la prison comme il l'a dit à Paulhan ? Il a songé à faire figurer un ou des poèmes en tête de *Chute de Constantinople,* puis y a renoncé. Il part presque en même temps dans plusieurs directions différentes. Le bouillonnement créateur habituel subsiste, mais il n'est plus canalisé dans une direction unique comme lors de l'écriture de tous les livres d'avant-guerre : il jaillit dans tous les sens.

La partie romanesque de *Chute de Constantinople,* faite de ses deuxième et troisième volets, est au moins en partie écrite. Deux fragments figureront dans *L'Eau vive :* « Promenade de la mort et départ de l'oiseau bagué le 4 septembre 1939 » (ce devait être initialement le 2 septembre) et « Description de Marseille le 16 octobre 1939 »[65]. La somme des deux textes est à elle seule plus longue – 114 pages Pléiade – que chacun des trois premiers romans publiés de Giono. Le second devait ouvrir *La Cavalerie de Cromwell* – titre prévu pour la troisième partie (j'y reviendrai). Les deux se situent dans l'actualité historique immédiate : la guerre de 1939 est déclenchée mais non terminée – comme pour Malraux la guerre d'Espagne quand il écrit *L'Espoir.* Cas unique chez Giono. La date figurant dans le titre de « Promenade de la mort » (j'abrège le titre) est évidente : c'est la déclaration de la guerre. Le lieu est un peu vague : Drôme et haute Provence à la fois. Trois volets à ce fragment-là : d'abord le départ pour une destination inconnue, avec un jeune paysan appelé le Chon, du comte de R. d'A., casqué de cuir, à motocyclette – fini le temps où les nobles et les moteurs étaient bannis de l'univers romanesque de Giono ; puis le long trajet d'une charrette où se tient Père (le vieux père du Chon), qui meurt brusquement d'une attaque ; mais le cheval continue son chemin dans la nuit pendant sept heures, avec le cadavre à bord ; enfin la conversation des deux oncles du comte, le Marquis (qui collectionne les oiseaux empaillés, comme Giono les papillons), et son cadet Monseigneur, un évêque redevenu curé à la suite d'on ne sait quelle démonstration d'excentricité ou d'hérésie ; ils parlent de leurs origines italiennes, et de leur neveu; et ils finissent par lâcher un rollier bagué – comme une colombe d'espoir au cœur du désastre. Le ton du deuxième volet diffère radicalement de celui du troisième. L'un est du Giono de la veine d'avant-guerre, descriptif, lyrique, luxuriant, avec des personnages paysans; son point culminant est un « nocturne », c'est-à-dire ici un drame dont les acteurs sont les animaux, les végétaux, les étoiles, les forces naturelles[66]; avec de brefs « Breughel animaliers[67] », mais surtout plus de cinq pages sur une laie, des marcassins et un sanglier solitaire[68]. En revanche, le dialogue entre le Marquis et Monseigneur est du nouveau Giono, resserré, allusif, ironique.

Le second fragment s'intitule « Description de Marseille le 16 octobre 1939 ». Pourquoi le 16 octobre? La réponse n'est pas dans le texte repris par *L'Eau vive,* mais dans la suite, qui, restée manuscrite, n'a été publiée que dans les variantes de l'édition Pléiade[69]. Là, une femme et un homme conversent devant le fort Saint-Nicolas, où est enfermé depuis un mois, au secret, ne voyant « que le gardien, deux fois par jour, pour la gamelle », le mari de la femme, arrêté « parce qu'il a les yeux trop bleus », parce qu'il « a le sens de la grandeur et de la dignité[70] ». Bien entendu la femme, avec son compagnon qui l'aime sans espoir, et va l'aider à apercevoir une seconde son mari, n'est pas Élise, mais un personnage fictif. Mais le mari, lui, qui est depuis un mois au secret dans le fort Saint-Nicolas, ne peut être que Giono, prisonnier et seul au cœur d'une ville hostile, haïssable, d'un million d'habitants, où il n'y a pas « une gueule de consolateur[71] ». L'homme commente : « Je ne parle pas de l'esprit, je ne demande pas l'impossible; mais un gramme, un seul gramme de matière qui vous sauve. De toutes ces boutiques, de tous ces métiers, de toutes ces mains, de toutes ces têtes il n'est pas sorti un seul gramme de matière céleste[72] », et cela depuis des siècles. Dans de telles lignes percent l'amertume et la haine que ressent Giono par instants[73].

Quant à la partie du texte publiée en 1943 dans *L'Eau vive,* elle fait apparaître les bateaux qui débarquent ou embarquent des passagers, un taxi qui transporte différents clients, dont un bizarre médecin-capitaine qui veut se rendre à Gap en évitant les gendarmes, un chauffeur de taxi qui casse la figure à un mouchard, l'homme qui avant de rejoindre la femme du prisonnier traverse Marseille de nuit, avec ses odeurs, ses devantures de magasin, sa musique propre; elle est d'une tonalité fantastique, mais le lecteur n'entrevoit pas sur quoi elle va déboucher.

Dans les deux fragments, la guerre est à l'arrière-plan comme une menace : il y est question de gaz de combat, et des personnages se demandent s'ils seront encore vivants dans quelques mois[74]. C'est que le texte a été écrit essentiellement pendant la « drôle de guerre », dans l'attente du déclenchement réel des combats, qui devait se produire avec l'attaque foudroyante des chars allemands en mai 1940. Mais que devait être, dans l'esprit de Giono, la « chute de Constantinople », la fin apocalyptique des temps modernes, par quoi le roman se relie au projet abandonné des *Fêtes de la mort,* et en est comme une seconde mouture ? « Les temps modernes sont finis (...) on est dans les premières convulsions d'un changement de civilisation », dit Monseigneur[75]. Sous quelle forme ? Rien ne le laisse deviner. Giono imagine-t-il encore un gigantesque soulèvement ? Et que sera « la Cavalerie de Cromwell », cette horde d'hommes serrés les uns contre les autres et détruisant tout sur leur passage, à laquelle le plan des *Fêtes de la mort* faisait déjà allusion[76] ? Comment articuler une telle fiction historique avec le présent immédiat, connu de tous, où elle est supposée prendre place ?

Incertitudes et soucis matériels en 1940

La débâcle de mai-juin 1940 mettra fin à ces problèmes. Giono, les notes de ses carnets l'attestent, pense un instant à intégrer ces événements dans son roman, puis y renonce. Comme dans le cas des *Fêtes de la mort,* et dans celui de son pacifisme, Giono s'est cogné à l'histoire. Il y a des centaines de milliers de prisonniers, des centaines de milliers de réfugiés ; la France est coupée en deux. A supposer qu'on puisse voir là la « fin des temps modernes », ce n'est certes pas le début des « temps nouveaux » rêvés. Tout au long de juillet et d'août 1940, Giono reçoit des lettres inquiètes d'amis, de connaissances, d'inconnus, qui demandent des nouvelles et souvent appellent à l'aide : ils demandent s'il peut leur prêter un peu d'argent, leur indiquer une ferme où se réfugier, leur fournir un travail quelconque. Rien mieux que tout ce courrier ne fait sentir quel espoir, quelle confiance il a par son œuvre suscités chez tant de femmes et d'hommes, et quelle réputation de générosité il s'est à juste titre acquise, de bouche à oreille. Il répond chaque fois qu'il le peut – de nombreuses lettres de remerciements émus pour ces réponses l'attestent – mais il n'est pas en son pouvoir de faire des miracles.

Malchance : on lui demande (c'est sans doute un ancien visiteur épisodique du Contadour, Marc Augier) un entretien pour le n° 1 d'un hebdomadaire qui va se créer. Giono ne prendra dans cette interview aucune position politique, se contentant de souvenirs anecdotiques assez romancés sur son arrestation en septembre 1939[77]. Il ne peut savoir que ce périodique sera *La Gerbe,* qui deviendra vite pro-nazi et antisémite ; et que l'apparition de son nom dès la création de cette feuille jettera les fondements de la légende qui fera de lui un « collaborateur ».

En août, il est à Banon, à trente kilomètres au nord de Manosque, et non loin du Contadour, avec sa famille et ses amis Farge. Tout ce qui est arrivé depuis un an l'a ébranlé beaucoup plus qu'il ne le laisse paraître. Optimiste, il sait aussi, pour rassurer les autres, se forcer à l'optimisme. Mais enfin la guerre, ni dans son déclenchement, ni dans son déroulement, n'a été ce qu'il avait imaginé. Il est saisi d'une curieuse réaction de défense irrationnelle contre l'irruption de ce réel stupéfiant : le brusque effondrement et l'occupation du pays. Il a eu un réflexe analogue en mai 1939, dans son article de *Marianne,* «Contre l'Apocalypse[78]». Mais, en été 1940, ce n'est plus une manifestation isolée. Il écrit à son ami le contadourien Daniel May : «Je travaille comme si de rien n'était et en effet "rien n'est" (...). Rien n'a jamais été si beau, si plein d'espoir que maintenant.» De même, Mme Yves Farge me raconte que, se promenant avec elle et son mari près de Banon, Giono, montrant d'un grand geste la nature autour de lui, a dit à Yves Farge : «Regarde ce paysage, ces arbres, ce ciel ! Est-ce que tu ne te sens pas libre ? – Non, je ne me sens pas libre. – Alors c'est que tu es un couillon.» Il y a là comme un rappel du dialogue de *Que ma joie demeure* entre Bobi et le fermier communiste[79] : il existe une liberté de sentir l'herbe et d'entendre le bruit de la forêt. Le corollaire de la création incessante par lui d'une autre réalité est son aptitude à faire comme si le drame de la réalité n'existait pas.

Mais ces propos sont peut-être aussi à éclairer par les lettres de cette période à Jean Paulhan. Celui-ci lui a écrit – on le devine d'après la réponse de Giono[80] – son espoir de voir après le désastre surgir des « Renaissants ». Giono répond : «Vous savez aussi bien que moi que nous pouvons les faire naître. Nous pouvons et devons être les grands vainqueurs. (...) Il faut nous y mettre tous. Ne m'y laissez pas mettre seul ; j'échouerais. Il faudrait se voir et tout oublier de ce qui a fait nos différences. Je ne parle pas de vous mais de tant d'autres qui m'ont détesté et haï. Je suis prêt à les aimer.» Allusion sans doute aux divergences d'avant-guerre avec André Chamson, et surtout avec Jean Guéhenno. « Nous n'en avons pas pour deux mois avant que les mots – les nôtres – n'aient créé les grands espaces et tout le matériel à construire. La misère elle-même nous aidera. (...) Ne pouvons-nous pas faire quelques Saint François en série ? » Ailleurs : «(...) tout est à faire et jamais il n'y a eu tant d'espoir. L'an dernier toutes les portes étaient fermées. L'explosion a tout ouvert et tout renversé. Tout est libre, on est seulement dans l'embarras de pouvoir s'engager de tous les côtés.» Pas de projet net ici : la défaite et la débâcle ont seulement produit un sentiment de table rase : tous les rêves sont permis. Mais un tel état d'esprit prouve que son refus d'admettre n'est pas enfermement égoïste – impensable d'ailleurs chez lui – mais ouverture, même s'il ne sait pas vers quoi.

Dans une autre lettre, Paulhan lui ayant demandé de lui trouver une maison, il lui en décrit une, ajoutant : «Ne serions-nous pas "les plus beaux du monde" si *de là* nous repartions tous ensemble ; que de là sorte cette "culture" à laquelle malgré tout ils seront *humblement* obligés de revenir, *tous.* Ah, et puis, nous aurions la paix !» Dans une troisième lettre, du 15-20 août : « Il faut doublement nous sauver et revivre.

Ne nous mêler de rien, mais faire, pour que ce qui est fait serve d'exemple et de point de départ. Nous pouvons être les vainqueurs des vainqueurs si brusquement ils nous découvrent possesseurs d'un bonheur dont ils ne peuvent s'emparer qu'en nous imitant. Les grands mots d'ordre de la grande révolution, on s'apercevra tout d'un coup que c'est nous qui les avons prononcés sans qu'aucune censure y ait pensé. C'est nu qu'on nage bien et avec joie. Ne plus penser à Paris. On refera Paris n'importe où et avec quelle jeunesse ! » La mesure des fantasmes de Giono est donnée par la phrase sur la nage. Car il ne sait pas nager. Et cette conversion des vainqueurs par l'exemple de la simplicité, qui paraissait déjà totalement utopique à l'époque, est encore bien plus dérisoire et même insensée aujourd'hui avec tout ce que nous savons des nazis. Le flottement de Giono et de Paulhan suggère qu'ils ont pu s'engourdir l'un et l'autre dans cette ambiance d'attente et d'incertitude qui a été pour tant de Français, en zone sud, celle des débuts du régime de Vichy.

Sachons aussi lire dans ces rêves le désir d'évasion des soucis matériels. Les mensualités de Gallimard arrivent irrégulièrement ; celles de Grasset ont cessé[81]. De toute façon, les gens pensent à autre chose qu'à acheter des livres. *Pour saluer Melville,* qui paraîtra en volume au début de mars 1941, n'attirera guère l'attention. Les critiques ne parlent que rarement de Giono[82]. Les droits d'auteur sont donc problématiques. Non sans malveillance, *La Semaine* de Paris, dans un reportage photo paru le 21 août 1941, insinue que Giono est riche, témoin les légendes de trois de ces clichés : « Au cours d'une promenade, il rencontre la gouvernante de ses filles. » Bien entendu elles n'en ont jamais eu. « Dans la banque où il fut employé, il encaisse maintenant des chèques. » « De la terrasse de sa villa, il contemple la ville où il naquit pauvre. » Manière de dire qu'il est riche. En fait, il se demande comment il pourra faire vivre sa famille. « J'ai fait diverses demandes pour rentrer soit dans une banque soit comme comptable dans quelque industrie », écrit-il à Paulhan ; mais ce n'est pas la première fois que, tentant de ruser avec ces éditeurs en qui il voit depuis longtemps des bandits, il utilise ce type d'avertissement[83]. Au reste, on lit dans une autre lettre au même : « Je ne pouvais pas redevenir employé de banque, quand même ! et il n'y a plus de banques d'ailleurs. »

L'argent n'est pas tout : les difficultés de ravitaillement ont commencé, et Giono prévoit lucidement qu'elles s'aggraveront : « Il faut penser à un temps où même avec le peu d'argent que tout le monde a on ne pourra rien avoir en échange. » La solution est donc dans l'achat d'une ferme, puis d'une seconde. La première est le Criquet, sur la commune de Sainte-Croix à Lauze, non loin de Céreste. Giono écrit à Paulhan : « J'ai vendu une maison à Saint-Paul-de-Vence[84] pour acheter les champs (...). » Et, dans sa lettre du 15-20 août 1940 : « J'ai engagé mes derniers sous dans l'achat d'une ferme (…). Elle est à Céreste à 20 kil. de Manosque dans un canton solitaire, ombrages, eaux, paix, de solides paysans autour. Il est absolument impossible, là, de penser qu'il y a eu (qu'il y a) la guerre, le naufrage, la misère. Tout y est solide et assuré. Déjà j'ai 4 000 k. de blé battu, propre, net. J'ai 120 brebis [il n'y en a qu'un quart à lui, et bientôt il n'en aura plus]. J'ai déjà 20 k. de miel et j'en aurai 100 avant cet hiver. J'aurai au printemps 1 000 k. de lentilles et des légumes verts et des poules, des lapins, des oies, des paons. » J'ai lu à Élise Giono cette énumération de richesses présentes et à venir : elle a bien ri.

D'ailleurs, dans une autre lettre, Giono reconnaît : « J'ai le plus grand besoin d'un peu d'argent. La ferme en prend pour l'instant. » Vers la même période, il écrit à Daniel May : « Cette fois ça va être du boulot sérieux. Je fais du vélo pour aller là-bas. » Il donne des détails moins optimistes, le 23 septembre, à Henri Pourrat : « Ici travail, quoi faire d'autre ? Je laboure aussi 20 hectares de ma terre (je viens de l'acheter avec mes derniers sous alors je dis "ma" avec un certain orgueil), mais je me heurte à pas mal de difficultés : manque de chevaux (trop chers) et manque de bon vouloir de la part de l'armée qui en prête. L'armée me déteste avec une haine qui ne désarme pas. Je ne m'en plains pas, c'est même très exaltant. Mais mes labours sont de véritables labors. J'écris aussi avec la même certitude que tout ce que je pourrai faire se heurtera aux mêmes difficultés. Le temps n'est pas encore aux hommes de bonne volonté. Tant pis pour les temps. »

Comme il l'a dit à Daniel May, pour aller s'occuper de sa ferme – bientôt de ses fermes – et en rapporter le ravitaillement indispensable, Giono s'est mis à la bicyclette entre 1940 et 1944 : une lettre de M. Bayer du 12 août 1940 lui propose une machine à changement de vitesse, pneus ballon, jantes chromées, environ 1 100 francs avec l'éclairage[85]. Il le racontera en 1943 à son ami José Meiffret, champion cycliste et horticulteur près de Nice[86]. Il était trop pauvre, dit-il, pour se payer un vélo quand il était employé de banque (rien ne dit d'ailleurs qu'il en ait eu vraiment envie à l'époque ; mais, parlant à un cycliste, il veut lui faire plaisir). Il poursuit : « En 1940, un garagiste de la vallée m'a fabriqué une petite merveille… Il m'a mis un développement de 4 m 50 (!) et je suis parti sur la grand-route… Ah ! quel calvaire au début ! Je rentrais chaque soir épuisé. Mais je suis tenace. Tu sais qu'un livre ne se fait pas en un jour… Alors, chaque jour, comme j'écris, j'ai pédalé… et moi qui détestais tout ce qui est mécanique, je me suis attaché à mon vélo. Pour arriver jusqu'à une de mes fermes, il y a une côte de 8 km[87]. J'ai monté d'abord 500 m, puis 1000… puis 1 km 500… puis 2 km, puis 3 km. Aujourd'hui j'en suis venu à bout… et je peux faire mes 80 km. dans l'après-midi. » Puis il montre sa machine – le seul véhicule qu'il possédera jamais : « Regarde-le, comme il est beau… Ah ! je le soigne comme un enfant. Bientôt, d'ici, il me portera jusqu'à Marseille d'une traite et il me permettra de même d'en repartir. » Giono grand sportif ? Bon marcheur, certes, encore qu'on puisse douter que, comme il le confie au même ami, il ait un jour couvert à pied 9,6 kilomètres en 34 minutes avec un sac de 14 kilos. Ce dut être devant l'air sceptique de Meiffret qu'il consolida magnifiquement cette première vantardise par une invention splendide : « J'étais poursuivi par un orage ! » Mais il avait horreur des disciplines d'équipe[88] et de la compétition. Et il a écrit pour Meiffret cette déclaration du 20 février 1943 qui figure en fac-similé à côté de l'interview : « Je n'aime pas le mot "sport". Il étrique ce qu'il désigne. J'aime le mot "effort", il embellit d'un sentiment général de grandeur le plus petit mouvement d'un muscle. L'avenir est à ceux qui dans tous les sens s'efforcent[89]. »

Ce ravitaillement, rapporté à vélo, est nécessaire pour nourrir tous les hôtes du Paraïs. « Nous étions sans cesse quinze à table », me dit Élise Giono : elle et Jean, Aline et Sylvie, la mère de Jean et son frère Marius, la mère d'Élise ; les réfugiés divers, dès 1941 : Karl Fiedler, le musicien Meyerowitz ; Luise Strauss, d'autres encore (je parlerai d'eux plus loin en détail). Et bien souvent des hôtes de passage. Dans une lettre du 6 août 1940, Roger Thollet, de Lyon, rappelle que lors de sa démobilisation il est passé au Paraïs et que Giono lui a dit : « Si tu claques du bec cet hiver, viens ici, il y aura toujours à manger. »

Nourrir une telle foule, en ces temps de restrictions, n'est pas facile. Giono achète une seconde ferme qu'il gardera plus longtemps, la Margotte, à Mane près de Forcalquier. Ce qui lui permet de le faire, c'est qu'il passe le 23 novembre 1940 un contrat pour l'adaptation au cinéma du *Chant du monde,* avec Léon Garganoff, d'origine caucasienne, qui veut s'établir à Marseille comme producteur de cinéma. Giono doit lui-même écrire le scénario et les dialogues. Garganoff espère avoir des capitaux américains, et verse à Giono une avance importante[90]. Mais cet homme charmant, qui plaît à Giono par sa fantaisie, ne produira jamais aucun film.

L'achat des deux fermes, les démarches, travaux, déplacements, occupent Giono d'août à novembre 1940. Je suis passé le voir en octobre, en permission d'Afrique du Nord où je restais mobilisé (je n'allais regagner la France, toujours dans l'armée, qu'en octobre 1944), et l'ai trouvé en excellente forme. Ses cheveux avaient blondi. Cela a choqué certains de ses proches. Il a dit à Lucien Jacques qu'au cours d'une longue promenade au soleil, une de ses mèches avait été décolorée, et qu'il s'était fait éclaircir pour unifier. Sa famille en doute. Mais il savait que, tout petit, il avait été blond comme sa mère, et, en lui-même, il se voyait blond, même au temps où ses cheveux étaient châtains[91]. (Cette période de blondeur ne durera pas : à la fin de la guerre, il commencera à grisonner. Mais il gardera longtemps ses mèches au vent, jusqu'au jour de 1953 où, ayant vu Marlon Brando en Brutus dans le *Jules César* de Mankiewicz, il se fera coiffer très court comme lui.)

Nous avons parlé toute une soirée, et je suis resté coucher dans son bureau avant de monter voir Lucien Jacques au Contadour, engoncé dans un blouson blanc trop grand pour moi, qu'il m'avait prêté en prévision du froid. Je peux témoigner qu'il m'a dit à l'époque qu'à son avis les Allemands allaient perdre la guerre, et que c'était de Gaulle qui avait raison. Il m'a parlé de *Chute de Constantinople,* qu'il ne considérait donc pas comme abandonné. Peut-être continuait-il à prendre quelques notes, de même que pour *Deux Cavaliers de l'orage.* Mais, durant ces mois, il ne rédige rien, semble-t-il, ce qui chez lui est exceptionnel. Il pense à un texte sur Manosque, qui serait édité à Lausanne par Maurice Blanc, avec des illustrations de Géa Augsbourg. Malgré ses promesses, il ne l'écrira pas. Des dizaines de revues de toutes sortes lui demandent des textes. Il ne donnera pas suite. Drieu La Rochelle fait annoncer, dans *Aujourd'hui* du 7 novembre, que la NRF va reparaître sous sa direction, et publiera dans les deux numéros à venir des textes de Montherlant, d'Aragon, de Gide et de Giono[92]. Il écrit même à Giono pour lui demander de faire partie du comité de rédaction de la NRF. Les trois autres membres du comité seraient Gide, Éluard et Céline[93]. Le projet n'aboutit évidemment pas.

D'ailleurs Giono est suspect aux collaborationnistes les plus virulents. En octobre 1940, dans *Au pilori,* périodique pro-allemand et antisémite, Pol Riche (plus tard fusillé), attaquant « Gallimard et sa belle équipe », les accuse d'avoir publié non seulement des surréalistes, des sionistes, des antinazis (Malraux), mais aussi des pacifistes comme Giono[94]. Le courrier de celui-ci sera surveillé : à la fin d'avril et au début de mai 1942, le commissaire de police de Manosque signalera au préfet que Giono a reçu d'Apt, envoyés on ne sait par qui, des numéros de février et de mars de *Combat* et de *Franc-Tireur* clandestins. Est-ce à cette époque que Giono est convoqué par la police et interrogé pendant 48 heures (peut-être à Lyon) sur de prétendues activités communistes ? M. Chevaly, qui rapporte le fait, n'en précise pas la date[95]. Selon J. Grenier, un cercle de jeunes Savoyards avait pris son nom avant la guerre à son insu, et l'avait conservé bien qu'étant passé au communisme. Je doute que le dénouement de l'affaire, tel que Giono l'a raporté à J. Grenier, soit vrai : journalistes et photographes convoqués par lui lors de sa visite au juge d'instruction, pour l'effrayer par cette publicité.

Il rêve toujours aux *Grands Chemins.* Les poèmes de 1939-1940 (poème de la prison, poème des oiseaux) ont peut-être trouvé dans son esprit une nouvelle destination. Une lettre à L.D. Hirsch de chez Gallimard, datable de décembre 1940 ou janvier 1941, parle d'un « livre sans dénomination car il est à la fois poème, roman, théâtre, farce et tragédie, intitulé *Le printemps d'Héraclès*[96] ». Si quelque chose en a été écrit, rien n'en a été retrouvé. Mais le renouvellement dont il sent le besoin, et qui s'est manifesté dans *Pour saluer Melville* et dans certaines pages de *Chute de Constantinople,* n'est pas mûr. Peut-il mûrir au milieu du bouleversement mondial? Giono, tout en voulant aller de l'avant, est tiré en arrière par son œuvre antérieure. Il va prendre appui sur les fondations qu'il a déjà bâties, et cela pour les trois œuvres qui suivent et qui l'occuperont jusqu'en juillet 1942 : l'essai *Triomphe de la vie,* la pièce *La Femme du boulanger,* le scénario de film *Le Chant du monde.*

Triomphe de la vie

Le livre[97], commencé en décembre 1940, s'appelle d'abord *Conditions du monde* puis *Les Conditions de la vie,* peut-être en référence à *La Condition humaine* de Malraux, à laquelle le texte semblera parfois faire allusion pour en prendre le contrepied. Giono a aussi pensé à *Mesure humaine*[98]. C'est à l'origine un essai sur l'artisanat : un domaine que Giono a souvent abordé dans ses œuvres antérieures, de *Jean le Bleu* à la *Lettre aux paysans* en passant par *Le Poids du ciel* – mais toujours épisodiquement. Le texte n'est pas initialement conçu comme très long. Puis, en janvier 1941, un avocat neuchâtelois, Fred Uhler, qui veut se faire éditeur et crée la maison Ides et Calendes, prend contact avec Giono. La possibilité s'offre, comme pour *Les Vraies Richesses,* d'une double édition : l'une en Suisse à tirage limité (ce sera moins de 900 exemplaires), l'autre, en tirage courant, chez Grasset. Cela tombe d'autant mieux que les livres se vendent difficilement[99] et que Giono a besoin d'argent – bien que Grasset et Gallimard tentent toujours d'obtenir chacun de leur côté un contrat d'exclusivité, et que Gallimard, le 17 janvier 1941, porte la mensualité de Giono de 3 000 à 3 500 francs ; mais les droits d'auteur arrivent mal[100], les fermes coûtent avant de rapporter. En attendant, la table doit être approvisionnée au Paraïs : pour cela, Giono prête d'ailleurs, par accord du 6 mars 1941, 10 700 francs, pour constitution d'un élevage, à un agriculteur qui le lui rendra sous forme d'œufs, volailles, lapins, fruits et légumes. L'avance suisse pour *Triomphe de la vie* sera donc la bienvenue. Le livre se gonfle en cours de route, et ne sera pas fini avant août 1941[101].

Partant d'une réflexion solitaire dans un café de Marseille, Giono en arrive très vite au Trièves, et à l'artisanat dans le bourg réel de Mens. Sa méditation, d'allure peu construite, se développe dans toute la première moitié du livre, touchant tour à tour au tableau de Breughel, *Triomphe de la mort* (que Giono, n'ayant jamais été à Madrid, ne connaissait qu'en reproduction), à son père auquel il consacre une fois de plus d'admirables pages – évoquant son métier avec une constante exactitude technique qui est rare chez lui –, à la naissance d'un enfant, aux sensations d'un aveugle, à ce combat solitaire qu'est la vie. Discours très libre, foisonnant, parfois répétitif, où se développent les convictions obsédantes de Giono : opposition à la guerre (très à l'arrière-plan ici), à la grande ville, à l'industrie, à tout ce qui est la démesure de la civilisation moderne ; l'insistance sur la démesure est aussi forte ici que dans la *Lettre aux paysans*. Mais, plus encore que dans les livres précédents, surgissent des allusions à dieu ou aux dieux, symbolisant les forces qui dépassent l'homme ; et la fréquence de l'adjectif « magique », appliqué à une quinzaine de noms divers – jeunesse, obscurité, ivresse, paix, mot, char, etc. -, crée un univers merveilleux où la matière et la raison voient leur rôle réduit.

Après avoir célébré l'artisanat, Giono change en apparence de registre pour revenir à une création romanesque, avec des personnages groupés dans une action ; mais cette fois il va s'exprimer sur un nouveau mode : le cinéma, qui l'a toujours intéressé, mais qui alors s'impose à son attention pour deux raisons. D'abord il est en correspondance avec Abel Gance, qui lui a écrit le 31 juillet 1940 : « Toucher la "résurrection de la terre" au travers du génie qui vous anime me paraît être une des clefs de voûte que le cinéma se doit de construire. » Durant les derniers mois de 1940 et en 1941, Gance lui reparle plusieurs fois, à mots couverts, d'un projet commun, sans cesse retardé. D'autre part, Giono est exaspéré contre Pagnol, qui, à partir des personnages d'*Un de Baumugnes,* de *Regain,* de *Jean le Bleu,* réalise des films à succès qui lui rapportent beaucoup d'argent tout en trahissant l'esprit des œuvres. La proposition, le 15 décembre 1940, d'un contrat autorisant Pagnol à tirer de son film *La Femme du boulanger,* issu de *Jean le Bleu,* une pièce du même titre, n'arrange rien, malgré les 20 % offerts. Pagnol a toujours eu tendance à croire que dans ces adaptations, tout était de lui. Giono avait noté dans son *Journal,* le 14 décembre 1937 : « Je rentre de Marseille où je suis allé essayer de me faire payer par Pagnol. Trouvé un homme à bout, vidé, faible, désemparé. Je n'ai rien osé demander de ce qui m'était dû. Touchant : il a donné en autographe de lui, signées par lui sur le grand programme mondain de la première de *Regain* (présidée par le président de la République), dix lignes du dialogue qui sont de moi. Il a écrit ces lignes de sa main et il les a signées. Touchant. »

Mais la prétention de Pagnol d'être l'unique auteur de *La Femme du boulanger* révolte Giono, et il intente au cinéaste, à propos de ses adaptations, un procès en plagiat et en rupture de contrat ; l'affaire viendra le 14 octobre 1941 devant le tribunal de commerce de Marseille ; Giono, partiellement débouté, fera appel.

En attendant, il ne veut pas laisser à Pagnol le droit de faire seul passer son œuvre à l'écran, et il veut le contrer lui-même. Il se décide à écrire et à faire figurer dans *Triomphe de la vie* un scénario qui prolonge l'action de *Regain,* précisément un des romans adaptés par Pagnol, et manqués : « Tu t'étais efforcé de faire un *Regain* maigre. Pagnol en a tiré un film essoufflé, boursouflé et adipeux », dit-il[102]. Le scénario répète le roman : c'est une nouvelle résurrection du même lieu : Panturle et

Arsule ont dans *Regain* sauvé Aubignane de la disparition ; mais le village est menacé à nouveau, faute d'un forgeron. Les paysans vont en trouver un, le vieil Augustin ; il est attiré par la beauté d'une jeune fille. Il vient. Il ne se déclare pas : elle a trente ans de moins que lui. Mais elle, en l'épiant tandis qu'il forge un soc, est sexuellement fascinée par la beauté, la précision, la force et l'efficacité de ses gestes. Elle lui apporte un bol de café, signe qu'elle veut de lui. Cette histoire étrange est surplombée en filigrane par un être que Giono avait délaissé depuis la « Vie de Mademoiselle Amandine », celui de Pan (*Regain* faisait partie de la trilogie de *Pan*) qui introduit l'action en voix off et qui surtout, dans l'épisode final, apparaissant dans les nuages sous la forme d'un immense ange aux ailes de peau, semble aussi bien menacer les hommes au-dessous de lui que veiller sur eux. Ainsi, comme dans *Pour saluer Melville,* un ange gigantesque, dans le ciel, survole le héros et préside en particulier à des amours inaccomplies : le premier était issu d'une vision de prison, le second est un croisement du premier et de la figure de Pan évoquée par Giono dans ses débuts. Anges fantastiques l'un et l'autre, mais moins que ceux que Giono créera en 1944 dans *Fragments d'un paradis.*

Enfin, entre les deux volets écrits – le discours sur l'artisanat et le scénario –, Giono intercale un épisode rédigé en dernier : une immense fête paysanne dans une grande ferme du Trièves, avec repas plantureux, musique, danse, exhibition de chevaux ; les artisans du bourg, venus livrer leurs produits, y participent avec les paysans. C'est la plus longue description de fête campagnarde de l'œuvre de Giono ; bien que d'une tonalité différente, elle procède de celles d'« Entrée du printemps » et de *Que ma joie demeure.* Les lecteurs sont donc sans cesse renvoyés au Giono de 1929 à 1938. Ceux qui ont lu en revue « Histoire des Jason », si dense, sont déçus. Giono semble ici n'avoir plus honte de faire « du Giono ». Lucien Jacques, un peu gêné, écrira à Alfred Campozet : « Il met ses pas dans ses pas. » D'ailleurs, l'essai porte un sous-titre : « Supplément aux *Vraies Richesses*[103] ». **Giono** est bien conscient de s'être partiellement tourné vers le passé, même s'il a renoncé à toute prédication[104].

Mais, malgré le titre flamboyant, *Triomphe de la vie* est moins plein d'espoir que *Les Vraies Richesses,* qui ouvraient un avenir radieux. Si des joies particulières y apparaissent, il n'y est que deux ou trois fois question de *la joie* – cette sorte d'absolu qui avait porté Giono comme sur la crête d'une vague en 1934 et 1935, et à nouveau en 1937-1938 dans *Le Poids du ciel*[105]. Aucun bonheur ne peut s'installer définitivement, pense désormais Giono après l'expérience amère de la guerre. Tout ce que peuvent faire les hommes, c'est, comme le dit la dernière phrase, « prolonger le temps de leur combat ».

Le livre tombera à contretemps. Giono défend certes les valeurs qui ont été les siennes depuis plus de dix ans, et il ne voit aucune raison d'en changer; il n'empêche qu'elles s'accordent avec celles qu'exalte le régime de Vichy. Giono ne songe pas à s'aligner, mais il risque de s'en faire accuser. Le titre provocant n'est pas non plus heureux en pleine Occupation : celui qui le voit en vitrine du libraire ne sait pas encore qu'il est dérivé du *Triomphe de la mort* de Breughel. C'est la réaction de Jean Guéhenno dans son *Journal des années noires*[106,] où, le 25 mars 1942, il est très sévère pour le livre, avant d'être conquis deux jours plus tard par sa poésie, et par la capacité qu'a Giono de créer un monde à lui. Mais sa première réaction a été de révolte : « La défaite de la France, c'est d'abord son triomphe à lui, Giono. » C'est là un cas typique d'une certaine maladresse de Giono, issue d'une naïveté, d'une inconscience à laquelle beaucoup refusent à tort de croire, parce qu'elle n'exclut pas une sorte de ruse – maladroite souvent elle-même. Les critiques sont mitigées. André Rousseaux publie un feuilleton enthousiaste dans *Le Figaro* du 4-5 avril. Mais le compte rendu de Maurice Blanchot[107] est plus réticent; celui de R. Brasillach plus encore, avec son « M. Giono pense, nous n'y pouvons rien[108] ».

Il arrivera plus tard à Giono de regarder le livre avec indulgence : en avril 1964, il dédicacera à son vieil ami suisse du Contadour, le Dr Fred Jordi, « ces pages dans lesquelles sont exprimées des idées qui ont fait le bonheur de notre jeunesse et feraient encore le bonheur de beaucoup d'hommes s'ils avaient simplement l'humilité de regarder le monde avec amour[109] ».

Projets. *La Femme du boulanger*

L'année 1941 marque une petite révolution dans le travail de Giono : il se résout enfin à utiliser une secrétaire – ce à quoi il avait répugné parce qu'il aimait à se voir comme un artisan solitaire. (L'aide d'Élise, c'était autre chose : depuis leur mariage, elle était à ses côtés et suivait sa création.) A partir de 1941, pendant un an environ, il emploie épisodiquement les services de Raymonde Bastard. Puis, à partir de 1942, plus régulièrement, ceux d'Alice Servin, la légendaire Mlle Alice[110], dont il ne se séparera jamais, par gentillesse et horreur de peiner. Elle n'aurait peut-être pas facilement trouvé un autre travail, car à un dévouement absolu elle joignait une incompétence professionnelle totale : elle ignorait la sténo, tapait très mal, n'avait guère d'orthographe, faisait en lisant l'écriture de Giono de perpétuelles erreurs de déchiffrement, et n'avait aucun sens d'un classement quelconque – courrier, documents ou livres. Le catalogue en fiches qu'elle dressera plus tard de la bibliothèque du Paraïs est par endroits un modèle de ce qu'il ne faut pas faire. De même ses dactylographies de carnets et de manuscrits. Giono est toujours avec elle d'une extrême prévenance, et s'ingénie à l'occuper sans lui confier de tâches importantes : je l'ai vu lui demander d'aller poster une lettre urgente, puis, à son retour, une autre, puis une troisième ; elles étaient toutes écrites dès le début, mais, ainsi, il lui donnait trois fois une demi-heure de « travail ». Il lui confiera malgré tout un peu de courrier, lui dictant les lettres compliquées, et, pour les autres, notant sur les lettres reçues le sens de la réponse à faire : essentiellement, selon une petite rouerie qui ne lui est pas propre, « M. Giono absent (ou en voyage) répondra dès son retour. » Souvent avec une date de retour assez éloignée pour que le rendez-vous ou l'article demandé soit par là même éliminé. Parfois, la note donne des détails, si bien que Giono ne perdrait pas plus de temps à écrire la lettre lui-même ; mais ainsi il occupe Mlle Alice.

Il déborde toujours de projets. *Le Figaro* publie le 22 mars une lettre de lui :

« Voici la liste des livres achevés que la NRF va faire paraître : *L'Eau vive,* contes, *Théâtre, Triomphe de la vie,* essai, *Louez Dieu dans ses royaumes, Pour saluer Melville,* la traduction du *Moby Dick* de Herman Melville, en collaboration avec Lucien Jacques (l'aboutissement d'un travail de six ans).

« En même temps, Grasset publiera un roman : *Deux Cavaliers de l'orage.*

« Je suis en train de terminer les livres suivants, dont l'ensemble est intitulé : *Les Grands Chemins :* 1. *Ainsi que la pluie et la neige ;* 2. *Comme l'étoile du matin ;* 3. *Dans la paix des troupeaux ;* 4. *Éternité, parole du tonnerre ;* plus, un grand poème[111] des temps actuels : *Le Printemps d'Héraclès.*

« Enfin, je suis en train de mettre en scène moi-même un film de mon roman, *Le Chant du monde* [112]. »

Le premier paragraphe est à peu près exact, sauf pour *Louez Dieu dans ses royaumes* . Le troisième est de l'invention pure : pas une page des quatre parties des *Grands Chemins* n'a été rédigée. On songe à Balzac racontant à ses correspondants le progrès et le quasi-achèvement de son roman *La Bataille,* dont il n'a jamais écrit que deux lignes.

Cet ensemble de projets ne représente qu'un instant dans les mouvantes perspectives de Giono. Un contrat du 25 juillet avec Grasset prévoit *Deux Cavaliers de l'orage, Arcadia, Le Volcan vert, Le Printemps d'Héraclès* et un titre à déterminer[113]. Dans un carnet de 1941, en quelques feuillets on découvre plusieurs autres projets[114].

En fait, comme romancier, Giono se sent toujours bloqué. Aussi se tourne-t-il vers d'autres genres. Dès l'achèvement de *Triomphe de la vie,* il s'attelle à une entreprise théâtrale qui pourrait avoir deux origines. D'abord, sa pièce de 1931, *Le Bout de la route,* jamais représentée malgré diverses tentatives, publiée seulement dans *Les Cahiers du Contadour* en 1937 et la même année en volume à tirage confidentiel, est enfin jouée à Paris, aux Noctambules, depuis le 30 mai 1941, dans une mise en scène de Pierre Gautherin – aidé, dit-on, des conseils de Pierre Fresnay et de Fernand Ledoux[115]. C'est Robert Desnos qui a écrit pour le programme le texte de présentation[116]. Alain Cuny joue le rôle principal pendant les quatre-vingts premières représentations[117]. C'est un succès. Bien que le théâtre soit petit, donc les recettes modestes, cela peut améliorer les finances de Giono, toujours précaires durant toute la guerre. En second lieu, Giono est exaspéré que Pagnol veuille adapter pour le théâtre *La Femme du boulanger*. Eh bien, il le fera lui-même, et sous ce titre-là – ce qui est une erreur de jugement : le film de Pagnol, avec Raimu, est si célèbre qu'il est impossible de reprendre son titre sans provoquer confusion et malentendu[118].

Peut-être Giono a-t-il envisagé pour cette pièce une collaboration avec Lucien Jacques, mais il n'est rien sorti d'un tel projet[119]. Il s'y met le 9 août 1941 et aura achevé le 1er janvier 1942 – une révision du premier acte l'amenant ensuite jusqu'au 21 janvier. La pièce, qui ne sera jouée qu'au printemps 1944 à Paris, et n'aura aucun succès de critique ni de public, reprend les personnages du récit de *Jean le Bleu*. Mais certains d'entre eux, qui n'étaient qu'épisodiques, parfois tout juste mentionnés, prennent de l'importance. Le baron Agénor (M. d'Arboise dans *Jean le Bleu*) et son entourage passent au premier plan, et tout le deuxième acte se déroule entièrement au château. Aristocrates et bourgeois occupent beaucoup plus de place que dans l'épisode de *Jean le Bleu*. Surtout, Giono donne une dimension presque métaphysique à cette histoire très simple de la femme qui, pour un beau berger, quitte son mari boulanger, lequel refuse alors de faire le pain, plongeant le village dans la disette, jusqu'au moment où la femme revient après intervention du curé et de l'instituteur. Le délire du boulanger qui se croit mort, les réflexions sur la vie, sur l'amour, sur les rapports entre les êtres auxquelles se livrent le baron, sa gouvernante et ancienne maîtresse (un personnage *nouveau*), l'instituteur, le curé, regorgent d'implications, de sous-entendus. Beaucoup plus encore que dans *Pour saluer Melville,* le dialogue est obscur, difficile à suivre, comme si Giono avait peur d'en dire trop comme il lui était arrivé autrefois de le faire, et en arrivait à ne pas en dire assez. Tout en prenant appui sur un de ses anciens récits, Giono évite ici de « faire du Giono », et il renouvelle son écriture. Mais devait-il le faire dans un dialogue de théâtre ? Le public d'une salle doit tout saisir immédiatement, alors que le lecteur dans son fauteuil peut relire des pages du roman. Pagnol, excellent technicien de la scène, aura peut-être raison d'écrire à Giono, après la publication du texte : « Tu as beaucoup trop d'orgueil pour reconnaître que ta *Femme du boulanger,* qui est une œuvre remarquable, n'est pas une bonne pièce. »

De même, dans le scénario du *Chant du monde,* qui est écrit de février à juillet 1942, Giono s'appuie sur son roman, et en suit l'intrigue avec une grande fidélité : simplement, il intervertit quelques épisodes –

Pauline Giono.   Jean Antoine Giono.

Joseph et Marguerite Fiorio et leurs enfants :
Ernest, Émile, Ludovic, Rose, Antoinette.

Jean et Élise Giono vers 1920.

Avec Aline et Sylvie.

Au Contadour.

Inès Fiorio.

Jean Bouvet.

Ludovic Fiorio.

Marius Pourcin avec Pauline Giono.

Les disparus de 1942-1946.

En 1949 : *Les Ames fortes*.

Lucien Jacques.

Henri Fluchère.

Maximilien Vox.

Fine.

Les intimes.

Les pitres à Montjustin en 1951.

En Italie avec Élise.

Jean et Lucien.

La chasse au bonheur.

Le bureau vide.

la poursuite de Gina et du besson par les hommes de Maudru précède ici la présentation d'Antonio et de Matelot –, il supprime l'accouchement en pleine campagne de Clara l'aveugle, il gonfle les scènes de carnaval à Villevieille, et il réduit à quelques images la descente finale du fleuve. Il écrit les dialogues, en empruntant d'ailleurs beaucoup moins à ceux de son roman que ne l'avait fait Pagnol pour *Regain,* mais sans jamais modifier sensiblement leur signification : le texte est presque entièrement original. Et il opère le découpage technique, plan par plan (577 plans pour un film de deux heures) ; il précise souvent le cadrage, l'angle de prise de vue, les mouvements des personnages. En novembre 1942, il ira avec Garganoff dans la région de Barcelonnette chercher des extérieurs et même des acteurs : si Alain Cuny est prévu pour le rôle d'Antonio, Giono songe aussi à des amateurs : un vieux curé de village pour le guérisseur Toussaint [120]. Mais le film ne sera jamais réalisé.

Entre *La Femme du boulanger* et le scénario du *Chant du monde,* et au cours de celui-ci, Giono s'est changé les idées en écrivant deux préfaces. L'une, du 7 février 1942, au livre du Dr J. Poucel, *A la découverte des orchidées de France,* où perce une fois encore l'idée que Giono est un « voyageur immobile », cherchant le bonheur tout près de lui, en satisfaisant sa curiosité du détail immédiat, en se racinant dans le monde pour le posséder. La seconde préface, à l'album de dessins de Samivel, *L'Opéra de pics,* est du 13 avril. Elle chante la montagne, et exalte un ami sans doute imaginaire nommé Regottaz (un Regotaz était dans *Le Grand Troupeau* ce soldat tué dont le fantôme apparaissait à ses camarades), avec lequel Giono bivouaque trois nuits au clos des Cavales ; bivouac moins long que celui de quarante jours évoqué dans *Le Poids du ciel,* mais qui participe de la même légende de Giono alpiniste[121] : en toutes circonstances, il continue de s'inventer.

Chapitre 15
Dangers

Voyage à Paris

Depuis six ans, Giono est resté éloigné de Paris[1]. Il n'a pas vu *Le Bout de la route* qui s'y joue depuis plus d'un an. Son éditeur Grasset souhaite qu'il y vienne, à l'occasion de la publication de *Triomphe de la vie* en France. Son virtuel producteur de cinéma, Léon Garganoff, insiste également, et s'occupe de lui faire obtenir un laissez-passer pour la zone occupée. Le 4 mars 1942, Giono arrive dans la capitale. Il logera tantôt à l'hôtel, tantôt chez Garganoff et sa femme Ludmilla, à Boulogne-sur-Seine, 4 rue Joseph-Bernard. «Je crois même, écrit son biographe Jacques Pugnet, que son ami Garganoff, en 1934 [*sic* pour 1943] lui avait monté un studio particulier, avec deux fenêtres, une cheminée, des meubles provençaux, l'exacte réplique de son phare, en somme[2].» Cela ressemble à une invention de Giono. Garganoff semble avoir, de façon un peu envahissante, cherché à jouer le rôle d'agent général de l'écrivain : il ne s'occupe pas seulement de prendre des contacts utiles à la réalisation du *Chant du monde,* mais se mêle aussi du *Bout de la route,* qui a dépassé les 300 représentations, et qu'il songe à porter aussi à l'écran. Il a créé une société, «Lianofilm», qui ne produira jamais rien. Si le bruit court que Giono a engagé Alain Cuny pour trois films, *Que ma joie demeure, Triomphe de la vie* et *Le Chant du monde,* comme le dit *La Semaine* le 6 juin 1942, c'est sans doute Garganoff qui en est responsable.

A Paris, Giono ne trouve plus guère d'anciens amis. Poulaille a rompu avec lui. Gide préfère demeurer en zone libre. On ne sait si Giono rencontre d'autres écrivains. Cocteau, logé comme lui à l'hôtel du Beaujolais, cherche à le voir le 12 mars et dîne avec lui le 20 ; tous deux improvisent ensemble le 28, à la radio, un dialogue sur Jean-Jacques Rousseau[3]. Mais sa venue est un événement dans le petit monde des lettres. Dans *Comœdia,* hebdomadaire moins ouvertement engagé que d'autres dans la collaboration, Giono est trois semaines de suite en tête de la première page, et d'abord avec une photo qui le montre débarquant à la gare de Lyon[4]. Malheureusement, tout aussi enthousiaste est la très pro-allemande *Gerbe,* dirigée par Alphonse de

Châteaubriant; elle n'a jamais, depuis 1940, laissé passer une occasion de le célébrer[5]. Pressé par le besoin d'argent, il a eu en 1941 la faiblesse et l'imprudence – le seul véritable tort, disons-le, de toute cette période – de lui promettre un roman sur lequel lui ont été versés 20 000 francs d'avance. De plus, depuis un an, l'affiche du *Bout de la route* a étalé le nom de l'auteur sur les murs de Paris. La plupart des journaux ont fait de la pièce des comptes rendus très favorables, parfois enthousiastes. Le nom de Giono fait donc déjà partie du paysage parisien. Lorsque lui s'y montre en chair et en os, il donne naissance, absolument sans s'en rendre compte, à la légende du « Giono collaborateur ». Une légende que les hasards de l'histoire avaient déjà préparée dans l'opinion : depuis *Colline,* Giono avait, en chantant la nature et les paysans, implicitement prôné le retour à la terre ; sans qu'il eût écrit ces mots mêmes, son message semblait devenir plus explicite depuis les *Vraies Richesses.* Il pouvait, à partir de 1940, donner l'impression d'adopter les idées de Vichy, alors que Vichy avait, après lui et pour des raisons totalement différentes, fait du retour à la terre une idéologie politique. *Triomphe de la vie,* bien que ne contenant pas un mot en faveur du pouvoir pétainiste, ne faisait rien pour dissiper ce malentendu – ce qui en dit long sur la naïveté de Giono et son absence de sens politique.

Son calendrier parisien est en partie connu : dans un de ses carnets figure la liste de ses rendez-vous. Il a des rencontres professionnelles. Peu après son arrivée, il passe chez ses éditeurs : Grasset, qui lui propose un nouveau contrat (je vais y revenir), Gallimard, où il voit peut-être Paulhan (ce n'est pas attesté), mais pas Gaston Gallimard[6]; et Jonquières qui projette une édition de luxe de *Colline.* Il rencontre G. Reyer de *La Gerbe,* et surtout, le 9 mars, Alphonse de Châteaubriant, avec qui il n'a jamais jusque-là eu aucune relation[7]. Bien entendu, *La Gerbe* consacre à l'entretien un grand article le 19 mars 1942 (deux colonnes en p. 1, quatre en p. 4); la conversation, rapportée par Marius Richard, porte sur le paysannat, l'artisanat, l'élevage, avec quelques souvenirs sur son père cordonnier. Il voit des journalistes, comme Delange de *Comœdia,* comme Jean Luchaire[8]. Il cherche à rencontrer Alain Cuny, qui a joué 80 fois le rôle principal du *Bout de la route,* et à qui il pense pour Antonio du *Chant du monde* à l'écran.

Giono voit aussi des occupants. N'étant à peu près pas sorti de Manosque depuis plus de deux ans, il se rend mal compte de la portée de son attitude. Certains ont dû le mettre en garde, mais il se veut libre. Jamais il n'a confondu Allemands et nazis. Toujours il a été pour un rapprochement franco-allemand, en particulier sur le plan littéraire et intellectuel. Il sait qu'il a en Allemagne un large public. Comment ne tiendrait-il pas compte de la confiance que mettent en lui tant d'Allemands cultivés? Certes la quasi-totalité des Français résistants, tout naturellement, ne veulent voir dans les Allemands que des occupants, voire des nazis. Pourtant quand, pour leur numéro de mai-juin 1941, les

Cahiers franco-allemands – revue intellectuelle de faible diffusion – avaient demandé un texte à Giono, leur direction avait fort bien admis que celui-ci donne une nouvelle parue en mai 1936 dans l'hebdomadaire de gauche *Vendredi*, «Les Vraies Richesses», qui deviendra « La Ville des hirondelles» dans *L'Eau vive.*

Les Allemands que Giono verra à Paris ont tous des liens avec le milieu littéraire. C'est le lieutenant Gerhard Heller, qui à la Propaganda-Staffel doit veiller à ce que les publications françaises ne soient pas en opposition avec l'idéologie officielle : un homme qui est en relations suivies avec des écrivains germanophiles comme Jouhandeau et Drieu la Rochelle, mais aussi avec des résistants comme Paulhan et Mauriac[9]. C'est le Dr Karl Epting, directeur de l'Institut allemand à Paris, rue Saint-Dominique, avec qui Giono déjeune le 10 mars. Epting voudrait obtenir de lui un texte pour sa revue *Deutschland-Frankreich;* il aura naturellement une promesse, mais rien de plus : il insistera en vain par lettres du 20 avril et du 27 mai. De même pour la *Pariser Zeitung.* Giono a rendez-vous pour dîner avec Heller, Diedrich et Delange le mercredi 11 mars chez Lipp. Mais peut-être la rencontre n'a-t-elle pas lieu : Heller écrira qu'il ne l'a rencontré que lors d'une réception chez Grasset, sans doute celle qui fut donnée le 18 mars au Pavillon de l'Élysée, pour la sortie de *Triomphe de la vie.* Profitant de cette flatteuse manifestation mondaine, l'éditeur lui fait signer ce jour-là un nouveau contrat, que Giono, qui ne sait pas dire non, accepte malgré ses clauses incroyables. Il y est admis que l'écrivain n'est engagé avec Gallimard que jusqu'au 1er janvier 1946 – ce que Giono a pu raconter, mais qui n'est pas exact. Jusqu'à cette date, il donnera à Grasset, selon ce contrat, un ouvrage par an; ensuite, il lui cède l'exclusivité de toute son œuvre pendant dix ans. Les mensualités ne sont pas augmentées; 50 000 francs lui seront versés sur-le-champ, et une somme égale est prévue au 1er janvier 1946.

Donc, Giono est vu à Paris, dans des lieux publics où il est remarqué, dans des restaurants, des théâtres. Il va sans doute voir *Le Bout de la route.* On a dit qu'il ne s'y était pas rendu. La vérité est peut-être dans ce qu'il déclarera en 1959, et qui correspond bien aux réactions brusques qu'il avait parfois : il n'a pu y assister jusqu'à la fin, trouvant son texte «affreusement mauvais». Il n'aurait donc pas, à la fin de la représentation, été rendre visite aux comédiens[10]. En revanche il assiste le 16 mars à la première de *Hamlet* à la Comédie-Française[11].

Tout cela lui forge, à son insu, une certaine image. Il entre, pour l'opinion, dans un groupe d'écrivains «collaborateurs». Drieu la Rochelle (l'a-t-il rencontré en 1942? c'est possible mais rien ne l'atteste) songe à nouveau, comme en 1940, à le faire entrer dans l'équipe qui devrait sous sa direction remettre sur pied la NRF. Il pense d'abord à le placer au comité de rédaction, avec Arland, Jouhandeau, Paulhan, Montherlant et lui-même; au-dessus, un comité de direction comprendrait Gide, Valéry,

Claudel et Fargue. Contre-proposition de Paulhan le 21 avril : un comité de direction formé de Gide, Claudel, Valéry, Mauriac, Giono – cela prouve en quelle estime Paulhan tient Giono. Mais Drieu refuse l'éviction de Montherlant et de Jouhandeau, et rien ne se fait. Ce ne sont là que projets, et il n'est même pas sûr que Giono, alors reparti pour Manosque, ait été pressenti[12].

Mais les pro-allemands sont soucieux de s'assurer des appuis, même fictifs. François Nourissier évoquera plus tard un catalogue de la librairie Rive gauche (installée par les Allemands au coin de la place de la Sorbonne) où figuraient les photos de Montherlant, Châteaubriant, Giono, Benoist-Méchin, Brasillach et Drieu[13]. Alfred Fabre-Luce, dont les sympathies pro-vichystes sont connues, publie à la fin de juin 1942 le tome 2 de son *Journal de la France*. Il y relate, sur neuf pages, une visite de fin octobre 1941 à Giono, qu'apparemment il ne connaissait pas, mais qui recevait tous ceux qui voulaient le voir[14]; il s'est entendu raconter beaucoup de belles histoires inventées, qu'il interprète dans son sens. Le seul propos qui importe est que Giono lui aurait dit, en soutenant que les poètes finissent toujours par avoir raison : « Qu'est-ce que Hitler lui-même, sinon un poète en action ? » A supposer que le propos ait bien été tenu – et on en doute quand on voit à quel point Fabre-Luce se montre inexact quand il parle des romans de Giono –, il faudrait ne pas connaître Giono pour ne pas voir là une ironie que l'interlocuteur n'a pas su déceler; d'autant que sur d'autres sujets comme les derniers jours du Contadour et les premiers jours dans l'armée, Giono, on l'a vu, s'était vraiment moqué de son visiteur. Il reste que sa présence dans le livre de Fabre-Luce contribue à le faire classer dans la même tendance que lui. Et *La Gerbe,* dans l'attente de *Deux Cavaliers de l'orage,* continue de l'encenser[15].

Rentré à Manosque à la fin du mois, Giono se remet au travail en se dispersant quelque peu : il passe du scénario du film *Le Chant du monde* à la suite de *Deux Cavaliers de l'orage,* abandonnée en 1939. Pour ce roman, il trace des plans, il aborde deux chapitres : d'abord le septième et avant-dernier, « Mon cadet », puis celui qui précède, « Le flamboyant ». La rédaction est lente, malaisée. Pour la seconde fois, Giono a abandonné le genre romanesque pendant près de deux ans, depuis qu'il a renoncé à poursuivre *Chute de Constantinople*. Le redémarrage est difficile, d'autant qu'il lui faut maintenir l'unité de style avec des chapitres écrits trois ans plus tôt, tout en évitant de trop faire « du Giono ». Dans « Le flamboyant », l'épisode où Marceau refuse l'Autane, la belle fille qui s'offre à lui, a des reflets de mystère dans le dialogue qui marquent une évolution. Et le comique des deux lutteurs de foire desquels Marceau triomphe négligemment est un nouveau signe de l'irruption de plus en plus insistante d'un certain burlesque dans le roman gionien.

Le 8 juin, le procès contre Pagnol vient en appel devant la cour d'Aix, qui confirme le premier jugement en ce qu'elle rejette la demande de résiliation de contrat faite par Giono, et sa demande de dommages et intérêts; mais ses droits à l'utilisation du titre *La Femme du boulanger* sont reconnus; et une expertise est ordonnée en ce qui concerne le paiement du pourcentage qui lui est dû. Chacun de leur côté, Giono et Pagnol proclament qu'ils ont gagné.

Le « poète de la famille »

En juillet, il écrit une préface pour le catalogue de l'exposition de son cousin Serge Fiorio à Cannes; il la lui a promise par lettre (Serge est alors, avec son frère Aldo et ses parents, cultivateur dans le Tarn-et-Garonne), mais il a traîné, et il a fallu que le vieil Eugène Martel intervienne pour qu'il tienne son engagement.

Est-ce ainsi qu'il est amené à repenser aux Fiorio – les seuls cousins, parmi ceux qui ont du sang Giono, avec qui il ait eu des relations suivies? Ou est-ce parce qu'il a appris la mort de son cousin germain Ludovic Fiorio? Conjecture: je n'ai pas trouvé trace de cette mort dans la correspondance de Giono, et mes efforts pour en vérifier la date exacte n'ont pas abouti. Mais sa nièce et ses neveux, Ida, Serge et Ezio, me disent qu'il est mort en 1942, et dramatiquement. C'était l'aîné des cinq enfants de Joseph fiorio et de sa femme la terrible Marguerite, née Giono[16]. Seul, se sentant vieillir, il voulut, de la banlieue parisienne où il vivait, rejoindre ses frères et son fils en Savoie, à Taninges. Mais il se fit refouler à la ligne de démarcation; de désespoir, il se suicida en se jetant sous un train[17]. Giono, semble-t-il, n'avait pas eu de relations avec lui depuis longtemps. Mais Ludovic était légendaire dans la famille pour ses succès féminins et sa coquetterie, et plus encore pour ses brusques départs et ses réapparitions aussi soudaines, pour ses projets fantaisistes, pour ses capacités d'organisateur de chantiers en France et en Suisse. C'est lui, Giono l'a reconnu sans hésiter, qui est le modèle principal de Djouan, « le poète de la famille », dans la longue nouvelle qui porte ce titre.

Jean, le narrateur, y trouve toute la famille de la sœur de son père réunie autour du chantier d'un tunnel: Djouan surgit brusquement, arrivant du Bosphore; il expérimente, pour remédier à on ne sait quel défaut du tunnel, un explosif de son invention, et provoque une cataracte d'eau et de boue qui dévaste tout sur son passage; quand on le cherche après son exploit, il est déjà reparti pour la Norvège. Giono écrit son texte en quelques jours, du 23 au 28 août 1942. En l'honneur peut-être du cousin disparu, il ressuscite, après trente ans, son émerveillement de 1911 chez ses cousins Fiorio à Vallorbe, en transposant très librement[18]. La fantaisie des Fiorio stimule le sens du comique de Giono, auquel il laisse libre cours, en ces sombres années de guerre, par un besoin de compensation. Ce comique se traduit ici par une exagération allègre, aussi bien dans la prolifération familiale que dans l'hypertrophie du sens auditif de la vieille femme – passant en train sur un viaduc, elle décèle, à l'oreille, qui a serré les boulons – et dans l'ampleur des projets prêtés au fantasque Djouan. Il est un inventeur, un grossisseur, un poète – un Giono ; il s'appelle Djouan, ce qui est la forme piémontaise de Jean, nom traditionnel chez les Giono – le texte le souligne[19] – mais non chez les Fiorio. Il semble que Jean Giono rende ainsi, pour lui-même, un hommage mortuaire à son cousin Ludovic[20]. Il venge en quelque sorte cet homme écrasé sous un train en faisant emporter une locomotive par le fleuve de boue. Et Djouan, ensuite, ne reparaît plus dans la famille : image de sa mort.

Un indice, en octobre 1942, d'un rassérènement momentané dans la vie de Giono, sans cesse traversée d'inquiétudes et de doutes intérieurs tout au long de la guerre : il note dans un de ses carnets de préparation : « Il y avait quatre ans que je n'avais plus touché mon phono[21]. » « J'ai entendu dimanche après-midi à la file *tous* les 6 Concertos brandebourgeois de Bach. Cela tombait comme de l'eau sur du sable. Bu avec avidité. » Et, peu de jours plus tard : « Concerto en fa mineur pour piano et orchestre de Chopin. » Curieux, car Giono ne mentionne à peu près jamais Chopin[22].

Aussitôt après, Giono apprend la mort soudaine, le 20 octobre, d'une crise cardiaque, de Jean Bellec, un des fidèles du Contadour, replié dans la Drôme. Ses réactions vis-à-vis des contadouriens ne varieront guère durant toute cette période : extrême sévérité envers eux pris en bloc – ce qui correspond à une grande sévérité envers lui-même en tant qu'animateur des illusions du Contadour – et très amicale gentillesse à l'égard de tous ceux d'entre eux qui gardent le contact avec lui, surtout s'ils sont touchés par le malheur. Il enverra un télégramme à Germaine Bellec, et écrira un court texte à la mémoire de son ami, pour le petit journal *Routes*.

Nouveau voyage à Paris. *Deux Cavaliers de l'orage* dans *La Gerbe*

En septembre 1942, Giono est invité à participer à la rencontre des écrivains européens à Weimar, du 6 au 11 octobre. Incapable de dire non, il accepte, mais, aussitôt après, met à son voyage une condition qu'il sait inacceptable : qu'on vienne le chercher en voiture. Il n'ira donc pas. La plupart des autres écrivains pressentis se dérobent d'ailleurs aussi : P. Benoit, Montherlant, Morand, Jouhandeau. Seuls Drieu, Chardonne, Thérive, G. Blond et A. Fraigneau (ce dernier au nom de Bernard Grasset) se rendront en Allemagne[23]. En novembre, *Les Lettres françaises* clandestines notent que les Allemands ont « tenté d'entraîner Giono. Mais Giono n'est pas venu ».

De septembre à novembre 1942, il est harcelé par Georges Reyer de *La Gerbe :* ayant payé une importante avance en 1941 pour *Deux Cavaliers de l'orage,* Alphonse de Châteaubriant s'impatiente. Giono reprend les deux chapitres entamés quelques mois plus tôt ; peut-être fait-il exprès de traîner. Mais il serait hors d'état de rembourser les 20 000 francs reçus et de se dégager, comme il le souhaiterait sans doute. Pour la seconde fois dans l'année, Giono va se rendre à Paris, apportant le roman encore inachevé : il écrit le 21 novembre à Reyer qu'il en manque encore 40 pages. Il a promis d'être témoin dans la capitale, s'il peut obtenir un laissez-passer, au mariage du fils de son ami Lalique, le 9 décembre[24]. Ce n'est que le 6 qu'il reçoit le visa nécessaire. Il arrive sans doute le 7. La publication de *Deux Cavaliers de l'orage* a commencé le 3 : il est pris à la gorge. Hâtivement, sur place, à l'hôtel de Beaujolais où il est descendu, il écrit le résumé du dernier chapitre à venir, et rédige les dernières pages, la déploration de la vieille Ariane sur ses deux fils morts, se terminant par : « "Alors, qui a gagné, maintenant ?", dit-elle[25]. »

Mais Paris lui suggère, par contre-choc, une œuvre nouvelle. L'Histoire bouge : à la suite des débarquements alliés du 8 novembre en Afrique du Nord, les Allemands ont occupé la totalité du territoire français. D'une part, plus que lors de son voyage de mars précédent, Giono a dû prendre conscience du poids de l'Occupation, de la haine suscitée par les occupants. Comme tant d'autres, il a vécu les années 1940 à 1942 dans un état d'esprit totalement apolitique. Non qu'il ait eu la moindre tendresse pour le gouvernement au pouvoir. Mais la douche froide qu'a été pour lui l'échec brutal de son action de 1934 à 1939 l'a fait renoncer à toute action. Cependant, à la fin de 1942, à Paris, il se sent en accord avec une atmosphère qu'il n'a guère eu l'occasion de percevoir jusque-là. Le climat a changé dans le pays, d'une part avec les grandes rafles de Juifs de juillet 1942, d'autre part avec les événements de novembre. Beaucoup de Français s'éveillent à l'horreur nazie, à l'omniprésence de l'occupant – et à la perspective d'une libération plus ou moins proche. Giono sent naître en lui une sympathie pour l'esprit d'opposition aux occupants et à ceux de leur bord. Elle va se concrétiser dans son œuvre, comme dans l'aide apportée à tant d'amis ou d'inconnus traqués. Elle sera pourtant, aux yeux de ses adversaires et de ceux qui ne le connaissent pas, de moins de poids que l'image fausse du Giono « collaborateur ».

Depuis août 1941, Giono a en tête un titre, *Le Voyage en calèche,* issu d'un *Voyage en carriole* non écrit, qui devait relater un trajet fait en février 1941, de Mane au Moulin de Pangon, non loin de Forcalquier, par le dessinateur suisse Géa Augsbourg[26]. Il a peut-être même songé à faire de ce *Voyage en calèche* un roman : il est en tout cas annoncé ainsi dans les « à paraître » en tête de l'édition Grasset de *Triomphe de la vie*. Puis le titre a dormi. Ce qui le réveille seize mois plus tard, c'est le métro parisien. Giono est obligé de le prendre pour ses déplacements à travers la ville. Il en est très mal à l'aise : une sorte de claustrophobie lui fait redouter les souterrains, il le dira dans « La pierre » en 1955 ; mais il est aussi fasciné. Il se sent aspiré et sur le point d'être digéré par les intestins d'un monstre[27]. Il rêve d'air libre, et d'un voyage en calèche découverte, dont il ferait aussitôt une pièce de théâtre. Il écrit sur ses impressions et sur leurs prolongements quelques pages datées du 13 décembre 1942 et intitulées déjà « Le voyage en calèche »[28]. Ce sens d'une oppression, ce besoin de liberté, qu'il ne ressentait pas en 1940, vont bientôt faire surgir en lui une pièce dont le héros sera un résistant.

Aussitôt après, il semble avoir quitté Paris, pour passer quelques jours à Bourges ou dans les environs[29]. Puis il regagne la capitale. C'est alors que, dans la dernière semaine de 1942, lors d'un dîner[30], il rencontre Alice Cocéa, actrice d'origine roumaine, directrice du théâtre des Ambassadeurs, et s'ouvre à elle de son projet de pièce. Elle s'enthousiasme, encourage vivement Giono (elle se mettra même bientôt, dira-t-elle, à acheter des meubles italiens anciens pour le décor). Mais il ne supporte jamais bien longtemps la vie de la grande ville, et repart pour Manosque dans les tout derniers jours de l'année[31]. De longtemps il ne reverra plus Paris.

Les photos dans *Signal*. L'attentat.
Attaques convergentes des diverses presses

Mais c'est à ce moment que le projecteur est à nouveau braqué sur lui. Alors que *La Gerbe* continue à faire paraître *Deux Cavaliers de l'orage* en feuilleton (jusqu'au 18 mars), une autre publication intervient. Le 1er janvier 1943, un bimensuel illustré, *Signal,* édition parisienne de la *Berliner Illustrierte Zeitung,* publie un reportage photographique de deux pages sur Giono, avec quelques lignes de présentation dues à la rédaction. Certaines de ces photos avaient été prises en juillet 1942 par un photographe reçu comme d'autres à Manosque, Antoine Zucca, auquel Giono avait également confié quelques clichés anciens. Zucca avait-il dit à quel périodique étaient destinées les photos ? De toute façon, il ne s'agit pas là d'un texte, même de fiction. Mais cela tombe très mal. C'est le moment où, par pure coïncidence, la NRF de Drieu publie, en bonnes feuilles de *L'Eau vive* qui paraîtra trois mois plus tard, un extrait de *Chute de Constantinople,* « Description de Marseille le 16 octobre 1939 ».

Les photos de *Signal* valent à Giono, dès le jour de leur parution, une lettre attristée et indignée, signée A.D., et émanant peut-être d'un ancien contadourien. Elle ironise sur « l'ancien collaborateur de *Marianne* (à qui l'on refusait ses articles trop incendiaires contre les tyrans)[32] » et se termine ainsi : « si ce pays redevient libre – et ce sera peut-être l'an prochain – attendez-vous à ce que beaucoup vous posent de précises questions. »

En outre, l'occupation de la zone sud a une conséquence inattendue : certains soldats et officiers allemands, admirateurs de Giono, viennent le voir, par sympathie ou pour demander des dédicaces. Pierre Gondran, de Manosque, lui écrira un peu plus tard : « Par tes relations avec les nombreux lecteurs de tes œuvres, lecteurs que tu as l'occasion de recevoir, tu as les plus inattendues visites d'étrangers[33]. »

Toujours est-il que, dans la nuit du 11 au 12 janvier 1943, vers une heure, une charge d'explosif saute devant la maison du Paraïs. Simple avertissement. Bien que Giono ait le jour même écrit à Lucien Jacques – toujours, d'instinct, le meilleur ami d'abord – que la bombe a « démoli une partie de la maison » et qu'il a « échappé par miracle à la mort », l'engin était en fait d'assez faible puissance. Seule la porte d'entrée a volé en éclats, et deux portes intérieures, dans le vestibule, ont été endommagées. Aline ne s'est même pas réveillée, bien que la cloison derrière laquelle se trouvait son lit ait été fissurée ; mais Sylvie a eu très peur. Giono, qui rend constamment service aux uns et aux autres, est en bons termes avec les dirigeants locaux de la Résistance. La rumeur publique accuse Pierre Gondran[34], et, avec plus d'insistance, Louis Martin-Bret, ancienne connaissance de Giono[35], chef de la Résistance pour la région (il sera arrêté et exécuté par les Allemands à Oraison en juillet 1944). C'est cette dernière version qui est la bonne. L'explosion constituait non une vengeance ou un châtiment, mais un avertissement à Giono : il serait dangereux pour lui d'avoir à l'avenir des relations quelconques avec la presse de collaboration. Dans son mémorandum du 4 septembre 1944, dont il sera question à sa date, Giono écrit : « Martin-Bret, le lendemain du jour où l'on a mis un pétard à ma porte, vient me voir, m'avoue que c'est lui qui a mis le pétard, me demande, pour arrêter les poursuites probables (il se sait soupçonné par la gendarmerie et je lui confirme qu'en effet, sans mon indignation, l'adjudant de gendarmerie avait l'intention d'aller la nuit même arrêter Martin), me demande donc de faire une lettre au procureur de la République de Digne pour décharger complètement Martin. Je fais immédiatement cette lettre et je la lui donne. *Témoignage :* La scène entière s'est passée devant un témoin : Monsieur Lucien Jacques, Hameau des Boyers, Montlaux par Saint-Étienne-les-Orgues. Martin ne se gênait aucunement devant ce témoin qu'il savait être depuis toujours mon ami intime et qu'il connaissait également très bien[36]. »

L'affaire est relatée dans la presse. Giono reçoit quelques lettres, indignées du « lâche attentat » ou embarrassées par « l'accident ». Il craint que l'accident ne se renouvelle. Il reçoit, semble-t-il, des menaces : en août suivant, une lettre est adressée à « Madame veuve Jean Giono[37] ».

Giono a-t-il, dans des lettres à ses amis, protesté contre la publication de ses photos dans *Signal* ? Il l'a dit plus tard, et c'est probable, car la presse de la Collaboration lui devient subitement très défavorable. *Je suis partout* du 29 janvier 1943, *Jeunes Forces de France* de janvier, *Révolution nationale* du 2 février et du 24 août, le brocardent ou l'injurient[38]. *Combats,* l'hebdomadaire de Darnand et de sa milice, publie le 17 juillet un compte rendu, par J. Lacroix, de *L'Eau vive,* « Fragments gionesques », où Giono est traité de « prosateur boursouflé », d'« anarchiste-paysan » qui a déchiré en 1939 les affiches de mobilisation. En septembre, Maurice Wullens fait paraître dans *Jeunes Forces de France* son long article cinglant sur l'attitude de Giono en 1939.

Mais dans la presse apparentée à la Résistance, il est aussi pris à partie. Parfois de façon feutrée et ironique, comme dans le numéro de mars-avril de *Poésie 43.* La rubrique « A travers la presse littéraire » de Claude Jacquier (alias Georges Sadoul) lui consacre 2 pages à propos du texte « Voyage en calèche » paru le 19 décembre 1942 dans *Comœdia.* Il y est noté que ce Giono qui détestait Paris, on l'y voit beaucoup plus. Sur ce voyage en calèche, à l'occasion d'une mention de Don Quichotte que fait Giono, ce commentaire : « Ce n'est pas Don Quichotte qui allait en calèche. Ce chevalier de l'idéal savait que Lancelot avait risqué le déshonneur pour être monté dans une simple charrette. Le héros qui va de campagnes en châteaux, douillettement enfoui dans une couverture de fourrure, une bouteille d'alcool à portée de la main, celui dont la calèche traverse sans les voir un océan de misères et de servitude, c'est le Tchitchikov de Gogol, ce Don Quichotte dégénéré jusqu'à l'escroquerie, ce trafiquant du marché noir des "âmes mortes" ». Puis, au sujet d'une photo publiée par *Comœdia,* Claude Jacquier en vient à l'iconographie, mentionne le reportage photographique de *Signal* et ironise sur celui paru jadis dans *La Semaine,* où les légendes insinuent que Giono fait fortune et mène à Manosque une vie confortable.

Il est aussi attaqué, ce qui est plus grave et aura des conséquences plus durables, par *Les Lettres françaises* clandestines. Là, le ton est beaucoup plus violent. Le n° 7 du 15 juin 1943 – le même, hélas, où se trouve la célèbre « Ballade de celui qui chanta dans les supplices » d'Aragon (« Et si c'était à refaire, Je referais ce chemin… ») – publie un long article, anonyme comme tous les textes du journal, mais qui est de Claude Morgan (il le proclamera en septembre 1944) : « Le cas Jean Giono ». Aucun critique, sauf erreur, n'y ayant fait allusion, j'en donne de larges extraits. Ni les photos de *Signal,* ni l'explosion chez Giono n'y sont mentionnées. Le seul grief précis est la publication de *Deux Cavaliers de l'orage :* « En 1939 Giono s'éleva contre la mobilisation, au nom du pacifisme intégral, et il se fit objecteur de conscience. Fin 1942, le même Giono donne un roman à *La Gerbe* au moment où ce journal réclamait la mobilisation générale des Français au service de l'Allemagne. Par une singulière ironie, l'annonce de ce roman parut sur six colonnes sous le mot MOBILISATION écrit par Alphonse de Châteaubriant. Et cette fois la conscience de M. Giono ne trouva rien à objecter. » Suit un résumé de l'évolution de Giono ; Claude Morgan commence par souligner sa poésie, et l'influence qu'il a eue, surtout sur la jeunesse. Jusqu'à *Que ma joie demeure,* il a chanté la vie. Puis est venu le Contadour. Giono, « tel Jupiter dans son Olympe », « entouré d'une cour d'admirateurs brûlants », « s'étant pris pour Dieu, se crut obligé d'adresser des messages à l'univers ». Il a lancé l'anathème contre la technique, contre les masses ouvrières ; il a renié la science dans *Le Poids du ciel.*

Jusque-là, malgré la description caricaturale du Contadour, on peut comprendre l'article. La suite est beaucoup moins admissible. « La haine de l'homme raisonneur ? Voilà un principe qui fait partie intégrante de l'idéologie nazie la plus authentique. La conception des paysans constituant non pas une classe mais une race[39] coule de cette même source. Et M. Giono complète cette attitude par une profession de foi de pacifisme intégral. Il déclare lorsque se précise la menace hitlérienne : "Ce sont les sots qui prétendent qu'il vaut mieux mourir debout que vivre à genoux." Et il se moque bassement des peuples qui avaient pris les armes pour défendre leur liberté. » La prétendue citation de Giono est inexacte et travestit sa pensée, la phrase de Claude Morgan sur la moquerie envers les peuples est un pur mensonge.

L'article souligne ensuite que dans la France occupée, qui se durcit dans la Résistance, « M. Giono, lui, demeure impassible et satisfait. Il n'éprouve plus le besoin de lancer des manifestes comme naguère : il collabore avec l'ennemi. Lui qui clamait son mépris de l'argent, il s'enrichit. Un laudateur maladroit écrivait récemment dans un magazine allemand de Paris : "Quand Giono est à Paris, ce n'est plus un écrivain, c'est un guichet. On fait queue dans l'antichambre de la banque Giono-Garganoff" (tel est le nom de son "manager"). Après le retour à la terre, voilà le retour à la banque ! Ainsi M. Giono a tout renié de lui-même, jusqu'à son propre chant ! Que pourra-t-il écrire désormais ? Nul écrivain n'a poussé aussi loin le reniement, sinon Montherlant, qui ayant chanté l'héroïsme, trahit lorsque l'heure fut venue de la trahison. Giono, lui aussi, a bien servi les oppresseurs de la France. Il ne lui sera point pardonné. De la lâcheté à la trahison, comme la voie est courte ! »

Ainsi se termine l'article, incroyable amalgame, cousu de contresens volontaires et de contre-vérités. Giono en aura connaissance, peut-être tardivement : il n'en parlera, dans son *Journal de l'Occupation,* que le 17 mars 1944, et sans paraître y attacher d'importance[40]. Reste qu' il est stigmatisé par un organe de la Résistance – d'une partie de la Résistance, mais l'époque n'était évidemment pas aux nuances. Dans l'insistance que mettront certains à le faire arrêter à la Libération, l'article des *Lettres françaises* jouera sans nul doute un rôle déterminant. Ses inexactitudes (l'objection de conscience), ses mensonges (l'enrichissement), ses outrances (la trahison) sont acceptés par les lecteurs comme autant d'indiscutables vérités, qui se transmettent de bouche à oreille en s'enflant dans le climat de tension qui règne alors.

Le Voyage en calèche et son interdiction

Giono est donc, une fois de plus, attaqué de deux côtés à la fois, et seul. Mais il se raidit toujours contre l'adversité. Ses continuelles inventions ne l'empêchent pas d'avoir du caractère. Peu après l'attentat, il va entreprendre et mener à bien la plus importante de ses pièces de théâtre : *Le Voyage en calèche.* C'est la plus ambitieuse qu'il ait conçue, et celle qui l'a occupé le plus longtemps : neuf mois, de février à octobre 1943[41]. Il en fait deux rédactions manuscrites. Par ses dimensions, elle se rapproche d'un roman : jouée intégralement, elle durerait plus de six heures : Giono se refuse à se limiter.

Pour la première fois dans son œuvre, l'action est entièrement dans une réalité historique nettement précisée, et en même temps proche de lui : 1797 – il avait d'abord écrit 1796 – alors que son grand-père était né en 1795 ; nous sommes juste en deçà de ce que Péguy appelait «le mur des grands-parents». 1797, c'est déjà le XIXe siècle, où seront situés presque tout le Cycle du Hussard, *Le Moulin de Pologne,* et une partie des *Ames fortes*[42]. C'est surtout l'Italie – mais la Lombardie et non le Piémont, encore que le Montezemolo familial y soit mentionné ; cette Italie qui, discrètement, était toujours présente par un personnage, un nom, une citation, dans tous les livres de Giono depuis *Angiolina* (sauf dans les écrits pacifistes, à moins qu'on ne compte les allusions à Mussolini, et dans *Pour saluer Melville*), mais seulement de façon fugitive. Pour la première fois, dans *Le Voyage en calèche,* l'action s'y déroule. Et la culture italienne ne se laisse jamais oublier : Dante, l'Arioste, Machiavel ; Vivaldi, Paesiello, Cimarosa (le deuxième acte se déroule à la Scala de Milan). L'Italie du début du XIXe siècle vient de la tradition du grand-père Giono, ravivée par la récente imprégnation de Stendhal. Et surtout elle est – c'est essentiel dans une pièce écrite en 1943 – le pays occupé par les troupes étrangères.

Trois protagonistes : la belle cantatrice Donna Fulvia, le beau colonel français Vincent, picard d'origine comme la grand-mère de Giono, et Julio, le beau conspirateur italien, isolé, anarchiste, aristocrate, qui tient tête à toute l'armée française, et s'est déguisé au début en domestique de Fulvia. Une femme entre deux hommes – qui représentent deux des sangs qui coulent dans les veines de leur créateur ; et, le sang italien l'emportant pour Giono sur le sang picard, Julio sera une âme plus haute que Vincent. Une histoire de résistance, transposée évidemment dans un autre pays et une autre période, pour pouvoir être jouée à Paris en 1943. Mais Julio n'est pas de ces résistants qui font la guerre à l'occupant. Il ne tue pas. Il défie, il ridiculise. Il fabrique de faux ordres pour les troupes ennemies[43]. Son combat n'est pas physique. Le pacifisme de Giono se prolonge ici. Il déteste toujours autant les armes, les mises à mort, et ne peut approuver tous ceux qui résistent les armes à la main – comme si une résistance non combattante avait des chances de s'imposer[44]. Dans la France occupée, s'il cautionne et soutient les maquis, c'est comme refuges, et comme manifestations de liberté. Julio ne va pas vers une victoire matérielle sur les troupes françaises, mais vers une victoire sur tout embrigadement idéologique, une victoire de l'amour entre les hommes. Il est un lyrique et un rêveur. Comme Bobi de *Que ma joie demeure,* c'est un romantique. Giono donne à sa pièce, dans son second manuscrit, le sous-titre de « divertissement romantique ». Et plus tard il proclamera à diverses reprises qu'il a lui-même un côté romantique qu'il tient de son père. Son père aux origines italiennes, comme Bobi, comme Julio. Giono découvre pour ce qu'elle est toute une part de lui-même dont jusque-là il n'avait pas été conscient. Comme il l'écrit dans un fragment rejeté ensuite, Julio est, dans les forêts lombardes, « une sorte de Robin des bois sans arcs ni flèches, mais armé d'une très tranchante, volante et sûre poésie. Toute la pièce signifie somme toute : Redonner au monde la poésie sans laquelle le réel ne vaut pas le néant[45]. »

Julio, poète, c'est Melville, poète, c'est-à-dire Giono, poète. Créateur, fabulateur, menteur. Le mensonge, en tant que thème fondamental, s'est un peu éclipsé chez Giono depuis *Naissance de l'Odyssée.* Fugitivement reparu dans *La Femme du boulanger* (« Pour bien mentir, il faut beaucoup de sincérité »), il éclate ici non chez le robuste et réaliste colonel, limité par là-même, mais chez Fulvia qui y trouve la paix et qui souhaiterait trouver des mensonges qui la trompent vraiment, et surtout chez Julio qui crée ses réalités en jouant de merveilleuses et périlleuses inventions : « Nous devons faire très attention quand nous mentons : nous ne sommes jamais sûrs de ne pas dire la vérité[46]. » Mais, pour équilibrer le mensonge, la pièce baigne aussi dans la poésie de la musique aérienne de Mozart – elle est évoquée quatre fois dans le seul premier acte.

Le Voyage en calèche est aussi, accessoirement, un tissu d'aventures, où L. Fourcaut a pu déceler des souvenirs de *Ruy Blas,* de *Cyrano de Bergerac,* d'*Autant en emporte le vent,* peut-être du *Mouron rouge* de la baronne Orczy. L'atmosphère est héroïque, pleine de chevaux et de fanfares. L'armée est là. Plus de quinze fois, il est question, explicitement ou par allusion, du menaçant Bonaparte.

Paradoxalement pour une pièce de théâtre, où les scènes ne peuvent chacune se dérouler que dans un lieu fixe, le voyage est constamment présent dans l'action (le premier et le troisième acte sont tout entiers faits de déplacements), comme dans le titre. Il hante Giono depuis qu'en 1938 il a conçu *Les Grands Chemins,* dont depuis il ne cesse de parler et que, sans en avoir écrit un mot, il annonce à ses éditeurs en même temps que *Deux Cavaliers de l'orage,* presque comme s'ils en étaient au même degré d'avancement. Le voyage correspond à sa passion de toujours pour *Don Quichotte,* et à sa découverte, depuis 1939, des « picaresques » anglais et notamment de Fielding – depuis 1942 il songe à traduire *Joseph Andrews* en collaboration[47]. Il a une importance décisive dans la brève rencontre d'Herman et d'Adelina dans *Pour saluer Melville.* Il triomphera, après guerre, dans *Le Hussard sur le toit,* dans *Les Grands Chemins,* dans le début de *L'Iris de Suse.*

Le Voyage en calèche est enfin et surtout l'histoire d'une grande passion. Depuis *Un de Baumugnes* et *Le Bout de la route,* en 1929 et 1931, jusqu'à la guerre, Giono, s'il a fait dans ses œuvres intervenir l'amour entre homme et femme, ne lui a pas donné un rôle absolument central : à la rigueur, *Le Chant du monde, Que ma joie demeure, Batailles dans la montagne* et *Deux Cavaliers de l'orage* pourraient exister sans lui. Durant la guerre, par trois fois, dans *Pour saluer Melville,* dans *La Femme du boulanger,* dans *Le Voyage en calèche,* il écrit une œuvre totalement centrée sur l'amour. Comme le voyage, l'amour, c'est l'évasion. Mais Julio, désertant son action (le thème du déserteur continue à hanter Giono), ne s'évadera pas vers un refuge réel : avec Fulvia, ils iront ensemble à la mort, délibérément. Voyage en esprit et non en chair, fuite vers l'absolu.

Très riche, ambiguë, inégale – le premier acte est le plus réussi –, la pièce, sous son aspect immédiat, apparaît comme dictée par l'actualité. Que le héros soit un résistant fera interdire la création de la pièce, le 24 décembre 1943, par la censure allemande, alors que les acteurs sont choisis et les répétitions prévues. Si Giono avait été moins naïf, plus subtil, s'il avait mieux caché son jeu, *Le Voyage en calèche* aurait été joué à la fin de 1943 ou au début de 1944, et son auteur aurait passé – avec Sartre qui pour *Les Mouches* n'en méritait pas tant – pour un des écrivains de la Résistance. Mais, sauf quelques initiés, nul ne sait qu'il a écrit cela : l'œuvre ne sera publiée, à tirage limité, qu'en été 1947, et jouée six mois plus tard.

L'année 1943. Le Paraïs, refuge pour les pourchassés

Durant toute l'année 1943, Giono ne quitte guère Manosque, sauf pour quelques semaines de montagne en été. La publication, annoncée depuis 1931, du recueil *L'Eau vive* et du volume de *Théâtre,* a enfin lieu, en mars pour le premier, en juin pour le second. *L'Eau vive* est le plus disparate des volumes de textes brefs publiés par Giono : il comprend des écrits étalés sur plus de vingt ans – sur plus de trente si l'on acceptait qu'« Apporte, Babeau » date vraiment de 1910-1911[48]. Outre des nouvelles et des textes descriptifs ou lyriques, il contient les fragments de deux romans inachevés, le premier *Chant du monde* et *Chute de Constantinople.* C'est, avec *Jean le Bleu,* le livre où Giono lui-même, et sa famille (son père, les cousins Fiorio) apparaissent le plus souvent, soit sous leur nom, soit sous des masques assez transparents ; mais ils sont toujours modifiés par l'amplification et l'enrichissement de leurs sentiments, paroles ou actes. Pour le volume de *Théâtre*[49] Giono avait longtemps affirmé à Gallimard qu'il écrirait une préface : il y a renoncé brusquement le 20 janvier 1943, expliquant un peu plus tard qu'il la reporte à un futur tome 2 où figurera *Le Voyage en calèche.* Elle ne sera jamais écrite.

Le cinéma l'occupe aussi quelque peu. Le film du jeune Georges Régnier, *Manosque pays de Jean Giono,* tarde à sortir. Les prises de vues ont eu lieu en 1942 et 1943 ; Giono y apparaissait d'ailleurs surtout au début et à la fin, et y avait une démarche un peu empruntée. Mais, à en croire *Dimanche illustré* du 24 avril, « il a été de tous les conciliabules techniques, observateur attentif de tous les changements d'objectifs, toujours prêt à un coup de main réfléchi pour mettre en place un écran solaire ou modifier l'inclinaison de l'appareil fixé à un rocher ». Il n'a pas fini le découpage de son texte, tiré principalement de *Manosque-des-plateaux,* et qu'il doit dire lui-même, mais qu'il laissera finalement à un acteur professionnel. La sortie est prévue pour mars, puis pour avril. Un article paraît même le 30 avril dans *Ciné-Mondial*[50] ; il laisse croire que le film est déjà projeté en salle ; il est seulement prêt, y compris la musique d'Yves Baudrier, et la sortie n'aura lieu qu'en septembre à Paris. Giono le verra peu après, sans doute à Marseille, et le trouvera plutôt mauvais[51] – mais il trouve toujours mauvais, à tort ou à raison, les films où il apparaît.

Il est beaucoup plus préoccupé par les films tirés de ses œuvres. Il prend contre Garganoff des coups de colère. Il a déjà écrit à Lucien Jacques à la fin de septembre ou au début d'octobre 1942 : « Je te montrerai aussi le découpage fini du *Chant du monde* que naturellement comme je m'y attendais Garganoff ne prendra pas. Je crois que je cours avec G. un danger encore plus grand que celui que j'ai couru avec Pagnol qui lui au moins avait du talent. Les conneries que G. a pu me dire étaient si énormes qu'elles ne faisaient même plus lever les cheveux sur la tête[52]. » Garganoff n'a pas approuvé le découpage et les dialogues de Giono pour *Le Chant du monde* et en a fait faire d'autres, qu'il lui a montrés on ne sait à quelle date. Il n'obtient pas les autorisations nécessaires pour tourner ses films. Il songe en mars 1943 à donner à sa société

Lianofilms le nom de « films Jean Giono. » Les lettres que lui envoie Giono restent d'un ton amical malgré la violence de leur contenu. L'une, le 20 avril 1943, porte d'abord sur le nouveau découpage : « (...) tout ce travail est absolument sans valeur. D'une vulgarité stupéfiante, et d'une façon définitive je vous retire mon autorisation de signer un tel ouvrage de mon nom. Vous pourrez toujours mettre ce que Marcel Pagnol avait mis et ce à quoi vous donnent droit les contrats : d'après l'œuvre de M. Jean Giono. » Pour ce qui est de la « Société des films Jean Giono », il refuse d'aliéner son nom, qui est, dit-il sa « seule fortune ». Sauf s'il était seul entièrement responsable de la qualité des films produits ; il lui faudrait posséder la moitié des actions plus une, et recevoir immédiatement deux millions. Il offre à Garganoff de le voir à Marseille en mai ; il sera alors assisté d'un homme de loi. C'est là un procédé dont il use parfois : pour ne pas refuser net, ce dont il a horreur, il met à son acceptation des conditions extravagantes et irréalisables : il l'a fait en novembre 1938 pour l'entrevue envisagée avec Hitler, en septembre 1942 pour le voyage à Weimar. Le coup de poing sur la table une fois donné, il conclut sa lettre à Garganoff par : « Je vous embrasse affectueusement. » Il protestera plus tard de son amitié pour Garganoff.

Dans une lettre du 4 juin 1943, il parlera à un ami genevois, le dramaturge Paul Lambert, de son scénario du *Chant du monde :* « Je sais, pour ne m'être pas soucié pendant le travail de règles connues, que ce que j'ai fait est plein de monstrueuses erreurs, mais je sais aussi que ces erreurs sont plus succulentes que bien des réussites. (...) Chaque fois qu'il [ce travail] a été communiqué à un homme du métier, j'ai été accablé d'éloges mortels ; on a répété avec trop de gentillesse que c'était génial, pour que je ne sache pas quelles terribles objections cela contenait, mais chaque fois que j'ai communiqué ce travail à de jeunes techniciens obscurs, mais enthousiastes de leur art, ils m'ont dit beaucoup plus simplement qu'ils étaient prêts à sacrifier leur temps et leurs fatigues à la réalisation totale de ce que j'avais écrit, sans désirer y changer un mot[53]. Tout ceci pour vous dire que bien entendu j'ai horrifié mon producteur, et que depuis il a commandé le découpage à des gens de nationalités diverses qui introduisent dans l'œuvre soit un esprit mexicain, soit un succédané d'américanisme pagnolisant. Naturellement, dans ce cas, je tire mon épingle du jeu. »

La guerre ne se laisse pas oublier. Après la mort du cousin Ludovic, surgit un autre deuil familial. Une lettre d'Antoinette Fiorio, le 7 avril 1943, apprend à Jean que sa jeune cousine Inès Fiorio, fille unique d'Ernest Fiorio et de sa femme Técla, et mariée au comédien Jean-Pierre Grenier, a été tuée à Boulogne-sur-Seine, le 5 avril, dans un bombardement allié ; elle avait vingt-trois ans. Jean la connaissait bien – elle avait fait plusieurs séjours au Contadour en 1938 et 1939 – et l'aimait beaucoup ; elle était belle, blonde, rieuse, vivante, intelligente, rayonnante. Il écrira aussitôt à ses cousins une lettre qui les touchera profondément.

Au long de cette année 1943, il continue d'élargir sa culture, et commande à ses libraires une série de romans médiévaux. Il voudrait apprendre autre chose que l'anglais, et se tourne vers les langues méditerranéennes. La rédaction du *Voyage en calèche* met l'Italie au premier plan. Il se fait expédier *La Divine Comédie* en février. Mais c'est seulement en novembre qu'il se met vraiment à l'italien, systématiquement, dans Dante et dans l'Arioste. Un correspondant espagnol réfugié en France, Jacinto Guereno, lui donne le 2 juin des indications sur les grammaires et dictionnaires les plus commodes pour apprendre l'espagnol, et lui envoie en septembre *Los Trabajos de Persiles y Segismunda* de Cervantès, et le *Romancero gitano* de Garcia Lorca.

En juillet, cette année-là, Giono passe quelques semaines en Savoie, au col du Chat, au-dessus du lac du Bourget, sans sa famille. C'est le seul déplacement de 1943, hormis quelques voyages à Marseille où il retrouve son ami Gaston Pelous. L'amitié, si importante pour lui, traverse une période difficile. Les circonstances ne se prêtent guère aux voyages. Maxime Girieud est à Nice. Jean Bouvet, sa femme Marthe, leur fils Maurice, ne viennent qu'une fois par an de Mâcon pour une visite rapide – cette année, le 21 septembre. Henri Fluchère fait parfois aussi une apparition. Mais, avec Lucien Jacques, c'est l'éloignement et le silence, depuis le début de l'année où Jean, avec générosité mais aussi avec inconscience, a donné à des résistants l'autorisation de s'installer dans la ferme des Graves, au Contadour, oubliant étourdiment qu'elle n'était pas à lui seul, et que Lucien, autre propriétaire, qui y venait souvent, courait ainsi de sérieux dangers. De plus, une photo représentant Jean et Lucien au Contadour figurait parmi celles publiées par *Signal,* ce que Lucien n'a guère apprécié, il me l'a dit plus tard, tout en sachant que la légèreté était l'envers de l'imagination de Jean. Mais quand elle mettait en péril la vie de ses amis, elle allait trop loin.

Giono est donc, par la force des choses, un peu replié sur lui-même. C'est peut-être pourquoi il a, en 1942, recommencé à tenir épisodiquement, dans ses carnets, le *Journal* qu'il a abandonné en 1939. Il va, dans cette période pleine d'angoisses de 1943-1944, le faire plus régulièrement. Son *Journal de l'Occupation* – c'est le titre qu'il portera de sa main sur la dactylographie qu'il en fera faire et qui est conservée dans sa famille – ira du 20 septembre 1943 au 6 septembre 1944. Document extraordinaire, qui devra être publié le moment venu (j'en ferai peu de citations pour ne pas le déflorer)[54]. Un an de Giono au jour le jour, avec ce qui se passe dans la région, avec les changements du ciel autour de lui, avec ses soucis d'argent, sa vie familiale, les visites qu'il reçoit, les gens qu'il croise, l'atmosphère dans laquelle il vit; avec son travail, ses lectures – il découvre avec une admiration sans bornes certains romans de Balzac, *Les Chouans, Le Cabinet des Antiques, Le Député d'Arcis –*, ses rêves, qu'il note à son réveil, ses réflexions parfois naïves ou absurdes, parfois géniales, ses humeurs – qu'il exagère peut-être dans le secret de son journal par réaction contre le devoir qu'il se fait de ne pas les laisser transparaître pour ne pas perturber ses proches. Bref, la vie matérielle et intérieure d'un grand écrivain au long d'une année d'angoisse et parfois de déséquilibre, mais souvent aussi de richesse et de jaillissement.

Il ressort de ce journal que Giono, qui était capable de colères sans fondement, d'erreurs, d'injustices, presque de délire dans ses réactions mentales immédiates, s'est, à l'opposé, conduit en toute circonstance durant cette période comme un homme généreux, attentif aux autres, préoccupé de soulager les souffrances, de protéger, même en courant des risques, ceux pour lesquels il pensait pouvoir faire quoi que ce soit. Ses humeurs ont pu être condamnables. Ses actes ont toujours été profondément humains. Et, sur eux, il n'invente pas : ils sont recoupés par tous les documents et témoignages que nous possédons[55].

Sa maison est un refuge. On est constamment douze ou quinze à table, me dit Élise. Heureusement, les deux fermes sont là pour le ravitaillement. Giono continue d'aller en chercher à bicyclette, mais surtout les fermiers en apportent : chaque samedi arrivent de la Margotte des œufs, du beurre, de la farine, du lait, des pommes de terre ; et, s'il y a du surplus, il est distribué aux amis dans la ville ; chaque année un cochon est tué, et fournit des réserves de charcuterie.

Giono aide, « plus d'une fois et de toutes les manières », le comédien Charles Blavette, réfugié à Manosque[56]. Mais il fait beaucoup plus. Il y a au Paraïs depuis 1941 un Allemand, Karl Fiedler, que chacun appelle Charles ; à cet ancien architecte, trotskiste, âgé d'une quarantaine d'années, Giono donne du travail chez lui, à entretenir un peu le jardin et à faire de petits travaux : il le nourrit, le loge, le paie. Avant septembre 1943 – car il n'y en a pas trace dans le *Journal* – des policiers sont venus chercher Charles ; Giono les a retardés pendant que le banni se sauvait par le fond du jardin : Aline s'en souvenait et me l'a raconté avant que je n'en trouve trace dans une lettre de Giono à Vildrac en date de 1945.

Fiedler est discret et ne lui pose pas beaucoup de problèmes. Il n'en est pas de même de Meyerowitz[57], autre Allemand, juif, âgé de trente ans, pianiste, compositeur ; il n'est pas en permanence au Paraïs, mais, depuis 1942, il est aidé et protégé par Giono, qui lui trouve des refuges, à Manosque, à Forcalquier, à Vachères, à Marseille. Certes Meyerowitz court des dangers ; mais, avec une incroyable inconscience, il semble tout faire pour les aggraver, ne pouvant vivre sans son piano dans chacune des maisons qui le recueillent, et en jouant constamment, ce qui pour un fugitif n'est pas le meilleur moyen de se faire oublier, surtout des voisins[58]. Toujours angoissé, chaque fois que se présente un problème réel ou imaginaire il se précipite chez Giono, ou lui écrit s'il n'est pas à Manosque; et il faut que Giono agisse aussitôt. En octobre 1943, il est arrêté et conduit au camp de travailleurs des Mées. Giono s'y rend et obtient sa libération en l'embauchant – comme ouvrier agricole! – à la Margotte. Il y a aussi Luise Strauss – Lou Ernst, la femme de Max Ernst, également juive – que, jusqu'à la fin d'avril 1944, date de son arrestation par les Allemands et de son départ pour un camp de concentration d'où elle ne devait pas revenir, Giono aidera moralement et financièrement, lui payant même une opération chirurgicale et le coûteux traitement consécutif – ce qu'elle trouve naturel, et elle n'en exprime guère de gratitude.

L'insistance parfois peu discrète de Lou Ernst et de Meyerowitz provoque chez Giono des réactions qu'avive un souvenir de 1939: une violente querelle, suivie de rupture, avec le contadourien communiste Pierre Brauman, juif lui aussi. On n'est pas heureux de lire des mots désagréables sur le caractère juif dans le *Journal de l'Occupation* de Giono. Mais il est clair que ce journal sert d'exutoire à une certaine exaspération compréhensible. Et il est surtout certain que jamais ce sentiment n'a changé quoi que ce soit aux actes de Giono, invariablement généreux et prêt à tout faire pour aider ceux qui sont menacés, juifs ou non. Et bien entendu il n'a jamais un mot pour préconiser une action politique quelconque à l'égard des Juifs[59]. Il accueille d'ailleurs toujours aussi amicalement ses amis juifs qui viennent le voir, comme le contadourien Rabinovitch, dit Rabi. Ses notations trahissent seulement un agacement épisodique. Des réactions analogues se manifestent d'ailleurs aussi dans le journal à l'égard de bien d'autres, et elles sont également contredites par la conduite de Giono. Il se méfie toujours des communistes – cela date de 1936 – et ne changera plus jamais sur ce point. Mais il recueille chez lui, au début de décembre 1943, un cousin d'Élise, André Maurin, de Nîmes, interné pendant trois ans pour communisme.

Il s'insurge contre le Contadour et les contadouriens. Mais le seul auquel il en veuille personnellement, et sa colère ne s'apaisera jamais, c'est Robert Berthoumieu, qui dans son secteur organise la résistance armée, et répartit les armes parachutées par les Alliés: il est ainsi, aux yeux de Giono, passé dans le parti de la guerre. On peut voir là un manque évident de sens politique et de sens de l'histoire; mais l'attitude s'inscrit dans la logique du pacifisme intégral. Les autres contadouriens, pris individuellement, échappent à cette colère; Giono reçoit très amicalement Jean Bouvet, et est bouleversé par sa fin tragique en juin 1944: sans avoir voulu participer à la résistance armée, il a, comme Giono, aidé certains fugitifs, et des miliciens sont venus l'abattre chez lui à Mâcon. Giono tient des propos amers contre Lucien Jacques, contre Henri Fluchère. Mais il s'en repent bientôt, et les reverra l'un et l'autre avec joie. Il déblatère contre Hélène Laguerre; mais, lorsque son fils Alain est arrêté pour résistance dans les premiers jours de janvier 1944, tout en le traitant dans son journal de petit imbécile, il écrit à

Châteaubriant (en sachant, il le dit, que cela le compromet) et à Montherlant, qu'il ne connaît guère, pour leur demander d'intervenir, bien qu'il ait le sentiment d'être ridicule tant son action est dérisoire (et elle l'est : Alain ne reviendra pas des camps de concentration). Il se compromet plus gravement encore, et il ne l'ignore pas, quand, pour essayer de sauver Pierre Martel, neveu du peintre, arrêté avec son fils Louis, non seulement il écrit longuement par deux fois en leur faveur à Gerhard Heller (qui, peu avant sa mort, m'a envoyé la photocopie de ces lettres), mais surtout il se fait donner, je ne sais par qui, une lettre d'introduction pour le chef de la Gestapo de Marseille. Malgré sa répugnance, il est prêt à cette démarche pour tenter de sauver des vies. Il écrit dans son *Journal,* le 3 avril 1944 : « Cela m'indispose. Pour les malintentionnés cela pourrait être fâcheusement interprété, et le sera n'en doutons pas. » A cette date, il faut certainement plus de courage moral pour pénétrer volontairement dans l'immeuble de la Gestapo que pour ne rien faire. Et il y va : Aline m'a raconté qu'elle était avec lui et l'a attendu à la porte. Il obtient des promesses ; elles ne seront pas tenues, et la famille de Martel, informée je ne sais comment de cette démarche, restera persuadée, erreur compréhensible mais erreur totale, que Giono était en relations suivies avec la Gestapo.

Ses crises de défiance et d'énervement n'épargnent pas sa famille. L'oncle Pourcin évidemment, toujours protégé par sa sœur, de plus en plus ivrogne et fainéant ; pourtant Giono le soigne dans ses derniers jours, en juillet 1944, et ressent même pour lui une sorte de tendresse qu'il n'aurait pas crue possible. Même Aline, qui a parfois des sautes d'humeur, a une fois droit à des remarques cinglantes. Restent seules à l'abri de toute critique sa mère, très âgée, la petite Sylvie, qui a sept à huit ans, et Élise, pure, sage, calme, veillant à tout dans la maison, compagne irréprochable : la tendresse et la gratitude de Jean se manifestent à deux reprises dans le *Journal.* Seuls l'équilibre d'Élise et la gaîté presque inaltérable de Jean créent dans la maison, même à cette époque difficile, une atmosphère paisible, exempte de tension, dont m'a parlé Aline, et dont me dit aussi avoir été frappé un de ses camarades, Henri Bonnet, qui vient souvent au Paraïs – Jean lui prête des romans policiers de la collection « Le Masque ».

Virgile. Fragments d'un paradis

Peu après avoir repris son *Journal,* Giono, le 13 novembre 1943, se met à une longue préface aux *Pages immortelles de Virgile,* qu'il a depuis octobre 1941 accepté de faire à la demande des éditions Corrêa. Dans ce texte[60], beaucoup plus long que la préface aux *Géorgiques* de

1939, il s'accorde une liberté absolue, évoquant son enfance, sa découverte de Virgile lors de son adolescence, sa vie à la banque, son père. Il crée des personnages romanesques issus de l'aristocratie de Manosque et des environs : la jeune et blonde Jeanne de Buis au grand galop (la troisième cavalière chez Giono, après Aurore de *Que ma joie demeure* et Autane de *Deux Cavaliers,* et avant Pauline de Théus), son ennemi le marquis de Beauvoir, la vieille baronne, mère de Jeanne, qui a tué à coups de fusil le bel amant inconnu de sa fille, et qui finira par épouser le marquis, le cocher Alexandre Legrand qui est du côté de Jeanne, et d'autres. De cet épisode, enlevé avec une rapidité et un humour d'opéra-bouffe, Giono songe déjà à tirer un film, dans un éclairage de tonalité nocturne. Suit une page d'allègre diatribe au vitriol contre *L'Ile mystérieuse* de Jules Verne, et contre la civilisation technique, porteuse de ces temps modernes qui commencent avec la guerre de 1914 : l'âge d'or, pour Giono, c'est, à jamais, celui d'avant cette guerre. La confrontation de cette époque avec celle de Virgile amène une conclusion mélancolique sur les temps à jamais révolus.

Le texte, terminé le 20 janvier 1944, est sensiblement plus long que celui qui lui a été commandé. E. Buchet, directeur de Corrêa, à qui le texte est envoyé, est enthousiaste, mais regrette qu'il y soit peu question de Virgile, et aussi que Giono n'ait pas, comme il l'avait proposé à Noël 1942, écrit « des notices en tête de chaque texte cité, afin d'en souligner la profonde actualité ». L'écrivain ne retiendra pas cette dernière idée, mais se rendra à l'autre objection. Rapidement, il rajoute quelques pages exquises sur une Lombardie qu'il n'a jamais vue, et sur un poète – un « menteur », dit-il, un de plus – dont il ne connaît la vie que pour avoir feuilleté quelques ouvrages universitaires ; mais il la réinvente. Dès le début de sa rédaction, il a le sentiment d'avoir enfin mis sa phrase au point : elle a du nombre et pas d'enflure. Il est heureux : « Je prends plaisir, je crois que je vais appeler cela les Jardins d'Armide. En faire, si possible, une sorte de poétique. Je voudrais surtout que ça puisse se lire et se découvrir comme un roman d'aventures. » Ce n'en est que l'esquisse, par moments, mais délicieuse. Le Giono qui se concentrera, à partir de 1945, sur l'allégresse de sa narration, est déjà là. Et, le travail achevé, il pourra être content de son texte : il est suffisamment secret sans être cryptique, intelligent sans trace d'effort, sensible et souriant.

Mais la guerre se rapproche. Des bombardements ont lieu sur Marseille et les centres industriels qui en sont proches. On les entend de Manosque. Giono voit passer de formidables escadres d'avions alliés. Des brigandages ont lieu çà et là dans la région, parfois au nom de la Résistance. Des jeunes de plus en plus nombreux prennent le maquis. Giono en abrite six en permanence, plus quelques occasionnels, à la ferme du Criquet, chez ses fermiers les Bonnefoy. Il leur recommande d'être sans armes, à la fois pour leur sécurité et celle de la famille qui les abrite, et parce qu'il a horreur de l'idée même d'attaquer pour tuer (il a pourtant chez lui un petit revolver, à titre défensif). Mais l'un de ces jeunes réfractaires, celui que Giono préfère, un poète, Roger-Paul Bernard, fils d'un imprimeur de Pertuis, est surpris avec une arme dans son sac, près de Céreste, par une patrouille allemande, et est exécuté sur-le-champ, le 22 juin 1944. Giono en est atterré.

Au milieu des drames, des soucis quotidiens, il lui faut continuer à travailler, aussi bien parce que l'oisiveté lui est insupportable que parce qu'il lui faut gagner sa vie. Du 10 au 12 février 1944, il écrit une préface, commandée par l'éditeur Trémois, au roman de l'Estonien U. H. Tammsaare, *La Terre du voleur*[61]. Il parle avec attention et admiration de cette sombre histoire de paysans vivant dans une terre marécageuse. Mais il a commencé, une fois de plus, par une attaque contre l'« intelligence » des intellectuels, celle qui s'est manifestée depuis dix ans. Il mentionne trop souvent « la condition humaine » pour que l'on ne soupçonne pas qu'il vise particulièrement Malraux[62]. D'autre part, Michel Gallimard lui a demandé, le 3 décembre 1943, de participer au t. I du *Tableau de la littérature française,* dont le tome II est paru en premier en 1939. Il lui suggère de choisir entre Chrétien de Troyes, Guillaume de Lorris, Joinville, Scève et Jodelle. Sans enthousiasme, Giono opte pour le premier, mais en précisant qu'il préférerait Froissart, ce qui lui est accordé. Il songe à consacrer au sujet une quinzaine de pages et à s'y atteler aussitôt; mais il ne le fait pas[63].

Tout à coup, le 17 février 1944, il se décide à autre chose, à un plus grand voyage en imagination. Une idée de roman mûrit en lui depuis le milieu de 1941 au moins : *Le Volcan vert.* Entendons l'île de basalte et de serpentine verte de Tristan da Cunha, pyramide jaillie des profondeurs de l'Atlantique sud, île déserte (elle ne l'est pas, mais Giono la fera telle). En août 1943, quand Giono précise son projet dans ses carnets, sa visée s'est élargie. Tristan da Cunha, avec son beau prénom médiéval et romantique, ne sera qu'une étape dans l'itinéraire d'une mystérieuse expédition « scientifique ». Giono songe aussi, semble-t-il, à faire passer son expédition par l'Amérique centrale. Son carnet de l'époque atteste qu'il veut se documenter sur les Mayas, la nouvelle Espagne, les légendes du Guatemala, l'art mexicain. Et on y lit ce texte fantastique étonnant, d'ailleurs biffé par la suite : « 2 600 villes d'ail cuit et une soixantaine de volcans jaunes préparent le vent. Le font. Le font naître : lui donnent le coup de pouce. Villes et volcans, répandus sur une étroite langue de terre boursouflée, martelée de deux côtés par les marées contraires de leurs océans illimités. Les villes sont soutenues par les déserts, les plateaux, les forêts de cactus, mais leur flamme vient de l'ail cuit et de la passion torrentielle et glacée de ses habitants couleur de cendres rouges. Les volcans, eux, ont un brasier naturel mais il est attisé par le balancement d'hippopotame de la terre. Il y a aussi cent îles embrasées qui contiennent un énorme chaudron de mer bouillante où les dauphins ne peuvent vivre qu'en sortant de l'eau trois fois par minute. Ils ont la peau craquelée, cuite, et elle tombe en lambeaux. C'est là que se fait le vent. »

Le titre n'est plus *Le Volcan vert,* mais *Fragments d'un paradis*[64]. Giono le trouve dès qu'il s'attelle au livre. Ne croyons donc pas qu'il s'agisse de fragments d'une œuvre inachevée, comme pour le premier *Chant du monde* ou pour *Chute de Constantinople.* Ou le roman a été conçu dès l'origine comme devant avoir l'aspect d'une série de fragments, ou plutôt le terme s'applique moins au texte qu'à son contenu : le paradis existe sur terre, mais n'est accessible que par fragments. Giono écrira d'ailleurs dans *Noé,* à propos des brusques départs en mer, que leur violence est « un fragment de paradis terrestre[65] ».

Innovation capitale et sans lendemain immédiat : il n'écrit pas, il dicte son texte à Mlle Alice, en une quarantaine de séances de l'après-midi, échelonnées du 28 février au 20 mai 1944 environ (le 25, il dit dans son *Journal* avoir délaissé ce travail). Il dictera de huit à dix-sept pages de bloc par séance, selon le *Journal.* Dicter, c'est ce qu'a fait Stendhal pour *La Chartreuse de Parme,* et l'exemple a dû être décisif. Giono voit aussi là une discipline, un garde-fou contre son goût du mot : cela l'oblige, il le dit, à ne penser qu'à l'action et à l'image. Il faut, pour qu'il ait pris pareille décision, qu'il se soit senti singulièrement maître de sa langue et de son expression. Lors d'un voyage à Marseille, il s'est procuré des documents (des cartes peut-être) et des livres. Il a déjà depuis longtemps, a-t-il écrit dans *Virgile, Le Voyage de l'Astrolabe* de Dumont d'Urville. Il acquiert sans doute les voyages du capitaine Cook, et le grand ouvrage de Louis Roule, *Les Poissons et le Monde vivant des mers,* dont une note de sa main atteste qu'il s'est inspiré. Quinze jours après le début de sa dictée, le 14 ou le 15 mars, il reçoit la visite d'un officier de marine, un jeune capitaine de corvette à qui il parle de son travail, et qui lui suggère de consulter les *Instructions nautiques,* en lui disant que « les marins sont toujours poètes ». Giono téléphone à Gaston Pelous qui s'informe à la Librairie de la marine à Marseille. Il faut un bon des autorités allemandes. Giono le demande, et, en même temps[66], écrit à Gerhard Heller pour qu'il appuie sa démarche. Mais il ne recevra l'ouvrage que le 14 mai, selon son *Journal,* et ne s'en servira donc à peu près pas.

Il se sent maladroit au début. Il a même parfois l'impression que son texte dicté n'est qu'une sorte de brouillon, et il songera par instants à le récrire à la main. C'est que non seulement la forme d'élaboration de l'œuvre est neuve pour lui, mais aussi le contenu et l'esprit. Il est obligé d'assimiler tout un vocabulaire technique, ce qu'il n'a jamais fait jusqu'ici ; mais il prend plaisir à la saveur de tous ces mots inconnus, et plus tard il refera cette expérience dans d'autres domaines, celui de l'équitation ou de la maréchalerie. Il entreprend un livre d'aventures maritimes alors qu'il est un terrien – même s'il a souvent rêvé de mer, et a multiplié dès ses premiers écrits les images marines. Et ces aventures seront fantastiques, ce que ses romans n'ont jamais été jusque-là[67]. Le lecteur y découvrira des mystères effrayants. Ce sera, il le dit dans son *Journal,* un « roman policier cosmique ». Les personnages diffèrent de tous ceux qu'il a créés antérieurement, et leurs noms mêmes sont à peu près tous d'une consonance inhabituelle chez lui[68].

Quand il publiera *Fragments d'un paradis* en 1948, Giono donnera au roman le sous-titre de « poème », comme il l'avait fait pour *Les Vraies Richesses* sur le manuscrit. C'est bien ainsi qu'il le conçoit dès le début. La première note de son *Journal* sur l'œuvre date du 17 février 1944 : « Brusquement ce matin je suis aux prises avec l'idée d'écrire un très grand et très sordide[69] poème avec *Fragments d'un paradis,* grand voyage en mer, journal de bord, et épisodes, aventures particulières ? Catalogue des richesses, amertumes. Une condition humaine mais avec des formules artistiques de Renaissance. Je dis très mal tout ce que je sens d'admirable que ce sujet pourrait avoir. Pas Bernardin de Saint-Pierre, mais Lautréamont ; Rimbaud, Cook, Dumont d'Urville ; Edgar Poe, Faulkner, le Melville de *Moby Dick ;* et l'incapacité de jouir. Impuissance des hommes. Vanité de tous leurs moyens de puissance, de toute leur volonté de puissance. Il faudrait que ce soit un grand poème. »

Ces écrivains qu'il énumère dans le jaillissement désordonné de l'intuition créatrice ne sont pas les seuls qui l'aient habité pendant qu'il dictait son roman. Il faut sans doute y ajouter Jules Verne avec *Vingt Mille Lieues sous les mers.* Surtout, Giono ne cite ni Homère, dont l'Ulysse a pourtant été le héros du premier de ses livres, ni Dante, dont pourtant le chant 26 de *L'Enfer,* consacré au voyage d'Ulysse, l'a inspiré aussi ; ni Cervantès, alors que Don Quichotte fuit devant le réel comme les marins de *Fragments d'un paradis*[70] ; ni Baudelaire, dont « Le Voyage » a fourni des formules à plusieurs passages du roman[71]. De grands visionnaires, tous, qui soutiendront Giono dans une entreprise dont les piliers principaux sont évidemment *Moby Dick* de Melville et les *Aventures d'Arthur Gordon Pym* de Poe.

L'expédition a un but scientifique, mais qui n'est qu'une couverture. Le but réel, connu du seul capitaine, est la recherche d'un ailleurs mystérieux et merveilleux. Pourquoi le chercher dans l'Atlantique sud ? On l'ignore. L'essentiel est de partir. Le capitaine le dit : « Nous partons pour ne pas être changés en bêtes[72]. » Les hommes de l'expédition fuient la guerre présente (l'action du roman peut être supposée contemporaine de sa rédaction), ils fuient « ces avions et ces chars de guerre qui obéiss[ent], gorgés d'essence, aux fureurs des passions partisanes[73] ». Au fond, ils sont, une fois encore, des déserteurs au sens noble : leur quête est la liberté par rapport au monde moderne. Chars et avions sont des monstres artificiels : l'expédition va à la recherche des vrais monstres, qui sont des pourvoyeurs de rêves comme l'étaient les anciens dragons.

Ils les trouvent. Les moins extraordinaires ne sont monstrueux que par leur taille : raie de cent cinquante mètres d'envergure[74], calmars dont un tentacule a cent mètres de long[75], et qui tuent aussi bien un cachalot qu'un albatros. Ailleurs, c'est le nombre de certains êtres qui est incroyable : des nuages d'oiseaux couvrent des centaines de kilomètres carrés. Plus inquiétants sont les prodiges non de taille, mais de nature même : poissons verts à grosse tête poilue, petite créature impossible à définir, couleurs inconnues, grésillement audible des étoiles, transformation physique radicale du cuisinier.

Le roman étant inachevé, Giono, en le publiant quatre ans plus tard, sentira le besoin de jeter quelques lumières sur sa signification. Dans une note liminaire, parfaitement trompeuse d'ailleurs quant à la date de la dictée (6-10 août 1940, dit-il), il écrit : « Ici ce sont les anges qui, précédés de grondements d'abîmes et de parfums, apparaissent. » Toutes ces créatures monstrueuses, avec leurs caractéristiques presque inimaginables, ce sont donc des anges, et le texte leur fait une large place. Ils occupent une bonne part d'une longue conversation entre le capitaine et son second l'officier de marine Larreguy.

Il faut les replacer dans un contexte plus large, qui est celui d'une mythologie personnelle de Giono. On les a déjà rencontrés avant la guerre, notamment dans *Jean le Bleu* et dans *Batailles dans la montagne*[76]. Pendant la guerre, le thème de l'ange va prendre une ampleur nouvelle, et enrichir la masse mouvante des mythes intimes de Giono. Les anges intérieurs de *Jean le Bleu* ont alors disparu[77]. La lutte biblique de l'homme avec l'ange, évoquée avant guerre dans les délires apocalyptiques de Bourrache[78], est, à partir de 1939, celle de l'artiste se débattant pour réaliser son œuvre, comme dans *Pour saluer Melville*. Les anges, matérialisés dans le ciel, donnent au monde une tonalité visionnaire. On l'a vu, les nuages que Giono aperçoit au-dessus de lui au petit matin dans sa prison, sont les ailes vertes et emplumées d'un ange, et on les retrouve dans les visions que Giono prête à Melville.

Tout se passe comme si, en cette période où Giono se sent physiquement menacé, un ange protecteur venait de temps à autre planer au-dessus de lui. Mais l'histoire a aussi suscité d'autres sortes d'anges : les avions de combat, qui se font descendre en flammes, « anges carbonisés, raidis ailes ouvertes, s'écroulant de la hauteur du ciel[79] » ; et, dans le carnet de *Chute de Constantinople*, Giono relie cette vision à la chute des anges rebelles telle que l'a peinte Breughel[80]. Cette dernière image ne cesse de l'habiter tout au long de la guerre, dans *Triomphe de la vie,* dans *Le Voyage en calèche,* dans *Fragments d'un paradis*[81], sans parler d'allusions plus fugitives. C'est une chute des anges existant en elle-même, sans que jamais il soit question du Dieu qui l'aurait provoquée, ni du châtiment qu'elle constituerait. Sa valeur est esthétique et symbolique (symbolique entre autres de la chute de l'humanité dans la double barbarie de la guerre et de la civilisation industrielle) ; elle n'est jamais religieuse. D'autre part une figure revient trois fois de 1941 à 1944 : celle de l'ange aux ailes de peau – le mauvais ange par opposition au bon ange dont les ailes sont de plumes. Il prend des formes différentes. Dans le scénario final de *Triomphe de la vie,* l'ange de peau planant dans le ciel, guettant Gaubert et Eugénie sur le point de se rejoindre, c'est Pan, ange du bien et du mal à la fois – vu que la nature porte en elle le mal et le bien[82]. Dans *Le Voyage en calèche,* Julio évoque pour Fulvia le bonheur de vendre son âme « au vrai diable : l'ange aux ailes de peau »[83]. Dans *Fragments d'un paradis,* bien que Giono ne fasse pas allusion au poisson appelé « ange », intermédiaire entre la raie et le squale, M. Larreguy imagine l'immense raie rencontrée par le navire « repliant ses grandes ailes de peau ». Ces anges-là ne sont plus dans le ciel. Giono, en lisant *Moby Dick,* avait d'ailleurs vu dans le chapitre sur les baleines « une sorte d'anatomie des anges »; il le dira dans son 19e entretien avec J. Amrouche. Mais le capitaine souligne aussitôt après le parallélisme des gouffres de la mer et des gouffres du ciel[84], et, tout au long du récit, les prodiges qui, loin de toute terre habitée par les hommes, manifestent la présence des anges, prennent naissance aussi bien sous forme d'oiseaux que de poissons ou de mollusques marins. Là encore les anges symbolisent les forces du mal et du bien, éclatant à une échelle qui dépasse infiniment celle des hommes.

Est-ce impossibilité de faire aboutir à quoi que ce soit un fantastique aussi prodigieux ? Giono s'interrompt vers le 20 mai 1944 dans la rédaction de *Fragments d'un paradis ;* il ne met à exécution ni son projet de reprendre le texte dicté et de le récrire à la main, ni celui de le continuer par les aventures d'un second vaisseau et par sa réunion avec le premier (il y pensera jusqu'en juillet 1947). Il décidera, à la fin de 1946, de publier ce qui en existe : une conclusion suffisante, au moins provisoirement, est fournie par la dernière phrase dictée : « Tous les hommes du navire s'empressent de se découvrir une âme. »

Parallèlement à *Fragments d'un paradis,* qu'il dicte l'après-midi, Giono travaille, le matin, à revoir et à modifier *Deux Cavaliers de l'orage.* Cette simultanéité de deux créations, dont chacune prend appui sur l'autre par contraste, est nouvelle chez lui. Il n'est plus, comme lors de la rédaction de ses grands romans d'avant-guerre, tout entier lancé à corps perdu dans un seul univers : il atteint sinon à un détachement, du moins à une sorte de distanciation qui annonce celle de son écriture à partir de 1945. Mais, alors qu'il abandonnera en mai *Fragments d'un paradis,* il travaille à *Deux Cavaliers de l'orage* de la fin de février jusqu'aux derniers jours d'août, malgré les événements dont les menaces se précisent autour de lui. Il rédige l'actuel chapitre 2, qu'il intitule « Raphaël » : il a décidé de changer le prénom d'Ange Jason en celui de Raphaël. Dans ces pages, dont le titre aujourd'hui est « Tendresses » et qui sont parmi les plus parfaites du roman, les héros deviennent enfin deux cavaliers, Giono le note dans son *Journal* le 17 mars. Il est conscient que le travail de tout ce mois est très bon. Il songe ensuite à reprendre tout le chapitre 3, consacré à Lachau, mais il oblique sur un nouveau chapitre qui, vers la fin du livre, fera reparaître le lutteur de foire Clef-des-Cœurs, pour lui faire livrer un second combat contre Marceau. Ce texte ne sera pas incorporé dans l'édition définitive, et il n'a pas été retrouvé ; a-t-il été égaré, ou Giono l'a-t-il volontairement écarté ?

Printemps et été 1944. Seconde arrestation

Dans cette activité littéraire s'inscrivent aussi des projets. Outre celui, éternellement caressé et remis, des *Grands Chemins,* Giono songe à deux traductions. L'une est celle de *Joseph Andrews* de Fielding, entreprise en 1942, pour laquelle il n'a plus pour seul collaborateur – c'est-à-dire préparateur d'une traduction littérale que Giono rendra ensuite littéraire – Paul Vigroux, mais lui a adjoint un ami, André Camoin, professeur d'anglais d'Aline au collège. La seconde traduction est celle du *Persilès et Sigismonde* de Cervantès, dont le mot-à-mot est confié à P. Guillen, et pour laquelle Giono cherche à obtenir un contrat de Gallimard.

Mais tout cela s'inscrit sur un fond de multiples tensions. L'oncle Pourcin est mort en juillet. Une tante est gravement malade à l'hôpital. Giono a des difficultés financières pour faire vivre sa famille et tous ceux qui ont trouvé refuge chez lui. A Charles Fiedler, à André Maurin, est venu en janvier se joindre le jeune Guy, fils de Gaston Pelous ; sa famille a préféré l'évacuer de Marseille en raison du risque d'être enrôlé dans le Service du travail obligatoire ; il va de temps à autre au Criquet, où il fraternise avec les jeunes réfractaires. Il a l'âge d'Aline, 18 ans, et ils iront ensemble passer le bac à Digne ce printemps-là.

Si Gallimard continue à se montrer généreux et à consentir des avances, il n'en est pas de même de Grasset ; celui-ci annonce bien *Deux Cavaliers de l'orage,* mais ce n'est qu'un projet, et il ne se réalisera pas. Giono est inquiet : comment payer ses impôts ? Au début de janvier 1944, il a fait emporter à Paris, par la sœur de Mlle Alice, les manuscrits du *Chant du monde* et de *Que ma joie demeure,* qui seront vendus 40 000 francs chacun par l'intermédiaire de Michel Gallimard. L'avance de 30 000 francs versée par Gallimard, en juin, pour une édition illustrée du *Chant du monde,* ne suffit pas. Giono se demande, le même mois, s'il ne devra pas en vendre d'autres. Profitant de la situation, le libraire parisien Dambournet ne lui offre que 25 000 francs pour celui de *Batailles dans la montagne.* L'affaire ne se fera pas. Mais Giono envisage aussi de vendre une de ses fermes, ou au moins les chevaux qui s'y trouvent.

Ce n'est pas *La Femme du boulanger,* que joue Alice Cocéa à Paris à partir du 14 mai, qui le remettra à flot : toutes les critiques sont mauvaises. Larquey, qui joue le rôle principal, grogne : « Ce n'est pas une pièce, c'est une conférence ! » Le public, ayant autre chose en tête, boude le théâtre. Giono, bien qu'invité, n'y est pas allé. « Ce qui ne manquerait pas une fois de plus de me faire classer dans des endroits où je n'ai que faire », écrit-il le 26 mai à son ami Thoret, aviateur et sculpteur ; il suffit bien, ajoute-t-il, des photos publiées contre son gré, qui « permettent à tout un mauvais côté de ma légende de prendre corps devant des gens sans réflexion ».

Plus grave que les ennuis : les dangers. Il en est qui menacent tout le monde à Manosque. Marseille, qui n'est pas loin, est bombardé – et Giono craint pour la vie de ses amis marseillais, les Pelous, les Aviérinos. Le 4 juin, une alerte sonne à Manosque. Le 7, Giono songe à replier sa famille à la ferme du Criquet. Le 12 août, restant à Manosque avec Aline, il envoie Élise et Sylvie à la Margotte en carriole. Il tente le 15 d'aller les voir à vélo par le col de la Mort d'Imbert, mais – à ce qu'il raconte dans son *Journal* – il est mitraillé par un avion, jette sa machine et se réfugie sous un olivier, ou dans un ravin. (Qu'il ait vu un avion tourner dans le ciel non loin de lui, c'est vraisemblable ; pour le reste… En 1943, il avait dépeint l'engin qui avait soufflé sa porte comme ayant détruit la moitié de la maison.) Il écrit à Élise, deux ou trois jours plus tard :

« Mon petit fiston, tu dois simplement rester bien tranquille à la Margotte *sans bouger.* J'ai essayé d'aller te voir mardi matin par la Mort d'Imbert mais j'ai été mitraillé et tout près de moi l'avion a mitraillé des paysans qui foulaient à Pétavigne. *Si c'était nécessaire* nous irions vous rejoindre de nuit et à pied, je porterai la grand-mère dans une poussette, mais pour le moment il n'y a pas à s'inquiéter *et je ne crois pas qu'il y ait jamais à s'inquiéter.* De toute façon je ne te laisserai pas sans nouvelles et si les bombardements et *mitraillades* se calment j'irai te voir avec Aline, à pied. Ici ils ont bombardé depuis 48 heures plus de 15 fois le pont sur la Durance avec de grosses bombes sans le toucher une seule fois. Ils n'ont pas encore bombardé la ville elle-même et je ne crois pas qu'ils le fassent mais ils mitraillent abondamment, tirant des milliers de balles sur le moindre promeneur. Le fils Léonce Amalric a été tué avec quatre autres Manosquins à Saint-Clément sur la route. Vinon a été très touché, il y a 7 à 8 morts et 14 blessés ; le plus grand désastre, *paraît-il,* est à Sisteron où toute la rue Droite est détruite (ce sont des on-dit). Ici tout est parfait. Aline a le plus grand courage et le plus grand sang-froid. Elle m'aide à maintenir l'ordre. Nous avons creusé un magnifique abri dans le jardin, qui je crois servira surtout à l'amusement de Sylvie. Tout le monde résiste bien après la première surprise des bombes ; ma mère et la mémé [la mère d'Elise] prennent maintenant l'habitude et ne s'effrayent plus guère. L'abri les rassure moralement. En résumé, ici tout va bien et je suis très rassuré à l'idée que tu es là-haut à l'abri avec

Sylvie. Malgré la joie que j'aurais d'être à côté de toi dans ces moments et de te sentir à côté de moi, il faut rester où tu es et ne pas bouger *sans mes indications.* J'ai pris ici toutes les dispositions qu'il faut pour tous les cas. Sois sans inquiétude. Ne pas s'affoler si on bombarde près de vous, c'est simplement le viaduc qu'ils viseront ; et *rester dedans* pendant qu'ils bombardent, *ne pas courir dans les champs.* Contrairement à ce qui se passe *en ville,* à la campagne on est en sécurité *dans les maisons.* Dès qu'il y aura un peu plus de paix j'irai t'embrasser. Mais je n'ose pas laisser ici la maison seule.

« Je t'embrasse de tout mon cœur, toi et mon petit Vitou. Dis-lui de ne pas s'effrayer. Nos bonnes amitiés à toute la famille Salomé.

« Ton Jean

« P.S. Presque tous les morts proviennent des *mitraillades,* donc quand les avions sont en l'air *ne pas sortir et ne pas courir.* Ils ont encore ce matin tué des gens à Corbières qui couraient se mettre à l'abri, ils les ont chassés comme des lapins, on ne sait pas pourquoi ? Mais c'est un fait. »

Le débarquement allié en Provence a eu lieu 5 jours plus tôt, le 15 août. Personne ne sait trop ce qui se passe. Le 19 la gare de Manosque est bombardée : les Alliés essaient sans doute de gêner la retraite allemande. Les Américains font leur entrée dans la ville. Giono écrit dans son *Journal :* « Nous sommes libérés. Souhaitons d'être libérés des bombardements. » Le 20, le bruit court qu'une colonne blindée allemande, partie de Cavaillon, marche sur Manosque, qu'on se bat à Pertuis et à Apt. Guy Pelous et Henri Bonnet se font confier une mitrailleuse par un groupe de résistants et vont attendre l'ennemi sur la route de Mirabeau ; heureusement pour eux, la nouvelle est fausse. Giono part pour la Margotte ; il est contrôlé plusieurs fois en route par des résistants, qui ne font aucune difficulté pour le laisser passer. Élise et Sylvie reviendront le 25 août. Giono est peu enthousiaste devant beaucoup de manifestations outrées, débraillées et factices, qui se déploient dans la ville à la Libération. Il peut comprendre l'excitation de très jeunes gens, comme Guy Pelous et Henri Bonnet, qui sortent avec des pistolets ou des mitraillettes : c'est un peu du théâtre. Mais d'autres exubérances sont moins spontanées et moins innocentes : elles s'accompagnent de spectaculaires retournements de veste. Il assiste aux rivalités entre les FFI et les FTP. Il observe deux sortes d'hommes : les vrais résistants, souvent purs et naïfs, qui ont pris le risque de se faire tuer, et les politiques calculateurs et vaniteux qui, sans avoir rien fait, cherchent à se mettre en avant. Et, à son avis, dans sa région, les seconds sont plus nombreux.

Mais cela n'est rien : il est aussi menacé personnellement. Dès le 5 avril, il a appris par son ami José Meiffret qu'il figurait sur une « liste noire ». « Je me demande bien pourquoi », écrit-il dans son *Journal.* A partir de la libération de Manosque, les menaces se précisent. Au milieu de mai, sans le prévenir, *Signal* a publié à nouveau – pour le compromettre ? – une photo de lui, datant d'ailleurs de 1929. Giono écrira qu'il a protesté auprès de la direction du journal ; c'est peut-être cette protestation qui déclenche la colère d'un périodique pro-nazi comme *Je suis partout,* où Giono est traité, le 25 mai, de « penseur ennuyeux et primaire amalgamé à un poète agaçant ». De même *La Femme du boulanger* est accueillie par des comptes rendus sévères dans *Le Franciste* du 20 mai et, sous la signature d'André Castelot, dans *La Gerbe* du 25. Par ailleurs, au sujet de cette photo de *Signal,* Giono a envoyé des lettres, pour dégager sa responsabilité, à Seghers, Malraux, Aragon, Paulhan et Guéhenno. Certaines semblent s'être perdues dans la confusion postale de l'époque[85].

Mais pas toutes, car en juillet, dans le n° 18 des *Lettres françaises* clandestines, paraît dans la rubrique « Baisses et reculades » un entrefilet « M. Jean Giono fait savoir à ses anciens amis que tout ce qu'il a dit ne signifie pas ce qu'il a voulu dire... et qu'il ne permet pas que la presse actuelle se serve d'une photo qui... d'un texte que... A genoux, Giono ! » On n'imagine pas Seghers, Malraux, Paulhan ou Guéhenno faisant état dans ce sens de la lettre de Giono. Reste Aragon, proche des *Lettres françaises :* pour les communistes, depuis 1935 et surtout depuis l'adhésion à la FIARI trotskiste en 1938, Giono est un homme à abattre par tous les moyens, la bonne conscience justifiant la mauvaise foi. Cette photo a ravivé à travers le pays l'image de Giono « collaborateur ». Bien qu'il ait encore reçu le 12 mai la visite de deux admirateurs allemands en uniforme qui voulaient des dédicaces, on ne l'attaque guère à Manosque même : on sait qu'il était en relations avec Martin-Bret (mais celui-ci est arrêté le 15 juillet par les Allemands, et exécuté), qu'il reste ami de Camoin, membre du Front national, qui sera bientôt du comité local de libération. Si tel n'avait pas été le cas, le colonel Jean Vial, ancien chef de l'armée secrète, président de l'Union départementale des combattants volontaires de la Résistance, lui aurait-il plus tard envoyé sa brochure sur le 25ᵉ anniversaire de la libération du département, en la lui dédicaçant en souvenir de l'amitié, « si touchante, qui le [Giono] liait à Louis Martin-Bret[86] » ?

C'est du niveau régional ou national que vient le danger : là, on ne sait rien de son action locale. Il dira en 1953 – ignorance ou désir d'apaisement ? – qu'il aurait été peiné « d'être arrêté par des gens de Manosque. Au contraire, ils étaient tous navrés[87] ». Non, pas tous, on va le voir. Le 31 août, écrit-il dans son *Journal,* une amie vient le prévenir, affolée, qu'on va l'arrêter ; son mari l'a entendu dire au PC des FFI. Ce qu'il ne rapporte pas, c'est que le commissaire de la République pour la région de Marseille, Raymond Aubrac, a dit : « Giono n'est pas encore arrêté ? Qu'est-ce que vous attendez ? » A ce que m'a rapporté Henri Fluchère, il aurait même dit : « Giono n'est pas encore fusillé ? » R. Aubrac ne se souvient plus aujourd'hui de ses paroles exactes. Giono écrira plus tard à Jean Paulhan le 13 novembre 1946 : « Remarquez que chez moi, à Manosque, personne ne pensait à m'arrêter. On m'a arrêté sur une sorte de colère hystérique de M. Aubrac, commissaire de la République à Marseille, qui venu à Manosque exigea mon arrestation le 20 septembre (c'est-à-dire que jusqu'au 20 personne n'y pensait). Cette "colère enfantine et rageuse" d'Aubrac (communiste) dirigée contre moi en plein état-major FFI déclencha immédiatement la démission du colonel Wustner (dont la femme accourut affolée à 6 h du soir pour me prévenir) et du commandant Durieux des FTPF qui le lendemain vint au commissariat avec trois hommes armés pour me délivrer. Il ne me laissa où j'étais que sur mes instances personnelles. » Il y a certes là une erreur sur la date de son arrestation, et une amplification romanesque : on imagine mal Raymond Aubrac « hystérique », en état de « colère enfantine et rageuse ». Même quand il entend plaider rationnellement, Giono reste brouillé avec la chronologie, et son imagination reconstruit les faits – surtout au bout de deux ans. Mais la visite de Mme Wustner est attestée par le *Journal de l'Occupation,* tenu au jour le jour. Je n'ai pu trouver ni confirmation ni infirmation de l'irruption au commissariat du commandant Durieux ; l'épisode est sans doute un peu grossi, mais nullement invraisemblable : le fils de cet officier avait été l'un des résistants qui s'étaient abrités à la ferme du Criquet.

Il est certain qu'André Camoin a aussi protesté. Mais la légende de Giono « collaborateur » s'est répandue. Dans l'accumulation des événements, et la difficulté qu'il y avait alors à contrôler quoi que ce soit, il est difficile d'en vouloir à ceux qui, éloignés de Manosque, ont de bonne foi cru à des bruits, et qui, de la publication de photographies et de textes de fiction dans certains périodiques pro-allemands, et d'articles hostiles et calomnieux dans la presse clandestine, ont conclu à une sympathie déclarée avec les actes de Vichy et des nazis.

Giono se refuse à se cacher ou à quitter Manosque comme l'y engage Camoin, ainsi qu'Ernest Borrély, qui a lui aussi fait activement de la résistance. Ce serait comme un aveu de culpabilité, et il ne se sent coupable de rien. Il rédige seulement, le 4 septembre, un mémorandum : « Résumé des *faits contrôlables* de mon action contre les Allemands pendant l'Occupation[88]. » Il y rappelle l'aide apportée à des Juifs : les sœurs Olga et Lucy Fradisse, contadouriennes, qu'avec Jean Bouvet il a aidées en 1941 à passer en zone libre (il omet d'ajouter qu'il a abrité leurs bagages) ; à Louise Ernst ; à Meyerowitz ; à Lévine, qu'il a vu au camp des Mées, qu'il a aidé à en sortir et qui est venu lui témoigner sa reconnaissance au début de septembre 1944[89]. Il mentionne aussi son appui à la Résistance : au groupe installé au Contadour en 1943 ; aux jeunes gens réfugiés au Criquet la même année. Il fait état de ses relations avec Martin-Bret, sans cacher que celui-ci a fait sauter sa porte en 1943. Il oublie de parler de l'asile accordé pendant quatre ans à Fiedler, recherché par la Gestapo, et, depuis dix mois, à son cousin Maurin, communiste. Il consacre plusieurs pages à son activité littéraire – avec des inexactitudes flagrantes. Grasset étant pro-allemand, il ne publie plus rien chez lui, dit-il. Et *Triomphe de la vie,* paru en mars 1942 ? A la NRF « où semble-t-il il reste un peu d'esprit français », il a en revanche fait paraître en 1941, rappelle-t-il, la traduction de *Moby Dick* (d'un auteur américain), et *Pour saluer Melville,* où, écrit-il, il « exalte la fraternité France-Amérique et leur volonté d'être des terres de liberté »; il n'y a évidemment pas trace de cela dans le livre, où ç'aurait été hors de propos. Mais il oublie la parution chez Gallimard de deux volumes postérieurs à *Triomphe de la vie,* et qui auraient pu lui servir d'arguments : *L'Eau vive* et le *Théâtre.* Déformer des faits facilement contrôlables, en omettre qui lui auraient été favorables, et cela dans un document destiné à le défendre alors qu'il est réellement menacé, voilà du Giono pur. Il se justifie ensuite au sujet des photos parues dans *Signal,* disant qu'elles venaient d'une agence et avaient été publiées sans qu'il en soit prévenu.

C'est sans doute une lettre contenant les mêmes informations qu'il fait parvenir, par Guy Pelous qui va rejoindre ses parents à Marseille, à Henri Fluchère, chargé de l'information auprès des services nouvellement mis en place. Mais le processus est engagé. Le dossier constitué par le cabinet du préfet[90] contient trois éléments.

D'abord une feuille de papier blanc, sans pliure – ce n'est donc pas une lettre, mais sans doute une note rédigée dans un bureau ; elle porte, sans date et sans signature, ces mots manuscrits : « Jean Giono. Munichois, agent de la 5e colonne (Je suis prêt à vivre à genoux, à plat ventre s'il le faut). Livres traduits en allemand par les soins du parti nazi. Réclame faite pour lui par les journaux boches, en particulier *Signal.* Soupçonné d'avoir livré des patriotes aux boches. » La phrase entre parenthèses, qui n'est pas littérale, renvoie au passage du *Poids du ciel :* « J'ai eu mille fois, moi, l'occasion de mourir debout et chaque fois je me suis mis à genoux, puis à plat ventre, et je n'étais pas seul. » L'allusion aux bombardements sur le front en 1916-1918 est entièrement détournée de son sens. « Agent de la 5e colonne », si les mots ont un sens, est une ignominie gratuite. « Soupçonné d'avoir livré des patriotes », si ce n'est pas une invention de la haine et de la mauvaise foi – et il y en a eu – pourrait faire référence à la visite de Giono à la Gestapo marseillaise pour tenter de sauver les Martel, et n'être qu'une erreur.

Deuxième élément : une lettre sans date du Comité départemental de libération : « Le CDL a l'honneur de demander à M. le Préfet l'arrestation de M. Giono à Manosque. » Elle est signée de trois noms illisibles. L'un ne serait-il pas celui de Noël, ancien adjoint de Martin-Bret ? Bien que connaissant l'action de Giono en faveur de résistants, il s'est à la Libération déchaîné contre lui; Aline disait à l'époque qu'elle voulait l'abattre, et elle s'est même, me dit sa sœur Sylvie, entraînée à la mitraillette avec Guy Pelous et Henri Bonnet.

Giono

Troisième élément : sur une lettre en faveur de Giono, une annotation au crayon : « C'est Monsieur Aubrac, commissaire de la République lui-même qui l'a fait interner. » Il est assez probable que c'est le mot de R. Aubrac, « Giono n'est pas encore arrêté (ou fusillé) », s'expliquant par la légende qui s'était depuis deux ans gonflée autour de Giono, qui a provoqué la demande du CDL et la note anonyme. Un mandat de perquisition et d'amener du 5 septembre est exécuté le 8. Procès-verbal en est dressé le jour même par le commissaire de police de Manosque, Dominique Sollacaro, qui précise : « La perquisition effectuée en la présence constante du sieur Giono n'a donné aucun résultat. Néanmoins, quelques lettres intéressantes ont été saisies et placées sous scellés, dans une enveloppe[91]. » Giono, appréhendé chez lui par deux agents de police de la ville, est envoyé à la maison d'arrêt de Digne, dans la même ville où il avait été arrêté cinq ans plus tôt.

Chapitre 16
Refaire surface

Saint-Vincent-les-Forts

Pour la seconde fois, voici donc Giono incarcéré. Peut-être cela vaut-il mieux pour lui. Car un court article, « Giono poursuivi », paraît le 9 septembre 1944 dans le n° 3 de *La Liberté des Basses-Alpes*. Le voici : « Depuis le début de l'Occupation, l'écrivain manosquin Jean Giono a mis au service de la Collaboration sa réputation littéraire. Collaborateur des *Cahiers franco-allemands,* louangé par *Signal,* propagandiste zélé du pro-hitlérisme, il a lui aussi trahi. Les autorités de la France libérée ont pris la mesure qui s'imposait. Nous apprenons qu'un mandat d'arrêt a été lancé contre lui. » Que la légende de « Giono collaborateur », même non fondée, ait pu se propager, on a vu que cela pouvait s'expliquer. Mais rien ne peut excuser l'appellation monstrueuse de « propagandiste zélé du pro-hitlérisme », qui est un mensonge intégral et d'une extrême gravité. Car à la Libération, pendant plusieurs semaines, ont fonctionné dans les Basses-Alpes des tribunaux populaires qui ont jugé 31 personnes et en ont condamné 18 à mort, dont 12 il est vrai par contumace ; 5 ont été exécutées[1]. Certains excès passionnels de ces cours allaient provoquer leur interdiction, et la cour de justice de Digne fut dès lors seule compétente. Qui peut dire, si Giono était passé devant un de ces tribunaux, ce qui serait arrivé ?

Dans la lettre à J. Paulhan déjà citée, le 13 novembre 1946, il écrira qu'il a fallu une action pour inciter les Manosquins à prendre position contre lui : « Une semaine après mon arrestation il y eut 3 conférences publiques **en plein air** où les orateurs, *tous communistes,* expliquèrent en long et en large que j'étais un criminel et qu'il fallait me fusiller *sans jugement.* Ils insistèrent sur le *sans jugement.*» Il en rajoute peut-être ; mais il y avait eu des hurlements ; des témoins se souviennent que l'imprimeur Antoine Rico – qui devait plus tard se faire passer pour un ami très cher de Giono, lui demandant des œuvres à imprimer et les obtenant, se faisant filmer avec lui, etc. – criait alors : « Il faut le fusiller ! » Giono aura sans doute raison, vingt ans plus tard, de traiter ces aboyeurs avec dédain : « Je n'ai eu affaire qu'à des Robespierre au petit pied. Ce n'étaient pas de grands fauves[2]. »

Entré le 9 septembre à la maison d'arrêt de Digne, il est interrogé le 11 par un juge, M. Gomez[3]. Il nie avoir jamais collaboré. Il souligne avec raison qu'il n'a «jamais écrit ni publié aucune ligne qui puisse avoir en temps de guerre une importance quelconque au point de vue de l'esprit national». (Je cite le procès-verbal, qui ne reproduit sans doute pas mot pour mot les propos de Giono.) Il répète ce qu'il a écrit sur *Pour saluer Melville* dans son mémorandum du 4 septembre. Le seul point spécifique sur lequel il soit interrogé, c'est le reportage photographique paru dans *Signal*. Il répond que cela a été fait sans son accord, pour le compromettre, et qu'il a protesté. «N'avez-vous pas, lui est-il demandé, poursuivi vos visées pacifistes alors que nous étions toujours en guerre avec l'Allemagne, c'est-à-dire en des circonstances où le pacifisme pouvait très facilement se convertir en collaboration ou en trahison ? – J'ai perdu depuis longtemps toute illusion au sujet du pacifisme. Je considère qu'il est impossible d'arrêter les guerres par une propagande de pacifiste (...), mon pacifisme est seulement une position philosophique de ma conscience.» Il n'a pas reçu chez lui d'Allemands ou d'Italiens, dit-il, sauf les gendarmes qui étaient venus chercher Fiedler (ce n'est pas tout à fait exact : il y a eu aussi des demandeurs de dédicaces, mais leur visite n'avait rien de politique). Quand ses livres ont-ils été traduits en allemand ? De 1929 à 1932, les trois romans de la trilogie de *Pan*. Ensuite, seulement *Que ma joie demeure,* publié en Suisse. (Là, sa mémoire le trompe : ce sont *Les Vraies Richesses* qui ont paru en Suisse, et d'autres romans ont été publiés en Allemagne jusqu'en 1937[4]). Quant à son aide à la Résistance, son avocat remettra le lendemain un mémoire à ce sujet : sans doute le mémorandum du 4 septembre. Les suites de cet interrogatoire ? Sur une liste d'internés, il sera indiqué qu'il est accusé «d'avoir favorisé par ses écrits la politique de collaboration», ce qui est bien flou. «Favorisé»? Le mot n'implique même pas une intention réelle de sa part.

Giono a parlé à J. Amrouche des dix-sept jours qu'il a passés à la prison de Digne : choyé comme un coq en pâte. Le jeune Henri Bonnet a réussi à emprunter une moto pour venir de Manosque à Digne apporter au guichet un colis confectionné par Élise. Giono est visité par ses amis chefs de la Résistance. Mais il aurait dit à l'un d'eux qu'il trouvait les cours de la prison trop petites, et l'aurait prié de le faire envoyer dans les montagnes boisées, à Saint-Vincent-les-Forts, dont il avait dû entendre parler dans sa famille, puisque son oncle Fiorio y avait travaillé au fort. Le 27 septembre au matin[5], avec de nombreux autres, il y est transféré. Le jour même, un colonel du nom de Noël, déjà mentionné, qui a appris sa présence, vient tout exprès pour l'apostropher et l'accuser d'être un traître[6]. Cela n'aura pas de lendemain.

Saint-Vincent domine la vallée de l'Ubaye, à 20 kilomètres à l'ouest de Barcelonnette. Son nom ne doit pas faire illusion : Giono n'est pas dans un fort. C'est avec humour qu'il dira à J. Carrière : «Moi, je suis un personnage si terrible et si dangereux que chaque fois que l'on me met en prison on me fourre dans une forteresse[7]. » L'euphémisme officiel de « camp de séjour surveillé » ne doit pas tromper non plus : Giono n'est pas dans un camp, il est en prison, dans une caserne désaffectée rouverte en hâte le 17 septembre précédent[8] : un grand bâtiment gris, rectangulaire, de deux étages, avec une cour de 67 mètres sur 15, que ferme un mur surmonté de barbelés. Une autre enceinte de barbelés entoure l'ensemble, avec un mirador. Des chambrées de 32 places, chacune avec 8 châlits doubles à deux étages. La prison ne sera jamais pleine : 150 détenus au maximum pour 350 à 400 places. Le 19 octobre ils seront 50 au « régime normal » (dont Giono), 74 au régime spécial, plus rigoureux en principe, bien que la différence de traitement n'ait pas été grande. Le 15 janvier suivant il n'en restera que 68, dont 18 femmes, arrivées d'ailleurs tardivement. Un effectif imposant constitue l'encadrement du camp : 75 personnes, y compris un commissaire de police et deux inspecteurs chargés spécialement de la censure du courrier et de la fouille des colis.

Le transfert de Giono, de Digne à Saint-Vincent, a été une mesure de fait. Ce n'est que le 23 octobre que le préfet régularisera une situation vieille d'un mois en ordonnant le transfert au « camp » de Giono et de tous ses codétenus. Le temps n'est pas à la légalité stricte, et c'est compréhensible en période de trouble et de désorganisation. D'ailleurs les hôtes de la prison sont, sur une des listes conservées, classés en trois catégories : « condamnés », « détenus », et « passagers » – de loin les plus nombreux, et Giono en fait naturellement partie. Son dossier est transmis de Digne à Saint-Vincent le 25 octobre. Le jour même, il est interrogé par le commissaire de police du centre, J.-B. Pierre. Il le sera à nouveau le 25 novembre. L'avocat manosquin Eugène Curet se déclarera le 9 décembre prêt à plaider pour lui (parmi d'autres accusés de la ville), malgré les menaces proférées par certains contre les éventuels défenseurs des « collaborateurs ».

Quand il entre à Saint-Vincent, Giono, qui n'a ni montre ni briquet, dépose seulement au greffe l'argent qu'il a sur lui : 347,90 francs, moins que la plupart des internés. Il devra comme eux payer ses frais de détention. La vie est assez dure, contrairement à ce qu'écrira un journal communiste régional qui ironisera sur ce « camp de villégiature », ce qui appellera une mise au point du chef du camp, Albert Chabaud – un commandant FFI de 35 ans, ancien chef de maquis dans la région, nommé à Saint-Vincent par Raymond Aubrac. A 1 300 mètres, en hiver, il fait froid. La nourriture est évidemment médiocre : la pénurie règne en France, et c'est pire dans les prisons. Rarement de la viande ; surtout des pommes de terre, et des courges et betteraves, dont l'acidité provoquera chez Giono, dira-t-il, des coliques néphrétiques. Les colis individuels sont théoriquement interdits, la Croix-Rouge étant seule autorisée à faire des envois, et uniquement collectifs ; mais la règle connaît des entorses. Certains gardiens, au début, doivent s'être livrés à des voies de fait sur tels internés : une note de service du 7 octobre réagit. Giono lui-même n'en a jamais été victime. La correspondance est soumise à censure, et les prisonniers ne peuvent envoyer que trois cartes par mois, de sept lignes au plus, et uniquement à leur famille. Là encore, c'est le règlement, la pratique étant plus souple. Les visites des proches sont autorisées, et Élise vient plusieurs fois voir Jean, parfois avec Aline ou avec Sylvie. Il arrive que le car ne puisse parvenir jusqu'à la prison, et qu'elle doive faire la montée à pied dans la neige[9]. Ernest Borrély rend également visite à Giono.

Les détenus peuvent demander à passer à la visite médicale (il y a deux médecins dont un interné, un pharmacien interné, un infirmier, une infirmière). Ils le font souvent, bien entendu, pour couper aux corvées. Giono s'y présentera 12 fois entre le 21 octobre 1944 (le registre antérieur n'a pas été conservé) et le 30 janvier 1945, une fois pour une névralgie faciale, une fois pour une angine, le plus souvent pour courbatures, ou pour un lumbago consécutif peut-être à la corvée de bois dont il va être question. Il arrive qu'il soit exempté de travail pour une journée – une fois quatre jours pour l'angine. Chacun tire au flanc, lui comme les autres ; et cette pratique est apparemment regardée avec indulgence.

D'après ce que me dit A. Chabaud, les détenus appartiennent dans leur majorité aux couches aisées de la société : notaires, avocats, huissiers, médecins, pharmaciens, dont certains viennent de Manosque, sans que pour cela Giono ait une sympathie particulière pour eux. Quant aux autres, ce sont plutôt de « pauvres types ». Les « passagers » des deux groupes ne se mélangeaient pas. Quand les premiers reçoivent des colis – somptueux pour l'époque –, ils ne les partagent pas avec les seconds. Giono demande un jour à A. Chabaud du papier pour écrire. « Que voulez-vous écrire ? – Un livre qui s'appellera *Les Bourgeois en prison*. – Et pourquoi ? – Regardez-moi ces goujats ! »

Le chef du camp est humain et compréhensif. Il sait qui est Giono, et lui donne à remplir « les fonctions de bibliothécaire, quoique le nombre des volumes soit très restreint[10] ». Là, le prisonnier a des heures de loisir, qu'il emploie notamment à sculpter un jeu d'échecs en écorce[11]. Plus tard, selon lui, il suggérera à un gardien (ou au chef du camp, ses versions varient) d'organiser des corvées pour chauffer la prison. Et il va avec deux camarades couper du bois dans les forêts voisines, sous la surveillance d'un gardien armé, qui, dit-il, l'invitera chez lui à boire du chocolat, et, lors des corvées, lui confie sa carabine « pour tirer sur les écureuils », bien qu'il ne chasse pas. Peut-être[12]... Là encore, sa gentillesse et sa bonne humeur se manifestent, et il se fait des amis parmi les détenus comme parmi les gardiens. Comme en 1915 à l'armée, il monte, avec un autre « passager », une pièce de théâtre à l'intention des détenus et de l'encadrement du camp. Et, avec le même camarade, il organise un arbre de Noël, avec cadeaux, pour les enfants de Saint-Vincent et des communes voisines.

Il est malgré tout plus affecté qu'il ne le dira par son arrestation et par le contexte où elle intervient. Parfois déprimé, il est parfois aussi révolté. Un de ses codétenus lui écrira, le 3 janvier 1948 : « Avez-vous écrit le mémoire vengeur que vous aviez l'intention de rédiger à votre sortie du camp ? » Il dira aussi à J. Amrouche qu'il a assisté à des scènes déplaisantes, notamment une répression brutale de la part de certains gardiens après l'évasion de deux détenus ; et qu'il aurait découvert à ce moment que les hommes étaient des salauds. Qu'il en ait eu la confirmation, soit, mais la découverte était antérieure.

L'essentiel est qu'il peut écrire ; non pas évidemment *Les Bourgeois en prison,* dont l'invention n'était qu'une boutade ; mais c'est de Saint-Vincent que date, semble-t-il bien, une partie des poèmes qui seront regroupés en 1948 sous le titre de *Fragments d'un déluge.* Si Giono s'est toujours voulu poète, et a songé à appeler « poème » tel de ses essais comme *Les Vraies Richesses* et même un roman comme *Fragments d'un paradis,* il ne les écrivait pas moins en prose : ses derniers vers ou versets (sauf dans les chansons prêtées à ses personnages) dataient de 1924 au plus tard. Y est-il ramené par l'impossibilité matérielle d'écrire longuement et régulièrement ? Par la difficulté morale, dans une situation incertaine et provisoire, de concevoir des œuvres de quelque ampleur ? Davantage peut-être par une tension intérieure, que provoquent en lui d'une part la captivité, d'autre part l'approche de la fin de la guerre, qui signifie le terme des angoisses : resserrement d'un côté, expansion de l'autre.

Il a écrit deux assez longs poèmes : 15 et 23 pages[13]. Tous deux étonnants, fantastiques, visionnaires, apocalyptiques. Humoristiques aussi : Prévert n'est pas loin, ni Claudel. Rien d'anecdotique, pas d'allusion au présent ; dans les paysages, rien de provençal ni de spécifiquement alpin : seules peut-être des forêts enneigées sont celles qui entourent Saint-Vincent et où Giono allait couper du bois. « Chute des anges » : un thème romantique entre tous, abordé par Byron, Moore, Vigny, Lamartine, Hugo, et auquel Giono a fait allusion plusieurs fois. C'est ici le dernier de ses textes où les anges aient un rôle prépondérant : les célébrer sera en même temps les liquider. Certains sont devenus des montagnes boisées, d'autres de grands hêtres. Ceux qui ont encore forme d'anges, les villageois les tuent à coups de fusil comme des oiseaux. La fin, dense et obscure, semble exalter le désir et s'adresser à Dieu ; mais si les anges sont sauvés, ce sera malgré lui. L'autre poème, « Un déluge », est plus clair. C'est Dieu qui y parle. Il va anéantir le monde à nouveau, et évoque Noé, qui avait emporté la Création, pour la sauver, non dans une arche, mais dans son cœur. Cette fois l'humanité affreuse et prétentieuse – les salauds dont Giono vient, dit-il, de découvrir l'existence – va être anéantie. Prélude à cette décimation par le choléra que sera bientôt

Le Hussard sur le toit. Mais un espoir dans un nouveau monde subsiste aux dernières lignes. Deux poèmes débordants d'images, où éclate la hantise des larges espaces (c'est un prisonnier qui écrit), de la grandeur démesurée dans les événements et dans leurs acteurs ; par moments très beaux mais inégaux, surtout le premier, ils traduisent comme le déferlement de rêves délirants.

Giono a dit plus tard qu'il avait bénéficié d'un non-lieu. Il n'y en a pas trace aux Archives départementales des Alpes de Haute-Provence, ni à celles des Bouches-du-Rhône où ont été transférés certains dossiers. Que s'est-il passé ? Il est difficile de le savoir par lui, qui m'a dit une fois à ce propos, avec une de ces ratures verbales dont il était coutumier : « Le juge d'instruction n'est jamais venu me voir ; si, qu'est-ce que je dis, il est venu une fois, deux fois, cinq fois, il venait jouer aux échecs avec moi. » J'ai déjà cité la phrase, mais elle est assez belle pour être répétée. Il semble certain que, devant le vide du dossier, il n'y a pas eu d'inculpation, et par conséquent de non-lieu. C'est ce que Giono a écrit à Paulhan. Pourquoi alors n'a-t-il pas été libéré plus tôt ? Il faut songer à l'atmosphère des mois qui ont suivi la Libération. Au milieu de l'exaltation, de la réorganisation du pays, d'un début de reconstruction, règne un redoutable terrorisme intellectuel, d'un extrême manichéisme. Comme *Les Lettres françaises* l'ont proclamé dans leur premier numéro non clandestin, le 9 septembre 1944, Giono vient d'être inscrit, avec Brasillach, Céline, Châteaubriant, Chardonne, Drieu la Rochelle, Jouhandeau, Maurras, Montherlant, Morand, A. Petitjean et A. Thérive, sur la première « liste noire » du Comité national des écrivains : les membres de cet organisme se sont engagés à l'unanimité à refuser toute collaboration aux périodiques, recueils, collections (euphémisme pour maisons d'édition) qui publieraient un texte d'un écrivain « dont l'attitude ou les écrits pendant l'Occupation ont apporté une aide morale ou matérielle à l'oppresseur ». Et le directeur de l'hebdomadaire, Claude Morgan, dans son premier éditorial, « L'armée du crime », a écrit : « Qu'on n'essaie pas de nous apitoyer sur le sort d'un Maurras, d'un Montherlant, d'un Giono, d'un Brasillach, d'un Morand. » Giono est donc placé parmi les cinq principaux « criminels », à côté de Maurras, vichyssois déclaré, qui va être condamné à la réclusion perpétuelle pour intelligence avec l'ennemi, de Brasillach, apologiste zélé des Allemands dans *L'Action française* et dans *Je suis partout,* de Morand, ambassadeur de Vichy, de Montherlant qui, bien moins coupable, avait malgré tout, dans *Le Solstice de Juin,* cité à plusieurs reprises Pétain et surtout Hitler (bien que pour des déclarations totalement anodines). L'amalgame de ces hommes avec Giono est plus que léger : il est répugnant. Près d'un demi-siècle plus tard, il ne sera pas encore tout à fait lavé d'une accusation aussi démesurément injuste.

Le 7 octobre, dans les mêmes *Lettres françaises,* paraît un article mensonger, stupide, haineux, qui suffirait à déshonorer pour toujours son auteur ; il est de Tristan Tzara – serait-il invraisemblable qu'il ait été poussé par Aragon, que l'on a vu agir contre Giono dès avant la Libération ? – et est intitulé « Un romancier de la lâcheté ». Il reprend les accusations des *Lettres françaises* clandestines de juin 1943, suivant même le cheminement de l'article : Tzara se met simplement à la remorque. Et il en rajoute. La période du Contadour devient pour lui « l'époque prénazie de l'évolution de Giono » ; de cette époque datent « de nouvelles combinaisons, de nouveaux contrats, des affaires ». Sur les années de l'Occupation, il va jusqu'à écrire : « Partout où le Boche se manifestait, où la trahison se servait de la langue de Diderot, de Baudelaire et de Rimbaud, Giono se montre dans la nudité de son ignominie. » Il est un « marchand de vies humaines ». Il est donc, conclut l'article, exclu « du rang de ceux pour qui le métier d'écrire n'est pas seulement une habileté, mais une dignité, un honneur, une justification, une grâce, et surtout une grande honnêteté envers soi-même et les autres ». Tout ce qui, l'article le prouve, manquait totalement en l'occurrence à Tzara[14]. Mais de telles affirmations n'allaient-elles pas susciter quelque geste incontrôlé ? Selon Maxwell Smith, Giono lui dira en été 1957 qu'il a été emprisonné par son meilleur ami qui lui a ainsi sauvé la vie[15]. Telle quelle, l'affirmation est absurde. Pourtant Serge Fiorio me certifie qu'Yves Farge, commissaire de la République pour la région de Lyon à la Libération, lui a affirmé être intervenu pour que Giono soit maintenu en détention, afin d'éviter que quelque excité ne croie se couvrir de gloire en l'exécutant. Mme Yves Farge ne se souvient de rien de semblable. Comment trancher ? Il est de fait que des risques existaient. Une explosion sans doute accidentelle ayant en décembre 1944 détruit le bâtiment de la coopérative oléicole de Manosque, deux « collaborateurs » de la ville furent assassinés à cette occasion, et le bruit courut, me dit Élise Giono, que l'explosion était due à un attentat et que certains songeaient à prendre des otages parmi les internés. Finalement il n'en fut rien. Mais que les proches de Giono aient été anxieux, on le comprend.

Giono est d'ailleurs assez bien traité à Saint-Vincent. Par autorisation préfectorale, il obtient une permission pour se rendre à Manosque sous escorte, du 13 au 15 décembre 1944. Son dossier contient une lettre du 2 décembre d'Élise au préfet Édouard Orliac, sollicitant cette mesure en raison de l'état de santé de sa belle-mère ; le préfet a donné son accord, en faisant prévenir Giono des risques encourus « à se rendre dans une ville où il s'expose à des représailles spontanées de la part de certaines personnes[16] ». Giono a raconté à J. Amrouche que ce sont ses deux gardiens qui ont insisté pour l'accompagner afin de le défendre éventuellement, et qu'il est en fait resté huit à dix jours avec eux chez lui, ce qui est naturellement inventé : A. Chabaud m'assure que le permissionnaire et ses gardes du corps étaient bien de retour à l'heure prévue. Élise et Sylvie se souviennent des accompagnateurs, deux Corses (l'un s'appelait Poli). Ils étaient fort gentils, et ont emmené Aline et sa sœur au cinéma.

Pendant la détention, Élise fait une fois encore tout ce qui est possible. Elle réunit les témoignages de ceux qui ont été défendus, aidés et protégés par son mari, et cherche à obtenir des interventions en sa faveur. Elle voit le sous-préfet, M. Bellin. Elle écrit à Charles Vildrac en lui envoyant copie de tous les documents qu'elle a recueillis. Vildrac suggère de charger de l'affaire un célèbre avocat, Me Maurice Garçon, qui s'excusera en disant qu'il est surchargé d'affaires. A la fin d'octobre, Élise obtient une autorisation (il lui en faut une durant cette période) pour se rendre à Lyon afin d'y voir Yves Farge, que, me dit Mme Farge, elle ne trouve pas. Elle écrira à Charles Vildrac le 27 décembre : « Je crois qu'il [Y. Farge] a vu M. Aubrac, commissaire régional de la République à Marseille. Ce dernier lui aurait dit que la libération de mon mari ne serait plus qu'une question de jours. A Paris, on lui aurait fait même réponse. C'est, du moins, ce que m'a écrit Mme Farge le 5 décembre. » Élise ajoutera le 30 décembre, dans une autre lettre à Vildrac, que R. Aubrac demande la mise en liberté de Giono.

De fait, les autorités n'ont rien trouvé dans les actes ou l'attitude de Giono qui justifie une inculpation. Le rapport demandé par le commissaire de police de Saint-Vincent-les-Forts à celui de Manosque, et envoyé le 10 octobre, ne contient rien de concret : « la radio de Vichy l'a glorifié le 22-9-41 »; « nous ne lui connaissons pas un acte en faveur de la Résistance »; et le plus beau : « des nombreuses visites de personnes aux allures étranges qu'affectionnent les artistes, n'ont cessé de provoquer parmi la population des suspicions de toute nature ». Dès le 3 novembre, le commissaire du gouvernement à Digne (tenant alors lieu de procureur de la République) a écrit au préfet : « Il n'apparaît pas possible d'exercer contre l'intéressé des poursuites pénales. » Le préfet le confirme le 21 novembre au commissaire de la République pour la région de Marseille, et suggère la possibilité de le libérer ; il se fait en outre l'écho d'un bruit selon lequel les Américains proposeraient Giono pour le prix Nobel. Le 3 décembre, le commissaire de la République, R. Aubrac, donne son accord pour la libération de Giono, qu'il voudrait voir assigné à résidence à Manosque.

Deux doctrines se dessinent : lui interdire de sortir de sa ville, pour le garder sous la main, ou lui interdire d'y rentrer, pour éviter des troubles. La seconde, celle du préfet, prévaudra finalement. Mais, pour que tout soit régulier, il manque l'avis de la commission ad hoc de Digne, qui estime n'être pas compétente et demande que l'ordre de mise en liberté soit donné par « les écrivains résistants[17] ». Élise envoie de nouveaux témoignages, dont celui de Lucien Jacques (malade, il n'a pu le donner plus tôt), et une lettre d'Alice Cocéa accompagnée du refus de visa allemand pour *Le Voyage en calèche*. D'autres interventions sont spontanées, parmi lesquelles celle d'Hélène Laguerre[18]. En attendant, les choses traînent, malgré un arrêté du 6 novembre du commissaire de la République, prescrivant de libérer tous les détenus qui ne font pas l'objet de plaintes signées. Giono écrit lui-même au préfet ; sa lettre, datée « Noël 1944 », demande qu'en attendant le retour du dossier envoyé à Paris, il soit mis au moins en liberté provisoire. Il fait état des démarches d'Yves Farge et de Raymond Aubrac. Il fait remarquer que Montherlant, P. Benoit, Sacha Guitry ont été libérés (il se trompe pour Montherlant, qui, s'étant caché, n'a pas été arrêté ; il a raison pour Guitry, libéré le 24 octobre après deux mois de détention ; P. Benoit avait été arrêté aussi, mais j'ignore la date de sa libération). La poursuite de sa détention, souligne-t-il, serait donc injuste ; d'ailleurs des écrivains résistants sont prêts à se porter garants de sa conduite. Il précise qu'une fois libéré, il se retirera chez Yves Farge à Lyon.

A la fin de 1944 et au début de 1945, les passions se sont quelque peu atténuées. Un certain nombre d'écrivains résistants, Mauriac, Vildrac, Paulhan, Guéhenno, Duhamel, s'apprêtent à intervenir en faveur de Giono[19]. André Faillet, vice-président et secrétaire général de la Mutuelle des auteurs dramatiques, qui par ailleurs préside la commission de justice et d'épuration du Comité de libération du Xe arrondissement de Paris, écrit longuement le 6 décembre 1944 au préfet des Basses-Alpes, exposant tout ce qu'a fait Giono pour un certain nombre de Juifs et de résistants[20]. Il renouvellera sa démarche le 27 janvier 1945 auprès du nouveau Commissaire de la République à Marseille, Paul Haag. Mais les engrenages qui vont enfin libérer Giono se sont, sans hâte, mis en marche. Le 23 janvier, la commission de triage du département propose finalement de l'élargir en l'éloignant des Basses-Alpes. Trois jours plus tard, une autre commission est plus clémente encore : elle suggère qu'il lui soit seulement interdit de résider à Manosque. C'est ce que, ce même 26 janvier, décrète un arrêté préfectoral.

Libération. Interdiction *de facto* de publier

Giono quitte donc Saint-Vincent-les-Forts le 31 janvier, après avoir signé l'engagement sur l'honneur de ne « commettre aucun acte répréhensible » et de « servir dans la mesure de [s]es moyens le Gouvernement provisoire de la IVe République et son Chef, le Général Ch. de Gaulle[21] ». L'adresse où il déclare se rendre est : « M. Yves Farge, commissaire de la République à Lyon. » Il semble improbable qu'il ait inventé cela gratuitement ; mais également qu'Yves Farge n'en ait pas parlé à sa femme, vu que les deux familles se connaissaient bien, et avaient passé des vacances ensemble en 1940. Peut-être, sachant par Élise que Farge était intervenu auprès de R. Aubrac, Giono a-t-il cru que son hospitalité lui était acquise ? Finalement il ne va pas à Lyon : le commissaire de la République pour la région de Marseille, plus sévère que le préfet, l'assignera à résidence surveillée dans les Bouches-du-Rhône, et il va habiter à Marseille chez son vieil ami Gaston Pelous, dont il a abrité le fils l'année précédente, et qui l'aurait accueilli de toute façon. Les résistants de Manosque ne souhaitent pas son retour dans la ville[22]. L'administration n'est pas très pressée d'intervenir en sa faveur[23]. Assigné à résidence, il doit prendre ses vacances de l'été 1945 dans les Bouches-du-Rhône, et, pour la seule fois de sa vie, il passe un mois au bord de la Méditerranée, à Cassis, chez son ami le comédien Charles Blavette, dont il a fait la connaissance pendant le tournage de *Regain* en 1937[24]. Les quatre Giono s'y trouvent en compagnie de Tino Rossi et de sa femme, avec lesquels les relations sont cordiales, mais les affinités restent faibles.

Ensuite, il est seulement éloigné de Manosque, mesure qui ne sera rapportée officiellement que le 29 janvier 1946. Mais, rassuré officieusement, il ne se conforme pas aux prescriptions administratives, et se rend de temps à autre chez lui pour de brefs séjours, en juin, en août – il confie alors à Maurice Chevaly son angoisse devant l'explosion de la bombe atomique[25]; il y revient en septembre, et reçoit Garganoff, qui songe toujours sans doute aux films prévus. Il fait la navette. Il est probablement à Marseille à la fin de septembre, quand il écrit le premier chapitre de *Mort d'un personnage,* avec ses évocations précises des rues de la ville. Il se fait encore écrire chez les Pelous à la fin d'octobre. Mais, peu après, la santé de sa mère déclinant, il revient définitivement chez lui malgré l'interdiction, se contentant sans doute de ne guère sortir de sa maison et de ne pas se montrer en ville. Il reçoit la visite de Lucien Jacques, qui en janvier 1945 s'est installé à Montjustin, non loin de Manosque, et le verra désormais souvent. Quelques témoignages lui parviennent d'autres amis qui lui sont restés fidèles : Paulhan, Vildrac, et aussi – malgré les procès de 1941 et 1942 – Marcel Pagnol.

Après plus d'un an, il est vraiment de retour au Paraïs, et pour le reste de sa vie. Les périodes agitées ont pris fin pour lui : les guerres, les engagements politiques, les emprisonnements, les angoisses. Il se sent fort et il a des raisons d'espérer. La guerre, tant redoutée, qui apparaissait en 1938 et 1939 comme un mur au-delà duquel rien n'était imaginable, a eu lieu, et, malgré les massacres et les énormes ravages qu'elle a faits, elle n'a pas tout détruit de l'univers antérieur. Elle ne l'a pas anéanti, lui. De l'obsession qu'elle lui avait imposée, il est libéré. Non que l'avenir s'ouvre radieux : le monde est terrible, beaucoup d'hommes sont affreux. Mais, en contrepartie de ce poids nouveau qu'il porte, il est allégé de ses illusions. Il peut se sentir neuf. Quand le monde était malade de l'attente de la guerre, Giono était malade de la craindre, et du déchirement de lutter contre elle en la sentant inévitable. De cela, il est guéri, et cette santé va lui permettre d'être pleinement lui-même.

En dehors de son œuvre, les seuls événements marquants seront désormais ceux que connaissent tant d'hommes : mort de parents et d'amis, mariage d'une fille, voyages dans des pays proches. Il a de multiples projets, et espère avoir de longues années pour les réaliser. De fait, il lui reste un quart de siècle.

Il fait « le compte » de son œuvre – expression qui lui est familière, en souvenir peut-être de ses années de banque. C'est à partir de 1945 qu'il se met, sur ses carnets, parfois sur ses pages de titre, à donner à chacun de ses écrits un numéro d'opus, comme un musicien. Il relève apparemment – on n'en a pas de trace – 25 opus depuis *Accompagnés de la flûte* en 1925 : une plaquette de poèmes, une autobiographie, 7 romans, 2 recueils de nouvelles, 4 pièces de théâtre, 6 essais plus l'essai biographique romancé qu'est *Pour saluer Melville*, 3 écrits pacifistes ; il ne comptabilise évidemment pas les œuvres inachevées ou abandonnées. Il enchaîne avec l'opus 26, *Fragments d'un paradis* (le considère-t-il comme achevé, ou marque-t-il plutôt sa volonté de le reprendre un jour ?). L'op. 27 sera *Deux Cavaliers de l'orage,* l'op. 28 *Le Hussard,* c'est-à-dire l'ensemble des dix romans alors prévus pour ce cycle. La suite s'ouvre devant lui, et elle changera souvent : en 1945 il note dans un carnet : « op. 29 *Le Dévorant;* op. 30 *Les Huit Garçons;* op. 31 *Orphée.*» Aucun ne sera écrit, mais bien d'autres le seront : à sa mort, Giono aura atteint l'op. 64, *L'Iris de Suse.*

Revenons à sa libération. Il est à Marseille le 1er février 1945. Un premier problème matériel se pose. Il faut vivre et faire vivre sa famille. Il n'a rien. Son inquiétude se lit dans la nudité de la lettre qu'il adresse le 5 février à Gaston et Raymond Gallimard[26] :

« Chers amis,
« Je vous serais très reconnaissant s'il vous était possible de m'aider. Ai-je quelque crédit chez vous ? Je travaille sans cesse et serai un jour prochain à même de vous rendre tout ce que vous aurez fait pour moi.
« Mon amitié
« Jean Giono. »

Pas un détail sur son œuvre en cours, contrairement à son habitude invariable. Un appel au secours. Il est entendu. Bien que le compte de Giono soit débiteur (mais une édition illustrée du *Chant du monde* va sortir et produire des droits), Michel Gallimard envoie le 8 février un chèque de 25 000 francs, ajoutant : « Nous restons d'ailleurs à votre disposition. Si nous pouvons vous être utiles, n'hésitez pas à nous écrire. » Mais les ennuis financiers ne sont pas finis. Pour une raison obscure, la Préfecture de police de Paris, le 25 avril, fait bloquer le compte en banque de Giono[27]. Cela tombe très mal : pour subsister, il vient, une semaine plus tôt, de vendre sa ferme du Criquet pour 125 000 francs, qu'il a fait verser à son compte par le notaire. Après s'être démené en vain, il fait appel à Vildrac, par une lettre du 13 juin, pour lui demander d'agir en sa faveur. Sa situation est angoissante. Il envisage de vendre le manuscrit de son *Journal*[28]. Mais, comme il l'écrit à Vildrac : « Je vends ce que j'ai pour vivre, mais si on me prend ce que je tire de mes ventes, il ne nous restera plus qu'à mourir de faim. » Il n'ose pas trop intervenir. Il écrit le 28 juin, toujours à Vildrac : « S'il n'y avait pas ce "drôle de tout", évidemment le plus simple serait que je gueule comme un âne, fort de mon innocence, mais je sais que l'innocence n'est qu'une faiblesse et que suivant la formule chère à l'adjudant Flic, on est fort capable de me mettre en boîte et de voir "après". Mais après, c'est quand ? »

Lui faudra-t-il toucher en liquide les mensualités versées par Gallimard, pour qu'il n'y ait pas opposition sur les chèques ? Elles ne suffiraient d'ailleurs pas. Grasset, à part une somme infime de 360 francs versée le 25 octobre 1944, ne lui a pas donné un sou depuis le 4 novembre 1943. Et, en difficulté avec les autorités, mis sous séquestre, il ne donnera rien avant le 30 avril 1946, bien qu'il continue à vendre les livres de Giono réimprimés durant la guerre[29]. L'inscription de Giono sur la liste noire du CNE lui ferme les portes des éditeurs : aucun d'eux ne peut se risquer à être boycotté par tous les écrivains résistants. Edmond Buchet expliquera par exemple à Giono que « les circonstances » empêchent les éditions Corrêa de publier *Virgile*[30]. Il y a bien quelques projets de publication en anglais, aux États-Unis ; mais ce ne sont encore que des projets. En dehors de rééditions d'œuvres d'avant-guerre faites soit en Belgique, soit en France sous forme de livres de luxe produits par de petits éditeurs qui peuvent braver l'interdit, Giono ne publiera pas une ligne en France pendant les années 1944, 1945 et 1946, que ce soit en volume ou en revue. L'interdit ne cessera de prendre effet qu'en 1947. Aucun article ne paraîtra sur lui ni sur son œuvre. A part deux lignes du pasteur Roland de Pury, dans *Esprit* de février 1945, pour protester contre cet ostracisme, c'est le silence.

Giono est étouffé. Et cela uniquement – je me répète mais il faut enfoncer le clou – sur la foi d'une légende. Certes Giono n'a pas mesuré la portée de son acte quand il a accepté en 1941 de donner un roman à *La Gerbe*. Mais combien d'autres y ont écrit sans avoir jamais le moindre ennui à la Libération ! Copeau, Dullin, H. Poulaille, Cocteau, Mauclair, Stève Passeur, L.-P. Fargue, H. Mondor, E. Peisson, Colette, S. Lifar, Claudel (qui malgré cela et malgré ses « Paroles au Maréchal » et ses rencontres avec Pétain, entre au CNE – quinze jours après les autres ; lui sait prendre les trains en marche...) On a vu Giono dans Paris occupé, est-ce un crime ? Il y a rencontré des Allemands chargés de questions littéraires ; mais des résistants comme Paulhan et Mauriac en ont fait autant. Il a eu la malchance d'être loué par Fabre-Luce. Il a eu ses photos dans *Signal*. Cocteau aussi avait eu les siennes en octobre

1942. Du moins Giono n'y a-t-il rien publié, contrairement à Marcel Arland qui y a donné une nouvelle en décembre 1942. Cocteau et Arland ont-ils été emprisonnés ou même interdits ? Poursuivi par la haine d'un parti alors puissant qui a réussi à créer dans l'opinion un mythe échafaudé sur des mensonges, il n'a pu faire entendre cette vérité décisive : il n'a pas publié un mot en faveur de Vichy, de la Collaboration, du nazisme. D'avoir vu interdire par la censure allemande une pièce exaltant un résistant à une occupation militaire étrangère, cela a compté pour rien. Pourtant, qui d'autre a eu cet honneur ? Ce qui est surprenant, c'est qu'à peu près aucune voix, pendant deux ans, ne se soit élevée pour le défendre. On semble même avoir pardonné plus facilement à d'autres, comme Céline, qu'à lui. Peut-être parce qu'il a, lui, fait naître avant la guerre plus qu'une admiration pour ses livres : une affection personnelle pour lui en tant qu'homme. La déception de l'entendre accuser de collaboration en est d'autant plus forte : on attache foi aux calomnies, on s'en veut de s'être, croit-on, trompé – et on lui en veut.

Du moins le bâillon qui lui est imposé, après l'emprisonnement, nourrira-t-il chez lui une amertume saine et active, qui, irriguant et vivifiant son œuvre, va lui donner un sel nouveau.

Le projet de « décalogie » et *Angelo*

A Marseille, Giono se remet donc à l'œuvre. Le 5 avril 1945, il écrit à Michel Gallimard : « Je travaille sans cesse, fort bien, et au calme. Seront bientôt prêts *Deux Cavaliers de l'orage* et le premier volume de : *Les Grands Chemins I. Le Roi.* Le deuxième volume sera intitulé *Le roi est mort.* L'un et l'autre auront plus de 500 pages et sont des romans *romanesques.* Mais je ne suis pas pressé de paraître, au contraire. Je ne vous indique cela que pour vous dire qu'un jour ou l'autre il faudra de nouveau compter avec ces choses créées. Je suis bien tranquille. » *Deux Cavaliers de l'orage :* est-il vrai qu'il s'y soit remis ? Pas à une rédaction, en tout cas ; des notes peut-être. Quant au vieux projet obstiné des *Grands Chemins,* il est en train de se transformer, ce n'est pas dit ici mais d'autres lettres le révèlent. Il est en train de devenir le cycle du Hussard. Déjà sont nés en lui un personnage qu'il appelle « l'épi d'or », une jeune duchesse avec un vieux mari, un château et un parc, une romance, un duel... Cela doit s'appeler *Un roi,* et « l'épi d'or » doit mourir à la fin du premier volume. Mais bientôt le projet se gonfle. Giono se sent de plain-pied avec la grandeur sous toutes ses formes : ses poèmes de prison avaient pour héros l'un les anges, l'autre Dieu. Il a cinquante ans le 30 mars 1945. Il se sent en pleine force, avec, devant lui, à écrire, toute une œuvre énorme dont il savait dès avant la guerre qu'il la portait en lui.

Ce à quoi il pense, c'est un ensemble de dix romans, et, pour la première fois, dans de nombreuses notes, il les organise à l'avance, et non après avoir écrit un premier volume comme il l'a fait pour les suites rêvées du *Grand Troupeau,* de *Jean le Bleu,* du *Chant du monde,* de *Batailles dans la montagne :* il n'a d'ailleurs jamais réalisé ces projets de trilogies ou de tétralogies. Des dix romans projetés, les cinq livres impairs devraient dans son esprit se situer autour de 1840, et leur longueur irait en diminuant de dix à cinq chapitres ; les cinq autres, augmentant symétriquement de cinq à dix chapitres, autour de 1940. Je dis « autour de », parce que Giono a toujours eu très peu de sens de la chronologie historique, qu'il ne s'en soucie guère, pas plus que des anachronismes[31]. L'ensemble, que j'appellerai « décalogie », porte dans ses carnets, manuscrits et lettres, le titre d'abord de *Romance,* puis très vite de *Romanesque,* et devient enfin *Le Hussard ;* titres qu'il considère en général comme provisoires[32]. Le héros de 1840 – « l'épi d'or » que Giono laisse maintenant vivre au-delà du premier volume, sera le grand-père de celui de 1940 ; ils porteront le même nom, Angelo, et la vie de chacun d'eux s'éclairera par reflet ou écho de celle de l'autre.

Dans ce cadre architectural mais rigide, l'imagination de Giono travaille : il ne sait pas encore bien ce qu'il mettra dans les derniers volumes. L'Angelo du XIXᵉ siècle connaîtra le choléra, les amours, la révolution et la guerre de 1848 en Italie ; puis, peut-être, un retour en France au moment du coup d'État de 1851, et plus tard la Commune de Marseille ? Sur sa mort, Giono hésite : se tuera-t-il en sautant dans un incendie, comme le « Jean-Baptiste » Giono de la légende ? Ou mourra-t-il au loin, disparaissant sans laisser de trace ? Ou s'éteindra-t-il paisiblement auprès de Pauline, son grand amour ? Pour ce qui est de l'autre Angelo, petit-fils du premier, qui doit en un jour raconter sa vie en même temps qu'évoquer celle de son père et de son grand-père, les projets qui le concernent sont plus flous encore.

Penchons-nous d'abord sur le personnage d'Angelo (celui du XIXᵉ siècle). Il sera en partie ce fils qu'il regrette de n'avoir pas eu – il l'écrira dans une lettre du 29 septembre 1947 où il dit à Vox qu'il aime le fils de celui-ci, Martin, « comme j'aimerais un fils que j'aurais dû avoir ». Son grand-père et son père ont tous deux eu un fils unique à 50 ans. Lui aussi, à 50 ans, il s'en crée un, merveilleux comme un héros de Stendhal[33] : Angelo. Il l'a porté au plus profond de lui avant sa naissance, car il a écrit dans son *Journal de l'Occupation :* « Rêve l'autre nuit. On me dit : regardez, ceci est votre fils. Vous venez d'avoir un fils. Je ne sais s'il y avait Élise. Le garçon était étonnant de beauté, grand déjà, comme Sylvie. Mais beau ! à en crier ! doré de soleil, gracile et d'un visage de dieu réussi. » Cette note est du 23 juin 1944, neuf mois à peu près avant l'apparition d'Angelo dans son esprit, à Marseille : grossesse intellectuelle et affective de même durée que les grossesses physiques.

Angelo : le nom marque comme l'aboutissement de tous les fantasmes de Giono sur les anges. Il prolonge et ferme la série de personnages nés vers 1920 : Angélique et Angiolina qui ont donné leurs noms à des romans inachevés, Angèle d'*Un de Baumugnes*, Ange de *Deux Cavaliers de l'orage*[34]. Le premier était un personnage au sexe ambigu ; puis sont venues deux femmes ; puis, à partir de 1938, deux hommes, comme si Giono avait commencé inconsciemment par voir l'angélisme chez la femme, et l'avait ensuite transféré sur l'homme – sur lui. Je l'ai dit, il y a « ange » dans J*ean* Giono ; et « Jean », en inversant les sonorités, c'est « ange » ; Giono a presque sûrement rêvé là-dessus. Le nom procède aussi d'une autre série : de Jean Giono à Antonio, puis à Angelo, se retrouve le nom de trois syllabes dont le premier son vocalique est *an*- et le dernier -*o*, finale italienne. Cet angélisme est parfois souligné. Quand la duchesse dit à son fils : « Mets ta joue contre mon épaule, Angelo du ciel[35] », les trois derniers mots, Giono ne l'ignorait pas, seraient en italien « *Angelo del cielo* » : « ange du ciel ».

Quant au personnage, sa silhouette a été entrevue dès 1938 dans *Provence,* à propos des belles maisons de campagne où luit « la sabretache cloutée d'or d'un hussard[36] ». Mais il dérive plus profondément, en moins rêveur m'a dit Giono, de Julio du *Voyage en calèche,* conspirateur et amoureux. Et ses racines plongent dans le grand-père Pierre Antoine (ou Jean-Baptiste), Piémontais passé en France, dont une certaine tradition familiale et surtout l'imagination de Giono ont fait un carbonaro et un déserteur de son armée.

Elles plongent aussi dans Stendhal. Angelo ressuscite Fabrice de *La Chartreuse de Parme,* mais aussi Lucien Leuwen et Henri Brulard, qui tous trois ont l'âme trop noble pour la société où ils vivent, et dont les deux derniers « tendent leurs filets trop haut[37] ». Stendhal tire certes Giono vers l'Italie, mais le grand-père plus encore : c'est un retour aux sources. Et tous deux le tirent vers le XIXe siècle : c'est la période où seront situés, en général totalement, quelquefois partiellement, sept des romans (ou recueils de récits) de Giono, à partir de 1945. Moins que jamais Giono, se sentant rejeté, n'aime son temps, et il s'en évade de toutes les manières.

Angelo a aussi, évidemment, quelque chose de Giono : sa fierté, sa sensibilité, sa naïveté, sa timidité qui le rend parfois agressif, son horreur de la niaiserie et de la vulgarité d'âme, son humour. En outre, il est passé maître en tout ce que son créateur a pu rêver de faire sans en être capable : monter à cheval, manier le sabre. Tout en occupant Giono de 1945 à 1957, il ne variera pas. « Surgi parfait un jour néfaste » – je cite un beau vers de Robert Ganzo – il est donné une fois pour toutes. Il est possible que, comme il est dit dans *Noé*[38], il ait vu le jour à Marseille, alors que Giono entendait, près de chez Gaston Pelous, le ferraillement et les sifflets des trains. Il est né colonel – c'est le grade auquel Giono s'était arrêté en 1941 pour son grand-père[39] : colonel des hussards du roi de Sardaigne. Cela sonne bien, et peu importe qu'il n'y ait pas eu de hussards dans les armées du roi de Sardaigne : l'essentiel est qu'avec les brandebourgs et les trèfles d'or de son grand uniforme, le héros ait semblé « un épi d'or sur un cheval noir ».

La difficulté que rencontre Giono est : que faire faire à Angelo, à quoi le confronter ? Elle apparaît dès le premier volume de la décalogie, d'abord intitulé un certain temps sur manuscrit *Le Fleuve du Tage* – titre d'une romance de l'époque romantique[40] – puis *Le Hussard* piémontais, et actuellement connu comme *Angelo*[41]. Giono avait humoristiquement écrit dans son *Journal de l'Occupation,* et répété à W. Rabinovitch, qu'il voulait faire du Ponson du Terrail. Après avoir songé à un livre très romanesque, avec des épisodes de cape et d'épée – duels, cravache – après avoir songé à introduire le choléra dans un de ses chapitres, il transforme bientôt cet *allegro* en *andante*. Sans doute parce qu'au sortir de la guerre et de la prison, il lui faut d'abord rêver à l'espace et au bonheur calme.

L'espace, la route, l'errance, vont remplir la geste d'Angelo : le début d'*Angelo,* et surtout, presque en entier, les livres essentiels du cycle du Hussard : *Le Hussard sur le toit* et *Le Bonheur fou.* C'est l'aboutissement de la double découverte de 1939 : les romans picaresques anglais et plus encore l'Arioste. Le cycle du Hussard est presque annoncé par la phrase déjà citée du *Journal* de 1939 : « Le pays où je me suis promené ce soir est exactement pareil à celui du *Roland furieux.*» Le héros est un cavalier, dès la première page, et son caractère est chevaleresque. L'héroïne ne l'est pas moins. Elle a l'Arioste dans sa bibliothèque, et, dans *Angelo,* elle est la première à le citer, Angelo ne faisant que suivre. L'atmosphère du roman a aussi quelque chose de l'Arioste par le brillant, la verve de la narration, l'allégresse poétique, l'humour.

L'intrigue d'*Angelo* est simple. Quelques années après 1830, le jeune colonel de hussards Angelo Pardi, ayant tué un mouchard autrichien, passe en France. Il vit un certain temps à Aix, dans les marges de la bonne société. Il fait la connaissance du vieux marquis Laurent de Théus[42], qui conspire contre le pouvoir, puis celle de sa jeune femme, Pauline, à laquelle l'attache un amour profond et muet. A la fin du livre, il part pour une mystérieuse mission.

Le bonheur est partout dans *Angelo*[43]. Bonheur de la liberté – ici celle qu'éprouve Angelo parce qu'il est en France après la tyrannie piémontaise. Bonheur de l'amitié – elle est fausse, c'est celle du grand-vicaire d'Aix qui fait de lui un pion dans ses intrigues. Bonheur de la chair – il se laisse aimer par la belle cantatrice Anna Clèves. Bonheur de l'amour inavoué avec Pauline, rencontrée par lui dans le dernier chapitre du livre, mais dont le parfum l'a déjà envoûté cinquante pages plus tôt.

Le roman déborde d'un égotisme stendhalien très affirmé qui est le contre-pied de l'attitude de Giono avant 1939. La situation personnelle du romancier ne s'y décèle que par touches légères; mais quand il écrit: «Quelle liberté nationale me donnera jamais plus de joie que ma propre liberté[44]?», peut-il ne pas penser à la Libération et à sa libération? La médiocrité des carbonari piémontais, c'est celle qu'il a cru reconnaître chez bien des prétendus résistants – ceux-là mêmes, songe-t-il sans doute, qui l'ont fait arrêter. «Mes nobles compagnons (pense Angelo), c'est-à-dire peut-être trois ou quatre hommes braves, parmi des milliers qui combattent, seront finalement leurs dupes. La patrie changera de joug, un point c'est tout, et le second pèsera autant que le premier, sinon plus. On ne videra pas les prisons, on en changera simplement le contenu. Drôle de liberté celle qui en fin de compte ne fait que faire passer d'un maître à l'autre[45].»

Comme l'a relevé H. Godard, l'humanité, dans *Angelo,* et il en sera ainsi désormais dans une large part de l'œuvre de Giono, se partage entre ceux qui sont doués de «qualité» humaine, et les autres. D'un côté, les âmes nobles, les âmes hautes, les âmes fortes: ici Angelo, le marquis de Théus, sa sœur et sa femme. Le premier en est le type le plus achevé; il a pour qualités essentielles le sens du sublime, la passion, la tendresse, la gaieté, la naïveté, la désinvolture – chacune est mentionnée au moins deux fois dans le roman. Il faudrait ajouter l'amour de la musique, et l'intelligence – mais c'est un mot que Giono n'aime guère: il l'a trop souvent raillé ou rabaissé avant-guerre. De l'autre côté, il y a ceux dont Laurent de Théus dit, dans un fragment ensuite supprimé: «Je sais qu'au-delà de ce petit horizon très court où nous vivons (...) il y a la mesquinerie, l'erreur, le péché et la sottise[46].» L'énumération est celle du premier vers des *Fleurs du mal:* «La sottise, l'erreur, le péché, la lésine (...)». Seule la lésine est remplacée par la mesquinerie, qui n'en est pas éloignée; les autres termes sont les mêmes. Giono, qui avant la fin de 1943 ne cite jamais Baudelaire[47], le reproduit ici. Mais sottise, erreur, péché, lésine sont en Baudelaire aussi, il en est conscient. En revanche, Angelo, Pauline, Laurent, en sont exempts. Ils forment une élite et sont à part de l'humanité commune. Ils ne sont pas seulement meilleurs, plus courageux, plus pénétrants, moins hypocrites que les autres, mais, comme Melville et Adelina, ils ont de l'honneur et de l'âme, ils mènent leur vie sur le mode chevaleresque et poétique. Les autres, malgré leur astuce, ne sont que des manœuvriers tortueux.

Ce partage délibéré des êtres en deux catégories est caractéristique d'un tournant. Avant-guerre, Albin d'*Un de Baumugnes,* Antonio du *Chant du monde,* Bobi de *Que ma joie demeure,* Saint-Jean de *Batailles dans la montagne,* ainsi que divers personnages de *Jean le Bleu,* étaient sans doute supérieurs aux autres, parce qu'ils étaient des caractères intègres, et pour certains des «poètes», mais ils n'appartenaient pas à une humanité différente. L'évolution commence peut-être avec les Jason, mais ils ne se disent pas supérieurs. Avec *Angelo,* l'évolution de

Giono vers une conception aristocratique se précise. Aristocratique non au sens de noblesse titrée, mais de valeur profonde : il y a bien entendu dans le roman des gens du peuple très généreux et sympathiques, comme la femme qui fournit à Angelo des papiers lors de son arrivée en France, ou le marin qui lui sert de messager pour correspondre avec sa mère. Malgré tout, ils ont des rôles épisodiques, car l'histoire se déroule presque entièrement dans la « bonne société », ce qui est un changement capital. On voit passer quelques petits artisans, des aubergistes, des domestiques. A peu près pas de gens de la terre, sauf, au début, une paysanne au marché de Gap. Ce changement d'atmosphère éclate aussi dans l'environnement. La Provence a perdu ses grands espaces naturels ; les descriptions de paysages sont brèves et rares ; les beaux arbres sont avant tout ceux des jardins et des parcs ; en conséquence les animaux sauvages sont plus rares que jamais : renards, rossignols, c'est tout – et les abeilles si on les considère comme sauvages, comme semble en général le faire Giono[48].

Que l'ensemble soit placé, presque ostentatoirement, sous le signe de Stendhal, et que les intrigues politiques n'y soient pas toujours absolument claires, cela même étant stendhalien, n'enlève rien au caractère exquis du roman. Mais l'action manque peut-être un peu de poids pour la stature du héros. *Angelo* est l'inverse de *Salammbô* selon Flaubert : la statue est trop grande pour le piédestal.

Mort d'un personnage

La date exacte de l'achèvement d'*Angelo* n'est pas connue. Mais le rythme d'écriture de Giono est assez régulier. Ayant commencé le roman en avril 1945, il est probable qu'il ne l'a pas terminé avant septembre, après les vacances à Cassis. Enfin à nouveau un roman terminé ! Cela ne lui était pas arrivé depuis qu'il avait, huit ans plus tôt, en mai 1937, mis le point final à *Batailles dans la montagne*. Sans doute s'attelle-t-il alors presque aussitôt au deuxième volume de sa décalogie, le premier de ceux qui doivent être centrés sur le petit-fils du premier Angelo ; appelons-le Angelo III[49]. C'est un marin ; il reste dans le roman tel qu'il est peu de traces de son métier ; mais il revient plusieurs fois des antipodes, pour lesquelles Giono éprouve une fascination.

Le premier titre envisagé est *Mort, Fortune et Caractère de Pauline de Théus*[50]. Celui de *Mort d'un personnage*, qui ne sera peut-être trouvé que pour la publication en revue en 1948, dérive de *Mort subite d'un personnage*, titre figurant dans une liste du début de 1947 et destiné à tout autre chose. Giono commence par écrire un long prologue où Angelo III, résistant, se cache avec un jeune garçon pour échapper aux recherches des colonnes allemandes en 1944 : souvenir certain des réfractaires cachés dans la ferme du Criquet, au nombre de six, car un groupe de six est mentionné ici. Angelo, pour rassurer son compagnon terrorisé, raconte sa vie : l'aide apportée récemment à un vieux couple, la femme ayant les jambes paralysées ; puis – autre récit de soins préfigurant la fin du roman – un voyage en Océanie et la rencontre d'un gentleman soignant et nourrissant un lépreux entièrement rongé par sa maladie (l'épisode est aussitôt supprimé, Giono se rendant sans doute compte qu'il revient en arrière, vers *Que ma joie demeure,* où le rêve de « soigner les lépreux » est un des leit-motiv). Angelo III passe ensuite à son enfance, et à sa grand-mère, qui est le vrai sujet du livre ; c'est là que commence le texte actuel. Presque tout se passe à Marseille ; le premier chapitre est une évocation virtuose, bourdonnante, baroque de la grande ville à travers ses odeurs et ses couleurs. Aux dernières lignes, une vieille femme attend : « Comment t'appelles-tu, petit garçon ? – Angelo Pardi. – Mensonge ! » C'est Pauline de Théus, qui a été aimée d'Angelo I, qui l'a perdu, qui ne vit que de son souvenir, et qui croit un instant le retrouver en son petit-fils. Cette Pauline à peine entrevue à la fin d'*Angelo,* promise dans la pensée de Giono à un merveilleux amour avec le héros, il évoque sa vieillesse et sa mort avant de l'avoir fait pleinement vivre.

C'est que sur cette figure de jeune femme vient se greffer, pour former le personnage, la vieille Pauline Giono, âgée de 88 ans, déclinante, aveugle depuis plusieurs années, et dont le fils sait qu'elle va mourir. Il revient au Paraïs, quelques semaines après avoir commencé le livre. Tout antagonisme à son égard, toute exaspération, ont disparu depuis longtemps. Il sera seulement là et aidera à la soigner. En même temps il va écrire sa vieillesse et sa mort alors qu'elle vit encore, et lui rendre hommage en la fixant, transfigurée, dans son œuvre. Elle disparaît avant que soit rédigé le dernier chapitre du livre, mais c'est avant sa mort que Giono inscrit dans son carnet la phrase finale : « J'allai ensuite réveiller mon père et je lui dis : "Grand-mère est morte." » Elle s'éteint dans la matinée du 19 janvier 1946, et son fils, l'après-midi, montera dans son bureau travailler, comme chaque jour, à *Mort d'un personnage*[51].

Il y a là chez lui, devant la mort, une attitude constante qui lui est naturelle et qu'a renforcée la présence dans sa maison, depuis son mariage, de vieillards qu'il était inéluctable de voir partir un jour : la grand-mère d'Élise en 1936, l'oncle Pourcin en 1944 ; après Pauline Giono en 1946, ce sera la mère d'Élise en 1949. Giono, dans sa vieillesse, regardera de la même façon le sort qui l'attend. La mort, dans sa famille, a toujours été ressentie avec tristesse, mais jamais comme une rupture déchirante. Elle fait partie de cette continuité de l'être dont la vie est un des aspects ; elle est ausi normale que le cycle des saisons. Quand, écrivant *Les Vraies Richesses,* Giono a montré, dans le prétendu « schéma du dernier chapitre (non écrit) de *Que ma joie demeure* », le cadavre de Bobi nourrissant les animaux et les plantes, ce n'est pas là une vue intellectuelle, mais la transposition, dans le cadre concret de la nature, de ce sentiment de la mort qui faisait partie de son être le plus profond.

Mort d'un personnage, le plus court des romans que Giono ait encore écrits, est aussi un des plus beaux. Il repose sur d'admirables manques, des vides de rêve. Angelo I est absent, et son nom même n'est jamais prononcé, sauf indirectement à travers celui d'Angelo III. Rien n'est dit de ses amours avec Pauline ni de sa disparition, ni de la vie de leur fils, directeur d'un hospice pour aveugles – dans le texte publié il n'a pas même de prénom –, ni de la vie du petit-fils comme marin. Pauline est « cette absence d'être, cet emplacement de rapt[52] ». Les aveugles de l'hospice, et Pauline elle-même à la fin de sa vie, sont privés de la lumière. Le livre est construit selon un amenuisement progressif, de l'énorme grouillement initial de Marseille à l'évocation du petit cercle autour du fils de Pauline, à l'épisode où l'héroïne se dépouille de sa fortune, jusqu'à sa mort, à laquelle n'assiste que son petit-fils. Il va *decrescendo,* et s'éteint comme Pauline elle-même. Mais cette dissolution n'engendre ni désespoir ni amertume. Le livre est un chant de tendresse – le mot revient quinze fois au moins ; un chant de générosité – celle du père d'Angelo III envers les aveugles, « générosité chronique[53] » qui est bien celle du père de Giono et de Giono lui-même ; le chant d'un amour désintéressé d'Angelo III pour Pauline retombée en enfance, un amour « radieux, glacial et plus étincelant que le givre[54] » ; un chant d'une poésie extraordinaire, où la psychologie s'imprègne de fantastique, quand, pour faire sentir le déchirement de la séparation, est évoquée Pauline parcourant à la recherche d'Angelo perdu tout un univers souterrain imaginaire.

Début du *Hussard sur le toit*

En mars 1946, Giono s'attaque à ce qui, selon le plan de sa décalogie, doit en être le troisième volume et tenir en huit chapitres. C'est le roman qui deviendra *Le Hussard sur le toit*[55]. Giono revient à Angelo I, que l'on retrouve en train de porter on ne sait où une lettre du marquis de Théus, et, arrêté en pleine campagne pour la nuit, de réfléchir longuement sur lui-même et sur Pauline, en un monologue intérieur plus long qu'aucun de ceux qui seront par la suite prêtés à Angelo (tout ce début, on le verra, sera supprimé). Puis, s'interrompant au milieu du chapitre, il passe à la situation de romancier omniscient tout en adoptant la technique panoramique de Dos Passos : dans le torride été provençal, sous un ciel de plâtre, une maladie foudroyante se développe en vingt foyers : à travers tout le Midi, du Var aux Basses-Alpes et au Vaucluse, le choléra frappe et se propage. Une coloration épique surgit alors. Angelo, ce frère de Fabrice del Dongo, s'installe dans le désastre collectif. Nous sommes chez un Hugo qui aurait adoré Stendhal.

C'est le troisième cataclysme de l'œuvre de Giono, après la guerre de 14 du *Grand Troupeau* et l'inondation de *Batailles dans la montagne*. Mais l'inondation était localisée et pouvait être jugulée. Contre le choléra, comme contre la guerre, il n'y a rien à faire qu'aider et soigner les victimes, ou fuir. Le thème, comme si souvent, vient de loin. Giono pensait que son grand-père avait soigné les cholériques à Alger[56]. Il avait entendu sa mère parler du choléra de 1884 en Provence, et il le mentionne dans *Manosque-des-plateaux* et dans *Colline*. Depuis *Sur un galet de la mer,* il a évoqué incidemment, à plusieurs reprises, les ravages de la maladie. Vers 1928, il projetait de décrire dans *Au territoire du Piémont* une épidémie de choléra. En 1938, il associait le choléra à la guerre dans une note en tête du n° 5 des *Cahiers du Contadour.* En 1941, il songeait à l'introduire dans *Les Grands Chemins*[57]. Mais cette fois, il ne va plus s'agir d'allusions passagères ; pour la première fois de sa vie, il amasse une documentation imposante pour écrire un roman : il achète une trentaine de livres et d'opuscules, tous du XIXe siècle. Il en recopiera dans son texte de nombreux passages. Mais il modifie parfois les symptômes de la maladie. Le plus courant chez lui, au point d'en devenir obsédant, est inventé : le vomissement de matières semblables à du riz au lait. Il présente comme habituels des phénomènes exceptionnels : les morts qui bougent quand leurs bras et leurs jambes crispés se détendent. Il fait le choléra plus meurtrier qu'il n'est : sauf au dernier chapitre, pas un malade n'en réchappe ; la population de certains villages est totalement anéantie. Enfin, quand cela peut le servir, ses cholériques présentent certains des symptômes de la peste.

Que ce cataclysme soit aussi l'expression d'autre chose, c'est l'évidence. Giono a eu beau proclamer ridicule la volonté (chez quelques Américains en particulier) de chercher dans *Le Hussard sur le toit* « un symbole qui ne s'y est jamais trouvé » ; il a eu beau répéter que le choléra n'était qu'« une sorte de loupe, un verre grossissant qui permet à Angelo de voir les hommes, non tels qu'ils paraissent dans les circonstances ordinaires de la vie, mais tels qu'ils sont réellement » ; il n'est pas convaincant. Ce n'est pas un hasard si, indépendamment l'un de l'autre, Camus a écrit *La Peste* en même temps que Giono *Le Hussard sur le toit,* juste après la guerre. Le choléra est une figure de la guerre, catastrophe contre laquelle sont impuissants ceux qui y sont entraînés ; et plus généralement c'est une figure du mal.

C'est en arrivant au petit village des Omergues, derrière les crêtes de Lure, qu'Angelo découvre l'épidémie. Il rencontre un jeune médecin qui lui révèle la nature du fléau, qui, avec son aide, tente de soigner les cholériques avec des moyens dérisoires, et qui meurt, touché par la contagion. Puis Angelo reprend sa route, échappe à un peloton de soldats, se heurte à un barrage sanitaire près d'un bûcher de cadavres, et, après diverses péripéties, s'arrête dans une auberge. Nous sommes à la fin de l'actuel chapitre 4. Angelo va bientôt atteindre Manosque. Il a depuis le début du livre, été constamment sur les routes. Giono est alors confronté à un obstacle technique. Il veut mettre en présence Angelo et Pauline ; leur rencontre, pour avoir toute sa valeur, doit avoir lieu en plein choléra, et doit être la première. Mais ils se sont vus à la fin d'*Angelo*, et s'aiment sans se le dire. Que faire ? Giono ne songe pas à transiger avec ce qui est pour lui l'essentiel : la valeur de son œuvre. Sur toute considération matérielle, son exigence et sa probité de créateur l'emportent une fois de plus. Il interrompt sa rédaction vers le début de juin 1946, en espérant qu'une période de décantation lui apportera la solution de son problème. En fait, cet arrêt va déterminer la naissance en lui de toute une série de romans différents, en l'amenant à se lancer dans les *Chroniques*.

Chapitre 17

Nouveau souffle

Incertitudes. *Un roi sans divertissement*

L'interruption de son roman est un coup pour Giono : depuis treize mois, il a écrit à peu près sans désemparer *Angelo, Mort d'un personnage* et les premiers chapitres du *Hussard* (titre encore provisoire). Brusquement, il se trouve bloqué. Jusqu'à quand est repoussée la fin de sa décalogie, à laquelle il dit, selon les jours, vouloir donner de 1 000 à 1 400 pages, ou 1 800, ou 2 000, et qu'il aurait pu, en gardant son rythme, espérer finir en deux ou trois ans ? Il a toujours les problèmes financiers que lui causent le fait d'être sur la « liste noire » du CNE et les ennuis de son éditeur Grasset avec la justice. Certes une partie de son public ne l'a pas oublié : il reçoit autant de lettres que jamais de lecteurs et de lectrices qui disent leur enthousiasme, leur affection, et lui demandent des conseils pour vivre ou pour écrire ; il se voit sollicité par les éditeurs qui se lancent, par les revues qui se créent. Mais combien de temps cet état d'esprit durera-t-il ? L'ostracisme en vigueur interdit aux grands éditeurs de le publier. Restent les petits, qui, n'étant pas liés avec des écrivains connus, ne risquent pas de les perdre. Mais ils ne pourraient faire vivre Giono, d'autant que la presse fait le silence autour de lui.

Quelques éditions illustrées de ses anciens romans, sous forme de livres de luxe, sont en discussion[1]. Charles Orengo, directeur des éditions du Rocher à Monaco, lui demande des textes. Il propose un de ses poèmes – dont le titre est alors « Le déluge universel » – *Le Voyage en calèche,* et une préface à une édition de *Vathek,* le roman fantastique de Beckford, auquel en juillet 1946 il veut rattacher Sade et *Ubu-Roi* (« Sade est Ubu qui se prend au sérieux[2] »). Seul le second projet verra le jour. Il suggère à Huebsch, son éditeur américain de la Viking Press, de publier ses livres à New York en même temps qu'à Paris ; mais il se heurte à un refus, pour raisons techniques. Comment avoir un revenu régulier ? Il ne veut publier qu'en bloc les dix volumes à venir de la décalogie du Hussard. Il pense à des « contes » écrits rapidement et régulièrement pour l'Amérique.

Il songe même, il l'écrit à divers amis, à quitter la France pour l'Amérique. Le mirage américain se profilait déjà à la fin du poème de prison

« Un déluge », dont les dernières lignes, mises comme le reste dans la bouche de Dieu, sont : « Je suis seul à savoir prétendre le nouveau du monde. C'est-à-dire : tendre à l'avance sur le désert éternel, par-delà l'horizon, et juste devant ma proue, le rivage des Indes occidentales. » Allusion au nouveau monde, découvert par Colomb et les conquistadors. Plus concrètement, Giono a pu aussi rêver sur une lettre où Pagnol, le 22 janvier 1946, lui disait avoir de très bonnes nouvelles de divers écrivains et artistes qui avaient, pendant la guerre, trouvé aux États-Unis un refuge agréable, comme Bernstein, Romains, Maurois, Strawinsky, Morand, René Clair, Jean Renoir et quelques autres, « dont le travail marche à merveille sur le Nouveau Continent Blanc. Ils n'ont pas l'air frappés de nostalgie ». Toujours est-il qu'on s'inquiète d'un tel projet chez son éditeur principal ; le 8 juillet 1946, Michel Gallimard, après avoir exprimé l'espoir qu'il continuera de toute façon à se faire éditer par la maison, cherche indirectement à le dissuader : « Raymond [Gallimard] est revenu il y a un mois d'un voyage aux États-Unis. Il a été naturellement assez émerveillé par les facilités de vie qu'on trouve là-bas, mais cela n'a pas suffi à lui donner le désir d'y vivre, et après ce qu'il m'a dit, je le comprends. » Mais il n'y a pas de raison de s'inquiéter. Giono a déjà, en 1934, proclamé qu'il allait s'installer en Suisse. Il exprime là, plutôt qu'un projet, son amertume et son exaspération. Il pense aussi à envoyer aux États-Unis ses manuscrits : Aragon, si son parti venait au pouvoir, les ferait brûler, me dit-il... Il n'y a là qu'impulsions très passagères. Il parlera pourtant encore en 1947 à Roland Laudenbach et à plusieurs autres de son dessein d'aller s'établir au Venezuela... S'il devait s'enfuir vite, il emporterait, dit-il, « un timbre rare enfermé dans chaque talon de chaussure[3] ». Il parle également, me disent Élise et Sylvie, de s'installer à Antofagasta, dans le nord du Chili. Il ne sait rien de la ville, mais le nom lui plaît ; est-ce parce qu'il commence comme « antipodes » ? Il veut, écrit-il à Paulhan le 8 janvier 1947, emporter le manuscrit non publié d'*Angelo* quand il quittera la France.

En été 1946, les vacances se passent à Lalley. Les Pelous y sont aussi, et les Giono retrouvent leur amie Édith Berger, qui y vit toujours de sa peinture. Depuis 1939, il n'est pas retourné dans le Trièves, et à Lalley même depuis 1935. Son dernier livre situé en montagne était *Triomphe de la vie,* écrit cinq ans plus tôt. De son regard aigu, il regarde vivre les habitants du village, et se décide à y situer un roman ; il s'amusera à y faire place, avec son nom, à Bergues, un braconnier de Lalley qu'il a rencontré cet été-là. Mais, chez lui comme chez d'autres, une œuvre vient souvent de loin : un projet traverse une période de maturation, souvent en partie inconsciente, avant qu'un choc extérieur ou un déclic intérieur provoque le début de la construction et de la rédaction. En 1941, il a inventé un titre, *Le Roi qui passe[4]*. En avril 1945, il a annoncé à Gallimard *Les Grands Chemins* (roman conçu dès 1938, et annoncé comme « à paraître » en tête de *Précisions*), en deux volumes : I. *Le Roi*. II. *Le Roi est mort*. Le projet, on l'a vu, est passé dans le cycle du Hussard, mais il reprend vie sous une autre forme. « Un roi sans divertissement est un homme plein de misères », la phrase de Pascal sur laquelle se terminera le roman à venir et dont les quatre premiers mots lui donnent son titre (le premier titre chez Giono à être explicitement tiré d'une phrase d'autrui) est copiée dans un carnet de préparation entre le 29 juillet et le 11 septembre 1946 – plus probablement en août. Est-ce cette citation célèbre qui a transformé « le roi » en « un roi », et la fin du héros sera-t-elle l'aboutissement de tous les « grands chemins » qu'il a parcourus auparavant ?

Le roman[5] est situé dans un village du Trièves ; bien qu'il ne soit pas nommé, on reconnaît Lalley, comme dans *Les Vraies Richesses*. Mais la « résurrection du pain » est bien loin. Nous sommes en 1843, en hiver, sous la neige, dès le début de l'action ; et, tout au long des cinq années qu'elle durera, l'hiver et la neige rythmeront tous les épisodes essentiels. Autre écart avec l'essai de 1935 : les trois épisodes sont sanglants : ils se terminent par une mort violente. *Un roi sans divertissement* sera un contre-pied des *Vraies Richesses,* et rien ne marque mieux la distance que Giono prend avec son œuvre d'avant la guerre.

Il commence sa rédaction à la Margotte, dans une petite chambre sans confort aucun, qu'il me décrira l'année suivante en une phrase que j'ai déjà citée[6]. C'est sur un arbre qu'il ouvre son récit : un hêtre magnifique. Il y en a de très beaux près de la Margotte. Il a déjà, dès les premières lignes de *Mort d'un personnage*[7], appuyé son héros entre les racines d'un grand hêtre, et, au début du *Hussard*[8], fait passer Angelo sous un arbre magnifique. Il aime les arbres, et on en trouve dès la première page de plus de la moitié de ses romans, le plus frappant étant le chêne qu'ébranle le fleuve, et auquel Antonio parle pour le rassurer au début du *Chant du monde*. Giono a sans doute dit vrai en indiquant qu'il était parti d'un beau hêtre pour démarrer *Un roi sans divertissement*. Qu'en faire ensuite ? Il place un cadavre dans son branchage ; il lui faut alors inventer un meurtre, et la poursuite du meurtrier : tout s'enclenche.

Mis à part une fascination pour les sacrifices rituels de certaines civilisations amérindiennes, déjà présente dans *Les Vraies Richesses* et qui se retrouve ici, il y a peu de meurtres dans ses œuvres antérieures. Dans *Le Chant du monde,* celui du neveu de Maudru par le Besson, et celui de Matelot par un homme de Maudru, participent de la vendetta. Celui de Mon Cadet par Marceau, dans *Deux Cavaliers de l'orage,* n'est pas prémédité. Ici, ce sont des meurtres en série, pour le plaisir de faire couler le sang, ou d'étrangler des êtres dont on imagine que le sang est rouge et beau, hommes et femmes, et même, peut-être pour écarter ou reléguer au second plan l'idée évidente de meurtres sexuels, un cochon tailladé de multiples balafres, et une oie égorgée : le sang qui coule est spectacle ; il est « le plus beau théâtre », comme le disait Marceau[9]. Est-ce cette imagination du sang qui pousse Giono, à partir de la guerre, à la lecture de romans policiers – « le Masque », mais surtout la « Série noire », dont il tiendra à ne pas manquer un volume ? Il en écrira même l'éloge, tout en soulignant leurs limites. Est-ce le meurtre qui le fascine, ou le mystère, ou la technique de la narration ? Les trois sans doute. Mais, chez lui, celui qui verse le sang n'a jamais pour but de faire souffrir : aucun sadisme. Le sang qui coule marque l'écoulement de la vie, et surtout la rupture de cette barrière que dresse la peau entre l'homme et le monde.

La figure qui domine le roman, c'est Langlois, le capitaine de gendarmerie, qui a fait la guerre en Algérie (le grand-père « Jean-Baptiste » y a été militaire, mais Giono le sait-il ?). Au début du roman, son âge est à peu près celui du romancier. Langlois est pour une large part, en moins jeune, en plus terrestre et en plus sévère, un avatar d'Angelo : le cycle d'Angelo vient du projet intitulé *Un roi*, et les lettres A, N, G, L, O, y figurent dans les deux noms, selon le même ordre, et la série déjà signalée Jean Giono – Antonio – Angelo s'y prolonge. Tous deux, selon Giono, doivent quelque chose au capitaine Vidon, son excellent commandant de compagnie de 1916 à 1918. (Mais, comme nous ne savons presque rien de Vidon, il est difficile de repérer les ressemblances – sauf dans l'humanité envers l'adversaire.) Tous deux sont officiers, tous deux sont des cavaliers montant un cheval noir, tous deux ont de l'honneur, de la délicatesse, de l'humour, et fascinent les vieux amateurs d'âmes. Langlois, comme Angelo, mais plus rarement, fait parfois preuve de naïveté. On le voit parler « très bêtement, d'une petite voix enfantine »[10]. Il meurt en feu d'artifice, et c'est une des morts qu'à l'époque Giono entrevoit pour Angelo. Enfin, ces deux héros créés en 1945 et 1946 (le premier accompagné de Laurent et Pauline de Théus) ont une force de présence que ne retrouvera aucun personnage principal créé par la suite : ils resurgiront dans d'autres livres, Angelo dans *Le Bonheur fou* écrit de 1952 à 1957, Langlois, Pauline et Laurent dans *Les Récits de la demi-brigade* écrits de 1955 à 1965. La plus grande différence entre eux est qu'on sait constamment ce que pense Angelo, et jamais ce que pense Langlois. Ce qu'il dit, certes, mais en paroles brèves, souvent ambiguës, et rapportées, peut-être déformées, par d'autres. Le lecteur peut se mettre à la place d'Angelo. Langlois lui demeure extérieur ; il n'a pas de prénom, ce qui accroît l'impression de distance.

Trois parties. D'abord, l'histoire de Monsieur V. (d'abord, sur manuscrit, appelé Voisin : c'est notre prochain, c'est n'importe qui) : quatre meurtres et une tentative, plus le tailladage du cochon, surviennent dans le village. Langlois s'y installe pour son enquête. Par hasard, un des villageois surprend l'homme qui a caché les cadavres au haut du grand hêtre, et le suit jusqu'à Chichilianne, de l'autre côté de la montagne.

C'est un bourgeois, un certain M. V. Langlois, averti, réunit une escouade, va chez l'homme, le persuade de sortir de chez lui, et, au lieu de l'arrêter, l'abat au pistolet – avec son accord. Deuxième épisode : démissionnaire, Langlois revient comme commandant de louveterie. Il a bientôt l'occasion de faire traquer, par tous les villageois, un énorme loup, et de l'acculer contre des falaises à pic. Là encore, il le tue lui-même au pistolet. Troisième épisode, le plus complexe. Une amitié profonde s'est nouée entre Langlois, Mme Tim, châtelaine âgée, le procureur royal de Grenoble, « amateur d'âmes », et la corpulente Saucisse, une ancienne lorette et entremetteuse qui tient le café de l'endroit. Langlois entraîne Mme Tim et Saucisse dans une visite à une femme dont on devine qu'elle est la veuve de M. V. : il veut comprendre. Il se fait construire un « bongalove », avec un labyrinthe. Mme Tim donne pour lui une fête où le bonheur semble éclater, mais ce n'est qu'une apparence : il dérive. Il charge Saucisse de lui trouver une femme à Grenoble : ce sera Delphine, sans relief ni imagination. Langlois, après avoir fait tuer une oie par une paysanne et regardé le sang couler sur la neige, va fumer un dernier cigare : c'est une cartouche de dynamite. Il se fait sauter la tête.

Giono n'explique pas. Le texte, un des plus difficiles qu'il ait écrits, doit être interprété, presque décrypté. Pour la première fois de sa vie, Giono recevra des lettres d'admirateurs fidèles qui sont désarçonnés, avouant qu'ils n'y comprennent rien et demandant ce que tout cela veut dire. En fait, Langlois s'est tué parce qu'il a découvert qu'il était semblable à M. V., lequel était un homme comme les autres ; que lui, Langlois, était donc capable, pour échapper à l'ennui, des mêmes horreurs que tous les autres. Il s'est tué pour ne pas tuer Delphine. Une seule chose aurait pu le sauver en remplissant le vide de sa vie : l'érotisme poussé à ses limites – depuis deux ans, Giono lit Sade[11]. Trop vieille, trop lourde, Saucisse ne peut le lui donner. Elle aurait pu lui procurer la femme qu'il lui fallait : par jalousie, elle lui en amène une autre[12]. Delphine et elle, après la mort de Langlois, ressasseront le drame en se haïssant.

L'humanité moyenne de Giono est restée partiellement ce qu'elle était dans les romans d'avant-guerre, souvent active et généreuse, parfois bornée, nullement haïssable[13].

Mais au-dessus des villageois en général, il y a les « rois », qui ne valent pas simplement mieux que les autres, mais qui sont désormais d'une autre nature, parce qu'ils appartiennent à une sorte d'aristocratie du caractère et de l'esprit. Aristocratie très différente de celle qui a été relevée dans *Angelo* et qui est celle des hautes classes sociales : celle-ci vit au milieu des gens du peuple, et certains comme Saucisse en font partie. Elle comprend Langlois évidemment ; Mme Tim qui régente tout son univers, mari, enfants, petits-enfants, et qui est au-dessus des préjugés de sa classe ; le procureur royal – on disait « procureur du roi », et Giono change la formule parce qu'il y a quelque chose de royal dans l'âme de cet homme, qui fait qu'il s'entend avec le « roi » Langlois ; Saucisse enfin qui se hausse à ce niveau quand elle s'habille pour la chasse au loup : « Elles pouvaient toutes y venir, et les reines, et les archireines[14] » ; et M. V., dont la fraternité implicite avec Langlois fait aussi « un roi sans divertissement ».

Dans cette brave humanité moyenne comme dans ces êtres d'exception, *Un roi sans divertissement* est le roman du mal, de la violence qui existe au fond de tout homme et est parfois le seul remède au vide de l'existence. Giono l'a découverte en lui, dès avant la guerre, sous forme de cette cruauté que lui faisait imaginer son rêve de révolte paysanne ; puis autour de lui lors de la Libération et en prison ; et à nouveau en lui ensuite parce que la haine, la rancœur, l'amertume d'être exclu, sont par instants montés dans son cœur. Avant la guerre, il faisait confiance à l'homme ; cette période est révolue, il le dira à J. Amrouche. En novembre 1947, il relèvera avec enthousiasme les passages où Stendhal, dans *Le Rouge et le Noir,* fait exprimer à Julien Sorel et au comte Altamira leur mépris pour ceux qui se réjouissent d'une exécution. Et il songe fugitivement à écrire un *Éloge de la haine,* notant : « La haine – sincérité incontestable du sentiment. Quelle différence avec l'amour ! » ; l'idée se retrouvera bien plus tard dans *Ennemonde*. Il reste, avec sa famille et ses amis, avec tous ceux qui font appel à lui, toujours aussi attentionné, gai et généreux. Mais il laisse son indignation souterraine irriguer son œuvre. Dans *Deux Cavaliers de l'orage,* le mal découlait de la violence, conséquence de l'usage de la force. Dans *Le Hussard,* le mal – le choléra – est extérieur : l'homme le subit sans en être responsable. Dans *Un roi sans divertissement,* le mal est en l'homme, en tous les hommes et même dans les meilleurs. Telle est l'essence de ce roman noir – au figuré, car au propre il est blanc et rouge : neige et sang.

Les trois êtres dont la disparition violente marque la fin de chacun des épisodes – M. V., le loup et Langlois – cherchent au fond la mort, qui est comme l'épanouissement triomphal de la vie, et la revanche sur elle. Le roman est sans amour réalisé, sans joie : l'inverse des romans d'avant la guerre. Ce n'est qu'en apparence que Langlois prolonge les héros sauveteurs d'autrefois, Antonio, Bobi, Saint-Jean. Bien qu'il délivre le village de l'assassin et du loup, il est un faux sauveur, puisqu'il est lui-même coupable en puissance, et aussi sanguinaire, en raison du vide de son existence, de son manque de « divertissement », que ceux qu'il a exterminés. Comment sauver un monde où chacun est coupable ? Le mythe du sauveur est détruit parce que le sauveur est inversé[15].

Un roi sans divertissement marque donc par plusieurs aspects essentiels la fin du long virage qu'a pris Giono comme romancier depuis ses romans d'avant-guerre – en y incluant *Batailles dans la montagne*. Le virage avait commencé avec *Deux Cavaliers de l'orage,* roman quelque peu inscrit dans l'Histoire, et s'était poursuivi à travers *Pour saluer Melville, Chute de Constantinople, Fragments d'un paradis*. Maintenant

Giono voit à nouveau une grande ligne droite s'ouvrir devant lui. La rapidité exceptionnelle de son écriture en témoigne : moins de cinquante jours pour achever le roman, ce qui rejoint le Stendhal de *La Chartreuse de Parme*. Peu de ses œuvres donnent une telle impression de liberté dans la création, d'abandon de soi à ses fantasmes. En même temps que le romancier garde le regard perçant, qu'il note avec sûreté mille détails matériels pour faire sentir l'atmosphère d'une époque, il s'écarte de toute apparence de réalisme psychologique. Langlois est certes vivant, présent, avec sa hauteur, sa réserve, son ironie, sa parole brève ; mais qui a jamais vu un capitaine de gendarmerie se tuer parce qu'il s'est senti porteur de la même violence que les assassins qu'il traque ? Psychologie imaginaire, qui n'est celle d'aucun individu, mais que le lecteur accepte parce qu'elle est la projection de pulsions existantes en chacun.

Pas de construction élaborée, au moins en apparence. Giono semble aller droit devant lui, ne se souciant que d'être lui-même. Il s'est libéré d'une des traditions auxquelles il s'était soumis jusque-là dans ses romans : le narrateur unique, presque toujours impersonnel sauf dans *Un de Baumugnes*. Ici, les événements sont relatés par trois voix : une voix collective, celle des villageois âgés qui, longtemps après, font revivre un passé lointain (tantôt ils disent « nous », tantôt l'un d'eux, indéterminé, dit « je ») ; la voix de Saucisse, dans une large part de l'épisode final, après la chasse au loup (mais Giono, en lui prêtant, sans le dire, une citation de l'épisode de Paolo et Francesca chez Dante – « Et ce jour-là nous ne parlâmes pas plus avant, comme dit l'autre[16] » –, se cache parfois derrière elle et s'amuse aux dépens du lecteur) ; et la voix de Giono, qui intervient au début, en son propre nom. Ce dernier point est une grande innovation : Giono, en tant que personnage, avait été réservé aux essais, aux récits autobiographiques et à des nouvelles. Il n'avait jamais eu accès aux romans. Cette présence du romancier, inaugurée avec *Un roi sans divertissement*, culminera avec *Noé*, et se prolongera jusqu'à *Ennemonde*.

La nature a désormais chez lui une place restreinte, si l'on excepte la description du grand hêtre où M. V. cache les cadavres : la dernière description d'une telle ampleur dans un roman de Giono, plus riche, plus somptueuse, plus baroque que toute autre : un paroxysme et un adieu. Mais elle se situe vers le début du livre, et ensuite le regard du romancier est avant tout fixé sur les hommes.

Des formules comme « derrière l'air » ou « au fond de l'air[17] » ont disparu : non seulement le mystère du monde est pour l'essentiel passé dans l'homme, mais, s'il en subsiste dans la nature, il s'exprime par son contexte sans que Giono dise qu'il est là : il ne le montre plus, il le fait sentir.

Giono a aussi transformé sa narration en multipliant les ellipses et ce que R. Ricatte appelle « les vides de la narration[18] ». Il a désormais peur d'appuyer, de ne pas paraître assez subtil. Il regrette d'avoir, dans ses romans d'avant-guerre, trop tenté d'expliquer. Il cherche « la netteté dans le demi-mot[19] ». Il pousse la discrétion jusqu'à l'obscurité. Il cherche, dit-il, et c'est là une technique à la Faulkner, non à décrire, mais à faire sentir la présence de ce qu'il évoque à travers son absence – en disant ce qui est autour et en laissant en blanc l'essentiel, pour qu'on le devine.

Parallèlement, son style s'est aiguisé. Si on le compare à celui du *Chant du monde* – pour prendre un roman d'avant-guerre qui se déroule également à la montagne – ont disparu presque totalement les adjectifs auparavant fréquents comme « gros », « gras » et « épais »; en revanche, « grand » reste très présent. La langue de Giono s'est dégraissée; il l'a rendue plus nerveuse. Il a renoncé à des formules (on a parfois dit des tics) si caractéristiques qu'elles signaient presque une phrase de lui, comme l'adjectif substantivé suivi d'un nom : « le sensible des cuisses », « le gluant du courant », « le profond de sa pipe », « le large de l'horizon[20] ». Je tire ces exemples du *Chant du monde*; *Un roi sans divertissement,* sauf erreur, n'en contient pas un seul. Le procédé restera désormais très rare chez lui. De même, s'il se sert parfois encore, dans *Un roi sans divertissement,* d'onomatopées comme le tac-tac-tac de la pendule ou les plops des bonnes bouteilles[21], il a en revanche totalement renoncé à créer des verbes sur des onomatopées : « la jument (…) patapait de ses quatre sabots »; « une boue noire qui fliquait sous les pas »[22]. Ces créations, expressives certes, avaient une apparence populaire dont Giono s'écarte désormais.

Les *Chroniques romanesques*

Peu de jours après avoir commencé *Un roi sans divertissement,* Giono en vient à penser à une série de brefs romans qui viennent prendre la place des « contes américains » auxquels il a rêvé. C'est la série que nous connaissons sous le nom de *Chroniques* – le terme se trouve dans une note du 11 septembre 1946 – ou de *Chroniques romanesques*. Mais Giono songera passagèrement, des lettres aux Gallimard à partir du 16 octobre l'attestent, ainsi que des notes dans ses carnets, à l'intituler *Opéra-bouffe*[23]. Désignation mozartienne, celle des *Noces de Figaro* et de *Cosi fan tutte* où l'ironie n'exclut pas le sentiment du dramatique. Plutôt qu'un titre général, c'est là une indication d'atmosphère : le lecteur y verra la manière dont il doit lire ces livres. L'expression se rapporte tantôt à chaque œuvre prise isolément, tantôt à l'ensemble. Giono y renoncera après *Noé.*

En plein foisonnement, dans cet automne de 1946, Giono invente des titres sous lesquels il ne met pas encore de contenu – le plus souvent, il n'y en aura jamais; ils témoignent de sa fulguration verbale, et de l'intuition qu'il a des atmosphères suscitées par les mots[24]. Il annonce que la série comprendra vingt volumes. Ce chiffre s'ancre dans son esprit et ne variera plus (une fois on trouve seulement « plus de vingt volumes »); on en est même étonné.

Sur la nature de l'ensemble, Giono hésite parfois. Fera-t-il alterner des histoires situées au XIXe siècle avec des romans contemporains? Ou les deux siècles seront-ils présents dans chaque roman? C'est à la seconde solution qu'il s'arrête, réservant l'alternance pour la décalogie. Et quel sera le rapport des *Chroniques* avec le cycle du Hussard? Les deux séries sont d'abord séparées dans son esprit. Mais bientôt après, à mesure que les œuvres prennent corps, Giono est frappé tantôt par les points communs entre les deux ensembles, tantôt par les différences; d'où une hésitation continuelle. Le 18 novembre 1947, il note dans un carnet: « Idée d'incorporer tout simplement *Hussard* à *Chroniques* au lieu d'en faire une série séparée[25]. » De même, dans une lettre à Michel Gallimard, le 13 décembre 1947, il écrira: « Le *Hussard* fait également partie des *Chroniques*.» Mais, moins de deux mois plus tard, le 25 janvier 1948, il précisera à Claude Gallimard qu'il travaille à deux groupes d'ouvrages (depuis sept ans, dit-il, alors qu'il n'y a pas trois ans pour les uns et moins de dix-huit mois pour les autres). Il y a d'une part les *Chroniques,* qui « sans être précisément des *suites,* sont « centrées sur l'histoire familière d'un pays. Ces romans, dans lesquels parfois certains personnages réapparaissent, changeant de plan (toute proportion gardée comme dans *La Comédie humaine),* sont entrecoupés d'ouvrages dans lesquels est exprimé le point de vue de l'auteur (*Noé* est un de ceux-là) ». D'autre part ce qu'il appelle jusqu'en 1948 le *Hussard,* avec des volumes qui se suivent et doivent être lus dans l'ordre. En revanche, en 1950, dans un carnet, il inclura de nouveau dans une liste de Chroniques, sous les numéros 3 et 7, *Mort d'un personnage* et *Le Hussard.* Et, vers la même époque, il songera à faire entrer Angelo, du *Hussard,* dans *Le Moulin de Pologne.*

Aucun des critères indiqués par Giono ou proposés par d'autres pour distinguer les *Chroniques* du cycle du Hussard n'est complètement pertinent: ni la longueur des différents romans, ni la nature du narrateur, ni le style, ni la rapidité de rédaction. Les regroupements auxquels il se livre changent, et correspondent en partie à des nécessités d'édition qui seront fluctuantes. En 1962, Gallimard voulant lancer une collection d'assez gros volumes illustrés, Giono lui donnera *Chroniques romanesques* où il inclura *Un roi sans divertissement, Noé, Les Ames fortes, Les Grands Chemins* et *Le Moulin de Pologne,* plus deux des futurs *Récits de la demi-brigade.* Mais deux autres de ces récits seront en 1965, dans un volume de la même collection, réunis à *Angelo* et au *Hussard sur le toit.* Et, en 1969, préparant l'édition Pléiade, Giono me dira qu'il entend voir inclure les *Récits de la demi-brigade,* où reparaît Langlois, dans le cycle du Hussard. Giono avait dégagé, de 1946 à 1948, une allure, un ton, une coloration du récit qu'il prévoyait comme spécifiques des *Chroniques.* Mais chacun de ses romans l'a emporté bien loin de ces cadres un peu théoriques. Il a parlé en 1946 des *Chroniques* comme d'une série d'œuvres qui « s'emboîtent[26] », mais ce n'est vrai que pour les deux premières, toutes les autres étant indépendantes. En gros, ne pourrait-on dire que les *Chroniques* sont conçues comme des « études », au sens musical du terme ? Ce ne serait certes pas les rabaisser : les *Études* de Chopin, de Liszt, de Debussy, sont au sommet de leur œuvre. L'étude, c'est le produit de la recherche et de la découverte, par lesquelles, en poussant à l'extrême tel procédé technique, on renouvelle la musique, tout en gardant la plénitude de son message. Quant au cycle du Hussard, son unité est donnée avant tout par la présence de certains personnages. *Angelo, Le Hussard sur le toit* et *Le Bonheur fou* forment un ensemble qui se caractérise par la nature stendhalienne de leurs héros et par une narration plus classique que celle des *Chroniques :* elle est impersonnelle et elle suit la continuité chronologique. Mais la règle n'est pas absolue : *Mort d'un personnage,* qui tient par ses protagonistes au cycle du Hussard, est, par son mode de narration, plus proche des *Chroniques.*

Noé

Quarante jours après avoir mis le point final à *Un roi sans divertissement,* Giono, qui n'a toujours pas résolu le problème de la rencontre entre Angelo et Pauline, entame *Noé,* le 20 novembre 1946[27]. Il compte y consacrer le même temps qu'à la première de ses *Chroniques,* et lui donner la même longueur. En fait, il lui faudra près de huit mois, jusqu'au 12 juillet 1947, et le livre aura un bon tiers de plus que le précédent.

L'idée centrale est dans le titre – auquel Giono avait rêvé dès 1932 – et dans l'épigraphe, tirée du poème de l'hiver 1944-1945, « Un déluge » : il n'y avait pas d'arche, et toute la création était dans le cœur de Noé, symbole de l'écrivain qui porte en lui toutes ses créatures. La seule réalité est intérieure et magique, et Giono, qui en rend compte, est donc un réaliste, il le dit avec humour, parce qu'il est un inventeur. Il le proclame dès la première page : « Rien n'est vrai. Même pas moi ; ni les miens, ni mes amis. Tout est faux. Maintenant, allons-y. Ici commence *Noé.* » Mais, de même que le doute cartésien oblige à douter du doute, dire que « tout est faux » proclame la fausseté de cette affirmation.

Giono, dans ses romans, s'était pour la première fois mis en scène, avec discrétion, au début d'*Un roi sans divertissement.* Ce « je » envahit totalement *Noé*. Lors d'une relecture, en 1943, d'*Ainsi va toute chair* de Samuel Butler, il y a trouvé ce qu'il a maintenant découvert être une de ses profondes vérités : « quoi qu'on fasse, c'est toujours le portrait de l'artiste par lui-même que l'on fait[28] », et, franchement, il se met au premier plan, étalant non pas tant les produits passés de son imagination que l'état et l'acte mêmes qui constamment sont en train de les fabriquer. Désormais les niveaux de réalité (l'écrivain au présent, ses souvenirs, ses personnages créés ou en gestation) ne sont pas séparés : d'une réflexion présentée comme imaginaire naît un réel, dans lequel le lecteur se retrouve sans savoir comment. Ainsi quand sa narration l'a quitté, lui l'auteur, en train de rêver dans son olivier, et qu'elle le retrouve dans la micheline de Marseille, avant la cueillette des olives[29] ; de même quand, descendant du tramway marseillais, il pense fortement aux montagnes bleues de la Provence intérieure. La phrase suivante, sans transition ni alinéa, est « Je quitte Marseille. » Et aussitôt on le voit dans la micheline qui remonte vers Manosque. Il est clair qu'il imagine ce retour[30]. Mais ce voyage imaginaire l'amène réellement (si le mot a un sens) à Manosque. Nous sommes sur un anneau de Moebius, cette bande dont un des bouts a subi une torsion de 180 degrés avant d'être réuni à l'autre, et où chaque fragment de surface a donc deux côtés, alors que l'ensemble de la figure n'en a qu'un. Le passage du réel à l'imaginaire et le retour au réel se font sans rupture ; à la constante discontinuité des temps et des lieux se superpose une continuité du flux créateur qui les fait se succéder.

Ce n'est pas le roman du romancier en train d'écrire un roman, si courant depuis *Les Faux-Monnayeurs* de Gide, où le romancier Edouard est entouré de personnages multiples qui ont le même degré de réalité que lui. Ici seul le romancier, au fond, existe, et son roman n'existe pas. il n'est pas racontable. L'on part de Giono rêvant, au moment où il vient d'achever *Un roi sans divertissement,* sur la manière dont ses personnages ont vécu avec lui dans son bureau. Cela ne s'est d'ailleurs nullement passé ainsi, car Giono évoque en détail son bureau de Manosque alors qu'il a pour l'essentiel écrit son roman à la Margotte. Mais cela aurait pu se passer ainsi, et Giono l'imagine. Et, à la fin de *Noé,* on aboutit à un roman à venir, *Les Noces,* qui est projeté mais ne sera jamais écrit. Entre les deux, Giono a rêvé à vingt personnages extraordinaires, les uns déjà créés dans des romans écrits : « Charlemagne » le dynaste paysan, « Saint Jérôme » l'homme de loi calculateur, Empereur Jules l'armateur, l'énorme Rachel, deux cireurs de bottes, les passagers d'un tramway dont Giono invente les trajets dans Marseille à mesure qu'ils descendent et s'éloignent, et tous les personnages des *Noces* finales, parents et amis du père de la mariée, gros propriétaires paysans : les premiers paysans antipathiques dans l'œuvre de Giono. Même quand il dit s'en souvenir, il les invente ; peut-être, quand il proclame qu'il les invente, s'en souvient-il.

Certains ont existé hors du roman : sa femme, ses filles, Lucien Jacques, Joan Smith, Gaston Pelous et sa famille. Et Giono lui-même dans sa vie quotidienne ; mais là, il s'invente davantage : il a par exemple bien rarement cueilli ses olives, car, le moment venu, il se découvrait quelque travail urgent, et sa famille faisait à peu près toujours la récolte sans lui. Les épisodes inventés, il les laisse en suspens, ou leur donne plusieurs dénouements possibles – comme Diderot dans *Jacques le fataliste ;* ou il révèle après coup comment ils sont nés dans son esprit : son armateur milliardaire cul-de-jatte et féroce vient d'un cordonnier assis dans son échoppe et dont on ne voyait pas les jambes ; il s'appelait Jules, d'où le nom d'Empereur Jules ; mais le reste est imaginaire : ayant fait de lui un armateur, il lui donne le patronyme d'Empereur parce qu'il règne sur une énorme flotte ; ses cargos, desservant l'Amérique du Sud, suscitent un gigantesque Fuégien qui se prend d'adoration pour l'infirme. Ailleurs, ce sont des effets de poupées russes : Giono, dans son arbre, rêve un cireur de bottes de Toulon, lequel rêve de Milord l'Arsouille, personnage réel de l'époque romantique.

Technique quelque peu faulknérienne, mais qui est déjà, avec plusieurs années d'avance, celle du « nouveau roman », avec les procédés que définira plus tard Jean Ricardou dans son livre sur le nouveau roman : jeu entre le réel et l'imaginaire, mise en abîme, circularité, etc. Mais, chez Giono, tout cela est spontané, et ne procède jamais d'une théorisation desséchante. *Noé,* même non reconnu comme tel – j'y reviendrai – est le premier en date des « nouveaux romans », et le meilleur.

Certains des personnages repris dans *Noé* et issus de romans déjà écrits – Adelina, Angelo, Langlois –, venus de la période 1830-1850, redonnent vie à l'atmosphère « romantique » déjà présente dans *Le Voyage en calèche,* et dans ce *Virgile* où, en 1943-1944, on commençait à entrevoir des « châteaux romantiques », et « ce romantisme qui animait nos extravagants[31] ». Dans *Noé,* le mot revient dix fois : collines, rives de fleuve, étangs, rocailles, échos, paysages sont romantiques ; on y découvre le romantisme des familles nobles paysannes, des cœurs tendres, des temps disparus ; et ce que la Provence donne à Giono, c'est « la faculté de jouissance romantique[32] ». Giono, dont avant-guerre les utopies paysannes étaient souvent romantiques, ne le savait apparemment pas. Est-ce la découverte de Stendhal qui lui a fait prendre conscience de ce côté de sa nature ? En tout cas il sait désormais qu'il va écrire des romans romantiques, il le proclame dans un de ses carnets.

Il a aussi découvert une des racines de sa nature dans une opposition : celle de deux pulsions liées dont, dans *Noé,* il proclame pour la première fois l'existence chez lui : l'avarice et la perte, qui ont été mises en lumière par R. Ricatte et développées par L. Fourcaut. Il s'agit du désir d'amasser et de garder, que Giono ressent pour la première fois à propos de ses olives, et qu'il élargira vite, chez lui et chez ses personnages, à celui d'acquérir (dans sa vie, cela ne se traduira guère que par ses nombreux achats imaginaires de maisons et même d'églises). A l'avarice s'oppose la perte, besoin de s'ouvrir et de se donner jusqu'à se dissoudre (la « générosité hémorragique » de son père, et la sienne, en sont un des aspects dans la réalité). Il y a là comme une respiration de l'être, un flux et reflux du centripète et du centrifuge, dont on peut d'ailleurs trouver la trace auparavant chez Giono, mais sans qu'il l'ait explicitée.

Divertissements, lectures.
Le rejet du Contadour

Son existence, depuis son retour à Manosque à la fin de 1945, est calme. Il a repris son rythme de travail : trois à quatre pages manuscrites par jour. Ses horaires ont peu changé. Ne le croyons pas quand il dit à Pierre Béarn en 1947[33] : « Je dîne à six heures du soir, je me couche à sept, je me lève à quatre heures du matin. J'écris toute la matinée, je m'oblige à écrire. L'après-midi, je me promène en rêvant. » Certes c'est plutôt en seconde moitié d'après-midi qu'il accueille ses amis, et les visiteurs connus ou inconnus qu'il continue à recevoir. Mais il lui arrive aussi de travailler. Le soir, il lit ou écoute de la musique. Le matin, il ne se lève guère avant sept ou huit heures.

Lucien Jacques vient souvent, pour quelques jours ou quelques semaines, souvent sans s'annoncer : il fait partie de la famille et partage tranquillement sa vie. Aline et Sylvie, qui l'adorent et qui l'appellent « Kakoun », voient en lui comme un oncle – d'autant plus volontiers qu'elles n'en ont pas d'autre – et même un second père.

De temps à autre, c'est Giono qui va le voir à Montjustin, souvent à pied avec ses filles et leurs amies. C'est à une quinzaine de kilomètres par les raccourcis, et toute la matinée y passe. Malgré tout, pour regagner Manosque le soir, la troupe va prendre le car, qui passe à cinq kilomètres. Lorsqu'il y a un ami pour les amener en voiture, Élise les accompagne. Ce sont toujours de joyeuses journées, parfois avec les frères ou sœurs de Lucien, ou avec divers amis. Dans cette bande, la gaîté de Giono, dans les jeux, les déguisements, les histoires burlesques, se manifeste naturellement, sans qu'il cherche jamais à s'imposer et à dominer. Lucien lui donne une joyeuse réplique. Ma femme et moi gardons un souvenir enchanté d'une de ces journées à laquelle nous avons participé vers 1951.

Au Paraïs, les difficultés de rationnement sont atténuées par les produits venant de la Margotte. Autour de la table familiale, ce ne sont plus les dix ou quinze convives de la période de la guerre : Marius Pourcin, puis sa sœur Pauline, la mère de Giono, ont disparu. Plus de réfugiés. Reste la famille. Bientôt Aline ne sera plus là qu'une partie de l'année :

pour faire des études d'anglais, qu'elle ne pourrait poursuivre à Manosque, elle va à Nice, où enseigne son ancien professeur de Manosque, André Camoin, qui mourra en 1947. Son père veille sur elle avec une sorte de jalousie. A la fin de la guerre, quand elle était encore au collège, un jeune professeur de mathématiques était tombé amoureux d'elle, et était venu confier à Élise son espoir de mariage. Aline n'éprouvant à son égard que de l'indifférence, sa mère avait découragé le soupirant. Mais elle n'avait pas parlé de l'incident à Jean, sachant qu'il en serait furieux. Et un peu plus tard, quand il va avec Élise voir Aline à Nice, et que celle-ci parle d'un bal auquel elle aimerait se rendre – accompagnée par sa mère – il l'en détourne presque violemment : on retrouve la réaction de sa propre mère s'opposant, vingt-cinq ans plus tôt, à ce qu'Elise aille au bal[34].

Il continue à lire énormément, dans toutes les directions, notant des citations dans ses carnets : Tolstoï, surtout Dostoïevski, Huxley, qu'il aime, Malaparte, qu'il déteste. Il fait de fréquentes demandes de livres à Gallimard – en insistant pour les payer, ce qui lui est accordé ; en 1945, le Mallarmé de La Pléiade, et beaucoup de romans américains : tout ce qui est paru de Faulkner, Steinbeck, Hemingway, Caldwell, et un Dos Passos, *Sur toute la terre.* En avril 1946, *La Grosse Galette* du même Dos Passos[35] et *En avoir ou pas* de Hemingway, puis en septembre le Rimbaud de La Pléiade, *Pylone* de Faulkner et *Dix Indiens* de Hemingway, ainsi qu'*Une chronique de famille* d'Aksakov ; enfin, en décembre, *Amérique* de Kafka, et tout ce qui est paru de Peter Cheyney. En avril 1947 les *Carnets* de Vinci, en juin les Pléiade de Stendhal et de Saint-Simon. Le même mois, Giono demande à Maximilien Vox de lui trouver les œuvres complètes de Saint-Just, « pour éclairer un propos de Machiavel (ou plutôt pour le "prolonger") ». Et, le 7 juin, il écrit au même : « J'ai trouvé une combinaison (de lecture) dans laquelle je fais jouer Machiavel, Saint-Just, Saint-Simon, Sade, Rétif, Casanova (il me faudrait aussi Bonaparte, mais le vrai, pas celui qu'on a par la suite fabriqué – tu me conseilleras) d'où le bonhomme Homme sort criant de vérité. Il n'y a plus ensuite qu'à le rencontrer dans les rues et labyrinthes bucoliques pour le voir enfin tel qu'en lui-même sa damnation ne l'a pas changé[36]. » Mettons à part Bonaparte. Mais, pour les purs écrivains, pas un d'entre eux dont on trouve trace dans l'œuvre, les lettres, les propos de Giono avant 1940, sauf Casanova, qu'il avait dans sa bibliothèque de jeunesse dès 1925 au plus tard. Pas un lyrique dans son énumération ; des hommes des villes, durs, sceptiques, lucides ; trois politiques, trois libertins. L'univers intellectuel de Giono a radicalement changé. Ces phrases à Vox, les imaginerait-on sous sa plume à l'époque où il écrivait *Le Serpent d'étoiles* ou *Le Chant du monde ?*

Il est toujours aussi accueillant, et reçoit de nombreux contadouriens, parmi lesquels Alfred Campozet en été 1946. Il y a pourtant de rares amis avec lesquels il a rompu : Yves Farge – chez qui pourtant il avait déclaré vouloir se retirer à la Libération – et Robert Berthoumieu. Ils ont deux points communs : ils ont participé à la résistance armée, et ils se sont retrouvés à la fin de la guerre dans d'assez hautes situations. Mme Farge me dit qu'après la guerre Giono a écrit à son mari une lettre assez violente, lui reprochant d'avoir profité des événements : il a été commissaire de la République en 1944, et sera ministre du Ravitaillement en 1946. Le second a eu un haut grade dans la Résistance, et un peu plus tard est devenu inspecteur général. J'ai entendu Giono l'attaquer en 1947. Je l'aimais beaucoup, j'ai voulu le défendre. En vain. J'ai noté la conversation : « Robert [dit Giono], il a fini la guerre comme colonel. – Colonel FFI – Justement, c'est pire qu'un colonel d'active. Un colonel d'active, ça peut encore être un pierrot qui fait ça en rigolant ; mais Robert, s'il est colonel, c'est qu'il l'a voulu, son galon. – C'est plutôt qu'il s'est trouvé dans des endroits où il y avait des choses à faire, des ordres à donner, et qu'il était le seul ou le plus capable de le faire. – Si tu veux ; disons alors qu'il a eu tort de se trouver dans ces endroits-là. » Que répondre ? Pour lui, comme Farge, Robert « est devenu ministre ». Et son vieux fond anarchiste le pousse alors à regarder tout pouvoir comme peu honorable. Quand il parlera à J. Amrouche de sa « cruauté » à rompre avec quelqu'un, c'est peut-être à cette rupture-là qu'il pensera.

Quant au Contadour, il le gomme dans ses propos en le ramenant au rang d'une réunion de copains pour les vacances – alors que le contraire est attesté par des centaines de témoins, par l'existence des *Cahiers du Contadour,* par *Les Vraies Richesses,* livre dont la diffusion n'a jamais cessé, par son *Journal* qu'il conserve. Étonnante capacité de nier les faits les plus évidents ! Non seulement il rejette l'épisode au rang d'illusions de jeunesse – il n'a pas tort – mais il nie contre toute vraisemblance la valeur essentielle que ces réunions ont eue pour lui à l'époque. Il ira jusqu'à dire à J. Amrouche, dans son onzième entretien, presque entièrement consacré à ce sujet, qu'à partir du moment où le Contadour est devenu une chapelle, une « machine à discuter » (il a toujours été bien autre chose), il s'en est séparé. Comme si l'entreprise avait disparu à la suite d'une décision de sa part, et non du déclenchement de la Seconde Guerre mondiale... Mais le Contadour symbolise l'échec de son pacifisme militant, et le malaise qui en résulte le conduit à occulter toute cette partie de sa vie. Peut-être aussi en minimise-t-il l'importance parce que tout cet épisode n'a eu aucun retentissement sur son œuvre, qui est pour lui l'essentiel.

Problèmes d'édition. Maximilien Vox

Son exclusion de fait des revues et des maisons d'édition lui pèse moralement : il parlera le 13 février 1948 à Vox de « la déclaration du

CNE par laquelle j'étais déclaré lépreux ». Il en rend responsables les communistes – non sans raison, on l'a vu. Il craint d'ailleurs leur venue au pouvoir : aux élections d'octobre 1945 et de novembre 1946, ils ont obtenu entre 28 et 29 % des voix. En Europe, à la fin de 1947 et au début de 1948, la Tchécoslovaquie est en train de basculer totalement dans le bloc de l'Est. Et si cela arrivait en France ? Giono écrit à Vox, le 29 septembre 1947 : « Radine carrément dare-dare si le cosaque devenait "spumante". Nous nous mettrions à la terre et nous mangerions *tous*.» Il y revient le 2 mars 1948 : « Ici je te l'ai dit c'est ta maison (penses-y au cas où il y aurait une poussée fébrile de cosaques) ! »

Même si ces craintes un peu apocalyptiques – mais il n'est pas seul à les avoir en France – ne se révèlent pas fondées, Giono a des problèmes d'existence. Il n'a plus la sécurité que lui avait donnée son contrat de 1937 avec les éditions Gallimard. Certes elles continuent à l'épauler et à lui verser des avances. Mais elles sont insuffisantes pour ses besoins (la Margotte lui coûte cher en travaux d'entretien et d'amélioration), et parfois calculées sur des prix de vente très inférieurs à ce qu'ils seront (95 francs au lieu de 160 pour l'édition courante d'*Un roi sans divertissement*). Et des avances, ce sont malgré tout des dettes.

Ensuite Giono veut être lu, et pour cela veut être édité, sinon il peut craindre de perdre son public. Des indices se manifestent en ce sens. Un article sur lui de Bernard Marion, paru en avril 1947 dans la *Revue nouvelle* de Bruxelles, en prélude à un petit livre sur Giono et la Provence, emboîte le pas à la légende, disant qu'à la suite de son ralliement au collaborationnisme, il est « présentement interdit en France » et « a disparu finalement de la vie littéraire »[37]. Un stagiaire d'école normale de Lyon, lui demandant des renseignements à propos d'un exposé qu'il va faire sur *Regain,* lui écrit naïvement le 5 mai 1947 : « Je sais que vous êtes maintenant un peu tombé dans l'oubli. » Vox lui confie le 26 septembre suivant : « Je fais quelques sondages sur ta cote actuelle en librairie : il semble que ton public ait besoin de se recentrer et de se ressaisir ; à ton succès acquis il faut ajouter un nouveau succès bâti de pierres neuves. » Or si Gallimard a signé des contrats avec Giono le 10 décembre 1946 pour *Le Hussard,* le 18 décembre pour *Un roi sans divertissement* en édition courante, c'est pour ménager l'avenir : il faut certes garder Giono en réserve, mais mieux vaut retarder toute publication pour laisser s'apaiser les rumeurs et ne pas s'exposer à des accusations de la part des milieux proches du CNE. Ainsi, quand Giono donnera le bon à tirer d'*Un roi sans divertissement* en juin 1947, l'impression ne sera pas rapide, et le volume, bien qu'achevé d'imprimer le 20 novembre 1947, ne sera mis en vente que le 20 janvier 1948[38]. Giono se plaindra d'ailleurs le 25 octobre 1947 d'avoir vu dans un journal une liste des ouvrages à paraître chez Gallimard : son roman n'y est pas. « Seriez-vous honteux de mon nom, ou de mon texte ? (...) vous avez l'air de ne vouloir prononcer mon nom qu'en confidence. » Tout cela provoque quelque amertume chez lui. Peu après le 15 novembre 1947, il en fait la confidence à Vox : « On ne saura jamais à quelles acrobaties, toujours néfastes, nous oblige l'impécuniosité, n'est-ce pas ? Notre époque est bien plus terrible que celle de Balzac – qui pourrait se permettre actuellement de préparer la maison de Mme Hanska, qui peut même se permettre une Mme Hanska ? – bien plus terrible que celle de Stendhal. C'est pourquoi nous ne pouvons pas faire comme eux. Nous avons les mains liées ; et faire du trapèze volant les mains liées c'est courir le risque de se casser la gueule 99 fois sur 100. »

Depuis un an, il se débat au milieu de problèmes d'édition. Dès novembre 1946, aussitôt après avoir achevé *Un roi sans divertissement,* Giono l'a proposé à un éditeur de province, un artisan, Pierre Fanlac. Le bruit court aussi qu'il est question des éditions Crès. Mais Roland Laudenbach, qui vient de créer les éditions de la Table ronde et la revue du même nom, prend contact avec Giono. Il est en train de publier une série de cahiers dirigée par Thierry Maulnier, a édité Anouilh, projette plusieurs œuvres de Montherlant : Giono est ainsi tiré vers la droite. Les négociations s'engagent et aboutissent à un contrat du 20 janvier 1947 pour une édition de demi-luxe vendue 800 francs (en fait, ce sera 700) et imprimée à 2 700 exemplaires, plus ceux de passe et de presse (Gallimard, à qui est réservé par contrat l'édition courante, donne son accord, tout en trouvant le chiffre trop élevé) ; le 14 février, une avance de 100 000 francs sera versée. Puis, après que Giono a offert en vain à R. Laudenbach des poèmes (sans doute ceux de l'hiver 1944-1945) ainsi que *Guerriers,* prévu pour être le n° 5 des *Chroniques* et dont pas une ligne n'est écrite, un second contrat avec les éditions de la Table ronde est finalement signé le 8 juillet 1947 pour l'édition courante de *Noé* (qui, lui, est pratiquement achevé) aux conditions les plus avantageuses qu'ait encore connues Giono : tirage minimum de 30 000 exemplaires ; avec 12 % de droits jusqu'à 15 000, 18 % au-dessus. Mais là, c'est à nouveau la corde raide : ses contrats avec Gallimard et Grasset lui interdisent absolument de publier quoi que ce soit en édition courante chez un autre éditeur. La Table ronde lui garantit toutefois qu'au moins en ce qui concerne Grasset, elle prend le risque d'assumer tous les frais d'un procès ou d'un compromis.

Ici intervient un homme qui deviendra pour Giono un ami très proche : c'est Maximilien Vox (pseudonyme de Samuel Monod), éditeur, graveur et écrivain. Ils auraient pu se connaître depuis longtemps : Vox était en relations dès 1922 avec Lucien Jacques, et avait alors gravé un frontispice pour le n° 4 des *Cahiers de l'artisan.* Mais Giono et lui ne se sont jamais vus. Vox a d'ailleurs écrit en 1939 un article violent contre les positions prises alors par Giono[39] ; mais celui-ci ne l'a pas su ou l'a oublié, et, que je sache, il n'en sera jamais question entre eux. Vox a un an de plus que Giono. C'est un homme actif et chaleureux. Il vient de créer en 1946 à Paris une maison d'édition, l'Union bibliophilique de

France. Il entre en correspondance avec Giono en mai 1946. Ils ne se rencontreront qu'en décembre, sympathiseront vivement, se reverront en avril 1947, et dès lors se tutoieront. Vox est résolu à braver le CNE en publiant une réédition d'*Un de Baumugnes,* accompagnée des deux premiers chapitres de *Deux Cavaliers de l'orage* et des quatre premiers chapitres du *Hussard* (sous le titre « Le choléra de 1838 »). Ces deux fragments ne lui sont envoyés que le 26 décembre 1946, mais il fait diligence : en février 1947, pour la première fois depuis mai 1943, un nouveau texte de Giono voit le jour. Ainsi s'achèvent quatre ans ou presque de « pénitence » dans son pays pour un écrivain qui jamais, depuis le début de 1929, n'avait laissé passer un an sans publier au moins un texte neuf. Deux mois plus tard, Jean Paulhan, qui dès décembre 1945 a manifesté sa fidélité à Giono dans une dédicace, et a repris sa correspondance avec lui en 1946, rompt à son tour le silence : dans le n° 2 de sa revue *Les Cahiers de La Pléiade,* il fera paraître, sous le titre de « Monsieur V. – Histoire d'hiver », la première partie d'*Un roi sans divertissement.* Le CNE mettra d'ailleurs bientôt une sourdine à ses tonnerres, notamment à la suite de la lettre ouverte que lui adresse Jean Paulhan dans *Carrefour* en juillet 1947. En fait, dès la fin de 1947, les éditeurs n'ont plus à se préoccuper de l'ostracisme édicté en septembre 1944.

En avril 1947, Giono a fait part à Vox des problèmes que lui causent ses liens avec Grasset. Il souhaite se dégager de cette hypothèque, et Vox lui propose de s'en occuper. Il en recevra délégation écrite par lettre du 15 mai. Mais dès avril il s'est mis à l'œuvre, se consacrant à cette affaire sans ménager son temps et son dévouement : Giono lui en gardera toujours une grande reconnaissance. Les choses sont embrouillées. Bernard Grasset s'est montré trop favorable aux Allemands, et sa maison a été mise sous séquestre ; l'administrateur est en 1947 un inspecteur principal des Domaines, F. H. Pélissier, avec qui Vox entre en relations. Les contrats confiés par Giono à Vox sont examinés par un avocat, Me Jean-Albert Sorel, qui conclut que les contrats Grasset sont sans doute susceptibles d'être annulés. Mais il s'est placé dans la perspective indiquée par Vox, et n'a peut-être pas eu tous les éléments nécessaires pour apprécier l'ensemble de la question. Sans nul doute, il y a entre les contrats Grasset et les contrats Gallimard des contradictions explicables par les circonstances de leur signature, mais dont Giono est juridiquement responsable.

La situation est embrouillée. D'abord, on s'en souvient, depuis le « double contrat » de 1931, la répartition est faite entre les deux éditeurs selon un classement entre romans et essais. Mais les œuvres de Giono n'entrent pas toujours exactement dans un tel moule. Pour se dégager de l'obligation où il est de fournir des romans à Grasset selon les contrats de 1941 et de 1942, Giono a fait valoir à Vox, qui répercute cette vue, que *Le Serpent d'étoiles* et *Jean le Bleu* sont des romans, et non un essai et un récit autobiographique. De son côté, L.D. Hirsch, dans une note interne à la maison Gallimard, conteste à Grasset, qui a droit malgré tout à un roman de Giono, la possession d'*Un roi sans divertissement,* puisque, dit-il, l'auteur ne l'appelle pas « roman », mais « chronique » ou « opéra-bouffe ».

Seconde difficulté : Giono, sans doute à la fois pour souligner sa puissance créatrice et pour faire sentir à quel point il est bâillonné par son inscription sur la « liste noire », a poussé plus loin, pour parler de sa production, les limites de sa fabulation habituelle, écrivant à Gallimard le 13 décembre 1946 et à Grasset le 3 mars 1947 qu'il a 10 000 pages d'écrites. Quant au nombre de romans achevés, il varie de 7 dans la lettre citée à Gallimard, à 26, dont 20 volumes de *Chroniques,* dans une autre lettre à Grasset, du 4 mars 1947. C'est autour de ce chiffre de 26 que Giono se tiendra désormais. Il écrit à Gallimard le 28 mai 1947 : « Il y a ici 27 volumes inédits. » Et à Pierre Béarn, qui va le voir en août à Lalley[40], il parlera de 28[41]. Il le répète à qui veut l'entendre : les 20 volumes de *Chroniques* sont terminés, alors qu'à part les deux premiers, pas une ligne n'est écrite. Mais dès lors il ne peut, pour refuser un livre à un éditeur, prétendre qu'il n'a rien à lui donner.

Enfin, il a sa manière à lui de tourner les choses. Il écrit à Vox que Grasset a cessé pendant la guerre de lui verser les mensualités prévues par contrat. Littéralement, c'est vrai. Mais il omet de préciser que les sommes correspondantes lui ont malgré tout été réglées, bien qu'avec retard et à des dates irrégulières, et que, malgré une longue interruption de 1943 à 1946, il a finalement reçu ce qui lui était dû. Dernière pomme de discorde : *Deux Cavaliers de l'orage,* pratiquement achevé. Mais d'une part Giono n'est pas satisfait de sa fin bâclée, et d'autre part ni lui ni ses éditeurs ne tiennent au fond à faire paraître, trois ans seulement après la Libération, un roman publié dans la sinistre *Gerbe.* Toutefois l'existence de l'ouvrage peut être utilisée dans les négociations qui se déroulent alors.

La masse d'inédits inventée par Giono fait rêver les éditeurs, qui tentent tous de mettre la main sur elle. Plon, dit Giono à Gallimard, lui a fait des propositions. Laudenbach serait très heureux de reprendre tout ce qui a été publié chez Grasset. Pour savoir si le contrat Grasset peut être annulé, il consulte Me Isorni, qui, contrairement à son confrère Me Sorel, n'est pas optimiste. Un peu plus tard Gallimard demandera un avis à Me Maurice Garçon. Deux des avocats les plus célèbres de France ont ainsi à se pencher sur la question. Pélissier, qui administre Grasset, semble d'abord fléchir, puis, en juillet 1947, raidit sa position. En septembre, il est question que Bernard Grasset refasse surface et reprenne en personne le contrôle de sa maison, ce qui prolonge les incertitudes ; il finit par y renoncer à la fin de l'année.

La publication de *Noé* par la Table ronde, en édition courante, le 16 janvier 1948 – à peu près en même temps qu'*Un roi sans divertisse-*

ment, provoque une nouvelle crise. Claude Gallimard écrit le 21 janvier à Giono pour s'étonner : sa maison vient de faire paraître *Un roi sans divertissement,* et la page de garde (revue par Giono) annonce que *Noé* y sera publié aussi. Il dit qu'il devrait assigner la Table ronde. Son ton reste toutefois amical et modéré. Dans le monde de l'édition, chacun connaît la stature de Giono, et nul ne veut risquer de le perdre. Giono répond en plaidant sur le plan humain et non juridique : « Il faut que je vive. J'ai touché l'an dernier de la nrf 250 000 francs. Je ne peux naturel- lement pas vivre avec cette somme. La nrf ne peut pas non plus pour me faire vivre ne publier que du Giono. Il faut donc que je complète mon budget ailleurs. Je n'ai pas d'autres ressources que mes livres. *Chro- niques* comprend 20 volumes, tous écrits. Il me faut donc publier à côté. Convenez que je n'exagère pas. Il ne paraît en édition ordinaire que deux livres de moi : *Un roi* chez vous et *Noé* à la Table ronde. Vous venez de m'adresser 360 000. Si je n'avais pas les droits de *Noé*, avec ce que je dois donner au percepteur je serais réduit à la misère noire. Ceci n'est pas une formule.(...) Je vis au jour le jour avec une famille. Ce n'est pas rigolo. Où il me fallait 500 000 francs il me faut maintenant 1 000 000 et je vous garantis qu'après être passé chez le percepteur puis partout, c'est très juste. (...) N'assignez pas la Table ronde. Ils m'ont rendu service. Et c'est grâce à cet argent si je peux écrire *Le Hussard* en paix relative. » Et le surlendemain il donne, en une longue lettre, des précisions sur ses projets littéraires. Quant aux éditions Grasset, si les contrats qu'elles ont signé durant la guerre avec Giono sont contestés, un roman leur reste dû en vertu du contrat de 1931 : à la suite d'une visite de Jean Blanzat à Manosque le 20 février 1948, et avec l'accord de Gallimard, elles obtiendront *Mort d'un personnage,* qu'elles publie- ront en mars 1949. C'est le dernier Giono qu'elles feront paraître, et l'écrivain en sera soulagé. Il préfère avoir un seul éditeur – mis à part les tirages de luxe – et il se sent heureux que ce soit Gallimard. Il l'a écrit à Vox le 21 avril 1947 : « Avec Gallimard, je tiens à rester en bons termes, et même lié (ils ont été *très* chics et le sont toujours) (...). Je ne veux me dégager que de Grasset. »

Quant à ses textes brefs, essais, poèmes, pages d'actualité, qui ne sont pas couverts par son contrat avec Gallimard, Giono songera en mars 1950 à les faire publier régulièrement par Pierre Fanlac[42]. Un projet de plus qui ne se réalisera pas. Mais il est en marge des romans, c'est-à-dire de l'essentiel.

Chapitre 18

Maîtrise

Reprise du *Hussard sur le toit*

A partir d'avril 1948, le Paraïs abrite un nouvel hôte important : c'est Fine, qui vient aider Élise dans les tâches ménagères. Serafina Lovera, née Ughetto, est une Piémontaise, que la mort de son mari oblige à se placer. Elle a vécu auparavant à l'Hospitalet, au pied de Lure. Elle a un an de moins que Giono ; elle restera là près de vingt ans. Avec la petite Césarine avant la guerre, c'est la seule « bonne » (on disait encore ainsi) à qui Giono ait donné place dans ses textes[1]. Elle garde un peu de son accent piémontais ; son orthographe est pittoresque, ainsi que son interprétation des noms propres : elle appellera toujours le marquis de Forbin, qui vient parfois voir Giono, « l'oncle Urbain ». Corpulente mais vive et travailleuse, totalement dévouée, elle s'occupe non seulement de la maison mais des courses, du jardin, des poules, des lapins. Le maître de la maison est pour elle le personnage le plus important ; elle veille sur sa tranquillité, et, quand elle le peut, refoule les visiteurs. Giono ayant oublié une fois de prévenir que Claude Gallimard a annoncé sa visite, elle ne le laisse pas franchir la porte. Les fleurs qu'elle cultive sont avant tout destinées au bureau de « Monsieur » ; elle est là-dessus en rivalité avec Mlle Alice, la secrétaire, qui voudrait également fleurir la pièce, mais qui, voyant que ses bouquets sont jetés à la corbeille par Fine, se résout à les déposer seulement sur le seuil, ce qui fait dire à Giono : « Elle me prend pour une pierre tombale[2] ! » Fine aime à sortir, et quand Sylvie veut aller danser à un bal en ville, elle lui sert volontiers de chaperon. Elle apprécie aussi le cinéma, et ses résumés de films font parfois la joie de tous, comme celui de *La Chartreuse de Parme* : « C'en est un qui est curé, mais à la fin il s'en va avec sa bonne amie. »

Pendant que Giono écrivait la fin de *Noé*, la solution du problème du *Hussard* lui est enfin apparue. Vers le 10 ou le 15 mai 1947, Maximilien Vox vient avec sa famille passer quelques jours à Manosque. Lucien Jacques est là. A ses deux amis, Giono lit *Angelo*. Le premier, Lucien s'écrie : « C'est excellent ! Mais tout à fait inutile : un pastiche de Stendhal. » Vox l'appuie. Giono proteste d'abord, mais la remarque a porté. Il prend une double décision : mettre de côté *Angelo,* qui est pourtant achevé et prêt à publier ; et renoncer à son projet de décalogie, artificiel, massif et surtout contraignant. Outre *Angelo,* sont sacrifiés le début de *Mort d'un personnage,* où Angelo III et le jeune garçon se cachent devant le ratissage allemand, et le chapitre initial du *Hussard,* avec le premier passage d'Angelo à Manosque et ses longues réflexions sur Pauline. Désormais Angelo ne connaît pas Laurent ni Pauline de Théus. Il est un homme libre. Le roman s'ouvrira sur son réveil après une nuit à la belle étoile en haute Provence, sans qu'il soit dit pourquoi il est là. La marche du choléra est aussitôt montrée en panoramique : le héros et l'épidémie sont face à face dès le début du livre. Angelo pourra faire la rencontre de Pauline en plein choléra : par là, comme il le fallait, une large distance est prise par rapport à Stendhal, qu'on n'imagine pas consacrant un roman à une épidémie.

La résolution est presque héroïque : voilà plus de six mois de travail rayés d'un trait de plume, par un écrivain qui a encore de sérieux problèmes d'argent et qui a à retrouver un public. Il y faut toute l'exigeante probité d'artiste et l'inébranlable confiance en soi qui sont toujours la marque de Giono.

Ce n'est qu'après l'achèvement de *Noé* en juillet 1947 et les vacances à Lalley en août que Giono reprend sa rédaction. Auparavant, à la fin de septembre et les deux premiers jours d'octobre, il écrit *Le Cœur Cerf.* Il a relu *La Chute des anges* et *Un déluge* pour l'édition de luxe, entièrement gravée, texte et illustrations, par Pierre Fonteinas et Paul Guimezanes, qui va paraître à 270 exemplaires. C'est alors sans doute que lui est venue l'idée de ce poème – ce sera le dernier qu'il écrira. Comme dans *Noé,* mais indirectement, la prison est présente. Ce texte fantastique, tout d'ivresse verbale, est basé sur l'image d'un cœur humain duquel sortent, tranchés un peu au-dessus de lui, tous les vaisseaux comme les andouillers d'un cerf. Le cœur est prisonnier d'un archange, gardien du paradis, puis de la cage thoracique. Mais une fois que des bourreaux imperturbables, au cours d'un massacre, ont taillé dans les chairs, il est libre et galope à travers un monde disloqué, dont les images, d'abord d'une tonalité apocalyptique quasi claudélienne, s'enchaînent sur une série d'évocations burlesques à la Prévert, pour revenir enfin à une poétique de la nature, du cosmos, de la musique, où passent des accords à la Saint-John Perse ; les mythologies de la Bible, des légendes gréco-latines, du *Don Quichotte,* s'y croisent, s'y bousculent, s'y enchevêtrent. Toute la course finale est rythmée par le refrain : « Galope, galope ». Le poème est un carrefour gionien. On y devine le cœur de *Noé,* qui contient tout l'univers ; Angelo, quand l'archange exécute « très soigneusement les principes de l'escrime au sabre » ; surtout Langlois d'*Un roi sans divertissement* et du début de *Noé* : Langlois qui « à la place de sa tête volée en éclats, pousse hors de ses épaules les épais feuillages rouges de la forêt qu'il contient[3] », de même que le cœur dans le poème est « beau avec ses artères et ses veines qui jaillissent de lui comme les ramures jaillissent d'un cerf ». Ramures, feuillages ; tête, cœur ; toujours le sang, et le cœur qui parcourt au galop le monde entier, comme la tête de Langlois prend « les dimensions de l'univers ». Il s'y reflète aussi la prison (où ont été écrits les poèmes de 1944-1945), avec l'archange sentinelle en manteau militaire, qui se roule des cigarettes ; avec l'ivresse joyeuse qu'éprouve le cœur d'être sorti de geôle ; s'y grefferait-il également la joie de s'être libéré du dilemme du *Hussard,* et de pouvoir galoper droit devant soi, en faisant galoper de conserve Angelo et Pauline ? Expression en tout cas de liberté totale, sauvage, dans un monde à la fois magnifique et dérisoire.

Puis, en octobre 1947, Giono reprend la rédaction du *Hussard,* et repart aux côtés d'Angelo. Celui-ci, au milieu du choléra – les cadavres bleus, les déjections, les vomissements qui semblent du riz au lait continuent à ponctuer sa vie –, arrive à Manosque où il est pris pour un empoisonneur de fontaines, et sauvé par un officier de gendarmerie, ancien soldat de Napoléon, qui est comme un frère de Langlois. De la fenêtre de son bureau, Giono voit les toits de la ville, et c'est là qu'il promène Angelo, qui, suivi d'un chat, cherche à échapper à l'affreuse foule qui, persistant à voir en lui un empoisonneur, voudrait le massacrer. C'est une évidente transposition, dramatisée, de la situation de Giono lui-même à Manosque en 1944, considéré comme traître par certains Manosquins, bien qu'il ne fût pas plus collaborateur qu'Angelo n'est empoisonneur. L'un comme l'autre est, pour les médiocres, « le bouc émissaire de leur lâcheté et de leur frousse », note Giono dans son carnet le 18 novembre 1947. C'est sur les toits – comme le romancier dans sa maison dominant la ville – qu'il réfléchit à son passé, aux personnages de Machiavel, à la politique, à la bassesse de tant d'hommes : ce peuple qu'il a aimé, pour lequel il a lutté, est bien souvent lâche, crédule, cruel, hypocrite, intéressé. C'est de ces toits qu'Angelo se coule dans une maison, affamé et assoiffé, et se trouve en face de Pauline de Théus, avec son visage en fer de lance, ses yeux verts et ses épais cheveux noirs. L'épisode est un des sommets du roman, et lui donnera son titre.

Redescendu dans les rues, Angelo, pour quelques jours, se met au service d'une étonnante vieille nonne, qui aide les malades à mourir et les lave après leur mort. Puis il quitte la ville, à la recherche de son frère de lait, le cordonnier Giuseppe. Après une ou deux semaines avec lui dans les collines, au-dessus de Manosque, il se dirige vers l'Italie, qu'il veut regagner, bravant les barrages et les quarantaines. Il rencontre à nouveau Pauline, et ils partent ensemble, à cheval, sur les chemins.

Le manuscrit de cette partie du roman est remarquable. Jamais chez Giono, ni avant ni après, les lignes ne sont aussi serrées, les marges aussi réduites : s'il veut, à la relecture, ajouter une phrase ou même quelques mots, il n'a d'espace nulle part sur sa feuille, et doit en prendre une autre. Signe d'une tension intérieure qui procède non du contenu des épisodes écrits alors – leur tonalité est la même que dans le reste du roman – mais de la réaction de l'auteur face au monde où il vit : il écrit comme on serre les dents face à la souffrance ou à l'horreur.

Bientôt après, en juin 1948, après avoir écrit cinq chapitres d'affilée, Giono s'arrête, sans qu'on sache clairement pourquoi, alors qu'il va en être aux deux tiers de son livre. Il sait pourtant où il va : au choléra dont sera atteinte Pauline. Mais il ne voit pas encore les épisodes à travers lesquels il en arrivera là : rien de plus difficile que de varier véritablement un roman de voyage. Il lui faudra près de deux ans avant de trouver une suite qui le satisfasse. Mais déjà il pense à prolonger les personnages créés pour les faire revivre dans d'autres romans : en décembre 1947 ou janvier 1948, alors que l'actuel *Hussard sur le toit* s'appelle *Danse des morts,* deux autres œuvres sont envisagées pour lui faire suite : *Vous aurez soif de nouveau* et *L'Artificier* (projet qui s'appellera aussi *Laurent le Dévorant* ou simplement *Le Dévorant),* où apparaîtront les amours de Pauline et d'Angelo. Puis, en mai 1948, *Le Pavot rouge, La Part du feu ;* en juin 1948, *Avec les premiers étendards, La Belle Dame ;* en mai 1949, *Au réveil du lion* (qui peu après deviendra *L'Ane rouge* ou *L'Ane rouge ou Petite symphonie militaire*); et enfin *Pauline,* projet qui durera longtemps sans jamais aboutir.

Maintien de l'ostracisme

La traversée du désert par Giono a pris fin auprès de certains de ses anciens amis : Jean Guéhenno, avec qui il n'avait pas correspondu, que l'on sache, depuis 1940, lui écrit en octobre 1948 pour dire son enthousiasme à la lecture d'*Un roi sans divertissement.* Giono répond amicalement, et l'échange de lettres reprendra entre eux, bien qu'épisodiquement. Et les éditeurs se dégèlent. Le Rocher a fait sortir, en juin 1947, à 6 000 exemplaires, *Le Voyage en calèche,* et Corrêa, en septembre, les *Pages immortelles de Virgile,* avec leur longue présentation.

Le Voyage en calèche est représenté au Vieux-Colombier à partir du 21 décembre 1947. Alice Cocéa, qui, sans la censure allemande, aurait trois ans plus tôt mis la pièce en scène en y tenant le rôle de Fulvia, réalise enfin son projet. Elle s'est heurtée à de sérieuses difficultés. Pressenti pour une subvention par l'intermédiaire de Juliette, la femme de Marcel Achard, le directeur des Arts et Lettres, Jacques Jaujard, a répondu : « Est-ce qu'Alice Cocéa est folle ? Pour n'importe quelle pièce, oui, mais pas Giono ! » Jean Marais, Pierre Brasseur, Gérard Philipe ont cru eux aussi à la légende de Giono collaborateur, et ont refusé de jouer. L'acteur chargé du rôle de Julio, Renaud-Mary, a voulu se retirer de la distribution et ne s'est pas présenté au théâtre le jour de la générale. La critique est très sévère, le public ne vient pas, et la pièce est retirée de l'affiche au bout d'un mois[4]. Giono écrit à Alice Cocéa : « J'ai l'impression que *Le Voyage* est un four, mais ce qui s'appelle un four noir. N'ayez pas peur de me le dire franchement. J'encaisse très bien. C'est pour vous que j'aurai de la peine. Ce n'est pas de votre faute, ce sont les temps, Julio… »

La presse dans son ensemble, et l'opinion qu'elle façonne, n'ont pas désarmé. Le 23 juillet 1947, Jean Paulhan a publié dans *Carrefour* sa « Lettre ouverte aux membres du Comité national des écrivains » – un comité dont il a démissionné au début de l'année de même que Duhamel, Schlumberger, Gabriel Marcel ; il y soulignait que certains des membres les plus influents de l'organisme, Aragon, Éluard, Benda, avaient autrefois écrit des textes très durs à l'égard de l'idée de patrie, qu'il fallait donc admettre que la position des écrivains pouvait évoluer, que certains des exclus – Montherlant, Giono, Thérive – n'avaient pas commis d'autre crime que de sembler « avoir contemplé de Sirius tous nos derniers combats » ; il s'est attiré des réponses indignées, notamment dans *Les Lettres françaises* et dans *L'Ordre* d'Émile Buré, et reçoit des dizaines de lettres d'injures[5]. Quand Pierre Béarn, en septembre 1947, raconte sa visite à Giono[6] et parle – pas très heureusement – d'un passé balayé « d'un petit geste de la main », l'expression est relevée vertement dans *L'Ordre* du 7 octobre, où P. Loewel traite Giono de « bas démagogue » et de vil « kollaborateur ». Aucune accusation précise : seulement des allusions au pacifisme d'avant-guerre, au fait que des textes de Giono ont paru dans la *NRF* de 1940 à 1942, et à *Triomphe de la vie* – comme si ce livre contenait une seule ligne en faveur de la collaboration[7]… Et *Le Figaro* du 24 septembre ironise sur les séjours parisiens de Giono en 1942. Dans *Carrefour,* en juillet 1947, ce sont deux petits entrefilets acides sur l'abondante production inédite de Giono et sur le caractère fabulateur du *Serpent d'étoiles.*

Si Pierre Fauchery, dans *Action* du 12 novembre 1947, consacre à *Virgile* un long article, « Giono ou le magicien retraité », c'est pour insinuer que le texte vise à laisser conclure que « Virgile, ce n'est ni plus ni moins qu'un Giono dont le Pétain s'appelait Octave » ; car, « en acceptant les coups d'encensoir » des gens de Vichy, Giono a « trahi toute une jeunesse qui l'avait suivi comme un maître ». Le critique voit en *Batailles dans la montagne* « le dernier avatar de ce précieux grimé en titan, de ce Canova de l'écriture qui s'est pris pour Michel-Ange » ; on pouvait dès lors prévoir « que ce régionaliste permettrait à Vichy d'annexer Manosque ; que cet anarchiste recevrait des compliments des maréchaux et des évêques (…) ». Et, après un coup de patte au *Voyage en calèche,* il conclut : « Nous ne sommes pas près de pardonner à ce fakir de s'être fait passer pour magicien. »

D'autres feignent de l'ignorer. En 1946, la *Gazette des lettres* de Raymond Dumay, consacrant un texte étendu à Pagnol, mentionne ses films

425

Angèle, Regain, La Femme du boulanger, sans que le nom de Giono soit prononcé ; de même, en 1947, un long compte rendu de la dernière œuvre de Thyde Monnier, romancière ouvertement inscrite dans la lignée de Giono, ne fait aucune référence à lui, ce qui aurait été inconcevable avant la guerre. C'est comme s'il n'avait jamais existé.

Faust au village

Devant cette accumulation de mauvaise foi et de pusillanimité, Giono a le bon réflexe. Il a la dignité de ne pas protester, de ne pas répondre ou faire répondre. Il dédaigne de se défendre. Sa seule défense, ce sera son œuvre. Il laisse dire, il méprise, et il travaille. Le mouvement de pendule entre Provence et Trièves se produit une nouvelle fois. Après avoir laissé Angelo dans les environs de Manosque, Giono, en 1947 encore, a passé quelques semaines d'été à Lalley. Comme en 1946 pour *Un roi sans divertissement,* il y retrouve une source d'inspiration. Il songe d'abord à un curieux titre : *La Chose naturelle,* assez féroce par ses implications : il désigne les hommes tels qu'ils sont au naturel, c'est-à-dire affreux, et le mot « chose » suggère un indicible magma. Il renonce au titre, et se lance dans la rédaction : celle d'une série de récits, la première qu'il ait centrée sur un lieu avec ses habitants, et sur un mode de narration uniforme – dialogue ou monologue. Sept textes courts, qu'il entendra un peu plus tard – mais ce ne sera fait qu'après sa mort – regrouper sous le titre de *Faust au village*[8], y ajoutant « suivi de quelques églogues », ce mot étant ironique.

« Le cheval[9] », le premier écrit, à partir du 18 septembre 1948, évoque un animal réel, célèbre à Lalley ; Giono lui donne autorité sur les autres chevaux, et pouvoir de divination : mieux que les hommes, il peut prédire le temps qu'il fera. « La Croix », récit burlesque et irrévérencieux, dépeint la mésaventure de trois garçons portant en pèlerinage, de Lourdes à la Salette, une immense croix, et de la vieille Catherine qui les accueille ; mais leurs manœuvres pour trouver à la croix une place chez elle, avec l'aide d'un curé légèrement ridicule, ne laissent pas un meuble ou un objet intact chez la malheureuse.

Après ces textes mineurs, presque des exercices, Giono écrit « Silence[10] » – titre suggéré, semble-t-il, par Jean Paulhan ; c'est le nom d'une énorme ferme, un nom que Giono a emprunté à la ferme réelle de Silance sous les crêtes d'Albion en haute Provence, et qu'il a promené à travers son œuvre en quatre endroits différents, en particulier dans *Triomphe de la vie.* Le patriarche qui la possède, Alexandre – Alexandre comme il y avait Charlemagne dans *Noé* – vient de mourir. Il ne laisse que quatre enfants illégitimes, dont une fille, nés de trois servantes qui sont toujours là. Qui va hériter ? L'histoire est compliquée. A la suite des ruses paysannes d'Augusta, une des servantes, quatre morts violentes se produisent, et tous les biens reviennent à un jeune couple à moitié incestueux – frère et sœur ou oncle et nièce, selon qu'on accorde ou non crédit au récit de la retorse Augusta, qui va en définitive parvenir à s'imposer comme la véritable reine de Silence. Une de ces histoires de psychologie imaginaire si fréquentes chez Giono depuis *Un roi sans divertissement,* et aussi le récit d'un crime parfait digne d'une « série noire » rustique, avec une énorme tirade sur la fascination du sang, parallèle à celle de Marceau dans *Deux Cavaliers de l'orage.*

« Monologue » évoque l'atmosphère du village, les étrangers qui s'y sont intégrés – allemand, tchèque, italien –, puis un grand hêtre sous lequel coule une eau souterraine (c'est le frère de celui d'*Un roi sans divertissement*), puis les gens qui, dans un tripot campagnard, jouent tout leur avoir, fortune, terres, maisons, sur une seule carte, et ceux qui jouent à se pendre en famille, en arrêtant le jeu juste avant la mort : deux sortes d'êtres qui, pour se « divertir », comme Monsieur V. ou Langlois, vont jusqu'à l'extrême des possibilités. « Notre vin », qui commence par des variations sur l'âpre vin du pays, se termine sur l'agonie et la mort : celles des autres, auxquelles il est si agréable de penser.

Sous leur allure quotidienne et souvent bonhomme, ces trois derniers récits sont féroces pour l'espèce humaine. C'est bien le Giono sans illusions, lecteur de Machiavel comme on le verra, qui parle ici. D'ailleurs, dans ces trois-là comme dans les deux premiers, sous la parole des montagnards perce celle de Giono. Cette modulation est parfois voulue. Mais pas toujours : ce ne peut être que par inadvertance que Giono fait dire à un de ses personnages « les quatre chênes dont il est parlé plus haut », au lieu de « dont je viens de parler »[11].

Les deux autres récits sont bien différents sur ce point. La voix de l'auteur n'y est guère perceptible, et tout lyrisme en est absent. Les rares images sont sèches, et ne dépassent pas ce qu'on peut entendre dans le langage courant. Les phrases appartiennent à la langue parlée : elles sont souvent sans verbe, et si brèves que, dans un paragraphe, il y en a plus que de lignes. L'un des récits est celui qui a donné son titre au recueil : « Faust au village ». Une des plus belles nouvelles jamais écrites par sa rigueur et sa densité. Une des trois nouvelles fantastiques de Giono, avec « La Daimone au side-car » de 1925 (« L'Esclave ») et « Prélude de Pan » de 1929. Le narrateur est un camionneur local, anonyme. Il prend en auto-stop dans la montagne, sous un peuplier, un « monsieur » qui lui demande de le déposer à la gare de Lus. Même scénario la semaine suivante. Le train a attendu cinq heures, et repart dès le passager monté. Une autre fois, le moteur en panne redémarre dès l'arrivée du « bonhomme » (parfois aussi appelé le « type », moins souvent l'« homme » ou le « zèbre »). Sept fois en tout – est-ce un chiffre fatidique ? – mais ce n'est pas dit : au lecteur de compter. Toujours la nuit, à la lueur des phares, dans la pluie, la neige ou le brouillard. Mais le « bonhomme » est invariablement propre, sa veste à carreaux est sèche : il « sent le sec ». Pas de signe distinctif, pas d'âge. Il ne parle à peu près pas. La clé du mystère n'est donnée que par le titre : dans le texte il n'est question ni de Faust ni du diable. Mais le « bonhomme » est le diable : un diable quintessencié, dépouillé de toute caractéristique anecdotique : il n'a aucun aspect satanique, il n'est pas un tentateur, il ne fait pas signer de pacte. Il n'a pas besoin de Marguerite. Il ne prend pas la forme d'une jolie fille comme dans « La Daimone au side-car »; il n'a pas besoin d'une musique à déclencher une danse infernale comme dans « Prélude de Pan ». Il se contente d'exister, sans plus. Il est n'importe qui. Le camionneur aussi, dont on ignore pourquoi il a été choisi. Parce que, quand on lui demande s'il ne veut pas se charger d'un transport, il répond « Diable ! » ou « Diable si ! », appelant ainsi le démon sans le vouloir[12]? Il est en tout cas fasciné, et chacune de ses rencontres avec le « bonhomme » marque un progrès dans l'envoûtement dont il est victime. Le « bonhomme » est accompagné d'un signe : quand le camionneur, pour en avoir le cœur net, va explorer la montagne pour voir d'où l'« homme » est venu, il tombe sur « un parc de château autour de rien », sur des avenues de buis et de genévriers, avec de la bruyère – et ces avenues « vont au diable », est-il dit une fois[13]; tout est vert sombre ; ces végétaux, cette couleur, deviennent les emblèmes du « type » : ils reviennent dix fois. Leur présence fait partie de l'envoûtement.

L'économie de moyens est foudroyante : rien n'est expliqué ni commenté. Si l'atmosphère, comme Gide l'a senti, a quelque chose de russe (R. Ricatte rapproche l'apparition du « bonhomme » d'un épisode des *Frères Karamazov* où le diable se montre à Ivan), la présentation des faits à l'état brut tient plutôt d'une technique à la Hemingway. Au lecteur de déceler leur progression, et la victoire que le diable remporte à chaque rencontre, étant, au fond, celui qui réduit l'autre en esclavage. Et cet autre voit alors s'aplanir toutes les difficultés : il retrouve aussitôt son camion qu'il croyait éloigné, et, dans un étroit chemin forestier, fait demi-tour comme sur une place. Et voici la conclusion : « Cette fois, nous ne sommes pas partis pour la gare de Lus. Il m'a dit où il avait à faire et je l'y ai mené. Directement. » Vertigineux. Où avait-il à faire ? Et à faire quoi ? Le procédé est celui de Poe dans « Le puits et le pendule », où le prisonnier recule d'horreur en apercevant ce qui est au fond du puits où il va tomber ; mais ce ne sera jamais dévoilé, chaque lecteur devant ainsi imaginer ce qui l'épouvante le plus. Le diable ? On sait qu'il existe. On ne sait ni où il se tient, ni ce qu'il fait, ni ce qu'il cherche, ni par conséquent ce qui adviendra de l'homme qu'il a subjugué – sauf qu'il reste dans son village, puisqu'il y fait son récit... Il est difficile d'imaginer plus grande maîtrise dans l'ellipse.

« Le mort », écrit en dernier, est également fait de phrases brèves et sans lyrisme. C'est le dialogue, aussitôt après la mort d'un homme, de sa veuve et d'une voisine : les besognes matérielles, la famille et les relations à prévenir – ou à ne pas prévenir, exprès. Tout un grouillement mesquin et égoïste. On est loin des lamentations funèbres d'Ariane à la fin de *Deux Cavaliers de l'orage* dans la version de *La Gerbe*[14]. On est tout près, en revanche, de la liste de ceux qui doivent être invités aux noces dans les dernières pages de *Noé*[15] : la paysannerie évoquée ici est rapace, vindicative. Ce croquis aigu serait mineur, s'il ne débouchait sur une veillée funèbre de la même eau mais d'une tout autre ampleur, au début d'un des plus grands romans de Giono : *Les Ames fortes*[16].

Les Ames fortes

Avec ce chef-d'œuvre, écrit du 27 décembre 1948 au 28 avril 1949[17], nous restons dans le Trièves et sa région : une région dont Giono, comme toujours, aménage la géographie : les dénivellations y sont parfois doublées[18]. Si la veillée funèbre qui occupe tout le livre se déroule à Lalley – cadre des *Vraies Richesses,* d'*Un roi sans divertissement,* de *Faust au village* – l'essentiel de l'action se déroule en trois points : à Châtillon-en Diois, dans un imaginaire Clostre qui est en fait Glandage, et près de Lus sur la route de Sisteron à Grenoble ; villages paisibles, mais qui sont animés sans répit par le mouvement des routes qui les traversent – diligences, voitures, chariots – et des auberges en constante agitation.

Les Ames fortes prolongent les récits de *Faust au village*. Là non plus, ni Giono ni aucun narrateur neutre ne prend la parole : seuls s'expriment des personnages. Ils dérivent initialement de ceux du récit intitulé « Le mort ». D'où naît comme un second volet : la veillée. Mais le premier volet avait huit pages ; le second en a plus de trente. Cette veillée – uniquement des femmes d'âge varié, en nombre indéterminé, une sorte de chœur comme dans une partie d'*Un roi sans divertissement* – a lieu après 1945, dans la période du marché noir ; mais toute mention des événements immédiatement antérieurs en est absente, le refus de la guerre par Giono se traduisant, comme si souvent, par son gommage dans l'action des romans. A travers des dialogues extraordinairement vivants, naturels et incisifs, perce une vue de l'humanité qui n'a jamais été aussi noire chez Giono. Un peu parce que les « veilleuses », qui n'éprouvent aucun chagrin et ne sont là, sous couleur de satisfaire à un rite, que pour passer une nuit à bavarder, boire et manger. Mais surtout parce que leur égoïsme et leur âpreté au gain, dans le récit de la mort d'une mère puis du partage de l'héritage, atteignent des sommets. Pour des intérêts dérisoires d'ailleurs, ce qui rend burlesques cette rapacité et cette inconscience.

Ainsi, l'atmosphère est donnée : un mort dans la pièce à côté, un égoïsme aigu et concentré. De là va se dégager l'histoire de la vieille Thérèse, presque nonagénaire ; tout le reste du roman nous ramène dans les années 1882 à 1885 pour l'épisode central, et à 1903 environ pour son dénouement. L'histoire de Thérèse est racontée tantôt par elle-même, tantôt par une autre femme moins âgée de vingt ans, anonyme, que Giono dans ses carnets de préparation appelle « le Contre » ; comme R. Ricatte, je garderai cette appellation.

Les deux récits de la vie de Thérèse sont totalement inconciliables. Giono n'a pas voulu au début cette incompatibilité : il pensait qu'il existait une vérité qui se dégagerait. C'est en cours de travail qu'il a eu l'intuition si riche de deux récits contradictoires. Dans une lettre, il définit ainsi son roman : « Le vrai et le faux en train de se battre comme des chiens autour d'un paquet d'os. » Cela correspond parfaitement à sa nature : lui qui de tant d'épisodes de sa vie, ou de celle de son père ou de son grand-père, a donné des versions successives et chaque fois différentes, n'est-il pas dans le droit fil de sa propre logique quand il raconte non pas une histoire, mais plusieurs versions d'une histoire ? Vérité multiple, absence de vérité. Thérèse et le Contre ne se chamaillent d'ailleurs pas. Elles dévident chacune leur récit, se contentant de petites rectifications, parfois sans avoir l'air d'y toucher, sur tel point du récit de l'autre.

Deux couples. Thérèse et Firmin, jeunes ; amants d'abord, puis mariés ; très pauvres ; il est l'aide d'un maréchal-ferrant, elle est servante. Et M. et Mme Numance, la soixantaine, de bonne bourgeoisie, très à l'aise ; idéalistes, républicains, patriotes ; M. Numance a pris les armes contre le coup d'État en 1851, et a mené sa guérilla personnelle, avec sa femme, contre les Allemands[19]. Deux couches sociales se dessinent ici, séparées. Les Numance recueillent, adoptent moralement, aident de toutes les manières Thérèse – et par voie de conséquence Firmin, dont ils paient les prétendues dettes : ils sont ainsi totalement ruinés. M. Numance mourra, sa femme disparaîtra. Et, bien des années plus tard, Thérèse, implacable, après avoir trompé Firmin, l'assassinera par amant interposé, sous couvert d'un accident, et le regardera mourir avec délectation, en toute bonne conscience.

Voilà pour les faits. Ce qui a plusieurs faces possibles, c'est la nature des personnages. Au début de leur aventure, Thérèse et Firmin sont-ils vraiment un jeune couple démuni ? Ou font-ils une noce crapuleuse ? L'exquise et tendre Mme Numance a-t-elle été une femme adultère dont les dépenses ont entamé la fortune familiale ? Ou cela n'est-il que ragots et calomnies, et est-elle une sainte de la passion généreuse, prête avec son mari à donner absolument tout ce qu'elle possède – argent, propriété, maison – à Thérèse qui remplace la fille qu'elle n'a pas eue ? Est-elle ainsi la figure du sacrifice intégral, suicidaire ? Firmin est-il un subtil calculateur entre les mains de qui Thérèse n'est qu'un instrument pour s'approprier, avec l'appui de l'affreux homme d'affaires Réveillaud, la fortune des Numance ? Ou un petit benêt gouverné par sa femme ? Thérèse rend-elle à Mme Numance la passion que celle-ci lui porte ? S'identifie-t-elle à Mme Numance, causant sa perte dans le moment même de son adoration, ou s'oppose-t-elle à elle de toute sa haine, étant alors un génie du mal, de la manœuvre hypocrite, de la volonté de puissance ? Si elle fait tuer son mari, est-ce pour venger, au bout de vingt ans, les Numance qu'il a anéantis, ou pour apaiser sa soif de domination totale imprégnée de mépris ?

Il serait long de démontrer toutes les différences entre les deux narratrices : Thérèse se noircit sereinement, le Contre la présente finalement comme une victime ; Thérèse est actrice du drame, l'autre est témoin. Thérèse s'exprime en style parlé et ne connaît que ses propres sentiments, le Contre, romancière omnisciente, perce l'âme de tous les personnages, et son langage est parfois lyrique ou abstrait.

Giono a dit plusieurs fois – à J. Amrouche, à R. Ricatte – qu'il ne savait pas lui-même qui étaient les Numance ni Thérèse. Chaque lecteur se fera sa propre impression. Quelques points fermes dans ce monde mouvant : Firmin – égoïste imbécile ou profonde canaille – est dans les deux cas méprisable et affreux : il est comparé tantôt à un dindon tantôt à un crapaud[20]. Et M. Numance est admirable, bien qu'un peu en retrait dans son approbation inconditionnelle de sa femme. Autre point ferme : la force d'âme – dans le bien ou le mal – de Thérèse et de Mme Numance. Dans l'esprit de Giono, la première seule était d'abord désignée comme « âme forte » ; l'expression a été relevée chez Vauvenargues et chez Barrès, mais elle est trop banale pour qu'on puisse lui assigner à coup sûr une source ; en passant au pluriel, elle a en revanche pris sans conteste la couleur des *Ames mortes* de Gogol, qui figuraient dans la bibliothèque de Giono vers 1925. Et Mme Numance prend alors place au premier rang comme Thérèse, avec la même énergie et la même lucidité.

Giono a, à la fois par jeu et pour le plaisir de rattacher sa création à sa vie, glissé dans *Les Ames fortes,* plus souvent qu'ailleurs, des souvenirs familiaux. On y retrouve son histoire de la femme tombée sur son feu et grillée, dont, au rôti, il régalait ses invités[21]. Dans le « prélude » de la veillée, sont évoqués le trombone du grand-père zouave de Napoléon III, et, plus longuement et plus cruellement – preuve d'une profonde rancune –, l'oncle Pourcin, vieux garçon, ivrogne, pliant sa sœur à ses quatre volontés avec ses yeux bleus et ses moustaches blondes[22]. Et dans le cœur même du livre, non seulement apparaît, à propos d'un chantier de chemin de fer, le surnom de « village nègre » qu'avait reçu à Vallorbe vers 1900-1910 le quartier qui abritait les ouvriers italiens, mais surtout on voit surgir sans raison, pour sa seule présence, comme un donateur au bas d'un tableau religieux ancien, Jean Antoine Giono, le père, à l'âge où son fils avait dix ans : parmi les voyageurs qui attendent la patache, Thérèse en décrit un pour qui elle va chercher des cigares : « Je vois un homme avec une barbe blanche extraordinaire de bonté. Il pouvait avoir cinquante-cinq, soixante ans, grand et bien fait. Il était habillé d'un costume de velours et il portait un grand chapeau de feutre. Ce devait être un artisan. » Il redemande ensuite des cigares. « Je lui dis : "Ça va vous faire mal." Il me dit : "Ça ne fera mal qu'à ma bourse." C'était un plaisir de l'écouter dire n'importe quoi[23]. » Signe supplémentaire : il attend la voiture pour Turin, ce qui laisse supposer des attaches piémontaises. Plus loin, c'est le Contre qui raconte, pour décrire Thérèse : « Quelqu'un qui l'a bien connue à ce moment-là me disait : "Elle était belle comme ce marteau, vois-tu !" Et il me montrait le marteau dont il faisait usage depuis vingt ans (c'était un cordonnier), un marteau dont le manche était d'un bois doux comme du satin depuis le temps qu'il le maniait, dont le fer si souvent frappé étincelait comme de l'or blanc[24]. »

De tels points d'orgue font valoir par leur douceur la perpétuelle tension du reste de l'œuvre – tension qui n'est pas toujours de la dureté, puisque, selon le Contre, il y a eu passion partagée entre Mme Numance et Thérèse. *Les Ames fortes,* un des plus grands romans de Giono, « un des grands chefs-d'œuvre du roman moderne » de l'avis de Michel Raimond[25] sont – continuons à tordre le cou à l'absurde idée reçue d'un Giono d'après-guerre avant tout « stendhalien » – une œuvre aussi peu stendhalienne que possible, à la fois touffue, compacte, trouble, contradictoire et violemment burinée : un livre à l'eau-forte. Si elle a des ancêtres, ce sont plutôt Balzac, Dostoïevski, Faulkner, souvent oppressants ou féroces. Il serait aisé de tendre des fils entre la cousine Bette et Thérèse, entre le prince Muichkine et les Numance, entre les familles de Châtillon-en-Diois et celles du comté de Yoknapatawpha.

Cet aspect dur de Giono peut surprendre ; il apparaît rarement sur ses photographies : dès qu'il tournait ses yeux bleus vers autrui, son visage s'animait ; il était humain, attentif et souriant. Mais que l'on regarde l'image que j'ai prise de lui à l'improviste en 1949 : sous le béret de berger, le regard est aigu, la bouche amère. Voilà le Giono des *Ames fortes.*

Car dans ce roman de destruction de l'être aimé par l'être aimant, il y a des éclats de haine : ce sentiment, si rare chez Giono avant la guerre, se trouve ici cinq fois en moins de trente pages, toujours dans la bouche de Thérèse : « Je ne mettais jamais les gens en colère contre moi. La colère se croit toujours juste. Quand elle est passée, vient la honte, et la honte c'est la haine. Tu te fais haïr pour rien. Faites-vous haïr pour quelque chose. » Ou encore : « J'appris très soigneusement à haïr avec le sourire[26]. » Thérèse apprend aussi le mépris des autres, et de Firmin. De tout cela elle tire des joies, des jouissances, du plaisir, du bonheur. Elle s'interroge, elle en découvre la source : « Je suis heureuse comme un furet devant le clapier[27]. » Le bonheur du sang, non par intérêt, mais pour dominer les autres en les vidant de leur substance. Au-delà de la cruauté, au-delà du mal. La domination comme absolu. Qu'une analyse de psychologie imaginaire aussi acrobatique soit tranquillement ancrée dans les réalités concrètes d'un village de montagne à la fin du XIXᵉ siècle, c'est le prodige de l'équilibre gionien entre les extrêmes.

La publication du livre donne lieu à une avant-dernière péripétie d'édition : Giono l'a promis à Plon – maison en relation avec la Table ronde – qui lui fait des conditions exceptionnelles. C'est l'histoire de *Noé* qui recommence. Claude Gallimard s'insurge légitimement. Giono plaide longuement dans deux lettres du 21 et du 27 mai 1949 : oui, il est lié par ses contrats avec Gallimard, mais les avances mensuelles qu'il reçoit ne lui permettent pas de vivre et de payer ses impôts. Finalement tout s'arrange : le manuscrit des *Ames fortes* est envoyé à Claude Gallimard, qui en est enthousiasmé ; c'est lui qui le publiera, et les mensualités de Giono seront portées à 200 000 francs. Un nouveau contrat est établi en ce sens le 22 septembre. Il stipule toutefois que les avances n'iront pas au-delà de 2 millions. En fait, le retard mis à achever *Le Hussard sur le toit* fera qu'en décembre 1950 ce plafond sera largement dépassé, ce que Cl. Gallimard signale à Giono pour le stimuler. Le romancier, après un simulacre de chantage (« Si ce travail ne peut pas me nourrir, moi et ma famille, il vaudrait peut-être mieux que j'en choisisse un autre »), voit les choses s'arranger. Gallimard ne fera pas valoir cette clause, et ne manquera jamais de répondre aux appels de Giono, notamment quand il a du mal à régler le fisc.

Giono se donne, comme toujours à la fin d'un effort soutenu, un mois de détente après la rédaction des *Ames fortes* : mai 1949. Il va voir Aline à Nice, et monte avec elle à Saint-Paul-de-Vence pour rendre visite à Gide : celui-ci aimerait, a-t-il dit à Lucien Jacques, revoir Giono, qu'il n'a plus rencontré depuis décembre 1939[28]. Il ne se sent toujours pas prêt à reprendre *Le Hussard,* et cède, comme il lui arrivera de plus en plus souvent, aux sollicitations de diverses commandes : cette stimulation lui plaît, il le dira plusieurs fois.

Sur la demande d'une grande maison suisse de chocolat, il écrit un conte pour enfants, *Le Petit Garçon qui avait envie d'espace*[29] : le rêve d'un garçon de huit ans l'emmène, pour voir enfin à quoi ressemble son pays plat, au haut d'un grand arbre, puis en plein ciel. Mais Giono, pour se mettre à portée de ses lecteurs, bride son style en le dépouillant de ses images, et son imagination en est un peu bridée du même coup. Il s'en rend sans doute compte : il ne refera pas cette expérience[30].

Il écrit aussi une préface à l'*Iliade*[31], dense, féroce, tragique. Il sait depuis *Que ma joie demeure* que l'échec recèle une richesse artistique que ne comporte pas le succès, et il se proclame, d'entrée de jeu, « du côté des Troyens », concluant : « D'ailleurs, Homère était-il tant que ça du côté des Grecs ? » Je n'ai pas de preuve matérielle que Giono ait lu *La guerre de Troie n'aura pas lieu* de Giraudoux (il n'est pas venu à Paris lors des représentations), mais j'en suis presque certain : comment aurait-il laissé passer une pièce sur la menace de guerre ? Sa préface à l'*Iliade* en est symétrique : l'essentiel se passe à Troie, les Troyens y sont plus humains que les Grecs, Cassandre y est merveilleuse, Hélène irresponsable et vide. Et une image relie les deux œuvres : le destin chez Giraudoux est un tigre qui dort et qu'il faut se garder de réveiller ; et l'avenir chez Giono : « Tigre affolé de fringale et de soif qui circule à travers les dieux immobiles comme à travers de longs bambous indolents[32]. » Le personnage central est Hélène ; elle n'a aucun rapport avec celui de l'*Esquisse d'une mort d'Hélène* de 1926 : elle existe à peine, et ne compte pas, sauf dans les rêves des Troyens. Les Grecs – tous odieux ou ridicules – sont sans amour. Les Troyens – tous tendres et lucides sur leur destin futur – sont pleins d'amour. Et tous ne trouvent leur joie, leur remède à l'ennui, qu'à tuer : « écluses de sang », « fontaines de sang », « ruisseaux de sang ». La fin de Troie est une fatalité qui s'exerce sans raison, dans l'absurde. Les Troyens l'acceptent, et, comme les héros du scénario final de *Triomphe de la vie,* font la seule chose qui soit donnée à l'homme avant sa mort : « Ils prolongent le temps du combat. »

Le dernier séjour d'été de Giono à la montagne a eu lieu en 1948. A partir de 1949, il souffre plus de sa goutte, dans le bras droit en particulier. Il va faire une cure à Gréoux-les-Bains, à 15 kilomètres de Manosque. Il y fait la connaissance du directeur de l'établissement thermal, Antoine Cadière, et de sa femme Germaine. Une nouvelle amitié se forme. C'est à Gréoux que Giono écrit sur l'*Iliade* (sa préface est finie le 27 juillet). A son retour, il songe à une édition de luxe d'*Angelo,* qui est toujours inédit. C'est pour lui une nécessité : « mon argent s'épuise, Grasset ne me paie pas », écrit-il à J. Paulhan le 30 mai[33]. Le titre serait *Introduction aux infortunes du Hussard.* Jusqu'au 22 octobre, Giono rédige, en guise de présentation, un long texte qu'il intitulera d'abord « Onzième chapitre » – bien que ce ne soit finalement pas du tout la suite des dix premiers –, puis « Postface »[34]. Il y explique les débuts de l'entreprise de sa « décalogie » ; il raconte la naissance du personnage principal, l'épisode d'*Angelo* où le héros rencontre Pauline au château de la Valette, et celui du *Hussard* où il la rencontre à Manosque en plein choléra ; puis il annonce brièvement ce qui deviendra *Le Bonheur fou* – la suite des aventures d'Angelo dans l'Italie de 1848. Il revient ensuite à deux scènes de ce qui est projeté mais non encore écrit du *Hussard :* la découverte de la maison où Angelo et Pauline s'enivrent ensemble, le choléra dont Pauline est atteinte et dont Angelo la sauve. Suivent deux pages étranges, l'une où brusquement Pauline vieillie – et qui n'est aucunement celle de *Mort d'un personnage* – est présentée comme une bourgeoise médiocre et insensible, l'autre où Giono, en son nom propre, exalte le rêve, seule source possible de bonheur, et la mort, dont l'idée est si apaisante puisqu'elle donne la certitude que les souffrances de la vie prendront fin : « Je vais mieux depuis que j'aime le repos qui suivra[35]. » Pages très éloignées de la tonalité du cycle du Hussard ; il est même étonnant que Giono songe à les publier. Il en charge l'éditeur Roche ; les illustrations seront d'André Marchand. Gallimard n'élève pas d'objection. Puis le projet tombe ; repris en 1950 par les éditions de l'Arche à Paris, il n'aboutit pas davantage.

Le Moulin de Pologne

Aussitôt après, le 3 décembre 1949, il se lance avec joie, confiance et élan dans une nouvelle « chronique », la première qui soit située à Manosque : le nom de la ville n'est pas prononcé, mais trop de noms de rues ou d'églises correspondent pour que le doute soit permis, et d'ailleurs Giono ne s'en cachera pas. Ce sera *Le Moulin de Pologne*[36]. Ce titre ne sera d'ailleurs décidé qu'*in extremis,* et le roman s'appellera d'abord *La rue est à Dieu,* puis *Sans aucun titre de gloire*[37], *La mort Costes* (titre médiéval dérivé de *La Mort Artus*), *L'Iris de Suse, Perséphone*[38]. L'idée initiale (banale en elle-même) : celle d'un inconnu dont l'arrivée dans la ville, qui occupe le chapitre 1, va bouleverser le destin de la famille Coste[39], relaté, avec un retour en arrière, au chapitre 2. Cette famille est frappée par la fatalité, comme les Atrides ; Giono a d'ailleurs songé pour un des chapitres à une épigraphe de l'*Agamemnon* d'Eschyle, « Je tremble au bruissement de l'averse sanglante sous laquelle le palais s'effondre »; et, pour le roman, à plusieurs titres qui en découlent.

Près d'un siècle de malheur. L'ancêtre, Coste, a perdu sa femme et ses deux fils au Mexique, et est revenu s'installer en France peu après la chute du Premier Empire. Il se sent visé par le destin, qui est appelé Dieu, mais qui n'a rien de chrétien, et que nul ne songe d'ailleurs à faire apaiser par les soins de l'Église. Par une vieille marieuse truculente et sagace, Mlle Hortense, il cherche pour les deux filles qui lui restent des maris dont la famille soit « oubliée de Dieu » : ce seront les rustiques Paul et Pierre de M. qui épouseront Clara et Anaïs. Quant à lui, pour détourner le destin, il s'en va pacifiquement à la pêche ; mais il se plante un hameçon dans le pouce, et meurt du tétanos. Ses deux filles ont des enfants. Mais Marie, la fille d'Anaïs, à trois ans, s'étouffe avec une cerise, et le même jour sa mère meurt en couches. Plus tard le frère aîné de Marie disparaît. Clara et Paul, afin d'échapper à la malédiction, partent pour Paris avec leurs deux fils : tous quatre meurent dans le fameux accident de chemin de fer de Versailles en 1842. Pierre de M., resté dans sa propriété du Moulin de Pologne à côté de Manosque (le nom, réel,

435

est celui d'une maison située à 25 kilomètres de la ville, et qui sera, après la publication du roman, détruite par un incendie...) deviendra fou et mourra à l'asile. Son unique fils survivant, Jacques, celui dont la naissance a coûté la vie à sa mère, va épouser sa sœur de lait, Joséphine; bouleversée par l'annonce de ce projet, Mlle Hortense lui court après, roule dans l'escalier et se tue; lui meurt d'apoplexie ou de crise cardiaque à quarante-deux ans, deux mois avant sa femme. De leurs deux enfants, l'aîné, un beau ténébreux frénétique, se ruine et se suicide. Sa sœur Julie, musicienne, nerveuse, raillée par ses camarades d'école, entendant un coup de fusil, tombe en convulsions et en garde la moitié du visage tordu et défiguré.

C'est là qu'intervient le mystérieux inconnu qui a occupé le début du roman : M. Joseph. La bonne société de la ville, ne sachant comment le classer, a fait courir sur lui des bruits inquiétants : c'est, dit-on, un jésuite de robe courte très haut placé dans sa hiérarchie; les Machiavels de chef-lieu de canton (Giono est en pleine lecture des lettres de Machiavel) s'en donnent à cœur joie de chuchotements entendus et solennels sur de prétendus mystères entièrement nés de leurs fantasmes, et de l'importance qu'ils s'accordent. Un soir de bal, Julie, qui a atteint la trentaine, se met à valser, seule, puis s'enfuit chez M. Joseph. Émoi dans la ville. M. Joseph enlève Julie. Ils se marient, et M. Joseph prend le nom de jeune fille de sa femme (de M.); ils s'aiment et sont heureux. Lui fait revivre le domaine du Moulin de Pologne, et meurt normalement de vieillesse. Restent sa femme, et leur fils, Léonce, qu'il avait adoré, et qui épouse la douce et limpide Louise; elle n'a pas d'enfants et peu à peu devient paralysée.

Nous sommes à la cinquième génération des Coste, et vers 1914 environ – les chronologies de Giono sont toujours fluides. Giono s'arrête au seuil de son dernier chapitre, en juillet 1950. Il en est à l'aboutissement du destin de sa famille maudite. Comment la faire disparaître? Il pense, depuis octobre ou novembre 1949, peu après le début de sa rédaction, à une désintégration dont l'instrument serait une femme que dans ses notes il appellera longtemps «le démon», et dont l'emblème est une fleur maléfique, l'iris de Suse (il y a trois Suse dans l'esprit de Giono : le village de la Drôme dont le château apparaît dans *Angélique* – Suze exactement, mais l'orthographe des noms propres chez Giono... – la ville piémontaise, et la capitale de l'ancien royaume babylonien, cité dans la Bible). Disons, en anticipant, que lorsqu'il reprendra sa rédaction à la fin de 1951, Giono donnera à cette femme successivement les prénoms de Marion, d'Adeline, d'Irma; c'est une gourgandine avec qui Léonce partira, laissant dans le désespoir sa mère, Julie, dont on ignore d'ailleurs ce qu'elle devient : elle disparaît comme Mme Numance dans *Les Ames fortes*. Ce «démon» est un peu une figure d'Hélène, instrument de la fatalité, telle que la présentait la préface à l'*Iliade* écrite juste avant *Le Moulin de Pologne*.

Sauf *Le Grand Troupeau,* aucun de ses romans n'a donné autant de mal à Giono. Aucun ne comprend autant de scènes écrites puis écartées : si elles avaient subsisté, la longueur du livre serait doublée. *Le Moulin de Pologne* a été un carrefour dans l'esprit du romancier : il y introduit brièvement le procureur grenoblois « amateur d'âmes » d'*Un roi sans divertissement,* qui a vocation à être témoin des étrangetés psychologiques – ici, celles de M. Joseph et de Julie. Et il a songé à y faire entrer aussi Angelo du *Hussard,* qui aurait eu avant Léonce de M. une aventure avec le « démon ». Il y a finalement renoncé. Il a même envisagé de renoncer à l'ensemble du roman, selon une lettre du 12 décembre 1950 à Claude Gallimard : il n'en était pas satisfait. Le 11 juillet 1951, il a écrit à l'éditeur qu'il venait de terminer le roman, et sans doute le pensait-il. Il s'y remettra pourtant à la fin de l'année.

De ces hésitations, de ces repentirs, émerge un curieux livre[40], qui par plusieurs aspects tranche sur le reste de l'œuvre. Des épigraphes à chaque chapitre, un récit écrit par le narrateur[41], à peu près pas de paysages, peu de dialogues.

Le narrateur est prudent : c'est un homme de loi, peut-être notaire – son modèle physique était un réel clerc de notaire manosquin. Son langage est feutré ; sans aller jusqu'au ton soutenu, il ne recèle aucune expression grossière ni même populaire. Discrétion ou méfiance, il ne désigne les familles de la bonne société de la ville que par des initiales : les de M., de K., les H., les T., les S.[42] Il est quelque peu sournois. A l'avant-dernière page du livre, il fait une révélation : « Ai-je dit que je suis bossu ? », qui, placée ainsi *in extremis,* jette rétrospectivement une lueur sur le crédit à accorder à ses propos, ceux d'un complexé et d'un envieux. Au moment où il écrivait son roman, Giono me parlait de ce personnage comme d'« une petite taupe qui creuse ses galeries. Il rencontre une racine, la suit un moment : "Bon, celle-là, elle va là." Puis une autre, et ainsi de suite, toujours sans faire de bruit ». Qu'il soit peu mondain et mauvais danseur, Giono le lui pardonnerait facilement : c'est son propre cas. Mais pas d'ignorer ce qu'est l'amour, ni surtout d'être fermé à la musique : elle ne lui « apporte rien » : péché irrémissible[43]. Il est fondamentalement égoïste : à la fin du drame, tranquillement, il se remet à ses fleurs. Il cherche à se faire valoir dans la bonne société de la ville. Astucieux, mais retors et arriviste. Calculateur, mais sans rien de grandiose dans le calcul comme le « Saint Jérôme » de *Noé :* d'une méchanceté mesquine, et guettant avec satisfaction le malheur des descendants de Coste. C'est chez Giono le seul narrateur de ce type, le seul qui dégage une impression de malaise.

Quelques rares personnages sont vraiment saisissants, comme la vieille Mlle Hortense. Mais aucun n'a le format de ceux des *Ames fortes.* La démesure est ici celle du destin, non des êtres. La plupart des bourgeois et des petits nobles ont assez peu de relief. Quant au dénouement volontairement dérisoire – disparition du dernier des Coste par son départ avec une femme de rien –, il ne parvient pas à créer un choc, à l'opposé d'*Un roi sans divertissement,* des *Ames fortes,* bientôt des *Grands Chemins,* dont les dernières pages culminent sur des morts saisissantes.

Tout se passe comme si Giono avait cherché à ajuster ensemble des éléments trop hétérogènes pour n'être pas incompatibles. C'est tout d'abord le mystérieux M. Joseph, en qui certains critiques ont vu « l'homme supérieur inventé par Balzac[44] », d'autres une sorte d'ange, d'autres une espèce de démon[45]; Giono dira dans une lettre à Marcel Thiébaut[46] qu'il ignore lui-même qui est ce personnage. Il masque ainsi sa source principale. Car, transposé dans le milieu de bourgeoisie et de petite noblesse de Manosque, c'est Jean Antoine Giono que son fils fait ici revivre en M. Joseph. Il a commencé par l'appeler « M. Jean » – le nom par lequel chacun dans la ville désignait son père – et par lui donner un nom italien[47]. Puis, trouvant les deux détails trop transparents, il les supprime. Mais il reste que, comme Jean Antoine, M. Joseph est, à Manosque, un étranger qui vient d'on ne sait trop où. Il épouse une femme nettement plus jeune que lui (vingt ans dans le roman, près de treize chez les parents Giono), et dont la famille est, elle, enracinée à Manosque depuis longtemps. Il n'a pas de fortune. Sans être cordonnier – puisqu'il est transposé dans la bourgeoisie –, il loge chez des cordonniers, et il a toujours des souliers parfaits[48]. Il est bon, et généreux : « d'une libéralité excessive ». A-t-on besoin de quoi que ce soit ? « Qu'est-ce que vous attendiez pour vous servir ? Il n'avait rien à lui. Vous preniez et vous vous rendiez compte que vous lui faisiez plaisir. » L'âge lui fait les cheveux et la barbe blancs ; il a « une demi petite attaque » et vieillit, « perdant quelques qualités, gagnant quelques défauts, très résolument égoïste, tatillon, conservant sa noblesse de pensée », avant de mourir à plus de soixante-dix ans[49]. Quant à Julie, sa femme (très différente par ailleurs de Pauline Giono), elle chante magnifiquement, et, contrairement à lui, elle est très pieuse[50].

Ils ont un fils unique, Léonce, qu'ils adorent, et qui est beau et séduisant au point d'être irrésistible. Son portrait occupe toute une page, et pourrait presque être un portrait de Giono jeune. Il est « d'une timidité farouche (faite en grande partie de fierté) ». « Il confiait sa vie entière, sans aucune réserve, à un idéal de forme et de formule généralement impossible à réaliser sur terre (il était dans cet ordre d'idées d'une naïveté étonnante) et il avait toutes les forces voulues, toute la patience, tout le courage qu'il fallait pour s'obstiner mordicus dans sa décision sans tenir compte des risques ni des périls. » Voilà pour le Giono pacifiste. « Son caractère, extrêmement ferme pour les rêves quand il s'agissait d'employer toutes ses forces à essayer de les réaliser, ne lui permettait aucune facilité. Il s'en permettait une seule : la solitude, à quoi l'inclinait son tempérament. Il pouvait vivre indéfiniment seul, mais il fallait être dépourvu de la plus modeste des intelligences pour méconnaître son extraordinaire appétit d'amour que son mépris apparent dissimulait par timidité. » C'est Élise qui m'a dit un jour : « Au fond, Jean n'aurait pas dû se marier. Il avait en lui tout ce qu'il lui fallait. Il n'avait besoin de personne à ses côtés. »

Le portrait de Léonce se poursuit ainsi : « L'imagination de Léonce était fort vive et je dois dire qu'à maintes reprises elle m'épouvanta. Ce jeune homme (car je connus ce trait de son caractère quand il était encore un jeune homme) ne voyait pas, n'avait jamais vu le monde réel. Il créait tout ce dont il avait besoin : pureté, fidélité, grandeur. Dans la solitude absolue où il se maintenait c'était facile. (Comment lui, qui avait tant d'aversion pour la facilité et qui exigeait tant de lui-même, ne s'apercevait-il pas qu'il prenait là le biais le plus facile ?) Il faut surmonter de plus grandes difficultés pour vivre dans le monde réel impur, infidèle et médiocre. » C'est ici le Giono de la maturité qui juge le Giono de la jeunesse. Les deux pages qui suivent contiennent encore, au milieu d'éléments romanesques amenés par l'action, nombre de notations qui s'appliquent de très près à Giono : sa « générosité princière » qui va jusqu'à la « démesure »; ses colères « nourries furieusement par son imagination ». Et surtout ceci, parce qu'il s'agit de création, et que toute l'œuvre de Giono avant la guerre y est jugée : « Comme il aimait le beau, je pense à la façon de chanter de Julie, le monde qu'il créait de toutes pièces était beau dans ses moindres détails; et comme il n'était pas méchant, les êtres avec lesquels il avait commerce étaient parés, avant toute chose, des qualités les plus rares. » Et voici l'invention d'après-guerre : « (…) si, sur le coup d'une blessure plus aiguë, il s'attachait à regarder de très près l'être humain qui la lui avait infligée, il passait à l'exagération inverse, et à partir de défauts ou de vices pour quoi vous ou moi aurions eu la plus grande indulgence désabusée, il inventait, pour les besoins de ses colères (extrêmement violentes) des monstres infâmes, caricatures abominables de nos turpitudes les plus courantes et les plus naturelles[51]. » Comment ne pas penser aux personnages des *Ames fortes* ?

Tandis qu'il est militaire, il fait la connaissance d'une jeune Louise. Ce n'est pas seulement la consonance des prénoms qui fait songer à Élise. Ils sont d'abord éloignés puisqu'il est dans l'armée, mais il est, « quoique séparé d'elle, d'une fidélité de fer »; il repousse toutes les autres femmes; et ils ont une correspondance quotidienne. Tout cela, c'est Jean et Élise pendant la guerre de 14. Louise est d'ailleurs l'image d'Élise : fille unique, « cultivée, sage, jolie au surplus et aimant manifestement pour la première fois »; « la jeune fille la plus exquise qu'on pût rêver (…), la perfection même[52] ». « Elle semblait faite *sur mesure* pour Léonce. Il pouvait vraiment s'engager pour la vie. Il le faisait sans réticence, avec sa bonne foi habituelle mais en plus toute la gravité nécessaire. » Le mariage est « une extraordinaire réussite humaine », « le bonheur sans mélange le plus égal ».

Si les ressemblances de Jean Antoine avec M. Joseph et de Jean avec Léonce ont jusqu'ici échappé aux commentateurs, c'est que Giono a placé leurs portraits dans un coin du tableau – comme déjà l'évocation de son père dans *Les Ames fortes* – et les a éclipsés volontairement derrière quelque chose de plus spectaculaire, qui est le second élément essentiel du livre : la fatalité qui poursuit les Coste durant cinq générations, et qui est évidemment étrangère à la famille de Giono. Nulle ressemblance entre les Coste et les Pourcin. Il y avait eu, paraît-il, dans les Basses-Alpes une famille frappée par une série de malheurs[53], à partir de laquelle Giono allait en 1955, dans la préface à une réédition du *Moulin de Pologne,* en inventer une autre qu'il donnerait comme la source réelle des Coste de son roman. On peut douter de l'histoire : en 1953, Giono déclarera : « Cette histoire de famille est totalement inventée. Je déteste travailler sur du vrai[54]. » L'ensemble a d'ailleurs du mal à s'accrocher à celui de la famille Giono. Quelle fatalité pouvait menacer Jean et Élise, qui, contrairement à Léonce et Louise, avaient deux filles et allaient passer leur vie ensemble ? La fin du *Moulin de Pologne,* c'est une figure de l'anéantissement de Giono s'il avait quitté sa femme pour en suivre une autre.

D'où peut-être les hésitations du romancier : il donne le roman à *La Revue de Paris* qui le publie de mai à août 1951, avec un dernier chapitre où apparaît le « démon », alors appelé Adeline – ressemblance significative avec l'exquise Adelina White de *Pour saluer Melville ;* plusieurs pages lui sont consacrées avant son départ avec Léonce. Cette fin est la troisième version que Giono ait rédigée. Il n'en est pas satisfait. Après avoir achevé *Le Hussard sur le toit* en avril 1951 (j'anticipe dans un souci de clarté), il reprend l'épisode, et en rédige successivement trois autres versions, où apparaît toujours le « démon », maintenant appelé Irma. Il se décide pour une septième : une fin abrégée, abrupte, où seule subsiste l'existence du « démon », mais sans qu'elle soit décrite ou que sa nature soit commentée : on n'entrevoit d'elle qu'une silhouette. C'est cette fin qu'il envoie à Gallimard vers le 25 mai 1952, pour l'édition en volume qui paraîtra au début de janvier 1953. Il ne laissera cependant pas perdre la sixième version : elle paraîtra dans *La Parisienne* en avril 1954. C'est le seul de ses romans dont le dénouement – ou tout autre épisode – ait été publié par lui dans trois versions différentes[55].

Les Grands Chemins

Revenons en arrière, à ces premiers mois de 1950 où Giono bataille avec *Le Moulin de Pologne.* Il arrive à Giono de se détendre dans de petits travaux, comme une préface à *La Route du vin* de Maurice Chau vet. Plus significatif est un court texte rédigé en février, pour accompagner des illustrations de sa vieille amie le peintre Édith Berger : *Village*[56]. Il s'agit de Lalley, où elle habite. Curieuses pages : elles manifestent comme un retour à la période des *Vraies Richesses* où Giono a découvert Lalley, et où les paysans de ses livres étaient beaux et paisibles dans leur travail aux champs, avec leurs bêtes : « Le bonheur, ici, pour n'être pas si vif, si excitant, si éblouissant que celui qui éclate en spasmes d'or dans les rêves de bâtisseurs de Babel, pour être même, je vous l'accorde, invisible, est le cinquième élément du monde aussi incontestable et présent que les quatre autres. » Giono a replongé pour quelques instants dans Virgile. Son style est bien celui de 1950, désinvolte, acéré. Mais il s'en sert pour s'accorder un bain de pureté, comme s'il voulait revenir à une face du monde opposée aux ténèbres dans lesquelles il travaille à l'époque. Le titre de *Village* suggère qu'il a voulu faire contrepoids aux récits de *Faust au village* : Lalley, dont il s'agit dans les deux œuvres, n'est pas fait d'un grouillement d'intérêts, et son aspect n'a rien de démoniaque ; c'est ici le village sans Faust – et sans le diable.

Quand il s'interrompt dans *Le Moulin de Pologne* en juillet 1950, il ne se sent toujours pas prêt à reprendre *Le Hussard sur le toit*. Après une nouvelle cure estivale à Gréoux – il souffre toujours de la goutte – il va s'atteler à une œuvre plus simple, et dont surtout les personnages ont plus de distance avec lui : *Les Grands Chemins*[57]. Ce projet datant de douze ans, vingt fois remanié en esprit, ce titre qui a recouvert tant de personnages, de thèmes, de scènes, et que Giono a plusieurs fois présenté comme un de ses grands livres à venir, il est surprenant de le voir aboutir non à un grand *Don Quichotte* moderne, mais à un récit linéaire assez bref, pour lequel Giono hésitait, écrit-il à Claude Gallimard le 6 novembre 1949, entre le titre de *Tombeau pour deux amis* et celui de *L'Épreuve et l'Adieu*, et qu'il appellera au début de sa rédaction *Bucolique 43 ;* un récit fait dans le droit fil de la chronologie, sans aucun de ces jeux avec les fragments de temps qui avaient affirmé la virtuosité narrative d'*Un roi sans divertissement,* de *Noé,* des *Ames fortes,* du *Moulin de Pologne,* et même de *Mort d'un personnage.* Le récit, qui sonne très « parlé », est mis dans la bouche d'un conteur unique, dont la langue est vive, imagée, populaire comme celle des « veilleuses » des *Ames fortes,* mais souvent plus argotique que la leur, et où Giono laisse bien rarement passer des phrases qui sonnent comme étant de lui et non de son personnage[58]. Son discours est entièrement au présent de narration, de la première à la dernière ligne. Le narrateur est clair, sensible mais direct, sans complications – le contraire du tortueux homme de loi du *Moulin de Pologne* : ce n'est pas un homme de la ville, mais du grand air. Il est capable de faire une démonstration de labourage au tracteur (on est loin du début de *Que ma joie demeure*). Avec lui Giono, qui retrouve presque la rapidité de rédaction d'*Un roi sans divertissement,* marche allègrement, à grandes enjambées : le roman est achevé en moins de deux mois et demi, du 10 octobre au 22 décembre 1950.

Du XIXe siècle des *Ames fortes* et du *Moulin de Pologne,* on revient au temps présent : 1948-1950. Ce va-et-vient entre le XIXe et le XXe siècle que Giono avait envisagé pour sa « décalogie » du Hussard, il l'applique finalement aux *Chroniques.* Le décor : les Alpes encore (mais avec moins de précision que dans *Les Ames fortes*); puis la Drôme; mais les indications sont trompeuses[59]. Peu importe, puisque seul ici compte le mouvement.

La route, l'amitié, le jeu, le mensonge, des thèmes familiers à Giono. La route : non pour aller quelque part, mais pour aller, simplement. Deux amis de fraîche date qui se déplacent, souvent ensemble, au gré du travail qui s'offre, comme déjà dans *Un de Baumugnes* et dans « Solitude de la pitié »; ou – sans chercher de travail mais avec un but précis – Antonio et Matelot dans une partie du *Chant du monde.* L'amitié – un sentiment dont Giono a toujours affirmé et prouvé la valeur exceptionnelle qu'elle avait pour lui : je garde, du temps du Contadour, une dédicace : « L'amitié est au-dessus de tout. » Ici, elle a un trait particulier. Si l'un des deux amis, le narrateur anonyme, est gentil, dévoué, sans histoires, actif, l'esprit et l'œil vif, apprécié des femmes qui l'accueillent sans façon dans leur lit – une nouvelle mouture, en plus jeune et en plus moderne, d'Amédée d'*Un de Baumugnes* –, tout autre est celui qui le fascine et auquel va son amitié : c'est un salaud, menteur non pas tant par plaisir que par intérêt, mesquin, tricheur, le regard faux. Son camarade l'appelle en lui-même « l'artiste »; on ignore quel nom les autres lui donnent. Artiste non parce qu'il joue de la guitare – il ne le fait qu'incidemment et sans éclat –, mais parce qu'il tire d'un jeu de cartes tout ce qu'il est possible d'en tirer en fait de virtuosité prestidigitatrice. Il se sert de son habileté diabolique pour tricher au jeu. Il y gagne gros : dans la région, le jeu est le principal remède à l'ennui, et on y joue parfois toute sa fortune sur une seule carte – comme déjà dans « Monologue » de *Faust au village,* et plus tard dans *Provence.* Il se fait prendre, et sauvagement tabasser : les os des mains brisés, il ne pourra plus manier les cartes. Son ami l'emmène, le soigne, le sauve. Mais « l'artiste » étrangle une vieille femme – pour essayer ses mains ? Elle est si faible qu'elle meurt plutôt de peur que de strangulation. Il est recherché. Pour lui éviter d'être pris, son camarade, après un face-à-face silencieux où il revit avec lui son crime, le tue de deux coups de feu, comme Langlois avait exécuté M. V. dans *Un roi sans divertissement.*

Plusieurs lignées se croisent ici. Celle des *Ames fortes :* l'accent est mis sur le mensonge; et le récit se ferme sur un meurtre justifié et impuni, suivi d'un instant de bonheur. Deuxième tradition : les picaresques, car le héros est un vaurien qui court l'aventure sur les routes. En troisième lieu, les romans américains. Car la source essentielle des *Grands Che-*

mins est *Des souris et des hommes* de Steinbeck[60], où le camarade du doux débile mental meurtrier l'exécute à la fin, par humanité. Mais Giono, en reproduisant ce schéma, n'a pas plagié le romancier américain. Il était conscient de reprendre son bien : le meurtre de Mon Cadet par Marceau Jason dans *Deux Cavaliers de l'orage,* prévu dès 1938, l'exécution de M. V. dans *Un roi sans divertissement,* étaient déjà des meurtres fraternels. D'ailleurs il y a, entre le dénouement de Steinbeck et celui de Giono, une différence essentielle : chez le premier, Lennie, abattu par George d'une balle dans la nuque, ne sait pas que son ami va le tuer ; chez le second, le narrateur tire de face sur l'Artiste, qui le regarde : il y a accord (comme chez Langlois et M. V.) entre la victime et l'exécuteur, et l'exécution est un acte d'amour réciproque. Giono a souvent cité – la première fois, je crois, le 22 novembre 1942 dans un carnet de préparation – les vers d'Oscar Wilde dans la « Ballade de la geôle de Reading » : « Tout homme tue l'être qu'il aime », comme exprimant une pulsion profonde aux multiples aspects. Ce nouvel avatar du thème de la fraternité tire une amertume supplémentaire du fait que l'amitié du narrateur va à un homme méprisable – et qui a d'autant plus besoin d'amitié. On peut y voir, après les liens qui ont uni Thérèse et Mme Numance dans *Les Ames fortes,* une nouvelle variation sur l' « homosexualité du sentiment[61] ».

Encore un tour de force de psychologie imaginaire. Tour de force comme celui dont Balzac était conscient avec *César Birotteau,* où il avait fait un héros d'un imbécile ; ici Giono a voulu en faire un non d'un grand criminel – c'était banal et facile – mais d'un petit fumier. D'où un côté imperceptiblement mince peut-être dans le contenu ; non dénué de vie, certes, mais d'une vibration émotive un peu réduite. Est-ce pour l'amplifier quelque peu que Giono redonne vie au thème, délaissé par lui depuis dix ans, du grand orage, qui avait été un de ses leit-motiv jusqu'en 1939 ? Celui qui conclut *Les Grands Chemins* dure plus de quinze pages. Foudre, tonnerre, pluie diluvienne, rien n'y manque – sauf le grandissement panique de *Que ma joie demeure* et de *Deux Cavaliers de l'orage.* C'est un beau décor, mais pas un véritable paroxysme.

Giono songera un an plus tard, il l'écrira à Gaston Gallimard le 15 décembre 1951, à « une suite très virgilienne et aristophanesque des *Grands Chemins,* titre provisoire *La Prétentaine* » ; il compte, dit-il, l'écrire en 1952. Il ne le fera pas. Cette suite doit dans son esprit avoir « le même récitant[62] ». Mais le projet ne sera jamais réalisé.

Chapitre 19

La stature retrouvée

Fin du *Hussard sur le toit*

La dernière phrase des *Grands Chemins,* « Le soleil n'est jamais si beau qu'un jour où l'on se met en route », pourrait s'appliquer, dans son allégresse, à la reprise du *Hussard.* Avec Angelo et Pauline, Giono se remet en route, en décembre 1950. L'errance reprend, et la liberté. Après deux ans et demi d'arrêt, le romancier, qui a su dès le début où allaient ses héros, a enfin trouvé le chemin pour les y amener. Il les avait laissés au milieu du chapitre 10, lors de leur deuxième rencontre, non loin de Manosque. De leurs aventures, il tenait déjà quelques épisodes, résumés pour lui-même en octobre 1949 dans la Postface à *Angelo*: la beuverie à deux dans la maison déserte, le choléra de Pauline suivi du départ d'*Angelo* pour l'Italie. Cela emplira vingt-cinq pages sur les cent cinquante qui restent à écrire pour que le livre ait son poids et son équilibre.

Cent cinquante pages durant lesquelles un jeune homme et une jeune femme, sur le bord de l'amour mais sans jamais s'en parler, vont chevaucher ou marcher côte à côte pendant six jours. C'est une prouesse que de ne pas laisser fléchir l'intérêt dans un schéma aussi uniforme. Contrairement à l'itinéraire d'Angelo jusqu'à son arrivée à Manosque, lequel est parfaitement repérable, le chemin qu'il suit avec Pauline de Manosque à Théus passe par un pays fictif : les noms de lieux, bien qu'ils ne soient pas inventés, ne correspondent à aucune géographie réelle. Mais cette Provence imaginaire sonne aussi juste que l'autre. Les descriptions restent brèves, mais intenses et vibrantes. Un corbeau (porteur de choléra ?) qui vient du bec piquer Pauline au visage ; une auberge où chacun se méfie de tous ; un couple de paysans qui se font l'écho de bruits fantastiques où la légende napoléonienne se mêle à l'épidémie ; une arrestation suivie d'un court séjour dans une horrible quarantaine et d'une évasion spectaculaire ; un piège tendu aux voyageurs par des paysans devenus brigands, mais déjoué ; tels sont quelques-uns des épisodes que traversent Angelo et Pauline, aussi brillants, nets et sensibles l'un que l'autre, bien que lui soit apparemment invulnérable, alors qu'elle montre quelques faiblesses – la plus marquante étant qu'elle est finalement frappée par le choléra. Leurs conversations sont de plus en plus confiantes, et ils se révèlent discrètement l'un à l'autre.

Ce qui était encore en suspens dans les chapitres précédents, c'était le sens au moins symbolique que pouvait avoir la monstrueuse absurdité du choléra. Plusieurs inconnus que rencontrent les voyageurs, un quinquagénaire à l'auberge, un clarinettiste croisé dans la campagne, et surtout un vieux médecin truculent qui recueille Angelo et Pauline surpris par l'orage, expriment chacun leur vue là-dessus. Le médecin, amateur de Hugo et de Musset, se livre longuement à deux descriptions entrecroisées du choléra, l'une clinique et l'autre poétique, qui coupent le souffle. L'organisme humain y prend des dimensions macrocosmiques : le foie a des profondeurs d'océan, les convulsions du malade sont volcaniques. La maladie n'est pas ici assimilée à quoi que ce soit d'extérieur ; elle ne symbolise plus directement la guerre comme cataclysme : elle est un phénomène moral, à la fois égoïsme né de la solitude, et sursaut d'orgueil dû à la démesure de l'être et produisant une impatiente curiosité. Dans cet intense et foisonnant morceau de bravoure, il est difficile de trouver une totale cohérence logique. La poésie fantastique du *Cœur cerf* vient ici, pour la seule fois, exploser dans le roman, sans y produire pourtant de rupture ; elle culmine paradoxalement sur une description clinique, copiée par Giono dans des ouvrages de médecine du temps, de l'agonie du cholérique.

Le dernier chapitre, le plus court, le plus beau peut-être, est d'une rapidité vertigineuse. Brusquement, Pauline est terrassée par le choléra. Angelo la déshabille, la frictionne jusqu'aux limites de ses forces, s'endort épuisé. Elle est sauvée. Comme s'ils avaient fait l'amour, elle le tutoie, alors qu'il la vouvoie toujours : elle lui appartient, il ne l'a pas prise – respect, désir de défendre sa propre liberté, ou l'un et l'autre. Il la raccompagne chez elle, et pique des deux vers l'Italie où l'attend l'action révolutionnaire. Écho des anciens schémas : après avoir sauvé Pauline – sauvetage individuel cette fois – il la déserte ; mais c'est pour partir vers une action de sauvetage collectif – qui échouera.

Cette fois, plus rien n'arrête Giono dans sa rédaction. Il la mène dans l'allégresse[1]. Lorsqu'il met le point final à son roman le 25 avril 1951, il se décide pour un titre : *Le Hussard sur le toit*. Souvenir du *Bœuf sur le toit* de Cocteau ? Sans doute, mais non en hommage : Giono ne devait guère apprécier ce genre de fantaisie. Dans sa cocasserie insolite, le titre colore le livre d'une nuance d'ironie énigmatique, comme pour faire contrepoids à l'horreur accablante du choléra. Mais il dissimule ainsi, par pudeur, la vraie nature de ce brillant roman d'aventures : la dimension épique. C'est là la seconde épopée romanesque de Giono, après *Batailles dans la montagne*. Mais, à la différence de la première, une distance se manifeste ici assez souvent entre le héros et le narrateur, bien que celui-ci reste neutre, et que les interventions d'auteur à la Stendhal y soient toujours dissimulées. Bien qu'aucun épisode précis n'y rappelle le *Roland furieux,* l'Arioste revient cinq fois à l'esprit d'Angelo, et Giono ressemble à l'Arioste tel que le définit Italo Calvino : « Ce poète qui souffre de ce que le monde est comme il est, de ce qu'il n'est pas comme il devrait être, et qui le représente néanmoins comme un spectacle multicolore et multiforme, à considérer avec une sagesse narquoise[2]. » Sagesse narquoise, voilà un des points qui différencient le Giono du *Hussard* et des *Chroniques* de celui d'avant la guerre. Comme Stendhal jugeait Lucien Leuwen ou Fabrice del Dongo avec ironie bien qu'avec tendresse, Giono – qui a sensiblement l'âge auquel Stendhal a écrit ses romans – donne à Angelo des illusions et de la naïveté. Angelo se juge lui-même, Pauline se juge aussi et de plus juge Angelo. Cette lucidité souriante ajoute à leur naturel et à leur séduction. Et l'humanité autour d'eux, dans sa richesse, dans sa diversité – des égoïstes aux dévoués, des poltrons aux braves, des crédules aux perspicaces, des brutaux aux subtils, des sceptiques aux lyriques, des humbles aux piaffants – est sans cesse jaugée et souvent jugée par un esprit toujours en éveil, dans une langue dont chaque mot porte. Un des grands romans du siècle.

Pour la publication, Giono songe un moment à souligner, sous forme de « prière d'insérer », les aspects politiques de son roman : les accusations insensées portées par certains Manosquins contre Angelo, traité d'empoisonneur de fontaines – écho de celles dont Giono lui-même a subi l'assaut[3]. Preuve qu'en 1951 cette cicatrice n'est pas refermée, et qu'il reste indigné d'une mauvaise foi aussi sectaire. Mais il renonce à son texte, réfléchissant peut-être que seuls de rares épisodes du roman sont teintés par cette rancœur, et surtout qu'il vaut mieux laisser parler l'œuvre seule.

Vers la sortie du tunnel

1949 a été la dernière année où Giono ne soit pas encore remonté pleinement à la lumière. Après le silence total de 1944 à 1946, 1947 a été l'année des tirages confidentiels, passés sous silence par l'ensemble de la critique : on rend assez peu compte d'ouvrages publiés à tirage limité, de fragments d'œuvres nouvelles adjoints à des rééditions ou parus en revue[4], ou de préfaces à des morceaux choisis[5]. 1948 sera à peine différent. En janvier de cette année sont pourtant sortis, en tirage normal, deux grands romans, *Un roi sans divertissement* chez Gallimard, et *Noé* à la Table ronde. Mais c'est toujours, dans une bonne moitié des périodiques, le silence. Dans sa rubrique « Extraits de presse », le *Bulletin de la NRF* de mars se bat les flancs pour trouver à citer quelques phrases qui louent le premier; et elles viennent de journaux qui ne sont pas de très grande diffusion: *La Bataille* du 11 février (Gilbert Guilleminault), *Entre nous* du 11 février (Jean Champomier), *Témoignage chrétien* du 20 février (Pierre Debray), *Gavroche* du 3 mars (Maurice Faure); un quotidien suisse, *La Gazette de Lausanne* du 10 avril (Emmanuel Buenzod), un de province, *La Liberté du Centre* du 28 février (André Weber). Il faut saluer ces courageux vigilants.

Il en est de même pour *Noé*. Dans le numéro de mars 1948 de *la Table ronde*, un placard de publicité donne ces mêmes extraits de presse qui ont servi au *Bulletin de la NRF* pour *Un roi sans divertissement*: *La Bataille, Témoignage chrétien, Gavroche* (qui ont rendu compte des deux romans à la fois); et deux quotidiens de province, *Dernière Heure* de Marseille et *Lyon libre*. Seule adjonction notable: Maurice Nadeau dans *Combat* que le *Bulletin de la NRF* n'avait pas cité, vu qu'il était peu enthousiaste, le recenseur avouant n'avoir rien compris à l'histoire d'*Un roi sans divertissement*. Ni la publicité de *la Table ronde* ni le *Bulletin de la NRF* ne font état d'une brève critique, réticente, de Jean Blanzat dans *Le Figaro littéraire* du 13 mars. C'est avec un peu de retard que paraissent un long article confus et dans l'ensemble négatif de Jean-H. Roy dans *Les Temps modernes* d'avril, et, en août-septembre, dans *Les Cahiers du monde nouveau,* un compte rendu signé M.C. (Maurice Colinon), qui, malgré quelques éloges partiels, ne donne guère envie de lire *Noé*. Aucun critique n'a perçu la grandeur réelle du Giono « nouvelle manière ». Certains l'ont parcouru d'un œil distrait: P. Debray croit qu'*Un roi sans divertissement* se passe « dans un petit village méditerranéen », et que Langlois s'y tue le soir de ses noces; et il a si mal lu *Virgile* qu'il y trouve encore la veine des *Vraies Richesses*[6]. Beaucoup ne se retiennent pas de lancer de petites pointes, plus ou moins dissimulées, soit au « prêtre-prophète » du Contadour, soit à la conduite supposée de Giono sous l'Occupation. Bien d'autres s'abstiennent: ni *Le Monde,* ni *Carrefour,* ni *Les Nouvelles littéraires* ne mentionnent *Un roi sans divertissement* ni *Noé*.

Pourtant certaines grandes revues renouent avec Giono. *La Revue de Paris* publie *Mort d'un personnage* en juin et juillet 1948, et *la Table ronde* prend le relais, de juillet à octobre, avec les chapitres 6 à 8 du *Hussard,* intitulés « Le hussard sur le toit ». Mais le terrorisme manichéen veille toujours. On regarde ailleurs quand il est question de Giono. La gauche française, et même le reste de l'opinion, s'est laissé persuader par l'intelligentsia dans la mouvance communiste que Giono a été un collaborateur et n'a droit qu'à un statut de paria. Quiconque tente de douter de cet article de foi, ou même d'y introduire des nuances, est rangé parmi les ennemis: « Quiconque n'est pas avec nous... » Exemple: *Les Lettres françaises,* jusqu'au 1er janvier 1948, portent, sous le titre, la mention: « Fondateurs: Jacques Decour (fusillé par les Allemands) et Jean Paulhan. » Mais à partir du 15 janvier, le nom de

Paulhan disparaît sans explication : ayant cessé d'être un inconditionnel, il a par là même cessé d'être un fondateur du journal[7]. Et il y sera ouvertement attaqué, le 3 juin suivant, sous le titre « Jean Paulhan, le Barnum de poche ou l'erreur dans les lettres ». Il vient là après d'autres dans une série publiée à compter du 13 mai par René Lacôte sous un surtitre général : « Du nouveau dans la littérature française ? Les revenants dans les boutiques ». La première cible est Jouhandeau. La seconde, le 20 mai, est Giono. Titre : « Ce Virgile du XXe siècle est un industriel dont les affaires vont mal. »

L'article, qui ne cite le titre d'aucune œuvre de Giono sauf *Colline*, est coupé en plusieurs endroits par des citations de la *Lettre aux paysans* – citations dont on ne dit pas d'où elles sont tirées. La première : « Ce qui me passionne le plus, c'est la richesse. » La richesse véritable, celle de la vie et de la nature, entendait naturellement Giono. René Lacôte implique qu'il s'agit de l'argent. Cette mauvaise foi cynique se retrouve au long de l'article : « Le néo-paganisme hitlérien n'était d'ailleurs pas pour le gêner (...), il avait récupéré outre-Rhin, depuis plusieurs années déjà, les lecteurs perdus en France (...). Les maîtres du Troisième Reich avaient leurs raisons en diffusant cette œuvre (...). Giono avait aussi les siennes en s'attachant à ses nouveaux clients. »

Public perdu en France avant la guerre, mensonge ; œuvre diffusée par les nazis, mensonge (*Colline, Regain, Le Grand Troupeau, Un de Baumugnes*, avaient été traduits de 1931 à 1933) ; effort de Giono cherchant à s'attacher à des « clients » nazis, mensonge. Puis vient l'affirmation – évidemment sans preuve – de Giono « industriel », écrivant pour de l'argent, c'est-à-dire vendu (à qui ?), à moins qu'il ne lui soit reproché de gagner sa vie... Ce qu'ont dit Morgan et Tzara depuis cinq ans, mais les ennemis communistes de Giono veulent encore enfoncer le clou. Et tout cela, notons-le, ne concernait apparemment pour Lacôte que les années antérieures à 1938. Quant à celles qui suivent, « Jean Giono fut donc munichois, puis collaborateur ». Munichois, oui, comme tant d'autres. Collaborateur ? Où sont les preuves ? Comme il n'y en a pas, il suffit d'affirmer. Et d'insinuer que « ses affaires vont mal », que ses livres ne se vendent pas, de façon à décourager le public de les acheter.

Plus bref encore est Pierre Hervé, qui, dans un article d'*Action* où il s'en prend aux éditions de la Table ronde, mentionne au détour d'une phrase « l'hitlérien Giono », en toute simplicité[8]. De même un article anonyme du *Patriote bas-alpin*, « Le retour de Giono », paru le 14 novembre 1948, se termine ainsi : « Giono reparaît au moment même où la police de Jules Moch tire aux Champs-Élysées sur les résistants et les anciens combattants. » Voilà Giono moralement complice de fusilleurs du peuple... Un amalgame de plus au crédit des terroristes intellectuels du moment.

Beaucoup de journaux persistent donc à ne pas rendre compte des livres d'un homme si répugnant. De ce fait, dans le paysage littéraire français, il est devenu quantité presque négligeable. Cela apparaît lors d'une enquête menée par *Combat* en été 1948 sur les écrivains français dignes de figurer à l'Académie. Gide, Camus, Sartre, Montherlant, arrivent en tête. Giono n'est qu'en quinzième position, derrière Colette, Duhamel et Anouilh. L'année suivante, *Carrefour* lance parmi les auteurs une enquête : « Quels sont les douze écrivains français vivants qu'on lira encore en l'an 2000 ? » Parmi les premiers à répondre, Céline : « Barbusse, P. Morand, Ramuz et moi. » Et Françoise d'Eaubonne, qui n'inscrit pas Giono sur sa liste, ajoute un post-scriptum : « Giono ? On en parlera ... comme d'un nouvel Honoré d'Urfé. » Quinze jours plus tard vient le classement définitif : Montherlant 51 voix ; Gide 49 ; Malraux 42 ; Colette 41 ; Claudel 38 ; Mauriac 36 ; Céline 26 ; Sartre 23 ; Marcel Aymé 21 ; Cocteau 19 ; Giono et J. Romains ex æquo : 17. Le choix n'est pas avant tout politique : des hommes constamment stigmatisés comme collaborateurs, tels que Montherlant et Céline, l'emportent sur Giono. Mais Montherlant et Céline, s'ils avaient été admirés avant la guerre, n'avaient pas été aimés comme l'avait été Giono. D'où ce creux de la vague ; des critiques qui le connaissent comme Frédéric Lefèvre, Guilleminault, Blanzat, passent son nom sous silence. Il lui faudra encore peiner pour retrouver sa place.

La publication des *Ames fortes,* au début de janvier 1950, marque une étape de cette remontée. En mars, le *Bulletin de la NRF* peut cette fois citer *Le Monde* (Émile Henriot), *Les Nouvelles littéraires* (René Lalou), *Combat* (Maurice Nadeau), *Le Figaro littéraire* (Jean Blanzat) et *Le Mercure de France.* Celui de juin 1950 y rajoute une demi-douzaine de citations élogieuses, venues de Paris, de province, d'Afrique du Nord. Cette fois Giono sort du tunnel. Le 28 août, L. Pauwels lui demande des articles pour *Combat* – comme, en 1929, l'avait fait *L'Intransigeant :* on dirait une carrière qui recommence. Il accepte : le premier paraîtra le 16 octobre[9]. D'autres suivront en 1951 et 1952.

En novembre 1951, avec la publication du *Hussard sur le toit,* Giono revient définitivement à sa place : au sommet. *Le Bulletin de la NRF,* en décembre, s'ouvre sur deux pages de Roger Nimier consacrées à ce nouveau roman, « jusqu'à présent le chef-d'œuvre de Jean Giono (deuxième édition)[10]. Giono parvient à la grandeur à tout instant. Ici, la nature et l'homme sont profondément mêlés, dans une substance qu'on nommerait volontiers "l'air", puisque le mot a deux sens. L'air qu'on respire dans *Le Hussard sur le toit* est de ceux qu'on n'oublie pas. Prodigue de ses dons, Jean Giono est un des deux ou trois écrivains français d'aujourd'hui les plus "présents", les plus "en forme", pour voler des expressions à l'argot du théâtre ou à celui du sport. S'il existait une coupe Davis de la littérature, il ferait certainement partie de notre équipe, cette année, aux côtés de Malraux (...) ».

Publicité, dira-t-on. Mais cette fois, à peu près toute la critique suit, à

l'exception de Georges Bataille[11]. Il n'est guère de chroniqueur littéraire qui puisse se permettre d'ignorer, ou de traiter avec condescen-
dance, celui qui est redevenu aux yeux de tous un des plus grands
romanciers de son temps – certains, comme Nimier, disent déjà le plus
grand. Le public emboîte le pas. *Le Hussard sur le toit* est un large succès de librairie : 40 000 exemplaires en un an de ce gros volume – Gallimard en annoncera 50 000 aux libraires pour faire un compte rond[12]. Au
début de 1955 on en sera à 70 000. Il a fallu six romans publiés depuis la
guerre, plus *Faust au village* et *Le Moulin de Pologne* qui n'ont encore
paru qu'en revue, pour que Giono retrouve sa vraie place.

A partir des *Ames fortes,* le contrat du 20 septembre 1949, qui lie
Giono à Gallimard pour dix romans, prévoit 12 % de droits d'auteur dès
les premiers 8 000 exemplaires, 15 % ensuite : le tarif des « grands ».
Tous ses livres se vendront désormais très bien. Gallimard porte ses
avances mensuelles à 150 000 francs à la fin de 1952, et il y aura toujours
en fin d'année un supplément substantiel. Giono n'aura plus jamais de
difficultés financières, et je cesserai d'évoquer cette question, qui n'avait
d'intérêt que parce qu'elle faisait ressortir les difficultés qu'avait dû
vaincre Giono. Il pourra désormais faire des voyages, et se procurer des
livres rares, notamment grâce à la diligence de son ami Henri Pollès,
écrivain et libraire. Il pourra, pour se protéger d'éventuelles constructions trop proches de sa maison, acheter, de l'autre côté du sentier, face
à sa porte, un bout de jardin ; il y plante des arbres, et y fait mettre un
banc de maçonnerie, que l'artisan, fier de travailler pour un homme
célèbre, place sur un petit socle de trois marches ; Giono feint de gémir
en me le montrant : « Regarde ça ! Je lui demande un banc, il me fait le
trône d'Assurbanipal ! » Il pourra un peu plus tard acquérir de petits
appartements pour ses filles – à Paris pour Aline, à Marseille pour Sylvie lors de son mariage, puis, à Manosque, des terrains qui leur sont destinés. Ce n'est pas la richesse ; seulement l'aisance. Mais, la malveillance
ne désarmant jamais, des bruits courront, un peu plus tard, selon lesquels Giono a renoncé « à mesurer l'étendue de ses comptes bancaires », et qu'avec ses droits d'auteur il a « pu acheter de l'oliveraie un
peu partout »[13].

Plus de problème d'éditeur non plus. Malgré des supplications et des
lettres « désespérées » de Bernard Grasset, Giono a cessé, après *Mort
d'un personnage,* de donner à sa maison des œuvres nouvelles. A part
les livres de luxe, il n'a plus affaire qu'à Gallimard. Quelques attaques
d'arrière-garde dans la presse communiste, comme celle, vague et
pâteuse, de Régis Bergeron dans *Les Lettres françaises* (toujours elles...)
le 29 janvier 1953, ou d'André Remacle dans *La Marseillaise* du 8
décembre 1954[14], ne peuvent plus lui porter le moindre tort. Après tant
d'orages durant vingt ans, la mer est enfin calme devant son étrave.

Les écrits sur Machiavel

Dès avant de se remettre au *Hussard sur le toit,* Giono s'est lancé dans une série d'écrits sur un de ses nouveaux grands hommes : Machiavel. Ici convergent deux domaines, la Renaissance et l'Italie, et un état d'esprit, le désenchantement politique.

A la Renaissance, Giono s'est peu intéressé jusque-là. Les épigraphes de *Naissance de l'Odyssée,* tirées de Ronsard, ne doivent pas faire illusion : le XVIᵉ siècle n'est pas une des périodes littéraires qui l'attirent le plus. Avant guerre, il a été plus fasciné par la peinture de cette époque, italienne, espagnole, flamande : il a longuement évoqué dans ses essais des tableaux de Giovanni di Paolo, du Greco, de Breughel[15]. Mais l'homme de la Renaissance, comme type, ne l'a pas retenu. C'est à partir de l'été 1939, quand il commence à lire l'Arioste, que son intérêt s'éveille. Il se manifeste dès 1940 avec l'évocation des ancêtres des R. d'A. dans « Promenade de la mort », et de leurs aventures à Venise et à Florence. Il sera durable. Giono lira des *Mémoires* du XVIᵉ siècle : Pierre de L'Estoile, Buonaccorsi. Si Machiavel est au centre de sa passion de 1948 à 1952 – époque où il a de même lu et admiré, il me l'a dit, le *Malatesta* de Montherlant, qui participe du même esprit –, la persistance de son attention pour la période est attestée par *Le Désastre de Pavie,* écrit de 1959 à 1962, et par les présentations du *Journal de voyage en Italie* de Montaigne en 1962, des *Mémoires* de Monluc en 1964. Dans la période d'après 1945, s'il lui est arrivé de se pencher sur de grandes œuvres antiques, Homère, Virgile, ou plus fugitivement du Moyen Age, *Tristan,* Froissart, il ne s'intéresse là qu'aux écrits, guère à la civilisation et aux hommes qui les ont suscités. Les siècles qu'il met en scène, en dehors du sien, sont le XVIᵉ et le XIXᵉ.

L'Italie, sa source lointaine, le pays de son grand-père carbonaro, a été plus présente chez lui : depuis *Un de Baumugnes,* on l'a vu, il a placé dans chacun de ses livres au moins un personnage italien ou une référence à l'Italie. En 1938 il redécouvre Stendhal, avec sa passion pour ce pays. Il se jette dans ses paysages et ses villes en 1943 avec *Le Voyage en calèche.* Imprudence peut-être : il n'y a jamais mis les pieds. Mais il se sait capable de réinventer n'importe quoi, et ne s'est jamais privé de décrire dans ses conversations les pays qu'il ne connaissait pas. Seulement *Le Voyage en calèche* connaît le double échec de 1943 et de 1947-1948. L'Italie de Giono est ainsi refoulée en lui. Elle va enfin venir au jour dans les années 1950.

Quant au désenchantement politique, il est, depuis 1944, irréversible. Il n'éprouve pas de sympathie pour de Gaulle. Les gouvernements

451

socialistes de l'après-guerre l'écœurent. Il note dans un carnet : « La France ? Non. Gouin-land », prenant à son compte les lourds soupçons de trafic d'influence qui pesaient sur le président du conseil Félix Gouin. En décembre 1948, il recopie « pour mon simple plaisir, même si elle ne sert d'épigraphe qu'aux temps où nous vivons », une phrase écrite en février 1852 par Tocqueville à son père : « Crois-tu qu'on rétablisse la morale en donnant au monde l'exemple le plus éclatant qui ait jamais été donné dans l'histoire de la ruse, de la violence, et du parjure, triomphant aux acclamations que la peur arrache à une partie des classes élevées et honnêtes ? » En octobre 1948, il est tout heureux d'avoir, croit-il, inventé le mot « médiocratie » – pour s'apercevoir le lendemain qu'il a été devancé par Balzac.

Tout commence avec Machiavel. Ne croyons pas Giono quand il écrit en 1951 au début du *Voyage en Italie* : « Il y a plus de vingt ans que je lis et que je relis Machiavel. » On le sait brouillé avec les dates, et porté à tout antidater. Bien qu'il ait eu *Le Prince* dans sa bibliothèque de jeunesse, rien n'indique que le livre l'ait vraiment intéressé : il ne le mentionne jamais dans ses textes, ses notes ou ses lettres. C'est Stendhal qui, à partir de 1938, a dû lui révéler le grand Florentin : Giono le cite pour la première fois en 1941, dans *La Femme du boulanger*. Quand le boulanger découvre qu'il est quelqu'un, le baron Agénor le traite de Machiavel, et commente : « C'est le nom d'un monsieur qui a été cocu avant vous, pas d'une femme, d'une idée. Il avait tiré de son infortune les mêmes enseignements que vous[16]. » Si le nom de Machiavel n'apparaît que fugitivement au premier acte du *Voyage en calèche,* au début de 1943, en revanche, le 2 novembre de cette année, Giono note dans son *Journal de l'Occupation :* « Voilà plus de six mois que je relis *Le Prince* avec joie et fruit. » Dans ses carnets de 1946 Machiavel revient assez souvent, lorsqu'il prépare soit *Noé* soit le cycle du Hussard[17]. Par exemple le 20 juin : « Écrire le vrai *Prince* (équivalent du *Prince* pour conquérir et garder non pas la principauté mais la grandeur et le bonheur). » Et, le 7 juillet : « Machiavel, ou le télescope politique. » Le nom figure six fois dans *Noé*[18], deux fois dans *Le Hussard sur le toit*[19]. En 1947 et 1948 on le trouve encore dans ses lettres et dans ses carnets, et en 1949 dans la « Postface » d'*Angelo*[20].

En 1947 il est entré en relations avec Edmond Barincou ; cet agrégé d'italien, professeur à Grenoble, déjà auteur de manuels appréciés de littérature et de civilisation italienne, et traducteur, a depuis la guerre entrepris de traduire Machiavel, dont il voudrait éditer la correspondance personnelle échangée avec ses amis. Il en a communiqué des échantillons à Giono, qui s'enthousiasme. De même qu'il a révélé Melville, il veut révéler le vrai Machiavel. Il propose en 1948 à Gallimard de l'éditer dans La Pléiade, en deux volumes pour lesquels il offre d'écrire une préface substantielle. Accepté. Il reçoit un contrat le 12 janvier 1949. Dès février il demande à son éditeur de lui envoyer les *Souvenirs* de Tocqueville, qui l'aideront à préparer son Machiavel. A la fin du mois il lui écrit : « La traduction de Machiavel marche. Nous allons partir Barincou et moi pour Florence et Rome. C'est le seul moyen pour avoir le texte *complet* des *Lettres familières*. Nous allons les copier sur l'original à la Laurentienne et à la Vaticane. Vous aurez ainsi pour la première fois le texte *non expurgé qui n'a même jamais été publié en Italie*. Vous verrez que c'est plus fort que Céline et Miller, réunis et multipliés. Ce serait drôle qu'à la suite de ces "viandes faites" [veut-il dire "faisandées" ?] (absolument nécessaires pour comprendre l'œuvre) (et l'homme) il y ait un snobisme de Machiavel. Comme tant d'autres. Et pourquoi pas. Il y aurait au moins là un écrivain. »

Giono à la Laurentienne, à la Vaticane, lui qui n'a de sa vie travaillé en bibliothèque ! Et transcrivant des lettres écrites en italien du XVIᵉ siècle, avec la graphie du temps ! Encore un personnage qu'il se crée, celui de l'érudit. Le voyage n'aura pas lieu. Mais le projet n'est pas abandonné pour autant. Le 6 mai, Giono annonce à Claude Gallimard qu'il est en train de revoir la traduction des *Lettres familières,* terminée par Barincou : « Je suis extrêmement heureux de ce texte si vivant, si plein d'humour, de joyeuses obscénités, d'aventures, de malices et de tout ce qu'on n'a pas l'habitude de trouver dans Machiavel. Tout ça truffé des *lettres officielles (légations)* fait un mélange dynamique extraordinaire. » Machiavel redeviendra « *un homme* et non plus un nom péjoratif », et « ça fera un boum ». Il songe à « écrire des Marginalia sur un Machiavel », comme il le note dans un carnet. Par deux fois en septembre il reparle d'un voyage à Florence avec Barincou, à leurs frais. Il demande seulement à Gallimard d'intervenir pour leur avoir une autorisation de change suffisante, et de lui donner une recommandation pour la bibliothèque, « qu'on ne soit pas traité comme des peigne-culs ». Il s'agit de copier 20 à 30 lettres, dit-il une fois, 50 dit-il la seconde. Le 1ᵉʳ volume devrait paraître dans le courant de 1950.

Évidemment, il n'en est rien. Giono, au cours de l'année 1950, entretient la curiosité de son éditeur et le fait patienter par des phrases dithyrambiques sur ces lettres. Le 25 avril : « C'est même plus picaresque et plus pathétique que les *Mémoires* de Cellini. » Le 1ᵉʳ juillet : « Cette correspondance si pimentée, aventureuse et dramatique. Plus j'y pense plus je suis sûr que La Pléiade va publier une sorte de roman de cape et d'épée assez sensationnel. » Il travaille à la préface, lisant des ouvrages de politique, Burke, Hobbes, Tocqueville, Georges Sorel, et des Italiens de la Renaissance comme Boccace, prenant de nombreuses notes. Ce sont les « Notes sur Machiavel » qui figurent dans le volume *De Homère à Machiavel*[21]. Elles lui servent, de très nombreux rapprochements de textes l'attestent, à écrire sa préface, dont la rédaction est interrompue pendant deux mois par celle des *Grands Chemins,* et qui est achevée en janvier 1951, sous le titre de « Monsieur Machiavel ou le cœur humain dévoilé ». Giono a la coquetterie de laisser au lecteur le soin de repérer l'allusion au grand roman semi-autobiographique de Restif de la Bretonne, *Monsieur Nicolas ou le Cœur humain dévoilé* – le prénom de Machiavel était Nicolas.

C'est le plus beau texte de Giono sur son nouveau grand homme. Y évoque-t-il le « vrai » Machiavel (à supposer qu'il existe un « vrai » qui que ce soit) ? Des spécialistes comme Barincou – ami de Giono il est vrai – ont affirmé que oui. En revanche, des érudits italiens ont protesté, notamment Carlo Cordié[22]. Ce qui est sûr, c'est que Giono, dans des pages fulgurantes, met en relief *son* Machiavel, qui est aussi celui de Stendhal. On imagine la joie de Giono à trouver dans le *Journal* de son grand homme, à la date du 14 janvier 1805, à propos des âmes faibles : « Ce qu'ils appellent un Machiavel est, à leurs yeux, l'animal le plus terrible pour eux. La supériorité excite leur haine la plus irréconciliable. » En Machiavel, Giono retrouve ou recompose un autre lui-même : un homme mal jugé, vilipendé, affublé d'une légende très éloignée de la vérité : c'est par là qu'il commence « Monsieur Machiavel ». Un homme aussi qui a des copains (pour Giono, le mot devient ici plus fort qu'« ami » : il y a trop de gens qui l'ont appelé « cher ami » et qui l'ont laissé tomber, quand ils ne l'ont pas enfoncé), des copains auxquels il a inspiré une fidélité sans faille. Il a plusieurs des traits permanents de Giono : il sait « jouir des vraies richesses ». Il goûte la paix des campagnes, et Giono le décrit au milieu du premier « Breughel animalier » qu'il ait composé depuis *Virgile,* sept ans plus tôt. Il a fait du travail de bureau à la Chancellerie florentine, comme Giono à sa banque, et y a lui aussi bien réussi, obtenant de l'avancement. Il s'est engagé politiquement, et cela lui a valu, passé quarante ans, la prison, comme Giono ; et comme lui il y écrit des poèmes (Giono n'a cependant pas comme Machiavel été soumis à la torture). « Reconnu innocent, il retrouve une liberté relative, puis il demeurera suspect dès lors aux deux camps, à l'un parce qu'il a été arrêté, à l'autre parce qu'il a été relâché. » La phrase pourrait s'appliquer à Giono ; en fait, elle est d'É. Barincou dans sa biographie de Machiavel[23]. De plus malins que Machiavel ont évité « l'épuration » – c'est le mot qu'emploie deux fois Giono. Mais lui, au fond, a, comme Giono, des côtés naïfs.

De tout cela se dégage une vue théorique de l'homme en société. Giono, qui a toujours été mal à l'aise dans la théorie, trouve en Machiavel quelqu'un qui a bien avant lui formulé des idées dont ses romans d'après-guerre sont, sans qu'il en prenne clairement conscience, l'expression concrète. Regardant avec du recul l'ensemble de son œuvre d'avant-guerre, surtout de 1935 à 1939, il a le sentiment d'avoir été dupe. Il tient désormais à éviter la duperie, et Machiavel l'y aide. « C'est un homme qui a de l'expérience », un amateur d'âmes. Il est Buffon et Stendhal (comme Stendhal, il va « à la chasse au bonheur »). Il n'est ni hypocrite, ni cynique, ni provocateur. Il ne prêche pas la duplicité : il constate qu'elle est universelle, et qu'on ne gouverne pas sans elle.

« Révoltant, dites-vous? Parce qu'il proclame que 2 et 2 font 4. Si vous vous révoltez contre ce fait c'est que vous désirez 5 ou 3 comme résultat de l'addition qui donne 4; 4 n'est ni heureux, ni malheureux, ni ignoble, ni admirable, c'est un fait. Précis. Dévoilé ou non, 2 et 2 faisaient 4[24]. » Et, en conclusion, ces lignes qui sont un peu une justification de Giono comme menteur : « Il n'a pas peur des mots qui disent la vérité. Qui ose dire : "Je mens"? et cependant il n'y a pas eu, et il n'y aura jamais dans l'éternité des siècles une seconde sans mensonge. Tout le monde ment, mais personne ne dit : "je mens"; tout le monde se réclame de la vérité, alors que dire : "je mens" est la seule chose vraie qu'on puisse dire[25]. » Dans une des notes non utilisées pour « Monsieur Machiavel » (j'abrège le titre) figure un rapprochement très éclairant : Machiavel est défini comme « le contraire de Don Quichotte[26] ». Giono avant guerre avait été une sorte de Don Quichotte; il ne l'est plus désormais. Ce qui le fascine, c'est de « connaître le cœur humain », comme le procureur d'*Un roi sans divertissement.* C'est de mettre à nu la violence qui se déchaîne chaque fois qu'elle est libre de le faire, et surtout l'égoïsme, « dans quoi on peut faire rentrer toutes les générosités, les dévouements, les courages, les passions et les turpitudes[27] ».

Rien de tout cela n'est si éloigné de l'œuvre romanesque récente de Giono. Dans *Noé* est mentionnée deux fois Catherine Sforza, dont le nom revient souvent chez Machiavel et dans les textes de Giono sur Machiavel. Angelo, dans une page du *Hussard sur le toit* écrite en 1948, pense sur les toits de Manosque à certains personnages de Machiavel[28]. Mais il faut voir au-delà des citations littérales. Soit imprégnation soit parallélisme, on retrouve dans les pages de Giono sur Machiavel bien des vues qui sourdent des Chroniques écrites depuis 1946. « Il sait qu'en réalité le crime est le divertissement par excellence. Qu'on y goûte et on est pris. L'univers n'est que de l'ennui en expansion. S'en distraire, voilà la grande affaire[29]. » C'est *Un roi sans divertissement.* Et, de même qu'on a eu « Faust au village », n'a-t-on pas « Machiavel au village » avec les manœuvres tortueuses de Firmin et de Thérèse dans *Les Ames fortes?* Même l'Artiste des *Grands Chemins,* égoïste, retors, trompeur, mais séduisant et capable de susciter l'amitié, n'est-il pas, toutes proportions gardées, un personnage machiavélien? Enfin, dans le scepticisme et la lucidité du vieux docteur, au chapitre 13 du *Hussard sur le toit,* on retrouverait par instants le même esprit; des rencontres d'expression entre ces pages et celles qui concernent Machiavel le confirment[30].

« Monsieur Machiavel » est prévu comme introduction aux *Lettres familières* dans La Pléiade. L'éditeur s'impatiente quelque peu, Giono, dans une lettre du 15 décembre 1950, précise que Barincou va apporter le texte des lettres à Paris le 23, et que la préface suivra sous peu. Elle sera « moins classique que lyrique »; « une sorte de *Pour saluer Melville* ». Formule qui implique du romanesque dans la psychologie sinon dans une intrigue. Et, le 31 décembre : « J'estime que j'ai plus à dire ce que j'ai envie personnellement de dire qu'à recopier les travaux des autres (…). J'ai voulu [faire] et je fais œuvre personnelle. » Il pourrait écrire cent pages. Est-ce trop, demande-t-il ? Cinquante suffisent, répond Claude Gallimard, mais c'est urgent. La préface arrive, et l'ensemble, avec les lettres de Machiavel, est calibré et soumis aux lecteurs de la maison. Ils sont consternés : si nombre de lettres familières de Machiavel sont naturelles, vivantes, primesautières, piaffantes, elles sont enchâssées dans une masse de lettres officielles qui occupent une large part du tout. Document remarquable, certes, mais qui ne peut intéresser qu'un public limité, pas celui de La Pléiade. On coupe donc la poire en deux. Sans annuler l'entreprise, qui a son intérêt, bénéficie du prestige de Giono et est couverte par un contrat, il est décidé de publier les *Œuvres* de Machiavel dans un volume de La Pléiade, et de réserver pour la collection « Connaissance du passé » les *Lettres familières,* qui y formeront ultérieurement deux gros volumes. La résolution est prise en mars-avril 1951. Giono l'accepte ; sa préface aux lettres, il la donnera à la revue *la Table ronde,* qui la publiera en octobre.

Il faut donc une nouvelle préface, aux *Œuvres* et non aux *Lettres.* Giono s'y attellera aussitôt après son voyage en Italie de septembre-octobre 1951 dont il va être question. C'est le texte publié dans *De Homère à Machiavel* sous le titre d'« Autres notes sur Machiavel ». Giono s'y laisse aller à plus de liberté encore que dans « Monsieur Machiavel »; il y juxtapose des paragraphes séparés par des astérisques, et souvent sans rapport évident avec ceux qui précèdent ou qui suivent. Il attaque sur trois pages consacrées à Savonarole, où on voit notamment le moine fanatique « nettoyer les cabinets » pendant que Laurent le Magnifique se promène dans le jardin de Saint-Marc. Puis vient un développement sur les paysages de Toscane. Et ainsi de suite. Certes il se compose à travers cela un étonnant portrait de Machiavel. Mais les sacro-saintes règles de La Pléiade sont mises en charpie. Envoyé en décembre, le texte suscite une réaction prudente. Il ne faut pas mécontenter Giono, et, alors que la correspondance courante avec lui est assurée par Claude Gallimard, c'est Gaston Gallimard lui-même qui écrit. Il évoque La Pléiade, qui « par sa nature même a une allure un peu grave, un peu habillée, un peu universitaire; elle a son public, qui a ses habitudes ». Il suggère le remplacement « de quelques tournures hardies, volontairement peuple, quelques vocables qui frisent l'argot, quelques phrases gouailleuses ». Giono répond par retour de courrier : « Entièrement d'accord. Ayez la gentillesse de me signaler les endroits où vous voulez que je sois gentleman. Dans mon esprit évidemment cette liberté de langage devait aider à la libération de la pensée, mais vous avez tout à fait raison et je fais les modifications avec grand plaisir. » Dans un second temps, Gaston Gallimard répond, le 7 janvier 1952, qu'il cherche en vain les modifications possibles. La préface à un volume de La Pléiade est un genre littéraire à part : Gide a eu du mal à s'y plier pour

Goethe, Arland pour Marivaux. Giono ne pourrait-il garder les mêmes éléments en les récrivant « en un faisceau plus serré, en faisant (...) le sacrifice de cette désinvolture séduisante » qui donne au texte « un ton si personnel » ?

Giono sait lire entre les lignes : sa préface est refusée, bien qu'on l'assure du contraire et qu'on feigne de le laisser libre. Il répond le 8 janvier ; tout en restant parfaitement courtois, il est ulcéré, comme le prouvent ses soulignements : « Je veux bien faire tout pour vous être agréable, mais je ne sais pas si je vais pouvoir. Il faut que j'écrive *contre* l'opinion que j'ai, *contre* l'esprit que j'ai découvert dans Machiavel, et contre ce que je suis. J'ai surtout peur de n'écrire alors qu'un texte *sans aucun intérêt*. Je veux bien essayer (quitte à retarder le travail sur lequel je suis [la fin du *Hussard sur le toit*]), mais je suis persuadé alors que je ne suis pas le right man. Ne vaudrait-il pas mieux s'adresser à Renaudet dont c'est le métier, ou à Barincou, à qui j'abandonnerai tout ? » Toutefois il ne refuse pas d'écrire un autre texte, en faisant passer l'essentiel de celui-ci dans *Voyage en Italie* (ce qu'il ne fera finalement pas). Il le confirme le 10 ; il songe alors à faire des pages plus courtes et pas trop mauvaises, « tout en gardant manchettes, faux-col et souliers vernis ». Gaston Gallimard accepte, en remerciant avec effusion. Giono écrit la préface qu'on lit aujourd'hui dans le Machiavel de La Pléiade ; elle est deux fois moins longue que la précédente, et, son auteur le dit lui-même, bien plus « sage » ; malgré tout, peut-être ironiquement, il fait de son héros, en raison du sens qu'il manifeste parfois des nuits et des paysages, un nouveau Virgile, qui « compose les *Géorgiques* des temps modernes ». On croit l'entendre confier à sa pipe : « Ils veulent un gentil Machiavel ? Ils l'auront. » Il écrit à Guéhenno le 19 novembre 1952 : « La collection de La Pléiade n'a pas accepté la première introduction que j'avais faite. Trop en dehors des normes. Trop libre. J'en ai fait une autre plus sage, c'est-à-dire rien. »

A l'écoute et au secours des autres

De l'ensemble de ces textes sur Machiavel se dégage malgré tout une amertume que le lecteur risque de ressentir comme un peu forcée. Giono ne se construit-il pas un personnage d'homme sans illusions ? C'est qu'il a besoin de dire explicitement ce qu'il n'a exprimé dans ses *Chroniques* qu'à travers des personnages de roman, et qu'il a sur le cœur : la mauvaise foi des hommes, leur égoïsme, les monstruosités cachées au fond de chacun d'eux. Et certes il ne simule pas : cette lucidité vengeresse est un côté de sa nature, mais ne doit pas faire oublier l'autre versant, qui apparaît avant tout dans sa vie quotidienne : il reste, comme il l'a toujours été, merveilleusement gentil, généreux «jusqu'à l'extravagance» – c'est un mot d'Élise, qui pourtant ne manque pas non plus de générosité –, toujours prêt à aider, à secourir quiconque en a besoin, et sans jamais s'en vanter, souvent même n'en parlant à personne.

La lecture de la correspondance reçue par lui est éloquente là-dessus. Il ouvre chaque jour un courrier de plus en plus considérable, dont une large part lui vient d'inconnus. Des étudiants, et même des élèves de lycée ou de collège, lui écrivent quand ils ont un devoir à faire sur ses romans. Presque invariablement il donne, rapidement mais avec gentillesse, les indications demandées. Il continue, comme par le passé, à écouter les appels pressants, et à prodiguer encouragements et conseils. Je ne garantis pas, en revanche, qu'il ait répondu à toutes les demandes de gens quelque peu inconscients qui s'enquièrent auprès de lui d'un itinéraire pour visiter la Provence, ou d'une maison à acheter dans le Midi ; une inconnue qui faisait cette dernière requête lui demandait en outre de lui trouver un mari... Et il fait répondre par Mlle Alice quand les demandes ne sont pas bienvenues : qu'il ne fait jamais de conférences, ni de séance de signature de ses livres ; ou, à un auteur de poèmes provençaux : «Je lui ai assez entendu dire et répondre et prouver qu'il ne comprend pas le provençal, et n'aime pas qu'on perde du temps à l'écrire.»

Il donne pour tout cela beaucoup de son temps, son bien le plus précieux, car il le prend sur son travail, sur son œuvre. A partir de 1950 environ, il consacre à ces réponses tout son lundi matin. La correspondance reçue confirme aussi ce que sa famille et ses amis savent bien : il demeure extrêmement accueillant. Il reçoit souvent chez lui non seulement des groupes d'élèves français ou étrangers qui ont demandé à le voir – parfois comme on visiterait un monument ou une curiosité locale – mais également des inconnus qui lui ont demandé rendez-vous, ou même se présentent à l'improviste. Il commence quelquefois par maugréer d'être interrompu dans son travail, puis il les reçoit malgré tout ; et, au lieu de les expédier en cinq minutes, il leur consacre une bonne demi-heure, pour ne pas leur faire de peine. Là encore, des centaines de lettres de remerciement en portent témoignage.

Si une détresse se manifeste, il s'empresse aussitôt. Marcel Aymé, qu'il ne connaît pas personnellement, lui écrit le 24 mars 1953 pour lui demander d'aider L.-F. Céline, qui est dans une situation matérielle et morale difficile, à trouver en Provence une maison dans un village où il puisse exercer un peu la médecine. Si Giono a lu certains romans de Céline, s'il le cite parfois[31], il n'a jamais rencontré l'homme ni manifesté de sympathie à son égard. Mais il répond aussitôt. Sa lettre est perdue, Marcel Aymé ayant coutume de jeter les lettres reçues. Mais Céline, le 31 mars, écrit à Giono que M. Aymé lui a lu la lettre et qu'il en est touché. Giono y proposait de se mettre en quête, demandant des précisions. Et il ne se contente pas de promesses : une seconde lettre de Marcel Aymé, le 30 juin, fait état d'un message de Giono transmis par un ami au sujet d'un gîte trouvé. La lassitude et le découragement de Céline font que l'offre n'a pas de suite. Mais Giono aura fait son possible pour un homme malheureux.

En 1959, un prisonnier lui ayant écrit pour solliciter son aide, il est prêt à la lui apporter ; mais, par prudence, il demande l'avis d'un ami magistrat, qui s'enquiert de l'homme : sa condamnation a été prononcée pour crime sexuel commis sur un enfant, et il écrit à beaucoup de gens célèbres en tablant sur leur naïveté. Giono renonce à agir, mais à regret.

Il est aussi à cette époque des femmes et des hommes qui, durant des années, le bombardent de lettres interminables exposant leurs problèmes et surtout leurs états d'âme. Je ne pense pas qu'il les ait toutes lues en entier – certaines étant d'ailleurs illisibles dans les deux sens du terme –, mais il répond de temps en temps un mot de sympathie et de soutien. De très nombreux écrivains en herbe sollicitent aussi ses conseils, lui envoient des manuscrits à lire (et en réclament parfois le retour de façon pressante sinon avec hargne quand la réponse ne vient pas assez vite, car ils n'en ont pas conservé de double...). Il y en a plus de cent pour la période 1950-1963, conservés aux Archives départementales de Digne. Giono répond souvent, encourage dès qu'il croit percevoir une étincelle de talent. Parfois l'insistance est excessive, et il se résout à être franc sur le texte qui lui a été soumis : « Tel qu'il est, il ne vaut rien. » Mais il atténue aussitôt cette brutalité en reconnaissant qu'il y a dans ce qu'il a lu les éléments d'une œuvre. « Mais il faut TRAVAILLER. Écrire est un métier, il faut l'apprendre. L'indignation ne suffit pas. Si vous êtes disposée à *apprendre* ce métier je vous aiderai. C'est d'ailleurs, en même temps, le moyen de chasser ces humeurs noires qui ont l'air de vous tracasser. » Dans une autre lettre analogue, il précise : « Si vous voulez que ce que vous pensez soit exprimé il faut apprendre à vous exprimer ; actuellement vous ne savez pas et vous écrivez sans rien exprimer. Vous êtes comme quelqu'un qui a une boîte de couleurs mais ne sait pas peindre. » Il faut, ajoute-t-il, quatre ou cinq ans de travail continu et acharné pour apprendre le métier d'écrivain ; c'est le temps qu'il a mis lui-même (il ne le dit pas), entre la fin de la guerre de 14 et *Naissance de l'Odyssée*. Une autre fois, plus durement : « Ne croyez-vous pas que celui qui s'imagine faire un métier sans l'avoir appris est un imbécile ? »

Il intervient aussi, fait des démarches. Parfois pour des amis, comme il est naturel. Il rédige pour Lucien Jacques, qui est allergique à tout courrier d'affaires et à toute démarche administrative, des lettres à des éditeurs pour des droits d'auteur, et des demandes d'inscription à la Sécurité sociale. En 1953, il s'efforce d'obtenir des autorités des indemnités pour une amie, Éliane de Villeneuve, dont les forêts ont été saccagées à la Libération et qui voudrait les reconstituer. En 1955, par une série d'interventions, il aide son ami Cadière à régler un problème de renouvellement par la commune de Gréoux du bail de l'établissement thermal. Mais il agit aussi pour des inconnus qui l'ont appelé au secours. Il fait régler à certains des allocations familiales qui leur sont dues, il obtient des aides pour des économiquement faibles. Il se démène pour qu'une serveuse dans un hôtel breton puisse retrouver son fils, dont la garde lui a été retirée à la suite d'affaires familiales compliquées. En 1953, il écrit avec acharnement à diverses autorités, et jusqu'au ministre de l'Intérieur, pour qu'un ancien secrétaire de commissariat de police de Manosque, radié pour faute professionnelle grave, puisse retrouver un poste outre-mer; ce n'est pas qu'il le connaisse ni qu'il ait de la sympathie pour lui; mais l'homme a neuf enfants, et c'est pour qu'ils puissent vivre que Giono se dépense sans compter; et sa ténacité finit par obtenir gain de cause.

Très souvent aussi, il aide matériellement. En 1948, c'est le peintre André Bourdil, sa femme Marie-Louise (la chanteuse et écrivain Marguerite Taos) et leur fille, vivant très difficilement à Manosque, auxquels il donne son soutien financier. Vers 1950, il prête pendant plusieurs mois le « bastidon » proche du Paraïs au jeune peintre Bernard Buffet, alors inconnu, qui y loge avec son ami Pierre Bergé.

A plusieurs reprises, en 1955 et 1956, ce sont des secours à son cousin Ernest Fiorio, de Taninges, dont la petite fabrique de jouets en bois périclite. En 1957 c'est à une habitante de Lalley. En 1959 à André Zucca, le photographe qui a fourni en 1943 à *Signal* les photos qui ont valu tant d'ennuis graves à Giono; mais, comme il est dans la gêne, Giono lui commande pour l'aider des séries de photos dont il n'a nulle envie. En 1960 il envoie des subsides à Hélène Laguerre, qui dans sa vieillesse connaît des jours pénibles et qui a fait appel à lui. En 1961 la petite-fille de Fine Lovera – la fidèle Piémontaise qui depuis 1947 fait presque partie de la famille – reçoit de lui l'argent qui lui permettra de suivre des cours d'anglais. Et, le plus souvent, il s'agit de gens qui ne lui sont rien. En 1954 une paysanne de l'Hospitalet le remercie par deux fois, pour un cadeau de souliers et pour un envoi d'argent, et aussi une famille de Mane. Il lui arrive de prêter de l'argent à une famille qui le lui demande, et de refuser ensuite d'être remboursé. En 1955 il répond à un appel du Centre de protection de l'enfance, parraine un petit garçon et envoie régulièrement des mandats pour subvenir à ses besoins. A partir de 1957, il envoie chaque année un don généreux à un foyer d'enfants de Cannes, « Le Rayon de soleil », et parraine une fillette. Depuis 1954 au moins, il fait parvenir régulièrement un colis de Noël à une cinquantaine de familles pauvres de la région de Manosque. Si je n'avais pas trouvé dans sa correspondance une lettre d'une vieille Manosquine sans ressources qui lui demande un colis de Noël, ayant appris qu'il en envoyait, j'aurais ignoré ces envois, qu'Élise Giono m'a confirmés ensuite.

Il aurait parfaitement les moyens de se loger plus largement, d'avoir un train de maison moins réduit. Beaucoup de ses visiteurs s'étonnent à part eux de voir un écrivain à succès dans une maison relativement petite et de peu d'apparence. Mais il n'en change pas, et pas seulement parce qu'il n'aime pas changer. Ses seuls luxes sont les vêtements de belle étoffe qu'il fait venir ou rapporte de Paris – il est client de Dorian Guy, avenue Georges V, et de Madelios –, les disques et surtout les livres. Et il préfère consacrer autant d'argent que possible à soulager des misères. Il n'en parle pas.

Voyage en Italie

Avec l'achèvement du *Hussard sur le toit,* et avec son succès qui lui fait retrouver une sécurité matérielle reperdue depuis douze ans, Giono, libéré, tourne une nouvelle page. Il va pouvoir relâcher un peu le rythme de son travail. De 1945 à 1952, en huit ans, il a écrit huit romans, plus les récits de *Faust au village* dont l'ensemble formera plus tard un volume. Guère d'essais, à peu près pas de contributions journalistiques qui l'auraient détourné de l'essentiel. Durant les dix-sept ans qui lui restent, il s'accordera plus de diversité, se consacrant au cinéma, au théâtre, à des textes d'humeur ou de commande, à des pages sur la Provence, à un ouvrage historique, à des essais biographiques. Dans le domaine de la fiction, il ne publiera que deux longs romans, *Le Bonheur fou* et *L'Iris de Suse* (deux autres resteront inachevés), deux courts récits, des esquisses romanesques, une série de nouvelles brèves. Sa période de travail haletant et concerté a pris fin. Mais il reste travailleur. C'est sa nature. Et il s'en voudrait de ressembler à certains Manosquins : « Ne pas travailler, ici, c'est l'ennui et un oblomovisme terrible [Oblomov, créé par Gontcharov, est le type de l'indécis, velléitaire et inactif]. On épaissit, on devient gras et lent. Finalement, on meurt avant la mort (…). Ici, c'est plein de fantômes gras. Vous n'imaginez pas. Aussi, pour éviter leur sort – et pour les éviter eux-mêmes – je travaille[32]. »

D'autre part, le « voyageur immobile » va enfin voyager pour de bon. Les vacances en montagne ont pris fin en 1948. Cette même année, il reprend de brefs déplacements épisodiques à Paris. Élise lui prépare sa valise, que Sylvie, et Aline quand elle est là, portent en l'accompagnant à la gare, à pied, par le canal et les champs ; elles l'installent dans la micheline pour Veynes, où il change et prend sa couchette pour Paris *via* Grenoble. Il aime les trains et les gares, l'atmosphère, les départs des rames. Quand il revient, ses filles l'attendent à la descente du train, et, tout en remontant au Paraïs, il leur raconte son voyage.

A Paris, il va surtout pour voir son éditeur, non pour son agrément. Mais il va aussi découvrir l'étranger. Ce séjour en Italie dont il parlait

Giono

dès mai 1949 – pour rechercher, disait-il, des lettres de Machiavel dans des bibliothèques italiennes –, il va le faire pour connaître l'Italie, pour revenir à ses sources familiales, et approfondir ses sources spirituelles, notamment en mettant de temps à autre ses pas dans ceux de Stendhal. En 1950, Aline et Sylvie ont été à Florence, et leurs récits ont donné à Giono le désir de voir le pays. Mais aussi – car jamais il n'est entièrement dégagé de son œuvre – il vient, dans les dernières lignes du *Hussard sur le toit,* de faire partir Angelo, à cheval, vers l'Italie, « au comble du bonheur ». Il a l'intention, dans son prochain roman, de lui faire traverser la révolution et la guerre de 1848 dans son pays. Il veut donc à la fois voir ce pays et précéder, en le suivant par la pensée, ce héros qui est un peu son fils imaginaire. Il y a une continuité d'esprit entre l'allégresse de la page finale du *Hussard sur le toit* et celle de *Voyage en Italie,* le livre vagabond qu'il tirera des notes prises pendant son périple[33].

Élise et lui partent en septembre 1951, avec Antoine et Germaine Cadière, dans leur 4 CV. Antoine a une grande présence physique, de la gaieté, de l'assurance, de l'aisance ; c'est lui qui résoudra les problèmes matériels du voyage ; il n'hésite pas à parler italien tant bien que mal, alors que Giono, qui le lit bien, déteste le parler de peur de mal prononcer, et se tait.

C'est le premier long voyage de Giono en voiture. Lui qui a dit tant de mal des mécaniques et de la technique ! Mais il se défend bien : « l'auto n'est qu'une façon pratique d'*aller à pied*[34] », de s'arrêter partout pour marcher et pour goûter le silence. Toute sa randonnée, même entre les étapes, a d'ailleurs une allure délibérée de flânerie. Les voyageurs ne passent pas par la Côte d'Azur – « quel est le *chef de rayon* qui a inventé cette appellation ? Si on le connaît, qu'on le décore : il avait le génie de la médiocrité[35] » – là où se font bronzer des dizaines de milliers de corps – le « pemmican », dit-il, c'est-à-dire la viande séchée des Indiens d'Amérique[36]; en 1963, il parlera de « nurseries à pingouins qui ourlent le bord des mers », de « sécheries de morues[37] », ou, plus brutalement, dans une lettre, de « tonnes de femmes cuites ». Il sort de France par le mont Genèvre : par là où sont entrés son grand-père « Jean-Baptiste » et Angelo. Cela fait remonter à sa mémoire son séjour de 1915 au fort de l'Infernet. Mais il ne s'attarde pas dans la partie du Piémont d'où viennent ses ancêtres. Ce n'est pas en pèlerinage familial qu'il va : il ne cherche pas à passer par Montezemolo, d'où, croit-il, vient la branche grand-paternelle. De la frontière, les voyageurs se rendent directement à Turin.

Voyage en Italie retrace leur trajet, qui, après Turin, passe par Milan, Bergame, Brescia, Peschiera, Vérone, Vicence, Venise, Padoue, Ferrare, Bologne, Florence. Ont seules droit à un assez long chapitre Venise (63 pages de l'édition originale) et Florence (35 pages). Les autres villes n'occupent jamais plus d'une dizaine de pages ; pour passer de l'une à l'autre, des évocations du paysage et de la vie rurale viennent rythmer le récit. Rien d'un guide – ou alors pour une tournée en Gionie et non en Italie. Rien d'un journal de voyage consciencieux. Giono n'évite pas les monuments, mais ne regarde que ceux qui lui parlent. En soixante pages sur Venise, il ne mentionne ni Titien ni Tintoret. Plus souvent, ses yeux vont vers les gens : physionomies, gestes, allure, habillement de chacun ou atmosphère de la foule, des boutiques, des cafés. Bref vers la vie quotidienne que gouverne un art de vivre. Il s'invente des amis inexistants. Il joue à s'acheter des maisons. Il part en digression vers l'Écosse ou ailleurs. Il raconte au naturel, fuyant l'emphase et les idées. S'il joue une comédie, c'est celle d'une désinvolture qui n'est pas détachement, mais plaisir d'une sagesse où le caprice a sa part, où l'on s'intéresse à la passion sans se laisser blesser par elle.

Il glisse parfois une phrase qui ne prend son sens véritable que pour lui et pour celui auquel il s'adresse : Lucien Jacques lui ayant en janvier 1952 adressé son beau recueil de poèmes, *Tombeau d'un berger,* avec une dédicace inutilement malicieuse, « Au Dôme de Milan, l'oratoire roman », qui oppose sa propre discrétion d'aquarelliste au foisonnement baroque du *Hussard sur le toit,* Giono en prend ombrage, et, évoquant l'exubérance ornementale de la cathédrale dans ses pages sur Milan, note que « se contenter de peu n'est pas toujours un signe de mesure ni d'élégance ni de beauté (c'est souvent la marque d'une fatuité assez puérile) », et, un peu plus loin, « Que d'orgueil dans l'humilité romane ! Le Duomo est un monument modeste[38]. » Ce léger accroc dans l'amitié entre Lucien et lui, sera naturellement, après un échange de lettres, réparé et oublié[39].

Il ne s'efface pas devant l'Italie. Sa présence en tant qu'homme est constante, comme dans *Noé,* mais cette fois il n'est pas seul : il a des compagnons de voyage. Quand il est là comme auteur, c'est exclusivement celui du cycle du Hussard – souvenirs d'*Angelo* et du *Hussard sur le toit,* annonce du *Bonheur fou* qui suivra. Mais il reste conteur. Il ne se dépeint pas en pleine création comme dans *Noé* ; pourtant, comme dans *Noé,* quelques récits brefs, semblables à des nouvelles enchâssées dans les détours d'un monologue, surgissent de temps à autre pour cinq pages comme l'histoire de Giuseppe Bottari, généreux propagandiste politique arrêté à Brescia[40], ou pour dix comme la plus longue, celle de Giacomo Lanza, trahi à Venise par l'adorable espionne de police Ermelinda[41]. D'autres tiennent en une page : celle du colonel Favaucourt déguisé en homme du peuple et dénoncé par des paysans[42]. Elles sont presque invariablement sanglantes : reflet peut-être des *Chroniques italiennes* de Stendhal. Giono refuse une Italie qui ne soit que charmante.

S'il parle de lui, il fait rarement allusion à la période qu'il a vécue depuis la guerre ; sauf, comme par hasard, au détour d'un paragraphe : « Depuis 1945 les écrivains mentent pour se mettre bien dans les papiers de gens qui se sont déclarés les seuls défenseurs de la foi[43]. » Entendez les communistes. Ou cette réflexion sur lui-même : « Le sort des hommes qui veulent rester libres ou qui tiennent à leurs propres idées est tragique : ils sont *livrés aux chrétiens*[44]. » Mais, pour l'essentiel, Giono va à la chasse au bonheur, comme Stendhal. Il évoque parfois sa période heureuse, celle de sa jeunesse, de son père, celle des récits rapportant la tradition du grand-père. Il parle de ses filles. Jamais jusque-là sa femme, Élise, n'a été aussi souvent mentionnée dans son œuvre publiée (car elle l'a été, évidemment, dans son *Journal,* quand il l'a tenu).

Des mots clés reviennent. D'abord, plus de quarante fois, « bonheur » (ou « heureux ») : c'est devenu la grande affaire, la seule. Giono l'affirmera jusqu'à sa mort, dans des dizaines de textes et d'interviews. Il le proclame : « Est-il besoin de dire que je ne suis pas venu ici pour connaître l'Italie mais pour être heureux[45] ? » Ou encore : « Le bonheur est une recherche. Il faut y employer l'expérience et l'imagination. Rien ne paie de façon plus certaine[46]. » Bonheur qui n'est pas nécessairement – et banalement – créé par la beauté : « Rien ne le crée d'ailleurs, mais tout peut le provoquer : voilà qui est plein d'espoir et prolonge aisément la jeunesse du cœur. » Le bonheur peut surgir du laid et même du vulgaire[47]. Giono, avant la guerre, en avait certes déjà parlé. Mais il avait alors pensé par moments que des moyens collectifs pouvaient contribuer à lui donner naissance. C'est là qu'il a changé. « Dites-moi que nous allons être heureux tous ensemble : je fuis immédiatement du côté où j'ai des chances de pouvoir m'occuper moi-même de mon bonheur personnel. Mon bonheur est précisément de l'organiser, de faire effort et d'y consacrer ma vie[48]. » Il y a dans ces deux phrases un serpent qui se mord la queue, Giono le sait et s'en amuse : c'est sa façon de dire que le bonheur est individuel et indéfinissable. Au bonheur se rattachent des mots comme « jouissance » – ou « jouir de… » – (en dehors de toute acception érotique, au moins apparente), mais ils sont moins fréquents. Reviennent aussi « mélancolie », « romantisme », parfois alliés, qui participent de la même atmosphère que « bonheur ». Turin est une ville où l'on peut « encore se payer le luxe d'être romantique ouvertement ». Brescia et Vicence sont romantiques, Bologne a un « petit air de mélancolie et de romantisme[49] ».

Ce qui en Italie plaît aussi à Giono, ou ce que son imagination se plaît à projeter sur l'Italie, c'est une grande variété de mensonges, « ceux qu'une âme bien née est obligée de faire à chaque heure du jour[50] »; ici « il faut faire usage (…) de la civilisation la plus raffinée, c'est-à-dire du mensonge[51] ». Ce n'est pas là une accusation : dans les Italiens, Giono reconnaît ou s'invente des frères en esprit, et déploie à leur égard une tendresse ironique : nous sommes devant la face souriante de Machiavel, duquel il est bien question dans *Voyage en Italie,* mais beaucoup moins que Giono ne l'avait laissé prévoir à Gallimard. C'est plutôt le créateur d'Angelo qui parle. Il n'a pas la fougue, la passion, la naïveté, les illusions d'Angelo, mais il a son appétit de bonheur. *Angelo* était le livre du bonheur d'après la guerre et la prison, *Voyage en Italie* est le livre du bonheur après l'ostracisme, les difficultés, la prise de conscience des noirceurs humaines, qui avaient provoqué une salubre mais amère plongée dans Machiavel. Désormais les noirceurs existent, mais, absorbées, digérées, elles sont parfois les piments du bonheur.

A part quelques critiques grincheux, qui affectent de préférer un document comme le *Journal de voyage en Italie* de Montaigne, tellement plus plat que les *Essais,* le succès est général.

Chapitre 20

Consécrations

A partir des années 1950, la maturité et la sécurité financière font de Giono un homme plus libre de son temps, et plus disposé à suivre ses impulsions du moment. Aussi ses activités d'écrivain s'étalent-elles sur un plus large éventail, et appelleront-elles des regroupements.

Le succès acquis avec *Le Hussard sur le toit* s'amplifie constamment. Dès 1950 Pierre Bergé songe à écrire un livre sur lui. En 1951, c'est Roméo de Villeneuve (exactement comte puis marquis de Villeneuve-Trans-Flayosc), ancien diplomate, auteur de plusieurs romans et d'ouvrages de politique, installé dans son château de Roquefort à la Bédoule, au sud-est d'Aubagne, qui, ayant fait la connaissance de Giono, veut lui consacrer un ouvrage, et le romancier lui ouvre ses inédits avec sa libéralité habituelle ; ils deviendront amis. P. Bergé et lui sont tous deux adressés par Giono à Gallimard, qui se fait confier un échantillon dans le premier cas, un manuscrit complet dans l'autre. L'éditeur n'est pas enthousiasmé : il juge ces pages soit un peu légères, soit un peu hagiographiques. Giono l'admet bien facilement et n'insiste pas.

Entretiens avec Jean Amrouche

Beaucoup plus important : le 17 mars 1952, le poète Jean Amrouche écrit à Giono pour lui proposer une série d'entretiens radiophoniques ; il l'a déjà fait avec Claudel et Gide, et est en train de le faire avec Mauriac. Après avoir demandé quelques précisions, Giono accepte. Un contrat est signé pour quinze émissions le 26 juillet. Le producteur sera le peintre André Bourdil, beau-frère de Jean Amrouche : sa femme Marguerite Taos s'est fait connaître comme une admirable chanteuse, spécialiste de musique berbère. Le couple, on l'a vu, a séjourné à Manosque en 1948, un peu plus haut que le Paraïs, aidé par des démarches et des subsides de Giono. Marguerite Taos participera aux entretiens avec son frère.

Les enregistrements ont lieu en septembre 1952, en partie à

Manosque et en partie à Gréoux – ces derniers parfois en présence de Mme Léon Blum, comme l'atteste une lettre de Giono à M.-E. Naegelen. «18 jours de travail ininterrompu à raison de 6 heures de conversations quotidiennes. Nous avons enregistré 52 bobines de 20 minutes», écrit Giono à Michel Gallimard le 3 octobre. Il est parfois agacé par certaines questions, et surnomme son interlocuteur «l'Amrouche du coche». Mais ce n'est pas de lui que viennent les pires complications. A. Bourdil écrit le 14 octobre à Giono : il est désormais brouillé avec Jean Amrouche, et le couvre de boue. Le 11 février 1953, la Radiodiffusion française donne une adaptation par le même André Bourdil du *Hussard sur le toit,* avec Gérard Philipe et Jeanne Moreau, en guise de coup d'envoi : le lendemain commence la diffusion des entretiens, qui durera jusqu'au 11 juin. Elle aura assez de succès pour que, le 24 juin, un avenant au premier contrat soit signé pour 7 émissions supplémentaires.

Mais, avant même le 12 février, des orages ont éclaté. François Billetdoux, chargé du montage, a rendu compte à son directeur, le compositeur Henri Barraud, de continuelles dissensions entre Amrouche et sa sœur : elles risquent d'empêcher les entretiens d'être prêts à temps pour leur passage à l'antenne. Lors de la première émission, beaucoup d'auditeurs remarquent que Marguerite Taos coupe à plusieurs reprises la parole à Giono au moment même où il va aborder un point important. H. Barraud donne pour instructions à F. Billetdoux de supprimer à l'avenir de telles intrusions, d'où colère de l'intéressée.

Après la troisième émission, le 26 février, c'est Giono qui entre dans une de ses grandes rages, et expédie à H. Barraud un télégramme furieux, protestant contre une « addition grotesque » et contre une « musique ridicule », taxant la radio de « volonté de nuire » et la menaçant de poursuites. H. Barraud, qui a récemment rencontré Giono chez Jean Amrouche et a gardé de cette entrevue un souvenir excellent, est stupéfait ; il répond avec calme le 28 février, demandant des précisions. Giono récrit le 2 mars, gardant le brouillon de sa lettre (c'est ce texte que je vais citer). Il a surtout été hors de lui, dit-il, en entendant, annoncés par la voix d'Amrouche puis reproduits, ses propos sur le « pétomane mondain », qu'il avait tenus pour divertir ses interlocuteurs et non pour leur donner une large audience. D'où son accusation de « volonté de nuire », répétée dans un télégramme à Amrouche. Autre grief : la musique d'accompagnement : « Malgré mon refus également formel d'y entendre mélanger du fifre et du tambourin et un tutupanpanisme dont depuis toujours j'ai été l'adversaire acharné (je ne suis pas provençal, je ne décris pas la Provence : il n'y a pas une seule cigale en 36 romans[1]), on a encore fourré dans ces entretiens du fifre et du tambourin. » Il aurait voulu les premières mesures de la fin du deuxième acte de *Don Giovanni.* On lui a objecté qu'on s'était beaucoup servi de Mozart récemment dans d'autres émissions. Il se rabat donc sur Scarlatti, ou sur la *Création* de Haydn « si on veut du volume symphonique ». L'indicatif qu'il suggère avec insistance, c'est la fin de la sonate en fa majeur de Scarlatti, L.228 (il en avait l'enregistrement par Wanda Landowska). Finalement l'indicatif utilisé sera tiré de la cantate n° 51 de Bach.

En même temps, il demande à Maximilien Vox, qui est à Paris, et qui s'est montré dévoué et efficace dans l'affaire Grasset, de superviser les bandes des émissions à venir avant leur passage à l'antenne. Fais « toi-même, lui dit-il, les coupures que *ton amitié* jugera nécessaires. Je touche à des choses délicates et *tu es seul* capable de le faire *mieux* que moi (...). Tu connais mieux que moi toutes les ficelles, et celles qu'il faut tirer et celles dont il faut se méfier (...). Sujets délicats : ce que je dis du Contadour, ce que je dis des Prisons, etc. ». Il approuve par avance toutes les coupures que pourra faire son ami. Et dans une autre lettre au même, écrite aussitôt après : « C'est une monstruosité de connerie qui, finalement, à la réflexion, est trop parfaite pour n'être pas pourpensée (...) ne t'en laisse pas conter par Amrouche ni par la Taos et aide-moi à aller fort contre toute cette bande. » Vox accepte : à partir du 4 mars il supervisera les émissions. Il veillera par exemple à ce que soit bien supprimée une phrase sur Lucien Jacques qui a échappé à Giono dans la conversation, et qu'il ne veut pas voir diffusée : « Il m'a déçu, et je l'ai déçu » (ce qui était vrai par instants, et faux en général). Dès le 5 mars il renseigne Giono : « Amrouche a "poncé" ses interventions au minimum de ce qui justifie ton texte ; quant aux élucubrations de la harpie, je les ai saquées impitoyablement, selon ton autorisation, et selon les instructions primitives de Barraud (...). Nous savions que cette poule était infumable, mais à quel point, nous ne le savions pas ! » Il n'aurait pas fallu « laisser passer la grenouille dans les trois premières émissions ». Giono remerciera Vox avec chaleur : « Ne t'inquiète pas pour la chipie, elle a été remise à sa place, qui est où tu sais, en termes tels qu'on ne peut pas les appeler autrement que définitifs, et elle a compris j'espère. Au cas de retour offensif je serai nettement grossier. »

Dès 1952, avant la diffusion des entretiens, il est question de les publier chez Gallimard. Cela ne se réalise pas, peut-être parce que certains sujets soulèveraient encore des passions, ou parce que Giono y fabule trop sur nombre de sujets, et que cela déchaînerait des polémiques. Il faudra attendre 1990 pour que l'édition voie le jour. Giono, avec sa liberté de ton et d'allure, son humour, son charme, y parle de toute sa vie et de tous ses écrits. Merveilleux document sur ce qu'il était en 1952, sur la vue qu'il a à cette époque – ou plutôt à l'instant où il parle – de son existence, de son œuvre, du monde qui l'entoure. Mais document très peu fiable sur tous les détails qu'il donne.

Le prix littéraire de Monaco. L'Académie Goncourt

Nouvelle consécration pour Giono : en avril 1953, le Grand Prix littéraire de Monaco, créé deux ans plus tôt, lui est décerné pour l'ensemble de son œuvre. Marcel Pagnol lui a écrit un peu auparavant : « Dis-moi vite une chose : veux-tu que je parle de toi pour le prix du prince de Monaco (un million) ? Je suis persuadé que tu l'auras si je peux dire : il l'acceptera. Écris-moi donc un petit mot, qui dise : "Je ne demande pas le prix, mais si on me le donnait, je ne vous ferais pas l'affront de le refuser." Tu comprends ma position : je parle de toi avec flamme et poésie, on te donne le prix et tu réponds Merde. Je n'aurais pas bonne mine ! » Mais Giono ne refuse pas. Il obtient le prix. Pagnol lui téléphone, et une voiture de la principauté vient le chercher à Manosque pour l'emmener sur-le-champ à Monaco où il l'héberge. Giono écrira à Élise : « Pagnol a été *extrêmement* gentil et véritablement ami *actif*.»

Le prix américain Brentano en 1929, le prix américain Northcliffe en 1931, maintenant un prix monégasque. Le Goncourt lui est deux fois passé sous le nez. Les mensonges communistes lui ont peut-être coûté le prix Nobel. Et la France, en dehors d'un minuscule prix Corrard, sans retentissement aucun, décerné en 1931 par la Société des gens de lettres, ne l'a jamais distingué : les prix se donnent à Paris, dans les milieux littéraires ; or Giono ne vient pas à Paris et a horreur des milieux littéraires. Il a donc été laissé de côté, et n'est malgré tout pas mécontent de se rattraper. Élise, qui est à Paris avec Aline, apprend la nouvelle par un télégramme de Jean, et quelques détails par la presse. Elle lui écrit le 2 mai, commençant sa lettre – en souvenir des poèmes de Leconte de Lisle qu'ils se récitaient l'un à l'autre en 1914 : « Mon cher petit elfe joyeux (couronné de thym et de marjolaine) ». Elle a appris par *Le Figaro littéraire* que son mari avait été en compétition avec Henri Bosco[2], et que Georges Duhamel, qui soutenait le second, avait quitté la salle dès l'annonce du résultat, d'autant plus vexé qu'en l'absence du prince Rainier il avait présidé les débats. Elle a su par Jean Denoël qu'on se demandait, chez Gallimard, lequel des deux auteurs de la maison aurait le prix, et qu'on y était fort occupé à commander des bandes à mettre autour des livres, pour attirer l'œil des acheteurs dans les vitrines des libraires.

Une lettre de Jean à Élise et Aline leur décrira le lendemain l'escorte de motocyclistes dans Monaco, les interviews à la radio, la réception au Palais. « Arrivent les évêques de Monaco, de Nice, les ministres de la principauté. Conversation générale mais dont je fais naturellement tous les frais. » Puis il est reçu par le prince : « On arrive dans un immense salon, et, au milieu, timide, gentil, un jeune homme qui m'attend. C'est le prince; la gentillesse même, le type le plus sympathique du monde. Timide (on m'avait prévenu. On m'avait dit : "parlez, parlez, sinon il rougira et sera très malheureux"). J'ai parlé. Un bon quart d'heure. Nous étions copains. Nous sommes allés rejoindre les autres. Je lui ai dit : "Excusez-moi, Monseigneur, mais je ne sais pas comment on passe les portes avec un prince. Est-ce qu'on s'efface ?" Il m'a dit "Non, on les passe comme ça", et il m'a pris par le bras et nous sommes arrivés dans le salon où étaient les autres, bras dessus bras dessous. » Déjeuner. Ci-joint petit carton plan de la table où vous verrez que j'étais à la droite du prince, ayant Ph. Hériat (un type exquis et *un ami*) à ma droite à moi. Marcel à la gauche du prince, etc. Détail du vote. Un seul a voté contre moi : Duhamel. Et même, voyant ma victoire, il m'a insulté en public, à propos, dit-il, de "mon attitude pendant la guerre". Hériat lui a répondu : "Vous nous emmerdez !" Là-dessus Hériat, Gérard Bauër, Maurois et même É. Henriot, Géraldy et Pagnol ont fait un esclandre terrible. Duhamel a prétexté une phlébite subite pour ne pas venir au déjeuner. Il a dit qu'il allait donner sa démission (les autres membres du jury veulent l'y obliger). » Giono conclut sur le montant du prix : « Passons aux choses sérieuses. Mes enfants chéris, le grand conseil de principauté du Paraïs décide : 1° subvention de 50 000 francs à Zizi pour qu'elle s'achète ce qu'elle veut. 2° subvention de 50 000 francs à Aline pour qu'elle s'achète, peut-être une veste en daim (hein ! qu'est-ce que tu en dis ?). 3° subvention de 50 000 francs à Vivie qui, elle, veut une veste en daim. (Et pourquoi pas 3 vestes en daim ??) Mais *j'exige* que vous achetiez une chose chacune et non pas une chose *utile* mais une "belle folie". »

Peu importe dans ces conditions que *Le Moulin de Pologne* ait manqué de peu, en avril 1953, le Prix littéraire international décerné à Venise, qui va à un auteur norvégien.

D'autres honneurs se préparent. Giono est considéré de tous côtés comme un des plus grands écrivains français vivants. Son nom pourrait rehausser le prestige de n'importe quelle compagnie littéraire. L'Académie française songe à lui. Maurice Genevoix, en particulier, insiste, et se dit prêt à faire campagne. D'autres agissent également en sa faveur. André Maurois, qui a sollicité et obtenu de lui en septembre 1953, on le verra, un texte sur la Provence qu'illustreraient des photos de son fils Gérald, lui est reconnaissant d'avoir accepté. Marcel Pagnol, qui avait terminé une de ses lettres, le 7 décembre 1945, par ces mots : « Tu es un grand con de génie », et qui l'a soutenu pour le prix de Monaco, écrit à Giono, en automne 1954, dans le même sens que Maurois. Académicien depuis 1947, il ne serait peut-être pas fâché, lui qui a bâti un large pan de sa renommée sur quatre films tirés de Giono, de le mettre un peu à sa remorque en se faisant en quelque sorte son parrain. Maurois et Pagnol sont passés voir Giono à Manosque. Des bruits courent sur cette possible élection³. Ils attirent sans nul doute l'attention de l'académie Goncourt, qui prend l'initiative. Gérard Bauër, dans la seconde moitié de novembre, vient à son tour, accompagné de Jean Dutourd, faire le siège de Giono, qui est en train d'assister en même temps qu'Armand Salacrou au procès Dominici à Digne. « Je ne peux pas oublier, dira Giono, que le prix du Goncourt m'aurait bien aidé, moi, quand je tirais le diable par la queue (...), je n'ai pas fait de coquetterie, j'ai dit que oui, bien sûr, cela me ferait plaisir, mais que je n'accepterais qu'à condition que rien ne serait changé ni à ma vie ni à mes habitudes⁴. » Il succédera donc à Colette. L'élection a lieu le 6 décembre. Il est élu à une assez forte majorité, seules les voix de Salacrou et de Queneau s'étant portées sur Prévert, pour lui manifester leur sympathie, non pour le faire élire ou par hostilité à Giono⁵. Roland Dorgelès le prévient par téléphone. Le même jour, le prix Goncourt est décerné à Simone de Beauvoir – dont Giono n'aime pas le livre couronné, *Les Mandarins*. Questionné, il répond ironiquement qu'il aurait voté pour elle : « Vu de Manosque, je considère ce roman comme un livre d'anticipation, bourré d'exotisme et m'initiant à une faune que je ne connaissais pas. Je n'aurais pas pris plus de plaisir en lisant un ouvrage sur les mœurs des coléoptères. » Mais il aurait dû, ajoute-t-il bientôt après, faire abstraction du style.

« Pourquoi pas l'Académie française ? » lui demandent les journalistes. Il s'en tire parfois par une pirouette, disant, me raconte Jean Dutourd, que l'épée, c'est vraiment démodé. « Le jour où les académiciens auront une mitraillette... » Plus sérieusement, il répond qu'il n'aime pas les uniformes, ce qui est vrai : « Si au quai Conti la réception avait pu se faire en chandail, j'aurais peut-être accepté... » Et que l'idée d'aller faire toutes les visites de candidatures le glaçait. (On ne lui a donc pas proposé de l'en dispenser, comme Claudel et plus tard Montherlant.) A la question « Comment se fait-il que vous ne soyez pas de l'Académie ? », il répondra : « J'y suis déjà sous le nom de Pagnol⁶ ! » Il n'avait peut-être pas spécialement envie d'être le protégé de Pagnol, sur lequel ses propos étaient parfois très amicaux, mais parfois aussi fort sévères (alors que Pagnol n'a jamais, semble-t-il, dit le moindre mal de Giono). N'a-t-il pas accepté aussi de figurer parmi les Goncourt pour se couper la route de l'Académie française ? Se sachant incapable de dire non, il se méfiait de lui-même. En tout cas Pagnol, beau joueur, le félicita de son élection : « O Jean, Bravo, et tant pis ! J'avais planté des jalons, qui avaient même pris racine... Tant pis pour toi ! Tu n'auras pas le beau costume, pas l'épée, pas le bicorne ! Rien ! Un chandail, et une casquette, et peut-être un parapluie... Mais tu vas donner le prix Goncourt, le plus beau de tous... » Giono s'amusera en 1956 à se moquer de Pagnol à ce sujet, racontant à un journaliste : « Notez qu'il y a des écrivains qui aiment porter l'uniforme : Pagnol, pour ne pas le citer, je crois même qu'on lui a conseillé de le porter un peu moins souvent. Tenez, l'année dernière, j'ai été le voir à Monaco, en plein été. Eh bien! il avait l'uniforme; lorsque nous sommes allés déjeuner, j'ai dit : "Marcel, tu l'enlèves, maintenant que je t'ai vu le portant ? – Non, pourquoi ?" m'a-t-il répondu. Et nous avons traversé la ville, lui en grande tenue, moi en manches de chemise. Enfin, je crois qu'il a tout de même accepté de quitter sa cape dans la salle, ce sacré Marcel[7] ! » Il se doute bien entendu que personne ne le croira, et qu'à l'occasion Pagnol lui rendra la pareille, à leur grande joie à tous deux.

Les félicitations affluent de toutes parts. Giono racontera à Jacques Robichon : « A Manosque, après l'élection Goncourt, j'ai reçu 70 télégrammes par jour. Lucien Jacques, qui était là, le béret sur l'oreille, filtrait les visiteurs, les communications téléphoniques, les journalistes suisses, la télévision[8]. » Abel Gance lui écrit seulement ces quelques mots : « Enfin !!! Il n'est pas de cauchemar dont on ne s'éveille ! Je vous embrasse. » Plusieurs lettres souligneront que par cette élection c'est Giono qui honore l'académie Goncourt, et non le contraire, car il est le seul vraiment grand écrivain à y siéger. Et, pour le Jour de l'an qui suit, le président de la République, René Coty, lui envoie des faisans qu'il mange en famille, en compagnie de Jean Carrière dont il a fait la connaissance quelques mois plus tôt.

A partir du prix de Monaco, les journaux et revues recommencent à publier non plus seulement des comptes rendus des livres de Giono, mais des interviews de lui. L'étranger et la province viennent d'abord : Hélène Cingria dans *Le Journal de Genève* du 19-20 septembre 1953, Jean Perquelin dans *Le Dauphiné libéré* du 26 novembre. Paris est un peu plus long à se décider avec Jean Carlier dans *Combat* du 19 août 1954. L'élection à l'académie Goncourt précipite le mouvement : Jacques Robichon dans Arts du 5-11 janvier 1955, Marguerite Taos dans *Les Nouvelles littéraires* du 13 janvier, J. Robichon encore dans *la Table ronde* de février, Louis Pauwels dans *Carrefour* du 30 septembre.

Les projets de livres sur lui se multiplient. Chacun de leur côté, Jean Amrouche et Marguerite Taos, devenus adversaires, songent à en écrire un. Giono a promis au premier de lui communiquer, pour un gros livre, son journal, ses carnets, sa correspondance. Amrouche passe chez Gallimard pour faire avancer l'affaire. Mais ni lui ni sa sœur n'iront au-delà des velléités. Toujours en 1953 sont lancées deux entreprises qui, elles, aboutiront. Jacques Pugnet, professeur au collège de Manosque, reçu par Giono avec sa bonne grâce habituelle, envoie cette année-là un assez gros manuscrit à Gallimard. Son livre, un peu réduit, sera finalement publié en 1955 par les Éditions universitaires, dans la collection « Classiques du xxe siècle ». Les Éditions du Seuil, pour la collection « Les écrivains de toujours », mettent en chantier un *Giono*. Pour la première fois, il va s'agir non d'une étude, mais d'une biographie véritable. C'est Claudine Chonez qui en est chargée. Giono la reçoit longuement, et écrit à son intention une chronologie, dont les inexactitudes ne sont évidemment pas absentes. Ce petit volume, le plus nuancé et le plus sérieux jusque-là de tous ceux qui lui ont été consacrés, paraît également en 1955 – en mars. Il comprend de très nombreuses photos, et un choix de textes, pour lequel la négociation avec Gallimard n'a d'ailleurs pas été sans mal. En 1955 encore paraissent le *Dialogue avec Jean Giono* de Jacques Robichon à la Table ronde, et le livre de Romée de Villeneuve, *Jean Giono ce solitaire,* écarté par Gallimard et finalement édité par les Presses universelles. Enfin, des éditeurs et des écrivains le sollicitent de tous côtés pour des préfaces, soit à des chefs-d'œuvre passés, soit à des livres nouveaux. Il est ainsi pressenti pour des textes sur l'*Odyssée, Don Quichotte, Le Rouge et le Noir, Les Mystères de Paris, Guerre et Paix.* Contrairement à ce qu'écrit Maurice Chevaly[9], il est loin d'accepter presque toujours ; et, quand il accepte, il lui arrive souvent de ne pas tenir sa promesse. Quand il la tient, il s'agit le plus souvent d'ouvrages sur la Provence : il y en a six de 1950 à 1955[10].

Parmi les honneurs envisagés en France, un seul lui sera refusé : une promotion dans la Légion d'honneur. Cela ne lui serait finalement pas désagréable : c'est en 1952 que, dans la notice annuelle sur lui que publie l'*International Who's Who* anglais, il rajoute – vingt ans après l'avoir obtenu – son titre de chevalier. Depuis 1952 au moins, le préfet des Basses-Alpes le propose régulièrement, soutenu par des députés du département, dont M.-E. Naegelen. En mai 1955, Jacques Duhamel, directeur de cabinet du président du conseil Edgar Faure, écrit à Giono : « Vous méritez une rosette et je puis en disposer. Vous allez donc rougir et je m'en réjouis. » Le ministère de l'Éducation nationale, précise-t-il, est également d'accord. « Reste la grande Chancellerie où la mobilisation des militaires se souvient de 1939 et où des réticences existent, dont quelques-unes très grandes. Je vais voir Catroux. » Mais cette intervention auprès du Grand Chancelier est vaine. Il y en aura d'autres, mais le ruban rouge de 1932 ne se transformera jamais en rosette.

Voyage en Écosse. Nouveaux voyages en Italie

Giono, se sentant moins pressé par le temps que lorsqu'il lui fallait reconquérir sa place, fait plus volontiers des séjours hors de Manosque. Il ira à diverses reprises, pour plusieurs semaines, chez Éliane et Romée de Villeneuve, au château de Roquefort à la Bédoule. Pour sa goutte, il fait une série de cinq cures à Gréoux ; plutôt que de revenir chaque jour à Manosque, il séjourne chez les Cadière dont il aime la grande maison et l'accueil chaleureux ; il va même au casino, dirigé, concurremment à l'établissement de bains, par Antoine Cadière, et y joue pour y perdre, vu que l'argent ira à son ami : par ce moyen indirect, il le remercie de son hospitalité.

En outre, il a pris goût aux voyages. En été 1952 il passe quelques jours à l'île d'Oléron ; et, la même année, l'occasion s'offre à lui de connaître l'Écosse. C'est un pays dont il rêve depuis longtemps : il écrivait à Lucien Jacques le 18 août 1922 qu'il était « né avec une âme de highlander » et qu'il aspirait après « de perpétuelles bruines chuintantes ». Il a souvent proclamé que c'était là qu'il aimerait vivre, à cause de la pluie. Mais il lui arrivait aussi de fantasmer avec humour sur les aspects terrifiants de ce pays. Il écrivait de Manosque à Maximilien Vox, vers mars 1949 : « Pour l'instant il fait un temps de cochon : pluie et brouillard. C'est l'Écosse dans toute son horreur. Les Vikings hurlent derrière le mont d'Or et les bag-pipes couinent dans les oliviers. Je m'attends à ce que d'un moment à l'autre Walter Scott ou Sherlock Holmes, revêtus d'ulsters ruisselants, sonnent à ma porte. Et j'espère pour ce soir *le soleil de minuit.* »

En 1951-1952, Aline, qui a terminé sa licence d'anglais à Nice, et qui passe un an comme assistante de français à la High School de Chichester, dans le sud de l'Angleterre, a décidé d'aller en Écosse pour les vacances de Pâques en compagnie de Gertrude Kastner, autrichienne, organiste, assistante d'allemand dans la même école, qui est devenue son amie. Les lettres d'Aline décident Giono à les accompagner[11]. Lui qui est par principe opposé aux vaccins – il s'est toujours arrangé, grâce à des certificats de complaisance, pour que ses filles y échappent –, il est contraint cette fois de se faire vacciner : les Anglais ne badinent pas là-dessus. Et il en est malade comme un chien. Remis à temps, il part dans la deuxième semaine d'avril 1952, et fait escale à Londres, « ville noire et rouge, très belle », écrit-il à Elise : il la préfère à Paris. Il espère y voir une relation qui lui fournira un peu plus d'argent qu'il n'a eu le droit d'en sortir de France, mais il ne la trouve pas. Il écrira à Claude Gallimard : « Nous nous sommes contentés du plus petit que nous avons pu comme confort, au profit du plus grand trajet à parcourir. » Ils descendront donc dans de petits hôtels, ou dans des *bed and breakfast,* Gertrude logeant souvent dans des auberges de jeunesse.

Giono va chercher les deux jeunes filles à Chichester. Durant tout le voyage, il les laissera parler aux gens qu'ils rencontrent, ou dans les magasins : s'il lit très bien l'anglais, il manque d'habitude pour le comprendre, et, sachant que son accent est médiocre, il préfère, comme en Italie, se taire ou parler par gestes. Il emmène Aline et Gertrude à Londres ; il descend dans un hôtel de South Kensington, Colbeck House dans Harrington Gardens ; c'est là qu'il logera plus tard Bondino du *Bonheur fou.* Le trio va voir au théâtre *Much ado about nothing* de Shakespeare, avant de prendre le train pour Carlisle dans le Cumberland, tout près de l'Écosse. De là, excursion dans la région des lacs : les « cercles de pierre » de Wall Craig, la cascade d'Ayra Force, etc. Mais Giono n'est pas enthousiaste : « L'Angleterre des Midlands, y compris les lacs du Cumberland, c'est proprement "miles and miles and miles of nothing" », écrit-il à Claude Gallimard.

Puis les voyageurs gagnent Édimbourg ; ils visitent le château de Holyrood pendant la répétition d'une fête, et le Musée national. Giono voit dans la ville une série de maisons qu'il acquiert en imagination[12]. Mais il achète vraiment un chapeau aperçu dans une vitrine, et qui l'a emballé[13]. Puis c'est une simple traversée de Glasgow, et des changements de train à Dumbarton et à Craigandoran. Là, Giono aperçoit un clergyman qui fouille la terre avec un bâton : il fera de lui, dans sa préface à *Humphry Clinker,* un archéologue qui aurait pu être un personnage de Smollett. Sous un grand ciel de beaux nuages, Aline, Gertrude et Jean traversent le *moor* (la lande) de Rannoch, un paysage si désert que s'il n'y avait pas les rails, dit Aline, on croirait que le train s'est perdu. Il écrit à Élise : « Tout à fait le Contadour en plus grand. Plus de 100 kilomètres sans *un arbre,* rien que des fougères rousses. En voyant l'Écosse on est rassuré. Là il y a des gens comme nous. » Des gens qu'il trouve aimables, serviables, hospitaliers. On aperçoit le Macdhui, montagne d'où sera tiré le nom du personnage qui donnera son titre à « L'Écossais » trois ans plus tard. Mais les nuages descendent, la pluie et la brume enveloppent tout pour l'arrivée à Fort Williams. De là, promenade au bord du lac Lynnhe, et à un col en direction de Glencoe, où un Écossais en kilt leur raconte le massacre dont les Anglais ont été responsables à la fin du XVIIᵉ siècle. Puis en car de Fort Williams à Inverness, avec une halte à Fort Augustus et au bord du Loch Ness, dans une belle lumière dramatique. Visite au château de Macbeth, Cawdor. Puis Giono et Aline, laissant Gertrude explorer les monts Grampian, regagnent Édimbourg, puis Londres, où ils descendront encore dans Harrington Gardens, mais cette fois au Rhodesian Court Hotel. Ils iront le 2 mai voir Henri Fluchère à Oxford où il dirige la Maison française, et Jean ramènera sa fille à Chichester avant de repartir. Il sera de retour à Manosque le 6 mai, enchanté de ses trois bonnes semaines de voyage. Il songera en 1953 à en tirer des *Lettres d'Écosse,* et en parlera encore en 1955 à Gérald Maurois. Cela ne se fera pas. Mais, de ses souvenirs, naîtra moins de trois ans plus tard toute une partie de la nouvelle « L'Écossais ou la fin des héros[14] ». Faute d'occasion peut-être, il ne retournera jamais en Écosse.

En février 1954, il ne repousse pas l'idée d'un voyage en Bretagne avec Roger Nimier et Roland Laudenbach, bien qu'à son gré le premier aime trop la vitesse. Giono lui répond : « La voiture rapide, ça peut aller doucement si on le veut vraiment. » Mais le projet ne se réalise pas. En été 1954, rêvant de climat humide, il part avec Élise et ses filles pour Roscoff où il veut passer quelques jours de vacances ; mais la Bretagne connaît cette année-là une sécheresse exceptionnelle, et, déçu, il écourte son séjour.

A deux reprises, il fait avec Élise des croisières en Méditerranée, sur le bateau de Mme Ducis, la directrice du casino d'Enghien. Une fois ils restent sur les côtes françaises ; une autre fois, en compagnie du docteur

Barriéra, ils gagnent l'île d'Elbe, puis font le tour de la Corse : Élise est heureuse de lui montrer ce pays où elle a enseigné quelque temps avant leur mariage, et qu'elle a aimé.

Il voudrait aussi revoir les villes et les paysages italiens parcourus avec les Cadière en 1951. Surtout, il a commencé *Le Bonheur fou,* et a besoin de matière pour ce roman qui se déroule entièrement en Italie. En juillet 1953, semble-t-il, il part à nouveau pour le nord du pays. Pour la seule fois, il n'est accompagné que d'Élise, et ils prennent le train. Mais il y fait très chaud ; ne supportant pas les grosses chaleurs, il ne se trouve pas à son aise. En outre, il déteste porter des valises. Le souvenir le plus marquant du voyage est une camomille bue près de Bologne, et trouvée exquise ; tous deux en reprennent, émerveillés, puis demandent la recette : sa succulence venait de ce qu'on y avait rajouté du rhum.

Nouveau voyage en septembre, en voiture cette fois, avec le peintre Jacques Thévenet et sa femme, toujours à travers le Piémont, la Lombardie et la Vénétie.

Giono est définitivement accroché par l'Italie. Il y retourne en août 1954, à nouveau avec Élise et les Cadière, et cette fois découvre Rome, logeant à l'hôtel d'Angleterre, via Bocca di Leone. Il en tirera en 1958 une relation de son arrivée en voiture dans la ville, venant de Cività-Vecchia – pèlerinage stendhalien : Cadière et lui cherchent leur chemin, plan de la ville en main, se perdent, se retrouvent. Récit fort romancé sinon totalement inventé ; en tout cas n'y figurent ni Élise ni Germaine Cadière, qui étaient pourtant arrivées à Rome avec leurs maris.

Le Bonheur fou

C'est l'Italie du Nord qui est le décor du *Bonheur fou,* cet énorme roman, le plus long de toute l'œuvre de Giono, conçu dès 1946, commencé le 26 février 1953 et achevé seulement le 6 janvier 1957[15]. C'est la suite du *Hussard sur le toit,* et la dernière œuvre où apparaisse Angelo, qui y est presque sans cesse présent, et qui en est l'unique protagoniste. Giono a songé à divers titres : *Vous aurez soif de nouveau* (soif de liberté ?), *Le Pavot rouge, Avec les premiers étendards, Au réveil du lion, L'Ane rouge.* Ce n'est qu'à la fin de 1952 qu'apparaît le titre actuel, tiré presque certainement de la *Vie de Henry Brulard* de Stendhal, mais qui a un double sens : celui de Stendhal, c'est-à-dire le comble du bonheur, et un autre moins évident : le bonheur insensé, car il est doublement fou de faire la guerre, et d'en tirer du bonheur.

L'action se déroule en cinq mois, de la fin de février à la fin de juillet

1848; Giono avait songé à une durée d'un an et demi, mais y a renoncé. Le Piémont et la Lombardie se soulèvent contre la domination autrichienne; c'est à la fois une révolution et une guerre, car le feld-maréchal Radetzky et ses troupes ont à lutter contre les armées italiennes, en particulier celles du roi de Sardaigne Charles-Albert. Angelo, revenu de France où il a laissé Pauline de Théus, prend part à cette double lutte. Mais les révolutionnaires sont en partie dirigés par le vieux Bondino, longtemps exilé à Londres et enfin revenu; ses manœuvres sont tortueuses; l'une d'elles consiste, sur l'initiative de Giuseppe, le cordonnier frère de lait d'Angelo, à mettre celui-ci sur le devant de la scène: il sera un homme de paille dont on se débarrassera ensuite. Angelo, chargé d'une action politique, quitte Turin, passe à Ivrea, à Novare, à Milan. Il y rencontre le général italien Lecca, qui s'est battu sous Napoléon. A Brescia, il est arrêté, presque lynché, blessé. Après une étape au château de la Brenta, d'où sa mère la duchesse est absente mais où il rencontre Bondino, il est enrôlé par Lecca dans son corps franc. Il erre avec deux soldats sur les franges des opérations militaires, et participe au prologue de la bataille de Custozza, qui sera gagnée par les Autrichiens. Revenu à Milan, s'étant rendu compte que Giuseppe l'a trahi, il le tue en duel. Il veut repartir pour la France; mais des sbires se rapprochent de lui. Va-t-il être assassiné?

Giono a longtemps hésité: Angelo doit-il mourir à la fin du roman? Le 12 septembre 1956, un article de *Carrefour,* signé « Le Magot solitaire », lui fait dire, en regardant sur son bureau le roman presque achevé: « Il me reste cependant à savoir si mon héros va mourir ou non. » Un temps: « Je crois qu'il va mourir. » Il se décide pour une fin « aléatoire » – c'est le mot qu'il emploie dans une lettre à Roger Nimier. Il laisse au lecteur le soin de décider, et se garde ainsi la possibilité d'aventures à venir. En fait, si l'on considère le cycle du Hussard dans son ensemble, Angelo ne peut pas mourir ainsi; ce serait contredire le contenu de *Mort d'un personnage* déjà publié: Angelo et Pauline de Théus y ont eu un fils; or ils n'ont pas été amants dans *Le Hussard sur le toit,* et ne se sont pas rencontrés dans *Le Bonheur fou.* Ils doivent donc avoir eu une rencontre ultérieure. Sinon, la Pauline de *Mort d'un personnage* n'est plus qu'une vieille folle qui a imaginé ses amours avec Angelo, et la ressemblance avec celui-ci du petit Angelo III; et le livre y perd toute sa substance. Mais on peut aussi, avec R. Ricatte, penser qu'il y a un côté aléatoire dans le cycle du Hussard comme dans *Les Ames fortes*[16]: plusieurs univers y coexistent; de même que celui d'*Angelo* (non encore publié) contredit celui du *Hussard sur le toit,* celui du *Bonheur fou* pourrait contredire celui de *Mort d'un personnage* et d'autres romans projetés mais non écrits, comme *Pauline* – roman sans hommes où l'héroïne, à la recherche d'Angelo, devait faire le tour des diverses femmes connues par lui, et le trouver à la fin.

Angelo reste dans *Le Bonheur fou* l'homme qu'il était dans *Le Hussard sur le toit* : brave, loyal, un peu naïf, amateur de chevaux, de petits cigares et du *Roland furieux* de l'Arioste, ayant horreur d'être dupe, et assoiffé de bonheur. Peut-être n'évolue-t-il pas suffisamment à mesure qu'il découvre la nature de la politique. Les autres personnages ne restent pas assez longtemps en scène pour prendre beaucoup de relief. Et ils sont si nombreux que chacun d'eux efface quelque peu les autres. Deux exceptions : le général Lecca, réaliste et roublard, mais honnête, calqué sur un général réel, Teodoro Lechi, et le politique Bondino, égoïste, calculateur, image de la duplicité, qui a quelques traits de Mazzini, mais sans son envergure.

Comme il est sans doute naturel dans un roman avant tout militaire, il y a peu de femmes dans *Le Bonheur fou,* et Giono a encore réduit le rôle qu'il avait songé à leur confier. Pauline n'est présente que dans l'esprit du héros, et de façon extrêmement fugitive. La duchesse Ezzia, mère d'Angelo, ne fait qu'une brève apparition. Une impétueuse Carlotta, amoureuse d'Angelo et mariée, n'est là que durant un chapitre. Miss Learmonth, vieille Écossaise dévouée à Bondino, ne s'intéresse qu'à la politique. C'est un peu une gageure que de présenter pendant près de cinq cents pages un héros jeune, beau, séduisant, et au fond de lui-même assoiffé d'amour, sans équilibrer son personnage par une présence féminine quelque peu consistante.

Mais ce n'est rien à côté de la double gageure qu'affronte Giono : écrire un roman étroitement lié à l'histoire, et un roman dont le héros aime la guerre.

Certes Giono, après 1945 surtout, s'est mis à lire de nombreuses chroniques historiques. Mais on le sait brouillé par nature avec la chronologie ; et celle d'un roman comme *Le Hussard sur le toit* est, on l'a vu, impossible à déterminer. Ici, le cours des événements est contraignant. Pour la première fois, Giono met directement et longuement en scène des personnages historiques : le roi Charles-Albert, le maréchal Radetzky et ses généraux. Les insurrections, les batailles, ont des dates. Giono a rassemblé une masse de volumes : souvenirs, études de détail, synthèses. Rien que des livres du XIXe siècle : aucune étude moderne – de même que pour le choléra Giono n'avait consulté que des ouvrages médicaux du temps. Il lit et annote tout cela. Puis il l'utilise avec une grande liberté, presque comparable à celle d'Alexandre Dumas dans *Les Trois Mousquetaires* – on se souvient qu'il a dit à Pierre Béarn en 1947 qu'il allait faire du Dumas en plus soigné. Certes il démarque souvent ses auteurs, et recopie même certains passages – comme les ouvrages sur le choléra pour *Le Hussard sur le toit* –, mais il prête à tel personnage ce qui est arrivé à d'autres, il passe sous silence ce qui ne va pas dans le sens de sa narration, il modifie la topographie quand il le juge nécessaire (R. Ricatte a minutieusement étudié ces innombrables altérations). Bref il fait à plein son métier de romancier.

Autre gageure : il écrit un roman sur la guerre, qui n'est pas un roman contre la guerre. Ce n'est pas que ses convictions aient changé. Il garde sa sympathie au pacifisme, même s'il a perdu ses illusions de pacifiste. Il fait partie d'un comité qui défend les objecteurs de conscience. Mais la guerre de 1848 en Italie n'a rien à voir avec la guerre de 1914. Elle est moins meurtrière – bien que quelques morts, et même un seul, ce soit déjà trop. Mais surtout elle est faite par des soldats de métier, et par des volontaires qui peuvent y prendre plaisir. En outre, elle a chez Giono quelque chose d'une guerre de théâtre. Il y a des morts, certes, et du sang : Angelo lui-même est par deux fois légèrement blessé. Mais rien n'est jamais macabre ; et, tout compte fait, pour un livre de guerre, *Le Bonheur fou* recèle singulièrement peu de souffrance : cent fois moins que *Le Grand Troupeau*. Les duels, les escarmouches, sont vus par le regard ironique de Giono, et font penser à des épisodes de l'Arioste, bien que la différence de ton soit radicale. Même le combat de Staffalo[17], avec ses effets de masse, doit quelque chose à l'évocation de Waterloo par Stendhal dans *La Chartreuse de Parme* : Angelo y aperçoit « une petite portion de bataille[18] ».

Giono n'aurait certes pas aimé entendre décrire *Le Bonheur fou* comme une grande fresque historique : il a en horreur les solennités. Pourtant R. Ricatte a pu relever à juste titre la parenté du roman avec *Guerre et Paix,* en particulier pour l'alternance entre les personnages fictifs et les figures historiques. Le Radetzky de Giono doit beaucoup au Koutouzov de Tolstoï. Giono suit aussi son grand devancier en mettant en scène les commandants des deux armées. Mais il s'éloigne de lui, ainsi que des historiens modernes, en refusant toute place aux idées générales, comme aux exposés d'ensemble sur la guerre. Il n'existe pour lui, là comme ailleurs, que des individus. Si des vues d'ensemble sur la stratégie ou la révolution sont exprimées, elles le sont par des personnages dont chacun a sa perspective propre : Giono lui-même prend visiblement ses distances. A ses yeux, une masse d'hommes ne peut être que la somme de ceux qui le composent : chacun est à considérer isolément.

Avec ce roman, Giono exprime une nouvelle fois la perte de ses illusions. Il s'en prend, par le biais d'une transposition, à ceux qui, issus de la Résistance, lui ont fait tant de mal, avec un si constant acharnement et si peu de justification. Il leur prête la duplicité, la mauvaise foi, l'ambition qu'il donne à tant de ses personnages. L'exécution de Giuseppe par Angelo en est la sanction.

Angelo reste une figure de Giono. Lorsqu'il dit : « Je ne sais ce que je représente, mais cette révolution semble avoir un furieux besoin de me voir pendu. C'est la deuxième fois qu'on me le propose avec une insistance gênante[19] », il y a là une allusion aux menaces qui ont plané sur Giono en septembre 1944 après celles de septembre 1939. Autre remarque qui est un souvenir de la période de la Libération : « Ces jours-ci on classe *ex abrupto* du bon côté quiconque est ostensiblement armé[20]. » L'insistance d'Angelo sur le bonheur est celle de Giono dans *Voyage en Italie* et dans tous les textes de cette époque. Il pense : « Je suis fait pour le bonheur[21] » et se pose dix fois la question : « Suis-je heureux[22] ? » De même pour sa désillusion : « Il y a six mois, je me serais fait tuer pour mes idées ; aujourd'hui, si je me fais tuer, ce sera pour mon plaisir[23]. » La seconde partie de la phrase est bien d'Angelo ; mais la première, en remplaçant « six mois » par « vingt ans », rappelle l'évolution du Giono militant de 1935-1939 au Giono sceptique de 1955. Celui-ci avait, en 1953, dit à Hélène Cingria : « Mon conspirateur deviendra de plus en plus sage à mesure que la vie lui enseignera sa philosophie[24]. » Peut-être le mot « sage » ne figure-t-il pas dans le roman à propos d'Angelo : celui qui cherche « le bonheur fou » ne peut être un sage. Mais il convient à Giono dans ses vingt dernières années : plus souriant, plus indulgent dans l'ensemble, et avec une préférence marquée pour les échecs, plus riches que les succès. Angelo est vaincu par la perte de ses illusions. L'homme est toujours vaincu en fin de compte. La phrase d'Angelo, « Je n'ai pas plus tôt gagné que je suis du côté de celui qui a perdu[25] » fait écho au début de la préface à l'*Iliade* de 1949 : « Je suis du côté des Troyens. »

Ici Giono ne remplace pas Don Quichotte par Machiavel : il les équilibre l'un par l'autre. C'est l'époque où il dit à Katherine Clarke : « Cervantès est le contre-pied de Machiavel. Si j'ai lu ces deux livres, c'est parce que l'un est l'antidote de l'autre[26]. » Angelo-Quichotte est implicitement jugé dès le début par le narrateur-Machiavel, et, à la fin, désillusionné, il rejoint un tant soit peu les vues de son créateur.

Le Bonheur fou a suscité lors de sa publication, et suscite encore, des réactions opposées. Certains le mettent plus haut que tout le reste de l'œuvre de Giono, pour le constant bonheur et la vivacité du récit, la précision et le naturel des épisodes, les cent paysages miraculeux qui partout surgissent brièvement en quelques lignes, et dont la poésie est plus dense et plus magique que jamais[27]. D'autres, plus nombreux peut-être, et qui incluent la plupart des critiques lors de la publication, reprochent au roman d'être un pastiche de Stendhal ; d'autres incriminent le réquisitoire contre les excès de certains résistants à la Libération, qui transparaît bien souvent. Et surtout ils se plaignent avec Gaétan Picon[28] que l'aspect répétitif de l'action, d'ailleurs voulu, dégage quelque ennui.

Traductions. Vues sur l'art

Contrairement au *Hussard sur le toit,* écrit en trois périodes de travail intense séparées par de longs intervalles, *Le Bonheur fou* est rédigé avec une lenteur à laquelle Giono dit prendre plaisir. La fébrilité dans la création est désormais derrière lui, et il se laisse volontiers distraire de son énorme entreprise, accueillant avec plaisir soit les commandes qui désormais ne lui manqueront jamais, soit les occasions de s'interrompre. Il n'oublie pas le succès de *Moby Dick,* et, se plaisant à l'idée de révéler au public français de grandes œuvres ignorées, il joue avec l'idée de différentes traductions. L'une est celle du grand livre japonais du début du XIe siècle, le *Roman des Genji* de Murasaki Shikibu, qu'il a lu en anglais. Pourquoi ne pas le retraduire de cette langue ? Aline, qui prépare à Paris le CAPES d'anglais, pourrait dégrossir le travail. Elle achète l'édition anglaise en janvier 1953. Mais Gallimard s'informe, et apprend en septembre 1954 que l'éditeur anglais fera sûrement des difficultés. Alors ? Faire faire un premier travail par un Japonais ? Gallimard songe à demander conseil à Étiemble. Finalement, le projet tombe à l'eau.

Mais Giono en a un autre en train, celui d'un livre écrit également dans une langue qu'il ignore, l'allemand : il compte sur un mot-à-mot comme pour *Moby Dick,* la différence étant qu'il lisait l'anglais. Il s'agit du *Simplicius Simplicissimus* publié en 1669 par Grimmelshausen. Dès 1953, un ami allemand de Serge Fiorio, l'écrivain Hubert Fichte, a rendu visite à Giono et lui a proposé de lui établir une traduction littérale sur laquelle travailler. Mais il y renonce sans doute, car Giono s'entend, en décembre 1953, avec Marguerite de Saenger, d'origine russe, mais parlant aussi le français, l'anglais, l'italien et l'allemand. Elle a connu Giono par l'intermédiaire du peintre J.-Cl. Sardou, et est venue s'installer à Manosque où elle enseigne la littérature française à l'école Saint-Charles[29]. Elle a trouvé des lacunes et des fautes dans la traduction du roman publiée en 1923 par Maurice Colleville, et en fait part à Giono. Ce qui provoque une petite tragi-comédie. Dans l'interview accordée à Jean Carlier et publiée dans *Combat* le 19 août 1954, Giono a évoqué, en les gonflant selon son habitude, les erreurs de Colleville. Celui-ci a fait carrière et est devenu professeur d'allemand à la Sorbonne[30] : il incarne donc à la fois Paris et le corps professoral – deux des bêtes noires de Giono. Courroucé, le digne homme demande une rectification publique, menaçant Giono par lettre du 29 septembre de le poursuivre en justice. Au dos de cette lettre, Giono griffonne un brouillon : « On est en train de faire la liste de vos contresens et de vos manques. Dès qu'elle sera prête on vous l'adressera et vous serez le seul juge pour

décider si nous devons lui donner la publicité que vous désirez. »
Envoie-t-il la lettre ? En tout cas il n'y a pas de procès Giono-Colleville.
Plus de six cents pages de la traduction de Marguerite de Saenger seront
dactylographiées. Giono, en 1960, en reprendra une trentaine ; puis il se
lassera sans doute de travailler sur un texte écrit dans un français
quelque peu incertain. L'entreprise tournera donc court[31].

La littérature anglaise a plus de chance. La traduction du *Joseph
Andrews* de Fielding, projetée par Giono durant la guerre successivement avec Paul Vigroux et avec André Camoin, n'a pas abouti, peut-
être en raison de la mort du second en 1948[32]. Mais Giono s'intéresse à
un autre des grands romanciers picaresques de l'Angleterre du XVIIIᵉ
siècle, Tobias Smollett, pour *L'Expédition de Humphry Clinker*. Il est
cette fois associé à une traductrice. Il dit en avril 1954, dans une lettre à
Gallimard, qu'il est en train d'y travailler. Ne le croyons pas. La traduction paraît bien un an plus tard, et la couverture porte : « traduit par
Jean Giono et Catherine d'Ivernois ». Toutefois cette mention, conservée par l'éditeur pour des raisons de prestige, est contredite à la fin de la
préface : « La traduction de Mme d'Ivernois est d'une fidélité et d'une
habileté rares », ce qui en dégage entièrement Giono[33].
Cette préface, il l'écrit en septembre 1954, car, sur le genre romanesque, il a des choses à dire. Il commence par une biographie de Smollett, et par un éloge de son roman, qui, bien qu'écrit sans imagination
aucune, est « une satire parfaite de l'homme », « la vie même ». Et là, il
en arrive à ce qui lui tient à cœur. C'est que cette vie n'est pas belle,
dans « une Angleterre de 1771 qui ressemble étrangement à l'Europe
actuelle. Le démon partisan, les milieux de la littérature et de l'art, la
cour, la politique sont décrits avec tant de détails si justes, si exactement
semblables à ceux que l'observateur d'aujourd'hui a sous les yeux,
qu'on finit par se demander si le monde n'a pas toujours été aussi
méprisable qu'il nous paraît l'être actuellement ». Et Smollett sait
rendre ses personnages intéressants. « Il faut de la passion pour faire
une caricature (...) L'important est d'être subjectif. » Et Giono prend
plaisir à griffer acerbement les nouvelles tendances littéraires : « On
n'écrit plus de romans : on écrit le catalogue des armes et cycles où le
roman peut trouver ses outils. On place le sténographe plus haut que
Balzac, plus haut que Stendhal même. On publie des carnets de notes,
mais pas d'œuvres. C'est le triomphe du "voyeur" ». *Le Voyeur* de
Robbe-Grillet n'allait paraître que six mois plus tard. Ou Giono avait eu
vent de sa prochaine publication, ce qui paraît le plus probable, ou il se
montre extraordinairement perspicace en flairant l'essentiel d'une des
tendances du Nouveau Roman.
Ce n'est pas sa seule attaque contre cette école. Dans la préface à
l'édition collective de ses *Chroniques romanesques,* il ouvrira une parenthèse « pour constater avec le lecteur que, de nos jours, on ne manque

pas de "formes nouvelles de récit". Le moins qu'on puisse dire est qu'elles ne sont pas souvent exigées par le sujet. C'est qu'en 1962 la littérature (comme la peinture, l'architecture, la musique, etc.) a une peur panique de son passé. Comme tous les arts quand ils sont terrifiés, elle se rue dans la rhétorique. Quand on n'ose plus raconter d'histoires ou qu'on ne sait pas, on passe son temps à enfiler des mots comme des perles. (...) Pour se débarrasser, disons d'Homère, on fait raconter *L'Odyssée* à l'envers et par un bègue. De là l'ennui, le dégoût qu'applaudissent immédiatement ceux qui sont intéressés à gémir en cadence sur la tristesse de la condition humaine; de ces applaudissements et du succès provisoire qui suit, vient la haute opinion de soi qui empale quelques médiocres joueurs de trompettes bouchées[34]». Giono est à vrai dire agacé que jamais ni les nouveaux romanciers, ni les théoriciens du Nouveau Roman, ni les critiques, ne fassent la moindre allusion à *Noé,* qui a, plusieurs années avant les débuts de Robbe-Grillet, de Butor et de Claude Simon, inauguré des techniques qu'ils ont ensuite redécouvertes. *Les Ames fortes,* avec leur aspect aléatoire, est aussi un «nouveau roman» avant le Nouveau Roman. Mais avec la vie en plus, qui fait si souvent défaut à une écriture comme celle de Robbe-Grillet; et avec la théorie en moins.

D'ailleurs Giono affiche tout aussi résolument son hostilité aux tendances de la musique moderne. Debussy et surtout Ravel le font souffrir; une exception, les *Carmina Burana* de Carl Orff, peut-être en raison de leur archaïsme volontaire. Mais il n'a à peu près jamais envie d'écouter rien de plus récent que Mozart ou à la rigueur Rossini. Rappelons ici d'un mot son évolution. Très en gros, la musique, comme d'autres arts, peut soit aller dans le sens naturel de l'auditeur, soit lui créer un univers qui le change du réel : elle peut être compagnie ou évasion. Elle a revêtu pour Giono la première des deux formes jusqu'en 1938. Dans tous ses premiers livres, jusqu'à *Jean le Bleu,* il n'évoque guère que des musiques instrumentales discrètes. Puis, à mesure que son œuvre prend de l'ampleur, de *Que ma joie demeure* au *Poids du ciel,* la musique symphonique et les grands chœurs l'émeuvent : Bach et Haendel avant tout, mais le registre s'élargit au XIXe et au XXe siècle : Beethoven, Moussorgsky, Borodine, Honegger, Strawinsky. Mais, à partir de 1939, les goûts de Giono ne suivent plus l'évolution de son œuvre. La musique semble devenir pour lui un refuge, un bain purificateur; c'est au moment où la guerre menace qu'il s'ouvre à Monteverdi, qu'il placera toujours très haut. Après la guerre de 39-45, les musiques qu'il aimera écouter ne rappellent en rien ce qu'il y a de terrible dans *Le Hussard sur le toit,* ce qu'il y a de trouble et de grinçant dans *Les Ames fortes* – cette œuvre polytonale dans ses conflits de vérités. Sa passion de toujours pour Mozart a trouvé un nouveau souffle dès *Triomphe de la vie.* D'ailleurs son domaine mozartien se modifie : il était avant tout instrumental avant la guerre, il se concentre ensuite sur les opéras, surtout à partir de la création du festival d'Aix en 1948 (avait-il jamais, auparavant, assisté à un opéra?); ceux qu'il cite constamment sont *Cosi fan tutte, Don Giovanni* et *La Flûte enchantée.* Cet univers-là – qui inclut aussi Pergolèse, Cimarosa et Rossini, et Scarlatti pour la musique instrumentale – lui suffit: il est plus sensible à la perfection et à la pureté qu'au renouvellement.

Pourtant, en architecture, il admet la nouveauté. Dans une préface de septembre 1956 à une série de photographies publiées par une compagnie pétrolière[35], il reconnaît: « L'industrie me semble être actuellement la seule passion humaine capable de créer une beauté nouvelle dans l'art de construire des édifices. » Tout le reste est imitation inférieure du passé. Les nécessités industrielles « imposent des lois, des règles, des nécessités » qui « obligent à avoir recours à des matériaux nouveaux, à des formes nouvelles ». Et « (...) cet ordre dans sa perfection crée une beauté. Qu'elle soit difficilement perceptible au premier abord, c'est qu'elle est nouvelle, que rien ne nous préparait à la sentir et qu'il faut nous défaire de certaines habitudes avant de la goûter. » Et d'approuver, s'il a une fonction, tel « échafaudage d'acier ». Ce texte est sans doute dû à une commande. Mais Giono n'y dit pas le contraire de ce qu'il pense. Il continue à aimer avant tout le passé, « Chartres ou Vézelay, Florence ou Rome, Delphes ou le Panthéon », mais il est ouvert aux formes et aux disciplines de l'avenir si elles portent en elles leur nécessité. Ce qui le révolte, c'est la nouveauté arbitraire.

Donc, s'il est en peinture totalement opposé à l'abstraction, et n'a pas assez de sarcasmes pour « la toile cirée de la cuisine » de Mondrian qui est au Metropolitan Art Museum de New York, ce n'est pas parce que la technique du non-figuratif choque en lui de vieilles habitudes. C'est que, comme il le dira dans un texte vigoureux, « Peinture et réalité », paru en janvier 1958 dans le n° 45 des *Cahiers de l'artisan*[36], « la peinture est un moyen d'expression (j'espère qu'on me pardonnera cette vérité de La Palisse). On a donné au mot message des sens tellement orgueilleux que je préfère dire que la peinture (comme l'écriture, la musique, la sculpture) est une sorte de lettre, de billet doux, d'ultimatum, de confession: c'est quelque chose qu'on a envie de dire. De dire sur quoi? Sur le monde: on a envie de dire quelque chose sur le monde. Le chimiste dit: SO^4H^2; le mathématicien dit: $\pi = 3,1416$ (ou $e = mc^2$). Van Gogh dit le champ de blé, Bach dit l'éternel, Haendel dit le mariage du ciel et de la terre, Mozart dit le cœur, Matisse dit Nice, Cézanne dit la pomme, Picasso dit merde: tout le monde dit quelque chose suivant son tempérament propre, mais l'essentiel pour qu'on soit entendu (je ne dis pas compris), que le discours ait sa raison d'être, est d'employer des mots sur le sens desquels il n'y ait pas de malentendu. (...) Si quand je dis "cheval" on comprend "pôle Nord" c'est une conversation de sourds sur quoi on ne peut construire que de la folie et du désarroi. C'est exactement ce qui se passe avec le non-figuratif. La figure que je suis bien obligé de donner à ma couleur (triangle, rond, carré ou forme éclatée) n'ayant aucune nécessité, n'a aucun sens. Chaque spectateur comprend ce qu'il veut. Il n'y a plus de discours cohérent. Plus rien n'est exprimé. On me répond : c'est un art de recherche. Je connais cet art ; chaque artiste honnête le connaît ; c'est l'art du brouillon. Mais le brouillon n'est pas l'œuvre. Le brouillon se justifie ; il est la gloire de l'artiste : il est la gloire de l'homme qui le dépasse. En aucun cas il ne doit quitter l'atelier ou le tiroir. Il ne doit jamais aller à la salle d'exposition ; il est le contraire d'une fin en soi ». Ces idées, il les répétera sans se lasser, oralement dans de multiples entretiens, destinés ou non à la publication, par écrit dans ses articles, et dans ses nombreuses préfaces aux catalogues d'exposition de divers peintres, tous figuratifs ; certains semblent parfois fort éloignés de son esthétique, comme Bernard Buffet ; mais il aime son ascétisme, qui dit peu mais lui suggère beaucoup, et laisse ainsi le champ libre à son imagination[37].

Aucun sculpteur ne semble lui avoir demandé de texte ; aussi n'a-t-il rien écrit sur la statuaire, que pourtant il aimait beaucoup, comme l'atteste un long développement dans *La Pierre*. Il avait chez lui deux statues en bois, un saint Georges et un saint Michel, datant du XVIIe siècle, et la tête qu'il avait rapportée de la Drôme juste avant la guerre. Il prenait souvent plaisir à en caresser la forme et la matière. C'est la reproduction non d'une peinture, mais d'une sculpture, qu'il avait placée à la fin du *Poids du ciel* pour faire contrepoids aux photographies d'étoiles.

Pages sur la Provence. Elzéard Bouffier

Aux approches de la soixantaine, émerge aussi parfois, chez Giono, le sentiment d'un écart croissant entre le monde et lui. Félicitant Jean Guéhenno, le 16 février 1950, de son livre *La France dans le monde,* dont la sagesse, l'honnêteté et la grandeur de vues l'ont « profondément touché », il ajoute : « Mais j'ai bien peur que nous ne soyons plus déjà que les sédiments d'une grande mer disparue. » On songe à la dernière phase de *Virgile,* écrite en janvier 1944 : le poète latin nous permet de voir au fond de la mer « les épaves d'un grand naufrage et les palais de l'Atlantide[38] ».

Cette inquiétude l'incline à retourner par moments à l'univers de sa jeunesse, à ce bonheur disparu dont il a toujours eu la nostalgie même quand il ne se l'avouait pas. Il revient à une humanité paysanne paisible, généreuse, accordée aux saisons, telle qu'il l'a rapidement exprimée en 1950, pour le Trièves, dans « Village », et il retrouve la Provence heureuse de son enfance.

C'est d'abord, en janvier 1953, « Arcadie... Arcadie... », écrit sans doute à la demande de Lucien Jacques qui lance sa revue – la seconde du même nom – *Cahiers de l'artisan,* et voudrait pour lui donner de l'éclat un texte de Giono. Ces pages n'y paraîtront qu'en juin 1953 dans le n° 5, peut-être parce que Giono a voulu les revoir avant de les donner à son ami[39]. Tenant compte du titre de la revue, Giono touche à l'artisanat, qu'il avait quelque peu laissé de côté depuis *Triomphe de la vie,* écrit douze ans plus tôt. L'huile, le vin, la pêche en mer, c'est ici l'essentiel. L'huile d'olive, naturellement (quand on parlait à Giono d'huile d'arachide, il disait : « Et pourquoi pas de l'huile de vidange ? ») ; elle le ramène à son enfance, à ses parents, à son grand-père le zouave, à l'oncle d'Élise, « Ugène », le sourd, si content de l'être parce que le frère avec qui il habitait jouait toujours le même air sur son violon, cet oncle qui présidait au pressage des olives déjà célébré dans « Poème de l'olive » en 1930. Plus souvent que dans ses autres textes d'après la guerre, Giono revient aux Anciens : un peu à Virgile (« virgilien » se trouve dès la deuxième phrase), mais surtout aux Grecs, à commencer par Ulysse, le héros de son premier roman, et aux autres personnages de l'*Odyssée* et de l'*Iliade ;* à ceux également des tragédies d'Eschyle et de Sophocle – Cassandre, Œdipe. Il revient aussi à des idées souvent développées vers 1935-1938 : le bonheur de la mesure humaine, des petites fermes, des petits villages, des petites villes (et il ajoute ici, pour la première fois, les petits ports). Il invente une autre version du différend avec un voisin sur la possession d'oliviers derrière chez lui – la première était dans *Noé*[40]. Sur le vin, c'est un développement plus flamboyant, mais moins subtil et précis que sur l'huile. Et les petits ports – il ne connaissait bien que celui de Cassis, où il avait été contraint de prendre ses vacances en été 1945 – lui fournissent l'occasion de lancer une nouvelle diatribe contre la Côte d'Azur, et de faire l'éloge de la paresse – « le banc est l'instrument le plus précieux de la civilisation provençale[41] » – du « temps immobile des gens qui ont le temps », et de l'exagération des histoires de pêcheurs, qui est le sel de la vie : « C'est de ce mensonge et de cette paresse qu'est illuminé le reste de l'univers[42]. » « Arcadie... Arcadie... » sourd à nouveau du bonheur issu de l'alliance entre une terre et les hommes qui l'habitent, et qui ne semblent avoir en eux pas une once d'égoïsme, de rapacité ou de cruauté. Rien de sombre. La lumière du Giono d'avant-guerre est revenue, teintée seulement du sourire d'un humour bienveillant.

C'est ensuite la demande du *Reader's Digest* d'un texte pour la série « Le personnage le plus extraordinaire que j'aie rencontré ». Quelques années auparavant – la date exacte manque malheureusement – une correspondance avait été échangée entre Giono et la revue, par l'intermédiaire de l'agence littéraire Chambrun à New York. Giono avait alors écrit un synopsis d'une page, puis l'affaire avait dormi. Le 2 février

1953, l'agence récrit : l'éditeur de la revue aimerait avoir le texte avant la fin du mois. Les 24 et 25 février – la veille du début de la rédaction du *Bonheur fou* – Giono écrit ces quelques pages, mettant en scène un vieux berger provençal qui, en enfonçant régulièrement des glands dans le sol, a fait pousser des forêts sur des collines désertes et arides. Il modifie quelque peu son projet initial, renonçant à ce que son berger ait « intéressé les habitants en leur parlant de la beauté des arbres, de la chanson du vent », et ait « lutté contre le désir d'abattre, souvent par des actions très dramatiques »; il renonce aussi à lui faire planter des fleurs, qui meurent, et à lui faire créer, pour la pure beauté, un élevage de cinq cents paons, qui est imité par toutes les fermes des alentours, au point que sa ferme, nommée Silence, s'appelle maintenant « le Paon ». On retrouve là les fleurs de *Que ma joie demeure,* la ferme Silence de *Triomphe de la vie,* les paons de *Deux Cavaliers de l'orage,* ce qui suggérerait que le projet primitif était assez ancien. Désormais Giono simplifie, émonde, rend son récit moins lyrique, plus linéaire, plus émouvant. Le 15 avril, Jacques Chambrun transmet les observations du directeur de la revue. Celui-ci ne sait visiblement pas qui est Giono. Étant le payeur, il se sent le droit d'exiger les modifications qu'il juge utiles. Il veut que le héros et le lieu de l'action soient identifiés avec précision, et que la fin soit plus résolument optimiste : résurrection de villages. Giono obéit sagement et envoie le 29 mai son texte modifié. Le berger s'appelle désormais Elzéard Bouffier[43]; il a planté ses forêts autour de Vergons, redonnant ainsi vie à toute la région, qui a reverdi et s'est repeuplée; et il est mort à l'hospice de Banon (à cent kilomètres du Vergons réel, qui est proche de Saint-André des Alpes, mais qui s'en souciera en Amérique ?)

Un représentant de la branche française du *Reader's Digest,* John D. Panitza, se met en quête de traces d'Elzéard Bouffier, et, n'en trouvant aucune, vient voir Giono en juin pour avoir des précisions. Giono, amusé, le noie d'inventions et l'envoie parcourir d'autres routes (je l'ai entendu dire que cela faisait le plus grand bien aux célibataires d'aller se perdre au fond des plateaux...). En vain, évidemment. Le 25 novembre, étonné de n'avoir pas de nouvelles de son texte, il s'informe; J. Chambrun lui répond sèchement le 1er décembre que l'enquête sur la réalité des faits (réalité qu'on avait d'ailleurs demandé à Giono de modifier...) était très défavorable, et que son texte était refusé. Giono, devant sa famille, feint de s'ébahir : pourquoi s'être adressé à un romancier si on voulait une histoire vraie ?

Une autre revue américaine, *Vogue,* publiera le 15 mars 1954 son texte, qui sera repris depuis dans de nombreuses revues écologiques, sans que Giono accepte jamais de droits d'auteur. L'histoire passera pour véridique, et Giono, tout en la démentant auprès des Eaux et Forêts qui l'interrogent, l'accréditera en envoyant à un éditeur allemand, en 1968, une photo de ce personnage fictif[44]. Avec *L'Homme qui plantait des arbres,* il a écrit un de ses rares récits qui soit intégralement optimiste et moral d'un bout à l'autre. Mais, s'il a dû sourire en lui-même de cette fable d'un optimisme un peu facile, elle correspondait pourtant à un amour réel des plantations d'arbres : le thème existe dès 1923 dans *Sur un galet de la mer,* puis dans *Manosque-des-plateaux,* dans *Que ma joie demeure,* dans *Les Vraies Richesses.* Et surtout elle prouve à nouveau que Giono émerge de son pessimisme des années 1946 à 1950.

Enfin, en novembre 1953, est écrit un second essai assez long, *Provence,* qui paraîtra chez Hachette en septembre 1954, en introduction à un album de photos de Gérald Maurois[45]. Le premier *Provence,* à peu près aussi long, datait de 1938[46]. Il était d'un ton plus ample et plus lyrique. Que les mêmes villages de Haute-Provence – le Revest-du-Bion – ou des fermes du même nom – la Commanderie – s'y retrouvent, c'est naturel, de même qu'il est normal de voir dans les deux textes des paysages provençaux évoquer des étendues marines. Mais on y retrouve aussi – en moins foisonnant – un « Breughel animalier », et le second est même plus sauvage que le premier : le nom du sanglier y revient quatre fois, et celui du loup (imaginé) y apparaît. Giono, s'il est présent dans les deux textes, est beaucoup plus individualisé dans le second : on l'y voit lors d'un voyage à Moustiers Sainte-Marie en 1911, et plus tard dans la maison d'un ami solitaire près de Saint-Julien le Montagnier. Et ce qui est surtout neuf, c'est l'accent mis sur les hommes ; en 1938, ils n'étaient que des silhouettes dans un paysage ; ici les Provençaux, renfermés, subtils, pleins d'humour, dénués de vantardise, sont au premier plan. La pauvreté et la pureté qui étaient celles du paysage en 1938 sont celles des hommes en 1953. Hommes largement imaginaires, certes ; et Giono reprend de « Monologue » (dans *Faust au village*) ce jeu où les paysans, sur une seule carte, risquent tout ce qu'ils possèdent[47]. D'ailleurs, que ces Provençaux soient ceux de sa fiction et non ceux du réel, rien ne le proclame avec plus d'éclat qu'une de ses phrases : « L'écrivain qui a le mieux décrit cette Provence, c'est Shakespeare[48]. »

L'affaire Dominici

Si ces textes tendent à conférer à la Provence une auréole lumineuse et magique, ils ne signifient pas que Giono soit constamment revenu à son univers paysan utopique d'avant-guerre. S'il le reprend, il le fait alterner avec sa vue actuelle d'une humanité sombre et venimeuse. Il va se pencher à nouveau sur elle à l'occasion de l'affaire Dominici. Le 5 août 1952, trois touristes anglais, Sir Jack Drummond, sa jeune femme lady Anne, et leur fille, la petite Elizabeth, âgée de dix ans, sont découverts assassinés non loin de Lurs, un village dominant la vallée de la Durance, à 30 kilomètres de Manosque[49]. Le vieux patriarche Gaston Dominici (soixante-quinze ans) est finalement inculpé à la suite d'une longue enquête. L'affaire fait un bruit énorme : le crime est à la fois atroce et mystérieux. *Le Monde,* du 13 au 30 novembre 1954, ne lui consacrera pas moins de vingt-trois articles (souvent deux par numéro) signés de J.-M. Théolleyre, que viendront renforcer un billet de R. Escarpit et un article de Me Maurice Garçon.

Giono s'intéresse depuis longtemps à l'institution judiciaire. Le 12 janvier 1936, il notait déjà dans son *Journal :* «J'ai déjeuné avec le procureur général d'Aix. Il m'avoue être incapable de rendre la justice. Quand il demande 5 ans de prison, le jury condamne à 20 ans de travaux forcés (affaire du Grec qui couchait avec sa fille de 16 ans, consentante) ; cet homme, dit-il, a été condamné à cette presque mort tout simplement parce qu'il se défendait bien, ne montrait aucun repentir (...) ; condamné parce qu'il portait des lorgnons et ne montrait pas assez d'humilité devant le jury. » Il n'ignore pas que Voltaire s'est battu pour Calas et pour d'autres, que Zola a été admiré par Jean Antoine Giono pour avoir défendu Dreyfus. Il sait sans nul doute que Gide, en qui il a admiré l'homme plus que l'écrivain, a publié en 1913, après une expérience de juré, ses *Souvenirs de la cour d'assises,* et en 1930 *La Séquestrée de Poitiers.* Il pense qu'une des missions de l'écrivain est de traquer l'injustice. Il a par deux fois été emprisonné lui-même durant plusieurs mois, obtenant dans le premier cas un non-lieu, et n'étant même pas inculpé dans le second. Surtout, lui qui a si souvent mis en scène des paysans provençaux, il a l'occasion de les voir à propos d'un de ces drames qui révèlent les personnalités. Et l'accusé a comme lui du sang piémontais. Aussi accepte-t-il quand André Parinaud, directeur de l'hebdomadaire *Arts,* lui demande le 15 novembre 1954 de « couvrir » le procès, qui va s'ouvrir le surlendemain aux Assises de Digne, et durera jusqu'au 28. Il y verra Armand Salacrou, et y retrouvera Pierre Scize, ainsi que Maximilien Vox venu faire des croquis. Avec une considération courtoise, le président de la Cour le fait placer derrière lui. Il assistera à toutes les audiences sauf aux trois dernières (plaidoiries, réquisitoires), parfaitement tranquille, prenant des notes sur place ou aussitôt après.

Il est d'abord question qu'avec Maximilien Vox, ils fassent un compte rendu sous forme de dialogues ou de textes alternés. Gallimard, qui souhaiterait en tirer un livre, ne semble pas très enthousiaste : Giono seul serait préférable, et c'est ce qui se fait finalement. Mais ses notes s'avèrent trop minces, et il les grossit, en décembre 1954, d'un *Essai sur le caractère des personnages,* plus dense, plus suivi, plus profond, qui sera publié dans *L'Illustré* de Lausanne, dans *Le Soir* de Bruxelles, et dans les *Cahiers de l'artisan* de Lucien Jacques, avant de paraître en volume chez Gallimard, à la suite des *Notes sur l'affaire Dominici,* en mai 1955.

Il a entrepris une tâche difficile. L'affaire est d'une complexité effroyable sur tous les plans. Les cadavres ont apparemment été déplacés après coup. Les heures données par les témoins varient. Les membres de la tribu Dominici s'accusent mutuellement, se contredisent, mentent, ont des algarades entre eux en plein tribunal. Nul ne peut être sûr de rien. Gaston Dominici a avoué plusieurs fois le crime, pour se rétracter chaque fois. De ceux de ses fils qui sont mis en cause, l'un, Clovis, accuse constamment son père, l'autre, Gustave, l'accuse une fois et revient sur ses aveux. L'un d'eux a des sympathies d'extrême gauche. Un des principaux témoins est communiste. S'agirait-il d'une suite à on ne sait quelle histoire de maquis ? On parle d'Intelligence Service. Ou y a-t-il là un crime d'origine sexuelle ? Un voyeur, ou un satyre, surpris par le touriste anglais et tirant sur lui, puis liquidant les autres pour supprimer des témoins ? Giono regarde, écoute, non seulement les principaux acteurs du drame, mais aussi leurs femmes, leurs enfants. Il est frappé de l'écart entre les formes de la justice et la réalité vivante. Il aurait dit (mais il ne l'imprime pas) : « J'ai trouvé le vrai coupable, c'est la justice française. » De tous ceux qui ont eu à s'occuper de l'affaire, un seul mérite vraiment grâce à ses yeux : le capitaine de gendarmerie qui a mené l'enquête et en expose le déroulement et les résultats devant la cour – et nul ne tiendra plus compte ensuite de sa déposition. Ce dont Giono se défie le plus, dans la procédure judiciaire, c'est ce personnage muet auquel il est fait sans cesse allusion : le dossier, dont « la cour a le souci évident de ne pas s'écarter[50] ». Après la déposition d'un médecin éminent – mais qui n'a pas vu les cadavres – contredisant celle du vieux médecin de campagne qui a fait les constatations, Giono commente : « Le dossier est satisfait. » Le vieux médecin « a toutefois mécontenté le dossier encore une fois ». A propos d'une mare de sang que mentionne ce docteur, et dont on ne parle plus : « Le dossier n'a pas d'oreilles, il n'a même pas d'intelligence. Il ne contient que des procès-verbaux. » Devant le témoignage, clair et précis, de l'expert en balistique, « le dossier est aux aguets ». Giono est écœuré : « Moi qui me fiche du dossier, enfin qui n'ai pas un respect absolu pour le dossier (…)[51] »

Sur bien des points, il se rencontre avec beaucoup d'autres commentateurs français et étrangers. Il estime, même après la condamnation, que la culpabilité de Gaston Dominici n'est pas prouvée – non plus que son innocence, bien entendu. Il est frappé du nombre de points évoqués dans l'un ou l'autre des témoignages et qui plus jamais ensuite ne seront repris au cours des débats. Tout en rendant hommage, pour la forme, à la sincérité et à l'honnêteté des magistrats, il fait sentir la partialité du président des Assises, qui, parfois, suspend l'audience à l'instant où l'un des témoins va prononcer une parole décisive. Il désapprouve visiblement une procédure fondée uniquement sur des aveux, et jamais sur des preuves : on ne sait même pas à qui, dans la famille Dominici, appartenait l'arme du crime, et on ignore s'il n'y a pas eu deux meurtriers, l'un des parents et l'autre de la petite fille. Il met le doigt sur les failles et les contradictions du réquisitoire, dont il a le texte en main à défaut de l'avoir entendu. Bien entendu, il n'a pas de solution, et nul ne saura jamais la vérité : chacun des membres de la tribu ment pour sauver l'honneur familial, ou pour sauver l'un des siens, ou pour se sauver lui-même.

Il insiste sur l'importance accordée aux mots. Il est frappé par le vocabulaire limité de Gaston Dominici – trente à quarante mots, prétend-il – et par le fait que ce qu'il dit n'est pas vraiment respecté : « J'ai demandé si ces aveux avaient été fidèlement reproduits aux procès-verbaux. On m'a répondu : " Oui, scrupuleusement. On les a seulement mis en français."[52] » Et l'accusé ayant été, durant sa détention, « orienté sur le terrain de la paillardise » par un agent, Giono se demande « avec quels mots, sans doute également ignobles, était organisée cette orientation[53] ». Ce qui lui est aussi personnel, c'est la nature du regard qu'il porte sur les êtres. Leur voix sonne-t-elle vrai ou faux, et à quel moment de leur déposition ? Il observe également leur visage. L'un est loyal, mais par instants cette franchise se décompose d'un seul coup. L'autre est un lâche. Le troisième, un des petits-fils, qui exerce la profession de garçon-boucher, est un menteur pathologique – Cocteau verra en lui le coupable[54]. Dans l'*Essai sur le caractère des personnages,* Giono fait appel à des formules : la femme de Gustave est « la petite dinde qui se prend pour Dieu-la-mère »; un des témoins, un « clown sinistre »; le petit-fils ment « à un point qui n'est plus humain »; la vieille Marie Dominici, femme de Gaston, est « une petite femme noire, torréfiée jusqu'à l'os ; reste un visage où les rides sont si nombreuses qu'elles font comme rayonner les cendres de la peau[55] ». Et il fait appel à sa culture pour évoquer les êtres. Alphonse Daudet pour écarter l'image de la Provence pittoresque ; Hugo, Flaubert, Restif de la Bretonne, Gustave Doré. Pour le vieillard et sa femme, il remonte plus haut. Elle est Hécube. Lui a de la grandeur : « C'est un personnage de la Renaissance, du Moyen Age. Il sort nu et cru de l'*Histoire universelle* d'Agrippa d'Aubigné[56]. »

Mais, prise en bloc, la famille Dominici apparaît à Giono, ainsi qu'aux autres, comme un grouillement horrible d'égoïsmes et de mensonges – sans même parler du crime, non élucidé. La plupart de ses membres lui répugnent. Seuls les deux vieux trouvent grâce à ses yeux – coupables ou non d'assassinats et de mensonges. Ils ont une stature, du caractère, de la consistance jusque dans leur duplicité. Par là, l'affaire Dominici, dans la trajectoire de Giono, se situe sur la ligne qui va d'*Un roi sans divertissement* à *Ennemonde* : celle d'un univers où la réalité est tout naturellement monstrueuse.

C'est ce que reconnaissent non seulement les critiques, très élogieux dans leur ensemble[57], mais aussi d'éminents spécialistes. Dès la première publication des articles de Giono dans la presse, le grand historien, géographe et politologue André Siegfried – qui, dit-il, connaît la région pour s'être présenté en 1902 aux législatives à Castellane – lui écrit le 26 février 1955 qu'il a été frappé de la profondeur de ses vues. Le 1er juillet suivant, ayant lu l'ouvrage en entier, il récrit : « Vous avez su parler de la Haute-Provence et notamment des Basses-Alpes comme jamais personne ne l'avait fait avant vous, et comme étude de géographie psychologique et comme géographie tout court et comme géographie humaine, c'est un véritable chef-d'œuvre que vous avez fait[58]. »

Chapitre 21

L'éventail élargi

La célébrité

Si Giono n'assiste pas à toutes les réunions des Goncourt, il s'y rend pourtant souvent, et participe à leurs activités, tout en raillant en privé l'assemblée, qu'il appelle «l'Académie de billard», me dit Jean Dutourd, et en jugeant sans aménité les manœuvres qui s'y déploient parfois. Lorsque l'idée est lancée d'un livre collectif sur Paris, avec un texte de chacun des membres, Giono accepte d'écrire le sien; mais il faudra, pour qu'il s'y décide, des rappels répétés pendant quatre ans à partir de 1958, et il sera le dernier à fournir, en juin 1962, sa contribution. Elle est intitulée «Le badaud»; il s'y promène dans Paris comme à travers une ville de province faite de vingt villages distincts, les arrondissements du XIXe au XVIe, de Montparnasse au Sentier; il évite les monuments et les zones où pourrait se manifester une activité politique, littéraire ou d'affaires ostentatoires, qui décèlerait la capitale[1].

Il fait campagne pour la cooptation de Jean Paulhan en septembre 1958. Il a parlé en sa faveur, sans obtenir de prise de position. Il lui conseille de voir A. Billy, Mac Orlan, Alexandre Arnoux, Salacrou. Le 11 septembre, Paulhan répond: il n'a pour lui que Billy et Giono; les autres, dit-il, «n'ont pas poussé les cris de joie que (je le vois bien) j'attendais vaguement. L'un trouve qu'Hervé Bazin serait un candidat très jeune (c'est vrai). L'autre, que Joseph Kessel ne manque pas d'autorité (si l'on veut). Le dernier a de la tendresse pour Prévert (et qu'aurait-on pour Prévert, sinon de la tendresse?). Alors, je crois que le plus sage serait de retirer ma candidature. Vous êtes bien de cet avis, n'est-ce pas?» Giono conseille alors de ne pas «lâcher le manche après la cognée». Bauër et Hériat sont pour Bazin; Salacrou et Queneau sont pour Prévert; Dorgelès et sans doute Arnoux sont pour Kessel. On ne sait pour qui est Mac Orlan. «Si j'étais adroit (mais je suis loin de l'être) on pourrait manœuvrer. Mon remords dans la conjoncture est d'avoir été inutile; l'affection ne sert à rien si elle n'est pas elle-même servie par la malice; je n'en ai pas et suis trop loin de la table de jeu.» Hervé Bazin est élu.

Quant au prix Goncourt, Giono lit les romans en lice avec autant de conscience qu'un autre. « Je suis obligé de me tenir au courant. Je fais ça comme je faisais la cote quand j'étais employé de banque[2]. » Naturellement, il ne lit pas tout. Comme tout le monde, si au bout de quelques pages il n'a pas été accroché par les personnages, l'histoire ou le style, il ferme le livre, il le reconnaît. Mais il est assez rarement du même avis que la majorité. Et il fait connaître son sentiment. Il agit ainsi dès le début : quand on lui demande si son élection changera quelque chose à sa vie, il répond : « J'ai l'habitude de lire beaucoup, et toujours les mêmes livres. Cette pratique ne sera donc pas modifiée[3]. » Manière de dire ironiquement que tous les prix Goncourt se ressemblent et se valent ; naturellement, ce n'est pas vrai, il est injuste et il le sait. Mais jamais il ne renoncera à s'exprimer selon son humeur.

En 1955, il vote pour *Doucin* de Jean Dutourd, mais il est seul : c'est Roger Ikor qui a le prix. En 1956, refusant de jouer le jeu, il fait au *Figaro littéraire* une déclaration quelque peu fracassante sur les romans qui paraissent : « L'on sort beaucoup de bouquins médiocres. On a le sentiment qu'écrire est devenu une fantaisie à laquelle on consacre quelques heures entre deux séances de café (...). Parmi les jeunes athlètes de la littérature, je vois des coureurs de cent mètres et pas un seul spécialiste de marathon[4]. » En 1958, il proclamera publiquement qu'aucun des livres en compétition ne lui paraît digne d'avoir le prix, et que, si cela ne tenait qu'à lui, on ne le décernerait pas cette année-là[5]. A la suite de quoi plusieurs des intéressés lui écrivent, navrés ou vexés, pour lui dire en gros : « Comment, vous ne m'avez donc pas lu ? » Il est notamment opposé, avec Queneau et Mac Orlan, au *Dernier des justes* d'A. Schwarz-Bart, estimant qu'en l'absence d'imagination et de style, c'est du journalisme et non de la littérature. Schwarz-Bart aura le prix. Ce dont Giono aurait rêvé cette année-là, pour s'amuser, me dit-il, c'est de faire donner le prix à *La Semaine sainte* d'Aragon – livre qu'il admirait d'ailleurs beaucoup, mais dont l'auteur aurait été furieux de se voir mis au rang d'un prix Goncourt. Son ancienne haine pour le directeur des *Lettres françaises* se serait finalement traduite par un simple canular teinté d'un léger mépris pour l'homme. « Et après ça, ajouta-t-il, j'aurais démissionné, parce que je n'aurais jamais pu faire mieux. »

Il fera mieux : en 1968, quand il sera question d'élire Aragon à l'académie Goncourt, il le soutiendra activement. Magnanimité ? Sans doute. Sens de la justice littéraire ? Certes. Mais aussi plaisir malicieux : cet homme qui a été son ennemi, qui l'a fait par trois fois traîner dans la boue par ses *Lettres françaises,* quelle revanche de devenir son protecteur, de le contraindre à se sentir son obligé, et à renier ainsi son action passée ! C'est bien ce qui se passe, témoin la dédicace d'Aragon sur un de ses livres : « A Jean Giono, qui a le premier voulu que je sois le dixième du complot – en démenti de ce qu'on a écrit de-ci de-là, et qui est simplement contraire aux faits[6] ».

En 1965, il reconnaîtra que malgré tout certains de ses candidats ont été couronnés : Patrick Walder, Anna Langfus, Roger Vailland[7]. En 1967, il parlera plus en détail de ses fonctions de membre du jury, commençant ainsi, le 26 février, une de ses chroniques du *Dauphiné libéré* : « Désormais, quand l'académie Goncourt décernera son prix annuel, je justifierai le choix de mon suffrage. Je ne suis pas souvent du côté de la majorité, ou, si l'on préfère, la majorité n'est pas souvent de mon côté ; et cependant, comme le font mes collègues, je choisis pertinemment mon candidat. Il sera donc raisonnable, par la suite, que j'explique publiquement, après le vote, pourquoi j'ai choisi cet auteur et son livre. Car enfin, s'ils étaient toujours blackboulés, mes candidats finiraient par me dire : "Vous nous donnez un complexe d'infériorité ; il semble que vous brûliez de la corne au lieu de l'encens." Ah ! finalement, moi aussi j'ai eu très peur. Devant mes candidats renvoyés à leur école je me disais : "Toi aussi on t'a renvoyé à ton école ; tu ne sais même plus lire !" Or je sais très bien lire. Par exemple, j'ai défendu Cabanis à l'académie Goncourt ; j'étais seul ; dix minutes après, l'unanimité du Renaudot a donné le prix à Cabanis. Tout était donc bien qui finissait bien. Quand tout finira mal et que je resterai "seul avec mon déshonneur" (comme on le chante), je ne discuterai pas la chose jugée mais j'expliquerai mon certain honneur. »

Tout en faisant honnêtement son travail de juré, il reste un peu en marge de l'académie Goncourt : même les années où sa santé le lui permet (elle le lui interdira en 1964 et en 1966), il n'assiste pas à toutes les réunions. Il persiste à ne pas aimer beaucoup Paris ; quand il y vient c'est pour quelques jours seulement. Il séjourne alors chez Aline, qui, ayant renoncé à enseigner l'anglais après une année décevante à Guéret, est entrée chez Gallimard, et a un petit appartement à Montparnasse.

Il voit ses éditeurs, et des écrivains plus jeunes avec lesquels il a lié amitié : Roger Nimier qui lui a écrit en 1950, alors que *Le Hussard sur le toit* était déjà annoncé, pour lui demander la permission d'intituler *Le Hussard bleu* son roman en préparation, et dont il fait la rencontre en 1955 ; Jean Dutourd, qu'il connaît à partir de 1954, qui ira plusieurs fois avec sa femme lui rendre visite à Manosque, et qu'il cite parmi les rares amis qu'il voit à Paris ; il lui donne son vote pour le prix Goncourt ; et quand paraît en 1959 *L'Ame sensible,* essai sur Stendhal, lui, si peu enclin à écrire des comptes rendus, en publiera un, très élogieux, dans *Arts.*

Il est désormais un homme célèbre. Quand sa fille Sylvie se marie en mars 1959, les photos du mariage paraissent dans *Paris-Match*. On le verra présider le jury du festival de Cannes en mai 1961. L'École d'élevage ovin de Rambouillet lui demande en 1962 la permission de donner son nom à la promotion 1961 (il accepte). Il est invité avec Élise, lors d'une réception à l'Élysée, par le général de Gaulle, pour le 29 mai 1962 (il n'y va pas). D'autres consécrations, moins officielles, le touchent sans doute plus. Heidegger, peut-être le plus célèbre philosophe vivant (et dont le passé n'est pas encore contesté), vient le voir à Manosque en octobre 1957. En janvier 1961, son ami le libraire niçois Jean-Pierre Rudin ayant fait parmi ses clients un référendum : « Qui voudriez-vous voir édité dans La Pléiade ? », Giono vient juste derrière Camus, et il est le premier des écrivains vivants, devant Mauriac et Anouilh. Ce qui ne veut pas dire qu'il soit reconnu à Manosque : un nouveau principal du lycée est stupéfait, en 1962, de constater que Giono n'est pas sur la liste des personnalités à inviter pour la distribution des prix.

Plusieurs livres se préparent sur lui, ceux de P. de Boisdeffre en France, de Maxwell Smith aux États-Unis, de W.D. Redfern en Angleterre. Des opéras sont composés sur son œuvre : *Que ma joie demeure* de Valérie Soudères, créé à la radio le 13 juin 1958, et *Ulysse ou le Beau Périple* d'Henri Tomasi, sorte d'opéra-bouffe en trois actes publié en 1964 et représenté à Mulhouse le 21 janvier 1965[8]. La chanteuse et compositrice Hélène Martin, amie de Lucien Jacques, met aussi en musique diverses chansons de lui.

Le succès de ses livres ne faiblit pas. En novembre 1956, Gallimard publie à 10 000 exemplaires une édition illustrée, sous couverture cartonnée, de ses romans de *Colline* à *Batailles dans la montagne*. En 1957, deux éditions de luxe réunissant des textes sur la Provence voient le jour[9], illustrées l'une par Jacques Thévenet, l'autre par Lucien Jacques – deux vieux amis.

En mai 1958, Gallimard fait paraître en volume *Angelo*. Le roman, écrit en 1945, mis alors de côté pour être publié soit quand son auteur ne serait plus interdit de publication, soit avec l'ensemble du cycle du Hussard, a été écarté de ce cycle par Giono en 1947 au moment où il a décidé de faire rencontrer Angelo et Pauline pour la première fois à Manosque en plein choléra. Le texte, après des négociations avortées avec plusieurs éditeurs, a été publié en revue dans la *NRF* de juillet à novembre 1953 ; il a alors été question de le faire précéder d'un avertissement ; après échange de vues avec Paulhan, Giono y a renoncé. Il a donné le roman à un éditeur allemand pour paraître, traduit, sous le titre d'*Angelo Pardi,* le titre français indiqué étant *Introduction aux infortunes du Hussard.* Pour l'édition française en volume, Giono écrit une préface. Il en écarte les deux premières versions ; la seconde égratigne à nouveau les romanciers contemporains, visant encore le Nouveau Roman. Dans la deuxième (qu'il publiera en 1969 dans *Le Dauphiné libéré*) et dans la troisième, qui paraît en tête d'*Angelo* en 1958, il donne deux versions entièrement différentes de la genèse du cycle du Hussard. Elles sont aussi fictives l'une que l'autre. Ne voulant pas expliquer l'histoire de la décalogie abandonnée – pourquoi, puisqu'il me la racontera sans hésiter en 1969 en vue de l'édition Pléiade, en me confiant tous les documents qui l'authentifient ? – il invente des romans sur ses méthodes de travail et sur la rédaction de ses romans. Les trois versions[10] ont un point commun : Angelo daterait de 1933 ou 1934. Il est absolument hors de doute qu'il n'en est rien ; le texte, on l'a vu, est de 1945, n'a pas été écrit en six jours, et n'était pas conçu comme une expérience de laboratoire ; et Giono n'a pas écrit une série de petits textes préliminaires pour se préparer à une œuvre de grande envergure (cela, c'est à la rigueur ce qu'il a pu faire en rédigeant les textes brefs de *Faust au village,* qui ont débouché sur *Les Ames fortes*).

Textes brefs. *L'Écossais*

De 1953 à 1957, son activité de créateur romanesque est pour l'essentiel consacrée au *Bonheur fou*. Mais il s'en laisse distraire quand quelque chose le tire loin de ses conspirations et batailles italiennes. Il reçoit de nombreuses demandes de textes courts. Les histoires brèves l'attirent, on l'a vu avec *Le Petit Garçon qui avait envie d'espace* et avec *L'Homme qui plantait des arbres*. Il va en écrire d'autres. Mais la plupart du temps, le sujet n'en étant pas précisé, il est déterminé par le hasard seul.

Par exemple, à la fin d'août 1954, il revient de Rome où Élise et lui ont été en voiture avec les Cadière. L'École Estienne lui demande un récit à imprimer. Il écrit, du 23 au 31 août, *Une aventure ou la Foudre et le Sommet* (paru aussi sous une forme abrégée, « La Dame à la calèche », dans *Marie-Claire*)[11]. C'est l'histoire d'un Français qui se fait voler sa voiture, après un séjour à Rome, par une femme charmante qu'il croit aider dans son malheur conjugal, et qui en réalité le manœuvre habilement sous couleur de tendresse naissante. Le thème de l'escroquerie comme ressort d'un récit était au centre du personnage de l'Artiste dans *Les Grands Chemins*. Il revient dans ce récit mineur, léger, nourri de souvenirs récents comme l'errance en auto dans Rome d'un étranger qui s'y égare ; mais assez gionien malgré tout parce que la victime est un ingénieur, héraut de cette technique que Giono abomine : un personnage à cheval sur la grisaille et sur le ridicule ; et surtout parce qu'il n'est pas sûr que la femme n'ait pas éprouvé quelque tendresse pour sa dupe : « pensons que peut-être elle est arrivée au bonheur, elle aussi[12] ». L'on rejoint ici l'histoire vénitienne d'Ermelinda relatée dans *Voyage en Italie ;* mais elle était dramatique, alors qu'*Une aventure,* malgré « la foudre et le sommet » adjoints à ce titre, sans doute ironiquement, reste moderne et bourgeoise.

L'Écossais est de beaucoup plus de poids[13]. Le Rotary Club de Manosque, où Giono, sollicité par son médecin, le Dr Martin-Charpenel, est entré en automne 1952[14], lui demande à la fin de 1954 un texte à publier au profit de ses œuvres : il le faut assez long pour fournir la matière d'une plaquette. Giono l'écrit en janvier 1955 (il paraîtra en avril), et l'étirera par un découpage en sept chapitres que le récit n'impose pas. Son goût pour les romans policiers y perce. Vers 1832, un capitaine de gendarmerie prénommé Martial enquête, seul, sur l'attaque d'une voiture publique dans le Var ; l'argent du Trésor qui y était transporté a disparu, et il y a cinq morts. Des indices placés sciemment attirent Martial à une rencontre avec une jeune femme au visage en fer de lance (et le lecteur de Giono reconnaît ici, avant qu'elle soit nommée, la marquise de Théus – mais jamais elle n'est désignée par son prénom de Pauline), puis avec son mari, le vieux Laurent de Théus. Du meurtre d'un des convoyeurs – un officier en civil – ils se reconnaissent responsables, pour n'avoir pu empêcher qu'il soit commis par leurs hommes. Ils sont là pour payer. Martial refuse leur mort, les condamne à vivre avec ce poids sur leur honneur. Alors un ami de Laurent, un Écossais nommé Macdhui, qui n'a rien eu à voir avec l'attaque, se charge de la dette : il se fait sauter la cervelle.

Giono a relu *Angelo* l'année précédente pour sa publication dans la *NRF.* Il a refait connaissance avec le marquis et la marquise de Théus. Angelo lui est sans cesse présent dans *Le Bonheur fou* qu'il est en train d'écrire. Il équilibre cette présence dans sa nouvelle par celle de Pauline et Laurent. Mais surtout *L'Écossais* dérive à la fois d'*Angelo* et d'*Un roi sans divertissement,* et fait ainsi le lien entre les Chroniques – le récit y est également fait par un des personnages – et le cycle du Hussard[15]. Du premier roman viennent Laurent et sa femme (en 1832, quelques mois avant leur rencontre avec *Angelo*), ainsi que leur Provence qui est le lieu de l'action ; et l'attaque de la diligence pour des raisons politiques : l'argent dérobé alimentera la caisse des légitimistes en lutte contre la monarchie de Juillet[16]. Du second roman vient la neige qui recouvre le pays ; on la voit tomber en bourrasque au début comme à la fin du récit, et elle recouvre le paysage : elle est presque constamment présente, comme dans *Un roi sans divertissement.* Surtout, il y a Martial, dont, dix ans plus tard, un autre des futurs *Récits de la demi-brigade* admettra explicitement qu'il s'appelle Langlois, mais dont, dès *L'Écossais,* l'identité ne peut faire de doute : simplement, il a quinze ans de moins que dans *Un roi sans divertissement.* Retour de personnage d'un roman à l'autre, à la Balzac : quand je le lui dis, Giono le reconnaît, et est ravi de cette rencontre. De Langlois, on a vu qu'il était un peu le double d'Angelo. Macdhui dérive aussi de Langlois. Tous deux se font sauter la tête, Macdhui avec un pistolet, Langlois à la dynamite. Enfin l'Écossais est le frère ennemi de l'Anglais, autrement dit de Langlois[17]. De cette opposition, Giono avait eu les échos lors de son voyage de 1952 en Écosse ; elle a sa place dans *L'Écossais,* où Macdhui évoque l'écrasement des Écossais par les Anglais à la bataille de Culloden, au milieu du XVIIIe siècle. En un sens, Macdhui l'emporte sur Martial en sauvant Laurent de Théus de la mort et du déshonneur : Giono, passionné de l'Écosse, a-t-il par là donné aux Écossais leur revanche sur les Anglais ?

Ce qui apparente plus encore *L'Écossais* à *Un roi sans divertissement*, c'est la psychologie imaginaire : les sentiments ou les pulsions y sont poussés à leurs extrêmes possibilités, et se traduisent en actions presque inconcevables dans le réel. Dans son récit de 1955 comme dans son roman de 1946, Giono équilibre d'ailleurs cette invraisemblance volontaire en injectant dans son texte une ironie qui établit une distance avec l'action : le capitaine et son ami et supérieur le colonel s'appellent Martial et Achille ; l'aspect de Macdhui, spécialiste de l'honneur, « docteur *honoris causa* en problèmes de conscience », est celui « d'un bon gros rougeaud » qui soutient « ses lourdes joues rondes avec cinq ou six tours d'un foulard de laine aux couleurs éclatantes[18] ». Mais en même temps Giono y exprime sa nostalgie des temps révolus où un code aristocratique de l'honneur avait encore ses vertus ; c'est ce que dit la tendresse de Martial pour les « fantaisies romantiques » de Pauline[19], et plus encore le sous-titre « ou la fin des héros », que reprennent les phrases terminales mises dans la bouche de Martial : "Dans cent ans, il n'y aura plus de héros." Ma voix n'exprimait aucun regret. » Sa voix, certes : il est stoïque. Mais le regret est là, au fond de lui[20].

La Pierre. Bestiaire

D'autres commandes sont plus contraignantes. Le 9 novembre 1954, une agence de publicité lui a écrit : une fabrique de pierres d'horlogerie voudrait éditer, pour son soixante-quinzième anniversaire, une plaquette sur « la pierre ». Il faudrait au moins cinquante pages de texte ; elles ne contiendront évidemment aucune publicité. Giono a déjà fait cela pour *Provence* en 1938-1939, à la demande de la source Perrier. Toute commande le stimule, pourvu que le sujet l'intéresse. Il a terminé le 27 février 1955, et le texte paraît le 30 avril[21].

Ce sont de merveilleuses pages, où Giono se donne libre cours et manifeste sa maîtrise. Un grand créateur virtuose improvise ici sur un thème, comme Bach écrivant *L'Offrande musicale* sur une phrase mélodique proposée par Frédéric II de Prusse, ou Beethoven ses trente-deux Variations sur une valse parfaitement plate de Diabelli. Giono attaque – sur le mode de Rousseau dans le *Discours sur l'inégalité* – par : « Le premier homme qui a eu peur a ramassé une pierre. » Il parcourt tous les aspects du monde minéral, insistant sur ses rapports personnels avec la pierre, pour déboucher sur son propos essentiel, le bonheur : le mot ne surgit que dans les dernières pages, mais il y revient huit fois. Giono évoque ses achats imaginaires de maisons et d'églises, en Italie[22], à

Londres et à Édimbourg, effleurant les problèmes que dans ces acquisitions lui posent le chauffage (surtout des églises), l'aménagement, et l'emplacement de sa table de travail. C'est sur le bonheur qu'il conclut, celui de l'artiste et de l'artisan qui éternisent dans la pierre la vraie grâce et les justes proportions du monde. Dans ce pseudo impromptu, c'est la voix même du Giono de la maturité que l'on entend au naturel; elle fait sourdre, sans outrance, sans amertume, la sagesse, la culture, la fantaisie, l'humour, et surtout la poésie de l'écrivain tel que sa vie l'a façonné.

Après le minéral, l'animal. Il ne s'agit pas de commande cette fois, mais de pure fantaisie avec le *Bestiaire*. Dès 1932, Robert de Saint-Jean lui en avait demandé un pour un éditeur, et Giono, en déclinant l'offre – ses contrats le liaient à Gallimard et à Grasset – répondait que l'idée le séduisait : « A dire vrai j'ai déjà commencé un Bestiaire depuis longtemps[23]. » En pensée peut-être : on n'en a pas trace; et on ignore s'il s'agissait ou non d'animaux réels. En 1956, ce seront des animaux imaginaires : Giono les a toujours aimés : dès *Jean le Bleu* il se représentait un oiseau et une bête d'après les chimères de la tapisserie[24]. Dans le fleuve du *Chant du monde* il a fait vivre un énorme poisson noir et rouge et un congre d'eau douce[25]. Plusieurs fois, surtout de 1930 à 1935, il a fait parler des animaux[26]; les monstres marins grouillaient dans *Fragments d'un paradis;* et Giono a cité avec joie les dragons de la mythologie antique ou médiévale, le léviathan de la Bible, l'hippogriffe de l'Arioste. Mais c'était au fil de récits ou de réflexions diverses. Il va maintenant centrer des pages sur des animaux inventés. De 1956 à 1958, il écrit une série de 17 petits textes humoristiques consacrés à des animaux fictifs, un peu dans le style ironique adopté par Jules Renard dans certaines de ses *Histoires naturelles* pour des animaux réels. Ils composeront le *Bestiaire :* un bestiaire fantastique qui comprend « le grain de tabac », « la bestiasse », « le cheval de paille », « la bête du Gévaudan », « le cheval-bistrot », « le verrat-maquereau », « l'émeraudine » (une araignée selon Giono), « le minus », « la pouffiasse », « l'oiseau bleu ». Lorsqu'il s'agit d'animaux réels, la fantaisie est aussi grande. Voici l'incipit du « serpent » : « Sa douceur est proverbiale : j'avale, tu avales, nous avalons des couleuvres; parce que c'est doux et agréable. » Voici celui de « l'ours » : « On le prend avec du miel. Sur le plus petit grumeau de miel on voit s'agglomérer les ours. » Et celui de « *the bear* » : « Il n'a de nom qu'en anglais. On a essayé, en français, de l'appeler, "Ours", il n'a pas répondu[27]. »

Quant aux animaux réels, si présents autrefois chez Giono, et devenus ensuite plus épisodiques, ils reparaissent en 1960 dans *Camargue*[28], mi-essai mi-récit, écrit à Majorque : plusieurs pages y sont consacrées à tous les animaux de la Camargue, et nous les y voyons tous à la fois : retour au procédé du « Breughel animalier », utilisé à plein pour la dernière fois en 1943-1944 dans *Virgile*. Giono s'attache ici notamment aux diverses couleuvres, et plus encore aux oiseaux : près de soixante espèces sont énumérées. Et, pour certains, nous rejoignons le *Bestiaire* : s'ils sont à peu près tous réels, bon nombre d'entre eux vivent en Afrique ou en Amérique, et n'ont jamais été vus en Europe ; mais Giono aime à imaginer, à moins de 100 kilomètres de chez lui, des sifilets, couroucous, cotingas, cassiques, carouges et troupiales.

Dans le *Bestiaire,* Giono s'est en outre diverti en joignant à chacun de ces « textes d'ironie lyrique », comme il dit, une série de dix « marginalia » qui n'ont en réalité aucun rapport avec le texte. Ce sont des citations inventées, tirées d'auteurs tantôt réels tantôt fictifs ; Giono dira une fois, dans l'édition de 1961, que ces marginalia sont inventés, sauf un par texte ; mais cela aussi, il l'invente, peut-être. Il y a des fragments de dialogues dramatiques, de mémoires, d'ouvrages de philosophie, de correspondance, d'articles de journaux (l'un, datant du Directoire, relate l'arrestation d'un nommé Gide pour fabrication de fausse monnaie) : toute une anthologie de littérature et d'histoire imaginaires. Giono a toujours aimé ce genre de mystification, et ses épigraphes inventées, depuis 1946, l'ont attesté. Il y a chez lui une gaîté de lettré. Lucien Jacques partageait son goût, et les deux amis en faisaient parfois un jeu dans leur conversation.

De ce penchant pour ces deux frères que sont le canular et le pastiche, témoigne, mieux que tout, un texte de commande paru en revue en mai 1953 : « Charme de Gréoux[29] ». Giono commence par exalter lyriquement le « charme » (au sens de « magie » ou d'« ensorcellement ») de la petite ville d'eaux, où il fait sa cure chez ses amis Cadière : ses paysages, ses parfums. Il poursuit : « Vous faut-il des répondants plus qualifiés que moi dont (à juste titre) vous suspectez la bonne foi ? Je n'en manque pas. » Le « à juste titre » est d'une admirable insolence, car Giono va fabriquer quatre textes de voyageurs qu'il dit avoir été enchantés par Gréoux : le président de Brosses (lettre de son voyage en Italie), Mirabeau-Tonneau (lettre à Vauvenargues), Grétry (lettre à Mme de Marsante), Stendhal *(Mémoires d'un touriste).* Ce ne sont pas de simples phrases en passant : si l'extrait de la lettre de Grétry n'a qu'une dizaine de lignes, les trois autres en ont entre dix-huit et vingt. Le gioniste est seulement alerté – car Giono aime à donner un clin d'œil – par le nom de Mme Pierrisnard chez Mirabeau : la propriétaire de la maison où vivait Giono enfant s'appelait ainsi. Quant à Grétry, il s'en va chez une vieille amie, Mme de Marsante, qui habite où ? A Théus !... Vérification faite – cela prend au naïf une heure ou deux –, tous les textes sont inventés. Mais inventés ingénieusement, par un homme qui à sa fantaisie allie une vaste et subtile culture : il existe bien une correspondance entre Vauvenargues et le marquis de Mirabeau – pas Mirabeau-Tonneau, il est vrai, né sept ans après la mort de Vauvenargues, mais son père[30]. Et Stendhal a bien écrit dans les *Mémoires d'un touriste* (en de tout autres termes que ceux que lui prête Giono) qu'il était passé par Gréoux. C'était d'ailleurs une invention de sa part, Giono le souligne. Alors pourquoi se priver d'inventer à son tour ? Les quatre textes sonnent juste, et sont entourés de détails vraisemblables : par exemple les Mirabeau et les Vauvenargues étaient bien provençaux. Pourquoi Grétry, Liégeois qui n'est, semble-t-il, jamais venu dans la région ? Sans doute parce que son nom commence comme celui de Gréoux. Giono s'amuse ici davantage : il lui prête des œuvres comme les *Saisons* (de Haydn) et l'« Hymne à la nuit » (titre attribué traditionnellement à un chœur de Rameau) ; et le nom de sa « vieille amie » vient de Proust, où Mme de Marsantes est une Guermantes ; encore un clin d'œil[31] ! Mais il ne s'agit pas de pastiches : nulle exagération humoristique. Simplement, ici, ce sont les textes littéraires, y compris ceux de grands écrivains, qui deviennent imaginaires.

Giono se livrera encore à ce petit jeu en 1966 dans une chronique journalistique, « Le voyage[32] ». Il y cite des textes de Dumas, de Balzac, de Stendhal, de Boucher de Perthes, de Mme de Rémusat, de Victor Jacquemont : cinq à dix lignes chacun. Le texte de Stendhal est à nouveau inventé ; il évoque un épisode mineur vécu par le romancier en Italie, à Astegiane, ce qui fait dresser l'oreille : la grand-mère paternelle de Giono était née Astegiano. Sauf erreur, le passage de Balzac est également fictif ; de même, semble-t-il, celui de Jacquemont, absent des lettres à son père qu'indique Giono comme sa source. En revanche celui de Dumas est vrai : il vient des *Impressions de voyage*[33], et Giono n'y a pratiqué que de légères coupures et modifications. Je n'ai pas trouvé ceux de Boucher de Perthes ni de Mme de Rémusat. Ai-je mal cherché ? J'incline à croire que, comme dans les marginalia d'*Animalités,* Giono a inventé tous ses textes sauf un.

Théâtre : *Joseph à Dothan, Domitien, Le Cheval fou*

Parmi les moyens qu'il choisit pour varier son activité et élargir le champ de sa création, continue à figurer le théâtre. Le plus souvent, il s'agit de commandes. En septembre 1951, l'attaché culturel de l'ambassade des Pays-Bas, R.-F. de Roos, est venu trouver Giono avec une proposition inattendue : la reine de son pays devant venir l'année suivante en visite officielle en France, et assister à une représentation au théâtre d'Orange, les autorités souhaitent qu'une œuvre hollandaise y soit représentée, et l'on demande à Giono d'adapter en français une tragédie biblique, écrite en vers en 1640 par le grand dramaturge Joost van den Vondel, *Joseph à Dothan*[34].

Pourquoi s'adresser à Giono ? Peut-être parce qu'il est du Midi et que la pièce doit être jouée à Orange. Et qu'il est à peu près le seul grand écrivain français vivant, parmi ceux qui se sont illustrés dans la traduction, que l'on puisse pressentir, Claudel étant trop âgé. (A l'époque, on s'adresse d'ailleurs à Giono pour toutes sortes de choses : en juin 1952, Jacques Goddet lui demandera s'il ne ferait pas un reportage dans *L'Équipe* sur deux étapes méridionales du Tour de France.) Si Giono n'écarte pas l'offre hollandaise, c'est peut-être parce qu'elle est matériellement avantageuse : *Le Hussard sur le toit* n'ayant pas encore paru, la période de prospérité n'a pas commencé. D'ailleurs, c'est l'occasion de renouer avec le théâtre – il y a huit ans qu'il n'a rien écrit pour la scène – et d'aborder une technique neuve, celle du drame classique.

Il prend connaissance du mot-à-mot de J. Plessens qui lui a été fourni. Pièce sacrée destinée sans doute à être jouée dans un collège janséniste, *Joseph à Dothan* ne comprend aucun rôle de femme ni de vieillard : uniquement Joseph et ses quatre frères, plus le chef de la caravane arabe auquel sera vendu le héros, et des chœurs d'anges aux quatre premiers actes. Ces anges peuvent contribuer à séduire Giono : de 1940 à 1947, ils ont eu pour lui une présence, même si ce n'étaient pas des anges bibliques ou chrétiens. Peut-être aussi le puits où est d'abord jeté Joseph le fascine-t-il, comme l'ont fait tant de puits vus dans son enfance, et passés dans ses livres de 1929 à 1936. Ou peut-être est-il attiré par l'ambiguïté du double dénouement : d'un côté Joseph, vendu, part vers l'Égypte où – ce n'est pas dit mais le spectateur imprégné de culture biblique le sait bien – l'attend une glorieuse destinée ; de l'autre, le moins mauvais de ses frères se lamente à l'idée de devoir montrer à son vieux père le vêtement ensanglanté de son benjamin préféré, en le disant tué par des brigands. Surtout Giono a dû entrevoir en Joseph une figure de lui-même. C'est un rêveur, le mot revient à plusieurs reprises : « rêveur », « rabâcheur de rêves[35] », et plus souvent encore chez Vondel que dans l'adaptation de Giono : le nom que Jean Antoine Giono donnait à son fils. C'est un poète, déjà dans la Bible, avec ses rêves symboliques des gerbes et des étoiles saluant leur supérieur. C'est surtout un homme qui, d'une position de favori, est précipité dans le malheur, menacé de mort, enfermé, mais qui contre toute attente va plus tard se retrouver plus haut encore : une destinée qui avait quelque chose de celle de Giono. Certes le sujet est en apparence peu gionien – cent fois moins que celui de *Moby Dick*. Il n'y a guère chez Giono de frères ennemis – sauf les Jason de *Deux Cavaliers de l'orage* qui deviennent ennemis par excès d'amour. Mais, en y regardant mieux, l'aîné des frères de Joseph, Ruben, qui sauve son jeune frère de la mort, a pour lui une tendresse quasi physique : « Où est la courbe de ta poitrine, Joseph ? Où est la souplesse de tes hanches, la foulée de tes jambes agiles, la détente de tes genoux, la chaleur de ton sang, la fermeté de ta chair (…)[36] ? » On croit entendre les pensées inexprimées de Marceau Jason.

503

Quoi qu'il en soit, Giono accepte. Une fois son accord donné, il ne cède pas à d'agaçantes lettres lui suggérant d'abandonner : il existe déjà, lui dit-on, une excellente traduction – celle de son correspondant, justement. Il rédige son adaptation en décembre 1951 ; elle est achevée le 8 janvier suivant. Il s'efforce de respecter dans sa prose la différence que Vondel a marquée entre les alexandrins de ses dialogues et les vers ïambiques plus brefs de ses chœurs. Dans une première rédaction, dit-il, il a même fait parler aux frères assassins une langue populaire et argotique, et, par contraste, un langage noble aux anges. Mais il se heurte à des protestations de ses commanditaires, et renonce. Il allège des lourdeurs, modifie les images – le texte néerlandais n'en manque pas – et leur donne un relief différent. Tout en respectant la suite des répliques, il les condense : parfois deux vers en trois mots. Il refait entièrement la scène finale, qui, telle quelle, n'aurait pu passer la rampe pour un public français du XXe siècle[37]. L'œuvre est jouée le 29 juillet 1952, et accueillie courtoisement, sans plus. On songe à Rivarol expliquant la politesse du public devant une des dernières pièces de Voltaire : « On ne siffle pas. Mais comment siffler quand on bâille ? » Giono n'y est pour rien. Il tient d'ailleurs à s'en laver les mains : on n'a pas tenu compte de ses suggestions, jouer en costumes modernes, notamment. Il a fait avec probité ce qui lui était demandé. En remerciement, il est nommé chevalier de l'ordre d'Orange-Nassau, ce qui l'amuse ; il fera figurer ce titre dans sa notice de l'*International Who's who,* avec celui de chevalier de la Légion d'honneur (il passera sous silence le Mérite agricole).

Au début de 1957 s'offre à lui l'occasion de contribuer à la série radiophonique « Profils de médailles », consacrée aux empereurs romains. Le seul des Césars qui reste libre est le dernier. N'importe : Giono accepte d'écrire un *Domitien*[38]. C'est un nouveau défi : sa seule Rome ancienne, jusque-là, a été celle de Virgile. Le sujet lui est imposé, mais cette fois pas le texte. Il va encore une fois entreprendre de faire ce qu'il sait ne pas savoir faire. Veut-il rivaliser avec *Caligula ?* Il n'aime pas ce qu'écrit Camus, tantôt prétendant qu'il ne l'a pratiquement pas lu[39], tantôt m'affirmant – contre toute raison – que *La Peste* est entièrement démarquée du *Journal de l'année de la peste* de Defoe. En revanche, lors de sa période d'enthousiasme pour Machiavel, il a admiré, je l'ai dit, le *Malatesta* de Montherlant. Il y a une parenté entre les trois pièces : elles ont pour protagoniste un despote que rien n'arrête, ivre de pouvoir, porté aux extrêmes, cruel, retors, capricieux, haïssant la médiocrité, passionnément aimé d'une femme, et qui sera abattu par un ami – vrai ou faux. La pièce de Giono est la moins ambitieuse des trois ; elle est la moins politique, et se centre essentiellement sur un caractère. En avril, il se documente, lit Suétone[40]. Il n'y prend pas grand-chose : l'historien latin décrit cet empereur comme totalement ignoble et déséquilibré. Il dit pourtant, et c'est un point que Giono a retenu, que la femme de Domitien fut du complot qui lui coûta la vie.

Son héros n'est pas un caractère typiquement gionien en apparence : les autocrates chez lui sont le plus souvent soit des patriarches terriens, soit des calculateurs. Certains de ses personnages offrent pourtant quelque ressemblance avec Domitien sur un point de détail. Ceux qui vont lucidement vers la mort, en la désirant, comme Bobi de *Que ma joie demeure,* ou l'Artiste des *Grands Chemins* : il y a presque là un suicide. Et ceux qui sont tués par amour, comme l'Artiste encore, ou comme les frères Jason de *Deux Cavaliers de l'orage.* Et aussi Empereur Jules de *Noé,* en raison de son nom et de son prénom (celui du premier des Césars), et parce qu'il est par moments ivre de domination et de cruauté. Giono expliquera plus tard : « Le grand drame de Domitien, c'est qu'il s'ennuie. Tuer des Daces, avoir des colonies, exercer sa puissance, ce n'est plus drôle. (...) Domitien est dans une solitude telle qu'il désire la mort[41]. » C'est ici un des aspects du Langlois d'*Un roi sans divertissement* qui reparaît. Malgré tout, le personnage de Domitien, dans son ensemble, est très éloigné de celui des héros créés par Giono : il reste prisonnier de l'histoire[42].

La pièce n'est destinée qu'à la radio ; aussi n'est-elle pas divisée en actes, mais en 17 scènes situées dans différents lieux de Rome et de l'Empire romain. Elle est courte, trop peut-être pour occuper tout un spectacle. Elle est terminée le 28 décembre 1957[43]. Simone Volterra est heureuse d'apprendre par Jean-Pierre Grenier que Giono compte développer son œuvre pour qu'elle puisse occuper une soirée entière : elle le lui écrit le 9 janvier 1958. Mais le projet de monter *Domitien* à Paris ne se réalisera pas. La pièce sera seulement représentée trois fois par une petite troupe en août 1964 à Caseneuve, près d'Apt, et ne verra jamais le jour sur une grande scène. Elle est adroite ; mais son style allusif, qui rappelle celui du *Voyage en calèche,* ne convient pas parfaitement à un sujet tiré de l'histoire romaine. *Domitien,* comme *Joseph à Dothan,* reste en marge de l'essentiel de l'œuvre gionienne.

Est-ce pour revenir à son style propre que Giono s'attaque à une adaptation théâtrale du *Chant du monde*? Le projet initial vient de Jean-Pierre Grenier et d'Olivier Hussenot ; il s'agit d'une pièce à monter au théâtre Marigny, dirigé par Simone Volterra qui pense à Annie Girardot pour le rôle de Gina. Une telle entreprise tient de la gageure : sans la nature, les forêts, le fleuve, le rythme des saisons, le roman risque de perdre sa substance. Et comment faire sentir tout cela au théâtre ? Le centrage devra être radicalement différent. Les dialogues doivent d'abord être rédigés par André Obey. Bernard Buffet a accepté de peindre les décors. Tout au long de 1956 le projet traîne. Le texte d'Obey pour le premier acte ne fait pas l'affaire. Finalement, à la demande de Jean-Pierre Grenier, Giono accepte d'écrire lui-même le texte. Ce roman qu'il prétend parfois ne pas aimer – il finit trop bien –, il en a pourtant fait en 1942 une adaptation pour le cinéma (non réalisée), et maintenant il va le porter au théâtre, y travaillant lentement, par à-coups, envoyant de temps à autre une scène à J.-P. Grenier, qui fait des observations techniques en fonction desquelles Giono remanie encore son texte. Pour l'essentiel, ce sera vers 1965 seulement que la rédaction sera à peu près menée à bien, et elle sera remaniée jusque vers 1968, sans être entièrement achevée. Certains passages comportent plusieurs versions entre lesquelles il faut choisir. Le titre envisagé est *Le Cheval fou* – allusion au cheval mythique qui, lorsqu'on le voit galoper sur les sommets du pays Rebeillard, annonce une mort ou une catastrophe.

L'action du roman est beaucoup plus modifiée dans la pièce qu'elle ne l'était dans le scénario de film. Les onze tableaux (dont un, sans dialogues, fait voir le carnaval et est de J.-P. Grenier seul) correspondent à la deuxième des trois parties du roman[44]. Gina la vieille, et le berger surnommé « le maître d'école », prennent une importance nouvelle. La société du pays Rebeillard est désormais structurée : elle comprend des notables, un conseil municipal, une commission des sites, un curé. Dans le roman, Maudru détenait le pouvoir parce qu'il avait pour lui une force que symbolisaient ses troupeaux, ses pâturages, ses fermes, ses bouviers. Dans la pièce, le pouvoir est représenté par l'argent. Si la vieille Gina déteste son frère, c'est pour sa richesse. Les rapports sociaux sont au premier plan. L'univers intemporel et utopique des années 30 a fait place à un monde moderne où priment intérêts et égoïsmes. La comparaison fait ressortir toute une part de l'évolution de Giono, notamment une désillusion dont un des premiers signes date de la fin de 1942 : aux dernières lignes de *Deux Cavaliers de l'orage,* dans la version de *La Gerbe,* Ariane, contemplant les tombes de ses deux fils, demandait : « Alors, qui a gagné, maintenant[45] ? » De même le nain, devant le cadavre de Domitien, s'exclamait : « Et nous voilà bien avancés ! » Dans *Le Cheval fou,* Maudru, regardant s'éloigner le Besson qui lui enlève sa fille, murmure : « Il faut lui laisser croire qu'il a gagné... » Dans les trois cas, il s'agit de la dernière phrase de l'œuvre. Il y a là comme un leit-motiv. Les hommes sont toujours vaincus : au mieux, ils peuvent – c'est l'expression finale de *Triomphe de la vie* – « prolonger le temps de leur combat ».

Le film *L'Eau vive* et *Hortense*

Toujours pendant la période de rédaction du *Bonheur fou,* Giono va aborder le mode d'expression qui l'a tenté depuis toujours : le cinéma. Il n'est rien sorti des projets de scénario de 1929, des bobines tournées avec Lucien Jacques en 1930, ni de celles de *Solitude* en 1938, des projets conçus avec Garganoff ; rien non plus de cette suite de *Regain* qui concluait *Triomphe de la vie.* Quand le cinéma a fait connaître Giono, c'était à travers la lentille de Pagnol, qui déformait et même trahissait ses intentions. Ensuite, son intérêt faiblit : il a voulu tourner *Le Chant du monde,* dit-il en 1952, « à cause de mon ami Garganoff que j'aimais extrêmement et qui devait s'occuper de la chose. Garganoff mort, je ne fais plus aucun effort pour m'intéresser au cinéma ».

Ce qui l'y ramènera, outre le sentiment diffus d'une série d'échecs à effacer, c'est qu'il se rend compte que son œuvre peut convenir à l'écran, puisqu'il reçoit de nombreuses demandes d'adaptation de ses livres pour le cinéma : *Triomphe de la vie*[46], *Le Hussard sur le toit*[47], *Les Ames fortes*[48], *Le Moulin de Pologne*[49], *Notes sur l'affaire Dominici*[50], pour ne parler que des livres d'après lesquels finalement aucun film ne sera réalisé[51].

Aussi accepte-t-il de participer, à la demande d'Électricité de France, à plusieurs courts métrages sur les changements apportés à la vallée de la Durance par la construction du barrage de Serre-Ponçon. Le projet deviendra bientôt *L'Eau vive*[52]. Le titre risque de provoquer des confusions avec celui de l'essai paru en revue en 1930, et surtout avec celui du recueil de 1943 qui s'ouvre sur cet essai. Mais Giono tient à affirmer par là la supériorité de la Durance libre d'autrefois sur la rivière domestiquée. C'est en octobre ou novembre 1955 qu'il rencontre, avec des ingénieurs et avec des responsables de la société des films Caravelle, François Villiers qui va être le metteur en scène, et Alain Allioux qui écrira les dialogues, Giono se chargeant du scénario ; mais les trois travaillent en équipe. Giono est opposé au barrage – comme à toutes les modifications du paysage provençal. Mais il sait bien, au fond de lui-même, que la lutte contre l'évolution technique est un combat d'arrière-garde. Il se retrouve, toutes proportions gardées, devant le déchirement de 1935-1939, alors qu'il se battait contre le déclenchement d'une guerre qu'il sentait inévitable.

Puisqu'il est vain de faire front, il se résout à témoigner seulement, dans le film, pour les temps révolus, et à marquer l'opposition entre le rêve qu'ils représentent, et le réel qui impose sa contrainte. Du côté du bonheur ancien seront Hortense, la jeune fille qui incarne la Durance, jouée par Pascale Audret, et un de ses oncles, le berger Simon, dont Giono fait confier le rôle à son vieil ami Charles Blavette : deux êtres de liberté. Il y aura aussi la Durance elle-même en montagne, avant son asservissement, et les moutons en transhumance dont Giono a dès 1929 rêvé de voir les images fixées sur la pellicule, et qu'il a lui-même filmés en 1931 : il y parvient enfin, et réalise le pendant visuel des pages qu'il leur a autrefois consacrées dans *Le Grand Troupeau.* Du côté opposé sont les autres branches de la famille d'Hortense : des paysans ou des commerçants, les uns et les autres avides ou bornés, qui veulent soit profiter du barrage soit mettre la main sur la fortune cachée que le père d'Hortense lui a laissée ; cette humanité-là est regardée sans indulgence par le Giono du *Hussard sur le toit* et des *Ames fortes.* Avec elle, en contraste avec les troupeaux, il y a les engins de terrassement, bêtes inhumaines qui bouleversent tout – mais qui fascinent pourtant Giono par leur caractère monstrueux.

Emprisonnée par sa famille, Hortense échappe de peu à la noyade lors de la mise en eau du barrage ; elle sauvera son trésor, dont Simon pourra profiter pour son élevage. L'histoire finit bien – comme *Un de Baumugnes* auquel elle s'apparente par le décor, qui est la vallée de la Durance, et par l'épisode de la fille séquestrée. Dans un pays mutilé, habité par des êtres rapaces, Giono maintient malgré tout la part du rêve. Le scénario et les dialogues sont écrits de novembre 1955 à l'été 1956 ; le tournage commence dès juillet 1956 et se poursuit en 1957. Giono y assiste parfois. Le film est projeté au festival de Cannes, en présence de Giono, le 5 mai 1958, et à Paris en juin. Certains, comme Jean-Luc Godard, François Truffaut, Claude Mauriac, voient dans *L'Eau vive* un chef-d'œuvre ; d'autres – A. Bazin, M. Favalelli, L. Marcorelles – en sont attristés.

A l'occasion de la sortie du film, les éditions France-Empire veulent en publier les dialogues, et signent, le 21 mars 1958, un contrat avec Giono et Allioux. En fait Giono, bien qu'il ne soit à l'époque engagé dans aucun grand projet, laisse faire Allioux. Comme le volume serait trop mince, il écrit, seul, entre mai et septembre 1958, le récit intitulé *Hortense,* qui est comme le préambule du film[53] : l'histoire de la famille d'Hortense, à partir de son grand-père, Martin Fabre, puis de son fils Félix. Ainsi est expliquée en détail l'origine de la fortune d'Hortense, ainsi que la méchanceté ou la stupidité de ses oncles, tantes et cousins dans le film. C'est la seule fois que Giono fait naître un récit à partir d'un film, la démarche inverse lui étant plus familière.

Il évoque ici, comme dans *Le Moulin de Pologne,* la vie de plusieurs générations. Retraçant l'ascension de Martin dans le commerce des bois de charpente, sa ruine et son suicide, puis la remontée de son aîné Félix qui s'arrange pour maintenir sous sa coupe ses frères et sœurs, il aboutit au moment où se noue le drame : c'est ce qu'avait fait Balzac dans *Ursule Mirouët,* autre histoire d'une fortune dissimulée et des héritiers cupides d'une jeune fille (le rapprochement se trouve dans un article de François Truffaut). Mais, le film étant déjà tourné, Giono n'a pas sa pleine liberté. Même s'il s'agit de ses propres personnages, il est tenu par le point d'arrivée de son récit, qui doit être le point de départ du film : la fortune d'Hortense. Il l'est aussi par la longueur du récit : il ne doit pas grossir outre mesure un volume déjà aux trois quarts écrit. D'où peut-être l'absence presque totale de dialogues, qui donne à *Hortense* une sorte de sécheresse, voulue évidemment : un peu celle d'une notice sur les origines d'un personnage. Aussi, malgré le décor alpin et l'importance donnée à la relation entre les hommes et les paysages, hésite-t-on à ranger *Hortense* dans les *Chroniques,* d'autant que tous les textes publiés sous cette étiquette sont mis dans la bouche – ou sous la plume – de personnages qui disent « je », alors qu'ici le narrateur est neutre, et prend ainsi ses distances par rapport au récit.

Même ainsi, les personnages restent vivants, campés d'un trait de maître. Voici la fille de Martin : « Rosa fut un chou : c'est le mot qui convient le mieux : courte et ronde, feuillue, à ras de terre et lourdement matérielle[54]. » Et la femme du second fils : « Elle ressemblait à une petite chouette surprise en plein jour[55]. » Les protagonistes doivent parfois quelque chose à leurs devanciers chez Giono. La tendresse de Martin pour son fils Félix rappelle celle de Marceau Jason pour son frère dans *Deux Cavaliers de l'orage,* et quelques détails viennent des *Ames fortes*[56]. Les deux dynastes successifs, Martin et Félix, les grands marchands de bois que Giono appelle des « craquelins », ont, dans leur goût de la domination et leur cruauté implacable à l'égard de leurs concurrents, qu'ils font parfois assassiner, quelque chose de Domitien ; et, comme lui, ils sont capables d'élans d'amour et de moments de douceur.

Cette longue nouvelle, dense et sévère, peut seulement décevoir par l'absence de dénouement, puisque précisément le dénouement est le film auquel le récit introduit, et que le lecteur ne va pas aller voir au moment où il referme son livre. Mais il n'est pas interdit d'aimer les récits ouverts, qui portent au rêve. La dernière phrase est : « C'est la suite qu'il aurait été intéressant de connaître. »

Courts métrages. *Crésus.* *Un roi sans divertissement*

Giono est stimulé par l'expérience de *L'Eau vive.* Dès qu'il en a fini le scénario, en automne 1956, il songe à tirer un film du *Hussard sur le toit.* Dans l'hiver qui suit, il parcourt la Haute-Provence avec Villiers et Allioux pour y trouver des paysages. Il écrit une sorte de synopsis, puis un scénario de cent cinquante pages, trop long pour une projection d'une heure et demie ; Villiers, au début de 1958, le condense en soixante pages, mais le projet n'aboutit pas. En attendant, Giono a écrit le scénario d'un court métrage sur le choléra. Ce sera *Le Foulard de Smyrne,* tourné par Villiers en septembre 1957, et qui sortira en 1958. Giono reprend une idée qu'il avait eue en 1938 pour *Solitude,* déjà situé en haute Provence : faire un film sans acteurs. Dans *Le Foulard de Smyrne,* la seule figure vivante est celle d'un colporteur, toujours invisible sous son immense parapluie. Giono, qui a tiré ce colporteur au parapluie de l'épisode tibétain du *Kim* de Kipling, l'a déjà placé dans son scénario du *Chant du monde* en 1942, dans *Un roi sans divertissement* en 1946, dans *Noé* en 1947. Ici, il parcourt le pays en semant la mort : son ballot recèle les germes du choléra (la maladie ne se transmet pas ainsi, Giono le sait, mais s'en soucie peu). Durant les quinze minutes du film, il est question de bien des morts, mais on ne voit jamais les cadavres : seulement les objets familiers qui les entouraient. Aucune image effrayante : donc pas de vomissement de riz au lait comme dans *Le Hussard sur le toit*. Ce voyage au pays de la mort n'en est que plus impressionnant. Giono dit lui-même avec une grande sobriété le commentaire objectif, égal, imperceptiblement distant, qu'il a écrit. C'est son film le plus original, et même, disent certains, le plus réussi[57].

L'année suivante, second court métrage dans le même style : *La Duchesse*, tourné en septembre 1958, toujours par François Villiers, et projeté l'année suivante. Ses 10 minutes prolongent le thème abordé par *L'Écossais* en 1955 : la femme qui donne son titre au film est la duchesse de Berry, qui veut, en 1831, prendre les armes pour rétablir sur le trône la branche « légitime » incarnée par son fils, petit-fils de Charles X ; pour financer son expédition, des fidèles attaquent les diligences et font main basse sur les recettes qu'elles transportent. Mais le film n'explique rien de tout cela, et se contente d'évoquer les attaques par des détails en gros plan : pointe de sabre, pistolet, pied de femme. Cette fois, il y a quelques figures humaines : les gendarmes qui enquêtent dans les fermes ; mais on ne voit pas ceux qu'ils interrogent, et qui sont d'ailleurs innocents, les vrais coupables étant des aristocrates au-dessus de tout soupçon, et qu'on ne voit pas plus que la duchesse. Seule la phrase finale le révèle. L'ensemble est étonnamment elliptique, au point d'en être déroutant. Là encore, c'est Giono qui dit le commentaire, y compris les répliques des gendarmes[58].

En novembre 1958, au moment où Giono commence à rédiger *Le Désastre de Pavie* dont il sera question plus loin et qui l'occupera jusqu'en 1963, le producteur américain Edward Mann lui demande de faire l'adaptation de *Platero y Yo* du prix Nobel de littérature 1956, Juan Ramon Jiménez : le livre, paru en 1914, évoque l'amitié, à Moguer en Andalousie, de l'auteur et du petit ânon Platero. Giono se sent attiré par le pays, sec et pauvre comme la Haute-Provence. Il lit le livre, accepte, impose Allioux comme co-adaptateur, et part pour une dizaine de jours, le 11 avril 1959, pour Moguer où Allioux le rejoint. Il a déjà commencé le scénario en mars, et son travail se poursuit jusqu'en juillet[59]. Il tient à ne pas prêter à l'animal de sentiments humains, et met l'accent sur le poète. Le projet avance : on songe à Gérard Philipe ou à Raf Vallone pour le rôle principal, à Joaquin Rodrigo (dont Giono aimait le *Concerto d'Aranjuez* pour guitare et orchestre) pour la musique, au réalisateur hongrois Ladislas Vajda pour la mise en scène. Mais les producteurs renoncent, et le film ne se fait pas. Quelques années plus tard, en 1964, Giono écrira sur Jiménez une assez longue notice biographique, où il sera relativement peu question de *Platero*[60].

A la fin de 1959, ce sont trois scénarios pour la télévision. Giono a pendant un certain temps été méfiant devant l'invasion de son calme familial par le petit écran : encore une irruption de la technique dans son univers personnel. Mais, vers 1958, il a cédé à ses deux filles, et, pour Noël, a donné son accord. Aline et Sylvie se sont précipitées chez l'installateur pour le presser de livrer le poste sur l'heure, avant que leur père ait le temps de se raviser. Et l'intérêt de Giono pour un nouveau moyen d'expression s'éveille. Il accepte, à la demande de Louis Pauwels et de Jean Feller, de concevoir pour la télévision trois histoires fantastiques, reliées entre elles par la fiction d'un voyage ; elles ne seront jamais tournées. La première évoque des égorgements d'animaux, puis d'êtres humains, par un animal monstrueux pense-t-on, mais il s'agit finalement d'un homme ; elle n'est pas sans rapport avec *Un roi sans divertissement*, sauf qu'ici le loup et l'assassin ne font qu'un. La deuxième fait apparaître, dans des ruines, des êtres qui sont en réalité des réincarnations de dieux grecs ; Zeus est un cordonnier anarchiste à la barbe blanche – une nouvelle fois le père de Giono. La dernière est celle d'un démarcheur de banque dans les années 1920 – Giono lui-même évidemment – qui est amené à passer la nuit dans un château où il se perd à travers cent chambres différentes, qui se créent au fur et à mesure. Ce dernier récit est le plus proche, par l'évocation des habitants du château – le vieux noble, sa cousine, et la gouvernante – des textes romanesques de *Cœurs, Passions, Caractères,* que Giono va bientôt entreprendre[61].

Mais Giono voudrait s'investir encore davantage dans le cinéma. Il réalise un projet né en été 1957 pendant le tournage de *L'Eau vive*. Avec Andrée Debar, une des actrices de ce film, et A. Allioux, il crée le 11 septembre 1959 la Société des films Jean Giono, pour produire, exploiter, distribuer des films tirés de son œuvre ou écrits spécialement par lui. Andrée Debar est la principale actionnaire et la gérante. Voilà Giono lancé, pour la seule fois de sa vie, dans une activité qui a des aspects commerciaux. Mais ce n'est pas la première fois qu'il songe à donner son nom à une entreprise de groupe : il avait rêvé au moment du Contadour de créer une « Organisation Jean Giono contre la guerre[62] ». Parmi les réalisations envisagées : *Naissance de l'Odyssée, Un roi sans divertissement, Le Hussard sur le toit, Deux Cavaliers de l'orage*.

Il tient à faire lui-même la mise en scène : il est, avec le Malraux du film *L'Espoir,* le seul grand écrivain français à avoir osé aborder ainsi une technique si différente de la sienne ; mais il a, quand il se lance ainsi, vingt-huit ans de plus que n'en avait Malraux. Il avait eu la velléité de faire de la mise en scène en 1941 et 1942, au moment du procès contre Pagnol et des différends avec Garganoff[63] ; mais rien ne se fait avant 1960. Il veut être maître absolu de la démarche par laquelle on raconte une histoire au moyen de l'image ; il se fera malgré tout aider de Claude Pinoteau pour les aspects purement techniques. Il lui faut commencer par un film à petit budget : les adaptations de ses romans coûteraient trop cher. Ce sera *Crésus*. Dès le début, il pense à Fernandel, qu'il a autrefois aimé en Saturnin, le valet de ferme d'*Angèle,* et dans Gédémus, le rémouleur de *Regain*. L'acteur, célèbre, peut attirer le public. La décision est une erreur : Fernandel, excellent en 1934 et même en 1938 dans des rôles de second plan, n'est plus le même vingt-cinq ans plus tard. Personne, pas même Giono, ne l'empêchera d'en faire trop et de glisser vers le type de vulgarité qui a fait de lui un monstre sacré. Giono écrit le scénario et les dialogues d'octobre à décembre 1959 ; le tournage a lieu, essentiellement au Contadour, mais aussi pour certaines scènes à Forcalquier et à Gréoux, du 14 mars au 27 avril 1960. Giono a installé son quartier général, durant cette période, à Saint-Étienne-les-Orgues. Fernandel y vient dans sa somptueuse Cadillac noire. Le film sortira dans deux salles de Paris le 21 septembre suivant.

L'histoire est simple. Jules, le berger, trouve sur le plateau un container plein de billets de banque. Il se fait expliquer l'étendue de sa fortune, avec tous les zéros qui la chiffrent. Il organise pour ses voisins un banquet sur la colline, puis leur distribue les millions sans compter. La vie leur devient intolérable à tous, et ils se préparent à le tuer – comme dans *Colline* les voisins de Janet. Heureusement les billets étaient faux, tout rentre dans l'ordre et Jules, redevenu pauvre, épouse la jeune et jolie veuve qui l'aime – et à qui Giono s'est amusé à donner le prénom de Fine, la vieille Piémontaise dévouée qui fait partie de sa famille.

Giono a raconté que l'épisode du container était authentique : l'engin aurait été placé par les Allemands, quelque part dans le département, au moment de leur retraite, pour saboter l'économie française. J'en doute : Giono avait l'habitude d'inventer des « réalités » qui soient garantes de ses fictions. Ce qui est plus certainement vécu, c'est l'aspect et l'atmosphère des petites agences bancaires auprès desquelles Jules va se renseigner, et l'évocation du placement des titres. Plusieurs thèmes gioniens se retrouvent : la générosité (mais elle a un côté bouffon qui la minimise) ; l'horreur sincère de l'argent : c'est en s'en débarrassant que Jules trouve le bonheur ; les réflexions sur le zéro, qui remontent loin et qui reparaîtront[64] ; le côté rapace, fermé, des paysans du Giono d'après-guerre, prêts à tuer s'il le faut par intérêt (et non plus pour se débarrasser d'un sorcier comme dans *Colline*). Le film est excellent par son début dans l'intérieur du berger solitaire, il est admirable par ses paysages magnifiquement dépouillés, par ses grands ciels nuageux et ses vols d'oiseaux. Mais Fernandel, en tirant le film à lui, en a tué presque toute la poésie. Giono est ramené au niveau de Pagnol : même le couple symétrique de l'institutrice et du curé semble venir de *Jofroi ;* et les drôleries, parfois réussies, laissent l'œuvre à mi-chemin entre la fable et la farce. L'histoire reste mince, assez peu riche par rapport aux romans de Giono : la suggestion par les images est une tout autre technique que la suggestion par les mots. La démarche est lente, et la fin heureuse exigée par le sujet – et par la nature du personnage principal – est un peu fleur bleue.

La critique sera parfois polie quand elle verra dans le film un conte philosophique, mais plus souvent sévère : « Jean Giono réduit à Fernandel », par exemple[65]. Giono se rend compte qu'il y a dans le cinéma des éléments qu'il ne maîtrise pas. Il renonce à la mise en scène[66].

C'est pourtant à ce moment qu'on lui confie, en mai 1961, la présidence du jury du festival de Cannes : un appartement sera réservé au Carlton pour Élise et pour lui. Mais il n'acceptera aucune invitation aux cocktails et aux soirées : « Ce n'est pas de mon âge et ça ne m'amuse pas[67]. » Il a seulement la joie de retrouver Jean Paulhan au jury. Il devrait se mettre en tenue de soirée, mais il se refuse à en avoir une. « Pourquoi voulez-vous que je dépense 100 000 francs pour donner à manger aux mites[68] ? » Aux réceptions officielles de Cannes, ou aux dîners offerts par le prince de Monaco, il se contente d'un costume sombre. Il ne se fera faire un smoking qu'en 1966, sur un coup de fantaisie, parce qu'il en a vu un en vitrine, à Cannes. Il ne le mettra jamais.

Il n'est d'ailleurs pas un président orthodoxe. Pas plus que comme juré du prix Goncourt, il ne joue le jeu qu'on attend de lui. A une journaliste qui l'interroge sur sa présidence, il répond : « C'est une façade. Jury et journalistes, nous sommes là pour faire diversion et amuser le grand public pendant que les vraies affaires, celles d'argent (achats et ventes de films) se traitent dans la pénombre des chambres d'hôtel. Vous et moi nous sommes des clowns. – Ce premier festival vous amuse-t-il ? – Il me déprime. Toutes les valeurs humaines, intelligence, éducation, etc., me semblent bafouées ou même tout à fait ignorées. Ici, c'est le royaume des photographes et des vedettes. C'est dire que tout est médiocre. D'un autre côté, cette faune festivalière m'amuse. Quand on a un peu d'humour, avouez qu'on a l'occasion de l'exercer. Sauf au cirque Pinder, on ne voit jamais tant d'excentricités réunies[69]. » Il a pourtant la satisfaction de voir couronner, et il y contribue, *Viridiana* de Bunuel : c'est à lui qu'il voudrait confier la réalisation du *Hussard sur le toit*, à laquelle Ingmar Bergman songe aussi. Il ne participera plus au jury qu'une fois, comme simple membre, en 1965, avec Pagnol, Achard, Genevoix, Salacrou, Maurois.

Les scénarios et les dialogues continueront pourtant à le retenir. Il écrit ceux de la deuxième et dernière œuvre produite par la Société des films Jean Giono ; elle est cette fois tirée d'un roman, *Un roi sans divertissement*. Giono, en 1958, en a confié l'adaptation à Allioux et Villiers ; Pierre Fresnay doit jouer Langlois. Le tournage, prévu pour 1959, ne se fait pas. Giono raconte – ou invente : « L'action se passe dans le Briançonnais. Où toute une partie se passe autour d'un hêtre majestueux. Seulement, il n'y a pas de hêtre dans le Briançonnais. Résultat, il a fallu en fabriquer un tout en stuc, avec praticables, échelles, etc... Coût : 14 millions. C'est une folie[70]. »

En janvier 1962, Giono va reconnaître le terrain d'un nouveau tournage, le plateau de l'Aubrac, plus solitaire que le Trièves où se déroulait le roman. En septembre – s'interrompant encore dans la rédaction du

Désastre de Pavie – il écrit son scénario, terminé le 28. Relecture de son roman ? Réécriture aussi. Les deux premiers épisodes, celui du meurtrier et celui du loup, sont entremêlés, tout l'épisode final avec Madame Tim et Delphine est supprimé, car on passe directement au suicide de Langlois, et surtout les personnages sont profondément modifiés. Le procureur royal a un rôle beaucoup plus important. Langlois n'a plus la cinquantaine : c'est un homme jeune (comme dans les *Récits de la demi-brigade,* dont la rédaction, on le verra, est assez avancée à l'époque), et par là son suicide est peut-être moins crédible que dans le roman, n'étant plus motivé par l'amertume de l'expérience et de la solitude. La vieille Saucisse est devenue Clara, et elle aussi est jeune : elle tient à la fois le rôle de Saucisse et celui de Delphine, et c'est pour ne pas la tuer que Langlois se tue. Une fois de plus apparaît ici cette vérité essentielle, dont la méconnaissance risque d'ôter leur valeur à tant d'analyses sur les textes de Giono : ses personnages, si on les considère à l'intérieur d'un livre donné, sont certes fixés par le livre même ; mais, en Giono, ils continuent à vivre, ils se transforment au gré de son imagination. Ils restent toujours fluides, et il serait absurde de relever des « contradictions » entre leurs différentes apparitions : chacune d'elles est malléable et protéiforme.

Il a été question de Roman Polanski pour la mise en scène. Finalement elle est confiée à François Leterrier. Le tournage a lieu en février et mars 1963, et, du 10 au 21 février, Giono en tient le journal[71]. Le directeur de la photographie a rapporté à J. Mény les préoccupations de Giono concernant la couleur, ou plutôt la suppression de toute couleur sauf le noir, le gris et le rouge, qui est la couleur du sang, et de la casaque que porte le groom du procureur royal[72]. Avec Claude Giraud en Langlois, Colette Renard en Clara, Charles Vanel en procureur (Giono aurait souhaité Michel Simon, mais il refusa en raison de l'égorgement de l'oie sur la neige), la distribution était homogène et de belle tenue. Mais, à l'image d'un roman elliptique et difficile, Giono a volontairement rendu son film elliptique et difficile. Le public le boude, et, dans l'ensemble, la critique aussi. Seul Cocteau est enthousiaste : un poète. C'est lui qui a raison : le film, avec ses extraordinaires poursuites dans la neige, est une manière de chef-d'œuvre par sa densité et son pouvoir de suggestion.

La véritable carrière de Giono comme cinéaste s'arrête là. Laissons deux films dont Giono n'est en rien responsable : *Les Grands Chemins* de Christian Marquand en 1963, avec Robert Hossein – œuvre à propos de laquelle Giono proclame ironiquement le droit des cinéastes à le trahir[73] – et *Le Chant du monde,* que nous retrouverons. Ne mentionnons que pour mémoire quelques courts métrages où Giono n'est pas parvenu à faire passer totalement ce qu'il souhaitait dire : *L'Art de vivre* en 1961, *La Chevelure d'Atalante* de 1965, et un projet de scénario non réalisé, *Passage d'un poète*[74] en 1963. En 1965, il écrit un autre projet pour la société de production Euro-France films, créée en 1963 par Roger Duchet, ancien ministre et mari d'Andrée Debar. Il s'agit de *L'Étoile du Sud*, d'après ce Jules Verne que Giono avait si violemment attaqué dans *Virgile* pour son apologie de la technique. Il en fait d'abord un résumé qui ne s'écarte guère du roman, et où l'héroïne, à travers toutes ses aventures rocambolesques, équestres et sentimentales, est appelée invariablement « Mademoiselle Alice » comme la fidèle et casanière secrétaire de Giono. Puis il effectue un découpage en 67 séquences. Le film ne sera tourné qu'en 1968 au Sénégal, et il n'y restera rien de ce qu'y avait mis Giono.

Certains créateurs sont stimulés par les limites qui leur sont imposées. Et Giono a parfois dit qu'il l'était lui-même. Le théâtre et le cinéma lui offraient certes des contraintes qui lui proposaient un défi, ou dont les aspects matériels l'amusaient. Mais en définitive, la liberté totale de l'écrivain solitaire devant son papier permettait seule à son esprit de se déployer. Rétrécir ou dilater à son gré le temps et l'espace, voilà ce que lui donnait le roman. Mais son invention, ouverte à l'infini, lui faisait concevoir sans cesse pour les salles de spectacle des réalisations inimaginables pour le public du XXᵉ siècle : au théâtre, des pièces à la façon des drames antiques ; au cinéma, dira-t-il, « je rêve d'un grand film qui durerait trois ou quatre jours... J'imagine des spectacles cinématographiques qui renoueraient avec les mystères du Moyen Age ou le théâtre rituel asiatique[75] ». Cela, il ne pouvait l'avoir. C'est pourquoi, si remarquables que soient une pièce comme *Le Voyage en calèche,* des films comme *Le Foulard de Smyrne* ou *Un roi sans divertissement,* leur poids reste moindre que celui des grands romans de Giono.

Chapitre 22

L' amateur d'âmes

Derniers voyages en Italie.
L'Espagne. Majorque

Pendant deux ans, en 1955 et 1956, Giono n'est pas retourné en Italie. Lucien Jacques l'y décide en 1957 : une de ses amies a épousé un architecte italien, Achille Talenti. Il a été chez eux à Rome en septembre et octobre 1935 ; ils ont à cette époque invité les Giono à venir passer une quinzaine de jours chez eux, dans leur maison de Salone près de Rome[1]. Cela ne s'est pas fait alors : Giono travaillait, et Sylvie avait un an, ce qui rendait le voyage malcommode. Mais l'invitation est renouvelée en 1957.

Déjà architecte important avant la guerre, Talenti a pris plus encore de stature. Il a participé à d'énormes travaux, comme l'assèchement des Marais pontins. Il est grand et fort. Lucien Jacques le décrit comme « assez Dieu le père versant l'abondance et parfois tonnant. Un type d'homme qu'on rencontre rarement n'importe où ». Élise voit en lui « un grand seigneur ». Sa fortune est considérable, et sa générosité sans limite. Il envoie une voiture de Rome à Manosque pour prendre Élise, Jean et Lucien. Il a à Rome, via Renato Fucini, une immense maison où il vit avec sa seconde femme, Elena, et le jeune fils de celle-ci, Nicolà. Dans une autre propriété, à quelque distance de la première, il loge cinquante orphelins, qu'il a personnellement recueillis, dans deux bâtiments, pour les garçons et pour les filles, et une ferme expérimentale qui nourrit les enfants. Dans une quatrième maison, les Giono ont un appartement et sont entièrement indépendants s'ils le souhaitent ; ils ont des domestiques à leur disposition, et une voiture avec chauffeur. Le premier jour, Élise fait quelques courses, afin de préparer les repas pour elle et Jean. Elena en est horrifiée : « Qu'Achille ne l'apprenne pas ! Il serait furieux ! » Quand le chauffeur Alberto promène les Giono dans Rome ou aux environs, il a ordre d'acheter pour eux tout ce qui, lors de leurs promenades, semble les attirer en fait de comestibles. Eux qui ont toujours mené une vie modeste, c'est leur premier contact avec l'existence sur un grand pied. Achille Talenti est un ami du cardinal Ottaviani, chez qui il les emmène : expérience nouvelle.

L'année suivante, en 1958, c'est une nouvelle tournée d'Élise et de Jean en Italie, cette fois avec Aline, et avec Sylvie et son fiancé, un jeune étudiant en médecine qui se spécialise en ophtalmologie, Gérard Durbet ; elle l'a connu à la faculté d'Aix où, après un an de propédeutique, elle a commencé des études d'histoire. Giono, d'abord un peu étonné d'avoir un futur gendre qui n'a pas lu un seul de ses livres, le prend ensuite en sympathie. Gérard, conduisant la Dauphine de Sylvie, emmène toute la famille : Turin, l'Engadine, Saint-Moritz ; à Saint-Anton, Giono a des ennuis respiratoires causés par l'altitude ; puis c'est le Tyrol : Innsbruck, Salzbourg en l'honneur de Mozart, la Carinthie, le Salzkammergut, Aquileia. Un séjour de huit ou dix jours à Venise est prévu pour couronner le voyage. Mais Giono, toujours généreux, tient à rendre la vie aussi agréable que possible à tous les siens : la famille descend dans un hôtel donnant sur la place Saint-Marc ; gondoles, grands restaurants... En deux jours, Giono dépense autant que depuis le départ, et, un matin, annonce, tout sourire : « Les enfants, on rentre. Je n'ai plus un sou ! » C'est le retour hâtif à Manosque, avec un seul arrêt dans un petit hôtel à Turin.

Du 25 août au 10 septembre 1960, Achille Talenti invitera encore Élise et Jean, et avec eux Sylvie, Gérard et leur fils, le petit Philippe (8 mois), ainsi que Lucien Jacques, à l'occasion des Jeux olympiques de Rome : c'est lui qui a construit le village olympique, et il a toutes facilités pour obtenir d'excellentes places. Il envoie à nouveau une voiture chercher les Giono à Manosque. Au stade, la foule italienne intéresse Giono autant que les épreuves sportives. Mais il n'est pas converti au sport : « J'ai assisté à beaucoup de compétitions, j'étais sur les gradins avec des gens de toutes nationalités, des Monsignori, des Transtévérins, des Canadiens et autres Japonais. Personne – je peux le jurer – personne ne s'intéressait, après quelques quarts d'heure, à ce qui se passait en bas dans "l'ovale sacré". On saucissonnait, on se gavait de gelati, de bière, de coca-cola, on flirtait (et même plus), on discutait politique, et, de temps en temps, une certaine partie de ce public braillait en chœur parce qu'un certain pavillon venait de monter au mât de cocagne. Je n'ai jamais vu autant de bedaines, de brioches, de poitrines étroites, de membres grêles, de teints blêmes et d'haleines courtes que sur ces gradins. En bas, une petite pincée d'athlètes se démenait comme des grillons chinois dans leur boîte à combat[2] ». Giono regarde malgré tout avec intérêt les courses à pied, et admire le berger éthiopien qui emporte le marathon[3].

En 1959, c'est un voyage en Espagne. L'incitation est double : le projet de film d'après *Platero et moi* de Jiménez, dont il a déjà été question ; et la rédaction, commencée depuis l'année précédente, du *Désastre de Pavie* où doivent figurer tous les généraux espagnols qui ont gagné la bataille, ainsi que la captivité de François 1er à Madrid. Giono part le 11 avril[4]. Le jeune producteur américain Edward Mann, avec qui il a rendez-vous, imaginait qu'il viendrait par l'avion : Paris-Séville ou Nice-Madrid. Giono racontera qu'il a protesté : « Que voulez-vous que je fasse de votre avion ? Il va me faire sauter par-dessus l'Espagne, alors qu'au contraire, il faut que je la parcoure. » En train ou en car, ajoute-t-il, à défaut de pouvoir le faire à cheval ou à pied (comme s'il savait monter à cheval...)⁵. Il a même pensé y aller en voiture, et un garagiste de Manosque est prêt à lui louer une belle Frégate Renault. Mais il lui faudrait un chauffeur, ce qui compliquerait la vie. Finalement, il vaut mieux partir seul.

Il prend à Marseille, à sept heures du matin, le car Pullman qui se rend tous les samedis à Barcelone en onze heures. Il est consterné par les immeubles aperçus entre Arles et Montpellier : « Cent mètres de long et quatre mètres de large (et cinq étages), bêtes comme des cartes de visite. Ce sont d'ailleurs des cartes de visite. Le plus triste est que celui qui les construit les signe. Ajoutez qu'on les peint de couleurs dites *fonctionnelles* qui fonctionnent, je vous prie de le croire. C'est une lèpre. Chaque ville en meurt, les villages eux-mêmes sont atteints. On défile pendant cent vingt kilomètres dans cette croûte d'eczéma. » Déjeuner médiocre à Narbonne. « Les Pyrénées, qui n'ont pas l'air d'être en pierre. Les Alpes oui. » Frontière, douaniers. Gérone avec sa vieille cathédrale romane, si hautaine : « Elle ne condescend pas. » Après un parcours tortueux, c'est, jusqu'à Barcelone, la plage qu'on longe, « encombrée d'une voie ferrée avec caténaires, pylônes et fils électriques. Les gares sont plantées de palmiers, les maisons sont blanches et à terrasses. C'est Lyon-Vaise en Arabie sur quarante kilomètres (...), on ne voit la mer qu'à travers d'effroyables portées de musique ferroviaires ». A Barcelone, il passe une soirée (un taxi l'amène par erreur dans les « rues chaudes », ce qui l'amuse beaucoup), une nuit à l'hôtel Vespuce, où on lui égare momentanément ses chers mocassins, et il se promène une matinée. Il se déplaît : « C'est une Marseille asthmatique : la ville respire mal. » Il le redira plus tard : « Une sorte de Marseille triste et poussiéreux⁶. » Il déteste l'église tout en courbes de la Sagrada Familia construite par Gaudi.

Il repart pour Madrid au début de l'après-midi : dix heures de micheline « panoramique ». Tarragone, la sierra de l'Almuzara, la vallée de l'Èbre. Une fois sur le plateau, « on est dans une terre royale (...). Ce n'est pas Louis XIV, c'est saint Louis ou le roi Arthur ». De tout petits vergers. Plus haut encore, le désert : « On en a le souffle coupé et il faut s'habituer à vivre avec ce souffle coupé car, pendant plusieurs heures, rien ne vous permettra de reprendre haleine. C'est le désert le plus absolu fait de roches érodées par la pluie, une Espagne-Pétrée. » Là, un bourg qui semble inhabité, autour duquel on ne voit pas de cultures, où il n'y a pas de gare, où n'arrive même aucune route. « Une énorme église, qui a bien soixante mètres de haut, domine toutes ces maisons agglomérées comme un nid de guêpes. Cette église est rouge du haut en

bas. Quand nous passons, les cloches sonnent à toute volée. » Giono est
en train d'inventer l'Espagne. Arrêt d'une heure à Saragosse. Arrivée
tard à Madrid où Edward Mann l'attend. En l'honneur du film en projet, conférence de presse le lendemain à l'hôtel Castellana-Hilton.
Giono passe dans la capitale une journée, consacrée probablement en
partie à une recherche vaine des lieux où François Ier a été détenu –
mais les bâtiments ont disparu ; il serait étonnant qu'il n'ait pas aussi été
au Prado voir le *Triomphe de la mort* de Breughel dont il a tant parlé
dans *Triomphe de la vie,* les Greco, les Goya.

Le 14 avril, départ en voiture avec Edward Mann[7]. Le projet est de
coucher à Cordoue ; mais Giono tient à flâner, à regarder les paysages
de la Manche et à y imaginer Don Quichotte, et les voyageurs s'arrêtent
bien avant Cordoue, dans un gîte des plus rustiques. Le 15 enfin, ils
atteignent Moguer, au fond de l'estuaire du rio Tinto ; Giono est déçu
par « le port d'où sont parties les caravelles de Colomb, le port ensablé
où dans trois centimètres d'eau, serpentent paresseusement d'épaisses
couleuvres ». Il est rejoint par Allioux, parti de Marseille par le même
car que lui, mais huit jours plus tard. Dans la petite ville blanche, ils
repèrent, près de la maison de Jiménez et de l'écurie de Platero, et aux
environs, quelques lieux de tournage possibles, et vont au monastère de
la Rabida (il raconte que ses amis américains s'y sont rendus à dos
d'âne, mais j'en doute). Peut-être voit-il les énormes caves empuanties
par les oiseaux, le vallon qui sert de charnier pour les animaux, le cimetière ; fait-il vraiment amitié (il le racontera plus tard) avec un garde-
champêtre, avec le prieur d'un couvent de franciscains ? La petite ville
dépeuplée, inactive, lui laisse une impression de mort, d'enfer, d'irréel.
Il y imagine la jeunesse de Jiménez. Puis Allioux et lui repartent
ensemble pour Séville où ils assistent à une corrida ; d'après Allioux,
Giono y fait « sa lèvre mince, ce qui est signe de colère et même un peu
de mépris ». Il dira plus tard que c'est un spectacle ennuyeux[8]. Par
Cordoue et la Castille, ils remontent sur Madrid avant de regagner la
France. Le voyage aura duré douze à quinze jours. Il en gardera un souvenir fasciné. « J'aime beaucoup Séville, Madrid, surtout Madrid, et
aussi Saragosse, Aranjuez, Cordoue qui est une ville sublime. Je ne
connais pas Tolède. » L'Espagne est pour lui « un pays vraiment passionnant », qui « a gardé une sagesse médiévale ».

Barcelone mise à part, l'Espagne et les Espagnols ont plu à Giono.
Quand, en 1960, Andrée Debar et Roger Duchet lui chantent les
louanges de Majorque où ils se rendent souvent, et où ils l'ont reçu deux
fois avec Élise en 1959 et en 1960, il se laisse séduire, d'autant que le
nom de Majorque l'a fait autrefois rêver. Tambour battant, ses amis lui
trouvent une maison qu'il louera désormais à longueur d'année, dans la
petite ville de Son Sardina, à 5 kilomètres de Palma, mais dans l'intérieur des terres, sur la route de Soller : les foules sur les plages lui font
aussi horreur là que sur la Côte d'Azur. Il en est ravi ; il appelle la mai-

son « la hacienda de Zorro ». C'est une vieille demeure bourgeoise en pierres scellées par de la terre, crépie à la chaux blanche, avec des volets verts. Elle est fraîche, assez grande. Les plafonds à poutres apparentes sont hauts. Au rez-de-chaussée, deux vastes pièces et la cuisine ; au premier étage, cinq chambres et deux salles de bains. Autour, un assez grand jardin, à la française par-devant, à l'espagnole par-derrière, avec un puits entouré de quatre grands cyprès, des faux poivriers, des citronniers, des orangers, beaucoup de géraniums géants. Giono y fera planter des hibiscus, des bougainvilliers, des cannas. Au bout du jardin, une petite maison de gardien, habitée par le Majorquin Martin Serra, qui s'occupe du jardin, et sa femme, qui veille sur la maison.

La petite ville de deux mille habitants est calme ; il n'y a rien à voir, et les touristes n'y affluent pas. L'évolution ne l'a pas touchée ; on va se ravitailler dans une épicerie à l'ancienne, où tous les produits sont entassés au hasard, en désordre, et que Giono appelle « le boxon chinois » – il placera dans *Olympe* un bistrot qu'un personnage surnomme « le bordel chinois[9] ». Il retrouve dans la ville l'atmosphère du Manosque de sa jeunesse, ce qui le ravit. Là, il est au calme. Pas de téléphone. Il ne reçoit pas de courrier ; pour être plus sûr qu'on ne le dérangera pas, il laisse parfois à Mlle Alice la consigne de répondre non seulement qu'il est aux Baléares, mais, pour plus de sûreté, que Majorque n'est qu'une escale dans une croisière qu'il effectue avec des amis, et qu'il est impossible de le toucher. Il y fera, jusqu'en 1968, chaque année deux séjours d'un mois ou de six semaines, au printemps et à l'automne. En automne, il y va en général seul avec Élise. Il se repose. Le pays est plat et favorise les promenades paisibles. Souvent, le soir, ils prennent l'autobus pour Palma : ils vont au café, et pendant un moment regardent passer et vivre les gens.

En août et septembre 1961, c'est encore un voyage en Italie, pour examiner de ses propres yeux le théâtre de la bataille de Pavie, pour le livre qu'il a entrepris. Il y va cette fois avec Élise, Sylvie et Gérard. Ils passent quinze jours dans un hôtel au sud de Pavie, à Passo di Brallo, dans les Apennins, pour être plus au frais. Parfois Giono passe la nuit chez son ami Giuseppe Frumento, à Voghera. De là ou de Passo di Brallo, il est presque chaque jour emmené sur le terrain de la bataille ou dans les environs par Gérard, qui prend des photos[10]. Ensemble, ils fouillent des archives locales, notamment dans les sacristies : Giono tient à s'imprégner de l'atmosphère du temps ; mais beaucoup de papiers ont disparu lors des combats de 1944.

Il ne retournera plus dans le pays, déclarant en 1965 : « L'Italie ne m'intéresse plus tellement ; elle a cessé d'être italienne, elle est devenue internationale. Tout ce que j'aimais en elle a pratiquement disparu[11]. » Propos à ne pas prendre au pied de la lettre : c'est aussi que les voyages en Italie sont alors devenus trop fatigants pour lui.

Le Désastre de Pavie. Le romancier historien

Le 24 avril 1958, Gaston Gallimard a demandé à Giono s'il ne serait pas disposé à écrire un des volumes de la collection « Trente journées qui ont fait la France ». La série est dirigée par Gérard Walter ; sont pressentis aussi bien des romanciers – Zoé Oldenbourg et Jean-Louis Bory ont fourni leur contribution – et des hommes politiques comme Edgar Faure et Emmanuel d'Astier, que des historiens professionnels éminents. Le sujet suggéré à Giono tient compte du goût pour l'Italie du XVIᵉ siècle qu'il a manifesté en écrivant sur Machiavel, et pour l'Italie en général telle qu'elle est dans *Le Bonheur fou* et dans *Voyage en Italie*. Il s'accorde aussi avec son attirance pour l'échec ; c'est « La bataille de Pavie et la captivité de François Iᵉʳ ». Giono note sur la lettre : « Oui le 26-4-58 mais peut-être pas Pavie. » Le 7 mai, G. Walter lui propose une liste : le dimanche de Bouvines, la mort de Charles le Téméraire, la prise de la Bastille, Waterloo, juillet 1830. Finalement Giono accepte, par contrat du 11 juillet, *La Bataille de Pavie et la captivité de François Iᵉʳ*. C'est G. Walter qui insistera en 1962 pour changer le titre initial en un autre, *Le Désastre de Pavie,* plus francocentriste : la bataille a été pour les deux côtés, le désastre seulement pour la France. Giono aurait préféré garder « la bataille », mais il se laisse faire, écrivant à Roger Nimier le 6 juin 1962 : « Comme la France n'en est pas à un désastre près, j'ai accepté. »

Il devrait, d'après son contrat, remettre son manuscrit en décembre 1960. Il reçoit quelques rappels sans conviction : sur ses retards, les Gallimard, depuis trente ans, sont blasés ; il le sait, et n'en est évidemment pas impressionné. Le livre lui donne plus de mal que la plupart de ses romans. Certains chapitres sont très raturés, et même refaits plusieurs fois. En outre, Giono, qui est, depuis 1930 environ, sujet à la goutte chronique – sans avoir jamais fait d'excès de table – et doit régulièrement faire des cures à Gréoux, en est arrivé, vers 1961, à ne plus pouvoir par moments se servir de sa main droite : certains des derniers chapitres seront dictés à Mlle Alice. Cela le met mal à l'aise et le retarde. Il n'aura terminé qu'en juillet 1962, et le livre paraîtra en mars 1963[12].

Sans nul doute, en recevant le texte, G. Walter est épouvanté, autant par la conception qu'a Giono des événements historiques et par sa manière de les décrire que par l'écart entre ce qu'il attendait, en vertu des normes de la collection, même conçues souplement, et ce qu'il lit : comme pour l'édition de Machiavel dans La Pléiade, Giono est un indiscipliné. Comme il n'est pas question de lui faire refaire sa copie ni même de la lui corriger, Walter tentera de réparer ce qu'il considère comme des dégâts en adjoignant au texte une série de béquilles : une chronologie, des appendices documentaires, une bibliographie (qui ne coïncide que très partiellement avec l'ensemble des livres dont s'est servi Giono) et une introduction de vingt-huit pages.

Giono n'ayant plus, à l'époque, aucun souci d'argent, pourquoi accepte-t-il ? D'abord, une fois de plus, par désir de répondre à un défi : lui, l'homme d'imagination, que le réel gêne, qui n'a pas le sens de la chronologie, écrire non plus un roman historique comme *Le Bonheur fou,* où il a encore un large champ libre pour créer des épisodes et des personnages, mais un vrai livre d'histoire ? Le réel lui est ici imposé : ce n'est que par la manière de le dire qu'il lui faudra être lui-même. Voilà qui le stimule : il devra faire et réussir une fois de plus ce qu'il ne sait pas faire. Le sujet l'attire, il le dit, parce qu'il s'agit – du point de vue français – d'un échec, toujours plus intéressant et fécond à ses yeux qu'un succès, parce que plus ouvert. Et François 1er a été comme lui emprisonné : il y a là une fraternité de captifs. De plus, c'est un livre sur la guerre, plus encore que *Le Bonheur fou* où la révolution avait sa place : nouvelle occasion de faire sentir toute l'absurdité des batailles : les livres de guerre de Giono, pas plus *Le Grand Troupeau* que *Le Bonheur fou,* ne sont jamais des livres de victoire, car pour lui il n'y a que des vaincus. Enfin l'entreprise offre des à-côtés agréables. Il lui faudra faire un ou deux voyages en Italie. Il devra lire beaucoup de mémoires du temps, et c'est là une de ses passions. Il aura à reconstituer une réalité d'après des documents de nature diverse : enquête de détective qui plaît à l'amateur de romans policiers qu'il est resté. « J'ai promené sur cet épisode la loupe de Sherlock Holmes », dira-t-il[13]. Il aura, pour faire saisir les préludes de Pavie, à évoquer des actions en Provence – le siège de Marseille par le connétable de Bourbon : il aime toujours à retrouver un cadre familier. Mais surtout, et c'est l'essentiel, il pourra se livrer – j'y reviendrai – à une étude et à une création de caractères.

Il va volontairement à contre-courant des tendances historiques de son époque. Il écrit à Nimier, le 14 janvier 1961 : « Pour l'instant je suis en train de travailler à porter la confusion et le désordre dans la Collection historique avec une *Bataille de Pavie* qui est entièrement hors du coup. » Il ne se soucie pas, ou très indirectement, du contexte économique, ni de politique au sens étroit du terme. Il n'évoque pas l'ensemble du pays, ni de l'Europe. Il ne fait pas de synthèses. Il ne veut pas avoir d'idées générales. « Il n'y a pas d'idées dans la bataille de Pavie, surtout pas de préconçues ; surtout pas de grandes[14]. » La bataille sera perdue par hasard. « L'histoire n'a de sens qu'après coup et pour ceux qui veulent lui en donner un ; mais cette volonté n'est que fidélité d'une autre sorte[15]. » Le marxiste Walter a dû grincer des dents : Giono ne croit pas à un sens de l'histoire – qu'on entende par là sa direction ou sa signification. Un ensemble d'hommes, une masse, une foule, une armée, ne sont jamais faits que d'individus : c'est à eux seuls qu'il croit et qu'il s'intéresse. Les destins, la causalité, le laissent sceptique. Il le dit à propos des cadavres qui, dans cette guerre, vont « engraisser les plaines lombardes. Ce qui était homme et chargé de destins, après ce jour devient un peu de fumure malodorante. Il existe certes un très vif plaisir de l'esprit à imaginer et même à prouver par textes, documents et interprétations logiques, que cette fumure n'a pas fait lever que des rideaux de peupliers dans la plaine, mais un ordre de choses, et qu'elle est un élément d'un lent jardinage politique d'où sont sortis les jardins actuels. Mais il est un autre plaisir qui consiste à croire moins aux grands desseins et plus aux petits calculs. A côté de l'homme politique tout court qui est toujours un *consortium,* il y a l'homme tout court qui est mort et passion (...)[16] ». Giono met son lecteur au contact direct des hommes et des passions d'autrefois, sans l'intermédiaire de théories quelconques : pour lui les idées embrument trop souvent et faussent le réel. Il préfère le récit qui suit les êtres pas à pas, au jour le jour. Il a déjà écrit dans ses « Notes sur Machiavel » : « L'histoire de l'homme (journal quotidien, *du sang à la une*), différence avec l'Histoire avec un grand H qui est simplement une histoire de riches à grands traits[17] » Bref, il fait non un livre d'histoire mais une chronique, comme ce Froissart qui l'a tant passionné quelques années plus tôt. *Le Désastre de Pavie* est un peu pour lui un prolongement de ses *Chroniques romanesques.*

Le réel, pour lui, c'est ce que révèle une énorme quantité de mémoires, de relations de contemporains. Il avait déjà, dans *Le Hussard sur le toit,* demandé des descriptions du choléra uniquement à des médecins du XIXe siècle. Il se méfie des historiens venus après coup. S'il les cite, c'est souvent pour les réfuter. Leur vue, étant celle de leur temps, est anachronique. Giono lit les textes de l'époque, il les confronte. Il dresse même une petite notice sur chacune des vingt sources d'après lesquelles nous est connue la bataille de Pavie[18]. Il s'amuse à se donner de temps à autre une allure scientifique, à citer un auteur rare (parfois même avec référence à la page...). Cela ne l'empêche pas de laisser passer quelques contradictions[19]. Mais s'il avait offert une vue entièrement claire de l'incroyable confusion de cette bataille, il en aurait donné une impression inexacte.

Il reconstitue une atmosphère. Il démolit des légendes, comme celle de François 1er rendant noblement son épée à ses vainqueurs : le roi s'en est d'abord servi comme d'une canne pour marcher, moulu, contusionné, égratigné, jusqu'à la maison où le vice-roi de Naples va l'héberger. Il fait fourmiller les détails d'habillement, d'équipement, d'armement, de nourriture, et recrée les armées du XVIe siècle comme il avait recréé la bourgeoisie ou le peuple français du XIXe siècle dans les *Chroniques.* Il s'inquiète du temps qu'il fait lors de chaque épisode (il sera ravi d'avoir pris Mignet en défaut sur ce point, et en parlera à plusieurs journalistes), de l'état de ce terrain qu'il a été parcourir pas à pas. Il s'en tient à ce terre-à-terre. Rarement, il se donne la permission de décrire un paysage, ou alors en deux lignes : « Déjà les soirs rouges dressent au-dessus des montagnes de terribles étendards[20]. » Il ne s'accorde deux ou trois pages que pour évoquer l'aspect actuel du champ de bataille, avec ses animaux, la musique de ses guinguettes, les couleurs, les vents[21]. Parfois il ne se refuse pas quelques paragraphes de délicieux roman comique : celles où le connétable de Bourbon, tremblant, s'éloigne de ses terres, en se cachant, pour gagner celles de Charles-Quint[22].

Mis à part ces délassements, ce qui l'intéresse, ce sont les caractères : ils forment le centre de sa création à l'époque. Ce sont eux qui le fasci-naient à l'époque du procès Dominici. Il est devant la bataille de Pavie comme devant le crime de Lurs : il veut comprendre les hommes qui y sont impliqués – François 1er, Charles-Quint, Bourbon, Bonnivet, Antonio de Leyva et les autres –, mais les comprendre à sa manière en créant à partir des éléments qu'il a perçus une image romanesque qui donne le sentiment d'une autre réalité. Une telle galerie de portraits n'est pas si éloignée d'*Hortense,* ce récit en forme de longue notice à peu près sans dialogues sur deux personnages principaux ; pas si éloignée non plus d'une série de fiches brèves rédigées en 1958 pour la préface à une réédition de *Colline,* et que Giono prétend avoir établies dans les années 1920 sur les clients qu'il visitait comme démarcheur de sa banque[23]. Et, dès avant 1953, la série où devait figurer *L'Homme qui plantait des arbres* était « *The most unforgettable character I've met* » ; « *character* », c'est-à-dire « personnage ». A partir de là, cette notion de *caractère* est primordiale dans toute une série de textes de Giono. Les actions y sont moins importantes à ses yeux que les acteurs ; à la limite, elles sont là pour dévoiler la nature des acteurs. Ici, la bataille de Pavie est pour lui, dira-t-il, un réactif qui fera apparaître des hommes. Des hommes pour une large part recréés par lui : cet ouvrage prétendument historique gagne à être lu comme un roman de psychologie fantastique.

Giono part des portraits – au sens propre d'effigies : d'abord celles de Charles-Quint, où ce qui frappe avant tout est son énorme mâchoire prognathe. Dans ces conditions, il n'est pas étonnant que le Charles-Quint de Giono ne soit pas celui de René Grousset, comme l'observera Robert Kanters dans son compte rendu[24]. C'est un goinfre (d'où son seul point commun avec le sobre Giono : il souffre de la goutte ; mais il n'est pas seul dans le livre : Louise de Savoie et Antonio de Leyva aussi) ; et c'est un bourgeois flamand, un de ces calculateurs que déteste Giono ; il rappelle le Saint-Jérôme de *Noé,* moins l'infaillibilité. Bourgeois jusque dans ses plaisirs, « il fera des bâtards comme un comptable fait du travail à la maison[25] ». C'est ce que Giono appelle un « moderne » : il ruse, il intrigue, il accumule. En face de lui, François 1er pourrait avoir la sympathie de Giono, car non seulement il sera vaincu et emprisonné, mais il représente le passé, le Moyen Age, le temps de la féodalité et du romanesque ; il écrit des vers ; il y a en lui, Giono le dit, du Don Quichotte et du héros de l'Arioste[26]. Il a en commun avec les personnages de Stendhal, et avec Angelo, de « tendre ses filets un peu trop haut[27] ». Mais il est tête-en-l'air, il confie son armée, par simple esprit de camaraderie, à Bonnivet, « casse-cou médiocre » et sans cervelle, qui sera le grand responsable de la défaite de Pavie, et qui y laisse d'ailleurs la vie, ce qui ne l'excuse pas. Ce roi est brave, certes, il se bat lui-même, contrairement à Charles-Quint ; mais il est indécis, influençable, sans parole ; au total c'est « un coq de rue[28] ». A ses côtés, des gens courageux – « mais on était alors vaillant comme on est aujourd'hui automobiliste[29] » –, La Palice, La Trémoille ; de vieux soldats professionnels. En face, dans les troupes impériales, des gens dont beaucoup, à commencer par le connétable de Bourbon, ne valent pas mieux. Le seul d'entre eux pour qui Giono donne l'impression d'avoir de la sympathie est le vieil Antonio de Leyva ; peut-être parce qu'il est le fils d'un cordonnier[30] ? Cela ne l'empêche pas de faire tranquillement assassiner un homme qui le gêne[31]. En fait, ces deux armées représentent le triomphe du mercenariat, de l'égoïsme, de la jouissance individuelle. On guerroie sans conviction aucune, rarement par fidélité personnelle, mais par divertissement, pour éviter l'ennui. Thème constant chez Giono depuis qu'il a créé Langlois d'*Un roi sans divertissement*. Sur le manuscrit figure d'ailleurs en épigraphe une phrase de Pascal qui ne sera finalement pas retenue : « Rien ne nous plaît que le combat, mais non pas la victoire. » Mais, à l'intérieur de cette tonalité d'ensemble, mille nuances se développent : romantisme ou plus souvent romanesque ; poésie ; et la mélancolie surgit une dizaine de fois dans le livre, aussi souvent que l'orgueil, auquel elle fait un contrepoids inattendu (mais on soupçonne que si l'orgueil vient bien des personnages, la mélancolie vient de Giono).

La guerre est faite de tueries. Mais elles sont évoquées avec tranquillité. Peu de sang, peu de souffrance. On « massacre paisiblement[32] ». « Six mille morts ordinaires jonchaient le champ de bataille, plus de quatre mille autres flottaient le ventre en l'air vers l'aval du Tessin[33] ». Le ton reste neutre, sec, teinté d'un léger humour qui affleure souvent, mais qui a rarement été chez Giono si froid et si dur. La scène du rachat des cadavres, après la bataille, par les valets, les écuyers, les secrétaires, ou par les femmes, est un chef-d'œuvre de macabre feutré[34].

Giono ne se met pas en avant ; s'il dit parfois « je », il emploie le plus souvent le « nous » impersonnel qui lui est si peu habituel. Il est pourtant présent par quelques allusions personnelles à la guerre de 1914 telle qu'il l'a vue à Verdun ou imagine l'avoir vue près de Cassel – les lanciers et les gurkhas[35] – et surtout par sa manière de faire sentir les réalités du XVIe siècle soit par des références aux écrivains du temps passé qui lui sont le plus chers, Machiavel, l'Arioste, Cervantès, soit par des allusions au XXe siècle : mitrailleuses, mercurochrome, rugby, cinéma, fusées, télévision ; Clemenceau, Lénine, Chaplin ; et des phrases historiques citées ironiquement : « vaincre parce qu'on est le plus beau[36] », ou « on a perdu une bataille mais on n'a pas perdu la guerre[37] ». *Le Désastre de Pavie,* bien qu'un peu à part dans l'œuvre de Giono, n'en est pas moins une réussite, ne serait-ce que par la totale maîtrise du récit et du style.

Le XVIᵉ siècle italien, abordé avec Machiavel, va continuer à retenir Giono dans ces années. Il écrit en juin 1961 une dizaine de pages en postface à une édition du *Journal de voyage en Italie* de Montaigne, qui paraîtra chez Mazenod en mai 1962. Il se retrouve partiellement en Montaigne : curiosité pour les paysages et pour les hommes, naturel, distance prise avec son temps et son pays – sans parler des ennuis physiques comme la gravelle, et aussi la goutte qui afflige précisément Giono à ce moment-là.

Et, au début de 1964, il rédige la préface des *Commentaires* du maréchal de Monluc pour La Pléiade ; le volume paraîtra en juillet. Il a rencontré Monluc, semble-t-il, lors de ses lectures autour de la bataille de Pavie : il ne le cite jamais avant. Il avait conclu *Le Désastre de Pavie* sur l'annonce des guerres de religion, il commence sa préface à Monluc, dans la foulée, par l'évocation de ces guerres et de leurs atrocités. Monluc massacreur ? Oui, mais pas plus que Coligny, Joffre ou Staline, dit Giono – indisposant ainsi, dès sa première phrase, catholiques et protestants, nationalistes et communistes. Au moins Monluc, comme François 1ᵉʳ, met-il lui-même la main à la pâte. Giono a certes horreur des massacres. Mais il y a en Monluc des aspects qui l'attirent, comme le côté franc et brut de son récit : là au moins on ne croit pas au « sens de l'histoire » (comme dans *Le Désastre de Pavie* Giono égratigne au passage cette notion parce qu'elle recouvre à ses yeux un sectarisme borné, féroce et content de lui). En outre Monluc se peint lui-même à travers ses récits comme Giono à travers toute son œuvre. Et ces récits sont pleins de mensonges : tel détail n'est pas, dans les *Commentaires,* celui qu'établissent les documents, mais « celui que Monluc a envie de raconter aujourd'hui, pour des raisons parfaitement personnelles » : c'est là précisément le ressort des continuelles inventions de Giono. Et surtout, Monluc est un caractère, et là encore resurgit cette notion essentielle : la préface de Giono est une notice sur un caractère.

Cœurs, Passions, Caractères.
Ennemonde

Quand Giono, entre 1955 et 1962, songe à écrire un roman contemporain et situé en France, il a en tête trois projets qui laissent leur trace dans ses carnets ou dans des entretiens accordés à des journalistes. L'un, *Le Duché,* « raconte la vie d'une femme qui part de rien, devient riche, acquiert des terres, un château, regarde le monde du haut de ses biens, puis perd tout à nouveau[38] ». On n'en saura pas beaucoup plus, mais on peut retrouver ici les deux mouvements que Giono, dans *Noé,* a décelés en lui-même : l'avarice (au sens d'avidité) et la perte. Un second projet, plus précis, doit s'intituler *Les Ruines de Rome :* un roman « qui se situe à l'époque moderne, avec tous les événements actuels, des faits divers, des référendums, des débats politiques, des hommes politiques. Ce roman est écrit de façon que les ruines jouent un rôle. Ce sont des fragments de vie, liés ou séparés par de grandes descriptions cosmiques comme la mer, la montagne, la neige, le vent, la pluie, et au milieu de cela les embryons de ce qui reste des grandes civilisations, c'est-à-dire les grandes passions. On voit, par exemple, une jalousie dont il manque un morceau, un bel amour dont le chapiteau n'est pas mis, une ambition qui s'est écroulée par la base[39] ». Giono dit ailleurs que la vie des personnages plongera ses racines jusqu'en 1914, jusqu'à la guerre de 1870. « Il y aura une centaine de romans enchevêtrés[40]. » Sans doute l'expression « ruines de Rome » est-elle prise aussi au sens propre : la construction moderne étant de mauvaise qualité, les bâtiments s'effondreront vite[41].

Le troisième roman projeté met en scène un escroc qui revend à travers la France des actions boursières sans valeur[42]. Le titre prévu a été tantôt *Les Mauvais Bons,* ou tout simplement *Les Bons,* tantôt *Les Mauvaises Actions,* tantôt, ce qui est plus curieux, *Chute de Constantinople,* comme si Giono avait oublié qu'en 1943 il avait publié dans *L'Eau vive* deux longs fragments de ce roman commencé et interrompu en 1939-1940, en indiquant déjà que le titre de l'ensemble serait *Chute de Constantinople.* C'est toujours l'idée de la fin d'un monde ; mais apparemment elle se produira maintenant non à la suite d'une guerre, mais par un effondrement intérieur dû à la généralisation de fausses valeurs – financières ou morales. De ce que devait être le personnage central, sorte de « picaro », « résurgence sous une autre forme de l'Artiste des *Grands Chemins,* nous ignorons presque tout, sauf qu'il aurait été le narrateur, ce qui rattache ce projet à la veine des *Chroniques.* Après 1960, Giono semble prendre ses distances avec lui, et, au moins jusqu'en 1963, pense à intituler son roman *Cœurs, Passions, Caractères.* Ce qu'on sait, c'est que l'escroc va démarcher auprès d'un grand nombre d'hommes et de femmes remarquables par la bizarrerie de leur personnalité et de leur destin. Sur ces victimes possibles, Giono rédige une série de notices, un peu plus développées que ses fiches de 1958 pour la préface à *Colline,* mais qui ne sont au mieux que de très brèves nouvelles ; comme les fiches, comme *L'Homme qui plantait des arbres,* comme *Hortense,* elles ne comportent à peu près pas de dialogues : ce sont des notices sur des caractères romanesques. C'est l'époque où Giono déclare : « Ce qui représente pour moi un tournant, c'est que, si j'ai maintenant un personnage à créer, je m'intéresse plus à ce qu'il pense qu'à ce qu'il fait[43]. »

Ces textes inachevés, qui n'ont été publiés, tels quels, qu'après la mort de leur auteur[44], sont du Giono le plus rapide, le plus dense, et le plus aigu. Et aussi le plus actuel. Depuis *Noé,* Giono n'a pas situé l'action d'un récit à l'époque de sa rédaction. Depuis *Le Poids du ciel,* il n'a pas fait d'allusion précise à l'actualité. Ici, ces pages écrites en juillet 1961 aboutissent toutes en 1961; on y trouve plusieurs mentions du général de Gaulle – Giono parle de son « consulat » –, de Guy Mollet, de Gaston Defferre, des guerres d'Indochine et d'Algérie, du premier vol habité d'un satellite. La politique des partis y est évoquée, de Poujade aux communistes. Giono regarde vivre les gens autour de lui, en Provence : nobles et gens du peuple, qu'il aime (par deux fois il invente des amours entre une aristocrate et un travailleur manuel), et bourgeois, qu'il déteste. Souvent, il ne cherche pas à transposer. Ainsi dans ce début de récit : « Le père avait pleuré à l'enterrement de Victor Hugo. Il fut dreyfusard et vota constamment à gauche. Il est mort avec une certaine hâte en 1920[45]. » Pas un mot là qui ne puisse s'appliquer au père de l'écrivain. Giono vient de découvrir Majorque : tout de go, il fait le portrait d'un Majorquin, le maçon Honorato[46]. Ailleurs il prend pour modèle telle de ses connaissances : le père d'Hélène de C. rappelle discrètement Romée de Villeneuve[47] : d'une très vieille famille varoise qui a compté des prélats et des amiraux, et quelque peu maurrassien.

Surtout, Giono fait, sous deux déguisements, le « portrait de l'artiste ». Une fois, c'est le fils de la famille « de Machin »; il s'appelle Jean, il a de la délicatesse dans les sentiments, de la gentillesse; « il est généralement de l'avis de celui avec qui il discute ». Il dit : « Je vis dans un monde si différent de ce que les autres appellent la réalité que je ne peux obliger personne à m'y accompagner », ce qui définit assez bien une certaine attitude de Giono face à l'univers. Et il a la bibliothèque même de Giono, avec ses Cervantès, ses Machiavel, ses Arioste, ses Dante, avec les livres que Giono a failli traduire : le roman des Genji et le *Simplicius Simplicissimus;* comme Giono, il refuse Goethe, Molière, Tolstoï (sauf certaines parties de *Guerre et paix),* le Tasse, Hemingway. Il a des disques, et sa préférence va à Mozart – avec Clara Haskil au piano. Cela dit, il est l'anti-Giono en ce qu'il a fait les guerres d'Indochine et d'Algérie, et qu'il a une voiture rapide[48]. C'est Giono en « si j'étais un noble ». Et voici Giono en « si j'étais représentant en automobiles » : c'est K., soldat de 2e classe pendant la guerre de 1914 (Verdun, Chemin des Dames, Kemmel), qui bien plus tard se jettera à plat ventre, par réflexe, en entendant siffler un avion à réaction en rase-mottes, qui lui rappelle les obus; qui sort de la guerre pacifiste et antimilitariste, et reste longtemps proche des socialistes; mais qui, devenu vendeur de voitures, et ayant la terreur des inspecteurs des contributions, s'est lancé dans l'autre extrême en politique, et est pour Poujade, Challe et Zeller (ce que n'est certes pas Giono); et qui aimerait être du Rotary Club (ce qu'est Giono; mais là, il y a peut-être une petite pointe contre certains de ses collègues du Rotary de Manosque).

Les plus beaux de ces onze récits sont cependant ceux où Giono s'abandonne aux joies de l'invention, psychologique aussi bien que narrative : celui de la vieille femme et du vieil homme inoubliables, Marie M. et Six, qui, seuls survivants dans un village déserté, chacun retranché dans sa demeure, se mettent à se tirer dessus à coups de fusil ; celui de la jeune fille noble qui aime le maçon majorquin et part avec lui ; ils ont un accident d'auto sur une piste déserte, et, ayant tous deux une jambe cassée, meurent sur place au bout d'on ne sait combien de jours, heureux, se tenant par la main.

Giono reprendra en 1966 cinq de ces récits en leur donnant une coloration différente, qui marque un retour, à partir de soixante ans, à la veine de ses débuts : les hommes vivant dans la nature provençale. Les textes de 1961 – sauf une fois trois lignes – ne font aucune place au paysage : seuls comptent les êtres. Ceux de 1966 sont, selon une formule que donnera en 1968 le « prière d'insérer » d'*Ennemonde*, « des caractères entourés de leurs paysages ». Les portraits sont séparés par des pages entières de descriptions de villages vides, de vallons, d'arbres, d'odeurs. N'est-ce pas là un avatar de ces *Ruines de Rome* rêvées en 1962 et 1963, où les descriptions cosmiques devaient alterner avec de grandes passions qui seraient des vestiges de civilisations disparues ? Giono avait déjà conçu longtemps auparavant une idée analogue, notant sur un carnet, le 7 mai 1949 : « *Mille divins éclairs*. Indiquer que c'est le livre des paysages. Les paysages dans lesquels vivent et peinent les personnages des *Chroniques* (et l'auteur), les paysages dans les tableaux de Poussin. Les paysages vivants et *dramatiques*. Les drames parallèles aux drames humains et que je suis (nous sommes) obligé de traiter à part pour ne pas ralentir l'action dans les récits des drames humains (aussi bien que pour ne pas ralentir l'action dans les récits des drames cosmiques parallèles). »

Cette technique nouvelle d'entrelacement entre l'humain et le cosmique – non plus fusionnés comme avant 1939, mais opposés –, Giono l'a déjà essayée dès 1960, puis en 1964, avec deux récits publiés alors à tirage limité sous les titres de *Camargue* et du *Haut Pays* : ils seront réunis en 1968 sous l'étiquette commune d'*Ennemonde et Autres Caractères*[49] : pour la quatrième fois, le mot « caractères » apparaît dans un titre.

Giono y juxtapose, puis y fond, avec une apparente désinvolture, le genre de l'essai sur un aspect ou un autre de la Provence, qu'il a tant de fois repris depuis 1933 en le renouvelant souvent, et celui de la biographie de personnages inventés, sans dialogues. La partie descriptive de *Camargue*, je l'ai dit, est centrée sur les animaux ; je n'y reviens pas. Elle vient en premier, et est suivie de l'évocation rapide de quatre générations : « une longue lignée d'ancêtres, tous célibataires[50] » ; le récit part de 1823 pour arriver à 1959. L'évolution se marque dans les noms : du « vieux » (il n'est désigné qu'ainsi), on passe à son fils, auquel il donne le nom de son cheval : Bicou ; enfin, on en arrive aux prénoms : la fille de Bicou s'appelle Myriam, laquelle a un fils, Louis, toujours sans nom de famille. Tous sont gardiens de bœufs ; ce sont des êtres solitaires, habitant une sorte de désert, et ils ne sont reliés à quelque activité sociale qu'épisodiquement et par un fil ténu. Leurs rapports avec les autres sont inhabituels. Bicou, à dix ans, assomme avec sa fronde tous ceux qui sont envoyés pour garder le troupeau à sa place ; Myriam paie un journalier pour qu'il lui fasse un enfant. Mais cette civilisation va disparaître, sent confusément Louis, « comme ces coquilles marines qu'il entendait craquer dans le sable sous le pas de son cheval[51] ». A travers ce raccourci de saga, Giono glisse de temps à autre un souvenir ou un détail personnel. La mère de Myriam vit avec un charlatan nommé Casagrande, arracheur de dents se déplaçant dans une voiture à chevaux avec des joueurs de trombone (vêtus de rouge) pour couvrir les cris des patients. Giono l'a vu autrefois à Manosque[52]. Et Louis, à la Libération, fait, comme Giono, quelques mois de prison, bien qu'innocent ; mais il n'est pas très aimé, car il est attaché aux « traditions qui viennent du besoin de vivre », et non à celles « qui viennent du besoin de paraître. Ceux qui pratiquent les secondes n'aiment pas ceux qui pratiquent les premières ; et ils sont généralement plus habiles[53] ». Reflet de la situation de Giono devant un certain nombre de Manosquins en 1944.

D'une toute autre ampleur est *Ennemonde*[54], écrit dans les trois premiers mois de 1964. Longue nouvelle ou court roman, c'est dans ce genre, avec *Mort d'un personnage* et « Faust au village », un des chefs-d'œuvre de Giono.

Jamais il n'a brassé avec plus d'aisance des éléments disparates. Le personnage d'Ennemonde est présenté peu après le début du texte, en quatre pages ; c'est une femme mariée à un protestant puritain, Honoré, qui lui fait treize enfants. Puis elle disparaît du récit pendant vingt-cinq pages. L'on pourrait dès lors se croire dans un essai sur les plateaux de Haute-Provence et leurs habitants : les saisons, la lumière, les espaces, les moutons, les abeilles ; et, chez les êtres, des haines et des amours, des convoitises, des secrets. Surgissent pour une page, ou pour quatre ou cinq, des personnages qui, dans ces déserts, habitent tout seuls, non dans les villages, mais dans des maisons isolées : « la veuve au drapeau », vieille prostituée de campagne ; Bouscarle, le cultivateur de lavande, qui a toujours deux chiens attachés à sa ceinture, qui meurt – peut-être assassiné –, dont pendant des jours les bêtes traînent le cadavre à travers la montagne, et un homme d'affaires, M. Fouillerot, dit qu'il a été millionnaire, sur quoi tout le monde cherche en vain sa fortune ; Kléber Bernard, assiégé durant trois jours dans sa bergerie par un énorme essaim d'abeilles ; Camille, vieille femme qui a mené une vie très libre, aimée depuis toujours, platoniquement, du vieux Titus, qui, quand elle est ivre-morte, vient depuis des kilomètres la soigner, la laver, la coucher (ce merveilleux amour de vieillards fait pendant à la haine entre Marie M. et Six, autres isolés, qui se tirent des coups de fusil dans *Cœurs, Passions, Caractères*).

Brusquement, presque à la moitié du texte, Ennemonde surgit à nouveau : elle sera là jusqu'à la fin. Certains des personnages antérieurs – la veuve, Kléber, Camille et Titus – restent à l'écart de son histoire : ils n'ont de rapport qu'avec l'atmosphère et les thèmes qui y sont développés, chaque récit étant par quelque côté l'écho d'un autre. Les destins de Bouscarle et de M. Fouillerot, en revanche, croisent celui d'Ennemonde. Son mari s'est écarté de tout – il a « rétréci » –, elle a pris le commandement chez elle. Elle pèse cent trente kilos. Elle tombe amoureuse d'un lutteur de foire du même gabarit qu'elle, Clef-des-cœurs, qui vient de *Deux Cavaliers de l'orage* où il était vaincu par Marceau Jason : amour partagé. Elle a la quarantaine[55], elle a droit à la joie de l'amour physique, qu'elle a ignorée jusque-là, et au bonheur. (« La nature est faite pour donner le bonheur aux âmes fortes », écrit ailleurs Giono[56]). Honoré meurt ; nul ne devine qu'il a été tué par sa femme. Ennemonde épouse Clef-des-cœurs, qui a trouvé le magot de Bouscarle ; elle se débarrasse de ceux qui pourraient avoir flairé son premier crime, son cousin Martin et M. Fouillerot. Elle s'enrichira encore grâce au marché noir sous l'Occupation avec Clef-des-cœurs. Il meurt en faisant de la résistance. Toujours énorme, vieille reine paralysée, surveillant de la vue, de l'ouïe et de l'odorat le plateau où elle vit (et voici que réapparaissent les paysages), Ennemonde, servie par ses enfants, jouit de la vie en attendant la mort, paisible au milieu d'un pays noir que le vent et la neige assaillent avec sauvagerie.

Pour la première fois depuis *Deux Cavaliers de l'orage,* Giono situe son récit sur ces plateaux de Haute-Provence qui avaient déjà été le théâtre de *Regain* et de *Que ma joie demeure*. Il ne cessera plus d'y revenir, comme si, avec l'âge, il éprouvait un regret d'avoir, dans ses dernières œuvres, délaissé pour l'Italie et pour le XIXe siècle ce pays de *Colline* et de *Regain,* qui était si proche de celui de son enfance, et qu'il avait chanté lors de ses débuts de romancier. Il y a là comme une nostalgie de l'âge d'or, et du pays de l'âge d'or. Mais l'identité du cadre fait ressortir la différence d'atmosphère. *Deux Cavaliers de l'orage* avaient pour protagonistes des personnages hauts en couleur, presque théâtraux, qui se faisaient voir, admirer, craindre ; il y avait un cheval assommé d'un coup de poing, des lutteurs vaincus en public, des chevauchées. Tout était placé sous le double signe du cheval et du paon : deux animaux totalement absents d'*Ennemonde,* où tout est feutré, où les personnages agissent en secret. C'est dans une apothéose de sang que Marceau Jason tuait son frère avant d'en mourir. Meurtre flamboyant, mais unique. Ici, en moitié moins de pages, il y a quatre meurtres : une rivale de la « veuve au drapeau », Honoré, le cousin d'Ennemonde, Fouillerot, plus très probablement Bouscarle. Non seulement leurs auteurs – ou instigateurs – ne sont pas découverts, mais le récit garde constamment son caractère étale et linéaire : Giono cultive désormais l'assassinat lisse.

Cela tient peut-être à l'identité de son narrateur : discrètement mais clairement, c'est lui-même, pour la première fois dans une œuvre romanesque depuis *Noé*. Ce qui ne signifie pas qu'il dise sans cesse la vérité : ce ne serait plus lui. S'il parle de son voyage bien réel en Écosse, il invente ses relations personnelles avec des êtres fictifs comme Camille et Titus. D'ailleurs il ne manifeste sa présence, en disant « je », que jusqu'à la seconde entrée en scène d'Ennemonde : à partir de ce moment, il s'éclipse en tant que personnage. Mais c'est lui qui parle jusqu'au bout, avec son mélange inimitable de langage poétique et de formules familières, avec la démarche de son récit qui, dans ses méandres apparents, le mène où il sait très bien qu'il veut aller, et à son allure : les tempos changent avec les différents mouvements de l'œuvre, tranquille au début, rapide dans l'action, élargi vers la fin. Giono est là encore avec ses ironies et ses antipathies : « M. Sartre ne servirait pas à grand-chose, un fusil est par contre à maintes reprises très utile[57] » ; avec sa culture personnelle (Montemayor ou Dante) ; avec son horreur de toute Église, discrète à l'égard d'un prêtre amant de Camille, féroce quand il s'agit de ces protestants d'une espèce particulière d'où est issu Honoré, intolérants, masochistes, préférant « l'incommodité (...) à la joie, le mépris au plaisir et finalement le vice à la vertu », ces hommes que rien ne peut purifier « d'un relent de Bible[58] ». Et avec son athéisme, toutes les allusions à Dieu ayant quelque chose d'ironique : ce n'est qu'un autre nom du hasard.

Ce que Giono revendique ici, ce n'est certes pas une morale : c'est, une fois encore, le droit au bonheur, surtout pour les caractères hors du commun, capables de dominer leurs crimes : c'est à Thérèse des *Ames fortes* qu'Ennemonde fait le plus penser. Mais ce qui assouplit un tel bonheur, par rapport à celui que cherchent parfois les personnages de *Cœurs, Passions, Caractères,* et qui est essentiellement personnel et parfois dur, c'est que l'héroïne le trouve aussi dans la nature où elle baigne, dans les vertiges des grandes pentes, dans l'ouverture des espaces ou le rugissement des vents. Même si la Provence, dans *Ennemonde,* est le négatif – au sens photographique – de ce qu'elle était dans *Colline* ou dans *Le Serpent d'étoiles,* l'équilibre entre homme et nature n'a jamais été atteint par Giono avec une poésie aussi ample et aussi dense.

Après *Camargue* et *Ennemonde,* Giono songeait à un troisième récit, de la même longueur que le deuxième, *Noémie ou les Collines;* il ne l'écrira pas. Mais *Ennemonde* semble avoir marqué un dernier tournant : Giono, qui n'avait plus écrit de vrai roman depuis la fin du *Bonheur fou,* sept ans plus tôt, est réorienté dans cette direction, et va y consacrer l'essentiel de la fin de sa vie.

Chapitre 23

Vers une sagesse

Problèmes de santé. Mort de Lucien Jacques

La santé de Giono nous a peu retenus jusqu'ici. Elle ne l'a guère préoccupé pendant une grande partie de sa vie. Il n'aimait pas en parler. Il a pourtant, depuis l'âge de trente-cinq ans, été sujet à des accès intermittents de goutte, en particulier au bras. Il les appelle « des attaques d'injustice aiguë » : c'est sa main droite, qui a écrit toute son œuvre, qui est frappée. Dans les années 1950, il s'est efforcé de tenir bon, lors d'une douloureuse crise au poignet, car il avait du travail : « Je n'ai pas cédé à la tentation de l'excuse. Je me suis efforcé, au contraire, avec ma main malhabile, qui me faisait mal, de poursuivre toujours ma tâche. Ah ! que sont longs les adjectifs et lourds les adverbes... – Vous les avez supprimés ? Oui, presque tous, et ce fut souvent un bien. Ils me faisaient trop souffrir. Mais cette douleur m'a finalement amusé, et, à la fin, je crois que le texte, plus strict, plus simple, était bon[1]. » Au début des années 1960, il est obligé malgré tout de dicter les derniers chapitres du *Désastre de Pavie.* Il s'entraîne d'autre part à écrire de la main gauche, ne concevant pas de pouvoir créer devant une machine à écrire[2]. Quand il a des crises particulièrement douloureuses, il se soigne à la colchicine, mais à très petites doses, car il supporte très mal les médicaments de toute espèce. De toute façon ce remède ne fait pas de bien à son cœur.

On a écrit que ses premiers ennuis cardiaques dataient de mai 1964. C'est effectivement la date de sa première crise spectaculaire : elle se produit au festival de Cannes. En fait, il faut remonter plus haut. Je pencherais pour le milieu de 1958, alors qu'il a soixante-trois ans : c'est alors qu'il rédige les dernières pages d'*Hortense,* qui relatent la fin de Félix Fabre : « Il était sur son balcon et il se baissa subitement pour ramasser un bout de ficelle qui traînait. Comme il se relevait, il sentit comme une poigne de fer qui le serrait à la gorge à quatre doigts au-dessus de la pomme d'Adam. En même temps qu'il haletait, il fut traversé d'une douleur effrayante qui s'irradia dans son bras gauche. Le monde avait soudain noirci devant ses yeux et il avait une irrésistible envie d'ouvrir la bouche et de tirer la langue. Puis tout s'apaisa, les couleurs se remirent en place, il respira et se trouva écroulé dans son fauteuil où, sans s'en rendre compte, il était tombé. Il n'appela personne, ne dit pas un mot et passa le reste de l'après-midi à analyser la douleur qu'il avait ressentie[3]. » Félix consulte un médecin qui ne lui laisse pas d'illusions, il achète une drogue, en prend une fois pour avoir le temps de régler sa succession, et jette le reste par la fenêtre. Puis vient la dernière phrase du texte : « C'est la suite qu'il aurait été intéressant de connaître. » Dans le récit, elle annonce le film *L'Eau vive.* Mais n'est-elle pas plus lourde de sens si on y lit aussi une interrogation de Giono sur lui-même : combien de temps lui reste-t-il à vivre ?

Conjecture, dira-t-on. Mais divers passages de son œuvre vont dans le même sens. Quand, en août 1960, Giono écrit la fin de *Camargue,* il fait brusquement mourir Bicou : « Il avait été simplement touché par le doigt de Dieu, ce qui en langage médical de notre époque s'appelle infarctus du myocarde, mais c'est le point de vue de Sirius[4]. » Le terme d'« infarctus » n'était jamais venu avant, sauf erreur, sous la plume de Giono ; il revient en juillet 1961 dans *Cœurs, Passions, Caractères*[5]. L'allusion suivante à des ennuis cardiaques – mais cette fois il ne s'agit pas d'un texte romanesque – les place en janvier 1962 : dans le « journal de tournage » d'*Un roi sans divertissement*[6], le 19 février 1963, Giono évoque « le repérage de janvier 1962, vers Montgronnet et le lac des Salhiens » : « l'alerte pour mon cœur qui a été précisément donnée ici l'an dernier pendant le repérage ». Il n'en a rien dit chez lui, et est parti se reposer à Majorque sans avoir consulté un spécialiste. Il y mange trop de charcuterie du pays, très salée, ce qui lui réussit on ne peut plus mal. Quand il revient, le beau-père de Gérard Durbet, médecin lui aussi, est venu l'attendre à Marseille ; son œil exercé lit sur ses traits une telle fatigue qu'il l'envoie aussitôt subir des examens. C'est lui qui annoncera à Élise que Jean a fait un infarctus : il ne lui en a rien dit (comme Félix Fabre qui décide de ne pas prévenir sa fille « pour ne pas l'inquiéter sur sa santé »). Si elle le voyait fatigué, il attribuait cela, devant elle, à de l'aérophagie.

Sylvie et Gérard Durbet logent Giono chez eux à Marseille pendant plusieurs jours. C'est peu après sans doute, toujours en 1962, qu'il écrit à Paulhan : « Comment va la santé ? La mienne n'est pas très bonne : le cœur, paraît-il, la goutte évidemment, et certainement un peu d'âge. » Et la même année : « Je suis emberlificoté dans des électrocardiogrammes, des régimes sans sel, des privations de pipes, d'où finalement on sort malade alors qu'on n'est entré que "fatigué"[7]. » On lit dans la chronique intitulée « Le tabac », publiée le 1er septembre 1963, et sans doute écrite peu avant : « On m'en a privé voici déjà plus d'un an. J'avais un petit truc au cœur[8]. » Souhaitant avoir une confirmation, il se fait examiner à Nice, à la fin de juin, par le Dr Barriéra, qui lui écrira le 2 juillet 1962 que son électrocardiogramme confirme une certaine fragilité. Il envisage calmement l'idée qu'une nouvelle crise pourrait l'emporter. Quelques mois plus tard, il déclare : « Je ne parachève pas mon œuvre. Je crois qu'il faut mourir brusquement... il ne faut pas essayer de mettre un

terme à soi-même, au contraire. Il faut un beau jour que ça s'écroule[9]. »
Et il écrit dans une chronique journalistique, « La vieillesse » : « Il n'est
pas jusqu'à la proximité et l'approche inexorable, cette fois bien perceptible, de la mort, qui ne soit sinon très délectable, en tout cas très intéressante[10]. »

En mai 1964, à Cannes, nouvelle alerte, plus sérieuse. Giono doit
abandonner son bureau du second étage : les escaliers sont mauvais
pour lui. Il s'installe au rez-de-chaussée, en faisant aménager une pièce
à côté de la bibliothèque. Il y transporte son tableau de chevaux mon-
gols, son astrolabe, et la série de cartes au 1/100 000e, placées sur un
chevalet à droite de sa table de travail, et où il cherche des noms de
lieux pour ses romans.

Il n'a pas peur de la mort : il l'a souvent affirmé, et il n'y a pas de raison d'en douter. Il ne croit pas, il l'a aussi répété, à l'immortalité de
l'âme. Il pense, sans y mettre aucune mystique, qu'il est normal et bon
qu'un homme, à sa mort, se fonde dans la matière. Il s'adapte à sa nouvelle situation. Il cherche à trouver du bonheur aux limitations qui lui
sont imposées : renoncer au tabac et au sel, rester couché jusqu'au
milieu de la matinée, diminuer le nombre d'heures consacrées chaque
jour à l'écriture. Il le dira dans des interviews, dans ses chroniques[11], et
dans sa préface à *La Vie du cardiaque* du Pr Marius Audier[12]. Mais les
voyages en Italie sont terminés. Seuls déplacements à l'étranger : les
reposants séjours à Majorque. Il n'aime pas qu'on le sache atteint.
A Gilbert Ganne, il dira en 1965 qu'il n'est pas vrai qu'il ait eu un
infarctus [13]. « C'était simplement un cœur qui avait soixante-dix ans et
un corps qui le faisait travailler comme s'il en avait cinquante. » Cinq
mois plus tard, il reconnaîtra malgré tout avoir des ennuis cardiaques[14].

Dans ces années, des avertissements d'un tout autre ordre se produisent. Lucien Jacques a passé au Paraïs les fêtes de Noël 1960, toujours
aussi gai, bondissant, rayonnant. Puis il est parti pour l'Italie. Mais à son
retour, en mars, il doit brusquement se faire hospitaliser à Nice. Une
opération révèle un cancer de l'estomac, et aucun espoir n'est permis : il
meurt en clinique le 11 avril 1961. Le 13, il est enterré à Montjustin.
Jean, Élise, Aline, Sylvie, sont là. Depuis que je connais Jean, je ne lui
ai jamais vu un visage si décomposé : il est défiguré par le chagrin.

Six mois plus tard, le 11 novembre, le fidèle Maxime Girieud disparaît
à son tour à Nice. Un peu plus d'un an après, le 3 mars 1963, ce sera le
tour de Gaston Pelous, à Marseille. Giono est cerné par la mort. Jusque-
là, autour de lui, il n'a vu mourir que des gens âgés ; c'était l'ordre des
choses. Mais l'âge est là pour lui aussi. Et la mort frappe également les
plus jeunes : son petit-fils Jean-François, le second fils de Sylvie et de
Gérard, un bébé d'un mois, né en décembre 1961, est emporté par une
encéphalite grippale, au Paraïs même où Élise prenait soin de lui.

Élise me confiera plus tard qu'à ses yeux, de la mort de Lucien date
l'irruption du malheur dans la famille, comme si avec lui un ange gar-

dien avait disparu. Ensuite, me dit-elle, « ce sera le moulin de Pologne » : après les morts qui viennent d'être évoquées, ce seront celles de Jean en 1970, de son petit-fils Philippe Durbet en 1978, d'Aline en 1984.

Achèvement de *Deux Cavaliers de l'orage.*
Les Récits de la demi-brigade

D'*Ennemonde,* terminé à la fin de mars 1964, date un renouveau romanesque chez Giono : ce récit lui a fait reprendre le personnage de Clef-des-cœurs, et sans doute relire, pour éviter trop de contradictions, *Deux Cavaliers de l'orage,* qu'il n'a jamais voulu jusque-là faire paraître en volume, et dont il a même dit en 1958 qu'il ne le publierait jamais[15]. Mais, après plus de vingt ans, le souvenir de la publication dans *La Gerbe* s'est effacé. D'ailleurs – peut-être un peu à titre de ballon d'essai – Giono fait paraître le premier chapitre dans le numéro d'août 1964 de l'hebdomadaire *Arts*[16], sous le titre « Le clan des Jason » ; le texte est annoncé comme « une nouvelle » ; et, du 14 octobre au 16 décembre, dans dix numéros successifs, c'est l'énorme troisième chapitre, intitulé « Les Jason » – celui qui deviendra, dans le volume, « Les courses de Lachau ». Aucun remous ne se manifeste. Le roman va pouvoir sortir en librairie – dès qu'aura été retrouvé le chapitre 2, rédigé en 1944 et publié en 1947[17], mais momentanément égaré. Les critiques ne rappelle-ront d'ailleurs pas cette prépublication dans leurs comptes rendus ; cer-tains l'ignorent en toute candeur, et, persuadés que l'œuvre est d'après la guerre (car Giono – pour brouiller les pistes ? – a inscrit à la fin la date de 1950 !...), expliquent sagacement à quel point elle s'inscrit dans l'évolution de Giono après 1947.

Simplement, il lui faut refaire la fin, rédigée dans la bousculade et impossible à garder : les derniers épisodes n'ont été que résumés, et la déploration finale d'Ariane est dans un tout autre ton que le reste du livre. Giono décide donc de récrire le dernier chapitre. Il le fait très vite, en se remettant dans l'atmosphère de son récit, et sans rien changer à l'essentiel : la mort des deux frères Jason. Le lamento de la mère sera remplacé par un « chœur ». Tel est le titre que Giono donne au chapitre, mais il ne doit pas faire illusion : c'est une conversation de villageois dans un café. Seule la subtilité de quelques lignes permet de déceler une écriture plus tardive. Marceau, d'après la cafetière Violette, a voulu, par amour, donner à son frère l'homme le plus fort du monde : lui. Mais son frère l'ayant vaincu à la lutte, c'en est fini d'être le plus fort. Il tue Mon Cadet pour le punir d'avoir détruit ce cadeau. Un tel type de réaction psychologique, où des mouvements de l'âme plausibles en tant que tels sont transmués en actions dont la réalité ne fournit guère d'exemples, appartient plutôt à la période des *Chroniques* qu'à celle de 1938 à 1942 où a été écrit l'essentiel de *Deux Cavaliers de l'orage*.

Giono va être ainsi, bientôt, ramené au roman proprement dit : récit d'une certaine longueur, avec action et dialogues. Il a déjà renoué avec la fiction dialoguée dans les textes écrits de1960 à 1965, qui deviendront, joints à *L'Écossais* de 1955, *Les Récits de la demi-brigade*[18]. Quand en 1960 Pierre-Jean Launay lui demande, pour l'hebdomadaire *Elle,* une série de nouvelles, il n'est pas sûr que Giono pense à Martial *alias* Langlois, qu'il a mis en scène cinq ans plus tôt dans *L'Écossais*. Il songe peut-être plutôt à un texte sur Noël – il en écrira plusieurs[19]. Car la première nouvelle écrite, « La nuit du 24 décembre 1826 » (devenue aujourd'hui « Noël »), semble s'être appelée d'abord, selon une lettre du 29 octobre 1960 à Roger Nimier, « La nuit du 24 décembre 1803 ». Comme *Un roi sans divertissement* se terminait sur la mort de Langlois en 1847, à cinquante-six ans, on voit mal comment il pourrait être présent, déjà capitaine, dans un récit placé près d'un demi-siècle plus tôt. La défaillance du sens chronologique chez Giono aurait-elle atteint à cette occasion des sommets inégalés ? (Il avait bien dans *Angelo* attribué à Brahms une mélodie que sifflait le héros un an avant la naissance du compositeur.) Peu importe d'ailleurs ; très vite, il rectifie la date. Langlois n'est pas loin de sa pensée à l'époque. Non seulement un projet de film d'après *Un roi sans divertissement* a avorté en 1958-1959, mais une adaptation radiophonique en est également projetée[20]. Tout cela peut le ramener au capitaine de gendarmerie Martial, ancien officier de Napoléon, qu'il faisait en 1955 enquêter dans *L'Écossais,* et l'inciter à fondre Martial et Langlois.

Le titre de *Récits de la demi-brigade* est trouvé dès 1960 selon P.-J. Launay. Giono songe certainement à en faire un volume, du même type que celui auquel il a pensé pour *Faust au village* sans avoir encore réalisé son projet. Ses nouvelles seront cette fois centrées non seulement autour d'une région, mais d'un personnage dans une situation particulière, à une époque précise : ce seront des récits policiers à l'époque romantique. Giono veut en écrire treize en tout, mais il n'en rédigera que six[21], en comprenant *L'Écossais*. Récits proches des *Chroniques* : deux d'entre eux ont été inclus par Giono en 1962 dans l'édition collective des *Chroniques romanesques* (mais deux autres seront publiées avec *Angelo* et *Le Hussard sur le toit*), et leur protagoniste à tous vient de la première des *Chroniques*. Surtout, ce ne sont pas des récits « neutres » : ils sont mis dans la bouche d'un personnage – mais cette fois du personnage principal, ce que Giono n'a jamais fait auparavant.

Le premier des cinq récits écrits de 1960 à 1965, « Noël », est un peu à part : il n'a aucune base politique. Un affreux usurier est enlevé et sans doute exécuté, à la barbe de l'autorité, une nuit de Noël : cadeau quasi divin fait aux victimes qu'il s'apprêtait à dépouiller. Restent les quatre autres récits : « Une histoire d'amour » où Martial poursuit le chef d'une bande de francs-tireurs (les « verdets »), qui est une femme, il le devine, et une femme qui l'aime (elle le lui fait savoir en lui écrivant anonymement des injures choisies pour ne pas l'atteindre) ; sans doute l'aime-t-il aussi, sans avoir vu son visage, sans qu'ils se soient parlé ; par devoir et par sens d'un amour impossible, il la tue. « Le Bal », où il cherche à mettre la main sur un envoi de fonds (à Majorque...!) en le faisant gagner au jeu par un tricheur professionnel (on songe à l'Artiste des *Grands Chemins*), mais celui-ci subtilise la somme ; « La Mission », où, en s'entendant à mots couverts avec un chef légitimiste des Cévennes qui a cherché à le faire tuer, il nettoie le pays de toute une bande d'agents doubles et provoque la mutation du préfet ; « La belle hôtesse » enfin, où il abat l'aristocratique amant d'une conspiratrice chef de bande, qui peut-être à la fin lui offre indirectement son amour.

Ces quatre récits ont un fondement politique, en apparence au moins. Il s'agit toujours de complots ténébreux et subtils, ourdis vers 1832 par les légitimistes en faveur de la duchesse de Berry, et d'ailleurs inconnus des historiens. Les conspirateurs cherchent à faire croire que leurs vols de fonds publics sont le fait de brigands de grand chemin. Mais leurs modèles, parfois leurs noms, viennent de plusieurs époques, autres que la monarchie de Juillet : du Consulat, de la Terreur blanche pour les bandes de verdets, et de la seconde moitié du XIXᵉ siècle pour la tradition des bandits de grand chemin tels que les avait connus la grand-mère de Giono dans son auberge de Peyrolles, et le père de Giono comme « piéton de la poste » à la même époque ; et, en Italie, l'oncle Joseph Fiorio avait abattu, racontait-il, une femme déguisée qui paraît bien s'être réincarnée dans l'héroïne d'« Une histoire d'amour ».

Ces événements historiques réinventés se doublent d'une géographie en partie fictive : Barjaude est une montagne et non un village ; aucun Saint-Pons n'existe comme centre d'action d'une unité de gendarmerie ; et le mont Apollon n'existe pas du tout, pas plus qu'à l'époque la route du col de Jalcreste, aperçu par Giono en 1962 et 1963 lors du tournage d'*Un roi sans divertissement*. La géographie administrative est tout aussi bousculée : Martial commande une « demi-brigade » (terme inadapté à l'unité dont dispose un capitaine de gendarmerie) dans un territoire à cheval sur deux départements, le Var et les Bouches-du-Rhône ; et il est envoyé, par le préfet des Bouches-du-Rhône, en mission dans le Gard.

L'essentiel, dans cette saga, est policier. Le genre du roman policier n'a pas cessé, surtout depuis 1945, de fasciner Giono. Il avait parfois l'idée d'écrire un opéra-bouffe policier dans un style « Série noire » ; il imaginait l'interrogatoire serré du suspect par l'enquêteur, en répliques très brèves – des dialogues de ce genre figurent au début de « La belle hôtesse », et se retrouveront dans *Dragoon* et dans *L'Iris de Suse* ; je lui ai une fois suggéré qu'il faudrait pour un semblable livret une instrumentation limitée et austère, quatuor à cordes et mitraillette, et il m'a chaudement approuvé. Il lui est arrivé d'écrire un éloge de la « Série noire[22] », et aussi, en réponse à une enquête où il avait proclamé son goût pour les romans de Chester Himes (il insistera pour qu'on fasse passer celui-ci, chez Gallimard, de la Série noire policière à la Collection blanche littéraire), de déclarer qu'un roman policier, s'il était bien écrit, avait autant de valeur que tout autre roman[23]. Les *Récits de la demi-brigade* ont quelque chose du policier classique : Langlois, l'enquêteur, y est invulnérable ou presque : dans trois cas on lui tire dessus, et il n'a au plus que des égratignures. Mais, à la différence de la plupart des policiers, il échoue souvent dans sa mission : l'homme qu'il était censé protéger est enlevé, les fonds dont il devait s'emparer lui échappent ; ce gendarme monacal et anarchiste n'en est d'ailleurs pas mécontent, ni diminué aux yeux du lecteur. Ses aventures laissent presque toujours, une fois refermées, planer une part de mystère : si l'affaire est en gros éclaircie, elle ne l'est guère dans le détail. Les péripéties ou les ramifications des complots sont rarement évidentes, et il arrive que le lecteur, même très attentif, soit laissé à la fin devant une série d'hypothèses, comme dans « La belle hôtesse ».

Les personnages tirés du cycle du Hussard s'amenuisent. Laurent de Théus n'est plus là ; sa femme – sans prénom comme dans *L'Écossais* – n'est guère dans « Le bal » qu'un témoin méprisant. L'humour s'accentue. Achille, le colonel, devient de plus en plus un personnage comique. Les préfets, dans la tradition de Stendhal qui dans *Lucien Leuwen* a fait d'eux presque des fantoches, ont des noms dont les consonances prêtent à sourire : M. de Polastron (le nom existe, je sais), M. de Ramusat (comme un changement de voyelle transforme le nom bien connu de Rémusat en y introduisant un rat !). Tout l'intérêt se concentre sur Martial-Langlois, à qui Giono donne enfin, en 1965, dans « La belle hôtesse », son patronyme. C'est lui qui parle. A qui ? Rien ne le laisse deviner. Mais sa langue est celle de Giono, avec ses familiarités, ses tournures argotiques, mais aussi l'éclair de ses images poétiques : il évoque un mistral « glacé, tranchant, et dont les coups allumaient dans mes yeux des lueurs vermeilles[24] », ou d'un « fourmillement d'étoiles très aiguisées[25] » ; il dit d'un cheval au galop dans la forêt : « C'est de l'huile qui coule au ras des taillis noirs, dans un orage de feuilles arrachées[26]. » Son attitude à l'égard des hommes est aussi celle de Giono à partir de 1946 : devant beaucoup d'entre eux, mépris, amertume, manque de confiance ; mais aussi admiration devant certaines figures d'élite – souvent d'ailleurs celles qui regardent vers le passé.

Certains de ces récits sont paradoxaux, et poussent les sentiments à leurs limites. Ce ne sont pas les moins beaux ; comme cette « histoire d'amour » où les deux héros n'échangent pas un mot, où la femme ne se déclare que par des lettres d'injures, et l'homme qu'en la tuant, comme elle le souhaite (c'est ainsi que le narrateur tuait l'Artiste dans *Les Grands Chemins*). Et quand on lui demande s'il savait que le « verdet » qu'il poursuivait était une femme, il répond – est-il possible d'être plus bref ? : « Je dis non. D'ailleurs c'était une jeune fille. On fit un trou et on l'enterra. A cause des bêtes[27]. » Pas trace ici d'études psychologiques : plutôt des variations, souvent teintées d'humour, sur le thème du besoin d'absolu. Sévères, dépouillées jusque dans leur atmosphère – la nature y est parfois belle, jamais riante, quatre sur six se passent en hiver, en général dans la neige – ces histoires sont, avec leurs ellipses, leurs grincements, leur mélancolie, des témoignages d'un art dans la narration qui n'a jamais été porté plus haut.

Les chroniques journalistiques et la nostalgie du passé

En même temps, Giono se lance dans une activité journalistique régulière. Il lui est déjà arrivé d'écrire des chroniques d'humeur, en 1951 pour *Combat,* en 1957 pour *L'Aurore* ; mais il ne s'agissait que de quelques articles. Il s'aperçoit que ces textes vieillissent bien : aux périodiques qui, avec insistance, lui demandent des fragments de son *Journal,* qui existe à peine en tant que tel, mais qu'il rêve (étrange illusion...) de garder pour La Pléiade, il donne à la place ces textes mis bout à bout : ils sont publiés en 1961 dans trois numéros de la *NRF,* dans deux numéros du *Figaro littéraire*[28]. En 1962, *Le Dauphiné libéré* lui suggère de donner régulièrement une chronique par mois ; peu après, l'Agence parisienne de presse demande les mêmes textes, qu'elle diffusera dans de nombreux quotidiens de province et de l'étranger. La première de ces chroniques paraît en juin 1962. Ce seront ainsi plusieurs centaines de milliers de lecteurs que Giono pourra toucher, par l'intermédiaire du *Dauphiné libéré,* de *La Dépêche du Midi,* de *Nice-Matin,* du *Midi Libre,* du *Méridional,* de *Sud-Ouest,* de *La Montagne,* de *L'Écho de Lyon,* de *La République du Centre,* d'*Ouest-France,* d'*Est-Éclair,* du *Soir* de Bruxelles, de la *Feuille d'avis* de Neuchâtel, et sans doute de bien d'autres périodiques qui n'ont pas tous été identifiés[29]. Occasionnellement, des journaux spécialisés reproduisent telle chronique qui touche à leur domaine : *Compagnons et Maîtres d'œuvre, Les Temps financiers,* ou *Modes et Travaux.*

Paris n'est pas compris dans cette distribution, ce qui ne doit pas déplaire à Giono. Mais jamais il n'a eu un public aussi large ; certes, tous les lecteurs de ces journaux ne le lisent pas, et leur ensemble ne peut être comparé à celui des lecteurs de ses livres, plus motivés et plus attentifs. Mais il atteint certainement des milliers de gens qui ne connaissent pas ses romans, et qui réagissent devant ses textes comme devant ceux de n'importe qui, les comprenant mal parfois, mais recevant souvent une brusque illumination.

De ces chroniques, et de diverses interviews de la même époque, se dégage une idée assez précise de la vision du monde de Giono dans la dernière décennie de sa vie, et même dans les deux dernières, puisque quelques-uns de ces textes avaient paru dès 1951, et que leur esprit ne diffère pas de celui qui se manifeste à partir de 1962.

Il est exceptionnel que Giono y mette en scène des personnages ; quand il le fait, il se rapproche de *Cœurs, Passions, Caractères*. L'un d'eux, « Une histoire », mérite une mention : on y voit une femme, le jour de son mariage, présenter publiquement aux invités l'homme qui est son amant depuis cinq ans, en annonçant son intention de vivre avec lui dans une des chambres de la maison conjugale ; elle a existé à Marseille, et l'amant était un cousin germain de Giono, Félicien Bonino, mort en janvier 1958 ; si quelques détails sont sans doute enjolivés, l'essentiel du récit est vrai : il y en a encore des témoins.

Mais, presque toujours, ce sont des réflexions personnelles. Giono y dit constamment « je ». Il y évoque les siens autrefois : son père, sa mère, son grand-oncle Eugène. Les souvenirs proches tiennent moins de place, mis à part un incendie de forêt où, en voiture, il a failli être pris avec Élise (laquelle, hormis ce cas, apparaît peu dans ses chroniques, de même que ses filles). Il lui arrive de raconter tel épisode de ses voyages, celui d'Écosse notamment : les « Lettres d'Écosse » qu'il avait projetées (ou peut-être seulement promises), passent sans doute en partie dans ces pages. Il évoque aussi, plus rarement, ses déplacements à travers l'Italie et l'Espagne. Mais jamais il n'en fait de récit suivi. Quand il pense à Majorque, il n'écrit souvent pas ce nom[30] : ou il dit « à l'étranger », ou il ne dit rien, et c'est entre les lignes qu'il faut déceler la localisation du récit. Le lecteur peut être abusé par plusieurs mentions d'un certain Martin : il s'agit de Martin Serra, le Majorquin de *Son Sardina*. Il n'est pas évident non plus, à la lecture, qu'il faille situer à Majorque un trajet dans un petit train à voie étroite ; c'est pourtant le cas.

Selon une technique qui remonte au moins au début du XVIIIe siècle, à l'époque de la fortune du « bon sauvage », Giono fait intervenir une demi-douzaine de fois un personnage qui est visiblement son porte-parole, « le Huron », issu de *L'Ingénu* de Voltaire. Cet enfant de la Huronie (pays de l'invention de Giono) s'étonne de ce qu'il voit dans le pays « civilisé » où il est venu, et en démonte ainsi les absurdes mécanismes. Parfois aussi, ce rôle est dévolu au paysan du Danube. Mais, plus souvent, Giono ne se déguise pas, et se contente de s'affirmer comme naïf, ce qu'il a toujours aimé à faire depuis 1945, fréquemment sous le masque d'Angelo. La naïveté était un trait que se prêtait volontiers son cher Stendhal, et qu'il communiquait à ses héros. Giono l'attribue aussi à Machiavel[31]. Elle est pour lui une garantie d'honnêteté, et de regard neuf sur les choses. Il la trouve parfois « succulente[32] ».

Il ne cherche aucunement à cacher qu'il a la nostalgie du temps de son enfance et de son adolescence : l'âge d'or où le bonheur allait de pair avec la pauvreté. Telle chronique, ou simplement tel paragraphe ou telle phrase, semble une addition en marge de *Jean le Bleu*. Se souvenant des promenades faites avec son père, à planter des glands ou des faînes dans les collines, il commente : « Je pense avec quelque mélancolie à ces divertissements royaux qui occupaient nos cœurs dans une époque sans cinéma, sans télévision et sans matches de football[33]. » Il se rappelle, ou croit se rappeler, ou imagine, une époque où les fruits ne se vendaient pas, mais se donnaient, à Manosque, au moins aux enfants et aux artisans[34]. Il fait resurgir la figure du docteur Caire (qu'il appelle Serres), le vieux médecin qui venait soigner ses angines d'enfant[35], ou les marchés d'avant 1914, où l'on vendait des cocons de soie naturelle [36].

Les constantes de toute sa vie affleurent sans cesse. Il est toujours émerveillé par la nature, aussi bien dans les grands espaces des campagnes, des montagnes, de la mer, du ciel, que perçue de tout près : un arbre, une herbe, un insecte, une fontaine, une odeur. Mais il ne se penche plus qu'incidemment sur le travail des champs, la vie paysanne, la petite propriété où l'homme se suffit à lui-même[37] : il ne souhaite pas rappeler des œuvres comme *Que ma joie demeure,* si éloignées de lui maintenant. En revanche, il reste attaché à l'artisanat, auquel appartenait son père, alors qu'il n'a, à sa connaissance, aucune racine paysanne. Il se sent proche de ce « métier qu'on apprend de A à Z, le métier qui produit un objet entièrement créé par un seul homme », un homme qui est « irremplaçable[38] »; et sans doute, sans le dire, pense-t-il alors du même coup à lui-même, solitaire producteur de livres et bon artisan irremplaçable. Il exalte l'amour du travail bien fait.

Ayant depuis longtemps abandonné toute prédication et toute velléité d'action, jamais il n'évoque ici l'actualité politique, sinon pour dire qu'elle est faite par des médiocres. (C'est sans faire aucun commentaire qu'il apporte en 1965 son soutien à la candidature de François Mitterrand à la présidence de la République[39]. Plus qu'une position politique, il y a sans doute là l'expression d'une double antipathie à l'égard du général de Gaulle, comme militaire et comme personnalité.)

Il reste bien entendu hostile à la guerre ; il évoque parfois les horreurs de celle de 1914 ; et il lui arrive de faire allusion, sans les nommer, aux conflits d'Indochine et d'Algérie, avec les armes employées par les grands États contre les petits peuples : « De monstrueuses saloperies, qui pour quatre-vingt-dix-neuf centièmes agiront dans des déserts[40]. » Discrètement mais fermement, il s'oppose à tous les extrêmes : fascisme (et racisme) et communisme. Comme il l'a fait depuis 1937, il met dans le même sac Hitler et Staline. Il se moque des « lendemains qui chantent » et du « sens de l'histoire », de la foi politique intransigeante et fanatique, qui est de la même nature que la foi religieuse[41]. Il ne croit pas aux révolutions, au bout desquelles on s'aperçoit que « les fauteuils ont simplement changé de derrières[42] ».

Son anarchisme s'exprime dans « Un rêve », texte d'ailleurs ancien : il date de 1951. Giono y rencontre un personnage en lequel on reconnaît le diable de « Faust au village », écrit peu avant : il est appelé « le bonhomme », il a une belle veste et des souliers soignés. Il veut créer, dans une belle solitude montagnarde, un magnifique hôtel, propre à attirer « les chefs d'État, rois, empereurs et papes », ainsi que « les conférences internationales (...), les congrès, les réunions de parti et même les assemblées consultatives ». Puis vient l'essentiel. Voici, ajoute le personnage, « quelques centaines de milliards de fois multiplié, le mécanisme qui broie les œufs avec leur coquille, les oranges avec leurs écorces, et fait le café avec des grains entiers. (...) Imaginez la salle là-haut pleine de délégués, de ministres de toutes qualités et de toutes puissances. J'appuie sur ce petit bouton rouge (qui pourrait être noir, blanc ou vert) et, exactement en trois secondes, ces messieurs et dames – car il y a les dames, ou les égéries, ou les secrétaires de ces messieurs –, ces messieurs et dames sont réduits en pulpe, que dis-je, en pulpe, réduits en eau, en eau claire, en eau, pour si extraordinaire que cela paraisse, pure, en eau pure, enfin, disons simplement réduits en eau que je laisse couler dans la belle nature ». Seront détruits avec eux « papiers, notes, cahiers de revendications, arguments secrets ou non secrets, archives, chiffres et "bottes de Nevers", tout est réduit en eau, en eau pure, patrie des grenouilles, du cresson, et même du poisson blanc », ainsi que « les souverains étrangers et les généraux vainqueurs, les défilés de la victoire, les défilés populaires, les banquets de Louis-Philippe et de comices agricoles, les deux Chambres, les "Embrassons-nous Folleville" et les "Vous allez voir de quel bois je me chauffe" ». Malheureusement, Giono se réveille avant de connaître le nom de son interlocuteur. « Il devait s'appeler Durand, comme Dante[43]. » Sommes-nous si loin de l'anéantissement des villes, et en particulier de Paris, par les forêts paysannes, tel qu'il était évoqué dans *Les Vraies Richesses* ? Simplement, ici, la destruction est sélective, et le sourire de l'humour a remplacé l'indignation épique et vengeresse, qui reste pourtant suggérée par la présence de Dante.

Toutefois, Giono rêve rarement. Les yeux grands ouverts, il regarde le monde autour de lui, et n'aime pas son envahissement par la technique. Cela ne date pas d'aujourd'hui : dès le *Poème de l'olive,* en 1930, il vitupérait le remplacement des anciens moulins à huile par des moulins marchant à l'électricité. Et il a évoqué dans tous ses romans d'avant-guerre une paysannerie qui ne connaissait ni voitures ni camions. Mais le développement de l'automobile le pousse à se déchaîner : difficultés à se garer, embouteillages, il s'en faut de peu qu'elle « soit le meilleur moyen pour rester parfaitement immobile[44] ». L'homme en devient l'esclave : l'auto est « une machine qui aime à se balader et se sert d'un homme à cette fin ». Pour améliorer la circulation, on massacre les plus belles villes, on abat les arbres. « Les autoroutes flagellent de leur lente ondulation des paysages vierges[45]. » D'autres machines – à calculer, par exemple – sont aussi redoutables. Une mutation de l'humanité est en vue. « Nous ne sommes plus les premiers en grade, une race d'êtres, pour la plupart métalliques, composés de bielles, de courroies, de roues dentées, de cylindres, et d'un tas de trucs, nous a supplantés au sommet de la Création[46]. » Ce sont là les robots déjà décrits dans *Le Poids du ciel*. Sans en vouloir en bloc à la science et à la technique pour elles-mêmes, Giono constate que leur abus mène au malheur, que la spécialisation trop poussée aboutit à perdre de vue l'ensemble, car « la technique consistant à savoir le plus de choses possible sur des sujets de plus en plus restreints aboutit en fin de compte à tout savoir sur rien[47] ». « Nous vivons dans une absurdité dont la plus grande coupable est la science (…). Nos sociétés sont fondées sur l'espoir illimité que nous plaçons dans la science officielle et la technique[48]. »

La civilisation issue de ces techniques est en outre fragile. Des pluies durables pourraient arrêter toute activité[49]. « Le progrès nous fait vivre dans l'illusion (…). D'ailleurs la notion de progrès est une vue de l'esprit, le progrès n'existe pas dans la nature[50] » ; « je me demande si vous ne vous amusez pas ici avec ce que vous avez inventé, pour la seule raison que vous l'avez inventé (…)[51] ». Il est par moments curieux de science-fiction. Il lit Wells, Lovecraft, et des auteurs plus récents ; il aime ce genre qui implique imagination et création d'univers, et y voit une forme de littérature véritable. Pourtant, se méfiant depuis longtemps du culte de la science à la Jules Verne, il raille les fusées, les satellites – « ces boules que l'on fait laborieusement tourner autour de la terre[52] » –, les cosmonautes. Il se demande si l'humanité ne va pas à son anéantissement, comme les lemmings et les bobacs se suicident en masse[53]. Résurgence de ses anciens rêves d'apocalypse ? Sans doute ; mais aussi prescience des avertissements qu'aujourd'hui les écologistes lancent avec une force accrue de jour en jour. S'il y a un espoir, il faut plutôt l'attendre d'un retour en arrière : Giono penche souvent pour une vue cyclique de la civilisation.

Sans aller toujours si loin, il s'attriste de voir que bien souvent la technique, couplée avec le souci du profit, engendre la laideur. Là aussi, c'est chez lui une vieille préoccupation. L'enlaidissement de Manosque le préoccupait dès 1935[54], et l'amène à envisager de quitter sa ville pour Aix en 1960. Les immeubles sont badigeonnés : « rouge tomate, jaune canari, violet évêque, vert bronze ». « On installe de monstrueux HLM (…). » On s'aperçoit trop tard qu'on y est moins bien que dans les vieilles maisons. « Toutefois le mal est fait, le paysage est détruit. On habite désormais dans un site inharmonique. Cette cacophonie, si elle est insupportable aux âmes sensibles, installe dans les âmes insensibles le besoin d'aller plus outre dans ces fausses voies où elles espèrent trouver une sorte de contentement qu'elles avaient, qu'elles n'ont plus. C'est ainsi que toute une contrée, tout un pays peut s'enlaidir, et de plus en plus car, à l'origine de cette laideur, il y a quelqu'un qui pense profit au lieu de penser architecture[55]. »

A la source de ces maux, l'argent et la masse. Préférer l'argent aux « vraies richesses » – l'expression revient sous la plume de Giono dès 1951[56] – c'est de la démence ; la *Lettre aux paysans* n'est pas si loin. D'ailleurs les créations des artistes rapportent plus à Venise et à Florence que toutes les industries de la région[57] – argument faible, toutes les villes n'étant pas Venise ou Florence, mais Giono ne raisonne pas ici, il exhale ses humeurs. Surtout, Giono a toujours détesté l'argent, au point que sa générosité ne naissait pas seulement de son besoin d'aider autrui, mais aussi du plaisir de se débarrasser de l'argent qu'il pouvait avoir. Quand, à la fin de sa vie, survenait à l'improviste une rentrée assez considérable de droits d'auteur, il lui arrivait, Élise me le dit, d'être perturbé, désarçonné durant plusieurs jours : « Qu'est-ce que je vais bien pouvoir en faire ? » Il est un sage dans ce domaine : « La richesse, c'est d'avoir 19 sous de désir quand on a 20 sous de capital, c'est exactement ce que j'ai et j'en suis heureux[58]. »

Ce qu'il déteste plus encore, c'est la civilisation de masse. L'individu compte seul pour lui. Symbole de l'horreur et de la stupidité, une foule dans un stade, composée dans son immense majorité de non-sportifs : il y voit une image de la laideur et de la médiocrité. Il a autrefois, dans *Le Poids du ciel,* dénoncé les méfaits de la masse. Il revient avec insistance, dans ses dix dernières années, sur le fait qu'elle favorise le développement de tous les défauts humains. Mais que faire ? Rien, il le reconnaît le plus souvent dans ses chroniques. Il dénonce des maux, il affirme son point de vue propre, mais ne propose pas de solution. Une fois seulement, en 1964, il suggère : « La marche en avant à tout prix mène souvent à l'imbécillité barbare et les retours en arrière à la plus sage des civilisations[59]. » Son propos est ici limité : il s'agit du retour au pain à l'ancienne et à la culture sans engrais chimiques. Mais il est clair qu'il pense cela de l'ensemble de la société, et que sa démarche reste analogue à celle de ses essais parus de 1935 à 1941, par exemple de la *Lettre aux paysans :* « Se guérir de la peste n'est pas retourner en arrière, c'est revenir à la santé. L'intelligence est de se retirer du mal[60]. »

Mais il ne s'exprime ainsi qu'une fois en passant. Il sait maintenant qu'il ne pourrait pas plus changer la marche de l'humanité qu'il n'a pu arrêter la guerre en 1939. Car le mal est dans les hommes. Il lui faut malgré tout parfois forcer sa nature pour le penser – ou pour le dire. A un journaliste qui lui demande s'il aime l'homme, il répond : « Si je réfléchis, c'est déjà une façon de répondre : non. Mais ce n'est pas si simple en vérité. J'ai vers l'être humain un élan naturel sans limite. Or, j'en suis toujours puni ; je suis toujours déçu. Alors, je me méfie[61]... » Les défauts humains, à ses yeux, ne sont certes pas universels ; mais leur extension est cent fois plus grande que ne l'a laissé entendre, si on la prend globalement, la première partie de son œuvre. « La misère et la mort, le massacre et la torture, l'ignominie, la menace, le tout agrémenté au surplus d'égoïsme forcené, de haine confite, de volonté de puissance, ont toujours existé. C'est l'homme. Ce n'est pas l'exception, c'est la règle. Le missionnaire a toujours figuré au menu de tout bon sauvage : c'est le colin mayonnaise des Noces et Banquets populaires des tropiques ; de tout temps on est mort de faim sur les trottoirs indiens : la seule différence, c'est qu'à une certaine époque, il n'y avait pas de trottoirs[62]. »

Bien des hommes sont des brutes : les automobilistes se battent pour une aile froissée, il y a des morts sur les stades quand la décision de l'arbitre déplaît. Le prétendu progrès n'y fait rien. « Nous photographions la face cachée de la Lune ; nous envoyons des robots dans Mars et dans Vénus ; nous allons voyager dans le cosmos, disent les journaux, mais nous continuerons à tuer par jalousie, envie, cupidité, principes ; nous escroquerons, nous volerons de l'argent, des femmes, des biens mobiliers ; nous tromperons pour dominer et la première des choses qu'il faudra faire quand nous débarquerons sur une plage du ciel, ce sera d'installer tout de suite une police, un gendarme, des lois, des prisons, des guillotines, sans quoi la plage sera foutue[63]. » Tout aussi atroce que la férocité est la médiocrité, seul moyen de réussir. « Seul un romantisme désuet, et dangereux, peut encore croire à l'intelligence de la bravoure, de la générosité, de la grandeur d'âme et de l'amour. Ce sont des moyens parfaits de "ne pas parvenir". A les exercer on y perd, non seulement la paix, ce qui est justice somme toute, mais l'estime d'autrui[64]. » Ces propos amers manifestent surtout le souci de n'être pas dupe, et la volonté de corriger l'image « virgilienne » qu'ont gardée de lui ceux qui ont aimé son œuvre d'avant la guerre. Car l'époque où Giono écrit ces lignes est aussi celle où il invente les aventures de Langlois, le juste, le brave, le généreux.

Et ailleurs dans ses chroniques apparaît une humanité beaucoup moins noire. C'est celle de l'individu qui aspire au bonheur : le mot « bonheur », qui était déjà en 1951 dans le titre de « La chasse au bonheur » – l'expression vient de Stendhal[65] – se retrouve dans ceux de quatre autres de ces chroniques de 1963 à 1969, « Le bonheur domestique », « La chasse au bonheur » (un autre texte que celui de 1951), « Les raisons du bonheur », « Le bonheur est ailleurs » ; et il revient constamment dans le texte même des chroniques. Il prend presque autant d'importance qu'en avait la joie dans les essais de 1935 à 1938, *Les Vraies Richesses, Le Poids du ciel, Lettre aux paysans*. Et, comme cette ancienne joie, le bonheur devient une sorte d'absolu. Le mot de « joie », fréquent lui aussi, ne s'applique plus qu'à des objets précis et limités. Ce qui est devenu une valeur générale, presque religieuse, c'est le bonheur. Un bonheur qui ne peut être que celui de l'individu : toute organisation des loisirs ou de la culture va à l'encontre de son but et est à proscrire, et la télévision est redoutable. En effet, le bonheur est un art : celui de jouir simplement des plus petites choses, même des affaiblissements – vieillesse – et des manques – privation de sel et de tabac pour le cardiaque qu'est Giono. Bonheur de l'instant, d'une lumière, d'un souffle de vent, de la couleur d'une feuille, de l'odeur d'une daube. Mais le mot de « bonheur », si présent dans ses chroniques, apparaît assez peu dans les romans écrits à la même époque – *Le Déserteur, Dragoon, Olympe* ; et seulement à la fin de *L'Iris de Suse*. Un décalage apparaît ici entre l'univers romanesque et la vie quotidienne telle qu'elle s'exprime dans les textes d'humeur.

Il a aussi conféré à son propos une ironie qui, sans être constante, perce bien souvent. Il reconnaît qu'il fait souvent preuve d'« un mauvais esprit, qui m'est naturel[66] ». Son ironie est assez subtile pour échapper à ses lecteurs : ils ne perçoivent pas toujours que ces textes d'humeur sont à prendre dans l'esprit où ils ont été écrits. Certaines de ses chroniques lui valent un abondant courrier. Par exemple « L'ingénieur[67] », où il est affirmé : « Ce n'est pas d'ingénieurs qu'on manque, mais de manœuvres », et où la notion de rentabilité à tout prix est raillée avec vigueur. « Trop de penseurs, trop d'abaques, trop de logarithmes. » « Nous avons bien assez de savoir, c'est de sagesse que nous avons besoin. » Plusieurs ingénieurs écrivent, au journal ou à Giono lui-même, pour s'indigner, pour s'attrister, pour souligner que tout le monde, y compris Giono, bénéficie des avancées techniques, parfois pour approuver l'ensemble de la thèse en ne contestant que tel des exemples choisis. De même pour une autre chronique où, l'administration étant égratignée, le maire d'une commune rurale écrit longuement à Giono pour protester.

Sur le même plan que ces chroniques journalistiques se placent les interviews, surtout, on l'a vu, à partir de 1953. Jusqu'en 1968, il y en a eu une bonne vingtaine, et certaines ont pu m'échapper. Les questions posées étant souvent les mêmes, les réponses se répètent nécessairement. Elles tournent autour des mêmes thèmes que les chroniques : éloge de l'artisanat, illusion du progrès, importance du seul bonheur. Certaines idées, abordées incidemment dans les chroniques, reviennent avec insistance dans les interviews, comme d'ailleurs dans ses entretiens privés avec ses amis ou ses visiteurs. Si on l'interroge sur la mort, il répond qu'il n'en a pas peur : ce n'est pas elle qui est un scandale, c'est la douleur physique. Sur la religion, il affirme plusieurs fois qu'il ne croit pas à l'immortalité de l'âme, que les églises ni Jésus-Christ ne signifient rien pour lui ; mais – il ne le dit qu'une fois, sauf erreur, et peut-être pour faire plaisir à son interlocuteur – « on ne sait jamais si on croit ou non en Dieu[68] ». En 1969, à Jacques Viard qui souhaite écrire un *Giono devant Dieu,* il répond : « Devant Dieu ? Quel Dieu ? » ; sans agressivité d'ailleurs ; il offre à son correspondant de le recevoir ; mais il a ainsi mis fin à l'entreprise[69].

Ce qu'il déteste ? Paris, Mistral et le félibrige, la littérature engagée, la peinture abstraite, le côté industriel du cinéma, la destruction de la beauté ancienne dans les villages et les villes, le massacre des paysages.

Il minimise la portée des réunions du Contadour et l'importance qu'elles ont eue pour lui : il ne veut plus y voir que des illusions de jeunesse. Peut-être pour conférer plus d'unité au personnage différent qu'il est devenu ? C'est naïf, car *Les Vraies Richesses* continuent de se vendre.

Ce qu'il aime ? L'Écosse, Mozart, Stendhal, les romans policiers, la qualité de l'air à Manosque.

Pour ce qui est de son œuvre, il ne varie pas ses vieux leit-motiv : il répète qu'il a toujours sept ou huit volumes achevés, prêts à la publication, mais qu'il n'est pas pressé (on dirait qu'il y a là comme une superstition, car il a à cette époque dépassé le stade où il aurait pu lui être utile de se faire valoir). Et il refuse l'idée qu'il y a chez lui deux « manières » ; d'ailleurs ses romans d'après la guerre étaient déjà écrits avant la guerre : *Le Hussard sur le toit* est, selon les jours, contemporain de *Que ma joie demeure,* de *Batailles dans la montagne,* de *Deux Cavaliers de l'orage.* Mais comme il lui arrive aussi de dire que *Deux Cavaliers de l'orage* est contemporain du *Serpent d'étoiles,* on pourrait en conclure par une équation simple, si on se fiait à lui, que toute son œuvre publiée entre 1930 et 1950 était déjà écrite en 1930. Il déclare qu'il n'y a pas à chercher de sens ou de message dans ses livres, qu'il se contente d'écrire des histoires ; il dit parfois que son métier est de « vendre des histoires », ce qui lui vaut des lettres navrées ou indignées de bonnes âmes, prêtes à l'accuser de vénalité ; bien entendu, il exprime seulement par là une vérité d'évidence : c'est de cela qu'il vit.

Toutes ses déclarations ne sont pourtant pas identiques. Il est rare qu'un entretien ne comporte pas un détail qu'on ne trouve pas ailleurs, à la fois parce que, par gentillesse, il tient à faire cadeau à chacun d'un petit quelque chose d'inédit, et parce qu'il lui est naturel et agréable d'inventer ; comme, pour un fait réel, il y en a cent autres qui auraient pu avoir lieu, on a beaucoup plus de chances de mentir que de dire vrai quand on n'est pas bridé par le souci de la vérité.

Le Grand Théâtre

Interviews et chroniques se veulent au niveau du quotidien, donc très éloignées du fantastique et des réflexions générales. Giono n'y a pourtant pas renoncé : il ne s'est nullement contenté, dans sa dernière décennie, d'exprimer une sagesse familière en renonçant aux grands élans. En février 1961, une commande vient stimuler à nouveau cette ancienne veine : celle d'un texte sur l'Apocalypse, pour un ouvrage collectif de très grand luxe : Giono écrit *Le Grand Théâtre*[70]. Ces vingt pages étonnantes procèdent naturellement, en particulier par leur début, du Livre de l'Apocalypse, puisque c'est là le sujet imposé ; une Apocalypse dont Giono paraphrase et récrit le texte, en le doublant d'allusions à d'autres poèmes écrits par Hugo ou par d'Aubigné[71]. Mais elles prolongent aussi certains des livres de Giono lui-même, notamment, par un apparent paradoxe, le plus familier et le plus cosmique. Elles s'inscrivent dans la ligne de *Jean le Bleu,* puisque le récit, situé pour l'essentiel vers 1905, se prolonge jusqu'en 1920, et que le devant de la scène est constamment occupé par le père, Jean Antoine Giono. Mais les propos qu'il tient sont sans nul doute totalement inventés par son fils, et se situent pour une large part dans le sillage du *Poids du ciel* : le père et son petit garçon – tous deux appelés Jean comme le saint auquel est due l'Apocalypse – contemplent le ciel, de la terrasse couverte de leur maison, la « galerie ». Les constellations avec leurs noms d'animaux et leurs figures mythologiques ; les évocations de l'Apocalypse, avec « l'arrachement des océans[72] », rappelant les mers lunaires se déversant sur la terre[73] ; la lumière des étoiles qui ne parvient à la terre qu'au bout de milliers d'années[74] ; tout cela reprend divers passages du *Poids du ciel.* Ici aussi, Giono fait de la science-fiction en imaginant ce que serait une conjugaison (au sens linguistique) appliquée aux mathématiques : que seraient le subjonctif, l'impératif, l'imparfait du nombre un – pour commencer ?

L'exploration des infinis cosmiques ou intellectuels se double d'une investigation intérieure à l'homme. L'exemple choisi est aussi humble que possible : le grand-oncle de Giono, Eugène Pourcin, mort en 1908. Son neveu Jean Antoine le montre âgé, petit, peu intelligent, assez sourd déjà et menacé de cécité : moins il a de possibilités d'appréhender le réel, plus il enrichit son être : « Alors que muni de ses yeux et de ses oreilles il ne voyait et n'entendait rien, ou rien que de vulgaire, il est présentement obligé d'entendre et de voir, non seulement l'au-delà des choses, mais encore un au-delà des choses tout à fait personnel, un nouvel univers entièrement "oncle Eugène"[75]. » Les possibilités infinies du monde sont ainsi sondées dans de multiples directions : en tout homme existe la virtualité d'un roman des sensations, déjà esquissé ailleurs par Giono à propos des aveugles[76] : le registre de la psychologie et de l'affectivité fictives s'élargit ici à une sensualité fictive, qui n'est certes indiquée qu'en pointillé parce qu'elle est inconcevable dans ses modalités, mais qui agrandit les espaces où peut se déployer l'imagination humaine.

Chapitre 24

Dernières années

Les soixante-dix ans. La Pléiade

A partir de 1965, la santé de Giono est plus fragile. Ses craintes de voir la goutte lui paralyser le bras droit n'étaient heureusement pas fondées. Mais des accrocs plus ou moins sérieux se manifestent l'un après l'autre : la coqueluche, à la suite d'une grippe que lui a passée sa petite-fille Agnès, au début de 1965 : en octobre 1966, une crise de coliques néphrétiques ; en 1968, quelques ennuis avec ses yeux lui font envisager une opération, écrit-il à un correspondant, mais ce n'est qu'un prétexte pour refuser d'écrire une page promise, car ses yeux sont en parfait état ; simplement, des cils poussent parfois à l'intérieur de ses paupières (il souffre de blépharite chronique, conséquence probable de l'atteinte des gaz en 1918) et Gérard Durbet doit les lui retirer régulièrement. Les médicaments, les précautions qu'il prend – pas plus d'un gramme de sel par jour – et les vérifications régulières, éloignent provisoirement les ennuis cardiaques ; reconnaissant à son cardiologue de Marseille, le professeur Audier, il écrit en avril 1967 une préface pour le livre de celui-ci, *La Vie du cardiaque*[1].

Mais si le corps éprouve quelques-unes des atteintes de l'âge, l'esprit est intact, aussi vif, aussi jeune, aussi subtil que jamais, et la bonne humeur n'est pas atteinte. Jusqu'en 1968, il se rend régulièrement deux fois par an à Majorque.

A Manosque, il mène une vie familiale paisible. Aline vient de Paris chaque fois qu'elle le peut, et Sylvie est là un moment chaque jour. Une de ses grandes joies est de voir arriver avec elle au Paraïs ses petits-enfants, Philippe, né en juin 1960, et sa sœur Agnès, née en mars 1964. Quand ils viennent, il a souvent un petit cadeau caché dans un coin de son bureau ou dans les bras de l'ange en bois sculpté qui s'y trouve ; les enfants se mettent aussitôt à sa recherche sous l'œil amusé de leur grand-père.

Quelques limitations physiques ne font pas qu'il se sente vieux en esprit. Mais d'autres savent son âge. En mars 1965, il a soixante-dix ans : occasion de célébrer une consécration. L'administration des Monnaies frappe à son effigie une médaille, gravée par Hélène Guastalla. Les articles et les interviews se multiplient[2]. Jean Carrière, qui a passé plusieurs années à Manosque à partir de 1955, et qui le connaît bien, enregistre une série d'entretiens avec lui, qui passe à la radio du 11 au 31 octobre 1965. Giono y improvise de nouvelles variations sur sa vie et son œuvre, comme il l'avait fait avec Jean Amrouche[3].

De plus, par un heureux hasard, quelques projets anciens se réalisent en cette année 1965, comme s'ils avaient été conçus pour le soixante-dixième anniversaire. Le 7 octobre, *Le Chant du monde,* mis en scène par Marcel Camus, avec Catherine Deneuve, Hardy Kruger, Charles Vanel, sort à Paris sur les écrans[4]. Certes Giono n'y a eu aucune part ; mais pour la première fois un de ses romans d'avant-guerre, écrit plus de 30 ans plus tôt, est, par cette adaptation, reconnu comme un classique. Dans la collection « La Bibliothèque idéale », Gallimard, en février 1965, publie un Giono. Il en a été question dès janvier 1956. Giono a avancé, pour le réaliser, le nom de Jean Carrière. Mais, en 1958, celui-ci a préféré reprendre sa liberté, et l'entreprise a été confiée en 1959 à Pierre de Boisdeffre, qui est venu voir Giono en décembre 1960, mais a eu ensuite beaucoup de mal à obtenir de lui qu'il réponde au questionnaire envoyé : cela a pris, littéralement, des années[5]. A l'essai qui ouvre le livre, relativement court, s'ajoutent des notices sur chaque œuvre, des extraits, des jugements de divers auteurs, et la première bibliographie sérieuse (malgré quelques imperfections), établie par le libraire niçois André Bottin[6].

Enfin, l'année 1965 se clôt sur une revanche de Giono : il a repris et condensé *Le Voyage en calèche* sous le titre de *La Calèche*; et cette fois la pièce, mise en scène par Jean-Pierre Grenier au théâtre Sarah-Bernhardt, avec Maria Mauban (Fulvie), Pierre Vaneck (Julio), Claude Brasseur (le colonel), connaît le succès. Les critiques sont dans l'ensemble bien meilleures qu'en 1947[7]. Du 15 décembre 1965 au 3 avril 1966, plus de 100 représentations ont lieu. Le 21 mars 1966, pour la centième, Giono invite le metteur en scène et les acteurs à déjeuner chez Drouant ; Élise et Aline sont là.

Bientôt une autre consécration va venir, infiniment plus importante aux yeux de Giono : sa publication dans la collection de La Pléiade, à laquelle si peu d'écrivains accèdent de leur vivant. Il y a une préhistoire de cette entreprise. Giono a en 1959 conçu l'idée de publier dans la collection, à l'instar de Gide, son *Journal* – ou ses carnets[8] : on trouve les deux mots dans ses lettres, et ils recouvrent la même réalité. Gallimard a accepté d'envisager le projet, sans pouvoir encore percevoir le caractère hétérogène des textes dont il s'agit. En fait, contrairement à ce qu'il a parfois raconté, par exemple à J. Amrouche, Giono n'a tenu de véritable journal, on l'a vu, que de février 1935 à juillet 1939, puis de septembre 1943 à septembre 1944. Des notations éparses figuraient en outre dans ses très nombreux carnets de travail (dont quelques-uns perdus, sans doute donnés). Mais l'essentiel de ces carnets était constitué de matériaux de préparation pour ses œuvres : ébauches de phrases, plans partiels, remarques cursives, bref une somme énorme de matériaux bruts, impubliables tels quels. Pour la période 1935-1939, ce que Giono appelait son journal formait une masse considérable ; mais les quatre cinquièmes étaient faits de documents, de lettres reçues, de brouillons de divers textes non romanesques. Tout cela était précieux et souvent passionnant, mais très disparate, et La Pléiade ne pouvait l'accueillir sous cette forme. En outre, dans les pages dues à Giono, des passages mettant en cause des personnes vivantes auraient dû être coupés. Il fallait toute l'imagination de Giono – qui avait souvent parlé à divers interlocuteurs des milliers de pages de son journal, et avait fini par y croire – pour concevoir un projet qu'il faut bien considérer comme extravagant. Gallimard ne pouvait qu'être perplexe et réticent ; mais il envisageait une édition Pléiade des romans, et les faisait calibrer dans cette éventualité.

En septembre1966, Pierre Buge prend la direction de La Pléiade. Il connaît Robert Ricatte, professeur de littérature française à la Sorbonne, et sait qu'il aimerait éditer les romans de Giono dans la collection. R. Ricatte, qui a déjà eu un entretien avec Giono en 1955 pour préparer une conférence sur lui aux États-Unis, va le revoir ; celui-ci pense toujours à ses carnets bien qu'il dise y avoir renoncé ; son interlocuteur lui fait admettre qu'il vaut mieux utiliser ces documents pour nourrir une édition des romans. Il forme une équipe avec sa femme, Luce, elle aussi universitaire, et déjà familière avec l'univers de Giono par ses liens d'amitié avec des contadouriens comme Paule et Pierre Pellegrin ; elle a assisté entre 1937 et 1939 à des réunions pacifistes chez Hélène Laguerre à Paris. Il obtient aussi l'aide de Lucien Miallet, son ancien étudiant de Clermont ; celui-ci, pour un travail sur *Le Moulin de Pologne,* a été en avril 1958 voir Giono, qui lui a confié avec sa générosité habituelle ses carnets de préparation pour ce roman ; sa femme Janine se joindra bientôt à lui. J'entrerai dans l'équipe au début de 1969, et Henri Godard peu après.

Jusque-là, La Pléiade n'avait, des auteurs vivants du XXᵉ siècle, édité que les textes bruts (Gide, Malraux, Montherlant, Céline, Bernanos). Pour la première fois, grâce à la confiance totale accordée par Giono à ses commentateurs, naît l'idée de faire, d'une œuvre contemporaine, une édition aussi complète et aussi rigoureuse que dans le cas des grands classiques, avec des notices, des notes substantielles, et de très copieuses variantes. Sans aucune réserve, Giono nous prête ses manuscrits, ses carnets, ses notes, au besoin les volumes dont il s'est servi pour sa documentation (après sa mort, Aline, puis Sylvie, avec l'accord d'Élise, continueront la tradition). Sa manière de faire affole la dévouée Mlle Alice : apprenant en 1969 que j'ai quitté le Paraïs avec trois manuscrits sous le bras, sans que Giono ait pensé à me demander le moindre reçu – ni moi à le lui proposer (entre amis...), elle lui représente que certes, je ne suis pas un voleur, mais qu'il peut m'arriver un accident. C'est l'évidence, et Giono en est ennuyé, tout en ne voulant rien faire qui puisse me vexer. C'est Lucien Miallet, venu le voir peu après, qui m'alertera par téléphone, et j'enverrai aussitôt un mot à Giono pour certifier que je détiens bien les précieux documents.

En outre, Giono nous reçoit à de nombreuses reprises, les uns et les autres, de 1966 à 1970, et, devant un magnétophone, répond avec une inlassable gentillesse à toutes nos questions sur la genèse et le sens de ses romans. Seulement, étant Giono, il invente. Il nous répète, avec des variantes, ce qu'il a dit à des journalistes sur la date de ses œuvres, et qu'il a parfois imprimé, par exemple sur la conception du cycle du Hussard dès 1934. Ce n'est pas qu'il cherche à nous tromper : ses manuscrits et ses carnets, souvent datés, nous prouvent surabondamment que tout cela n'est que fiction. Mais, en parlant, il crée un roman sur l'origine de ses romans. Il donne vie à un autre réel, faisant ainsi à fond son métier de romancier, et nous laissant d'un cœur léger le soin de débrouiller ses contradictions (qu'il ne perçoit d'ailleurs pas toujours clairement), en exploitant les richesses qu'il nous a fournies. Après tout, en regardant les choses sur une longue durée, les exégètes d'un grand écrivain ne sont que des puces sur un lion : la comparaison est de lui, dans un de ses carnets, appliquée à son ami Henri Fluchère, commentateur de Shakespeare, et il ajoute : « Et moi aussi, j'aurai mes puces. »

De trois volumes Pléiade prévus en 1966, et qui ne doivent alors comprendre ni *Naissance de l'Odyssée,* ni *Pour saluer Melville,* ni les divers inédits qui forment les appendices de l'édition telle qu'elle existe aujourd'hui, ni évidemment les œuvres alors non publiées ou écrites – *Le Déserteur, Ennemonde, L'Iris de Suse* – l'on passe en 1968 à quatre. On arrivera finalement à six pour les seules œuvres romanesques, sans compter les essais qui paraîtront ensuite.

Durant toute cette période, Giono est, de plus en plus, une célébrité. De toutes parts, il est pressenti pour écrire des textes. Il accepte parfois[9]; mais il décline souvent aussi. Il renonce à faire l'article «Conte » de l'*Encyclopædia universalis* que lui a demandé Étiemble. Il refuse de préfacer Joseph de Maistre, ou *Moll Flanders* de Daniel Defoe. Il a pris depuis longtemps la décision « de ne jamais rien écrire ni sur Stendhal ni sur Mozart[10] » : ils sont trop grands pour qu'il ose y toucher.

On lui demande aussi d'être membre – en général membre d'honneur, souvent président d'honneur – d'associations variées, ou d'appuyer certaines actions. Plusieurs de ses adhésions n'ont rien de surprenant. Il est parfaitement à sa place dans l'Association des amis de Gide. Tout en acceptant d'être de l'Amicale des anciens de la 27e D.I., il reste naturellement pacifiste, et il est du Secours aux objecteurs de conscience ; il est aussi de la Fédération mondiale des villes jumelées, du Comité pour la défense de la liberté et du droit (en 1967); il signe en juin 1968 un manifeste pour l'indépendance de l'ORTF; et il écrit, ou donne sa signature, bien qu'il se doute qu'il livre des combats d'arrière-garde, contre le centre nucléaire de Cadarache en 1961, le terrain militaire du Grand Plan de Canjuers, les bases de fusées du plateau d'Albion (il signe la pétition, diffusée en 1966 par René Char, aux côtés de Sartre, S. de Beauvoir, Raymond Aron, Barthes, Guillevic, M. Leiris, Domenach, Paulhan, P. Emmanuel). Se sentant méditerranéen – même si de temps en temps, agacé par ceux qui veulent le réduire à la Provence, il se proclame picard[11] –, il est de l'Académie du monde latin, association internationale, de la confrérie des Chevaliers de l'olivier à Nyons, du comité d'honneur pour l'érection à Toulon d'un buste de Raimu, de celui du « Premier Grand Gala des tsiganes et gitans », du comité d'action aixois pour le parc de Sainte-Victoire. Amateur de peinture, il accepte d'être du comité d'organisation du musée Henri-Rousseau à Laval, consacré aux peintres naïfs. Aimant la musique et la jeunesse, il patronne le groupe des cantilènes provençales du mouvement A Cœur Joie, – groupe qui a pris le nom de « L'eau vive ». Il est plus étrange de le voir inscrit aux Amis de Philéas Lebesgue, même si ce poète mineur était resté cultivateur; à la Société astronomique de France, encore que l'auteur du *Poids du ciel* n'y fût pas déplacé; à la Société française d'archéologie.

Beaucoup plus inattendues, parce que contraires à ses idées ou à ses instincts, sont les adhésions à l'Union touristique et automobile de France – lui qui vomissait la civilisation de l'automobile – au club taurin « Le Clairon » de Beaucaire, alors qu'il avait, en Espagne, détesté la corrida, au Spéléo-club de Manosque, bien qu'il ait eu une horreur physique des souterrains, à « La Provençale », club de football de Manosque, après tout ce qu'il avait écrit et écrivait encore contre les sports d'équipe. Il paraît certain qu'il n'a pas voulu dire non à telle de ses relations qui était venue le pressentir, et qu'il a donné son accord, et souvent sa cotisation, avec une pointe de sourire.

Tout cela compte infiniment moins pour lui que ses livres et ses disques. Il ne s'est jamais lassé de lire. L'autodidacte d'avant la guerre de 14 est devenu un très fin lettré, à la culture large et subtile, et passionné de textes rares. Il aime à posséder plusieurs éditions de ses auteurs de prédilection, Dante, l'Arioste, Stendhal, entre autres; et, pour les deux premiers, il recherche les éditions anciennes: il ne s'intéresse guère aux reliures, mais est fervent de belle typographie[12]. Dans ses dix dernières années, il se passionne pour la littérature de l'Extrême-Orient, de la Chine en particulier[13]. Mais rien de tout cela n'est passé dans son œuvre romanesque, et les correspondances qu'on a cru pouvoir établir entre sa pensée et l'une ou l'autre des formes de la philosophie extrême-orientale sont trop générales pour ne pas être trompeuses. Quant à la musique, en dehors de ses apparitions au festival d'Aix, essentiellement pour assister aux opéras de Mozart, il accumule les disques, préférant peut-être le plus souvent, dans sa vieillesse, Haendel à Bach, alors qu'avant la guerre la tendance était inverse, mais mettant invariablement Mozart plus haut que tout. Et les dieux de la musique veillent sur lui : en 1959, ayant pris un billet à la loterie des Postiers bas-alpins, c'est lui qui gagne l'électrophone.

"Biographies".
Juan Ramon Jiménez. *Le Déserteur*

Il écrit toujours de temps à autre des textes sur la Provence ; en parti-culier, il choisit, et au besoin fait faire, les photographies qui composent *Provence perdue,* un bel album édité en 1967 par le Rotary Club de Manosque au profit de ses bonnes œuvres. Il les commente avec sa vigueur, sa subtilité, et surtout sa liberté habituelles. Il ne dramatise pas la Provence comme dans *Dragoon* et dans *Olympe,* où apparaissent des loups en 1935, et même en 1960[14]. L'album se ferme sur une note de pessimisme sans lamentations. En face de l'image d'un immense pano-rama provençal sous la neige, avec la montagne de Lure dans le fond, on lit : « Provence perdue, intelligente, grise, cachée, silencieuse, soli-taire, loin de tout. Tant pis ! » Sur un autre plan, c'est le ton même de Langlois à la fin de *L'Écossais* : « "Dans cent ans, il n'y aura plus de héros." Ma voix n'exprimait aucun regret[15]. »

Mais l'essentiel de son œuvre est axé, de 1964 à 1969, un peu sur la biographie et beaucoup sur le roman. Depuis *Pour saluer Melville* en 1940, il n'a plus abordé le premier genre, bien que ses textes de fiction en forme de « notices », *Hortense* ou *Cœurs, Passions, Caractères,* aient un peu pris le relais. Il y revient en 1964 avec « La vie et l'œuvre de Juan Ramon Jiménez » (le titre n'est certainement pas de lui, pas plus que les intertitres), trente pages publiées par Rombaldi dans l'édition de *Platero et Moi* de Jiménez (collection des prix Nobel de littérature), à la suite de deux autres textes dus à des Suédois. Giono y voit l'occasion d'exprimer l'atmosphère qu'il avait perçue dans le livre d'après lequel il avait élaboré un scénario et des dialogues, et aussi de développer ses souvenirs d'Espagne, dont la publication dans *Arts* a été interrompue en 1959. La première moitié du texte est consacrée à un récit cursif de la vie de Jiménez : apprentissage et évolution littéraires – de la tristesse à l'érotisme et à l'humour –, voyages, mariage, départ pour l'Amérique, mort. Giono y est quelque peu bridé par des faits proches de lui, et sur lesquels il lui est difficile de broder. Il n'y tire que très discrètement à lui l'homme sur lequel il écrit. On ne peut discerner qu'entre les lignes, à travers la décadence de la petite ville de Moguer, ses vues pessimistes sur l'avenir de la Provence; ou, dans le refus de Jiménez de prendre parti pendant la guerre civile espagnole, le retrait de toute activité politique qui est le sien depuis 1945. Ce n'est que dans une phrase comme « Il se sert de son Sud comme d'une lunette d'approche pour regarder des paysages imaginaires(...) » qu'une fraternité apparaît clairement entre les deux écrivains.

La seconde moitié du texte est plus personnelle : le climat de *Platero et Moi* y est évoqué à travers l'atmosphère de Moguer telle que la reconstitue Giono six ans après son voyage. Il se souvient des caves pleines d'oiseaux dans les quartiers abandonnés. L'odeur y est « assez folle. C'est celle des pigeonniers mal tenus, une sorte de pourriture céleste qui met en garde contre la trop proche fréquentation des anges et des archanges. Sainte Thérèse a un peu cette odeur-là dans son écriture. Ce n'est pas désagréable, c'est effrayant, mais d'un effroi qui pique la curiosité et vous entraîne à cœur défendant vers un incontestable paradis, bien que sans rapport avec celui qu'on appelle terrestre[16] ». Il évoque également l'odeur des caves proches du couvent : « Je parcourais ces cathédrales à vin dont l'odeur de guano faisait penser à des îles perdues dans de terribles septentrions, jusqu'à une vaste place déserte sur laquelle respirait le mufle gothico-mudéjar du couvent[17]. » Le pire, c'est la puanteur du charnier aux animaux. Tout cela constitue un enfer : le mot revient à plusieurs reprises, de même que l'adjectif « luciférien », et que le diable lui-même. « Le diable ! Le mot n'est pas assez fort. (Nous sommes loin du christianisme.) C'est le démon qu'il faut dire, et peut-être même est-il nécessaire de donner à ce mot son sens grec[18]. » La mort est sans cesse présente aussi ; et les fantômes en plein jour. Même les vivants sont étranges : jolies nonnes grimpées sur un mur pour contempler, fascinées, un combat de coqs, petite fille ondulant des hanches en une danse érotique, enfants jouant à prendre des poses de statues. De tout cela se dégage une sensation inquiétante, qu'exprime la dernière phrase du texte, après une énumération de personages de fous supposés vus à Moguer : « Nous sommes là aux sources mêmes de ce livre, espagnol jusqu'au fond de l'âme, où le réel et l'irréel se complètent, où ce qu'on veut dire n'est jamais dit, où l'expression n'est qu'un fallacieux poudroiement de poussière sur des abîmes. »

Un an après, en 1964, l'occasion s'offre à Giono d'une biographie mieux accordée à son mode de création. L'éditeur lausannois René Creux lui suggère d'écrire un texte sur la vie de Charles-Frédéric Brun, un peintre d'images pieuses d'origine française, installé dans le val de Nendaz, en Valais, au XIXᵉ siècle, recueilli par les montagnards, et ayant mené parmi eux une vie ascétique et solitaire. Giono accepte d'envisager le projet, et reçoit la visite de l'éditeur en décembre 1964 : il écrira *Le Déserteur* de juillet à octobre 1965, avec une dernière révision peut-être en février 1966[19]. R. Creux lui fournit toute la documentation alors existante sur ce personnage quelque peu mystérieux, dont les origines, aujourd'hui encore, ne sont pas éclaircies. Il y a bien là de quoi l'attirer. Comme pour *Le Désastre de Pavie,* il se sent devant une enquête policière à mener : il faut tenter de démêler le vrai du faux parmi les témoignages contradictoires sur la vie et sur l'œuvre de Brun. Il n'ira pourtant pas cette fois sur le terrain comme il l'a fait à Pavie : l'état de son cœur lui interdit les séjours en montagne. Cela ne l'empêchera pas d'écrire à son éditeur qu'il y a passé une semaine incognito, et qu'il y a envoyé Sylvie et Gérard pour enquêter pendant un mois, ce qui est tout aussi fictif. Il dira aussi qu'il s'est livré à des enquêtes en Provence et ailleurs sur la peinture d'ex-voto. Non : c'est ici de l'érudition imaginaire, et son travail de détective se fait en chambre.

Ce qui lui plaît aussi dans l'histoire de C.-F. Brun, c'est qu'elle se déroule en montagne. Il a cessé d'y passer ses vacances depuis 1948, et d'y situer ses romans depuis 1950 (sauf *Hortense,* mais ce n'est que la moyenne montagne). Il continue pourtant à être fasciné par elle : l'évocation des glaciers et des aiguilles de roc, du « fantastique château minéral très haut dans le ciel, aux angles, créneaux et aiguilles duquel flottent ruisseaux et cascades », fait songer aux passages du *Poids du ciel* où apparaissent les sommets[20]. Il n'y aura pas de grands panoramas dans *Le Déserteur* – Giono ne connaît pas le pays ; plutôt des évocations du temps qu'il fait ; et une diatribe, parallèle à celles contre la Côte d'Azur, sur la montagne moderne, « usine à skis avec autoroutes, champs d'aviation, hélicoptères, télésièges, remonte-pentes, funiculaires, caravanes de cars et hôtels vingt-cinq étoiles[21] ». Par contraste, il exalte implicitement la montagne du XIXᵉ siècle, qui abrite une société paysanne, telle que Giono s'est mis à la recréer avec *Camargue* et *Ennemonde ;* mais c'est une paysannerie alpestre, comme celle de *Batailles dans la montagne.*

Le héros du récit est un peintre : de plus en plus depuis dix ans Giono s'intéresse à la peinture et écrit des présentations de catalogues. Comme son cousin Serge Fiorio, Brun est un peintre « naïf », selon l'étiquette consacrée, que n'aiment ni Serge ni Giono, et qui ne figure pas dans *Le Déserteur.* Et c'est un artiste-artisan – ce que Giono tient à être lui-même. Il est connu sous le nom de « Déserteur » : ce n'est pas Giono qui le lui a donné. Ainsi, coïncidence étrange, celui-ci se retrouve-t-il, à la fin de sa vie, face à ce personnage qui l'a si longtemps hanté, réel dans *Le Grand Troupeau,* suggéré dans ses écrits pacifistes, symbolique avec Bobi de *Que ma joie demeure* et Saint-Jean de *Batailles dans la montagne.* En 1939 Giono lui-même avait déserté de la désertion. En 1945 il avait fait déserter Angelo de l'armée piémontaise. Depuis, le thème avait été mis en veilleuse.

De quoi C. F. Brun a-t-il déserté ? Giono élimine, à coups d'enquêtes de type policier, mais fictives, l'hypothèse d'une fuite après un crime politique, passionnel ou de droit commun. Il élimine tout, et écarte comme une légende l'idée, pourtant suggérée par un des témoignages, d'une désertion de l'armée à la suite du meurtre d'un officier. Pour que son héros ait le champ libre, il tient à ce qu'il s'agisse d'un déserteur dans l'absolu, ou au moins débarrassé de toute raison anecdotique de déserter : « Il déserte une certaine forme de société pour aller vivre dans une autre[22]. » Il déserte pour se libérer, ce qui est la vraie forme de la désertion dans l'œuvre de Giono.

On sait peu de chose de lui : Giono peut presque tout inventer, comparses, dates, épisodes. C'est ainsi qu'il aime à écrire ses « biographies ». Sans faire de rapprochements explicites, il relie son héros à ses ascendants à lui, qui ont été durant une partie de leur vie les contemporains de Brun. (Celui-ci a vécu de 1804 environ à 1871 ; le grand-père de Giono était mort en 1852, son père était né en 1845.) Avec le grand-père, le peintre a en commun d'avoir déserté en passant la montagne, et d'avoir « quelque chose, on ne sait quoi », qui « flamboie dans son passé[23] ». Avec le père, d'être une sorte d'anarchiste : « Il a dû commettre on ne sait quel crime, en tout cas celui d'anarchie[24] » ; et aussi d'être un soigneur, de guérir les humbles ; en outre, détail mais caractéristique parce que précis, de chanter « Le pou et l'araignée » sur l'air de la complainte de Fualdès[25] – chanson de métier de la corporation des cordonniers en 1820, dit Giono ; bien entendu, cette complainte n'est mentionnée dans aucun des documents conservés sur C.-F. Brun.

De Giono lui-même, *Le Déserteur* a une certaine naïveté et une certaine timidité (caractéristique relevée dans la jeunesse de Giono, et sur laquelle il insiste plusieurs fois dans les interviews de ses dernières années) ; il est pourchassé – comme Giono l'a été moralement à partir de 1945 ; il est dénué de toute foi religieuse –, ce qui n'est pas attesté, et Giono passe sous silence le fait que Brun a composé des cantiques aussi bien que peint des images pieuses. Et il mène cette existence ascétique qui n'a pas été celle de Giono, bien qu'il ait eu une vie simple, mais dont il a parfois rêvé, confiant à Élise que s'il ne s'était pas marié, il aurait voulu être moine – travailler en solitaire dans une cellule. Il reste malgré tout beaucoup plus éloigné de son créateur que ne l'était le héros de la précédente biographie romanesque de Giono, Melville le grand écrivain. Et, sans doute pour conserver au récit une tonalité sévère, un silence monacal plane sur tout ce qui aurait pu être une vie affective de Brun.

Du reste tout n'est pas gionien en lui : il est précisé d'entrée de jeu qu'il est un personnage de Victor Hugo, un « misérable » – il vivait d'ailleurs sa vie de solitaire exilé à l'époque même où Hugo écrivait *Les Misérables.* S'il se rattache à l'œuvre de Giono, c'est plutôt à sa partie antérieure à 1939. On a pu voir en lui un reflet du guérisseur Toussaint du *Chant du monde,* autre déshérité aux mains blanches, un peu mystérieux. Surtout Giono revient, avec *Le Déserteur,* à cet univers d'où le mal était absent : si c'est le roman d'un malheureux, qui connaît l'enfer sur terre[26], c'est un roman sans méchants d'aucune sorte ; même ces gendarmes devant lesquels tremble le Déserteur se révèlent être de braves gens.

Un roman ? Oui, parce que centré sur un personnage réel dont l'être profond et les pensées sont entièrement à découvrir, ce qui est un travail de romancier. Mais écrit sous forme de longue notice – près de soixante pages Pléiade –, dépouillée, assez neutre dans l'ensemble, sans un seul dialogue. Les seules paroles prononcées le sont par le curé et par le président (le maire du village). Sept phrases en tout. Jamais Brun ne dit rien. Son roman est celui d'un héros muet (ce qui est une performance : il n'aime pas, il ne parle pas...). Le récit précise une fois ce qu'est peut-être son raisonnement quand il refuse d'entrer dans les maisons, une fois ce que signifient ses manifestations de piété[27]. Autre phrase entre guillemets pour dire quel sens a le visage d'un saint sur un de ses tableaux, mais elle n'est pas prononcée par lui[28]. Giono ne dit d'ailleurs guère « je » lui-même, alors que cela lui est si naturel ; il utilise plutôt « on » ou « nous ». Cette sorte de raideur lui est comme dictée par les peintures du Déserteur, toujours hiératiquement immobiles. Nous ne quittons guère, sauf dans de rares passages où une sorte de chœur de villageois s'exprime en style indirect libre, le langage impersonnel qui est dans la tradition de la notice. Il y a là une ruse. Quand nous lisons par exemple : « Son arrêt aux Rappes est une hypothèse[29] », c'est insinuer que tout le reste est certitude, alors que plusieurs des personnages sont inventés, de la vieille paysanne qui guide Brun au bon curé qui le rassérène. Le regard attentif que pose Giono sur les véritables tableaux du peintre, qu'il analyse en détail, ne l'empêche pas de lui prêter aussi des œuvres fictives.

Ce qui fait que, sous son allure de notice, *Le Déserteur* est un roman, c'est la sympathie, oscillant de la tendresse à la pitié, qu'éprouve Giono envers cet humble avec ses images de piété et ses charmes de guérisseur, et c'est l'humour qui lui fait prendre ses distances avec lui : « Peut-être aussi était-il un peu fou : il y a bien des stylites[30]. » Et la relation d'un miracle lors de l'enterrement de Brun alterne entre l'ironie et l'émotion. La maîtrise du style narratif donne un tour personnel, qui n'a guère d'équivalent ailleurs, à cette « biographie d'inconnu[31] ».

Une dernière notice biographique, assez longue, a été rédigée par Giono en 1966 sur Yves Brayer, dont il aimait la peinture et dont il avait préfacé l'édition d'un carnet de dessins. Mais écrire la vie d'un homme qu'il connaissait et qui lui avait fourni des documents précis sur lui-même, a paralysé son invention, et c'est sans grande inspiration qu'il suit le peintre à travers les pays visités par lui : Italie, Espagne, Maroc, Provence[32].

Romans inachevés : *Dragoon, Olympe*

La reprise de *Deux Cavaliers de l'orage* ramène Giono à une forme de roman abandonnée par lui depuis *Le Bonheur fou,* celle où le dialogue occupe une large place. C'est au printemps de 1965 qu'il commence la rédaction d'une première version de *Dragoon,* qu'il n'achèvera pas[33]. Il en écrira d'autres fragments en 1966, et une seconde version, également abandonnée, en 1967. Il y pense depuis trois ou quatre ans, et en parle souvent, dans des interviews ou des conversations, comme d'un roman de grande envergure. L'intrigue est touffue, la genèse compliquée, les personnages et les épisodes fluctuants. Le titre de l'œuvre n'est pas décidé, bien que le plus fréquemment cité, et le dernier envisagé après quinze autres, soit *Dragoon.* Giono me fit part de ses hésitations en 1966, et je lui dis que ce titre me paraissait excellent : frappant, et marquant avec tous ses titres antérieurs une différence qui correspondait à la nouveauté du sujet ; « Eh bien, ce que tu me dis me décide », répondit-il, et, sur la page de titre où figuraient plusieurs titres possibles, il entoura *Dragoon* du trait au crayon rouge qui signifiait qu'il s'y arrêtait. J'en fus très heureux, mais cette feuille n'a pas été retrouvée ; après m'avoir ainsi fait plaisir, il avait été repris par ses perplexités.

Un des nœuds du roman est le modernisme sous sa forme scientifique, technique, industrielle. Reprenant une de ses formules courantes, Giono dit à ce propos qu'il veut écrire un roman qu'il ne sait pas écrire[34]. Et il est vrai que jamais il n'a dans un roman utilisé la grande industrie. Le thème est pourtant apparu épisodiquement, à partir de 1955, dans plusieurs de ses textes non romanesques ; mais il est si contraire à la fois à l'univers sans moteurs de ses romans paysans d'avant la guerre, et à la résistance qu'il a constamment, jusqu'à sa mort, opposée à la technique, qu'on en a souvent oublié l'existence.

De 1935 à 1939, Giono, tout en luttant contre la guerre, a été persuadé au fond de lui-même de son caractère inéluctable ; il s'est plus tard penché sur elle, tout au moins sous ses formes anciennes, au point d'écrire, avec *Le Bonheur fou* et *Le Désastre de Pavie,* deux livres sur la guerre, et qui ne sont pas contre la guerre. De façon analogue, la civilisation mécanique qui lui fait horreur et qui, pense-t-il, mène le monde à sa perte, le fascine par certains des progrès et des avantages qu'elle apporte aux hommes, et, sur le plan esthétique, par la beauté de tels de ses aspects, et aussi par leur monstruosité. D'où une apparente contradiction. Quand on lui demande : « Quels sont, à votre avis, les dangers et les tentations qui guettent l'adolescent dans notre civilisation ? », il répond simplement : « La science[35]. » Mais, en septembre 1956, dans un texte destiné à accompagner des photographies sur l'industrie pétrolière, il insiste sur la nécessité logique des structures techniques : le comportement des tuyauteries « n'a pas été imaginé pour apaiser la colère du serpent à plumes, mais la chaleur d'une matière terrestre qu'une âme chimique pousse à des fureurs meurtrières (...). On voit qu'il y a des lois, que ces lois doivent s'ordonner, que cet ordre dans la perfection crée une beauté ».

De même, en 1960, dans une brochure en l'honneur du cinquantenaire de la maison Kléber-Colombes, jaillit sous sa plume un véritable hymne à la civilisation industrielle. Il commence par des restrictions : si l'homme triomphe des éléments, « c'est une victoire enivrante et qui pousse au délire de l'ambition. Il n'y a qu'à considérer le chemin parcouru depuis l'étincelle tirée du silex jusqu'au brasier d'Hiroshima ». Mais bientôt ces réticences semblent oubliées : « Voilà donc ce corps entièrement composé d'un métal à qui l'intelligence a été donnée. C'est à partir de cette intelligence que les camions, les tracteurs, roulant sur les routes, cahotant dans les champs, transportent, labourent, cheminent, traversent la nation de part en part, faisant circuler la matière première et la matière seconde, irriguant tout un corps social de produits essentiels à la vie, au confort, aux besoins, à la défense, aux secours, à l'aide mutuelle, au travail commun, à l'esprit général et particulier. » Suit une évocation des diverses applications du caoutchouc, courroies transporteuses, câbles, tuyaux, bottes de pêche ; et le texte se conclut sur une exaltation des efforts conjoints du directeur, de l'ingénieur, de l'ouvrier, pour composer « le rythme de la civilisation » ; cette « armée pacifique » facilite la vie dans la maison et libère du temps pour d'autres activités, éloignant fatigues, ennui, douleur, mort, en menant un combat contre les quatre éléments. Ces pages surprennent au point qu'on se demande par instants si Giono ne s'est pas diverti, dans son exécution d'une commande, à prendre le contre-pied de lui-même avec un certain humour acide. Il semble plutôt qu'il se soit laissé emporter par son sujet ; mais on ne se laisse emporter que si on est poussé par une part de soi-même.

D'ailleurs, sa préface à *Tristan et Iseut*[36], offre la même ambiguïté. Prise dans son ensemble, c'est une satire de la civilisation moderne et un chant à la gloire de l'amour éternel. N'empêche qu'au début, quand Giono monte sur une colline proche de l'étang de Berre, il aperçoit « un spectacle qui abolit les cent vingt-six chapitres de *Don Quichotte*. C'est une raffinerie de pétrole ; le château-fée par excellence ; le plus fée, le plus fou. (...) C'est un fagot de trombones à coulisse ; c'est un assemblage de buffets d'orgues à travers lesquels serpentent d'éblouissants escaliers, s'élancent de vertigineuses passerelles, fusent de mirifiques minarets. Dans cette architecture toute de métal, rien n'est stable, rien n'est opaque, tout est transparent, tout se transforme de seconde en seconde avec l'orient de la lumière et la marche du soleil ». On y voit « des remparts d'ombre, des donjons de poix, des cathédrales de braises

561

(...). De hautes torchères lancent des flammes du rose le plus baroque, du vert le plus absurde, du sang-dragon le plus mirobolant (...)[37] ».

C'est sans doute à ce double aspect de la technique que rêve Giono pour *Dragoon* : elle est porteuse de merveilles d'une flamboyance baroque en même temps qu'elle est l'instrument du mal – et ses dangers en sont accrus d'autant. Elle est destinée à apparaître sous trois formes. D'abord, à nouveau, les installations de Shell-Berre, où un des personnages (Giono a hésité : sera-ce un homme ou une femme ?) doit être ingénieur, et qu'un autre doit aller voir. Ensuite le centre nucléaire de Cadarache, que Giono déplace à 16 kilomètres de la Durance ; contrairement à ce qu'on a cru, il ne semble pas l'avoir jamais visité, bien qu'il en ait souvent exprimé la velléité ; il en grandit démesurément les dimensions : un bâtiment d'un kilomètre de long, une coupole métallisée aussi grande que l'église de Saint-Maximin. Enfin la machine appelée Dragoon – le mot à lui seul est évocateur de monstres antiques par son contenu, de modernisme par sa consonance anglo-saxonne, et fournit le seul titre de ce genre chez Giono ; c'est le nom d'un engin utilisé en Italie sur les chantiers d'Achille Talenti. Il s'agit d'une énorme pelleteuse-asphalteuse qui, avançant en terrain vierge, laisse derrière elle une route goudronnée de 6 mètres de large[38]. Un personnage y verra une monstrueuse courtilière[39]. Mais Giono n'arrivera pas à l'épisode où il l'aurait sans doute décrite.

Le roman est conçu, ainsi que l'avait été la décalogie abandonnée qui était devenue l'actuel cycle du Hussard, comme devant osciller entre les temps anciens et la période moderne. En fait il est bâti sur trois périodes : celle de la rédaction, les environs de 1900-1905, et une troisième, antérieure de cent ans. Dans la région située entre Saint-Maximin et la Durance, cette même contrée boisée où étaient situés la plupart des *Récits de la demi-brigade,* deux familles mènent des existences parallèles.

L'une est issue du peuple et habite le domaine d'Espagne[40] ; c'est celle de Zacharie Le Duc, dont la femme, la Piémontaise Mafalda, piégeait et pendait les renards, dans son enfance, au cœur du domaine de Cadarache[41]. C'est Zacharie, entrepreneur de travaux publics et exploitant de carrières (écho peut-être des cousins Fiorio), qui voudrait faire venir Dragoon de Turin, malgré les mille difficultés dues aux dimensions de l'engin. A ce vieil homme aux grands projets, Giono a donné son propre état civil : fils unique, il est né en 1895 ; il a fait la guerre de 1914 dans l'infanterie, s'en est tiré « non seulement sans blessure, mais sans traces. Il ne réclame pas la retraite du combattant ; il n'adhère à aucune association de grognards. Il ne dit jamais : "Moi, à Verdun." Il n'est pas décoré, ou s'il l'est ça ne se voit pas[42] ». Il épouse en 1920 une femme qui a deux ans de moins que lui, et ils n'auront leur premier enfant qu'en 1927 (les Giono en 1926). Il est destiné à mourir d'un infarctus : la mort que Giono envisage comme la plus probable pour lui-même, et il voit juste. C'est un patriarche, un dynaste – un de plus ; ses quatre fils ont des noms d'empereurs romains ; et il a le goût du monstrueux. Je passe sur le reste de la tribu.

L'autre famille évoquée dans *Dragoon* est celle des Romanin[43], qui habitent le domaine de Longagne. Le terrible Juste, assoiffé de femmes tout au long de sa vie, devenu aveugle et sourd dans sa vieillesse, mais toujours aussi exigeant, violera la femme de son neveu sans savoir que c'est elle ; ses petits-neveux, Stephen et Florence, beaux, doués, mathématiciens, frère et sœur jumeaux, sont aussi amants, sans honte et même avec fierté. Leur amour est peut-être né le jour où, enfants, ils ont pendant une promenade découvert le cadavre d'un résistant, qu'ils sont revenus voir plusieurs fois au cours de sa décomposition et de son dépeçage par les bêtes. On songe à Laurent de Théus et à Pauline devant le cadavre du ou des gendarmes[44]. (Le lien de la mort et de l'amour est toujours très fort chez Giono ; et le thème du cadavre couché sur la terre, qui le hantait depuis 1916[45], revit ici dans sa vieillesse, comme bien d'autres.) Stephen et Florence ont été séparés. Pour provoquer le retour de sa sœur, Stephen, après un séjour au Hadramaout (où Giono avait songé à envoyer Angelo), voudra faire démolir la belle maison de Longagne par l'entrepreneur Zacharie, et en anéantir jusqu'aux matériaux, en réduisant en poudre les tuiles, les meubles, tout. Le reste de l'histoire n'a pas été écrit. On sait seulement que le frère et la sœur devaient partir pour Rome ; mais, en route pour l'aéroport de Nice, ils se laissent mourir dans un incendie de forêt du Var – celui-là même auquel Élise et Jean ont échappé quelque temps avant.

Ainsi, avec la mort de Zacharie le technicien et des jumeaux passionnés de science, avec l'effrayante asphalteuse rendue à jamais inutilisable par une tentative de réparation, avec la destruction de Longagne, les protagonistes sont destinés à disparaître à la fin du roman. C'est là la vue qu'a Giono de la société de son temps : la machine est finalement fragile et condamnée à l'échec par sa complexité même ; mais ceux qui, en dehors de l'univers technique, veulent vivre leur bonheur, ne survivent pas.

Les pages écrites de *Dragoon* sont souvent paroxystiques. Giono y fait resurgir, dans les deux versions, ces orages auxquels plus jamais, depuis *Deux Cavaliers de l'orage,* il n'a comme ici consacré quinze lignes ; mais l'orage est ici plus extraordinaire par sa nature que par sa violence : c'est un « orage de vent », appelé « orage gris » dans la seconde version, avec une foudre qui n'éclate pas : « elle s'allume et s'éteint lentement[46] » ; elle « est partout ; elle ne tonne pas, elle clapote[47] ». Et, chez les personnages, Giono a rarement réuni des caractères aussi extrêmes que ceux de Mafalda, de Juste, du jeune couple incestueux.

En juillet 1967, il délaisse *Dragoon* pour *Olympe,* qu'il appelle aussi parfois *L'Oiseau gris*[48] ; c'est un roman plus court, plus simple, et qui progresse plus facilement : son unique rédaction est plus longue que chacune des versions de *Dragoon*. Mais *Dragoon* n'est pas si loin : le premier personnage présenté dans *Olympe,* connu seulement comme « le Vieux », est né en 1895 comme Zacharie Le Duc de *Dragoon* (et comme Giono, mais c'est son seul point commun avec lui) ; il a lui aussi épousé une femme de grand caractère qui lui a donné quatre enfants, prénommés les deux premiers Saint-Just et Danton, les deux autres, en l'honneur des Boers, Kruger et Pretoria ; et il a également amassé pour elle un énorme domaine : 630 mètres carrés de toitures, des caves démesurées (elles viennent peut-être de celles de Moguer), plus de deux mille moutons. Mais, comme dans *Le Duché,* la propriété est destinée à se désagréger : pour une autre femme dont le nom ne figure pas dans le texte (dans certaines notes, Giono l'appelle « la Pachate ») ; elle a fait irruption dans la vie du Vieux en s'installant sans rien dire dans une maison vide qui appartient à celui-ci, et, pour elle, il s'apprête à tout perdre.

L'action est située cette fois au nord de la montagne de Lure, dans la région de Séderon. Elle est centrée sur la vieille Olympe, qui est une maîtresse femme, une de plus chez Giono ; bien qu'elle vienne d'une famille bourgeoise et que son mari soit d'une race de prédateurs sauvages, c'est elle qui des deux est la criminelle : une meurtrière tranquille et impunie comme Thérèse des *Ames fortes* et comme Ennemonde ; par une série d'accidents provoqués et d'empoisonnements subreptices, elle élimine les parents et les deux frères de son mari, puis le mari lui-même.

Il y a très peu de récit « neutre » dans *Olympe* ; les monologues intérieurs – du Vieux, d'Olympe, de Kruger – y prennent une place qu'ils n'ont jamais eue chez Giono, et alternent avec des dialogues. La démarche narrative n'a jamais été aussi souple, aussi nerveuse, aussi à son aise dans l'ellipse ; mais quand Kruger part à la recherche d'un poulain, qu'en réalité le Vieux a donné à la femme qui l'a envoûté[49], le récit s'écarte un peu de sa ligne, et Giono abandonne ensuite son roman, sans qu'on sache s'il a l'intention de le reprendre[50].

L'œuvre ultime : *L'Iris de Suse*

Deux romans interrompus coup sur coup : Giono n'a jamais connu cela, et il ne peut que s'interroger : n'est-ce pas le signe d'un fléchissement non de son pouvoir inventif – épisodes et personnages jaillissent toujours dans son esprit – mais de sa capacité d'exécution ? Il renonce d'ailleurs vers la même période à écrire *Myriam ou les Collines,* troisième récit d'un triptyque projeté, et donne à Gallimard les deux premiers, *Camargue* et *Le Haut Pays* ; ils seront publiés ensemble, en février 1968, sous le titre d'*Ennemonde et Autres Caractères*. Il garde par-devers lui, pour les parfaire ou pour y ajouter d'autres textes, les Caractères qui s'inscrivent dans la même ligne de notices romanesques sur des âmes d'exception. Tout cela, c'est donc de l'inachevé. Il lui faut s'arracher à cet enlisement, et mener à bien une œuvre d'envergure : ainsi Balzac, après deux années peu productives, d'où n'étaient sortis que des textes mineurs, a fait effort sur lui-même et donné naissance à ses deux derniers chefs-d'œuvre, *La Cousine Bette* et *Le Cousin Pons*. Giono, du 20 juin 1968 au 20 octobre 1969, mène à bien régulièrement, sans arrêt ni repentirs, son dernier grand roman, *L'Iris de Suse*; et il l'écrit dans un style pétillant d'une allègre jeunesse, extraordinaire chez un homme de 74 ans[51]. De plus, alors que les personnages et les grands domaines de *Dragoon* et d'*Olympe* allaient vers une destruction – un peu comme Giono, il le sait, s'achemine vers la mort – un sursaut va, avec *L'Iris de Suse,* créer un roman qui se termine sur une fin lumineuse.

Giono renonce aux oppositions entre époques et aux complications de familles nombreuses qui l'avaient gêné dans *Dragoon* et dans *Olympe*. L'action se passe entièrement sur une année, en 1904-1905. Elle se déroule en Provence et dans une région peu élevée et assez déserte des Basses-Alpes. L'armature du récit repose sur un personnage unique, Tringlot, qui peut rappeler Angelo et Langlois non seulement parce qu'il occupe le devant de la scène – comme Angelo, il est le seul dans le roman dont les pensées soient connues –, mais aussi parce qu'il a dans son nom la série de lettres NGLO. Tringlot n'est d'ailleurs qu'un de ses surnoms, celui que lui donne le narrateur « neutre », et lui seul : les autres ne l'appellent pas, ou parfois l'appellent Jules ; quant à lui, il se plaît à être pour lui-même « le petit Jules[52] »; cet anonymat sélectif rappelle celui de l'Artiste des *Grands Chemins*.

Mais Tringlot, dont le lecteur ignorera la taille, la physionomie, l'âge même (la trentaine ?) est un voleur. Non un homme d'affaires véreux, comme Giono en a plusieurs fois mis en scène (ce sont pour lui les pires voleurs), mais un vrai brigand professionnel, pillard de maisons, au moins complice d'assassins ; le premier de cette espèce à qui Giono ait confié le rôle central d'un de ses romans ; la « Série noire » y serait-elle pour quelque chose ? Ses origines ? enfant trouvé, sept ans de bataillon d'Afrique. Ses exploits de bandit, le lecteur ne les connaît qu'à travers les interrogatoires imaginaires qu'il se raconte ironiquement. Il est doublement voleur, puisqu'il a fait main basse sur l'important magot provenant des rapines auxquelles il a participé, et a faussé compagnie à ses complices. C'est merveille qu'à travers tout cela, Giono ait réussi à créer chez le lecteur une affectueuse complicité avec un tel personnage. Le roman s'ouvre quand, peu après son départ de Toulon, il cherche à déjouer une embuscade tendue par les deux chefs de sa bande. Pour leur échapper, il se joint aux bergers d'un énorme troupeau qui transhume vers les montagnes – le vieux Louiset, le jeune Alexandre, et deux

« moussaillons ». Vêtu désormais comme un berger, il échappe aux recherches, et va insensiblement se transformer, et changer son qui-vive perpétuel en bonheur de vivre.

Arrivé dans les hauteurs, il apprend par Louiset, puis par d'autres, l'existence de personnages extraordinaires qui y vivent, et qu'il va bientôt rencontrer. C'est d'abord, au château de Quelte – l'endroit existe, mais pas le château – la petite baronne (« deux sous de poivre »), veuve, impérieuse, fantasque, guerrière, théâtrale, une héroïne, est-il dit, tantôt du Tasse et tantôt de l'Arioste, mais sans la merveilleuse gravité de Pauline de Théus. C'est ensuite le cousin de feu son mari, un naturaliste mystérieux appelé Casagrande (Giono a dû prendre plaisir à donner à un homme de science le nom du charlatan réel connu par lui à Manosque et déjà transporté dans *Camargue*) ; il est amateur d'âmes singulières, il a combiné le mariage de la baronne, et il a avec elle des rapports affectifs compliqués ; c'est le seul personnage du roman à avoir quelques traits de Giono : origine mi-italienne mi-française, fils unique, yeux bleus, goût des sciences naturelles (Giono a longtemps collectionné les papillons), subtilité, culture, humour. Enfin, dans la petite ville voisine, le superbe forgeron Murataure (d'abord appelé Muratore – « maçon » en italien – avant que la racine de « taureau » soit venue se greffer sur son nom) est pris entre sa sœur Anaïs, maîtresse femme qui fait marcher la forge, et sa femme, l'Absente, belle, toujours debout, immobile, qui ne parle pas et semble ne rien entendre, bien qu'elle ne soit ni sourde ni muette. Entre la baronne et Murataure, un amour plein de crises. En l'honneur du défunt jeune baron (sur la mort duquel courent des bruits divers : fièvre, suicide par pendaison, crime ?), ils ont dansé la valse ensemble toute une nuit en pleine nature, au son d'un piston solo ; souvenir du grand-père Pourcin, supposé avoir fait danser l'impératrice Eugénie au son de son trombone ? Elle l'a rejeté ensuite, et a arrangé son mariage avec l'Absente. Mais, lors de l'arrivée de Tringlot, ils parcourent les routes dans l'auto de Murataure, la seule du pays. Elle finira par se faire enlever par lui, un jour d'orage – l'unique temps qui convienne pour qu'un enlèvement réussisse, Giono le souligne de façon à la fois elliptique et insistante[53]. Leur mort sera celle qu'auraient eue Stephen et Florence si *Dragoon* avait été achevé : ils se tuent ensemble, volontairement, en auto. Tout finit dans les flammes, et Casagrande fera enterrer solennellement ce qui reste de sa cousine : une toque ornée d'une plume de faisan.

De cette histoire, Tringlot, qui s'est installé à Quelte chez Casagrande, est avec lui le témoin, sans être acteur. Casagrande est de la lignée de ces hommes de science qui ne sont plus jeunes, et qui chez Giono réfléchissent sur la nature des choses en tenant des propos à la fois philosophiques et poétiques, souvent mystérieux : Toussaint du *Chant du monde,* le marquis de « Promenade de la mort », le vieux médecin du *Hussard sur le toit.* Comme le marquis s'occupait d'oiseaux empaillés,

Casagrande reconstitue des squelettes de rongeurs et d'oiseaux; sa collection est le dernier « Breughel animalier » de Giono, non pas vivant comme la plupart, mais mort comme celui du *Hussard sur le toit*[54]. C'est dans la tête d'un rat d'Amérique qu'il va repérer un os appelé l'iris de Suse, purement fictif. Giono a caressé ce titre pour *Le Moulin de Pologne,* peut-être pour *Angelo,* avec des sens divers. Ici cet os minuscule, inutile, tend vers zéro.

Giono a longtemps songé à intituler son roman *L'Invention du zéro,* et a précisé dans le « prière d'insérer » de son livre qu'un de ses personnages était « amoureux de ce symbole »; aucun personnage ne le dit; plutôt que de Casagrande, auquel on pourrait penser parce qu'il réduit toute vie à des squelettes, il s'agit probablement de Tringlot. Certes Giono a été depuis longtemps attiré par ce chiffre, sur lequel son activité à la banque l'a fait réfléchir[55]. Mais ici le zéro prend valeur d'absolu. L'être qui tend vers zéro, c'est l'Absente, que Tringlot, après avoir restitué le magot à ses complices, ira retrouver, sans espoir de quoi que ce soit en retour, car elle est inaccessible. Certains iront jusqu'à voir en elle un dernier avatar de l'ange chez Giono[56]. L'amour que lui porte Tringlot est comparable à celui d'Angelo III pour la vieille Pauline de Théus, aveugle et impotente, à la fin de *Mort d'un personnage*; ou à celui de la famille d'Ennemonde pour elle : un amour absolu. La perte rejoint ici l'avarice, pour reprendre les notions avancées dans *Noé.* Le roman est l'histoire d'une conversion : Tringlot, voleur pour qui seul l'or a compté, et dont les appétits en matière de femmes étaient frustes[57], consacre toute sa vie à une femme « absente ». « Je suis comblé. Maintenant, j'ai tout », dit-il, alors qu'il avait plus haut prononcé les mêmes paroles en mettant la main sur un trésor. « Désormais elle serait protégée contre vents et marées et elle ne savait même pas qu'il était tout pour elle. » Telle est l'admirable dernière phrase de *L'Iris de Suse.*

Roman difficile, en partie à cause des propos constamment en sous-entendus de l'énigmatique Casagrande, mais aussi parce que les motivations profondes de la baronne et de Tringlot ne sont jamais explicitées, et que leurs actes sont aussi éloignés que possible de tout réalisme psychologique. Avec *Un roi sans divertissement, Les Ames fortes* et « L'Écossais », *L'Iris de Suse* marque le point extrême chez Giono de cette projection des fantasmes humains dans des scènes et dans des personnages. Roman très riche par le nombre de thèmes et d'épisodes gioniens qui s'y retrouvent : le trésor caché d'*Angiolına,* d'*Hortense* et de *Crésus*; le domptage d'un mulet rétif à Quelte par Tringlot, issu de ceux qu'effectue Marceau Jason dans *Deux Cavaliers de l'orage*; le dernier gros orage de l'œuvre de Giono. Roman déconcertant parce que, sans que l'unité de ton y soit jamais rompue, il touche d'un côté à l'opéra-bouffe par son humour, et de l'autre, par ses frontières avec l'absolu, au récit métaphysique ou mystique – bien que d'une mystique rigoureusement sans Dieu. Roman sans méchants ni monstres, où reparaît, sous

une forme différente, l'innocence presque générale des êtres qui carac-
térisait les premiers romans de Giono; et aussi leur dénouement optimiste; Tringlot ne déserte pas à la fin, mais au contraire se fixe. Il a
trouvé le port dans l'altruisme et le renoncement. Si la baronne et
Murataure sont morts dans l'orage, lui fera sa vie dans la paix.

La fin

Giono suit les événements de mai 1968 – remous dans les universités
et les lycées, grèves paralysant le pays – sans sympathie aucune. Dans
ses propos, il gonfle démesurément l'impopularité de ceux qui ont partagé les vues utopiques de la jeune génération «insurgée»: il me dira
qu'à Manosque, les commerçants refusent de les servir, et qu'ils doivent
aller acheter leur pain à Digne... Toute cette agitation lui semble
artificielle et absurde.

Par ailleurs, de plus en plus, son âge se rappelle à lui. En 1969, il
apprend avec chagrin la mort, à Forcalquier, de Fine la Piémontaise,
d'un an plus jeune que lui, et qui a dû deux ans plus tôt prendre sa
retraite. Peu après l'achèvement de *L'Iris de Suse,* et avant sa publication, Giono a un nouveau malaise cardiaque, au cours du déjeuner des
Goncourt chez Drouant, le 17 novembre 1969. Bientôt après survient le
plus grave accident de santé qu'il ait connu: une nuit de janvier 1970,
une embolie artérielle qui se produit dans le haut de la cuisse droite.
Gérard Durbet, appelé, fait aussitôt venir un confrère spécialiste.
D'urgence, Giono est envoyé en ambulance à Marseille, à l'hôpital de la
Conception: on lui retire sous anesthésie locale un caillot de sang logé
dans une branche de l'artère fémorale. Il est transféré ensuite à l'hôpital
de la Timone, dans le service de cardiologie du professeur Audier, qui
témoignera de la sérénité du malade[58]. L'opération l'a affaibli. Sa convalescence, à son retour au Paraïs, est lente et douloureuse. Aline, libérée
par Gallimard, passe plusieurs mois auprès de lui, et lui sert de secrétaire conjointement avec Mlle Alice. Il continue à lire – il découvre avec
émerveillement l'autobiographie de George Sand, *Histoire de ma vie,*
qu'il ne connaissait pas – mais il n'écrit plus guère, bien qu'il continue à
porter des notations dans ses carnets.

Il s'intéresse à l'élaboration de «son» Pléiade. Pour lui, c'est une
priorité. En février 1970, quand paraît *L'Iris de Suse,* le dernier de ses
livres à être publié de son vivant[59], il me l'envoie avec une dédicace ironique: «Et un de plus, hélas!» Vers Pâques, il me dira: «Je voudrais
bien ne pas mourir avant d'avoir vu le premier volume.» Un nouveau
malaise cardiaque l'a frappé le 23 février: la radio l'a annoncé le 24, et
ses amis s'inquiètent Il tient cependant à poursuivre ses entretiens au

magnétophone avec ceux qui sont chargés d'une édition qui est pour lui la priorité absolue. A eux seuls désormais il laisse voir ses manuscrits et ses carnets. Je lui propose au téléphone d'ajourner un entretien s'il craint la lassitude. « Non, viens, nous ne parlerons pas trop longtemps ; si je suis fatigué je te le dirai, nous arrêterons. » C'est ce qui se produit au bout de trois quarts d'heure, alors que les précédentes séances de travail, l'année d'avant, avaient duré le double.

Quand je vais le voir au milieu d'août, pour parler de *Mort d'un personnage,* il m'attend dans le jardin du Paraïs, assis dans un fauteuil, le chapeau sur la tête, appuyé de ses deux mains sur une canne plantée devant lui, immobile, le visage amaigri et sans expression. Lui toujours si animé, si vivant, je ne l'ai jamais vu ainsi en plus de trente ans. Sa voix est affaiblie, parfois hésitante. Nous rentrons dans son bureau. Il sourit, il a gardé son humour. Mais ce n'est plus la gaîté qu'il a toujours montrée. Je m'enquiers de sa santé. Les remèdes qu'il prend, me dit-il, ôtent toute saveur à ce qu'il mange, ou, pire, lui donnent un goût de pétrole. « C'est curieux, la même chose est arrivée à Claudel. C'est dans son journal. Je vais te montrer. » Il va à sa bibliothèque, prend le tome 2 du *Journal* de Claudel, paru quelques mois plus tôt dans La Pléiade. Il l'ouvre vers la fin du volume, et, debout, il lit à haute voix. Le 7 janvier 1955, le poète est allé voir son cardiologue : « Il me fait prendre de la digitaline, dix gouttes par jour. Cela fait disparaître les étouffements, mais aussi l'appétit, le sommeil, la possibilité de prier, de penser, de travailler, le droit de sortir. » Giono s'arrête avant la phrase suivante, que je lis par-dessus son épaule : « C'est le commencement. » J'en suis glacé : c'est l'avant-dernière page du *Journal,* et Claudel, qui mourra un mois et demi plus tard, veut dire évidemment : « Le commencement de la fin. » Après le dernier entretien, le 14 août, je quitte Giono, me demandant si je le reverrai. Quand, le 9 octobre, à Paris, je lirai un titre en dernière page du *Monde,* "Mort de Jean Giono", je n'en serai pas surpris, mais seulement étreint par un grand chagrin, et en outre par un regret : il est mort avant d'avoir eu la joie de voir ses romans dans La Pléiade : le tome 1 est presque achevé, mais il ne paraîtra qu'un an plus tard.

Dans les derniers jours d'août, il a rédigé, de son écriture toujours aussi nette et ferme, son dernier texte, « De certains parfums », dont le manuscrit est encore aujourd'hui sur sa table de travail[60]. Il meurt dans son sommeil, la nuit du 8 au 9 octobre. Élise, qui le quitte si rarement, est partie quelques jours à Paris auprès d'Aline : selon le médecin, consulté, il n'y avait pas de raison spéciale de s'inquiéter. Sylvie est malgré tout venue coucher au Paraïs : c'est elle qui le trouve au matin. Il avait soixante-quinze ans : l'âge auquel, cinquante ans plus tôt, était mort son père.

Conclusion

Giono est toujours resté là où le sort l'a fait naître. Peu d'écrivains, nés dans une petite ville, y sont comme lui morts après y avoir toujours vécu. Jamais il n'a songé sérieusement à se couper de ses racines. Cette stabilité fait partie de sa solidité.

Elle implique un certain isolement. Jamais il n'a milité dans un groupe d'action, et n'y a que rarement et fugitivement adhéré. Il ne s'intègre guère à la vie sociale de Manosque ni de sa province. Son individualisme fait qu'il sera souvent dans sa vie pris entre deux feux, exposé aux attaques de deux bords opposés. Il est seul et se suffit à lui-même. Élise me l'a dit : « Au fond, il n'avait besoin de personne. »

Il n'a pas non plus besoin de voyager, ni en France ni à l'étranger. Le seul pays qu'il ait un peu exploré de façon répétée est l'Italie, où il revenait à ses sources familiales, en partie imaginaires. « Voyageur immobile », il faisait ses voyages en lui-même.

Ce perpétuel enfermé, dans sa vie quotidienne, dans sa ville, est aussi un perpétuel évadé, un perpétuel déserteur, car sa liberté intérieure lui est plus précieuse que tout, et le besoin qu'il en a se cristallise dans ceux de ses personnages qui, à divers titres, sont eux aussi des déserteurs. Ses livres sont autant d'évasions : avant 1939, dans une humanité paysanne réinventée en fonction de son aspiration à se fondre dans la nature qui l'environne et d'une enfance poétisée par des souvenirs merveilleux, il chante ce passé comme s'il était l'avenir ; pendant et après la guerre de 39, il se réfugie dans les siècles antérieurs et dans des pays étrangers.

Cette évasion est favorisée par une exceptionnelle acuité de tous les sens, que sert un don prodigieux des images et de leur expression, que seul Hugo, en France, a eu au même degré. De tout réel, Giono se dégage avec allégresse en le transposant dans un autre réel. Il est un des plus grands découvreurs de « correspondances », au sens baudelairien. Il brasse les trois règnes, passant constamment de l'un à l'autre et les mélangeant. Sa capacité d'émerveillement le pousse à douer chaque être et chaque chose d'une vie autre que matérielle, à percevoir par-delà les choses une autre réalité « de derrière l'air »; il va jusqu'à peupler constamment le monde de forces qu'il appelle des dieux et des anges, et qui sont d'ordre magique et non religieux. Chez lui le ciel, la terre, la mer, sont peuplés de monstres animaux (ou parfois humains), qu'il les présente comme imaginaires ou qu'il leur confère une réalité, passant alors dans le fantastique. Il est naturel que la notion de démesure lui devienne si familière à partir de 1938 ; elle a deux faces, pouvant être une faute si elle pousse l'homme en dehors de l'humain, ou une gloire si elle crée de la poésie.

Les sens, avec toute l'intuition poétique qui en émane, sont pour Giono les instruments de la connaissance du monde en même temps que de sa réinvention. Il leur donne le pas sur l'intelligence, dont il se méfie, mettant sa coquetterie à répéter : « Je ne suis pas intelligent. » Bien entendu, il ne vise là que l'intelligence des intellectuels, une classe à laquelle il se refuse à appartenir. Ces attaques, qu'il met dès *Colline* dans la bouche d'un personnage – « La cervelle, c'est la crasse du sang », dit Jaume – il les prend à son propre compte à partir des *Vraies Richesses,* où il raille les « gros intelligents » ; il ne leur mettra une sourdine que vingt ans plus tard, mais sans les renier : il les exprimera seulement de façon plus feutrée ou plus indirecte. A l'intelligence, notion abstraite, Giono, qui préfère instinctivement le concret, aime à donner des incarnations : la plus fréquente est Paris, ville inhumaine, noire, enfumée, sans verdure, et de plus capitale des intellectuels, avec leurs éditions, revues, salons, chapelles. Mais il y a aussi les professeurs, qui véhiculent des idées plutôt que des sensations et du bonheur, et leur symbole la Sorbonne. Plus généralement, Giono éprouve quelque éloignement à l'égard de ces autres formes de l'abstraction que sont l'ordre et la ligne droite : il se sent attiré, dans la société, vers un certain désordre, sinon toujours anarchique du moins spontané, et, dans la nature, vers les courbes, mouvantes et moins suspectes de raideur.

Ce qui domine, c'est une imagination dont la richesse et la variété sont confondantes dans tous les domaines. D'abord l'invention, les mensonges, tout au long de la vie quotidienne, le réel n'étant qu'un tremplin pour créer le fictif. A chaque détour de son œuvre apparaissent des sensations, une psychologie, une politique, une géographie, une astronomie, une zoologie, une littérature imaginaires. L'espace et le temps sont eux aussi modifiés, les distances étant en général dilatées et les durées contractées. Les phénomènes naturels sont souvent accélérés – dix fois, de *Colline* à *L'Iris de Suse,* le soleil bondit dans le ciel – parfois ralentis : il y a de la foudre lente dans *Dragoon.*

Le redoutable pour lui est que cette imagination qui gouverne son être, ses propos, ses écrits, ses actes, est mise au service de sa gentillesse, de son humanité, de sa générosité romantique. D'où son incapacité à dire non, qu'il avoue comme une faiblesse ; et d'innombrables promesses non tenues, y compris à ceux qui lui sont le plus chers. Il n'est pas question de les dissimuler ni de les approuver. Mais cette fabulation continue fait profondément partie de son être.

Sa vie est celle du travail obstiné et régulier, conduit avec volonté et confiance en soi; son univers a une épaisseur et une solidité fondamentales, mais il est en constante transformation, comme ses personnages d'un roman à un autre, comme les titres de ses romans. Il y a là comme une fermeté fluide, car Giono est lui-même un être à la fois robuste et effervescent. Il a peu de sens de la chronologie, et les faits qu'il évoque, même historiques, parcourent allègrement la durée dans l'un ou l'autre sens. Sa vue des événements étant transfigurée par son imagination, il n'a guère de sens politique non plus, bien qu'il ait dès 1936, tout en étant de gauche, perçu les dangers du stalinisme. Lui-même n'a d'ailleurs pu tenir sa promesse de refuser d'obéir, et a payé cher son incursion dans la politique : échaudé par elle en 1939, il est résolu à n'en plus faire activement. Resté muet dans ce domaine jusqu'en 1942, il se contentera, en 1943 et 1944, d'exprimer ses sympathies pour certaines formes de résistance – dans *Le Voyage en calèche* – et d'aider ceux qui sont en danger. Mais, à la fin de la guerre, certains – avec quelle mauvaise foi! – passent volontairement tout cela sous silence, et lui reprochent ou de s'être borné à la littérature pure, ou, bien pire, d'avoir milité pour le vichysme.

On aurait tort pourtant de balayer ses idées politiques : peut-être ne valent-elles pas grand-chose en tant que tactique, sur le plan de la courte durée. Mais, étant celles d'un visionnaire, elles reprennent valeur dans le long terme. Il était à contre-courant en 1942, en ne considérant pas tous les Allemands, même occupants, comme des nazis. Mais près de cinquante ans plus tard, avec une Allemagne dénazifiée, l'amitié franco-allemande est devenue une réalité. En 1930, Giono était un doux rêveur à la Rousseau en prônant un retour à la terre et en clamant les dangers de la civilisation industrielle. En 1990, avec la paralysie des villes par les voitures, les pluies acides sur les forêts et la détérioration de la couche d'ozone, les écologistes peuvent voir en lui un grand précurseur lucide. Et son combat pour la paix, qu'il n'a jamais renié même s'il l'a ensuite livré à voix moins haute – il proclame à plusieurs reprises dans les années 60 que le pacifisme a été la plus grande passion de sa vie – ne faut-il pas y songer aujourd'hui sous d'autres formes comme à un des grands espoirs de l'humanité ?

Voilà pour les constantes principales. Reste l'évolution. Elle a relativement peu affecté le comportement personnel de l'homme, resté invariablement simple, naturel, tendre, aimant, expansif et gai bien que complexe et secret en profondeur. Certes l'âge, couplé avec les événements de 1939-1945, a joué son rôle : le Giono de 1935 à 1939, extraverti, confiant apparemment en son pouvoir de rayonnement, fait place au sage quelque peu sceptique et désenchanté des dernières années. Le changement est plus considérable chez l'écrivain. Mais il est très réducteur d'opposer, comme certains manuels, champions de la perpétuation des clichés, les « deux périodes » de Giono. Il est vrai que cette évolution n'a pas été uniforme, qu'elle a subi des phases d'accélération, des méandres. Il est aussi arrivé au monde de Giono de se diviser en deux voies parallèles mais distinctes. Entre 1925 et 1939, l'univers des romans proprement dits, presque intemporels, paysans, sans invasion par la technique, sans contexte historique ou culturel, sans ironie ou à peu près, s'oppose à celui des essais et des courts récits, plus ouverts à toutes ces parts du réel qui sont exclues des romans. De même, entre 1945 et les années 1950, celui du cycle du Hussard, illuminé par la présence d'Angelo et de Pauline, personnages stendhaliens chargés d'une vibration aérienne, contraste avec celui des *Chroniques,* plus sombre, plus exclusivement terrestre, plus aléatoire aussi, car on y est moins sûr de la nature profonde de bien des personnages ; mais les deux espaces ne sont pas entièrement séparés : Giono a fait varier leur frontière, et établi entre eux des passerelles.

Malgré tout, à travers la permanence du tempérament, de la sensibilité, du jaillissement des images, se dégagent non des oppositions tranchées comme entre des blocs, mais le passage, notamment par le large virage continu des années 1939-1944, d'une atmosphère dominante à une autre ; dominante et non exclusive. Giono va, en gros, d'un univers lumineux, par instants paradisiaque, implicitement porteur d'espoir, à un univers plus ténébreux, qui s'irise parfois des reflets de l'enfer même s'il s'illumine de nouveau vers la fin – mais que son créateur se refuse à charger d'un message quelconque. Et quand les hommes ne sont pas plongés dans les misères de tout ordre, ils ne sont plus submergés par la joie, mais irrigués par le bonheur. Il n'y a plus de poètes comme Antonio ou Bobi parmi ses protagonistes.

Giono va aussi, évidemment, d'un monde où la nature, souvent imprégnée de la présence de Pan, se fond de façon dionysiaque en l'homme, à un monde plus centré sur l'humanité, où les descriptions de paysages se font plus brèves ; il finit par s'intéresser davantage aux pensées des hommes qu'à leurs actes. Dans le premier univers, l'amour physique est davantage mis en valeur, alors que dans le second, il est non supprimé, bien entendu, mais soit sublimé, soit occulté. Le bestiaire de Giono, si fourmillant – plus de trois cent trente sortes d'animaux – connaît aussi des variations. Si l'accent est mis sur les bêtes sauvages dans la première partie de l'œuvre, seuls les animaux domestiques gardent quelque importance à partir de 1948.

L'absence quasi générale de méchanceté – qui n'est pas l'absence de violence naturelle – caractéristique du Giono d'avant 1939, disparaît ensuite. La révélation de la présence prépondérante des « salauds » parmi les êtres humains, de l'existence du mal à l'intérieur de chacun, a lieu pendant la guerre. L'optimisme de Giono sur l'homme, ébranlé en profondeur mais intact en surface de 1935 à 1939, fait place ensuite à un pessimisme assez radical, qui ne laisse émerger qu'une aristocratie restreinte des âmes. Les mots d'« espoir » et d'« espérance » ne sont jamais si fréquents sous sa plume que de *Jean le Bleu* aux *Vraies Richesses,* et se raréfient ensuite, surtout après 1950. Et le personnage du sauveteur ou du sauveur de la collectivité, après 1939, ne s'incarne plus vraiment, ni en lui, ni en ses personnages.

Le monde de Giono, après 1945, est ainsi plus complet, plus riche ; il englobe le mal, et par conséquent ce en quoi Giono voit un des aspects du mal, et à quoi il avait à peu près refusé l'accès à ses romans : la technique. Le monde moderne, avec sa technique et ses moteurs, est désormais accepté dans ses romans : ses excès sont dénoncés – avec lucidité et ironie dans ses chroniques journalistiques – mais il n'est plus rejeté. Les romans intègrent aussi les aristocrates et les bourgeois à côté des paysans, des artisans, et plus généralement des petites gens. Et aussi la culture, l'ironie, qui suppose toujours une distance par rapport au réel. « C'est quand on prend les hommes au sérieux que les bêtises commencent », écrit-il en conclusion d'*Arcadie... Arcadie...* ; il y a là le vague remords d'avoir autrefois considéré les hommes avec trop de gravité.

Enfin ses modes de narration se renouvellent constamment. Il refuse de « faire du Giono ». Il veut « faire ce qu'il ne sait pas faire », élargir son champ, varier ses procédés, les points de vue de ses personnages, l'ordonnance de son récit. Sa conscience d'artisan a pris une liberté de trait accrue.

Que de domaines dans lesquels émerge plus qu'une inflexion ou une coloration entre ses « manières » ! Ses admirations littéraires en portent aussi témoignage. Il en est certes de constantes : Homère, Eschyle, Virgile, Dante, surtout Cervantès ; et, parmi les Français – qui viennent malgré tout derrière –, Hugo, Baudelaire. Mais il y a aussi les changements : Giono passe de Whitman à Faulkner en Amérique, de Tolstoï à Dostoïevsky en Russie. Et, avant 1939, il n'y a pas, parmi ses grands hommes, d'équivalent à ce que seront pour lui, à partir de 1938-1939, l'Arioste avec son ironie étincelante et son goût du bonheur, et surtout Stendhal, qui lui apporte en outre la mesure, la légèreté de touche, le demi-mot, la densité. Avec lui, il a découvert en littérature ce qu'il connaissait déjà en musique : un Mozart. Et il associe plusieurs fois leurs deux noms – ce qui aurait enchanté Stendhal.

Avec sa sympathie pour les paysans et les artisans, son horreur de la guerre, de la souffrance et de l'injustice, Giono a toujours, au fond de lui, regardé avec inquiétude l'évolution de l'humanité. La clé la plus sûre de son œuvre est sans doute dans *Jean le Bleu*. Il a conservé de son enfance, dominée par la belle figure quasi divine de son père, une profonde nostalgie : cet âge d'or est resté pour lui la mesure de toutes choses. L'avenir est demeuré pour lui un sujet d'inquiétude, plus ou moins vague selon les périodes. Le point de la durée où il se place figure à ses yeux la charnière entre les anciennes époques bénies et les époques futures menaçantes. Ce n'est qu'implicite dans ses romans d'avant la guerre, qui ne sont guère ancrés dans le temps. Et, par la suite, il ne centre pas constamment ce point sur l'instant qu'il vit lui-même, mais parfois sur l'époque où le place le texte qu'il est en train d'écrire : la Renaissance quand il est fasciné par Machiavel, ou qu'il se penche sur Charles-Quint à propos de la bataille de Pavie, ou sur Monluc ; les années 1830 quand, dans *Les Récits de la demi-brigade,* il se met à l'intérieur de Langlois pour prédire « la fin des héros » ; la charnière du XIXe et du XXe siècle, quand, dans *Virgile,* il vitupère Jules Verne et ses ingénieurs. Il rejoint son présent quand, en 1940, il prédit une nouvelle « chute de Constantinople », c'est-à-dire de la civilisation, et les « temps nouveaux » qu'elle amènera. La seule période où il ait fugitivement exprimé l'espoir d'un avenir heureux, c'est celle de 1934-1935, celle de *Que ma joie demeure* et des *Vraies Richesses*. Avant, le monde est comme intemporel ; après, son avenir sera obscurci de mille nuages, dans les lettres ou dans l'art à la mode, dans la politique qui l'a frappé de plein fouet, ou dans la technique qui gagne de toutes parts autour de lui. N'importe : avec orgueil et gaîté, il se veut du côté des vaincus.

Mais construire un univers sombre, c'est déjà en conjurer les ténèbres. Giono ne cède jamais à la tentation de l'absurde. Et il dote son univers, même sombre, d'une constante richesse d'images poétiques et de narration qui, selon les moments et le contexte de sa vie, tantôt fait vibrer la lumière quand elle domine, tantôt dissipe l'ombre, sans le dire, au moment même où en est proclamé l'avènement.

Annexe.
La bibliothèque de jeunesse[1]

En littérature française, peu d'œuvres du Moyen Age : Villon, les romans de le Table ronde, Jacques de Voragine. Ni *La Chanson de Roland,* ni *Le Roman de la Rose,* ni les lyriques de Rutebeuf à Charles d'Orléans, ni aucun des chroniqueurs. Pour le XVIe siècle, Montaigne et Rabelais d'abord, puis, plus tard, Ronsard et Bonaventure des Périers. Ni Marot, ni du Bellay ou les autres poètes de la Pléiade, ni d'Aubigné, que Giono plus tard admirera tant. Au XVIIe siècle, les grands : Corneille, Racine, Molière, Pascal, La Fontaine, Bossuet ; les romanciers réalistes : Sorel, Scarron, Furetière ; mais pas de moralistes : ni La Rochefoucauld ni La Bruyère ; ni les femmes. Seule rareté relative : Théophile dans une édition de 1632. On est étonné de ne pas trouver le Malherbe hérité de son grand-père, dont Giono a plusieurs fois parlé[2]. Au XVIIIe siècle, la plupart des grands aussi : Voltaire (mais pas les *Contes*), Diderot, Rousseau, Lesage, Marivaux, Buffon, Chamfort ; des romans de conquête amoureuse : Crébillon fils, Voisenon, Laclos, Casanova, Restif, le *Faublas* de Louvet de Couvray ; grands absents : Montesquieu, Beaumarchais. Au XIXe siècle, parmi les poètes, Lamartine (mais pas le *Jocelyn* paternel...), Hugo (*Les Feuilles d'automne, Les Quatre Vents de l'esprit*), Musset, Gautier, Aloysius Bertrand, Leconte de Lisle et Hérédia, Baudelaire, Mallarmé, Laforgue, Moréas ; *Mireille* de Mistral ; pas de Vigny ; parmi les romans, *Adolphe* de Constant, Hugo (*Notre-Dame de Paris, Les Misérables, L'Homme qui rit*), tout Stendhal sauf *Lucien Leuwen, Aurélia* de Nerval. Pas de Sand sauf *Valentine* ; de Balzac, seulement *La Dernière Fée* et les *Contes drolatiques,* rien de *La Comédie humaine* ; de Flaubert, seulement *La Tentation de saint Antoine* et *L'Éducation sentimentale* ; *Le Capitaine Fracasse* de Gautier ; peu de naturalistes : de Zola, uniquement *La Faute de l'abbé Mouret,* qui venait de Jean Antoine à en croire un texte de 1963[3] ; Giono n'aimera jamais Zola ; un seul Goncourt, *Renée Mauperin* ; un seul Daudet, *Contes du lundi* ; un seul Huysmans, *Le Drageoir aux épices* ; *La Maison Philibert* de Jean Lorrain ; Barbey d'Aurevilly, Villiers de l'Isle-Adam. Absence totale de Chateaubriand ; quelques œuvres relativement mineures, mais aucune rareté véritable. Des essais de Mme de Staël, Fromentin, Gautier, Renan, Goncourt, Veuillot, Bloy ; la *Philosophie positive* d'Auguste Comte. Peu de théâtre sauf Musset ; de Hugo, seulement le *Théâtre en liberté* ; de Villiers, *Axël.* Le XXe siècle, comme il est normal, est plus dispersé. Peu de poésie : *Les Chansons de Bilitis* de P. Louÿs, les *Cinq Grandes Odes* et *Deux Poèmes d'été* de Claudel, les *Hymnes* de J. Gasquet, *Prikaz* d'A. Salmon, et, acquis plus récemment, les *Ballades françaises* de Paul Fort et (donné peut-être par l'auteur quand Giono fit sa connaissance) le *Livre d'amour* de Vildrac. Chez les romanciers, les seuls à être bien représentés sont A. France et Proust, visiblement acheté au fur et à mesure de sa publication, jusqu'à *La Prisonnière* incluse. Puis des volumes, au hasard, de M. Schwob, Apollinaire, H. de Régnier, J. Renard, Mac Orlan, J. Romains (*Les Copains*), Colette (*Mitsou*), Carco et quelques autres. Ni Barrès, ni Bourget, ni Gide, ni Alain-Fournier, ni Mauriac, ni Cendrars, ni encore Ramuz (mais il aura un peu plus tard des livres de lui : le 13 octobre, Maxime Girieud, dans une lettre, lui demandera de lui en prêter).

Quelques essais : Gide cette fois avec *Prétextes,* Abel Hermant sur la grammaire, J.H. Fabre.

Littérature grecque ancienne : Homère, Eschyle, Sophocle, Euripide, Aristophane, Platon, Xénophon ; plus tard Lucien et les romans (*Daphnis et Chloé, Théagène et Chariclée*). Ni orateur, ni historien, ni lyrique. Littérature latine : Virgile, Horace, Ovide, Pétrone, Apulée, César, saint Augustin ; plus tard Térence et Sénèque ; pas d'historiens ni d'orateurs ; ni Plaute, ni Lucrèce.

Peu de littérature allemande (elle ne devait jamais attirer beaucoup Giono) : les contes de Grimm et ceux de Hoffmann ; *Werther* et *Faust* de Goethe ; Heine. Une seule œuvre moderne : *Malte Laurids Brigge* de Rilke. Littérature américaine : Poe ; Jack London, plus tard Whitman. Beaucoup de livres anglais de toutes périodes. Certains sont dans la langue, comme Stevenson en marge duquel il écrit un poème[4], et comme le *Pickwick* de Dickens ; mais la plupart sont en traduction : Shakespeare ; Defoe, Sterne, Richardson, Goldsmith (mais ni Fielding ni Smollett) ; De Quincey, Walter Scott ; beaucoup de Conrad, de Stevenson, de Wilde, de Kipling, dont la première phrase du *Livre de la Jungle* aurait, dira-t-il plus tard, déclenché sa vocation d'écrivain[5] – mais l'histoire est presque trop belle ; relativement peu de poésie, sauf Byron et Shelley, et les *Chansons de la chambrée* de Kipling ; Jane Austen et George Eliot (un roman chacune), mais pas d'autre Dickens que *Pickwick,* pas d'autre Meredith que *Shagpat rasé* ; ni Thackeray, ni Hardy, ni Galsworthy ; peu de romans modernes, sauf *La Burlesque Équipée du cycliste* de Wells, et trois livres de Jerome K. Jerome, qui amusa énormément Giono pendant quelque temps. Littérature italienne : Dante, saint François d'Assise, Pétrarque, l'Arioste ; les *Mémoires* de Cellini, *Le Prince* de Machiavel, S. Pellico ; un d'Annunzio, *Le Feu,* entré tardivement. Pas de littérature espagnole. Littérature russe : Kouprine, Grebenstchikov, Z. Hippius ; tardivement *Les Frères Karamazov* ; ni Pouchkine, ni Gogol, ni Tolstoï, ni Tourgueniev, ni Gorki. Littérature scandinave : seulement Selma Lagerlöf. Pour les autres littératures, des bribes disparates, ainsi que pour les très rares livres d'art : deux volumes sur la peinture italienne.

Notes

Les références des ouvrages les plus fréquemment cités sont indiquées ainsi :
Giono, *Œuvres romanesques complètes,* t. I-VI, édition dirigée par Robert Ricatte, Gallimard, La Pléiade, 1971-1983 : tome en chiffres romains, page en chiffres arabes. Exemple : IV, 877.
Giono, *Récits et Essais,* édition dirigée par Pierre Citron, Gallimard, coll. « La Pléiade », 1988 : même désignation, le volume étant par convention appelé VII. Exemple : VII, 231.
Correspondance Jean Giono-Lucien Jacques, éd. Pierre Citron, Gallimard, Cahiers Giono n° 1 et 3 : *Corr. L.J.,* I ou II.
Correspondance André Gide-Jean Giono, éd. R. Bourneuf et J. Cotnam, publications de l'université Lyon-III, 1984 : *Corr. Gide.*
Bulletin de l'Association des amis de Jean Giono, bisannuel depuis 1971 : *Bulletin.*

Notes du chapitre 1
(p. 15-32)

1. *Le Grand Théâtre,* III, 1069-1070.
2. Toutes les données de fait concernant les ancêtres de Giono du côté paternel viennent des recherches de Daniel Justum, exposées dans son article « Le grand-père antérieur / intérieur de Jean Giono » (*Revue d'histoire littéraire de la France,* janvier-février 1980), sauf en ce qui concerne l'épisode de la Légion étrangère.
3. Il figure en fac-similé dans l'*Album Giono* de La Pléiade, texte d'Henri Godard, Gallimard, 1980, p. 18. Sur sa reproduction par Christian Michelfelder dans *Jean Giono et les Religions de la terre* (Gallimard, 1938, p. 23), voir p. 18-19.
4. Les Archives de Vincennes ne conservent malheureusement aucun document sur l'hôpital militaire du Dey.
5. Ces deux documents ont été confiés à D. Justum par la famille Giono ; mais ils n'étaient pas conservés avec le certificat d'Alger ; ils ont été retrouvés par la suite, dans une grande confusion de papiers, et peut-être Giono lui-même ne les a-t-il jamais vus, alors qu'il a connu le certificat d'Alger.
Le certificat du Cannet ne porte pas de prénom ; mais le nom est orthographié « Joanod ». Désir de se franciser ? Plutôt erreur de secrétaire. En 1847, le nom est bien Giono, et le prénom Antoine : le « Jean-Baptiste » de la Légion a disparu.
6. Voir p. 249.
7. Deux explications possibles : ou il ne s'agit dans ce texte que d'un lapsus amené par le prénom de son père, Jean Antoine ; ou, bien plus probablement, Giono croyait savoir qu'Antoine était le prénom du père, mais ayant ensuite déniché le certificat d'Alger, en 1936 ou 1937, lors des recherches faites pour le livre de Ch. Michelfelder, il a pensé que sa mémoire l'avait trompé.
8. Et non entre 1930 et 1935 comme me l'a dit Jean Denoël, erreur que j'ai eu le

tort de reproduire (IV, 120). Giono lui-même se trompait sur ce point : dans *Voyage en Italie* (Gallimard, 1953), il situe son premier séjour à Briançon en 1934-1935 (p. 13-14).

9. P. 23-24.

10. VII, 711.

11. III, 771.

12. IV, 1183-1184.

13. Enregistrés en 1952, diffusés en 1953 (voir p. 466-468). Texte paru chez Gallimard en 1990.

14. IV, 1130.

15. P. 19-20.

16. P. 16.

17. A. I, sc. 1, p. 14 de l'édition originale (Éditions du Rocher, Monaco, 1947).

18. IV, 7.

19. Ajoutons que son arrière-grand-père Gian Battista Astegiano était retourné à Montezemolo où il était mort en 1846.

20. P. 20.

21. P. 64-65. On note la mention de Pignerol, d'où « Jean-Baptiste », lors de son engagement à la Légion, a déclaré venir. Hasard, ou réminiscence chez Giono d'un récit paternel ? – Vers 1960, l'écrivain reprendra son affirmation sur l'action politique de son grand-père : celui-ci, selon *Le Grand Théâtre,* a fait « du terrorisme révolutionnaire actif dans l'Italie du Risorgimento » (III, 1086) ; dans son carnet de préparation, les derniers mots étaient « en Italie en 1840 » (*Bulletin* n° 2, 1973, p. 61).

22. P. 37.

23. Il paraîtra aux Presses universelles en avril 1955.

24. Appelé Jean-Philippe, sans doute en raison d'une erreur matérielle plutôt que d'une fantaisie de Giono.

25. P. 182-183.

26. Je n'ai pas trouvé de hameau des Frères Gris près d'Aix. Mais Frère Gris est le nom de l'aîné des loups qui sont les « frères » de Mowgli dans le *Livre de la jungle* de Kipling, une des lectures qui ont le plus marqué Giono.

27. *Jean Giono,* Twayne, New York, 1965. – L'esquisse biographique rédigée par Giono pour Claudine Chonez (1954-1955) n'apporte pas d'autres détails sur ce point.

28. Dès 1936-1937 pour Michelfelder, puis en 1951 dans le texte de *Club,* en 1952 dans le sixième entretien avec J. Amrouche, en 1954 pour Claudine Chonez.

29. *La Vérité en marche* (1901), p. 235. Le texte reproduit un article antérieur.

30. *Cahiers naturalistes,* n° 18 (1961).

31. Encore que François Zola ait pu lui-même se dire capitaine dans la Légion : c'est ainsi que le désigne sa veuve en 1858 quand elle demande communication du dossier de son mari (elle a toutefois pu confondre avec son grade dans l'armée italo-autrichienne). Zola a consulté ce même dossier au début de 1900. Mais l'article qu'il avait consacré à son père était antérieur.

32. Voir sur ce point Denise Le Blond-Zola, *Émile Zola,* Bernouard, 1927. Le dossier de François Zola, aux Archives de Vincennes, fait état d'escroqueries multiples, et atteste qu'il échappa de justesse au conseil de guerre.

33. Voir Jean Carrière, *Giono. Qui suis-je ?,* Éditions de La Manufacture, Lyon, 1965, p. 163. – De même, dans un entretien avec Paul Morelle (*Le Monde,* 28 février 1968), Giono dira avoir dans sa jeunesse essayé de lire Zola, mais, l'ayant trouvé horrible et répugnant, s'être reporté sur Eschyle.

34. La dernière évocation par Giono de la carrière de son grand-père – carbonaro, condamné à mort, travaillant avec François Zola et partant avec lui pour soigner le choléra d'Alger – se trouve dans une chronique, « Le persil », parue d'abord

dans *Sud-Ouest* le 17 octobre 1966; elle a été recueillie dans *La Chasse au bonheur,* Gallimard, 1988, p. 70.

35. *Voyage en Italie,* p. 20.

36. IV, 1183.

37. *Voyage en Italie,* p. 20.

38. IV, 1121.

39. Je remercie les mairies de Manosque, de Sainte-Tulle, de Picquigny, de Saint-Cloud et de Boulogne-sur-Seine, qui ont facilité mes recherches ou m'ont adressé des renseignements sur cette question.

40. « Arcadie... Arcadie », dans *Le Déserteur* (Gallimard, 1973), p. 180.

41. Archives de l'armée de terre (Vincennes), Garde impériale, registre matricule de la musique du régiment des zouaves.

42. Un des témoins, lors de la naissance d'Eugénie, était Pierre Philibert Pélage Gricourt, désigné comme « praticien », c'est-à-dire médecin. Un cousin? Il aurait fait des études, ce qui est exceptionnel dans les familles des ancêtres de Giono.

43. P. 36.

44. *Les Terrasses de l'île d'Elbe,* Gallimard, 1984, p. 49.

45. Sixième entretien avec J. Amrouche, et entretien cité de Giono avec Paul Morelle.

46. Voir p. 47.

47. III, 1070.

48. Voir *Les Ames fortes,* V, 447; « Arcadie... Arcadie... » dans *Le Déserteur,* p. 178; *L'Iris de Suse,* VI, 441.

49. II, 26.

50. II, 96. Il l'avait déjà dit antérieurement à Lucien Jacques, qui le répète à Jean Guéhenno dans une lettre du 27 décembre 1927, communiquée par Mme A. Guéhenno.

51. VII, 572.

52. Pl. III, 1459.

53. Giono a écrit « quarantuitard »; puis, à la relecture, il a porté au crayon, au-dessous : « orthogr.? ».

54. Édition originale, Gallimard, 1938, p. 138-139; VII, 437.

55. Sur tout cet épisode de la vallée de l'Ubaye, voir *Album Giono,* p. 22.

56. Il ne figure pas sur les registres électoraux (Archives départementales de Digne) avant 1890. Mais il a pu ne pas se faire inscrire, ou être regardé comme travailleur itinérant

57. II, 19.

58. II, 1228.

59. L'existence même de l'abbé Lombardi pourrait être mise en question : Giono a dit à J. Amrouche qu'il était inventé; et, quand il a parlé de lui à R. Ricatte, il venait de mettre en scène dans *Olympe* un personnage de ce nom; n'aurait-il pas fabriqué à l'usage de son commentateur un personnage réel qu'il aurait tiré de la figure romanesque fraîchement créée ?

60. *Ibid.*

61. II, 1217.

62. Voir Giono, *De Homère à Machiavel,* édité par Henri Godard, Gallimard, 1986, p. 256-257. – Quant au Malherbe transmis par son père à Jean Antoine, sur l'établi duquel il se trouvait, Giono n'en parle pas toujours de la même manière. Il a dit à R. Ricatte que c'était un des livres favoris de son père (II, 1228); mais il avait écrit en 1953 dans sa préface à *La Provence merveilleuse des légendes chrétiennes aux santons* que le volume n'avait jamais servi que de support au papier gris qui figurait les collines dans la crèche familiale de Noël.

63. II, 5.

64. Lettre à Giono d'une dame née Jorat, 27 décembre 1965.

65. « Son dernier visage » (1936), « La ville des hirondelles » (1936), « Le poète de la famille » (1942), tous trois recueillis dans *L'Eau vive* (1943) ; *Lettre aux paysans* (1938), VII, 572 ; *Virgile* (écrit en 1943-1944) ; *Le Grand Théâtre* (écrit vers 1960) ; *Provence perdue* (1967). Plus quelques allusions dans *Noé* (Pl. III, 652, 656) et dans des chroniques du *Dauphiné libéré* en 1968.

Notes du chapitre 2
(p. 33-59)

1. Ce bourdonnement est souvent évoqué par Giono. Par exemple dans *Jean le Bleu* (II, 181 et 183), dans « Le Poète de la famille » (III, 408), et dans *Virgile* (III, 1042). Voir aussi VII, 712 et note.
2. Selon les entretiens avec J. Amrouche, il arrivait aussi qu'une des ouvrières de Pauline, Louise, dormît dans la même pièce : elle habitait Corbières, trop loin pour pouvoir rentrer chez elle le soir.
3. Dans le troisième des entretiens avec J. Amrouche, Giono rapporte ainsi le propos : « Pauline, ouvre le parapluie, il commence à me pleuvoir dans la barbe. »
4. *Les Terrasses de l'île d'Elbe,* p. 51.
5. *Provence perdue,* éditions du Rotary Club de Manosque, 1967, p. 105.
6. *Jean le Bleu,* II, 37.
7. *Ibid.,* 38-39.
8. *Virgile,* III, 1041.
9. « Son dernier visage », *L'Eau vive,* III, 276.
10. II, 37.
11. III, 1063.
12. II, 19.
13. III, 656-657.
14. *Album Giono,* p. 29.
15. II, 1225.
16. II, 55-59.
17. I, 757.
18. *Triomphe de la vie,* VII, 203.
19. *Bulletin* n° 7.
20. *Le Dauphiné libéré,* 9 février 1969.
21. *Jean Giono ce solitaire,* p. 15.
22. *Une rose à la main,* texte inédit, photocopie dans les archives Giono (1927). Cette absence de pilosité sera prêtée par Giono à Toussaint dans *Angiolina.*
23. IV, 672.
24. Entretien avec R. Ricatte, II, 1226.
25. Mais Giono devait dire à J. Amrouche qu'en réalité, les moutons étaient plus loin, dans une autre cour, et qu'il les avait situés là, dans son livre, en raison de l'odeur de la cour.
26. *Jean le Bleu,* II, 56.
27. Voir p. 257.
28. *Triomphe de la vie,* VII, 662.
29. *Ibid.,* p. 14.
30. *Virgile,* III, 1042.
31. II, 96 et 126.
32. *Jean le Bleu,* II, 6.
33. « Ma mère », *Le Dauphiné libéré,* 27 avril 1969 ; reproduit dans *Le Magazine littéraire,* n° 162, 1980, et dans *La Chasse au bonheur,* p. 183-188.
34. *Une rose à la main.*

35. Giono, *Yves Brayer* (Bibliothèque des Arts, 1966), p. 36.

36. *Une rose à la main.*

37. II, 1235.

38. *Jean le Bleu,* II, 135.

39. Le roman de Dennery. *Les Images d'un jour de pluie,* VII, 874.

40. Préface à *La Provence merveilleuse des légendes chrétiennes aux santons,* éditions Detaille, 1953.

41. « Le Chapeau », *Le Dauphiné libéré,* 4 septembre 1966. *La Chasse au bonheur,* p. 32.

42. « Le temps des prisons », *ibid.,* 28 janvier 1968. *La Chasse au bonheur,* p. 119.

43. *Les Trois Arbres de Palzem,* Gallimard, 1984, p. 131.

44. « Le temps des prisons » (voir n. 42).

45. *Noé,* III, 805.

46. *Voyage en Italie,* p. 118-119.

47. IV, 156.

48. *Les Terrasses de l'île d'Elbe,* p. 36-37.

49. *Jean le Bleu,* II, 20.

50. *Le Dauphiné libéré,* 25 juin 1967 ; *Bulletin* n° 9.

51. II, 1235.

52. II, 73.

53. *L'Arc,* n° 100, 1986, p. 15-18. - D'autres précisions sur la vie à Manosque ont été fournies par le dépouillement de *La Dépêche des Alpes,* hebdomadaire local paru à partir de 1902.

54. « L'habitude », *Le Dauphiné libéré,* 16 avril 1967, et *La Chasse au bonheur,* p. 89. – Giono avait longuement parlé de ce pharmacien, M. Aubert, et de son automobile, dans son 2e entretien avec J. Amrouche.

55. I, 286.

56. *Le Grand Théâtre,* III, 1084 ; « L'habitude » (voir n. 54).

57. *La Dépêche des Alpes,* 18 et 25 février 1905.

58. II, 1335-1336.

59. III, 1084.

60. Rapport mensuel de l'inspecteur d'académie au ministre, octobre 1850 (Arch. nat., F 17 2480). Renseignement obligeamment communiqué par Mme M.-M. Compère. Mme L. Caffarel, archiviste de Manosque, a bien voulu me confirmer ce point.

61. Voir p. 187.

62. « Le Temps », dans *La Chasse au bonheur,* p. 43-48.

63. Entretiens avec J. Carrière, *Giono. Qui suis-je ?,* p. 125-126.

64. *Album Giono,* p. 33.

65. « Au collège de Manosque », *Bulletin* n° 1, printemps 1973. « L'Ami Jean », *Magazine littéraire,* juin 1980. Parfois des divergences entre les deux textes.

66. *Corr. L. J.,* I, 69.

67. II, 1222.

68. II, 1230.

69. Septième entretien avec J. Amrouche.

70. *Le Dauphiné libéré,* 27 avril 1969 ; *Magazine littéraire* n° 162, 1980. *La Chasse au bonheur,* p. 185-186.

71. Dans sa préface aux *Grandes Espérances* (Livre de poche, 1959 ; texte reproduit dans le *Bulletin* n° 1), Giono dira avoir découvert ce beau roman alors qu'il était encore au collège.

72. Ailleurs (mais Giono pense peut-être à une période antérieure) le récit est un peu différent : « Mon père (...) disait à ma mère : "Je veux aller faire ma partie de cartes ; Pauline, donne-moi cinq sous." Elle lui donnait cinq sous ou dix sous. Alors mon père sortait par la boutique de ma mère et rentrait par un petit couloir sans faire de bruit et remontait à son atelier tranquillement. Il gardait ses dix sous :

c'était pour donner à ceux qui passaient. » C'est-à-dire à ses visiteurs exilés, fuyards, anarchistes. (Entretien de 1969 avec R. Ricatte, II, 1227.)

73. II, 135.

74. Septième entretien avec J. Amrouche.

75. « Ma mère » (voir n. 33). Giono avait, dès 1952, brièvement évoqué pour J. Amrouche les occasions où sa mère l'emmenait au Salut (huitième entretien).

76. « Lettre d'Espagne », dans *Arts,* 7 octobre 1959.

77. « La partie de campagne », *Le Dauphiné libéré,* 7 février 1969. *La Chasse au bonheur,* p. 165-171.

78. II, 1212, 1235-1235.

79. *Provence,* Albums des Guides bleus, p. 5.

80. « A côté des routes », *Le Dauphiné libéré,* 12 novembre 1967.

81. *Giono. Qui suis-je?,* p. 95-96.

82. V, 456-460.

83. *Virgile,* III, 1041-1042. – La date de son entrée à la banque, vérifiée par J. et L. Miallet, fut en fait le 18 octobre (III, 1563). Sur son premier gain, Giono a varié. Dans son « esquisse biographique » reproduite par Claudine Chonez, *Giono par lui-même* (Éditions du Seuil, 1955), il parle de 10 francs au début ; puis, de 1912 à 1914, « appointements portés successivement à 20 francs, 50 francs, 85 francs, en même temps qu'il passe au service de l'escompte puis des coupons ». Ailleurs il a parlé d'un gain initial de 20 francs par mois (*Voyage en Italie,* p. 9). Son salaire au 1er décembre 1912 était de 650 francs par an, soit 50 francs par mois plus un mois supplémentaire.

84. Marius Richard dans *Toute l'édition,* 10 novembre 1934.

85. *Virgile,* III, 1042-1043.

86. *Album Giono,* p. 41.

87. *Virgile,* III, 1043-1044.

88. I, 1338.

89. I, 798.

90. III, 1044.

91. I, 250.

92. V, 776.

93. Virgile, III, 1045.

94. « Soliloque du beau ténébreux », II, 1237.

95. « Jean Giono. Poèmes de jeunesse ». *Bulletin* n° 19, 1983.

96. Journal de Louis David, II, 1242-1243 ; *Jean le Bleu,* II, 174.

97. *Sur un galet de la mer,* VII, 869.

98. III, 1044-1045.

99. *Les Terrasses de l'île d'Elbe,* p. 67-68.

100. *Corr. L.J.,* I, 74.

101. P. 37.

102. *Dauphiné libéré,* 4 septembre 1966.

103. II, 1236-1237.

104. *Les Images d'un jour de pluie,* VII, 874.

105. Entretien avec R. Ricatte, III, 1146.

106. Tous ces témoignages de Giono ne doivent pas être pris au pied de la lettre. Un exemple : en mars 1935, dans le n° 1 (il n'y en eut pas d'autre) des *Cahiers André Baillon,* édités en l'honneur du romancier belge qui venait de disparaître, Giono publia un texte, « Du côté de Baumugnes » – où il n'est pas question de Baumugnes ; simplement Giono implique par ce titre que Baillon avait la même pureté d'âme qu'Albin, le héros d'*Un de Baumugnes.* Il y raconte en détail ses commandes de livres, l'attente de leur arrivée ; il mentionne les grands classiques qu'il lisait. Cela se rapporte de toute évidence à la période 1911-1914. Mais il raconte ensuite qu'il commandait ainsi divers romans de Baillon ; or ceux-ci ne parurent qu'entre 1921 et

1925. Aucun ne figure d'ailleurs dans le catalogue de la bibliothèque de jeunesse de Giono. Il a réinventé, comme toujours, une autre réalité.

107. *Virgile* (1943), III, 1045. – Les prix varieront : en 1959, dans la préface de la réédition d'*Accompagnés de la flûte,* et en 1965, dans ses entretiens avec J. Carrière, il se référera à ses achats postérieurs à la guerre de 14 ; il consacrera alors 5 francs par semaine à des achats de livres, mais les volumes de classiques coûteront 3 francs, contre sept francs cinquante pour les volumes nouveaux.

108. Aucun doute : il s'est fait envoyer par ses parents un Théocrite dans la traduction de Leconte de Lisle (lettre du 20 mars 1918). Et il parle longuement de ce poète en 1952 dans son deuxième entretien avec J. Amrouche.

109. J. Robichon, « Dialogue avec Jean Giono », *La Table ronde,* février 1955, p. 56.

110. *Giono. Qui suis-je ?,* p. 134.

111. III, 1045-1047.

112. « Une heure avec Jean Giono », *Les Nouvelles littéraires,* 20 décembre 1930.

113. *Bulletin* n° 19, p. 35-39.

114. « Soir d'été » (5 octobre) ; « Sérénade d'automne » (12 octobre) ; « A la tour écroulée » (5 quatrains), 19 octobre ; « Sonnet antique » (26 octobre) ; « Sonnet triste » (9 novembre) ; « Rondel » (23 novembre).

115. II, 1243.

116. D'après le journal de Louis David, Giono démissionnera le 21 avril, peut-être à la suite d'une répétition de musique avec « amoureuse valse et polka malgache », sous la direction du chef d'orchestre du club, Raoul Battarel, camarade de classe de Jean et de Louis David. Mais la mention de l'Artistic Club dans *La Dépêche des Alpes,* six semaines plus tard, fait penser que Giono a repris sa démission ; à moins qu'il n'ait seulement renoncé à ses fonctions de vice-président ; ou que le poème ait été remis au journal six semaines avant sa publication, et que Giono ait omis d'en modifier la signature.

117. « Giono-Gygès », *Études littéraires,* Québec, n° spécial Giono, déc. 1981.

118. Tous les poèmes dont on connaît l'existence par les témoignages d'Élise Giono et d'Henri Fluchère, ou parce qu'ils ont été publiés avant ou pendant la guerre, jusqu'en 1916, sont en vers (c'est de 1917 que date le premier poème en prose certain). Et ces vers sont bien plus maladroits que la prose d'« Apporte Babeau ».

Notes du chapitre 3
(p. 60-90)

1. Dans un texte sur Giono, daté de juin 1953, et dont une dactylographie est conservée aux Archives départementales de Digne avec la correspondance reçue par Giono.

2. II, 186.

3. « Le sport », dans *Les Terrasses de l'île d'Elbe,* p. 102.

4. Une lettre de Jean Antoine Giono (4 juillet 1916) est reproduite dans l'*Album Giono,* p. 46 ; une autre, du 8 octobre 1917, figure dans la collection Miallet.

5. *La Dépêche des Alpes,* 24 juin 1916. Voir *Jean le Bleu,* (II, 178). Dans les projets de dédicace du *Grand Troupeau* (I, 1123), Giono situe inexactement cette mort en 1915.

6. Berger-Levrault, s.d., p. 47

7. P. 49.

8. VII, 779.

9. *Les Terrasses de l'île d'Elbe,* p. 179.

10. VII, 584.

11. Madeleine Chapsal, *Quinze Écrivains* (Julliard, 1963), p. 67. L'interview de Giono date de 1960.

12. *Album Giono,* p. 51.

13. Pour plus de détails sur les déplacements de Giono jusqu'à l'armistice, voir mon article « Giono pendant la guerre de 1914 », *Bulletin* n° 30, décembre 1988.

14. En 1934, dans son article « La Génération des hommes au sang noir » (voir p. 230), Giono évoquera le secteur Pinon-Chevrillon (sans doute Chavignon en réalité) et le moulin de Laffaux, où il a, dit-il, « particulièrement souffert », et « vu tomber vingt de [ses] camarades, et un ami ». Il mentionnera le moulin de Laffaux dans *Noé* (III, 695).

15. I, 707-717.

16. VII, 303-330.

17. Le Kemmel avait été enlevé par l'offensive de Ludendorff le 25 avril 1918, avant que Giono eût quitté l'Alsace. Celui-ci ne put donc jamais se trouver sur ce sommet, qui ne devait être repris par les troupes britanniques que le 5 septembre, alors que Giono était à nouveau en Alsace. L'ensemble de l'épisode est d'ailleurs si romanesque qu'il en devient humoristique ; il vient évidemment de quelque lecture, ou de l'amalgame de plusieurs.

18. Éd. Philippe Auzou, 1986, et Gallimard, collection « Folio junior », 1987.

19. Gallimard, 1963, p. 81.

20. L'oncle Marius Pourcin était mobilisé dans la territoriale ; après avoir été au début de la guerre garde des voies de communication à Jarville près de Nancy, il était revenu à Manosque en novembre 1917, à 48 ans. J'ignore s'il avait été démobilisé ou affecté à un poste dans sa ville. A partir de son retour, Giono ajouta toujours en formule initiale, après les parents, « et cher Oncle » ; c'était purement formel d'ailleurs ; jamais une seule phrase ne lui était particulièrement destinée.

21. Il dira plus tard que c'est pour avoir enlevé son masque. – Les archives du huitième Génie, conservées à Vincennes, sont très incomplètes ; elles ne concernent que certaines compagnies. Je n'ai pu y trouver aucune trace de cet événement, ni de rien d'autre qui concerne Giono.

22. VII, 1058.

23. *Lettre aux paysans,* VII, 557.

24. VII, 647.

25. Voir p. 90.

26. III, 1086-1087.

27. La femme de son oncle Louis Pourcin, et le père de son ami Louis David, tué en 1916 en Alsace.

28. En réalité le général Georges Bloch, divisionnaire depuis le 21 mai 1914.

29. En fait Baugillot, général de brigade depuis 1907.

30. Voir p. 70

31. Ces derniers textes ont quelque chose de surprenant pour tous ceux qui ont connu Giono (j'ai interrogé sur ce point notamment Élise et Fernande) : il sifflait, mais ne chantait jamais.

32. Avant 1914 un bon vin ordinaire valait 0,80 franc : le « litre à seize [sous] » mentionné aussi bien dans les *Poèmes aristophanesques* de Laurent Tailhade que dans *Les Copains* de Jules Romains.

33. Voir *Album Giono,* p. 43.

34. *Album Giono,* p. 48-49.

35. I, var. a de la p. 473.

36. I, LXII ; confirmé par une lettre à ses parents appartenant autrefois à la famille Rougon, et aujourd'hui dans une collection privée.

37. Le manuscrit se trouve dans le dossier de correspondance de guerre de Giono à ses parents, mais n'est pas inclus dans une lettre. Le haut de la feuille a été coupé, sans doute par Giono lui-même : on voit mal ses parents se livrer à une destruction

de ce genre. A moins que les vers initiaux n'aient contenu quelque blasphème qui auraient indigné la pieuse Pauline ?

38. Cet hebdomadaire publiait souvent en ces années-là des poèmes divers, français ou parfois provençaux, presque toujours patriotiques. Il cessa presque complètement de le faire vers la fin de la guerre ; l'absence de poèmes de Giono après 1916 ne signifie donc rien. Il peut en avoir écrit d'autres ; mais il ne disposait d'aucune tribune pour les publier.

39. Ils ont été publiés dans le *Bulletin,* n° 30, p. 38-39.

40. Cette appellation, à laquelle Giono n'avait plus droit, a pu être rajoutée par le journal, peu au courant de sa situation ; mais c'est plutôt l'auteur qui l'a portée après son nom, souhaitant, pour ses parents, maintenir cette fiction (voir p. 72).

41. I, 611, 620, 621, 630, 631, 671.

42. IV, 722.

43. IV, 269.

44. I, 949 ; texte paru dans *La Criée* en mai 1922.

45. *Bulletin* n° 3, p. 26-27.

46. *Solitude de la pitié,* I, 465.

47. Respectivement I, 32-33, 103, 107, 214-215, 168.

48. I, 620.

49. Voir p. 58.

50. Comme la carte mentionnée plus haut, ils viennent de la famille Rougon et appartiennent à mes amis Janine et Lucien Miallet, que je remercie vivement de la générosité avec laquelle ils me les ont communiqués.

51. Quelques lignes de ce texte, et un fac-similé du titre, sont reproduits dans l'*Album Giono,* p. 49-50.

52. Voir p. 230.

53. *Les Terrasses de l'île d'Elbe,* p. 102.

54. *Refus d'obéissance,* VII, 262.

55. A 22 ans, Giono « fait » le Chemin des Dames ; c'est bien la période des mutineries. Mais les chiffres chez Giono sont toujours si incertains qu'on ne peut rien en conclure.

56. VII, 647.

57. I, 719.

58. VI, 564, 603-604.

59. *Album Giono,* p. 48.

60. P. de Boisdeffre, « Au pays de Giono », *Revue des Deux Mondes,* 15 février 1965, p. 534-539.

61. VI, 564 et 604. Voir p. 528.

Notes du chapitre 4
(p. 91-106)

1. « Le Chapeau », dans *La Chasse au bonheur,* p. 31.

2. Préface à l'éd. de 1960 de *Naissance de l'Odyssée,* I, 845. – Le collègue qui partageait la chambre de Giono s'appelait Gustave Richard.

3. Entretiens avec Jean Carrière (dans *Jean Giono. Qui suis-je ?*), p. 126-127.

4. Aline Giono, *Mon père. Contes des jours ordinaires,* p. 23-24.

5. Archives départementales, Digne.

6. III, 711.

7. Les Manosquins disent « rue Grande », mais Giono a toujours écrit « Grand-Rue ».

8. Préface à l'édition de 1937-1938 de *Naissance de l'Odyssée,* I, 844. Ce n'est en fait pas dans cet appartement-là que fut écrit le roman.

9. *Ibid.*

10. *Les Terrasses de l'île d'Elbe*, p. 72.

11. Pour plus de détails, voir Jacques Mény, *Jean Giono et le Cinéma,* J.-Cl. Simoën, 1978, p. 262-264.

12. Légère exagération : Pauline-Adélaïde Maurin ne mourra, à 103 ans, qu'en décembre 1936.

13. « Le bonheur domestique », dans *Les Terrasses de l'île d'Elbe*, p. 71-76. D'après un autre passage du même texte, ces réunions auraient duré de 1920 à 1939. Élise Giono me dit que toute l'évocation est surtout vraie pour la période 1920-1925. Et Giono ne chantait pas.

14. Premier entretien avec J. Amrouche.

15. « D'un usage courant », *Le Dauphiné libéré,* 25 septembre 1966 ; *La Chasse au bonheur,* p. 37-41.

16. Lettre de 1922 de Lucien Jacques à Henry Poulaille (Centre Poulaille, Cachan). – Sur Lucien Jacques, voir *Bulletin* n° 4 dans sa réédition de 1989.

17. Il ne faut pas se fier à la date de 1923 figurant au bas du portrait dessiné que Lucien a fait de Jean, et qui est reproduit sur la couverture des *Images d'un jour de pluie.* Elle n'est pas de l'écriture de Lucien : c'est Jean qui l'a portée, sans doute plusieurs années après ; et il a remonté le temps comme à son habitude.

18. Le premier, qui a 18 pages, comporte une double comptabilité au crayon : celle du nombre de volumes (il va jusqu'à 578), et celle de leur prix, qui manque parfois (mais il ne semble pas s'agir de livres que Giono n'aurait pas eu à payer à l'époque du catalogue parce qu'il en aurait hérité, ou qu'on les lui aurait offerts, ou qu'il les aurait acquis antérieurement à la rédaction du catalogue). Cette comptabilité-là est tenue jusqu'au n° 275 inclus, puis elle s'interrompt jusqu'à 294 inclus, et reprend à 295 ; et dans la suite c'est le chiffre total représentant la valeur de la bibliothèque qui est porté. Le n° 296 arrive à un total de 1 822 francs, le n° 297 à 1 828 francs, le volume valant 6 francs. Avec le n° 577, on parvient à 3 790 francs. En outre, une croix au crayon figure après chaque titre jusqu'à 294 ; j'ignore à quoi elle correspond ; en tout cas pas aux titres recopiés initialement dans l'autre catalogue.

19. Il s'agit essentiellement, pour cette rubrique, de quelques catalogues et bibliographies glanés au hasard, de façon nullement systématique.

20. Llewelyn Brown a étudié ces marginalia dans un article du *Bulletin* n° 31, et dans sa thèse, *Giono et la Bible* (université Paris-III, 1989 ; exemplaires dactylographiés).

21. « Lundi », texte reproduit dans la *Correspondance Gide-Giono,* p. 45.

22. Préface à l'édition de 1959 d'*Accompagnés de la flûte.* La phrase citée est la première du texte.

23. Reproduite dans l'*Album Giono,* p. 57. Giono avait-il cherché à se mettre en rapport avec Élémir Bourges ? C'est possible : en 1915, *La Dépêche des Alpes* ayant demandé à ses lecteurs si l'un d'eux pourrait lui fournir l'adresse du romancier, ce fut Giono – en permission peut-être – qui la lui communiqua (n° du 10 avril). Dans sa notice de 1921, il donne cette adresse : 27, rue du Ranelagh à Paris.

24. *La Criée,* avril 1923 (*Bulletin* n° 2, p. 53-54).

25. Ils sont reproduits dans le *Bulletin* n° 2.

26. Texte fait de deux brefs contes « orientaux » parus en 1924 dans une revue non identifiée ; il a été reproduit dans *Le Magazine littéraire,* n° 162, juin 1980.

27. Elles sont numérotées jusqu'à 30, mais le n° 18 fait défaut. L'une d'elles, « Le Vin », a paru en 1927 dans le n° 34 de *Taches d'encre,* petite revue publiée à Marseille par Léon Cadenel. La même revue avait annoncé en janvier 1927 dans son n° 29 que les *Églogues* allaient paraître chez Grasset ; à l'origine de cette note est sans doute un propos de Giono, qui savait que Lucien Jacques était en relations amicales avec H. Poulaille, lequel travaillait chez l'éditeur (voir p.).

28. Publiée en appendice à la *Corr. L.J.,* I, p. 317-332.

29. Deux d'entre elles sont reproduites dans le n° « Giono » de *L'Arc* (mars 1986), p. 19.

30. *Corr. L.J.*, I, 35.

31. « Mes collines », texte daté du 13 octobre 1921, publié dans *La Criée* en octobre 1922, et repris dans La Pléiade, I, 947-949.

32. *La Criée*, avril 1923.

33. I, 862.

34. *Corr. L.J.*, I, 42.

35. *Accompagnés de la flûte*, éd. de 1959 ; I, 845.

36. *Accompagnés de la flûte, Bulletin* n° 3, p. 23.

37. *Ibid.*, p. 29.

38. « Naissance de l'automne », dans la treizième des « Églogues » (*Cahiers du Contadour*, n° 5, p. 27).

39. D'abord, la mise au jour des poèmes en vers réguliers écrits de 1911 à 1916 modifie l'optique d'ensemble : à part le texte sur Vallorbe, exercice non destiné à la publication, Giono n'a jusqu'en 1916 écrit de façon certaine que des vers, et souvent très gauches de langue, ce qui n'est pas le cas d'*Angélique*. Ensuite, le témoignage le plus ancien concernant ce roman figure dans une lettre du 9 août 1922 à Lucien Jacques : « Je poursuis à lent travail la composition d'un roman – *Angélique*. Il s'étend depuis déjà deux ans » (*Corr. L.J.*, p. 29). Dix-sept mois plus tard, il donne le roman à lire à Lucien Jacques, qui exprime de sérieuses réserves : « Je pense que vous avez peut-être fait fausse route (...) la beauté de l'écriture vous a trop retenu et vos bonshommes ne vont pas assez vite (...) insuffisance psychologique (...) bref je n'ai pas éprouvé la continuité dans ma curiosité » (*ibid.*, p. 60). C'est alors seulement que Giono, pour se faire pardonner, répond par une lettre du 22 mars 1924, où il avoue que « *c'est absolument raté* », et se met à inventer des détails auxquels il ne faut pas accorder de crédit : « Cette chose a été bâtie en 1911 ; trois ans avant la guerre. J'avais à cette époque seize ans. Je m'étais astreint à ne pas passer un jour sans écrire au moins une page d'*Angélique*. C'est ce qui explique les délayages, car lorsque je n'avais rien à écrire je gonflais mes lignes pour arriver à pondre la page obligée. » L'histoire « fut plusieurs fois abandonnée et plusieurs fois reprise à des intervalles variant de 6 mois à 1 an (...). » Elle fut ensuite laissée de côté. « C'est seulement pendant la guerre, dans un poste de Radio de la forêt de Mondon, que je repris de mémoire le canevas » (*ibid.*, p. 61-62). Il n'est pas impossible que Giono ait eu l'idée du roman vers 1911, bien que rien d'autre que son dire en 1924 ne le laisse supposer. Mais la date de rédaction doit à mon avis être placée pendant la période 1920-1922, qui est d'ailleurs celle que donnera à nouveau Giono en 1954, quand il établira une chronologie à l'intention d'un livre en préparation sur lui (Claudine Chonez, *Giono*, p. 23). – Même en tenant pour vraies les affirmations de la lettre du 22 mars 1924, on ne pourrait faire remonter la reprise « de mémoire » de la rédaction plus haut que 1919 : c'est seulement alors que Giono se trouve en forêt de Mondon.

40. I, 1335.

41. *Corr. L.J.*, I, p. 168 ; *L'Eau vive*, III, II8-120.

42. Entretiens Amrouche, 1952.

43. Voir l'article de Jean Arrouye sur *Angélique*, « Discours – Parcours », dans le *Bulletin* n° 13, p. 54-66.

44. Voir p. .

45. I, 1356. Elme est d'ailleurs plutôt un prénom d'homme. C'est cette femme qui prend l'initiative d'embrasser Angélique sur la bouche, et dont le sexe, lui dit Angélique, est durci comme celui de l'héroïne dans le conte de « La fleur d'or ». Ce sexe durci serait plutôt masculin.

46. *Mademoiselle de Maupin*, de Th. Gautier, ne figure pas dans le catalogue de la bibliothèque de jeunesse de Giono.

47. I, 1324.

48. I, 1339.

49. I, 1324.

50. Publié dans *Les Images d'un jour de pluie*. Le terme véritable, fort rare, est « barcalon », et désignait le Premier ministre du roi de Siam. Il ne semble pas s'agir d'une faute de lecture sur le texte de Giono : Élise Giono m'assure que son mari disait bien « barcalou ». Par erreur ? Ou a-t-il transformé la finale du mot pour lui donner une sonorité plus plaisante ?

51. Mieux vaut éviter les psychanalyses trop faciles. D'ailleurs, en 1945, dans *Mort d'un personnage*, Giono créera, dans un passage auquel il renoncera par la suite, un couple qu'il appellera M. et Mme Élisabeth.

52. P. 95.

53. I, 111.

54. Le texte a été publié par R. Ricatte en appendice à *Jean le Bleu*, II, 1236-1237.

55. A la fois *Scènes de la vie privée* et *Scènes de la vie de province*.

56. *Corr. L.J.*, I, 37.

57. I, 1344-1354.

58. Giono a raconté à Chr. Michelfelder (*Jean Giono et les Religions de la terre*, p. 75, que l'œuvre était postérieure à la trilogie de *Pan*, et comptait une centaine de pages écrites. Mais quand, en 1969, il disait à R. Ricatte qu'*Angiolina* avait seulement « deux pages, deux pages et demie », alors qu'on en a 46 feuillets manuscrits, il confond peut-être avec le manuscrit d'*Une rose à la main*. Que devait être le sujet ? Giono écrivait à Lucien Jacques, le 4 avril 1927 : « Le moteur principal du drame est la musique. Idée principale : si la parole d'un orateur peut bouleverser le sentiment entier d'un peuple jusqu'à le faire se révolter et abandonner l'égoïsme collectif, de quoi ne serait pas capable une musique qui serait le monument majestueux de la tristesse et de la douleur humaine ? Cela se passe à Manosque de nos jours – ou à peu près – avec pas mal de mystères autour » (*Corr. L.J.*, I, 186). Dix ans plus tard, il dira à Michelfelder (passage cité) avoir « pris son sujet dans un tableau de Pollaiuolo où, au milieu d'un combat, marche un homme nu contemplant une rose qu'il tient à la main ; et c'est lui qui a raison, non les combattants ». Mais R. Ricatte a en vain cherché ce tableau (voir I, XXXVI) ; et Giono, quand il fait cette confidence, a déjà écrit dans *Les Vraies Richesses* : « Je ne veux pas traverser les batailles une rose à la main. »

59. Voir p. 181.

60. I, 1237, 1239.

61. Il s'est même abonné à *L'Année balzacienne* de 1960 à 1966. Voir aussi p. 152-153.

62. Giono a hésité pour eux entre deux titres : *Sur un galet de la mer* et *Sous le regard bleu du Cyclope*. C'est le premier qui a été retenu dans le recueil *Les Images d'un jour de pluie* et dans l'édition de La Pléiade, t. VII.

63. Image de son père peut-être (voir p. 39-40). Le thème reviendra en 1953 dans *L'Homme qui plantait des arbres* (V, 755-767).

64. *Les Images d'un jour de pluie*, p. 43-45.

65. Un peu plus tard, de 1925 à 1927, il songera encore, écrira-t-il à Lucien Jacques, à écrire telle ou telle chronique manosquine (l'une devait s'intituler « Cœur fidèle »), mais il ne semble pas avoir mis ces projets à exécution (*Corr. L.J.*, I, p. 133, 180 et 200).

66. Voir, pour les romans, *Angélique* (I, 1346-1347), *Naissance de l'Odyssée* (I, 49, 53, 56, 884, 913), *Angiolina* (I, 735), *Le Grand Troupeau* (I, 589, 617,629), *Le Chant du monde* (II, 232, 284, 323 ; 366-367, 371), *Que ma joie demeure* (II, 632-633, 676), *Batailles dans la montagne* (II, 1061), *Deux Cavaliers de l'orage* (VI, 149-150) ; pour le récit autobiographique, *Jean le Bleu*, (II, 23, 36, 52-53, 134-135, 152, 164, 167, 177) ; pour les nouvelles, « Entrée du printemps » et « Histoire de M. Jules » (III, 235-238, 242-243, 275) ; pour les essais, *Présentation de Pan* (I, 763-765), « L'eau vive » (III, 82, 84-90, 95-98, 110-115), «*Poème de l'olive* » (VII, 8-9 et 13-14), *Le Serpent d'étoiles* (VII, 117-143), *Triomphe de la vie* (VII, 776-777).

Notes du chapitre 5
(p. 107-140)

1. Voir « Giono gréviste », *Bulletin* n° 26, p. 17-23.

2. Né en 1882, il avait notamment publié en 1922 un roman antique et fantastique, *Le Voyage merveilleux de la nef Aréthuse,* que Giono avait lu en 1924.

3. Texte réédité dans le *Bulletin* n° 3, p. 11-14.

4. *Corr. L.J.*, I, 130 (lettre du 11 avril 1925). – Il s'agit du personnage d'Ernest Pontifex dans le roman de Samuel Butler.

5. Voir ma notice, I, 813-840.

6. Dans son entretien de 1930 avec Frédéric Lefèvre, il parlera de 1920. Dans *Le Livre du mois,* à la fin de 1937 ou au début de 1938, il placera sa rédaction en 1923, la disant achevée en 1924 ; dans son dixième entretien avec J. Amrouche, et dans sa préface d'octobre 1960 au roman, il le fera remonter jusqu'en 1919 (tout au moins pour les trente premières pages, me dira-t-il en 1969).

7. Le nom n'est pas grec : c'est celui d'un auteur indien du Ier siècle apr. J.-C., auteur de *Sakountala.* Ce n'est pas la seule trace de l'Inde dans le roman : la divinité de l'illusion y est appelée Maya (I, 29 et note).

8. *Corr. L.J.*, I, 102-103.

9. I, 26 et 34.

10. Les orages dans *Naissance de l'Odyssée* figurent aux p. 6, 52, 72, 82, 98, 100, 116, 117, 119, 123.

11. I, 39.

12. I, 47.

13. I, 17.

14. I, 20.

15. I, 31.

16. I, 773 et 775.

17. I, 897.

18. I, 43.

19. I, 48.

20. I, 50.

21. I, 53.

22. I, 115-116.

23. I, 117.

24. Recueilli en 1932 dans *Solitude de la pitié,* avec la date fictive de 1920, donnée à la fois pour rapprocher le récit de la période de l'action, lui conférant allure de témoignage, et pour faire excuser par la jeunesse de l'auteur les maladresses qu'y voyait Giono.

25. Voir p. 64.

26. *Solitude de la pitié,* I, 471.

27. Sa photo est dans l'*Album Giono,* p. 51.

28. Sur ce nom, voir le texte de « La Daimone au side-car », p. .

29. *Solitude de la pitié,* I, 458-465.

30. Le conte, inédit à l'époque, « L'Ermite de Toutes-Aures » (*Cahiers du Contadour,* n° VIII, 1939) est situé à côté de Manosque, mais au XIXe siècle.

31. *Corr. L.J.*, I, 161.

32. VII, 856.

33. *Europe* ne le publiera pas. Le texte paraîtra dans la *NRF* d'août 1928.

34. *Corr. L.J.*, I, 161.

35. *Ibid.*, I, 130.

36. Giono écrit tantôt « démone » à la française, tantôt « daimone » à la grecque.

37. I, 785.

38. Voir p. 53.

39. Peut-être par faiblesse (voir p. 49 sur son horreur de dire non), Giono publiera le récit en octobre 1933 dans *Marianne,* sous le titre « L'esclave », mais ne le reprendra jamais lui-même en volume. Il est reproduit dans l'édition Pléiade, I, 779-803.

40. Publiée dans le volume de *Théâtre* en 1943, avec la date fictive de 1919, comme si Giono priait le lecteur d'excuser une erreur de jeunesse.

41. *Corr. L.J.*, I, 169.

42. Publié dans *Les Images d'un jour de pluie* et dans VII, 884-888.

43. *Album Giono*, p. 57.

44. Voir p. 98.

45. *Corr. L.J.*, I, 178.

46. Voir p. 104.

47. *Corr. L.J.*, I, 174.

48. Voir la notice de Luce Ricatte (I, 927-947).

49. Lettre de L. Jacques à J. Guéhenno, communiquée par Mme A. Guéhenno.

50. Gide semble n'avoir pas gardé souvenir de cette première rencontre, si on en croit son texte de 1939, « Mon amitié pour Jean Giono » (*Corr. Gide,* p. 39-40). Il y dit que c'est à Manosque, en 1929, qu'il a fait la connaissance de Giono (voir n.86). – A. Chamson écrira (*Le Figaro littéraire,* 19 octobre 1970) que chez lui Giono a rencontré non seulement Gide, mais Roger Martin du Gard et Jean Schlumberger. Je n'ai trouvé aucune autre trace de la rencontre avec ces deux hommes.

51. Archives départementales, Digne.

52. Voir p. 40.

53. P. 93-94.

54. I, 952.

55. I, 108-109.

56. I, 155.

57. I, 17 et 31.

58. I, 158.

59. I, 208.

60. *Corr. L.J.*, I, 211-212.

61. Voir la notice de R. Ricatte, I, 1298-1306.

62. I, 730.

63. Lettre du 21 octobre 1928, *Corr. L.J.*, I, 236.

64. Giono avait pensé un moment intituler son roman *Un de Montama.* Baumugnes et Montama sont deux villages de la région, choisis d'ailleurs non pour leur situation, mais pour la sonorité de leurs noms.

65. Voir la notice de R. Ricatte I, 962-963, et *Corr. L.J.*, I, 268-275.

66. I, 289.

67. Sur des feuillets séparés, Giono a encore inscrit d'autres titres : *Printemps* et *Comme l'herbe.* Voir la notice de Luce Ricatte, I, 987-1000, et *Regain* d'A.-M. Mediavilla et L. Fourcaut, éd. Modernes Média, 1987.

68. Louis Michel (*Bulletin* n° 3) a voulu trouver aussi des éléments d'Aubignane à Carniol. Ses arguments n'emportent pas l'adhésion. Giono n'a jamais varié sur son identification d'Aubignane avec Redortiers.

69. I, 166.

70. *Corr. L.J.*, I, 149.

71. I, 371.

72. Voir p. 114.

73. I, 428.

74. I, 309.

75. H. Pourrat, qui avait demandé un texte à Giono pour sa revue *L'Almanach des champs,* l'y publia le 1er novembre 1929. Bien qu'ayant renoncé à utiliser ce texte comme prologue à sa trilogie, Giono en garda le titre lorsqu'il recueillit son récit en 1932 dans *Solitude de la pitié,* sans doute à la fois pour ne pas dérouter le lecteur en changeant le titre d'une œuvre déjà parue ailleurs, et pour conserver la suggestion de l'identité du mystérieux protagoniste, puisqu'elle ne se trouvait pas dans le texte. Peut-être faut-il, à partir de ce moment, ne plus lire « Prélude de Pan », (introduction à la trilogie *Pan*), mais « Prélude de Pan » (première manifestation de Pan dans le monde moderne).

76. Quand Giono crée en manuscrit ou dans ses notes des nobles ou des prêtres, il les fait disparaître dans l'édition : ainsi dans *Regain,* où, initialement, était projeté le mariage religieux de Panturle et d'Arsule (I, 997), et mentionné un M. de la Silve (I, 1007).

77. Respectivement I, 760, 766, 760 et 766-767, 767 et 769.

78. I, 327 et 409.

79. I, 110, 131, 223, 329.

80. I, 137.

81. I, 304, 453.

82. I, 1332-1333 et 587-588.

83. I, 947 et *Bulletin* n° 2, 44.

84. *Bulletin* n° 2, 51.

85. I, 38 et 119.

86. I, 458.

87. Respectivement I, 128, 141, 144, 152, 167, 181, 202.

88. I, 98, 129, 136, 153, 743, 250.

89. I, 744, 421.

90. I, 186, 332, 360, 325.

91. « La daimone au side-car », I, 796 ; « Angiolina », I, 728 ; *Églogues,* V.

92. I, 426, 447, 427.

93. I, 726, 266, 116, 140.

94. *Corr. L.J.*, I, 38.

95. I, 168, 352, 757.

96. I, 119, 149, 202, 181, 399.

97. I, 181.

98. I, 156, 341.

99. Le mot de « sauvagine » désigne collectivement les oiseaux de mer, d'étang ou de marais. Mais Giono l'emploie pour parler soit de l'ensemble des animaux sauvages dans sa Provence (I, 127), soit d'une bête quelconque (I, 147) ou d'un animal précis (un sanglier, I, 188), soit d'un paysage ou d'une végétation sauvage (III, 108), soit encore d'un sentiment de tristesse ou de dépression (III, 90).

100. I, 127.

101. II, 207-208 et 402 ; 500-505.

102. Ces récits sont sans rapport avec les poèmes en prose du même titre écrits en 1923 et 1924.

103. *Corr. L.J.*, I, 288.

104. H. Fluchère, après la guerre et l'agrégation, avait passé trois ans à Cambridge comme lecteur de français, puis avait été nommé au lycée Thiers de Marseille.

105. *Corr. Gide.*

106. *Correspondance André Gide-Dorothy Bussy,* « Cahiers André Gide », 10, Gallimard, 1981, p. 237. Gide et Giono ont tous deux raconté cette visite, l'un dans « Mon amitié pour Jean Giono », l'autre dans « Lundi »; les deux textes sont recueillis à la suite de la correspondance dans le même volume. D'autres détails sont donnés par Giono dans son deuxième entretien avec Amrouche : notamment Gide

prenant un livre et lisant à Giono un passage que celui-ci trouve très beau, sans reconnaître qu'il est de lui-même.

107. Henri Bosco, *Le Figaro littéraire*, 19 octobre 1970.
108. *Corr. Gide*, p. 17.

Notes du chapitre 6
(p. 141-164)

1. *Corr. Gide*, p. 14-15, et *Bulletin* n° 23, p. 47-48.
2. *Corr. L.J.*, I, 290.
3. I, LXX.
4. Respectivement : *Corr. L.J.*, I, 104 ; VII, 868 ; I, 757 ; VII, 63 ; III, 1043.
5. D'après cet auteur, dans sa contribution au livre collectif *Chat Plume* (éd. P. Horay, 1985), Giono a écrit « dans un bouquin » que « souvent il prenait sa petite carabine et il allait tuer des chats » (p. 112). Il n'a jamais rien écrit de semblable, et je défie R. Forlani de fournir sa référence. Sa mémoire est aussi défaillante que son langage est cru : il traite Giono à cette occasion de « con » et d'« enculé ». Qu'il craigne l'effet boomerang.
6. Jacques Robichon, « Dialogue avec Jean Giono », dans *La Table ronde*, février 1955, p. 54.
7. Vingt ans plus tard, il donnera des ordres détaillés pour confectionner une bouillabaisse, et mettre toute sa famille sur les genoux.
8. *Mon père. Contes des jours ordinaires*, p. 75.
9. Un peu par anarchisme profond, un peu par réaction contre ses années de banque qui avaient exigé de lui tant de minutie, mais surtout par horreur de perdre un temps précieux. Son éditeur américain lui réclame à plusieurs reprises en vain, avant la guerre, le formulaire rempli qui lui permettrait d'éviter une retenue à la source sur ses droits d'auteur. En 1955, il aura des années de retard dans le paiement de ses cotisations de sécurité sociale.
10. Entretien avec Claude Mercadié, *Nice-Matin*, 11 mai 1961.
11. Lettre de J. Frank à Giono, 7 décembre 1965.
12. « A Manosque chez Jean Giono », *Les Nouvelles littéraires*, 1er janvier 1938. A. Fabre-Luce notera plus brièvement dans son *Journal de la France*, (t. 3, p. 192) : « Très sincère, un peu hâbleur. »
13. Propos publiés dans *La Lumière* le 29. août 1936 (*Propos*, La Pléiade, t. II, p. 1110).
14. *Corr. L.J.*, II, 70 ; lettre du 5 septembre 1931.
15. VII, 422. Voir aussi p. 345.
16. Lettre de P. Keller à Giono, 25 avril 1935, demandant s'il est toujours d'accord pour cela, et pour tenter d'obtenir par ses relations le financement du film de l'expédition. Giono avait nécessairement dû, pour être pris au sérieux, faire état de son expérience d'alpiniste, parfaitement fictive.
17. Voir p. 336-337.
18. *Combat*, mai 1951 ; recueilli dans *Les Trois Arbres de Palzem*, p. 21.
19. III, 723.
20. Texte recueilli dans *Le Déserteur*, p. 175.
21. « Certains gitans », *Le Dauphiné libéré*, 24. 8. 1969 ; *La Chasse au bonheur*, p. 203.
22. *Voyage en Italie*, p. 213-215.
23. Archives départementales de Digne, dossier 3J6.
24. *Voyage en Italie*, p. 207-208, *Les Trois Arbres de Palzem*, p. 101-105, et surtout « La Pierre », dans *Le Déserteur*, p. 142-152.
25. *Au territoire du Piémont*, II, 1238.

26. Voir ma note « Giono et l'*International Who's Who* », *Bulletin* n° 31, été 1989.

27. *Corr. L.J.*, II, 16.

28. C'est aussi chez Fourcade qu'aurait dû paraître *Le Serpent d'étoiles,* que publiera Grasset (voir n. 62).

29. Ses œuvres seront une des lectures de Mlle Amandine (III, 170).

30. Les livres annoncés en tête des volumes comme « à paraître » et « en préparation », qui étaient 2 dans *Colline,* 5 dans *Un de Baumugnes,* 8 dans *Regain* et dans *Présentation de Pan,* passent à 9 dans *Le Grand Troupeau,* et à 14 en 1932 dans *Solitude de la pitié.* Là-dessus, il y a 4 œuvres terminées, ou à peu près (dont 2 pièces), 1 en cours, et 9 qui ne seront jamais écrites : 8 romans, *Icare, Le Visage du mur, L'Herbier d'algues, Le Poids du ciel, Le Chef des bêtes, Cyclope, L'Enfant de lait* et *Le Fleuve* (qui, il est vrai, deviendra peut-être *Le Chant du monde*) ; et une pièce, *La Clé du puits.*

31. Voir p. 137.

32. Une trace en subsiste peut-être dans une question de terre à racheter éventuellement. Mais ce n'est dit qu'en passant (I, 585) et aucun sergent n'intervient dans l'affaire ; les deux hommes qui seraient engagés dans cette transaction ne se trouvent pas ensemble au front.

33. Notice du *Grand Troupeau* par J. et L. Miallet, I, 1091, et *Corr. L.J.*, I, 299.

34. Giono avait demandé 5 000 francs pour cette publication, tout en précisant que *La Revue de Paris* lui en proposait 10 000. Il en recevra finalement 6 000, dont 5 000 au début de la parution et 1 000 à la fin.

35. Aline Giono, *op. cit.*, p. 62.

36. *Corr. L.J.*, II, 29-30.

37. *Ibid.*, II, 28.

38. Le compte rendu de *Regain* par Benjamin Crémieux dans la NRF du 1er décembre 1930 formulera des critiques du même type.

39. *Corr. L.J.*, II, 16.

40. D'autres correspondances plus subtiles percent aussi : ce qui « grésille comme de l'huile à la poêle », ce sont, au début, dans la paix, les hirondelles (p. 544) et à la fin, dans la guerre, les mitrailleuses (p. 717).

41. I, 611-612.

42. Voir p. 68-69. – La mère de Giono, repasseuse avec trois ouvrières avec lesquelles « on peut rigoler », apparaît fugitivement aussi, mais transposée : elle est la mère d'un soldat de Dijon (I, 564).

43. Pas seulement celles d'un homme (612 et 695) ou d'un bélier (551), mais aussi celles d'un matelas (565) et d'un village (705).

44. I, 676 et 680-685.

45. I, 561 et 617.

46. Comme déjà dans « Ivan Ivanovitch Kossiakoff » (voir p. 112). – Les archives Giono conservent d'ailleurs le brouillon d'une lettre du 20 janvier 1930 à un correspondant allemand inconnu, où il est dit : « Il n'y a jamais eu d'Allemands pour moi. Je ne fais pas de différence entre eux et des Français, des Belges, des Italiens, des Anglais, etc. C'est vous dire si je suis pour le rapprochement franco-allemand. Ce sont des hommes et je les juge non pas suivant le nom de la terre qu'ils habitent mais selon les mérites du cœur. J'ai fait toute la guerre. Comment obtenir ce rapprochement ? Je ne sais pas. Je le désire, mais je ne sais pas. Je suis seulement quant à moi prêt à marcher le premier la main tendue. »

47. I, 678-679 et 689.

48. Je ne parle ici que des protagonistes. Il y a aussi un Casimir qui a perdu une jambe (633-634), d'autres amputés, et des aveugles (695-696).

49. I, 715, 719 et 665-666.

50. Voir p. 75-76.

51. I, 721 et 724.

52. Peut-être Henri Pourcin qui habitait Marseille, plutôt que ses frères Marius ou Louis, Manosquins.

53. Ils avaient vu le jour auparavant, un dans *Europe* en juin 1930, trois dans *L'Almanach des champs* de Pourrat en mai et novembre 1930, quatre dans *Églogues,* une plaquette à tirage limité parue aux éditions P. Q.G. de Coutances en juin 1931 – mais ils datent de 1930 –, cinq dans *L'Intransigeant* entre décembre 1929 et janvier 1931. Il faut y ajouter six textes : « Poème de l'olive » qui date de janvier 1930 (VII, 3-14) ; trois textes recueillis en 1943 dans *L'Eau vive,* « Le voyageur immobile » de février 1930, « L'eau vive » paru dans la *NRF* en mai 1930, et son « Complément » rédigé sans doute non pas immédiatement à la suite, mais peu de mois après ; l'essai un peu plus long de *Manosque-des-plateaux,* écrit du 26 avril au 16 mai (VII, 16-64) ; enfin, de datation plus conjecturale, un autre texte de *L'Eau vive,* « En plus du pain », dont Giono a dit bien plus tard à J. Pugnet qu'il datait de 1926 – mais il remonte souvent trop haut ; je le situerais en 1930 : il est parent, J. et L. Miallet l'ont noté, du récit « Solitude de la pitié » qui est du début de cette année ; là aussi un homme errant se trouve dans une ville, et sa solitude déchirante s'oppose à l'indifférence des gens ; cette analogie a pu détourner Giono de faire figurer les deux nouvelles dans le même volume.

54. Écrits au hasard des commandes et des circonstances, tous ces récits, recueillis en 1932 dans *Solitude de la pitié,* présentent une unité d'esprit, mais non une ordonnance architecturale. La composition du recueil n'a pas été voulue à l'avance par Giono seul ; elle est le résultat de tractations parfois orageuses menées en juillet et août 1932 avec L.D. Hirsch pour les éditions Gallimard. Le volume initialement projeté paraissant un peu mince et contenant plusieurs textes qui étaient des articles plutôt que des récits, Giono propose de le gonfler par « La daimone au side-car » de 1925, à laquelle il donne un nouveau titre, « La journée épanouie », par un extrait du *Serpent d'étoiles,* par les pages consacrées à la mémoire d'Amédée de La Patellière (voir *Corr. L.J.,* II, appendice) et par sa préface au *Dernier Feu* de Maria Borrély. Hirsch refuse, et demande deux extraits de *Jean le Bleu,* l'épisode de la femme du boulanger et celui du serpent. Giono, lié avec Grasset, ne peut accepter ; il propose « L'eau vive » dont Hirsch ne veut pas car ce n'est pas à proprement parler une nouvelle. Finalement, le contenu actuel est adopté, faute de mieux.

55. Commande de J.-L. Vaudoyer pour une collection « Portrait de la France » aux éditions Émile-Paul. – Voir les notices d'Henri Godard, VII, 893-896 et 900-911.

56. Voir Jacques Chabot, « La Vénus de Lure », *Bulletin* n° 31, 1989.

57. Tout cela est relaté dans un article publié par *L'Intransigeant* le 3 juillet 1930, « Le lyrisme des bergers », et dans un texte sans titre ni date que Giono n'a jamais publié. On les trouvera tous deux en appendice au *Serpent d'étoiles* dans le tome VII de La Pléiade. H. Godard suppose que le second est antérieur au premier. C'est très possible ; il peut s'agir aussi d'un fragment de la conférence sur le lyrisme cosmique des bergers que Giono fera à Berlin en février 1931 et à Digne le mois suivant.

58. Titre figurant dans les « à paraître » de *Présentation de Pan.* La formule constitue les derniers mots de ce texte.

59. Il avait dans sa bibliothèque de jeunesse les *Cinq Grandes Odes* et *Deux Poèmes d'été.* Il s'était inspiré de *Protée* en 1925 pour concevoir *Naissance de l'Odyssée* (voir p. 109). Il cherchait en 1927 à acquérir *Tête d'or* et *La Jeune Fille Violaine* (*Corr. L.J.* I, 202). Il va en 1933 reprendre l'épisode final de cette dernière pièce (ou de sa version ultérieure *L'Annonce faite à Marie*) dans « Vie de Mlle Amandine » (voir p.). Et, en 1935, il proposera à *Vendredi* un article sur Claudel (projet non réalisé).

60. VII, p. 925.

61. VII, 139-141.

62. Sur le pin-lyre, voir la note de H. Godard, VII, 945-946. Giono a pu aussi se souvenir d'un passage des *Cinq Nô* (éd. Péri, Bossard, 1921), qu'il avait dans sa

bibliothèque de jeunesse et dont il s'était inspiré dans des poèmes de 1922, « Deux Images pour illustrer Oïmatsu » (*Bulletin.* n° 3, p. 51). Dans la première *Image*, « le vieux pin, que les dieux habitent, gémit doucement l'immortelle chanson ouvreuse d'âmes ». Or, dans les *Cinq Nô,* dont le premier est « Oïmatsu, le vieux pin », des cordes sacrées sont suspendues à l'arbre ; elles ne sont pas musicales ; ce sont des cordelettes pendantes ornées de bandes de papier, insignes sacrés du shintoïsme. Mais Giono a pu s'en souvenir inexactement, ou faire une transposition volontaire.

63. II, 1238.

64. *Le Serpent d'étoiles* parut dans *Les Nouvelles littéraires* du 20 décembre 1930 au 14 février 1931. La scène du drame des bergers fut publiée dans le n° de janvier du *Nouvel Age* d'H. Poulaille, et aussi le 14 mars 1931 dans *La Dépêche agricole des Alpes,* « organe du Syndicat agricole bas-alpin et de défense des intérêts ruraux », où un commentaire affirmait : « Nos lecteurs goûteront cette agréable saynète (…). » *Le Serpent d'étoiles* devait initialement être publié en volume par les éditions Fourcade (contrat du 30 déc. 1930). Mais la maison disparut ; Grasset racheta les droits le 1er mars 1932 et fit paraître le livre, sans empressement excessif, en avril 1933.

65. VII, 926-927.

Notes du chapitre 7
(p. 165-180)

1. Lettre à J. Paulhan du 20 janvier, citée dans la Chronologie de l'édition de La Pléiade (I, LXII). Giono répétera cette conférence à Digne le 15 mars, à 17 heures, au Théâtre municipal.

2. *Les Vraies Richesses,* VII, 173.

3. Quatrième entretien avec J. Amrouche.

4. Archives départementales de Digne, dossier 3J7.

5. *Corr. L.J.*, II, 64-65. Trois rouleaux de 8 millimètres avaient été trouvés au Paraïs (ils ne semblent plus y être). Ce n'étaient pas des vues de transhumance, mais de ciels, d'arbres, de paysages. Mais la lettre à Lucien Jacques fait état de plusieurs séquences : certaines pouvaient être de paysages, d'autres de troupeaux. C'est à tort que, ne connaissant pas alors la lettre de L. Jacques à H. Poulaille, j'ai, dans une note de l'édition citée, conjecturé que la prise de vues datait de janvier : la date est impossible si le film comprend des scènes de transhumance.

6. La copie faite par H. Poulaille porte la date de « mars 1931 », qui ne devait pas figurer sur l'original. La mémoire de Poulaille l'a trompé : il ne peut s'agir que d'avril.

7. Copie faite sans doute par le secrétariat de Grasset à l'intention de Jean Guéhenno, et se trouvant dans ses papiers. Mme Guéhenno me l'a obligeamment communiquée.

8. Évidemment « par celle qu'a reçue Brun ».

9. Reproduction, semble-t-il, de propos tenus par tel responsable de la maison Grasset.

10. La deuxième page de cette lettre est reproduite dans l'*Album Giono* de La Pléiade, p. 99.

11. Effectivement, Gallimard publia *Le Grand Troupeau* (1931), *Solitude de la pitié* (1932), *Le Chant du monde* (1934), *Refus d'obéissance* (œuvre de 1936 qui aurait peut-être dû revenir à Grasset en tant qu'essai, mais qui était fait essentiellement d'extraits inédits du *Grand Troupeau* publié par Gallimard), *Batailles dans la montagne* (1937). A Grasset revinrent *Jean le Bleu* (1932), *Le Serpent d'étoiles* (1933), *Que ma joie demeure* (1935), *Les Vraies Richesses* (1936), les deux volets de « Vivre libre », à savoir *Lettre aux paysans* et *Précisions* (tous deux de 1938), et *Triomphe de la vie* (1942).

12. Archives départementales de Digne, dossier 3J7.

13. Dans une lettre à Brun, datable du début de février 1932, Giono annonce la parution d'un « passage coupé dans *Le Chant du monde* ». Le manuscrit semble donc bien avoir été perdu avant cette date.

14. On s'est demandé si d'autres textes recueillis comme ces deux-là dans *L'Eau vive* en 1943 ne viendraient pas aussi du premier *Chant du monde* : « Automne en Trièves » (*Vogue,* octobre 1932), « Hiver » (*Vogue,* janvier 1934), « Possession des richesses » (non publié à part). Pour le premier, *Vogue* a bien demandé à Giono, en janvier 1932, un texte sur l'automne. Giono s'est-il aperçu qu'un fragment de son roman correspondait à cette commande ? C'est possible. Le texte fait mention d'un personnage, Colombe Catelan, dont le patronyme, mais non le prénom, se trouve dans « Mort du blé ». Et elle délire pour avoir respiré de la poussière de champignons. On voit mal Giono introduire un personnage unique dans un texte isolé destiné à une revue. Mais tout est écrit à la première personne du pluriel, alors qu'« Entrée du printemps » et « Mort « du blé » sont impersonnels. « Possession des richesses », texte bizarre, comme inachevé, est assez différent, bien que se passant aussi dans le Trièves ; Giono y utilise la première personne du singulier. Quant à « Hiver », avec son montagnard marchant dans la neige en raquettes, s'il devait être une retombée d'une œuvre quelconque, ce serait plutôt de l'actuel *Chant du monde* ; mais il ne figure pas dans le manuscrit de ce roman.

15. Cette lettre du 25 octobre, datée de 1932 dans mon édition de *Corr. L.J.* (t. II, p. 104), est sans doute en fait, comme le pense L. Fourcaut, de 1931.

16. *Ibid.,* 85-86.

17. *Corr. L.J.,* II, 106.

18. Autre problème, mais mineur. Le texte publié par *L'Intransigeant* du 17 juin 1932 sous le titre « Le Chant du monde » contient cette phrase : « Un fleuve est un personnage, avec ses rages et ses amours, sa force, son dieu hasard, ses maladies, sa faim d'aventures » (I, 536). Il pourrait s'agir du *Chant du monde* actuel, plutôt que du premier où, dans les pages subsistantes, il n'est pas question de fleuve. Mais il n'y a là qu'une phrase ; d'autres évoquent les montagnes, les sources. Ce n'est pas décisif.

19. Il les annoncera parmi les « en préparation » du *Grand Troupeau*.

20. Voir II, 1240.

21. Entretien avec Frédéric Baussan, *Le Méridional,* 18 février 1959.

22. Synge lui avait sans doute été révélé par son amie Simone Téry, qui avait consacré un chapitre au dramaturge irlandais dans son livre *L'Ile des Bardes* (1925).

23. La plupart des indications concernant la pièce viennent de la thèse de 3e cycle soutenue en 1985 par Laurent Fourcaut à la Sorbonne nouvelle, et dont le contenu est encore inédit. – Deux scènes du *Bout de la route* furent publiées par les *Cahiers du Sud* en juillet 1932. L'ensemble ne vit le jour qu'en septembre 1937 dans le n° 2 des *Cahiers du Contadour,* et dans une édition à tirage limité faite sur la même typographie, puis chez Gallimard en 1943 (voir note 28). Il y eut des projets de représentation à la fin de 1934 par la troupe du Rideau Gris à Marseille, puis à Paris en 1937. Ce n'est finalement qu'en 1941 que la pièce fut montée à Paris par Pierre Gautherin et sa « Compagnie des quatre chemins » (voir p. 343-344).

24. I, 558.

25. I, 684-685 et 718-719, et *Le Bout de la route,* a. 1, début de la sc. 8.

26. Giono songera aussi, au plus tard en mars 1932, à l'intituler *Dionysos,* titre que, selon une lettre de janvier à Brun, il avait auparavant pensé donner à un roman. – C'est par erreur que le titre de la première pièce a été imprimé comme étant *Le Ciel deux fois trouvé.*

27. Je m'appuie notamment sur la thèse de 3e cycle de Louis Theubet (université de Paris-IV, 1983), encore inédite.

28. Devant le succès remporté, la Compagnie des Quinze projettera de la donner

pendant huit jours dans la même ville, en français cette fois, à partir du 2 juillet ; mais le projet ne pourra se réaliser. – Giono recevra en 1932 et 1933 des demandes de traduction en anglais et en allemand. La traduction allemande paraîtra chez Fischer à Berlin en 1936. Giono dira en 1936 ou 1937 à Ch. Michelfelder que la pièce a été jouée à Francfort, Vienne, Oslo et Prague. Cela paraît certain pour Francfort. Andrea Bantel me dit qu'il semble aussi y avoir eu des représentations à Berlin en 1938, sous le titre *Das Salz der Erde* (« Le sel de la terre »). – Gallimard s'intéressa assez tôt à la publication des deux premières pièces de Giono, et lui signa un contrat pour elles le 25 août 1932. Un autre contrat fut signé le 1er octobre 1933. J'ignore pourquoi la chose ne se fit pas ; mais il en sera encore question en 1935, et un troisième contrat sera établi en 1938. Finalement, le livre ne verra le jour qu'en 1943 ; il comprendra aussi *La Femme du boulanger* et *Esquisse d'une mort d'Hélène*.

29. Entretien cité n. 21 avec F. Baussan.

30. *Journal 1942-1945,* Gallimard, 1989, p. 81, notation du 13 avril 1942. – Cocteau vient de déjeuner avec Alain Cuny, principal interprète de la pièce, jouée à partir de 1951.

31. D'une troisième pièce, *La Clé du puits,* annoncée en octobre 1931 parmi les ouvrages « en préparation » en tête du *Grand Troupeau,* et en septembre 1932 dans ceux en tête de *Solitude de la pitié,* pas une ligne, que l'on sache, n'a été écrite, et on ne sait rien de ce qu'elle devait être.

Notes du chapitre 8
(p. 181-206)

1. Sur le manuscrit figurerait la date du 16 novembre (II, 1198-1199). Giono aurait-il jeté sur le papier un début de son œuvre, entre la première rédaction du *Bout de la route* et sa correction ? Cela étonne un peu. – Sur *Jean le Bleu,* voir la notice de R. Ricatte, II, 1191-1233.

2. Un autre projet placé sous le même titre (II, 1200-1201) est entièrement différent.

3. II, 1237-1239.

4. II, 168.

5. I, 184.

6. II, 97.

7. Voir p. 483-484.

8. II, 112 et 114.

9. Giono connaissait déjà certaines œuvres de Haendel (voir *Corr. L.J.* I, 242 et II, 17). Il éprouvera plus tard une véritable passion pour plusieurs d'entre elles. Il avait des disques du *Messie* (probablement des extraits). S'il ne mentionne pas ici l'œuvre de Haendel, est-ce parce qu'elle est souvent considérée d'abord comme une musique de grandes masses sonores ?

10. II, 15.

11. II, 63.

12. II, 69.

13. II, 95-96.

14. II, 174 et 1242-1243.

15. Ces notations précises, assez fréquentes jusqu'à *Naissance de l'Odyssée,* sont absentes de la trilogie de *Pan,* bien que naturellement l'amour physique y ait sa part, entre Ulalie et Gagou dans *Colline,* entre Angèle et Louis dans *Un de Baumugnes,* entre Arsule et Panturle dans *Regain.* Elles reparaissent chez Giono à partir de « Prélude de Pan », à la fin de 1929.

16. VII, 34 et II, 180.

17. L'image sera reprise dans *Les Vraies Richesses* (variante b de la p. 189), et par quatre fois dans *Triomphe de la vie* (VII, 690-693).

18. II, 83.

19. P. 113.

20. VII, 40 et 109.

21. VII, 115.

22. Les éditions portent « Dieu », mais il y a bien « dieu » dans le manuscrit.

23. I, 724.

24. II, 21, 56 et 166.

25. Dans *Jean le Bleu* même, quand il s'agit du dieu unique, on lit trois fois « dieu » chez le narrateur (p. 54, 83 et 180), et une fois dans la bouche du père (181). Quand c'est « Dieu », c'est le plus souvent dans la bouche de personnages comme le père (19), un maçon (150) ou Madame-la-Reine (mais il dit « le Seigneur » p. 153). Trois fois, c'est « Dieu » alors que c'est le narrateur qui s'exprime. Au reste, à supposer que Giono soit responsable de ces variations – et non un correcteur ou un typographe –, il n'attachait pas aux graphies une importance décisive. D'instinct, il écrit pourtant « vierge » pour désigner la mère du Christ, à laquelle il croit dans sa petite enfance, sauf une fois où on lit « la Sainte Vierge ».

26. II, 19.

27. De même le père de Marcel Pagnol, instituteur, appelle son beau-frère catholique « un homme qui croit que le Créateur de l'Univers descend en personne, tous les dimanches, dans cent mille gobelets » (*La Gloire de mon père* chap. 8).

28. II, 181.

29. II, 83.

30. II, 180.

31. II, 18-20, 52-55, 46.

32. Depuis « Ma mère m'a donné ses yeux bleus », le texte a été repris, avec de minimes variantes de forme, dans « Son dernier visage » (*L'Eau vive,* III, 279).

33. Texte publié en tête du *Bulletin* n° 29, 1988.

34. II, 169.

35. *Corr. L.J.*, II, 71 et 38.

36. II, 31 et 65.

37. « Le narrateur et ses doubles dans *Jean le Bleu* », *Revue des lettres modernes,* série Giono, n° 2, 1976, p. 9-56. Cette étude complète la notice de R. Ricatte sur *Jean le Bleu;* elle se base pour une part sur les vues psychanalytiques de Marthe Robert, auxquelles on n'adhère pas nécessairement.

38. Autre preuve, la même année, de la notoriété de Giono : le début des visites que lui fait Gustave Cohen, professeur de littérature médiévale à la Sorbonne. Il les a évoquées dans *Ceux que j'ai connus* (Montréal, 1946). Son chapitre « Le régionalisme provençal. Jean Giono » recèle en 15 pages un nombre inégalé d'erreurs de fait et de contresens.

39. II, 180.

40. Version dont Frédéric Lefèvre se fera l'écho dans « Plaidoyer pour Jean Giono », dans *Vendémiaire,* 4 avril 1941.

41. *Corr. L.J.*, II, 106-107.

42 Le roman, tout plein de taureaux, déteint sur Giono quand il en parle.

43. *Corr. L.J.*, II, 109.

44. Déclarations faites en 1966 à Michel Thévoz, et reproduites dans sa thèse *Louis Soutter ou l'Écriture du désir,* Lausanne, L'Age d'homme, 1974, p. 42-43.

45. Lettre à Frank Jotterand, *ibid.*, p. 43.

46. « La Pierre », dans *Le Déserteur,* p. 99. – Sur *Le Chant du monde,* voir ma notice, II, 1261-1282, et Patrick Grainville, « *Le Chant du monde,* odeur et gémissement », dans le n° Giono de *L'Arc,* 1986, p. 22-25.

47. *Provence perdue,* p. 108.

48. II, 325.

49. On relève pourtant des allusions très claires à *Kim* dans *Sur un galet de la mer* et dans *La Lamentable Aventure de Constance Phalk* (dans les deux textes il est question du « chela » d'un saint homme) ; et une bien probable au *Livre de la jungle* dans *Naissance de l'Odyssée*: « la danse sacrée des éléphants de la nuit » (I, 38-39) ne peut guère renvoyer qu'à l'épisode sur lequel culmine « Toomai des éléphants ». Voir aussi la n. 25 du chapitre 1 et la n. 103 ci-après, ainsi que p. 509.

50. Dans *Le Chant du monde*, la vieille Gina, qui règne sur une vingtaine de « maris », est proche de la femme de Shamlegh, cette magnifique Tibétaine polyandre, dans *Kim*. R.L. Wagner s'est demandé si le besson ne vient pas du Namgay Doola d'un conte de Kipling, comme lui roux et flotteur de bois, qui sème le trouble dans les domaines d'un autocrate (*Bulletin* n° 11, p. 45). Dans un passage supprimé (II, 1295), les bouviers de Maudru songent, pour prendre le besson au piège, à faire ratisser le pays par les troupeaux, comme Mowgli dans *Le Livre de la jungle* tue le tigre en le faisant écraser par les buffles. Surtout, n'est-ce pas de *Kim* encore que vient l'image de la roue du monde ? « La vie est une drôle de roue », se dit Antonio (II, 268) ; et Toussaint à Antonio : « Tu sens que la roue tourne autour de toi » (II, 306). L'image, qui d'ailleurs existe auparavant chez Giono, dans *Manosque-des-plateaux* (VII, 41), dans « Joselet » (*Solitude de la pitié*), dans *Jean le Bleu* – « La roue du monde tournait sans bruit dans l'huile souple » (II, 186) –, dans deux des textes de *L'Intransigeant* en 1932, est un des leitmotive du lama dans *Kim* : « roue de la vie », « roue des choses », « juste est la roue ».

51. II, 210.

52. III, 204.

53. Il paraîtra aux États-Unis en 1938. C'est pour cette édition que Giono écrira le texte reproduit en français dans l'édition de La Pléiade (II, 1283) et en anglais dans l'*Album Giono,* p. 109.

54. Voir p. 216-218.

55. Autres articles : André Billy dans *L'Œuvre*, J.B. Séverac dans *Le Populaire*, Eugène Dabit dans *Europe*, Ramon Fernandez dans *Marianne* et dans *Le Matin*, Marcel Arland dans la *NRF*, André Rousseaux dans *Noir et Blanc* et dans *La Revue universelle*, Pierre Descaves dans *Liberté*, Gabriel Marcel dans *Europe nouvelle*, Auguste Bailly dans *Candide*.

56. *Toute l'édition*, 17 novembre 1934. – Le prix ira à Roger Vercel avec 7 voix, pour 2 à Hubert de Lagarde et 1 à Jacques Legrand.

57. *Bulletin* n° 9, p. 41-45.

58. Notice de *L'Eau vive*, III, 1149-1152.

59. A supposer que « L'histoire de M. Jules » ait fait initialement partie d'un texte plus long, il semble certain que Giono avait à cette date renoncé à le publier en joignant les deux récits : le titre qu'il a mentionné à Hirsch n'aurait pu couvrir les pages sur M. Jules. L'édition envisagée n'eut pas lieu : le texte parut trop court pour remplir un volume. Il aurait fallu le compléter par d'autres, et Giono ne le fit pas.

60. Dans *Le Chant du monde,* Antonio dépeçait lui aussi un sanglier.

61. III, 183.

62. III, 162 et 132.

63. III, 187.

64. III, 186 et 182.

65. III, 174.

66. L'éditeur Ferenczi passe le 18 mai 1933 un accord avec Grasset pour des éditions de *Jean le Bleu* et du *Serpent d'étoiles*; le tirage sera de 35 000 exemplaires, le prix de 3,50 francs. Arthème Fayard publiera aussi *Regain*.

67. Jeu de mots sur « lover » et « loser ».

68. Allusion à l'épisode des montagnards de Baumugnes qui autrefois, la langue coupée, en ont été réduits à communiquer par la musique.

69. Les trois romans de *Pan* occupaient chacun une centaine de pages dans l'édition Pléiade ; *Le Grand Troupeau* passe à 185, *Le Chant du monde* à 225. Même progression dans les essais : *Présentation de Pan,* 33 pages ; *Manosque-des-plateaux,* 47 ; *Le Serpent d'étoiles,* 80 ; *Jean le Bleu,* 185 (et si on veut le compter parmi les romans, il n'accuse pas de baisse par rapport au *Grand Troupeau*).

70. I, 762-765.

71. Dans *Angiolina* étaient cités seulement deux vers d'une chanson de la Bioque.

72. Ce sont les improvisations en vers libres de la « Pastorale » dans *Présentation de Pan* (I, 762-765). Ce sont, dans le « Poème de l'olive » de janvier 1930, non pas les chansons elles-mêmes, qu'il a prises dans *Chants populaires de Provence* de Damase Arbaud, achetés en 1928, mais le titre même, et les nombreux passages en octosyllabes non rimés – jusqu'à onze à la suite – qui truffent la prose de la première partie du texte. Et les improvisations des artisans dans « L'eau vive » et dans « Complément à l'Eau vive » (III, 235-238 et 242-244) : celles de l'aiguiseur de couteaux-scies, du potier, des bouchers de petits villages, du flotteur de bois, et des personnages d'une autre pastorale. Tantôt en vers libres, tantôt en vers réguliers non rimés. (« L'eau vive », écrit entre janvier et mars 1930, parut dans la *NRF* du 1er mai. « Complément à l'eau vive » ne fut publié qu'en 1943 dans le recueil *L'Eau vive.* Mais il est probable qu'il fut écrit lors de la relecture sur épreuves du texte précédent, ou de sa publication : le début du second texte reprend la fin du premier, et n'en était donc pas la fin coupée par la revue en raison de sa longueur. Le style et l'inspiration sont les mêmes.) Ce sont enfin toutes les improvisations en versets lyriques des bergers à la fin du *Serpent d'étoiles*. Les chansons que chantent les vieux ou les soldats dans *Le Grand Troupeau* ne sont pas de l'invention de Giono, quoi qu'il en ait dit. Mais celles d'« Entrée du printemps », écrit dans le premier semestre de 1931, le sont presque toutes, à l'exception peut-être de « Quand j'étais jeune fille ». De même la plupart de celles de *Jean le Bleu,* en particulier celles qui sont attribuées à Odripano et à sa mère (II, 36, 134-135, 153, 164, 167, 177), et du *Chant du monde* (II, 232, 284, 323, 366-367, 371, 372), où l'on s'attendrait à trouver les chansons composées par le créateur Antonio, mais où une seule, celle des « trois valets », est mentionnée sans son texte (II, 223). Sur ces dernières, et sur leur rôle par rapport à l'action du roman, voir Agnès Candes, « Chants et chansons dans *Le Chant du monde* », *Bulletin* n° 26, 1986.

73. II, 170.

74. Il donne pourtant sa signature à J. Guéhenno pour un texte protestant contre la répression en Indochine : son nom paraît parmi des dizaines d'autres dans *Europe* du 15 mars 1931.

75. Mais il devait y avoir, le 18 juin suivant, selon le même journal, 2 000 manifestants au congrès départemental des anciens combattants, et 600 convives au banquet qui l'accompagnait.

76. II, 170-171.

77. Postface aux *Sorciers du canton*, Gallimard, 1933. – Tous ne sont pas aussi sensibles au rayonnement de Giono. Edouard Peisson, venu le voir en été 1930 avec H. Poulaille, trouve qu'il parle trop et le juge comme « un faiseur de vent » (manuscrit de H. Poulaille sur Giono).

78. VII, 14.

79. I, 519.

80. I, 42.

81. I, 234-235.

82. I, 368.

83. I, 526.

84. I, 537.

85. III, 201.

86. III, 204.

87. *Corr. L.J.*, I, 124-125.

88. « Il faut aimer » n'a jamais à ma connaissance été réimprimé où que ce soit. « Nous sommes tous inquiets » et « Rien n'est vanité » seront repris par *Les Cahiers du plateau* en avril 1935, et en appendice à *Jean Giono et les Religions de la terre* de Michelfelder en 1938. Les titres ont parfois varié (voir III, 1156, et la note 97).

89. III, 82, 98, 101, 103 ; I, 256 ; III, 103.

90. Le surtitre de l'article est « Des joies nouvelles ». Mais on ne peut s'y fier : *L'Intransigeant* modifiait souvent les titres (voir I, 1062).

91. On serait tenté de croire que ce texte a lui aussi été écrit pour *L'Intransigeant*, car il est du même ton que les articles qui y ont paru ; mais il est beaucoup plus long.

92. Le n° 3 des *Cahiers du plateau* (avril 1935), *La Revue bleue* (3 avril 1937), et le recueil *L'Eau vive* (1943).

93. Dans *Corymbe*, ces lignes forment une épigraphe. Dans Michelfelder, elles font, peut-être par erreur, partie intégrante du texte. Que Giono ait supprimé ces lignes dans son envoi au *Mois* pour publication en 1931 me semble plus probable qu'un ajout en 1937-1938.

94. II, 57-60.

95. Souvenir peut-être du célèbre poème de Kipling qui se termine par « Tu seras un homme, mon fils ».

96. II, 169-170.

97. Voir p. 32.

98. Voir p. 285.

99. II, 409.

100. II, 309, 310, 312, 410.

Notes du chapitre 9
(p. 207-231)

1. Le texte de cette déclaration a été publié par J.-M. Gleize et Anne Roche en appendice à leur communication « Roman », « poésie », « peuple » ; situation du lexique gionien dans les années trente », dans *Giono aujourd'hui,* Édisud, 1982, p. 27-28.

2. *Le Petit Provençal,* 12 avril 1934.

3. Les principales études sur lesquelles je m'appuie sont la notice de Luce Ricatte (II, 1324-1347), l'article de R. Ricatte dans la *Revue des lettres modernes,* série Giono, n° 1, et celui d'H. Godard dans *L'Arc* n° 100. On peut lire aussi Catherine Pellegrini, « *Que ma joie demeure,* roman dionysiaque ? », coll. de l'ENS de jeunes filles, 1984.

4. IV, 1252-1253.

5. Voir p. 606 (n. 5).

6. Césarine Cavalli, la petite bonne engagée après la naissance de Sylvie, et qui est présente notamment dans *Les Vraies Richesses.*

7. Giono semble faire allusion à la conclusion de nouveaux contrats signés à cette date avec Gallimard et Grasset.

8. II, 1326.

9. *Corr. L.J.*, II, 124.

10. Lettre sans date, publiée dans *l'Album Giono,* p. 113.

11. II, 653.

12. Il tirera de la première le texte « Belle terre inconnue », publié dans le numéro du 15 septembre-15 octobre de *Visages de France* (dir. G. Pillement), avec six photos de Kardas.

13. L. Heller-Goldenberg, *Jean Giono et le Contadour,* 1972, p. 40.

14. II, 760.

15. Le berger Randoulet fait allusion à un voyage fait en 1903, environ vingt ans auparavant (II, 651-652). Mais le protagoniste, Bobi, âgé de 35 ans environ, dit aussi (II, 762) qu'en 1903 il a couché dans une ferme forestière ; avait-il 15 ans à l'époque ? Tous les autres souvenirs évoqués en même temps, sauf celui de sa mère, sont des souvenirs d'adulte.

16. Voir Jack Meurant, « *Que ma joie demeure,* histoire d'une tentative et d'un échec politique », *Bulletin* n° 16.

17. Katherine A. Clarke, dans « Interview with Jean Giono » (*The French Review,* octobre 1959), relève – en la faisant débuter inexactement par « Il me semble (...) » – cette phrase que Giono commente ensuite.

18. II, 524. – On verra Giono gommer l'origine italienne d'un de ses personnages dans *Le Moulin de Pologne* (voir p. 38).

19. II, 615.

20. II, 1341.

21. VII, 81.

22. II, 677.

23. II, 613, 614, 659, 619.

24. Il a dit à Guéhenno que c'était pour ne pas se trouver à la tribune aux côtés d'un certain critique. Mais il cherchait sans doute, en écrivant cela, à faire plaisir à son correspondant, qui en voulait alors beaucoup à ce critique d'un compte rendu défavorable sur son *Journal d'un homme de quarante ans.*

25. Sa lettre, parue dans *Monde* le 6. 7. 1934, est reproduite dans *Corr. L.J.,* II, 124.

26. Il s'agit sans doute de l'incident relaté p. 107.

27. Je n'ai pas la preuve matérielle que les changements apportés au roman aient été l'effet du compte rendu d'Aragon. Mais Giono, juste au moment où il en prenait connaissance, aurait-il introduit par hasard dans *Que ma joie demeure* un épisode qui semble être la conséquence des injonctions d'Aragon ? Ce serait une bien étrange coïncidence.

28. Giono se contredit à son propos. P. 600, le fermier est là depuis un an (date du départ de son prédécesseur) ; p. 603, depuis trois ans.

29. Reproduit en appendice à la communication citée de J.-M. Gleize et Anne Roche, p. 24-26.

30. II, 602-610. Je donne la référence en bloc pour alléger l'annotation ; elle est valable chaque fois qu'il s'agit de cet épisode dans les pages ci-après.

31. II, 759.

32. II, 728.

33. II, 438.

34. II, 725.

35. II, 621-625, 628-630, 739-741.

36. II, 759.

37. II, 725.

38. II, 778.

39. II, 779.

40. Dans une lettre du 15 novembre 1952 (Archives départementales, Digne), Henri de Miramon Fitz-James, rappelant à Giono ses rencontres avec lui à Pradines, chez ses cousins Fitch, écrit : « Je garde quant à moi un très vif et précieux souvenir d'une lecture nocturne du manuscrit du *Grand Troupeau,* de l'impression que vous causa l'exécution, sur un piano faux, du choral de Bach *Que ma joie demeure* (...) ». Giono dut acheter le disque peu après.

41. *Les Vraies Richesses,* VII, 150. Giono abordera à nouveau la question dans *Vendredi,* dans un texte intitulé aussi « Les Vraies Richesses », et devenu ensuite « La Ville des hirondelles » (*L'Eau vive,* III, 283-289).

42. II, 593.

43. II, 420.

44. C'est bien là le texte que portent le manuscrit et l'édition ; il ne semble pas y avoir de lapsus pour « la joie est la paix ».

45. II, 605.

46. Le thème existait déjà sporadiquement chez Giono. La lèpre n'est pas nommée dans *Manosque-des-plateaux,* mais la maladie y est décrite (VII, 48-49) d'une façon qui annonce son évocation dans *Que ma joie demeure* (II, 420). Dans *Jean le Bleu,* selon le père, les rois de France « pouvaient d'un lépreux faire un homme pur » (II, 169). Enfin, dans « Rien n'est vanité » (voir p. 205), on lit : « Ces grands nuages qui traînent le long du ciel comme des voiliers malades, voilà qu'ils sont entrés en moi avec leur rutilante cargaison de lépreux à vif. »

47. Il est trois fois appelé par le nom qu'il portait dans le cirque où Bobi l'a connu autrefois : « Antoine » (un des prénoms du père de Giono). Mais s'il est bien un personnage du livre, si parfois plusieurs pages de suite lui sont consacrées, il est presque toujours appelé « le cerf » ; Giono se garde de faire de lui un personnage humain.

48. II, 658.

49. Giono a publié en 1936, en appendice à la préface des *Vraies Richesses,* un « Schéma du dernier chapitre (non écrit) de *Que ma joie demeure* ». Il a noté, à la fin de ce texte : « Journal, nov. 1934. » Il semble certain que Giono n'a pas pensé à un tel chapitre en écrivant *Que ma joie demeure.* Il ne commencera à tenir son journal qu'en avril 1935. En outre, il n'existe pas à ma connaissance d'autre exemple d'un schéma de chapitre rédigé ainsi par lui de façon continue : il lui arrivait souvent de jeter sur le papier des notes, plans, idées, formules, noms de personnages, pour ne pas les oublier ; mais cela en style télégraphique, très elliptique. Ce n'est pas le cas dans ce schéma, qui doit donc être considéré comme fictif (voir p. 247).

50. *L'Herbier d'algues* figure dans les œuvres « en préparation » en tête de *Solitude de la pitié,* et *Soleil* dans les « à paraître » en tête du *Chant du monde.* Je n'ai pas trouvé ailleurs les deux autres titres.

51. Pourtant Hirsch, dans une interview donnée à la revue *Toute l'Édition* (17 février 1934), avait énuméré tous les projets de publication de la NRF sans mentionner *Le Chant du monde.*

52. Pour plus de détails sur les circonstances, voir *Corr. L.J.,* II, 124.

53. Ce jeune Allemand, me dit Élise Giono, était le fils du professeur Wechssler (voir p. 165). Il était déjà question de lui dans une lettre à Guéhenno en avril 1933 (voir p. 201).

54. VII, 270. – Sur « Je ne peux pas oublier », voir ma notice à *Refus d'obéissance,* VII, 1028-1031.

55. Pour la phrase ajoutée après ces mots dans *Refus d'obéissance,* voir p. 262.

56. Voir p. 63.

57. VII, 269.

58. VII, 261 et II, 740.

59. VII, 265.

60. II, 606 et VII, 267.

61. Reproduit en fac-similé dans l'*Album Giono,* p. 111.

62. Voir Jacques Mény, *Jean Giono et le Cinéma,* éditions J.-Cl. Simoën, 1978, p. 61-62.

63. Un autre passage de l'article d'A. Billy allait être cité le 24 novembre dans *Comœdia,* donnant ainsi au fait une résonance accrue.

64. Un brouillon de ce texte est reproduit dans l'*Album Giono,* p. 116.

65. *Corr. Gide,* p. 21 – Le démenti fut publié le 1er décembre par *Comœdia* et le 4 par *L'Humanité* et par *L'Œuvre*; sans doute aussi par d'autres journaux.

66. *Le Rappel* avait une diffusion très faible. Il n'est pas conservé à la Bibliothèque nationale pour cette période, et je n'en ai pas trouvé d'exemplaire. L'affaire n'est connue qu'à travers un double, conservé par Giono, d'une lettre de lui au jour-

nal. D'après cette lettre, les périodiques auxquels il avait envoyé la rectification étaient, outre ceux mentionnés ci-dessus, *L'Intransigeant, Le Jour, L'Écho de Paris, La Tribune de Genève, Corriere della sera, Pariser Tageblatt* (journal édité à Paris par des réfugiés allemands antinazis). Beaucoup ne semblent pas l'avoir publié. Giono a d'ailleurs dans sa lettre au *Rappel* pu grossir la liste réelle. Rien n'arrêtait son imagination, y compris dans des démarches officielles, même importantes : les dates qu'il donne dans cette lettre sont fantaisistes.

67. L'article ne paraîtra que le 26 décembre.

68. Cet appel chaleureux et pressant aux lecteurs ne dit rien du contenu du livre. Curieusement, Giono ne signale pas, bien qu'il l'ait su, que son père et celui de Guéhenno travaillaient dans la même branche. C'est peut-être que le père de Guéhenno, appelé ordinairement cordonnier par son fils, avait en fait été longtemps ouvrier dans diverses fabriques de chaussures. Giono, entre l'artisan qu'était son père et un ouvrier du cuir, voyait une différence fondamentale.

Notes du chapitre 10
(p. 232-249)

1. *Corr. L.J.*, II, 129.

2. Édition française, il faut le dire, car il y avait décalage entre les différentes éditions ; le texte avait paru dans le n° 4 de l'édition russe, et dans le n° 5 des éditions allemande et anglaise. Le texte allemand, qu'a bien voulu me communiquer Andrea Bantel, est lui aussi écrit dans une langue très lourde, et comporte plusieurs contresens.

3. Jean Antoine Giono avait, lors de son mariage, 47 ans et non 49 ; lorsque son fils quitta le collège, 66 ans et non 68. Et il avait fait un long voyage avant de se fixer à Manosque. Giono passe sous silence la publication en journal de ses poèmes de jeunesse, comme il l'avait fait en 1930 lors de son entretien avec F. Lefèvre.

4. Publiés à Assy par Christiane Loriot de La Salle.

5. Par la suite, Giono a rayé au crayon bleu certains passages. Mais il n'a rien détruit : la pagination est continue et sans surcharge. Il ne semble pas qu'il ait voulu alors renier ce qu'il avait écrit : dans les très rares cas où il tient à marquer qu'il a changé d'avis, il écrit « Faux » en grosses lettres en travers de sa page – toujours sans la détruire. Le plus probable est qu'il se soit livré à ce travail entre 1960 et 1965, au moment où il songeait à une publication (voir p. 552). Il l'aurait alors préparée en biffant, à l'intention de la dactylo, diverses notations trop personnelles : il lui arrivait aussi de souligner de la même manière tel mot important. Seule « censure » que le *Journal* ait subie : certaines lettres reçues, qui y avaient été initialement insérées, en ont été retirées, mais peut-être pour être classées ailleurs.

6. Giono écrit Prébois, peut-être pour sauvegarder sa tranquillité et celle de ses amis. Il doit en fait penser non à Tréminis comme le veut R. Ricatte (« Giono et l'Alpe imaginaire » dans *Giono, imaginaire et écriture,* Édisud, 1985), mais à Lalley où il situera une partie des *Vraies Richesses,* sans toutefois le nommer.

7. III, 188.

8. III, 187.

9. Et non le 25 comme l'imprime l'édition de La Pléiade, I, LXXVI, erreur que j'ai reproduite dans *Corr. L.J.*, II, 131.

10. Voir une longue liste des comptes rendus, encore incomplète, dans *Corr. L.J.*, II, 131-132.

11. Reproduit dans *Bulletin,* n° 17, printemps-été 1983. L'enveloppe de la lettre de

Saint-Pol-Roux ne porte pas comme suscription « Jean Giono le Magnifique » ainsi que l'a imprimé par erreur le *Bulletin* cité.

12. « L'heureuse partie de campagne », *Vendémiaire*, 28 mars 1941.

13. *Croquis de mémoire*, Julliard, 1985. Le chapitre consacré à Giono se trouve p. 125-132.

14. Je ne parle que pour mémoire des demandes que lui adressent des éditeurs hollandais, polonais, allemands, pour des traductions, des cinéastes pour des adaptations, des périodiques français, belges, tchèques, russes, pour des contributions.

15. Voir l'*Album Giono*, p. 118.

16. *Corr. Gide,* p. 22-23.

17. *Ibid.,* p. 25.

18. Lettre publiée le 4 mai 1935 dans Manosque, feuille qui, sous l'apparence d'un journal, était en fait un tract électoral.

19. *Monde,* 27 juin 1935.

20. *Corr. L.J.,* II, 132.

21. Voir p. 225.

22. VII, 626.

23. *Jean Giono et le Contadour,* p. 40.

24. H. Godard, *Album Giono,* p. 116.

25. Les archives Giono conservent deux lettres de ce Comité. Sur l'en-tête imprimé, Giono est bien appelé président, et non président d'honneur comme on l'a écrit.

26. *Corr. Gide,* p. 27. Le texte publié porte « Auberges de Montchoureau », ce qui est une évidente erreur de lecture.

27. Sur la création du Contadour, et la vie qu'on y menait lors des premières sessions, voir la thèse de Lucette Heller-Goldenberg, *Jean Giono et le Contadour.* Malgré nombre d'erreurs de fait, ce livre est irremplaçable. Il contient une bibliographie utile même avec ses erreurs et ses lacunes. L'auteur a recueilli une quantité de témoignages, malheureusement, dans quelques cas, sans les contrôler et les critiquer suffisamment. La collection des sept *Cahiers du Contadour* (I à VIII, le III et le IV constituant un numéro double) est devenue rare. Le précieux texte d'Henri Fluchère, paru dans le n° 1 des *Cahiers,* a été repris dans le *Bulletin* n° 13.

28. « Premier, deuxième Contadour » : telle fut l'expression adoptée pour désigner les périodes de réunion ; elle sera employée dans la suite de ce livre.

29. J. Pugnet, *Jean Giono,* Éditions universitaires, 1955, p. 18.

30. *Journal* de Giono ; *Comœdia,* 30 octobre 1935.

31. Lettre inédite, insérée dans le *Journal.*

32. VII, 149.

33. Voir la notice de Mireille Sacotte, VII, 955-995.

34. Sur ce point, voir mon article « Pacifisme, révolte paysanne, romanesque. Sur Giono de 1934 à 1939 », dans *Giono, imaginaire et écriture.*

35. VII, 168.

36. VII, 171.

37. VII, 175.

38. En décembre 1936, Brun fera faire un nouveau tirage de 2 000 exemplaires de l'édition illustrée, et, en conséquence, retardera la mise en train de l'édition courante.

39. Ce devait, selon le *Journal* du 7 décembre, être le titre général de la série « Billets de province », le titre de ce billet-ci étant : « D'un manifeste officiel qu'il faut placer dans tous les livrets militaires »; mais ce dernier titre a été coupé par la rédaction ou a sauté à la composition.

Notes du chapitre 11
(p. 250-273)

1. Je me suis servi notamment, pour *Batailles dans la montagne,* de la notice de Luce Ricatte (II, 1389-1433) et de sa thèse de 3ᵉ cycle sur ce roman (université. Paris-III, 1972); des articles de J. Chabot, « Le jus de la treille et l'inconscient du texte », et de L. Fourcaut, « Déluges dans *Batailles dans la montagne* », dans *Giono aujourd'hui.*

2. S'il n'en est question, dans les carnets dont la dactylographie a été insérée dans le *Journal,* qu'à partir du 11 février 1935, c'est que ces carnets ne commencent qu'à cette date. En fait, en tête du *Chant du monde,* achevé d'imprimer en mai 1934, on voit annoncé, comme « à paraître », *Danses de la barre à mines,* roman. Et *La Revue de Paris* annonçait la publication de *Danse de la barre à mine* par un placard publicitaire paru dans *Marianne* dès le 26 décembre 1934.

3. La rédaction du *Grand Troupeau,* un peu plus longue, avait connu une interruption de plusieurs mois entre les deux versions principales (voir p. 156).

4. Il s'exprimera de la même manière dans une lettre à Eugène Dabit, qui peut être datée d'octobre ou novembre 1934 : « Jamais tu ne trouveras dans mes livres futurs de la sobriété car j'en suis l'ennemi mortel et c'est ce qui vous tue tous, fils de Descartes, amants de l'ordre et de la nature. »

5. Au surplus Ramuz, que Giono avait vu brièvement en 1932, se rappelait à son souvenir de février à mai 1936 pour lui demander de donner un texte à la Guilde du livre : quatre lettres de lui datent de cette période. Giono allait confier à ce club l'édition des *Vraies Richesses,* son insistance et celle de Ramuz l'emportant sur les réticences de Grasset.

6. *L'Apprenti-philosophe. Rêveries-passions* (éditions France-Empire, 1981), p. 399.

7. D'autres analogies avec *Le Chant du monde* apparaissent dans plusieurs détails : le foulard couvrant les yeux pour éviter l'ophtalmie des neiges (II, 300; 1098); l'homme rêvant à la maison qu'il va construire pour sa future femme et pour lui (412, 1068 et 1176); Saint-Jean gravissant avec Marie les pentes raides et enneigées, comme Antonio avec le tatoué (326-329; 1098-1102).

8. A peine quelques occurrences éparses du mot dans le roman, alors qu'il jaillissait à chaque page dans *Que ma joie demeure* et dans *Les Vraies Richesses.* De même les notions de bonheur et d'espérance sont très fugitives dans *Batailles.*

9. Le cadastre, et la cerisaie communale, apparaissent dès la première page (783). Il est question d'un conseiller municipal (922); et le mariage prévu entre Saint-Jean et Sarah comportera une inscription municipale et une cérémonie protestante (1164).

10. II, 1072.

11. La catastrophe qui a englouti treize hommes dans le glacier est du 16 juin 1926 (1031); mais on ignore combien de temps avant l'action elle a eu lieu. Paul Charasse est né en 1921 (1020); il devrait avoir 15 ans si l'action était contemporaine de la rédaction, mais il semble être plus âgé. La chronologie, on l'a vu, ne préoccupe guère Giono.

12. II, 1020.

13. II, 987-988.

14. II, 914 et 1149.

15. II, 893 et 935.

16. II, 1178.

17. L'expression vient d'un texte d'explication et de liaison écrit par Giono en vue

de la publication de fragments du roman en revue. Il comprend une liste de personnages parmi lesquels « la pluie » et « l'odeur de la boue ».

18. II, 1177.

19. II, 1110. – L'opposition entre la femme adulte, de l'âge du héros, et la toute jeune fille vigoureuse et sauvage, déjà présente dans *Que ma joie demeure* avec Joséphine et Aurore, se retrouve ici avec Sarah et Marie. Il n'y en a guère d'autre exemple chez Giono. Rien n'est dit, il est vrai, d'un amour de Saint-Jean pour Marie ; mais il éclate tout en restant implicite, sans rien enlever à son amour pour Sarah, qui est sur un autre plan.

20. On relève dans le roman plus de 60 occurrences de « Dieu » et de « Seigneur » – parfois sous forme de jurons –, soit 7 ou 8 fois plus, proportionnellement, que dans *Que ma joie demeure*.

21. La jeune Marie appelle « ange de joie », « ange du ciel », (802-803) la chèvre dont elle donne le lait au montagnard mourant de faim.

22. II, 1147-1148.

23. II, 1149-1150.

24. II, 794, 790.

25. II, 1185.

26. Sur la publication du premier, voir p. 256 et n. 29. Le second est paru dans *Vendredi* le 22 mai 1936, titré « Les vraies richesses ».

27. Le texte d'H. Fluchère est reproduit par L. Heller-Goldenberg, *op. cit.*, p. 256-258.

28. J. Robichon, *art. cit.*

29. Devenu « Son dernier visage » dans *L'Eau vive* en 1943. Le texte paraît à peu près en même temps dans le n° 9 des *Cahiers du plateau*. Giono le donnera aussi partiellement au *Bulletin de la Guilde du Livre* en août 1936, et plus tard à l'hebdomadaire pacifiste *La Patrie humaine* (13-20 janvier 1939), sous le titre de « Retour de Jean le Bleu ».

30. Cette session est mieux connue que les précédentes, grâce à la rubrique « Journal du Contadour ».

31. Reproduite dans le *Bulletin* n° 9, p. 19.

32. Voir L. Heller-Goldenberg, *op. cit.*, p. 275-287, et *Corr. L.J.*, II, appendice 1.

33. Il n'est pas exact que Giono, comme il l'a écrit en tête de *Pour saluer Melville*, ait lu ce roman « pendant cinq ou six ans au moins » avant 1936 (voir *Corr. L.J.*, II, 144-145). Pour l'histoire de cette traduction, voir *ibid.*, 225-229.

34. *Jean Giono et les Religions de la terre*, 236 p. Pour les documents et textes confiés à Michelfelder, voir notamment p. 18-19, 205, 235.

35. Voir l'argument, II, 1240-1242. R. Ricatte doute qu'il date bien de 1936 comme le laisse penser sa place d'insertion dans le *Journal*. Mais les déplacements de documents dans le *Journal* sont rares ; la date pourrait malgré tout être la bonne.

36. Un projet de livre intitulé *Mort du blé* contenant, outre les deux pièces de théâtre de 1931-1932, divers textes de fiction et essais (ils se retrouveront dans *L'Eau vive*) est toujours en projet à l'époque chez Gallimard, mais ne se fera pas.

37. Sur « Je ne peux pas oublier », voir p. 225-237. – Les chapitres du *Grand Troupeau* ne sont pas totalement inédits si l'on considère que certains épisodes en avaient été repris dans l'édition définitive du *Grand Troupeau* ; mais ils ne doivent pas représenter plus du dixième du texte. – Voir la notice de *Refus d'obéissance*, VII, 1028-1044.

38. Voir ce texte dans VII, 1051-1057.

39. J. Carrière, p. 111.

40. VII, 685.

41. Il a en outre donné à *Peuple et Culture*, organe mensuel des Maisons de la culture de Provence, des extraits de « Je ne peux pas oublier » (n° 1, daté du 20 septembre 1936).

42. Voir p. 247.

43. Giono grossit démesurément la très nette victoire des candidats du Front populaire, comme l'atteste l'examen du dossier de ces élections aux Archives départementales.

44. Voir p. 217-218.

45. Chef d'un mouvement paysan lié à l'extrême droite.

46. *L'Orage,* roman, est annoncé comme « à paraître » en tête de *Batailles dans la montagne* (il le sera encore en 1940 en tête de *Pour saluer Melville,* mais Giono n'y est pour rien, l'éditeur ayant simplement fait reproduire la liste précédente, faute sans doute d'une réponse de Giono sur ce qu'il fallait annoncer). – A la même époque, Giono a parlé à Michelfelder d'un projet de trilogie, *Servitude humaine :* cela ressort de deux lettres à Michelfelder les 19 mai et 21 novembre 1937. On n'en sait pas plus.

47. Voir la notice de R. Ricatte, III, 1266-1276.

48. Voir mon article « Du non-visible à l'invisible. Sur les aveugles chez Giono », dans *Du visible à l'invisible. Pour Max Milner,* éditions J. Corti, 1988.

49. Article en partie repris le 13 mars dans *L'École libératrice.*

50. Il sera publié en 1938 et 1939 par les *Cahiers du Contadour,* et en 1939 en volume chez Gallimard, sous le titre de *Carnets de moleskine* (voir p. 310).

51. Marcel Bonnemain (Rouen 1979- Hyères 1960), fut d'abord violoniste, et choisit de se faire appeler de Kerolyr. Devenu astronome amateur, il s'installa en 1931 à Forcalquier (renseignements aimablement fournis par M. Véron, directeur de l'Observatoire de Haute-Provence). Certaines de ses astrophotographies figurèrent en 1937 à L'Exposition universelle de Paris.

52. « Certitude » (*Monde,* 25 juillet 1935) ; message du 1er mars 1936 au Congrès mondial de la jeunesse pour la paix ; un extrait du *Journal* de Giono daté de mars 1936 et construit en réalité à l'aide de divers fragments de ce *Journal* datant de l'automne 1936 ; et Message de paix de juillet 1936. On les trouvera dans VII, p. 626-627, 1047-1049.

53. Texte reproduit dans VII, 1049-1050.

54. Paru aussitôt dans le n° 1 d'*Au-devant de la vie,* « journal de jeunes fondé et dirigé par des jeunes sous l'égide de Jean Giono », Auberge de la jeunesse, Manosque (voir *Album Giono,* p. 144). Il semble certain que Giono ne prit pas l'initiative de créer ce périodique éphémère, mais ne voulut pas décourager quelques enthousiastes.

55. Raymond Castans, *Marcel Pagnol* (J.-Cl. Lattès, 1987), p. 197. C'est évidemment la version de Pagnol qui est donnée dans ce livre. L'épisode n'est pas connu par ailleurs.

56. Voir Jacques Mény, *Jean Giono et le Cinéma,* p. 65.

57. VII, 660.

58. Voir cette préface dans I, 1369-1373.

59. *Corr. L.J.,* II, 156. H. Bordeaux, que Giono ne connaissait pas et dont il n'appréciait évidemment pas les œuvres, lui avait écrit le 21 octobre 1937 : « Mon cher confrère, vous ne m'avez pas envoyé *Batailles dans la montagne,* mais je l'ai lu dans la *Revue de Paris* et je désire vous dire que c'est un livre magnifique. Peut-être l'avis de l'auteur du *Barrage* et de *La Maison morte,* qui connaît la montagne et les paysans, vous sera-t-il agréable. Ma meilleure sympathie. »

60. Voir p. 203.

61. « Vie de Mlle Amandine », dans *L'Eau vive,* III, 183.

62. *Les Vraies Richesses,* VII, 174 et 217.

63. *Journal* de Giono, 12-13 décembre 1935.

64. « Dabit à Manosque », NRF, juin 1939.

65. *Corr. L.J.,* II, 47 et 53.

Notes du chapitre 12
(p. 274-297)

1. VII, 183.

2. « Nous sommes tous inquiets », *L'Intransigeant,* 8 novembre 1932. Repris, sous le titre « Le rythme de la vie », dans Michelfelder, p. 219.

3. Pour plus de détails sur *Le Poids du ciel,* voir l'article de Jean Pierrot, « *Le Poids du ciel,* une fugue baroque », dans *Giono, Imaginaire et écriture,* et ma notice, VII, p. 1067-1094.

4. Sur ces carnets, voir R. Ricatte, « Giono, l'espace de l'écriture », dans *L'Espace et la lettre,* Cahiers Jussieu 3, 1977.

5. Il suffit de relever les titres de *Vendredi* avec leurs dates : 13 décembre 1935, « La démobilisation, c'est la paix », par L. Martin-Chauffier ; 10 janvier 1936, « La guerre est à droite », par Jean Guéhenno ; 24 janvier 1936, « Pour l'indivisible paix », par Romain Rolland ; 6 mars 1936, « Pour la défense de la paix », du même (texte inconditionnel pour l'URSS).

6. Le texte est suivi d'une note : « Une lecture publique de ce texte a été faite aux paysans durant l'assemblée de septembre du Contadour. » Mais texte et note avaient été envoyés à Guéhenno en août. Il ne s'agit donc que d'un projet, qui ne semble pas s'être concrétisé. D'ailleurs les paysans du Contadour étaient bien peu nombreux.

7. VII, 408-409.

8. Voir p. 116 et 135 sur la part prise par Guéhenno dans la publication de *Colline,* et sur son accueil aux textes de Giono dans *Europe.* Il est juste de dire que Giono avait aussi « fait quelque bien » à Guéhenno lors de la parution du *Journal d'un homme de quarante ans* (voir p. 230-231).

9. VII, 418.

10. Sous le titre global d'*Entrée du poète,* le texte de ce nom, suivi de « Mort du blé », verra le jour en édition de luxe à 175 ex., avec 20 eaux-fortes d'Eisenschitz, chez l'éditeur Philippe Gonin, à Paris, en 1938.

11. J'ai respecté la graphie de Giono, pour faire sentir à quel point, quand il écrivait vite comme ici, il se souciait peu de cohérence formelle.

12. Dans une note de *Corr. L.J.,* II, 161, j'avais mal interprété les propos d'Alfred Campozet, et donné, des bruits qui avaient couru à l'époque, une relation inexacte. Je rectifie ici.

13. Voir p. 316.

14. Voir « Pacifisme, révolte paysanne, romanesque », art. cité, dans *Giono, imaginaire et écriture,* p. 34-37.

15. Pour plus de détails, voir *Corr. L.J.,* II, 159, n. 3.

16. « Plaidoyer pour Jean Giono », *Vendémiaire,* 4 avril 1941.

17. Conversation en 1986 avec Daniel May. – Article fielleux et sur plusieurs points inexact d'H.-F. Rey dans *La Quinzaine littéraire,* février-mars 1979. L'auteur dit avoir entendu le mot au Contadour. Y est-il vraiment venu ? Il peut aussi avoir tenu le propos de D. May, qui l'a rencontré pendant la guerre.

18. J. Robichon, art. cité.

19. « Me souvenant du Contadour... », dans *Les Années trente* (ouvrage collectif à paraître chez Calmann-Lévy).

20. Publié en décembre 1953 dans *Les Cahiers de l'Artisan.*

21. *Corr. L.J.,* II, 160-161. Identifions ceux qui sont nommés dans cette lettre : Maurel, transporteur au Revest-du-Bion ; Raphaël Merle, agriculteur au Contadour ; Robert Berthoumieu, Daniel May, Alfred Campozet, Gérard Gadiot.

22. Ce qui a causé une extraordinaire erreur : celle de voir dans ces textes de 1921 à 1924 des pages inspirées par le Contadour. C'est ce que semble croire H. Davenson (pseudonyme d'Henri Marrou), qui, dans un curieux article publié par *Esprit* en septembre 1938, « Coup de semonce à Giono », fait état des *Églogues* parues dans *Les Cahiers du Contadour.* Pages pour une part assez justes dans la mesure où l'auteur met Giono en garde contre les tentations du prophétisme : « Il lui arrive de se prendre trop au sérieux, lui et son message. » Mais le critique, recommandant à Giono de « planter là le Contadour », conclut : « Restez seul, et méditez votre muse sylvestre sur votre fine avoine. Tityre, pas Ézéchiel. » Réduire Giono aux *Bucoliques* de Virgile, après *Batailles dans la montagne,* est un étrange aveuglement. Mais H. Marrou était un historien de l'Antiquité et un musicologue, nullement un spécialiste de Giono, dont il n'avait peut-être pas lu le dernier roman. On s'étonne davantage de trouver la même erreur sur la date de composition des *Églogues* dans la thèse de L. Heller-Goldenberg.

23. D'ailleurs, on l'a vu, l'ombre de Léviathan, ce dragon marin, plane sur *Batailles;* mais, par une curieuse interversion, c'est lui qui a produit les eaux.

24. Voir la thèse de Michèle Belghmi, *Giono et la Mer,* Publ. de l'université Bordeaux-III, 1987.

25. III, 1071.

26. *Corr. L.J.*, II, 182.

27. Une lettre à Pierre Bost, qu'on peut dater de l'automne 1936, après le troisième Contadour, donnait une liste analogue, d'où étaient encore absentes les lettres aux riches et aux militants; celle aux paysans était sur la vraie pauvreté, celle aux soldats sur l'esprit de paix.

28. VII, 1157 et 1158.

29. « Ils », c'est-à-dire sans doute les communistes, qui parlaient de la classe ouvrière et de la classe paysanne. Le mot « marqué » doit faire allusion au symbole de la faucille et du marteau, évoqué dans la suite de la lettre.

30. La lettre n'est pas datée, mais Paulhan a inscrit en tête sa date d'arrivée : 23 mai 38.

31. Giono a fait de cette lettre une copie qu'il a insérée dans son *Journal.* R. Ricatte l'a publiée (III, 1268), avec quelques coupures. J'en donne ici le texte intégral.

32. II, 479.

33. VII, 218, 220, 249, 254.

34. *Le Canard enchaîné,* 5 octobre 1938. Giono réaffirme ainsi sa position de *Refus d'obéissance.* A propos de ce télégramme, le journaliste commente : « Il me souvient d'un Jean Giono qui parlait de ne prendre, en cas de bagarre, d'autre responsabilité que celle de ses œuvres complètes »; c'est injuste et absurde, puisque *Refus d'obéissance* engageait précisément les actes futurs de Giono.

35. Léon Emery, Michel Alexandre, Félicien Challaye, Marcel Martinet, pacifistes; Max Lejeune et Marcel Déat, socialistes, et plusieurs députés et sénateurs; des gens de théâtre comme Jouvet, suivi de plusieurs acteurs de sa troupe (*L'Œuvre,* 27, 29 et 30 septembre 1938).

36. Publié le 23 octobre 1938 par *L'École émancipée.*

37. VII, 1189.

38. Cette divergence, d'ailleurs sans portée aucune, vient de ce que Giono, dans son *Journal,* s'est trompé plusieurs jours de suite sur la date, et a ensuite rectifié avec quelque confusion dans le *Journal* et dans le manuscrit de *Précisions.*

39. VII, 610, 606-607.

40. Affirmation en retrait sensible sur ce que Giono avait dit à P. Scize en décembre 1936, sur le fait que ceux qui iraient chercher les paysans réfractaires seraient accueillis à coups de fusil.

41. VII, 623.

42. En 1931, *Regain;* en 1932, *Colline* et *Le Grand Troupeau;* en 1933, *Un de*

Baumugnes; en 1934, *Jean le Bleu* et *Solitude de la pitié;* en 1935, *Le Chant du monde* et quatre nouvelles de la future *Eau vive;* en 1936 *Naissance de l'Odyssée;* en 1937 *Que ma joie demeure* et *Les Vraies Richesses;* en 1939 *Batailles dans la montagne* (les deux derniers parus respectivement en Suisse et en Suède).

43. D'après une lettre, malheureusement non datée et d'auteur non identifié, retrouvée par Andrea Bantel, que je remercie de me l'avoir communiquée.

44. Le texte intégral de la lettre figure dans « Pacifisme, révolte paysanne, romanesque. Sur Giono de 1934 à 1939 », art. cité, p. 38.

45. P. 124.

46. La polémique rencontre un écho plus large : *Europe* et *Le Canard enchaîné* y font écho (VII, 1215). Arcos voudrait qu'Alain prenne le parti de R. Rolland, mais il s'y refuse, disant « approuver *Giono d'avance et en tout*» (André Sernin, *Alain, un sage dans la cité,* R. Laffont, 1985, p. 394-395).

47. VII, 1215-1217.

Notes du chapitre 13
(p. 298-317)

1. Ce nouveau volet du *Journal* s'arrêtera au f° 25, le 27 juillet 1939.

2. Madeleine Chapsal, *Quinze Écrivains* (Julliard, 1963), p. 71-72.

3. *Corr. L.J.*, II, 167.

4. L'achevé d'imprimer sera du 28 février.

5. III, 231-233.

6. III, 234.

7. Cette édition ne sera réalisée qu'en 1951. La préface de Giono est reproduite dans *De Homère à Machiavel*, édité par H. Godard.

8. En outre, Gallimard avait publié en 1938 une nouvelle traduction de *Tom Jones*. Alain y consacra dans la *NRF* de mars 1939 une note, « En lisant Fielding ».

9. Je dois une bonne part de ce développement à la notice de Luce Ricatte aux *Grands Chemins* de 1951, qui sont d'ailleurs un roman entièrement différent (V, 1137-1143).

10. Voir, sur ce roman, la notice de R. Ricatte (VI, 842-900) ; H. Godard, « A propos de deux récits inachevés : réflexions sur la relation de fraternité dans l'œuvre de Giono », dans *Giono aujourd'hui ;* Mireille Sacotte, « Quand le vent cache l'ange », dans *Giono, imaginaire et écriture ;* L. Fourcaut, « *Deux Cavaliers de l'orage* ou la fatale introversion de la force », *ibid.,* et « Le traitement de la force dans *Deux Cavaliers de l'orage* », *Bulletin* n° 22, automne-hiver 1984.

11. VI, 861.

12. VI, 149-150.

13. Il reviendra aux évocations d'orages, moins dramatiques pourtant, dans une chronique journalistique de 1962 (*Les Terrasses de l'île d'Elbe,* p. 39-41), et, après 1965, dans *Dragoon* et dans *L'Iris de Suse.*

14. VI, 93.

15. VI, 94-96.

16. VI, 4, 20, 23.

17. Les carnets tenus de 1937 à 1939 par Jean Bouvet, alors professeur à l'École normale de Mâcon, m'ont été communiqués par son fils, mon ami Maurice Bouvet, contadourien lui aussi à 13 ans, que je remercie chaleureusement.

18. Peut-être y aura-t-il dans *Deux Cavaliers* un écho précis de *Lucien Leuwen*: le préfet M. de Riquebourg, qui vit dans la terreur d'être muté parce que cela ferait échouer les mariages projetés pour trois de ses filles, annonce le commandant-inspecteur vétérinaire du chapitre 2 de *Deux Cavaliers,* qui se laisse acheter parce qu'il a « trois filles et un train de maison » (VI, 26). Le chapitre est de 1944-1945.

19. Giono écrira la notice sur Froissart dans le *Tableau de la littérature française,* ouvrage collectif (Gallimard, 1962) ; le texte est reproduit dans *De Homère à Machiavel.*

20. A part, si l'on veut, un détail : Marceau se marie, comme Giono, dès son retour de la guerre de 1914.

21. Dans un chapitre de 1942, « Le Flamboyant », les noms de certains des participants à l'expédition de Lachau, Crouzier Belle-Cravate, Barles Petit-Fumier, ont un côté risible que n'avaient jamais auparavant les personnages des romans de Giono.

22. VI, 110. – Les trois autres lutteurs professionnels, Le Flamboyant, Mignon et Bel-Amour, créés en 1942, seront d'un comique plus appuyé encore.

23. Le trio est peut-être issu de l'épisode raconté en 1963 dans « Une Histoire » (*Les Terrasses de l'île d'Elbe,* p. 163-170), et qui a pour héros un cousin germain de Giono, Félicien Bonino (mort en janvier 1958), comme l'a révélé Serge Fiorio (*Bulletin* n° 8, printemps-été 1977).

24. VI, 15-16 et 26-27.

25. III, 1278.

26. Le n° IX a existé sous forme d'épreuves. Elles n'ont pas été retrouvées. Henri Fluchère m'a dit qu'il y figurait notamment un texte violent de lui contre Mussolini.

27. VII, 1217.

28. *Album Giono,* p. 158.

29. *Corr. L.J.,* II, 175.

30. *Ibid.,* 184.

31. *Corr. J. Paulhan – J. Grenier,* éditions Calligrammes, 1984, p. 109.

32. André Sernin, *Alain, un sage dans la cité,* p. 402.

33. *Corr. J. Paulhan – J. Grenier,* p. 116.

34. Préface à *Routes et Chemins* (Les Presses artistiques, Paris, 1962), livre édité à l'occasion de la 11e exposition des Peintres témoins de leur temps.

35. Il n'y est pas dit expressément que la traduction doive être de lui, mais cela paraît très probable. Henri Fluchère, le seul autre contadourien à avoir fait œuvre de traducteur de l'anglais, s'était alors spécialisé dans le théâtre. Et Giono devait pendant la guerre songer à traduire *Joseph Andrews,* autre roman de Fielding (voir p. 372), puis publier avec Catherine d'Ivernois la traduction du *Humphrey Clinker* de Smollett, roman de la même époque et de la même veine. 1939 était en outre l'époque où il songeait au roman picaresque avec *Les Grands Chemins* (voir p. 302).

36. Mme Brun fut acquittée par la cour d'assises du Var. Et, en mai 1942, héritière de son mari, elle mit en vente la bibliothèque de celui-ci et les très nombreuses lettres qu'il avait reçues, dans ses fonctions, de beaucoup d'écrivains édités chez Grasset, dont Giono ; tout cet ensemble fut ainsi dispersé.

37. « Pour en finir avec une légende : le refus d'obéissance de M. Jean Giono », article paru dans *Jeunes Forces de France* en septembre 1943. Une suite, annoncée, n'a jamais été publiée. L'article contient bien des affirmations discutables, mais le texte de Giono est reproduit exactement. De brefs extraits du tract sont cités par L. Heller-Goldenberg, p. 188. – M. Wullens avait longtemps dirigé la revue *Les Humbles.*

38. *Un Allemand à Paris,* Éditions du Seuil, 1981, p. 139-140.

39. Andréa Squaglia, professeur de lycée, contadourienne de la première heure, et toujours fidèle à Giono, a disparu en 1987.

40. A. Mermoud, *La Guilde du Livre. Une histoire d'amour,* Genève, Slatkine, 1987, p. 169.

41. Sur ces projets, voir mon article cité « Pacifisme, révolte paysanne, romanesque. Sur Giono de 1934 à 1939 », p. 41.

42. A. Campozet, *Le Pain d'étoiles,* p. 146.

43. Il n'y avait l'électricité ni au Moulin ni aux Graves. Mais l'ingénieur Alain Joset avait installé chez lui un groupe électrogène. – Thyde Monnier (*Moi IV. Jetée*

aux bêtes, p. 122) écrit que le 2 septembre elle a téléphoné à Giono qui lui a dit de dormir sur ses deux oreilles : la guerre n'aurait pas lieu. Elle n'aurait pu téléphoner à Giono au Contadour. Sa mémoire l'a trompée : la conversation a dû avoir lieu quelques jours plus tôt.

44. D'après sa fille Yvette, Hélène Laguerre était arrivée le 3 septembre au matin à Marseille, avec un sac à dos bourré de tracts pacifistes signés de Giono et d'autres, et destinés à être distribués devant les casernes du Sud-Est (Yvette Raymond, *Souvenirs in extremis,* Plon, 1982). Il s'agit du tract « Paix immédiate ! », rédigé par Louis Lecoin, reproduit par L. Heller-Goldenberg à la fin du cahier d'illustrations de son livre, et dans l'*Album Giono,* p. 161 ; Giono ne l'avait pas signé en personne, mais avait autorisé Hélène Laguerre à signer pour lui tout texte pouvant servir la cause de la paix. H. Poulaille, lui-même signataire du tract, confirme ce point dans un texte inédit sur Giono (voir n. 49).

45. *Journal de la France,* II, août 1940 – avril 1942 (impr. J.E.P. , juin 1942, p. 189-197). Sur cette visite, voir p. 349.

46. *De prison en prison,* chez l'auteur, 1947, p. 204.

47. Ce fait est confirmé par divers témoignages (R. Asso, Duffit) cités par L. Heller-Goldenberg, p. 191-194.

48. Voir la n. 45. Giono avait déjà donné cette version des faits en septembre 1941 dans une conversation avec André Sernin, rapportée dans *L'Apprenti-philosophe, Rêveries – Passions* (éd. France-Empire, 1981, p. 347) ; il la reprendra vers 1954 pour Jacques Pugnet (*Jean Giono,* p. 24), et en 1965 dans ses entretiens avec Jean Carrière (*Giono. Qui suis-je?,* p. 113).

49. Il se trouve au centre Poulaille de Cachan.

50. Je ne parle pas ici de ceux avec qui il avait rompu avant le déclenchement de la guerre, en raison de leurs sympathies appuyées pour les idées communistes, comme Pierre Brauman, avec qui il avait eu en juillet 1939 un échange de lettres assez violent.

51. Pour plus de précisions, voir ma note « Espoir et désespoir chez Giono pacifiste de 1934 à 1939 » (*Bulletin* n° 24, automne-hiver 1985).

52. VII, 343.

53. VII, 528.

54. VII, 617.

Notes du chapitre 14
(p. 318-345)

1. D'après les règles en vigueur, les dossiers de justice militaire ne sont consultables que cent ans après leur clôture. Mais les autorités militaires compétentes, avec compréhension et obligeance, ont bien voulu examiner pour moi le dossier Giono et me communiquer les renseignements qui figurent ici. Je les en remercie sincèrement. – On voit que ce n'est pas, comme l'a écrit Maurice Wullens, le tract « Paix immédiate » qui a motivé l'inculpation de Giono, mais un autre qui n'a pas été retrouvé.

2. Certains sont contraints par la situation d'être prudents. A la revue new-yorkaise *Twice a Year,* qui voudrait publier des extraits de *Refus d'obéissance,* G. Gallimard répond le 14 novembre 1939 : « La situation de Jean Giono dans notre pays est en ce moment extrêmement délicate, nous ne pouvons pas autoriser une publication sans l'assentiment de l'auteur, et il nous est actuellement impossible de le lui demander. »

3. Lettre de L. Jacques à Jean Guéhenno, communiquée par Mme A. Guéhenno.

4. Maria van Rysselberghe, *Les Cahiers de la petite dame* (Gallimard), t. III, p. 156.

5. Claude Mauriac, *Conversations avec André Gide,* Albin Michel, 1951, p. 327.

6. Lettre de Gide à Jean Guéhenno, le 11 octobre 1939, communiquée par Mme Annie Guéhenno. Guéhenno avait de son côté écrit à Gide le 29 septembre pour le prier d'intervenir en faveur de Giono.

7. *Correspondance Gide-Mauriac* (Gallimard, 1971), p. 96-98.

8. Lettres communiquées par Mme A. Guéhenno.

9. Texte publié en appendice à la *Corr. Gide,* p. 39-41.

10. *Les Cahiers de la petite dame,* t.III, p. 159.

11. *Jetée aux bêtes,* p. 138-139. – C'est sans doute à ce texte que fait allusion Jean Paulhan dans une lettre du 12 novembre à Jean Grenier. Il le juge « absurde et maladroit », ajoutant : « Si Giono n'était qu'un "libérateur", la prison assure assez bien son honneur ; s'il était sérieux, sa sécurité » (*Correspondance J. Paulhan – J. Grenier,* p. 121). « Libérateur », pour Paulhan, c'est sans doute le « sauveteur » (ou « sauveur »), tel que Giono l'a imaginé de *Que ma joie demeure* à la guerre.

12. Il en parle dans une lettre sans date à Giono.

13. *Le Crapouillot,* juillet 1950.

14. *Murder the Murderer,* 1944, p. 12.

15. III, 719.

16. La tonte et la tenue de prisonnier sont confirmées par la lettre à Guéhenno de Lucien Jacques, qui ajoute que Giono n'a le droit ni de lire ni de travailler.

17. Romée de Villeneuve, *Jean Giono ce solitaire,* p. 155.

18. Son début est reproduit en fac-similé dans l'*Album Giono,* p. 162.

19. Cela dément l'assertion de Giono dans la première phrase de *Pour saluer Melville,* selon laquelle la traduction aurait été achevée le 10 décembre 1939 (III, 3). D'ailleurs sa fin avait paru en mars précédent dans le n° VIII des *Cahiers du Contadour,* et le texte n'allait subir pour l'édition en volume que des modifications infimes.

20. D'après Thyde Monnier (*op. cit.,* p. 138), cet avocat était Me Bolhoer, de Marseille ; c'est elle qui aurait indiqué son nom à Lucien Jacques.

21. Lettre de Gide à Michel Alexandre (*Corr. Gide,* p. 83).

22. *Corr. Gide,* p. 34. Lettre du 19 novembre 1939.

23. Je n'ai pas trouvé trace de ces titres. Giono a pu s'amuser ; pour le premier, ne s'agirait-il pas du sergent Jules Bobillot, qui s'était illustré en Indochine ?

24. III, 1046.

25. Voir p. 53.

26. III, 270.

27. Ciel vert aussi dans l'interview donnée à Gabriel d'Aubarède (*Les Nouvelles littéraires,* 26 mars 1953), où revient également le livre du colonel Babillot.

28. III, 721.

29. III, 1478.

30. III, 722.

31. *Le Figaro littéraire,* 16 juillet 1964.

32. *Giono. Qui suis-je ?,* p. 113-120.

33. « Le Sommeil », paru dans *Sud-Ouest* le 16 janvier 1967, recueilli dans *La Chasse au bonheur,* p. 73-76.

34. Voir p. 332.

35. Cette question de date, peut-être secondaire, est délicate. D'une part, Henri Godard, pour écrire dans l'*Album Giono* que l'écrivain fut libéré au début de novembre, s'est basé sur des lettres qu'il n'a pu voir que rapidement et qui ne sont plus accessibles ; mais Giono a pu soit dater inexactement une lettre, ce qui lui arrivait souvent, soit fabuler après coup sur sa date de libération. D'autre part il existe dans les archives Giono un permis de visite (reproduit dans l'*Album Giono,* p. 163)

accordé à Élise Giono pour le 18 novembre. Il a dû être fait à l'avance, en prévision d'une visite ultérieure, et jamais utilisé, ce qui expliquerait qu'il ait été conservé. Les souvenirs d'Élise sont sur ce point imprécis. Le 11 novembre est la date donnée par Maurice Wullens ; c'est aussi, selon les autorités militaires qui m'ont renseigné, celle du non-lieu et de la libération.

36. Confirmation est donnée par une lettre d'un camarade de captivité de Giono, Marius C., qui lui écrit le 20 mars 1940 (avec un retard dû à un transfert dans une autre prison) qu'il n'a pu trouver les objets laissés par Giono à la caserne d'Aurelles dans la chambre 82.

37. Giono a dit à plusieurs reprises, notamment à J. Amrouche, qu'il avait été libéré avec sa classe.

38. *Corr. Gide,* p. 34.

39. *Ibid.,* p. 83.

40. Lettre de Claude Gallimard à Lucien Jacques, 23 novembre 1947.

41. Il écrira en mars 1940 à J. Paulhan : « Je ne pense pas terminer ce livre maintenant. Il va dormir. »

42. Voir la notice d'Henri Godard, III, 1093-1120, et le chapitre sur Melville dans Michèle Belghmi, *Giono et la Mer,* p. 95-107.

43. III, 719.

44. III, 726.

45. III, 21.

46. III, 34.

47. Ce même nuage vert à l'aube se retrouvera encore dans *Le Bonheur fou* (IV, 765).

48. III, 18.

49. III, 6.

50. III, 7.

51. III, 53 et 18.

52. Les ormes qui ornaient autrefois le boulevard circulaire de Manosque étaient évoqués dans « Au pays des coupeurs d'arbres » *(Solitude de la pitié).* Giono en a aussi parlé dans le second de ses entretiens avec Jean Amrouche.

53. La lutte de Jacob avec l'ange figurait déjà dans *Batailles dans la montagne* (II, 828-829) ; mais c'était Bourrache qui en parlait, dans un contexte différent.

54. III, 16.

55. III, 34.

56. III, 38.

57. III, 71.

58. Voir p. 254-255.

59. *Corr. L.J.,* II, 110.

60. III, 4, 16, 32, 34, 75.

61. C'est bien là, avec une minuscule, l'orthographe du manuscrit et de l'édition originale.

62. III, 40

63. Voir la notice de J. et L. Miallet, III, 1165-1181.

64. Dans la réédition de *Manosque-des-plateaux* chez l'éditeur Charlot, à Alger, en mai 1941, les « à paraître » comprennent *Les Temps nouveaux,* I. *Chute de Constantinople,* roman.

65. Ces titres ont bien entendu été donnés aux fragments après l'abandon du roman.

66. Comment le *Trésor de la langue française* du XIXe et du XXe siècle, dont l'ordinateur a pourtant dépouillé *L'Eau vive,* ne signale-t-il pas, à l'article « nocturne », ce sens donné au nom par Giono ?

67. III, 346, 348.

68. III, 346-351.

69. III, 1251-1259.

70. III, 1255, 1251, 1252.

71. III, 1252.

72. III, 1353.

73. L'horreur de Marseille est ici beaucoup plus générale que dans *Le Poids du ciel,* où elle se concentrait sur un personnage de Marseillais abominable, mais où les employés et les ouvriers restaient humains et n'éveillaient pas l'antipathie (voir p. 275). Giono n'était pas retourné à Paris depuis 1936, que l'on sache : peut-être lui fallait-il une autre grande ville, plus présente, à haïr. En outre, c'était là qu'il avait été emprisonné.

74. III, 295-296.

75. III, 375.

76. III, 1275.

77. Voir p. 315.

78. Voir p. 308-309.

79. II, 604.

80. Les lettres de J. Paulhan n'ont pas été retrouvées pour cette période. Celles de Giono ne sont pas datées ; sur une seule d'entre elles est notée une date de réception : 21 août 1940. Trois autres sont, d'après le contexte, de juillet et d'août. Paulhan s'était réfugié en zone libre, ce qui permettait la correspondance, qui, avec les régions occupées, n'était possible alors que par cartes interzones.

81. Lettre de René Jouglet, 24 mars 1941 : Grasset propose de reprendre des mensualités (2 000 francs), si Giono lui donne dans les six mois un roman et un essai.

82. Frédéric Lefèvre, dans *Vendémiaire* du 4 avril 1941, publie pourtant un grand article, « Plaidoyer pour Jean Giono ». Mais, d'une part, l'hebdomadaire est en difficulté (il va disparaître). D'autre part, le critique semble ignorer tout ce que Giono a publié depuis *Que ma joie demeure,* et il est plus sévère que ne l'annonce son titre, dénonçant la verbosité de Giono, sa confusion, son incapacité à se renouveler. Tout en le proclamant important, il doute qu'il soit lu en l'an 2000. Une protestation d'Henri Rey, « Présence de Jean Giono », dans *Le Cri des Étudiants* (Montpellier, 15 mai 1941), n'aura évidemment aucune portée.

83. Voir p. 171.

84. Une lettre du 26 juin 1940 de son ami Émile Hugues, notaire à Vence, précise qu'il va s'occuper de la vente de la maison et espère en tirer 70 000 à 80 000 francs. Il s'agit de celle que Giono avait achetée en 1938 pour L. Jacques (voir p. 283). Elle avait été réquisitionnée pendant la guerre par des troupes qui l'avaient gravement endommagée. Lucien Jacques vivait désormais au Contadour.

85. Il semble n'avoir pas fait mettre le changement de vitesse au début ; il le fera rajouter en 1942 ou 1943

86. Interview parue dans *L'Auto,* 15 avril 1943.

87. De Manosque à l'embranchement de la route de Montfuron, pour aller au Criquet.

88. Voir p. 545.

89. José Meiffret, qui battra en 1951 le record du monde de vitesse en bicyclette derrière voiture (175, 609 km/heure), publiera en 1957 un *Bréviaire du champion cycliste* (Subervie, Rodez), et Giono lui donnera comme contribution une phrase inédite : « J'ai plus de confiance dans ceux qui ont souffert que dans ceux qui ont joui » (fac-similé à la p. 129 de l'ouvrage).

90. Un contrat plus étendu, le 20 janvier 1941, assurera à L. Garganoff les droits pour toutes les œuvres de Giono, sauf celles pour lesquelles il était engagé avec Pagnol (ce qui n'est pas clair, Giono ayant en été 1939 affirmé à J. Bouvet être dégagé de toute obligation envers Pagnol ; était-ce là une invention, ou y avait-il eu un nouvel accord ?). Le contrat concernant *Le Chant du monde* sera renouvelé le 10 avril 1942. Voir Jacques Mény, *Jean Giono et le Cinéma,* et Giono, *Œuvres*

cinématographiques, publiées par J. Mény (Cahiers du cinéma-Gallimard), t. I, 1980.

91. Voir p. 226.

92. Pascal Fouché, *L'Édition française sous l'Occupation.* Bibliothèque de littérature française contemporaine de l'université Paris-VII, 1987, t. 1, p. 62.

93. L'affaire n'est connue que par les *Cahiers de la petite dame* (t. III, p. 197) : Giono a téléphoné à ce sujet, le 1er octobre 1940, à Pierre Herbart.

94. P. Fouché, *op. cit.*, t. 1, p. 91.

95. Jean Grenier, *Portrait de Jean Giono,* p. 46 ; Maurice Chevaly, *Giono à Manosque,* éditions Le Temps parallèle, 1986, p. 167.

96. *Le printemps d'Héraclès* est annoncé comme poème dans les « à paraître » de l'édition Charlot de *Manosque-des-plateaux* en mai 1941.

97. Voir la notice de Violaine de Montmollin, VII, 1228-1263 ; et Christian Morzewski, « Un rituel poétique d'exorcisme à Aubignane », *Bulletin* n° 23, printemps-été 1985.

98. Titre annoncé dans l'édition citée de *Manosque-des-plateaux* chez Charlot.

99. Une lettre de l'Agence de Nice des messageries de journaux à Giono, le 17 octobre 1940, signale qu'elle ne parvient pas à se faire envoyer des exemplaires de ses œuvres afin de fournir une librairie de Manosque.

100. Une lettre de L.D. Hirsch à Giono, le 7 octobre 1940, annonce que Gallimard espère recevoir prochainement quelques fonds, et que Giono sera un des premiers à en bénéficier. Giono semble avoir été aussi en pourparlers pour le livre, brièvement, avec l'éditeur Charlot, d'Alger, qui avait déjà publié *Rondeur des jours* en 1936 et allait rééditer *Manosque-des-plateaux* en 1941.

101. C'est à tort que l'édition porte *in fine* les dates « janvier-juillet 1941 » ; Giono les a inscrites sur son manuscrit en oubliant qu'il avait commencé la rédaction en décembre 1940, et avant d'y faire les additions finales en août 1941. – Le livre paraîtra à Neuchâtel en novembre 1941.

102. Giono sera tout aussi sévère pour *Jofroi,* le film de Pagnol : dans une note à la pièce *Jofroi,* tirée en 1941 par Jean-Pierre Grenier de la même nouvelle (« Jofroi de la Maussan »), il écrira, en 1943, que le cinéma « l'avait traitée non en ami, mais en sauvage. Il s'en était emparé, c'est bien le mot, emparé, annexé, dévoré et transformé ». La pièce, heureusement, lui a « rendu sa légèreté et son vrai poids. » (J.-P. Grenier, *Jofroi,* Grenoble, Édition française nouvelle, 1943). – Le texte de la note est reproduit dans l'*Album Giono,* p. 169.

103. Pour des raisons matérielles (lenteur des transmissions sous l'Occupation), le sous-titre, dans l'édition originale, ne figure que dans l'achevé d'imprimer. Mais Giono avait souhaité le placer sous le titre.

104. En outre, *Les Vraies Richesses* était le livre de Giono qui lui avait valu le plus de lettres enthousiastes ; s'y référer pouvait favoriser la vente.

105. Le thème de la joie était parfois critiqué. En août 1941, dans *La Croix,* Luc Estang opposait à cette joie factice la joie chrétienne.

106. Publié chez Gallimard en 1947. Le passage sur *Triomphe de la vie* se trouve p. 194-196.

107. *Journal des débats,* 6 mai 1942.

108. *Je suis partout,* 4 avril 1942. Voir VII, 1260.

109. Reproduit en fac-similé dans un article de F. Jordi sur Giono, *Die Weltwoche,* 30 avril 1965.

110. Voir p. 515.

111. Le texte porte : « un grand problème ». Il s'agit évidemment d'une erreur de typographie.

112. Là encore, je rectifie : le texte porte : « un film de mon roman, *Le Printemps d'Héraclès* ». Giono n'aurait pas parlé en deux lignes de la même œuvre comme d'un poème et d'un roman. Le typographe distrait a dû reproduire, comme fin du dernier paragraphe, celle du paragraphe précédent.

113. Lettre de Me Sorel à Maximilien Vox, 21 avril 1947 (voir p. 418).

114. L'un de ces projets, *Louez Dieu dans ses royaumes* (et ici Giono écrit, exceptionnellement « Dieu » avec une majuscule) comporte une fois quatre parties dont la première est *Les Grands Chemins,* les trois autres étant les numéros 1, 2 et 3 de la liste précédente. Puis le même ensemble est ainsi décrit : «1. *La belle histoire d'amour. Le théâtre. Shakespeare au canevas.* 2. *Manosque 1940.* 3. *Désormais dans la paix des troupeaux.*» Il n'y a pas de 4, et le 5 est « *Éternité parole de tonnerre* ». Tout est en perpétuel mouvement. Car au titre *Manosque,* prévu pour introduire aux dessins de Géa Augsbourg, Giono avait (sur un contrat du 28 janvier 1941) substitué celui de *Louez Dieu dans ses royaumes.* Quelques pages plus loin, dans le même carnet, une autre liste, d'ouvrages séparés cette fois : « *Deux Cavaliers de l'orage. Arcadia. Les Grands Chemins. Le Volcan vert.* » Dans un autre carnet, cette liste de 1942 : «1. *Les Grands Chemins.* 2. *Le Roi qui passe.* 3. *La Belle Proie.* 4. *La Sainte Journée.*» Puis : « *Le Volcan vert. Deux Cavaliers de l'orage. Le Voyage en calèche.* » Ce *Volcan vert* qui revient trois fois, qui sera annoncé comme «à paraître » en tête de l'édition Grasset de *Triomphe de la vie* en 1942, et de *L'Eau vive* en 1943, désigne sans doute l'île de Tristan da Cunha : j'y reviendrai à propos de *Fragments d'un paradis.* Un titre isolé, toujours dans le courant de 1941, *Les Étoiles trop grandes,* pourrait annoncer aussi un développement de *Fragments d'un paradis.* Une autre œuvre, à venir en 1946, se révèle dans une esquisse pour *Les Grands Chemins,* datée dans le carnet du 26 août 1941 : la 2e partie de ce roman projeté doit décrire, au gros de l'été, l'épidémie de choléra, avec un homme qui la parcourt ; mais, contrairement à ce qui se passera dans *Le Hussard sur le toit,* l'homme est à la recherche d'une femme.

115. Selon une lettre de Yette Jeandet à Giono, le 6 juin 1941.

116. Voir ma « Note sur *Le Bout de la route* », *Bulletin* n° 5, printemps-été 1975 (où, ne disposant pas encore de tous les éléments, j'avance pour la pièce une date erronée), et la thèse de L. Fourcaut citée p. 598.

117. La pièce sera jouée jusqu'au 15 juillet 1942, puis reprise avec une distribution différente en septembre 1942 ; elle tiendra l'affiche au moins jusqu'en mars 1944.

118. D'après R. Castans (*Marcel Pagnol,* p. 254), Pagnol, furieux d'apprendre que Giono voulait réutiliser pour sa pièce le titre du film, voulut lui faire un procès. Ses avocats l'en dissuadèrent : c'est sous ce titre qu'en 1932, la NRF avait publié les pages de *Jean le Bleu* qui donnèrent naissance au film et à la pièce.

119. *Corr. L.J.*, II, 188-189.

120. Sa photo figure dans les *Œuvres cinématographiques* de Giono, p. 133.

121. Texte reproduit dans le *Bulletin* n° 11.

Notes du chapitre 15
(p. 346-378)

1. Voir p. 272.

2. *Jean Giono,* Éditions universitaires, 1955, p. .

3. J. Cocteau, Journal *1942-1945* , Gallimard, 1989, p. 30, 49 et 60.

4. Le 7 mars 1942. Le 14 mars, c'est le texte de Giono « Possession du monde », sur le livre consacré aux orchidées par le Dr Poucel (voir p. 345) ; le 21 mars, un bref article anonyme, « Verrons-nous une pièce de Giono au Français ? » – *Le Figaro* du 10 mars se contente d'un entrefilet de 5 lignes mentionnant la présence de Giono à Paris. Mais André Rousseaux y consacrera son feuilleton du 5 avril à *Triomphe de la vie.*

5. Outre l'interview (sans doute par Marc Augier) dans le n° 1, le 11 juillet 1940 (voir p. 315), il y a eu cette même année une « Lettre à Jean Giono » de Raymond

Asso; le 17 octobre, une chanson d'Asso et Marguerite Monnot, « Le Chant du monde », dédiée à Giono; en 1941, le 30 janvier, « Mangeront-ils ? Nouvelle lettre aux paysans sur la pauvreté et la paix », de Marc Augier, avec une épigraphe empruntée à Giono; le 27 mars, « Giono et le pacifisme. Le suicide de Panturle », de Ch. Michelfelder, avec un grand portrait de Giono; en juin un compte rendu enthousiaste du *Bout de la route* par André Castelot, et un article de Gonzague Truc sur *Pour saluer Melville*.

6. Celui-ci, par une carte du 20 mars, lui dit qu'il aimerait le rencontrer; mais Giono repartira avant.

7. Châteaubriant lui avait écrit le 19 août 1941 pour lui demander une « légende française » pour *La Gerbe*, lettre du type que l'on adresse à quelqu'un qu'on ne connaît pas : elle débutait par « Monsieur et cher confrère ». Elle a été publiée dans le *Bulletin* nᵒ 12, p. 23.

8. Des journalistes auxquels il n'a pas donné d'interview, mais qui l'ont rencontré dans telle réunion privée, sont trop heureux de lui consacrer dans leurs périodiques, parfois très compromettants, des articles comme « Jean Giono à Paris » par Noël B. de La Mort, (*Révolution nationale,* rédacteur en chef Lucien Combelle, 15 mars 1942), et « J'ai découvert Jean Giono, metteur en scène », par Pierre Macaigne (*Aujourd'hui,* directeur Georges Suarez, 17 mars 1942).

9. Voir son livre *Un Allemand à Paris,* Éditions du Seuil, 1981.

10. Entretien avec Frédéric Baussan, *Le Méridional,* 18 février 1959.

11. *Comœdia,* 21 mars 1942.

12. Pierre Andreu et Frédéric Grover, *Drieu la Rochelle,* Hachette, 1979, p. 489 et 491. Les dires de Gide, recueillis dans *Les Cahiers de la petite dame* à l'époque, confirment les faits.

13. *Bleu comme la nuit,* Livre de poche, p. 28. On trouvera confirmation de ce souvenir dans Gérard Loiseaux, *La Littérature de la défaite et de la collaboration d'après « Phénix en cendres » de Bernhard Payr,* Publications de la Sorbonne, 1984, p. 90-91, et dans Pascal Fouché (*op. cit.,* p. 268), qui publie la même liste que F. Nourissier, en y ajoutant Pierre Benoit.

14. Il n'en donne pas la date, mais des télégrammes conservés aux Archives départementales de Digne (dossier 3J7) au sujet de rendez-vous et de réservations d'hôtel, permettent de la dater de la fin d'octobre 1941.

15. Compte rendu de *Triomphe de la vie* par Gonzague Truc, 9 avril 1942; « Giono et ses chants du monde », du Dr Herbert Krause, 25 juin 1942.

16. En 1942, il devait avoir un peu plus de 65 ans. Sa femme, d'origine italienne, l'avait quitté. Ses trois enfants avaient été recueillis et élevés par leur tante Antoinette. L'aîné, Émile, un peu simple, était mort vers 1936. La fille, Ernestine, était mariée en Italie. Mais le second fils, Joseph dit Jo, vivait à Taninges où étaient installés ses oncles Émile et Ernest.

17. Selon d'autres versions, il tenta de sauter soit dans un train en marche qui allait entrer en zone libre, soit du train dans lequel les gendarmes le renvoyaient en zone occupée après un passage réussi de la ligne de démarcation; dans les deux cas, manquant son coup, il se serait tué accidentellement.

18. Par exemple il se donne 12 ans lors de ce séjour au lieu de 16; il le place à K. (c'est Kandersteg) et non à Vallorbe; il prénomme sa tante Juliette alors qu'elle s'appelait Marguerite, et lui prête une curieuse mélancolie due à la disparition de son mari alors que c'était elle qui, par son caractère féroce, l'avait contraint à s'éloigner d'elle; il donne à son père une enfance commune en Piémont avec sa sœur, alors qu'ils étaient tous deux nés en France et y avaient grandi; il multiplie les enfants qui de cinq passent à onze, dont neuf vivants; il leur donne des noms par séries : Ajax, Hector, Achille; Sirius, Cassiopée, Altaïr; Primo, Secondo, Terso. En dehors des séries, l'aîné, Djouan, et une fille, Argentine, figure de la réelle Antoinette Fiorio, déjà mise en scène en 1933 dans « Vie de Mlle Amandine » (15). Les

trois prénoms ont trois syllabes et commencent par la même voyelle. Autres ressemblances avec le même texte : l'auberge du « Blaue Ganse » (III, 156 et 435) ; la ville suisse d'Aarau (151 et 437), et le déracinage d'une forêt (137 et 450).

19. III, 434.

20. Il rendra plus tard hommage, de la même manière et en changeant aussi les noms, à deux autres membres de sa famille : à sa mère dans *Mort d'un personnage,* et à un autre cousin germain, Félicien Bonino, dans « Une histoire » (*Les Terrasses de l'île d'Elbe*).

21. Il exagère : trois ans peut-être, depuis la déclaration de guerre ; on avait encore écouté beaucoup de musique au Contadour à la fin d'août 1939 ; pas sur le phono de Giono, il est vrai, mais peu importe.

22. Seule allusion antérieure, je crois, à une rencontre avec cette musique : l'enregistrement d'un *Nocturne* acheté vers 1923-1924, selon un entretien avec R. Ricatte (II, 1216).

23. G. Heller (*op. cit.*, p. 91), ne fait pas allusion à une première invitation, pour les journées du 21 au 26 novembre 1941. Elle est mentionnée par G. Loiseaux, *op. cit.*, p. 103 ; s'y étaient entre autres rendus Drieu la Rochelle, R. Fernandez, R. Brasillach, J. Chardonne, A. Bonnard, M. Jouhandeau et A. Fraigneau.

24. C'est du moins ce qu'il écrit à un correspondant. En 1952, il parlera de la fille d'un ami (*Arts,* 8 février 1952), précisant à J. Amrouche qu'il s'agit de la fille de Garganoff.

25. VI, 902-906.

26. Je tire ces renseignements, ainsi que divers autres sur la même œuvre, de la thèse déjà citée de Laurent Fourcaut sur *Le Bout de la route* et *Le Voyage en calèche* (université Paris-III, 1985).

27. Il a pu se souvenir des égouts de Paris, décrits comme des intestins par Hugo dans *Les Misérables.*

28. Elles ont paru dans *Comœdia* le 19 décembre 1942. L. Fourcaut les a reproduites en appendice de sa thèse, avec les variantes du manuscrit.

29. Il le rappellera dans son *Journal de l'Occupation,* le 8 avril 1944. Une lettre du Dr Charles Coullet, de Dun-sur-Auzon, le 15 ou 16 janvier 1942, fait aussi allusion à ce séjour.

30. Avec Montherlant, Colette et Cocteau, racontera Alice Cocéa (*Mes amours que j'ai tant aimées,* Flammarion, 1958, p. 182). Mais elle a tendance à embellir, et je reste sceptique sur cette réunion de célébrités, d'autant que Cocteau n'en souffle mot dans son *Journal 1942-1945.* Toutefois Colette, dans « Flore et Pomone », texte recueilli dans *Gigi et autres nouvelles* (Guilde du Livre, juin 1944), raconte avoir, pour ses 70 ans, dîné avec Giono. Cet anniversaire tombant le 26 janvier, date à laquelle Giono n'était pas à Paris, il y a une inexactitude quelque part. Colette a pu dîner avec Giono à la fin de décembre 1942, et avoir confondu les dates, ou enjolivé.

31. Comme en mars 1942, la presse s'intéresse à la présence de Giono à Paris. Un peu après son départ, dans *Paris-Midi,* le 21 janvier 1943, paraîtra un article de Pierre Lhoste, « Promenade avec Jean Giono ». La conversation porte sur le travail de Giono, ses fermes, ses rencontres dans la campagne avec des musiciens et comédiens, indice d'une renaissance, d'une nouvelle civilisation. L'article de *Paris-Midi* sera tourné en ridicule dans *Je suis partout* le 29 janvier.

32. Il semble s'agir en fait non de *Marianne* mais de *Vendredi* (voir p. 248-249).

33. « Étrangers » veut bien dire « Allemands » : il est question, plus haut dans la lettre, de la « revue étrangère » où sont parues les photos.

34. Une lettre de P. Gondran, le 19 janvier, proteste contre ces ragots dont Giono lui a fait part dans une lettre du 17.

35. Voir p. 238-239.

36. Bien avant d'avoir connaissance de ce document, j'avais reçu en 1980 de Gil Buhet, romancier et critique, une lettre où il me racontait que, venu voir Giono peu

après, il s'était entendu raconter par lui avec verve la visite au Paraïs d'un Manosquin que l'opinion accusait de l'attentat, et qui venait demander un papier attestant qu'on ne le soupçonnait pas. Giono, après avoir écrit le témoignage, interrogea : « Maintenant que vous avez votre petite lettre, dites-moi pourquoi vous m'avez fait ça ! »

37. Mais on n'en a que l'enveloppe, timbrée de Briançon ; l'expéditeur est marqué comme étant Aline Giono ; ce n'est toutefois pas son écriture. Cela semble exclure que la destinataire ait été la mère de Giono.

38. En janvier 1943, le peintre Maurice Vlaminck, notoirement favorable à la collaboration, avait fait paraître son livre *Portraits avant décès* (Flammarion), écrit en 1942, où Giono est violemment brocardé aux p. 249-251, non pour des raisons politiques mais sur le plan littéraire : « le Tino Rossi de la littérature », « atmosphère de décors d'opéra-comique » ; chez lui « le fumier est parfumé avec "un jour viendra" de Coty ». « On baigne dans une atmosphère de mensonges conventionnels, douceâtres ». Giono est dépeint « chaque soir élégamment vêtu, buvant une menthe verte au grand café de Manosque. » Ce dernier détail vient sans doute de *La Semaine* du 21 août 1941 (voir p. 335).

39. Voir p. 247 et 291. Giono voulait par cette formule souligner une différence de nature entre les paysans et les autres, et ne songeait évidemment pas à « race » au sens nazi. Cl. Morgan l'avait lue dans *Le Poids du ciel* (VII, 500) ; Giono s'était d'ailleurs repris ensuite dans la *Lettre aux paysans* : « Il n'est ni une classe, ni une race » (VII, 543).

40. Il est possible qu'on lui ait parlé de l'article et qu'il ne l'ait pas lu. Il écrit : « Attaques contre moi dans *Les Lettres françaises* (feuille clandestine communiste) : je n'ai pas de talent et je fais école de lâcheté : vipère lubrique. » L'article ne parlait pas d'absence de talent. – Il arrivait pourtant à Giono de lire *Les Lettres françaises* : un autre numéro en a été conservé par lui avec le courrier qu'il recevait.

41. La date de 1942, donnée dans l'édition originale, est fantaisiste, et, comme toujours dans ce cas, antérieure à la date réelle.

42. *Pour saluer Melville* était déjà situé au XIXᵉ siècle, mais dans le monde anglo-saxon et non latin. D'ailleurs, le point de départ, *Moby Dick,* contraignait Giono au choix de cette période : il n'avait pas sa liberté.

43. Giono a prétendu en 1965 que le modèle de Julio avait été un Italien qui avait ainsi berné les Français. Mais, dans un entretien avec Jean Chalon (*Le Figaro littéraire,* 9 septembre 1965), il l'a appelé Giuseppe Bertolio, futur ministre de Ranuce-Ernest IV à Parme (celui de Stendhal...), inconnu des dictionnaires biographiques italiens, et en 1965, sur le programme de la nouvelle version alors représentée, *La Calèche,* Thaddée Grivas. Il est probable qu'il a une fois encore (ou deux fois) romancé à partir de sa propre fiction.

44. Voir p. 415.

45. Texte publié par L. Fourcaut, *op. cit.*, p. 62.

46. Ed. orig., p. 195.

47. Voir p. 310.

48. Affirmation très sujette à caution (voir p. 58). – Les textes de *Solitude de la pitié,* le recueil antérieur, s'étalaient sur huit ans seulement, de 1925 à 1932.

49. *Le Bout de la route* de 1931, *Lanceurs de graines* de 1932, *La Femme du boulanger* de 1941-1942, plus les dialogues d'*Esquisse d'une mort d'Hélène* de 1926.

50. Reproduit en fac-similé dans Giono, *Œuvres cinématographiques,* I, p. 36.

51. *Journal de l'Occupation,* 21 septembre 1943.

52. *Corr. L.J.,* II, 191.

53. Selon une lettre de Georges Régnier à Giono, d'avril 1943, c'était l'avis du grand chef opérateur Philippe Agostini. D'autres ont-ils exprimé le même sentiment ?

54. Quelques pages d'extraits en ont été publiées dans la *NRF* de février 1971 (nᵒ spécial d'hommage à Giono).

55. Une exception, mais sur un événement passé : Giono dit que les photos parues dans *Signal* ont été prises en 1940 par un photographe qui se faisait passer pour l'envoyé de la revue américaine *Life,* alors qu'il s'agissait d'A. Zucca en 1942. Voir p. 353.

56. Charles Blavette, *Ma Provence en cuisine,* France-Empire, 1961, p. 211.

57. Né à Breslau – l'actuel Wroclaw – il se fait prénommer tantôt Jan, tantôt Hans : il est polonais, mais de nationalité allemande. – Il fera après la guerre une carrière aux États-Unis, notamment comme compositeur d'opéras.

58. Giono parle longuement de Meyerowitz – en en rajoutant un peu – dans son vingtième entretien avec Amrouche. Maurice Chevaly l'évoque aussi en transformant son nom, sans le dire, en celui de Payarowitz – plaisanterie extrêmement douteuse (*Giono à Manosque,* p. 240-242).

59. Il donnera plus tard son accord pour figurer au comité d'honneur de l'Association France-Israël (lettre de Diomède Catroux à Giono, 16 mai 1957).

60. Il se trouve dans l'édition de La Pléiade, III, avec une introduction et des commentaires de J. et L. Miallet, ainsi que dans *De Homère à Machiavel* (Gallimard, 1986).

61. Préface republiée dans le *Bulletin* n° 10.

62. Comme déjà dans *Triomphe de la vie,* où paraissait la même expression (VII, 674).

63. Dans le volume, qui ne paraîtra qu'en 1961, il ne donnera qu'un texte de deux pages (reproduit dans *De Homère à Machiavel*) : il aura alors perdu tout intérêt pour le sujet.

64. Contrairement à ce que dira Giono dans sa note liminaire de 1948, le texte n'était donc nullement « destiné à servir d'éléments de travail à un poème intitulé *Paradis* » (III, 865). – Sur l'œuvre, voir la notice d'Henri Godard (III, 1522-1548) et Michèle Belghmi, *Giono et la Mer,* p. 109-206.

65. III, 675.

66. Le 16 mars sans doute : c'est par suite d'un lapsus que la lettre est datée du 6 mars.

67. Seule exception apparente : l'ange de *Pour saluer Melville* qui semble être venu se poser près d'Adelina et d'Herman. Mais une explication rationnelle est possible : l'herbe peut avoir été courbée par le vent.

68. Un seul vient de Provence (Savournin Baléchat, originaire du Var), et aucun n'est italien. Trois sont basques ; pourquoi ? il n'y a pas d'autres Basques chez Giono. Un pourrait être de Villeurbanne. Le capitaine, un médecin dont le lecteur ignore le nom (c'est le seul) a une mère picarde, de même que le naturaliste, M. Hour (hommage à la grand-mère Eugénie Pourcin ?)

69. Le terme est étrange, et doit venir d'un lapsus de dactylographie. Giono a-t-il écrit « splendide » ?

70. Un des personnages, explorant Tristan da Cunha, découvre dans une maison abandonnée *Don Quichotte* et le *Paradis perdu* (III, 934). Le second livre n'est sans doute là que pour son titre, Giono ayant peu d'affinités avec Milton.

71. A.J. Clayton l'a démontré de façon convaincante dans l'appendice de son *Giono : une poétique de la parole* (Minard, 1978).

72. III, 895.

73. III, 963.

74. III, 883. Celle du *Poids du ciel,* en mer Noire, n'avait que 20 mètres (VII, 370).

75. III, 962. En fait, les poulpes n'atteignent que deux mètres. Jules Verne, dans *Vingt Mille Lieues sous les mers,* leur donne 8 mètres.

76. Voir p. 267-268.

77. Les archanges au service de Mme Juliette, dans « Le poète de la famille » (III, 419) sont purement métaphoriques et humoristiques : ils vont convoquer ceux que la vieille femme soumet en pensée à son jugement.

78. II, 828-829.
79. III, 294.
80. III, 1171.
81. VII, 660; *Le Voyage en calèche,* p. 85; III, 893 et 1543.
82. VII, 833-835.
83. P. 223.
84. III, 909 et 910.
85. Deux exemplaires de cette lettre se trouvent dans les archives Giono. Il doit s'agir pour l'un soit d'une copie faite par l'écrivain lui-même, soit d'une des lettres envoyées, qui, n'ayant pu être acheminée, lui serait revenue; l'autre provient des archives Seghers.
86. La brochure a été imprimée par Rico à Manosque en 1969.
87. Interview par Gabriel d'Aubarède, *Les Nouvelles littéraires,* 26 mai 1953.
88. Archives Giono.
89. Une lettre d'intervention en sa faveur fera mention d'aide apportée à d'autres juifs encore: W. Rabinovitch, replié à Reillanne, et Mlle M. Mostova.
90. Ces documents figurent aux Archives départementales de Digne dans un dossier qui n'est communiqué qu'avec un accord spécial. Je remercie vivement M. Lacroix, directeur de ces Archives, de s'être entremis pour me le faire obtenir, ainsi que les autorités de la préfecture et du ministère de la Culture, qui me l'ont donné.
91. Qu'étaient ces « lettres intéressantes » ? Elles ne sont pas dans le dossier. Ont-elles été rendues à Giono, ou font-elles les délices d'un collectionneur ?

Notes du chapitre 16
(p. 379-400)

1. Rapport du préfet au ministère de l'Intérieur, le 18 mars 1946, sur l'épuration dans les Basses-Alpes (Archives départementales, 42 W 107).
2. « Giono règle ses comptes », interview par Gilbert Ganne, *Les Nouvelles littéraires,* 1ᵉʳ avril 1965.
3. L'interrogatoire figure aux Archives départementales (11 W 18).
4. Voir p. 612-613 (n. 42 du chap. 12).
5. C'est par suite d'une erreur matérielle qui ne lui est pas imputable que Nicole Racine-Furlaud a écrit « 28 octobre » dans son excellent article « Giono et l'illusion pacifiste » (*L'Histoire,* n° 106, déc. 1987, p. 47).
6. Renseignement fourni par A. Chabaud. Il s'agit sans doute d'Yves Noël, adjoint de Martin-Bret dans la Résistance, venu plusieurs fois chez Giono en 1943-1944.
7. *Giono. Qui suis-je ?,* p. 120.
8. Sa photo est reproduite dans l'*Album Giono* (p. 182). La plus grande partie des renseignements donnés ici sur la prison et sur la détention de Giono viennent des Archives départementales, dossiers 41 W 42, 46, 47, 49 et 42 W 107, ainsi que de l'entretien que m'a aimablement accordé Albert Chabaud, ancien commandant du centre.
9. Aucun registre des visites n'est conservé pour les mois de septembre à novembre, mais Élise Giono est venue plusieurs fois voir son mari. Pour la période connue, elle est venue le 11 décembre (de 16 heures 50 à 18 heures 50), et à nouveau le 4 janvier 1945.
10. Dossier du cabinet du préfet.
11. Voir sa photo dans l'*Album Giono,* p. 183.
12. Dix-neuvième entretien avec J. Amrouche, et entretiens avec J. Carrière (*op.*

cit., p. 120-121). Bien entendu, les détails ne concordent pas toujours entre les deux récits de Giono.

13. Voir ma contribution au colloque Giono d'Aix-en-Provence (juin 1989) : « Les poèmes de Giono, 1944-1947 », à paraître en 1990 : *Le style de Giono*.

14. L'article est reproduit dans *Les Critiques de notre temps* et Giono, textes présentés par R. Bourneuf, Garnier, 1977, p. 87-89.

15. « A visit to Giono », *Books abroad* (université de l'Oklahoma, 1er trimestre 1959).

16. Dossier du cabinet du préfet.

17. C'est-à-dire par le CNE, qui, n'ayant pas donné d'ordre d'emprisonnement, ne peut donner celui d'un élargissement, souligne Vildrac dans sa réponse à Élise (8 janvier 1945). Mais la commission de Digne se préoccupe du politique plus que du juridique.

18. Entre autres celles de Jean Carles, enseignant à Manosque de 1941 à 1943, et ensuite à Castelnaudary, et de son ami Gaston Perdigou, de Carcassonne, attestant que Giono leur a proposé de les abriter si leurs activités de résistants les mettaient en danger (dossier du cabinet du préfet).

19. Mauriac, Duhamel et Vildrac sont mentionnés par Giono dans sa lettre de Noël 1944 au préfet ; les autres noms, sauf celui de Mauriac, figurent aussi dans une lettre de Ch. Vildrac à Elise Giono, le 31 janvier 1945.

20. Copie dans les archives Giono.

21. Dossier du cabinet du préfet.

22. Lettre du 4 mai 1945 de V. Besson, communiste, président du comité local de libération, estimant inopportun le retour de Giono sous prétexte qu'il est encore « inculpé » puisque aucun jugement n'est intervenu, ce qui est totalement inexact : l'inculpation n'a jamais eu lieu.

23. Le 30 juin 1945, la commission départementale de vérification des internements administratifs propose de maintenir l'éloignement jusqu'après les prochaines élections générales (elles auront lieu en octobre). Le 1er août, le commissaire de la République maintient l'assignation à résidence dans les Bouches-du-Rhône. Bien que le préfet des Basses-Alpes lui ait écrit le 30 août pour suggérer que cette mesure soit transformée en simple éloignement de Manosque, ce n'est que le 8 octobre que le commissaire de la République prend cette mesure.

24. Il avait joué aussi dans *Jofroi, Angèle, La Femme du boulanger,* pour ne parler que des films de Pagnol tirés de Giono.

25. Maurice Chevaly, *Giono à Manosque,* p. 178-179.

26. Il la date du lundi 4, mais lundi était le 5.

27. Giono répondra ainsi le 28 juin à une question de Vildrac : « Voici les renseignements que l'on m'a donnés : M. Giono est sur une liste de personnes qui ont eu leur compte bloqué par M. Marcel Galy, commissaire principal à la Direction de la police judiciaire, 36 quai des Orfèvres, Paris, en vertu de deux commissions rogatoires du 2 mars et 21 avril 1945 de M. Angeras, juge d'instruction à Paris dans l'affaire B... et autres, inculpés d'infraction aux articles 75 du code pénal. Dans cette réquisition je suis porté comme étant *sans domicile connu.* Bien entendu qui est B.? Je n'en sais absolument rien. Qu'est-ce que je fais dans cette histoire ? Je me le demande. »

28. Carte d'Henri Pollès, sans date.

29. Réimprimés en 1942 : *Les Vraies Richesses, Jean le Bleu, Regain.* En 1943, *Naissance de l'Odyssée, Que ma joie demeure, Triomphe de la vie.*

30. Lettre du 8 octobre 1945.

31. La seule manière de trouver une cohérence aux romans écrits de ce cycle est d'ailleurs de considérer qu'en 1832, à la fin d'*Angelo,* on est trois ans avant le début du *Bonheur fou,* en 1848 (voir ma « Note sur la chronologie de l'action dans le cycle du Hussard », IV, 1154-1158). Cette compression de la durée n'effraie pas Giono.

32. Sur l'ensemble des problèmes posés par ce projet d'ensemble romanesque en dix volumes, voir ma notice sur le cycle du Hussard, IV, 1113-1151.

33. Cette intuition est due à Daniel Justum dans son article cité « Le grand-père antérieur / intérieur de Giono ».

34. IV, 133.

35. III, 228.

36. Sa légende affleure même sur un point précis. Quand Angelo rencontre à Aix un ingénieur tyrolien carbonaro qui conduit les travaux d'un canal et qui lui propose un poste de contremaître sur son chantier (IV, 65-66), il est clair qu'il s'agit pour Giono du père de Zola, même si la chronologie ne concorde pas (elle concorde rarement chez Giono). – Sur le grand-père de Giono et le père de Zola, voir p. 23-24.

37. Voir ma notice sur le cycle du Hussard, IV, 1118-1126.

38. III, 717-718.

39. Voir p. 19-20.

40. Un autre titre, antérieur, *Les Bords du Tage,* paraît venir d'une erreur de Giono sur l'intitulé de la romance. Quant à *Nuit à midi,* qui figure sur une page de manuscrit, le titre semble avoir été prévu pour un des romans suivants du cycle.

41. Le titre, apparu lors de la prépublication dans la *NRF* (juillet-novembre 1953), sera repris dans l'édition en volume (Gallimard, 1958). Mais – cas unique chez Giono – cette publication en français a été précédée de très loin par une édition en allemand intitulée *Angelo Pardi* (Stuttgart, J. G. Cotta,1955, trad. Richard Herre), dans laquelle il est indiqué que le titre français est *Introduction aux infortunes du Hussard.* Dans l'édition de 1958, Giono a donné sur la genèse d'*Angelo* des indications entièrement fantaisistes (voir p. 496-497) ; son texte a été malheureusement reproduit sans commentaire dans l'édition Folio.

42. Le nom vient sans doute du petit village de Théus, au-dessus de Remollon ; mais Giono a aussi connu, au moins par ouï-dire, un Maurice de Théus : son nom figure dans un carnet d'adresses conservé par Sylvie Giono ; il habitait à Paris, rue Malakoff.

43. Voir la notice d'Henri Godard, IV, 1193-1220.

44. IV, 40.

45. IV, 39.

46. IV, I238.

47. Il fait une citation de « La Mort », le 29 novembre 1943, dans son *Journal de l'Occupation.* Et il utilise le même poème dans *Fragments d'un paradis* en 1944 (voir p. 369.

48. Il ne s'agit ici que des animaux réels. Les comparaisons des humains avec des animaux restent courantes. Angelo est un cerf (IV, 119), Pauline une biche ou une panthère (94, 106), le marquis est un vieux loup (65, etc.).

49. Dans les notes préliminaires de Giono, son père, anonyme dans le texte rédigé, s'est par moments appelé Angelo II (de même les Jean, eux aussi fils uniques, se succédaient chez les Giono).

50. Voir la Notice de *Mort d'un personnage,* IV, 1241-1269.

51. Le 29 janvier sera célébrée une messe pour Pauline Giono. Son fils n'y assistera pas (en théorie, il reste jusqu'à ce jour éloigné administrativement de sa ville) ; mais il remettra un déplacement prévu à Marseille pour ne pas quitter Manosque ce jour-là.

52. IV, 160.

53. IV, 207.

54. IV, 217.

55. Voir ma notice au *Hussard sur le toit,* IV, 1305-1370.

56. Du moins c'est ce qui ressort de la transcription erronée du certificat de « Jean-Baptiste » Giono pour Ch. Michelfelder (voir p. 19-20).

57. Voir p. 620, n. 114 du chap. 14.

Notes du chapitre 17
(p. 401-420)

1. Trois éditions de luxe paraîtront en 1947 : deux de *Regain,* illustrées l'une par P. Fonteinas, l'autre par P. Lemagny, une de *Colline* illustrée par Jacquemin. Et en 1948 *Que ma joie demeure,* illustrée par P. Viénot.

2. Voir III, 1299.

3. Maurice Chevaly, *Giono à Manosque,* p. 177.

4. Voir p 620, n. 114 du chap. 14.

5. Avec *Le Hussard sur le toit, Un roi sans divertissement* est le roman de Giono qui a suscité le plus d'études. On lira en particulier la notice de Luce Ricatte (III, 1295-1325).

6. Voir p. 153.

7. Dans la partie initiale, depuis supprimée (IV, 1270).

8. Dans le chapitre initial supprimé (IV, 1373).

9. VI, 94.

10. III, 498.

11. Sade est mentionné dans le *Journal de l'Occupation* le 28 janvier 1944. Puis dans un carnet en mai et en juillet 1946 (III, 1299 ; voir ici p. 401 et 405). Le nom reviendra trois fois dans *Noé* (III, 666, 817, 846), et en juin 1947 dans une lettre à Vox citée plus loin, p. 414.

12. Voir mon article « Sur *Un roi sans divertissement* », dans *Giono aujourd'hui.*

13. Elle est toujours aussi inorganisée sur le plan administratif : pas de maire dans le village. Il n'y a que rarement de maire chez Giono ; est-ce à la suite de ses différends avec le maire de Manosque en 1925 et en 1935 qu'il refuse les maires, comme il avait occulté la guerre de 14 dans tant de ses romans d'avant-guerre ?

14. III, 527.

15. Giono fera reparaître Langlois, à une période de sa vie évidemment antérieure à l'action d'*Un roi sans divertissement,* dans *Les Récits de la demi-brigade* ; mais comme justicier et non comme libérateur d'une communauté. Ce dernier type de personnage n'apparaîtra plus chez lui.

16. III, 584 ; voir « Sur *Un roi sans divertissement* », art. cit., p. 175.

17. On en relève 25 occurrences chez Giono de 1925 à 1936.

18. Dans *Études littéraires,* XV, 3, Québec, 1982.

19. *Le Voyage en calèche,* acte I, 2e partie, scène 4, p. 98 de l'édition originale.

20. II, 200, 203, 332, 213. Giono, à l'époque, substantivait aussi, bien que je n'en aie pas relevé d'exemples dans *Le Chant du monde,* les infinitifs (« le geindre d'un nourrisson » dans *Un de Baumugnes,* I, 263) et les participes passés (« le hérissé des arbres » dans « Entrée du printemps », III, 244, ou « un claqué des lèvres » dans *Que ma joie demeure,* II, 415).

21. III, 488 et 597.

22. *Le Chant du monde,* II, 253 et 278.

23. Voir la préface de Giono à l'édition des *Chroniques romanesques* (1962), ainsi que la note de R. Ricatte sur cette préface et sur le genre de la chronique (III, 1277-1293) ; et ma note « Peut-on opposer les *Chroniques* et le cycle du Hussard ? », *Bulletin* n° 21, 1984.

24. Le 1er octobre on trouve dans un carnet : *Charge d'âme,* et une série de titres qui sont tous de nature visuelle, et sur lesquels Giono joue en intervertissant les éléments : *Les Belles Bêtes. Après Sentiers. Monticules couverts de genêts. Les Toits d'or. Soleil sur les fleuves. Profondeur de la ville. Les Vergers voisins du Méandre. Verts et Rouges du couchant.* Ou, d'ailleurs, *Les Vergers voisins du couchant, et Verts et*

Rouges du Méandre, Les Fleuves de la ville, Soleil sur les profondeurs, Après bêtes, Les Beaux Sentiers. Et aussi : *Le Vaste Appétit.* Quinze jours plus tard environ : *Le Canon d'alarme, Le Dindon de la farce, Histoire des trésors, Fête de nuit, La Veste rouge, Un vieil homme est un lit plein d'os.* Le 16 octobre, dans une lettre à Gallimard : *Vergers aux bords du Méandre* (variante d'un titre qu'on vient de lire) et *Ouverture des Indes galantes.* Le 15 novembre dans un carnet : *Rigor mortis.* Le 30 novembre, à Gallimard : «*Les Grands Chemins,* (ou peut-être *L'Ane rouge*) est presque terminé.» Le 14 décembre, *Les Grands Chemins* prendront peut-être le titre de *Noé.* Ce qui se précise le 3 janvier 1947 : «Le second volume de *Opéra-bouffe* (ou *Chroniques* peut-être), intitulé *Noé.*» Le 8 janvier, le 3e volume prévu devient *La Reine de la nuit,* (titre annoncé comme «à paraître» dans l'édition Gallimard d'*Un roi sans divertissement*) : autre clin d'œil en direction de Mozart, bien que *La Flûte enchantée* ne soit pas un opéra-bouffe ; les suivants seront, sans ordre, *Les Grands Chemins* (encore), *Danse de la barre à mine* (étonnante résurgence d'un titre autrefois prévu pour *Batailles dans la montagne*), *Auberges de roulage* (titre qui indique que le *Hussard* reste présent : c'est dans une auberge de ce type que se déroulera le prochain épisode à écrire). Dans la 1re quinzaine de février 1947, Giono dresse des listes de 20 titres numérotés. L'une qu'il adresse à Maximilien Vox (21) : «1. *Un roi sans divertissement.* 2. *Noé.* 3. *Les Noces.* 4. *Paysages.* 5. *Guerriers.* 6. *Catalogue des vaisseaux.* 7. *Portrait de jeune fille.* 8. *Colloque nocturne.* 9. *Portrait de prince.* 10. *La Sainte Journée.* 11. *Ouverture des Indes galantes.* 12. *Sur ce rivage plus orageux que la mer.* 13. *Ours.* 14. *Patmos.* 15. *Le Siège de Belgrade.* 16. *Boutique de barbier.* 17. *Mort subite d'un personnage.* 18. *Concerto pour crieur public et orchestre.* 19. *L'Intérieur des maisons.* 20. *Portrait de l'artiste.*» La seconde liste, dans un carnet de préparation, est identique sauf pour le tome 6 qui est *Mort subite d'un personnage,* titre rayé par Giono qui inscrit seulement «Sans titre (op. 34)», pour le tome 10 où *Le Séducteur* est remplacé par *La Lune rouge* et pour le tome 14 qui, après *Combats d'animaux,* devient *L'Abattage clandestin* (III, 1284).

25. IV, 1141.
26. III, 1285.
27. Voir la notice de R. Ricatte, III, 1396-1443.
28. III, 644.
29. III, 703.
30. III, 820.
31. III, 1026 et 1057.
32. P. 706, 712, 728, 731, 767, 822, 744, 791, 831.
33. Voir p. 419.
34. Voir p. 94.
35. Il avait sans doute déjà *Manhattan Transfer.* Les deux premiers volumes de la trilogie *USA* avaient paru chez d'autres éditeurs. Giono avait utilisé la technique panoramique de Dos Passos dans *Le Poids du ciel* (voir p. 276).
36. Ce n'est pas pour rien qu'il s'est fait envoyer les œuvres de Mallarmé. On reconnaît dans sa dernière phrase une allusion à «Tel qu'en lui-même enfin l'éternité le change», le premier vers du «Tombeau d'Edgar Poe».
37. L'article, outre qu'il fait de Giono un écrivain presque uniquement régionaliste, contient plusieurs graves inexactitudes de fait, aussi bien sur les dates des œuvres de Giono que sur sa vie : il y est dit notamment qu'en 1940 il «fut libéré au lendemain de l'Occupation de la France» – ce qui est insinuer que ce sont les Allemands qui, le sachant favorable à leurs idées, l'ont fait sortir de prison, alors qu'il avait été libéré en novembre 1939.
38. Cette lenteur se traduit dans les «à paraître» en tête du volume, dont Giono avait donné la liste : *Virgile* y figure encore, alors que le volume était alors en vente depuis quatre mois.
38. Voir p. 420.

40. « Chez Jean Giono », dans *Gazette des lettres,* 20 septembre 1947. Giono y dit : « Ces vingt-huit romans forment deux groupes ; l'un de vingt, l'autre de huit. Les vingt premiers sont bâtis comme les chroniques de Froissart, tandis que les huit autres, d'un esprit plus souple, feront plutôt penser à Alexandre Dumas, un Dumas plus soigné, bien entendu. » On peut saisir la ressemblance du cycle du *Hussard* avec les romans de Dumas. L'analogie des *Chroniques* de Giono avec celles de Froissart est vraiment beaucoup plus lointaine.

41. Si on laisse de côté *Angélique* et *Angiolina,* inachevés et abandonnés depuis longtemps, Giono a réellement en portefeuille quatre romans : *Deux Cavaliers de l'orage,* achevé sauf le dernier chapitre, *Fragments d'un paradis* qui n'est pas terminé, *Angelo* et *Mort d'un personnage* ; une pièce, *Le Voyage en calèche,* et un essai, *Virgile.* Mais les deux derniers ouvrages vont paraître en 1947, l'un aux éditions du Rocher à Monaco en juin, l'autre chez Corrêa en septembre. *Fragments d'un paradis* sera publié à tirage très limité en 1948 ; Giono, dans une note liminaire, précise qu'il l'a dicté du 6 au 12 août 1940 – toujours cette habitude d'antidater ses écrits – et que c'était un élément de travail pour un grand poème intitulé *Paradis.* On a vu que tout cela était fictif.

42. Catalogue de l'exposition « Pierre Fanlac. Quarante ans d'édition », Bibliothèque municipale de Bordeaux, janvier 1984.

Notes du chapitre 18
(p. 421-443)

1. « Lundi », dans *Corr. Gide,* p. 48-49 ; *Voyage en Italie,* p. 10 et 42 ; « Arcadie… Arcadie… » dans *Le Déserteur,* p. 177 ; *Les Terrasses de l'île d'Elbe,* p. 81.

2. Aline Giono, *Mon père,* p. 47.

3. III, 612.

4. Plusieurs des critiques portaient sur l'accent roumain d'Alice Cocéa, qui rendait souvent le texte incompréhensible. C'était parfois aussi Giono qui était visé, comme dans l'hebdomadaire *Action,* très proche des communistes, où, le 6 janvier 1948, P.-L. Mignon, intitulant son article « Le Voyage en bateau », attaque « le charlatan de Manosque », lui reprochant d'avoir dans sa pièce fait jouer aux Français le rôle d'occupants. Mais en dehors de ces attaques politiques, la pièce en elle-même était jugée avec une sévérité unanime. Robert Kemp avait donné le ton dans *Le Monde* du 24 décembre 1947, commençant son article par « Que pouvez-vous imaginer de plus exaspérant que des personnages de Stendhal parlant le langage affecté de M. Giono ? », et le terminant par « Ouf ! Quelle soirée ! ». J. Gandrey-Réty, Th. Maulnier, J. Lemarchand, R. Kanters, n'étaient guère plus tendres. – Sur les représentations, voir Alice Cocéa, *Mes amours que j'ai tant aimées,* p. 231.

5. Entretien avec Claudine Chonez, *La Semaine dans le monde,* 25 octobre 1947.

6 Voir p. 419.

7. Le 25 octobre, autre formule sous la même plume : « Giono, d'action si méprisable ». La cause est apparemment entendue, et il suffit d'affirmer sans démontrer.

8. Les récits seront publiés : « Faust au village » et « Monologue » dans *La Table ronde,* respectivement en mai 1949 et en juillet 1950 ; « Silence » dans les *Cahiers de La Pléiade* du printemps 1950 ; « La croix », « Le cheval », « Notre vin », « Le mort », dans les *Cahiers libres* de juin 1951. L'édition en volume datera de 1977. Giono avait au début de 1949 donné le premier des textes à Maximilien Vox pour une édition en volume. Mais la publication en revue mit fin à ce projet. – J'utilise les titres rétablis par R. Ricatte dans l'édition de La Pléiade (V, 937-968). On lira naturellement sa notice sur le recueil.

9. Paru pour la première fois en 1949 dans la revue *Souffles,* de Montpellier, sous le titre « Un chouette cheval ».

10. Une erreur matérielle, dans l'édition de La Pléiade (V, 940), a fait imprimer que dans un carnet de Giono les notations pour « Silence » se répartissaient autour du 30 octobre. En fait, le carnet porte « 3 octobre ».

11. V, 158.

12. V, 123, 126, 131.

13. V, 130, 131.

14. VI, 903-905.

15. III, 853-854.

16. En février 1950, Giono propose à Pierre Fanlac «Faust au village» et « Silence » (en disant que le second comporte 70 pages), ainsi qu'un troisième récit qu'il dit être de 100 pages, « Chœurs parlés », dont il n'y a pas d'autre trace, à moins qu'il ne s'agisse du début des *Ames fortes* (catalogue cité, p. 43).

17. Voir la notice de R. Ricatte (V, 1008-1056); J. Chabot, « Carnaval et banquet dans *Les Ames fortes* », *Bulletin* n° 14, 1981; la thèse de 3e cycle soutenue à Paris-IV par Vincent Karm sous la direction de Michel Raimond (ex. dactyl., 1984); et le n° spécial, consacré à ce roman, de la revue *Roman* 20-50 (université de Lille-III), n° 3, juin 1987.

18. Châtillon est à 750 mètres au-dessous du col de Grimone, et non à 1500 comme il est dit dans le texte.

19. Sa femme l'a d'ailleurs aidé à faire basculer un uhlan dans le Rhône; mais les uhlans sur le Rhône pendant la guerre de 70, c'est encore de l'histoire refaite par Giono.

20. V, 325, 344, 361, 431; et 443.

21. V, 410. – Voir p. 148.

22. V, 226-229.

23. V, 405.

24. V, 445. Bien entendu le cordonnier au marteau et le voyageur pour Turin sont deux figures différentes. Ce n'est qu'un double signe de piété filiale si Jean Antoine Giono apparaît deux fois dans le récit, une fois en personne et une fois à travers son outil principal.

25. *Le Roman,* Armand Colin, 1988, p. 138.

26. Voir encore p. 419, 420, 422, 438.

27. V, 428.

28. « Lundi », dans *Corr. Gide,* p. 47.

29. V, 855-861.

30. Il ne donnera pas suite, en septembre 1956, à une demande de texte pour enfants de 8 à 11 ans, émanant des éditions Calmann-Lévy.

31. Publié dans *De Homère à Machiavel,* p. 23-29.

32. Lien entre les deux: des « destins en forme de tigre » dans le poème « Un déluge » en 1945.

33. La Société des éditions Grasset, dissoute par arrêté du 18 juin 1948, avait bénéficié d'une grâce du président V. Auriol le 16 décembre, et continué ses activités. Mais B. Grasset restait poursuivi; il n'allait être blanchi qu'en 1953. Cela ne favorisait pas la marche de sa maison d'édition (voir P. Fouché, *op. cit.,* t. 2, p. 239-249).

34. IV, 1163-1182.

35. IV, 1182.

36. Voir la notice de J. et L. Miallet, V, 1193-1250.

37. Variantes: *Sans aucun titre, Sans titre de gloire;* l'un et l'autre dérivant avec humour de la mention « sans titre » qu'utilisait parfois Giono quand l'idée d'un roman lui était venue sans qu'il sache encore comment le désigner.

38. Ce ne sont là que les titres principaux. Bien d'autres ont traversé à un moment ou à un autre l'esprit de Giono (V, 1215 et 1249).

39. Giono a hésité entre « Coste » et « Costes ».

40. Le roman a donné lieu à des commentaires divers. Michel Cournot dans la *NRF* en 1954, et plus récemment Guy Turbet-Delof (*Bulletin* n° 5) ont ingénieusement conjecturé que le mystérieux M. Joseph était le frère aîné disparu de Marie et de Jacques de M. Je ne suis pas convaincu. Aucune des notes de préparation de Giono ne mentionne quoi que ce soit de semblable ; le personnage, qui meurt paisiblement de vieillesse, serait le seul de tous les descendants de Coste à échapper au destin de la famille ; enfin l'origine que, comme on va voir, j'assigne à M. Joseph dans la réalité, va à l'encontre de l'hypothèse. – Ne mentionnons que pour en rire avec quelque tristesse l'interprétation de Gilbert Martal (appendice à un ouvrage collectif sur *Le Château* de Kafka, éditions Ellipses, 1984), selon laquelle *Le Moulin de Pologne* serait, parce que c'est un roman de la fatalité, une œuvre antisémite – alors qu'aucun des personnages n'y est juif (voir ma note sur ce point dans le *Bulletin* n° 23, 1985).

41. V, 724.

42. Lorsque Giono avait utilisé ce procédé auparavant, ce n'était que pour un seul nom par roman : les R. d'A. dans *Chute de Constantinople*, M. V. dans *Un roi sans divertissement*; en outre, dans ce dernier cas, il avait commencé par donner au personnage le nom de Voisin, se décidant ensuite pour l'initiale qui accentuait le côté inquiétant de cet assassin.

43. V, 642, 695, 680, 685.

44. Roger Nimier dans *Carrefour*, 21 janvier 1953.

45. V, 1232.

46. V, 1220.

47. V, 1220

48. V, 637, 723.

49. V, 732, 746, 748. – Après avoir écrit ces lignes qui n'exprimaient qu'une hypothèse née de la lecture attentive du texte, j'ai eu la satisfaction de lire dans l'interview de Giono par Maxwell Smith, déjà citée, que M. Joseph était une figure de Jean Antoine Giono.

50. V, 686, 745-746, 735.

51. V, 737-739.

52. V, 746.

53. V, 1212.

54. Interview par Gabriel d'Aubarède, dans *Les Nouvelles littéraires*, 26. 3. 1953.

55. Autre exemple du procédé : le dernier chapitre de *Deux Cavaliers de l'orage* dans la version de *La Gerbe* en 1943, et celui de l'édition en volume en 1965. Mais cela ne fait que deux versions, et séparées par plus de vingt ans.

56. Publié en juin 1950 (impr. Fr. Prochaska) ; réédité en 1985 par La Manufacture, Lyon.

57. Voir la notice de Luce Ricatte, V, 1136-1139.

58. Un exemple malgré tout : « Nous rencontrons un beau boulevard souple et désert qui fait le chat dans le vent avec ce qui reste de feuilles dans ses arbres » (V, 509).

59. La seule précise : une ville dont l'initiale est D. est indiquée comme préfecture (595). De par sa localisation, ce ne peut être Digne. On pense à Die, qui est une sous-préfecture.

60. Paru en français dès 1939, et non en 1949 comme il a été imprimé par erreur dans l'édition de La Pléiade. Le roman avait été publié en Amérique en 1937, mais il n'est pas sûr que Giono l'ait lu en anglais.

61. L'expression est de R. Ricatte (V, 1037).

62. J. Robichon, « Jean Giono répond à nos questions » (*Arts*, 8 février 1952). Propos repris dans un autre entretien avec le même, « Dialogue avec Jean Giono », dans *La Table ronde*, février 1955, p. 52.

Notes du chapitre 19
(p. 444-465)

1. Il est seulement interrompu en février 1951 par la mort de Gide ; elle le peine, bien que, autant que l'on sache, ils ne se soient revus qu'une fois après la guerre, à Saint-Paul-de-Vence en juin 1949, et qu'on n'ait retrouvé aucune correspondance entre eux depuis 1940, quoi qu'en ait dit Giono. Celui-ci écrira à la mémoire de Gide un texte ému, « Lundi », qui paraîtra dans le n° spécial d'hommage à Gide de la *NRF* en novembre 1951 ; il est reproduit dans *Corr. Gide*, p. 42-54.

2. Introduction à l'édition du *Roland furieux*, Garnier-Flammarion, 1982, p. 16.

3. Voir l'*Album Giono*, p. 218.

4. Pourtant une note de Jean Larnac, dans la revue marxiste *La Pensée*, signale « Monsieur V., histoire d'hiver » dans le n° 2 des *Cahiers de La Pléiade*, en mentionnant que Giono est parmi les écrivains qui se sont « avilis pendant l'Occupation ». Le texte est présenté comme une « histoire à dormir debout rapportée de père en fils et contée au romancier qui nous la narre en faisant maints ronds de jambes ».

5. Gilbert Guilleminault, dans *La Bataille*, et André Billy, dans *Le Figaro littéraire*, avaient été l'année précédente parmi les rares à saluer avec enthousiasme le *Virgile*.

6. De même Maurice Nadeau dans *Combat* du 6 février 1948. Quant à Madeleine Herr, dans *La Pensée*, elle exécute le texte en quelques lignes : « (...) fallait-il attendre de Giono qu'il eût la pudeur de se taire ? (...) Il parle fort peu de Virgile et beaucoup de lui, Giono, et cela ne nous intéresse guère. »

7. *Le Figaro littéraire* du 31 janvier le relève, et rapporte que J. Paulhan, interrogé, a confirmé que ce n'était pas lui qui avait donné sa démission.

8. 4-10 février 1948.

9. « Le Paysan du Danube », recueilli dans *Les Trois Arbres de Palzem*.

10. C'est-à-dire « nouvelle manière ».

11. Dans une note de son article sur Hemingway (*Critique*, mars 1953), Bataille est féroce pour le roman, qui ne l'a pas touché, et ne lui a pas fait sentir la réalité du choléra. – Réalité qui paraîtra au contraire trop crue pour son public au traducteur de l'édition anglaise (Museum Press, 1953) : il supprime quelques expressions sur les vomissements et déjections semblables à du riz au lait.

12. *Les Nouvelles littéraires*, 7 avril 1955, dans une liste des tirages depuis dix ans. Giono est évidemment loin derrière les 798 000 du *Petit Monde de Don Camillo* de Guareschi ; et derrière *Le Grand Cirque* de Clostermann ou *J'ai choisi la liberté !* de Kravchenko, qui dépassent les 500 000.

13. R.A. Lacassagne protestera contre ces ragots dans une causerie sur la Camargue faite à Montpellier en octobre 1961 ; il en enverra le texte à Giono.

14. L'article s'intitule « Jean Giono ou le refus d'obéissance à la vérité, à la lutte, à l'espoir », et insinue qu'en élisant Giono, l'académie Goncourt a voulu, « en ces temps où l'on tente de forger les armes de la Wehrmacht, rendre hommage à cet esprit européen qui se manifeste pour la grande Europe d'Adolf Hitler ».

15. Respectivement dans *Les Vraies Richesses* (VII, 176-179), dans *Le Poids du ciel* (VII, 336-337), dans *Triomphe de la vie* (VII, 686-688).

16. A. III, sc. 4, Gallimard, coll. « Folio », p. 293.

17. Voir aussi III, 1299 et 1472 ; IV, 1130, 1212 et 1316.

18. III, 680, 688, 704, 831, 851, 854.

19. IV, 358, 439.

20. IV, 1171.

21. La présentation des textes sur Machiavel dans ce volume peut prêter à confu-

sion: leurs dates de rédaction ne se suivent pas dans le même ordre que celles de leur publication. Les « Notes sur Machiavel » parues dans *La Table ronde* en janvier 1955 sont du courant de 1950. Elles sont suivies par « Monsieur Machiavel ou le cœur humain dévoilé », publié, sauf les dernières pages, dans *La Table ronde* d'octobre 1951, et repris, intégralement, comme préface à *Toutes les lettres de Machiavel* (Gallimard, 1955). Puis vient la première préface écrite par Giono pour les *Œuvres* de Machiavel dans La Pléiade ; elle date d'octobre-novembre 1961 et ne verra le jour qu'en 1986 dans *De Homère à Machiavel*, sous le titre d'« Autres notes sur Machiavel ». Le dernier en date des textes est l'actuelle préface au Machiavel de La Pléiade, écrite en février 1952 et publiée la même année dans le volume.

22. Cité par Francesca Telecco Perduca, *Studi sull'opera di Giono*, éditions hors commerce, Gênes, 1988, p. 140.

23. Introduction aux *Œuvres* de Machiavel, édition de La Pléiade, p. 24.

24. *De Homère à Machiavel*, p. 143.

25. *Ibid.*, p. 173.

26. Voir p. 80.

27. *De Homère à Machiavel*, p. 155.

28. IV, 358.

29. *De Homère à Machiavel*, p. 144.

30. La plus frappante est une allusion à Fualdès, qu'on ne trouve pas ailleurs chez Giono.

31. M. Chevaly, *Giono à Manosque*, p. 207.

32. Entretien avec Jacques Robichon, *Arts*, 8 février 1952.

33. A son retour, il en tire une série de pages qui paraissent fragmentairement d'abord dans *Combat*, du 7 au 18 décembre 1951 et du 8 au 21 avril 1952. Gaston Gallimard les lit, et écrit aussitôt à Manosque pour demander si cela ne fera pas un livre. Giono n'y avait peut-être pas pensé : à partir des pages qui suivent celles-là, il commence un manuscrit qu'il pagine de façon continue de 1 à 87 ; avant la publication en volume, qui aura lieu dans les premiers jours de 1953, il en donne des passages à diverses revues : *La Table ronde* publie les pages sur Venise en octobre 1952, celles sur Florence en avril 1953 ; ce même mois *La Revue de Paris* donne « De Brescia à Vicence », et la *NRF* « De Padoue à Bologne ». – Quelques notes non utilisées dans le volume ont en outre été publiées dans le *Bulletin* de Paris du 26 février 1954.

34. *Voyage en Italie*, Gallimard, Collection blanche, 1953, p. 211.

35. « Arcadie … Arcadie … », dans *Le Déserteur*, p. 207.

36. *Ibid.*, et *Voyage en Italie*, p. 146.

37. « La mer », dans *Les Terrasses de l'île d'Elbe*, p. 151-152.

38. *Voyage en Italie*, p. 39 et 41.

39. *Corr. L. J.*, I, 18, et II, 205-207 ; et une lettre de L. Jacques dans le supplément à sa correspondance avec Giono, *Bulletin* n° 32, décembre 1989.

40. *Voyage en Italie*, p. 72-77.

41. P. 153-162.

42. P. 186-187.

43. P. 103.

44. P. 101.

45. P. 62.

46. P. 87.

47. P. 183-184.

48. P. 194.

49. Respectivement p. 21, 239, 101, 196.

50. P. 182.

51. P. 143.

Notes du chapitre 20
(p. 466-492)

1. Légère inexactitude : sans parler de phrases où est évoquée l'apparence physique des cigales, leur chant est mentionné dans *Naissance de l'Odyssée* (I, 16 et 64), en Grèce il est vrai ; mais aussi dans *Colline* (I, 55), et dans un roman alors non publié, *Angélique* (I, 1353). Et dans *Poème de l'olive* (VII, 5), dans « Complément à *L'Eau vive*» (III, 113) ; mais, là, elles se trouvent dans des chansons prêtées à deux Provençales).

2. Les noms de Marcel Aymé et de Cendrars avaient également été prononcés. H. Bosco devait quelques jours plus tard obtenir le Grand Prix national des Lettres.

3. Jean Prasteau s'en fera l'écho dans *Le Phare* de Bruxelles, le 12. 12. 1954.

4. Jacques Robichon, « Pourquoi Giono est entré chez les Goncourt », dans *Arts,* 5 janvier 1955.

5. A l'occasion de cette élection, *Le Figaro littéraire* publie une chronologie de Giono où figurent des erreurs assez prodigieuses : rédaction de *Naissance de l'Odyssée* en 1915 ; élaboration entre 1940 et 1942 du scénario de *La Femme du boulanger* dont Pagnol se serait servi pour son film (confusion entre le film de Pagnol et la pièce de Giono, et erreur sur la date du film ainsi que sur l'auteur de son scénario) ; et enfin ce beau titre de roman attribué à Giono : *Le Moulin de Pagnol.*

6. *Combat,* 6 janvier 1955, article de Serge Montigny.

7. « Propos littéraires du magot solitaire », *Carrefour,* 15 septembre 1956.

8. *Arts,* 5-11 janvier 1955.

9. *Giono à Manosque,* p. 243.

10. *La Route du vin,* de Maurice Chauvet (Montpellier, 1950) ; *Provence merveilleuse,* d'Albert Detaille (Marseille, 1953) ; *Provence* (Hachette, « Albums des Guides bleus », 1954) ; *Basses-Alpes,* ouvrage publié par le Conseil général du département (impr. Alépée, 1955) ; *Journal de Provence,* de Jacques Meuris (1955) ; *Les Alpilles au cœur de la Provence,* de Maurice Pezet (1955 ; préface entièrement tirée du début de « Provence », dans *L'Eau vive,* III, 205).

11. Sur ce voyage, voir le livre d'Aline Giono, p. 123-130 (récit très juste d'atmosphère mais quelque peu romancé) ; *Les Terrasses de l'île d'Elbe,* p. 46-47 ; la préface de Giono à *Humphry Clinker* de Smollett ; *Giono ce solitaire* de Romée de Villeneuve, p. 224-225. J'adresse tous mes remerciements à Gertrude Kastner qui m'a donné de nombreuses précisions.

12. « La Pierre », dans *Le Déserteur,* p. 153.

13. Il le porte sur la photo n° 426 de l'*Album Giono,* prise à Craigandoran.

14. *Les Récits de la demi-brigade,* V, 87-120.

15. Voir la notice de Robert Ricatte, IV, 1473-1563.

16. Toutefois, dans *Les Ames fortes,* il s'agit de deux versions des faits données par deux personnages. Dans le cycle du Hussard (sauf dans *Mort d'un personnage*), le récitant est « neutre », ce qui implique la notion d'une réalité cohérente.

17. IV, 1077-1078.

18. IV, 1077. – D'autres réminiscences de Stendhal pourraient être relevées. Par exemple, les deux condamnés à mort subissant leur supplice avec « naturel » et « bonne grâce » rappellent la célèbre description de l'exécution de Julien Sorel dans *Le Rouge et le Noir,* en une seule phrase qu'admirait Giono : « Tout se passa simplement, convenablement, et de sa part sans aucune affectation. »

19. IV, 871.

20. IV, 882.

21. IV, 751.

22. IV, 981.
23. IV, 966.
24. Hélène Cingria, « Visite à Jean Giono », dans *Le Journal de Genève,* 19-20 septembre 1953.
25. IV, 1079.
26. « Interview with Jean Giono », *The French Review,* octobre 1959. – En fait, vu les dates de lecture, si Machiavel a bien été pour Giono l'antidote de Cervantès, l'inverse n'est pas vrai.
27. Mais, par rapport à l'ensemble de l'œuvre, y figurent moins de notations de musique et d'odeurs, et moins d'animaux, sauf les alouettes, et naturellement les chevaux.
28. Compte rendu dans *Le Mercure de France,* septembre 1957, p. 122-126.
29. Je remercie vivement Béatrice de Saenger des précisions qu'elle m'a données sur sa mère.
30. Son allemand n'était pas à l'abri de toute critique : il avait refusé à l'oral de l'agrégation, en 1950, sous prétexte que sa langue parlée était insuffisamment correcte, un candidat naturalisé dont il ignorait l'origine allemande.
31. Seul un fragment de ces pages revues par Giono, « Le Peaudourcier », a été publié dans le *Bulletin* n° 27 (1988), avec un article de Dominique Brunel sur le sujet.
32. Le premier publia sa traduction, en collaboration, en 1951.
33. Bien entendu, il ne touchera aucun droit sur cette traduction.
34. III, 1278.
35. Texte reproduit par *Le Dauphiné libéré* dans son supplément gratuit sur l'Institut polytechnique de Grenoble, le 6 février 1961, sous ce titre (qui n'est certainement pas de Giono) : « La science prélude à un renouveau artistique. »
36. Repris en février 1959 dans *Livres de France* sous le titre « La réalité ».
37. Introduction à *Bernard Buffet* (Hazan, 1956) ; catalogue de l'exposition Buffet, galerie Charpentier, Paris, 1968.
38. III, 1068.
39. Elles seront reprises en 1973 dans l'ensemble de textes réunis sous le titre du plus long d'entre eux, *Le Déserteur.*
40. III, 647-648.
41. *Le Déserteur,* p. 215.
42. *Ibid.,* p. 218.
43. Réminiscence posssible du nom d'Elzéard Rougier, qui avait notamment publié en 1926-1927 des poèmes dans *Taches d'encre,* revue à laquelle collaborait Giono.
44. Voir l'article d'Aline Giono dans le *Bulletin* n° 5 (1975), ainsi que la notice sur le texte, V, 1401-1409. La correspondance reçue par Giono m'a fourni quelques renseignements supplémentaires. – Un remarquable dessin animé a été tiré du texte en 1987 par le réalisateur canadien Frédéric Back.
45. Le 25 septembre 1953, André Maurois écrit à Giono : son fils Gérald songe à faire paraître une série de photographies de Provence chez Hachette, pour inaugurer la collection « Albums des Guides bleus ». Giono voudrait-il écrire le texte liminaire ? Il accepte, et Francis Ambrière, directeur de la collection, lui précise les détails par lettre du 1er octobre : il lui faudra 32 pages d'introduction. Giono les envoie le 20 novembre.
46. Voir p. 300.
47. Giono en parle aussi à J. Amrouche (quatrième entretien).
48. A ces trois textes importants s'ajoutent les brèves préfaces écrites par Giono de 1950 à 1955 (voir n. 10).
49. Giono se souvient-il qu'il a écrit en mai 1935 avoir rencontré un Anglais qu'il appelait Sir Jacques Drumont (voir p. 239) ? Si le titre qui lui est donné est exact, il

ne peut s'agir du même : l'homme tué à Lurs n'a été anobli qu'en 1944. Il n'y a pas trace d'un « Sir Jacques Drumont », ni d'un nom approchant, dans le *Who's Who* de 1936 que j'ai consulté ; l'orthographe donnée par Giono est d'ailleurs invraisemblable ; mais après tout, cet Anglais, ne l'appelait-il pas « Sir » comme Bloch, chez Proust, appelait « Lord » tous les Anglais ? D'autre part, Sir Jack Drummond avait été jusqu'à la guerre professeur de biochimie à l'université de Londres, et non spécialiste de tourisme comme le Drumont de 1935. Il parlait d'ailleurs mal le français, et il serait peu vraisemblable qu'il soit venu régler dans le Midi des problèmes d'excursions pour ses compatriotes. Il y a donc là, sans doute, une coïncidence. Giono n'y a jamais fait allusion ; mais il serait normal qu'après 17 ans, il n'ait pas gardé le souvenir d'une rencontre épisodique. Reste aussi la possibilité qu'il ait inventé le personnage en 1935 ; mais la coïncidence subsiste.

50. *Notes sur l'affaire Dominici, suivies d'un Essai sur le caractère des personnages,* Gallimard, 1955, p. 42. – Dans un article du *Figaro littéraire* (16 juillet 1955), « Quand Giono réclame à la justice justice pour ses personnages », Pierre Scize souligne aussi l'importance du dossier, préparé à Aix par le vieux procureur général Orsatelli, « absent et présent comme un dieu au sein de sa création », et qui devait opposer ensuite « une grande force d'inertie à toutes les tentatives de faire aboutir la nouvelle enquête administrative ordonnée cependant par un garde des Sceaux ».

51. P. 59-63.

52. P. 74.

53. P. 68.

54. *Le Passé défini,* t. III (Gallimard, 1989), p. 289.

55. P. 72, 67, 43, 150-151.

56. P. 150, 152, 68.

57. Le compte rendu de Stephen Hecquet dans *Le Bulletin de Paris* (19 août 1955) a été reproduit dans *La Tête dans le plat,* recueil de ses chroniques (La Table ronde, 1989), p. 204-208.

58. L'affaire Dominici n'est pas la dernière rencontre de Giono avec la Justice : en 1959 il sera tiré au sort pour être juré aux assises de Digne. Mais, s'il se lie alors avec le président Flourens, il ne se trouve pas devant des cas qui retiennent son attention d'écrivain, et, que l'on sache, rien de cette expérience ne passera dans son œuvre.

Notes du chapitre 21
(p. 493-515)

1. Ce volume, *Regards sur Paris,* paraîtra en édition de luxe illustrée en janvier 1963 chez Sautet à Monte-Carlo, et en édition ordinaire chez Grasset en 1968.

2. Entretien avec Madeleine Chapsal, reproduit dans *Quinze Écrivains,* p. 71.

3. Déclaration ou fragment de lettre, dans « Lettre à Jean Giono », par Roland Laudenbach, *Bulletin de Paris,* 10 décembre 1954.

4. 11 août 1956.

5. Il le redira en 1965 à Jean Chalon (*Figaro littéraire,* 9 septembre).

6. *Album Giono,* p. 280.

7. Entretien avec Gilbert Ganne, *Les Nouvelles littéraires,* 1er avril 1965.

8. Bien que la partition parue aux éditions Max Eschig (que je remercie de me l'avoir obligeamment communiquée) indique « livret de Jean Giono », il est peu probable qu'il l'ait écrit en tant que livret : le texte suit littéralement les dialogues de *Naissance de l'Odyssée.* Giono aurait récrit plus librement. Il a dû seulement donner son accord au projet qui lui a été soumis. L'adaptation est très fidèle ; seule a été ajoutée au début une « chanson de Zélinde » en langage inventé. Et le personnage de Télémaque a été supprimé.

9. La première, parue à Paris à La Belle Édition, comprend les deux « Provence » (1939 et 1954) et « Arcadie... Arcadie... » La deuxième, imprimée à Manosque par Rico et Auphan, donne les mêmes textes, plus une page inédite sur Manosque, et « Basses-Alpes » de 1955.

10. On les trouvera dans IV, 1184-1191.

11. Le texte abrégé (pour *Marie-Claire*, sur la demande de Michel Déon) est reproduite dans *Bulletin*, nᵒˢ 15 et 16 (1981).

12. V, 795.

13. Voir la notice de J. et L. Miallet aux *Récits de la demi-brigade*, V, 869-906.

14. Il se rendra aux réunions, mais en général seulement si un autre membre du Club vient le chercher. Il s'y ennuie parfois, et se console en décrivant ensuite humoristiquement à sa famille certains des assistants qu'il trouve ridicules.

15. Autre similitude : de même que dans *Angelo* Pauline se révèle d'abord au héros par son « odeur si belle », de même ici, c'est son parfum, imprégnant un vêtement qu'elle a abandonné, que Martial respire avant de l'avoir vue (V, 92).

16. Giono republiera d'ailleurs *L'Écossais* en 1965, en édition collective, dans le même volume qu'Angelo et que *Le Hussard sur le toit*, et que *Le Bal*, le seul autre des *Récits de la demi-brigade* où apparaisse Pauline de Théus.

17. Bien que Langlois, en le voyant, l'appelle lui-même « l'Anglais » (V, 113).

18. V, 114 et 113.

19. V, 109.

20. Le texte paraîtra assez remarquable à la maison d'édition allemande Kiepenheuer et Witsch pour qu'elle le fasse traduire et imprimer à un seul exemplaire en hommage à l'un de ses directeurs, le Dr Witsch (en fait, un second exemplaire sera tiré à l'intention de Giono).

21. Il sera repris en décembre 1955 dans les *Cahiers de l'artisan* de Lucien Jacques, avec le surtitre « Variations sur un thème donné », et recueilli dans *Le Déserteur* en 1973.

22. A Viterbe, à Rome et à Quirico d'Orcia, où il a situé l'année précédente une des haltes d'*Une aventure ou la Foudre et le Sommet*.

23. Catalogue « Les Autographes », Paris, mars 1989.

24. II, 65.

25. II, 200, 210, 212-213.

26. Voir *Présentation de Pan*, I, 759; *Manosque-des-plateaux*, VII, 28; *Le Grand Troupeau*, I, 561, 670; *Le Chant du monde*, II, 396-398; *Que ma joie demeure*, II, 495, 500-501, 508.

27. Deux des textes paraissent dans *La Parisienne* en novembre 1956 (et non 1957 comme l'indique la chronologie Pléiade); trois autres dans le nᵒ 1 de *L'Arc* (janvier 1958); et huit (parmi lesquelles les deux de 1956) dans la *NRF* de février, mars et septembre 1958. Six des textes ont été réunis en 1961 en édition de luxe sous le titre de *Ménagerie énigmatique*, illustrés par Assia; d'autres en 1965 sous le titre *Animalités*, illustrés par J. Lurçat. Les textes furent remarqués à l'étranger : « Le poisson » fut publié en traduction allemande le 19 septembre 1959 dans la *Stuttgarter Zeitung*. – Le Bestiaire n'a jamais encore fait l'objet d'une édition courante en volume.

28. Recueilli en 1968 dans *Ennemonde et Autres Caractères*. Voir la notice, VI, 972-975.

29. *Reflets de Provence et de la Méditerranée*, « revue régionaliste à diffusion internationale », nᵒ 1, mai-juin 1953.

30. Vauvenargues, *Œuvres complètes*, 1857, t. 2. Giono confondra encore ces deux Mirabeau dans *Cœurs, Passions, Caractères* (VI, 562).

31. La correspondance de Grétry a été publiée en 1961 à Bruxelles par M. de Froidcourt. Elle ne comprend aucune lettre à une Mme de Marsante.

32. Paru dans *Nice-Matin* le 20 novembre 1966, recueilli dans *La Chasse au bonheur*, p. 49-53.

33. 3ᵉ édition, Charpentier, 1835, t. 2, p. 163-164.

34. La parenthèse qui figure dans l'adaptation française de Giono, « Joseph vendu par ses frères », n'est qu'une explication, et non le titre original comme on pourrait le croire.

35. *Domitien, suivi de Joseph à Dothan,* Gallimard, 1959, p. 160; les rêves de Joseph y sont encore évoqués p. 166, 170, 176, 179, 195, 202, 207.

36. *Ibid.,* p. 278.

37. Giono explique tout cela dans un article d'*Arts,* le 31 juillet 1952, « Si j'avais connu le hollandais »; le texte, daté du 22 juillet, sera largement repris dans la préface de la pièce lors de son édition en volume avec *Domitien.*

38. L'édition critique de cette pièce par Louis Theubet, qui forme la 2ᵉ partie de sa thèse de 3ᵉ cycle soutenue à l'université de Paris-IV en 1983, est encore inédite. Je lui emprunte quelques éléments.

39. Entretien avec Gilbert Ganne, *Les Nouvelles littéraires,* 1ᵉʳ avril 1965.

40. Peut-être aussi une vie de Domitien signalée par un libraire parisien auquel il a demandé des ouvrages sur le sujet, et qui promet d'essayer de la trouver; mais on ignore s'il a réussi.

41. *Le Figaro littéraire,* 16 juillet 1964.

42. Un petit élément personnel dans la pièce : un jeune garçon qui guide un aveugle dans la scène 1 (ils ne reparaîtront plus ensuite) est fils d'un savetier et d'une blanchisseuse (*Domitien,* p. 11).

43. Elle paraît dans les *Cahiers de l'artisan* datés de décembre 1957 et de janvier 1958. Mais la revue était presque toujours publiée avec quelque retard sur sa date officielle. La diffusion aura lieu le 19 février 1958 (seconde diffusion le 21 juin). Giono dira plus tard : « A la radio, ils ont joué comme des pompiers » (*Le Figaro littéraire,* 16 juillet 1964). *La Revue de Paris* publiera à nouveau le texte en octobre 1958. L'édition en volume, avec *Joseph à Dothan,* sera d'avril 1959.

44. *Le Cheval fou* sera publié chez Gallimard en 1974 dans la collection « Le manteau d'Arlequin ». Les dialogues sont intégralement de Giono, Jean-Pierre Grenier ayant seulement opéré un choix entre les différentes versions rédigées pour chaque scène, quand Giono n'avait pas décidé entre elles.

45. VI, 906.

46. Un contrat est même signé les 17-18 juillet 1953 pour cette adaptation par Henri Diamant-Berger : il s'agirait essentiellement du texte final, mais aussi de quelques autres éléments du livre.

47. Le 8 avril 1952, le bureau littéraire D. Clairouin écrit à Giono au sujet de ce projet, avec Gérard Philipe dans le rôle d'Angelo. Autre velléité l'année suivante (lettre du 23 avril 1953 de G. Robert, de l'Office cinématographique français). L'idée revient à la surface en novembre 1954 : la presse annonce que René Clément sera chargé de la réalisation; le 14 février 1955, *Paris-Spectacles* annonce que Clément est à Rome et cherche des acteurs italiens pour les personnages italiens; le rôle d'Angelo pourrait être confié à Franco Interlenghi. Le 17 juin 1957, l'agent J. Rossignol suggère une version avec Marlon Brando dans le rôle principal. François Villiers et les films Caravelle pensent de leur côté à une adaptation (Giono protestera en mai 1961 contre la non-réalisation du projet). Luis Buñuel, le 8 mars 1961, télégraphiera à Giono : « Je serais très heureux si je pouvais réaliser Hussard. Merci. » Il songe lui aussi à Gérard Philipe. Par suite d'un rendez-vous manqué, cela ne se fera pas. D'ailleurs Giono a de fortes préventions contre Gérard Philipe depuis qu'il l'a vu dans *Le Rouge et le Noir.* Mais, en juillet 1964, il parlera encore au présent du projet de Buñuel. Autre initiative : celle du réalisateur Gérard Keigel, qui, écrit-il à Giono le 20 juin 1962, en a parlé à Andrée Debar; il songe à Audrey Hepburn pour le rôle de Pauline. En 1965, il sera question d'Anthony Perkins pour Angelo (*Le Figaro littéraire,* 9 septembre). Il y aura aussi un projet avec Alain Delon.

48. Lettre de G. Robert, 12 octobre 1953. En décembre 1955, il est question de Jean Delannoy pour la réalisation et de Jean Aurenche pour les dialogues.

49. Lettre de G. Robert, 16 octobre 1953. Il songe à Pierre Fresnay pour jouer M. Joseph, et à Edwige Feuillère pour le rôle de Julie.

50. Sur deux projets concernant cette affaire, voir Jacques Mény, *Jean Giono et le Cinéma,* éditions J.-Cl. Simoën, 1978, p. 99. J'ai emprunté beaucoup de renseignements à cet ouvrage, ainsi qu'à l'édition du t. I des *Œuvres cinématographiques* de Giono par le même auteur (Gallimard, 1980), pour ce qui concerne Giono cinéaste.

51. Voir plus loin, p. 514 et 551, pour *Les Grands Chemins* et *Le Chant du monde.*

52. Pour plus de détails sur les étapes de la réalisation du film, voir J. Mény, *op. cit.*, p. 81-107.

53. Voir la notice d'Henri Godard, V, 1427-1437. – *Hortense ou l'Eau vive* paraît de mars à juin 1958 dans les *Cahiers de l'artisan,* puis en volume à la fin de l'année sous les signatures conjointes de Giono et d'Allioux, qui ne doivent pas faire illusion : seul Allioux est responsable des dialogues, qui ne sont pas exactement ceux du film ; le texte préliminaire est du seul Giono.

54. V, 811.

55. V, 837.

56. Voir les remarques d'H. Godard, V, 1435.

57. Le récit d'où a été tiré *Le Foulard de Smyrne* a été publié, sous le titre « Cent mille morts », dans la *NRF* du 1er avril 1962 ; il est reproduit dans IV, 1470-1473, et dans *Œuvres cinématographiques,* t. I, p. 239-242. Le commentaire dit par Giono, publié dans *Arts* du 15 octobre 1958, figure aussi dans ce dernier volume, p. 255-257.

58. J. Mény a reproduit le texte du scénario dans *Œuvres cinématographiques,* p. 265-267, et le commentaire dans *Jean Giono et le Cinéma,* p. 127-128. – La collaboration entre Giono et F. Villiers finira par un procès au sujet de la non-réalisation du *Hussard sur le toit.*

59. Le début du scénario signé de Giono et d'Allioux paraît dans les 2 derniers numéros des *Cahiers de l'artisan,* datés d'octobre et novembre 1958 mais qui parurent plus d'un an plus tard. La maladie et la mort de Lucien Jacques mirent fin à la publication de la petite revue, qu'il assumait seul. D'autres fragments du scénario ont paru dans *Arts* le 14 octobre 1959. Le reste demeure inédit.

60. Voir p. 555-556.

61. Ces trois histoires figurent dans les *Œuvres cinématographiques* de Giono, t. I, p. 277-297.

62. Voir p. 244.

63. *Dimanche illustré,* avril 1943.

64. Voir p. 647, n. 55 du chap. 24.

65. Titre de l'article de L. Dulac dans *La Vie catholique,* 23 octobre 1960.

66. *Crésus,* « livre de conduite du metteur en scène, indications techniques et dialogues », a été publié à tirage limité par Rico à Manosque en avril 1961, avec dix illustrations de Lucien Jacques.

67. Entretien de Giono avec Elsa Casals, *Le Dauphiné libéré,* 17 mai 1961.

68. *Ibid.*

69. *Ibid.*

70. Entretien avec F. Baussan, *Le Méridional,* 18 février 1959.

71. Des extraits en ont été publiés par J. Mény, *J. Giono et le Cinéma,* p. 204-205, et l'intégralité par Roger Duchet, « Mon ami Jean », *Bulletin* n° 11, p. 70-77.

72. Ce groom rappelle le nain présent dans *Domitien.*

73. Entretien de Giono avec Pierre Audinet, *Les Nouvelles littéraires,* 14 février 1963.

74. Publié dans le *Bulletin* n° 24, en même temps que le texte écrit par Giono en 1967 pour un documentaire sur les Basses-Alpes, *04* de Marcel Seren.

75. *Ibid.*

Notes du chapitre 22
(p. 516-532)

1. *Corr. L.J.*, II, 140 et 142.

2. «Le Sport», dans *Le Dauphiné libéré,* 4 août 1963; texte recueilli dans *Les Terrasses de l'île d'Elbe,* p. 105-106.

3. *Les Trois Arbres de Palzem,* p. 52.

4. Les données de ce voyage se trouvent dans trois textes de Giono, «Lettre d'Espagne» (*Arts,* 7 octobre 1959), «La vie et l'œuvre de Juan Ramon Jiménez», paru en 1964 dans l'édition Rombaldi de *Platero et moi,* et «Le Tour du monde» (*Le Dauphiné libéré,* 5 juin 1969), et dans «Deux lettres d'Espagne» d'Alain Allioux (*Cahiers de l'artisan,* n° 54, octobre 1958, mais paru en 1959). – La «Lettre d'Espagne» devait avoir une suite, mais, dix lignes ayant été accidentellement coupées dans son premier texte, Giono, irrité, ne donna pas à *Arts* la suite de sa lettre, et utilisa ses souvenirs dans sa notice sur Jiménez en 1964, sans doute en les romançant sensiblement; il n'y est pas question de ses compagnons de voyage.

5. Propos reproduits dans «Bâtons rompus» (2 août 1962); Les *Terrasses de l'île d'Elbe,* p. 26.

6. Entretien avec Émile Coulaud, *La Dépêche du Midi,* 14 novembre 1965. – C'est par erreur que l'édition Pléiade (VI, 1021 et 1163) évoque un voyage à Rome en mars 1968, en raison de notes dans un carnet de Giono: il s'agit seulement de phrases de préparation pour un texte qui ne sera pas achevé: «Une sorte de Rome» ou «Les approches de Rome».

7. Et peut-être aussi avec un autre Américain prénommé Thomas, dont parle A. Allioux. Giono parlera de deux compagnons en novembre 1966 (*La Chasse au bonheur,* p. 52-53) et d'un seul en 1969 (texte cité).

8. Entretien cité avec E. Coulaud.

9. VI, 765.

10. Trois d'entre elles sont reproduites à la fin du cahier d'illustrations figurant dans *Le Désastre de Pavie.*

11. Entretien cité avec E. Coulaud.

12. Quelques fragments en sont parus auparavant en revue, notamment «Portrait de Charles-Quint» dès juillet 1959, dans le n° 7 de *L'Arc.*

13. Propos tenu à Jean Couvreur, «La dernière métamorphose de Giono», *Le Monde,* 9 mars 1963.

14. *Le Désastre de Pavie,* p. 35.

15. P. 61.

16. P. 37.

17. *De Homère à Machiavel,* p. 215.

18. P. 166-170.

19. Il reproche par exemple à l'abbé de Najera d'attribuer de l'importance à la sortie faite par Antonio de Leyva, commandant de la place de Pavie, et au marquis de Pescayre de ne pas mentionner cette sortie malgré son importance. P. 167 François Ier est capturé avant la même sortie, p. 207 il l'est après. P. 161 les troupes de Jean de Médicis sont parties, p. 199 elles sont là.

20. P. 48.

21. P. 173-175.

22. P. 49-55.

23. I, 952-955.

24. *Le Figaro littéraire,* 6 octobre 1963.

25. P. 2.

26. Voir notamment p. 17, 21, 26, 28, 29.

27. P. 19. Les guillemets sont de Giono, qui marque ainsi qu'il s'agit d'une citation, mais sans dire que c'est Stendhal qu'il cite, ni qu'il a utilisé l'expression pour Angelo (voir p. 393).

28. P. 14, 29.

29. P. 4.

30. P. 40.

31. P. 134.

32. P. 75.

33. P. 216.

34. P. 218-219.

35. Voir p. 65-66.

36. Parodie de la phrase du président du conseil Paul Reynaud en 1940, peu avant l'attaque allemande qui allait provoquer en cinq semaines la capitulation de l'armée française : « Nous vaincrons parce que nous sommes les plus forts. »

37. Le général de Gaulle en juin 1940.

38. « Les vraies richesses », entretien de Giono avec Madeleine Chapsal (*L'Express,* 28 février 1963).

39. « Giono parle », entretien avec André Parinaud (*Arts,* 28 novembre 1962).

40. « Les vraies richesses », entretien cité avec Madeleine Chapsal.

41. « Apprendre à voir », chronique écrite le 13 juillet 1962 (*Les Terrasses de l'île d'Elbe,* p. 23).

42. Dans *Ennemonde,* Giono énumérera les intitulés fantaisistes de quelques titres financiers destinés à berner les naïfs (VI, 301).

43. Entretien avec Gilbert Ganne, *L'Aurore,* 30 mars 1965.

44. Ils comprennent deux séries qui se chevauchent partiellement : *Cœurs, Passions, Caractères,* écrits en juillet 1961, et *Caractères,* qui datent de 1966. Tous ces récits ont été publiés par Henri Godard (Gallimard, 1982) et recueillis en 1983 dans VI, 533-608, avec des notices du même commentateur.

45. VI, 563.

46. VI, 542.

47. R. de Villeneuve est en vie à l'époque ; il mourra en 1969.

48. VI, 557-563.

49. Voir ma notice, VI, 972-998.

50. VI, 338.

51. VI, 350.

52. Voir p. 42, et VI, 143.

53. VI, 348.

54. Par commodité, je garde, pour le texte intitulé initialement *Le Haut Pays,* ce titre adopté par la tradition, bien qu'il ne figure pas sous cette forme dans les éditions courantes : les deux parties d'*Ennemonde et Autres Caractères* n'ont pas de titre propre, et sont simplement numérotées I et II.

55. Giono, consciemment ou non, construit-il son récit autour de l'image de la femme de quarante ans, et du nombre quarante ? Le lutteur Clef-des-cœurs, qui a sensiblement le même âge, et qui s'appelait Galissian dans *Deux Cavaliers de l'orage,* reçoit ici le nom de Quadragésime. En outre Ennemonde est obligée d'attendre quarante jours entre la foire où elle l'aperçoit pour la deuxième fois et le jour où elle se fait remarquer par lui (VI, 292-293).

56. *La Chasse au bonheur,* p. 102.

57. VI, 255.

58. VI, 289.

Notes du chapitre 23
(p. 533-549)

1. Entretien avec Guy Bechtel, dans *Carrefour,* 14 mai 1958.

2. Voir dans l'*Album Giono,* p. 263, une page d'une chronique journalistique de 1962 écrite de la main gauche.

3. V, 852-853.

4. VI, 346.

5. VI, 577.

6. Publié par Roger Duchet, *Bulletin* n° 11 (été 1979), p. 76.

7. Les deux lettres ne sont pas datées ; la date de 1960 y a postérieurement été inscrite par erreur : Giono n'a pas suivi de régime sans sel avant 1962.

8. Texte repris dans *Les Terrasses de l'île d'Elbe,* p. 119.

9. Interview par André Parinaud, *Arts,* 4 décembre 1962.

10. Texte du 1er février 1963, recueilli dans *Les Terrasses de l'île d'Elbe,* p. 53.

11. Notamment « Sur la vieillesse » et « Le tabac », dans *Les Terrasses de l'île d'Elbe.*

12. Voir p. 645, n. 1 du chap. 24.

13. Entretiens parus dans *L'Aurore,* 30 mars 1965, et dans *Les Nouvelles littéraires,* 1er avril 1965.

14. *Le Figaro littéraire,* 9 septembre 1965.

15. Entretien avec Raymond Gaillard, *Nice-Matin,* 24 juin 1958.

16. *Arts,* par suite d'une crise, n'a publié ce mois-là qu'un seul numéro, daté uniquement « août 1965 ».

17. Voir p. 371 et 418.

18. Voir la notice de J. et L. Miallet, VI, 869-904.

19. Notamment trois textes publiés dans les *Bulletins* n° 7 (« Un conte de Noël »), n° 12 (« Le diable à Noël ») et n° 26 (« Noël »). Ce dernier est paru dans *Le Dauphiné libéré* le 20 décembre 1970. Il y a en outre « Une naissance », publiée par *Le Rotarien français,* n° de Noël 1958, et « C'est arrivé avant Noël », paru dans *Le Provençal-Dimanche* du 25 décembre 1960.

20. Une lettre de Marcel Sicard à Giono, en date du 19 décembre 1960, lui demande confirmation de l'autorisation donnée par lui d'adapter ainsi le roman.

21. Parmi les titres projetés, « Les gants du renard ». Giono avait songé à ce titre en 1947 et en 1956 (VI, 870). Expression d'allure énigmatique, rapprochant des êtres de nature différente, comme l'avait fait en 1932 *Le Lait de l'oiseau,* qui évoquait aussi un animal. Giono a dû être amusé par le nom de la digitale en anglais, *foxglove,* et laisser errer son imagination à partir d'une traduction littérale du mot.

22. Bulletin de la *NRF,* n° 140, juillet-août 1959.

23. Enquête de Maurice Montléon, *Arts,* 30 juillet 1958. Giono y déclare aussi que l'engouement du public pour ce genre « correspond à la lassitude des lecteurs pour des romans où le romancier ne raconte rien ». Encore une pointe contre le « nouveau roman ». – Sur Giono et le roman policier, voir aussi les textes publiés dans le *Bulletin* n° 18.

24. V, 5.

25. V, 11.

26. V, 29.

27. V, 30.

28. *NRF,* 1er août, 1er octobre, 1er décembre ; *Le Figaro littéraire,* 14 et 28 octobre.

29. 91 d'entre elles, sur 152, ont été recueillies dans les trois volumes parus chez

Gallimard : *Les Terrasses de l'île d'Elbe* (1976), *Les Trois Arbres de Palzem* (1984) et *La Chasse au bonheur* (1988). La date portée à la fin de certains de ces textes, dans le premier volume, est celle de la rédaction, quand elle est connue. Pour les dates de publication, postérieures de quelques mois au plus et parfois de quelques semaines, on se reportera à un article paru dans le n° 31 du *Bulletin* (printemps – été 1989). – A partir de mai 1970, Giono, malade, n'a pu donner que des textes déjà parus quelques années plus tôt ; il en changeait alors le titre et y faisait quelques remaniements.

30. Sont situées en tout ou en partie à Majorque les chroniques placées dans *Les Terrasses de l'île d'Elbe*, « Réponses », « Le cœur », « L'archange » ; dans *Les Trois Arbres de Palzem*, « Le monde » ; dans *La Chasse au bonheur*, « Attention au train », « Les joies de l'île ». Et deux textes non recueillis en volume : « Le petit car » (*Le Dauphiné libéré*, 16 octobre 1966) et « Le sergent » (*ibid.*, 12 février 1967).

31. *De Homère à Machiavel*, p. 245.

32. *Les Trois Arbres de Palzem*, p. 23.

33. *Les Terrasses de l'île d'Elbe*, p. 36.

34. *Les Trois Arbres de Palzem*, p. 87.

35. *La Chasse au bonheur*, p. 95-98.

36. *Ibid.*, p. 133.

37. Voir pourtant *Les Trois Arbres de Palzem*, p. 28, et *La Chasse au bonheur*, p. 139-143.

38. *Les Trois Arbres de Palzem*, p. 55-56.

39. *Bulletin* n° 27, p. 8-9 et 17-20.

40. *Les Trois Arbres de Palzem*, p. 52-53.

41. *Ibid.*, p. 37-39.

42. *Ibid.*, p. 56.

43. *Ibid.*, p. 44-49.

44. *Les Terrasses de l'île d'Elbe*, p. 15.

45. *La Chasse au bonheur*, p. 83.

46. « La machine », dans *Les Terrasses de l'île d'Elbe*, p. 88-89.

47. *Les Trois Arbres de Palzem*, p. 54.

48. Entretien avec Émile Coulaud, *La Dépêche du Midi*, 14 novembre 1965.

49. *Les Terrasses de l'île d'Elbe*, p. 41 ; *Les Trois Arbres de Palzem*, p. 30.

50. *Les Terrasses de l'île d'Elbe*, p. 90.

51. *Les Trois Arbres de Palzem*, p. 60.

52. Entretien cité avec E. Coulaud.

53. *Ibid.*, p. 79-85.

54. Voir p. 238.

55. *La Chasse au bonheur*, p. 129-130.

56. *Les Trois Arbres de Palzem*, p. 39.

57. *La Chasse au bonheur*, p. 84.

58. Entretien paru dans *Lui*, 22 octobre 1965.

59. *Les Trois Arbres de Palzem*, p. 93.

60. VII, 598.

61. Entretien avec Claude Mercadié, *Nice-Matin*, 11 mai 1961.

62. *Les Trois Arbres de Palzem*, p. 121-122.

63. *Ibid.*, p. 157-158.

64. *Les Terrasses de l'île d'Elbe*, p. 139.

65. Article paru dans *Combat* le 2 avril 1951, et devenu en 1965 « Un peu de franchise » (*Les Trois Arbres de Palzem*, p. 21).

66. *Les Trois Arbres de Palzem*, p. 34.

67. *Le Dauphiné libéré*, 21 novembre 1965, et *Sud-Ouest*, 19 janvier 1966.

68. Interview accordée à Louis Pauwels, *Carrefour*, 30 septembre 1955.

69. Je remercie Jacques Viard des précisions qu'il a bien voulu me donner sur ce point.

70. Voir Danièle Escudié, « Réflexions sur *Le Grand Théâtre*, *Bulletin* n° 2, p. 65-72, et la notice de J. et L. Miallet, III, 1584-1590.

71. L'évocation des sauterelles (III, 1074) procède sans doute du texte biblique (Apocalypse, IX, 7-10), mais aussi d'un poème qui en découle et que, Giono le dit, on fait apprendre aux enfants : « Puissance égale bonté », dans *La Légende des siècles*; la liste des animaux dont est faite la sauterelle chez Giono serre de beaucoup plus près Hugo que la Bible. La citation finale du *Grand Théâtre* (III, 1087), attribuée aux poètes (au pluriel), pourrait venir non seulement de l'Apocalypse (IX, 6), mais des *Tragiques* (chant VII, vers 1020-1021) où d'Aubigné paraphrase le verset biblique : « (...) de l'abîme il ne sort / Que l'éternelle soif de l'impossible mort. » D'Aubigné était un des poètes que Giono admirait le plus. – On croit voir une autre allusion hugolienne p. 1075 : « s'il lui faut tomber dix mille ans avant d'atteindre le fond de l'abîme » fait penser au vers initial de *La Fin de Satan* : « Depuis quatre mille ans il tombait dans l'abîme. »

72. III, 1073.

73. VII, 457-458.

74. III, 1078.

75. III, 1076-1077.

76. Voir mon article « Du non-visible à l'invisible. Sur les aveugles chez Jean Giono » (voir chap. 11, n. 47).

Notes du chapitre 24
(p. 550-569)

1. Le Pr Audier l'en remercie dans une lettre du 5 mai 1967. Le texte sera publié presque simultanément en volume chez Hachette (l'achevé d'imprimer est du 27 janvier 1968) et dans *Les Nouvelles littéraires* du 15 février. Il est recueilli dans le *Bulletin* n° 24, p. 11-16), et dans *La Chasse au bonheur*, p. 211-215.

2. Interviews par André Parinaud (*Arts,* 8 janvier et 8 décembre), par Gilbert Ganne (*Les Nouvelles littéraires,* 1er avril), par Jean Chalon (*Le Figaro littéraire,* 9 septembre), par Jean-Erik Linnemann (*Cahiers de l'Oronte,* Beyrouth, 1965 ; entretien de 1963). Article d'Yves Berger (*Arts,* 5 mai).

3. De ces entretiens sont tirés deux disques parus aux éditions Adès, puis le *Giono. Qui suis-je ?* de J. Carrière.

4. Des téléfilms sont en projet, mais ne se réalisent pas : *Les Récits de la demi-brigade* par P. Cardinal en 1964, *Le Hussard sur le toit* par M Bluwal en 1966, *Le Déserteur* en 1968.

5. Ce questionnaire, avec les réponses de Giono, figure dans le *Giono* de P. de Boisdeffre, p. 225-229.

6. Deux autres livres paraîtront peu après 1965 (voir p. 496) : en 1966 *Giono* de Maxwell Smith – assez mince et de peu de poids – et, en 1967, *The Private World of Jean Giono* de W.D. Redfern, qui reste une des meilleures études sur l'univers gionien.

7. Notamment celle de Bertrand Poirot-Delpech dans *Le Monde* du 16 décembre 1965

8. *Les Carnets* publiés en janvier 1965 aux éditions de Pujols sont sans rapport avec les carnets personnels de Giono Il s'agit de textes parus dans la presse.

9. Il écrit des préfaces à *Monuments* et *Arts de la Haute-Provence* (Digne, 1966) ; à *Conversations avec Napoléon Bonaparte* de Maximilien Vox (Planète, 1967) ; aux deux ouvrages de son cardiologue le Pr Audier, le second étant *Sagesse et Fantaisie* (éditions EPRI, avril 1970). Il présente les catalogues d'exposition de Renée Arbour (Manosque, juin 1969), de Mme Avon Campana (Saint-Paul-de-Vence, juillet 1969) et de *Paysages du Midi de Cézanne à Derain* (Aix-en Provence, été 1964).

10. Lettre à Roger Nimier, fin novembre 1957. Giono écrira pourtant un texte sur *La Flûte enchantée* pour le festival d'Aix en 1958.

11. *Le Figaro,* 21 novembre 1963.

12. Voir dans *Le Magazine littéraire,* juin 1980, l'article d'Henri Pollès, « Un Gargantua de la lecture »; et, dans le numéro « Giono » de *L'Arc* (1986) l'article de Laurent Fourcaut, « Les livres de Giono ».

13. Voir, dans le *Bulletin* n 21, l'inventaire de ses livres dans ce domaine, dressé par Sylvie et Agnès Durbet, ainsi que sa correspondance avec Étiemble.

14. VI, 662 et 764.

15. *Les Récits de la demi-brigade,* V, 120.

16. *Platero et Moi,* Rombaldi, 1964, p. 46.

17. P. 51.

18. P. 38.

19. Voir la notice de Janine et Lucien Miallet, VI, 934-952.

20. *Le Déserteur,* VI, 205-207 ; *Le Poids du ciel,* VII, 334,359.

21. *Le Déserteur,* VI, 139.

22. *Ibid.*

23. VI, 193.

24. *Ibid.*

25. VI, 241 ; pour le père de Giono, « La partie de campagne », recueillie dans *La Chasse au bonheur,* p. 168.

26. VI, 244.

27. VI, 242 dans les deux cas.

28. VI, 231.

29. VI, 204.

30. VI, 242.

31. Expression appliquée au pluriel par Balzac au *Port-Royal* de Sainte-Beuve.

32. Le livre est paru en 1966 aux éditions de la Bibliothèque des Arts (Paris). Le texte va de la p. 7 à la p. 88, mais près des deux tiers de ces pages sont occupées par les reproductions.

33. Voir la notice d'Henri Godard, VI, 1105-1136.

34. Interview par André Parinaud, *Arts,* 8 décembre 1965.

35. *Salut les copains,* septembre 1965. Il s'agit de dix questions posées à huit hommes qui ont réussi dans leur carrière.

36. Le Livre de poche, 3e trimestre 1964. Le texte, demandé à Giono par Roger Nimier dès août 1962, ne fut écrit qu'en décembre 1963 ou au début de 1964.

37. *De Homère à Machiavel,* p. 121 et 122. – Giono avait en 1958 écrit un texte pour le Cartoguide Shell-Berre. Mais ce n'est qu'une évocation de la Provence ; l'industrie en est à peu près absente.

38. Giono se fait conseiller par l'ingénieur d'arrondissement des Ponts et Chaussées, et, dès le 27 juillet 1964, le directeur de la Société technique industrielle de matériel d'entreprises lui envoie une documentation.

39. VI, 655.

40. De même que dans le cas du *Moulin de Pologne,* Giono, pour l'effet poétique, choisit un nom de propriété réelle incluant un nom de pays. Le domaine d'Espagne est entre Ginasservis et Rians.

41. Dans la deuxième version, Zacharie s'appelle Simon, et sa femme, Hélène, n'est plus piémontaise.

42. VI, 615.

43. Romanin dans la première version. Dans les autres, Giono ne les désigne que par une initiale provisoire : X, C ou M.

44. *Angelo,* IV, 104-105 ; *Le Hussard sur le toit,* IV, 597.

45. Voir p. 86-87.

46. VI, 639.

47. VI, 663.

48. Voir la notice d'Henri Godard, VI, 1156-1163.

49. Giono donnera cet épisode à la *NRF,* qui le publiera en avril 1970 sous le titre « Le Poulain ».

50. A côté de *Dragoon,* dans les « à paraître » de *L'Iris de Suse,* figure *Les Terres du Boer.* Le Boer est probablement Kruger : il semble peu probable qu'il s'agisse d'une autre œuvre, bien qu'en 1963 Giono se soit fait envoyer des ouvrages sur la guerre des Boers.

51. Voir la notice de Luce Ricatte, VI, 1020-1052.

52. Son nom d'état civil, donné une seule fois, est Jean Rameau.

53. Pour son départ avec Murataure, elle fait chercher ses vêtements à Quelte par Alexandre le berger, qui, lui, a en vain tenté d'enlever une jeune nonne séquestrée dont il est amoureux, mais qui s'est fait chaque fois tabasser par la famille ; pour réussir, dit-il, il lui faudrait un jour d'orage (427-428). Et Tringlot se souvient de ces paroles lorsqu'Alexandre, sous l'orage qui gronde, arrive à Quelte (505).

54. Voir p. 238.

55. « Vous avez cru donner une valeur à zéro, mais c'est toujours zéro que vous multipliez » (*Le Poids du ciel,* VII, 351). Les soldats français, occupant l'Allemagne en 1919, gardent des billets de millions de marks sans valeur, « parce que les zéros avaient impressionné » (*Lettre aux paysans,* VII, 557). Dans *Angelo,* Céline de Théus, ayant vu des contrats où « les additions roulaient des chiffres plus riches en zéros que la Durance en galets », connaît « la valeur du zéro » (IV, 19). Dans *Mort d'un personnage,* Pauline de Théus, à qui son fils dit : « Tu doubles la valeur de ce que tu as », répond : « Zéro doublé, le vide se vide. » Mais il espère, lui, pouvoir lui donner « cette petite chose qui fait dépasser le zéro » (IV, 173) ; elle remarque un peu plus loin : « On devrait nommer des fonctionnaires publics pour apprendre à chacun la valeur du zéro. » (IV, 184) On trouve encore la valeur multiplicatrice du zéro dans les distances astronomiques « qu'on exprime avec trois bataillons de zéros » (*La Chasse au bonheur,* p. 72). A l'inverse, Giono relève dans la capitale mongole de Karakorum, à l'époque de Marco Polo, « des traités de mathématiques qui ne comportaient aucun zéro, ce qui n'empêchait pas d'aller jusqu'à l'infini » (*La Chasse au bonheur,* 151). Le zéro entre aussi dans des images : « la flèche des oies sauvages lancées vers le zéro de la cible » (*Le Cœur Cerf,* p. 77), ou la bouche du canon d'un gros pistolet qui est « un zéro tout rond » (*Les Récits de la demi-brigade,* V, 51). Dans *Les Ames fortes* et dans les derniers textes (*Olympe, L'Iris de Suse*), les expressions familières où entre le mot « zéro » sont employées très fréquemment : « zéro tout rond », « zéro en chiffre », « zéro pour la question ».

56. Llewelyn Brown dans sa récente thèse *Giono et la Bible* (université Paris-III, juin 1989, exempl. dactyl.).

57. Avec la « couturière » (VI, 420-421) et avec la souillon blafarde, Ulalie : « N'importe qui », se dit-il (VI, 456).

58. Revue *Marseille,* nos 83 (1970) et 140 (1984).

59. L'avant-dernier avait été la plaquette publiée chez Rico, à Manosque, en mars 1969, et contenant ses trois poèmes de 1944-1947, sans nom d'auteur, et présentés comme « traduits du bulgare » ; l'édition comporte malheureusement de très nombreuses fautes qui parfois défigurent le texte.

60. Parues dans la revue *Recherches* en juillet 1971, ces pages ferment le recueil *La Chasse au bonheur.*

Notes de l'Annexe

(p. 576-577)

1. Voir p. 37 et 46.

2. Voir notamment I, 813.

3. « Sur la vieillesse », *Les Terrasses de l'île d'Elbe*, p. 51. Le père de Giono étale systématiquement *La Faute de l'abbé Mouret*, pour choquer une vieille dévote.

4. Reproduit dans l'*Album Giono*, p. 59.

5. Claudine Chonez, *Giono*, p. 35. – Sur les échos de Kipling chez Giono, voir p. 194 et 601 (n. 49 et 50 du chap. 8).

Index

661

Index des œuvres de Giono

Ne figurent ici ni les titres envisagés un moment par Giono pour des œuvres à écrire ou écrites, mais finalement écartés, ni ceux des œuvres simplement projetées, mais seulement ceux des œuvres totalement ou partiellement rédigées. Les nouvelles, trop nombreuses, n'ont pas été prises en compte; on se reportera aux recueils où elles se trouvent.

664

Table

Photos

Coll. Maurice Bouvet : 4b. Photos Pierre Citron : 5, 6a, 7a. Coll. S. Fiorio : 1a, 1c, 4a, 4c. Photo Loïc Jahan : 8b. Coll. Fluchère : 6b. Coll. Sylvère Monod : 6c. Les photos non créditées : coll. de la famille Giono.

IMPRIMERIE SEPC À SAINT-AMAND (7-90)
DÉPÔT LÉGAL : MAI 1990. N° 12212-3 (1642)

Du même auteur

Aux Éditions du Seuil

Couperin, collection « Solfèges », 1956 (épuisé)
Bartok, collection « Solfèges », 1963
Dans Balzac, 1986
Édition de *La Comédie humaine* de Balzac,
notices et notes,
collection « L'Intégrale », 7 vol., 1965-1966

Chez d'autres éditeurs

*La Poésie de Paris dans la littérature française
de Rousseau à Baudelaire*,
2 vol., Éditions de Minuit, 1961 (épuisé)

Balzac, *Le Colonel Chabert* ,
éd. critique, Didier, 1961
La Rabouilleuse,
éd. critique, Classiques Garnier, 1966 (épuisé)
*Gobseck, Honorine,
Splendeurs et misères des courtisanes,
La Maison Nucingen, Sarrasine,
La Peau de chagrin,
Les Marana, El Verdugo*,
éd. critique, dans *La Comédie humaine*,
éd. dirigée par P.-G. Castex,
Bibliothèque de la Pléiade, Gallimard, 1976-1981
*Le Père Goriot, Eugénie Grandet,
Illusions perdues,
Splendeurs et misères des courtisanes,
La Peau de chagrin,
Le Médecin de campagne, Le Curé du village,
Le Contrat de mariage, La Femme de trente ans,
Une fille d'Ève, Pierrette*,
Garnier-Flammarion, 1965-1971

Berlioz. *Mémoires*
2 vol., Garnier-Flammarion, 1970 (épuisé)
Correspondance générale,
Flammarion, en cours depuis 1972;
direction de l'édition (5 vol. parus);
rédaction des t. 1, 3
et (en collaboration) 4

Villiers de l'Isle-Adam. L'*Ève future*,
L'Age d'Homme, 1979.
Contes cruels,
Garnier-Flammarion, 1979

Mallarmé, *Poésies*,
éd. critique, Imprimerie nationale,
collection « Lettres françaises », 1987

Giono. *Naissance de l'Odyssée*,
Solitude de la pitié, Le Chant du monde,
Mort d'un personnage, Le Hussard sur le toit,
Ennemonde,
éd. critique dans *Œuvres romanesques*,
éd. dirigée par R. Ricatte,
Bibliothèque de la Pléiade,
Gallimard, 1971-1983
Récits et Essais,
Bibliothèque de La Pléiade, Gallimard, 1987 :
direction de l'édition, notices et notes du *Poids du ciel*
et des écrits pacifistes
Correspondance J. Giono - L. Jacques,
2 vol., *Cahiers Giono,*
Gallimard, 1981-1983

Sous presse

Correspondance J. Giono - J. Guéhenno,
Seghers, 1990